劍閣縣誌

JIANGEXIANZHI

1990-2006

剑阁县地方志编纂委员会 编

方志出版社
Publishing House of Local Records

图书在版编目(CIP)数据

剑阁县志．1990—2006／剑阁县地方志编纂委员会编．—北京：方志出版社，2017.3

ISBN 978-7-5144-2307-5

Ⅰ．①剑… Ⅱ．①剑… Ⅲ．①剑阁县—地方志—1990—2006 Ⅳ．①K297.14

中国版本图书馆 CIP 数据核字(2016)第 320530 号

剑阁县志（1990—2006）

编　者：剑阁县地方志编纂委员会
责任编辑：何明忠
封面题字：王湖益

出 版 人：冀祥德
出 版 者：方志出版社
地址　北京市朝阳区潘家园东里 9 号(国家方志馆 4 层)
邮编　100021
网址　http://www.fzph.org
发　行：方志出版社发行中心
电话(010)67110500
经　销：各地新华书店
印　刷：成都市标点制版印务有限责任公司

开　本：889mm×1194mm　1/16
印　张：47
字　数：1157 千字
版　次：2017 年 3 月第 1 版　2017 年 3 月第 1 次印刷
印　数：0001～3000 册

ISBN 978-7-5144-2307-5　定价：368.00 元

剑阁县地图

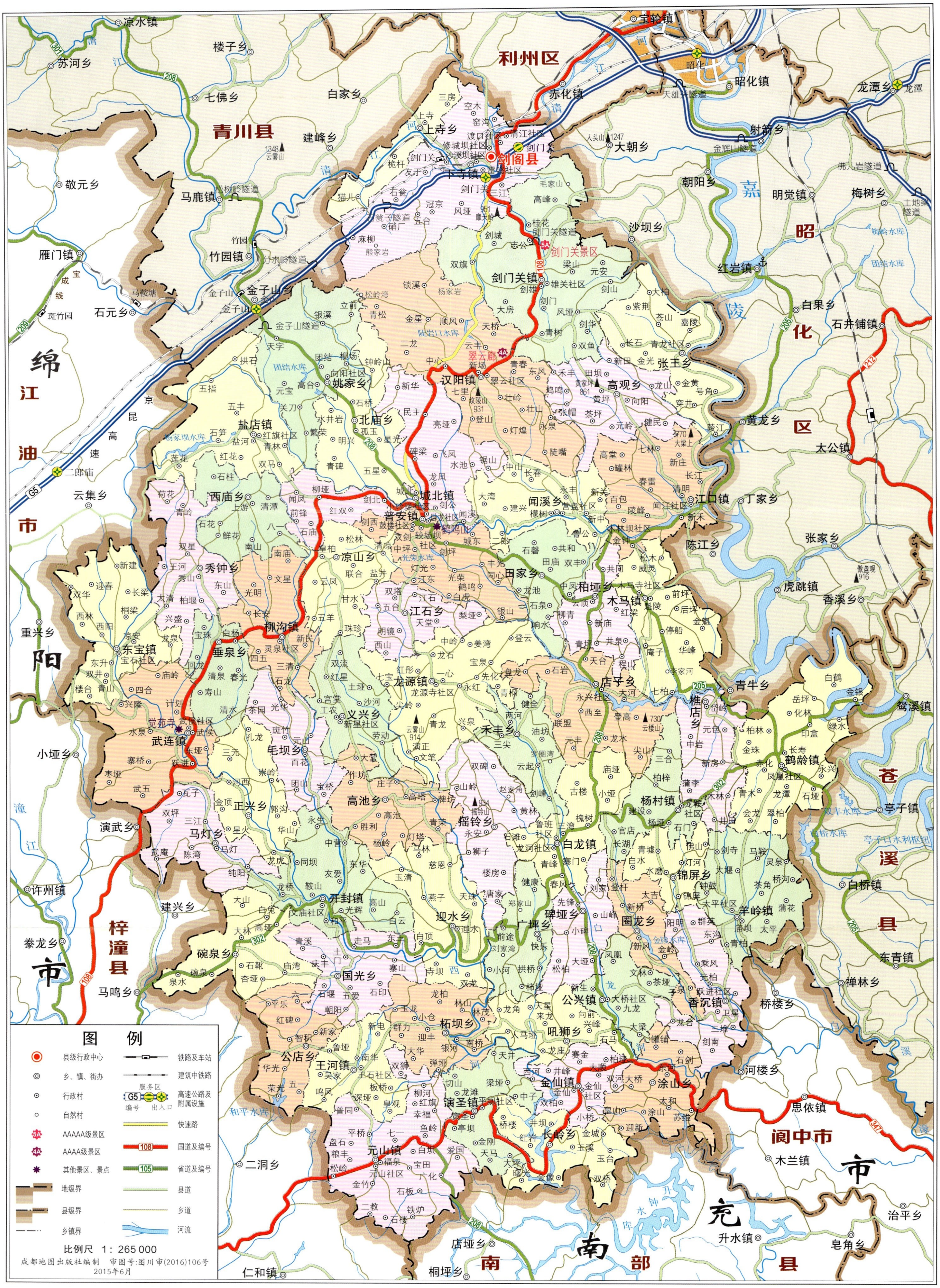

利州区
青川县
剑阁县
绵阳市
江油市
梓潼县
阆中市
南部县
苍溪县
昭化区
下寺镇
剑门关镇
汉阳镇
普安镇
城北镇
白龙镇
元山镇
开封镇
武连镇
金仙镇
公兴镇
鹤龄镇
杨村镇
木马镇
盐店镇
王河镇
店子乡
图例
县级行政中心
乡、镇、街办
行政村
自然村
AAAAA级景区
AAAA级景区
其他景区、景点
地级界
县级界
乡镇界
铁路及车站
建筑中铁路
高速公路及附属设施
快速路
国道及编号
省道及编号
县道
乡道
河流
比例尺 1：265 000
成都地图出版社编制 审图号：图川审(2016)106号
2015年6月

剑阁县城区图

JIANGE XIAN CHENGQUTU

概 貌 GAIMAO

普安镇全景

县城全景

农 业 NONGYE

番茄种植

大棚蔬菜

油菜

稻谷

苦瓜

海椒

猕猴桃种植

核桃

梨

红双村葡萄园

剑门茶叶

烤烟种植

现代农业园

生猪养殖

牛养殖

山羊养殖

土鸡养殖

封山育林

退耕还林

剑阁林源香料公司生产车间

四川兴博木业有限公司生产车间

剑门木业有限公司生产车间

柏木制品

回转窑

四川剑阁西南水泥公司

剑门工业园区

运煤平台

运送矿渣

普安农贸市场

修城坝农贸市场

沙溪坝农贸市场

超市

修城坝世纪广场商业街

沙溪坝商业步行街

剑柴胡

剑门火腿

剑阁手杖

SHUILISHESHI **水利设施**

茶园沟水库

龙王潭水库

杨家坝水库

清江河壅水工程

团结水库

唐家坪供水站

川投水务下寺供水站

公路·桥梁·车站 GONGLU·QIAOLIANG·CHEZHAN

国道 108 线剑门关五里坡路段

剑南路桥边河段

国道 108 线剑门关段

剑门关隧道

剑青公路印把石隧道

柘坝大桥

长岭大桥

绵广高速剑门河大桥

剑阁汽车站

剑门关汽车站

沙溪坝火车站

县行政中心（县委、县政府办公楼）

影视文化中心

县城街景

县城夜景

剑阁中学

剑州中学

沙溪中学

县医院普安院区

县医院下寺院区

县中医院普安院区

县中医院下寺院区

县妇幼保健院下寺院区

剑阁宾馆

MINJU 民居

张王老街

石家大院

农村民居

剑门村居

城市居民小区

农村新区

风景 名胜 文物 FENGJING MINGSHENG WENWU

鹤鸣山

剑门关关楼

紫薇树（梁山寺）

苦竹寨

剑门关景区游人中心

剑溪桥

鹤鸣山 文峰塔

鹤鸣山 重阳亭

鹤鸣山《大唐中兴颂》石刻

鹤鸣山摩崖造像

剑阁文庙

古城墙（普安镇）

钟鼓楼(普安镇)

拦马墙(凉山乡)

红军石刻（秀钟乡）

觉苑寺壁画(武连镇)

影青竹节纹盘口瓷瓶
宋代
1990 年普安镇出土

双耳套环铜瓶
宋代
1978 年凉山乡出土

持扇持瓶道教神像
宋代
1988 年城北镇原县蚕药厂出土

普安老年运动会

钓鱼比赛

凤舟赛

女子长跑赛

普安体育中心健身路径

高观皮影

公兴花灯

杨村傩戏

元山川剧

闻溪花灯

龙灯

狮舞

阳戏

木偶

牛灯

觇缕

县志终审 XIANZHIZHONGSHEN

《剑阁县志》（1990–2006）审查验收会议合影

《剑阁县志》(1990—2006)编纂委员会

顾　　问： 向永东　侯　宏　张世忠　孔金山

主　　任： 王　静

副 主 任： 花泽松　周建明　张春华　何　超　王湖益　阎维萍

委　　员： 冯维均　陈　东　董升礼　张　黎　孙元泰　杨光强　赵　勇　唐守忠　何波涛　李先义　鄢家华　魏仲文　刘来平　李　祚　王晓明　张　军　董勇朝　何　峰　李世藩　王显明　熊征远　伏大江　母大明　徐怀峰　王　俊　杨大勋　杨剑雄　刘三永　田菊芳

《剑阁县志》(1990—2006)编辑部

主　　编： 孙元泰

副 主 编： 赵　勇　何兴明　杨百艺　赵树鹏　田中锦

编　　辑： 何中辉　蒲芝葆　王汝礼　赵树奎　何代英　黄茂斌

编　　务： 张怀高　李云华　姜法武　郭小艳

资料统筹： 赵阿金（志愿者）　张琳琳（志愿者）　黄婵娟（志愿者）　杨昌伟（志愿者）

初稿打印： 魏弘睿

曾任《剑阁县志》（1990—2006）编纂委员会成员及主编

（以任职时间为序，职务变化人名仅录一次）

顾　　问： 冯安富　何德生　田中文　陈　勇　王成书　李伯伟　蒋茂成

主　　任： 吴　勇　侯　宏

副 主 任： 赵廷延　杨政国　杨明学　杜军昌　夏思法　张大勇　邓益平　贾小玲　李作芳　何绍洲　李多安

委　　员： 罗家明　曾元强　刘加林　侯晓林　谢　波　邓家洪　王定珩　邓国勤　黄耀明　康德平　孙益科　刘　飞　杜中贵　黄正强　何跃德　李荣健　何秀萍　王精明　王剑平　梁健浠　何建明　王全斌　赵树康　唐礼元　唐　路　刘忠银　李伦章　郭建军　蒲剑秋　李必用　母云斌　吴忠敏　王　仲　张双全　张永钦　姜兴甫　孙正安　郑吉朝　张仕慧　李树春　岳全杰　王锡华　蒲　龙　何志武　蒲　敏　张映学　李硕民　陈　君　蒲　剑　侯润崇

主　　编： 杨政国　杨明学　杜中贵

广元市县（区）志审查验收小组
《剑阁县志》（1990—2006）审查验收人员

组　　长： 袁　俊

副 组 长： 王少卿

成　　员： 王家生　王海国　母　江　张晓磊　王开建　王绍安　邓世凯　杨大明　嘉全德　伊国华　李银燕

序

《剑阁县志》(1990—2006)将付梓成书。这是全县政治、经济、文化、社会生活中的大事，是社会主义文化建设的重大成果。可喜可贺!

“逢盛世，续修志”。剑阁历史悠久，山川锦绣，人杰地灵，文化厚重，修志古风绵延不绝。以宋元修《剑州图经》《隆庆府志》《普安志》始，明正德年间，清雍正、同治年间，民国16年都曾修志。虽或失传、或毁，但修志之风传承不断。上轮修志期间整理旧志3部，尽叙历史沿革之要略，追记先贤英杰之功绩，反映经济文化之盛衰，留下了极为宝贵的历史遗产。最近一部志书，是1992年出版的《剑阁县志》，重点记述1949年至1989年全县经济建设和社会发展成就。时隔十多年，全县经济社会发展之快，面貌变化之大，前所未有，再次修志势在必行。为此，县委、县政府决定进行第二轮修志。

“志为信史”。全书以科学发展观为指导，以经济社会发展为主线，运用辩证唯物主义与历史唯物主义观点和方法，把握发展脉络，全面真实记述剑阁17年各行各业发生的巨大变化，客观反映全县政治、经济、文化和社会事业的历史与现状。既宏观鸟瞰，县域概况，尽收眼底；又微观透视，沧桑变化，了然志中。一卷在手，犹如全县在胸。主政者，可以之为镜，观兴废盛衰，明是非得失，把握发展方向；为民者，可以之为师，览家乡全貌，知发展艰辛，珍惜幸福生活。其“资治、教化、存史”的意义和价值不可估量。

鉴古知今，继往开来。修志之意，旨在告慰前辈，激励当代，启迪后人，造福桑梓。目前，县委、县政府正在举全县之力，建设全面小康，培强县域经济，力促全县经济社会加速发展，为把剑阁建设成广元市经济文化生态强县和川陕甘结合部旅游强县而奋斗。诚望全县人民，继承先辈壮志，发扬拼搏精神，为全县发展尽心尽力，献计献策，人尽其才，物尽其用，共创剑阁幸福美好明天。

是为序。

中共剑阁县委书记

剑阁县人民政府县长

2017年2月

凡　例

一、本志编纂工作以马克思列宁主义、毛泽东思想、邓小平理论、“三个代表”重要思想、科学发展观为指导，贯彻习近平总书记系列重要讲话精神，运用辩证唯物主义和历史唯物主义的基本原理，全面、客观、真实、准确记述剑阁自然与社会的历史和现状。

二、本志编纂以资治、教化、存史为宗旨，为剑阁发展提供历史借鉴，为建设社会主义物质文明和精神文明服务。

三、本志为首部《剑阁县志》的续编，设中英文目录。上限为1990年，下限为2006年，前志未叙，或叙述不全的重要史事，突破上限，适当追溯。人物、图片载入，适当突破上下限。

四、本志采用述、记、志、传、图、表、录等体裁，以志体为主。

五、本志除卷首外，设概述、大事记、专志、人物、附录、索引，卷末置后记。概述扼要记述剑阁发展全貌，纲挈全志；大事记按时序略记断限内大事、要事；专志以事分类，篇下设章、节、目，横排纵述；人物生不立传，人物传记以本籍人物、正面人物为主，以卒年为序，人物事略以姓氏笔画为序；附录辑录部分文献、艺文等，补专志之略。

六、本志运用现代规范语体文、记述体，寓观点于记事中。表达力求准确、朴实、简洁、流畅，合乎语法。语言文字、标点符号、计量单位的使用和引文注释的书写等按国家有关规定执行。

七、本志纪年著录，清代以前按朝代帝王年号纪年，括注公元纪年；民国年代使用民国纪年；中华人民共和国成立后使用公元纪年。“解放后”，指1949年12月18日剑阁解放及以后的历史时期。

八、本志称谓，除引用原文外采用第三人称表述；机构、会议名称和专用名词术语，首次出现使用全称，其后一般用简称；人物一般直书姓名，需写官职或身份，冠在姓名之前；政区、职官、军队一律沿用当时称谓；地名用所记事项发生时的名称；县治地，2003年9月28日以前在普安镇，之后在下寺镇，“县城”称谓以2003年9月28日为时点，之前为普安城区，之后为下寺城区。

九、本志书使用资料，主要源于各部门志、《剑阁年鉴》及乡镇提供的资料，经严格筛选、校核、考订辑成，资料及纂写初稿归档以备查考。少部分采用口碑资料，均经鉴别核实，不注出处。数据以统计部门公布的数据为准，统计部门未统计的采用主管部门的数据。

十、本志对前志漏记，随文暗补。

目 录

第三篇　中国共产党剑阁县委员会

第四篇　剑阁县人民代表大会

第五篇　剑阁县人民政府

第六篇　政协剑阁县委员会

第七篇　人民团体

第八篇　军　事

第九篇　政　法

第十篇　经济综述

第十一篇　经济管理

第十二篇　人　事

第十三篇　劳动和社会保障

第十四篇　民　政

第十五篇　农　业

第十六篇　扶贫与协作

第十七篇　乡镇企业

第十八篇　工　业

第十九篇　交通运输

第二十篇　邮政通信

第二十一篇 城乡建设

第二十二篇 国土资源管理 环境保护

第二十三篇 商 业

第二十四篇 供销 粮油 烟草 盐业

第二十五篇　财　政

第二十六篇　税　务

第二十七篇　金融　保险

第二十八篇　旅　游

第二十九篇　教　育

第三十篇　科　技

第三十一篇　文　化

第三十二篇　广播电视　报纸

第三十三篇　医疗卫生　计划生育

第三十四篇　体　育

第三十五篇　社会风土

第三十六篇　人　物

附　录

CONTENTS

Part 3 Jiange County Committee of the Communist Party of China

Part 4 Jiange County People's Congress

Part 5 Jiange County People's Government

Part 6 CPPCC Jiange County Committee

Part 7 People's organizations

Part 8 Military

Part 9 Political science and law

Part 10 Economic review

Part 11 Economic management

Part 12 The personnel

Part 13 Labor and social security

Part 14 The civil affairs

Part 15 Agricultural

Part 16 Poverty alleviation and collaboration

Part 17 Township Enterprise

Part 18 Industry

Part 19 Transportation and Traffic

Part 20 Postal communication

Part 21 Town and country construction

Part 22 Land and resources management, environmental protection

Part 23 Business

Part 24 Supply and marketing grain and oil, tobacco, salt industry

Part 25 Finance

Part 26 Tax

Part 27 Financial and insurance

Part 28 Tourism

Part 29 Education

Part 30 Science and technology

Part 31 culture

Part 35 Social customs

Part 36 Character

Appendix

概　述

剑阁地处四川盆地北缘，位于北纬31°31′46″至32°21′06″，东经105°10′10″至105°49′26″之间。东邻广元市元坝区、苍溪县，南连阆中市、南部县，西接梓潼县、江油市，北依青川县、广元市市中区。南北长91千米，东西宽63千米，辖区面积3204.33平方千米。县城北距广元城区42千米，南距成都254千米。

一

县境地势西北高，东南低，由西北向东南倾斜。地貌以低山为主，次为中山、深丘，间或少许山前河谷小平坝。受地质结构影响，境内北部地区群山西来，重峦叠嶂，层岭云集，沟壑纵横。西北界龙门山脉斜插，清江河以南为剑门山等弧型山脉覆盖。剑门七十二峰单斜，石壁巍峨，连峰绝险，森若剑戟，横亘百余里，宛如天然城郭，北控函秦，南锁巴蜀，自古为地扼要冲。向东南，山势渐缓，地面切割剧烈，呈台梁、枝羽状低山展布。海拔高程最高点为北部五子山主峰1330米，最低点是南部西河出口谷地368米。境内河流属嘉陵江水系，嘉陵江沿东南边界流出，为过境水。发源于西北山麓的西河、闻溪河、店子河、白龙河、柳沟河，以及由青川县流入的清江河贯穿全境，河流总长693.24千米，总流域面积3098.63平方千米。域内属亚热带湿润季风气候区，雨量充沛，气候温和，四季分明。1990年至2006年，年均气温15.7℃、日照1284.8小时、降雨量915.7毫米、无霜期267天。

县域自然风光雄奇秀美，拥有多种资源。在总土地面积320433.3公顷中，农业利用土地239765.3公顷，利用率74.8%，其中耕地利用率为16.2%，土地开发潜力较大。地下蕴藏有天然气、煤、铁、沙金等十多种矿产资源。境内有广阔的林地、茂密的森林，森林蓄积637万立方米，森林覆盖率48.7%。木质优良的柏木林遍布全境，面积6万余公顷，以“柏木之乡”著称。多样的地貌形态和适宜的光热条件，为动植物的生存提供了良好环境。域内野生动、植物众多，列入省重点保护天然、原生珍贵树木名录的有12种。野生动物列入国家一、二级保护的有25种。

境内山川名胜、文物古迹甚多，剑门蜀道自然与文化遗产极其丰富。剑门与峨眉山、青城山、夔门并称为蜀中四大形胜之地，剑门以天险居其首。“峭壁中断，两崖相嵌，如门斯辟，如剑斯植”。古金牛道从剑门隘谷经过，曲折险峻。三国时蜀汉诸葛亮于此设防，剑门关成为“一夫当关，万夫莫开”的蜀门锁钥，历代兵家必争之地。“三百里程十万树”的世界奇观翠云廊，驿道以青石铺就，两旁古柏森森，虬枝凌空，千姿百态，荫翳蔽日，逶迤于崇山峻岭之间。清人有“翠云廊，苍烟护，苔滑荫雨湿衣裳，回柯垂叶凉风度。无石不可眠，处处堪留句”的美誉。剑阁古城普安镇为全省首批历史文化名城，以钟鼓楼、箭楼为中心的古街区等明代建筑，古风犹存。古城墙上有中国工农红军长征时留下的大型石刻《中国共产党十大政纲》。城东鹤鸣山，有隋唐时期的道教摩崖造像，唐代诗人李商隐撰文《剑州重阳亭铭》和文学家元结撰文、书法家颜真卿书《大唐中兴颂》等摩崖石刻以及山巅屹立的文峰塔。武连觉苑寺是全国重点文物保护单位，有全国仅存的明代大型《佛传》壁画，堪称中国佛教艺术的瑰宝。蜀道历史文化遗存还有小庙山新石器时代文化遗址、三国古战场、南宋抗元遗址、古城堡以及自然景观五子山、翠云湖、茶园沟等。剑门蜀道是古金牛道上保存较好的古道之一，专家称可与欧洲古罗马大道媲美，是古代陆上交通活化石。剑门蜀道被列为国家重点文物保护单位、国家级风景名胜区，剑门关被列为国家级森林公园。剑阁为川陕革命根据地的一部分，境内有红军战斗遗址、苏维埃政府机关遗址、红军遗物、石刻标语、烈士墓冢等现代革命遗存。

剑阁山河壮丽，人文荟萃，为古今无数名人瞩目。自晋以来，张载、李隆基、李白、杜甫、岑参、柳宗元、王安石、陆游、方孝孺、李调元、张之洞，当代政要周恩来、朱德、张澜、邓小平、徐向前、贺龙、郭沫若、张爱萍、邓力群，以及名家张大千、王朝闻、邵宇、冯其庸、孙道临、刘文西等，或驻足观光，或考古视察，留下了他们的足迹、墨宝和传诵千古的诗文。

二

剑阁历史源远流长。新石器时代，境内已有先民生息。夏商时为梁州之域，西周时属雍州。秦王政二十六年（公元前221年），西北大部归蜀郡葭萌县，东南属巴郡阆中县。西汉高帝六年（公元前201年），分属广汉郡梓潼县、葭萌县和巴郡阆中县。东汉建安二十二年（217年），置汉德县，故城黄芦城（剑门关镇青树村）。三国时为蜀汉领域。东晋永和三年（347年），置剑阁县（治所下寺镇三江村），太和十五年（390年）废。南北朝时，有县、郡、州建置。南朝宋大明（457—464年）中，实置南安郡，郡、县（南安）同治普安镇。南齐建元初复归梓潼郡，后废汉德县。隋开皇三年（583年），废郡设州；大业三年（607年），改始州为普安郡。唐武德元年（618年），废郡复州；先天二年（713年），改始州为剑州。五代时剑州辖八县。宋元时，州府三易其名后复称剑州，属保宁府。明清时隶承前。民国2年（1913年），改剑州为剑阁县，属嘉陵道。民国24年三月（1935年4月），中国工农红军第四方面军在剑阁建立普安、赤化、金仙三个县苏维埃政府，红军北上后被废。同年六月，国民政府统一“川政”，为四川省第十四区行政督察专员公署暨保安司令部治地，辖11县。

中华人民共和国成立后，1949年12月18日剑阁解放。1950年属川北行政公署剑阁专员公署。1953年3月，改属绵阳专员公署。1985年5月划属广元市。1991年7月，广元市市中区下寺镇和上寺、普广2乡划归剑阁。县辖11个区，63个乡镇。1992年10月撤区并乡建镇，乡镇设置调整为36个。1995年

10月，完善乡镇建制，调整为57个乡镇。2003年9月28日，县治地由普安镇迁至下寺镇。2006年年末，县辖57个乡镇，549个村，29个社区。总人口670449人（2000年人口普查时，少数民族17个、109人）。人口男女性别比为108.27∶100。城乡人口比为12.13∶100，人口密度为每平方千米209人。

剑阁自古英才辈出。影响较大的有南宋天文学家、礼部尚书黄裳，明朝兵部尚书赵炳然，清代翰林学士李榕。新民主主义革命时期，千余名剑阁热血儿女，为争取劳苦大众的翻身解放英勇斗争，献出了宝贵的生命。社会主义革命和建设时期涌现出的有，在抗美援朝的上甘岭战斗中，荣获特等功臣、二级战斗英雄称号的中国人民志愿军战士高良伦；把一个穷山村改变成全国山区粮棉油高产的一面红旗，被中共中央、国务院誉为“四川的大寨”的化林大队带头人、党支部书记、第五届全国人大常务委员会委员的张正桃；被誉为“川北活雷锋”的全国邮电特等劳动模范、县邮电局职工梁承烈等各条战线上的优秀人物。这些灿若明星的英才，为剑阁历史书写了最辉煌的篇章。

三

1990年至2006年，是剑阁改革开放和社会主义现代化建设全面推进的17年。1990年地区生产总值（GDP）47681万元、人均755元，2006年分别为259702万元、4555元，分别是1990年的5.4倍、6.0倍。1990年，地方财政一般预算收入2293万元，金融机构存款余额12895万元，2006年分别为3363万元和249646万元，分别是1990年的1.5倍、19.4倍。三次产业比重由1990年的70.4∶11.2∶18.4调整为2006年的42.1∶19.0∶38.9。

发轫于20世纪80年代后期的发展农村商品经济，到90年代初势头更加强劲，“南棉北烟全县油，南橘北桃（萄）全县桑”的规模化生产格局初步形成，与以生猪为主的养殖业和乡镇企业构成了“种、养、加”三轮驱动，内联外引齐头并进的局面，有计划的商品经济向市场经济转变迈上了新台阶。然而，以农业为主要产业的剑阁十年九旱，灾害频发，加之“大包干”后，大规模的农田基本建设基本停止，水利设施老化，水土流失，农业生产遇到新的挑战。面对困局，县委、县政府领导全县人民展开了“春筑路、夏淘沙、秋植树、冬水土”的大规模农田基本建设。沉寂了30年的杨家坝水库大坝枢纽工程再次上马，山、水、田、林、路综合治理全面推进。至1992年，新修水利工程513处，改造标准农田和中低产田土14600公顷，“长防工程”造林3933公顷，整治、新修公路1800千米。这是改革开放30年中空前规模的群众性农业基础设施建设，为农村经济发展奠定了坚实基础。农业生产条件普遍改善，粮油生产连续3年超历史最高水平，多经产品量增质优，畜牧业快速发展。全县农业总产值5.75亿元，乡镇企业产值在1989年的基础上翻了一番。随着邓小平南方谈话精神的贯彻落实和社会主义市场经济体制的确立，农村改革有了重大突破。1993年至1997年，拍卖小型水利设施经营权和荒山荒坡使用权，乡镇企业改制重组，股份制经济逐步形成，业主制经营初见端倪，市场对资源配置的基础性作用逐渐显现。其间，畜牧业和乡镇企业发展较快。1997年生猪出栏82.44万头，比1992年增加40.29万头，乡镇企业总产值6.65亿元。1998年至2002年，遭受特大洪灾、持续干旱等自然灾害，农业歉收，加之财政对农业的投入减少，农民负担加重，流通渠道不畅，出现“白条”现象，农业综合生产能力降低。5年间，农业总产值持续下降。2002 年稍有好转，但仍未达到 1997 年的水平。

困扰乡村的“三农”问题引起了党和政府高度重视。2003 年后，惠农政策相继出台。实行土地流转，推进业主经营，扶持专业大户，走“公司 + 基地 + 农户”的路子，“三高”农业、现代农业取得较大进展。社会主义新农村建设，不仅让老少留守群体看到了农村未来的光明前景，还吸引了一批进城务工的农民工返乡创业，建设家乡。发展中出现的“重北轻南”“重沿线、轻僻壤”的现象得到纠正，农村经济逐步步入良性循环的轨道。2005 年，粮油产量创历史新高，粮食产量 41.08 万吨，油料产量 8.2 万吨，剑阁成为国家粮油生产基地县。2006 年，全县农业总产值 19 亿元，比 1990 年增长 2.76 倍，实现增加值 10.94 亿元，增长 2.26 倍。畜牧业逐步占据主导地位，猪、牛、羊肉产量 7.7 万吨。畜牧业占农、林、牧、渔业总产值的比重已由 22.6% 上升到 47.4%。农业基础设施增强，农业生产条件逐步改善，有效灌溉面积 25980 公顷，增加 6111 公顷，占耕地面积的 49.93%，提高 13.46 个百分点。农业机械总动力 36.16 万千瓦，增加 26.5 万千瓦。乡镇企业稳步发展，实现总产值 12.51 亿元。17 年间，有翠云罐头、剑门火腿、天府花生等名优产品进入国内外市场。东宝大米获国家绿色食品 A 级标准认证。

经过农村土地制度改革、税费改革、林地改革等一系列综合改革，农业在国民经济中的基础地位更加巩固，有力地支撑了二、三产业的持续发展。

四

县内工业企业 1990 年开始新一轮改革，实行厂长（经理）负责制、优化劳动组合及劳动合同制、企业承包经营责任制。至 1992 年，全县实现工业总产值 2.76 亿元，工业产值占工农业总产值的比重由 1990 年的 28.91% 上升到 32.43%。粮油、食品、棉纺、烟草、茧丝绸等产业呈现良好发展势头。

1993 年后，企业改革进入全面整体推进的新阶段，各项改革取得重大突破。从破“三铁”（“铁交椅”“铁饭碗”“铁工资”）开始的转换企业经营机制，到“抓大放小”的企业产权制度改革，无一不力度空前。县水泥厂股份制试点，县林化厂破产试点，以点带面，把企业产权制度改革推向纵深。1997 年下半年，按照“卖字当头，以股为主”的方针，全县纳入改制企业 746 个。是年，通过拍卖、租赁、重组、破产等形式，改制 728 个，全县实现工业总产值 6.84 亿元，工业增加值 1.33 亿元。

1998 年，继续推行兼并破产、下岗分流、减员增效，形成优胜劣汰的竞争机制。对县食品公司等 2 个企业实行资产重组，县毛巾床单厂等 3 个企业进行股份制改造，县丝厂等 4 个企业依法破产。1999 年，按照“出售为主，租赁为辅，鼓励兼并，划股陪嫁”的原则，加快国有、集体企业的民营化步伐，全县 438 个工业企业，改制 436 个。2002 年，企业改革基本实现以非公有制经济构建县域经济主体的目标。2003 年 12 月，县委、县政府印发《关于进一步做好国有企业改革与发展工作的意见》，明确改制程序，防止国有资产流失和职工利益受损。此后的改革攻坚，实现了 100% 的触动企业产权、转变职工身份、转换经营机制的总体目标，为民营经济创造了良好的发展环境。

改革开放促进了工业经济的快速发展。构建起以民营经济为主体的经济框架。建筑业持续发展，房地产市场异常活跃。全县初步形成以粮油食品、服装轻纺、煤矿化工、建筑建材为主导的四大产业。兴博木业、鑫茂测土配方肥、汇丰食品、嘉信食品、西普油脂等骨干企业不断发展壮大，主要产品产量达到一定规模，名优产品增多，“剑门”牌香柏实木地板被中国建筑装饰装修材料协会评为“全国行业30家质量合格供货放心品牌”。至2006年，全部工业实现总产值10.37亿元，为1990年的4.05倍；实现增加值3.01亿元，为1990年的6.74倍；工业经济占GDP的比重为11.6%，比1990年上升2.2个百分点。但从总体上看，剑阁工业基础薄弱，缺乏支柱产业，产品附加值低，人才、资金、原材料制约因素突出，加快发展任重道远。

五

剑门山区自古出行难。剑阁水路不畅，陆上交通运输以公路为主。20世纪90年代初的县、乡道还是泥结碎石路与泥路，且路面窄、弯道多、坡度大，“汽车跳，剑阁到”是当时交通的真实写照。交通不畅制约了剑阁经济社会发展。1990年起，对原有道路扩宽、取直、降坡、铺油、硬化，同时陆续新修道路。至1992年，完成国道108线剑阁段铺油和县道剑南路部分路段标准路面建设。1995年至1997年，全县公路大会战，升级改造剑南、剑苍、剑盐、剑青4条出境公路。2002年，经境内的首条高速公路——绵（阳）广（元）高速公路建成通车。年底，连接绵广高速公路的县城至金子山的剑青公路贯通。绵广高速公路、国道108线与宝成铁路，构成剑阁交通大动脉，出行难逐渐成为历史。至2006年，全县建成一级公路26千米，二级公路109.5千米，三级公路252.7千米，四级公路367.4千米，等外级公路4747.4千米，公路总里程5503千米，是1990年的16.49倍。随着国有、集体运输业在产权制度改革中兼并、重组，民营运输业、个体运输业兴起。2006年，全县公路客运量451万人次，客运周转量22392万人千米，公路货运量581万吨，货运周转量37247万吨千米，分别比1990年增加1.97倍、1.22倍、7.7倍和10.3倍。年末，全县运输车辆2291辆。

邮政电信业于90年代初为合营，后期分营。邮政分营后为谋生存、求发展，在原有业务的基础上，拓展营销领域，开办特快专递、邮政代理和物流配送等业务。自办邮路99条，总长1883千米，实现邮政业务电子化，与国际接轨。电信几经改制，迅猛发展，形成电信、移动、联通、网通、铁通五大营运商。从1990年城乡使用人工接续磁石交换机、步进制自动交换机，至2006年，实现电话交换程控化，中继电路光纤化，固定电话75443部，移动电话106426部，互联网用户3061户。邮电业务总量11390万元，是1990年的64.1倍。

城镇化建设与环境保护同步发展，改造老城、扩建新城与集镇建设有序推进。1990年起实施县城改造，打通农贸市场出口通道和3条出城干道，拓宽长3100米、宽24米的三江路，修建滨河环路2400米，整治龙泉涧，修筑防洪堤1310米，建桥涵9座。铺设供气管道9415米，建筑房屋20.04万平方米。扩建鹤鸣山公园，绿化城区道路，增添卫生设施，治理环境污染。1997年建成省级卫生城。至2006年，建成区面积4.76平方千米，街道29条，常住人口76754人。在决定县治地北迁下寺镇的10年间，县城建设快速发展，相继完成110千伏变电站、日供水1.5万吨自来水站、供气45万立方米气站、“两桥一线”城市干道、“三纵七横”街道建设、防洪排污设施及园林绿化等项目。2006年，建市政道路55条

10.66千米，园林绿地面积55.75公顷，新建房67.05万平方米，年末有公交车路线3条，营运公交车8辆。城区面积4.06平方千米，常住人口19552人。17年的集镇建设与城市建设形成北起下寺镇、南至武连镇的108线城市为主轴，剑南、剑盐、剑苍3线城镇为次轴和开封镇、白龙镇、江口镇至剑门关镇的环状城镇群。全县城镇常住人口11.7万人，城市化率20.5%。

商贸流通体制改革促进了消费市场繁荣活跃。国有、集体商贸企业转换经营机制，实行价格、用工、分配、经营四放开，推行柜组承包、租赁承包责任制。同时，为个体私营经济营造发展环境，设立非公有制经济试验区，建设集贸市场。至1992年，新建各类商贸市场14个，商业网点7499处。1993年，个体私营经济实现社会消费品零售总额5501万元。在激烈的市场竞争中，个体私营经济经营方式灵活机动，赢得商机，而国有、集体商贸企业受体制束缚，市场竞争力日渐萎缩。在随后的以国有企业退出流通领域为重点的产权制度改革中，昔日的商界龙头企业县五交化、食品、百货等公司破产重组，实现民营化。个体私营商贸业发展势头强劲，进而取代国有企业的主导地位。至2006年，建各类专业市场和综合市场68个，面积6.91万平方米，万余个体私营商户活跃于城乡市场。全县社会消费品零售总额9.87亿元。个体私营经济零售总额8.84亿元，占社会消费品零售总额的比重由1990年23.2%提高到89.6%。

剑阁有得天独厚的旅游资源。17年间，共投入6114.86万元，建设剑门关、梁山寺、翠云廊、鹤鸣山、翠云湖和觉苑寺等重点景区。同时，大力发展乡村旅游，建成拱石坝观光田园、仙峰观茶庄、唐家坪农家乐等知名景点，开发出剑坪村桃花节、红双村葡萄节和琚山垭大肉会、拦马墙牛肉宴以及“剑门豆腐”“剑门绿茶”“剑杖”等旅游产品，吸引了大量中外游客。2006年，重点景区共接待游客55.3万人次，实现旅游门票收入836.6万元。

17年中发展较快是第三产业。1990年，第三产业增加值8798万元。2006年，第三产业增加值101054万元，占全县生产总值的比重从18.4%上升到38.9%。

六

17年的经济发展，为社会事业全面进步创造了有利条件。

在教育行政管理体制和办学体制改革的推动下，全面改善办学条件，消除乡村学校危房，开展中小学标准化、规范化建设。实施普及九年制义务教育，全县投入12695.2万元，使各级各类学校的教育硬件建设达标，基本普及九年制义务教育，基本扫除青壮年文盲。教学研究取得阶段性成果。启动基础教育课程改革，制定《剑阁县教育管理规程》，推动了教育事业的全面发展，教育质量稳步上升，艺体教育独具特色。2006年年末，全县有小学51所、普通中学52所、中等职业学校3所，在校学生106193人，专任教师4629人。学龄儿童入学率和义务教育普及率均为100%。全年考入普通高校（含职教类）2847人。但广受诟病的应试教育仍难以完全消除，离“办人民满意的教育”还有一定差距。

改革科技管理体制，开展科普宣传、科技培训，引进人才，鼓励创新。17年间，累计投入科技经费1.67亿元，研发重点科技项目8项，新技术应用14项，获省、市科技成果奖5项。科技对经济增长的贡献率22.8%。2006年，有科技协会、学会、研究所32个，会员1700人，各类专业技术人员7896人，其中高级职称257人，万人拥有专业技术人员117人。

卫生改革与发展进程加快，随着家庭联产承包责任制的推行，农村合作医疗失去集体经济基础而解体，农民的基本医疗保障制度相应终结。1992年，县卫生系统根据卫生部关于“建设靠国家，吃饭靠自己”和“以工助医，以副养医”的市场化、产业化改革方向，推行医疗单位院（站）长负责制，科室实行承包或半承包责任制，人员实行聘任制。1994年分税制改革后，财政对卫生事业投入的比例逐年缩减，卫生事业费改拨为奖，医院实行绩效工资制。各医疗单位顺应市场化改革方向，开发卫生产业，拓展医疗市场，以增加收益，弥补业务经费。大多数医院经费短缺，运转困难，乡镇卫生院尤甚。医疗费用逐年攀升，医患矛盾时有发生，“看病难，看病贵”日渐突出。卫生工作在困境中艰难前行。医疗、卫生防疫、妇幼保健工作仍取得较好业绩。县中医院建成国家“二级甲等”中医院，县人民医院建成国家“二级甲等”综合医院和“国际爱婴医院”。农村初级卫生保健达到国家普及阶段标准。2001年建成“全国农村中医工作先进县”。是年，县卫生系统终止乡镇卫生院分摊底金和个人承包经营，恢复集体经营。2002年后，医疗卫生体制改革逐步回归“公共医疗公益性”的正确轨道。2005年，剑阁被列入全省第三批新型农村合作医疗试点县，农民的基本医疗保障制度得到恢复。至次年，全县共筹集新型农村合作医疗基金224.68万元，参加新型农村合作医疗人数45.3万人，占农业人口的75.7%。2006年年末，乡以上卫生机构66个，卫生技术人员1233人，病床950张，万元以上医疗设备298台，卫生业务用房8.33万平方米，每万人拥有医生18人。人均预期寿命为72岁。

开展婚育新风进万家活动。通过社会主义生育文化建设和技术服务网络建设，把计划生育工作与发展经济、扶贫工作和建设文明家庭结合起来。人口自然增长率由1990年的8.8‰下降到2006年的1.76‰。

剑阁是全国文化先进县，文化积淀厚重。域内有地面文物保护单位208处。馆藏文物2500余件。其中，一级文物3件、二级30件、三级807件。群众文化活动持续开展，民间文艺丰富多彩，剑阁花灯、高观皮影被列入全省第一批非物质文化遗产名录，白龙纸偶列入全市第一批非物质文化遗产名录。文艺创作繁荣活跃，创办文艺报刊3种，有业余文艺创作者1000余人。一批文艺佳作获国家、省、市奖项，戏剧小品《回家看看》获2001年“中国曹禺戏剧奖·小品小戏奖”暨中国剧协百优小品大赛剧目三等奖、全国群星金奖，实现了广元市戏剧艺术史上获国家级奖项零突破。2006年年末，有文化馆1个，乡镇文化站57个。图书馆1个，藏书6.5万册。电影院9座，电影放映队80个。多元文化格局的形成，为群众文化生活提供了较大的选择余地。由于人们娱乐方式和生活习惯的改变，导致川剧、电影和图书业日渐衰落，唯一的专业剧团——剑阁川剧院解体，剧场拆除。电影票房和图书发行持续走低。

广播电视事业在17年间，从广播信号传输由电信有线传输到调频无线传输，再到广播电视光纤电缆传输，实现广播电视村村通。开通电视频道从4套增加到36套，有线电视接入用户从2000户增加到6.8万户，广播电视覆盖率从89%增加到93.2%，电视覆盖率从65%增加到90.1%。广播电视节目丰富，自办节目形式多样，重要会议和重大活动现场直播，摄制系列报道、专题片、纪录片550部（集），有95件广播作品和30多件电视作品分别获省、市奖。1996年《剑门报》复刊后共出版382期、增刊1期，于2003年年底再次停办。

广泛开展全民健身活动，举办、参与各类体育赛事。至2006年全县有标准体育场136个，非标准体育场94个，业余体校1个，国家高级教练员2人，中级4人，一级裁判员5人，二级23人。全县中小学有专职体育教师107人，小学生体育锻炼年均达标率93%，中学生体育合格年均达标率98%，中学和业余体校向国家输送体育人才49人，1人获国赛第三名、省赛第一名。

党的建设、民主法制建设、精神文明建设与经济、社会事业相互促进，共同发展，人民生活水平逐年提高。社会养老、医疗、失业保险和最低生活保障制度日臻完善。2006年，农民人均纯收入2108元，城镇居民可支配收入6817元，城镇职工年均工资11400元，城乡居民人均储蓄3346元，分别为1990年的3.9倍、4.9倍、7.1倍和26.2倍。农村住房结构、质量不断提升，钢筋混凝土结构住房从无到有。2006年，城乡居民住房面积420万平方米，农村人均住房面积达到28平方米，城镇人均住宅面积达到19平方米。

回眸17年，走过坎坷成大道。展望未来，通过全县人民的共同努力，剑阁的明天一定灿烂辉煌。

大事记

1990 年

1 月 6 日，剑阁县人民政府（下简称县政府）召开汉龙铁索桥工程筹备会，成立工程指挥部，副县长范承发任指挥长。

是日，县编制委员会（下简称编委）批准设立县农技推广服务中心（副局级事业单位），从事农业技术试验示范推广工作。

2 月 19 日至 21 日，中共剑阁县第六次代表大会在县城举行，出席代表 311 人，选出第六届中共剑阁县委委员 19 名、候补委员 2 名、县纪委委员 11 名。

2 月 26 日至 3 月 4 日，县政协第四届第一次委员会议在县城召开，到会政协委员 191 人。选举产生县政协主席 1 人，副主席 5 人、秘书长 1 人。

2 月 27 日至 3 月 4 日，县第十二届人民代表大会第一次会议在县城召开，出席代表 221 人。选举产生县人大常委会主任 1 人、副主任 4 人、常务委员 12 人，县长 1 人、副县长 6 人，法院院长和检察院检察长各 1 人。

3 月 6 日，成立县科学技术进步奖评审委员会。

3 月 7 日，县成立烟叶生产办公室，为县政府常设机构，定编 5 人。

3 月 13 日至 15 日，共青团剑阁县委第十届代表大会在县城文化宫召开，出席代表 220 人，会议选举产生共青团剑阁县第十届委员会委员 23 人，其中常委 9 人，书记暂缺，由副书记主持工作。

3 月 14 日，撤销县劳动人事局，分设县人事局、县劳动局；县职工保险事业管理局更名为县社会保险事业管理局，成立县国家保密局（科级），与县委保密委员会实行两块牌子一套人员，列入政府序列限额外机构。

3 月 22 日，县红十字会成立。

3 月 28 日至 31 日，县第九次妇女代表大会在县城召开，到会代表 270 人。选举产生县第九届妇女联合会委员 23 人。

3月31日，撤销县综合经济体制改革办公室，成立县经济体制改革委员会，下设经济体制改革办公室。

4月4日，中共中央候补委员、省委常委、省委秘书长徐世群视察剑阁。

4月10日，经市政府批准，抄手乡政府驻地由抄手铺迁至该乡民主村一组（国道108线旁）。

4月17日至18日，县委召开六届二次全委（扩大）会议，传达党的十三届六中全会和省、市委全委会议精神，以整风精神，学习贯彻《中共中央关于加强党同人民群众联系的决定》。

4月19日，县水电农机局分设为县水利电力局和县农业机械局。

4月27日，县政府召开自动直拨电话建设会议，要求到1990年底，县城的电话交换进入全国电话自动交换网。

5月11日，县消费者协会成立。协会设名誉会长3人、会长1人、副会长5人、常务理事25人、理事69人。

5月12日下午3时，小剑、汉阳、剑门、北庙、姚家、盐店、高观等7乡镇17个村96个村民组15695户，遭大风、暴雨、冰雹袭击。风力9级，雹大如核桃，持续半小时。倒塌房屋205间，打伤7人，农作物损失严重。

5月24日，省政协常委、四川大学三国史研究中心副主任、副教授方北辰一行5人到剑阁考察。

5月27日，全国政协副主席钱伟长到剑阁参观考察。

5月29日，县委、县政府印发《关于选配科技副区、乡（镇）长加强科技兴农领导的通知》。要求在年内逐步选派配齐并对选配条件、范围及职责、任务、待遇、管理作出明确规定。

6月21日，县委召开全县纪检、监察工作会议，动员部署全县纪检、监察工作，加强党风建设和廉政建设。县委副书记刘三林、县长薛义富就纪检、监察工作作了重要讲话。

7月1日，全县开始第四次全国人口普查入户登记工作，登记截止时间为10日，全县实际登记165116户、643722人。

7月4日，全县开始土地利用现状详查工作。

7月6日凌晨1时至7日中午12时，龙泉、剑门、武连、普安等8区、镇降大暴雨。县城降雨222毫米，河水猛涨。

7月8日，剑门、龙泉、江口等地发现境外敌特机关反动宣传品。县委、县政府组织收缴反动宣传品。

7月10日，凌晨4至5时，龙泉、鹤龄、金仙、白龙等区的12个乡镇61个村373个组遭受10级至11级大风、暴雨、冰雹灾害。

7月13日，县境发生特大风灾，驿道古柏被风吹倒19株，其中白龙镇古楼铺一线吹倒皇柏13株。

7月19日至25日，县委举办农村党支部书记培训班。参加培训的有农村党支部书记531人，区、乡镇党委书记70人以及县级有关部门领导共612人。

7月31日，西藏自治区政协副主席、统战部部长郑英（藏族）、副部长朗嘎（女、藏族）、市政协常务副主席、市委统战部部长范子均一行7人到剑阁参观考察。

8月2日，市编委批准成立县法制局，主要负责行政复议工作。

8月15日，举行杨家坝水库开工典礼。

8月20日，县委、县政府向市委、市府呈送《关于出版〈剑阁县志〉的请示报告》，请审查验收并批准出版。

8月25日至28日，国务院农村发展研究中心在县城召开全国10省200家工业企业1998年至1999年追踪调查会。

9月15日，县政府设立税务、财务、物价大检查办公室，暂定事业编制3人。人员从财政、税务、物价等部门选配。

9月23日，县农机局在普安镇剑公村召开“丰收牌”水稻割禾器使用现场会。

9月30日至10月1日，县财贸系统在县城举行“迎国庆商品展销会”。参展摊位105个、商品600多种。

11月8日，恢复县公费医疗管理委员会。委员会由13人组成，委员会下设办公室，办公地点设在卫生局。

11月20日至23日，市政府召开新编《剑阁县志》评审会议。

12月20日，县政府为298名农村技术人员授予助理技师、技术员职称。

1991年

1月3日，省政府（川府发〔1991〕001号）文公布普安镇为全省第一批省级历史文化名城。

1月4日，县地名委员会成立。

2月10日，剑阁启动水稻、玉米“丰收工程”。

3月19日，县政协第四届第二次委员会议在县城召开。

3月20日，县委、县政府召开会议，对县淀粉厂排污管道管理不善造成闻溪河水源污染，紧急研究制定治理措施。

4月1日，县政府制定《剑阁县乡镇船舶安全管理办法》。

4月13日，成立县军转安置工作领导小组。

4月22日，元山、开封、武连3区的国光、王河、公店、柘坝、碗泉、马灯等乡镇发生严重冰雹灾害。

5月13日，县委、县政府发出通知，号召全县人民向全国邮电特等劳模梁承烈学习。

6月5日，全县开展《行政复议条例》宣传活动。

7月1日，广元市市中区下寺镇和普广、上寺2乡20个村132组、1个居民委员会2个居民小组、4698户、21963人，面积136.65平方千米划归剑阁。

7月9日，成立下寺区，辖下寺、普广、上寺3个乡镇。

8月1日，县委、县政府印发《关于进一步深化企业改革搞活企业的决定》。推行全员承包、领导班子集体承包。

8月8日，县政府制定《剑阁县计划生育超生费用管理办法》（试行）。

9月10日，县政府开始在国营商业企业中实行“四放开”改革试点。

9月14日，县委、县政府制定《剑阁县区乡镇党政群机关聘用干部养老金保险实施办法》。

9月15日，修建杨家坝水库，撤销盐店乡五福村，4个组的农户分别并入石笋村、石岩村、莲花村。

10月2日，在县城宣传四川省《农民负担管理条例》。

11月10日，县政府制定《剑阁县普及九年制义务教育实施方案》。

11月10日至12日，剑阁、青川、苍溪、旺苍四县“剑门杯”男篮及象棋邀请赛在剑阁举行。

12月18日下午1时30分，县汽车运输公司一客车行至国道108线梓潼县境内2042千米+8米处，翻入38.6米深悬崖，造成车上乘客7人死亡，9人重伤，其余46人不同程度受伤，直接经济损失20余万元。

12月24日，县残疾人联合会成立。

12月24日上午11时，姚家乡繁荣村九组余家大院发生火灾，烧毁房屋35间，直接经济损失3万余元。

是年秋，沙溪中学开始招收高中班。

1992年

1月27日，省委、省政府在省委三招待所召开升钟水库剑阁淹没情况暨扶贫开发汇报会。

2月12日，省教委发出通知，剑阁职业中学为省级重点职业中学。

2月18日，县科委和县水电局研究的沟涵式稻田养鱼方法通过县级技术鉴定。

2月24日至27日，县政协第四届第三次委员会议在县城召开。

3月5日，中国太平洋财产保险股份有限公司剑阁县支公司成立。

4月16日，市委书记曾子益在下寺开发区现场办公会上对剑阁工农业生产作指示：大力发展乡镇企业，大力引进外区、外县、外省及外国资金到剑阁办企业。

5月27日，省建委批准重建剑门关楼。

6月9日，中共中央政治局委员、四川省委书记杨汝岱到鸯溪乡化林村视察。

6月11日，县境发生大风、冰雹灾害。

6月14日，闻溪乡二郎村四组雨后出现地陷，裂缝长370米，缝宽3米，深3至5米。

是月，在县供销合作联社基础上，组建县供销合作社贸工农总公司。

7月17日下午4时许，开封、武连2区6乡镇发生冰雹、大风、暴雨自然灾害。

7月19日下午5时许，时古、柘坝、元山、演圣、公店等乡镇发生狂风、冰雹、暴雨自然灾害。

8月3日，第一期“川中项目”6666.67公顷改造项目通过市级验收。

8月8日，演圣乡中子村二组船工驾驶“剑阁07号”柱浆机动船，行至升钟水库猫儿洞时，触礁沉没，船上41名乘客落水，12人遇难。

9月9日，林业部批准剑阁建立剑门关国家森林公园，面积1667公顷。

9 月 23 日，根据广组干〔1992〕186 号文件，县第十届人民代表大会常务委员会第十六次会议决定张健担任县政府副县长、代理县长职务，接受薛义富辞去县政府县长职务。

9 月 30 日，县委、县政府根据省委、省政府文件精神，印发《关于撤销区公所和调整乡镇建制的通知》，撤销 11 个区，将 63 个乡镇调整为 23 镇、13 乡。

11 月 12 日，在县总工会召开县委第六届六次全委（扩大）会议，时间两天。传达中共十四大会议精神，布置冬春经济工作。

12 月 24 日，县城滨河环路建设主体工程全部竣工。总投资 361.1 万元。

1993 年

2 月 9 日，中共剑阁县第七次代表大会在县城召开。县委书记杜兴方向大会作题为《认真贯彻党的十四大精神，夺取改革开放和经济建设的更大胜利》的工作报告。

2 月 18 日至 24 日，县政协第五届第一次委员会议在县城召开。

2 月 19 日至 23 日，县第十三届人民代表大会第一次会议在县城召开。

3 月，县纪委与县监察局合署办公，内设机构合一，实行“两块牌子、一套班子”体制。

6 月 28 日，剑门关楼重建工程竣工。

9 月下旬，演圣、元山、王河、开封、柳沟、城北、剑门、江口、鹤龄、金仙、白龙等 31 乡镇 73 村 88 组生猪疫病流行，发病 5.9 万头，死亡 2.5 万头。

10 月 11 日，中央军委副主席张震上将在成都军区司令员李九龙中将陪同下到剑阁视察工作，游览剑门关和翠云廊。

11 月，县种子公司参与完成的“玉米姊妹系及改良单交种研究与应用”获省科技进步一等奖。

12 月 19 日，县电视台播出自制专题风光片《崔嵬剑阁》。

是年，县内开通无线寻呼系统。

1994 年

1 月 28 日，县政协第五届第二次委员会议在县城召开。

9 月 28 日，县税务局分设成立县国家税务局、县地方税务局。

11 月 3 日，全县最后一个无电村——木马镇金魁村通电。

12 月 30 日，剑阁程控电话实现光缆通讯。

1995 年

2 月，王振会调任中共剑阁县委书记。

3 月 6 日，县政协第五届第三次委员会议在县城召开。

5 月 1 日，剑州大桥竣工通车。

6 月 10 日，县人民法院审结剑阁首例企业破产案——县林业局林产化工厂破产案。

7 月，在四川电大剑阁工作站基础上成立广元电大剑阁分校。

7 月，启动县内机关事业单位养老保险工作。

8 月 8 日，一“东风”牌大客车行至国道 108 线熊家梁与一农用三轮车相撞，造成 6 人死亡，2 人重伤。

10 月，按省、市批准方案，剑阁设立普安等 12 个片区党委和片区工作委员会，新建江石等 21 个乡党委和乡政府。全县乡镇达到 57 个，居委会 31 个，村 548 个。

10 月，剑门镇更名为剑门关镇。

是年，县内开通移动电话。

1996 年

3 月 12 日，县政协第五届第四次委员会议在县城召开。

3 月 13 日至 16 日，县第十三届人民代表大会第四次会议在普安镇召开，到会代表 214 人，郑建凡当选县第十三届人大常委会主任，李在扬当选第十三届县政府县长。

4 月 26 日，县文教局分设为县教育委员会和县文化局。

5 月，下寺经济开发区管理委员会成立。

8 月，县委机关报《剑门报》复刊。

9 月 25 日，市委召开常委扩大会议，同意剑阁从即日起启动县城迁址的各项准备工作，明确县城迁址的八条原则和注意事项。

9 月 30 日，县电视台首次进行现场直播。

是月，撤销县保险公司建制，分设中国财产保险有限公司剑阁支公司和中国人寿保险有限公司剑阁营业部。

10 月 7 日凌晨 1 时，普安镇南街居民守百货店，吸烟不慎引起火灾，烧毁省级重点文物保护单位钟鼓楼两边古建筑 522 平方米，烧毁各类家具 579 件，五金 15 件，衣物 926 件，首饰 4 件，家电 140 余件。

10月30日，县委召开常委扩大会议，形成《剑阁县城由普安镇迁往下寺镇有关问题的决定》。

11月29日，马灯乡三江水库工程竣工，省长张中伟亲临视察，为水库库名题字。

12月11日，广元首座自控翻板闸坝及坝区——剑阁清江河水碾碥电站竣工发电。

是年，县人民武装部收归军队建制。

是年，全县开展第一次全国基本单位普查工作。经登记，全县共有法人单位1882个，产业活动单位4199个。

1997年

1月13日，县委、县政府印发《关于剑阁县党政机构改革方案的实施意见》。

1月16日，中国农业银行剑阁县支行分设中国农业发展银行剑阁县支行。

3月22日至28日，县政协第五届第五次委员会议在县城召开。

5月，元山、公兴等区大柏毛虫暴发成灾，并向鹤龄、白龙、普安、江口、城北等地扩散。

7月，剑阁划定火葬区和土葬区。

10月10日，剑阁开始实施中德合作四川造林项目。

11月28日，省创卫检查团对剑阁创建省级卫生县城工作作全面检查验收。确认剑阁城达到省级卫生城市标准。

12月29日，县委、县政府发布《关于进一步深化企业产权制度改革的政策规定》和《关于企业产权制度改革中用工制度、社会保险、职工分流等具体问题的处理决定》。企业选择“改、转、租、包、卖、破”等形式进行改制。

是年，剑阁夏旱、伏旱长达86天。

1998年

1月，剑阁将城镇个体工商户纳入基本养老保险。

2月9日至11日，中共剑阁县第八次代表大会在普安镇召开。县委书记王振会向大会作题为《高举旗帜，解放思想，努力实现剑阁经济社会发展新突破》工作报告。

2月14日至19日，县第十四届人民代表大会第一次会议在普安镇召开。郑建凡当选县第十四届人大常委会主任。

2月23日至3月1日，县政协第六届委员会第一次会议在普安镇召开。王成书当选第六届县政协主席。

4月9日，11名元山籍农民工在山西省孝义市煤矿瓦斯爆炸中遇难。

是月，出台县城优惠售房最低限价。

7月14日，成立县环境保护局，隶属城乡建设环境保护局。

9月8日，经中国人民银行四川分行批准撤销中国建设银行剑阁县支行。

9月16日，县境骤降暴雨，引发特大洪灾，闻溪河水陡涨，超过警戒水位5.45米。

12月20日，杨家坝水库全面竣工。总库容2640万立方米。

12月30日，县纪律检查委员会开始对县级部门违反政策规定，使用公费为个人配置通讯工具等问题，进行专项清理整治。

是年，建成县广播电视台龙源中转台并试播成功。全县除少数偏僻低洼地区外，大部分地区都能通过该台看到中央一台电视节目，通过县台送录像磁带的方式播放《剑阁新闻》。

1999年

1月19日至20日，中共剑阁县第八届委员会第三次会议在县城召开，李在扬任县委书记。

2月5日，县政协第六届第二次委员会议在县城召开。

2月6日至9日，县第十四届人民代表大会第二次会议在县城召开，会议选举严明清为县政府县长。

3月15日，由四川电视艺术中心、四川电视台《今日四川》节目部组建的《四川历史文化名城》摄制组和解放军外语音像出版社《中华雄关》摄制组同时抵达剑门，采访拍摄。

3月18日，白龙镇高能燃气站奠基施工。

3月，教育部、文化部、广电总局授予剑阁“中小学影视教育先进单位”称号。

5月，国家广电总局、解放军总政治部授予剑阁“新中国成立50周年全国优秀影评征文比赛组织奖”。

6月9日，县成立行政事业收费管理局。

6月24日，县司法局开通“148”法律服务专用电话。

7月8日，省委副书记杨崇汇在市委书记彭渝的陪同下到剑阁视察下寺开发区和县城迁址工作。

7月9日，县干部理论教育业余讲师团成立。县委副书记杨金海任讲师团团长，县委常委、宣传部部长王丕虎任副团长。

7月12日，何兴明、李金河、杨百艺三人撰写的《黄裳传》由四川人民出版社发行。

7月19日，县委党史研究室完成《中共剑阁县历史大事记（1930—1996）》编辑工作。

7月20日13时，剑门关镇剑山村一、二组遭受冰雹袭击。

7月22日，香沉镇发生洪灾，部分街道被淹，农作物受灾。

7月31日，省中医药管理局对剑阁创建省农村中医先进县工作进行评审验收。次年秋，剑阁被评为全省首个农村中医工作先进县。

8月10日，改造县城有线电视旧网光纤工程正式启动。

8月15日，全县统一发行卷烟防伪标识。县烟草公司统一发行包装箱，条盒上加贴本县的标记。

8月17日，汉阳镇顺风村发生雹灾。

9月6日，鹤龄镇卫生院为一76岁妇女切除60×60厘米、重20公斤的特大卵巢囊肿瘤。

9月10日，市长朱天开、市人大常委会主任赖明扬、市委副书记王平、副市长何启书一行17人前往下寺召开县城迁址调研会。要求统一思想，加快开发，促进县城迁址工作顺利进行。

9月13日，县级机关全面推行政务公开。

9月30日，省政府常务会议通过剑阁县人民政府驻地迁址报告。

9月，剑阁师范首招初中新生340人，高中新生240人，全校共设教学班21个，学生1100余人，学校中师、高中、初中、高函并存。

10月13日，普安小学王静荣获省“十佳少年”称号。

12月18日，县城光纤改造完成，新增11套卫星电视，开通25套光纤电视。

12月，国家广电总局授予剑阁县“农村电影工作先进集体”。

12月，剑门河大桥竣工。

2000年

1月3日，县广播电视局广电宽带综合信息网络公司成立。

1月10日，剑阁首次颁发法官等级证书，64名法官获得法官等级证。

1月24日，香港凤凰卫视《锦绣天府·千禧之旅》摄制组对翠云廊、剑门关进行拍摄。凤凰卫视台台长王纪言栽植柏树，命名为“凤凰柏”。随行著名节目主持人吴小莉认养一株千年古柏。

1月26日，县邮政局开通邮政业务热线“184”。

2月23日，县政协第六届第三次委员会议在县城召开。

4月3日，县中医院创建全市首家“放心药房”验收达标。

5月29日，技术监督管理体制改革，成立四川省广元质量技术监督局剑阁分局。

6月1日，招商引资项目的温州商城在县城公园坝体育场旧址动工兴建。

6月26日，全县清退乡镇机关和事业单位临时人员工作全面展开。清退人员包括各区乡镇机关和事业单位中未经组织人事部门批准的临时人员。通过清理整顿，全县共精简临时机构132个，清退临时人员2102人。

6月，国务院同意剑阁县人民政府驻地由普安镇迁往下寺镇。

7月24日，剑门关、香沉、迎水为首批改制试点乡镇，设金库。

8月7日，农发行剑阁县支行荣获农发总行“信贷管理先进单位”称号。

8月，剑青公路剑阁段改扩建工程开工。

9月26日，县法院成立执行工作局。

9月，县师范校停止招收师范学生。

10月10日，中国妇女发展基金会副会长、国务院原副秘书长、香港回归扶贫基金会项目执行组组长阎颖一行4人到城北镇红双村，视察香港回归扶贫基金项目实施情况。

11月16日，召开县城迁址总体规划修编方案论证会。

11月19日至20日，省专家评审组一行7人对县中医院创建国家二级甲等中医医院验收。

是年，国家正式批准剑阁实施天然林保护工程，工程涉及全县57个乡镇。

是年，对30个乡镇实施农网改造。

是年，广元供电局110千伏沙溪坝变电站建设项目开工。

是年，清江河大桥竣工。

是年，全县开展“婚育新风进万家”活动，婚育文化建设工程全面启动。

是年，涂山乡姜宝成参加山东济南泰山杯全国摔跤锦标赛获130公斤级第三名。

2001年

2月13日，县政协第六届第四次委员会议在县城召开。

2月17日，县中医院为一脑瘤患者摘除2.5×2.6×2.9厘米的巨大垂体瘤。

3月19日，剑阁县中学音乐教师王晓岚被教育部表彰为“全国艺术教育先进个人”。

3月21日至22日，省以工代赈办主任王光四一行视察剑阁以工代赈“三结合”示范点的汉阳镇中心村、农业结构调整项目的城北镇新华村优质猕猴桃科技示范园，以及市、县重点交通建设项目剑青公路、剑盐公路工程。

3月26日，县邮政局在县城安装首台自动取款ATM机。

3月28日，副县长李作芳召集有关部门召开剑州白塔抢修现场办公会。要求各级部门加强协作，抢救维修剑州白塔。

是月，制定农村乡土人才专业技术职称评聘办法。

是月，四川省剑州律师事务所成立，为合伙制律师事务所。

4月20日，上海市九三学社专家、学者赴剑考察剑阁生态农业，与县政府签订大棚蔬菜生产、保鲜、无害化处理新技术承包协议。

5月1日，县委宣传部部长王丕虎主编的《剑门风铃》由四川文艺出版社出版发行。

5月15日，剑门关风景区旅游总体规划在成都通过专家评审。

6月23日至25日，全县举行高中招生考试改革后的首次考试。

6月25日，国务院公布武连觉苑寺为“第五批全国重点文物保护单位”。

是月，东宝大米获国家绿色食品A级标准认证。

7月23日，经省教育厅批准，剑阁师范校转办高完中，更名为四川省剑州中学校。

7月29日，广元公路运输集团剑阁有限公司挂牌成立。

8月20日，县体育活动中心建设启动。设计为第一个标准室内木质地面和液压式篮架的多功能篮球场、健身房、门球场、健身路径、棋牌室等综合性全民健身场所。

8月，剑州白塔维修工程竣工。

9月10日，成立县旅游资源开发有限责任公司。

10月18日，撤销11个区委、区工委，改设督导办公室，作为县委、县政府的派出机构。

11月24日，省科技厅批准剑阁启动“柴胡种植科技示范区”建设。

12月17日，白龙中心供销社引进墨西哥食用仙人掌，在白龙镇青峰村建园繁殖。

是年，剑阁建成“全国农村中医工作先进县”。

是年，制定《剑阁县城镇职工基本医疗保险暂行办法》和《剑阁县城镇职工基本医疗保险实施细则》。

是年，廖光星、奂大琚创作的小品《回家看看》荣获2001年度“中国曹禺戏奖·小品小戏奖”剧目三等奖。

是年，全县遭受特大旱灾。8个多月未下过透犁雨，江河干涸，人畜饮水严重缺乏，禾苗枯死。

2002年

1月1日，2001年度国家农业综合开发土地治理项目在武连镇跃进村和开封镇鞍山村启动实施。

1月28日，县政协第六届第五次委员会议在县城召开。

3月，省人民政府批准剑阁建立“四川省翠云廊古柏（省级）自然保护区”，划定保护区范围15772公顷。

4月3日19时30分，马灯、东宝、正兴、柘坝、剑门关、城北等13个乡镇遭受大风冰雹袭击。

4月22日，县人民医院购进一套德国生产的电视腹腔镜系统，成立电视腹腔镜微创专科。

4月29日，县电力公司档案管理通过国家二级认定，成为剑阁首个获此称号的单位。

5月15日，剑阁实施的国家农业综合开发项目通过省级验收。

5月26日，碗泉、高池2乡发生大风冰雹灾害。

6月18日，修城园区开发建设破土动工。主干道开发建设由四川大西南工程公司、绵阳宏达工程公司承建。

6月23日，剑阁中学通过省级示范性普通高中评估验收。

6月28日，县天然气长输管线、门气站竣工剪彩。

6月28日，县供电局在下寺挂牌成立。

6月，太平洋寿险广元中心支公司在普安、白龙、下寺镇分设3个营销服务部。

7月，省外经贸厅核准星王巾被有限责任公司经营进出口业务，颁发“中华人民共和国进出口企业资格证书”。

7月26日，马灯乡、东宝镇遭受风雹袭击。

7月31日中午12时30分，普安镇新民巷后街发生火灾。

8月8日，县政府召开第三十次常务会议，讨论通过合并姚家乡高台、义兴乡宫堂、正兴乡金顶等

22个行政村，合并1700个村民小组。

8月15日，巨能杯全国健身秧歌大赛在秦皇岛闭幕，剑阁代表队获二等奖。

8月20日，县司法局开通“12348”法律服务专用电话。

8月28日，县新华书店东门、西街门市部加盟省文轩连锁店。

9月12日，县文化稽查大队成立。

9月16日，县妇幼保健院通过国家“一级甲等妇幼保健院”达标验收。

9月26日，县中医院成立“999”紧急救援中心，开通免费救援电话“999”。

10月21日，县旅游服务中心成立。

11月5日，剑阁柴胡基地建设被列入《四川中药材》一书。

11月25日，县城区小灵通开通放号。

11月30日，县人民医院升级为国家“二甲综合医院”。

11月，剑门关游人中心建设工程竣工。

12月1日，投资4000万元的110千伏沙溪坝变电站建成投入使用。

12月26日，县体育活动中心竣工使用。

12月26日至28日，中国共产党剑阁县第九次代表大会在县城召开。

2003年

1月16日至22日，县政协第七届第一次委员会议在县城召开。

1月18日至22日，县第十五届人民代表大会第一会议在县城召开。

1月24日，县委、县政府办公楼在下寺镇修城坝奠基。

3月21日，县电力有限公司更名为剑州电力有限公司。

3月26日，县老年大学成立。

4月28日，剑阁宾馆被评为二星级宾馆挂牌。为剑阁首家星级宾馆。

5月10日凌晨50分，普安镇西街发生火灾，烧毁房屋20多间。

5月23日，县对外经济贸易局挂牌成立，与县商业贸易局实行“两块牌子，一套班子”管理体制。

5月，县国家粮食储备库（下寺）开始装粮。

5月，撤销县轻工总会。

6月9日，武连镇、西庙乡遭受大风灾害。

7月15日，普安镇、城北镇发生洪灾。

7月19日，县旅游局、县风景名胜管理局、剑门关国家森林公园管理处3个单位职能及所属工作人员合并建立剑门关景区开发建设管理委员会。剑门关林场、剑门索道管理站、翠云廊管理站、剑门关风景名胜资源开发公司4个单位入股，其资产进行重组，依照公司法建立剑门关景区开发建设有限责任公司。

7 月 27 日，剑门关、下寺镇发生洪灾。

8 月 1 日，城北镇红双村举办首届红双葡萄节。

9 月 28 日，县委、县政府在下寺镇修城坝行政中心（县委、县政府办公楼）广场和剑门关镇举行“剑阁县人民政府驻地迁址庆祝大会暨首届中国剑门关豆腐文化旅游节”。

10 月 10 日，广元电大剑阁分校与县教师进修校合并为剑阁县成人教育中心。

10 月 20 日，县人民防空办公室成立，为县国防动员委员会常设机构。

12 月 10 日，县政府组织开展农村水电资源勘测调查。

12 月 26 日，普安商贸园区管理委员会挂牌成立，与普安镇实行“两块牌子，一套班子”的管理体制。

12 月，城北镇 2 个居委会划归普安镇。

是年，县国库集中支付中心成立。全县 111 个县级行政事业单位纳入集中支付，在支付中心开设账户 121 个。

是年底，《剑门报》停刊。

2004 年

1 月 1 日，北京旅游企业、旅行社及新闻媒体嘉宾到剑门关参观、考察。

1 月 9 日晚 8 时许，下寺镇窑沟村二组驾驶员刘某驾驶 CGC250 川路牌拖拉机至窑沟村三组处，翻下 32 米高悬岩，3 人死亡，3 人重伤。

2 月 15 日，县城天然气输送点火，由中国石油天然气公司西南油气田分公司川西北矿区输送，接口于江油中坝到金子山管网处。

2 月 20 日，由修城村改为建的下寺镇修城社区居民委员会挂牌成立。

3 月 1 日，县政协第七届第二次委员会议在普安镇召开。

3 月 1 日至 5 日，县第十五届人民代表大会第二次会议在县体育活动中心召开。

4 月 26 日，全县实施粮食直补。

5 月 16 日，浙江省委书记习近平率浙江省党政代表团在沙溪中学为剑阁中学“之江教学楼”奠基。

5 月 24 日，剑门关风景区召开旅游资源开发工作会，决定由联星集团同景公司开发剑门关旅游资源。

7 月 6 日，县社会科学界第一届代表大会在普安镇召开。

7 月 19 日，高池、开封等 12 个乡镇 33 个村 98 个组遭受大风冰雹袭击。

7 月 20 日，鹤龄镇化林村 2.5 千米村级主干道全面黑色化，为剑阁第一条村道油路。

8 月，全县开展中小学教师职业技能三等级考核。

9 月，剑阁设立新华人寿保险股份有限公司剑阁营销服务部。

10 月 18 日至 19 日，省扶贫开发办主任颜继禄在剑阁调研。

11 月 14 日，开通县城至成都、绵阳高速直达营运客车，由广运集团剑阁分公司承运。

11 月 22 日，省旅游局考察剑阁红色旅游发展情况。

12 月 1 日，省劳务开发办主任吴祥玉和市农委领导调研剑阁劳务开发和农村经济工作。

12 月 23 日，中国国民党革命委员会广元市委员会剑阁支部委员会成立。

是年，全县开展第一次全国经济普查。经登记，全县从事二、三产业法人单位 2388 个，产业活动单位 3501 个，个体经营户 15983 户。

2005 年

1 月 1 日，剑阁全面停征农业税及其附加。

1 月 10 日，中共剑阁县九届三次全委会（扩大）会议在普安镇召开。

3 月 23 日至 25 日，县第十五届人民代表大会第三次会议在普安镇召开。

5 月 17 日，省妇联“川妹子”项目开标，县妇联中标。

5 月 23 日，县政协第七届第三次委员会议在普安镇召开。

6 月，剑门关镇高峰、志公等村和普安、汉阳、鹤龄、锦屏等乡镇发现耕牛“五号”病和生猪口蹄疫、人猪Ⅱ型链球菌病。县政府成立“防五”领导小组，紧急处置。

7 月，田中文任县委副书记、代县长。

8 月，县委、县政府决定每周五上午为县长接待日。

8 月，剑阁被商务部列为万村千乡市场工程试点县。普安镇大唐门商业有限公司、县百货有限公司列为全省万村千乡工程试点企业。

9 月 15 日，省教育工委书记、省教育厅党委书记、厅长涂文涛视察剑阁教育工作。

9 月 21 日，县疾控中心大楼竣工。

11 月 15 日，浙江省政府对口帮扶办主任陈功苗率团到剑阁检查验收嵊州、绍兴对口帮扶工作。

11 月 20 日，省政府批准剑阁为第三批新型农村合作医疗试点县。

12 月 5 日，省道 302 线厚子铺至印盒嘴公路改建工程开工。

12 月 7 日，县委、县政府开会布置新型农村合作医疗试点工作。

2006 年

1 月 1 日，县财政新的支付系统正式运行，实现省、市、县三级财政联网和预算单位资金网上申请、审批、支付，提高财政直接支付比重。

2 月 12 日，因香客焚香不慎引发火灾，烧毁剑门关关楼二、三楼。

2月27日，县委、县政府印发《关于实施剑阁县人民政府机构改革方案的意见》。县政府工作部门21个。粮食局、农机局、广播电视局、体育局、文化局、县地方志办公室、档案局、经济技术合作局、安全监督管理局、供销社、国资局、移民局共12个单位为县政府直属事业单位。

4月20日，剑阁与同景公司中止剑门关旅游资源开发合作关系。

5月，普安幼儿园荣获“省级示范幼儿园”称号。

6月14日，县委、县政府发出《关于撤销全县督导室机构的通知》，撤销全县11个督导室、普安商贸园区。

是月，恢复部分村、组建制。

是月，县宣传文化中心竣工。

是月，普安镇生活饮用水水源受到污染，发生群体性腹泻事件。县政府紧急处置。

11月3日，新的国库支付和操作系统正式运行。

11月3日，翠云廊创国家“4A”级旅游景区，通过国家检查组检查验收。

11月16日，国道108线下寺镇王家渡至普安镇段整治工程竣工通车。

11月30日至12月2日，中共剑阁县第十次代表大会在普安镇县体育活动中心召开。

12月10日，国道108线剑门关隧道开工。

12月30日，工商银行剑阁分理处升格为工商银行剑阁县支行。

是年，县境遭受严重春旱、夏旱。

是年，剑门蜀道遗址列入国务院公布的第六批全国重点文物保护单位。剑阁花灯、高观皮影列入全省第一批非物质文化遗产名录。

第一篇　政区　人口

第一章　行政区划

第一节　境　域

剑阁位于四川盆地北部边缘，介于东经105°10′10″至105°49′26″，北纬31°31′46″至32°21′06″之间。东邻广元市元坝区、苍溪县，南连阆中市、南部县，西接梓潼县、江油市，北依青川县、广元市市中区。南北长91千米，东西宽63千米，辖区面积3204.33平方千米。县城北距广元城区42千米，南距成都272千米。县境地势西北高、东南低，由西北向东南倾斜。地貌以低山为主，间有中山、深丘，属盆地与低山交替渐次过渡地带。嘉陵江沿县东界绕流，龙门山脉东南支主干在县境横亘西北部构成剑门山脉。县境自然环境优美，气候温和，雨量充沛，资源富集。

自民国2年剑州改剑阁县起，因政区调整，县境面积及四至距离屡经变化。中华人民共和国时期，经过5次调整，到1990年，县境面积为3090.1平方千米，东邻苍溪县，南接阆中、南部县，西连梓潼县、江油市，北界广元市市中区。

1991年，广元市市中区上寺、下寺、普广3乡镇20个村132组划归剑阁，划入面积136.65平方千米，全县面积3204.33平方千米。县境东连苍溪县、广元市元坝区；西接梓潼县、江油市；南壤阆中市、南部县；北靠青川县、广元市市中区。

第二节　乡镇设置

1990年，全县设10区13镇47乡529村3478组，15个居委会84个居民小组。县辖镇1个（普安镇），区辖乡镇59个。龙泉区辖龙源镇和江石、田家、闻溪、北庙、姚家、盐店、柳垭、鹤鸣8乡；柳沟区辖柳沟镇和毛坝、垂泉、义兴、凉山、西庙5乡；武连区辖武连、东宝2镇和马灯、秀钟、正兴3乡；开封区辖开封镇和碗泉、国光、迎水、高池4乡；元山区辖元山镇和王河、公店、演圣、时古、柘坝5乡；金仙区辖公兴镇和吼狮、金仙、长岭、涂山、香沉、圈龙6乡；白龙区辖白龙镇和摇铃、广坪、碑垭、店子、禾丰5乡；鹤龄区辖鹤龄镇和樵店、杨村、锦屏、羊岭、鸯溪5乡；江口区辖江口镇和张王、高观、木马、柏垭4乡；剑门区辖剑门、汉阳2镇和抄手、小剑2乡。

1991年7月1日，广元市市中区下寺、普广、上寺3乡镇20个村划归剑阁治地。7月9日，成立下寺区，辖下寺、普广、上寺3个乡镇。至年末，全县设11个区，14个镇、49乡，549村、3616组，16个居委会、68个居民小组。

1992年9月30日，县委、县政府根据省委、省政府文件精神，印发《关于撤销区公所和调整乡镇建制的通知》，撤销11个区，将63个乡镇调整为23镇、13乡。其建制状况为鹤鸣乡、凉山乡并入普安镇，江石乡并入龙源镇，国光乡并入开封镇，吼狮乡、涂山乡、圈龙乡并入公兴镇，禾丰乡、碑垭乡、摇铃乡并入白龙镇，正兴乡、马灯乡并入武连镇，小剑乡并入汉阳镇，垂泉乡、毛坝乡并入柳沟镇，鸯溪乡并入鹤龄镇，上寺乡、普广乡并入下寺镇。保留剑门镇、东宝镇、元山镇、江口镇。柳垭、北庙、抄手3乡及普安镇的剑北、剑公、城北、闻溪4村合并新建城北镇，盐店乡、西庙乡合并新建盐店镇，王河乡、公店乡合并新建王河镇；演圣乡、时古乡合并新建演圣镇，金仙乡、长岭乡合并新建金仙镇，木马乡、柏垭乡合并新建木马镇，杨村乡、樵店乡、锦屏乡合并新建杨村镇。香沉、羊岭由乡改为镇。保留田家、闻溪、姚家、义兴、碗泉、迎水、高池、秀钟、广坪、店子、高观、柘坝、张王13乡。全县为23个镇13个乡、549个村3621个村民组、23个居委会87个居民小组。

剑阁县1992年撤区并乡建镇情况表

表1-1　　单位：个、人、平方千米

	划入乡镇	治所	自治组织				人口			面积
			村委会	村民小组	居委会	居民小组	总人口	非农业人口	集镇人口	
全县			549	3621	23	87	644235	45913	95179	3226.75
下寺镇	上寺乡 普广乡	下寺场	20	132	1	2	22949	147	2510	136.65
普安镇	鹤鸣乡 凉山乡	普安	22	136	5	37	37194	17478	27110	119.23
龙源镇	江石乡	龙源场	23	147	1	3	23088	627	2517	123.15
城北镇	抄手乡 北庙乡 柳垭乡	三江口	24	183	2	12	32335	3243	5215	132.62
盐店镇	西庙乡	盐店场	17	108	—	—	16977	1544	2588	117.21
柳沟镇	垂泉乡 毛坝乡	柳沟场	22	129	1	2	19803	673	2724	135.52
武连镇	正兴乡 马灯乡	武连场	27	142	1	5	24109	956	3715	173.35
东宝镇		东宝场	13	87	1	2	13 205	383	2520	67.91
开封镇	国光乡	开封场	21	108	2	2	22327	1650	3827	120.23

续表1—1

	划入乡镇	治所	自治组织				人口			面积
			村委会	村民小组	居委会	居民小组	总人口	非农业人口	集镇人口	
元山镇		元山场	15	110	1	4	23 212	1734	3752	73.84
王河镇	公店乡	王河场	16	101	—	—	17315	1618	2743	86.02
演圣镇	时古乡	演圣场	16	95	—	—	17649	1556	2712	67.01
公兴镇	吼狮乡 涂山乡 圈龙乡	公兴场	29	262	1	3	42265	852	3304	151.13
金仙镇	长岭乡	金仙场	18	133	—	—	20032	1868	2810	79.78
香沉镇		香沉场	9	82	—	—	15182	1418	2546	50.91
白龙镇	禾丰乡 摇铃乡 碑垭乡	白龙场	29	218	3	6	44516	1604	4132	185.22
鹤龄镇	鸯溪乡	鹤龄场	16	106	1	3	23900	673	3217	88.43
杨村镇	樵店乡 锦屏乡	杨村场	20	132	—	—	29481	1915	3514	110.28
羊岭镇		羊岭场	11	98	—	—	18910	1410	2626	60.67
江口镇		江口场	11	78	1	2	14081	396	2502	68.70
木马镇	柏垭乡	木马场	18	107	—	—	18843	1878	3124	99.00
剑门镇		剑门场	15	105	1	2	15934	619	2947	133.20
汉阳镇	小剑乡	汉阳场	18	112	1	2	16788	383	2524	142.48
田家乡		田家场	8	43	—	—	7684	62	—	38.64
闻溪乡		闻溪场	10	48	—	—	8233	80	—	54.43
姚家乡		姚家场	9	59	—	—	8386	80	—	74.86
义兴乡		义兴场	7	46	—	—	8405	119	—	47.49
秀钟乡		秀钟场	9	58	—	—	8921	101	—	53.93
碗泉乡		碗泉场	9	51	—	—	8179	89	—	46.08
迎水乡		迎水场	9	65	—	—	8214	86	—	60.87
高池乡		高池场	10	51	—	—	7298	69	—	52.32
柘坝乡		柘坝场	11	49	—	—	7882	167	—	48.09
广坪乡		广坪场	6	46	—	—	8602	56	—	40.95

续表1—1

	划入乡镇	治所	自治组织				人口			面积
			村委会	村民小组	居委会	居民小组	总人口	非农业人口	集镇人口	
店子乡		店子场	10	68	—	—	11968	99	—	65.70
高观乡		高观场	11	65	—	—	10323	120	—	52.42
张王乡		张王场	10	61	—	—	10045	160	—	68.42

说明：此表由县民政局提供，为撤区并乡时数据。

1995年10月8日，县委、县政府根据省、市委完善乡镇建制的指示精神开展区、乡镇建制调整工作。全县设普安、城北、柳沟、武连、开封、元山、公兴、白龙、鹤龄、江口、剑门、下寺12个片区工作委员会、23个镇、34个乡、548个村、30个居民委员会。本次行政区划调整以1992年政区建制为基础，普安镇划出凉山，龙源镇划出江石，城北镇划出北庙，盐店镇划出西庙，柳沟镇划出垂泉、毛坝，武连镇划出正兴、马灯，开封镇划出国光，时古由演圣镇划入元山镇，王河镇划出公店，公兴镇划出吼狮、涂山、圈龙，金仙镇划出长岭，白龙镇划出碑垭、摇铃、禾丰，杨村镇划出锦屏、樵店，木马镇划出柏垭，下寺镇划出上寺，划出地区单独建乡。同时将凉山乡划入柳沟片区，西庙乡划入城北片区；张王乡划入剑门片区。调整后，普安片区辖普安、龙源2镇和江石、田家、闻溪3乡，面积287.55平方千米，城北片区辖城北、盐店2镇和北庙、姚家、西庙3乡，面积324.69平方千米；柳沟片区辖柳沟镇和垂泉、毛坝、义兴、凉山4乡，面积230.91平方千米；武连片区辖武连、东宝2镇和秀钟、马灯、正兴3乡，面积295.19平方千米；开封片区辖开封镇和高池、迎水、碗泉、国光4乡，面积279.5平方千米；元山片区辖元山、王河、演圣3镇和公店、柘坝2乡，面积274.96平方千米；公兴片区辖公兴、金仙、香沉3镇和吼狮、涂山、长岭、圈龙4乡，面积281.82平方千米；白龙片区辖白龙镇和禾丰、店子、碑垭、摇铃、广坪5乡，面积291.87平方千米；鹤龄片区辖鹤龄、杨村、羊岭3镇和锦屏、樵店2乡，面积259.38平方千米；江口片区辖江口、木马2镇和柏垭、高观2乡，面积220.14平方千米；剑门片区辖剑门关、汉阳2镇和张王乡，面积334.1平方千米；下寺片区辖下寺镇和上寺乡，面积136.6平方千米。

1996年，设立下寺经济开发区管理委员会，与下寺片区合署办公。为县政府直属正科级机构。是年，县乡党政机构改革，全县设12个片区，57个乡镇，乡镇分三类，一类乡镇1个，二类乡镇43个，三类乡镇13个。

2001年10月18日，县委、县政府根据省、市委县乡镇机构改革意见，印发《关于剑阁县县、乡镇机构改革方案的实施意见》，撤销普安、城北、柳沟、武连、开封、元山、公兴、白龙、鹤龄、江口、剑门11个区委、区工委，设立相对应的11个督导办公室，为县委、县政府的派出机构。2002年8月，县委、县政府依据国务院《关于行政区划管理的规定》和省政府办公厅《关于进一步加强县以下行政区机构管理工作的通知》等文件精神，在全县开展“强村并组”工作，合并22个行政村，新建1个行政村，合并1700个村民小组。通过“强村并组”，全县设528个行政村、1959个村民小组，32个居民委员会、106个居民小组。2006年6月14日，撤销普安、城北、柳沟、武连、开封、元山、公兴、白龙、鹤龄、江口、剑门11个督导办公室。是月，恢复部分村组建制。至年末，全县设23个镇、34个乡，

549村、3618个村民组，29个居民委员会、98个居民小组。

剑阁县2006年年末政区基本情况表

表1-2　　单位：个、户、人、平方千米

	政区				人口			面积
	村委会	村民小组	居委会	居民小组	总户数	总人口	非农业人口	
全　县	549	3618	29	98	197893	670449	72510	3204.33
下寺镇	16	101	2	6	9487	24476	9337	106.48
普安镇	13	81	4	35	19562	46903	33877	58.10
龙源镇	16	100	1	3	4409	16178	564	88.58
城北镇	17	121	—	—	5359	18481	967	93.45
盐店镇	9	58	1	2	2370	8344	297	68.30
柳沟镇	8	48	1	2	2896	10135	1050	53.73
武连镇	11	65	1	4	3966	12338	1694	72.19
东宝镇	13	87	1	3	3830	13584	335	66.38
开封镇	11	62	1	3	5422	15723	3011	68.15
元山镇	21	144	1	4	8187	30467	1839	93.09
演圣镇	10	61	1	2	3049	11829	264	43.57
王河镇	8	53	1	2	2955	10541	378	41.92
公兴镇	6	62	1	4	4041	12043	1803	34.38
金仙镇	9	63	1	2	2868	9326	321	36.50
香沉镇	9	82	1	2	4436	14379	356	50.96
白龙镇	10	78	2	6	5092	17676	3109	51.39
鹤龄镇	16	106	1	3	7028	24463	1648	85.79
杨村镇	7	52	1	2	3203	11883	363	39.89
羊岭镇	11	98	1	2	4819	18710	350	61.73
江口镇	11	78	1	2	4126	14530	1085	65.60
木马镇	10	57	1	2	3278	11476	427	63.61
剑门关镇	15	105	1	3	5226	17599	2066	132.71

续表1－2

	政区				人口			面积
	村委会	村民小组	居委会	居民小组	总户数	总人口	非农业人口	
汉阳镇	18	61	1	2	5231	17619	809	140.60
江石乡	7	47	—	—	1829	6915	70	33.91
田家乡	8	43	—	—	1964	7763	109	37.01
闻溪乡	10	48	—	—	2128	8480	163	51.72
姚家乡	9	59	1	1	2221	8214	230	74.61
北庙乡	8	62	—	—	2685	9523	195	56.74
西庙乡	7	47	—	—	2155	7717	172	52.65
义兴乡	7	46	1	1	2151	8607	177	47.31
毛坝乡	7	43	—	—	1494	6118	113	40.16
垂泉乡	7	38	—	—	1361	4910	93	35.69
凉山乡	9	55	—	—	2344	8755	151	46.67
秀钟乡	9	58	—	—	2403	8841	170	50.75
正兴乡	9	40	—	—	1895	6462	141	47.83
马灯乡	7	37	—	—	1701	5852	150	40.13
高池乡	10	51	—	—	2049	7031	198	52.24
碗泉乡	9	51	—	—	2177	7857	181	53.72
迎水乡	9	65	—	—	2294	8185	216	60.02
国光乡	10	46	—	—	2287	8177	168	53.30
柘坝乡	11	49	—	—	2051	7066	371	48.71
公店乡	8	48	—	—	1863	6839	155	40.48
吼狮乡	8	61	—	—	2772	9365	198	42.31
长岭乡	9	70	—	—	2711	10369	234	45.86
涂山乡	9	79	—	—	3407	11760	313	43.71
圈龙乡	6	61	—	—	2566	9177	202	29.02
碑垭乡	6	43	—	—	2699	10275	118	37.05

续表1—2

	政区				人口			面积
	村委会	村民小组	居委会	居民小组	总户数	总人口	非农业人口	
广坪乡	6	46	—	—	2332	8502	323	38.16
禾丰乡	6	52	—	—	2364	8938	205	38.35
店子乡	10	68	—	—	3207	11754	315	67.69
摇铃乡	7	44	—	—	2315	8563	118	58.61
樵店乡	7	38	—	—	2687	10072	132	41.33
锦屏乡	6	42	—	—	2440	8330	144	26.58
柏垭乡	8	50	—	—	2015	6830	304	35.82
高观乡	11	65	—	—	2798	10399	235	55.58
张王乡	10	112	—	—	2624	10076	425	63.67
上寺乡	4	31	—	—	1064	4024	71	26.83

说明：资料来源为《剑阁统计年鉴》，并与民政局核对修正了普安镇、城北镇的居委会及居民小组数。全县面积含九院一、三、四所在剑阁境内的“飞地”面积。

第二章　县治地

第一节　普　安

自然环境　普安镇四周卧龙山、汉阳山、鹤鸣山、天榜山环抱，闻溪河穿城而过。地处亚热带湿润气候区，常年平均气温15.6℃，年均降水量1087毫米。城郊森林葱郁，景色秀丽。普安镇是省政府公布的首批历史文化名城。城中有始建于明正德年间的钟鼓楼。城南门留存有始建于刘宋时期，明拓修的古城垣。始建于明的南箭楼。城内保存除州署、县衙、学宫、书院、考棚、团防、炮台等行政、教育机构和军事设施旧址外，还有庙宇、祠堂、宫殿、寺院、楼阁30余处。镇东鹤鸣山，又称塔子山，其上有唐代的“道教造像”、《重阳亭铭》《大唐中兴颂》等摩崖石刻，有清代乾隆三十五年（1770年）修建的7级8面楼阁式塔刹——剑州白塔。文物古迹与自然风光融为一体，增加古城灵气和活力。

建置沿革　南朝宋大明中（457—464年），南安郡改侨置为实郡，领南安、白水、梓潼、华阳4县，普安镇为南安郡治。南朝梁天监二年（503年），始在境内立南梁州，州郡县同治于普安，辖南安、辅剑、南新巴3郡。天监四年（505年）至大同元年（535年），南梁州3郡及属县入于北魏。梁末，武陵王据蜀称帝，改南梁州为安州，仍领原县。北朝西魏废帝三年（554年），改安州为始州、南安为普安，领4郡6县，普安之名始见于世。北周时，始州隶于利州总管府，仍辖普安、黄原、安都、潼川4郡。隋大业三年（607年），改始州为普安郡，领县未变。唐武德元年（618年），普安郡复称始州。属利州总管（都督）府，贞观六年（632年）罢，改属剑南道及东川节度。圣历二年（699年）新置剑门县属始州。先天二年（713年）改始州为剑州。天宝元年（742年），改剑州为普安郡。乾元元年（758年），又改普安郡为剑州。五代唐时，剑州为前蜀、后唐、后蜀领地。宋乾德三年（965年），置剑州为普安军，属川西路。宋隆兴二年（1164年），升剑州为普安军节度。宋绍熙元年（1190年），再升为隆庆府。元至元二十年（1283年），改隆庆府为剑州，并剑门、普成2县入普安。明洪武六年（1373年），省普安县入剑州。清雍正五年（1727年），剑州无领县，为“单州”。民国2年（1913年），改剑州为剑阁县，治地普安。民国24年（1935年）夏，剑阁为四川省第十四区行政督察专员公署暨保安司令部治地。中华人民共和国成立到2003年9月，普安镇一直为剑阁治地。

普安镇自南朝宋大明中置南安郡始，为郡、县、州治地1500余年。随着历史的发展，时代的需求，普安镇四面环山，地域狭窄，水源枯竭，交通受限，加之人口增加，继续作为县治所的局限性日趋凸显。1999年8月24日，县人大常委会第十次会议讨论通过《关于剑阁县人民政府驻地由普安镇迁往下寺镇的决定》。2000年6月21日，国务院批复同意将剑阁县政府驻地由普安镇迁至下寺镇。2003年9月28日，县委、县政府在下寺镇修城坝举行剑阁县政府驻地迁址庆典，至此结束普安镇为县治所的历史。

发展概况　普安镇曾长期为剑阁政治、经济、文化中心，交通枢纽，是发展食品、轻化工业和旅游服务业为主的小城镇。1990年年末，县城常住人口2万。是年，拆迁打通顺城街普安农贸市场通道，铺筑新民路东西街混凝土路面，架通汉龙索桥。1991年1月3日，省政府公布普安镇为全省第一批省级历史文化名城。是年，拆除学街口、东门桥口和解放路路障房建筑，升级改造海螺包、塔子山公路，修建文峰大桥。1993年架鹤龙索桥，铺筑滨河环城路，修建刘家河水库，作为县城生产生活用水源。1994年动工修建剑州大桥，改造三江路，扩大城区范围。至1995年年末城区常住人口3.6万。1996年，为创建省级卫生县城，投资逾千万，硬化街道、净化环境、绿化市容，治理城市脏、乱、差。1999年年末，县城常住人口4.25万。2000年，在普安镇光荣村征地建垃圾处理场，在汉阳山建城市万吨净水厂，实施天然气输气工程，修建鹤鸣山文化公园，升级改造河东街，架设河西排污管道。至2006年年末，普安镇建立社区居委会4个，设居民小组35个。城区面积5.07平方千米，城镇常住人口7.68万人。卧龙社区设10个居民小组，2.15万人，建成区面积1.51平方千米；小玲珑社区设8个居民小组，2.38万人，建成区面积1.35平方千米；校场坝社区设9个居民小组，1.91万人，建成区面积1.21平方千米；钟鼓楼社区设8个居民小组，1.24万人，建成区面积1平方千米。城区建设格局由路、街、巷连成网络。有解放路、剑门路、闻溪路、交通路、城北路、剑青路、三江路、碑亭路、胜利路、文峰路、鹤鸣路、滨河路；河东街、顺城街、东街、小东街、新街、河西街、烟街、南街、西街、后西街；人民巷、普安巷、吉庆巷、新民巷、里仁巷、公交巷、公安巷。

城区内客运主要以“摩的（载客三轮摩托车）”为主，城市“摩的”最多时达到900余辆。1998年，开通柳垭场、北庙乡、抄手场、闻溪乡、田家乡、桥边河（普安镇江东村）、江石乡的公交、短途客运线路，日客流量约1500人次。

第二节 下 寺

自然环境 下寺地处广元市市中区、元坝区、青川县、江油市等市县交汇处，离广元市中心城区43千米，距离成都254千米。下寺城区地势平坦，系山前河谷平坝地貌区。年平均气温15.1℃，年平均降雨量1025毫米，全年日照时间1142.7小时，年平均无霜期285天。四季分明，夏无酷暑，冬无严寒。

下寺区位优势明显，交通便利，宝成铁路、国道108线、绵广高速公路呈东西向横贯全镇。有煤炭、沙金、石灰石等多种矿产资源。清江河年平均径流总量10.3亿立方米，水利资源较丰富。

建置沿革 夏商时属梁州，周时属雍州，春秋战国时（前770—前221年）时期，公元前316年秦灭蜀前为蜀国辖地，后为秦辖地。秦始皇二十六年（前221年）统一中国后，实行郡县制，下寺属葭萌县，上隶益州。东汉建安二十二年（217年）至东晋永和二年（346年）隶属汉德县，东晋永和三年（347年）于晋寿县境新置剑阁县，治地下寺镇大仓坝。太元十五年（390年）废剑阁县后统属不一，至唐圣历二年（699年）新置剑门县，下寺多为剑门县治地。明万历年间，乡民在清江河上修上、中、下三座寺院。三寺中的下寺居下，恰与清江河西岸集镇隔河相望，下寺也由此而得名。清雍正时，剑州设普成、剑门、广义3乡，下寺属剑门治地。同治十一年（1872年），乡改为联保，下寺属体仁。宣统二年（1910年）办理地方自治，下寺为安平乡，治地下寺场。民国2年（1913年）废城、镇、乡，县以下改为团，下寺属体仁，治地仍旧。民国29年（1940年）推行新县制，废联保，设乡镇，置下寺乡，辖下寺、桐子坝、两河口、上寺、竹园坝、拐枣。至1949年全乡辖10保、84甲。其间，1935年3月，中国工农红军第四方面军在下寺设乡苏维埃政权。1951年3月改乡公所为乡，隶属剑阁第八区。1952年10月，下寺划入昭化县。1958年，建下寺公社。1959年3月撤昭化县，下寺并入广元县。1984年1月，政社分设，恢复下寺乡政府。1985年4月改乡为镇。1991年7月，下寺、上寺、普广3乡镇由广元市市中区划入剑阁，建立下寺区，区、镇同治于下寺。2000年6月21日，经国务院批准，同意将剑阁县政府驻地由普安镇迁往下寺镇。2003年9月12日，行政中心办公楼及广场建设项目竣工；28日，县政府驻地迁址庆典大会在行政中心广场举行。

城区建设 1991年7月，下寺划入剑阁。10月，城建、国土、开发办等17个县级单位到下寺建房，并规划10万平方米土地建设下寺经济开发区。1992年，县政府制定优惠政策，鼓励到下寺开发建房，经商办企业。1996年，经市委、市政府批准，建立下寺开发区管委会。1997年，开通2000门光缆传输程控电话，建成中国移动通信A网基站，国家电网广元市电业局11万伏变电站在下寺落户。1999年7月，省政府批准下寺镇土地63.33公顷作为新城建设用地。2000年6月，国务院批准剑阁县政府驻地迁址，下寺新城建设进入实质性阶段。市政府成立剑阁县城搬迁领导小组，县政府制定《剑阁县城迁往下寺镇的实施方案》，并提出“五年实现搬迁，十年形成格局，把下寺建成具有旅游文化特色的现代化山水园林城市”。2001年，县政府向县级各单位、部门下达“一年起步、两年建设、三年办公、四年配套、五年成格局”的建设目标和“政府负责、市场导向、业主经营、逐步完善”的搬迁方针。是年，国家投资3500万元的下寺互通式立交桥竣工，其建设工程为“两桥”（剑溪河大桥，清江河大桥）一线（引桥、剑门关大道）。工程投入使用，成为大仓坝与修城坝相互联结纽带。2002年，下寺城区建设加快，启动修城坝、沙溪坝的开发建设。建设重点突出以水、电、路、堤、桥、气等基础设施建设。6月18日，修城园区开发建设破土动工，主干道开发建设工程由四川大西南工程公司、绵阳宏达工程公司承建。2005年6月21日，县疾控中心大楼竣工。2006年6月，县宣传文化中心竣工。至2006年，日产万吨自来水厂投入使用。11万伏变电站落成，天然气输气管网架通，城市垃圾处理场、污水处理厂开始立项实施。立项投资1.17亿元，建长11.5千米的清江河大堤，已完工3.5千米。沿河堤的东西干道建设竣工。县级各部门办公用房陆续竣工，修城坝形成“三纵七横”的路网结构和城市街道格局。城市道路分主干道、次干道和支线三个级别。主干道红线宽30米至40米，次干道18米至26米，支线12米至24米。其中消防线宽度6米。“三纵”即由西向东依次为纵一路红线宽18米（与环山路部分重合），纵二路宽40米，纵三路宽26米（与滨河路部分重合）。“七横”由南至北依次为横一路红线宽30米，横二路宽18米，横三路宽30米，横四路宽18米，横五路、横六路各24米，横七路12米。至2006年年末，下寺镇设沙溪坝、修城坝2个社区居民委员会，6个居民小组，常住人口1.97万人，城区面积2.51平方千米，沙溪坝社区1.07万人，面积1.31平方千米；修城坝社区0.63万人，面积1.2平方千米；大仓、拐枣2村列入城区规划，局部开发面积0.2平方千米。

县城有公交车、出租车。2006年10月，广运集团剑阁客运公司开通沙溪坝火车站至剑门关汽车站公交车，往返8辆大客车从沙溪坝经翠云大道过修城坝，绕剑门关大道至大仓坝，全天营运，日客流量约2500人次。

第三章 乡镇概况

第一节 镇

下寺镇 治所下寺场。历属剑阁辖区，置乡政权，解放后仍置。1952年10月划归昭化县，1958年10月建下寺公社。1959年3月并入广元县，1984年1月改公社为乡。1985年4月改乡为镇。1991年7月由广元市市中区划归剑阁。1991年7月至1992年10月及1995年10月至2006年6月，为区、区工委、督导室治所，1996年至2006年为下寺经济开发区驻地。1992年9月普广、上寺2乡并入，1995年10月上寺划出建乡。2004年2月20日，修城村改为修城坝社区。2006年年末辖沙溪、下寺、友于、冠京、风垭、大仓、三江、拐枣、修城、窑沟、空木、大桥、石瓮、五台、麻柳、硝厂16个村101个村民小组和沙溪坝、修城坝2个社区居委会6个居民小组。面积106.48平方千米，总人口24476人，其中非农业人口9337人。2006年生产总值25477万元，粮食产量677.8万公斤，农民人均纯收入2138元。

普安镇 治所人民巷53号。镇四周山环水复，林木葱郁，景色秀丽。1935年在此设四川省第十四行政督察区，后设剑阁专员公署，1952年改为城关镇，1981年恢复原名普安镇。1935年至1954年及1995年10月至2006年6月，曾先后作为普安区、普安片区、普安督导室治所。1958年至1992年10月及1995年10月至2006年6月，曾先后作为城关区、龙泉区、城北片区、城北督导室、城北镇政府驻地。1992 年 9 月鹤鸣、凉山 2 乡并入，将下辖的剑北、剑公、城北、闻溪 4 村划入城北镇。1995 年 10 月凉山划出建乡。2003 年 12 月 26 日，普安商贸园区管理委员会挂牌成立，与普安镇实行“两块牌子、一套班子”的管理体系。是月，城北镇第一、第二居委会划入。2006 年年末辖双剑、剑西、剑坪、中坪、江东、光荣、灯光、城东、鹤鸣、白虎、丰光、银山、同心 13 个村 81 个村民小组和鼓楼、小玲珑、卧龙、较场坝 4 个社区居民委员会 35 个居民组，面积 58.1 平方千米，总人口 46903 人，其中非农业人口 33877 人。2006 年 6 月 14 日，撤销普安商贸园区。2006 年生产总值 49289 万元，其中第三产业增加值 34241 万元，粮食产量 660.4 万公斤，农民人均纯收入 2279 元。

龙源镇 治所龙源场。传说龙源得名出自附近唐家庄原有九条石龙源出一地，乡民在此建修庙宇，取名龙源寺。解放前置乡，解放后仍置。1958 年改乡为公社。1984 年改公社为乡。1985 年 1 月改乡为镇。1992 年 9 月，江石乡并入，1995 年 10 月江石划出建乡。2006 年年末辖一心、尖岭、先化、永红、青枫、宝泉、登云、中岭、姜湾、龙石、红彤、七宝、文笔、演正、青龙、兴泉 16 个村 100 个村民小组和龙源寺社区居委会 3 个居民小组，面积 88.58 平方千米，总人口 16178 人，其中非农业人口 564 人。2006 年生产总值 4454 万元，粮食产量 1092.2 万公斤，农民人均纯收入 1961 元。

城北镇 治所三江路 308 号。1992 年 9 月，柳垭、北庙、抄手 3 乡及普安镇的剑北、剑公、城北、闻溪 4 村合并新建城北镇，辖 24 个村及 2 个居委会。1995 年 10 月北庙划出建乡。2003 年 12 月，第一、第二居委会划归普安镇。2006 年年末辖民主、锯山、龙凤、飞凤、新华、亮垭、水池、城北、碑梁、剑公、闻溪、剑北、柳垭、前锋、红双、石庙、闻风 17 个村 121 个村民小组，面积 93.45 平方千米，总人口 18481 人，其中非农业人口 967 人。全 2006 年生产总值 4910 万元，粮食产量 1121.1 万公斤，农民人均纯收入 2022 元。全镇盛产水稻，面积 700 余公顷，产量占粮食总产 40% 以上；水果最丰，产量超过 300 万公斤，红双村葡萄、新华村猕猴桃量大质优。

盐店镇 治所盐店场。盐店地名出自清初，因有人家在此开店，经营盐业。又有拱石坝、大小井坝开凿盐井，产食盐，在此兴场开市，由此得名。1952 年由江油划入剑阁建盐店乡。1958 年改乡为公社。1984 年改公社为乡。因修建杨家坝水库，1991 年 5 月，撤销五福村，一组 5 户 24 人并入石笋村，三组 22 户 88 人并入石岩村，三、四组 41 户 174 人新建一个组并入莲花村。1992 年 9 月西庙乡并入建盐店镇，1995 年 10 月西庙划出建乡。2006 年年末辖盐河、红花、双马、青林、五丰、石笋、莲花、五指、拱石 9 个村 58 个村民小组和红旗社区居委会 2 个居民小组，面积 68.3 平方千米，总人口 8344 人，其中非农业人口 297 人。2006 年生产总值 3112 万元，粮食产量 588.1 万公斤，农民人均纯收入 2036 元。

柳沟镇 治所柳沟场。据查明代前柳沟河岸柳树成荫，景色秀丽，故取名柳沟。民国时期置乡，解放后仍置。1952 年至 1955 年、1961 年至 1992 年 10 月及 1995 年 10 月至 2006 年 6 月，为区、区工委、督导室治所。1958 年改乡为公社。1984 年改公社为乡。1989 年 3 月改乡为镇。1992 年 9 月毛坝、垂泉 2 乡并入，1995 年 10 月毛坝、垂泉划出建乡。2006 年年末辖新民、三清、石龙、四五、长安、光明、文星、南庙 8 个村 48 个村民小组和灵泉社区居委会 2 个居民小组，面积 53.73 平方千米，总人口 10135 人，其中非农业人口 1050 人。2006 年生产总值 3526 万元，粮食产量 804.6 万公斤，农民人均纯收入 2057 元。

武连镇 治所武连场。武连系古代驿站，晋武帝太康二年（281 年）置武连县。梁武帝天监中（502 年至 519 年），改下辨县，置武功县。西魏废帝二年（553 年）改武功县为武连县。元世祖至元二十年（1283 年），武连县废。1935 年 3 月红军在此建区苏维埃政权。红军北移后设乡。1953 年至 1955 年、1992 年 10 月及 1995 年 10 月至 2006 年 6 月，为区、区工委、督导室治所。1958 年改乡为公社。1984 年改公社为乡。1985 年 1 月改乡为镇。1992 年 9 月正兴、马灯 2 乡并入。1994 年 10 月列为省级小集镇建设试点镇。1995 年 10 月正兴、马灯划出建乡。2006 年年末辖武侯、计划、水泉、寨桥、枣垭、武五、跃进、东垭、兴隆、庙岭、四合 11 个村 65 个村民小组和武侯社区居委会 4 居民小组，面积 72. 19 平方千米，总人口 12338 人，其中非农业人口 1694 人。2006 年生产总值 5202 万元，粮食产量 926. 5 万公斤，农民人均纯收入 2097 元。

东宝镇 治所东宝场。传说东宝得名源于建庙时，地下挖出一块圆石，形似元宝。其后，在庙前河沟又发现一尊宝石，形如宝贝架，加之东宝大米独具特色，故命名寺庙为多宝寺。随后在此开店兴场，取名多宝场。1935 年置乡。1954 年由江油划入剑阁。1958 年改乡为公社。1981 年更名东宝。1984 年改公社为乡。1985 年 10 月改乡为镇。2001 年 6 月，东宝大米获国家绿色食品 A 级标准认证，10 月，东宝镇被列为市级小集镇建设试点镇。2006 年年末辖东升、桐梁、长梁、新建、迎春、双华、西林、西阳、双井、青山、楼台、龙泉、凉安 13 村 87 个村民小组和宝石社区居委会 3 个居民小组，面积 66. 38 平方千米，总人口 13584 人，其中非农业人口 335 人。2006 年生产总值 4015 万元，粮食产量 876. 3 万公斤，农民人均纯收入 2079 元。

开封镇 治所开封场。开封得名源于明末时期，兵荒马乱，病疫流行，民不聊生，土地荒芜，人口锐减，后从湖广、江浙、陕西等省移民到此定居，开荒辟壤，建修庙宇，取名开封庙。民国时期设乡。1952 年至 1992 年 10 月及 1995 年 10 月至 2006 年 6 月，为区、区工委、督导室治所。1955 年土门乡并入。1958 年改乡为公社。1961 年土门划出设公社。1984 年改公社为乡。1985 年 1 月改乡为镇。1992 年 9 月国光乡并入，1995 年 10 月国光划出建乡。2001 年 3 月列为市级小集镇建设试点镇。2006 年年末辖光辉、鞍山、龙桥、同坝、永生、中营、东华、友爱、和平、高山、白云 11 个村 62 个村民小组和文庙社区居委会 3 个居民小组，面积 68. 15 平方千米，总人口 15723 人，其中非农业人口 3011 人。2006 年生产总值 6118 万元，粮食产量 596. 4 万公斤，农民人均纯收入 2126 元。

元山镇 治所元山场。清雍正八年（1730 年），在元包山建元山庙，兴场开市而得名元山。1935 年 3 月红军在此建区、乡苏维埃政权。解放前后 1992 年 10 月及 1995 年 10 月至 2006 年 6 月，为区、区工委、督导室治所。1953 年建元山乡。1958 年改乡为公社。1984 年改公社为乡。1985 年 1 月改乡为镇。1995 年 10 月时古并入。2000 年 8 月列为省级小集镇建设试点镇。2006 年年末辖福泉、宝田、白坝、七一、普同、平桥、盘石、粮丰、二教、金竹、石楼、铁炉、石板、广化、爱国、鱼岭、幸福、红旗、柳河、双狮、松岭 21 个村 144 组和元山社区居委会 4 个居民小组，面积 93. 09 平方千米，总人口 30467 人，其中非农业人口 1839 人。2006 年生产总值 9058 万元，粮食产量 1330. 3 万公斤，农民人均纯收入 2005 元。

演圣镇 治所演圣场。传说演圣之名源于古时此地建有一庙，名寅圣寺。忽一日大火焚之，乡邻甚惊，不知火从何来。卜算先生认为其地名缺水，天火焚之，便在寅字旁加上三点水，名演圣寺。后筹款建寺，在其旁开市兴场。民国时期置乡公所，解放后仍置。1958 年改乡为公社。1984 年改公社为乡。1992 年 9 月时古乡并入建演圣镇，1995 年 10 月时古划入元山镇。2006 年年末辖寅圣、亭坝、金刚、天马、大坪、中子、梁垭、天井、切山、龙滩 10 个村 61 个村民小组和平坝社区居委会 2 个居民小组，面积43.57平方千米，总人口11829人，其中非农业人口264人。2006年生产总值2968万元，粮食产量768.1万公斤，农民人均纯收入1902元。

王河镇 治所王家场。王河以王家河两岸多居王姓而得名。王河历史悠久，南朝刘宋（420年至479年）起至元初（1283年），曾为华阳、黄安、普城等县治所。1952年置乡。1955年公店乡并入。1958年改乡为公社。1961年公店划出设公社。1984年改公社为乡。1992年9月公店乡并入建王河镇，1995年10月公店划出建乡。2006年年末辖南华、新电、板桥、皇观、深垭、鸣凤、吴家、鲁垭8个村53个村民小组和王石社区居委会2个居民小组，面积41.92平方千米，总人口10541人，其中非农业人口378人。2006年生产总值3294万元，粮食产量629.7万公斤，农民人年均纯收入2205元。

公兴镇 治所公兴场。公兴集市东北山包有一土主庙，因庙高场低，乡民称矮子场，清末，三姓家族相互争夺，在斜对面导子梁建房兴场，取名公兴场。1953年设乡。1955年圈龙乡并入。1958年，改乡为公社，金仙区公所治地由金仙场迁至公兴乡高家坝，其后在此兴场建设市，地名沿用公兴场。至1992年10月及1995年10月至2006年6月，为区、区工委、督导室治所。1961年圈龙划出设公社。1984年改公社为乡。1985年10月建镇。1992年9月涂山、吼狮、圈龙并入，1995年10月涂山、吼狮、圈龙划出建乡。1995年10月列为市级小集镇建设试点镇。2006年年末辖新生、九龙、大梁、茶垭、文林、凤凰6个村62个村民小组和大桥社区居委会4个居民小组，面积34.38平方千米，总人口12043人，其中非农业人口1803人。2006年生产总值4467万元，粮食产量489.4万公斤，农民人均纯收入1901元。

金仙镇 治所金仙场。金仙场原为一古老农村集市，市集东头山脊有寺庙，名登仙寺，又名金仙寺。明代在此兴场，命名金仙场。1935年3月红军在此建金仙县，其后为区治所。1952年置乡。1955年吼狮乡并入。1958年乡改为公社，区治所迁往公兴公社。1961年吼狮划出设公社。1984年改公社为乡。1992年9月长岭乡并入建金仙镇，1995年10月长岭划出建乡。2006年年末辖大顺、双河、双柏、井峰、西河、柏垭、金仙、赛金、小桥9个村63个村民小组和金仙社区居委会2个居民小组，面积36.5平方千米，总人口9326人，其中非农业人口321人。2006年生产总值3506万元，粮食产量562.43万公斤，农民人均纯收入1800元。

香沉镇 治所香沉场。香沉因香沉寺而得名。据《剑州志》记载，香沉寺庙前的石碑刊载：“香沉古刹，建年历元代。经明朝多次扩建，才成今之慈云观也”。庙内奉儒教孔子、道教李聃像。上庙多众，香雾沉沉，遂称名香沉寺。其地历史悠久，南朝刘宋时期（479—502年）至北周时置胡原县，隋文帝开皇七年（587年）至北宋神宗熙宁五年（1072年）设临津县。民国时期置乡公所。1950年设乡。1958年改乡为公社。1984年改公社为乡。1992年改乡为镇。2001年10月列为市级小集镇建设试点镇。2006年年末辖卫星、元柏、东沟、乘风、群英、阳明、龙台、剑南、三堆9个村82个村民组和跃进社区居委会2个居民小组，面积50.96平方千米，总人口14379人，其中非农业人口356人。2006年生产总值4043万元，粮食产量976.5万公斤，农民人均纯收入2075元。

白龙镇 治所白龙场。传说白龙庙源出龙源唐家庄有一白龙飞出，经云起山蜿蜒而下至白龙场，后在此建庙名白龙庙，兴场名白龙场。民国时期在此置区公署、乡公所。1951年置乡，至1992年10月及1995年10月至2006年6月，为区、区工委、督导室治所。1955年石板、两河乡并入。1958年乡改为公社。1961年分置石板、两河公社。1984年改公社为乡。1985年1月改乡为镇。1992年9月摇铃、禾丰、碑垭3乡并入，1995年10月摇铃、禾丰、碑垭划出建乡。2000年8月列为省级小集镇建设试点镇。2006年年末辖三湾、石滩、青峰、春风、寨门、槐树、小垭、庙垭、古楼、龙洞10个村78个村民小组和龙洞、鲁班2个社区居民委员会6个居民小组，面积51.39平方千米，总人口17676人，其中非农业人口3109人。2006年生产总值8410万元，粮食产量772.2万公斤，农民人均纯收入2041元。

鹤龄镇　治所鹤龄场。鹤龄场建在一山梁上，中间突起，两侧纵深沟谷，形似一只白鹤凌空飞翔，集市背依一小山包，形似灵龟卧其上，明代在此建庙，取龟鹤延年之义而名鹤龄。清代一次庙会火焚其庙，故又名火烧寺。1935年红军在此建赤化县。1950年置乡。1952年至1992年10月及1995年10月至2006年6月，为区、区工委、督导室治所。1958年乡改为公社。1984年改公社为乡。1985年10月改乡为镇。1992年9月鸯溪乡并入。2001年3月列为市级小集镇建设试点镇。2006年年末辖赤化、金珠、柏林、长寿、永兴、石垭、龙潭、青木、会龙、翠柏、化林、岳坪、白鹤、金银、绿水、印盒16个村106村民小组和凤凰社区居委会3个居民小组，面积85.79平方千米，总人口24463人，其中非农业人口1648人。2006年生产总值9520万元，粮食产量1374.5万公斤，农民人均纯收入2045元。

杨村镇　治所杨村场。杨姓居多，取名杨村。解放前设乡公所，解放后仍置。1955年樵店乡并入。1958年乡改为公社。1961年3月分置樵店公社，9月分置水磨公社。1984年改公社为乡。1992年9月樵店、锦屏2乡并入建杨村镇，1995年10月樵店、锦屏划出建乡。2006年年末辖杨垭、石门、长湖、官店、建设、柏梓、三合7个村52个村民小组和龙鞍社区居委会2个居民小组，面积39.89平方千米，总人口11883人，其中非农业人口363人。2006年生产总值3218万元，粮食产量676.2万公斤，农民人均纯收入1930元。

羊岭镇　治所羊岭场。传说古代在此开办集市，因场后有一小山包，形似一只羊吃草，故名羊子岭。清道光六年（1826年），王、杨两族互相争斗，致死人命，遂将杨姓街房撤至太平桥河边，故又改名太平场。1951年建太平乡。1958年乡改为公社。1981年更名为羊岭。1984年改公社为乡。1992年9月改乡为镇。2006年年末辖庙坝、太平、茶角、蒲花、桥河、灵泉、马鞍、大堰、剑寺、钟鼓、青柏11个村98个村民小组和太平社区居委会2个居民小组，面积61.73平方千米，总人口18710人，其中非农业人口350人。2006年生产总值3974万元，粮食产量892.9万公斤，农民人均纯收入1920元。

江口镇　治所江口场。位于闻溪河与嘉陵江汇流之处，故名江口。1935年3月红军在此设乡苏维埃政权，红军北移，置乡公所，解放后仍置。1952年至1955年、1962年至1992年10月及1995年10月至2006年6月，为区、区工委、督导室治所。1955年白图乡并入。1958年乡改为公社。1961年原白图乡分置为闻溪公社。1984年改公社为乡。1985年10月改乡为镇。2006年年末辖新禾、清明、长江、新庄、七林、高堂、春雷、罐林、百包、陵峰、金钟11个村78个村民小组和闻江社区居委会2个居民小组，面积65.6平方千米，总人口14530人，其中非农业人口1085人。2006年生产总值4105万元。粮食产量919.2万公斤，农民人均纯收入2011元。

木马镇　治所木马场。传说木马得名源于古时在此修建大佛殿时，木工不慎锯短架梁。正束手无策时，忽来一位鹤发童颜的老木工指点，用32担木马做成架梁，飘然而去，遂将此寺取名木马寺。1935年3月红军在此设区苏维埃政权，红军北移后设乡公所。1951年置乡。1955年柏垭乡并入。1958年乡改为公社。1961年柏垭划出设公社。1984年改公社为乡。1992年9月柏垭乡并入建木马镇，1995年10月柏垭划出建乡。2006年年末辖威灵、魁凌、金魁、庵子、华峰、松木、七柏、停船、前坪、后坪10

个村57个村民小组和木马寺社区居委会2个居民小组，面积63.61平方千米，总人口11476人，其中非农业人口427人。2006年生产总值3189万元，粮食产量924万公斤，农民人均纯收入1937元。

剑门关镇　治所剑门场。三国蜀汉时置剑门关，唐时置剑门县、大剑镇，明废县置驿，民国2年（1913年）为剑门分县。1935年设剑门乡公所，解放后仍置。1952年建剑门乡。1958年乡改为公社。1984年改公社为乡。1992年10月及1995年10月至2006年6月，为剑门区、区工委、督导室治所。1985年1月改乡为镇。1994年10月列为省级小集镇建设试点镇。1995年10月更名剑门关镇。2004年10列为全省100个试点镇之一。2006年年末辖剑雄、剑门、大房、青树、双鱼、剑华、剑山、元安、梁山、风垭、志公、桂花、高峰、剑城、双旗15个村105个村民小组和雄关社区居委会3个居民小组，面积132.71平方千米，总人口17599人，其中非农业人口2066人。2006年生产总值8297万元，粮食产量1115.9万公斤。农民人均纯收入2129元。

汉阳镇　治所汉阳场。汉阳铺梁家垭曾为三国时蜀汉章武元年（221年）汉德县治所。汉阳铺系汉源古驿，明代在此建庙，取名汉源寺，汉阳之名源出汉源。民国时期置乡公所，解放后仍置。1950年至1955年及1958年至1984年，为汉阳区治所。1958年乡改为公社。1984年改公社为乡。1989年3月改乡为镇。1992年9月小剑乡并入。2006年年末辖新场、云丰、天桥、东风、青春、永泉、陡嘴、壮山、壮岭、灯煌、登山、七里、中心、二龙、金星、顺风、锁溪、青松18个村61个村民小组和翠云社区居委会2个居民小组，面积140.6平方千米，总人口17619人，其中非农业人口809人。2006年生产总值5971万元，粮食产量1129.9万公斤，农民人均纯收入1961元。

第二节　乡

江石乡　治所江石场。江石场地处太平山、唐家山两山之间野垭口上，因其地江石较多，故名江石垭。江石历为龙源乡属地，1952年置乡。1955年并入龙源乡，1961年划出设公社。1984年改公社为乡。1992年9月并入龙源镇，1995年10月划出设乡。2006年年末辖江石、明镜、西山、五台、双塔、天堂、梨垭7个村47个村民小组，面积33.91平方千米，总人口6915人，其中非农业人口70人。2006年生产总值2121万元，粮食产量564.1万公斤，农民人均纯收入2081元。

田家乡　治所田家场。田家得名源于明嘉靖年间田姓家族修建宗祠，后扩为田氏家庙，故名田家庙。1952年置乡。1958年乡改为公社。1984年改公社为乡。2006年年末辖田庙、龙池、响水、石泉、中凤、双丰、共和、石磬8个村43个村民小组，面积37.01平方千米，总人口7763人，其中非农业人口109人。2006年生产总值1845万元，粮食产量438.6万公斤，农民人均纯收入2140元。

闻溪乡　治所闻溪场。以闻溪河蜿蜒过境而得名。1935年3月红军在此设乡苏维埃政权。1952年置白图乡，1955年白图乡并入江口乡，1961年分置闻溪公社。1984年改公社为乡。2006年年末辖檬树、鲁公、新关、新中、永丰、长春、中山、建兴、大湾、二郎10村48组，面积51.72平方千米，总人口8480人，其中非农业人口163人。2006年生产总值2634万元，粮食产量675.3万公斤，农民人均纯收入2183元。

姚家乡　治所姚家场。因明清时此地住户多系姚姓，建庙定名姚家庵，开市兴场取名姚家场。1952

年置乡，1953 年并入北庙乡，1961 年划出设公社。1984 年改公社为乡。2006 年年末辖团结、柳场、银溪、元宝、天字、繁荣、高台、立前、关刀 9 个村 59 个村民小组和向阳社区居委会 1 个居民小组，面积 74.61 平方千米，总人口 8214 人，其中非农业人口 230 人。2006 年生产总值 1970 万元，粮食产量 538.2 万公斤，农民人均纯收入 2104 元。

北庙乡　治所北庙场。境内孤玉山，山中建有一庙，名北庙。清同治年间，在孤玉山脚下兴场开市，取名北庙场。1935 年 3 月红军在此建区苏维埃政权。1952 年置乡。1953 年姚家乡并入。1958 年改乡为公社。1961 年姚家划出设公社。1984 年改公社为乡。1992 年 9 月并入城北镇，1995 年 10 月划出设乡。2006 年年末辖孤玉、五星、星光、石桥、钟岭山、水井岩、明兴、青碑 8 个村 62 个村民小组，面积 56.74 平方千米，总人口 9523 人，其中非农业人口 195 人。2006 年生产总值 2498 万元，粮食产量 584.4 万公斤，农民人均纯收入 2074 元。

西庙乡　治所西庙场。西庙得名源出明万历年间，此处荆棘丛生，人迹罕至，开辟此片土地时，发现丛林中有一小庙，后扩建，取名西灵寺。寺旁开市兴场，故名西庙场。1935 年 3 月红军在此设西庙区苏维埃政权。红军北移后置乡，1952 年仍置。1958 年乡改为公社。1984 年改公社为乡。1992 年 9 月并入盐店镇，1995 年 10 月划出设乡。2006 年年末辖上游、清潭、八一、南山、鲜花、石花、石柱 7 个村 47 个村民小组，面积 52.65 平方千米，总人口 7717 人，其中非农业人口 172 人。2006 年生产总值 1999 万元，粮食总产量 482.4 万公斤，农民人均纯收入 1908 元。

义兴乡　治所义兴场。治所原名讨口坟，民国初年改名义兴。1953 年置乡。1955 年毛坝乡划入。1958 年乡改为公社。1961 年毛坝划出设公社。1984 年改公社为乡。2006 年年末辖工农、劳动、沙河、土垭、双流、红星、宫堂 7 个村 46 个个村民小组和新星社区居民委员会 1 个居民小组，面积 47.31 平方千米，总人口 8607 人，其中非农业人口 177 人。2006 年生产总值 2503 万元，粮食产量 680.1 万公斤，农民人均纯收入 1984 元。

毛坝乡　治所毛坝场。毛坝场位于柳沟河一较宽阔平坝上，其地多居毛姓，清末在此建场兴市，命名毛坝子。1952 年设乡，1955 年并入义兴乡，1961 年划出设公社。1984 年改公社为乡。1992 年 9 月并入柳沟镇，1995 年 10 月划出设乡。2006 年年末辖百花、元山、光华、茶园、斑竹、团山、宝桥 7 个村 43 个村民小组，面积 40.16 平方千米，总人口 6118 人，其中非农业人口 113 人。2006 年生产总值 2593 万元，粮食产量 675.6 万公斤。农民人均纯收入 2099 元。

凉山乡　治所凉山场。凉山场为古蜀驿道上的一个驿站，驿站东西两端皇柏茂密蔽日，人行其上，凉风悠悠，故有凉山之说。1952 年设乡。1958 年改乡为公社。1984 年改公社为乡。1992 年 9 月划入普安镇，1995 年 10 月划出设乡。2006 年年末辖皇柏、云凤、五羊、珠珍、甘水、联合、盐井、清凉、松林 9 个村 55 个村民小组，面积 46.67 平方千米，总人口 8755 人，其中非农业人口 151 人。2006 年生产总值 2583 万元，粮食产量 568.4 万公斤。农民人均纯收入 1940 元。

垂泉乡　治所垂泉场。垂泉为古时驿站。传说三国时，张飞领兵路过此处，正值酷暑，兵困马乏，张飞派人四处找水无果，气急，以拳击石，喷出一股泉水，故名垂泉。1952 年设乡，1955 年并入秀钟乡，1961 年划出设公社。1984 年改公社为乡。1992 年 9 月并入柳沟镇，1995 年 10 月划出设乡。2006 年年末辖清泉、白杨、春光、清水、寿山、回龙、宝珠 7 个村 38 个村民小组，面积 35.69 平方千米，总人口 4910 人，其中非农业人口 93 人。2006 年生产总值 1594 万元，粮食总产量 461.1 万公斤，农民人均纯收入 2071 元。

秀钟乡 治所秀钟场。秀钟场为清代末开辟的农村集市，兴场时，因此秀钟山松树繁茂，取名松广场，1912 年修建文昌庙、大佛殿时，在原珍珠庙前挖出一口唐代铸造的大铁钟，加之周围松柏苍翠，山色秀丽，遂将此山称秀钟山，其场取名秀钟。1952 年置乡。1955 年垂泉划入。1958 年乡改为公社。1961 年垂泉划出设公社。1984 年改公社为乡。2006 年年末辖秀山、东山、柏堰、兴盛、太清、王河、双星、青岭、荷花 9 个村 58 个村民小组，面积 50.75 平方千米，总人口 8841 人，其中非农业人口 170 人。2006 年生产总值 2962 万元，粮食总产量 775.4 万公斤，农民人均纯收入 2081 元。

正兴乡 治所正兴场。正兴早期为一小店，后因行人渐多，于 1945 年兴场开市，取名正兴。1952 年置乡。1958 年乡改为公社。1984 年改公社为乡。1992 年 9 月并入武连镇，1995 年 10 月划出设乡。2006 年年末辖星火、河西、三元、孔龙、崇岭、郭沟、龙虎、金顶、华山 9 个村 40 个村民小组，面积 47.83 平方千米，总人口 6462 人，其中非农业人口 141 人。2006 年生产总值 1866 万元，粮食产量 590.4 万公斤，农民人均纯收入 2081 元。

马灯乡 治所马灯场。1962 年，武连公社前进、胜利、解放，正兴公社五星、三江、红旗、兴隆、先锋等 8 个大队分出另置马灯公社。1984 年改公社为乡。1992 年 9 月并入武连镇，1995 年 10 月划出设乡。2006 年年末辖马灯、三江、瓦子、双坪、武庵、陈湾、纯阳 7 个村 37 个村民小组，面积 40.13 平方千米，总人口 5852 人，其中非农业人口 150 人。2006 年生产总值 1765 万元，粮食产量 452.2 万公斤，农民人均纯收入 2085 元。

高池乡 治所高池场。高池得名源于场后山绝顶有一莲花池，以池在高山而名高池。1952 年置乡。1958 年改乡为公社。1984 年改公社为乡。2006 年年末辖高池、胜利、作坊、大营、庄子、高塔、牌坊、青荣、灯塔、杨岭 10 个村 51 个村民小组，面积 52.24 平方千米，总人口 7031 人，其中非农业人口 198 人。2006 年生产总值 1915 万元，粮食产量 452 万公斤，农民人均纯收入 1984 元。

碗泉乡 治所碗泉场。因碗泉场山顶有一盘石，可盛一碗水，泉水终年不涸而取名碗泉。1952 年置乡。1958 年改乡为公社。1984 年改公社为乡。2006 年年末辖碗泉、石靴、杏垭、庙湾、高垭、白兔、大林、大山、泉水 9 个村 51 个村民小组，面积 53.72 平方千米，总人口 7857 人，其中非农业人口 181 人。2006 年生产总值 2189 万元，粮食产量 518.7 万公斤，农民人均纯收入 2030 元。

迎水乡 治所迎水场。清康熙三年（1664 年）在西河岸边迎水庙，其后兴场建市，遂名迎水场。1952 年置乡。1958 年改乡为公社。1984 年改公社为乡。2006 年年末辖迎水、燕子、玉清、马林、慈恩、天珠、双龙、寺坝、白顶 9 个村 65 个村民小组，面积 60.02 平方千米，总人口 8185 人，其中非农业人口 216 人。2006 年生产总值 2867 万元，粮食总产 633.5 万公斤，农民人均纯收入 1912 元。

国光乡 治所国光场。1952 年置土门乡，1955 年并入开封乡，1961 年分置土门公社，驻土门垭，1975 年治所移至现国光场的葫芦坝。1981 年更名为国光公社。1984 年改公社为乡。1992 年 9 月并入开封镇，1995 年 10 月划出设乡。2006 年年末辖土门、走马、东王、寨山、石印、朝阳、石堰、五爱、庆丰、青溪 10 个村 46 个村民小组，面积 53.3 平方千米，总人口 8177 人，其中非农业人口 168 人。2006 年生产总值 1992 万元，粮食产量 631.9 万公斤，农民人均纯收入 2119 元。

柘坝乡 治所柘坝场。因其地曾生长一片柘树林，明万历二年（1574 年），在此兴场建市，取名柘坝。民国时置乡公所，1949 年后仍置。1958 年改乡为公社。1984 年改公社为乡。2006 年年末辖银河、龙柏、群力、弹垭、南桥、林茂、迎丰、林山、小仓、玉龙、大华 11 个村 49 个村民小组，面积 48.71 平方千米，总人口 7066 人，其中非农业人口 371 人。2006 年生产总值 2311 万元，粮食产量 645.7 万公斤，农民人均纯收入 1941 元。

公店乡 治所公店场。民国初年，当地两户地主贾贡夫、王殿平争夺此地，民国 36 年（1947 年）在此兴场开市时，在他们各自的名字中取一字作为场名，称名“贡殿场”。解放后改为公店场。1952 年设乡。1955 年并入王河乡，1961 年划出设公社。1984 年改公社为乡。1992 年 9 月并入王河镇，1995 年 10 月划出设乡。2006 年年末辖智积、红碑、平乐、六一、新家、华光、五一、荣光 8 个村 48 个村民小组，面积 40.48 平方千米，总人口 6839 人，其中非农业人口 155 人。2006 年生产总值 2190 万元，粮食产量 520.1 万公斤，农民人均纯收入 2188 元。

吼狮乡 治所吼狮场。据传吼狮垭得名源于元朝，外地来一方士，医术高明，深受世人尊敬，死后立碑纪念，以示万古不朽，遂将此地取名“朽石”。清宣统年间，地方名士认为“朽石”为意贬，取谐音“吼狮”为名。1952 年置乡。1955 年并入金仙乡，1961 年划出设公社。1984 年改公社为乡。1992 年 9 月并入公兴镇，1995 年 10 月划出设乡。2006 年年末辖龙座、人马垭、龙角、来龙、天星、向前、兴峰、石马 8 个村 61 个村民小组，面积 42.31 平方千米，总人口 9365 人，其中非农业人口 198 人。2006 年生产总值 2793 万元，粮食产量 758.1 万公斤，农民人均纯收入 1845 元。

长岭乡 治所长岭场。长岭因境内有长岗岭而得名，民国初期在此兴场设市，后因来往不便而停场数年，民国后期恢复集市，故名复兴场。1951 年设复兴乡。1955 年涂山乡并入。1958 年乡改为公社。1961 年涂山划出设公社。1981 年更名为长岭公社。1983 年升钟水库建成蓄水，其治所淹没，驻地迁至长岗岭山腰。1984 年改公社为乡。1992 年 10 月并入金仙镇，1995 年 10 月划出设乡。2006 年年末辖井坝、桥楼、红岩、曙光、玉溪、双桥、玉台、金城、金像 9 个村 70 个村民小组，面积 45.86 平方千米，总人口 10369 人，其中非农业人口 234 人。2006 年生产总值 2709 万元，粮食产量 611.8 万公斤，农民人年均纯收入 1784 元。

涂山乡 治所涂山场。因其地有涂山寺而得名。1952 年置乡。1955 年并入复兴乡，1961 年划出设公社。1966 年公社驻地迁至井坝子，并沿用旧名。1984 年改公社为乡。1992 年 9 月并入公兴镇，1995 年 10 月划出设乡。2006 年年末辖罐铺、大桥、皇山、苏维、东河、太和、涂山、迎新、石剑 9 个村 79 个村民小组，面积 43.71 平方千米，总人口 11760 人，其中非农业人口 313 人。2006 年生产总值 2565 万元，粮食产量 659.6 万公斤，农民人均纯收入 1809 元。

圈龙乡 治所圈龙场。圈龙得名源于明天顺年间，在此建一庙，名圈龙庙，庙碑大石刻有“大排鹤架天下朋，扭过将台夕阳红，路逢仙亭客歇马，水流七曲绕圈龙”的诗句，后兴场开市，取名圈龙场。1952 年置乡。1955 年并入公兴乡，1961 年划出设公社。1984 年改公社为乡。1992 年 9 月并入公兴镇，1995 年 10 月划出设乡。2006 年年末辖三泉、金铃、新风、新桥、太吉、登杆 6 个村 61 个村民小组，面积 29.02 平方千米，总人口 9177 人，其中非农业人口 202 人。2006 年生产总值 2699 万元，粮食产量 640.4 万公斤，农民人均纯收入 1916 元。

碑垭乡 治所碑垭场。清朝嘉庆年间，其地山垭建庙一座，庙前竖有几块大石碑，故名碑垭。其后兴场，取名碑垭场。民国时期置乡，解放后仍置。1955 年广坪乡并入。1958 年乡改为公社。1961 年广坪划出设公社。1984 年改公社为乡。1992 年 9 月并入白龙镇，1995 年 10 月划出设乡。2006 年年末辖小碑、松柏、大垭、山峰、刘家、先锋6个村43个村民小组，面积37.05平方千米，总人口10275人，其中非农业人口118人。2006年生产总值2622万元，粮食总产量767.9万公斤。农民人均纯收入1910元。

广坪乡 治所广坪场。广坪场原名骡马场，因位于一平坝上，地势宽阔平坦，取名广坪。1952年设乡。1955年并入碑垭乡，1961年划出设公社。1984年改公社为乡。2006年年末辖快乐、健康、前途、小河、柿垭、拱桥6个村46个村民小组，面积38.16平方千米，总人口8502人，其中非农业人口323人。2006年生产总值1855万元，粮食产量581.8万公斤，农民人均纯收入1860元。

摇铃乡 治所摇铃场。境内杨家山、请雨山之间的一块大石板上，似一院坝，杨姓在此开店兴场，遂称石板场。1952年置乡。1955年并入白龙乡，1961年划出设公社。1981年更名为摇铃公社。1984年改公社为乡。1992年9月并入白龙镇，1995年10月划出设乡。2006年年末辖黄林、双碑、山岭、永安、狮子、楼房、唐家7村，44组，面积58.61平方千米，总人口8563人，其中非农业人口118人。2006年生产总值2203万元，粮食产量787.7万公斤，农民人均纯收入1929元。

禾丰乡 治所禾丰场。禾丰原名两河。以地处青钢、尖山两条小河汇合处而得名。其地历属龙源治地，1955年并入白龙乡，1961年划出设两河公社。1981年更名为禾丰公社。1984年改公社为乡。1992年9月并入白龙镇，1995年10月划出设乡。2006年年末辖剑峰、云起、油坊、两河、三尖、健全6个村52个村民小组，面积38.35平方千米，总人口8938人，其中非农业人口205人。年生产总值2051万元，粮食产量572.9万公斤，农民人均纯收入1853元。

店子乡 治所店子场。其地处老鸦山、天台山两山谷口和汞河口（店子河）交界处，因其地人口密集，过往客商频繁，遂在此开店设市兴场，取名店子场。1935年3月，红军在此设区苏维埃政权。红军北移后置乡公所。解放后仍置。1958年改乡为公社。1984年改公社为乡。2006年年末辖大河、天台、盘龙、联盟、元丰、西至、龙水、尖山、登高、石岩10个村68个村民小组，面积67.69平方千米，总人口11754人，其中非农业人口315人。2006年生产总值2873万元，粮食产量724.9万公斤，人年均纯收入1923元。

樵店乡 治所樵店场。据传古时一樵夫在此砍柴营生，搭棚居住，后因过往行人来此投宿，逐渐形成小店，遂取名樵店。1953年置乡，1955年并入杨村乡，1961年划出设公社。1984年改公社为乡。1992年9月并入杨村镇，1995年10月划出设乡。2006年年末辖木林、井田、蒲李、新房、元包、岱岭、中岩7个村38个村民小组，面积41.33平方千米，总人口10072人，其中非农业人口132人。2006年生产总值2653万元，粮食产量495.6万公斤，农民人均纯收入1832元。

锦屏乡 治所锦屏场。锦屏历为杨村乡属地，原名水磨，因当地村民曾在两条河沟汇流的一块小平坝安装水磨加工粮食而得名。1961年分置水磨公社。1981年更名为锦屏公社。1984年改公社为乡。1992年9月并入杨村镇，1995年10月划出设乡。2006年年末辖锦屏、佛山、灯河、水磨、青墟、白水6个村42个村民小组，面积26.58平方千米，总人口8330人，其中非农业人口144人。2006年生产总值1876万元，粮食产量411.2万公斤，农民人均纯收入1845元。

柏垭乡 治所柏垭场。清嘉庆年间，乡民在柏树梁一山垭上搭棚摆摊，卖茶售食，逐步形成过往客商歇宿之地，遂取名柏垭店。1953年置从木马分置柏垭乡。1955年并入木马乡，1961年划出设公社。1984年改公社为乡。1992年9月并入木马镇，1995年10月划出设乡。2006年年末辖云顶、柳青、新庙、井泉、红梁、共同、青坪、程山8个村50个村民小组，面积35.82平方千米，总人口6830人，其中非农业人口 304 人。年生产总值 1865 万元，粮食产量 510 万公斤，农民人均纯收入 2018 元。

高观乡　治所高观场。因汉时建的玄穹观可望四周数十里外而取名高观。其后，过往行人增多，遂开市兴场，取名高观场。1935 年 3 月红军在此设乡苏维埃政权。1951 年置乡。1955 年并入张王乡，1958 年划出设公社。1984 年改公社为乡。2006 年年末辖黄坪、元岭、向阳、健民、龙山、新田、张帽、茶坪、禾丰、田坝、鸡鸣 11 个村 65 个村民小组，面积 55.58 平方千米，总人口 10399 人，其中非农业人口 235 人。2006 年生产总值 2732 万元，粮食产量 839.6 万公斤，农民人均纯收入 2079 元。

张王乡　治所张王场。相传东晋时，有两个在嘉陵江漂泊的渔民到此定居，为过往客商煮饭烧菜，继而建房兴市，至明代在江边建一张王庙，张王场由此而得名。红军于 1935 年 3 月在此设乡苏维埃政权。1951 年置乡。1955 年高观乡并入，1958 年改乡为公社，高观划出设公社。1984 年改公社为乡。2006 年年末辖嘉陵、苍山、大柏、紫荆、长石、金光、金黄、穿井、号角、陵江 10 个村 112 个村民小组，面积 63.67 平方千米，总人口 10076 人，其中非农业人口 425 人。2006 年生产总值 2521 万元，粮食总产量 765.7 万公斤，农民人均纯收入 1925 元。

上寺乡　治所上寺。上寺得名源于明万历年乡民在清江河建上、中、下三座寺院，三寺中的上寺居上而得名。上寺历属剑阁治地，1952 年 10 月划归昭化县，1952 年 12 月分下寺乡西境部分村建猫儿乡，1953 年更名上寺乡，1955 年 9 月并入普广乡，1958 年 10 月分置上寺公社。1959 年划入广元县。1984 年改公社为乡。1991 年 7 月由广元市市中区划归剑阁。1992 年 9 月并入下寺镇，1995 年 10 月划出设乡。2006 年年末辖猫儿、桅杆、上寺、三房 4 个村 31 个村民小组，面积 26.83 平方千米，总人口 4024 人，其中非农业人口 71 人。2006 年生产总值 2092 万元，粮食产量 88 万公斤，农民人均纯收入 2662 元。

第四章　人口概况

第一节　人口增长

“七五”计划期末，剑阁人口增长呈低出生、低死亡、低自然增长趋势。90 年代初，进入第三次人口生育高峰期，使保持 10 多年的人口低自然增长受到冲击。县委、县政府贯彻执行中共中央《关于加强计划生育工作严格控制人口增长的决定》和《四川省计划生育工作条例》，继续稳定人口政策，按照“抓基层，打基础，上台阶”的要求，把工作重点放在农村，人口增长得到有效控制。全县人口出生率、自然增长率从 1990 年的 16.4‰、8.8‰，分别降到 2000 年的 7.52‰、0.81‰，实现 2000 年总人口控制在 68 万以内的既定目标。2006 年，全县人口出生率、自然增长率分别降到 6.97‰、1.76‰。育龄妇女总和生育率在 1.6 以内。

剑阁县 1990—2006 年人口自然增长情况表

表 1-3　　单位：人、‰

年份	出生人口	出生率	死亡人口	死亡率	自然增长率
1990	10437	16.40	4876	7.60	8.80
1991	10433	16.20	4834	7.50	8.70
1992	10369	16.00	4821	7.40	8.60
1993	10922	16.80	4890	7.60	9.20
1994	10298	15.80	4923	7.50	8.30
1995	9508	14.50	4871	7.40	7.10
1996	8640	12.90	5077	7.60	5.30
1997	7416	11.00	4996	7.40	3.60
1998	6169	9.20	4768	7.10	2.10
1999	5674	8.43	4510	6.70	1.73
2000	5051	7.52	4508	6.71	0.81
2001	4615	6.86	4515	6.71	0.15
2002	4143	6.16	4720	7.02	-0.86
2003	3719	5.54	4013	5.98	-0.44
2004	3688	5.50	3973	5.92	-0.42
2005	4179	6.26	3880	5.81	0.45
2006	4676	6.97	3501	5.21	1.76

说明：资料来源为《剑阁统计年鉴》。

第二节　人口分布

1990 年第四次全国人口普查，剑阁总人口（7 月 1 日零时）643722 人，每平方千米 201 人。北部中低山窄谷区（含剑门、小剑、姚家、盐店、下寺、上寺、普广 7 乡镇）37779 人，面积 343.4 平方千米，每平方千米 110 人。中部低山宽谷区和南部低山槽坝深丘区的 56 个乡镇 605943 人，面积 2746.7 平方千米，每平方千米 221 人。

2000 年第五次全国人口普查，剑阁总人口（11 月 1 日零时）667978 人，每平方千米 208 人。北部（含姚家、盐店、剑门关、下寺、上寺 5 乡镇和汉阳镇原小剑乡所属村）65022 人，面积 476.7 平方千米，每平方千米 136 人。中部和南部 602956 人，面积 2727.63 平方千米，每平方千米 221 人。人口密度较小的姚家、汉阳、盐店和剑门关 4 乡镇，每平方公分别为里 110 人、124 人、125 人和 131 人。人口密度较大的普安、白龙、公兴、元山、鹤龄 5 镇，每平方千米分别为 760 人、360 人、354 人、320 人、284 人。

2006 年年末，全县总人口 670449 人，人口密度为每平方千米 209 人。下寺、普安、元山 3 镇每平方千米分别为233人、807人、327人。

剑阁县1990—2006年人口情况表

表1-4　　　　单位：户、人、人/平方千米

年份	总户数	农业户	户籍人口	农业人口	人口密度
1990	165324	155910	640317	604802	200
1991	166698	156935	644215	609231	201
1992	169749	154830	648910	608931	203
1993	173557	154629	649992	608606	203
1994	178685	155243	652777	605624	204
1995	179808	156471	658582	608005	206
1996	177651	158798	662027	609871	207
1997	179580	157162	665929	611924	208
1998	179697	156892	669200	613423	209
1999	181338	157353	671643	614679	210
2000	181668	165874	670383	611675	209
2001	182006	164551	670954	610711	209
2002	182906	164492	670883	609237	209
2003	182586	160828	670135	606694	209
2004	191811	162071	668966	603227	209
2005	193214	165123	667995	597425	208
2006	197893	164595	670449	597939	209

说明：资料来源为《剑阁统计年鉴》。

第三节　自然结构

性别结构　1990年全国人口普查，全县总人口643722人，男333025人，女310697人，性别比为107.19∶100。1995年统计，全县总人口658582人，男339828人，女318754人，性别比为106.61∶100。2000年全国人口普查，剑阁总人口667978人，男348177人，女319801人，性别比为108.87∶100。2006年年末，全县总人口670449人，男348541人，女321908人，性别比为108.87∶100。

年龄结构　1990年全国人口普查，全县总人口643722人，年龄构成为：0—14岁167052人，占25.95%；15—64岁442997人，占68.82%；65岁以上33673人，占5.23%。2000年全国人口普查，剑阁总人口667978人，年龄构成为：0—14岁164110人，占24.57%；15—64岁460665人，占68.96%；65岁以上43203人，占6.47%。2000年与1990年相比，0—14岁人口下降1.38个百分点，65岁以上人口上升1.24个百分点。人口平均年龄增加，寿命延长。人口年龄类型已进入成年型

晚期，正在向老年型靠近。

剑阁县1990年人口年龄情况表

表1－5　　单位：人、%

年龄组	总人口	比例	性别		性别比	年龄组	总人口	比例	性别		性别比
			男	女					男	女	
总　计	643722	100.00	333025	310697	107.19	50—54岁	26058	4.05	13726	12332	111.30
0—4岁	67792	10.53	35198	32594	107.99	55—59岁	23144	3.60	12148	10996	110.48
5—9岁	41092	6.38	21086	20006	105.40	60—64岁	19787	3.07	10164	9623	105.62
10—14岁	58168	9.04	29519	28649	103.04	65—69岁	16491	2.56	8030	8461	94.91
15—19岁	87375	13.57	44721	42654	104.85	70—74岁	9757	1.52	4410	5347	82.48
20—24岁	75643	11.75	39306	36337	108.17	75—79岁	5026	0.78	2007	3019	66.48
25—29岁	56920	8.84	30223	26697	113.21	80—84岁	1820	0.28	594	1226	48.45
30—34岁	42547	6.61	22870	19677	116.23	85—89岁	499	0.08	159	340	46.76
35—39岁	47003	7.30	24713	22290	110.87	90—94岁	64	0.01	22	42	52.38
40—44岁	33966	5.28	18165	15801	114.96	95—99岁	14	……	1	13	7.69
45—49岁	30554	4.75	15963	14591	109.40	100岁及以上	2	……	—	2	—

说明：资料来源为剑阁县第四次全国人口普查汇总资料。

剑阁县2000年人口年龄情况表

表1－6　　单位：人、%

年龄组	总人口	比例	性别		性别比	年龄组	总人口	比例	性别		性别比
			男	女					男	女	
总计	667978	100.00	348177	319801	108.87	50—54岁	31850	4.77	17143	14707	116.56
0岁	5400	0.81	2840	2560	110.94	55—59岁	27478	4.11	14256	13222	107.82
1—4岁	31401	4.70	16155	15246	105.96	60—64岁	22824	3.42	11892	10932	108.78
5—9岁	60049	8.99	31169	28880	107.93	65—69岁	17346	2.60	8707	8639	100.79
10—14岁	67260	10.07	34930	32330	108.04	70—74岁	13255	1.98	6335	6920	91.55
15—19岁	39541	5.92	20519	19022	107.87	75—79岁	8251	1.24	3619	4632	78.13
20—24岁	46797	7.00	24260	22537	107.65	80—84岁	3152	0.47	1179	1973	59.76
25—29岁	78282	11.72	41648	36634	113.69	85—89岁	985	0.15	325	660	49.24
30—34岁	71910	10.77	37712	34198	110.28	90—94岁	165	0.03	41	124	33.06

续表1－6

年龄组	总人口	比例	性别		性别比	年龄组	总人口	比例	性别		性别比
			男	女					男	女	
35—39岁	57114	8.55	30484	26630	114.47	95—99岁	41	0.01	13	28	46.43
40—44岁	39051	5.85	20915	18136	115.32	100岁及以上	8	……	—	8	—
45—49岁	45818	6.86	24035	21783	110.34						

说明：资料来源为剑阁县第五次全国人口普查汇总资料。

第四节　社会结构

民族结构　全县民族结构以汉族为主。1990年全国人口普查，全县有12个民族，总人口643722人中，汉族643660人。少数民族11个，62人。其中，回族25人，羌族9人，苗族6人，满族6人，藏族4人，白族3人，壮族2人，傣族2人，布依族2人，彝族1人，土家族1人，未识别的民族1人。2000年全国人口普查，剑阁有18个民族，总人口667978人中，汉族667869人。少数民族17个，109人。其中，回族25人，羌族17人，土家族11人，布依族10人，苗族9人，藏族8人，彝族6人，蒙古族3人，满族3人，侗族3人，瑶族3人，白族3人，壮族2人，哈尼族2人，纳西族2人，仡佬族1人，基诺族1人。少数民族种类和人数增加，多系婚姻、就业和工作关系迁入。

文化结构　1990年全国人口普查，全县6周岁及以上具有小学以上文化程度的446438人。其中，大专以上1713人，高中生（含中专）23587人，初中135631人，小学285507人。每千人中有大专以上学历2.7人，高中36.6人，初中210.7人，小学443.5人。15周岁及以上不识字或识字很少的114222人，占15周岁及以上的23.96%。

2000年全国人口普查，全县6周岁及以上具有小学以上文化程度的559640人。其中，大学专科以上学历的8180人，高中（含中专）毕业42891人，初中214326人，小学294243人。每千人中有大专以上学历12.2人，高中64.2人，初中320.9人，小学440.5人。15周岁及以上人口中不识字或识字很少的52697人，占15周岁及以上人口的10.46%。

文化程度在地域分布上，城镇人口高于农村人口。普安、公兴、白龙、鹤龄一带高于其他地区。1990年，分布在普安镇的大专以上、高中文化程度人口分别为920人和4901人，分布在其他乡镇的分别为793人和18686人。2000年，分布在普安镇的大专以上学历、高中文化程度人口分别为3375人和11310人，分布在其他乡镇的分别为4805人和31581人。

职业结构　1990年全国人口普查，全县15岁及以上人口476670人，其中在业人口406618人，分布在13个行业门类，农林牧渔水利业371506人，工业9516人，地质普查和勘探业254人，建筑业2009人，交通运输、邮电通信业2052人，商业、公共饮食业、物资供销和仓储业7828人，房地产管理、公用事业、居民服务和咨询服务业1281人，卫生、体育和社会福利事业1670人，教育、文化艺术和广播电视事业5945人，科学研究和综合技术服务事业43人，金融、保险业679人，国家机关、政党机关和社会团体3830人，其他行业5人。

从业人口中，按职业分，各类专技术人员10784人，国家机关党群组织、企事业单位负责人1811人，办事人员和有关人员2332人，商业工作人员4551人，服务性工作人员3564人，农林牧渔劳动者370834人，生产工人、运输工人和有关人员12736人，不便分类的其他劳动者6人。

全县不在业人口70052人。其中，在校学生28117人，料理家务19768人，待升学545人，市镇待业569人，离休退休退职3685人，丧失工作能力16832人，其他536人。

2000年第五次全国人口普查，全县抽样调查17087户、63301人，15岁及以上人口47213人，在业人员41220人，分布在16个行业门类，农林牧渔业37482人，采掘业15人，制造业403人，电力、燃气及水的生产和供应业43人，建筑业140人，地质勘探、水利管理业11人，交通运输、仓储及邮电通信业255人，批发和零售贸易、餐饮业1216人，金融、保险业90人，房地产业4人，社会服务业274人，卫生、体育和社会福利业219人，教育、文化艺术及广播电影电视业638人，科学研究和综合技术服务业7人，国家机关、党政机关和社会团体403人，其他行业20人。

从业人口中，按职业分，国家机关、党群组织、企事业单位负责人331人，专业技术人员1025人，办事人员和有关人员361人，商业、服务业人员1367人，农林牧渔水利业生产人员37407人，生产、运输设备操作人员及有关人员726人，不便分类的其他从业人员3人。

抽样调查15周岁以上未工作人口5993人。其中，在校学生1525人，料理家务1379人，离退休549人，丧失工作能力2015人，从未工作正在找工作168人，失去工作正在找工作152人，其他205人。

婚姻状况 1990年全国人口普查，全县15岁（含15岁）以上人口476670人（男247222人，女229448人）。其中，未婚120465人（男72311人，女48154人），有配偶321859人（男160816，女161043人），丧偶31960人（男12294人，女19666人），离婚2386人（男1801人，女585人）。

2000年全国人口普查，全县抽样调查15岁以上人口47213人（男24473人，女22740人）。其中，未婚7556人（男4996人，女2560人），初婚有配偶34268人（男17120人，女17148人），再婚有配偶1635人（男741人，女894人），离婚433人（男321人，女112人），丧偶3321人（男1295人，女2026人）。

家庭户型 1990年全国人口普查，全县家庭户163810户，家庭人口规模为：一人户7547户，二人户18654户，三人户35904户，四人户54942户，五人户30271户，六人户11224户，七人户3783户，八人户1048户，九人户298户，十人及以上户139户。家庭户结构为：单身户6153户，一对夫妇户11165户，二代户110056户，三代户28577户，四代户820户，五代户3户；一代户和其他亲属及非亲属组合户803户，二代户和其他亲属及非亲属组合户3134户，三代户和其他亲属及非亲属组合户1641户，四代户和其他亲属及非亲属组合户64户，其他户1394户。

2000年第五次全国人口普查，全县家庭户179455户，家庭户人口规模为：一人户13863户，二人户24338户，三人户42489户，四人户53933户，五人户27269，六人户12685户，七人户3438户，八人户950户，九人户332户，十人及以上户158户；家庭户代际结构为：一代户30333户，二代户95384户，三代户50595，四代户3138户，五代及以上户5户。家庭户中单一民族户179382户，两个民族户73户。

第二篇 自然环境

第一章 地质地貌

第一节 地质构造

剑阁大地构造分区为杨子准地台之四川中台坳和秦岭褶皱系两个一级构造之间，分属龙门山印支褶皱带和四川中坳陷燕山褶皱两个单元。其构造体系为：天井山背斜之南矿山梁背斜、梓潼向斜、九龙山背斜、苍溪向斜、柘坝场鼻状背斜、金仙场向斜、盐店向斜、北庙背斜。以梓潼大向斜为主要构造体系。

天井山背斜之南矿山梁背斜 起于上寺西北部，是在加里东末期旋向中，摩天岭褶皱回返之后形成的强烈沉陷带，即龙门山边缘坳陷带，构造曲线为西南、北东向，倾伏角约13度至15度，核部出露地层有寒武系下寒武统长江沟组及奥陶系、志留系，但发育不全，一般厚度为150米左右，往西南逐渐变薄，以至消失。

梓潼向斜 为境内主要构造骨架，起于梓潼回龙寺，经正兴、龙源、田家、木马一线，其轴线不甚规则。观音寺以南轴向北60度东，观音寺至龙源寺轴向北40度东，龙源寺以东又转成北60度东，平面向上呈舒缓“S”形，向北东延伸，横贯县境中部，总体走向北50度东，全长70千米。两翼平缓开阔，基本对称，倾角1度至3度，北西翼局部倾角最大6度，东南翼局部倾角最大5度。核部出露地层为七曲寺组，两翼出露地层为白龙组。

九龙山背斜 起于苍溪县小桥河以东，轴北向65度东，两翼平缓开阔，倾角1度至3度，北东段出露地层为苍溪组，西南段出露地层为苍溪组、白龙组。北西与梓潼向斜相接，东南与苍溪向斜相邻，全长37千米。

苍溪向斜 起于苍溪县城北，与九龙山背斜为邻，轴向北70度东，近于直线展布，两翼对称，倾角1度至3度，出露地层由苍溪组、白龙组组成。北东方向进入仪陇县境，西端消失于正兴场里。

柘坝场鼻状背斜 起于柘坝场东，轴线近东西向，以西轴向北70度偏东，总体呈曲率半径较大的弧形，弧顶向北突出，两翼倾角1度至2度，核部和两翼地层出露处均为苍溪组，白龙组，西端末于王河场东北，倾伏角1度。东端消失于苍溪县华尖山处，南与金仙场向斜相接，全长22千米。

金仙场向斜　起于柘坝场北斜以南，总轴向北70度东，近直线延伸，北翼倾角1度，南翼倾角1度至2度，消失于元山场以北。核部两翼出露地层为苍溪组，境内长15千米。

盐店向斜　起于盐店场东北，呈北、东延伸，地层为巨厚层块状砾岩，境内长30千米。

北庙背斜　起于北庙场南，呈北东延伸，出露地层为白龙组，境内长28千米。

第二节　地层分布

剑阁地处四川盆地北部边缘，系山地与盆地交替的低山渐次过渡地带。地层按其发育特点属龙门山和四川盆地两个分区。下寺以北地带属龙门山分区，其余地带属四川盆地分区。境内地层从古生界寒武系地层到新生界第四系地层均有出露。龙门山分区地层古老，结构复杂。寒武系地层，奥陶系、志留系、泥盆系、石炭系、二叠系、三叠系等地层均有不同程度的出露在上寺、下寺以北；侏罗系地层在下寺以南剑门关以北地区出露；白垩系地层，称“城墙岩群”在剑门关至盐店镇一线以南地区广为分布；第四系地层，不甚发育，在河谷两岸阶地出露，但分布零星。此外，类黄土沉积在南部地区，有少量分布。

寒武系　寒武系下寒武统长江沟组，分布在上寺以北长江沟一带，为浅海砂页岩沉积，由三个岩性组成，上段为浅灰色厚层块状砂岩，夹砂碎屑岩及中厚层含砾岩屑砂岩同薄层细砂岩页构成；中段为灰色、灰绿薄中厚层岩屑砂岩同薄层泥质粉砂岩、页岩互层；下段为浅灰、青灰色中厚层含泥质粉砂岩，薄板状钙质砂岩夹少量海绿石砾岩等，总厚1370米。

二叠系　二叠系下二叠统栖霞组，分布于上寺铁佛山一带，与下伏泥盆系观雾山组、志留系呈平行不整合接触，为杨子海盆滨海边缘相。由灰白色厚层块状灰岩，灰黑色白云质圆块灰岩夹碳质，沥青质、钙质页岩组成，层厚70—130米。

三叠系　三叠系下二叠栖霞组，分布于上寺西北一带。下三叠统飞仙关组为浅海页岩，泥灰岩相沉积，分上、中、下三层，下部以灰色，灰黄色黏土质页岩，灰白色薄中厚层状灰岩，竹叶状碎屑灰岩及青灰色薄板状泥灰岩组成；中部以紫红色钙质页岩，浅灰色泥质灰岩，夹薄层灰岩等组成。上部由紫红色泥岩，钙质页岩，夹薄层含介壳灰岩组成。总厚度630米。

铜子街组，分布在上寺，为浅海泥灰岩沉积，层厚300—360米。

上三叠统须家河组，为海陆互交相沉积，地层岩相变化大，剥蚀剧烈，层厚仅40米。

侏罗系　侏罗系地层是龙门山分区和四川盆地分区的分界地层，出露面积较大，分布于上寺、下寺及以南，剑门山、大吊岩、马耳山至五子山及以北地带，为典型的内陆河湖相沉积。呈角放不整合超覆于下寒瑛统至三叠系地层之间，分下、中、上三统。

下侏罗统白田坝组，为暗灰色含煤建造，由石英质砾岩、黄绿、灰色细砂岩，泥质粉砂岩不等厚韵律式互层，夹灰质页岩及煤层组成。为湖滨沼泽相沉积，金子山为最大沉降中心，由巨厚砾岩、砂岩组成，砾岩占69%，层厚350—450米。

中侏罗统千佛岩组，为绿灰、红色类复理石建造，与下伏白田坝组平行不整合接触，为湖滨相沉积，由石英质砂岩，灰绿色或紫红色粉砂岩等互层组成，层厚170—350米。沙溪庙组为灰白，青灰色厚层块状长石石英砂岩与紫红色粉砂岩，泥岩互层，为湖滨与浅水湖交替相沉积。遂宁组，为浅水，半深水湖相沉积，以紫红色泥岩为主。

上侏罗纪蓬莱镇组（亦称莲花口组），为红色类磨拉石建造，与下伏遂宁组呈冲刷间断接触，当山麓洪积相，其上为滨湖与浅水湖交替相沉积。由砾石、石英砂石、粉砂石、泥岩不等厚韵律层。分上、下两段，下段两河口一带砾岩占48%，砂岩次之，泥岩占18%。上段砾岩占34%，砂岩、泥岩增加，底部砾岩在金子山一带为巨厚砾岩，层厚500余米，称为“莲花口砾岩”。由此向东，向西，其砾岩逐渐变薄分叉，变为含砾岩，总厚1370—1790米。

白垩系　白垩系下统城墙岩群地层在县内出露面积最大，分布最广，其面积占全县总面积的92%，为山麓相、滨湖相、河流相的砾，砂泥岩之间互沉积，总厚度1300米左右，岩相变化较大，分为三组。

苍溪组，分布于剑门关、汉阳、姚家、北庙、盐店、西庙、秀钟、城北等乡镇以西和张王部分地区，为山麓、滨湖相沉积，由块砾岩、砖红色粉砂泥岩构成不等厚的上层。西北为巨厚的块状砾岩，层厚1200米以上，其地表上部石壁直立为屏，群峰锐列，构成蜀北天然屏障及雄伟奇险的剑门关隘，“七十二峰”等自然景观。东南部以砂岩为主和紫灰色、黄灰色粉砂岩、紫岩、砖红泥岩互层，砾岩较西北部变薄，砾石变小，层厚500米左右。分布于公兴、圈龙、羊岭、涂山、白龙、迎水、柘坝、元山一带。

白龙组，分布于高观乡、汉阳镇、城北镇、广坪乡、凉山乡、东宝镇、店子乡、白龙镇、碑垭乡、金仙镇、吼狮乡、鹤龄镇、演圣镇、公店乡、元山镇、国光乡等地，白龙镇文昌宫为该组的标准层，为滨湖夹河床相沉积，其西北部为砾岩，夹砂岩，粉岩。泥岩互层，东南部为浅灰色、灰白色厚层砂岩，砖红色砂岩，粉砂岩，泥岩互层，总层厚300—500米。

七曲寺组，分布于龙源、田家、闻溪、江石、柏垭、木马、禾丰、店子、柳沟、毛坝、义兴、高池、碗泉、马灯等乡镇，为滨湖、河流相沉积，底部有起伏冲刷面，上部遭剥蚀出露不全。由浅褐色砾岩，含砂砾岩，砖红色粉砂岩、泥岩的韵律层互层，底部出露的浅灰，灰白色块状钙质石英砂岩，称之为“百图观砂岩”或“七曲寺砂岩”。由东至西，其砂岩粒质变细，厚度变薄，变为松散的砂岩，大型斜层欠发育，局部夹有砾砂及泥岩条带，总厚260—470米。

第四系全新统　河漫滩冲积层主要分布于现代河谷及两岸阶地，不整合在中生界、古生界地层上，一般高出水面20米，具河床相砾石层单层构造。在嘉陵江、清江河、西河沿岸宽展地带，有滩漫相淤泥。以清江河岸面积为最，形成小平原，其他河岸宽展面积较小，坡积、残积在境内分布零散，以亚黏土，亚砂土为主，常见厚度在5米以上，是构成二三阶地的主要土层。洪积物一般出现河口地带，且常与坡积冲积物混在一起，多见于剑门关砾岩陡壁以北地区。

第三节　地貌特征

地貌类型　县境地貌以构造侵蚀低山为主，间有中山、深丘地貌，地表切割剧烈，起伏很大。北部为中低山窄谷单斜地貌，中部为低山宽谷台梁地貌，南部为槽坝宽谷深丘地貌。北部单斜窄谷地貌显著，北坡陡峭，南坡平缓。北端连山绝险，峻岭横空，石笋突兀、尖峰锐立，其气势雄伟磅礴；南端山势渐次减缓，呈台梁桌状、羽状、枝状低山展布，山岭重叠，沟壑纵横。在现代河流两岸有零星分布的小面积平坝。境内海拔高程最高点为盐店镇五子山主峰1330米，最低点为长岭乡西河出口处368米，高低相差962米。

山前河谷平坝区　分布在下寺、上寺。其地貌分为中山台地和河谷平坝两个类型。台地分布于下寺、上寺以北一带，河谷平坝分布在清江河两岸，堆积地层较发育，以沙溪坝、大仓坝、修城坝，拐枣坝为主要部分，属“米仓走廊”西部，面积136.65平方千米。

单斜中低山窄谷区　分布在秀钟、盐店、姚家、汉阳、剑门关、张王一线以北地带，其地层受龙门山褶皱断裂影响，普遍向上抬升，向北愈长愈高，变形愈大，向南渐次减缓，形成北坡陡峭、南坡缓斜的单斜山。北坡砾岩出露处若刀切斧劈的陡壁，高百余米、从大剑山、小剑山至大吊岩，石壁高耸，群峰剑列，形似城墙，甚为奇伟壮观，有“剑门城墙岩群砾岩”之称；南坡缓斜成阶梯叠瓦状，近河谷较陡，切割深，多成狭谷。山顶海拔高程一般在900米至1300米，相对高差500米至800米，面积343.4平方千米。

台梁低山宽谷区　分布在高观、汉阳，北庙、西庙、秀钟、东宝一线以南；碗泉、开封、迎水、摇铃、禾丰、杨村、鹤龄一线以北地带。因受长期的风化剥蚀和流水侵蚀，形成桌状、羽状、爪状台梁低山。台梁脊岭走向为北西至南，山体宽厚，台地展阔，沟谷发育以西北为主，北东次之。台梁与谷地大致等距相间，约300米至5000米，河道宽度一般为20米至50米。台梁顶部平阔宽展，边沿成阶梯状，山顶海拔高程800米至1000米，相对高差300米至500米，面积1920.4平方千米。

低山槽坝深丘区　分布在羊岭、锦屏、广坪、柘坝、开封以南地区。西河以西，谷岭走向为南西至北东，排列似枝状。以东谷岭走向北东至东南，排列若羽状。沟谷切割深200米左右，谷坡20度以下。山体宽厚，山顶浑圆，多呈馒头状。河谷二、三阶地发育，多坝谷，槽坝，一般宽度在200米至300米。山顶海拔高程为600米至800米，相对高差200米至350米，面积826.3平方千米。

此外，河谷地貌在境内不太发育，除清江河沿岸平坝面积较大外，在嘉陵江剑阁段和境内西河、白龙河、店子河、闻溪河等沿岸有零星分布。嘉陵江沿岸张王乡杨家坝、鹤龄镇金银滩是明显的滩漫，宽约100米，高出水面一二米。一级阶地长1000米至2000米，宽50米至100米，高出水面5米至20米，上部为亚黏土和亚砂土，下部为砾卵石。西河沿岸的武连场、新桥、正兴、开封缑家河、白龙河沿岸的高家坝、赵家坝，店子河沿岸的店子场等地一级阶地一般高出水面3米至5米，堆积层上部为亚黏土和亚砂土，下部为砾卵石，其面积不大。

山脉分布　县境西北界外为龙门山脉北东向斜绕，上寺、下寺等地为前山地带。龙门山东南支脉由江油市官垭子入县境至盐店镇西北边缘突起五峰，若五指并立，称“五指山”，又名“五子山”，海拔高程1330米。主干横亘西北，北东构成的剑门山脉属川北弧形山脉，覆盖剑阁全境。其余诸山，皆发脉于此，并向东南延伸。

龙门山东南支脉　在清江河以北，源于青川县，东西走向，有铁佛山、金鹅山、矿山梁、梅子崇、南门山、人字岩等山峰，以金鹅山为最高峰，海拔高程1248.6米。

剑门山主脉　在清江河以南，闻溪河以北，由五子山起，自西向北东延伸，分前后两列：前列经中子山、美女山、摩天岭、毛家山至广元市元坝区人头山，又称小剑山。后排经黄洋寺、马耳山、朱家寨、仙峰观、东山寨、翠屏峰、绝路岩、天龙山至嘉陵江西岸。以东山寨最高，海拔高程1248米。其支脉顺主干南北呈鸡爪展布。

中部一列山脉　在闻溪河以南，西河以北。发脉于五子山分水岭，经盐店、龙源、摇铃、金仙等乡镇入南部县、阆中市。山脉延伸分支若干，于盐店镇分支秀钟山、垂泉山；于柳垭子分支汉阳山、云顶山。于凉山分支傅家山、高池山；于龙源分支，一为云起山接摇铃山，一为小垭子、清墟山至鹤龄长宁山入苍溪县境。

西部一列山脉　在西河以西。发脉于五子山，为剑阁与江油市、梓潼县、南部县的分界线。其干脉经江油市云集、重兴乡于漏风垭入剑阁县东宝镇境内尖子山，经燕家山至瓦子垭。于瓦子垭分支，一支经演武铺入梓潼县境。一支经魏公寺，罗家山至碗泉山向南延伸，经公店乡司公山、王河镇胡家垭、元山镇贾家山、老龙山进入南部、盐亭县。

第四节　矿藏资源

煤　分布在上寺、下寺一带，其储量约 1200 万吨，煤层埋藏较深。一度时期进行开采，后时开时停，不成规模。1991 年，恢复开采，年产煤在 3 万吨左右。1995 年县政府实施“农业稳县、工业强县”战略，对煤窑多次整顿，设备更新，技术改造。至 2006 年，年产煤 14 万吨。

天然气　分布在柘坝乡、白龙镇、广坪乡等地。柘坝场附近一、二、三号井和白龙一号井经钻探测试，获工业性油气流。白龙一号井、柘坝一号井、二号井停钻。柘坝天然气已开采，并提供工业利用。1989 年，在白龙春风村办小型天然气发电厂，后停产。2001 年又开发利用，供白龙场镇居民使用。

磷铁矿　分布于下寺镇境内，储存量约 47 万吨。有猫儿潭炼铁厂、窑沟铁厂，后停办。

石灰石　分布于上寺铁佛山一带，呈层状分布。矿层分布为两层。第一层厚度 27 米至 35 米，第二层厚度 59 米至 63 米，储量约 6000 万吨。可生产白水泥的矿石 1500 万吨，经化验其品位为一、二级。

石英砂　分布于下寺境内马鞍山一带，储量约 700 万吨，品位高，含量在 92% 至 97%。是生产瓷砖、玻璃、马赛克、陶瓷产品的好原料。

铝矿土　分布于下寺镇以北及上寺桅杆、猫儿、三房等村，储量约 200 万吨，含量为 50% 至 60%，原矿石远销广州、福建等地，年销量 4000 吨左右。

黏土矿　分布于下寺西北地带，储量约 200 万吨，品位高、埋层浅，具有开采价值。

重晶石　分布于下寺地区，储量约 90 万吨。是医药和化工的重要原料。此外还可作沥青的硫页岩及红色大理石矿，也具有开采价值。

膨润土　又称“观音土”“白泥巴”。分布于姚家、北庙、秀钟、剑门关、张王等乡镇，总储量约 100 万吨以上。经化验鉴定，属钙基膨润土，造浆率低，含蒙脱石 85%。其化学成分，二氧化硅 56.5%，三氧化二铝 16.9%。姚家繁荣村的膨润土埋层浅，层厚 0.5 米至 1.7 米，可露天开采，储量约 28 万吨。

沙金　主要分布在嘉陵江剑阁段沿岸的张王、江口、鹤龄等乡镇的部分村组。其储量不详。

此外，在下寺镇大仓坝已钻探出地热资源，地下温泉水储量丰富。

第二章 气 候

第一节 气 温

四季特征 剑阁属亚热带湿润气候区，季风气候明显，其特征是气候温和，热量丰富，雨量充沛，四季分明。冬少严寒，夏短酷暑，无霜期长。降雨时空分布不均，灾害性天气较多。春季（3月至5月），气温回升快，但冷空气活动频繁，降水日少，时有寒潮来袭，春旱频率高。夏季（6月至8月），气候炎热，太阳辐射强，雨水集中，时有暴雨、洪涝发生，伴有阵性大风，水气蒸发量大，多高温高湿，常有夏旱。秋季（9月至11月），气温下降快，雨雾日增多，时有秋雨连绵。冬季（12月至次年2月），气候干燥，冷冻明显，雨雪较多，少有严寒，偶有暖冬年出现，最冷为1月，常有零度以下天气。

1990年至2006年，春季气温在10℃至22℃之间，平均16.1℃。夏季气温在22℃以上，平均24.7℃，最高气温39.6℃（2001年7月8日）。秋季气温在22℃至10℃之间，平均16.1℃。冬季气温在10℃以下，平均6℃，最低气温-4.6℃（1993年1月4日）。月平均最高气温为27.4℃（2001年7月），最低气温为2.9℃（1997年1月）。

年际变化 1990年至2006年，平均气温15.7℃。1998年平均气温最高，年均气温16.7℃，1992年平均气温最低，为15℃。出现≥30℃的日最高温天气，2002年最多，86天；1997年最少，19天；年平均为50天，17年间有48天日≥35℃。日平均气温3天滑动稳定通过10℃在3月上旬的有1年（2004年），在3月中旬通过的有5年，在3月下旬通过的有7年，在4月上旬通过的有4年。

区域变化 年平均气温随地势、海拔高程不同而变化。南部地区高于北部地区，丘陵地区高于中低山地区，河沟高于山顶。北部的盐店镇年平均气温14.4℃，中部的龙源镇15.2℃，南部的演圣镇16.4℃，南北相差2℃。

剑阁县1990—2006年平均气温情况表

表2-1　　单位:℃

年份	1月	2月	3月	4月	5月	6月	7月	8月	9月	10月	11月	12月	平均
1990	5.5	6.2	11.7	15.0	19.7	24.1	25.1	25.3	21.5	15.9	12.4	6.4	15.7
1991	5.1	7.5	12.4	15.4	19.2	24.5	25.2	24.5	21	15.7	10.4	6.5	15.6
1992	4.1	5.9	9.2	17.0	19.8	22.6	24.8	24.4	21.2	14.6	9.8	6.5	15.0
1993	3.5	8.3	10.6	17.0	20.0	24.4	24.8	23.2	21.1	15.3	10.7	5.7	15.4
1994	4.5	6.8	9.7	16.5	22.2	23.4	25.9	27.1	19.4	14.8	12.9	7.8	15.9

续表2—1

年份	1月	2月	3月	4月	5月	6月	7月	8月	9月	10月	11月	12月	平均
1995	4.4	6.2	10.2	15.6	21.5	24.6	25.4	25.1	21.3	16.3	10.8	6.2	15.6
1996	4.3	5.6	9.5	14.1	20.0	24.4	25.9	25.9	20.7	15.9	10.6	5.4	15.2
1997	2.9	7.0	12.2	15.7	21.1	22.9	25.8	25.0	20.5	15.7	10.5	6.0	15.4
1998	4.3	7.7	14.1	20.0	20.7	23.8	25.5	24.9	21.9	17.4	13.2	7.4	16.7
1999	5.3	8.9	11.7	16.9	20.1	23.0	25.0	25.3	22.0	16.7	11.3	5.1	15.9
2000	5.1	5.9	11.7	16.3	21.6	23.2	25.5	24.2	20.5	16.1	9.3	6.5	15.5
2001	5.3	8.5	13.1	15.2	21.6	23.8	27.4	24.1	19.7	17.0	11.4	5.3	16.0
2002	4.7	8.6	12.6	15.6	19.8	24.7	26.6	24.5	21.4	17.4	11.4	5.6	16.1
2003	5.6	9.2	11.7	16.5	20.7	23.0	25.2	24.0	21.3	15.7	10.7	6.1	15.8
2004	5.0	8.1	11.5	17.1	19.6	22.5	25.4	25.0	20.9	14.5	11.0	6.8	15.6
2005	3.9	5.5	10.7	17.2	21.6	24.8	25.5	23.5	22.0	15.7	11.3	4.6	15.5
2006	5.0	7.2	11.6	16.6	20.0	24.2	27.1	26.6	20.4	18.1	12.5	6.0	16.3

说明：资料为县气象局提供。

积温　1990年至2006年，年平均累计积温为5694℃。年累计积温最高为1998年，年累计积温5986℃。累计积温最低为1992年，为5512.5℃。平均气温稳定通过10℃的初、终间日数为231天，稳定通过15℃的初、终间日数为180天。3天滑动日平均气温稳定通过10℃的多年累计年平均总积温4639.3℃，有效积温为2313.9℃。17年中，1998年总积温为5220.9℃，有效积温2700.9℃，为最高。1992年总积温4533.7℃，有效积温2273.5℃，为最低。通过15℃的多年平均总积温为3902.1℃，有效积温为1198.9℃。总积温、有效积温最高为1998年，分别为4763.7℃和1508.6℃。总积温最低为1991年、3647.3℃，有效积温最低为2005年，1179.9℃。

剑阁县1990—2006年日平均气温稳定通过情况表

表2-2

年份	日平均气温稳定通过							
	10℃				15℃			
	初日	终日	活动积温	有效积温	初日	终日	活动积温	有效积温
1990	27/3	9/11	4687.0	2407.1	25/4	23/10	4041.3	1296.3
1991	3/4	9/11	4545.8	2335.8	11/5	17/10	3647.3	1247.3
1992	27/3	7/11	4533.7	2273.5	14/4	3/10	3811.7	1201.7
1993	25/3	17/11	4772.9	2392.9	17/4	13/10	3991.5	1276.5

续表2－2

年份	日平均气温稳定通过							
	10℃				15℃			
	初日	终日	活动积温	有效积温	初日	终日	活动积温	有效积温
1994	18/3	2/12	5144.3	2544.3	17/4	15/10	4125.2	1380.2
1995	20/3	19/11	4963.4	2513.4	6/4	23/10	4401.7	1371.7
1996	5/4	12/11	4629.3	2409.3	24/4	4/10	3793.9	1308.9
1997	25/3	15/11	4797.6	2437.6	17/4	24/10	4212.1	1332.1
1998	26/3	2/12	5220.9	2700.9	29/3	31/10	4763.7	1508.6
1999	30/3	16/11	4778.2	2458.2	29/4	30/10	4070.2	1280.2
2000	13/3	9/11	4913.6	2493.6	17/4	11/10	4009.9	1324.9
2001	12/4	13/11	4574.0	2414.0	23/4	3/10	4233.9	1378.5
2002	8/3	20/11	5152.3	2572.3	29/4	20/10	4001.8	1361.8
2003	17/3	7/11	4815.5	2455.5	8/4	18/10	4165.2	1240.2
2004	10/3	15/11	4918.2	2408.2	16/4	30/9	3754.9	1219.9
2005	2/4	7/11	4612.1	2312.1	15/4	13/10	3914.4	1179.9
2006	24/3	3/10	5110.8	2694.1	28/3	30/10	4710.1	1261.3

说明：资料为县气象局提供。

地温　县境内地面温度与气温变化大体一致，冬低、夏高，但变化幅度比气温大。多年平均地温为16.6℃，1月最低4.5℃，7月最高29℃。各月变化趋势，4月至8月地面温度比气温高2.2℃至3.8℃，1月至3月和10月至12月地面温度比气温高0.5℃至1.5℃，多年平均地面温度比气温高1.7℃。极端最高地温为1991年7月22日，为68.5℃。极端最低地温为1993年1月12日，为－7.5℃。

地中温度随土层深度而变化，最热月与最冷月完全相反。一年四季大体保持平衡。多年平均5—20厘米深度，土温年际变化16.1℃至6.3℃之间。5厘米土温，在5月至9月随深度增加而降低，10月至次年4月随深度增加而升高；15厘米土温，在4月至8月随深度增加而降低，9月至次年5月随深度增加而升高。4月至8月，5厘米、10厘米、15厘米、20厘米各层土温均在16℃至26.8℃之间变化。

第二节　降　水

降雨　县境内大气降水较为丰富，但时空分布不均衡，年际间降水量起伏很大。1990年至2006年，年平均降水总量为915.7毫米。17年中，1998年年降水总量最多，年降水1447.9毫米。1995年、1997年、2002年年降水总量较少，年降水总量均在700毫米左右。1997年持续7个月干旱，年降水总量仅

650.8 毫米。

年内降水分布不均。月际降水的一般趋势为 1 月、2 月降水极少。3 月开始春雨，4 月、5 月降水渐次增多，6 月下旬以后降水量增多。7 月、8 月降水集中，多雷阵雨、暴雨。9 月、10 月降水缓慢减少，11 月、12 月降水量显著减少。17 年的平均降水量，春季降水 161.5 毫米，夏季降水 522 毫米，秋季降水 203.6 毫米，冬季降水 28.6 毫米；1、2、3、4、10、11、12 月降水 178.2 毫米，5 月至 6 月降水 232.4 毫米，一年降水主要集中在 7、8、9 月，降水量 505.1 毫米。

降水日数，多年平均大于 0.1 毫米降水日为 134.8 天；大于 10 毫米降水日为 26.8 天，大于 25 毫米以上的降水日为 11 天，大于 50 毫米以上的暴雨日为 3.7 天。日降水量最多的是 1998 年 9 月 16 日，姚家、盐店等局部地区降水量为 355 毫米。

1990 年至 2006 年，连续降水最长的是 2001 年，9 月 10 日至 29 日，连续降水 20 天。连续无降水时间最长是 1992 年，11 月 7 日至 12 月 27 日连续 41 天无降水。暴雨开始期最早的是 2002 年 4 月 4 日，降水 85 毫米，开始期最晚的是 2004 年 9 月 3 日降暴雨 90 毫米。暴雨结束期最早的是 1991 年 7 月 23 日，结束期最晚的是 2000 年 10 月 10 日。

降水区域分布随地势、植被不同而存差异。北部为降水较多地区，南部为降水较少地区，并从西北向东南递减。普安镇以北地区多年平均降水量 1087 毫米，南边元山地区为 800 毫米，南北相差 287 毫米。在同一区域内，其降水量也受地势的制约有所不同。姚家雨量站海拔高程 1100 米，多年平均降水量 1075 毫米。江口雨量站海拔高程 900 米，多年平均降水量 994 毫米，相差 80 毫米。其降水大体趋势，从北至南直线距离每增加 10 千米，年降水量约减少 35 毫米。

降雪、降霜　20 世纪 90 年代，气温回暖，县内降雪日较少，且多集中于每年 1 月至 2 月。1990 年至 2006 年的 17 年中，有 11 年降雪，7 年出现积雪，一般积雪深度为 5 厘米，海拔 800 米以上的山顶积雪 10 厘米以上。降雪量在年际间变化较大，暖冬年气温高，难于积雪。2004 年 1 月降雪时间长，普安、龙源、剑门关等镇积雪量大。

县境初霜期一般出现在 11 月上旬，终霜期出现在 2 月下旬。初霜期出现最早是 2000 年 10 月 27 日，最晚是 1998 年 12 月 28 日。终霜期最早是 1997 年 2 月 10 日，最晚是 1992 年 3 月 21 日。历年初终霜间日最长为 127 天（1991 年 11 月 16 日至 1992 年 3 月 21 日），历年初终霜间日最短为 58 天（1998 年 12 月 28 日至 1999 年 2 月 23 日）。历年在一年里出现降霜日最多是 1992 年，为 42 天。降霜日最少是 1996 年，仅 14 天。历年初、终霜间平均日为 98 天，多年年平均无降霜日为 267 天。

剑阁县 1990—2006 年降水量情况表

表 2-3　　单位：毫米

年份	1月	2月	3月	4月	5月	6月	7月	8月	9月	10月	11月	12月	总量
1990	1.0	17.2	20.4	65.7	83.8	253.8	426.4	102.4	87.4	52.6	16.9	5.3	1132.9
1991	15.6	5.9	26.0	21.8	213.8	183.5	167.1	58.1	46.0	52.9	18.4	8.6	817.7
1992	1.5	23.8	19.2	48.5	117.7	218.5	263.6	164.6	114.5	36.3	3.0	1.4	1012.6
1993	15.2	15.3	23.0	17.6	37.3	143.9	223.2	209.8	35.6	76.3	21.4	4.1	822.7

续表2—3

年份	1月	2月	3月	4月	5月	6月	7月	8月	9月	10月	11月	12月	总量
1994	5.4	17.7	46.0	56.5	15.4	190.4	226.5	69.7	174.9	45.7	32.4	6.3	886.9
1995	7.6	25.6	9.7	24.9	28.1	98.6	208.0	110.9	81.2	61.6	6.2	7.7	670.1
1996	4.8	2.7	16.6	18.6	40.5	165.6	209.7	139.1	165.8	38.8	35.0	2.3	839.5
1997	11.2	23.4	34.2	96.5	138.5	57.1	161.0	25.7	59.9	25.9	14.0	3.4	650.8
1998	7.6	15.2	35.7	87.4	138.6	35.4	384.8	334.5	369.4	26.9	5.1	7.3	1447.9
1999	4.0	0.5	21.0	60.7	65.8	308.4	290.1	62.8	107.0	82.7	30.6	1.6	1035.2
2000	25.4	6.1	21.6	43.8	24.2	180.1	172.5	143.4	119.1	124.5	15.8	2.9	879.4
2001	6.0	10.2	21.8	28.0	21.9	70.9	166.9	259.9	303.4	49.4	23.4	5.0	966.8
2002	10.9	11.3	12.9	115.4	106.6	118.9	68.8	134.1	43.9	36.0	25.9	16.9	701.6
2003	2.2	6.4	28.7	40.7	147.9	193.0	203.4	241.4	95.9	37.1	21.1	14.2	1032.0
2004	9.4	9.6	40.2	111.3	86.8	141.2	53.5	132.3	180.5	64.0	44.4	11.2	884.4
2005	18.7	21.2	16.1	16.7	115.9	52.2	333.9	157.9	97.3	32.1	21.5	1.5	885.0
2006	2.9	21.7	10.3	29.7	74.9	81.8	428.2	46.5	125.1	55.2	21.7	4.2	902.2

说明：资料为县气象局提供。

第三节 日 照

日照时数 日照时数系指太阳实际照射当地的时间。日照时数多寡受当地云、雾、阴雨等天气现象和当地所处的纬度及地形影响。全县17年平均日照时数为1284.8小时。日照时数最多的是2001年，全年日照时数1623.8小时。日照时数最少的是1998年，全年日照时数为837.3小时，相差786.5小时。年内日照分布不均。春季368.7小时，夏季474.8小时，秋季251.4小时，冬季190小时。4—8月，每月日照时数多在100小时以上。最多的7月为255.3小时（2001年），最少的是3月（1992年），为16.3小时。日照百分率，17年平均为29.3%，7月最高为44.8%，1月最低为17.2%。

太阳辐射 多年平均每平方厘米92.4千卡，保证率为86.2%。最多年每平方厘米105.1千卡，最少年每平方厘米77千卡。7月、8月最大，每平方厘米111千卡。11月、12月最小，每平方厘米4.64千卡。根据农作物需要的光能要求，大春季节每平方厘米60.1千卡，小春季节每平方厘米52.6千卡，基本能得到满足。

水分蒸发 多年平均水面蒸发量1427.4毫米。陆面蒸发量620毫米，年蒸发总量约18.7亿立方米。各月水分蒸发受日照、气温、风力、湿度强弱等因素影响发生变化，7月至9月，蒸发量小于降水量，其余月份蒸发量大于降水量。年平均干燥度为1.3，12、1、2月其干燥度分别为8.2、7.5、6.1，7月至9月为0.6至0.9。形成夏半年为湿润季节，冬半年为干燥季节。

空气湿度　县境大气相对湿度夏秋大，冬春小，多年平均值为73.4%。7月至10月，其空气湿度在80%至82%之间。5、6、11、12月空气湿度在71%至75%之间。1月至4月，空气湿度为68%至69%。绝对湿度受季风和大气降雨影响。夏季，空气湿润，水气充沛。冬季，空气干燥，水气少。1998年8月空气湿度最大，2006年1月空气湿度最小。

剑阁县1990—2006年日照情况表

表2-4　　单位：小时

年份	1月	2月	3月	4月	5月	6月	7月	8月	9月	10月	11月	12月	总量
1990	45.8	48.4	64.0	77.2	189.6	162.8	128.7	155.6	86.9	44.3	76.2	63.2	1142.7
1991	47.9	47.1	52.7	65.1	106.7	106.3	133.0	133.8	79.9	51.3	66.6	45.7	936.1
1992	48.7	64.7	16.3	129.1	81.3	125.7	120.4	131.9	68.0	51.9	113.9	82.6	1034.5
1993	76.8	70.8	60.0	93.8	135.0	166.4	116.3	119.6	121.4	88.8	78.1	53.8	1180.8
1994	88.1	49.8	92.7	100.3	198.9	134.2	215.9	243.1	54.3	78.8	47.6	50.9	1354.6
1995	74.2	55.3	107.5	137.7	181.2	186.9	164.3	169.1	118.3	92.4	79.1	33.7	1399.7
1996	57.3	60.2	83.2	87.4	125.5	232.5	170.5	235.6	96.0	59.3	62.0	70.2	1339.7
1997	73.6	41.7	88.1	148.2	166.4	146.6	201.4	237.4	152.9	159.4	95.6	51.1	1562.4
1998	69.9	52.8	44.9	179.1	94.9	78.9	93.5	74.0	65.8	44.5	21.0	18.0	837.3
1999	43.5	47.1	31.7	73.3	130.0	65.5	84.6	121.3	53.0	71.2	64.9	104.1	890.2
2000	53.0	84.1	107.8	140.7	223.8	133.4	232.5	194.4	114.7	70.7	86.5	93.7	1535.3
2001	72.2	97.7	171.7	127.7	237.0	174.3	255.3	157.2	51.7	110.3	85.2	83.5	1623.8
2002	63.4	69.6	154.6	119.7	174.6	182.3	236.7	204.0	135.8	140.2	95.1	32.1	1608.1
2003	64.5	67.2	82.9	122.5	161.9	178.0	143.6	87.9	114.0	84.5	56.1	81.2	1244.3
2004	80.8	126.1	94.5	183.0	116.6	142.7	210.2	188.9	88.1	77.2	86.2	81.6	1475.9
2005	57.8	28.9	122.2	160.5	139.3	181.2	128.5	74.0	127.6	64.8	66.5	83.1	1234.4
2006	71.9	33.9	132.6	155.1	197.2	150.1	196.0	163.9	79.1	105.6	90.0	67.1	1442.5

说明：资料为县气象局提供。

第四节　自然灾害

干旱　剑阁旱灾发生频率高，持续时间长，涉及地域广，有“十年九旱”之说。县境干旱分春旱、夏旱、夏伏旱、秋旱、冬干。1990年至2006年的17年中发生干旱14年，其中严重干旱5年。

1990年9月至1991年5月中旬，剑阁连续干旱，总降水347.8毫米，造成45733.33公顷作物受灾，其中成灾24733.33公顷，绝收1953.33公顷。1993年，遭受1949年以来罕见的特大干旱。自上年秋旱、冬干，是年又遭受春旱、夏旱、夏伏旱。至6月，连续8个月仅降水256.7毫米，而地面蒸发量高达681.2毫米。泉井枯竭，溪河断流，塘堰干涸，19.2万人和45.3万头牲畜饮用水严重匮乏。造成当年粮食减产12.9%，油料减产11.2%。1997年，全县夏旱、伏旱长达86天，全年仅降水650.8毫米，6—7月降水218.1毫米，较正常年同期减少200余毫米。进入盛夏的8月，降水仅25.7毫米，而同期地面蒸发量超过降水量的10倍。开封、元山、公兴、白龙、鹤龄尤为严重，造成1866.67公顷水稻、8666.67公顷玉米绝收，羊岭、金仙、涂山、演圣等10个乡镇的58个居民组2175户。全县148村592组2.36万户9.47万人14.2万头牲畜严重缺乏饮用水。部分地方店铺关门，学校停课。2001年，自上年11月至是年6月，260余天的冬干、春旱、夏旱连伏旱，全县仅降水177.5毫米，比正常年少200多毫米。造成小春粮食减产13.5%，油料减产12.6%，大春作物16666.67公顷水稻死苗过半，玉米无挂苞。全县268村4.44万户21.6万人23万头牲畜饮水匮乏。金仙、木马、鹤龄等高山场镇饮用水涨价到2—3元一担。致使全年粮食减产48%，油料减产38%。2002年至2005年的四年中，有三年均发生不同程度的干旱。或连续高温，或数月无雨，致使泉水干涸，秧苗死亡。2006年1—8月降水696毫米，分布严重不均。3月、5月、6月、7月四次降水，鹤龄、公兴、白龙等地却有雨无量。26个乡镇遭受旱灾，鹤龄、羊岭、香沉、公兴、金仙、元山、演圣等10个乡镇灾害特别严重。农作物受灾面积10533.33公顷，成灾4200公顷，绝收2553.33公顷，14.6万人、20万头牲畜、300万只家禽饮水极度困难。干旱造成全县17800公顷粮经作物受灾，绝收6346.67公顷。

暴雨　洪涝　洪涝由暴雨引发，多发生于5月至9月。1990年至2006年的17年中，全县发生洪涝灾害9次，以1998年“9·16”洪灾最重。

1990年5月12日下午3时，小剑、汉阳、剑门、北庙、姚家、盐店、高观等7乡镇17个村96个村民组15695户，遭大风、暴雨、冰雹袭击。风力9级，雹大如核桃，持续半小时。倒塌房屋205间，打伤7人，农作物损失严重。7月6日凌晨1时至7日中午12时，龙泉、剑门、武连、普安等8区、镇降大暴雨。县城降雨222毫米，河水猛涨。7月10日凌晨4至5时，龙泉、鹤龄、金仙、白龙等区的12个乡镇61个村373个组遭受10级至11级大风、暴雨、冰雹灾害。1992年6月14日，闻溪乡二郎村四组雨后出现地陷，裂缝长370米，缝宽3米，深3至5米。7月17日下午4时许，开封、武连2区6乡镇发生冰雹、大风、暴雨自然灾害。7月19日下午5时许，时古、柘坝、元山、演圣、公店等乡镇发生狂风、冰雹、暴雨自然灾害。

1994年6月28日至29日、7月6日、7月17日三次强降雨，下寺、剑门、姚家等北部11个乡镇64个村302组和香沉、羊岭、公兴、鹤龄等南部7个乡镇48村251组降雨总量分别为180毫米、150毫米，造成山洪暴发，河水陡涨。洪水冲毁水库1座，山坪塘、石河堰365口（道），冲垮排灌水渠、田地埂5.03万米，毁损房屋891间，冲走耕牛15头，生猪141只，粮食65吨，油菜籽5.1吨。公路塌方712米，直接经济损失1125万元。1996年9月26日5时40分至6时10分，下寺镇强降暴雨100余毫米，造成8个村32个组960户田地埂垮塌4.2万米，冲毁房屋48间、塘堰10座、排灌水渠2500米直接经济损失100万元。

1998年8月19日，江口镇一带暴雨滂沱，山洪横溢，造成张王乡小学教学楼后山滑坡，垮塌土石方4.7万立方米，泥石流冲垮校区围墙157米，15位教师的住宅成危房。1998年9月16日凌晨5点，县境普降大雨，至7点县城及县境北部乌云密布，电闪雷鸣，昼如黑夜。至8点，普安、城北、剑门关、姚家、盐店4乡镇暴雨如注，山洪暴发，沟壑横溢。其降水总量为258.35毫米，局部地方达到355毫米。姚家至盐店镇五子山一线的特大暴雨导致闻溪河水猛涨，最大洪峰流量3700立方米/秒，最高洪水位7.26米，超警戒水位5.45米。县城一片汪洋，大街小巷沦为湖泽。东门大桥、汉龙索桥水毁，交通、通信、水、电等系统瘫痪。商场、店铺、宅院的货物、家什被洪水洗劫一空。下寺、剑门关、柳沟、武连、开封、江口等各大集镇和闻溪河、西河、清江河、店子河流域的45个乡镇41万余人受灾。洪灾冲毁城镇水管网1.8万米、排污管网1.27万米，防洪河堤0.2万米。损毁农田2533.33公顷、粮经作物7000公顷，公路344千米，桥梁13座，水库58座。冲垮民房6853间，形成危房19483间。冲断电杆3313根，电缆线54皮长千米，水淹电灌站、自来水站、广播电视站、体育场馆48处。冲走电器、家具44019台（件），大牲畜4629头，小家禽21万只。洪灾造成24人死亡，2709户、9150人无家可归，直接经济损失8.4亿元。

1999年6月14日、7月13日、7月22日，发生三次暴雨，香沉、羊岭、公兴、锦屏等9个乡镇降雨201毫米，普安、城北、北庙等乡镇降雨强度100毫米，白龙镇、禾丰乡等降雨150毫米。三次强降雨造成山洪暴发，河水陡涨，致使大春作物4206.67公顷受灾。其中，成灾2153.33公顷，绝收886.67公顷。禾丰乡连续12小时的降雨，冲垮房屋40间，毁损368间。剑南公路交通中断3小时。全县经济损失1000万元。2003年7月15日，普安镇、城北镇发生洪灾。7月27日，剑门关镇、下寺镇发生洪灾。2004年7月10日，下寺强降暴雨200毫米，造成该镇境内的友于、拐枣、麻柳三村山体多处滑坡，20户101人的住宅被迫迁居。2006年8月28日，9月4日，上寺乡、下寺镇强降雨300毫米，致使清江河水陡涨，沿岸6.67公顷农田被淹，冲垮房屋12间，冲走拖拉机7台，下寺集镇503个店铺进水，上寺水泥厂原材料车间冲毁，冲毁村道公路1800米，直接经济损失100万元。

风雹　县境大风多属北风，越秦岭强侵入境，夏季大风常伴有冰雹。1990年至2006年的17年中发生大风38次，冰雹24次。

1990年7月13日，县境发生特大风灾，驿道古柏被风吹倒19株，其中白龙镇古楼铺一线吹倒皇柏13株。1991年全年发生三次大风冰雹灾害。4月22日，元山、开封、武连3区的国光、王河、公店、柘坝、碗泉、马灯等乡镇发生严重冰雹灾害。7月10日，武连、正兴、马灯、东宝、秀钟5乡镇发生的8级以上大风和夹有胡豆大的冰雹，持续30分钟，摧毁农房456间，吹断电杆13根，树木8100棵，砸死牲畜14头，砸伤6人，1040公顷农作物受灾，直接经济损失300万元。1992年6月11日，县境发生大风，冰雹灾害。1996年全年发生大风冰雹4次，8月4日和8月6日，两次风、雹分别从长岭乡经金仙乡和公兴、白龙、鹤龄镇至羊岭镇，从元山镇经演圣镇至柘坝乡，累计殃及17乡镇68村204组4080

户15191人。风力为7—9级，冰雹持续时间6—11分钟，雹块小如胡豆，大似核桃。风雹经处，房屋倒塌，人畜伤亡、草残树断，农作物被毁。大风吹折树木3818根、电杆48根，摧毁房屋294间，雹块砸坏大春粮经作物866.67公顷，绝收333.33公顷。打烂青瓦21万匹，直接经济损失500.96万元。1997年7月20日13时，剑门关镇剑山村一、二组遭受冰雹袭击。8月17日，汉阳镇顺风村发生雹灾。2002年全年发生风雹三次。4月3日19时30分，白龙、迎水、马灯、柘坝、城北、摇铃、木马、王河、正兴、东宝、柳沟、剑门关等13乡镇31村123组4674户1.96万人遭大风、冰雹袭击，风力7—8级，雹块小如豌豆、大似李子。风雹致使小春作物受灾10000公顷。其中，成灾5466.67公顷，绝收2866.67公顷。大春农作物成灾866.67公顷，重灾800公顷，果树成灾2133.33公顷，重灾1000公顷。风雹中雷击50千伏安变压器4台，击坏家用电器325台。雹块打烂青瓦16万匹，大风摧毁房屋425间，电杆183根，直接经济损失1850.1万元。5月26日，碗泉、高池2乡发生大风冰雹灾害。7月26日，马灯乡、东宝镇遭受风雹袭击。2003年6月9日，武连镇、西庙乡遭受大风灾害。2004年7月19日，高池、开封等12个乡镇33个村98个组遭受大风冰雹袭击。2005年至2006年，县境累计发生大风、冰雹7次。2005年6月15日，垂泉、义兴、武连、秀钟、凉山、毛坝等9乡镇39村87组遭大风冰雹袭击，风力为9级，雹块大如李子，持续10分钟，摧毁民房，打烂房瓦。垂泉乡清泉村6组1129号皇柏拦腰折断，直径近1米的黄连树连根拔起。全县直接经济损失1130万元。2006年5月6日，高观、汉阳、闻溪、柘坝、姚家5乡镇28村遭大风冰雹袭击，造成1593.33公顷农作物受灾，直接经济损失150万元。

病虫害　县境陆生昆虫种类分等翅目、直翅目、同翅目、半翅目、鳞翅目、膜翅目、蜱螨目、蜻蜓目、螳螂目、广翅目、脉翅目、鞘翅目、双翅目。昆虫中的害虫有稻螟虫、稻苞虫、蚜虫、麦园蜘蛛、玉米黏虫、豌豆象、米象、地老虎、棉铃虫、红铃虫、菜青虫、螟虫等，主要危害农作物；蜀柏毒蛾、云南松毛虫、桤木金花虫、午毒蛾、鞭角华扁叶蜂、尺蠖等，严重危害森林；白蛾、蝗虫、蚜虫、粉虱、销壁虱、介壳虫、金龟子、天牛、莹叶甲、象甲、象鼻虫、螟蛾、天蚕蛾、小卷叶蛾、柑橘凤蝶、玉带凤蝶、梨茶蜂、山茶红蜂蛛、油桐黄蜂蛛等，肆虐经济林木；蝇类、蚊类、虱、蚤、臭虫、蟑螂、毒蜂、寄生虫等，危害人畜。昆虫中的益虫有青肌河忽、小刀螂、花边齿蛉、中华斑鱼蛉、大芽蛉、草蛉、圆腹猎虫、红颈猎蝽、七星瓢虫、异色瓢虫、食蚜蝇、青地甲、八星虎甲、螳螂、寄蝇、胡蜂、赤眼蜂、姬蜂、广肩小蜂等，为害虫天敌，其活动能维持自然生态平衡。

1992年，因上年冬暖和是年春夏气温升高，病虫越冬基数大，引发水稻多种病虫灾害发生，全县22000公顷水稻遭受稻苞虫、稻颈瘟危害11600公顷，其中绝收5466.67公顷。因降雨量少，地温升高，1997年5月，引发森林病虫大面积发生，元山、公兴等区大柏毛虫暴发成灾，并向鹤龄、普安、江口、城北等地扩散，蜀柏毒蛾、云南松毛虫、桤木叶甲虫危害森林20800公顷，殃及全县11区45乡镇157村。

其他灾害　县境内除旱、洪、涝、风、雹灾等自然灾害外，还有地震、霜、雪、虫等灾害。1990年至2006年的17年间，地震、霜冻、雪灾不明显。因长期干旱，地温升高和强降暴雨，山洪暴发而引发的次生灾害病虫、地质灾害发生频率较高。

第三章　水系　水文

第一节　水　系

县境河流属嘉陵江水系。嘉陵江沿县东界绕流入苍溪县，为水系主干。境内主要河流有西河、闻溪河、白龙河、店子河、柳沟河、清江河等。河流总长693.24千米，总流域面积3098.63平方千米。县境河流源近流短，流域面积小；河床平均比降小、河床与两岸耕地落差大；径流随季节变化，陡涨陡落。除嘉陵江外，其余均少有舟楫之便。河流除剑门关、元山、王河镇一带和汉阳镇部分为逆向河，由南向北流外，其余均为顺向河，由西北向东南流。全县有大小河流29条，流域面积在100平方千米以上的9条。

嘉陵江　古称汉河、阆水。正源在陕西凤县西北代王山南侧东峪沟，自广元市市中区区流经张王、江口、鹤龄等乡镇入苍溪县境。县内流程50.25千米。多年平均径流量每秒654.4立方米。嘉陵江为过境水，是剑阁上通广元，下达南充、重庆的水运航道，沿岸村组均有舟楫之便。沙金储量较丰，具有开采价值。

西河　又名西水。源于盐店镇五子山分水岭西南，流经东宝、武连、正兴、开封、迎水、柘坝、长岭等乡镇，于涂山乡流入南部、阆中境内。西河为县内较大河流，境内长105.7千米，流域面积1235平方千米。河道起点高程670米，出境高程368米，平均比降1.45‰。中下游河面宽100米至200米，出境平均流量每秒12.8立方米。平均径流量每秒12.59立方米，年径流总量4.5亿立方米。境内主要支流有曾家河、王家河、杨家河、罗家河、张家河、刘家河、龙桥河、柳沟河、土门河、龙潭河、贾家河、柳河等。1982年国家建修升钟水库，拦截西河，蓄水13.8亿立方米。县内长岭至柘坝一段河道成为主要蓄水区。

清江河　古称黄沙河，又名下寺河。源于青川县大草坪，至黄石拐进入上寺乡猫儿村。入境高程510米，境内流程23.24千米，流域面积275.45平方千米，于曹洪碥流入广元市市中区，出境高程481米。多年平均径流量每秒49.9立方米。县境主要支流有三叉河、剑溪河、大窑沟河等。

闻溪河　源于盐店镇五子山分水岭东南，流经盐店、北庙、城北、普安、闻溪等乡镇至江口镇流入嘉陵江。源头高程715米，出境高程414米，平均比降3.33‰。河道长62.3千米，流域面积534平方千米。平均径流量每秒3.5立方米，出境径流量每秒7.44立方米，年径流总量1.06亿立方米。主要支流有刘家河、小河子、梁家河、魏家河、高江河等。

店子河　古称石臼溪，又名汞水。源于凉山乡高台子，流经普安镇、店子乡至木马镇七柏村入广元市元坝区青牛乡汇入嘉陵江。源头高程606米，出境高程396米，平均比降3‰。河道长38千米，流域面积326平方千米。年均径流量每秒2.72立方米，出境径流量每秒3.7立方米，年径流总量1.2亿立方米。

白龙河 古称炭口河、临津河。源于龙源镇唐家角，流经禾丰、白龙、碑垭、公兴、吼狮、涂山至香沉镇剑南村入阆中市，源头高程628米，出境高程427米，平均比降3.12‰，河道长49千米，流域面积410平方千米，平均径流量每秒1.91立方米，出境平均流量每秒2.1立方米，年径流总量0.7亿立方米。主要支流有圈龙河、香沉河、羊岭河等。

剑阁县主要河流特征情况表

表2-5

主要河流名称	支流名称	发源地		出口地		流经地	流域面积（平方千米）	河道长度（千米）	备注
		名称	高程（米）	名称	高程（米）				
嘉陵江	嘉陵江剑阁段	张王乡嘉陵村大房山	432	鹤龄镇金银村	391	张王乡、江口镇、鹤龄镇治		50.25	
西河		五子山西南	670	西河口	368	武连镇、开封镇等	1235	105.7	上源古称小潼水、下位西水
	曾家河	盐店镇西北	850	洗脚台	700	杨家坝	21	8.5	
	王家河	秀钟何家湾	800	唐家河	530	大路河	19	10	
	杨家河	江油云集	800	东宝寺	506	红豆嘴	23	8	古称杨帆水
	罗家河	秀钟西南	750	桥河里	490	松嘴子	27	12	
	张家河	秀钟南	750	梁家河	480	宝珠寺	15	10	
	刘家河	垂泉乡东南	720	新桥南	475		18	9	
	龙桥河	马灯乡西北	630	文昌寺	541	马灯乡治	60	10	
	柳沟河	西庙乡西	730	开封镇	449	柳沟镇、毛坝乡治	225	42	柳池沟水
	土门河	公店乡红碑村	500	国光乡土门村苟家坝	442	国光乡治	73	14	葫芦坝河
	龙潭河	龙源镇西南	667	双龙场	425		183	37	
	贾家河	王河镇西南	550	柘坝	420	王河镇治	50	18	古称柘溪水
	柳河	王河镇深垭村	500	元山镇柳河村	419	元山镇治	84.6	26	古称柳池水
清江河		上寺镇猫儿村猫儿塘	510	下寺镇拐枣村漫水桥	485	下寺镇治	275.45	23.24	古称黄沙河
	三叉河	汉阳镇云丰村蒲家沟	720	下寺镇三江村下游	491	大印岩凉水沟	228.7	22.3	

续表2－5

主要河流名称	支流名称	发源地		出口地		流经地	流域面积（平方千米）	河道长度（千米）	备注
		名称	高程（米）	名称	高程（米）				
清江河	剑溪河	剑门关镇青树村黑山观	800	下寺镇三江村梁家桥	494	剑门关镇治	49	16	
	大窑沟河	广元市利州区白朝乡鹅掌村	910	下寺镇窑沟村小河边	486	苏家沟	64.9	20	
闻溪河		五子山分水岭东南	715	江口镇新禾村	414	普安镇治	534	62.3	
	刘家河	姚家乡银溪村尖山子	875	普安镇三江口	468	杨家坝	124	24.6	
	小河子	杨家湾	741	小河子	450	石洞沟	30	13	
	梁家河	天生桥	817	闻溪乡治	425	魏家岩	66	16	
	魏家河	汉阳镇登山村鸡鸣山下	800	闻溪乡鲁公村	423	母家岩	30	11	
	高江河	天茄子包下	760	江口镇西	415	红龙寺	41	15	
白龙河		龙源镇唐家角	628	香沉镇剑南村花石包	427	白龙镇、公兴镇治	410	49	
	圈龙河	杨村镇官店村	570	阆中市河楼渭河村	437	圈龙乡治	66	24	
	香沉河	杨村镇石门村	600	阆中市桥楼四角头	450	锦屏乡、香沉镇治	60	17	
	羊岭河	鹤龄龙潭村	660	阆中市桥楼界河村	429	羊岭镇治	83	18	
店子河		凉山乡高台子	606	木马镇七柏村	396	店子乡治	326	38	

说明：资料由县水务局提供。

第二节　水　文

水文站设置　县境有三个水文站。剑阁水文站设普安镇，观测闻溪河普安镇以上集雨面积235平方千米水文变化。闻溪河河底高程464.2米，警戒水位线高程470.7米，保证水位线高程471.1米，东门桥人行道高程471.7米。西河水文站设开封镇，观测西河开封镇以上面积890平方千米水文变化。西河河底高程447.6米。上寺水文站设上寺乡，观测清江河集雨面积275平方千米，清江河河底高程490米，下寺段警戒水位高程498.8米，清江河保证水位高程500米。

水位流量 1990年至2006年，闻溪河年平均流量6.8立方米/秒。相应通过五年一遇洪水流量1300立方米/秒，相应通过十年一遇洪水流量1600立方米/秒。历史最大洪水流量3760立方米/秒（1998年9月16日）。枯水年河水流量小，常出现断流日。1998年9月16日，闻溪河普安段东门桥水位高程476.15米，洪水深11.95米，为1949年以来历史最高水位。西河平均水流量12.6立方米/秒。1998年9月16日，开封镇以上流域发生特大暴雨，致使河水陡涨，洪水位高程460.7米，洪水深13.2米。清江河平均径流总量14.5亿立方米，平均径流深5.92米。径流在年内分布不均，主要集中在5—10月，平均流量80.5立方米/秒，其水量占年水流量的88.2%。7—9月更为集中，平均流量124立方米/秒，其水量占年水流量的67.9%。最枯季节为1—3月，平均流量7.1立方米/秒，其水量占年水流量的3.8%。水位变幅在10米以上。

水土浸蚀 县境内水土浸蚀及其河流流水含沙量受流域内地形、植被、径流、土地开发利用强度等多种因素影响。其含沙量年内变化，一般汛期暴雨强度大，河流水位落差高，洪水流量大，则河水夹沙能力强，输沙率高，含沙量大。河水汛期含沙量占年总含沙量的95%，7—9月暴雨期，地面径流深，洪水冲刷力强，河水含沙量占年总含沙量的85%，枯水期难以形成地面径流，河水流量小，其含沙量几近为零。

1990年，全县水土浸蚀面积2193.6平方千米，水土浸蚀总量633.5万吨。其中，轻度浸蚀1324.8平方千米，浸蚀总量198.6万吨；中度浸蚀472.5平方千米，浸蚀总量177.2万吨；强度浸蚀396.3平方千米，浸蚀总量257.7万吨。县境水土浸蚀类型有片蚀、沟蚀、母质浸蚀三大类，以片蚀为主，面积1629.4平方千米，沟蚀次之，母质浸蚀114.6平方千米。为遏制水土浸蚀，剑阁1991年起在西河、闻溪河、白龙河等河流流域实施小流域治理工程、水土保持综合治理工程。2000年起，又相继在全县大搞退耕还林（草），建设天然林保护工程，使森林植被增加，水土保持能力加强，水土浸蚀面积缩小，水土浸蚀总量减少。2001年，全县水土浸蚀面积1652.31平方千米，水土浸蚀总量590万吨。其中，轻度浸蚀603.5平方千米，年浸蚀总量108.63万吨；中度浸蚀1022.1平方千米，浸蚀总量460.5万吨；强度浸蚀26.71平方千米，浸蚀总量20.87万吨。2006年，全县水土浸蚀模数3450吨/平方千米。

第三节 水资源

地表水 县境地表水主要来自大气降水形成的地面径流，其资源较为丰富。1990年至2006年，年均降水量为915.7毫米，年均降水总量32.69亿立方米。年均径流深340毫米，径流总量11.59亿立方米。地表水在年际和年内季节分布很不均衡，丰水年、平水年和枯水年之差异很大。一年中，夏秋两季径流总量占年径流量的70%至90%。

径流区域分布，江口、汉阳、普安、柳沟、剑门关、下寺、东宝、秀钟等乡镇为相对多水区。金仙、元山、开封、白龙、鹤龄、正兴、马灯等乡镇为相对少水区。

地下水　县境内由于受地质条件的影响，具有“红层”水文地质特征，故富水性不强，地下水资源较为贫乏。地下水有江河两岸堆积层孔隙水、风化裂隙水、碎屑岩裂隙水和层间裂隙水，以风化裂隙水为多。剑阁地下水埋藏浅，径流短，主要靠降水补给。全县地下水年径流总量为3992.5万立方米，其中风化裂隙水2339.4万立方米，碎屑岩裂隙水和层间裂隙水597.8万立方米，河流两岸堆积层孔隙水1055.3万立方米。年均天然补给量6121万立方米。

水能　县内大小河流，上游天然落差大，流域面积少，流量小。下游流量大，汛期水源丰富。有些地方河床陡然下切，利于开发利用。按照河流地形、比降、流量等条件计算，全县水能理论蕴藏量70890千瓦，可开发量13055千瓦。

水生动植物　县境水生动植物资源门类多、品种全、密度大。经普查浮游植物平均密度225.3万个/升，浮游动物平均密度0.81个/升，浮游动物有1目，4科，17种；底栖动物的鱼类共7目18科86属161种；爬行动物有1目，2科，2种；两栖动物有2目，2科，2种。经测定剑阁江河水面和工程水面的水质，pH值为6.5－8.0，矿化度0.3－0.4克/升，硬度在10－25德国度之间。

全县鱼类有胭脂鱼、黄河高原鳅、成都鲻、鲍鲫、鲩鳃、鲈鲤、细鳞裂腹鱼、异唇裂腹鱼、松香裸鲤、嘉陵裸裂尻鱼、岩原鲤、青石爬鮡、四川鮡、短尾付鳅、山鳅长薄鳅、青鱼、赤眼鳟、黄尾鲴、细鳞鲴、鳙、鲢翘背口鲌、蒙古红鲌、唇鱼骨、花鱿、铜鱼、吻鲍、刺鲃、白甲鱼、鲇、黄桑页鱼、大鳍、黄石爬、大眼鳅、乌鳇等。列入国家二级保护的鱼类有1种，胭脂鱼。列入省重点保护的鱼类有黄河高原鳅、鲍鲫、鲈鲤、细鳞裂腹鱼、异唇裂腹鱼、松潘裸鲤、岩原鲤、青石爬鮡、大鲵、成都鱲、川陕哲罗鲑、秦岭细鳞鲑等17种。

县境水域昆虫，浮游动物类有中华镖水蚤、蒙古温剑水蚤、微型裸腹蚤、红尾猪肠轮虫、大肚须足轮虫、细幽须足轮虫、普通表壳虫、针刺甲壳虫等；底栖动物类有花鳃蜉、扁蜉、箭蜓、短尾石蝇、黄边龙虱、低头石蚕、隐摇蚊。环节动物类有颤蚓、水蛭等；软体动物类有萝卜螺、扁旋螺等。水域昆虫为食肉性鱼类提供充足食料。

第四章　土　壤

第一节　类　型

2006年，全县耕地面积51987公顷，土地类型为2个土纲、3个亚纲和水稻土、紫色土、潮土、黄壤土4个类。

水稻土　为县境主要土壤类型。在农耕地中有水稻土23394.13公顷，全县均有分布，主要以台梁低山宽谷和深丘槽坝地带居多，其次为剑门关一线低山窄谷和下寺山前平坝区，单面中低山中下部也有分布。土壤为白垩系、侏罗系、三叠系紫色砂泥岩、泥岩坡残积物和第四系紫色、灰棕色新冲积物及第四系老冲积黄壤经水耕种植发育而成。水稻土分为6个亚类，12个土属，17个土种。潴育水稻土面积

21756.53 公顷，水稻土成土时间长，容易耕作，宜种性宽。

紫色土 面积27813.2公顷，分布较广，主要分布在北部山地深丘和南部低山槽坝。有1个亚类，3个土属，11个土种。为白垩系、侏罗系、三叠系紫色、棕紫色砂岩、砂泥岩、砂砾岩、泥岩及暗紫色泥页岩坡残积物发育而成。以夹砂土、黄紫泥土、石骨土居多。砂土、砾质夹砂土、砾质黄紫土、紫色姜石土、死黄泥土次之。

潮土 面积394公顷，主要分布在嘉陵江、清江河、西河、白龙河、店子河等河流沿岸的一、二级阶地。有1个亚类，2个土属，4个土种。以紫色冲积土居多，土壤质地轻砂至中壤，肥力较高，光热条件好，容易耕作，宜种性宽。灰色冲积土较少，为响砂土或细砂土，土壤松散，漏水漏肥，易受洪水冲刷。

黄壤土 面积385.67公顷，分布较少。具有黏性、板结、硬、瘦的特点，透气性差。含1个亚类，2个土属，3个土种。紫黄泥土、砂黄泥土较多，姜石黄泥土有少量分布。

第二节 分布及理化性状

分布 县境土壤受地质构造的控制和地形地貌的制约，土壤成土母质以砂岩、砂泥岩、泥岩及砂砾岩和泥质岩风化物的残坡冲积物为主，新老冲积母质较少，多为壤土和壤黏土。从北到南、从山顶至山脚各呈一定规律分布各种土壤，紫色土类和水稻土类全县均有分布，少量潮土和黄壤土类零星分布。北部中低山地带主要分布黄紫泥田（土）、沙黄泥田（土）。中部台梁低山深丘地带主要分布黄红紫泥田（土）。西河、清江河、白龙河、闻溪河、店子河的中下游地带沿岸阶地上分布新积土，下寺山前平坝居多。在中北部台梁低山地形上，黄红紫泥田土成复域分布。土壤的垂直分布，在北部中低山，顺倾坡分布砂黄泥田（土），黄紫泥田（土）。在中部台梁低山带，从山麓到山顶展阔的台阶梯地，分布紫色土类。在深丘槽坝和河谷地带多分布水稻土类，河流中下游沿岸分布少量新积土。岩相由北到南依次由河流相过渡到宽缓河流相，滨湖相。北部土壤中多含砾石，至中部渐次减少到完全消失。中南部砂岩胶结疏松，易风化，从中到南土壤由黏渐次变为壤与砂。下寺西北部为三叠系紫色土、暗紫色钙质页岩，宜耕性差。

理化性状 县内农耕土，耕层质地以壤土为主，黏土次之，沙土、石砾土较少。2000年，全县土地理化现状调查，全县壤土面积45435.07公顷。黏土面积5209.33公顷，砾石土1039.73公顷，余为沙土。壤土（沙壤土、轻壤土、中壤土、重壤土）黏砂比例适当，肥力较好，宜种范围广。黏土（轻黏土、重黏土）质地重，黏粒含量高，土粒细，黏性强，湿时渍水，干时坚硬，通透性不良，保水保肥力强，有效养分不高，耕性差，宜种范围窄。砾石土，含砾多，养分较好，宜种性广。砂土，质地轻，含砂量高，颗粒粗，保水保肥力弱，土温变幅大，耕性好，宜种范围较小。耕层土壤总的特点是，耕层浅，孔隙度高，粗骨架突出，结构不良，大部为团粒状和小块状结构，耕层以下呈黏化现象，多为棱块状、粒状结构。土壤耕层平均厚度为14.03厘米，旱作土小于水稻土。水稻土平均厚度为14.18厘米，含水量13%至30%。烂泥田耕层深，含水量多，为糊状结构。旱作土耕层平均厚度为13.85厘米，含水量10%至17%。

酸碱度 耕层土壤多属中性、微碱性反应。2006 年，在总耕地中，中性土（pH 值 6.5 －7.5）12005.67 公顷，微碱性土（pH 值 7.6 －8.5）39651.4 公顷，微酸性土（pH 值 5.5 －6.5）278 公顷，碱性土（pH 值 8.6 以上）51.93 公顷。

有机质 根据土壤测定和按国家统一标准分类，县境农耕地有机质平均含量为 1.74%，属中等水平。含量 2% 以上的 9 个土种，面积占耕地总面积的 35.13%；含量 1.5% 至 2% 的 10 个土种，面积占耕地总面积的 27.67%；含量约 1.5% 的 13 个土种，面积占总耕地的 37.8%；含量低于 1% 的 2 个土种，面积占总耕地的 0.11%。

全氮 平均含量 0.13%，属中等水平。水稻土高于旱作土，有效性不高。全氮含量在 0.15% 以上的 3 个土种，面积占总耕地面积的 2.96%。含量中等的 18 个土种，面积占总耕地面积的 60.19%。含量低的 13 个土种，面积占总耕地的 36.75%。极低的 1 个土种，占总耕地面积的 0.02%。碱解氮含量平均 80ppm，属低水平。全县耕地面积中缺氮面积 47548.33 公顷。

全磷 平均含量为 0.12%，属低水平。含量 0.1% 至 0.15% 之间的 13 个土种，面积占总耕地的 57.93%。含量 0.1% 以下的 21 个土种，面积占总耕地的 42.7%。水稻土 50.2% 和旱作土 60.5% 的面积含磷属中等水平。土壤速效磷含量平均 6ppm（百万分率），其面积占总耕地面积的 75.34%。

全钾 平均含量 2.67%，属中等水平。含量 2.51% 至 3% 的 12 个土种，面积占总耕地的 90.95%。含量 2.01% 至 2.5% 的 17 个土种，面积占总耕地面积的 6.75%。含量小于 2% 的 5 个土种，面积占总耕地的 2.3%。土壤速效钾含量平均 98ppm，属低等水平。全县耕地中缺钾面积 40009.87 公顷。

土壤微量元素 据土壤调查 30 个大样分析结果，土壤中微量元素铜、铁、锰的含量较高。铜的平均含量为 1.21ppm，水稻土为 2.06ppm，旱作土为 1.04ppm。铁的含量平均为 25.86ppm，水稻土为 42ppm，旱作土为 22.73ppm。锰的平均含量为 16.16ppm，水稻土为 12.74ppm，旱作土为 16.82ppm。此外土壤中钼的含量较为丰富，平均含量为 3.4ppm，锌的含量很低，严重缺硼。

第三节 土地资源

剑阁土地资源较为丰富。1990 年全县面积 3090.1 平方千米。1991 年 7 月，下寺、上寺、普广 3 乡镇划归剑阁，土地面积 136.65 平方千米。年末面积 3226.75 平方千米。1995 年后，通过县、乡两级勘界，确认部分插花地调整，1998 年全县开展土地资源详查，县境面积基本确定。至 2006 年年末，全县面积为 3204.33 平方千米。其中，耕地 51987 公顷，园地面积 10371.33 公顷，林地面积 177407 公顷，城镇村及工矿区用地 18354 公顷，交通用地 1965.33 公顷。

耕地 1990 年全县有耕地 53348.1 公顷。1994 年，全县耕地 54071.73 公顷。1995 年后，全县调整农业产业结构，植果栽桑建园，实施退耕还林工程和土地整理开发项目，各年耕地面积时增时减。至 2006 年全县耕地面积 51987 公顷。

县境耕地绝大部分在低山、深丘、槽坝、河谷地带。95% 的耕地地面自然倾角在 0 度至 25 度之间。耕地中，水稻土成土时间长，熟化程度高，有机质含量丰富。旱作土成土时间短，熟化程度低，耕作层浅，有机质含量偏低。全县农作物复种指数在 200% 左右，2006 年为 220%，地区之间各有差异，南部较高，中部次之，北部较低。

林地 1990年，全县林地162638.3公顷。1994年，全县林地177705.1公顷。2006年，全县林地177407公顷中，有林地（系指郁闭度大于0.3的林地）156153.4公顷，疏林、灌丛林5332.2公顷，未成林造林地3168.7公顷，无林地6613.8公顷。在无林地、宜林荒山、草地中，县政府规划并实施坡度25度以上退耕还林地4733.33公顷。

县境林地土壤肥沃，从南至北均呈一定规律分布，以黄壤、紫色土为主，横亘北部的大、小剑山主体为单面山，海拔500—700米以上，其黄壤质地轻壤至轻粘，pH值4.5至6.5，土层厚度60—100厘米。剑门山麓及其以南台梁低山区的紫色土，质地沙壤，中壤至砂粘，pH值6.8—8，土层厚40—80厘米。由于北部、中部森林植被良好，地被物终年覆盖地表，故其林地土壤腐殖质含量丰富，林地肥沃。南部地区的紫色土pH值7.5—8.5，土层厚30—60厘米，加之地面植被质量差，土壤腐殖质含量偏少，土质肥力欠佳，但能维持森林正常生长。

园地 剑阁素有利用荒坡、轮歇空地、房前屋后零星小块地栽桑、植果、种药、发展茶叶生产的习惯。1990年，全县有各类园地面积5437.2公顷。其中，桑园4238.87公顷、果园985.87公顷、茶园205.33公顷、药园7.13公顷。1992年，县政府根据国内国际茧丝绸市场行情的好转势头，在全县大力发展栽桑养蚕，大植桑林、大建桑园。至1995年，全县园地面积8557.27公顷，其中桑园面积7278.2公顷。为有效利用土地。1996年，全县大力发展三木（银杏、杜仲、板栗），大建三园（果园、药园、茶园）。至2000年，全县园地面积10859.87公顷，其中果园面积6732.87公顷。至2006年，全县园地面积10371.33公顷。其中，桑园2466.67公顷，果园5970公顷，茶园37公顷。

交通用地 1990年，公路、铁路、农村道路、机耕道等占地1543.07公顷。2000年，交通用地1944公顷。2001年后，小康新村建设把修机耕道、便民路作为项目建设重要内容，同时对县道、国省道公路升级改造加宽，交通用地增速加快。至2006年，全县交通用地1965.33公顷。

城镇村及工矿区用地 1990年年末，全县农村建房及城镇居民、工矿企业用地14205.2公顷。2000年全县城镇村及工矿区用地15219公顷。2003年，县政府驻地由普安镇迁址下寺镇，县城总体规划方案逐步实施。2006年，全县城镇村及工矿区用地18354公顷。其中，普安城镇建成区406.67公顷，下寺城镇建成区233.33公顷，城乡居民及工矿用地17106.67公顷。

剑阁县1990—2006年部分年份土地资源情况表

表2-6

年 份	1990	1994	1998	2000	2002	2006
土地面积（平方千米）	3090.10	3226.75	3204.33	3204.33	3204.33	3204.33
土地面积（公顷）	309010.00	322676.20	320433.27	320433.27	320433.27	320433.27
耕地面积	53348.07	54071.73	53823.73	51684.13	49111.00	51987.00
园地面积	5437.20	10267.07	5272.07	10859.87	12077.87	10371.33
林地面积	162638.33	177705.07	177340.00	177705.00	177213.00	177407.00

续表2－6

年　份	1990	1994	1998	2000	2002	2006
城镇村及工矿区用地	14205.20	14999.07	15219.00	15219.00	17970.00	18354.00
交通用地	1543.07	1643.07	1944.00	1944.00	1952.00	1965.33

说明：资料来源为《剑阁统计年鉴》，并根据部门数据调整了个别指标。

第五章　森　林

第一节　森林植被类型及地理分布

剑阁县地处亚热带常绿阔叶林区，人类活动频繁，原生植被多遭破坏，县境内森林以柏木、马尾松、杉木为代表的暖性绿叶林和以麻栎、栓皮栎、桤木为代表的落叶阔叶林为主。

垂直分布　县境内最高海拔1330米，山口、河谷一般在500到700米左右，森林植被的垂直分布不明显，但有差别。桤木林多分布在800米以下的山口河谷坡地，麻栎林多分布在1100米以下高山坡地，柏木林多分布在1000米以下高山坡地，栓皮栎林一般分布在海拔1000米以上到1200米以下的高山地带，马尾松林、油松林多分布在海拔600米以上到1000米以下山坡地带，杉木林多分布在900米以上到1000米以下山地，桤木分布在820米以下山地，常绿阔叶林分布全境。

水平分布　森林植被水平分布主要受土壤、气候和小地形影响，多以柏木林为主，其次为马尾松、栎类、桤木、杉木树种。

北部属单斜中低山窄谷松、栎针阔混交林区　北部地带性土壤是黄壤与山地黄壤，森林植被类型是以麻栎、栓皮栎和马尾松为主的针阔混交林及马尾松林、栎类林、杉木林。森林植被类型有：马尾松—映山红、蕨类—茅草群落；栎类—映山红—茅草群落；杉木—蕨类—茅草群落；松、栎—映山红、蕨类—茅草群落；柏木、马尾松—蕨类—茅草群落；杉木、马尾松—蕨类—茅草群落。在山坳及平缓地带有柏木－黄荆、马桑—茅草群落。

中部台梁低山宽谷柏、桤针阔混交林区　中部地带性土壤是紫色土，森林植被类型是以柏木为主的柏桤混交林及柏木林、桤木林。森林植被类型：柏木—黄荆、马桑—茅草群落；桤木—马桑、火棘—茅草群落；柏木、桤木—马桑、铁仔群落。

南部馒头低山深丘漕坝桤木、柏木人工混交林区　南部在20世纪50－60年代，是以柏木疏林为典型的森林植被物群落，经过半个世纪的大力造林、封山育林，特别是“长防”等造林工程项目的实施，森林植被类型有：柏木—黄荆、马桑—茅草群落；桤木—黄荆、火棘—茅草群落；桤木、柏木—马桑、铁仔—茅草群落。作为土层较薄、向阳干燥、腐殖质缺少地段的典型代表群落柏木疏林仍然存在。

第二节 植 物

植物成分 剑阁县地处北亚热带湿润季风气候区，其特点是气候温和，雨量充沛，光照充足，四季分明。境内山岭起伏，沟壑纵横，中山、低山、丘陵、漕坝兼有，多样的自然环境，形成多种多样的生态环境，森林物种丰富。

县境内构成森林的植物按处的地位包括林木、下木、幼树、活地被物、层外植物和竹。根据2003年全县森林资源普查二类调查，县境内林分优势树种主要为针叶林和阔叶林，针叶林中以柏木、马尾松、杉木居多，阔叶林以栎类和桤木为主。其中柏木为优势树种覆盖全境，柏科有5属11种，包括侧柏属、扁柏属、福建柏属、圆柏属和刺柏属，多为栽培变种或引种，其中剑阁柏为剑阁独有树种。

植物种类 县境内木本植物依形态多样，主要有乔木、灌木和半灌木3类，据林木资源调查，全县已认知的木本植物有79科193属516种。其中被子植物中灌木127种，藤本植物26种。主要有柏木、马尾松、油松、铁甲松、杉木、麻栎、栓皮栎、枹栎、桤木、香樟、红豆、白杨、枫香、千丈、桂花、紫薇、玉兰、雪松、腊梅、苏铁、柽柳、银桦、水杉、垂柳、女贞、桉树、槐树、海棠、夹竹桃、栀子、油桐、乌柏、棕、核桃、板栗、枇杷、桃、李、杏、梅、梨、苹果、柑、橘、橙、银杏、杜仲、桑、茶等。

县境内草本植物种类繁多，多数在生长季节终时，其整体部分死亡，包括一年生和二年生的草本植物。多年生草本植物的地上部分每年死去，地下部分的根、根状茎及鳞茎等能生活多年。草本植物中，一年生、二年生和多年生的习性，随县域及栽培习惯的变化不大。县境内草本植物竹种类较多，大致有14中，多为引种，其中慈竹全县不同区域均有种植。

按《四川省重点保护天然、原生珍贵树木名录》规定，全县列入重点保护树木有12种，其中一级1种、二级5种、三级6种。一级保护树木水杉，二级保护树木有杜仲、银杏、福建柏、岷江柏、鹅掌楸。三级保护树木剑阁柏、红豆树、厚朴、梓叶槭、楠木、青檀。除水杉、福建柏、岷江柏、楠木、鹅掌楸是引种栽培外，其余均属天然原生。

剑阁县2002年主要木本植物分类情况表

表2－7

门	纲	科	属	种
裸子植物门		苏铁科	苏铁属	苏铁、华南苏铁、四川苏铁
		银杏科	银杏属	银杏
		松科	松属	马尾松、油松、巴山松、白皮松、火炬松、湿地松、华南五针松
			油杉属	铁坚油杉
			雪松属	雪松
			杉木属	杉木、灰叶杉木

续表2—7

门	纲	科	属	种
裸子植物门			柳杉属	柳杉、日本柳杉
			水杉属	水杉
		南洋杉科	南洋杉属	南洋杉
		柏科	柏木属	柏木、剑阁柏、岷江柏、墨西哥柏、喜马拉雅柏
			侧柏属	侧柏、千头柏
			扁柏属	
			福建柏属	福建柏
			圆柏属	圆柏、高山柏、香柏
			刺柏属	刺柏
		罗汉松科	罗汉松属	罗汉松、狭叶罗汉松
		三尖杉科	三尖杉属	三尖杉
		红豆杉科	红豆杉属	曼地亚红豆杉
被子植物门	双子叶植物纲	杨柳科	杨属	毛白杨、银白杨、响叶杨、加杨、箭杆杨、山杨
			柳属	旱柳、垂柳、紫柳、皂柳、小叶柳、秋华柳、银叶柳
		胡桃科	核桃属	核桃
			山核桃属	山核桃、薄壳山核桃
			枫杨属	枫杨
			化香属	化香
		桦木科	赤杨属	桤木
			桦木属	矮桦
			鹅耳枥属	鹅耳枥
		壳斗科（山毛榉科）	栗属	板栗、茅栗
			栎属	麻栎、栓皮栎、槲栎、白栎、枹栎、短柄枹栎、乌岗栎、刺叶栎、铁橡树
		榆科	榆属	榆树、榔榆
			朴属	珊瑚朴
		桑科	桑属	桑树、蒙桑
			构树属	构树
			柘树属	柘树
			榕属	黄葛树
			无花果属	
		山龙眼科	银桦属	银桦
		桑寄生科	桑寄生属	毛叶桑寄生、桑寄生
			栗寄生属	栗寄生

续表2—7

门	纲	科	属	种
被子植物门	双子叶植物纲		槲寄生属	槲寄生、扁枝槲寄生
		毛茛科	芍药属	牡丹
			铁线莲属	威灵仙
		木通科	木能属	木通、三叶木通、白木通
		小檗科	小檗属	细叶小檗、化西小檗、红叶小檗
			十大功劳属	十大功劳、阔叶十大功劳
			南天竹属	南天竹
		木兰科	木兰属	广玉兰、白玉兰、紫玉兰、山玉兰、厚朴
			含笑属	黄兰、乐昌含笑
			五味子属	王味子属
			鹅掌楸属	鹅掌楸
		蜡梅科	蜡梅属	蜡梅
		樟科	樟属	樟树、黄樟、肉桂、天竺桂、川桂、三条筋、银木
			楠木属	楠木、桢楠
			润楠属	润楠
			木姜子属	山苍子、毛豹皮樟
			山胡椒属	黑壳楠
			钓樟属	乌药、香叶子、长叶乌药
		虎耳草科	绣球属	绣球、长柄绣球
			茶藨子属	尖叶茶藨、细枝茶藨、冰川茶藨
		海桐花科	海桐花属	海桐、菱叶海桐、光叶海桐
		金缕梅科	枫香属	枫香树、元宝枫
			继木属	红花继木
		杜仲科	杜仲属	杜仲
		悬铃木科	悬铃木属	法国梧桐、悬铃木、美国梧桐
		蔷薇科	山楂属	山楂
			火棘属	火棘、细圆齿火棘
			石楠属	石楠、椤木石楠
			花楸属	石灰花楸、黄脉花楸
			绣线菊属	疏毛锈线菊、绣球绣线菊
			木瓜属	木瓜
			贴梗海棠属	贴梗木瓜
			枇杷属	枇杷

续表2-7

门	纲	科	属	种
被子植物门	双子叶植物纲		梨属	白梨、矽梨、洋梨
			苹果属	苹果、楸子、花红、山荆子
			樱属	樱桃、西南樱桃、尾叶樱、桃、山桃、李、杏、梅
			蔷薇属	玫瑰、多花蔷薇、钝叶蔷薇、小果蔷薇、茶子蘼、木香花、月季花、芳香月季、金樱子、缫丝花
			悬钩子属	秀丽莓、紫工悬钩子、红泡刺藤、山莓、红毛悬钩子(R. pinfaensis l)、插秧泡、毛叶插秧泡、梨叶悬钩子、绒毛梨叶悬钩子、光滑高粱泡、乌泡子、寒莓、川莓
		豆科	紫荆属	紫荆
			羊蹄甲属	龙须藤
			合欢属	合欢
			皂荚属	皂荚、猪牙皂、野皂角
			红豆树属	红豆树
			翅荚木属	翅荚木
			槐属	槐树、龙抓槐、苦参、灰毛槐树、白花灰毛槐
			刺槐属	刺槐
			黄檀属	黄檀
			紫穗槐属	紫穗槐
			紫藤属	紫藤、藤萝
			葛藤属	紫藤、苦葛藤
			胡枝子属	胡枝子、美丽胡枝子
			锦鸡儿属	锦鸡儿
			油麻藤属	常春油麻藤
			决明属	
			木蓝属	宜昌木蓝
		芸香科	花椒属	花椒、竹叶椒、川陕花椒、香椒子
			吴茱萸属	吴茱萸
			黄檗属	黄皮树
			枸橘属	枸橘
			金橘属	金橘
			柑橘属	橘、柚
			柠檬	尤克柠檬、佛手、橙、酸橙
			宜昌橙	
		苦木科	自椿属	臭椿

续表2—7

门	纲	科	属	种
被子植物门	双子叶植物纲		苦木属	苦森
		楝科	楝属	楝树、川楝
			香椿属	香椿
		大戟科	油桐属	油桐、木油桐
			乌桕属	乌桕
			野桐属	野桐、毛桐
			秋枫属	重阳木
			算盘子属	算盘子
		黄杨科	黄杨属	黄杨、细雨叶黄杨
		马桑科	马桑属	马桑
		漆树科	漆树属	漆树、木蜡树、盐肤木、青夫杨
			黄连木属	黄连木
			黄栌属	黄栌
			南酸枣属	南酸枣
		冬青科	冬青属	四川冬青、法国冬青、猫儿刺、枸骨
		卫矛科	卫矛属	冬青卫矛、卫矛
		省沽油科	野鸦椿属	野鸦椿
		茶茱萸科	柴龙树	马屁木
		槭树科	槭树	飞蛾槭、五角枫、梓叶槭、三角枫、糖槭
		七叶树科	七叶树属	七叶树
		无患子科	无患子属	无患子
			栾树属	栾树、复羽叶栾树
		鼠李科	枣属	枣、酸枣
			枳具属	枳具、南方枳具
			铜钱树属	马甲子
			鼠李属	皱叶鼠李、薄叶鼠李
		葡萄科	葡萄属	葡萄、小果野葡萄
			爬山虎属	爬山虎、三叶爬山虎、粉口爬山虎
		锦葵科	木槿属	木槿、木芙蓉
			悬铃花属	垂花悬铃花
		梧桐科	梧桐属	梧桐
		猕猴桃科	猕猴桃属	猕猴桃
		茶科(山茶科)	茶属	茶树、油茶、山茶

续表2－7

门	纲	科	属	种
被子植物门	双子叶植物纲		柃木属	细枝柃
		金丝桃科	金丝桃属	金丝桃
		柽柳科	柽柳属	柽柳
		大风子科	竹木属	作木
			山桐子属	山桐子、毛叶山桐子
		旌节花科	旌节花属	中国旌节花、宽叶旌节花
		胡颓子科	胡颓于属	胡颓子
		干屈菜科	紫薇属	紫薇、南紫薇
		石榴科	石榴属	石榴
		蓝果树科（铁桐科）	喜树属	喜树
			珙桐属	珙桐
		八角枫科	八角枫属	八角枫、瓜木
		桃金娘科	桉属	大叶桉、细雨叶桉、赤桉、柠檬桉
		五加科	刺楸属	刺楸
			通脱木属	通脱木
			梁茶属	异叶梁王茶
			五加属	五加
			楤木属	楤木
			常春藤属	常春藤
		山茱萸科（四照花科）	山茱萸属（来木属）	灯台树、山茱萸、卷毛来木
			青荚叶属	麦荚叶、中华麦炭叶
		杜鹃花科	杜鹃花属	照山白、羊踯躅、杜鹃、毛叶杜鹃
			南烛属	南烛、小果南烛、狭叶南烛
		紫牛科	紫金牛属	紫金牛
			铁仔属	铁仔
		柿树科	柿树	柿树、油柿、乌柿
		山矾科	山矾属	山矾、黄牛奶树
		木犀科	木犀属	木犀属
			女贞属	女贞、长叶女贞、宽叶女贞、小叶女贞
		木属科	白蜡属	白蜡树
			油橄榄属	油橄榄
			丁香属	紫丁香、白丁香、羽叶丁香
			茉莉属	迎春花、茉莉花

续表2—7

门	纲	科	属	种
被子植物门	双子叶植物纲	马钱科	醉鱼草属	密蒙花
		夹竹桃科	夹竹桃属	夹竹桃
		萝藦科	鹅绒藤属	朱砂藤
		紫草科	厚壳树属	粗糠树、光叶粗糠树、西南粗糠树
		马鞭草科	牡荆属	黄荆、牡荆、荆条
			臭黄荆属	臭黄荆、豆腐柴
		茄科	枸杞属	枸杞
			夜香树属	夜香树
		玄参科	泡桐属	泡桐、川泡桐、兰考泡桐
			来江藤属	来江藤
		紫葳科	梓树属	梓树
		茜草科	栀子属	栀子花、狭叶栀子
			钩藤属	
			六朋雪属	
			鸡矢藤属	
		忍冬科	忍冬属	忍冬、吊子银花
			荚蒾属	荚蒾、短柄荚蒾、球核荚蒾、烟管荚蒾、八仙花、水红木
		菊科	紫菀属	灰枝紫菀
	单子叶植物纲	禾本科	慈竹属	慈竹、料慈竹
			刺竹属	硬头黄、佛竹
			箬竹属	箬叶竹、阔叶箬竹
			刚竹属	毛竹、刚竹、淡竹、雷竹、紫竹、水竹
			芦竹属	芦竹、斑叶芦竹
		棕榈科	棕榈属	棕榈
			棕竹属	棕竹
			蒲葵属	蒲葵扇叶葵

说明：资料来源为《剑阁林业志》第二次森林资源二类调查。

第三节　野生动物

1992年和1997年剑阁县林业局、县野保协会及四川省陆生野生动物资源调查队对县境内的陆生野生动物资源的种类、种群、数量、分布进行调查，县境内大部分区域的动物由亚热带森林动物群变为次生林灌农田动物群，全县野生动物有哺乳动物 7 目、16 科、35 种；两栖动物 2 目、6 科、12 种；爬行动物 4 目、8 科、18 种；鸟类 14 目 34 科 122 种。野生动物中，有 36 种属国家和省重点保护动物。其中国家规定的一级保护动物 1 种，豹。二级保护动物 24 种，包括猕猴、豺、黑熊、水獭、大灵猫、小灵猫、金猫、林麝、小熊猫、大鲵、鸳鸯、鸢、苍鹰、雀鹰、大鵟、普通鵟、白尾鹞、红隼、红腹锦鸡、红角鸮、领角鸮、短耳鸮、长耳鸮、斑头鸺鹠。省重点保护野生动物 11 种，包括毛冠鹿、豹猫、香鼬、赤狐、小䴙䴘、董鸡、红翅凤头鹃、鹰鹃、普通夜鹰、小白雨燕、星头啄木鸟。

两栖动物在农耕区最普遍的优势种有泽蛙、黑斑蛙、中华大蟾蜍，其次有沼蛙和饰纹姬蛙、四川狭口蛙，在次生林灌近水处以日本林蛙、棘腹蛙、斑腿树蛙为常见种。黑斑蛙、中华大蟾蜍、沼蛙的种群数量都在 10 万只以上，三龄以上的个体比盆地内其他各县为高，棘腹蛙的种群数量为 2 万只左右：生活在山溪和水田中的有尾两栖类细痣疣螈种群数约在 2 千只左右；大鲵的数量较少，仅分布于县城以北较小范围的生境中。

县境内最常见的蛇类是黑眉锦蛇和乌梢蛇，其种群数量在 3－6 万条。玉锦蛇分布很广，种群数量在 1 万条左右；玉斑锦蛇数量较少。蛇类中常见的还有赤链蛇、翠青蛇、日本蝮蛇、短尾亚种、烙铁头和竹叶青。蜥蜴类中常见的有趾蹼壁虎，北草蜥，石龙子和蝘蜓。由于水质污染和捕捞过度，龟、鳖的数量较 30 年前大为减少。

鸟类中有较大经济价值的绿头鸭、绿翅鸭，仅分布在江河边和大型水库中，种群数量在500 只以上；灰胸竹鸡、雉鸡、红腹锦鸡分布较广，其种群数量分别为 8 千只、3 千只和 3 百只；隼形目鸟类中常见的有雀鹰、普通鵟、苍鹰、红隼，但其种群数量较小。除此之外，小型杂食性鸟类中以旅鸟、食虫性鸟占多数，常见数量较大的有画眉、家燕、金腰燕、虎纹伯劳、棕背伯劳、钓嘴鹛、白颊噪鹛、棕头鸦雀、大山雀、暗绿绣眼、领雀嘴鹎、黄臀鹎、白头鹎、白腰文鸟等，由于环境变化，农药、除草剂的大量使用，原常见的麻雀、乌鸦、喜鹊数量大为减少。

典型的林栖兽类只保存在少数景观较好的森林中，猕猴、毛冠鹿、林麝、豹、野猪、金猫、大灵猫、鬣羚、长吻松鼠仅在普广、姚家、盐店、下寺、国光、马灯等地少量分布，非常罕见。水獭仅在普广、姚家、秀中存在个体。适于在林灌、农田生境中生活的赤狐、小麂、果子狸、獾、豪猪、岩松鼠分布很广，但种群很小。种群数量较大，分布很广的有豹猫、鼬獾、黄鼬、草兔等。鼠类中的优势种和常见种有黑线姬鼠、社鼠、黄胸鼠、大足鼠、白腹鼠、小家鼠、褐家鼠。

剑阁县 1997 年野生动物种群数量分布情况表

表 2－8　　单位：只、条、头

<table>
<tr><th colspan="2">名　称</th><th>数　量</th><th>栖息环境</th><th>分布区域</th></tr>
<tr><td rowspan="6">两栖纲</td><td>大鲵</td><td>100 以下</td><td>山溪</td><td>下寺</td></tr>
<tr><td>细痣疣螈</td><td>100－1000</td><td>山溪、水田</td><td>下寺</td></tr>
<tr><td>华西蟾蜍</td><td rowspan="4">1000－10000</td><td>灌草丛、水田</td><td rowspan="4">全县</td></tr>
<tr><td>班腿树蛙</td><td rowspan="2">沟渠、溪流边、灌草丛</td></tr>
<tr><td>四川陕口蛙</td></tr>
<tr><td>饰纹姬蛙</td><td>溪流、水田耕地</td></tr>
</table>

续表2—8

名　称		数　量	栖息环境	分布区域
两栖纲	中华蟾蜍	10000以上	灌草丛、水田	全县
	棘腹蛙		水塘、溪流水渠	
	沼娃		水塘、水田	
	日本林蛙		灌草丛、水田、农田	
	泽蛙		农田、草丛	
	黑斑蛙		水田、水塘沟渠	
爬行纲	乌龟	100以下	溪流、水库	全县
	鳖			
	竹叶青		灌草丛、村落、农田	县中北部
	草绿龙蜥	100－1000	灌草丛	全县
	丽纹龙蜥			
	翠青蛇		林灌草丛	
	日本腹		灌草丛、村落、农田	
	烙铁头			
	王锦蛇			
	玉斑锦蛇		灌草丛、农田	
	北草蜥	1000－10000	灌草丛	全县
	石龙子			
	赤链蛇		灌草丛、村落、农田	
	虎玉游蛇			
	蹼趾壁虎	10000以上	村落、城镇	全县
	蝘蜓		灌草丛	
	黑眉锦蛇		灌草丛、村落、农田	
	乌梢蛇			
鸟纲	小鷿鷉	100以下	水库、嘉陵江边	县中南部
	大鵟		林灌、农田	全县
	普通鵟			
	白尾鹞			
	四声杜鹃			
	杜鹃			
	乌鹃			
	鹰鸮			
	斑头鸺鹠			

续表2—8

名称		数量	栖息环境	分布区域
鸟纲	短耳鸮	100以下	林灌、农田	全县
	长耳鸮			
	田鹨			
	暗灰鹃鵙			
	灰卷尾			
	发冠卷尾			
	蓝矶鸫			
	茅纹草鹛			
	紫啸鸫			
	斑鸫			
	斑背噪鹛			
	眼纹噪鹛			
	红头穗鹛			
	红翅绿鸠		森林	姚家
	红嘴蓝雀		森林	县城以北
	寿带		森林	全县
	噪鹃		林灌	全县
	红角鸮			
	领角鸮			
	灰头啄木鸟			
	白眉林鸲			
	金眶鹟莺			
	乌鹟			
	白眉姬鹟			
	灰胸鹪莺			
	星头啄木鸟		灌木	剑门关
	普通翠鸟		溪边、水塘	全县
	山鹡鸰		溪边、水塘、农田	
	黄鹡鸰			
	灰鹡鸰			
	小白腰雨燕		林灌、农田、村落	
	喜鹊			
	大嘴乌鸦			

续表2－8

名称		数量	栖息环境	分布区域
鸟纲	麻雀	100 以下		全县
	黄胸巫鸟			
	绿背山雀			
	红尾水鸲		溪边、河边	
	褐河乌			
	小燕尾		山溪边	
	黑背燕尾			
	黑喉石币鸟			
	苍鹭	100－1000	水库、嘉陵江边	县中南部
	鸢		林灌、农田	全县
	苍鹰			
	雀鹰			
	红隼			
	红腹锦鸡			
	珠颈斑鸠			
	红翅凤头鹃			
	鹰鹃			
	黑卷尾			
	黑枕黄鹂			
	丝光椋鸟			
	灰惊鸟			
	八哥			
	灰眉岩巫鸟			
	小巫鸟			
	灰眶雀鹛			
	树鹨			
	普通秧鸡		水田	
	剑鸻		水库、嘉陵江边	县中南部
	冠鱼狗		溪边、水塘	秀钟、鹤龄
	白鹡鸰		溪边、水塘、农田、村落	全县
	松鸦		林灌	
	褐头雀鹛			
	棕腹柳莺			

续表2－8

名　称		数　量	栖息环境	分布区域
鸟纲	山焦莺	100－1000	林灌	全县
	蓝翡翠			
	橙翅噪鹛		林灌	县城以北
	灰林币鸟		林灌、农田、村落	全县
	方尾鹟			
	黑尾腊嘴雀			
	山麻雀			
	小云雀		河漫滩、水库边	县中南部
	普通夜鹰			县中北部
	雉鸡	1000－10000	林灌、农田	普安镇
	灰胸竹鸡		林灌、农田	全县
	山斑鸠			
	火斑鸠			
	灰山椒鸟			
	棕颈钩嘴鹛			
	画眉			
	白颊噪鹛			
	暗绿锈眼鸟			
	红尾伯劳			
	棕背伯劳			
	白鹭		水田、水库林灌	
	董鸡		水田	
	金眶鸻		水库、嘉陵江边	县中南部
	白头鹎		林灌、农田、村落	全县
	虎纹伯劳			
	鹊鸲			
	北红尾鸲			
	白腰文鸟		林灌、农田、村落	
	黄腰柳莺		林灌	全县
	暗绿柳莺			
	棕脸鹟莺			
	棕扇尾莺			
	褐头鹪莺			

续表2－8

名称		数量	栖息环境	分布区域
鸟纲	农燕	10000 以上	农田、村落	全县
	金腰燕			
	领雀嘴鹎		林灌、农田	
	黄臀鹎			
	绣脸钩嘴鹛			
	棕头雅雀			
	三道眉草巫鸟		林灌、农田	全县
	大山雀		林灌、农田、村落	
	红头长尾山雀			
	金翅		林灌、农田、村落	全县
	黄喉巫鸟			
哺乳纲	黑熊	很罕见或濒临绝灭	森林	
	豹	100 以下	森林、灌丛	马灯、国光、姚家、剑门关、盐店
	赤狐		林灌、农田	全县
	花面狸			全县
	猕猴			下寺、姚家、盐店
	大灵猫			普广、姚家
	小灵猫			姚家
	金猫			剑门关、元山、普广、下寺、国光
	野猪			县城以北
	豪猪			
	豺		林灌	县城以北
	林麝			
	毛冠鹿			马灯
	珀氏长吻松鼠			城北、秀钟
	水獭		村落、草丛、农田	普广、姚家、秀钟
	香鼬			
	狗獾			
	猪獾			
	复齿鼯鼠		森林	县北部
	豹猫	100－1000	林灌、农田	全县
	川西白腹鼠			

续表2 —8

名　称		数　量	栖息环境	分布区域
哺乳纲	安氏白腹鼠	100 - 1000	林灌、农田	全县
	小麂		林灌	
	岩松鼠			
	中麝鼩鼱	1000 - 10000	林灌、农田	全县
	黄鼬		林灌、草丛、农田	
	鼬獾		村落、草丛、农田	
	褐家鼠		村落、城镇	
	大足鼠		农田、村落	
	伏翼	10000 以上	城镇、村落	全县
	草兔		林灌、草丛、农田	
	黑线姬鼠		农田、村落	
	黄胸鼠			
	社鼠		林灌、农田	
	小家鼠		村落、城镇	

说明：资料来源《剑阁县林业志》1997 年四川省陆生野生动物资源调查结果。

第三篇　中国共产党剑阁县委员会

第一章　组织机构

第一节　县党代会

第六次代表大会　1990 年 2 月 19 日至 21 日，中共剑阁县第六次代表大会在普安镇县委大礼堂召开。大会应到代表 325 人，包括工人 24 人，农民 117 人，军人 1 人，干部 180 人，其他方面 3 人，女代表 50 人。实到代表 311 人，代表全县 19275 名党员。大会的主要议程是：听取审议中共剑阁县第五届委员会工作报告和中共剑阁县第五届纪律检查委员会工作报告；选举产生中共剑阁县第六届委员会和中共剑阁县第六届纪律检查委员会。19 日上午，县委代理书记杜兴方受第五届委员会委托，向大会作题为《治理整顿，深化改革，为建设繁荣富裕的剑阁而奋斗》的工作报告。报告肯定过去三年全县经济建设、社会主义精神文明建设、民主法制建设、党的自身建设等方面所取得的成绩，提出今后工作目标和主要任务。20 日，听取县纪委书记李文发代表第五届纪律检查委员会作的工作报告。大会通过决议，批准中共剑阁县第五届委员会工作报告和中共剑阁县第五届纪律检查委员会工作报告。21 日上午，以无记名投票和差额选举的方式，选举产生县委委员 19 人，候补委员 2 人；县纪委委员 11 人。

第七次代表大会　1993 年 2 月 9 日至 11 日，中共剑阁县第七次代表大会在普安镇县委大礼堂召开。大会应到代表 350 人，包括工人 30 人，农民 120 人，军人 1 人，干部 196 人，其他方面 3 人，女代表 57 人。实到会代表 338 人，代表全县 20822 名党员。大会的主要议程是学习贯彻中共十四大精神，以邓小平建设有中国特色社会主义理论为指导，总结过去三年的基本经验，确定今后五年的战略任务和奋斗目标；选举产生中共剑阁县第七届委员会和中共剑阁县第七届纪律检查委员会。9 日上午，县委书记杜兴方代表中共剑阁县第六届委员会向大会作题为《认真贯彻党的十四大精神，夺取改革开放和经济建设的更大胜利》的工作报告。报告总结过去三年的工作，确定以农业为基础，工业为主导，以发展集镇带动农村，以发展旅游带动第三产业，以加快交通、能源、通信等基础设施建设为重点，推动两个文明建设和党的建设等今后五年发展思路。大会号召全县党员、干部和广大群众，解放思想，抓住机遇，加快发展，提前翻番，全面完成“八五”计划，为实现小康目标打下坚实基础。大会审议和通过中共剑阁县第六届委员会工作报告和中共剑阁县第六届纪律检查委员会的书面工作报告。11 日上午，以无记名投票和差额选举方式，选举产生县委委员 25 人，候补委员 2 人；县纪委委员 15 人。

第八次代表大会　1998 年 2 月 9 日至 11 日，中共剑阁县第八次代表大会在普安镇县委大礼堂召开。大会应到代表 350 人，包括工人 59 人，农民 104 人，干部 184 人，其他方面 3 人，女代表 75 人。实到代表 335 名，代表全县 23686 名党员。大会的主题是高举邓小平理论伟大旗帜，深入贯彻中共十五大精神，总结七届县委工作，确定剑阁跨世纪经济社会发展的宏伟蓝图。9 日上午，县委书记王振会代表中共剑阁县第七届委员会向大会作题为《高举旗帜，解放思想，努力实现剑阁经济社会发展新突破》的工作报告。报告充分肯定第七届县委实施八项推进剑阁经济、社会发展的重大决策，实现国内生产总值翻两番的显著成绩；提出今后的主要任务：夯实农业、交通、科技三大基础，壮大粮油、食品加工、纺织、建材、旅游业五个支柱，突破农业产业化、非公有制经济、市场建设三个重点，加快下寺开发，办好十件实事。大会要求弘扬“负重图强，务实求新，团结拼搏，勇创一流”的剑阁精神，把各项事业顺利推向 21 世纪。大会审议和通过中共剑阁县第七届委员会工作报告和中共剑阁县第七届纪律检查委员会工作报告。11 日，大会以无记名投票、差额预选和等额选举的方式，选举产生县委委员 28 人，候补委员 5 人；县纪委委员 15 人。

第九次代表大会　2002 年 12 月 26 日至 28 日，中共剑阁县第九次代表大会在普安镇县委大礼堂召开。大会应到代表 350 人，包括工人 53 人，农民 80 人，领导干部 210 人，其他方面 7 人，女代表 84 人。实际到会代表 340 人，代表全县 25528 名党员。大会的主要议题是：认真贯彻落实中共十六大精神，为全面建设小康社会，奋力推进剑阁发展新跨越而努力奋斗。26 日上午，县委书记严明清代表中共剑阁县第八届委员会向大会作题为《认真贯彻落实党的十六大精神，奋力推进剑阁发展新跨越》的工作报告。报告以邓小平理论和“三个代表”重要思想为指导，总结八届县委在工作实践中形成的七条基本经验，确定之后五年坚持“调结构，促增收，攻重点，抓落实，争跨越，奔小康”的工作方针。提出“实现生态旅游大县，全市经济强县，城乡协调发展，人民生活小康”的奋斗目标。大会通过决议，批准中共剑阁县第八届委员会工作报告和中共剑阁县第八届纪律检查委员会工作报告。28 日下午，以无记名投票和差额选举的方式，选举产生县委员 27 人，候补委员 5 人；县纪委委员 15 人。

第十次代表大会　2006 年 11 月 30 日至 12 月 2 日，中共剑阁县第十次代表大会在普安镇县体育活动中心召开。大会应到代表 350 人，包括生产和工作第一线代表 165 人，领导干部 185 人，女代表 72 人，少数民族代表 1 人。实际到会 341 人，代表全县 26628 名党员。大会的主题是：坚持科学发展，构建和谐社会，为推进全经济社会又快又好地发展而努力奋斗。30 日上午，县委书记吴连奇代表中共剑阁县第九届委员会向大会作题为《坚持科学发展，构建和谐社会，为推进剑阁经济又快又好地发展而努力奋斗》的工作报告。报告肯定九届县委各项工作取得的成绩，分析全县形势和未来发展趋势，提出之后五年的发展必须坚持“做强工业，突破旅游，壮大产业，城乡共荣，和谐发展”的总体思路，实现“二产超一产，工业超农业，旅游成为全县主导产业，县城发展初具规模，中心作用不断显现”的奋斗目标。大会审议和通过中共剑阁县第九届委员会工作报告和中共剑阁县第九届纪律检查委员会工作报告。12 月 2 日上午，以无记名投票和差额预选方式，选举产生县委委员 31 人，候补委员 6 人；县纪委委员 21 人。

第二节 县委全委会

县委全委会是县委的领导机关，由县党员代表大会选举产生。县委全委会在党代表大会闭会期间履行职责。县委全委会一般一年召开一次，根据工作需要，亦可半年一次或一年多次。

1990年至2006年，县委全委会制定贯彻执行上级党组织指示和县党代会决议决定的措施；决策全县经济建设、社会发展、党的自身建设及其他涉及全局性的重大问题；审议县委常委会对日常工作、重要问题所作的决定；对常委会及其成员工作进行监督和评议，发挥决策作用和监督作用；保证中央、省、市委指示和县党代会决议、决定的贯彻执行。至2006年，县委全委会已历五届，共举行全委会29次。

六届一次全委会 1990年2月21日，中共剑阁县第六届委员会第一次会议在普安镇县委大礼堂召开。会议选举产生县委常委9人。其中，书记1人，副书记3人；通过中共剑阁县第六届纪律检查委员会第一次全委会选举产生的县纪委常委会和书记、副书记。

六届二次全委（扩大）会 1990年4月17日至18日，中共剑阁县第六届委员会第二次全委（扩大）会议在普安镇召开。主要内容是传达中共十三届六中全会和省、市委全委会议精神，用整风精神联系实际，对照检查党内存在的消极现象和脱离群众的危险倾向，有针对性地讨论贯彻落实意见和措施。会议审议通过《中共剑阁县委关于认真学习，坚决贯彻〈中共中央关于加强党同人民群众联系的决定〉的决议》。会议要求全县各级党组织、全体党员、领导干部和国家公职人员，以身作则，不尚空谈，落实《决定》精神，让党密切联系群众的优良传统和作风发扬光大。

六届三次全委（扩大）会 1991年8月7日至8日，中共剑阁县第六届委员会第三次全委（扩大）会议在普安镇召开。会上，11区1镇的党委书记汇报、总结上半年农村工作的成绩和经验教训，讨论发展村社集体经济、乡镇企业和农田基本建设规划。县委书记杜兴方部署全县农村工作。

六届四次全委（扩大）会 1992年1月15日，中共剑阁县第六届委员会第四次全委（扩大）会议在普安镇召开。主要内容是传达中共十三届八中全会精神，学习《中共中央关于进一步加强农业和农村工作的决定》，讨论贯彻落实《决定》的措施，研究全县粮油体制改革方案和通过县委1992年工作要点。

六届五次全委（扩大）会 1992年7月31日至8月1日，中共剑阁县第六届委员会第五次全委（扩大）会议在普安镇召开。会议总结县委“三干会”（县区乡三级干部会）精神的贯彻落实情况，讨论部署下半年的经济工作。会议决定从“企业奠基，稳粮安民，多方创税，畜牧脱贫，兴商强镇，水土固本，林业创收，个体补台”八个方面加快农业发展。

六届六次全委（扩大）会 1992年11月11日至12日，中共剑阁县第六届委员会第六次全委（扩大）会议在普安镇召开。会议传达中共十四大精神，讨论贯彻落实的具体措施。会议决定集中一个月时间，在全县开展学习宣传活动，传达中央精神，同时安排全县经济工作。

七届一次全委会 1993年2月11日，中共剑阁县七届委员会第一次全委会议在普安镇县委大礼堂召开。会议选举产生县委常委9人。其中，书记1人，副书记3人；通过中共剑阁县第七届纪律检查委员会第一次全委会选举产生县纪委常委会和书记、副书记。

七届二次全委会　1993年6月8日，中共剑阁县七届委员会第二次全委会议在普安镇召开。会议通报了全县旱情；研究农村经济持续发展措施，提出以农业为基础，加工业为依托，商贸为纽带，全面振兴剑阁经济，优化产业结构，发展区域经济，突出拳头产品。会议提出全县以养蚕、养生猪为重点，实现生产蚕茧4万担、人均出栏生猪1头。

七届三次全委会　1993年9月16日，中共剑阁县第七届委员会第三次全委会议在普安镇召开。会议讨论通过县委1994年度工作要点，包括抓住机遇，推进国民经济持续、快速、健康发展；整体推进，重点突破，按照建立社会主义市场经济体制的要求，加快改革步伐；坚持两手抓，做到两手硬，大力推进社会主义精神文明建设和民主法制建设；搞好党的建设，加强和改善党的领导等四个方面的工作。

七届四次全委（扩大）会　1994年7月12日至13日，中共剑阁县第七届委员会第四次全委（扩大）会议在普安镇召开。会议研究制定贯彻落实市委发展战略的措施，讨论通过《中共剑阁县委关于突破性发展乡镇企业的决定》和《中共剑阁县委关于加快小城镇发展的决定》。

七届五次全委会　1994年11月5日，中共剑阁县第七届委员会第五次全委会议在普安镇召开。会议传达中共十四届四中全会精神，学习《中共中央关于加强党的建设几个重大问题的决定》。会议审议通过《中共剑阁县委关于认真学习贯彻落实党的十四届四中全会〈决定〉的决议》。

七届六次全委（扩大）会　1995年7月28日，中共剑阁县第七届委员会第六次全委（扩大）会议在普安镇召开。县委书记王振会作题为《咬定目标，迎难而进，为完成今年各项任务而顽强拼搏》的工作报告，讨论批准加强县委自身建设的意见和制度，原则同意《剑阁县1996－2000年国民经济和社会发展五年计划（纲要）》，提交县第十三届人大四次会议审议。

七届七次全委会　1996年2月7日至9日，中共剑阁县第七届委员会第七次全委会在普安镇召开。会议审议通过《中共剑阁县委关于制定剑阁县国民经济和社会发展“九五”计划和2010年远景目标的建议》。同时布置1996年工作。

七届八次全委（扩大）会　1996年5月8日至9日，中共剑阁县第七届第八次全委（扩大）会议在普安镇召开。会议讨论研究全县农村经济、工业经济、财政税收、交通建设和干部思想作风建设等工作。会议集思广益，客观分析现状，理清思路，研究制定各项措施。

七届九次全委（扩大）会　1997年5月29日，中共剑阁县第七届委员会第九次全委（扩大）会议在普安镇召开。会议总结全县农田基本建设和实施市“121”工程的情况，讨论研究实施粮油、畜牧食品、棉花、茧丝绸、猕猴桃、烟叶等产业一体化经营问题，提出实施“1133”工程和发展农业产业一体化经营的意见。会议审议通过《中共剑阁县委关于实施“1133”工程的决议》和《中共剑阁县委关于实施农业产业化经营的决议》。

七届十次全委会　1998年1月14日，中共剑阁县七届委员会第十次全委会议在普安镇召开。会议总结几年来的扶贫工作，分析扶贫攻坚的严峻形势，制定确保1998年全面解决农村贫困人口温饱问题的措施，通过《中共剑阁县委关于1998年全面解决农村贫困人口温饱问题的决议》。

八届一次全委会　1998年2月11日，中共剑阁县第八届委员会第一次全委会议在普安镇召开。会议选举产生县委常委10人（不含增补）。其中，书记1人，副书记4人（不含增补）；通过中共剑阁县第八届纪律检查委员会第一次全委会选举产生的县纪委常委会和书记、副书记。

八届二次全委（扩大）会 1998年6月16日，中共剑阁县第八届委员会第二次全委（扩大）会议在普安镇召开。会议通报全县1—5月城市经济运行情况，讨论研究加快城市和农村经济发展，通过《中共剑阁县委关于加快城市经济发展的决议》与《中共剑阁县委关于加快农村经济发展的决议》。

八届三次全委（扩大）会 1999年1月19日至20日，中共剑阁县第八届委员会第三次全委（扩大）会议在普安镇召开。会议传达中央和省经济工作会议及市委三届八次全委（扩大）会议精神，总结1998年工作，审议通过《中共剑阁县委一九九九年工作要点》。

八届四次全委（扩大）会 1999年12月17日，中共剑阁县第八届委员会第四次全委（扩大）会议在普安镇召开。会议总结1999年工作，提出2000年工作基本思路和经济社会发展目标。会议号召各级党组织团结带领全县67万人民，继续弘扬剑阁精神，艰苦奋斗，顽强拼搏，再创佳绩，以崭新的姿态跨入新世纪。

八届五次全委会 2000年7月7日，中共剑阁县第八届委员第五次全委会议在普安镇召开。会议讨论并制定2000年至2010年发展总体目标：建成川北地区生态旅游大县，全市经济强县，经济社会协调发展，努力实现富民兴县。通过县委、县政府《关于抓住西部大开发机遇，加快剑阁发展的意见》。

八届六次全委（扩大）会 2000年12月29日，中共剑阁县第八届第六次全委（扩大）会议在普安镇召开。会议总结2000年工作，提出2001年全县经济社会发展目标、工作重点及主要措施。审议通过《中共剑阁县委关于制定剑阁县国民经济和社会发展“十五”计划的建议》。

八届七次全委（扩大）会 2002年1月27日，中共剑阁县第八届委员会第七次全委（扩大）会议在普安镇召开。会议听取县委书记李在扬作题为《突出结构调整，突出业主经营，突出质量效益，努力实现全县经济恢复性增长和社会全面进步》的工作报告，通过县委2001年工作总结和2002年经济社会发展的指导思想、目标任务及主要措施。会议确定2002年为全县“质量效益年”，要求各级各部门切实转变作风，创新工作方法，狠抓任务落实，为实现经济恢复性增长和社会全面进步而努力奋斗。

九届一次全委会 2002年12月28日，中共剑阁县第九届委员会第一次全委会议在普安镇县委大礼堂召开。会议选举产生县委常委11人。其中，书记1人，副书记4人；中共剑阁县第九届纪律检查委员会第一次全委会选举产生的县纪委常委会和书记、副书记。

九届二次全委（扩大）会 2004年1月8日，中共剑阁县第九届委员会第二次全委（扩大）会议在普安镇召开。会议听取县委书记严明清作题为《调整经济结构，转变增长方式，加强统筹协调，努力实现剑阁经济持续快速协调健康发展和社会全面进步》的报告。会议要求，2004年是实施“十五”计划的关键年，必须大力实施“农业稳县、工业富县、旅游兴县、项目强县”战略，千方百计把剑阁打造成为畜牧大县、粮油大县、旅游大县、药材大县、酒业大县，为实现经济持续快速协调健康发展和社会全面进步而努力奋斗。

九届三次全委（扩大）会 2005年1月10日，中共剑阁县第九届委员会第三次全委（扩大）会议在普安镇召开。县委书记严明清在题为《牢固树立和落实科学发展观，切实加强党的执政能力建设、奋力加快剑阁全面建设小康社会进程》的报告中，总结2004年工作，提出2005年工作任务。要求坚持科学发展观和正确的政绩观，以建设小康社会总揽工作全局，理清思路，抓住重点，提升增效农业，培育做强工业，创新经营城市，做旺做精旅游，努力实现全年工作目标，为全面建设小康社会奠定坚实基础。

九届四次全委会　2006年1月5日至6日，中共剑阁县第九届委员会第四次全委会议在行政中心县委一楼会议室召开。会议听取县委书记的工作报告，审议通过《中共剑阁县委关于制定国民经济和社会发展第十一个五年计划的建议》和《中共剑阁县委2006年工作要点》。会议确定2006年为“项目建设年”，提出“项目至上，招商为先”的项目兴县发展战略，号召各级各部门结合实际，认真贯彻落实全会精神，围绕目标抓工作，突出项目抓重点，努力实现各项工作“开门红”，为全面完成2006年目标任务和“十一五”规划开好局、起好步奠定坚实基础。

九届五次全委会　2006年11月27日，中共剑阁县第九届委员会第五次全委会议在县政府二楼会议室召开。会议研究决定召开县第十次党代会有关事项，酝酿十届县委委员、候补委员、县纪委委员候选人方案，审议九届县委工作报告和县纪委工作报告。

十届一次全委会　2006年12月2日，中共剑阁县第十届委员会第一次全委会议在普安镇县体育活动中心召开。会议选举产生县委常委11人。其中，书记1人，副书记2人，组成中共剑阁县第十届委员会常务委员会。会议通过中共剑阁县第十届纪律检查委员会第一次全委会选举产生的县纪委常委会和书记、副书记。

第三节　县委常委会

县委常委会是县委领导核心，由县委全委会议选举产生。县委常委会在县委全委会闭会期间，行使县委职权，执行上级党组织的指示和县委全委会的决议，主持日常工作。

县委常委会负责召集县委全委会，向全委会报告工作；对全县经济建设、社会发展、党的自身设等方面工作作出决定；对同级国家机关、人民团体、经济组织、文化组织和其他非党组织领导机关党组请示的重大问题作出决定；按照干部管理权限，负责干部推荐、任免、教育和监督。

1990年至2006年，五届县委常委会在贯彻落实中央和省、市委各项指示精神，制定国民经济和社会发展计划，实施西部大开发战略和社会主义新农村建设战略，进行企业产权改革，在党政机构改革、撤区并乡、强村并组、县政府驻地迁址、招商引资、项目建设、党的自身建设等重要工作中，领导各级党组织，发动党员、干部和群众，团结战斗，实现党在各个时期的工作目标，完成各项工作任务。

中共剑阁县第六届至第十届县委书记、副书记、常委名录

表3

届次	职务	姓名	籍　贯	任职时间
第六届	书记	杜兴方	四川剑阁	1990.2－1993.2
	副书记	薛义富	四川遂宁市市中区	1990.2－1992.9
	副书记	肖明远	四川苍溪	1990.2－1993.2
	副书记	刘三林	四川剑阁	1990.2－1993.2
	副书记	张健	四川阆中	1992.9－1993.2

续表3

届次	职务	姓名	籍　贯	任职时间
第六届	常委	卜文林	四川剑阁	1990.2－1993.2
	常委	赵泽奎	四川剑阁	1990.2－1993.2
	常委	何德生	四川剑阁	1990.2－1993.2
	常委	蒲发新（女）	四川剑阁	1990.2－1993.2
	常委	雍思政	四川剑阁	1990.2－1992.11
第七届	书记	杜兴方		1993.2－1995.2
	书记	王振会	四川广元市元坝区	1995.2－1998.2
	副书记	张健		1993.2－1996.3
	副书记	梁大忠	四川剑阁	1993.2－1994.11
	副书记	蒲发新（女）		1993.2－1995.10
	副书记	游火清（增补）	四川威远	1993.4－1995.4
	副书记	刘文耀（增补）	四川邻水	1994.11－1996.8
	副书记	杨金海	四川剑阁	1995.5－1998.2
	副书记	王春元	四川苍溪	1995.10－1998.2
	副书记	李在扬	四川苍溪	1996.3－1998.2
	副书记	王灵勇（增补）	四川广元市市中区	1996.8－1997.10
	副书记	姚界平（增补）	湖南	1996.10－1998.2
	副书记	冯敏华（增补）	四川剑阁	1996.12－1998.2
	常委	王朋友	四川剑阁	1993.2－1995.2
	常委	卜文林		1993.2－1996.5
	常委	张康明	四川剑阁	1993.2－1995.5
	常委	贾邦彦	四川剑阁	1993.2－1998.3
	常委	杨金海		1993.2－1995.5
	常委	冯敏华		1995.5－1996.12
	常委	李金鰲	陕西宁强	1995.10－1998.2
	常委	王丕虎	山西中阳	1995.10－1998.2
	常委	罗子宇	四川剑阁	1996.5－1998.2
	常委	刘继红	四川剑阁	1997.3－1998.2
	常委	蒋茂成	四川剑阁	1997.5－1998.2
第八届	书记	王振会		1998.2－1999.1
	书记	李在扬		1999.1－2002.11

续表3

届次	职务	姓名	籍　贯	任职时间
第八届	书记	严明清	四川广元市市中区	2002.11－2002.12
	副书记	李在扬		1998.2－1999.1
	副书记	王春元		1998.2－1999.12
	副书记	杨金海		1998.2－2000.8
	副书记	冯敏华（增补）		1998.2－2002.12
	副书记	姚界平（增补）		1998.2－1999.10
	副书记	严明清		1998.2－2002.1
	副书记	李伯伟	四川剑阁	2000.3－2002.12
	副书记	李文谊（增补）	四川广元市朝天区	2000.5－2002.12
	副书记	魏红军	四川苍溪	2002.7－2002.12
	副书记	陈凯（增补）	四川广元市市中区	2002.9－2002.12
	副书记	田现平	四川广元市朝天区	2002.1－2002.12
	常委	贾邦彦		1998.2－1999.3
	常委	李金鰲		1998.2－2000.6
	常委	王丕虎		1998.2－2001.10
	常委	罗子宇		1998.2－1999.12
	常委	刘继红		1998.2－2002.7
	常委	蒋茂成		1998.2－2002.7
	常委	张成红	四川达县	1999.12－2000.3
	常委	何德生		2000.3－2002.12
	常委	何万雄	四川剑阁	2000.6－2002.12
	常委	匡顺华	四川大竹	2000.6－2002.12
	常委	孙洪方	四川三台	2001.3－2002.12
第九届	书记	严明清		2002.12－2005.4
	书记	吴连奇	四川广元市元坝区	2005.4－2006.12
	副书记	田现平		2002.12－2005.7
	副书记	李伯伟		2002.12－2006.12
	副书记	魏红军		2002.12－2006.12
	副书记	孙洪方		2002.12－2005.11
	副书记	冯敏华（增补）		2003.1－2005.7
	副书记	李文谊（增补）		2003.1－2006.10

续表3

届次	职务	姓名	籍 贯	任职时间
第九届	副书记	陈凯（增补）		2003.1－2005.6
	副书记	田中文	四川广元市市中区	2005.7－2006.12
	副书记	孙潮泉	四川广元市朝天区	2005.1－2006.12
	常委	匡顺华		2002.12－2005.11
	常委	何万雄		2002.12－2004.8
	常委	赵廷延	四川剑阁	2002.12－2006.12
	常委	杜军昌	四川苍溪	2002.12－2006.12
	常委	何海生	四川旺苍	2005.7－2006.12
	常委	邓益平	四川剑阁	2002.12－2006.12
	常委	贾小玲（女）	四川苍溪	2002.12－2006.12
	常委	彭廷明	四川南充市顺庆区	2004.9－2006.12
第十届	书记	吴连奇	四川广元市元坝区	2006.12－
	副书记	田中文		2006.12－
	副书记	孙潮泉		2006.12－
	常委	何海生		2006.12－
	常委	卢达昌	湖南宁远	2006.12—
	常委	肖光林	四川广元市元坝区	2006.12—
	常委	吴 勇	四川中江	2006.12－
	常委	杜军昌		2006.12－
	常委	贾小玲（女）		2006.12－
	常委	彭廷明		2006.12－
	常委	王湖益	四川剑阁	2006.12－

说明：资料为县委组织部提供。籍贯只录一次。

第四节 工作机构

1990年1月，县委工作机构设置为：办公室、组织部、宣传部、统一战线工作部、政策研究室、党史研究室、保密委员会、政法委员会、老干部局、县直机关工委、党校、干部函授站、机要科、计经委政治部、信访办公室（系县委、县政府合设，列入县政府工作机构），共14个。3月，增设农经委政治部、财贸政治部。1991年7月，增设台湾工作办公室。1993年3月，撤销计经委政治部，设经委政治部。1997年1月，党政机构改革，撤销农经委政治部、财贸政治部、经委政治部，县委设置工作机构6个。设议事协调机构的常设办事机构3个，为县委保密委员会办公室（县国家保密局），由县委办公室代管；县机构编制委员会办公室，系县委、县政府合设，挂靠县人事局；县扶贫开发领导小组办公室，由县委农村工作委员会代管。1998年3月，撤销干部函授站。2001年10月县乡机构改革，县委设置工作机构6个，为办公室、组织部、宣传部、统一战线工作部、政法委员会、农村工作委员会。设议事协调机构的常设办事机构县机构编制委员会办公室，系县委、县政府合设，挂靠县人事局。2003年5月，县民族宗教工作办公室更名为县民族宗教事务局。2006年3月，撤销县委政策研究室，县委工作机构设置为：

县委办公室　为县委综合办事机构，负责县委文书处理和会务工作；组织调查研究，提供信息服务；处理县委机关行政事务；负责机要保密、档案管理等工作。内设秘书科、信息科、调研科、行政科、后勤科。

县委机要局（县党政网管理中心）　负责机要、密码及党政网建设、管理工作。

县委保密委员会办公室（县国家保密局）　并入县委办公室，保留其牌子。负责保密工作。

县委组织部　为县委主管组织工作和干部工作的职能部门，负责干部管理、党员管理、党的建设和知识分子工作等。内设办公室、干部一科、干部二科、组织科、党员管理科。县委党建领导小组办公室挂靠县委组织部，负责党建方面的工作。县人才开发暨知识分子工作领导小组办公室挂靠县委组织部，负责人才开发和知识分子工作。县委农村基层组织建设领导小组办公室挂靠县委组织部，负责农村基层组织建设工作。

县直属机关工作委员会　并入县委组织部，保留其牌子。负责指导、协调、配合县直机关党组织抓好党的建设和精神文明建设等方面的工作。

县委老干部局　并入县委组织部，保留其牌子。负责全县老干部工作。

县委宣传部　为县委主管意识形态方面工作的职能部门，负责思想理论、宣传文化和精神文明建设等工作。内设办公室、理论科、教卫文体科、新闻科、宣传科、综合科、创建管理科。县精神文明建设办公室负责全县精神文明建设工作。县委对外宣传办公室（县政府新闻办公室）负责对外宣传工作。

县委统一战线工作部　为县委主管统一战线工作的职能部门，负责统一战线、民族宗教和对台工作等。县民族宗教事务局负责全县民族宗教事务工作。县委台湾工作办公室（县政府台湾事务工作办公室）负责开展港、澳、台及海外统战工作和台胞、台属的相关事务工作。

县政法委员会　为县委主管政法工作的职能部门，负责政法工作、社会治安综合治理、维护社会稳定和国家安全等工作。内设办公室、执法督查督办室、政治处。县社会治安综合治理委员会办公室负责社会治安综合治理工作。县委维护稳定领导小组办公室负责维护社会稳定工作。县国家安全工作领导小组办公室，负责全县维护国家安全工作。

县委农村工作委员会　为县委主管农业和农村工作的职能部门，负责农村经济、农业产业化发展和社会主义新农村建设等工作。内设办公室（县农村工作领导小组办公室、县农业产业化领导小组办公室）、政策调研股、农业股、农村目标管理办公室。县农村能源办公室负责农村节能工作。

县机构编制委员会办公室（县事业单位登记管理局）　为县委、县政府主管编制工作的职能机构，挂靠县人事局。负责全县行政管理体制和机构改革及机构编制的日常管理工作。内设行政机构编制股、事业机构编制股。

县委党史研究室　为县委直属事业单位，负责地方党史研究工作。

县委党校（县行政学校） 为县委直属事业单位，负责党政干部培训和理论研究等工作。内设办公室、教务室、教研室、总务室。

第二章 制度建设

第一节 领导制度

集体领导与分工负责制 县委实行集体领导与个人分工负责相结合的领导制度。1990 年 3 月 5 日，县委常委会议通过《中共剑阁县委常委会工作规则》，历届县委常委会对其补充完善。2005 年 10 月 17 日，县委常委会通过的《中共剑阁县委常委会议事规则》规定：县委常委会会议原则上每半月召开一次，必要时可提前或推迟召开。会议由书记召集并主持，书记不能参加会议时，可委托一名副书记负责；常委会会议议题由书记确定，或由受委托的副书记确定，会议议题和有关书面材料提前送达各常委；常委会议主持人可确定有关人员列席会议；常委会议讨论决定干部任免、奖励、处分等重要事项实行表决制，对情况不清、意见分歧较大、形不成统一意见的议题暂缓表决；常委会议由县委办公室负责记录，编发《会议纪要》，经书记或受委托的副书记签字同意后，印发各常委和有关部门。凡属贯彻执行党的路线、方针和上级党委的重要决策，决定全县政治、经济、文化和社会发展等重大问题，均由县委常委会或全委会集体讨论决定。所作决定，每个领导成员必须执行，任何个人不得更改。县委书记、副书记、常委按照集体决定和个人分工，各自开展工作。县委书记主持和负责县委全面工作，担任副书记的县长主管政府全面工作，其他副书记、常委按各自分管的工作，实行岗位责任制，负责处理工作中的一般问题，重大问题提交县委常委会集体讨论决定。因工作失误，出现重大问题或事故，造成不良影响和重大损失的，要承担领导责任或直接责任。

民主决策制 凡需县委决定的重大问题，在讨论或决定前，先征求下级党组织的意见，有的还要听取县人大、县政府、县政协和人民团体及有关方面意见。属经济建设方面的重要项目，组织专家评估论证；属改革方面的重要举措，举行有关方面人士参加的听证会，广泛征求意见。县委常委会或全委会讨论决定重要事项，须三分之二以上成员参加会议，充分讨论后进行表决，以多数赞成为通过。在决定重要事项时，明确相关事项的实施单位、责任人及检查验收标准和奖惩办法。

联系基层制度 县委常委会规定，常委会各委员全年下基层调查研究和工作时间不得少于二至三个月。1991 年年初，县委常委会对已坚持四年联系基层制度的情况进行总结、完善，于 2 月 19 日，县委、县政府发出《关于继续坚持和完善县级领导干部挂区联村、科局级单位挂乡镇联村、联厂指导帮助工作制度的通知》，明确下基层工作的方式、职责和任务。县委、县政府联系武连镇武五、国光乡走马、白龙镇庙垭等 13 个村，作为县委、县政府农村工作示范点。县级班子及各单位共挂联示范点（村）90 个。1993 年后，实行副县级领导干部挂厂联项目，科局级单位联乡镇指导帮助工作制度，一定五年不变，每年底进行考核奖惩。县政府驻地迁至下寺镇后，为方便群众办事，经县委常委会专题研究，2004 年 4 月

30日，县委、县府发出《关于进一步转变作风服务基层的意见》，明确规定：凡群众需要到县城办理的事情，各部门必须委托督导室或在乡镇的延伸机构办理或代办。不得收加任何费用。县级各部门转变作风服务基层，面对客观现实减轻基层和群众负担，结合部门工作实际，积极寻求新形势下方便群众办事的新机制、新路子。将服务基层方便群众的便民措施予以公示，接受群众监督。

第二节　自身建设

中心学习组制度　1990年3月5日，县委常委会议通过《中共剑阁县委关于加强自身建设的决定》，就思想政治、学习制度、党内生活、廉洁从政等方面作出10条规定。是年，县委中心学习组成立。书记任组长，分管宣传的副书记或宣传部长任副组长，县委中心学习组日常工作由宣传部负责。县委委员、县人大、县政府、县政协领导和部门负责人为中心学习组成员。根据工作需要，参加学习的对象可扩大到区、乡镇党委书记，称为县委中心学习组学习（扩大）会。随后，中心学习组这一形式在县级机关和各区推广。1992年10月撤区并乡建镇后，各乡镇党委建立中心学习组。中心学习组一般每年集中学习1—2次，并按年度统一安排自学内容，人手一册《学习笔记》，规定每年撰写一万字以上的学习心得，年底由县委宣传部调阅，加盖“优、良、中”格次印记。

民主生活会制度　县委常委民主生活会一年召开一至二次（专题民主生活会视其情况安排），全体常委参加，县人大常委会主任、县政协主席列席会议，并邀请市委领导和市委组织部、市纪委派员参加。民主生活会由县委书记主持。会前征求县委常委的意见，确定民主生活会的中心议题。民主生活会围绕全县改革、发展、稳定大局，检查贯彻执行党的路线方针、政策、决议和党章的情况，开展批评与自我批评，针对反映出的问题，形成领导班子和个人的整改意见。1990年至2006年的5届县委常委会，共召开民主生活会（包括专题民主生活会）19次。

根据中共中央《关于县以上党和国家机关党员领导干部过好民主生活会的通知》精神，1990年建立县委常委会民主生活会制度。1992年7月，根据省委要求召开民主生活会，以邓小平南方讲话为指导，结合领导班子和个人实际，从坚持党的基本路线、加快改革开放、促进精神文明和物质文明建设、抵制和反对腐败等四个方面查找问题，总结经验教训，开展批评和自我批评。1994年起，按照市委规定，召开县委常委民主生活会前会后均要向市委报告情况。1995年起，市委组织人事和纪检部门派员参加县委常委民主生活会。县委常委民主生活会以批评与自我批评为武器，整顿思想作风和工作作风。

根据《中共中央关于在县级以上党政领导班子、领导干部中深入开展以“讲学习、讲政治、讲正气”为主要内容的党性党风教育的意见》精神和省、市委的统一部署，2000年3月2日，县委发出《中共剑阁县委关于在县级领导班子和领导干部中开展“三讲”教育的实施意见》，集中两个月时间，在县委、县人大、县政府、县政协和县纪委、组织部、宣传部、公安局、检察院、法院领导班子及班子成员中，开展“三讲”教育。3月3日，召开“三讲”（讲学习、讲政治、讲正气）教育动员大会，省委副书记席义方等省、市领导到会讲话。会后，全县55名“三讲”对象到杨家坝水库进行7天封闭式学习，系统学习39篇必读文章及有关资料，每人撰写出4万多字的读书笔记和3—5篇学习心得。开通“热线电话”，设置“意见箱”，发放《征求意见表》与《民主测评表》，采取走访、座谈等办法，收集到1070条意见反馈给领导班子和领导干部。领导干部主动检查1992年以来，班子和个人在党性党风方面存在的主要问题，制定整改措施，形成书面剖析材料，经省委巡视组审定后民主测评，召开专题民主生活会集中整改。领导干部两次下基层征求意见，开展调查研究和现场办公，参加座谈会955人次，个别座谈422人次，走访农民231户，现场解决热点、难点问题58个，收集意见和建议129条。在此基础上，县委印发《关于加强自身建设若干问题的整改意见》《关于加强思想政治工作的整改意见》《关于进一步加强干部工作的整改意见》《关于党风廉政建设工作的整改意见》，县委、县政府《关于经济工作的整改意见》，达到边整边改边落实的目的。2005年上半年，开展以实践“三个代表”重要思想为主要内容的保持共产党员先进性教育活动，县委一班人集中在元山镇开展“党在我心中，我在群众中”的主题实践活动，统一和提高思想认识，坚定社会主义信念，坚持科学发展观，加强领导班子建设，提高执政能力和执政水平。

年度述职考核制度 1991年，县委成立考核领导小组，每年年底或次年一月，组织若干考核小组对全县科级（含事业单位）领导班子和领导干部进行年度考核。考核班子内容为“学习、团结、勤政、廉政”等方面，领导干部的“德、能、勤、绩”与履行职务情况。县委根据考核情况确定班子名次和个人考核等次。是年起，县委、县政府、县人大、县政协等县级领导班子和领导干部（含事业单位和非领导职务）接受市委的年度考核。

第三章　重要决策

第一节　国民经济和社会发展计划

1996年2月9日，县委七届七次全委会议通过《关于制定剑阁县国民经济和社会发展“九五”计划及2010年远景目标的建议》。《建议》对“八五”计划期间，全县经济和社会发展取得的成就给予肯定：经济综合实力增强，基础设施改善，社会事业长足发展，人民生活水平提高。“八五”计划末，全县生产总值11.33亿元，比“七五”计划末增长35.83%。“八五”计划超额完成，为“九五”计划奠定基础。“九五”期间，全县经济和社会发展坚持以邓小平理论和党的基本路线为指导，实施重点突破战略，夯实农业基础，突出工业主导地位，狠抓基础设施建设，开发旅游，繁荣商贸，科教兴县，加快改革开放，维护社会稳定，加强精神文明建设，实现经济持续、快速、健康发展和社会事业全面进步。“九五”计划末，实现生产总值14.30亿元。其中，第一产业增加值7.25亿元，第二产业增加值1.98亿元，第三产业增加值5.07亿元。人口自然增长率0.81‰。学龄儿童入学率99.9%，各类专业技术人员8490人。未来15年的主要任务是：优化产业结构，加强第一产业，调整和提高第二产业，大力发展第三产业，二、三产业在国民经济中所占比重达到60%以上；加快小城镇建设，提高城市化水平；发展科技教育，推动社会全面进步。

2000年12月29日，县委八届六次全委（扩大）会议通过《中共剑阁县委关于制定剑阁县国民经济和社会发展“十五”计划的建议》。坚持“调结构、上项目、促增收、求发展、保稳定”的工作思路，以“基础设施建设、生态旅游建设、经济结构调整、非公有制经济发展、下寺开发、科技教育”等为计划重点，以“旅游、工业、农业、交通通信、小城镇建设”为产业重点。“十五”计划末，实现生产总值22.88亿元。其中，第一产业增加值10.51亿元，第二产业增加值3.66亿元，第三产业增加值8.71亿元。人口自然增长率0.45‰，学龄儿童入学率100%，各类专业技术人员8219人。

2006年1月6日，县委九届四次全委（扩大）会议通过《中共剑阁县委关于制定剑阁县国民经济和社会发展“十一五”计划的建议》。计划以旅游业、园区工业、城镇化和信息化为方向，按照“突破三产、加速二产、提升一产和产业互动、城乡相融”的发展思路，把剑阁建成经济强县，实现经济和社会快速、协调发展，缩小与发达地区经济水平的差距。

第二节　社会主义新农村建设

2006年2月9日，县委办、县政府办根据中共中央、国务院印发《关于推进社会主义新农村建设的若干意见》（中发〔2006〕1号文件）精神，印发《关于认真学习贯彻中央一号文件推进社会主义新农村建设的通知》，按照“生产发展、生活宽裕、乡风文明、村容整洁、管理民主”的要求，推进农村经济建设、政治建设、文化建设、社会建设和党的建设。是年5月31日，县委、县政府印发《关于加快推进生态小康新村建设的意见》，按照“因地制宜、科学规划、合理布局、产业支撑、综合配套、创新机制、整合资金、重点投入、完善提高、整体推进”的思路，坚持“政府引导、群众参与、实事求是、量力而行、分类指导、典型示范、集约利用、统筹协调”的原则，从“十一五”规划开始，在三个五年计划期内，除长期举家外出户、“五保户”、特困户外，90%以上的农户建成生态小康户，90%以上的村基本建成生态小康村。生态新村建设的主要任务是：优化农业结构，大力培植使农民持续稳定增收的主导产业。围绕农产品加工龙头企业培育产业基地，形成规模化优势。引导农民组建专业合作经济组织，提高农产品的市场竞争力。按照山、水、田、林、路综合治理原则，以土、水、路、气、电、林为重点，加强基础设施建设。努力构建农村和谐社会。绿化、美化、净化人居环境，开展和谐家庭、和谐村组、和谐乡镇创建活动，培养和引导农民树立先进思想观念和良好道德风尚。推进村民自治，加强法制教育，维护农村社会和谐稳定。大力开展农民素质教育。落实农村义务教育，加强农村实用技术和劳务输出技能培训，加快农村公共卫生和基本医疗服务体系、农村社会保障体系建设。加强农村民主法制建设。全面推行村务公开制度，积极探索新形势下基层组织建设的途径和方法，增强基层党组织在群众中的号召力。是年，全县启动建设生态小康村46个，示范村4个：剑门关镇青树村、普安镇丰光村、长岭乡金像村、演圣镇大坪村，重点村32个，一般村10个。国道108线剑门关镇青树村、剑门村、志公村的134户农房改建成具有明清时代风格的川北民居。全县生态小康新村建设总投资1.16亿元。其中，项目资金3450万元、小额信贷2340万元。

第三节　企业改革

1991年5月14日，县茧丝绸公司成立。1991年8月1日，县委、县政府印发《关于进一步深化改革搞活企业的决定》。主要措施包括继续坚持、完善承包经营责任制，大力推行全员承包和领导班子集体承包，不断完善承包指标体系；落实企业机构自主设置权，劳动用工自主权，工资、奖金自主分配权，自主定价权和开拓市场、强化购销的自主决策权；加大企业内部改革力度，加快经营机制转换步伐。坚持和完善厂长负责制，行政管理人员选聘制，推行企业全员劳动合同管理，改革企业分配制度。落实优惠政策，大力推进技术进步，加速产品更新换代。补充企业流动资金，调整产业结构，改善外部环境。加强对搞活企业工作的领导。1992 年，全县在水泥厂进行股份制试点，该厂当年实现扭亏为盈。至 1995 年年底，全县改制为股份制企业 19 个，有限责任公司 5 个。对严重亏损、资不抵债的企业实行拍卖或破产，全县拍卖企业 15 个，对县林化厂进行破产试点。1996 年 3 月 18 日，县委、县政府制定《剑阁县企业产权制度改革实施办法》。主要内容是：以提高企业经济效益为中心，以建立现代企业制度为目标，通过推进企业产权制度改革，增强企业活力，提高企业效益，使企业真正成为自主经营、自负盈亏、自我发展、自我约束的法人实体和市场竞争主体。对企业产权制度改革的程序、形式、措施及具体问题的处理，作出明确规定。是年，全年参加改制的企业 746 个，完成改制企业 728 个。1997 年 12 月 29 日，县委、县政府发布《关于进一步深化企业产权制度改革的政策规定》和《关于企业产权制度改革中用工制度、社会保险、职工分流等具体问题的处理决定》。对企业出售、股份制企业改造、职工安置、债权债务和土地资产处理及涉及职工具体问题的处理等方面均作出明确规定。此后，全县企业产权制度改革遵循“全面推进、稳定完善、深化改革”要求，合理选择“改、转、租、包、卖、破”等形式。

1999 年 3 月 15 日，县委、县政府印发《关于进一步深化改革，搞活工商企业，促进城市经济发展的意见》，对未进行改制的企业，限期完成改制任务；对改制未触动产权或部分触动产权的企业，彻底触动产权；对未完成转换机制的企业完成机制转换，实现企业改制面达到 100%，企业触动产权面达 100%。9 月 5 日，县委、县政府借鉴营山企业改革的经验，印发《关于深化企业改革，加快经济发展的意见》，提出“出售为主，租赁为辅，鼓励兼并，划股陪嫁”的工作方针，加快国有、集体中小企业的民营化步伐。1999 年，全年应改企业 438 个，已改 436 个，改制企业触动产权 402 个。至 2000 年年底，全县县属工商企业改制 35 个，均成为民营股份制企业或私营企业。

为加快改革发展步伐，2003 年 12 月 29 日，县委、县政府印发《关于进一步做好国有企业改革与发展工作的意见》，明确国企改革的范围、形式、目标任务及政策措施，要求严格改制程序，改制方案应提交职代会或职工大会讨论通过，按县政府批复的意见组织实施。全县 38 个县属国有企业列入改革范围。至 2006 年年末，全县完成企业改制 29 个，全部转变了职工身份、明晰了企业产权、转换了经营机制。

第四节 机构改革

1990 年，撤销县综合体制改革办公室，成立县经济体制改革办公室；新建县农技推广中心、县烟叶生产办公室、县红十字会、县消费者协会、县税务财务物价大检查办公室；恢复县公费医疗管理委员会，下设办公室。

1992 年 9 月 30 日，根据省委、省政府《关于调整区、乡（镇）建制的通知》及省政府《关于同意剑阁县撤销区公所和调整乡（镇）建制的批复》精神，县委、县政府印发《关于调整区乡、（镇）建制中一些问题的处理意见》，明确县级部门设在乡镇行使政府职能和事业性服务机构，下放至乡镇管理。行政执法、监督职能部门和县主管部门在原区所设机构，由县主管部门与所在地乡镇双重管理；学校、卫生院按现行体制管理。调整后的乡镇为正科级，设书记、副书记、乡镇长、副乡镇长、人大主席等17个岗位，行政编制基数17名，事业编制重新核定。乡镇内设机构“四室一所”：党政办公室、农贸办公室、工业办公室、社会事业办公室、财政所，均为股级。是年10月4日，县委发出《关于撤销原区、乡（镇）党委和新建36个乡（镇）党委的通知》，决定撤销原11个区委、63个乡镇党委，重新调整建立36个乡镇党委，即：普安、城北、龙源、盐店、柳沟、武连、东宝、开封、元山、王河、演圣、公兴、金仙、香沉、白龙、鹤龄、羊岭、杨村、江口、木马、剑门、汉阳、下寺23个镇党委和田家、闻溪、姚家、义兴、秀钟、碗泉、迎水、高池、柘坝、广坪、店子、张王、高观13个乡党委。

1993年3月，县纪委与县监察局合并办公，内设机构合一，实行“两块牌子、一套班子”体制。

1995年10月，设普安、城北、柳沟、武连、开封、元山、公兴、白龙、鹤龄、江口、剑门、下寺12个片区党委和片区工作委员会，同时恢复江石、北庙、西庙、毛坝、凉山、垂泉、正兴、马灯、国光、公店、吼狮、长岭、涂山、圈龙、碑垭、禾丰、摇铃、樵店、锦屏、柏垭、上寺21个乡党委和乡政府设置。全县乡镇由36个调整为57个。片区党委、工委分别为县委、县政府的派驻机构，属正科级单位。片区党委、工委配备领导职数3名，交叉任职，行政编制5—12名。工作人员岗位设置为：办公室文秘人员1—2名、党务群团干部1—2名、经济干部2—3名。

1997年1月13日，县委、县政府根据中共中央、国务院《关于党政机构改革方案的通知》精神和省、市委的统一部署，制订《关于剑阁县党政机构改革方案的实施意见》，按照“加强宏观管理和监督部门，弱化微观管理职能”的原则，调整县委机构：县纪委与县监察局实行一个班子、两块牌子模式，合署办公；撤销县工交政治部、财贸政治部、农经委政治部，原政治部承担的行政职能划归相关部门，干部管理由组织部门承担；组建县委农村工作委员会，为县委工作机构，挂县政府农村经济工作委员会牌子。县精神文明办并入县委宣传部，保留牌子；县直属机关党委改为县直属机关工作委员会，并入组织部，保留牌子；县委老干部局并入组织部，保留牌子；县委政研室并入县委办公室，保留牌子；县委机要局归口县委办公室管理；县委信访办并入县委办公室。调整后，县委设办公室、组织部、宣传部、统战部、政法委、农工委等工作机构6个。县政府工作机构27个，县级党政工作机构共设置33个，比机改前减少19个。保留县委保密委员会、县机构编制委员会、县扶贫开发领导小组、县财贸领导小组4个议事协调机构。县人大、县政协、县法院、县检察院及人民团体工作机构12个。全县乡镇机构分三类设置，一类乡镇1个，二类乡镇43个，三类乡镇13个，内设机构分别为5个、4个、3个。机构改革后，县级党政群机关行政编制为680人，乡镇机关行政编制1272人。

1999年6月，成立县行政事业收费管理局。2000年5月29日，技术监督管理体制改革，成立四川省广元质量技术监督局剑阁分局。

2001年10月18日，县委、县政府根据省委、省政府《关于四川省市县乡镇机构改革的意见》精神和市委、市政府要求，印发《关于剑阁县县、乡镇机构改革方案的实施意见》。以“理顺关系，转变职能，撤并机构，精简人员，优化结构，提高效率”为目标，明确县、乡镇政府主要职能。调整后，县委设办公室（县保密委办公室并入县委办）、组织部、宣传部（县精神文明办挂牌并入）、统战部、政法委、农工委、县纪委（县监察局与其合署办公）等工作机构7个，保留议事协调机构县编委办公室。县政府工作机构22个，保留议事协调机构县扶贫开发办公室。县人大、县政协、县法院、县检察院及人民团体工作机构13个。县级党政部门内设机构精简15%。撤销普安、城北等11个区委、区工委，设立普安、城北等11个督导室，为县委、县政府派出机构。督导室配备行政编制9—10名，事业编制2名。全县乡镇分为三类，一类12个，二类32个，三类13个。一、二类乡镇内设办事机构4个，三类乡镇合并设置，乡镇内设机构精简33.3%。县级党政部门和乡镇领导职数减少，人员编制减少602人，分流622人。

2003年5月23日，县委、县政府根据省委、省政府《关于全省乡镇事业单位机构改革的意见》，制订《关于全县乡镇事业单位机构改革的实施意见》，按照“理顺条块关系，调整管理体制，精简事业编制，减少财政供养人员”的原则。撤销区林业站、畜牧兽医站和乡镇农经站、农技站、村建所。保留乡镇文化站、广播电视站、林业站、畜牧兽医站、计生服务站，区域性国土资源管理所、水利水土保持站；乡镇农机站转制为企业。组建乡镇农业服务中心、区域性村建环卫中心、区域性农机站。设置的乡镇事业单位，接受乡镇和县级业务主管部门的双重管理。除学校和卫生院外，全县乡镇事业单位总编制为1440名，减少467人，精简24.4%。财政供养人员编制为479人，减少131人，精简21.5%。分流人员467人。县对外经济贸易局挂牌成立，与县商业贸易局实行“两块牌子、一套班子”管理体制。是月，撤销县轻工总会。10月，县人民防空办公室成立，为县国防动员委员会常设机构。

2006年2月27日，县委、县政府根据省委办、省政府办关于市县政府机构改革的精神，印发《关于实施〈剑阁县人民政府机构改革方案〉的意见》。按照完善社会主义市场经济体制和推进政治体制改革的要求，进行职能整合与机构调整。撤销机构9个，取消牌子的机构4个。调整后，县政府工作机构为21个。精简领导职数18人，减少33%；精简人员编制23名，减少10%。是年6月14日，县委、县政府印发《关于撤销全县督导室机构的通知》，决定撤销普安、城北等11个督导室，其行政人员整体划入所在地镇政府。

第五节　县治迁址

普安自南朝宋大明元年（457年）置南安郡始，一直是郡、州、县治所，已有1500多年历史。随着经济和社会发展，受地理位置、自然资源、人口等因素制约，普安镇为县治所的局限日渐显现，县治所迁址成为不可回避的战略抉择。县四大班子在广泛征求意见的基础上，将县治所迁往下寺镇。下寺镇大仓坝在东晋永和三年（347年）至太元十五年（390年）曾为剑阁县治所，1991年7月由广元市市中区划归剑阁。下寺镇有相对区位优势，资源丰富，交通便捷，具备建设现代化城市的基本条件。

1996年9月25日，县委书记王振会在市委常委会议上，专题汇报剑阁县治由普安镇迁往下寺镇的意见。会议决定，同意剑阁县治迁址，并明确8条原则。市委书记彭渝要求剑阁县委认真学习贯彻会议精神，为迁址做好各项工作。10月4日，县委召开常委扩大会议，学习市委关于剑阁县治迁址的会议纪要，讨论贯彻市委决定。10月30日，县委召开常委扩大会议，形成《剑阁县城由普安镇迁往下寺镇的决定》。10 月 31 日，县召开常委会议，研究县治迁址的筹备、规划建设等问题，决定成立下寺经济开发区管委会，由县委副书记冯敏华任主任。市政府在剑阁召开剑阁县治迁址论证会和下寺镇控制性详规专家论证会。1998 年 5 月 18 日，县委、县政府出台下寺经济开发区若干政策的规定。11 月 26 日，市政府批准《剑阁县下寺镇城镇总体规划》。1999 年 8 月 24 日，县政府根据 8 月 20 日下寺镇政府、普安镇政府发文拥护申报县政府驻地迁址和 24 日人大常委会第十次会议通过的《关于剑阁县人民政府驻地由普安镇迁往下寺镇的决定》，向市政府呈报《关于剑阁县人民政府驻地由普安镇迁往下寺镇的请示》。市政府于 9 月 16 日向省政府上报《关于剑阁县人民政府驻地由普安镇迁往下寺镇的请示》。9 月 30 日，省政府常务会议通过剑阁县人民政府驻地迁址报告。11 月 10 日，省政府向国务院上报《关于剑阁县人民政府驻地由普安镇迁往下寺镇的请示》。2000 年 3 月 29 日，民政部和省民政厅负责区划地名工作的领导赴剑实地考察剑阁县治迁址工作。2000 年 6 月 21 日，民政部下发《关于四川省剑阁县人民政府驻地迁移的批复》（民发〔2000〕152 号文件）："经国务院批准，同意将剑阁县人民政府驻地由普安镇迁至下寺镇"。7 月 16 日省政府向市政府致函，18 日市政府向县政府致函《关于剑阁县人民政府驻地迁移的批复》。9 月 21 日，县委、县政府颁布《关于加快新县城建设的若干政策》。11 月 16 日，召开县城搬迁整体规划修编方案论证会。2001 年 6 月，完成《剑阁县新城总体规划》第二次修编，报省政府批准后实施。是年 9 月，四川天地投资置业有限公司投资 1.78 亿元，整体开发修城园区城市建设用地 86.67 公顷。2002 年 6 月 18 日，修城园区建设工程正式开工。

1996 年至 2002 年，下寺城镇基础设施建设、住宅区建设和各部门办公楼建修步伐加快。2003 年 9 月 12 日，行政中心办公楼及广场建设项目竣工。28 日，"剑阁县人民政府驻地迁址庆祝大会暨首届中国·剑门关豆腐文化旅游节"在行政中心广场和剑门关镇举行，万余名干部群众冒雨参加庆典。在此前后，县级部门陆续搬迁至下寺镇办公。到 2006 年，除部分上划部门外，其余部门均在下寺镇办公。

第四章　县委办公室工作

第一节　文秘工作　信息与调研

文秘工作　按照《中国共产党机关公文处理条例》，规范公文报送程序、行文规则和文稿质量。县委办签收文件，当天逐件登记，准确率 100%。文件、资料按规定分发，急件急送，无错发漏发。文件收发、传阅及时准确，文件校对、审签严格规范，文件编号无错无漏，准确率 100%。文件收集，每年按时将上年度县委、县委办文件底稿和印件配套送档案室。文件留存，每年 2 月底前将上年度需要留存的中央、省、市委文件清理完毕送档案室。文件清退，每年 8 月底前完成上年度中央、省、市委文件清退工作，于次年 1 月底前向上级办公厅呈报清退文件的情况报告。文件销毁，安全、保密、及时。发文立户，认真查验申请发文立户单位党组织关系证明、单位级别证明等材料，检查该单位的保密设施，并对机要人员严格审查。文件复制，严格执行有关规定，确保党的机关文件的权威性、严肃性和安全、保密。印章管理，凡使用县委印章，须经县委常委签字；使用县委办印章，须经县委办主任或副主任签字。使用县委、县委办印章登记包括用印时间、用印单位、内容摘要、印别、签字领导、经办人等。有关基层党组织组建、更名的批文，刻制、启用印章，回收注销旧印章均按规定办理。归档文字材料，书写工具符合要求，书写规范。查阅文件执行《档案查阅制度》。县委办负责全县党委系统公文处理指导，确保党委系统公文处理规范化、科学化。1990 年至 2006 年，未发生失密、泄密和窃密事件。

信息与调研 围绕中央、省、市委决策部署和县委中心工作及群众关心的热难点问题，全方位做好信息收集、整理、综合、传输、反馈工作，为党委领导决策提供信息服务。坚持及时、准确、全面、规范地上报信息。建立健全信息网络体系，发挥信息主渠道作用。实行信息工作目标考核责任制。每年初，县委办根据各级各部门具体情况，制定党委系统信息工作目标任务，定时下达信息报送要点和通报信息采用情况，年终逗硬考核奖惩。坚持信息研讨，严格信息审签和紧急信息报送制度。至2006 年，共编发《剑阁信息》398 期，《信息专报》136 期，上报信息 2.7 万余条。被市委办采用4800 余条，省委办采用235 条，中办采用54 条。

县委办公室以《十日汇报》《剑阁信息》为载体，对内交流工作经验，对外反映全县工作动态和亮点。如《木马镇推行强村并组试点工作五点经验》《毛坝乡强化财务管理成效显著》等信息，得到县委、县政府领导的重视，推广到全县。针对经济社会发展过程中出现的不良倾向，尤其是群众普遍关注的热点、难点问题及时收集、整理，送县委常委。如《当前农村财务管理中存在的问题应引起高度重视》《我县在“先教”活动中急需解决的五大共性问题》等信息，引起县委主要领导的关注，并纳入县委常委会议议事内容加以解决。2006 年年底，普安镇饮用水污染后，部分居民欲赴省、市上访，事态出现扩大趋势。信息科及时编发《剑阁县普安镇居民饮用水受污染》，县委、县政府及时采取措施，控制事态发展。接着编发《剑阁县采取有力措施治理普安镇居民饮用水污染事件》等5 篇信息，上报市委办，市委领导批示肯定县委、县政府为控制事态发展所做的工作。《剑阁县以项目至上引资为先加快新县城建设》《剑阁县着力化解升钟水库剑阁淹没区群众“五难”》《剑阁县积极实施农民工“回引工程”》等一批工作信息被省委办、市委办采用，获得上级认可和支持，推动工作健康发展。县委办调研工作围绕县委重大决策和工作部署，开展调查研究，就强村并组、农业产业化、工业强县、旅游兴县、新农村建设等方面开展调研服务，撰写剑阁经济社会发展综合分析报告和各类调研文章480 余篇，编发《调研与实践》156 期，在省、市刊物发表146 篇。1995 年5 月撰写的《加快文件传递速度，提高机关办事效率》一文在中央办公厅《秘书工作》发表。

第二节 党政网建设 保密工作

党政网络建设 机要局负责党政网管理。1996 年6 月16 日，县党政网远程拨号开通。1999 年12 月18 日，县党政网正式建立，投入运行。2003 年11 月，机要局内设党政网建设管理股。党政网络遵循“统一领导、统一规划、统一建设、统一管理”的原则，以全县各部门、各乡镇的办公决策服务系统为基础，统一构建相互联通、资源共享的信息网络，推进全县党政机关信息化。至2006年年底，县党政网已覆盖各党政机关，并作为全县电子政务网络进行建设和完善。通过架设专线、电信ADSL宽带，县中心机房到各部门、各乡镇的骨干网络基本形成。县级部门全部联网，8个中心镇实现联网。县级部门和乡镇办公应用在网上开展，信息、督查、调研等文稿网上报送、采编、发布。公文网上交换、处理、归档、查阅。网站建有自然资源、工业、"三农"、社会事业、项目建设、党的建设、和谐剑阁、统计信息等常用数据库和县委、县政府及部门文件数据库。为领导科学决策和指导工作提供高效的信息服务。县主网站日均访问量数百人次。开展网络保密教育和制度建设方面的专项检查，确保党政网络信息安全，做到网络延伸多远，保密工作就跟进多远和上网不涉密，涉密不上网。县党政网自建立以来，未发生信息安全事故。为加强党政网用户的技术培训和业务指导，县委办组织编写《计算机使用与网上办公》培训教材，以集中培训和"一对一"的互教互学方式，提高用户操作技术和工作效率。

保密工作 1990年始，全县各级各部门广泛开展多种形式的保密宣传教育活动，县保密委办公室编印《剑阁保密工作》简报100余期，制定《保密守则》及《宣传提纲》3.3万份。利用报刊、广播电视等进行宣传，放映《为了国家的利益》《网络空间的搏击》《秘密保卫战》等保密教育影视片300余场，观众近10万人次。征订《保密工作》杂志，1999年至2002年，连续被国家保密局和《保密工作》编辑部评为通联发行先进集体。2006年，《四川保密工作》发表剑阁《基层应从四个薄弱环节入手抓保密工作》和《加强网络实体保密的几条措施》两篇文章。召开会议，举办保密培训班，分别培训乡镇、县级部门分管领导、办公室主任及涉密人员。县、乡镇党校把保密教育纳入教学计划。全县5次组织保密知识竞赛，发试卷1.1万份，收回100%。建立健全保密制度，如《领导干部保密责任制》《涉密人员管理制度》《规范定密制度》《国家秘密载体管理制度》《失泄密报告及查处制度》等。把保密工作纳入各部门年度目标考核范围，进行考核奖惩。按照国家保密局保密规定，每年进行一次清理检查，做到依法科学定密，依法保密检查。对印刷复印、废旧物品收购行业及涉密计算机信息系统进行检查。全县历届高考、中考、自考、成考中的试卷保密安全工作万无一失。剑阁获省"三五""四五"保密普法先进集体。

第三节 政策研究

调查研究 1990年始，县委政研室参与全县农村产业结构调整、旅游产业发展、县治迁址、清理乡镇债务、强村并组、农村税费改革等重要项目的调研和实施工作。撰写调研文章120多篇。

观察点工作 农村固定观察点工作始于1986年，直接对中央书记处负责。1990年后，中央书记处将此工作移交由中央政研室和农业部共同设立的农村固定观察点办公室管理。县农村固定观察点定于武连镇跃进村三组，国家规定抽取50户，以流水账形式逐笔记录各项收入、支出，年底由县委政研室汇总上报省委农村固定观察站，再由省站转报国家观察点办公室。县农村固定观察点工作多次获国家和省固定观察点先进集体称号，有2人获国家固定观察点先进个人称号。

第五章 组织工作

第一节 党组织建设

发展党员 1990年至1993年，发展党员由县委审批，发展对象重点在机关单位。1997年，除发展科级领导干部党员由县委审批外，其他发展对象由区工委或县直机关工委审批。1998年后，发展重点是在校学生以及致富能手等经济建设第一线的先进分子。2002年，发展私营业主党员由县委审批。2006年，督导室党委撤销后，发展科级领导干部以下党员由乡镇党委或县直机关工委审批。

1990年，全县有共产党员19639人，女性1834人，农民14044人，大专以上文化程度450人，少数民族2人。1990年至1994年每年发展党员500人左右，1995年至2003年每年发展党员1000人左右，2004年至2006年每年发展700人左右。17年累计发展党员12646人，女性2070人，35岁以下8487人，农民6231人，学生1415人，私企业主6人。发展党员人数最少的1991年为389人，发展党员最多1999年为1007人。至2006年，全县有共产党员26423名，女性2898人，农民17295人，大专以上文化程度4305人，少数民族9人，私营企业主3人。

党员教育 县委采取集中培训、电化教育、主题活动、民主评议等形式，加强党员教育。各级党组织注重加强党员政治理论学习，提高党员政治素养。20世纪90年代先后开展培训农村党员活动，在农村党员中推行年度目标管理等。2000年至2002年，在全县各级党组织和干部队伍中，开展“三个代表”重要思想的学习教育活动，以“党员先锋工程”为载体，对党员加强模范作用教育。2005年至2006年，全县分三批对县直机关、乡镇机关、学校、社区、企业、农村的党员进行“保持共产党员先进性”教育活动，并完善流动党员的管理服务。

创建活动 1990年，贯彻中共十三届三中、四中全会精神，在村级班子中开展“学习好、团结好、勤政好、廉洁好、创优好”为主要内容的创“五好”活动。至1992年，全县共评出“五好”村级班子97个，优秀党支部书记81名。创建活动内容不断更新，相继在村党支部中开展“好班子、好队伍、好路子、好机制、好制度”的“五好”创建活动，在乡镇党委中开展“好班子、好队伍、好路子、好制度、好作风、好格局”的“六好”创建活动及农村基层组织先进县的“三级联创”活动。1995年，剑阁被评为“全省基层组织建设先进县”。2006年9月，调整“三级联创”目标，把乡镇党委和村党支部创建活动统一为“领导班子好、党员干部队伍好、工作机制好、小康建设业绩好、农民群众反映好”的“五好”创建活动。同时在领导干部中开展“争当爱民书记、争做爱民干部（争作爱民村官），创一流业绩”的“双争一创”活动。在争创活动中，全县累计表彰爱民书记、亲民干部、爱民村官90人。至2006年，“双争一创”活动内容完善为“争当爱民书记、争当亲民干部、争当为民村官、争当助民党员，建设社会主义新农村”的“四民一建”活动，并把创建活动扩大至全体党员。

党内帮扶 1990年始，全县各级党组织和150名特困党员结对帮扶，特困党员每年均能获得100—

200元慰问金。至2006年，累计结对帮扶贫困党员3万人次，发放慰问金60万元。1998年始，对1956年12月31日前入党的老党员，每人每月发放补贴5—8元。2006年起，对1949年前入党的9名老党员每人每月发给80元补贴。2003年始，通过党费划拨、社会捐款等途径，建起党内帮扶专项基金，基金累计12万元。至2006年年底，“党员农贷快车”为2870户农村党员发放贷款210万元，其中向农村贫困党员发放贴息贷款32万元，党费贴息2.5万元。

第二节　干部队伍建设

教育培训　1990年7月，县委举办全县农村党支部书记培训班，县委书记杜兴方作题为《带领群众发展商品经济是农村党支部必须长期坚持的中心任务》的辅导报告。是年，县委集中培训区、乡镇党委书记，人大主席、农村党支部书记及副局级以上干部601人次。县级各综合口政治部培训股所级干部、乡镇党委培训机关、企事业单位干部共1020人次。除常规培训外，还采取走出去、请进来的办法培训干部。1992年7月，县委派出县级部门领导和乡镇党委书记82人，赴无锡全国乡镇企业家培训中心学习。是年，5批派出155名县、区、乡干部到中国农业大学、天津静海县、深圳、珠海及国外学习取经。邀请四川大学、成都科技大学教授讲授社会主义市场经济理论。1993年后，继续坚持分期分批集中培训三级干部，对党员领导干部进行共产主义理想、党性、党纪和党的传统教育，同时学习决策学、行政管理学及商品经济知识，以提高干部的决策能力和管理水平，并对企事业单位、人民团体干部和非中共人士的干部进行培训。1998年，举办干部政治理论培训班86期，培训干部2580人次；举办乡镇长法律法规知识培训班、政工干部业务培训班、团干部培训班等10期，培训干部970人。1999年，围绕在新的历史条件下，如何当好党政“一把手”、当好企业法人为主要内容，对126名乡镇党委书记、乡镇长进行为期7天的培训，分3批对131名企业董事长、总经理进行培训。以区为单位，对村组干部进行3—5天培训。组织106名领导干部到浙江对口交流学习。2002年6月，县委制定《剑阁县2002年至2004年农村基层干部教育培训规划》，并分期实施。至2004年年底，开展“菜单式”干部选学培训，举办新任科级干部、下派年轻干部、优秀后备干部和组织人事干部等各类干部培训班12期，参培2400人次。2005年至2006年，贯彻落实《干部教育培训工作条例》，按照中央大规模培训干部，大幅度提高干部素质的要求，制定干部培训保障措施，鼓励各类干部参加培训学习。实施“小巨人”企业家培训。按村干部每人100元的培训补助标准，投入11万元，培训村两委干部1100人。为自修取得本科以上学历的企业干部补贴三分之二学费。

选拔任用　1990年，县委根据《中共中央关于严格按照党的原则选拔任用干部的通知》精神，制定选任干部的实施方案，加强后备干部队伍建设。1991年，全县有后备干部172人。其中，区局级65人、乡镇级107人。1993年，建立后备干部人才库，按1∶1的比例培养后备干部，后备干部常年维持在100人左右。1994年，县委在县级部门选派干部23人到乡镇挂职锻炼，4人任乡镇党委副书记，19人任乡镇长助理。1996年，县委组织部印发《关于培养选拔年轻干部、女干部和党外干部联席会议制度的通知》，建立干部选拔长效机制。1997年，县委根据中共中央《党政领导干部选拔任用工作暂行条例》，对选任干部作出具体规定。是年，选拔13名科级干部与浙江绍兴、嵊州对口交流。1998年前，副科级以上干部提名考察后，由县委常委会议讨论决定人选，提交相关机关任用。1998年起，副科级以上领导干部实行公推公选制度，按照推荐报名、资格审查、竞职陈述、民意测评、组织考察、张榜公示、决定任用等程序进行，公选县畜牧局、农机局、体委等单位3名副科级领导干部。村级领导班子换届中，开展公推公选村党支部书记和村委会主任工作，以差额直选方式，公选出村党支部书记549人，村主任545人，平均年龄分别为40.7岁和38.5岁。1999年至2003年，深化干部制度改革，制定“干部制度改革近期规划”“中层干部竞争上岗实施办法”等。定岗公推副科级领导干部和乡镇党委组织员，进行干部任前公示制试点，县委讨论干部实行“票决制”，全面推行中层干部竞争上岗和轮岗。2005年，公开选拔县级机关党政“一把手”。2006年换届中，调整乡镇“一把手”90人，县级部门“一把手”13人。

考核监督 1991年9月，县委组织部对全县141个乡镇以上领导班子和556名领导干部、195名后备干部进行考察，评出好班子52个，一般班子74个，较差班子15个；评出优秀领导干部93人、称职干部365人、基本称职78人、不称职20人。1992年7月至9月，县委抽调88名干部，组成38个考察组，分三批对全县11个区、63个乡镇、78个局级领导班子和616名领导干部进行考察，为换届配备干部作准备。1993年，各级成立干部考评小组，对干部“德、能、勤、绩”进行年终考核。对领导干部进行全面监督，监督形式包括党内监督、行政监督、法律监督、舆论监督、群众监督等。实施监督方式为目标责任制、首问责任制、责任追究制、政务公开、群众评议等。监督的主要内容是贯彻执行党的路线、方针、政策情况，勤政廉洁情况。1999年，建立党政领导干部实绩档案，内容包括年度工作目标完成情况、领导班子年度考核等次及排名等10个方面。通过实绩登记、公示、公议等程序，由所在单位评定，督导室或综合口审核，县委组织部审定，构建以实绩为基础的干部选拔任用和管理监督机制。2001年，县委印发《剑阁县党政领导干部任职经济责任审计（暂行）规定的通知》《关于建立领导干部诫勉制度的（试行）意见》。是年，县科协、县档案局连续两年目标考核不合格，其主要领导干部主动申请引咎辞职。2002年6月，县委制定《剑阁县党政“一把手”重大事项报告制度》《剑阁县党政领导干部考察预告和考察结果反馈制度（试行)》等，加大监督力度，建立有效预警自纠体系。2006年，拓宽监督渠道，加强组织人事、纪检监察、信访等部门的协作，为选好用好干部提供保证。

知识分子人才工作 1990年，全县有知识分子4274人，高级职称95人，中级职称1154人。1993年，开展选拔首批县级科技技术人才工作。1996年12月，全县有4人当选为市第三届科技拔尖人才。1998年，县委印发《剑阁县第二届科技拔尖人才管理的意见》，倡导为科技拔尖人才创造宽松的学习、工作、生活与科研环境。2003年12月，县委、县政府授予剑阁中学等9单位为“人才开发先进单位”称号，3人获“创新人才奖”、8人获“优秀创业人才奖”。2004年11月，县委、县政府公布18人为县第四届科技拔尖人才，每人每月享受政府特殊津贴50元。12月，县委组织部制订《剑阁县2005—2007年人才工作规划》。2005年6月，全县首批确认人才开发示范单位8个。从高校引进毕业生9人，安置于县级事业单位。2006年5月，全县建立第二批优秀人才示范岗，省级1个，市级12个，县级34个。引进高校毕业生4人。

第三节 老干部工作

1983年12月，县委组织部老干部局成立。核定编制7人。其中，行政编制4人，事业编制3人，管理离休干部96人。1997年8月，县委大礼堂前门大厅划归老干局管理使用。是年，县老干部局与县组织部分设，成立县委老干部局。2003 年 9 月 28 日，县老干局迁至县委一楼办公。2004 年，县老干部局对离休干部离休费保障机制、医药费保障机制、财政支持机制等问题，依据有关政策逐一完善。就老干部看病难，医药费报销难，离退休干部遗孀生活补贴过低等问题，会同相关部门研究解决。是年，县委、县政府对离退休干部正式建立“三个机制”（离退休费保障机制、医药费保障机制、财政支持机制），有效地解决了离退休干部养老难、看病难、医药费报销难、离退休干部遗孀生活补贴过低等问题，使党和国家有关老干部的政策得到全面落实。2006 年，为加强异地居住老干部的服务与管理，县委常委会决定，在老干部居住较为集中的成都、绵阳、德阳、广元等地设立老干部工作联系点，每个点设召集人 1—2 人，按照“四就近、一加强”（就近组织学习、就近开展活动、就近得到关心照顾、就近发挥作用，加强同主管部门的联系）的原则开展服务管理工作。至 2006 年，县老干部局分期分批组织老干部赴西安、延安、云南、广安、成都、大邑等地进行了参观学习。年底，组织全县老干部参观考察全县交通建设、工业企业、旅游开发、农业产业发展等重点项目工程建设。老干部们对全县经济社会发展十分关注，多次就旅游开发、新农村建设、公路建设、工业企业发展等提出意见和建议，得到县委、县政府领导的重视。

第四节　县直机关工委工作

机关党建　1990 年 7 月，在县级机关党员中普遍进行党的基本路线、基本理论和基本知识的“三基教育”。各综合口政治部培训股所级干部，一般党员在本单位学习。8 月至 10 月，县级机关、企事业单位按照统一安排开展民主评议及处置不合格党员的工作。1991 年 6 月，县直机关党委与党史办、总工会、图书馆联合举办党史知识竞赛活动，县级机关 2800 名党员参加竞赛。1992 年 4 月，县直机关党委组织全县 102 名企业党支部书记和企业管理部门政工干部，集中学习培训 5 天，专题讲授社会主义市场经济运行规律及企业党组织如何发挥战斗堡垒作用。在此基础上，对企业党组织进行充实调整，新建党委 1 个，总支 2 个，支部 2 个。改选党委（总支、支部）9 个，调整支部书记 9 人，充实支委 13 人。1993 年至 1996 年，县直机关党委按照县委组织部关于培养后备干部、选拔科技人才、选派干部挂职锻炼、培养使用妇女干部等党建工作安排，开展日常党建活动。1997 年 10 月，举办学习中共十五大精神骨干培训班，县城机关 150 名基层党组织负责人参加培训。1998 年，县直机关党委调整充实 17 个部门的党委（党组），新建党委 5 个，审查批复 12 个总支、130 个支部的换届选举方案，把机关党建工作纳入党建目标管理。是年 3 月，对 53 个直属党组进行党建目标执行情况专项检查。1999 年 3 月，机关工委与组织部联合调研，对县城 11 个企业的党建工作进行专题研究。2000 年 3 月，机关工委举办第 15 期入党积极分子培训班，培训 167 人，是年发展党员 194 人。10 月，举办党组织负责人及党务干部培训班，共培训 131 人，选派 16 名党务工作者赴云南考察学习。2001 年 8 月，机关工委与宣传部联合组织江泽民“七一”讲话宣传团，到机关、学校、企事业单位进行宣讲。2002 年 7 月 1 日，机关工委组织 200 名预备党员到“红军十大政纲”石刻处举行入党宣誓仪式。8 月，县直机关党务工作者由组织部部长带队赴苍溪、旺苍、元坝等县区参观学习。2003 年 5 月，机关工委与县政法委联合举办以“党在我心中”为主题的演讲比赛。7 月，县直机关 3000 名党员参加全市学习“三个代表”重要思想知识竞赛，22

名党员获得一、二、三等奖，机关工委获优秀组织奖。2004 年 7 月 1 日，县直机关 31 名党员、15 名党务工作者及 15 个基层党组织分别获县委表彰奖励。2005 年，县直机关工委庆祝党的生日，开展丰富多彩的党建宣传教育活动。2006 年 6 月 28 日，机关工委举办以“说身边的事，赞身边的人”为主题的庆“七一”信合杯演讲比赛，各综合口组队参加，农口获一等奖。9 月，机关工委组织各部门向县内遭受特大旱灾的乡镇捐款 7 万元，向遭受特大洪灾的青川县捐款 5.5 万元，衣物 1.6 万件，药品 1.8 万元。是年 10 月，县直机关工委获省直机关工委党建宣传工作一等奖。

联系点工作 1994 年 2 月，县直机关党委被省委组织部确定为全省五个机关党建工作联系点之一。1996 年 4 月，县直机关工委参加省委组织部召开的全省机关党建联系点会议。1998 年 6 月，四川川东北片区机关党建工作联席会议在剑阁召开，县直机关工委在会上交流经验。2004 年 11 月，县直机关工委对组织关系延伸到区乡的国税、公安、法院等系统的基层党建工作进行督导检查。是年，县直机关党组织开展城乡“党员帮扶，支部共建”活动。2005 年 9 月，县直机关工委书记参加全省机关党建联席会，并在会上作《创新载体添活力，强化服务聚人心，不断开创机关党建工作新局面》的经验交流。是年，县委印发《关于进一步加强机关党的建设意见》。2006 年，县直机关工委仍为省机关党建工作联系点，继续为全省机关基层党建工作提供资讯。

第六章　宣传工作

第一节　宣传教育

宣传网络与队伍建设 1990 年后，新闻宣传工作适应形势变化，主要以党报党刊、广播电视、党政网、互联网、手机短信等为载体，以召开会议、组织培训、专题宣传为主要手段，以各级报道组、宣传员、通讯员队伍为依托，自下而上建成宣传工作网络。1996 年 8 月 8 日，县委机关报《剑门报》复刊，初期为周刊，后为周二刊。10 月，理论刊物《剑阁宣传》创刊，2000 年 5 月停刊。2003 年 12 月，按照中央对报刊整顿的规定，《剑门报》停刊，报社解散。2006 年，为适应全县经济社会发展需要，县委宣传部利用原《剑门报》的人力、物力，依据国家有关报刊管理规定，创办报型内部刊物《剑阁通讯》，为旬刊，免费发行到各乡镇、县级各部门和基层党组织。各区、乡镇和县级部门均配备专、兼职宣传干部。至 2006 年，全县有专、兼职宣传干部 108 人，县委报道组成员 30 人，基层报导组 69 个 120 人，通讯员每年培训一次。

新闻宣传 1990 年起，新闻宣传坚持“团结、稳定、鼓劲”，正面宣传的舆论导向和马克思主义新闻观，唱响主旋律，打好主动战，围绕县委、县政府工作大局，策划重大主题宣传、典型宣传，对外展示改革开放的新举措，新成就。《剑门报》共出版 382 期、增刊 1 期，其副刊《翠云廊》在川内有一定影响力。2002 年起，每年在《广元日报》发表稿件 400 件以上，广元电视台播出 200 件以上。至 2006 年，发表稿件 1295 余篇。其中，《人民日报》采用 35 篇，《四川日报》采用 800 余篇，中央电视台播出

42 件，四川电视台播出 400 余件，境外媒体刊播 18 件。县委宣传部建立新闻宣传奖励机制，设“双稿酬”“重大新闻奖”“新闻功勋奖”“新闻贡献奖”“优秀精神产品奖（新闻类）”“重头稿件奖”“头条奖”等奖项。《崔嵬剑门》《四川历史文化名城——剑阁》《老左的故事》《拆了功德碑，罢了闲散人》等一批重头稿件为宣传剑阁起到积极作用。

为加大对外宣传工作力度，相继成立县委对外宣传办公室（县政府新闻办公室），调整充实《广元日报》剑阁记者站、县委报道组及各综合口和乡镇报道组。建立县委宣传网站，聘用专职人员对全县宣传网络进行系统管理。开通“今日剑阁”手机短信业务。全县从事新闻宣传工作的专职、业余人员 370 人，宣传报道组 25 个。2006 年，完善新闻宣传工作制度，健全重要稿件报审制度、新闻宣传审批制度、典型宣传制度、外来记者采访介绍信制度、新闻采访对口接待制度、目标考核制度、监督制度等，不断改进对突发事件及重大群体性事件报道工作；县级新闻单位分解对外新闻宣传任务。

第二节　理论学习

函授教育　1990 年，四川省干部函授学院剑阁辅导站开设行政管理、经济管理、汉语言文学、财务会计等专业。后因干部函授教育入学考试纳入全国统一成人高等教育考试，入学难度增大，学员逐步减少，剑阁辅导站不再单独开班，仅为广元干部函授学院做一些招生宣传、发送考试通知等辅助性工作。1992 年，剑阁辅导站停办。

县委中心学习组　县委中心学习组由四大班子在职副县级以上党员领导干部组成，吸收在职副县级以上非党员领导干部参加，后逐步扩大至县委理论教员、县委宣传部副部长、县委党校常务副校长及县委办、县政府办正副主任参加。县委中心学习组由县委书记任组长，分管副书记和宣传部长任副组长，县委理论教员任学习组秘书。中心学习组办公室设县委宣传部理论科，负责日常事务。县委中心学习组每月集中学习一到两次，全年学习时间不低于 12 天。1999 年建立以后，每次突出学习一个重要议题，学习人员亦扩大至各区区委书记和县级各综合口负责人。是年 8 月 9 日至 12 日，县委中心学习组在杨家坝会议中心举行（扩大）学习会，与会 88 人。县委书记李在扬作题为《坚定不移走对内对外开放之路，大力实施跨世纪发展战略，努力实现剑阁经济社会全面发展》的中心发言。学习期间，中心组成员 23 篇理论文章在会上交流。学习会确定“坚持扩大开放方针不动摇，全方位实施剑阁跨世纪发展战略”的发展思路，通过《关于招商引资工作的若干政策规定》。2000 年 9 月 5 日至 7 日，县委中心学习组在杨家坝会议中心举行（扩大）学习会，与会 92 人。市委常委、宣传部部长作辅导报告，会议以“认真贯彻落实‘三个代表’重要思想，抓住西部大开发机遇，促进剑阁经济社会新跨越”为中心议题，围绕做好县治迁址、旅游开发、交通建设、农业结构调整 4 篇文章展开讨论。李在扬作总结。通过学习，与会人员思想认识得到统一，实施方案得到认同，发展思路明确。2001 年 7 月 17 日至 20 日，县委中心学习组邀请四川大学教授王庭科、省委党校教授郭上沂分别作《江泽民总书记“七一”讲话辅导讲座》和《关于 WTO 辅导讲座》。县农业局就农业产业化发展在会上作以专题发言。学习会讨论通过县委、县政府《关于大力推行业主经营制，加快全县农业产业化发展的意见》及实施细则。2002 年 6 月至 2005 年 7 月的四次县委中心学习组学习会议，邀请省委党校、清华大学、西南财大的教授作辅导。2006 年，县委中心学习组共举行（扩大）学习会4次，邀请省招商局领导、省农业同业公会秘书长、市检察院检察长、省社科院教授分别就“招商引资与县域经济”“社会主义新农村建设”“职务犯罪预防”“工业强县”等内容作专题理论辅导。县委中心学习组坚持学习与工作相结合，学习与实践相结合，以学习推动工作，以工作促进学习，推动全县经济社会又好又快发展。

理论宣传 1990年至1995年，理论宣传工作围绕剑阁农业、工业、旅游等方面深化改革所取得的成效及存在的问题，在思想理论上梳理提炼，以广播电视、会议宣讲、培训学习、专题讲座等形式进行理论引导。1996年10月，县委宣传部创办综合性宣传月刊《剑阁宣传》，初期为32开本，后改为16开本。编辑部设县委宣传部理论科。每期印数1000册，免费赠送正科级以上领导干部及县级各部门、各区、乡镇办公室。《剑阁宣传》以理论宣传为主，突出政治性、指导性、实用性和可读性。开设有“本刊专稿”“要论摘编”“理论之窗”“党员教育”“调查与研究”等30个栏目，宣传报道县委、县政府重要决策，解答工作实践中的问题，交流工作经验，把握舆论导向，为经济社会发展发挥促进作用。1998年12月，王丕虎主编的理论文集《轨迹——改革开放二十年理论作品选》由四川科技大学出版社出版，文集共收录剑阁机关干部、社会各界人士撰写的理论文章、调研报告87篇计33万字，分为“理论研究”“改革开放”“党政建设”和“精神文明”四部分。1999年至2006年，理论宣传围绕“西部大开发，剑阁怎么办?”“我为剑阁新跨越做什么”“‘三个代表’重要思想”“十六大理论学习宣传”“科学发展观”“保持共产党员先进性教育”等理论课题，举办专题讲座、报告会500余次，组织宣讲团、宣讲分团、宣讲组，共700余人次深入机关、企业、学校、社区、农村宣讲。用正确的舆论导向引导人，先进理论武装人，为全县经济发展社会稳定起到重要推动作用。

创建学习型社会 创建学习型社会是县委九届三次全会制定的战略目标，由县委宣传部牵头实施。2005年3月，创建学习型社会活动启动，不同行业，开展各具特色的“建学”活动。县委常委挂片进行理论辅导，县委组织部组织科级干部短训和村级干部培训。县委宣传部、县文联组织书法、摄影、英语、电脑、农民工技能培训，企事业单位开展岗位技能培训和技术练兵活动。全县有54个单位确定为学习型组织示范建设单位。机关干部学电脑、学外语，企业职工学技术、练技能，社区居民学文化、学科技，农民学科技种田。2005年，全县1000人以上参加成人考试、自学考试及函授学习。公务员、事业单位人员参加《行政许可法》《公务员法》等培训4000余人次。参加县委党校科级干部轮训、干部选学班的领导干部800余人。

第三节 精神文明建设

公民道德建设 2002年9月，国家制定《公民道德建设纲要》。是年，县文明委组织学习贯彻《纲要》座谈会，县公民道德建设讲师团深入各行业及区场镇进行宣讲。开展“三下乡”（送文化、卫生、科技下乡）和以诚信为主题的“3·15”宣传教育等活动。至2003年，全县表彰文明示范单位10个，文明示范窗口70个，模范公务员96名，模范青年28名，模范妇女69名，模范少先队员90名，模范教师80名，模范医务工作者80名，模范个体户90名，模范服务员90名和文明市民85名。评选出十佳青年、十佳妇女、十佳少先队员、十佳校长、十佳教师、十佳医生、十佳护士、十佳服务员、十佳个体户及十星文明户。

未成年人思想道德建设　2004年，中共中央、国务院发出《关于进一步加强和改进未成人思想道德建设的若干意见》，县委常委会专题研究，召开各乡镇、县级各部门主要负责人和部分中小学校长会议，安排布置未成年人思想道德建设工作。县文明委多次召开责任单位座谈会、协调会。全县各级各部门把该工作纳入重要工作日程，作为评选文明家庭、文明职工、文明市民、文明社区、文明村镇、文明单位的条件之一。民政、残联及儿童福利救助机构，开展单亲家庭、困难家庭、流动人口家庭及孤残弱势群体家庭未成年子女的教育工作。关工委、妇联、教育部门及社区等责任部门担负起指导和推进家庭教育的责任。加强学校管理，开展家庭教育培训，组织家庭教育专题讲座与报告会，培训家庭教育骨干。各中小学建立家访制度，使用“家长信息卡”，定期召开家长会，普及子女教育知识，推广家庭教育的成功经验，帮助和引导家长树立正确的家庭教育观念，掌握科学的家庭教育方法，提高科学教育子女的能力和水平。开展优秀家长、五好家庭等评选活动，发挥典型示范作用，促进家庭教育迈上新台阶。引导干部职工、城乡居民重视学龄儿童的思想启蒙教育，支持子女参与道德实践活动。整合利用各种教育资源，开展富有吸引力的思想道德教育和文体活动，丰富未成年人的业余生活，在活动中养成良好的道德行为习惯。全县整顿规范经营性网吧，严禁播放暴力色情节目。至2006年，共消除安全隐患10处，查处向少儿销售香烟和腐烂变质食品的经营业主38个，环境卫生治理30处，取缔学校周边的游商浮贩400余人次、非法出版物经营窝点3个，没收非法出版物上千册、非法音像制品（光盘）1745张，销毁有损未成年人身心健康的食品和玩具1370余件，取缔非法经营网吧12家，查处接纳未成年人网吧和超时经营网吧39次。

第四节　文联　社科联工作

文联工作　县文学艺术联合会于2004年7月6日成立。县文联第一次代表大会选举产生委员25人。文联属人民团体，由县委宣传部代管，与县社科联合署办公，机构为正科级，核定事业编制2人，经费列入财政预算。12月，县硬笔书法协会成立，为川北地区第一家硬笔书法协会。是年，剑门画院更名剑门书画院。县文联有各类协会、学会团体会员8个。2006年，全县有文艺类协会、学会9个，各类会员750人，国家级协会会员1人，省级协会会员15人，市级协会会员218人。

2005年，县文联举办“母前轮篆刻作品研讨会”和“赵兴俊民乐独奏音乐会”，《四川日报》《广元日报》分别刊登《八旬老人篆刻〈蜀道难〉》和介绍赵兴俊40年艺术生涯的文章。2006年4月，县文联采用市场化运作模式，举办首届电视歌手大赛，来自县内及成都、重庆及市内其他县（区）的200余名歌手通过初赛、复赛，18名选手进入决赛，剑阁2名歌手获二等奖。11月，县文联承办县党代会专题文艺晚会，并在党代会、人代会、政协全会期间，举办四次大型摄影、美术、书法展，展出作品300余件，观众近5万人次。年底，书法家们到升钟水库库区为老百姓送春联，感动无数村民。是年，剑门诗书画院分别在普安镇、下寺镇举办书法沙龙，开展经常性创作活动。

自20世纪90年代，接待到剑门关采风的著名作家贾平凹、张承志、蒋子龙、舒婷、吴泰昌、陈世旭、赵本夫、王火、阿来、邓贤等数十人。2004年，县文联组织联络的省文联送文化下乡大型文艺演出活动在剑门关举办，县硬笔书法协会承办省第15届硬笔书法协会会员年会。2005年，剑门书法院承办省篆刻研讨会。是年5月，县委宣传部、县文联领导接待到剑阁的郭沫若之女、郭沫若纪念馆馆长郭平英，陪同其瞻仰郭沫若夫妇当年留在剑阁的墨宝。10月13日，接待到剑门关采风的茅盾文学奖获奖作家陈忠实、熊召政、刘玉明、王旭峰。陈忠实为剑门关景区题词“我入剑门不骑驴”。熊召政题诗“此日此身到剑阁，铅云犹自压雄关。今朝行旅如春鸟，不解诗人蜀道难”。

社科联工作 县社会科学联合会于2004年7月6日成立，县社科联第一次代表大会选举产生理事34人，常务理事15人，主席杨仕甫，副主席吴成、王林乐、何兴明。县社科联与县文联合署办公，实行两块牌子，一套班子的管理体制。2006年，岳飞研究会剑阁分会成立。

社科普及 为提高领导干部的社会科学理论水平，县社科联配合县委宣传部理论科，组织策划县委中心学习组和全县各级党委中心学习组的学习活动，聘请清华大学、省委党校、省社科院的著名专家、教授，为县四大班子、科局级领导干部举办社会主义市场经济理论、县域经济、社会主义新农村建设等专题理论讲座12场，参加学习的共1000余人（次）。县社科联还充分发挥本地社科工作者的作用，选派骨干到县、乡镇机关举办各类讲座，向干部职工普及社科理论知识。为提高社科知识的普及面。利用一年一度的送文化下乡活动，印发社科知识宣传资料，散发给赶集的群众，并为其提供咨询服务。

社科研究 县社科联引导全县社科爱好者参与课题研究，并在提高课题质量上进行探索。选题尽量立足本地，对策切实可行。研究形式灵活多样，成果充分应用。每年规划一批县级课题。2005年至2006年，县委党校等18个单位形成有关县域经济发展、项目兴县、旅游开发、新老县城建设与保护、社会主义新农村建设、青少年教育、地方历史文化等课题12篇。县社科联在做好县级课题研究的同时，积极参与省、市级课题研究。2005年参与的省级课题“全面建设小康社会中农村思想政治工作对策研究”，被全国社科核心期刊《农村经济》刊发，获第十二次省社会科学优秀成果奖。2006年，与市社科联合作形成“合理开发利用剑门古蜀道促进广元旅游经济可持续发展”的省级课题。是年，县委宣传部制定《剑阁县优秀精神产品评奖办法》，对已结题的优秀县级课题分别给予奖励。全县每年还有一批社科成果获市级以上奖励。2005年、2006年，县社科联连续被评为全省社科工作先进集体。

第七章 纪检监察

第一节 党风廉政建设

常规性教育 1990年4月，县纪委召开四届二次全委扩大会议，学习《中共中央关于加强党同人民群众联系的决定》，传达省、市纪委工作会议精神，印发《关于贯彻落实党的十三届六中全会决定的意见》。9月，县纪委组织力量，对乡镇以上党政机关、企事业单位贯彻落实中共十三届六中全会决定的情况进行全面检查。10月，组织各局纪检组长和纪检干部28人，组成7个检查组，对62个局级单位进行检查。11 月，对区、乡镇所属单位进行检查。是年，共检查 180 个单位，重点检查学习宣传的落实，机关领导干部作风转变，制度建设及工作任务完成情况。1991 年，把“查案纠风”作为服务经济建设的重要内容，结合党的基本路线教育、党纪教育试点等工作，组织纪检干部深入到 11 个区、63 个乡镇，20 个村和 11 个企业进行调查，掌握基层党风廉政建设情况，促进党的基本路线教育工作顺利开展。1992 年，有针对性地开展党员教育活动。是年 4 月，在全县开展党风状况问卷调查。根据问卷调查情况，调整工作思路，有针对性地开展工作。1993 年，建立廉政宣誓制度。1994 年后，提拔任用的副科级以上领导干部，均举行廉政宣誓。为强化监督关口前移的监督机制，县纪委建立廉政鉴定、廉政谈话、廉政档案和重大事件项报告等四项制度。对拟提拔副科级以上领导干部，在县委常委会讨论前，根据平时所掌握的情况及群众反映，对拟提拔对象进行廉政鉴定，提出可否提拔任用的建议；对新提拔副科级以领导干部提出廉洁自律要求。进行党纪、政纪知识考试，其成绩载入个人廉政档案。县纪委、监察局在全县党员中开展“读一本好书，学习一组典型案例，看一组党员教育录像片”的“三个一”常规教育活动。作出“五不准”的规定，即不开团拜会，领导干部不参加部门的年终总结会，下级部门在年终不准宴请上级领导，不准乱发钱物及纪念品，县领导不准参加下级单位的剪彩及庆典活动。

纪律教育活动　1997 年，县委根据市委《关于在全市党员干部中开展纪律教育月活动的意见》安排，每年坚持开展“七月纪律教育月活动”。“七一”表彰一批优秀共产党员和先进党组织，有侧重地开展纪律教育活动。1998 年，结合《行政监察法》知识竞赛，组织党员干部学习《行政监察法》及相关法规。全县书写标语 150 幅，办板报、墙报 95 期，播出广播新闻稿 86 件，举办电视专题节目 4 期，召开各种会议上百次，近万人受到教育。是年 12 月 30 日，县纪委对县级部门违反政策规定，公费为个人配置通讯工具等问题进行专项清理。1999 年，重点学习中共中央、国务院《关于实行廉政建设责任制的规定》和《中国共产党纪律处分条例（试行）》。组织副科级以上领导干部进行廉政建设责任制有关内容的学习和考试。2000 年，结合“讲学习、讲政治、讲正气”的“三讲”教育，对党员领导干部在党性党纪党风方面存在的问题进行剖析，深入整改。2001 年，结合学习“三个代表”重要思想，举办党风党纪学习班 2 期，参训 110 人次；组织党风廉政报告会、讨论会 206 场，万余党员干部受到教育。开办宣传专栏 714 期，拍摄电视专题片 6 集，运用正反两方面的典型事例，教育党员干部。2002 年继续深入学习“三个代表”重要思想，开展整顿机关作风活动。2003 年，围绕促进民营经济发展的战略目标，对 26 个企业和 130 个个体业主进行调查，制定促进民营经济发展的 8 条措施，建立民营经济发展投诉举报中心。2004 年，针对大吃大喝风气，印发《关于重申节俭和不准国家机关工作人员违规请客敛财的通知》，并召开专门会议，开展对全县各级各部门主要领导干部收受红包礼金的专项治理工作。2005 年，在开展“保持共产党员先进性教育活动”中，进行机关作风整改。各单位设立党员示范岗，县督查组明察暗访，定期通报。聘请 22 名特邀监察员，反映群众呼声，监督机关工作。各单位健全工作制度，强化工作纪律，机关作风明显改进，群众满意度上升。在 2006 年教育月活动中，县纪委与宣传部、文化局、广播电视局联合举办“树荣辱观，唱廉政歌”文艺晚会，102 名纪检监察干部登台演唱。

典型案例教育　县纪委、监察局每年通报 1—2 起典型案例，以教育党员干部。1993 年 6 月，就闻溪乡供销社在供应农用计划柴油时加价和搭配商品的行为发出通报，教育党员干部严格执行“三农”政策。1995 年，县政府一副县长在省委党校学习期间嫖娼，市纪委给予“撤销行政职务，行政降两级”的处分，县纪委、监察局通报情况。1997 年 12 月，柳沟中学自立名目乱收费案件受到通报。2004 年 10 月，禾丰乡政府挪用应上交县财政统筹的农民修路集资款 16 万元的违纪行为受到通报。2005 年 9 月，县纪委通报批评鹤龄兽防站检疫组因工作失误导致的动物疫情案和城北镇城北村“9 · 16”洪灾灾民长期上访事件，教育党员领导干部切实做好群众工作，维护社会稳定。组织党员干部观看《明镜》《金钱铸成的镣铐》《反腐败典型案例纪实》《厦门特大走私案》《责任的呼唤》《宁波市委书记许运鸿案》等电视教育片，以提高党员干部的拒腐防变能力。

干部离任审计制度 1994 年 4 月，县委、县政府根据中央、省、市的统一部署，决定对党政领导干部离任实行经济责任审计。县委组织部、监察局、人事局、审计局联合印发《关于建立干部离任审计制度的意见》。审计对象为副科级以上领导干部。审计范围包括财务独立的党政机关、审判机关、检察机关、群众团体和事业单位的党政领导干部，乡镇党委书记、乡镇长以及县纪委、县委组织部认为需要审计的干部。对分管经济及项目实施的领导干部审计，由乡镇党委、政府委托审计事务所审计，结论报县纪委、组织部；对干部任期届满或者任期内办理调任、提任、转任、轮岗、免职、退休、辞职、解聘等事项前，均应接受经济责任审计。未经审计不得办理调离任手续。对从事经济活动较多的重点单位、经济主管部门和乡镇的主要领导实行任期内的经济责任审计。对拟提拔人员中应审计对象的审计，一般在县委组织部提交县委常委会议讨论之前结束。审计结束，由审计责任单位对被审计对象作以客观公正评价，写出《经济责任审计报告》报送县政府和纪委、组织、人事部门及所在单位，并装入审计对象的廉政档案。通过审计，对单位违反政策法规的经济问题予以纠正。对领导干部个人的违法违纪问题，有关部门依照案件办理程序查处。组织部门在考察拟提拔干部和纪委对其廉政鉴定时，在考察材料与鉴定材料中均有清楚的经济责任审计结论意见，为县委任用干部提供客观依据。

党风廉政建设责任制 1998 年 11 月，中共中央、国务院发布《关于实施党风廉政建设责任制的规定》。全县采取“先刹风头，令行禁止；明确政策，纠正处理；建章立制，规范管理”三项措施，重点抓各级领导干部廉洁从政具体行动。层层签订《党风廉政建设责任书》，对违反规定的人和事进行追究。对单位和个人不执行党风廉政规定的，取消评选先进资格。县委常委在县委会上述职述廉，科级干部和基层站（所）负责人在民主生活会上对照《廉政准则》和廉洁自律各项规定自查自纠。实行党风廉政建设责任考核制、责任追究制，标本兼治，综合治理，一级抓一级，层层落实。

第二节　案件检查审理

纪检监察案件检查处理，按“事实清楚，证据确凿，定性准确，处理恰当，手续完备”的“二十字”方针进行。在特殊情况提前介入程序。案件析查重点放在党政机关、领导干部和司法行政执法部门、经济管理部门的以权谋私、权钱交易、贪污受贿、失职渎职、执法违法、徇私枉法、腐化堕落等问题上。实行案件审理责任制和错案责任追究制，杜绝冤、假、错案发生。1990 年至 2006 年，全县共受理案件 221 件，立案 157 件，给予党纪处分 327 人，开除党籍 45 人，留党察看 39 人，撤销党内职务 8 人，党内严重警告 112 人，党内警告 68 人，免予党纪处分 55 人。

第八章　综治维稳工作

第一节　社会治安综合治理

县委政法委员会（简称县政法委）负责社会治安综合治理工作，协调维护社会稳定，对政法工作全局性部署和组织讨论大要疑难案件管理。1990年5月，贯彻落实县委、县政府提出的社会治安综合治理六条措施，与全县10区、60个乡镇、137个县级单位、部门、学校、厂矿等签订社会治安综合治理目标责任书，对6区23乡镇、105个村进行集中整治。1991年5月，成立县社会治安综合治理委员会，下设县社会治安综合治理办公室（简称县综治办），与县政法委合署办公，实行两块牌子一套人马。各区乡镇，企事业单位，党政部门建立综合治理领导小组、治保会、调解组，全县共配专兼职综治工作人员642人，基层调解员2532人，治保员686人。是年6月，县综治办组织公、检、法、司干警，联合开展“打拐”专项行动，搜集拐卖人口线索126件，立案56件。逮捕拐卖人口犯75人，解救妇女、儿童31人。1992年，明确单位、部门党政一把手为综合治理第一责任人。县政府制订综合治理考核办法。县委、县政府决定建立社会治安综合治理联席会议制度。设立见义勇为基金会。11月，社会治安综合治理重点突出禁赌、扫黄、打非专项整治。全县关闭录像厅25家，销毁淫秽录像（镭射）光盘45盒，与95家录像场签订治安安全目标责任书。1995年，在全县开展社会治安综合治理创模和创建安全文明小区活动，对农村375个治保会、381个调解委员会进行整顿和培训，在全县建立起自强自治、群防群治、联防联治和保安防治的治安防范网络。年末，姚家、武连、义兴、碗泉、香沉和县工商银行、县毛巾床单厂创建成为首批县级社会治安综合治理模范乡镇和单位。1997年，实施《四川省社会治安综合治理条例》和《广元市社会治安综合治理领导责任制实施办法》，坚持社会治安综合治理“一票否决”，凡综合治理不合格单位，不评选先进、不计发奖金。突出对特种行业管理，对释放教养和解除劳动教养人员帮教。对全县16个综治不合格单位给予取消文明单位称号、限期整改、警告的处罚。2000年，在全县开展“三村”（科技兴村、以法治村、民主管村）“三户”（遵纪守法、五好家庭户、双文明户）教育和评选活动。命名安全文明小区412个、创建省级综合治理模范单位1个、市级5个。2003年，组建乡镇专职治安巡逻队，充实村组治安调解力量，形成县、乡镇、村三级防控网络。2005年3月，全县开展以创建平安社区、平安村组、平安家庭为主要内容的建设“平安剑阁”活动。组织政法队伍在普安、下寺、剑门关、武连等乡镇先行试点，采取行政、经济、法律手段抓社会治安综合治理，确保一方平安。至2006年，17年累计查破治安案件27473件，处理民事纠纷29082件。全县社会治安综合治理工作3次获市先进集体称号，1次评为模范单位。县表彰综合治理先进单位52个，模范乡镇21个，安全文明小区621个次。

第二节 维护社会稳定

1990年始，全县维护社会稳定工作重点由反对敌特、间谍的心战教育逐步转向协调与处理人民内部矛盾、化解社会不稳定因素。7月8日，剑门、龙泉、江口等地发现境外敌特机关反动宣传品，市县公安局发动群众，收缴反动宣传品。至1995年，全县累计发生政治性案件线索24起，突发性事件287件。经调查处理，化解人民内部矛盾，消除社会安全隐患159起。1996年，县国家安全工作领导小组成立，下设国家安全工作办公室（简称县国安办），挂靠政法委。县国安办负责国家安全和维护社会稳定工作。1998年起，贯彻中央维护社会稳定工作会议关于“密切关注社会热点，超前防范各类问题发生”的精神和省委维护社会稳定有关要求，做好社会各类矛盾和不稳定因素的排查，通过提前掌握信息，制定处置预案，至2000年协调处理重大社会矛盾事件227件，化解社会不稳定事件114起。2002年10月，成立县委维护社会稳定工作领导小组及办公室（简称县维稳办），挂靠政法委。建立《危害社会稳定重大情报信息报告制度》。以维护稳定为重点，对影响剑阁社会稳定的下岗职工再就业、教师工资拖欠、重点工程建设拆迁补偿、复退军人安置、农村利益纠纷械斗、“两金”（供销社股金、基金会存贷金）兑付等进行分类排查调处，平息上访事件8件，处置突发事件3件。向县交通局等14个单位负责人发出限期调解矛盾纠纷通知书16份。是年末，剑阁获全市维稳工作先进单位称号。2003年4月，县委、县政府召开全县维稳工作会议，与各乡镇、县级各单位签订维稳工作目标责任书。全年排查调处矛盾纠纷686件。2004年，县委决定在全县构建“预测预警、快速反应、协调督办、主体责任、竞争激励”五大稳定工作机制。印发《关于认真做好维护社会稳定工作的通知》。组织政法、信访、城建、交通等部门协调处理兰成渝输油管道泄漏、下寺镇修城拆迁补偿等影响社会稳定的事件14起。2005年，深化预测预警和应急反应机制，建立维护稳定工作领导责任制，维护稳定重大问题议事制，情报信息报告制，不稳定隐患排查制、立案督查督办制、责任事故追究制。维护稳定工作纳入政府工作目标考核内容，做到“发现得早、化解得了、控制得住、处理得好”。至2006年，两年累计化解各类矛盾纠纷501件，处置群体性事件62件、督办消除不稳定事件17件。

第九章 统战工作

第一节 民主党派工作

中国国民党革命委员会（简称民革）剑阁县支部 2004年12月，民革广元市委发出《同意建立中国国民党革命委员会广元市委员会剑阁支部的批复》，时有党员5人。至2006年年底，民革剑阁支部共有党员8人。

中国农工民主党（简称农工党）剑阁县支部　2005年5月，农工民主党广元市委发出《关于成立中国农工民主党剑阁支部委员会的批复》，周清秀（县成教中心副主任）任主任委员，时有党员10人。至2006年年底，农工民主党剑阁支部共有党员17人，14人分布在教育、卫生系统。

各民主党派开展调查研究，了解社情民意，积极参政议政，参与民主监督，参加县政协“委员活动日”，听取县委、县政府对地方事务的通报，为剑阁经济社会发展建言献策。农工民主党剑阁支部完成提案18件。其中，市级7件，县级11件。撰写《全县中小学生生源流失原因调查》《广元市公办中学教育教学质量情况分析》《人民群众为何看病难》《发展新县城，繁荣稳定老县城》等调研文章，为县委、县政府决策提供参考依据。2006年，组织县医院、中医院、妇幼保健院等医疗单位的外科、心脑血管科、肛肠科、妇产科、儿科等科室的业务骨干12人，到广坪乡前途村开展义诊活动，诊治310人次；争取农工党广元市委为涂山乡卫生院捐赠价值2000元的药品；为涂山乡迎新村捐赠2万元的广播设备，办起村广播站。民革剑阁支部独立或联合完成提案35件；争取到省社科院定点挂联广坪乡扶贫项目，连续5年，每年投入扶贫资金10万元；为剑阁争取到民革中山亚光学院每年免费培训1名山区女教师和劳务扶贫培训40人的项目。

第二节　党外干部工作

县委统战部贯彻执行党的统一战线政策，加强同民主党派和无党派人士的联系，做好党外干部和党外知识分子工作，把培养选拔党外干部，落实党外知识分子政策提到重要议事日程，为其参政议政创造条件和提供支持。在党外干部选拔任用上，除按照《党政领导干部选拔任用工作暂行条例》规定执行外，确因工作需要，对党外干部的任职资格适当放宽。1990年2月，在县第十二届人代会第一次会议上，党外干部田际秋继续当选为县人大常委副主任。县第四届政协会议选举党外干部、党外知识分子何荣生、郝元龙、王玉森为县政协副主席。1993年2月，县第十三届人代会第一次会议选举党外干部钟炎华为县人大常委会副主任。县第五届政协会议选举党外干部、党外知识分子郝元龙、王玉森、刘光恒、范金福为县政协副主席。1997年12月，市委批准县委提名党外干部李作芳任副县长。1998年2月，县第十四届人代会第一次会议选举党外干部钟炎华为县人大常委会副主任，李作芳为副县长。县第六届政协会议选举党外知识分子刘光恒、范金福和党外干部何孝明为县政协副主席。2003年，县委加强党外干部的培养、考核、选拔、使用工作，建立党外干部管理体系，制定《剑阁县非党干部考核和使用制度》和《县级领导干部联系党外知识分子和知名人士制度》，为建设一支高素质的非党干部队伍。拓宽视野选拔非党后备干部，有目的进行重点培养；建立非党干部和非党后备干部实绩档案，跟踪考核；对具有副高级专业技术职称以上的党外知识分子和对社会有突出贡献的知名人士，县委、人大、政府、政协担任实职的副县级以上领导干部，每人负责联系1—2名，半年向县委报告一次联系情况。2003年1月，县第十五届人代会第一次会议选举党外干部李作芳为县人大常委副主任，丁武为副县长；县第七届政协会议选举党外干部何孝明、王芝芳、何春蓉为县政协副主席。至2006年年底，全县有副科级以上党外干部35人，党外后备干部80人；有高级职称的党外知识分子91人，党外知识分子任副县级以上领导干部4人，任市、县人大代表2人，任市、县政协委员12人。

第三节 民族宗教事务管理

县委统战部宣传党的民族宗教政策和有关法律、法规，为少数民族群众和宗教界人士的学习活动创造条件，提供帮助，给予指导，保障其合法权益。县委重视培养选拔少数民族干部和宗教界人士，在升学、招工、招干等方面，坚持同等条件下优先安排的原则。1993 年，县基督教“三自”爱国运动委员会在普安镇朱家拐新建教堂，总面积 347 平方米，总造价 15.73 万元。县内有普安基督教堂、龙源福音堂、开封蒙思堂、白龙感恩堂等 4 处基督教活动场所。

1994 年至 1998 年，陆续开放梁山寺、志公寺、梵天院、龙鞍寺、白龙寺等 5 处佛教活动场所。1998 年 11 月，组织佛教教职人员参加全市举办的培训班学习。2000 年，陆续将天竺院、云起观、皇山寺、灵泉寺、停船寺、岱伦寺、佛泉寺、云顶寺、西灵寺、卧龙寺、御林寺、观音阁、七佛寺、灵芝寺等处临时登记为佛教活动场所或角庙。是年，恢复重建鹤鸣山道观，次年建成并正式开放。

2003 年 5 月，县民族宗教工作办公室更名为县民族宗教事务局。是年，对佛教、道教、基督教依法登记，全县宗教活动场所共 19 处，佛教 14 处，道教 1 处，基督教 4 处；宗教教职人员 55 人，佛教 32 人（比丘 24 人，比丘尼 8 人），道教 3 人（乾道 2 人，坤道 1 人），基督教 20 人（牧师 2 人，传教员 18 人）。2004 年至 2006 年，深入宣传贯彻《宗教事务条例》，加强对宗教教职人员的培训教育，帮助宗教场所建立各项管理制度，支持合法宗教场所开展的宗教活动，查处违法活动；召开宗教工作联席会议，共同协调解决宗教方面的重大问题；建立宗教工作报告制度、突发事件防危应急预案等工作制度，确保宗教活动正常开展。

第四节 侨台工作

1990 年，台属 130 户，551 人；侨属 6 户，34 人。剑阁籍台胞 95 人，侨胞 9 人。是年 5 月，县委统战部召开区统战委员会议，表彰勤劳致富的台、侨属 15 人。11 月，开展 20 户台、侨属生产情况抽样调查。是年，接待回乡探亲的台胞 30 人次。1991 年 8 月，县委对台工作办公室更名为县委台湾工作办公室。1992 年，加强对台宣传工作，翻印《中国公民往来台湾管理办法》，编印《正确认识台湾形势，坚持党的对台方针》小册子发至乡镇、村。聘请 10 名业余通讯员向海外投稿，宣传剑阁经济建设成就和社会风土人情，有 10 余篇稿件被香港《文汇报》《人民日报》海外版刊登。开展“四个一”活动，号召台属在节假期给台湾亲人“写一封信，牵一条线，引进一笔资金，促成一个项目”。仅中秋节，境内向台湾亲人寄信 110 封，慰问卡 70 张。全县去台人员 327 人，台属 252 户，1181 人。涉台婚姻 43 人，涉港婚姻 85 人。出国留学、出境务工等侨居日本、美国、澳大利亚、加拿大、德国、新加坡、俄罗斯等国的华侨 14 人，有侨属 8 户 38 人。有 25 户台属兴办工商企业，人均年纯收入 2000 元以上。县台办给回乡度春节的台胞拜年，赠送礼品。

1993 年，县台办为多名台胞申请回乡定居提供帮助，落实解决有关问题。对病故台属，协助其亲属办理后事及遗产继承等事宜。是年，颁发台属证。1994 年后，坚持每年春节、中秋召开台胞台属茶话会，宣传党的对台方针政策，通报剑阁经济、社会发展进程，倾听台胞台属意见，增进同胞血肉情谊。2004 年 11 月，成立县台胞台属联谊会，设名誉会长、会长、秘书长、理事共 24 人，在第一次会议上通过联谊会章程。联谊会在每年的中秋、春节定期开展两次活动，以交流信息联络感情，增进团结。2005 年 5 月，组织民革广元市委剑阁支部、黄埔同学会代表及台、侨属座谈会，学习《反分裂国家法》，宣传党的和平统一，“一国两制”方针。

台胞积极支持家乡建设。1990 年，台胞刘金熹为家乡学校、亲属捐款 10 余万元，为统战工作赠款 2 万元。奂钧武为家乡小学和修建石桥捐款 10 余万元。1991 年，龙康熙为家乡亲人及杨家坝水库捐款 12.5 万元。1992 年，台湾红十字会给剑阁捐赠棉衣 300 件。1994 年，台胞蒲锦章为 20 多户亲友各赠送 21 寸彩电一台，有的还获赠电风扇、洗衣机及建房资金。1995 年，7 位台胞向县教育基金会捐款 4.95 万元。2003 年，台胞黄冠雄投资 250 万元，修建开封中学经营性学生公寓、食堂。2004 年，台胞为剑阁残疾人捐赠轮椅 13 辆。台胞王金星夫妇为金仙场火灾户捐赠 2 万元，为家乡困难户治病捐赠 1 万元，为皇山寺建修捐赠 35 万元。2005 年，台湾明昌建设公司董事长陈开南为沙溪中学、下寺小学捐赠电脑、图书价值 20 万元。2006 年，台湾塑料大王王永庆为羊岭石城小学捐款 40 万元。

第十章　党史　党校

第一节　党史研究

征集编研　1990 年始，县委党史研究室整理编印《历史的丰碑，永恒的记忆—剑阁县革命遗址简介》《红军在剑阁补录》《抗日战争历史知识问答》《不忘屈辱史，增强爱国心—日本侵华战争记略》《大手笔著水文章——追忆剑阁兴修水利五十年》《从互助组到合作社——记剑阁县第一个互助组和第一个合作社的诞生》《剑阁县的“大跃进”》《剑阁县的社会主义教育运动》《剑阁县的“文化大革命”》《剑阁县历次党代会简况》等 60 余篇党史资料。编印《党和国家领导人在剑阁》《血染的丰碑——剑阁革命史迹记略》《红军鏖战剑门关》《中国共产党历史知识百题问答》《横空出世——纪念毛泽东 100 周年诞辰百题解》《剑阁县组织史料》（1987—1993、1993—2003）、《中共剑阁县地方史》（第一、二卷）、《中共剑阁县历史大事记》（1930—1996）、《殊荣录》等 11 种党史图书。与其他部门合编《红色剑门》《剑阁老区在前进》等书籍。在省、市刊物发表《试论红军攻克剑门关的成因》《浅谈红军在剑阁宣传工作的特点》《红军精神代代传》《历史的反思——浅析剑阁地下党组织的产生和消失》《化林在前进》等 20 余篇党史论文。

资政育人　为体现党史“资政、育人”的功能，对党员、干部及青少年进行革命传统教育和爱国主义教育。1991 年至 2006 年，县党史研究室工作人员到南禅小学、实验学校、普安中学等校宣传革命先烈和红军的英勇事迹，放映《川陕革命根据地》《中国共产党的七十年》《历史的巨变》等录像片，激发中小学生的爱国热情，使他们从小树立革命理想，做社会主义事业的合格接班人。与县总工会等联合举办“纪念中国共产党诞辰70周年党史知识竞赛”“剑阁县革命斗争史迹展览”等活动。参与编制《剑阁县红色旅游规划》。与县扶贫办合作修建“化林村村史陈列室”，以弘扬“化林精神”，促进社会主义新农村建设。

第二节　党校工作

干部培训　1990年至1991年，县委党校举办马克思主义基本理论、党的基本路线、党的基本知识的“三基”教育培训班4期，轮训县级部门负责人和乡镇党政领导干部280人。区、乡镇党校共开办“三基”教育培训班138期，培训农村党员1.48万人。1992年，县直机关新建党校4所，企、事业单位新建党校9所。区、乡党校随行政区划变更，由69所调整为36所。全县基层党校共举办股所长、村组以上干部培训班35期，参训1.68万人次，重点学习邓小平南方讲话和社会主义市场经济理论等。是年，召开全县基层党校工作经验交流会。1993年至1997年，干部培训以学习中国特色社会主义理论、经济体制改革政策、民主与法制建设等为重点，举办不同层次、不同专题的培训班，全县党员和村组以上干部普遍受到一次以上培训。1998年，举办入党积极分子、预备党员培训班2期，公务员培训班、工转干培训班、工人岗前培训班共3期。下寺经济开发区干部培训班、剑门区基层干部培训班各1期，参训学员共2100人。

1999年至2004年，县委党校深化主体班教学改革，实施干部选学培训计划，开设“经济问题研究”“干部素质与公推公选”“传统文化与和谐社会”等专题班。为解决工学矛盾，方便学员就近学习，分别在普安、开封、白龙、下寺4镇办班，全县1229名科级干部参加选学培训。2005年至2006年，县委党校继续深化教学改革，拓宽办学渠道，从教学内容、教学方法、教学手段、办学方式等方面创新干部教育培训机制。授课内容直面“三农”问题、改革攻坚、和谐与稳定等主题。在主体班教学中，有14个专题由社会各界知名学者和专家施教。借鉴现代超市营销理念，按照干部学习需求，组织教学产品，逐步把党校办成现代化的干部“学习超市”。投资5万元，开通中央党校c级站远程多媒体教育网络，实现教学资源共享。投资15万元，建成可容纳30人同时上机操作的多媒体教室。

函授教育　1986年9月，县委党校开始对全县党政干部和企事业单位干部进行大规模的学历教育。开始开办以高中、中专学历为起点，学制3年的大专函授教学班。学员实行考试入学，自学为主、辅以面授的教育方式，3年学完经济管理专业的18门课程，成绩合格并完成毕业论文撰写和答辩者，由省委组织部验证，省委党校颁发“函授大专毕业证书”。1994年，增设行政管理专业。1995年9月，开办大专起点，学制两年半的本科函授教学班，学员免试入学，设经济管理专业，共15门课程。1996年12月，正式成立省委党校函授学院广元分院剑阁函授站。1997年，增设行政管理专业。至1998年，县委党校有4个专业、15个函授教学班、1108名学员。1999年至2003年，常年函授在校学员保持在190人左右。至2006年，大专函授注册学员共2136人，毕业1849人；本科函授注册学员856人，毕业778人。

理论研究　1990年至2006年，县委党校共撰写学习考察报告18篇，社会调查报告51篇，有40余篇科研文章在省、市级报刊发表，6篇获省级二、三等奖，13篇获市级一、二等奖。在全市党校教学评比中，有2名教师分别获一、二等奖。有5名教师分别为省哲学学会、省科学社会主义学会会员，1名教师为中国农村社会学研究会理事。

第四篇　剑阁县人民代表大会

第一章　人大代表

第一节　代表选举

县、乡镇两级人大代表的选举分别由县、乡镇两级选举委员会负责主持。县、乡镇选举委员会组成人员均由县人大常委会任命。各片区（督导室）、县级机关按系统设立选举指导办公室，负责指导本行政区域或本系统的选举工作。为便于选区的组织工作和选民参加选举活动，按每一选区选1—3名代表划分选区。选民按常住人口进行登记，领取选民证。代表候选人按选区提名产生，上报选举委员会，经反复酝酿讨论，民主协商，确定正式代表候选人名单。在法定选举日，采用差额选举、无记名投票方式直接选举出县、乡镇两级人大代表。自1990年到2006年，共举行4次选举工作。

第十三届人大代表选举　1992年10月20日至12月21日，县人大进行第十三届人民代表大会代表和乡镇人民代表大会代表选举工作。通过选民登记，全县18周岁以上人口为450273人，选民人数449669人，实际参加投票选民427999人。选举县人大代表共划分选区100个，法定选举日为1992年12月21日，选举产生县人大代表229人，男180人，女49人；35岁以下55人，36—55岁164人，56岁以上10人；中共党员155人，共青团员7人，无党派人士12人，群众55人；工人24人，农民84人，干部75人，知识分子和科技人员40人，其他6人；大专以上文化30人，中专、中学175人，小学24人。应选乡镇人大代表1707人，当选代表1700人。

第十四届人大代表选举　1997年11月21日至1998年1月9日，县人大进行第十四届县人民代表大会代表选举工作。全县18周岁以上人口为482923人，选民人数429237人，实际参加投票选民384621人。选举县人大代表共划分选区108个，法定选举日为1998年1月9日，选举产生县人大代表251名，缺额1名。男196人，女55人；35岁以下77人，36—55岁168人，56岁以上6人；中共党员185人，党外人士66人；大专文化76人，中专文化72人，初中以下103人。第十四届乡镇人大代表选举期为1995年11月27日至12月26日，参选选民404962人，应选代表2685人，当选代表2676人。

第十五届人大代表选举　2002年11月21日至2003年1月9日，县人大进行第十五届县人民代表大会代表选举工作。全县 18 周岁以上人口为 418002 人，登记选民人数 410641 人，实际参加投票选民 374079 人。选举县人大代表共划分选区 107 个，法定选举日为 2003 年 1 月 9 日。选举产生县人大代表 251 人，缺额 1 名。男 189 人，女 62 人；35 岁以下 45 人，36—55 岁 202 人，56 岁以上 4 人；中共党员 183 人，党外人士 68 人；大学本科文化 64 人，大专 48 人，中专 95 人，初中以下 44 人。乡镇第十五届人大代表选举期为 1998 年 11 月 20 日至 12 月 25 日，参选选民 391614 人，应选代表 2685 人，当选代表 2664 人。

第十六届人大代表选举 根据 2004 年 3 月 14 日第十届全国人民代表大会第二次会议通过的《中华人民共和国宪法修正案》第九十八条“地方各级人民代表大会每届任期五年”的规定，第十届全国人大常委会第十二次会议和省第十届人大常委会第十六次会议决定：县、乡两级人民代表大会换届选举时，乡镇人大换届选举推迟两年，县级人大换届提前一年，实现县、乡两级换届选举同步进行。2006 年 10 月 10 日至 11 月 28 日，县人大常委会进行第十六届县人大代表选举工作。全县 18 周岁以上人口为 425782 人，选民人数 412614 人，实际参加投票选民 354203 人。设选区 103 个，法定选举日为 2006 年 11 月 28 日，选举产生县人大代表 252 人，男 196 人，女 56 人；35 岁以下 43 人，36—55 岁 207 人，56 岁以上 2 人；中共党员 202 人，民主党派 3 人，群众 47 人；大学本科文化 85 人，大专 109 人，中专 30 人，初中以下 28 人。同日，进行第十六届乡镇人民代表大会代表选举，选举代表 2676 人，缺额 5 名。男 2211 人，女 465 人；35 岁以下 197 人，36—55 岁 2373 人，56 岁以上 106 人；中共党员 1802 人，其他 874 人；大学本科以上文化 86 人，大专及高职 480 人，中专、高中 820 人，初中以下 1290 人。

第二节　人民代表大会

第十二届人民代表大会 县第十二届人民代表大会第一次会议于 1990 年 2 月 27 日至 3 月 4 日在普安镇县委大礼堂举行。应出席会议代表 222 人，实到 221 人，列席 327 人。会议听取和审议县政府、县第十一届人大常委会工作报告；听取和审议县 1990 年国民经济和社会发展计划草案及财政预、决算草案的报告；听取和审议县人民法院、县人民检察院工作报告；选举县人大常委会主任 1 人，副主任 4 人，委员 12 人；选举县长 1 人，副县长 6 人；选举县法院院长和县检察院检察长各 1 人。第二次会议于 1991 年 3 月 20 日至 24 日在普安镇县委大礼堂举行。出席会议代表 218 人，列席 327 人。会期代表对全县各方面工作提出建议、批评与意见 209 条。第三次会议于 1992 年 2 月 25 日至 28 日在普安镇县委大礼堂举行，出席会议代表 217 人，列席 314 人。会期，代表对全县经济建设和社会发展提出建议、批评与意见 99 条。

第十三届人民代表大会 县第十三届人民代表大会第一次会议于 1993 年 2 月 19 日至 23 日在普安镇县委大礼堂举行。出席会议代表 227 人，列席 319 人。会议听取和审议县政府工作报告；听取和审议县 1992 年国民经济和社会发展计划执行情况及 1993 年国民经济和社会发展计划草案的报告，审查和批准 1993 年国民经济和社会发展计划草案的报告；听取和审议 1992 年财政决算和 1993 年财政预算草案报告；听取和审议县十二届人大常委会工作报告；听取和审议县人民法院、县人民检察院工作报告；选举县人大常委会主任 1 人，副主任 4 人，委员 14 人；选举县长 1 人，副县长 6 人（不含增补）；选举县法院院长和县检察院检察长各 1 人。会期，代表对全县各方面工作提出批评与建议 124 条。第二次会议于

1994 年 1 月 29 日至 2 月 1 日在普安镇县委大礼堂举行。到会代表 219 人，列席 351 人。会期，代表对各方面工作提出批评意见与建议 68 条，对县计委在办理大中专招收委培生中超收费用的清退问题进行质询。第三次会议于 1995 年 3 月 7 日至 10 日在普安镇县委大礼堂举行。到会代表 221 人，列席 352 人。会期选举出席市第三届人民代表大会代表 58 人。代表就全县各方面工作提出建议、批评与意见 84 条。第四次会议于 1996 年 3 月 13 日至 16 日在普安镇县委大礼堂举行。到会代表 214 人，列席 397 人。会期，代表就全县各方面工作提出建议、批评与意见 68 条。会议通过“治理西河污染问题”的议案。第五次会议于 1997 年 3 月 24 日至 28 日在普安镇县委大礼堂举行。到会代表 213 人，列席 394 人。会期，代表提出建议、批评和意见 163 条。

第十四届人民代表大会　县第十四届人民代表大会第一次会议于 1998 年 2 月 14 日至 19 日在普安镇县委大礼堂举行。出席代表 235 人，列席 357 人。会议听取和审议县政府工作报告；听取和审议 1997 年国民经济和社会发展计划执行情况及 1998 年国民经济和社会发展计划草案报告，审查批准 1998 年国民经济和社会发展计划；听取和审议 1997 年财政决算及 1998 年财政预算草案报告，审查批准 1998 年财政预算报告；听取和审议县人民法院和县人民检察院工作报告；选举县人大常委会主任 1 人，副主任 4 人，委员 16 人；选举县长 1 人，副县长 6 人；选举县法院院长和县检察院检察长各 1 人。会期，代表就全县各方面工作提出建议、批评和意见 142 条。会议通过“修建剑阁至金子山等级公路”“清理农村财务”“切实加强乡镇几大员统一管理”等议案。第二次会议于 1999 年 2 月 6 日至 9 日在普安镇县委大礼堂举行。到会代表 246 人，列席 398 人。会期，代表提出批评、建议和意见 139 条。第三次会议于 1999 年 12 月 27 日至 29 日在普安镇县委大礼堂举行。到会代表 236 人，列席 229 人。会议选举产生市第四届人民代表大会代表 62 人。第四次会议于 2000 年 2 月 23 日至 26 日在普安镇县电影院举行。到会代表 239 人，列席 325 人。会期，代表提出意见建议 100 条。会议通过“抓住西部大开发机遇，加快剑阁旅游建设”的议案。第五次会议于 2001 年 2 月 13 日至 17 日在普安镇县电影院举行。到会代表 214 人，列席 408 人。会议审查批准《剑阁县国民经济和社会发展“十五”计划纲要》。会议通过“加强对剑阁历史文化古城的维护和管理”的议案。会期，代表提出批评、意见和建议 91 条。第六次会议于 2002 年 1 月 28 日至 2 月 1 日在普安镇县电影院举行。到会代表 221 人，列席 416 人。会期，代表提出批评、意见与建议 77 条。

第十五届人民代表大会　县第十五届人民代表大会第一次会议于 2003 年 1 月 18 日至 22 日在普安镇县委大礼堂举行。到会代表 249 人，列席代表 397 人。会议听取和审议县政府、县人大常委会、县人民法院、县人民检察院工作报告；听取和审议 2002 年国民经济和社会发展计划执行情况及 2003 年国民经济和社会发展计划草案报告；审查批准 2003 年国民经济和社会发展计划；听取和审议 2002 年财政收支预算执行情况和 2003 年财政收支预算草案报告；审查批准 2003 年财政收支预算。选举县人大常委会主任 1 人，副主任 7 人，委员 13 人；选举县长 1 人，副县长 7 人；选举县法院院长和县检察院检察长各 1 人。会期，代表提出批评、意见与建议 183 条。会议通过“整顿市容市貌，规范街道秩序”“发展剑阁生态旅游、推动经济发展”“妥善解决机关、企事业单位职工医疗保险”等议案。第二次会议于 2004 年 3 月 1 日至 5 日在普安镇县体育活动中心举行。到会代表 243 人，列席 402 人。会期，代表提出批评、意见和建议 182 条。会议通过“改进财政转移支付资金使用方法，确保重点工程和项目的正常开展”“通乡油路建设资金实行审计，建立责任追究制”“理顺老城管理体制，确保城市繁荣稳定”等议案。提出“剑阁公路破烂，行车困难，县交通局为什么不维修整治”的质询案。第三次会议于 2005 年 3 月 23

日至25日在普安镇县体育中心举行。到会代表237人，列席24人。会议选举产生市第五届人民代表大会代表60人。第四次会议于2005年5月23日至27日在普安镇县体育活动中心举行。到会代表236人，列席324人。会期，代表提出批评、意见和建议161条。会议通过“保证饮水安全，维护人民群众身心健康”的议案。第五次会议于2006年1月9日至14日在普安镇县体育活动中心举行。到会代表229人，列席397人。会议补选县政府县长1人。会期，代表提出批评、意见和建议125条。

第二章　人大常委会

第一节　工作机构

办事机构　1990年，县人大常委会设办公室、代表联络科、法制科、财政经济科、教科文卫科。工作人员17人。1990年3月17日，县第十二届人大常委会第一次会议决定调整办事机构，撤销法制科、财政经济科、教科文卫科、代表联络科，设立财政经济工作委员会、法制工作委员会、教科文卫工作委员会、农业工作委员会。代表联络工作由办公室负责。

1993年3月11日，县第十三届人大常委会第一次会议决定设立代表联络工作委员会。1998年5月28日，县第十四届人大常委会第二次会议决定设立信访办公室。

2005年6月28日，县第十五届人大常委会第十九次会议决定设立城乡建设环境资源保护工作委员会。至此，县人大常委会办事机构增至“二室六委”，工作人员31人。

派出机构　1990年3月15日，县第十二届人大常委会第一次会议通过《关于开展代表小组活动的决定》，建立区人大代表联络员制度。1992年10月撤区并乡，区人大代表联络员制度终止。1995年11月，设立片区党委和片区工作委员会，片区人大代表联络员制度随之恢复。2000年6月，建立片区人大工作委员会，为县人大常委会的派出机构。片区人大工作委员会设专职主任或副主任1名，兼职委员若干人。2001年1月16日、5月30日县第十四届人大常委会第十九次会议和第二十一次会议，任命各片区人大工作委员会主任12人，各片区人大工作委员会兼职委员4至7人；讨论确定片区人大工作委员会工作职责。2001年10月18日，撤销片区党委、片区工作委员会，设立督导室。11月28日，撤销片区人大工作委员会，设立区督导室人大工作委员会，同时任命各督导室人大工作委员会主任。2006年6月14日，全县撤销督导室，各区督导室人大工作委员会相应撤销。

第二节　人大常委会主任会议

县人大常委会主任会议是根据1982年12月4日第五届全国人民代表大会第五次会议通过的《关于修改地方组织法的若干规定的决议》和1982年12月10日修改后的《地方组织法》第三章第二十九条

之规定，于1983年1月剑阁县第十届人民代表大会常务委员会第十二次会议设置。县人大常委会主任会议按照《地方组织法》等有关规定，坚持合议制原则、合法性原则和不直接行使地方国家权力的原则，依法履行职责，定期或不定期召开主任会议，及时处理人大常委会日常工作，确保各项工作的有序进行。至2006年，共召开主任会议359次。

第三节　人大常委会会议

第十二届人大常委会会议　县第十二届人民代表大会常务委员会任期3年，1990年2月至1993年2月，共召开人大常委会会议19次，讨论重要议题和审议“一府两院”的工作106项，作出决议、决定25项，任免国家机关工作人员96人，决定任命76人，决定免职19人，决定代理1人；县政府提请任命的局长人选未获通过的1人；接受辞职6人；补选市人大代表5人。

第十三届人大常委会会议　县第十三届人民代表大会常务委员会任期5年（1993年2月至1998年2月），共召开人大常委会会议34次，讨论重要议题和审议“一府两院”工作148项，作出决议、决定35项，任免国家机关工作人员207人，决定任命163人，决定免职46人，决定代理2人；决定撤职1人；县人民检察院提请任命的副检察长人选未获通过的1人；接受辞职14人。

第十四届人大常委会会议　县第十四届人民代表大会常务委员会任期5年，1998年2月至2003年1月，共召开人大常委会会议32次，讨论重要议题和审议“一府两院”工作131项，作出决议、决定36项，任免国家机关工作人员282人，决定任命199人，决定免职81人，决定代理2人；县政府提请任命的局长人选未获通过的1人；接受辞职5人；补选市人大代表1人；暂停代表资格1人。

第十五届人大常委会会议　县第十五届人民代表大会常务委员会任期四年，共召开人大常委会会议30次，讨论重要议题和审议“一府两院”工作155项，作出决议、决定35项，任免国家机关工作人员180人，决定任命121人，决定免职58人，决定代理1人；接受辞职2人；补选市人民代表大会代表1人；暂停代表资格3人。

剑阁县第十二届至十五届人大常委会主任、副主任名录

表4

届　次	职　务	姓　名	籍　贯	任职时间
第十二届	主任	肖明远	四川苍溪	1990.2－1993.2
	副主任	郑建凡	四川剑阁	1990.2－1993.2
	副主任	蒲成生	四川剑阁	1990.2－1993.2
	副主任	李文发	四川剑阁	1990.2－1993.2
	副主任	田际秋（女）	四川德阳	1990.2－1993.2

续表4

届 次	职 务	姓 名	籍 贯	任职时间
第十三届	主任	肖明远		1993. 2－1996. 2
	主任	郑建凡		1996. 2－1998. 2
	副主任	郑建凡		1993. 2－1996. 2
	副主任	刘三林	四川剑阁	1993. 2－1998. 2
	副主任	李文发		1993. 2－1998. 2
	副主任	钟炎华	四川成都	1993. 2－1998. 2
第十四届	主任	郑建凡		1998. 2－2003. 1
	副主任	李文发		1998. 2－2003. 1
	副主任	杨登周	四川剑阁	1998. 2－2003. 1
	副主任	钟炎华		1998. 2－2003. 1
	副主任	舒用平	四川剑阁	1998. 2－2003. 1
第十五届	主任	严明清	四川广元市市中区	2003. 1－2005. 4
	主任	吴连奇	四川广元市市中区	2005. 4－
	副主任	何德生	四川剑阁	2003. 1－
	副主任	伏子和	四川剑阁	2003. 1－
	副主任	李作芳（女）	四川剑阁	2003. 1－
	副主任	王正金	四川剑阁	2003. 1－
	副主任	母志双	四川剑阁	2003. 1－
	副主任	郑锐方	四川剑阁	2003. 1－
	副主任	李多安	四川剑阁	2003. 1－

说明：资料为县人大常委会提供。籍贯只录一次。

第四节　人大常委会日常工作

调查、视察和执法检查　调查研究的内容主要是围绕县人大常委会会议审议的议题和本行政区域内贯彻实施国家宪法、法律、行政法规的情况，贯彻执行党的路线、方针、政策的情况和人民群众普遍关心的问题。县第十二届人大常委会至第十五届人大常委会组成人员和机关工作人员，对剑阁政治、经济、教育、科学、文化、卫生、民政等各方面进行广泛的调查研究，形成具有一定参考价值的调查报告，为人大常委会正确行使职权起到积极作用。县人大常委会组织人大代表开展集中视察和专题视察，集中视察一般在每年人民代表大会召开之前，围绕预定议题，人大代表通过视察了解县政府、法院、检察院的工作情况，征求选民的意见，酝酿出席人民代表大会会议提出议案、建议、批评和意见的方案，为审议代表大会的各项工作报告作准备。专题视察主要围绕人大常委会的中心议题，对政府、法院、检察院执行法律、法规和某方面工作开展情况以及社会普遍关心、人民群众反映强烈的问题进行视察。代表视察不直接处理问题，一般以书面形式向被视察单位提出建议、批评和意见，由被视察机关或工作部门办理并答复代表本人。此外，县人大常委会还受省人大常委会委托，组织在剑阁的省人大代表进行视察，受市人大常委会委托，组织市人大代表与县人大代表联合集中视察。县第十二届至第十五届县人大常委会共组织集中视察15次，专题视察31次，参加视察代表共4414人次，提出批评与建议共6486条。

县人大及其常委会开展执法检查，对县政府、法院、检察院的工作进行法律监督，督促解决法律实施中存在的问题和改进行政执法和司法执法工作。视察中发现有违法和执法方面的问题，向有关执法机关提出批评和意见，督促其严格执法，改进执法工作。2005年5—6月，普安镇居民反映城镇饮用水污染问题严重。县人大常委会于7月13日至28日，对普安镇城镇饮用水污染情况进行专题调查，并在全县开展饮用水安全的执法检查。县政府根据县人大常委会的专题调查意见和执法检查要求，适时关闭普安镇城周污染水源的养猪场4个，购建净化设备41件套；督促星王巾被公司和汇丰食品公司两个重点排污企业规范化治理排污口和污水处理设施，两个石英砂厂停产整顿，取缔不符合环保审批条件的114个柏木油粗加工作坊；严肃处理过度开发水产、严重污染水体的城北镇民主水库等9个水库肥水养鱼业主，依法解除肥水养鱼合同98份。2005年6月初，县人大督促县法院把县审计局的审计结论作为判决乡镇通乡油路建设工程量的重要证据，并依法追缴承包方的非法所得。至2006年年底，县人大常委会共开展执法检查116次。

代表联络工作　1993年3月11日，县第十三届人大常委会第一次会议决定设立代表联络工作委员会，专门负责与县人大代表的联系，总结代表活动经验，承担人大代表视察的具体组织工作，指导县人大代表小组开展活动。1995年起，县政府依法将县人大代表的活动经费列入本级财政预算。其后，又将乡人大代表的活动经费纳入财政预算，并按比例逐年增加。

为便于组织代表开展活动，每届县人大常委会均建立人大代表小组。第十二届建立31个代表小组，第十三届至第十五届均为20个代表小组。1990年3月至1999年6月，县人大常委会在各区或片区设代表联络员1人，负责指导辖区内的代表小组活动，并定期向县人大常委会汇报代表小组活动工作情况。1999年6月至2006年6月，各片区、督导室代表工作由县人大常委会派出机构片区、督导室人大工作委员会负责指导。2006年6月14日，撤销各督导室和下寺开发区人大工作委员会后，代表联络工作由县人大常委会直接负责。代表小组活动一般每季度开展一次。

县人大常委会把走访人大代表，听取代表的建议、批评和意见纳入重要议事日程，建立人大常委会组成人员联系代表制度。县人大常委会组成人员每人联系三名县人大代表，一个代表联系三个选民。联系内容主要是听取和了解人大代表对本辖区政治、经济、文化、社会事业发展情况，对法律、法规和本级人大常委会以及上级人大常委会的决议、决定贯彻实施情况，对县人大常委会履行职责情况的建议和意见以及人民群众和选民的愿望、呼声和要求等。2003年起，县人大常委会制定县人大代表列席县人大常委会会议制度。每次县人大常委会会议邀请3—5名县人大代表列席会议，既接受人大代表监督本级人大常委会履职情况，又使他们及时了解人大常委会和“一府两院”的工作。

督促“一府两院”办理人大代表提出的建议、批评和意见，是人大常委会的一项经常性工作。至2006年年底，第十二届至第十五届的历次县人民代表大会期间，县人大代表共提出各类建议、批评和意见2142件。建议、批评和意见在县人大常委会的督促下都按时办结。县人大常委会每年都要表彰人大代表议案及建议、批评和意见办理工作的先进集体和先进个人。

指导乡镇人大工作 县人大常委会根据《地方组织法》和《选举法》的有关规定，指导乡镇人大依法进行换届选举、召开人民代表大会。指导乡镇人大主席团依法开展日常工作，邀请乡镇人大主席、副主席列席县人民代表大会。分批轮流列席县人大常委会议；加强对乡镇人大主席、副主席和人大代表的培训工作，每次换届后的第一年，都要组织乡镇人大主席、副主席参加省、市、县人大常委会举办的培训班学习培训。县人大常委会还利用人代会、人大工作会议、代表工作会议和人大换届选举工作会议并会同县委党校对人大代表、人大干部进行培训。2004年3月，邀请省人大常委会和省普法讲师团的法律专家对县第十五届人大代表和列席人员进行人大制度基本理论和行政执法培训。乡镇人大主席团负责培训本级人大代表，县人大常委会指导乡镇人大主席建立健全工作制度。全县统一制作乡镇人大主席团会议记录簿、代表活动记录簿、代表先进事迹登记簿、代表建议、批评和意见登记簿、来文发文登记簿、来信来访登记簿和人大代表花名册、代表变动情况登记册。协助建立健全乡镇人大主席团会议制度、学习制度、联系代表制度、代表小组活动制度、代表联系选民制度、代表议案及建议、批评和意见办理制度。

评议工作 县人大常委会组织开展对国家行政机关、审判机关、检察机关及其国家机关工作人员的述职评议，实施工作监督。1994年至1996年，按照省、市人大常委会部署，借鉴外地经验，初步试行评议工作。1997年至2005年，遵照1996年12月24日省第八届人民代表大会常务委员会第二十四次会议通过的《四川省各级人民代表大会常务委员会评议工作条例》，依法开展评议工作。2003年4月24日，县第十五届人大常委会第三次会议作出《关于加强评议工作的决定》，评议工作更加经常化、程序化、制度化。

县第十二届至第十五届人大常委会组织代表对县政府县长、县政府组成部门主要负责人、法院院长、检察院检察长以及汉阳镇政府、派出所等进行述职评议，参评代表共1718人。各区（片区、督导室）人大工作委员会组织人大代表分别对县级派驻工作机构进行工作评议。各乡镇人大主席团组织人大代表开展对乡镇政府及其所、站工作部门进行工作评议。

规范性文件备案审查 县人大常委会对县政府、县人民法院、县人民检察院制定的涉及公民、法人或者其他组织权利和义务并具有普遍约束力的文件，以及乡镇人民代表大会作出的决议、决定依法进行备案审查，通过规范性文件备案审查，依法撤销和纠正不适当的决定。

1992年9月23日，县第十二届人大常委会第十六次会议，听取县人大常委会农业工作委员会《关于涂山乡提前收取1993年教育费附加的调查报告》，通过《关于撤销涂山乡第九届人民代表大会第三次会议<关于上交提留款的决定>中违反有关法规的决定》。1995年12月29日，县第十三届人大常委会第二十一次会议，作出《关于纠正碗泉乡人民代表大会代表换届选举中违法事件的决定》。1997年4月29日，县第十三届人大常委会第二十九次会议，作出《关于纠正碗泉乡人民代表大会选举中违法行为的决定》。2002 年 3 月 29 日，县第十四届人大常委会第二十七次会议，作出《关于纠正碗泉乡、迎水乡、涂山乡、凉山乡选举副乡长违法事件的决定》。2002 年 7 月 26 日，县第十四届人大常委会第二十九次会议，作出《关于纠正江口镇第十五届人民代表大会第二次会议补选镇长违法事件的决定》。

受理公民来信来访　1991 年 5 月 22 日，县第十二届人大常委会第八次会议通过县人民代表大会常务委员会《关于受理公民申诉、控告、检举的暂行办法》，县人大常委会各委（室）受理属于职能部门相关的来信来访。1998 年 5 月，设立县人大常委会信访办公室，负责接待和处理人民群众来信来访。至 2006 年，县人大常委会共接待处理人民群众来信来访 8734 件次，来信 3663 件，来访 5071 次 10032 人。其中，集体来访 131 批 2127 人，联名信 193 件 4500 人。转办督办 647 件，全国人大常委会转办督办 75 件，省人大转办督办 179 件，市人大转办督办 153 件，办结率 100%，本级人大转办督办 8292 件，办结率 98%。

第五篇 剑阁县人民政府

第一章 政府例会

第一节 政府全体会议

县政府全体会议由县长、副县长、办公室主任和县政府组成部门的各局（办）局长（主任）组成。县人武部负责人参加会议。县政府调研员、助理调研员、县长助理、县政府办副主任、县政府各直属机构和县级有关单位（含省与地方双重领导单位），各乡镇政府、县政府派出机构主要负责人列席会议。邀请县人大常委会、县政协、县法院、县检察院、各民主党派、工商联、各人民团体负责人列席会议。县政府全体会议一般每年至少召开一次，由县长召集主持。会议主要内容是传达上级党委、政府和县委的重要指示、决定，总结和部署重要工作，讨论请示上级的重要事项，决定下属单位请示县政府解决的事项，通报重大事件和全县经济社会发展情况等。1990 年至 2006 年，共召开县政府全体（扩大）会议 29 次。

第二节 政府常务会议

县政府常务会议由县长、副县长、办公室主任组成，出席会议人数必须在常务会议组成人员的半数以上。县人武部负责人参加会议。县政府调研员、助理调研员、县长助理、县政府办公室副主任、与议题有关的县级部门主要负责人列席县政府常务会议。1990 年起，县政府常务会议根据需要邀请县人大常委会、县政协、县法院、县检察院有关领导列席县政府常务会议。1999 年和 2003 年，县政府两次对《政府工作规则》进行修订。县政府常务会议根据工作需要组织召开，由县长或县长委托常务副县长召集和主持。会议主要内容是分析经济工作，讨论县政府重大事项。至 2006 年，共召开县政府常务会议 106 次，涉及全县经济社会发展、政府自身建设和人事任免等重要工作 526 项。

第三节　县长办公会议

县长办公会议由县长或分管有关工作的副县长召集和主持。有关副县长、县政府办公室主任或副主任以及涉及议题单位负责人参加。县长办公会议根据工作需要随时召开。1996 年 4 月 22 日，县第十三届政府第十六次常务会议决定，每周一上午为县长碰头会。至 2006 年，共召开县长办公会议 423 次，研究专题工作 567 项。此外，县政府每季度召开一次经济形势分析会议，分析经济运行情况，研究解决经济工作中存在的问题，部署经济工作。

剑阁县第十一届至十五届县长、副县长名录

表 5

届　次	职　务	姓　名	籍　贯	任职时间
第十一届	县长	薛义富	四川遂宁市市中区	1987. 11 - 1990. 3
	副县长	杜兴方	四川剑阁	1987. 11 - 1989. 11
	副县长	柯长发	四川蓬溪	1987. 11 - 1990. 3
	副县长	梁大忠	四川剑阁	1987. 11 - 1990. 3
	副县长	刘清祥（女）	四川内江	1987. 11 - 1990. 3
	副县长	李经平	四川成都	1987. 11 - 1990. 3
	副县长	范承发	四川开县	1988. 7 - 1990. 3（补选）
第十二届	县长	薛义富		1990. 3 - 1992. 9
	代县长	张　健	四川阆中	1992. 9 - 1993. 2
	副县长	柯长发		1990. 3 - 1993. 2
	副县长	梁大忠		1990. 3 - 1993. 2
	副县长	刘清祥（女）		1990. 3 - 1993. 2
	副县长	王朋友	四川剑阁	1990. 3 - 1993. 2
	副县长	李政禄	四川剑阁	1990. 3 - 1993. 2
	副县长	范承发		1990. 3 - 1993. 2
	副县长	黄志强	四川广汉	1990. 3 - 1991. 5（增补）
	副县长	刘国成	河北深县	1991. 3 - 1992. 3（增补）
	副县长	何大林	四川广元市元坝区	1991. 3 - 1993. 2（增补）
	副县长	蔡锡贵	四川蓬安	1991. 11 - 1993. 2（增补）
	副县长	孙　革	天津静海	1992. 3 - 1993. 2（增补）
	副县长	张武军		1992. 3 - 1993. 2（增补）

续表5

届 次	职 务	姓 名	籍 贯	任职时间
第十三届	县长	张 健		1993.2－1996.3
	县长	李在扬	四川苍溪	1996.3－1998.2
	副县长	王朋友		1993.2－1995.2
	副县长	李政禄		1993.2－1998.2
	副县长	蔡锡贵		1993.2－1993.7
	副县长	何德生	四川剑阁	1993.2－1998.2
	副县长	罗廷伟	四川剑阁	1993.2－1995.10
	副县长	涂怀甫	四川剑阁	1993.2－1998.2
	副县长	张武军		1993.2－1993.5（增补）
	副县长	江为民	重庆江北	1993.11－1995.8（增补）
	副县长	邓跃国		1994.4－1995.2（增补）
	副县长	贾邦彦	四川剑阁	1995.5－1998.2
	副县长	石良安	四川成都	1995.5－1996.2（增补）
	副县长	江蓉星		1995.8－1997.8（增补）
	副县长	李伯伟	四川剑阁	1995.11－1998.2（增补）
	副县长	周积民	四川成都	1996.12－1998.2（增补）
	副县长	李作芳（女）	四川剑阁	1997.2－1998.2（增补）
	副县长	王永伦	重庆	1997.4－1998.2（增补）
	副县长	马 康	四川盐亭	1997.10－1998.2（增补）
第十四届	县长	李在扬		1998.2－1999.2
	县长	严明清	四川广元市市中区	1999.2－2002.11
	代县长	田现平	四川广元市市中区	2002.11－2003.1
	副县长	贾邦彦		1998.2－1999.3
	副县长	李伯伟		1998.2－2000.5
	副县长	涂怀甫		1998.2－2003.1
	副县长	何德生		1998.2－2003.1
	副县长	李作芳（女）		1998.2－2003.2
	副县长	马 康		1998.2－1998.10
	副县长	孙春华	四川剑阁	1998.5－1999.7（增补）
	副县长	张益民	四川剑阁	1998.8－2003.1
	副县长	蒋茂成	四川剑阁	2000.7－2003.1
	副县长	伏子和	四川剑阁	2000.7－2003.1
	副县长	吴 勇	四川中江	2001.7－2003.1（增补）
	副县长	张世忠	重庆垫江	2002.11－2003.1（增补）

续表5

届次	职务	姓名	籍贯	任职时间
第十五届	县长	田现平		2003.1－2005.7
	代县长	田中文	四川广元市市中区	2005.7－2006.1
	县长	田中文		2006.1－
	副县长	匡顺华	四川大竹	2003.1－2005.7
	副县长	蒋茂成		2003.1－
	副县长	吴　勇		2003.1－
	副县长	杜中富	四川剑阁	2003.1－
	副县长	丁　武（女）	四川安岳	2003.1－
	副县长	张建强	四川剑阁	2003.1－
	副县长	张世忠		2003.1－
	副县长	何海生	四川旺苍	2005.8－
	副县长	肖明清	重庆荣昌	2006.6－

说明：资料为县人大常委会和县政府办公室提供。籍贯只录一次。

第二章　政府工作机构

第一节　政府组成部门

1990年，县文卫办与县职教办、县沼气办与县能源办、县经协办与县计经委合署办公；县劳动人事局分设县人事局、县劳动局，县水电农机局分设县水利电力局、县农业机械局；县职工保险事业管理局更名为县社会保险事业管理局；合并县社会劳动力管理局、县劳动服务公司为县就业服务管理局，归口县劳动局；新建国家保密局、法制局；恢复公费医疗管理委员会，下设办公室。1991年，成立县残疾人联合会，建立杨家坝水库管理局。1992年，县标准计量局更名为县技术监督局。1993年，县计划经济委员会分设县计划委员会和县经济委员会。1994年，县税务局分设为国税局和地税局。1995年，设立县农村养老保险事业管理局、国有资产管理局、机关事业单位社会保险局，县旅游保护局与风景名胜管理局合署办公，归口县城建委。1996年，县建设委员会更名为城乡建设环境保护局，县文教局分设为县教育委员会会和县文化局。至年末，县政府直属局级工作部门55个，实行综合部门归口管理；县政府领导和管理的工作部门9个，共64个（不包括临时机构）。直属局级工作部门为：县政府办公室、体改办公室、外事办公室、县志办公室、信访办公室、档案局、劳动人事局、公安局、司法局、民政局、监察局、安全生产办公室、职工社会保险局、社会劳动力管理局、科学技术委员会、城乡建设环境保护局、国土管理局（与农业区划办公室合署）、精神文明办公室、统计局、经济技术协作办公室（经济研究室）、农村经济委员会、农业局、林业局、畜牧局、水电局、农机局、经济开发办公室、沼气办公室、计划经济委员会、交通局、二轻局、乡镇企业局、标准计量管理局、物资局、能源办公室、财贸办公室、审计局、财政局、国税局、地税局、工商行政管理局、物价局、商业局、粮食局、医药管理局、酒类专卖局、烟草公司、蚕丝公司、文卫办公室、文教局、职工教育办公室、卫生局、体育运动委员会、计划生育委员会、广播电视局、旅游局。县政府领导和管理的工作部门为：供销联社、农村调查队、气象站、邮电局、人民银行、工商银行、农业银行、建设银行、保险公司。

1998 年 8 月，县城乡建设环境保护局更名为建设委员会。2001 年 10 月，根据《关于剑阁县县、乡镇机构改革方案的实施意见》，县政府机构变动较大，县政府组成部门共 21 个（不含县监察局）。保留县政府组成部门 13 个：县政府办公室、公安局、民政局、司法局、财政局、人事局、交通局、农业局、林业局、卫生局、审计局、统计局、畜牧食品局。合并、更名县政府组成部门 9 个：计划委员会更名为发展计划局，经济贸易委员会更名为经济贸易局，建设委员会更名为建设局，计划生育委员会更名为计划生育局，教育委员会更名为教育局，水利电力局更名为水利局（电力行政管理职能移交经济贸易局），劳动局更名为劳动和社会保障局，法制局更名为法制办公室，目标管理办公室、督查工作办公室挂靠县政府办公室；体改办、信访办、财贸办并入县政府办公室；国土局、矿管办、黄金办合并组建国土资源局。合并更名的县政府直属事业单位有 7 个；粮食局、乡镇企业局、环境保护局、经济技术合作局（原经济建设项目开发管理办公室和对口帮扶办公室合并组建）。安全生产办公室更名为安全生产监督管理局，贸易局更名为商业贸易局，体育委员会更名为体育局。县政府协调议事机构 2 个：编办、扶贫办。

2002 年 3 月，县环境保护局由县建委的二级局升格为县政府直属正科级事业单位。2003 年 7 月，建立剑门关景区开发建设管理委员会（挂县旅游局、县风景名胜管理局、剑门关国家森林公园管理处牌子）。2004 年，县政府对口帮扶办公室划入县扶贫开发办公室，成立县政务中心。

2006 年 2 月，《剑阁县人民政府机构改革方案》确定，撤并更名的政府组成部门有：撤销县政府经济体制改革办公室，其职能划入发展计划局，更名为发展和改革局；撤销县经济贸易局、财贸办公室、商业贸易局、乡镇企业局、经济行业管理办公室、集体经济办公室、对外贸易经济合作局、酒类专卖管理局，合并组建经济和商务局；县建设局更名为规划和建设局，县计划生育局更名为人口和计划生育局；撤销县国有资产管理委员会，国有资产管理办公室更名为国有资产监督管理局（牌子挂财政局）；环境保护局并入县政府办公室。县政府组成部门仍为 21 个（不含监察局），政府协调议事机构 2 个。

第二节　政府直属事业单位

1997 年 1 月，县政府机构改革按政府所属部门职能分为政府工作部门和直属事业单位两大类。直属事业单位有档案局、轻工总会、农机局、医药管理局、广播电视局、县体委、县旅游局、县文化局、县志办、县老龄委、县供销社等 11 个。

2001 年 10 月，县政府机构再次改革，政府直属事业单位有：粮食局、商业贸易局、乡镇企业局、农机局、广播电视局、体育局、旅游局、文化局、县地方志办、档案局、轻工总会、经济技术合作局、环境保护局、安全监督管理局、县供销社等 15 个。

2006年2月，县政府机构改革后，直属事业单位有粮食局、农机局、广播电视局、体育局、文化局、县地方志办、档案局、经济技术合作局、安全监督管理局、供销社、国资局、移民局等12个。

第三章　政府办公室工作

第一节　公文处理

县政府办公室每年召开一次文秘工作会议。每2—3年对各乡镇、县级各部门和部分学校、企业的文秘人员进行一次培训。1990年12月1日，第十一届县政府第八次会议决定，废止自1981年县政府成立以来所发文件中已由新的政策规定代替，或已超过执行期限，或与国家法律、法规和上级政策不相吻合的文件37份。1997年，县政府办公室印发《公文主题词表》，规范公文处理。2002年6月，根据《国家行政机关公文处理办法》和市府办公厅的公文处理实施细则，印发《剑阁县人民政府办公室关于进一步规范公文处理程序的通知》，并审查清理政府规范性文件7984件，废止913件，修改102件。2004年，县政府办公室建立健全《公文办理制度》《印章管理制度》《档案管理制度》《收发交换制度》《信息工作制度》《研究工作制度》等文秘工作制度，制定《公文处理实施办法》《公文处理流转办法》，制作《剑阁县人民政府发文流程图》《剑阁县人民政府办公室发文流程图》《剑阁县人民政府会议纪要审签流程图》《剑阁县人民政府办公室收文流程图》等，对规范公文起草、收发、归档、利用和管理等作出明确规定。至2006年，县政府办公室共起草和核发县政府及县政府办公室文件、函件5236件，均符合公文处理规定。

第二节　信息管理

1991年，在部分县级部门、区公所及乡镇建立信息联系点29个，聘请政务信息员30名。至1993年，县级各部门办公室、乡镇办公室及部分学校、企业均有一名专（兼）职信息员，全县基本形成纵横交错的信息网络。县政府办公室将信息工作纳入目标考核，实行稿酬制。1994年至1995年，完善信息工作制度和审核办法，编印《政务信息》。同时，围绕改革、发展、稳定工作，每年拟定10－12个重点课题，开展政务调研。1996年，县政府办公室、部分县级部门和县长、副县长办公室实现计算机联网。1997年，县政府办公室、水利局、林业局、国税局、教委、民政局、国土局、烟草专卖局等与市政府办公室计算机联网，实现部分文件、信息网上查询和交换。2003年5月建成党政网，年底建成县政府公众外网，设置县情民俗、招商引资、旅游开发、政策法规、办事指南等栏目，实现与省、市、县级部门及乡镇网上信息交换。2005年，新购置微机24台，建起政府内网。2006年，购置专用服务器和信息直报模块软件，与省政府办信息处联网，建成信息直报点。至2006年年底，共编发信息简报1369期，整理上报信息 11340 条，被国办、省、市办公厅采用 2160 条。

第三节　政务督办

1995 年，根据中共中央办公厅《关于进一步加强督促检查工作的意见（试行)》精神，县政府发布《关于加强督促检查工作的决定》，对县级部门和乡镇督办人员进行培训。1996 年 10 月，县政府设立督查室，创办《政务周报》，对政府的重大决策、重要工作部署和重点工作情况每周通报。督查网络建设不断加强，形成上下联动，左右协调，运转高效的“大督查”格局。至 2006 年年底，督查督办事项共 1200 余件。烤烟生产、招商引资、交通建设、新村建设、农村和场镇饮水困难等热点难点问题，通过督查督办得以解决。

第四章　综合政务

第一节　目标督查工作

2000 年 6 月，县目标办印发《剑阁县 2000 年工作目标考核实施细则》，全县 137 个单位纳入工作目标管理。被考核单位与县委、县政府签订工作目标责任书，县委、县政府分管领导为考核人，各单位法人代表为责任人。是年考核结果，县级部门先进单位 15 个，先进乡镇 10 个；不合格的县级单位和乡镇各 5 个。目标考核排名中，对未完成财政税收和计划生育工作目标的单位实行“一票否决制”，名次后移 10 位，其单位集体与主要领导干部均取消评选先进的资格。2001 年，对目标责任制进行补充完善。考核分为农村经济、城市经济、财税商贸、社会事业、城市建设管理、下寺开发六条线，并另设县级部门干部建园目标责任制考核，由县农工委牵头负责。是年，实行目标考核的责任单位 140 个。考核结果，先进综合口 2 个，先进县级部门 10 个，先进督导室 3 个，先进乡镇 10 个；不合格县级部门 5 个，不合格乡镇 5 个。2002 年，县委、县政府就加强目标管理工作作出明确规定，考核中获全县前 10 名的单位分别按 1 万元至 1000 元计奖，并授予奖牌。奖金由各单位按工作业绩分配，财政列支。考核结果 700 分以上者为合格单位，以下者为不合格单位。先进单位、合格单位的目标责任人每 1 分按 1 元计奖，奖金由财政列支。先进单位、合格单位的职工，由单位发给目标考核奖，仍按 1 分 1 元计算。不合格单位给予黄牌警告，通报批评。连续两年不合格，第一责任人按有关程序就地免职，领导和职工均取消目标奖。2003 年，调整目标考核分值和奖金标准。2004 年至 2006 年，目标管理工作已经制度化。

第二节　信访工作

信访办理　1990年起，县信访办不断总结经验，完善信访制度。实行首问责任制，做好老上访户工作，通过开展“基层信访年活动”等形式，化解矛盾，实现小事不出村，大事不出乡镇，把问题解决在基层，将矛盾隐患消化在萌芽状态。至2006年，县信访办共接收来信14469件，县委、县政府领导批阅来信6034件，中央、省、市交办309件。接待个人上访3627人次，集体上访323批4291人次。来信来访涉及的方面有建议2866件，检举揭发6614件，申诉506件，请求解决各类问题9906件，其他2580件。信访案件转交县级部门办理10669件，乡镇办理4121件，县信访办会同相关单位调查处理4466件。函转有关单位及乡镇1699件，要求报告结果511件。

领导接访　1990年，信访工作由一名县委常委和一名副县长分管，县级部门和乡镇党委、政府有一名领导分管。实行领导接待日制度。县委常委和县人大、县政府、县政协主要领导每月10日和20日轮流到信访办值班，接待群众来访。各区、乡镇实行逢场天信访值班制度，党政领导轮流值班。1991年，建立县级领导包信访老户的制度，县级各部门和区、乡镇“一把手”普遍重视信访工作。1992年，有10位县级领导参与值班，县委书记批阅信访件161封，其他县级领导批阅信访件均在20封以上。1993年至1996年，继续坚持领导接待日制度，进一步强化领导责任，基本做到无积案。1997年4月，随着集体上访增多，为维护社会稳定，设立“县长热线办”。每月编发《县长热线简报》一期，利用政务信息网络互通情报。1998年至2000年，信访基本集中在县长接待日和县长热线办。县长接待日多为集体上访，反映企业改制中国有、集体资产流失和职工权益受损等问题占一定比重。县委、县政府调整政策，化解矛盾，维护社会稳定。2001年，县长、副县长接待上访群众13次169批381人次。受理群众反映的问题160件，县长交办要报告结果的20件，办结20件；受理热线电话67个，县长批示要结果的28个，办结28个。2005年8月，县委、县政府决定每周五上午为县长接待日。2006年，接待日和热线办信访集中反映在征地拆迁、安置补偿、拖欠农民工工资、拖欠工程款等方面，县政府采取相应措施解决。

第三节　法制工作

法律法规宣传　1990年县法制局开展“二五”普法宣传工作。1991年6月5日，全县开展《行政复议条例》宣传活动。县法制局与法院、公安、司法、税务等单位的40名执法人员在街头开展行政执法与行政复议宣传咨询活动。1993年至1994年，组织全县股所级以上干部1036人、企业法人代表108人参加行政法规的学习培训。1995年7月至9月，开展《赔偿法》宣传活动。1996年，县委发出《关于实行部门执法责任制的通知》，县人大第十三届二十三次会议作出《关于建立和健全部门执法责任制的决议》，县政府制定《剑阁县人民政府部门执法责任制实施方案》。1997年，组织行政、事业、企业单位负责人325人进行培训，上法制专题课15次。至1998年，全县各类执法人员1036人得到分期培训，培训面为95%。1999年10月，县法制局印发学习资料1000份，张贴《行政复议法》宣传画200张。对工商、税务、计生、建委等部门和区乡镇执法人员进行统一培训，有29人参加省、市培训学习。2002年，邀请四川大学教授为副县级以上领导干部进行依法行政知识讲座。是年10月，全县组织4个普法检查组，对42个单位的普法学习宣传工作进行检查。2003年，共1100人参加省、市、县组织的法律业务培训。是年11月，县政府召开县级各执法单位分管领导、各部门法制科（股）负责人会议，传达省、市关于加强行政执法队伍教育管理工作精神，安排布置全县执法队伍教育管理工作。2004年5月，对全县公务员分三批进行行政许可法培训。7月，邀请清华大学教授作《依法治国，坚持科学发展观》专题讲座。年底，组织副县级以上领导干部参加全省“四五”普法知识和《行政许可法》知识考试。2005年，对全县公务员及参照公务员管理单位的干部职工共1575人分批进行培训。2006年，县法制办举办《行政许可法》专题讲座，对乡镇站、所执法人员进行培训考试。

行政执法监督 1992年，学习贯彻《四川省行政执法监督检查规定》。县法制局在有关部门聘请10名检查员向行政执法机关委派行政执法监督检查员，对县建委、文教、水电、环保等单位开展常年执法监督检查工作。1993年至1994年，县法制局收到控告行政执法机关和乡镇政府越权行政申请65件。行政执法监督自理28件，非诉讼调解12件；撤销乡镇政府和行政执法主体越权行政文件13件；撤销行政执法主体违法集资10件，金额280万元；纠正林权案3件，收回国有林25.33公顷。1995年，全县各级行政执法机关共办理各类行政案件327件。办理行政执法监督案件17件。撤销违法行政行为18起。1996年，县法制局组织各执法机构对本部门规范性文件进行清理，依法界定执法主体52个。至1997年，共办理行政执法监督检查案和查处违法行政案32件，主要涉及农民和企业的不合理负担。1999年，开展各类执法检查7次，纠正违法行政、越权行政行为17起，涉及经济标的27万元。2000年，对行政执法机关和乡镇政府进行行政执法监督检查20次，处理执法纠纷2起，撤销行政执法机关处理和处罚决定5起；终止执行12件；制止乱收费、乱罚款8万元。2001年，对社会医疗机构、蚕茧收购、生猪税收等各类执法检查7次，纠正“三乱”行为17件，撤销越权行政批文3起，追究乱收费行为3起，处理以税谋私行为3起。全县各级执法监督部门共办理监督检查案件52件，维持40件，撤销12件。2002年，开展打假治劣、治理公路“三乱”、医疗机构执法等检查共7次，撤销县乡公路检查站7处，取消行政人员经营医疗机构2处，处理中小学乱收费7起，纠正违法行政13件。2004年，组织执法检查15次，办理行政执法监督案件11件，督促县级行政执法机关办理58件，纠正行政执法机关乱收费、乱罚款85万元。2005年至2006年，共办理行政执法监督案件12件，检查矿业秩序整顿、“三农”物资市场整顿、《劳动法》实施等专项检查19次。

行政执法资格证管理 1995年8月，县法制局印发《关于全县统一使用行政执法证件的通知》，依法界定执法主体资格。全县共清理执法主体61个，对4个不具备执法主体资格的单位取消其执法主体资格，对382名不具备执法条件的人员吊销执法证件。为符合执法主体资格的920名行政执法人员颁发“四川省行政执法证”，为127名委托执法人员“委托执法证”，为120名领导干部颁发“四川省行政执法监督检查证”。1996年至2004年，县法制局每年均进行执法人员的培训和执法证审核工作，加强行政执法队伍的教育和整顿。2005年，加强行政人员的办证管理，严格培训关、考核关、上岗关。是年，行政处分执法人员4人，吊销执法证13个。2006年，梳理执法依据，分解执法职权和确定执法责任。各行政执法主体保留34个，执行有效法律、法规、规章828部，具体行政执法权63项，行政处罚561项，行政许可299项，行政强制45项，行政征收125项，行政确认5项，行政给付1项，行政裁决5项，其他具体行政执法职权45项。在册行政执法人员共997名。

规范性文件清理　1990年12月1日，县政府第八次常务会议决定，废止1981年以来已由新政代替或已超过执行期限，或县级部门印发的国家现行法规和上级政策相抵触的37个原规范性文件。1991年，为保证规范性文件合法、有效、适当，县政府清理自成立县革委以来的各类文件3600份，清出与法律、法规相抵触或过时文件71份，应废止的43件，应修改的28件。经县政府常务会议讨论废止43件。县级各部门亦开展清理工作。1992年至1996年，县政府共清理规范性文件897件，废止同现行法律相抵触的文件31件，修改11件。各行政执法机关共清理规范性文件2378份，废止132件，部分修改57件。1997年，县法制局撤销不规范文件，保留1325件。建立健全各种责任制17种。2002年，共清理1990年以来部门规范性文件7984件，废止2913件，修改3102件。2003年至2006年，县法制办共审查报送县政府印发的规范性文件57件，组织参与制定规范性文件27件，规范招商引资合同23份。

行政复议　1991年6月至7月，全县建立复议机构6个，设专兼职复议人员28人。1993年，县政府成立行政复议办公室与法制局合署办公，复议办主任由法制办主任兼任，设专职副主任一名（副科级）。1992年至1994年，县政府共受理行政复议案件28件。1995年，《国家赔偿法》正式实施。是年，受理行政复议案件25件。1996年至2002年，共受理行政复议案件149件，办理结案102件，维持决定63件，撤销9件，为公民、法人和其他组织避免经济损失158.5万元。2003年至2006年，共受理行政复议案件172件，涉及行政机关罚款、查封、扣押、土地权属、土地流转、劳动保障等方面，均得到妥善处理。

第四节　救灾工作

防灾　剑阁自然灾害种类多，发生频繁，尤以干旱、洪涝、冰雹、大风等灾害影响较大。县委、县政府坚持预防为主、防救结合的抗灾救灾工作方针。建立领导联席会议制度，定期召开政府办主任、气象局长、农业局长、水利局长、民政局长联席会议，邀请气象等行业部门的科技人员会商预测，利用会议、简报、广播电视等形式及时发布灾害信息。气象预报坚持周报、旬报、月报、季报及年报预测。县、乡镇政府均制定《自然灾害救灾应急预案》，分级负责，共同应对。定期对预案进行演练，增强群众防灾减灾意识，最大限度减轻灾害损失。同时，以兴修水利、植树造林、改田改土、整修公路为重点，全县实行“山、水、田、林、路”综合治理的减灾设施建设，综合利用，配套开发，抗灾能力增强，农业综合生产能力提高。1990年至2006年，全县农田水利基本建设国家投资1.35亿元，投劳折资1.14亿元，自筹资金2.41亿元。完成土石方9427万立方米，新修水库23座，新修山坪塘1883口，维修水库3597口，改造中低产田土26600公顷，植树造林（包括退耕还林）45980公顷、植树2017.4万株，整修县、乡、村道路6169.8千米。

救灾　全县坚持一灾一报的灾情汇报制度，及时汇报灾害发生时间、地点、强度、受灾范围、救灾措施。自然灾害发生后，各级及时制定抗灾救灾措施；灾区干部、群众不等不靠，主动救灾，恢复生产，维护稳定；党和政府大力援救，社会各界向灾区捐款捐物。1998年9月16日，剑阁发生特大洪灾，造成直接经济损失 8.41 亿元，死亡 24 人。灾后，社会各界捐赠资金 2147.45 万元。其中，省级机关及个人捐赠 1858.53 万元、市级机关单位及个人捐赠 159.17 万元、兄弟县区捐赠 79.54 万元、县内机关单位及个人捐赠 50.21 万元；捐赠棉被 10362 床、衣物 14 卡车、大米 4125 公斤、稻谷 1146 公斤、小麦 1600 公斤、玉米 100 公斤、方便面 445 件、矿泉水 541 件、啤酒 226 件、碳铵 50 吨、水泥 168 吨。2006 年，全县 57 个乡镇遭受旱灾，其中重灾 26 个，县内人民捐赠现金 8.26 万元，粮食 3440 公斤，苕藤 17000 公斤，水桶、水袋 912 只，消毒药片 700 瓶，化肥 17 吨，红砖 4 万匹。

1990 年至 2006 年，省、市政府共拨给剑阁农业生产救灾资金 645.6 万元，化肥 4780 吨、柴油 929 吨、汽油 133.7 吨、钢材 175 吨、水泥 170 吨等救灾物资。

第五节　政务中心

2005 年 9 月，成立县政府政务服务中心。县政务中心的主要职能是贯彻实施《行政许可法》和《四川省政务服务监督管理办法》，组织管理县政府所属部门统一、集中办理行政许可事项和其他政务服务事项等。全县 43 个部门 299 项行政审批项目，除审批职能上划外，38 个部门 299 项行政审批业务均纳入政务中心办理。同时，全县 601 项行政事业性收费项目也分批纳入政务中心办理。

2006 年，政务中心在政务大厅设立窗口 35 个，进驻窗口工作人员 62 人。县政府采购中心、县招投标中心等单位均在政务中心办公，接受管理和监督。中介组织服务中心按市场化运作。为方便群众办事，政务中心在普安镇设立办事处，并与邮政部门合作，开办元山、公兴、鹤龄、白龙等乡镇远程服务网点。

第五章　地方志　档案

第一节　地方志工作

第一轮县志编修　新中国成立后的第一轮《剑阁县志》（下限至 1989 年 12 月）编修，于 1989 年 9 月完成讨论稿。至 1990 年 1 月，县级领导和有关部门进行评审。7 月，完成送审稿，8 月 20 日县委、县政府向市委、市政府呈送《关于出版〈剑阁县志〉的请示报告》，请审查验收并批准出版。11 月 20 日至 23 日，市政府召开新编《剑阁县志》评审会议，省志办、省方志协会和成都、德阳、绵阳等地及市内兄弟县区的领导、专家共 40 余人参加评审，《剑阁县志》主编、副主编、编辑共 8 人参会。12 月初，县志主编同部分编纂人员赴巴蜀书社征求意见。月底，编纂人员按修改方案修改完善，于 1991 年 5 月完稿。经省地方志编纂委员会和巴蜀书社审定后，由主编崔键、副主编王银生、编辑王守义组成订稿组，负责县志订正。设 4 个校对组，共校稿 12 次，达到国家规定标准。1992 年 7 月，《剑阁县志》由巴蜀书社出版，全书共33篇，119章，391节，1274千字。内附彩图4幅，彩照38幅，黑白照23幅。为16开布面精装本。第一次印刷2000册。是年8月11日至12日，县政府在县委招待所会议室召开《剑阁县志》发行会。省地方志编纂委员会党组书记、常务副主任秦安禄，省开发办主任、原县委书记、《剑阁县志》编委会主任颜继禄，省社科院原副院长、《剑阁县志》顾问廖永祥，省社科院历史研究所所长贾大全，巴蜀书社副社长邵世强、《剑阁县志》责任编辑周道贵和市志办及市内县区志办的领导应邀参加，县长、《剑阁县志》编委会主任薛义富主持会议，副县长、《剑阁县志》编委会副主任刘清祥介绍县志编修情况。《剑阁县志》是全省较早出书的30部县志之一。1993年，《剑阁县志》获全国新编地方志优秀成果三等奖。

第二轮县志编修 根据省第七次地方志工作会议精神，全省第二轮修志工作启动。县委、县政府决定，剑阁第二轮修志工作计划从2005年开始，至2010年完成，并纳入年度目标考核。2004年11月，县委办公室、县政府办公室制定《2005—2010年全县修志工作实施方案》。《剑阁县志》编纂委员会和《剑阁县志》编辑部相继成立，开展修志专业培训工作。2006年2月，县政府制定《剑阁县志》编修方案，确定编修县志的指导思想、总体框架、工作步骤、组织领导和保障措施。是年8月，县志编纂委员会召开县志纲目审定会，县委办、县政府办印发《剑阁县志（1990－2006）纲目》。

编辑年鉴 1990年，设县年鉴编辑委员会和《剑阁年鉴》编辑组。是年起，分年度编辑出版《剑阁年鉴》。《剑阁年鉴》系史料性、综合性地方年鉴，是继修《剑阁县志》后的地方史料延续，为研究县情和续修县志提供资料。《剑阁年鉴》（1990）为章节体，以事业分类，除专章外，设有概况和大事记，各篇由承编单位供稿。编辑出版《剑阁年鉴》1991、1992、1998卷。2004年，《剑阁年鉴》编辑组改为编辑部。是年编辑出版的《剑阁年鉴》（1999—2004），改版后，体例以篇、类（分）目、条目次第编辑。增设“特载”“简介”篇，增加彩色插页24页，开本由原16开平装本改为大16开精装本。《剑阁年鉴》（2005—2006）编辑完成。至2006年年底，共编辑《剑阁年鉴》6部，出版5部。

地情资料整理与利用 1990年至2006年，共查阅档案1000余卷，收集县情资料1000余万字，剪辑涉及县情的报刊、简报、通报等资料600余万字，收集人物资料20余万字，采集口碑资料15万字，征集历史照片200余幅。地情资料经过整理归类，统一建卡，立卷归档。县志办加强地情资料的开发利用，为领导决策和社会各界提供咨询服务，为制定全县“八五”计划至“十一五”规划、省立剑阁柴胡生产基地项目、调整乡镇建制、行政中心迁址等工作提供地情资料20余万字，为编修部门志、专业志提供地情资料100余万字，为编修《广元市志》《广元年鉴》提供地情资料近5万字，为在外剑阁籍人士了解家乡情况及港、澳、台胞，海外侨胞查询历史人物和事件等提供资料。整理、编辑出版《十三峰书屋》《何寅生书碑二种》《黄裳传》《剑门蜀道诗选》《剑门蜀道楹联集》《剑门风物志》《翠云廊大观》等地方文献10余部。

指导部门志编修 2004年11月，制定县修志工作方案，79个县级部门第二轮修志工作全面展开。县政府召开部门修志工作会议，下达部门修志任务，并纳入目标考核。县地方志办组织培训部门志编修人员，制定《部门志行文规范》和《志书印刷设计方案》，并逐部门与编修人员商讨志书体例、篇目，协调解决修志工作中存在的问题。县志编辑部直接参与编审《剑阁县军事志》《剑阁县法院志》《剑阁县民政志》《剑阁县财政志》《剑阁县地税志》《剑阁县交通志》《剑阁县林业志》《剑阁县烟草志》《剑阁县规划和建设志》《剑阁县旅游志》《剑阁县广播电视志》《剑阁县卫生志》《剑阁县志·共青团志》

等10余部部门志。大部分部门志与县志编纂同步推进。县地方志办定期检查、通报部门志编修进展，严格审查验收，确保部门志质量。部门志续修已出版的有《剑阁县志·政协志》《剑阁县教育志》《剑阁县人口计划生育志》《剑阁县国土资源志》《剑阁县志·农工委志》《剑阁县农业志》《剑阁县水利志》《剑阁县农业机械志》《剑阁县审计志》《剑阁县公安志》《剑阁县人民医院志》等20余部。1991年，第一轮《剑阁县金融志》《剑阁县城乡建设志》分别获得全市1988—1989年度地方志优秀成果一等奖、二等奖。

第二节　档案工作

档案保管保护　县档案馆现存档案160个全宗27996卷，征集各类人才照片档案1200件。馆藏各类档案和文献资料共14.33万卷（册），文书档案7.62万卷，科技档案1.26万卷，清代档案4件，民国档案7497卷，革命历史档案150件，音像档案53件。实物档案有国家级、省部级的奖杯、奖牌、石碑、毛泽东塑像，民国初年县政府大堂屏风等59件。馆藏《人民日报》《红旗》《求是》《新华月报》《新华文摘》等各类报刊21种2206册，《中共剑阁县地方史》《剑阁县志》和县内张、王、李、赵、苟、侯等18部宗谱及县政协文史资料共1.75万册。各类图书2.6万册。各机关档案室共存档案16万余卷。

1990年起，每年定期全面检查馆藏档案保管保护情况。进馆档案资料均进行低温冷冻消毒，库房温湿度调整控制在温度14—24℃左右，相对湿度45%—60%左右，防止受潮、霉变、虫蛀现象发生。1998年，县档案馆档案安全受到两次严重威胁。4月初，档案馆建筑底层木构件部分受到白蚁危害，有的门窗已被白蚁蛀空，多处由下向上蔓延，县财政拨防治白蚁专款19万元，购置灭蚁油剂、灭蚁浮剂、灭蚁灵等药物，更换木质门窗及木质档案柜为金属构件，增添去湿机3台，消除了白蚁危害。是年9月16日，剑阁遭遇百年罕见洪灾，暴雨灌进县档案馆顶楼，水深尺余，库房进水，空调、去湿机、复印机及档案装具被洪水浸泡损毁，造成直接经济损失17万元。全县40余家机关、企事业档案室被洪水淹没，冲毁档案2712卷，图纸700余张，资料1500卷。县档案局除抢救馆藏档案外，印发《关于防洪救灾期间认真做好档案安全工作的紧急通知》《水浸受潮档案抢救方法》，档案局职工赶赴县级各机关、企事业单位和重灾区调查灾情，指导档案抢救工作。1998年后，县档案馆改造库房，增添设备，配置空调机4台，去湿机7台，吸尘器1台，灭火器40具，密集架60立方米。每年定期施放杀虫药物，确保档案安全。全县各机关单位和乡镇档案室也得到较大改善，改造档案室158个，增加档案柜1009台（组），新增密集架293立方米，灭火器材1200具。健全档案保管制度，签订档案安全责任书，期满10年的档案均移交到县档案馆。2003年，县委办、县政府办发出《关于县城搬迁中加强档案管理的通知》，县档案局制定在县治迁址过程中加强档案安全保护的具体措施，确保县级机关档案安全转移。

档案开放与利用　按照《档案法》“国家档案馆保存的档案，一般应该自形成之日起满30年向社会开放”的规定，县档案局1991年有计划、有步骤地进行档案开放工作。开放的重点是民国档案，馆藏民国档案共7497卷。至1999年，已开放2720卷。2002年后，档案开放工作步伐加快，档案使用率提高。至2006年，民国档案开放6734卷，馆藏1949后档案9万卷，开放8.35万卷。期满30年的库存档案全部向社会开放。查阅开放档案，只凭本单位介绍或本人身份证则可。县档案馆为快速、高效、便捷提供档案服务，对馆藏档案进行系统化排列。县政府、县级各部门及所属各单位为政府全宗群；县委及人民团体、乡镇党委机关为党委全宗群；民国政府各全宗单位为一个全宗群。库内设全宗指引卡，各库亦系统编制全宗档案存放索引图。对库房130多个全宗、615本全宗目录。近400万字的案卷目录打印、装订成册，并编印《剑阁县档案馆简明指南》。通过阅览室查阅、电话查问、信函查阅、档案复印、档案证明等形式，为查阅者提供服务。县内外作者利用档案资料，编写地方文献，如《剑门蜀道诗选》《剑阁历史年表》（上册）、《剑阁古柏资料汇编》等。至2006年，馆藏档案资料为编地方史修志、查阅工龄、房产林地纠纷、家庭婚姻财产等方面提供档案资料8万卷（册），接待查阅者8.32万人次，复印档案资料1.63万页。

档案规范化管理 县档案局建立健全档案管理的各项规章制度，加强归档立卷的规范化管理。1990年至2001年，全县档案立卷归档一直沿用以卷为单位装订成册的办法。2002年起，推行国家档案局制定的《归档文件整理规则》，对长期采用的传统立卷归档办法进行改革，实行以件为单位，缝纫机扎边装盒的新办法。县档案局对473名档案工作专兼职人员进行专业培训。全县立档单位865个，县级机关72个、上挂单位18个、县级企业13个、乡镇57个、乡镇学校110个、卫生医疗单位73个、村民委员会（城镇居委会）508个。档案馆、室共收藏档案资料30万卷（册、盒）。2002年4月29日，县电力公司档案、管理通过国家二级认证，成为剑阁首个获此称号的单位。2004年，县档案局获省档案局、省人事厅档案工作先进集体称号，县档案馆达省三级标准。县人民银行、县劳动和社会保障局等8个单位达到省三级档案管理标准。2005年年底，县档案局按照《四川省档案工作规范化管理办法》，对98个达标单位进行重新认定，对不符合档案规范化管理的县中医院、县毛巾床单厂、县茧丝绸公司等4个单位取消达标资格，重新考核认定6个省三级档案标准的单位。至2006年，全县符合档案规范标准的省一级单位有13个、省二级单位23个、省三级单位63个、国家企业二级标准的单位1个。

档案行政执法 县政府将《档案法》的宣传贯彻纳入普法规划，通过举办展览、板报、广播电视讲座、法律知识竞赛、街道宣传、发放资料等形式宣传《档案法》。1991年，县档案局会同县监察局查处涂改档案违法案件4起。2001年7月，会同县技术监督局查处县城5个文具店及个别县级部门盗用档案局监制名义，销售伪劣档案装具行为。2002年7月，针对改制企业档案处置、档案安全问题，对14个企业进行专项执法检查，对问题较为严重的单位发出限期整改通知书。至2006年，共执法检查146个单位，依法处理违纪案件8件，限期整改138件，办理档案行政审批109件。

档案信息化建设 2003年8月，县档案局推行电子文书档案管理，开展电子文档与公文网上交换业务培训，县级机关、企事业单位的档案管理人员参加培训。是年底，县档案局建立档案信息网，利用网络开放部分馆藏档案。全县有10个单位使用全省电子档案管理系统软件。至2006年，文件利用中心共收集40个县级单位文件1200件，并将文件目录发于县档案信息网“文件中心”栏目，供网上查阅。

第六篇　政协剑阁县委员会

第一章　政协委员会议和专门委员会

第一节　政协委员会议

第四届委员会　1990年2月26日至3月4日，政协第四届剑阁县委员会第一次会议在县委大礼堂举行。会议听取县委书记杜兴方讲话和县政协工作报告；列席县人大第十二届一次会议；投票选举政协主席1人，副主席5人，秘书长1人，常务委员26人。本届政协委员会共191人，中共19人、共青团4人、妇联5人、工会7人、政法4人、农民16人、工商31人、侨台属7人、文化艺术10人、科技27人、教育28人、医卫17人、体育2人、宗教1人、特邀13人。任期3年，共召全体委员会议3次、常委会议15次、主席会议26次。第二次会议于1991年3月19日在县城召开。第三次会议于1992年2月24日至27日在县城召开。

第五届委员会　1993年2月18日至24日，县政协第五届委员会第一次会议在县委大礼堂举行。会议听取县委书记杜兴方讲话和县政协工作报告；列席县人大第十三届一次会议；投票选举政协主席1人，副主席8人，秘书长1人，常务委员29人。本届政协委员共209人，中共26人、农民界20人、台侨属6人、总工会5人、共青团5人、县妇联5人、工商联9人、政法界5人、科技界24人、教育界32人、工业界11人、商贸界15人、医卫界16人、文艺界10人、体育界2人、宗教界1人、特邀17人。任期五年，共召开全体委员会议5次，常委会议25次，主席会议36次。第二次会议于1994年1月28日在县城召开。第三次会议于1995年3月6日在县城召开。第四次会议于1996年3月12日在县城召开。第五次会议于1997年3月22日至28日在县城召开。

第六届委员会　1998年2月23日至3月1日，县政协第六届委员会第一次会议在县委大礼堂召开。会议听取县政协第五届常务委员会工作报告和县委书记王振会讲话；列席县人大第十四届一次会议；投票选举政协主席1人，副主席6人，秘书长1人，常务委员25人。本届政协委员共204人，中共界23人、共青团5人、妇联界5人、工会界5人、政法界5人、台联界5人、体育界2人、宗教界1人、教育界27人、财贸界11人、工交界10人、文艺界10人、科技界24人、工商联13人、医卫界19人、农业界19人、特邀界20人。任期5年，共召开全体委员会议5次，常委会议21次，主席会议36次。第二次会议于1999年2月5日在县城召开。第三次会议于2000年2月23日在县城召开。第四次会议于2001年2月13日在县城召开。第五次会议于2002年1月28日在县城召开。

第七届委员会　2003年1月16日至22日，县政协第七届委员会第一次会议在县委大礼堂举行。会议听取县政协第六届常务委员会工作报告和县委书记严明清讲话；列席县人大第十五届一次会议。投票选举主席1人，副主席5人，秘书长1人，常务委员28人。本届政协委员共233人，中共界28人、工会界6人、妇联界5人、共青团5人、台联界3人、法律界6人、宗教界2人、文艺界9人、工商联界16人、教育30人、医卫界20人、体育界2人、科技界22人、经济界25人、农业界20人、特邀界21人，2004年2月17日增补8人、2005年5月13日增补5人政协委员。任期五年，共召开全体委员会议4次，常委会议14次，主席会议22次。第二次会议于2004年3月1日在普安镇召开。第三次会议于2005年5月23日在普安镇召开。

剑阁县第四届至七届政协主席、副主席名录

表6

届次	职务	姓名	籍贯	任职时间
第四届	主席	姚福田	四川蓬溪	1990.2—1993.2
	副主席	薛绍唐	四川剑阁	1990.2—1993.2
	副主席	杨正兴	四川剑阁	1990.2—1993.2
	副主席	何荣生	四川剑阁	1990.2—1993.2
	副主席	郝元龙	辽宁锦州	1990.2—1993.2
	副主席	王玉森	四川剑阁	1990.2—1993.2
第五届	主席	柯长发	四川蓬溪	1993.2—1997.3
	主席	王振会	四川广元市元坝区	1997.3—1998.2
	副主席	薛绍唐		1993.2—1996.3
	副主席	母仔春	四川剑阁	1993.2—1996.3
	副主席	许昌德（女）	四川金堂	1993.2—1998.2
	副主席	刘光恒	四川剑阁	1993.2—1998.2
	副主席	范金福	四川剑阁	1993.2—1998.2
	副主席	郝元龙		1993.2—1997.4
	副主席	王玉森		1993.2—1998.2
	副主席	梁容熙	四川剑阁	1993.2—1998.2
	副主席	王成书	四川剑阁	1996.3—1998.2
	副主席	戴勇	四川三台	1997.3—1998.2
第六届	主席	王成书		1998.2—2003.1
	副主席	戴勇		1998.2—2003.1
	副主席	梁容熙		1998.2—2003.1
	副主席	舒友林	四川剑阁	1998.2—2003.1
	副主席	范金福	四川剑阁	1998.2—2003.1
	副主席	刘光恒	四川剑阁	1998.2—2003.1
	副主席	何孝明	四川剑阁	1998.2—2003.1

续表6

届次	职务	姓名	籍贯	任职时间
第七届	主席	王成书		2003. 1—
	副主席	舒友林		2003. 1—
	副主席	何孝明		2003. 1—
	副主席	何绍州	四川剑阁	2003. 1—
	副主席	王芝芳	四川剑阁	2003. 1—
	副主席	何春蓉	四川剑阁	2003. 1—

说明：资料为县政协提供。籍贯只录一次。

第二节　专门委员会

1990 年 3 月 5 日，根据政协章程，结合剑阁实际，政协第四届委员会常务委员会第一次会议通过《县政协组建专门委员会有关问题的决定》。办事机构设办公室、委组工作联络科、学习宣传委员会、提案法制委员会、文史资料委员会、经济科技委员会、文教卫生委员会、联谊旅游委员会。1993 年 5 月，增设文史资料办公室和法制群工联谊旅游委员会。1994 年 4 月，撤销文史资料办公室和委组工作联络科。1998 年 5 月，“文教卫生委员会”更名为“文教医卫人口委员会”，“法制群工联谊旅游委员会”更名为“社会联谊委员会”。2003 年 3 月，“文教医卫人口委员会”更名为“社会事业委员会”。2006 年，政协办事机构有办公室、提案法制委员会、经济科技委员会、社会事业委员会、学习宣传委员会、社会联谊委员会、文史资料委员会。

县政协办事机构具体组织实施主席会议、常委会议、全体会议的决定。办事机构的调整和人事变动，由政协党组会议、主席会议研究决定，并提交政协常委会议通过。

第二章　政协工作

第一节　协商　监督与参政议政

县政协履行政治协商、民主监督、参政议政的职能，参与全县重大决策、重要事务及关系人民群众利益等大事的讨论商议，推进剑阁改革开放和经济社会的发展。1990 年，根据中央〔1989〕14 号文件和全国统战会议精神，县政协完善各项规章制度，加强自身建设，制定《常务委员会工作规则》《专门委员会组织通则》《政协委员小组组织简则》《专门委员会工作细则》。健全主席会、常委会、专委会议事制度，坚持政协主席列席县委常委会议，政协主席或副主席列席县人大例会、县政府政务会议的制度。政治协商、民主监督、参政议政活动基本达到经常化、制度化。至 2006 年，主席、副主席列席县委、县人大、县政府会议共70余次，直接参与政治、经济、文化、社会方面重要问题的讨论，以保证与县委、县人大、县政府工作的一致性。第四届至第七届委员会共召开主席会120次，政协常委会75次，全委会17次。政协委员列席县人代会17次，听取和讨论县政府工作报告、国民经济和社会发展计划执行情况报告、财政预决算报告及法院和检察院工作报告，对发展经济、减轻农民负担、企业转换机制、清理三乱、“普九”义务教育、城镇住房改革、下寺镇总体规划、旅游资源的保护与开发等重要工作提出批评、建议1241条，提案2126件。开展各类视察调研活动124次，撰写专题调查报告80篇，为党政决策提供依据和参考。县政协委员与各界人士组成评议组，参与对县人民医院、县第三人民医院、县法院、县公安局、县交警大队等单位的行业民主评议。在交警系统召开各类座谈会23次，对涉及18个省、市过境的车主1800多人进行调查了解，将存在的问题形成评议报告，召开评议大会，提出整改建议，促进行业作风转变和社会和谐稳定。

第二节　日常工作

学习宣传　县政协学习宣传委员会组织和推动政协委员和各界人士学习马列主义、毛泽东思想、邓小平理论、“三个代表”重要思想及科学发展观，学习宣传党和国家的方针、政策、法律、法规、时事政治，采取多种形式，开展学习宣传活动。1990年至2006年，共印发《学习资料》1800份，编印《社情民意》46期；举办专题讲座11次，参加学习664人次；创作各类作品545件，海外发表278件；举办书画展览2次，参展作品141件。

提案工作　县政协委员按照提案征集的要求，围绕全县经济社会发展主题，提出批评、建议，写成提案。至2006年，县政协共收到提案2126件，经提案委员会集体审查立案2073件，分类转送相关部门办理，办理回复2060件。县政府、县政协联合召开提案工作表彰会，每年表彰承办提案先进单位5个，优秀提案10件。1992年，政协委员建议“尽快复修剑门关古关楼，着力打造剑门旅游，以旅游为龙头，拉动全县经济发展”的提案，建议“整修滨河路，修建鹤龙索桥”的提案；1993年，政协委员建议“尽快修建剑州大桥，理顺学街口交通秩序”的提案；2003年，政协委员建议“清理复修鹤鸣山白塔”的提案和政协七届三次全会30多名委员提出的“关于保护饮用水源的建议案”等，均得到落实。

文史工作　1990年至1992年，共征集资料286篇88万余字，选用183篇56万字，编辑出版《剑阁文史资料选辑》5辑；再版《剑门》1辑；与县风景名胜管理局、县林业局合编《天下雄关——剑门旅游指南》，由成都出版社出版。1993年至1997年，编辑出版解放后农业、工业、商贸、文化、卫生、体育等6个专辑。1998年至2003年，编辑出版交通、财政、水电、林业、民政等5套专辑。2003年7月后，编辑出版解放前粮食史料专辑。为纪念红军长征胜利70周年，与县党研室、县老促会合编《红色剑门》1辑。汇集剑阁人文、自然景观的画册《蜀道剑门礼赞》，由四川人民出版社出版。至2006年，共征集资料1340篇，405.5万字；编辑出版《剑阁文史资料专辑》21辑，印数27000册。专辑中的《剑阁农村互助合作回忆》《化林在前进》等被《四川文史资料集萃》、省政协《共和国五十年文史书系》《人民政协报》（史海版）、台湾《太阳报》等报刊发表或出版社“丛书”收录。至2006年，向外赠送《剑阁文史资料》7500册，收藏外地文史资料1000余册。

经济调研 1990年11月17日，县政协召开振兴剑阁经济座谈会。在县城的知识分子和市、县政协委员及各界特邀人士共49人参加会议，围绕稳定发展剑阁经济提出了6条建议。是年，组织政协委员进行专题视察8次，参与委员118人次，形成书面报告10份。视察剑门茶场、县针织厂、大理石厂、罐头厂等企业。会同有关部门为剑门茶场解决资金3万元、化肥5吨，使46.67公顷老茶园恢复生产。1991年2月至1992年3月，就发展农村经济，配备区、乡镇、村科技“三长”（副区长、副乡长、副村长）问题进行专题调研，提出6点建议，被县委、县政府采纳。1993年，邀请二轻、粮食、商业等单位负责人共同到汽车配件厂、水泥厂、面粉厂、食品公司等4个工业企业，调研了解《全民所有制工业企业转换经营机制条例》落实情况，提出建议。为食品公司解决流动资金150万元，为开封轧钢厂、柳沟机砖厂解决设备贷款30万元。至2006年，组织政协委员，就“工商企业转换经营机制”“科技兴农”“三农物资供应”“秸秆氨化养牛”“完善南北战略”“抓龙头企业，促进支柱产业发展”“保护农村基层干部的积极性”及“村、镇供水工程”等问题进行专项视察、调研共107次，形成专题报告82份，《剑阁县企业改制后运行情况的调查与思考》《农业科技社会服务》《保护农村基层干部的积极性》等文章，在《今日广元》《广元调研》《广元时报》《四川政协报》《四川日报》等报刊发表。

文卫调研 县政协社会事业委员会配合县教育、卫生主管部门，就县职中创省重、初级卫生保健、农村新型合作医疗、医德医风教育、医药市场整顿、抗击“非典”“普九”、农村教育附加费使用等方面工作，进行专门视察调研，建言献策。至2006年，共组织医药界委员40多人深入农村、工厂开展义诊，诊治患者1600多人次。

文化交流 1990年10月，重庆市中区、成都锦江区区、剑阁等八市县（区）政协第三次书画联展在剑阁举行，展出141名作者的148幅作品，展期10天，参观人数5400多人次。剑门书画院展出剑阁书画作品200余幅。1991年至1993年，县政协社会事业工作委员会组织书画摄影界人士，以剑阁风景名胜为题材，进行书画、摄影艺术创作，并参加全省八市、县、区书画联展2次，参展作品40余幅。1994年10月，县政协与杨家坝水库工程指挥部、县文化馆联合举办为期7天的杨家坝水库专题书画、摄影展，展出作品90件，参观人数6000人次。杨家坝专题书画作品在省政协、青羊区政协、金牛区政协相继展出，历时9天。至2006年，剑阁参加省、市、县（区）书画摄影作品展共7次，参展作品403幅。

社会联谊 县政协配合县委统战部、县政府外事办开展社会联谊活动，举办节日座谈会、中秋茶话会、黄埔同学座谈会、“三胞”“三属”座谈会、离任老委员座谈会等，联络感情，增进友谊。1995年，接待来剑访友、旅游观光、投资办企业、文化交流的港、澳、台同胞，海外华侨共9批16人次。对台胞台属情况摸底调查，登记造册，颁发证书。向台胞发出信函20余封，7人回信。至2006年，接待到剑阁考察观光采风的省内外友人、台胞侨胞共40余批，124人，引进资金110万元。

第七篇　人民团体

第一章　县总工会

第一节　工会代表大会

第六次代表大会　县工会第六次代表大会于1990年3月25日至27日在县工人文化宫举行。应到代表200人，实到189人。会议听取、审议县总工会第五届委员会工作报告和经费审查报告，选举县总工会第六届委员会和经费审查委员会。会议要求坚持党的领导，依法独立自主地开展工作，履行工会的社会职能，充分发挥工会的桥梁纽带作用；增强基层工会活力，密切同职工群众的联系；改革工会活动方式，增强工会凝聚力；加强工会组织、干部队伍建设；办好工会经济实体，增强工会组织的吸引力。会上表彰工会工作先进集体35个，先进个人140人。选举产生主席1人、副主席3人、常委11人、委员22人及经费审查委员会委员5人。

第七次代表大会　县工会第七次代表大会于1993年3月11日至12日在县委大礼堂举行。应到代表200人，实到182人。会议听取、审议县总工会第六届委员会工作报告和经费审查报告，选举县总工会第七届委员会和经费审查委员会。会议要求各级工会组织要坚定不移地贯彻执行党的基本路线，依照法律和章程规定开展工作；在维护国家、企业利益的同时，更好地代表和维护职工的合法权益。会上表彰模范职工之家19个，先进职工之家25个，优秀工会积极分子79人。选举产生主席1人、副主席1人、常委9人、委员21人及经费审查委员会。

第八次代表大会　县总工会第八次代表大会于1998年4月27日至28日在县委大礼堂举行。应到代表210人，实到192人。会议听取、审议县总工会第七届委员会工作报告和经费审查报告。会议要求，努力建设全心全意依靠职工办好企业的领导班子，激发职工的主人翁责任感，为经济发展献计出力；坚持和完善以职代会为基本形式的民主管理、民主监督制度，建立平等协商、集体合同制度；建立职工董事、监事制度；健全劳动争议调解制度；完善社会保障和职工生活保障制度；依靠科技进步提高职工素质，加强对劳动模范和先进人物的宣传。会上表彰模范职工之家30个，先进职工之家40个，优秀工会积极分子27人。为加强党对工会的领导，工会主席由县委分管组织工作的副书记兼任。选举产生县总工会常务副主席 1 人、副主席 2 人、常委 11 人、委员 25 人及经费审查委员会委员 5 人。

第九次代表大会 县工会第九次代表大会于 2003 年 6 月 18 日在县委大礼堂举行。应到代表 200 人，实到 181 人。会议听取、审议县总工会第八届委员会工作报告和经费审查报告，选举县总工会第九届委员会和经费审查委员会。会议要求，认真学习贯彻中共十六大精神和“三个代表”重要思想，坚持党的全心全意依靠工人阶级的根本指导方针，发挥工人阶级在小康建设中的主力军作用；加强党对工会工作的领导，支持工会开展好各项工作；切实保障广大职工的民主权利，坚决维护好职工群众的经济利益。会上，表彰模范职工之家 15 个，先进职工之家 25 个。选举产生县总工会主席 1 人（兼）、常务副主席 1 人、副主席 2 人、常委 9 人、委员 23 人及县总工会第九届经济审查委员会委员 5 人。

第二节 工会帮扶活动

1990 年，县总工会开展“进万家门，知万家情，解万家难，暖万家心”的送温暖活动。1995 年 12 月，动员各机关、团体、企事业单位职工和社会各界开展“送温暖工程”募资活动，全县募资 3 万多元。1995 年，为全县 417 人（户）特困职工建档。2000 年 5 月 23 日，县总工会印发《关于全县各级工会对特困职工承担“第一责任人”职责的工作意见》，要求工会当好特困职工的第一知情人、第一报告人、第一帮扶人。2003 年 8 月，县总工会印发《关于特困职工子女升入大学实行升学补助的决定》，对全县生活在低保线以下的 100 户特困职工和“三有一无”（有丧失劳动能力的残疾人、有重病患者、有在校大中专学生，无劳动能力）家庭子女实行升学补助。受助对象升入普通高校专科的一次性补助 300 元，升入一般本科的一次性补助 400 元，升入重点本科的一次性补助 500 元。对品学兼优的大学生，向上级工会推荐资助。接受升学补助的时间一定三年。2003 年 8 月，协调剑阁中学等 11 所中小学，对特困职工家庭的在校中、小学生一定三年每生每期减免学杂费 100 元。2003 年 9 月，协调县医院、县中医院等 5 所医院，对 100 名特困职工及配偶提供“诊断、治疗、划价取药、住院”四优先的医疗服务，并免去挂号费、药品费、治疗费、检查检验费和住院费总额的 5%，至 2006 年 8 月结束。100 名全县副县级以上领导干部和县级各部门主要负责人挂联帮扶特困职工 100 户。全县建档特困职工由 2003 年的 12 个系统、71 个单位、1546 人（户）减少至 2006 年的 9 个系统、65 个单位、1084 人（户）。

第三节 工会管理

基层工会管理 2000 年 3 月，县委办、县政府办印发《关于成立新经济组织工会组建工作领导小组的通知》，10 月，将新经济组织工会组建工作纳入 2000 年单项目标管理，在各责任单位总体目标考核中占 10 分。全县 12 个区、57 个乡镇机关全部建立工会工作委员会，并以区为单位建立工会联合会。是年，全县新经济组织建立各类基层工会 89 个，会员 10227 人。2003 年 4 月，县委常委会议讨论决定：县经贸局等 14 个部门系统工会主席为实职副科级领导，其任免按党政领导干部选拔任用条例规定的程序办理。7 月，县总工会发出《关于开展创建“合格工会”活动，推进民营企业健康发展的意见》，对全县民营企业工会工作的制度化、规范化提出具体标准。2006年8月，县委批转县总工会《关于在新农村建设中建立村级工会组织和发展农民工会员的意见》，对深入贯彻中共中央关于工会要“扩大覆盖面，增强凝聚力”和“把农民工团结在工会周围”的精神，提出具体措施。要求凡劳务输出（农民工）100人以上的村或一定规模的企业都应单独建立村级工会和农村企业工会；农民工在100人以下的村可由两个或两个以上的村建立联合工会。所有使用农民工的企事业单位都必须依法建立工会组织。至2006年年底，全县共建村级工会132个，会员16867人。

“职工之家”建设　1990年7月，县总工会印发《关于继续开展建设职工之家活动的意见》，建立验收复查机制和互动制约机制，定期开展评选表彰活动，推动“职工之家”建设工作深入开展。1992年4月，县总工会对全县1991年命名的“职工之家”进行复查和确认，除教育系统单独复查确认外，全县复查合格“职工之家”3个。代上级工会复查确认市级模范职工之家1个，市级先进职工之家7个。复查确认县级模范职工之家4个，县级先进职工之家18个，合格职工之家26个。至2006年年底，经复查确认，全县有全国模范职工之家1个，省级模范职工之家4个，省级先进职工之家2个，市级模范职工之家5个，市级先进职工之家17个，县级模范职工之家29个，县级先进职工之家33个，合格职工之家20个。

第二章　共青团剑阁县委员会

第一节　团代会

共青团代表大会　1990年3月13日至15日，共青团剑阁县第十次代表大会在县委大礼堂召开，到会代表220人。大会听取并审议通过第九届团县委《振奋精神，求实进取，为振兴剑阁建功立业》的工作报告。大会采用无记名投票和差额选举方式，选举产生委员23人，常委9人，副书记1人，书记暂缺。

2004年12月13日至15日，共青团剑阁县第十一次代表大会在普安镇召开，到会代表175人。大会听取并审议通过第十届团县委《实践“三个代表”，肩负时代使命，团结带领青年为剑阁发展新跨越而努力奋斗》的工作报告。大会采用无记名投票和差额选举方式，选举产生委员25人，候补委员8人，书记、副书记各1人。

基层团组织　1990年，全县有基层团委（总支）163个。其中，团区委11个，乡镇团委60个；团支部957个（农村团支部529个）。后因区、乡镇建制调整和企业改制，团的基层组织相应变动。至2006年，全县有基层团委92个，团总支69个，团支部1198个。

第二节　团组织活动

"青年文明号"活动　1990年，团县委在全县工矿企业开展"本职岗位创一流""我为企业献一计"等活动。全县在生产第一线的青工402人参加县以上"技能技巧竞赛"活动，开封丝厂6名选手获"市缫丝能手"称号，1名选手在全省缫丝大赛中获"缫丝能手"称号。农村团组织开展"千名团员争创专业大户"竞赛活动，参赛1625名，获县级表彰100名。1991年，团县委召开工矿企业青工"增效益，促成才，当能手"竞赛活动经验交流会。会后，全县2000名青工参加竞赛。1992年，团县委被评为全市"增、促、当"活动"红旗团委"。1994年，团中央、团省委要求各级团组织以"跨世纪"口号总揽团的工作。团县委在各级团组织启动"青年文明号"活动。是年，县医院团支部、百货公司商场团支部和县丝厂团委被市委授予"青年文明号"称号。1995年，团县委扩大"青年文明号"参赛范围。年底评出6个县级"青年文明号"、2个市级"青年文明号"。1996年，全县30个窗口单位开展争创"青年文明号"活动，15个单位获县级表彰，13个单位被授予市级"青年文明号"称号。1997年，团县委对挂牌窗口行业"兑现承诺制和服务卡"活动实施监督，推进企业青工争当岗位能手。是年，评出"岗位能手"87个，技术标兵52人。县农行一营业部获省"青年文明号"称号。1998年，全县邮电、金融、文教、卫生等系统掀起"岗位做贡献，真情为他人"热潮，深入开展"青年岗位能手"竞赛。金融系统举办"珠算、点钞、汇兑"基本功大赛，卫生系统开展"树形象，献青春"竞赛活动。全县评出"岗位能手"46人，技术标兵2人，岗位科技带头人400人。县农行营业部被授予"省十佳青年文明号"称号，县毛巾床单厂等2单位获市级"青年文明号"称号，普安派出所等15个单位获县级"青年文明号称号"。1999年，团县委以"规范化作业，标准化管理"为内容，扩大创建范围。县交警大队获省级"青年文明号"称号，下寺派出所等2单位获市级"青年文明号称号"，县环卫所等5个单位获县级"青年文明号"称号。2001年，星王巾被公司获省级"青年文明号"称号，剑门交警中队等3个单位获市级"青年文明号"，县环卫所获市"十佳青年文明号"，县移动公司等7单位获县级"青年文明号"称号，团县委获市"双争双创"活动组织奖。2002年至2003年，团县委拓展"青年文明号"创建活动，帮助下岗青工自主创业和再就业。县电力公司、国税征收分局获市级"青年文明号"称号，下寺供电所等2单位获县级"青年文明号"称号。2005年，王湖益等10名青年获"新世纪剑阁县首届'十佳青年'"称号。2006年，建成市级"青年文明号"4个，县级"青年文明号"3个。

青年志愿者活动　1992年1月，由县级机关、企事业单位213名团员组成的青年突击队，赴普安镇唐家坪"川中项目"改土工地，突击开挖长40米、宽2米、深1.5米的排水沟1条，搬运土方120立方米。1993年，团县委组织青年志愿者与县武警中队开展联谊活动，志愿者向武警中队捐赠图书500册，鲜花15盆。医务志愿者为中队官兵进行义务体检。1994年，在"学雷锋，树新风"活动中，42个单位的团组织为普安敬老院、托儿所捐款1860元。全县有121个团组织为孤、残人员捐款3450元，343个党团支部联合植树166.67公顷。1995年，全县210支青年志愿者服务小分队开展义务咨询、义诊、科技服务、便民销售、帮贫助耕等活动。送科技下乡21次，义务植树20万株。县直机关团委为贫困山区儿童捐赠图书2万册。1996年起，团县委根据团中央每年3月和12月第一个星期日为"青年志愿者奉献日”的决定开展活动。是年，向白龙、城北等旱区捐款2197元，物品1000件。至1997年，全县共建青年突击队453支，青年志愿者服务小分队321支，开展“一助一”帮贫解困活动，结对1657个，献爱心募捐4次，募捐10余万元。1998年“9·16”特大洪灾后，凉山、义兴、高池3个乡的156名青年突击队员，驾驶20多辆农用车赴县城清淤排险，连续作战5天，清淤800余车。抗洪期间，全县评出先进青年400人，先进团组织68个，优秀团干部28人。团县委被县委、县政府授予抗洪救灾先进集体称号。1999年，县级13个部门的青年志愿者送科技下乡，历时两个月，受益群众2万多人次。团县委选派县汽配厂一名优秀青年干部参加团中央、中国青年志愿者协会实施的“青年志愿者扶贫接力计划”活动。2000年，结合植树节、地球日、防止荒漠化日、环境日等纪念日，团县委举办“我为剑阁交通发展作奉献”万人签名活动和“开展保护母亲河——剑阁青年绿色行动”，广泛开展宣传教育，增强青少年的可持续发展意识。2001年，团县委以“国际志愿者年”为契机，推动争做注册志愿者的工作，实施青年志愿者社区发展计划。2002年，县直机关团工委与星王巾被公司、邮政局、电力公司、林业局、县人民医院等单位团支部赴北庙营造青年林，植墨西哥柏200多株，并向北庙小学捐赠1000多元的物品和现金。2003年至2005年，团县委积极组织青年参与“我为小平故里植棵树”、“我与蓝天绿地同在暨千名志愿者靓新城”及送科技五下乡、爱国卫生月等系列主题活动，弘扬奉献、关爱、互助、进步的志愿精神，展现当代青年风采。2006年年底，剑阁县已注册青年志愿者3500名。

农村青年科技星火带头人活动　1990年，团县委按照国家星火计划，在农村开展农村团员青年示范户竞赛活动，培养农村青年科技星火带头人，推动星火带头人活动的开展。1991年至1993年，县级机关、企事业单位团组织和各界人士，向18个农村团支部捐赠科技图书1490册。1994年至1995年，全县各级团组织帮助农村青年学科技、选项目，联系示范户50户，树星火带头人200名。正兴乡星火村团支书王明容获省青年星火带头人称号。1996年至1998年，送科技下乡、科技赶场320场。办短期培训班270期，放映科普电影、录像320场，赠送科技图书2万册，新建青年科技图书站10个，培训农民科技员1835人，树学科技标兵312人。白龙镇古楼村贾茂林获全国青年星火带头人称号，羊岭镇太平村王启卫获全省第二届优秀青年农民称号。2003年至2006年，团县委开展农村青年增收行动，联合县科技局、农机局、农业局、农广校等单位，对务农青年进行科学种田、水果嫁接、农机使用与维修、烤烟生产等实用技术培训，举办各类培训班100期，受训近3万人次。组建科技服务队（组）700个，服务贫困户，发展带头人，112名青年成为县“农村科技星火带头人”。

服务万村行动　1995年，团县委响相应团中央“服务万村行动”的号召，在正兴乡星火村进行服务万村脱贫致富奔小康行动试点，村团支书带领28名团员创办兴达养殖场，当年出栏生猪100头，产鱼2000公斤，被团省委、省畜牧局列为全省10个示范基地之一。1996年，团县委与县扶贫办联合制定“服务十村脱贫致富奔小康行动计划”，全县规划服务村18个，确定服务对象21户，落实扶持资金15.5万元。1997年，树小康示范村1个，示范户5860户。1998年，举办各类培训班86次，培训农民技术员2300人。1999年，团县委在马灯乡陈湾村投资4000元建立科技示范园。是年，全县团组织共领办科技推广项目17个，建示范基地18个，扶持科技示范户25户。2000年至2005年，团县委在全县开展“争当青年致富能手，争创青年文明户”活动，把农村青年脱贫致富奔小康竞赛活动不断引向深入。至2006年，全县团组织领办科技推广项目91个，建成普安镇城东村大棚蔬菜基地、元山镇福泉村养殖基地、白龙镇古楼村雪梨基地、马灯乡陈湾村园艺场、木马镇后坪村黄羊养殖场、羊岭镇太平村水果示范园等示范基地。

第三节　关心下一代工作

1991年10月，成立剑阁县关心下一代工作委员会。1995年，县关心下一代工作委员会下设办公室，挂靠团县委。团县委、县检察院联合设立“青少年维权岗”联络小组。是年，县关工委、团县委、县妇联与南禅小学共同创办全县第一所家长学校，开展“千名家长”培训活动。家长学校以“传递家庭亲情，培育优秀儿女”为宗旨，提高家庭家长教育能力。1996年，县关工委聘请21名老领导为关工委指导员。是年，南禅小学获市关工委授予的父母学校先进校园称号。至1998年，全县成立6所家长学校。1999年至2000年，县关工委在青少年中开展爱国主义、集体主义和社会主义教育。编印《吕秀莲其人其事》《陈水扁所作所为》等讲稿，在实验学校、南禅小学、普安小学宣讲6场，听众4000余人。县关工委还搜集发生在青少年身边的典型案例，撰写法制宣讲稿，到县看守所向在押青少年宣讲，并撰写《武打录像害了他—— 一个青少年犯的忏悔》一文，以简报形式放至各学校、社区，被市关工委转发全市。2001年，在创建优秀青少年维权岗活动中，公兴派出所、县检察院审捕科被市表彰为优秀青少年维权岗单位。2002年至2003年，县关工委利用法制讲座、演讲大赛、图片展览等形式，开展法制宣传教育15场次，受教育1万余人。2004年，开展帮助失足青少年活动，给县看守所20余名失足青少年送毛巾、牙膏、牙刷、钢笔、书籍等物品，鼓励他们痛改前非，重做新人。2005年，关工委元山镇分会获“全国先进集体”称号。2006年，全县未成年人13万人，其中留守学生3.66万人。团县委、关工委在长岭乡启动关爱留守学生活动，向团省委争取留守学生行动受援县项目。省直机关青年代表团到剑阁开展关爱留守儿童活动，捐资5000元，建设剑门关镇青树村留守学生之家。

第三章　县妇女联合会

第一节　妇代会

县妇女代表大会　1990年3月28日至31日，县第九次妇女代表大会在县委大礼堂召开，到会代表270人。会议采取无记名投票方式，选举产生剑阁县第九届妇女联合会委员23人，常委9人，正、副主席各1人。其后均未召开县妇女代表大会，县妇女联合会领导班子由县委任命，正、副主席各1名。

基层妇代会　1990年，全县设区妇联12个，乡镇妇联60个。后因建制调整，区乡镇妇联组织相应调整。至2006年，全县有乡镇妇联57个、村妇代小组549个、居委会妇代小组33个。县级机关、乡镇机关、企事业单位，凡有女职工的均成立妇委会，妇委会主任由本单位妇女大会选举产生，报县妇联批准。

第二节　妇女工作

巾帼致富工程　1989年年初，在农村妇女中开展学文化、学技术、比成绩、比贡献的“双学双比”活动。至2006年，共开展“双学双比”活动18次5400人。马灯乡女青年田红梅被评为全国“双学双比”女能手，县妇联获市“双学双比”先进集体称号。2003年，市妇联倡议在全市开展培育一亩经济园种植户一万户、精品畜牧业养殖大户一千户、绿色农产品加工大户一百户的三户竞赛活动。至2005年，全县培育“三户”2152户，种植大户2000户，养殖大户110户，加工大户42户。被评为市十佳种植大户、十佳养殖户、十佳加工大户各2户。

巾帼扶贫工程　1998年，县妇联向省妇联争取到巾帼扶贫小额信贷项目资金10万元，用于城北镇红双村的56户农村妇女发展优质葡萄，实施6年。优质葡萄已成为红双村的支柱产业。1999年，省妇联在宜宾召开“全省巾帼扶贫小额信贷经验交流会”，县妇联介绍红双村实施项目的经验。

2001年，中国妇女发展基金会将“香港回归扶贫基金”项目资金投放于城北镇，循环使用4年（红双村3年，前锋村1年）。

2001年11月，剑阁实施中国妇女发展基金会“大地之爱·母亲水窖”扶贫项目。该项目共实施两期，第一期在城北镇红双村实施，投资24万元，打井54口。第二期在开封镇东华村实施，投资48万元，打井252口。两村长期缺水状况得到改善。2005年，县妇联获中国妇女发展基金会表彰。

巾帼建功活动　1991年，全国妇联、人事部、劳动部、卫生部等13部委在全国城镇发起“巾帼建功”活动，号召广大城镇妇女发扬自尊、自信、自立、自强的“四自”精神，在各自的岗位上建功立业。各界妇女响应号召，积极投身巾帼建功活动。至2006年，共建成三级巾帼示范岗60个，208名妇女被评为省、市、县级“巾帼建功标兵”，150名妇女评为市级“三八红旗手”，1600名妇女评为县级“三八红旗手”。

巾帼社区服务工程　1990年开始，县妇联倡导全县农村妇女学习科学文化，掌握1—2门实用技术。全县广大农村妇女积极响应。各级妇联举办农村实用技术培训班，请技术员到挂联村组讲课。2001年，县妇联妇女儿童活动中心开办剑门关女子职业培训学校，针对下岗女职工开设家政服务、电子应用基础、计算机应用基础、电动缝纫、电焊、餐饮管理、美容美发等专业。培训下岗职工3000人，再就业率100%。2005年5月，县妇联中标省委、省政府倡导打造的“川妹子”品牌工程并中标，7月输出第一批“川妹子”。至2006年，累计输出“川妹子”645人，其中下岗妇女142人。30名剑阁籍“川妹子”被北京市家政协会评为优秀家政服务员。2005年至2006年，县妇联连续两年获省劳务开发先进集体称号。

救助贫困母亲行动　1995年，县妇联对全县贫困母亲进行慰问救济，对个别家庭特困母亲，发动社会各界奉献爱心，进行捐助。至2006年，共发起捐助活动30多次，募捐资金20余万元，救助“贫困母亲”4000多人。

美德在农家活动　2003年，县妇联在全县农村开展评选“百佳孝媳”“百佳孝婿”“百佳孝女”评选活动。至2006年，评出孝子2名，孝媳5名、孝婿5名，好母亲10名。

反家庭暴力工作 1994年成立县反家庭暴力工作组，县妇联主任任组长。工作组负责接待有关家庭暴力的来信来访，参与“反家庭暴力”的调解工作。全县经调解后夫妻和解的有150多对。2006年，与县司法局联合成立县妇女儿童法律援助中心。

第四章 县科学技术协会

第一节 科普宣传与培训

科普宣传 1992年起，县科协坚持开展送科技下乡科普宣传月活动。1995年5月，学习贯彻中共中央、国务院《关于加强科学技术普及工作的若干意见》，县委批转县科协《关于加强剑阁县科普工作的实施意见》。县委八届六次全委会议决定，2001年为科技推广普及年。科普活动年以巩固传统产业和发展新兴产业为重点，推广普及实用技术，利用广播电视讲座、科普板报专栏、报告会、座谈会等形式，在全县掀起学科学、用科学的热潮。县科协同时开展科普宣传周、科普宣传日活动，将科普宣传活动不断引向纵深。

科技培训 1990年后，在普及培训的基础上，重点培训科技副乡镇长、村组干部和50岁以下农村党员。培训内容以生猪三元杂交、长毛兔、小家禽、牛羊养殖技术，优质雪梨、苹果、水蜜桃、猕猴桃、葡萄等水果种植技术及水稻、玉米、小麦、大豆、油菜等粮油作物栽培技术为主，并对加工、销售等环节开展指导。中小学开设科普课程，职业中学实行“双证”（专业知识等级证、文化课毕业证）毕业制度，培养实用型后备人才。县科协发放《云南烤烟栽培技术》《刘定国科学养猪》《苍溪县庭院经济》《米易县立体农业》《昌东县西瓜高产技术》等省科协向农村推广的100项实用技术资料。

乡村青少年非正规教育 2001年6月，剑阁实施联合国儿童基金会非正规教育合作项目，第一周期（2001—2005），建立普安镇中坪村、樵店乡蒲李村、木马威镇灵村、汉阳镇中心村、盐店镇盐河村等5个乡村青少年非正规教育学习中心。第二周期（2006—2010），计划建立木马镇魁灵村、迎水乡白顶村、剑门关镇青树村、下寺镇大仓村等7个学习中心。项目实施期，县财政每年拨付配套资金2万元，联合国儿童基金会为第一周期学习中心各配备29英寸彩电、VCD及音像资料，为第二周期学习中心各备配备34英寸彩电、台式电脑、数码相机、体育用品及科普读物等。中科协为各学习中心提供各类图书1000册，并统一制作学习中心标牌。省、县科协配备必要设备，所在村提供活动场地。各学习中心遵照《儿童权利公约》，帮助校外青少年，特别是女童文化学习提高生活能力和生产技能。2002年7月，县科协组织全县5个学习中心的23名儿童，参加省科协项目办举办的科普夏令营活动，听取科普讲座，参观星王巾被厂，游览剑门关，校外儿童得到社会关爱。项目实施第一周期，各学习中心利用节假日、农闲时播放DVD科技光碟168场次，累计培训课时3680小时，培训校外儿童4100人次。获得1—2项技能的儿童148人。各学习中心还开展校外儿童与城市中小学生手拉手等一系列活动，提高校外儿童的综合素质。

第二节　科普活动

学习与交流　1991 年 7 月，县科协组织部分科技副乡镇长和果技员共 120 人，赴成都龙泉驿区学习考察水蜜桃、巨峰葡萄的栽培技术。是年，广坪、摇铃等乡镇部分农户开始栽种水蜜桃和巨峰葡萄。2000 年 4 月，闻溪乡村干部一行 5 人赴宜宾珙县、长宁县学习考察竹荪生产技术后，在鲁公、新观、新中等村试种。10 月，县食用菌协会一行 7 人赴山东参加全国食用菌协会第三届代表大会，并实地考察，回县后在城北、普安、龙源等乡镇推广平菇、香菇、黑木耳的优良化生产、加工技术。2002 年 10 月，召开全县科技工作年会，《烤烟生产在全县经济发展中的地位及其对策研究》《剑门蜀道旅游区的开发对策研讨》《剑阁县野生动物资源的现状及其保护措施》等科技兴县优秀论文获市、县表彰。2004 年至 2006 年，组织县级科学技术协会、剑门茶叶协会及碗泉乡科技工作者在青川、旺苍、巴中、南江学习考察茶叶生产、黄羊养殖等技术。2006 年，全县有科技协会、学会、研究会 32 个，会员 1700 人。

青少年科技创新活动　1990 年 5 月，县科协与县教育局等部门组织县城中小学生参加省市教委、科协开展的"三小"（小发明创造、小科学论文，小科技制作）竞赛活动，南禅小学的《螃蟹的生长过程》、剑师校《兰花的形态结构》两篇论文获省第五届青少年"三小"竞赛三等奖。1991 年至 1993 年，《工厂废物的危害》获市小论文二等奖，"新式水瓶塞""二龙抢宝""家乡的小动物"获市小制作二等奖。1994 年 5 月，县科协、县青少年宫及普安教办联合举办全县第二届"三小"竞赛活动。参赛作品 205 件（篇），有 4 件小制作，2 篇小论文获一等奖；6 件小制作，3 篇小论文获二等奖；12 件小制作、2 篇小论文获三等奖。县级获奖的 20 件作品参加市第六届青少年"三小"竞赛，有 5 件作品获市小发明一、二、三等奖，1 篇小论文获市特等奖和省二等奖。普安小学被省委宣传部、省科委、省科协授予"科普先进集体"。2001 年，参加全市首届中小学师生科技节活动，参赛作品 400 件有 108 件获奖，获一等奖 10 件。2002 年至 2006 年，参加省第十七届至二十一届青少年科技创新大赛活动，有 63 件作品获奖，获全国科技创新大赛二等奖 1 件，省发明创造一等奖 1 件、省二等奖 9 件、省三等奖 13 件，市一等奖 9 件。

第五章　县工商业联合会

第一节　工商联代表大会

1997 年 4 月 21 日至 23 日，县工商业联合会第九届会员代表大会在县政协六楼会议室召开。应出席代表 110 人，实到代表 98 人。会议听取、审议第八届执委会工作报告，通过决议；选举产生第九届执委会委员 19 人，会长 1 人，副会长 2 人，秘书长 1 人。同时成立县民间商会。

2002年1月15日，县工商业联合会（商会）第十届会员代表大会在县政协六楼会议室召开。应出席代表103人，实到71人。会议听取、审议第九届执委会工作报告，通过决议；直接选举产生第十届执委会委员19人，会长1人，副会长3人、秘书长1人。

2006年11月23日，县工商业联合会（商会）第十一届会员代表大会在普安派出所五楼会议室召开。应出席代表124人，实到代表105人，列席代表99人。会议听取、审议第十届执委会工作报告，通过决议；选举产生第十一届执委委员31人，会长1名，副会长10人，秘书长1人。

1989年11月至2000年11月，成立剑门、武连、下寺3个工商联（商会）区分会。

1990年7月，县政府批转县工商联、县体改委、县财贸办《关于开展组建同业公会试点的意见》，成立剑门镇饮食服务业同业公会，会员单位19个，会员79人。选举产生会长1人、副会长、秘书长各1人、理事4人。至2006年，已成立县商业经济学会、县美容美发协会、县摄影业同业公会、县外来企业协会、县个体劳动者协会等6个同业公会。

第二节　工商联工作

调查研究　县工商业联合会团结工商界人士积极参加社会主义建设，维护会员的合法权益，开展对外经济联系和友好往来，为促进剑阁经济快速发展，开展调查研究，参政议政。1990年4月，县工商联召开乳酸厂、林化厂、罐头厂、炭黑厂、膨润土厂、纤维板厂、大理石厂、饮料厂、剑门卷烟厂等10多个困难企业的厂长、经理座谈会，分析研究困难企业现状，寻找摆脱困境的途径。针对困难企业缺资金、缺技术、缺管理、缺销路等问题，共商对策。形成书面报告递交县政府，建议成立县扶持困难企业机构，资金投放采取倾斜政策。1991年，就乡镇企业经营不善，企业姓“公”姓“私”的产权问题写出专题调研报告。2000年至2006年，县工商联就全县非公有制经济发展、私营经济现状、粮食流通体制改革、改善投资环境等方面的问题开展调查研究，提出了合理建议。

维权服务　1990年1月，县工商联对盐店乡人代会“关于盐店乡建筑队房屋产权争议案”进行调查，查明该乡建筑队有砖混结构楼房、平房各1幢，346.77平方米，造价3.57万元。该房地基属乡政府集体划给，建房资金属乡建筑队公共积累和免除的上交款，非集资建房。县工商联向县政府写出书面报告，产权争议得到妥善处理。2000年7月，县工商联在上寺乡猫儿村煤矿调查发现，煤矿工人们在井下400多米深处冒着生命危险挖出的煤，市场价为每吨90元，而上缴各种税费近50元，企业不堪重负，县工商联呼吁有关部门解决。2001年至2006年，县工商联组织会员和个体、私营业主学习有关法律法规，依法经营，用法律武器保护自身合法权益。配合行政执法，纠正侵权行为，维护民营经济的合法权益。

为外来企业服务　2000年7月，成立县外来企业前期服务中心、外来企业跟踪服务中心、外来企业投诉服务中心。服务中心帮助三山五金制品公司解决生活用水、有线电视、工人劳动争议等问题；帮助温州商城解决有关部门收取文物勘探费、占道费、噪声污染费等问题；帮助剑江电缆厂解决电力、通信、办证、交费等问题；协调解决利康、汇昌2个食品加工企业排污费用问题；协调解决精益眼镜行老板子女上学及翠云商城江西老板全家农业户口迁居普安镇转为非农业户口等问题。为外来企业创造良好投资和生活环境。

第六章 县残疾人联合会

第一节 残疾人代表大会

1991 年 12 月，县第一届残疾人代表大会在县委大礼堂召开。出席会议代表 151 人，残疾人及亲友代表 85 人，残疾人工作者 66 人。大会选举产生县第一届残疾人联合会主席团主席、副主席、秘书长、委员，选举产生县残疾人联合会执行理事会理事长、理事。会议提出残疾人工作的总任务：坚持邓小平理论，弘扬人道主义精神，自强不息，努力奋斗，为实现残疾人事业的发展做出新贡献。

1999 年 6 月，县第二届残疾人代表大会在剑阁宾馆召开。参加会议代表 136 人，残疾人代表 68 人。大会选举产生县第二届残疾人联合会主席团主席、副主席、委员。选举产生县残疾人联合会执行理事会理事长、副理事长、理事。会议提出残疾人事业的工作重点：加大残疾人扶贫解困工作力度，加快安置残疾人就业步伐，加强基层残联组织建设，认真履行残联“代表、服务、管理”职能，促进残疾人事业发展。

第二节 救助活动

1990 年，根据国办〔1990〕15 号、川府办〔1998〕70 号文件精神，对全县残疾人分布状况、残疾类别、残疾等级、致残原因等情况进行普查。结果显示：各类残疾人共 42523 人，智残 7644 人，视残 7508 人，聋哑 9776 人，肢体残疾 8608 人，精神残疾 5464 人，其他残疾 3523 人。1991 年县残联成立后，利用每年 5 月第三个星期日的“全国助残日”活动，在区、乡镇设立宣传站（点），宣传《残疾人保障法》。县委、县人大、县政府、县政协领导深入残疾人福利企业慰问残疾人。1992 年，县残联落实省残联《关于开展残疾人三项康复的通知》精神，把“白内障”“小儿麻痹”“聋哑儿童”三项残疾人的康复工作纳入议事日程。1995 年，县特教中心在县实验小学挂牌成立，招收县内聋哑儿童，开办特教班 3 个，配专职教师 6 人，生活教师 2 人，炊事员 1 人，开设语训、语文、数学、劳技等 13 门课程，常年在校学生 30 人。中心与盲人按摩院联合开办盲人按摩培训班，常年招收学员，一批年轻盲人学到按摩技术，走上就业岗位。是年，县政府发出《关于向残疾人捐献二元钱活动的通知》，全县 86 个单位的 2563 名干部职工，为残疾人捐助 2. 35 万元。1998 年，剑阁制定残疾人权益保障办法，使残疾人在生产、生活、经商办企业等活动中，获得社会各界的扶持与帮助，让残疾人树立起“自尊、自信、自强、自立”的信念。至 2006 年年底，全县 4188 名残疾人已办理“中华人民共和国残疾人证”，残疾人白内障复明 1458 人，植入人工晶体 145 人，小儿麻痹矫治术 154 人，肢体矫治术 28 人，装配假肢 31 人，装配矫形器 62 件，供应助听器 25 件，供应残疾人用品具 1591 套。为全县残疾人解决灾害救济款 36. 12 万元，社会福利救助 9.75 万元。

残疾人福利救助 1990 年，县民政局对残疾人分布状况、伤残类别、残废等级进行普查。全县有残疾人 4.25 万人（智残 7644 人，视残 7508 人，聋哑 9776 人，肢体残 8608 人，精神残 5464 人，其他残疾 3523 人）。1992 年，开展残疾人救助活动，广泛宣传《残疾人保护法》，落实川残联《关于开展残疾人三项康复的通知》，开展“白内障”“小儿麻痹症”“聋哑儿童”三项残疾人康复工作。为全县 3188 名残疾人颁发“四川省残疾人救助证”。为 367 户残疾人经商解决场地、办理执照，发给救助金 0.89 万元。1995 年 3 月，县政府发出《关于向残疾人捐献 2 元钱活动的通知》，全县 86 个单位，2563 人为残疾人捐助资金 2.35 万元。至 1997 年共拨付残疾人福利救助金 9.57 万元，粮食 2800 公斤。开办聋哑语培训班两期培训 108 名聋哑儿童，培训智残儿童家属 18 人。做白内障复明手术 1057 例次，植入人工晶体 145 人，儿麻矫治手术 154 例次，特需人群补碘 9.2 万人次。通过手术治疗、语言训练、弱智儿童家长培训，全县三项康复患者 1702 人中，有 937 人得到康复（白内障患者 677 人、小儿麻痹症患者 153 人，聋哑儿童 107 人）。2002 年，全县开展助残日活动，县残联组织机关、学校、企事业单位职工走访残疾人家庭，送温暖、办实事。至 2006 年累计拨付残疾人救济款 36.12 万元，社会福利救助金 9.75 万元，为残疾人办实事 121 件。

第八篇　军　事

第一章　军事机关和驻军

第一节　军事机关

县人民武装部　县人民武装部（以下简称人武部）是剑阁县的军事领导机关，是县委的军事部、县政府的兵役机关。县人武部接受广元军分区和县委、县政府的双重领导。1990 年，县人武部归属地方建制，其性质和工作任务不变，军事业务受广元军分区领导，行政组织受县委、县政府管辖。1996 年 6 月，根据中共中央、国务院、中央军委《关于县（市、区）人民武装部收归军队建制的通知》精神，县人武部划属军队建制，其全称为中国人民解放军四川省剑阁县人民武装部。其级别为正团级。将 1986 年随建制移交地方的县人武部干部，凡符合《中国人民解放军现役军官服役条例》的人员，一律收归军队建制。其机构恢复军队建制后，设部长、政委、副部长各 1 人。人武部建制转换后，仍接受广元军分区和县委、县政府的双重领导。1990 年至 2006 年，卜文林、张成红、王绍江、彭廷明、罗家明先后任县人武部部长；罗子宇、何万雄、彭廷明先后任县人武部政委。

县人武部在区、乡镇分别设置人武部，并配备专职人武部长或专职人武干部。负责基层国防教育和军事兵役工作。1991 年，下寺、上寺、普广 3 乡镇划入剑阁，成立下寺区、下寺镇、上寺乡、普广乡人武部。是年末，全县设区人武部 11 个、乡镇人武部 60 个，配备专职人武部长 71 人。1992 年，撤区并乡建镇，全县设 36 个乡镇人武部，配备专武干部 44 人。其中，正式干部 26 人、招聘干部 18 人。1996 年，建立片区人武部 12 个，乡镇人武部 57 个，配片区人武部长 12 人，乡镇专武干部 57 人。2002 年，建 11 个督导室人武部，区督导室、镇、乡共配备专武干部 68 人。2006 年 5 月，撤销普安、城北、柳沟等 11 个督导室，督导室武装机构也相应撤销。年末，县人武部机关办公地点由普安镇迁至下寺镇修城坝，下设 34 乡 23 镇人武部，配专职武装干部 57 人。

县人民武装委员会　县人民武装委员会是剑阁县最高军事综合协调机构。负责决策重大军事部署，研究重大军事行动，协调处理重大军政、军民关系，解决涉及地方性军政问题；负责党和国家关于民兵、预备役方针、政策的贯彻落实，完成民兵、预备役工作。武装委员会主任由县委书记担任，副主任由县人武部部长、政委、常务副县长兼任。

县国防动员委员会　1997年1月，县国防动员委员会成立，县委书记兼任第一主任，县长兼任主任，县人大、县政协、县人武部相关领导兼任副主任，县组织、宣传、计划、人事、公安、民政等相关单位负责人为成员，负责贯彻落实党和国家、中央军委有关国防动员的方针、政策、法律、法规；负责编制全县国防动员规划、计划并检查督办和组织实施；负责人防工程建设，防空通信警报网络建设，交通战备建设。国防动员委员会下设人民防空办公室、交通战备办公室。沿袭至2006年。

第二节　驻　军

成都空军驻剑阁雷达站　1965年5月28日，成空雷达部队某分队奉命驻剑阁县，修建剑阁雷达站。负责担任川北地区对空警戒、航空侦察、巡视、航线监测监控、航向接引导航，确保空中飞行安全。2000年10月，成空雷达部队某分队（剑阁雷达站）更换番号。2006年成空驻剑阁雷达站站长杨刚，政治指导员余江。

武警四川总队某中队　其部队前身为中国人民解放军某部第四营，于1965年12月奉命调驻武连、开封等地。1983年5月，移交武警部队，改编为武警四川省总队第七支队三大队。1984年大队部迁至梓潼，第四中队留守剑阁。1995年，划属武警广元支队，沿袭至2006年。

武警剑阁县中队　1950年3月，组建中国人民公安部队剑阁县公安中队（简称县中队），系地方建制，隶属县公安局。1952年9月，县中队改称中国人民解放军公安部队剑阁县中队。1958年8月，改称中国人民武装警察部队四川总队绵阳大队剑阁县中队（简称县武警中队），接受上级军事机关和公安机关双重领导。负责县委、县政府（县人委）警卫工作，看守犯人，协助公安机关抓捕逃犯。1966年10月，县武警中队整编为中国人民解放军建制，更名中国人民解放军绵阳军分区第四中队，隶属县人民武装部领导。1976年6月，移交县公安局管辖，改称中国人民武装警察部队剑阁县武警中队。1984年8月，改称中国人民武装警察部队剑阁县中队。

20世纪90年代，大抓军队正规化、现代化建设，其装备轻便、精良，有统一的服装式样，识别标志和军衔等级。县武警中队的内务管理，纪律要求，列队射击，军事训练，内卫执勤等均严格执行中国人民解放军有关条令、条例和规定。经广元武警支队派员考核，1995年、2000年各项指标均名列全市前茅。2006年，县武警中队仍驻普安镇，杨武任中队长；赵振荣任政治指导员。县武警中队受上一级人民武装警察部队和县公安局双重领导。自组建以来，虽体制几经变换，但始终把政治思想教育、严格军事训练和建章立制放在首位。

1990年至2006年，累计出警595次，灭火出警207次，抗洪出警157次，抢险出警118次，维稳派警卫出警113次。

武警部队剑阁县消防大队　1983年9月，消防队纳入人民武警部队序列，其消防人员转为武警现役，县消防股改为武警剑阁县消防中队。1997年8月，县消防中队改编为消防大队，统一名称为中国人民武装警察部队剑阁县消防大队。2006年，大队配编制12人（专业消防员10人）。办公地点由普安镇迁至下寺镇。

1990年至2006年，县消防股、消防中队、消防大队出警973次，防洪出警373次，抗旱出警224次，灭火出警376次，抢救被围困群众65人。

第二章　兵　役

第一节　国防教育

1990年1月，在全县党员、干部中开展为期1个月的反渗透、反和平演变为内容的国防教育。1993年6月，建立县国防教育委员会，为增强全民国防教育观念和建设保卫祖国的责任感，组织学习《兵役法》《四川省国防教育条例》。采取重点教育与普遍教育相结合、渗透教育与专门教育相结合、学习国防理念与参加实践相结合的教育方针，形成全方位、多层次、多渠道、重实效的教育局面，在党校开设国防教育课，在中小学开展军训和国防教育知识竞赛，在领导干部中定期进行国防报告会。建立议军制度，在士兵预备役人员中坚持上好“四堂课”（春节居安思危、民兵整组忧患意识、新兵征集、富国强兵等）教育。1995年始，县人武部与剑阁职中、武连职中联合开办预备役军人班，开展国防理论、国防历史、国防常识教育和军事技术训练。至1997年累计向部队输送210名文化素质较高，又具有一定军事基础的优秀青年，受到部队的好评。2000年后，坚持每年在剑阁中学、剑阁职中、文峰中学组织新生军训。利用“五四”“三八”“十一”举行国际形势报告会、革命英模讲师会、开展爱国主义和居安思危教育。2006年，开展《兵役法》《国防法》的宣传教育活动，组织广播讲座15场、发放宣传资料3万余份、制作广告宣传标语牌10余幅。

第二节　征　兵

20世纪90年代，国防建设进入现代化、科技化、信息化时代，征兵条件兵员质量要求提升。新兵政审需经过摸底、初审和复审三个阶段。政审由看出身、成分、社会关系转移到着重看本人的现实表现，看是否拥护中国共产党领导，坚持党的四项基本原则，劳动态度好，遵纪守法，维护社会公德等。1990年起，改分片、分区体检为由县征兵领导小组、接兵部队统一组织体检，舰艇人员在县体检的基础上，由市统一组织复检。是年全县过万名应征青年报名参军，经政审、体检层层筛选，确认征兵对象。1991年新兵应征入伍条件提高，男性身高必须达到1.62米，体重50公斤以上；女性身高不得低于1.58米，体重达到45公斤以上。按照新的征兵要求，对全县应征适龄青年进行报名、政审和体检。1995年，对征兵工作出现改学历、改年龄、托人情、拉关系、请客送礼等不正之风，县政府加大征兵工作监察力度，严处违纪违法人员，依法征集兵员。1998年针对适龄青年外出务工、兵源减少的趋势，强化国防教育，提前掌握应征对象，激发适龄青年参军激情。2000年县政府强化征兵责任，采取征集人员与接兵部队，公安、卫生部门与县征兵办公室，应征青年及家长与各乡镇层层签订兵员质量合格责任书，严把兵员质量关。至2001年，所征集兵员无一例退兵。2004年严格征兵条件，在报名、政审、体检各个环节严格要求，完成当年征兵任务。2006年广泛深入宣传《国防法》《兵役法》《宪法》，提高适龄青年应征意识；举办政审、体检人员培训班，制定征兵体格检查《办法》《标准》《征兵政审工作规定》，层层签订《廉洁征兵保证书》。设举报箱，公开举报电话。是年，按要求完成征兵任务。

第三节　预备役

全县每年开展例行兵役、预备役的登记工作。按照相关规定户口在本县18—31周岁以内的男性公民和编入基干民兵的女性公民都要进行预备役登记。预备役分士兵预备役和军官预备役。士兵预备役分为一类预备役和二类预备役。一类预备役为35岁以下退役士兵和地方专业技术人员；二类预备役为除一类预备役外的符合服预备役人员。军官预备役为退出现役转入预备役的军官，确定服军官预备役的士兵、院校毕业生、专职人武干部、非军事部门的专业技术人员。

1990年6月，县人民武装部结合民兵整组，组织专武干部在全县开展为期26天的兵役、预备役登记工作。按照中央军委关于“控制数量，提高质量，抓住重点，打好基础”的方针和服预备役人员的条件进行普查、登记、建卡。1992年，根据全国烟台基层民兵预备役部队建设工作会议精神，剑阁相应建立预备役部队。1994年，按照军队革命化、正规化、现代化建设和为储备与输送优质兵源精神，在普安镇建立统一预备役人员训练基地，在县职中、武连职中设军训班，并选送一类预备役人员入校军训。1996年贯彻落实中华人民共和国《预备役军官法》，对全县基干民兵排长以上干部、专职武装干部和1988年以后转业的军队干部进行预备役军官登记。1999年，根据省、市军区、军分区关于“将兵役登记与民兵整组，与促进民兵两地建设结合”的精神，县政府组织力量对全县兵役状况按一、二类预备役进行登记。2002年，根据中央军委关于民兵组织建设，“规模适当，布局合理，重点突出，管理有序，召之即来”的精神，县国防教育委员会、县人武部对预备役组织整顿，适当压缩规模，提升兵员质量。2006年深化士兵、军官预备役制度改革，“落实兵役，规范管理，健全制度”。

第三章　民　兵

第一节　组织建设

1990年，根据中国人民解放军总参谋部、总政治部《关于调整民兵组织问题的报告》“凡年龄在18至35周岁，身体健康的公民均可参加民兵组织，28岁以下的复退军人和经过军事训练的民兵编入基干民兵，其余编入普通民兵，女性公民只参加基干民兵，不编入普通民兵”的规定，开展民兵整组活动。

通过清理登记、点名站队，对全县民兵进行排班编队。1991年，贯彻《民兵工作条例》，结合民兵整组工作，广泛宣传《民兵工作条例》，以基干民兵、民兵应急分队建设为重点，实行编组。1993年，组织全县专武干部在公兴镇开展民兵整组试点，规范民兵整组工作程序，总结民兵两地（民兵活动阵地，以劳养伍基地）建设经验，以及区、乡镇建制调整后，基层民兵编组办法。试点后，全县开展民兵整组工作。1998年，根据《兵役法》和《民兵工作条例》，规定基干民兵为18—28周岁的退现役军人和经过军事训练合格的男女青年以及与军事专业对口的地方专业技术人员；普通民兵为18岁至35岁，未经军事训练的男性公民，29岁至35周岁的退现役军人和与军事专业对口的地方专业技术人员。经过摸底排队，出入转队、编组登记，选配干部等程序、整顿民兵组织。在城北、下寺、剑门关、汉阳、武连等沿国道108线的乡镇组建民兵应急分队。在县城组建城市民兵医疗技术分队、医疗技术分队。1999年，以《民兵工作条例》为依据，按照《四川省民兵整组实施细则》规定内容、秩序与方法，重点抓基干民兵特别是民兵应急分队、专业技术分队和民兵信息网的组织建设。

2000年前后，农村劳动力大量转移，外出务工经商人员增多，出现民兵组织难建、民兵活动难开展的新情况。为探索新形势下的民兵组织工作的新路子，广元军分区在剑阁开展民兵整组试点，规定农村基干民兵编组以长期固定人员为主，不编或少编常年在外人员。为适应未来战争需要，在行政事业单位编基干民兵，以专业技术兵为主，不编或少编步兵分队。民兵实行跨行业建制编组。2003年，试行城市民兵调整改革，组建城市民兵专业技术分队、应急分队。2004年，按照省军区《基干民兵点验实施计划》，通过摸底调查，出入转队，宣布建制，任命干部、点名站队，官兵相识，公布制度等组织整顿程序进行民兵整组。

2005年，民兵组织建设按照“三个便于（便于领导、便于活动、便于执行任务），三个适应（适应打赢高技术条件下的人民战争，适应社会主义市场经济体制改革，适应处置突发性事件）”的要求进行，坚持控规模，强素质，做到建制灵活，点验“三见面”（身份证、毕业证或退伍证、点名册），对民兵进行整组。县民兵整组工作以《四川省民兵整组实施细则》为依据，结合民兵组织实际，按照宣传动员、调查摸底、登记造册，对民兵进行组织整顿，民兵组织达到规模适当、布局合理、重点突出，民兵素质明显提高。

第二节　民兵训练

1990年，县人武部按照总参谋部《民兵训练大纲》要求，采取课堂讲解与民兵自学，集体统训与班组自训，学习军事技术与民用技术相结合的方法，开展军训，全年办军训班两期。经市军分区查验，所训科目，平均成绩92.9分。1991年，县民兵训练基地建成，投入使用。全县民兵军训，一律集中到县，统一施训，其内容除步兵的专业基础科目外，增加杀伤性武器使用、擒拿格斗、紧急出动、执行应急任务等。按照《民兵训练大纲》标准考核，训练成绩综合评定为优良，白龙、武连等12个单位和111名民兵受到广元市军分区表彰。1993年，民兵训练采取集中驻训方法，突出规范化训练和质量提升，完善民兵训练基地配套设施建设，建厕所、草坪，兴办“以劳养武”基地，确保民兵训练，来之能住，居之能安。1994年到1995年，民兵训练突出抓重点，坚持训用一致原则，在抓质量、抓安全、促落实上下功夫。考核主要包括轻武器基础射击、步兵实弹射击、步兵战术、手榴弹投掷等考核。1996年到2000

年，全县民兵训练工作以毛泽东军事思想、邓小平新时期国防建设为指导，以提高战斗力为标准，完成一年一度的民兵军事训练。2000年，民兵军事训练突出民兵应急分队训练，加强和提高民兵应急分队综合素质和执行力。

2001年到2006年，民兵军事训练工作以新时期军事战略方针为统揽，严格按照《民兵军事训练大纲》为依据，主查以训练城市民兵为重点。其中2004年的民兵军事训练，采取灵活的科学合理的训练方法，着眼训练质量，针对专武干部、民兵应急分队和专业技术分队各自的特点，采用不同的组训方式。针对参加民兵军事基础、文化程度、接受能力的不同，开展互帮互学活动，发挥民兵干部、退伍军人的骨干作用。训练中开展小竞赛活动，广泛应用挂图、实物、录像和示范班等直观教学方法，增强训练效果。同时坚持强化管理，严格秩序，依法治训，按照《民兵军事训练管理规定》，按正规连队要求规范民兵军事训练。

第三节　装备管理

20世纪80年代末，剑阁民兵武器装备品种由原17种调整为8种。旧式轻武器全部淘汰，更换为国产新式武器。武器保管由区乡镇分散管理转为由县人武部集中保管。为确保武器安全，杜绝意外事故发生，1990年，县人武部制订武器管理制度，坚持24小时值班守护，定期擦枪保养，建立武器领归增减台账。1992年投资3万元，对武器保管仓库加固，对设施进行安全防范处理。

1996年，县人武部收归军队建制。根据广元军分区司令部“民兵武器转隶通知”精神，从县人民武装部民兵武器库调走部分武器，转隶为部队武器弹药，其余武器装备也一并移交军队。1999年，依据《民兵武器装备管理工作条例》，增加民兵武器装备实力，以保持良好的战备状态。2000年，对民兵武器仓库的检查实行仓库保管员一天一次，军事科长一月一次，县人武部长一个季度一次。2001年，抓武器仓库“硬件”建设，购置红外线报警装置一套，在武器库内安装除湿机，埋设地下电缆，加固库房墙体，顶棚。2003年，根据《民兵武器装备管理工作条例》，制定《民兵武器装备管理规定》《武器仓库管理人员工作细则》。2006年，县民兵武器管理逐步形成一套完整、规范的管理制度。省政府、省军区授予剑阁民兵武器管理十年无事故先进县的称号。

第四章　拥政爱民

第一节　军（警）民共建

1990年5月，成立县军民共建领导小组。8月，县、区、乡镇各级人武部结合文明村镇建设，分别在县级机关和乡镇建立军民共建点72个，在点上建“民兵之家”活动阵地67个，建帮户助耕小组1327

个。县人武部与元山镇粮丰村、王河乡鸣凤村结成军民共建对子，协助村改土、修水、建园。1994年，武警剑阁中队与普安小学、剑阁中学、剑州中学、县职中等五所中小学结成军民共建对子，派出5名教官，帮助学校军训学生1.5万人。1996年，县人武部与县中医院、文化馆、质监局等结成对子，军民共建闻溪路文明绿化一条街。通过整治市容，绿化环境，硬化街道，建成县级“文明街市”。1999年，县人武部成立拥政爱民领导小组，制定《驻剑军（警）部队拥政爱民若干规定》，县、区、乡镇各级人武部建军民共建点72个，围绕县政府建设小康村目标，投资建园、修路、改水、造林。县武警中队组织100余人次，上街开展便民活动，义务为群众修理电器，理发，打扫街道，清除垃圾。县人武部与汉阳镇壮岭村结成军民共建对子，送化肥、农药、良种和传授科技。2000年，军民共建形式由共建文明单位、文明片区发展到共建文明行业、文明小区、文明街路、文明村镇，县、区、乡镇各级人武部共建文明小区12个、文明村社57个、文明街路21条，县人武部被省军区授予先进人民武装部称号。2003年至2006年，剑阁开展创建国家“双拥”（拥军优属、拥政爱民）模范城活动，落实国家各项优抚政策，安排资金103.57万元，为369位优抚对象修缮住房，为2870个复退军人提高生活困难补助标准。

第二节 扶贫帮困

1990年，贯彻省政府关于“率兵带民脱贫致富和扶贫帮困”的精神，兴办“民兵科学致富协会”“民兵两用人才介绍所”“民兵两用人才学校”。县、乡镇各级人武干部与民兵建立联户制度，派出武装干部15人，深入区、乡镇150余天，为民兵举办科学致富专题讲座，送科技书籍1.5万册，送“叶面宝”微肥5200瓶，送配合饲料20余吨，办科技培训班539期，受训21790人。全县涌现出民兵专业大户5021户，养猪大户1145户，产粮大户1416户，运输、加工、服务专业大户2460户。1993年，普安、城北、柳沟、盐店等乡镇人武部调集民兵4.3万人，组成民兵突击队，担负修建杨家坝水库急、难、险任务。1996年，建民兵硬骨头突击队，修机耕道1.1万千米，造林73.33公顷。建义务助耕队1100个，为军烈属、贫困户义务助耕。1998年3月，全县建立民兵扶贫组391个，联系贫困户1172户。2001年，县人武部定点帮扶圈龙乡新风、太吉、三泉等村。至2003年累计资助资金10万元，建速生丰产林20公顷，修村道公路8千米，建园16.67公顷，打微型水池150口。2004年，在全县开展“万名民兵建设长征路”活动，组织民兵调整农业产业结构。2006年，全县建成民兵小康户540户，养猪、养兔、养鸭等养殖大户1011户，药材、水果、茶桑等种植大户951户。

第三节 抢险救灾

1991年，县政府印发《关于认真做好抗洪抢险救灾的通知》，县人武部成立民兵抢险救灾领导小组，组建民兵防洪抢险队211个，肩负全县98座水库、1130口山坪塘排危及防洪抢险。1991年8月6日，县武警中队20名官兵赶赴白鸯公路19千米+850米处，救出蜀道旅游公司一大客车翻入4米深悬岩的伤员27人。1994年3月22日，武警中队出动30名武警官兵，激战两小时，解救普安镇河东街汽修厂职工宿舍火灾被困的10余人并扑灭大火。是年11月，县驻军、消防大队果断处置县淀粉厂爆炸事故，解救3名工人。1996年10月7日，在普安镇一居委会住宅区重大火灾中，县消防大队、武警中队救出30多名被困群众，扑灭了大火，保证了省级历史文物——钟鼓楼的安全。1996年、1997年，因剑阁连续大旱，县驻军、消防大队向缺水的鹤龄镇、县职中义务送水500车1500吨；县人武部组织民兵高炮班两个，分别在普安汉阳山、金仙镇、龙源镇实施人工降雨。1998年7月，县人武部制订《驻剑部队抢险救灾预案》，确定成都空军驻剑阁雷达站负责剑苍公路及其区域内抢险救灾，县人武部、武警中队负责闻溪河防洪抢险、疏散群众、转移重要物资及重要单位的目标守护。是年9月，在"9·16"洪灾抢险救灾中，县人武部、武警中队疏散群众2万余人、解救被困群众400余人、抢救财产2000余万元；武警中队和普安、城北、剑门3区的民兵应急分队守护闻溪河上游的团结、民主等5座水库；白龙、公兴、涂山、王河、摇铃等乡镇人武部组织数千名民兵进驻普安镇清运淤泥垃圾。2003年，开展创建民兵号、民兵班组、民兵示范岗活动，承担森林火灾扑救、病险水库防洪、江河汛期抢险任务。2006年，2914名民兵组成义务灭火队79个、防洪抢险队104个。是年5月，武警中队出动官兵20人，扑灭普安镇农贸市场火灾，解救被困群众14人。至2006年累计出警595次。其中，灭火出警207次、抗洪出警157次、抢险出警118次、维稳警卫出警113次。

第九篇　政　法

第一章　公　安

第一节　机　构

1990年，县公安局驻普安镇人民巷4号，在册职工128人。2003年9月28日，县公安局办公驻地迁至下寺镇修城坝。2006年年末，全局总警力224人，局机关25人，基层单位125人。下设交警大队、看守所、行政拘留所。

1990年，全县有普安、龙泉、柳沟、武连、开封、元山、金仙、白龙、鹤龄、江口、剑门11个派出所。1991年政区建制调整，下寺、普广、上寺3乡镇划入剑阁，增设下寺派出所。1992年10月14日，龙泉派出所更名为城北派出所。金仙派出所更名为公兴派出所。1994年8月9日，增设龙源、羊岭、杨村、香沉、汉阳、盐店、东宝、碗泉、高观、张王、木马、店子、金仙、演圣、王河15个派出所。1997年8月，因警力分散，难以集中办案，上述增设的15个派出所又相继撤并。至2002年年末，全县设下寺、普安、城北、武连、开封、元山、公兴、白龙、鹤龄、柳沟、剑门、江口12个派出所，并沿袭至2006年。

第二节　刑事案件侦破

1990年至1991年发生各类刑事案件2221件，盗窃案件数量呈上升趋势。突出打黑除恶、拐卖人口专项治理，组织警力40余人，远赴山东、江苏、河北、内蒙古等地侦察拐卖案件。至1992年，累计破获各类刑事案件1718件。1993年，抽调政法干警213人，县级机关、区、乡镇干部241人，治保人员244人，组成“严打（严厉打击刑事犯罪）”工作队，在全县开展“严打”整治，重点处置杀人、抢劫、盗窃公私财物、贩毒贩枪、拐卖妇女儿童等违法犯罪案件。按照“稳定压倒一切”和对刑事犯罪要依法“从重从快”的方针，全县累计破获各类刑事案件516件，挖团伙39个，查处各类违法犯罪嫌疑人员

1239 人。其中，逮捕 364 人，劳教管制 48 人。

1994 年，根据省、市公安机关的统一部署，组织警力 200 余人，在全县开展“春季”“秋季”两次“严打”整治，对村社、场镇、主要交通沿线进行重点整治，围绕“打暴力、反盗窃、铲团伙、破大案、抓逃犯”开展侦破活动，立案各类刑事案件 524 件。1995 年，打击刑事犯罪以搜捕为重点，共挡审各类嫌疑人员 2100 人，抓“三逃”人员 5 人、违法犯罪人员 141 人，破获各类刑事案件 16 起。1996 年全县出动警力 433 人次，对租房、旅店、卡拉 OK 厅、发廊等场所进行搜查，查处刑事犯罪。1997 年，重点对盗车、抢劫、诈骗三类刑事案件进行专项斗争，同时对涉枪、涉毒、涉赌案件进行专项整治。遏制拐卖人口，打击车匪路霸、欺行霸市等地方黑恶势力。通过调查取证、搜捕、侦探，至 2000 年，侦破各类刑事案件 1857 件。2001 年起，按全国统一安排，开展为期三年的“社会治安严打整治行动”和“狂飙－A、B、C、D、E、F、G”7 个系列的“严打”整治专项斗争。至 2003 年，侦破各类刑事案件 2037 件。

2004 年开展“侦破命案专项行动”，集中打击故意杀人、爆炸、投毒、纵火、绑架、强奸、抢劫等案件中侵犯人身生命财产安全的严重刑事犯罪活动。破获涂山乡杨某报复杀人命案，下寺镇阚某盗窃杀人命案，西庙乡孙某抢劫杀人命案，普安镇魏某故意伤害杀人命案，北庙乡刘某投毒杀人命案，剑州中学赵某、张某团伙抢劫杀人等 8 起重特大杀人案。2005 年，全县开展打击“两抢一盗”专项斗争。重点打击地域性职业群体犯罪，团伙流窜犯罪，街头“两抢”犯罪和盗窃机动车、盗窃农村电力、通信设施犯罪。至 2006 年，侦破各类刑事案件 968 件，查处各类刑事犯罪人员 587 人，逮捕法办 191 人，移送起诉 94 人，劳动管制 40 人，行政拘留 81 人。

第三节　经济案件侦破

1990 年，县公安局设经济侦察中队，负责掌握全县经济犯罪动态，实施侦破行动。当年侦破各类经济案件 10 件，打击处理经济犯罪人员 13 人。1992 年，结合全县财务大清理、大检查，侦破各类经济案件 24 件，打击处理经济犯罪人员 25 人。1995 年经济犯罪发案率上升。根据国家《经济犯罪惩治条例》，积极搜取举报线索，主动出击。至 1998 年，在金融、企业、财贸、文教等系统侦破各类经济案 181 件，经济诈骗案 104 件，贪污、盗窃、抢夺案 41 件，破坏经济秩序案 36 件。打击处理各类经济犯罪人员 210 人，逮捕法办 28 人。1999 年，共查获各类经济案 70 件。查处经济犯罪人员 31 人，逮捕 7 人，直诉 1 人。2000 年，组织警力，深入基层，破获电力公司职工票据诈骗案，县信用联社信贷员侵占挪用资金案，星王巾被销售员挪用货款案。全年累计侦破各类经济案件 70 件，重大经济案件 15 件。查处经济犯罪人员 51 人，逮捕 2 人，刑拘 5 人。2001 年，开展打击经济犯罪“狂飙——D”行动。通过群众参与，部门配合，侦破各类经济案 61 件，查处经济犯罪人员 21 人。2002 年，侦破县酿酒公司集体逃税案，县毛纺厂职工合伙诈骗案，鸯溪邮政代办员、武连信用社会计贪污挪用公款案。至 2003 年累计侦破各类经济案 206 件，重大经济案 8 件，查处经济犯罪人员 71 人，逮捕 4 人。

2004 年，县公安机关组织警力 12 人，分三组集中侦破闻溪乡信用社信贷员非法揽储案，元山镇建修农贸市场买卖土地涉嫌偷税案，县饮食服务公司职工制贩假发票案。至 2005 年累计侦破各类经济案件

126 件，重大经济案件 4 件，查处违法犯罪人员 61 人，逮捕 3 人，刑拘 7 人。2006 年打击经济犯罪的重点集中到金融领域，全年受理工商银行、农业银行的信用卡恶意透支案 71 件，查处违法犯罪人员 41 人，依法逮捕 2 人。

第四节　治安管理

枪支弹药管理　1990 年 8 月，县政府印发《关于收缴私藏枪支弹药、爆炸物品、匕首、凶器的布告》，县公安局印发《关于对火药枪、猎枪、发射金属弹丸的气枪的制造、销售、使用规定的通告》。组织警力 200 余人对枪支弹药进行全面清理。全县有火药枪 6494 支，猎枪 24 支，民用气枪 80 支，非军事单位批准用枪 154 支。1991 年，开展民用枪支发证工作，对涉枪、涉弹对象进行逐一核查、登记，建卡、发证，全县核发持枪证 5010 个，发证率 80%。1994 年强化枪支弹药管理，对批准持枪的单位和个人签订《枪支管理责任书》，要求持枪单位、个人做到枪支不丢失，不乱用，不易主；对统一保管或封存的枪支，由单位建修专用仓库，集中保管，确保枪支无盗窃，无遗失、无事故发生。1995 年 8 月，根据公安部《关于收缴非法枪支弹药，加强民用枪支弹药管理的通知》精神，组织治安警察开展对民用枪支弹药的清查整顿工作。通过整顿，全县登记民用枪支 5090 支，核发“持枪证”4999 个。1996 年始，县公安机关坚持每年与持枪单位、个人签订《枪支弹药安全管理目标责任书》，建立枪支弹药定期安全检查、年审发证制度。1998 年规范枪支弹药管理，全县登记民用枪支 4067 支，重新核发持枪证 3782 个，收缴无证枪支 285 支，在普安镇剑门路、广坪乡小河村、长岭乡双桥村查处非法制枪窝点 3 个，收缴各类非法枪支 179 支。1999 年，对超范围配发枪支的商业、供销、粮食、“506”台等单位的枪支全部收回，集中保管。2001 年，枪支弹药管理工作转移到打击非法制枪、贩枪、治爆专项斗争的重点上，按照公安部统一部署，实施“狂飙——F”行动，出动警力在治安乱点、公共复杂场所、国道 108 线开展治爆缉枪搜捕行动。至 2003 年，累计侦破涉枪刑事案 37 件，打掉制枪、贩枪窝点 2 个，收缴非法枪支 465 支，子弹 350 发，查处违法犯罪人员 74 人，逮捕 2 人，治安处罚 68 人。

2004 年起，县政府把枪支弹药管理纳入社会治安综合治理内容，实行“一票否决制”。至 2006 年，全县非军用枪支使用单位 51 个，签订枪支管理责任书 51 份，登记民用枪支 3850 支，核发持枪证 3619 个，核发率 95%。处理涉枪案 1 件，收缴非法枪支 12 支。

爆破物品管理　1990 年 8 月，县政府发布《爆炸物品管理规定》《切实加强雷管、炸药使用保管的通告》，规定爆炸物品由供销、商业部门经营，做到分库储存，专柜展销，凭“购买证”供货；运输爆炸物品必须由公安机关签发“准运证”，专车专人押运；实施爆破作业人员必须经公安机关统一培训，持证上岗。1991 年，对全县生产、经营、使用爆炸物品的单位、个人进行调查摸底，全县有烟花爆竹生产企业 6 个，爆炸物品储存室 118 个，货物销售网点 210 个，使用单位 320 个，爆破员 570 人。1992 年，全面清理整顿爆炸物品市场，收缴炸药 570 公斤，雷管 444 发，导火线 310 米，烟花爆竹 27000 响。查出 18 个爆破物品储存仓库、6 个鞭炮生产企业、591 个销售网点存在安全隐患 98 处，发出限期整改通知书 72 份。1993 年，县公安机关发文规定，民用爆炸物品实行派出所、公安局两级审批制度。烟花爆竹生产销售执行五证管理，即：生产办“生产许可证”，运输办“准运许可证”，销售办“准营证”和

“购买证”，爆破作业办理“爆破员作业证”。设立“剑阁县民用爆炸物品管理办公室”，下设爆破作业大队，负责全县民用爆炸物品的经营和爆破作业人员培训。坚持每年组织治安、安检人员对生产、销售、储存、使用爆炸物品的单位、个人进行排查，生产营销资质审定，侦破和打击非法生产、兜售爆炸物品案件。至1995年，全县办理各类爆炸物品案件73件，查处违法犯罪人员76人，取缔非法生产烟花爆竹企业13户，无证经营销售爆破物品摊点48个。收缴炸药4053公斤，雷管2400发，火炮54万响。批准设鞭炮生产企业8个、销售网点356个，配爆破员550人。

1997年，组织警力开展对生产爆炸物品的企业、仓库、销售点和民用爆破器材运输、贮存、使用安全大检查，发出限改通知书120份，责令12个企业停业整顿，核发“使用许可证”152个。2001年起，配合省、市统一行动，开展为期三年的治爆缉枪专项整治活动，在全县范围内宣传国务院《民用爆炸物品管理条例》、公安部“治爆缉枪”通告、《剑阁县爆炸物品管理规定》，出动警力300余人次，对涉爆单位开展全面清理，拉网式排查。至2003年，累计办理各类涉爆案件61件，查处违法犯罪人员74人，捣毁非法生产烟花爆竹窝点13个，取缔私人作坊88个，收缴炸药811公斤，雷管5878发，爆竹1194万响，烟花74件，导火线3016米，没收炮具50套。

2004年，爆炸物品安全管理纳入各级政府目标管理责任制，各生产、销售单位与县公安局签订安全营运责任书。2006年，建立爆炸物品使用登记和工业雷管编码登记制度，规范审批程序，加大管理力度和安全检查密度。至年末，批准全县鞭炮生产企业8个，民用爆炸器材销售厂家1家，爆炸物品销售网点251个，落实爆破作业员510人。

特种行业管理　1990年，贯彻省公安厅《关于整顿和加强特种行业管理的通知》《四川省旅店业管理暂行条例》《四川省旧货业管理暂行条例》《四川省修理业管理暂行条例》和《四川省印铸刻字管理暂行条例》，组织警力200余人对全县特种行业进行清理登记，把旅店业、印刷刻字业、旧货业纳入特种行业管理范围，其行业除经工商行政管理部门批发营业执照外，向公安机关申请登记，核发“特业许可证”。至1991年年末，全县有特种行业341个。县公安机关对全县1300余名特业从业人员，进行政治思想、业务素质、法律法规培训，与341个特业单位签订治安承包合同。在全县12个派出所建立“特业办公室”。在特种行业中，开展无违法经营、无治安问题、无刑事案件发生活动。1995年，根据国务院关于加强“废旧金属收购业管理”的通知精神，对全县65个废旧金属收购站、点进行全面清理整顿。通过清理，取缔违法经营企业7个，办理违法收购非金属器材案件28件。

1998年，县政府组织公安、司法、法制等单位，对特业犯罪开展大清查、大搜捕行动，收集罪犯罪证107件，特业人员向公安机关提供各类违法犯罪线索293条。2000年，对全县特种行业进行建卡登记，明细特种行业及其法人的区位、坐落、人员构成、营业场所、地形状况、设施布局，建立特种行业档案。2001年起，特种行业管理转入单项整治和大要案件的侦破上。在全县开展专项整治旅店业，打击流氓犯罪和逃窜犯罪分子；专项整治刻字业，打击诈骗犯罪活动；专项整治废旧金属收购业，打击各类盗窃犯罪活动。2006年，对全县特种行业作详查登记和建立档案。全县有特种行业的企业351个（旅店业246个，刊刻业15个，印铸业16个，废品收购业74个），有各类从业人员1410人。

公共复杂场所管理　1990年，县公安机关组织治安力量对公共复杂场所进行普查登记，全县有公共复杂场所254处（未包括文化娱乐场所），汽车站13处、渡口6处、体育广场（公园坝）1处、农贸市场60处、百货摊区154处、其他20处，均纳入社会治安综合治理区。1992年2月，县政府发文规定，公共复杂场所管理坚持“谁主管、谁负责”的原则。公安机关与管理单位签订治安管理目标责任书，管理单位对辖区的管理地段实行定治安管理人员、定管理范围、定管理目标、定报酬责任制。是年，签订目标管理责任书310份，确定专管人员340人。1994年，在12个镇建段、村联防，厂、镇联防治安管理委员会12个；在县电影院、县汽车站等单位建立治安室；在长岭、柘坝等3处水码头建治保小组。对水上的机动船由辖区所在地的派出所长、人装部长直接负责。1996年至1999年，发出安全隐患整改通知书250份，排除安全隐患38起。2000年以来，在厂矿、人口密集的学校、居民聚居的小区、风景游览区建立治安室。2003年，准许金融系统的营业厅及超市、百货大楼，城市繁华闹市区安装监控录像。2006年，全县纳入治安管理的公共复杂场所342处，包括汽车站15处、渡口6处、农贸市场64处、体育文化广场2处、风景区4处、百货摊区241处。与经营单位签订治安管理责任书350份，建治安室48个，建社区治安联防队219个。

文化娱乐市场管理　1990年，县公安机关会同文化、广播电视、工商等部门对全县51个影剧院、39个录像厅、7个舞厅、27个台球室、80个书社、172个音像销售门市部进行全面清理整顿，堵塞黄源。收缴淫秽录像85盒，磁带334盒，图片485张，书刊万余册，裸体图案扑克3000副。发出限改通知35份，责令停业整顿12个。在文化娱乐市场管理区落实治安执勤人员67人，核发治安管理登记证266个。1991年，组织公安、文教等部门对全县文化娱乐场所进行普查登记，全县有文化娱乐场所197个（影剧院50个、录像场95个、台球场25个、舞厅6个、电子游戏厅21个），纳入治安管理，并签订治安安全目标责任书。1994年至1996年，查处卖淫嫖娼窝点4个，查处卖淫嫖娼、赌博案25件，处理违法犯罪人员271人，收缴淫秽书刊1250册，图片1000张，销毁淫秽录像带450盒，没收赌资98万元。1998年，在普安、武连、白龙、剑门分片举办影剧院、OK厅、录像厅、茶坊、书社管理人员培训班，建立“准营证”申报审批制度，凡从事各类文化娱乐经营活动须向公安机关申办“准营证”，按其批准项目、内容和准则从事营业活动。全年申办准营证174个，依法取缔3个，停业整顿4个，发限改通知书16份。2000年按照全国统一行动，开展“两查禁”（查赌、查非法出版物）活动，停业整顿文化娱乐场所5个，发出限改通知书21份，签订守法公约191份，处理违法经营人员14人。2003年，全县网吧迅速发展，组织治安民警对全县网吧业进行清理登记，规定开办网吧必须依法登记，其营业活动接受公安机关全程监督，48个网吧与公安机关签订治安安全责任书。2006年，全县纳入公安机关管理的文化娱乐场所179个，歌舞厅23个、录像厅105个、网吧51个。组织民警100余人，收缴淫秽录像带26盒，黄色书刊2000册，图片50张，查获娼妓、赌博案21件。

第五节　户籍管理

户口管理　1990年，对全县户籍人口进行清理，规定户籍登记须按户填报，突出本户编号、户别、本户人口数、出生数、死亡数、户籍人口中离开本县一年以上人数。人口登记按人填报，落实其人的姓名、性别、年龄、与户主关系、民族、常住地址、户口状况和性质。通过清理，全县户籍人口640317人，户籍不在本县住本县一年以上3446人。1991年6月20日起，在县公安局、派出所和各乡镇户政管理单位建立户籍档案，统一设置户口簿。至年末，全县累计颁发家庭户口簿166698本。1993年，农业户籍由派出所管理，未建派出所的乡镇由乡镇政府户政员管理。年末2.9万户4.14万人的菜农户、自理口粮户、小集镇户纳入非农业户管理。全县户籍人口17.36万户65万人，农业户口14.46万户60.86万人。1994年，规范全县户口登记，规定农业户口以户为单位进行登记，登记项目包括户别、户主姓名与户主关系、姓名、性别、民族、出生年月，宗教信仰、出生地、籍贯、文化程度、婚姻状况、兵役状况、身高、血型、住址、其他住址、居民身份证号码。非农业户常住人口以户为单位进行登记管理，以家庭为主的立为家庭户，以居住在机关、学校、企事业单位内部和公共宿舍为主的立为集体户口。其登记项目，在农业户口登记项目的基础上增加服务处所、职业两项。1999年，细化户口管理工作，在全县换发新的居民户口簿和常住人口登记表，填制常住人口表67万份，核发居民户口簿19.8万份（册），全县实行一户一簿一牌一证和一人一格、一户一页、一组一册的户口管理制度。2003年，全面推选实有人口科学化管理，完成人口信息化建设，建立人口数据库。2006年，全县户口管理步入法制化、规范化、信息化轨道。采用先进科学手段统计人口，管理户口、监督重口。全年迁入7096人、迁出6526人，至年末，全县户籍人口19.79万户、67.04万人。

流动人口管理 1997年，流动人口和重点人口纳入户口管理的重要内容，对外来人员暂住时间超过三个月的16岁以上公民发给“暂住证”，对外来务工经商暂住时间较长的核发“寄住证”，按公安部“暂住人口管理办法”在派出所建立流动人口专项档案，准确掌握流动人口的姓名、别名、绰号、性别、年龄、现住址、居民身份证号码及体貌特征等基本情况。对有违法迹象的流动人口，迅速查清其活动范围、经济来源。外来务工人员由用工单位申领暂住证，其日常管理由用工单位负责。对出租房屋实行综合管理，对房主落实“三包”（包宣传教育、包治安安全、包无违法违纪），“四定”（定职责、定任务、定制度、定被管对象）责任制，是年末，全县有暂住人口7361人（县外1989人，县内5372人），建人头档案7161宗。1998年，根据公安部《重点人口管理规定》，严格重点人口的户籍管理，落实户籍档案，制定帮教措施，建立监管机制。是年，经对重点人口的核查登记，全县共列入重点管理对象911人（纳入监管对象897人）。2003年，全面推行实有人口科学化管理，完成人口信息化建设，建立人口数据库，办理境内外出入人口出入境手续13件。2004年，强化常住人口、重点人口、流动人口及出入境人口管理，办理出入境人口证件100人次，查处违反户口管理、居民身份证管理案305件，实施治安（行政）处罚1100人次。2006年，列入重点人口管理971人，办理流入人口“暂住证”“寄住证”5100个。

居民身份证办理 年满16周岁的中国公民必须向当地的户政管理机关申请办理居民身份证。1989年8月，剑阁首次颁发居民身份证。至2000年，全县累计颁发居民身份证45万张，换发居民身份证6.1万张，办理临时身份证4.5万张。2003年，居民身份证纠错1.2万个，查处违反居民身份证管理案件316件。2006年1月，全面启动第二代居民身份证的办理工作。至年末，共换发二代居民身份证11.6万张。

第六节　国安工作

处理上访事件 1990年，国安工作重点突出防止境外敌对势力对国内的渗透，及时侦破敌特、间谍活动案件。1993年，县内上访主要集中在请求落实政策，县公安局及时妥善处理。1995年，县政府把国家安全保卫工作的重点由反对敌特、间谍斗争，转移到国内安定团结和对敌情、政情、社情的掌握。把影响和破坏社会秩序的上访事件纳入国家安全保卫工作的重要内容，发现上访事件，及时疏导，防止矛盾激化。至1999年，累计处理上访事件56件，劝阻上访人员3150人，解散群众1737人。

2000年后，农村合作基金会停办，农民存款难返还；县、乡财政吃紧，教师工资难兑现；工程建设层层拖欠民工工资款等，社会矛盾激化。发生普安镇“摩的”驾驶员500余人聚集要求废除不合理的收费项目；剑盐路升级改造，开封、元山400余名筑路工人要求兑现民工修路工资；县文教系统部分退休教师要求按国家政策规定发放生活补贴等事件。至2002年累计处理上访21起，紧急疏散人群2150人。2003年起处理上访坚持以预防为主，正面教育为主。发现苗头，立即疏导解说，责令相关部门限期解决上访人员的正当要求，果断处理煽动、串联、诱使上访事件的背后主谋和无理取闹人员。至2006年，累计处理上访事件114起，解散参与人群7440人，办理上访案件67件，劝阻疏散上访人员1141人。

处置突发事件　1990年，坚持“三个慎重”（慎重对待、慎重出警、慎重处理）的原则，处理重大交通、火灾、洪灾、疫情、破坏性地震、治安事故、安全生产突发事故、群体性事件。按照“帮忙不添乱，到位不越位，震慑不镇压，果断不莽撞”的要求，正确区分两类不同性质的矛盾，准确把握政策界限，因情施策，应对突发案件。至1995年，累计处理各类突发性事件287起，紧急疏散群众3241人。1996年12月，泸州商业联合展销团在普安镇开展商品展销活动，发生本地商户殴打参展人员事件，县公安局处理滋事主谋，有效控制事态。1998年5月，下寺镇大仓坝村民偷拉省桥梁公司河沙发生纠葛，大仓坝民众扭打桥梁工人，冲击、打砸下寺派出所。县公安机关迅速调集民警10余人，赶赴现场，紧急疏散群众，迅速调查取证，揭露事实真相，抓捕犯罪嫌疑人，迅速平息事态。1999年，强化突发事件处置力度，建立处置突发事件专案小组，做到处理突发事件有预警。2000年5月，县政府制定《处置突发事件预案》。至2006年，累计处理突发案件127件，紧急疏散群众5211人，处理犯罪嫌疑人27人。

第七节　消防及保安联防

队伍与设备　1990年，县公安局消防科有5名专职消防员。县财政拨款购3.5吨消防水罐车一辆，县公安局开通“119”火警电话。1997年，配备消防员28人。在基层建义务消防队319个、5123人。全县配兼职消防人员170人。1997年，投资建修消防站一处，面积680平方米，购东风牌消防车一辆、配消防梯35架，干粉灭火器5200具、泡沫灭火机3400具。集资安装市政灭火栓11具，简易消火栓170具，机动消防泵110台。2006年，县消防大队有办公场地832平方米，专职消防队营房680平方米，水罐消防车2辆，消防指挥车2辆；重点集镇、重点消防单位累计配置市政消防栓78具，小型消防栓238具，手抬式消防水泵130台、干粉灭火器5200具，泡沫灭火机3500具，建消防水池420口。配专兼职消防干部296人，组建消防队1个，义务消防队15个，配专兼职消防员1950人。

火灾预防扑救　1990年至1994年，累计侦破火灾案件51件，排除火灾隐患141起，发出限期整改通知书215份。1998年，建立《建筑工程消防设施审核制度》，规定建设单位凡涉及消防安全的建设项目，必须经县消防大队审核，按消防部门制订的规划，安装消防设施设备。2000年7月，元山供销社发生火灾，烧毁房屋1350平方米，烧毁大量商品货物，价值50余万元。次年在14个场镇开展消防安全专项整治，实施“1234”工程，即每乡镇有一支义务消防队，2台消防泵，300米水带，4支水枪。至2005年，累计处理火警案51件，排查火灾隐患191起。乡镇建义务灭火队51支。配各类消防设施1291件（套）。2006年8月，县政府印发《关于进一步加强消防工作的决定》，将消防工作纳入各级政府目标管理范围，层层签订目标责任书，建立重大事故责任追究制度。全年发生火灾事故48起，实施党纪、政纪处分2人，行政拘留2人，治安罚款27人。

剑阁县1990—2006年火灾事故情况表

表9-1

年份	发生火灾（次）	死亡（人）	受伤（人）	损失（万元）	判刑（人）	治安处罚（人）	其他行政处罚（人）
1990	28	1	2	8.2	—	1	—
1991	31	1	—	9.7	—	2	10
1992	28	1	—	8.8	1	3	18
1993	20	—	—	23.3	2	2	26
1994	24	1	6	16.1	—	4	17
1995	16	2	5	34.8	3	—	31
1996	21	1	—	54.8	2	1	17
1997	32	1	3	49.3	1	—	6
1998	18	1	—	12.2	—	1	12
1999	16	—	—	16.8	—	—	—
2000	15	1	6	76.2	—	—	10
2001	15	—	3	22.5	—	—	34
2002	9	2	2	3.8	—	—	6
2003	14	—	1	32.6	—	—	14
2004	21	—	3	2.96	—	—	10
2005	31	—	3	7	—	2	28
2006	48	—	—	14.8	—	2	27

说明：资料为县公安局提供。

保安联防　1990年，全县建治安室57个，配备区、镇治保主任10人，乡镇公安员60人，协助公安机关开展保安联防工作。1992年，建护村队287个、护院队962个、护校队105个。全年调解民事纠纷3015件，帮教违法青少年678人，提供违法犯罪线索175条，协助破获刑事案件125件，查处治安案件256件。1995年，城镇实行值班守护，农村建立守楼护院制度，重点集镇，农贸市场组建治安联防队和治保会。至

1996年，全县共设治安室31个、65人，联防队86个、227人，治保会682个、3662人。在农村大院、机关小区建守楼护院联防组17367个。全年开展治安巡逻5345次，协助公安机关抓捕违法犯罪人员299名，提供违法犯罪线索215条，调解民事纠纷4500件。1997年，在全县开展创建安全文明小区建设活动。2001年，停止收取农村治安联防费，群众性治安联防组织全部取消。建立和完善社区义务巡逻队、义务守护队，对社区实行全天候不间断巡逻。建立社区治保会。至2006年，建社区警务室27个，校园警务室65个，乡镇警务室18个，设村警务点480个，有社区民警68人，保安从业人员106名。

第八节　交警工作

车辆入籍管理　根据国务院“城乡道路交通由公安机关统一管理”的规定，县交警部门管理机动车辆、驾驶员的车辆牌照发放、审核；负责车辆入户，车况检验、季检、年审；负责处理无牌、无照、无证驾驶车辆；负责对车况检验不合格的车辆实施维修和强行报废工作。

1990年，全县有各类入籍车辆4391台，核准取得驾驶证资格驾驶员5513人。1992年，把“抓秩序、保畅通、压事故、保平安”作为车籍管理工作重点，制订交通安全管理“五定一包”责任制。县交警大队与有车单位和自营车辆业主签订安全管理责任书。各交警中队建立辖区道路交通安全管理档案，做到人、车、路底数清，情况明。客运车辆实行“一车一卡，交警包车，保险与年检同步制度”。是年，入籍车辆5113辆。1993年，全县有各类入籍车辆5269台，根据《道路交通运输维护管理规定》将道路运输车辆维护纳入车辆管理内容，建立县烟草公司、广运集团剑阁分公司等6户二级机动车维护企业。1996年，组织警力100余人，深入武连、开封、元山、剑门、汉阳、白龙清理车辆底数和“三无（无车牌、无驾驶证、无行驶证）”车辆。通过审验登记，查处“三无”车辆1222台，无证驾驶员3053人，至年末，全县入籍车辆6116台。2000年3月，县政府印发《关于道路交通安全秩序整治工作实施方案的通知》，县交警部门进农村、社区、单位、厂矿、家庭普及交通法规，查处黑车、黑户，开展路检路查451次。年末入籍车辆6837台，送检车1321辆，年检车3216辆。2003年，对全县744辆客运车进行类型划分和等级评定，查处不合格车辆24台。2006年，在57个乡镇配道路交通安全管理员59人，在公路沿线、重点地区，重要地段设交通安全情报网点135个。全年累计出动警车500台次，警力1350人次，办理入籍车辆1021台，查处无牌无证机动车97台，假牌假证、挪用号牌、遮挡号牌、悬挂单边号牌车辆135台，强制报废车16台，路检路查过往车辆3500台次，破获盗窃车辆案件15件，处理无证驾驶员35人。至年末，全县入籍各类车辆10549台，机动车驾驶证16348个。

剑阁县1990—2006年车辆入籍管理情况表

表9-2　　单位：台、人

年份	车辆入籍总数	大客	大货	中客	小客	小货	特种车	农用车	摩托车	其他	驾驶证总数	A级	B级	C级
1990	4391	73	123	71	311	201	10	482	2981	139	5513	207	1917	302
1991	4701	81	143	82	320	217	11	571	3127	149	5919	219	2103	317

续表9－2

年份	车辆入籍总数	大客	大货	中客	小客	小货	特种车	农用车	摩托车	其他	驾驶证总数	A级	B级	C级
1992	5113	87	151	90	327	259	12	601	3429	157	6866	241	2270	373
1993	5269	91	169	93	349	273	12	619	3501	162	7206	257	2419	398
1994	5489	97	181	102	351	291	14	671	3612	170	7495	262	2501	412
1995	5789	101	192	113	372	317	14	679	3829	172	8567	270	2619	518
1996	6116	107	198	121	381	332	15	698	4087	177	9476	287	2801	571
1997	6196	108	201	127	398	341	15	709	4118	179	9891	298	2917	587
1998	6493	112	207	139	401	347	15	711	4380	181	11051	302	2969	598
1999	6747	113	210	142	407	352	15	739	4580	189	11672	308	2981	601
2000	6837	120	217	148	409	360	16	748	4600	219	12087	317	3186	607
2001	7019	121	218	150	411	370	16	752	4780	201	12895	399	3580	701
2002	7095	129	228	159	442	372	16	759	4780	210	13011	402	3600	709
2003	7179	130	239	161	453	374	16	755	4862	189	13078	406	3600	711
2004	8464	138	251	163	459	379	17	765	6099	193	14253	410	3890	856
2005	9360	146	263	170	471	389	19	779	6872	251	15271	420	4081	867
2006	10549	153	275	181	489	398	21	795	7947	290	16348	441	4368	873

说明：资料为县交警大队提供。

交通事故处理　县交警部门负责道路交通执法检查、交通事故处理。1990年，路检路查车辆3013台次，纠正违章8442起，处理交通事故215起。1993年，处理交通事故254起。1995年，推行“六包一保”（包上路，包纠正违法，包驾驶员教育，包辖区内交通秩序，包有车单位安全监督，包对安全联组指导；保安全畅通）责任制。路检路查车辆118760台次，纠正违章29190起，处理交通事故204起。1997年，处理各类交通事故176起。2004年，客运车辆严格执行“五不出站”（超员、车况检验不合格、驾驶人员证照不齐、无牌、无证车辆不出站）制度，交通事故发生次数减少。全年发案95起，处理93起。2006年，县交警大队累计处理各类交通事故148起。

1990年至2006年，累计发生交通事故2863起，死亡318人，伤残2708人。处罚3297人。

剑阁县1990—2006年交通事故情况表

表9－3　　单位：起、人、万元

年份	当年发生交通事故起数	损失情况			处理情况			
		死亡	伤残	直接经济损失	刑事处罚	治安处罚	罚款	其他处理
1990	215	8	214	28.6	7	25	153	30
1991	115	7	109	25.6	7	29	79	37

续表9—3

年份	当年发生交通事故起数	损失情况			处理情况			
		死亡	伤残	直接经济损失	刑事处罚	治安处罚	罚款	其他处理
1992	273	9	285	31.41	3	51	213	34
1993	254	14	271	43.1	5	49	191	36
1994	263	22	181	61.2	9	51	203	31
1995	204	21	198	59.1	8	57	114	30
1996	165	35	165	56.9	12	51	97	29
1997	176	27	164	57.5	6	41	123	29
1998	141	23	131	49.9	10	35	91	32
1999	130	16	133	50.61	3	21	106	35
2000	165	15	121	43.1	3	37	120	29
2001	119	17	104	45.3	4	29	86	25
2002	125	25	151	54.71	10	33	83	36
2003	141	24	135	45.4	7	29	105	27
2004	95	19	96	18.9	7	39	47	30
2005	134	21	109	34.5	9	40	87	23
2006	148	15	141	29.5	3	35	110	31

说明：资料为县交警大队提供。

交通安全监管 1990年，在全县开展“交通安全月”活动，对车辆定位和私营车主实行“谁的车谁负责，谁维修谁负责，谁驾驶谁负责”安全责任承包制，执行《道路交通管理条例》。1992年，县交警部门落实交通安全“五定一包（定人、定路段、定责任、定指标、定奖惩，包安全畅通）”责任制。1995年，把机动车驾驶员交通规则培训、驾驶技术培训纳入交通安全监督管理，举办培训班15期，培训驾驶员915人。1998年，在公路沿线的行政村和中小学开展建设“交通安全村”“交通安全校区”活动。1999年，在剑门、汉阳、普安、白龙、公兴等25所中小学校区临公路段设置路标、交通安全警示牌、减速带。在处于国、省道的下寺、剑门关、汉阳、城北、普安、柳沟、武连、鹤龄、龙源、白龙、公兴等21乡镇配备交通安全宣传员、协管员、车管员。为国、省道和县道沿线的行政村、学校编印《交通安全村公约》《交通安全校区公约》《安全行车、乘车、骑车》等宣传资料2.1万余份。与村、组、学校签订交通安全责任书，开展“大手拉小手”“一帮一”活动。至2000年，剑门、汉阳、柳沟等12所中小学和汉阳镇中心、城北镇民主、白龙镇春风等10村达到“交通安全学校”和“交通安全村”标准。2001年，普安镇“摩的（客运三轮摩托）”由1994年的340辆，上升至1000辆，超过城区容量三倍之多。为确保道路交通安全，是年10月，县政府制订《道路交通安全秩序整治工作实施方案》，县交警大队根据省、市交警部门的统一部署，在全县开展“平安大道”建设，在各乡镇村口、交通要道和险要地段设置安全指挥牌、警示牌、路灯、警示灯1500余盏（个）。在人口密集地、车辆汇合处设报警台120个，安装报警电话16部。2002年，公安、监察、交通、工商、农机、宣传、教育、城建等单位人员深入主要场镇、主要交通干线清除路障，规范农贸市场，停车场，做到行商归市、坐商归市、车辆归场（点）。禁止在公路上打场晒粮、堆放杂物、建筑材料、摆摊设市。县交警部门对在县城行驶的“摩的”出行实行车牌尾号单数双日行，双数单日行，以减轻城市交通压力。通过“平安大道”“畅通工程”建设，至2006年，国、省道公路交通事故发生件数、车辆堵塞滞留次数比2000年分别下降25%、20%。

第九节　监所管理

1990年3月，依照《中华人民共和国看守所条例》，在监所建立过渡监管、新入所人员跟踪观察、被监管人员现金礼品管理、受虐待人犯报警等规章制度。坚持凭“逮捕证”“刑事拘留证”收押囚犯、管理犯人。提审、押解、释放人犯一律凭法律证明按规定办理相关手续。1993年，按照公安部“监所安全是监所工作的底线和基础”的要求，规定两人以上才能提审、押解人犯。对男犯和女犯，未决犯和已决犯、同案犯均分押分管。对在押人员出监提审庭审、回监所带的物品坚持严格检查，凡有碍安全物品，一律不准带入监内。放风场、监舍房每季度进行一次大检查。逢元旦、春节、端午、国庆等节假日加大对监狱安全隐患的排查力度，确保万无一失。1995年，在监所推行“岗位责任制”和“目标管理”，对监舍管理实行警舍挂钩，以警包人，包教、包转化、包安全、包监舍清洁卫生。监所干部做到五不准：不准贪赃枉法、徇私舞弊、行贿受贿，不准使用在押人犯为个人干私活，不准泄露党和国家机密和在押案犯的案情，不准打骂、体罚和侮辱在押人犯，不准逼供和滥用刑具。1998年，监所开展“争创全国三级达标看守所”活动，改“一看二守三送走”的工作模式为“一管二教三转化”的管理目标，对在押人员进行人性化教育。县政府拨款改造监所环境，将监舍的木板铺位改建为钢筋水泥铺位。室内安装电扇，增设门窗，使监舍明亮、通风、无嗅味。给在押人员添置衣柜。监所布局，除男、女监室外，还建有过渡监室、未成年人监室、劳教中转监室、老弱病残监室、留守服刑人员监室，对不同人犯分类关押。看守所人员发扬人道主义精神，对在押人犯单设食堂，提高伙食费标准，参加劳动时适当增加饭菜供应量。元旦、春节、端午、国庆、中秋等节日增加伙食补助费用。改善监所卫生条件，给在押人员防病治病，定期让在押人员洗涤、理发，定期对监室消毒、放药灭蚊蝇。2000年，监所管理坚持“以人为本”的思想理念。把强化嫌犯思想教育放在首位，定期组织在押人员学习《宪法》《刑法》《刑诉法》以及其他法律法规、条例。请公、检、法、司“四长”讲法律、讲认罪和改造政策；请县人大、政协、总工会、团委、妇联讲理想、道德、人生前途进行感化教育。开展“告别昨天，走向明天”的专题讨论。2003年开展“创建平安监所”活动，对在押人犯管理坚持“惩罚与改造相结合，教育与劳动相结合”的改造方针，对在押人员实行军事化管理。严惩牢头狱霸，减少人为事故。在监所实行“六必谈”（入所必谈，变换监室必谈，诉讼阶段发生变化必谈，宣判后必谈，送出或释放前必谈，发现问题必谈）制度。2006年深化人性化管理理念，对在押犯，体现人文关怀，坚持伙食吃饱，开水供足，监舍洁净。在押人员有病立即就医，准开小灶病号伙食。在押人员有特殊情况，准予请假。建立家访制度，用亲情感化人犯。

第二章　检　察

第一节　刑事检察

1990年，县检察机关配合公安、法院开展“打现行、反盗扒、端窝子”的专项斗争，依法从重从快打击严重刑事犯罪。检察机关提前介入刑事检察活动，通过核定证言、证词、证据，改变案件定性4件，改变主从关系3件，纠正公安错诉3件3人，追诉4件2人。全年受理审查起诉案204件295人。其中，公安机关移送174件265人，自侦部门移送30件30人。全年审结案件200件294人。1992年，继续坚持从重从快打击刑事犯罪，对公安移送和自侦报捕的刑事案件，落实提前介入制度，实行分片包干，三级负责。全年受理起诉案件140件182人。其中，公安移送119件161人，自侦报捕21件21人。受理起诉案中，刑事案件99件177人。全年审结案件122件158人，起诉110件143人，免予起诉9件10人，不起诉3件5人。处理积案18件26人。在刑事案件检察中，决定不予逮捕13人，追诉漏罪5条，出庭支持公诉的110件，无一败诉。1993年9月，县检察机关出动警力协同公安、法院，抓获各类违法犯罪嫌疑人170人，摧毁犯罪团伙40个，经公安机关立案侦查34件58人，检察机关诉杀人、强奸、盗窃、车匪路霸、流氓团伙等6类犯罪起27人。1994年，刑事检察的重点集中到打击杀人、放火、抢劫、强奸、盗窃、诈骗、流氓团伙等七类的犯罪活动上，至1995年，两年受理各类起诉案件291件417人。在批捕起诉环节中，自行补充侦查45件，纠正违法建议28条，免予起诉19件25人，不起诉10件25人，退回案件，补侦材料24件28人，支持公诉215件260人。

1997年起，全县开展以打击杀人、抢劫、爆炸、盗窃、拐卖人口、贩毒、制毒犯罪案件为重点的专项治理和专项斗争。至2001年，五年累计受理公安、自侦移送起诉案666件842人。其中，移送刑事案件577件693人。通过对各类案件的审理：改变案件定性20件22人，追诉10人，追捕7人，追漏罪54条，纠错捕2人，刑检部门自行补充材料84件97人，提前介入案件审理101件121人。经审理终结，累计结案658件767人，起诉593件658人，不诉65件109人。在不诉案件中，构成犯罪可以不捕28件48人，定罪证据不足10件12人，不构成犯罪免予起诉27件42人。退回案件补侦材料24件38人。2002年，受理移送审查起诉各类刑事案件112件153人。其中，公安机关移送100件140人，自侦部门移送12件13人。经审查，向人民法院提起公诉95件130人。其中，杀人4件4人，抢劫10件12人，强奸9件9人，盗窃34件51人，拐卖人口8件10人，诈骗5件7人，贩毒2件3人。2004年，刑事检察重点突出打黑除恶，惩治地方黑恶势力；打击流窜作案和团伙作案。为保案件快办快结，完善诉讼机制，建立收集、完善固定证据建议制度。至2005年，两年累计受理刑事起诉案163件205人，经审查批准（决定）逮捕132件186人，追诉4人，追捕2人，追诉漏罪14条。在刑事检察中，惩治地方黑恶势力首犯 17 人。

2006 年，突出对破坏社会主义市场经济秩序的刑事犯罪分子的审查，配合公安机关开展禁毒、禁赌、制假售假的专项斗争，打击逃税、洗钱、诈骗、传销等危害国家经济安全的犯罪。全年受理公安、自侦移送各类刑事起诉案件 108 件 152 人，经检察、审结 107 件 140 人，向人民法院提起公诉 87 件 115 人，免予起诉 10 件 12 人，不起诉 5 件 7 人，退回补充侦察 5 件 6 人。在刑事检察活动中，惩治地方黑恶势力首犯 12 人，起诉贩毒、制假、诈骗、洗钱、传销等破坏国家经济秩序案件 38 件 47 人。

第二节　经济检察

1990 年，贯彻中共中央、国务院关于“惩治腐败，加强廉政建设”的指示精神，把反贪污贿赂斗争作为经济检察的重要内容。全年受理各类经济案件线索 96 件 103 人，立案侦查 22 件 30 人。涉及贪污 12 件 20 人，挪用公款 3 件 3 人，受贿 5 件 5 人，经济诈骗 2 件 2 人。在办案中，注重群众举报线索，深挖“群案”“窜案”“窝案”。全年审结案件 21 件 26 人，依法逮捕 12 人，追回赃款 45.23 万元，追回企业欠款 9.19 万元。1991 年，县检察机关与纪检、监察、审计、财务等部门通力合作，在全县范围内开展以反贪污贿赂为主要内容的“两反”专项斗争，破获县农资公司会计贪污挪用公款案，县粮食局植物油厂职工 10 人内外勾结贪污、诈骗案，剑门粮管所营业员、国光粮管所所长合伙倒卖国库粮、贪污现金案，县化工机电公司偷漏税案等 21 件 24 人。1993 年始，县监察局、乡镇企业局和检察机关联合深入江口食品站、王河纸厂、龙泉粮站、翠云罐头厂、县联社贸易公司、剑门卷烟厂、县汽修厂、县食品公司和县制鞋厂等企业，通过内查外调，至 1994 年，累计收回企业欠款 140 万元。1995 年，县检察机关与县纪委、监察联动抓反贪污、反贿赂专项斗争，全年受理各类经济案件 78 件 81 人，立案侦查 30 件 31 人，涉及大案 3 件 4 人。累计侦破各类经济案件 29 件 30 人。审结贪污挪用公款案 21 件 21 人，行贿受贿案 3 件 3 人，诈骗、偷漏税收案 4 件 6 人。依法逮捕 6 人，追回赃款 17.1 万元，追回企业欠款 225 万元。

1996 年，受理各类经济犯罪案线索 150 件 168 人，经初查决定立案侦查 23 件 27 人。其中，贪污 7 件 8 人，挪用 12 件 13 人，受贿 1 件 3 人，偷税、诈骗 3 件 3 人。侦破县财政局外经股长挪用公款案，县供销联社贸易公司会计员挪用巨额公款案，县医药公司仓库保管员贪污药品款案等重大经济案件 12 件 13 人，依法逮捕 8 人。1998 年，受理各类经济犯罪案件线索 96 件 104 人，经初查，立案侦查 22 件 34 人。县检察机关集中警力，破获县运输公司财务科长挪用公款案，县毛巾床单厂广东片区产品销售员挪用货款案，县石油公司新桥加油站站长挪用公款案，县烟草公司武连批发部负责人挪用侵占公款案等经济大案 8 件 9 人。全年侦查终结案件 21 件 33 人，逮捕 4 人，追回赃款 45.25 万元，追收欠款 10.4 万元。2000 年，全县开展“双清”（清经济、清财务）工作，抽调警力 28 人，配合“双清”，集中力量查处职务经济犯罪案件。全年受理各类职务经济犯罪案件线索 70 件 73 人，立案侦查 20 件 25 人。办案坚持迅速调查取证，适时控制犯罪嫌疑人。破获县盐业公司财务科长挪用公款案，秀钟乡党委副书记贪污高压线路维修及青苗补偿欠费案，县养路段副段长在单位建修工程中，收受中标人巨额贿赂等重大职务经济犯罪案 6 件 7 人，依法逮捕 6 人。2003 年，强化监督防控网络，使职务经济犯罪案件有所减少，全年受理各类职务经济犯罪线索 21 件 21 人，立案侦查 9 件 9 人。其中，贪污挪用 6 件 6 人，行贿受贿 2

件2人。全年侦查终结案件9件9人，起诉6件6人，免予起诉2件2人，不起诉1件1人，依法逮捕4人。2006年，侦破白龙中学校长为学校购买电脑收受发货方回扣6万元，剑州中学校长实施校园网络工程、修建学生公寓收受贿6万元，县农行一银检员挪用储户存款23.6万元的经济大案4件4人，逮捕4人。全年侦破各类经济犯罪案件27件28人。其中，贪污案16件17人，挪用公款案2件2人，行贿受贿案8件8人。经侦察结案27件27人，提请公诉18件18人。

1990年至2006年，累计受理各类经济犯罪案件线索1169件1264人，立案侦察301件348人。其中，贪污挪用现金案216件244人，行贿受贿案38件40人，诈骗、逃漏税等其他经济犯罪案件47件64人。结案294件336人，逮捕法办80人，协助企业、单位追回赃款、欠款等1600万元。

第三节　法纪检察

1990年至1993年，累计受理公民控告国家公职人员、农村基层干部非法拘禁、刑讯逼供、滥用职权等违法犯罪案件线索53件88人，立案侦查19件24人。通过勘验现场调查取证，侦破非法拘禁、刑讯逼供案8件，玩忽职守案4件，重大责任事故案4件，排除重大安全隐患11起、依法起诉14件16人，审决4人。退回单位部门，由纪检监察作党纪、政纪处分39件、72人。

1994年至1997年，累计受理法纪案件犯罪线索83件95人。对犯罪情节轻微，未酿成严重后果的64件77人，转送纪检、监察部门查处。立案侦查23件31人，起诉16件20人，免诉7件11人，依法逮捕3人。1998年，抓法纪案件查处，对举报的侵权渎职案件，不能立案的，及时向涉案单位发出《检察建议》《纠正违法通知书》，督促涉案单位妥善处理，终止其侵权渎职行为。至2001年，累计受理法纪案件犯罪线索88件97人。立案侦查14件17人。其中，渎职案7件8人，侵权案5件6人，利用职权实施其他犯罪活动2件3人。起诉9件10人，免予起诉4件5人，不诉1件2人，交付涉案单位作其他处理79件95人。2002年，破获元山派出所长徇私枉法案、白龙派出所长刑讯逼供案、鹤龄镇畜牧站动检员生猪检疫不作为案等重大案件5件，依法追究刑事责任3人。2004年，累计受理法纪案件犯罪线索47件57人，立案侦察12件13人。其中，渎职案6件7人，侵权案4件4人，破坏选举等其他案件2件2人。侦查结案12件13人，起诉8件8人，免诉3件3人，不诉1件2人，转交其他部门处理39件49人。2006年，受理法纪案件犯罪线索33件35人，立案侦察10件11人。其中，渎职案5件6人，侵权案3件3人，其他案件2件2人。起诉3件3人，免诉6件7人，不诉1件1人。

第四节　监所检察

县检察机关对监所行使检察职权。加强法律监督，保证看守所、拘留所监管改造正常进行，刑事诉讼活动顺利开展。对“两所”监管人员的执法进行监督，要求“依法、科学、文明”管理监所。按照“改造第一、生产第二”和“教育、感化、挽救”的方针，协同公安机关对“两所”收押、释放、提审、留所人员实施安全监督。

1990年，对在押犯的教育改造，改封闭式教育为开放式教育，单一教育为多种形式教育。把政策教育与感化教育、在所教育与离所教育、法制教育与专业技能培训结合起来，使在押人犯受到教育。至1992年期间，在押人犯中，32人立功，11人刑满释放回家成为致富能手，140人制订出悔过自新重新做人的规划。1993年至1996年，协助公安机关追捕脱逃犯3人，查出7名被监管人犯在服刑期继续实施犯罪行为，依法起诉，加重处罚。对2件误算刑期、13个超期刑拘、8个不服一审判决进行及时处理。协同公安、司法等单位排除监舍安全隐患26起，处理预谋伤害监管人员、伺机越狱案1件。1998年至2002年，突出对在押人犯政策攻心教育，深挖余罪、漏罪14条，发现重大案件线索44件。协助公安机关追捕逃犯2人，侦破在押人犯服刑期再犯罪案件7件8人。实施诉讼时限、诉讼程序和判决裁定检查，纠正超期羁押9人，误判刑期4件。发现和消除安全隐患21起，提出书面纠正意见26条。

2004年，县检察机关行使对监外执行（简称“就改”）人犯的监督检察职权。查出15人或因外出打工，或因企业改制脱管，11人未落实监改组织，2人有新罪发生。对“就改”人员重新建立人头档案。在社区、村（居）民委员会建立监改小组29个。2006年，开展“减、假、保”专项复查和“超期羁押”专项清理。全年办理服刑人员再犯罪案件7件，在押人员申诉案件2件，纠正误算刑期、超期刑拘、超诉讼时限等违法行为43件，深挖潜罪16条，从中破获刑案10起。

第五节　控告申诉检察

县检察机关行使控告、申诉检察职权，通过受理控告、申诉案件，了解政策法律执行情况，收集犯罪案件线索，纠正冤假错案，保护公民权利。1990年，受理群众控告信件289件，涉及经济案件106件，刑事案件52件，渎职侵权案件10件，暴力干涉婚姻、虐待、遗弃、纠纷等其他案件121件。经初查获取犯罪线索231条，坚持“归口办理”原则，自办81件，转公安112件，转法院46件。受理申诉案件7件7人。其中，不服免诉2件，不服立案2件，不服判刑3件。经审查，立案查办4件。1991年至1995年，五年累计受理群众控告信件996件，涉及贪污、受贿、挪用公款等经济案件310件，盗窃、凶杀、投毒、拐卖人口等刑事案件325件，国家公职人员侵权、渎职案件59件，诬告陷害，打击报复，医疗事故，合同纠纷等其他案件302件。收集犯罪线索464条。按举报分流原则，由检察机关自侦自办191件，转公安办理174件，转法院办理99件。五年累计受理申诉案件39件42人。其中，检察机关办理不服免诉、不服立案、不服不起诉案件21件，法院办理不服判决案件18件。通过控申案件立案侦察，破获大案21件。纠正法律适用不当，量刑失度申诉案3件、4人。1996年，县检察机关制定《信访文明公约》《接待人员守则》。至2000年，累计受理人民控告检举信件827件。2001年，全年受理控申案件158件，检查结案131件。2004年，开展控、申案件便捷服务活动，开通举报电话，在城镇制挂举报箱，送法律下乡。至2006年，全县累计受理控告信件575件，涉及贪污、受贿、避税等经济案件161件，盗窃、诈骗、抢劫、投毒、拐卖人口等刑事案件132件，侵权渎职案件48件，合同纠纷、责任事故、虐待、暴力干涉婚姻自由等其他案件234件，提供犯罪线索319条。县检察机关办理219件，县公安机关办理54件，县审判机关办理46件。累计受理申诉案件47件48人。其中，不服法院判决6件，不服公安机关不立案侦查11件，不服检察机关免诉、不诉、撤诉案15件，不服其他裁定机关处理15件。

第三章　审　判

第一节　刑事审判

县人民法院对公诉、自诉刑事案件行使独立审判权。为正确运用法律武器，惩治犯罪，保障无罪公民合法权益不受侵犯，在刑事案件审判过程中，遵循以事实为依据、以法律为准绳的原则，坚持公开审判制度（除法律另有规定外）、辩护制度、上诉制度、回避制度、陪审制度和合议制度。1990年，坚持从重从快打击杀人、抢劫、强奸、拐卖人口等刑事犯罪活动，全年受理刑事审判案件318件，审结297件。1991年，经济犯罪、拐卖人口犯罪案件增多。县法院充实审判力量，突击案件审理，专项治理经济犯罪和盗窃、拐卖人口犯罪，全年审结经济案件61件85人。审结盗窃、拐卖人口案件96件123人。依法判处内外勾结，盗窃国家、集体重要物资和长期流窜作案的犯罪分子57人，从重从快打击拐卖妇女儿童的骨干头目41人。1992年，打击重点突出杀人、放火、强奸、盗窃、拐卖人口、贪污受贿、团伙作案等七类刑事犯罪活动。县审判机关调足审判、押解、执勤人员，增设临时审判庭，及时召开庭审会议，讨论疑难大案。判决东宝镇流氓恶势力头目袁、陈二人横行乡里，殃及无辜的流氓肇事案，白龙、公兴、剑门、普安、城北等乡镇犯罪分子田某、周某、邵某、李某、孙某等24人强奸、拐卖人口，贪污挪用巨额公款案。至1996年，五年累计受理各类刑事案件1091件，审结1058件。其中，审结杀人案9件9人，盗窃案297件435人，抢劫案54件130人，强奸案71件81人，拐卖人口案39件70人，贪污、挪用、受贿等经济犯罪案68件77人，重婚、虐待、重大交通、生产责任事故等其他案件520件534人。

1997年，刑事审判围绕“严打”斗争，开展“打黑除恶”专项斗争，严厉打击有组织犯罪和暴力犯罪。判决在国道108线盗窃、抢劫过往车辆财物的田某、余某等8人团伙案犯有期徒刑7—10年，判决盗窃财物6.5万元的潘某有期徒刑13年。至2001年，五年累计判决裁定各类刑事案件816件。其中，依法判决杀人案6件6人，盗窃案202件223人，抢劫案47件60人，强奸案27件27人，拐卖人口案12件15人，经济犯罪案73件77人，其他刑事犯罪案449件462人。2002年刑事审判重点转入杀人、抢劫、强奸等暴力犯罪，金融诈骗、贪污、贿赂等经济犯罪，全年审结刑事案件141件，判处犯罪分子146人。2003年至2004年，审结刑事案件107件124人。2005年至2006年审结刑事案件282件。

剑阁县 1990—2006 年刑事案件审判情况表

表 9－4

年份	立案		结案													
	公诉	自诉	公诉	自诉	杀人		盗窃		抢劫		强奸		拐卖人口		经济犯罪	
	件	件	件	件	件	人	件	人	件	人	件	人	件	人	件	人
1990	250	68	237	60	1	1	98	101	10	11	13	13	2	2	86	102
1991	168	61	159	58	2	2	53	55	7	7	11	11	43	68	61	85
1992	177	26	168	26	3	3	35	58	8	31	14	17	19	39	17	19
1993	114	34	114	33	1	1	42	65	13	35	17	23	4	8	16	22
1994	185	34	185	31	2	2	70	110	8	14	13	13	7	12	7	7
1995	187	37	177	35	2	2	70	98	11	25	15	16	3	4	5	5
1996	234	63	228	61	1	1	80	104	14	25	12	12	6	7	23	24
1997	112	55	108	52	2	1	37	39	9	9	5	5	4	5	21	22
1998	102	76	100	74	1	1	40	51	9	17	4	4	6	7	26	26
1999	114	58	107	55	1	1	45	50	11	13	6	6	1	2	3	4
2000	89	90	87	82	—	—	39	41	10	12	5	5	1	1	5	5
2001	90	65	87	64	2	2	41	42	8	9	7	7	—	—	18	20
2002	98	47	95	46	1	1	43	44	9	10	6	7	2	2	8	10
2003	69	51	69	51	1	1	33	40	7	8	5	5	—	—	1	1
2004	60	47	60	47	1	1	27	35	4	8	4	6	—	—	—	—
2005	86	20	78	20	—	—	18	21	6	10	1	1	—	—	3	3
2006	178	58	138	46	2	2	55	68	12	22	11	12	—	—	3	3

说明：资料为县人民法院提供。

第二节　民事审判

县法院依法受理婚姻家庭类、财产继承类、相邻纠纷类、伤害赔偿类、债务偿还类、知识产权类、特别程序类以及房产类、其他不动产权类、人身权类等 10 类 63 项民事案件的调处审判工作。民事案件审判工作坚持就地办案和重在调解的原则。1990 年，经济审判庭负责民事案件审理。全年受理各类民事案件 810 件，经调查取证、开庭审理、依法调解、合议判决等程序审结 736 件。1991 年至 1995 年，受理民事案件 4822 件，审结 4630 件，判决 972 件，调解裁决 2981 件，撤诉、移送有关单位 677 件。处理积案、难案 190 件，调解离婚案 1991 件，审理土地、水利、山林承包，仲裁克扣拖欠民工工资及无故解除劳动合同纠纷案659件。1996年，审判方式改革，改由法院调查取证为参与诉讼的原被二告对自己的主张，实行谁主张、谁举证原则；改当事人盲目举证为在法庭指导下的当事人举证；改庭外调查为庭内调查、质证、辩论；改当庭向当事人宣布诉权为提前把诉权通知书发给当事人；改强调、硬调、久调为当庭调解、依法裁决。至1997年，累计受理民事案件2642件，审结2568件，判决657件，调解1717件，撤销、移送有关单位194件。1998年，贯彻《民法通则》《民事诉讼法》《婚姻法》和《继承法》，惩治遗弃、虐待、损害人身、侮辱人格、高利盘剥等不法行为。至2002年，累计受理民事案件5646件，结案5614件。其中，审结离婚案2684件、抚养案28件、养案23件、继承案196件、赔偿案785件、医疗纠纷案45件、劳动争议案72件、债务偿还案1034件、其他案件747件。2003年起，县法院撤销经济审判一庭、二庭，建立民事审判一庭、二庭，经济纠纷由民事审判庭负责审理。至2006年，累计受理各类民商事案件4597件，审结4346件，判决结案1825件，裁定结案361件，调解结案2160件。

第三节　经济审判

县法院依法独立行使经济审判权。按照《民事诉讼法》和最高人民法院关于经济审判的有关规定，其经济审判仅限于经济纠纷案件，包括经济合同纠纷、经济权属纠纷、经济损害赔偿、企业破产纠纷案件。1990年，经济体制改革不断深入，经济纠纷案件增多，全年受理各类经济纠纷案件364件，审结301件，涉及诉讼标的额291万元。其中，审结企业承包、建筑工程承包、加工承揽和农村土地承包合同纠纷案18件，银行信贷纠纷案件101件，借款合同纠纷案181件。1992年受理各类经济案件450件，审结353件，解决争议标的金额353万元。案件涉及经营承包、购销、借款、租赁、劳动报酬等。清理企业“三角债”，为翠云罐头厂、县食品公司等10个企业收回货款82万元，为银行、信用联社追回逾期贷款100万元。1993年起，县法院建立司法联络员制度，开展送法上门服务，为县毛巾床单厂、县肉联厂等30个单位提供法律援助。至1995年，3年累计受理各类经济纠纷案件1343件，审结1287件，解决争议标的金额2066万元。通过审判程序结案669件，督促程序结案618件。审结经济合同纠纷案304件，企业债务纠纷案286件，农村土地承包合同纠纷案95件，金融借贷纠纷案541件。帮助企业理清三角债务，收回欠款631.88万元。1996年，重点受理企业承包、租赁、联营经营、企业破产等经济纠纷案。全年审结各类经济纠纷案件463件。其中，通过审判程序结案257件，督促程序结案197件，破产程序结案9件。1998年至1999年，审判各类经济纠纷案件655件，涉诉标的额4229万元。其中，审判企业改组、联合、兼并、租赁、承包、出售等经济纠纷案件186件，审判民营经济、农村土地承包合同纠纷案件196件，审理金融机构借贷合同纠纷案件113件。其间突出农村合作基金会案件专项审判，调处存贷纠纷案1628件（含支付令1468件），追回沉淀呆滞贷款120万元，收回基金会资金1100万元。2000年至2002年，重点审理赖账户、大额户、钉子户等拖债、逃债、废债和拖欠工程款等案件。三年累计审结各类经济纠纷案件1424件。其中，审判企业破产案件43件、建筑工程纠纷案件131件、借贷纠纷案件341件。

1990年至2006年，县法院累计受理各类经济纠纷案件5492件，审结5177件，涉诉讼标的金额17318万元。

第四节　行政审判

1990年始，县法院开展行政审判。是年10月，受理首例全县行政诉讼案件——公兴镇新生村七组村民郑某状告公兴镇政府违反《四川省土地管理实施办法》规定的处理程序，对其实施行政处罚，并越权强制执行案。经审理查明，原告非法侵占承包耕地建私房，公兴镇政府1990年9月8日作出拆除房屋的处罚决定，没有告知被处罚人享有的申请复议权和起诉权，并在行政处罚尚未生效时，强制原告交出700元存折和拆除房屋两间，处罚程序违法。县法院撤销公兴镇政府对原告所作的处罚决定，判决重新作出行政处罚决定。1991年，受理各类行政案件13件，经审查立案8件，审结7件。已结案中，判决撤销具体行政行为1件，重新作出行政行为1件，经调处原告自行撤诉3件，裁定不予受理2件。1992年，行政案件数量有所上升，全年受理各类行政案件16件，审结16件。至1997年，累计审结各类行政案件57件，涉及治安、税务、工商、交通安全、农业、林业、卫生、国土、计生和乡镇政府等行政执法部门。其中，判决维持具体行政行为6件，行政机关改变具体行政行为后，原告同意撤诉27件，判决行政机关败诉10件，改作其他处理14件。1998年，行政审判方式改革，建立合议、回避、公开审判制度，受理各类行政案件14件，审结12件。其中，行政机关改变具体行政行为后，原告撤诉5件，判决撤销被告具体行政行为4件，裁定驳回原告起诉3件。2000年，“民告官”案件增多，全年受理各类行政案件19件，审结18件，案件涉及计生，技术监督、工商、税务、交通、水政等，通过审理，行政机关胜诉8件，败诉10件。2001年至2006年，受理各类行政案件130件，结案111件。其中，判决撤销具体行政行为15件，重新作出行政行为39件，认定不能胜诉，原告自行撤诉36件，判决被告胜诉21件。

1990年至2006年，县法院累计受理各类行政案件273件，审结238件。其中，判决撤销行政行为45件，重新作出行政行为72件，原告自行撤诉80件，判决不予受理41件。

第五节　告诉申诉

告诉申诉由县法院告诉申诉庭（以下简称告申庭）负责。1990年，告诉申诉工作执行立案、审理分离。全年受理各类告诉案件1275件。其中，刑事案件237件，民事案件736件，经济纠纷案件301件，行政案件1件，并分各庭审理结案。受理申诉案件21件，经审理维持原判15件，改判和重新审理2件，减刑和假释4件。1992年畅通告申渠道，把告申工作作为倾听群众意见，接受群众监督的重要渠道，坚持有告必理，有问必答，有诉必办。全年受理各类告诉案件1192件。其中，自诉596件，起诉427件，直诉169件。对所有案件，告申庭分别转有管辖权的业务庭或基层法庭办理结案。受理申诉案件11件，经再审结案，维持原判8件，重新调处2件，改判1件。1995年完善立审分离制度，告申案件均由告申庭统一受理、审查立案，书面通知当事人是否立案，并将《立案通知书》和案件资料移交承办的业务庭或基层法庭。全年告诉立案2058件。其中，刑事案177件，民事案1304

件，经济纠纷案565件，行政案12件，发出《立案通知书》1542份，处理非诉讼案件516件。申诉结案20件，维持原判16件，改判2件，重调2件。1998年，撤销告诉申诉庭，设置立案庭和审判监督庭，立案庭负责立案、案件收结统计和处理简易纠纷；监督庭承办申诉案件，督查告诉案件办理进度和审判质量。全年受理各类告诉案件1794件。其中，刑事案100件，民事案1345件，经济纠纷案335件，行政案14件。经审理，通过诉讼程序结案1169件，简易程序结案625件。办理申诉案件19件，维持原判18件，改判1件。2000年，法院建立立案、监审首问责任制。全年审结各类告诉案件1428件。办理申诉案件28件。其中，维持原判22件，重新调处3件，改判3件；刑事案5件，民事案14件，经济纠纷案7件，行政案2件。2003年，完善流程管理，将告诉案件的受理单位、审理日期、主审法官公诸于众，接受群众监督。对诉讼案件和执行案件从立案、排期、送达、开庭、结案、归档等环节进行全程管理监督。全年受理各类告诉案件1468件，通过诉讼程序审结1253件，通过简易程序结案215件。办理申诉案16件。其中，维持原判13件，重新调处2件，改判1件。2005年实行立审、审监、审执三分离。全年受理告诉立案2051件，审结1309件。其中，刑事案78件，民商事案1208件，行政案23件。受理申诉案20件。其中，判16件，重新调处2件，改判2件。2006年，告诉、申诉立案坚持便民原则，法院固定专人审查当事人起诉状、上诉状、申诉状及相关证据。凡符合立案条件，及时移送有关业务庭，确定开庭时间，审判人员，实行审判和执行流程管理。法院建立《首办责任制度》《听诉听证制度》《法官判后答疑制度》。全年受理各类告诉案件1326件。其中，通过诉讼程序结案935件（刑案138件，民商事案780件，行政案17件），通过简易程序结案391件。办理申诉案17件。其中，维持原判14件，重新调处2件，改判1件。

第六节　执行工作

1990年设执行庭，执行工作由执行庭负责。执行坚持审、执结合和多教育、少强制的原则，对完全没有执行能力的案件动员原告息诉，对有执行能力而拒不执行的采取强制措施。全年接受申请执行案983件，执结796件，自觉执行703件，强制执行83件，执行标的额98.1万元。1991年，执行工作以维护法律尊严、化解各类矛盾和保持社会稳定为出发点，办案人员从案件受理、调查取证到判决或调解的各个程序都充分考虑到执行。全年受理执行案件842件，执结749件，案件标的额2722.6万元，执行财物4580件，房屋281间。受委托执行工商、渔政等行政案件9件。1993年，突击执行老、大、难案100件，执行标的额557.2万元。1996年增设法警队，承担执行任务，全年受理各类执行案件1602件，执结1441件。1997年至1998年，累计受理各类执行案件1754件，执结1602件。执行稽征、税务、计生、技术监督、卫生防疫、路政、国土等部门的非诉行政执行案55件，执行标的150万元。1999年，受理农村合作基金会执行案2875件，审结并执行1048件，执行金额603.1万元。2000年9月撤销执行庭，成立执行局。2001年至2003年，累计执结执行案1117件，处置积案91件，上级交办督办案8件，办理县人大代表、政协委员有关执行案提案、议案3件。2005年，执行工作以解决人民群众最关心、社会反映最强烈的热点难点问题为重点，受理申请执行案件691件，执结623件。2006年，对被执行人不能履行义务的，作出终止或终结裁定。对有执行能力又拒不履行法律义务的被执行人采取查封、冻结、扣押、拍卖、变卖、罚款、拘留等强制措施。全年受理执行案件307件，执结296件，和解执行案261件，强制执行案35件，执行标的额271.1万元。执结县外委托执行案3件，县内国土、城建、林业、工商等行政执法单位申请强制执行案6件，执行标的21.3万元。

第四章　司　法

第一节　普法教育

“一五”普法　1986年至1990年，全县发放各种法律常识读本10.72万册（《干部法律常识读本》0.42万册、《法律法规选编》1.2万册、《农民法律常识读本》7.9万册）。县委宣传部、县法制办编写“十法一例”学习辅导材料1.2万册。县委、县政府、县人大组织开展法制专题讲座34场。县级各单位、部门，区、乡镇层层举办法制教育培训班562期，广播讲座426场，培训法制宣传骨干7.21万人次。书写固定性法律标语1274幅，放映法制幻灯、电影260场。县法制办，司法局出法制专刊31期，组织干部、职工参加省、市法律知识竞赛12场，参赛2657人，44人获省、市法律知识竞赛一等奖。

“二五”普法　1991年至1995年，坚持以《宪法》为核心，以专业法规为重点，突出农业、林业、土地管理法规、《城市规划法》《村（居）民委员会组织法》等专业法律法规普及。1992年，组织相关单位、部门购买发行法律法规汇编0.8万本，农民读本1.2万本，干部读本0.5万本，专业法律法规辅导材料和宣传资料6万册。1993年4月，举办个体劳动者及工商户普法学习班21期，1500余人。7月，选派法律讲师20余人，深入中小学讲授法制课197场，听众6.7万人次。编辑《学法儿歌》在学校传唱。1994年起，开展科技、法律、文化三下乡活动，在集镇发放普法资料，举办法制讲座，组织文艺会演。“二五”普法期，全县编发普法宣传资料19.58万册（份），办专栏，展板139期（张），出专刊38期，办普法培训班435期。培训普法骨干67087人，组织法制宣讲人员1482人次，宣讲法律法规780场次，受教育39.5万人次。组织法律法规知识竞赛127场次，参赛122565人（含全县中、小学生法律考试），受普法教育人数439344人，普法面75%。

“三五”普法　1996年至2000年，普法重点学习宣传《宪法》及与公民生产生活密切相关的基本法律和社会主义市场经济法规。1996年，春节期间开展学一次法律知识、买一册法律书籍、签一份学法守法责任书活动，与外出打工人员签订学法守法责任书11500份。1997年，在县工商局、县人民银行、县种子公司和姚家、义兴2乡开展“三五”普法试点。1998年，全面推行部门执法责任制，县中心学习小组坚持一月一次学法、一年一至二次法制讲座。凡人大任命的局级领导干部、法院审判员、检察院检察员、县政府任命的副科级干部、县委组织部管理的乡镇领导干部，须经法律考试合格后才能任命。2000年，在全县开展依法治乡、依法治厂、依法治村活动。在社区、村（居）民委员会推行村（居）民自治，实行民主选举，民主决策，民主管理；在村（居）民中开展“三户”（遵纪守法户、五好家庭户、双文明户）评选活动。

“四五”普法 2001年至2005年，以经济法规、行政法规、安全生产法规和WTO基本规则作为普法内容。2001年5月，邀请川大知名法学教授在县级机关、学校、厂矿专题讲授“入世与依法行政”辅导报告10余场。2003年4月，县政府首次举办百名校长、百个企业经理厂长培训班，专题学习《国旗法》《义务教育法》《合同法》《劳动法》《安全生产法》及世贸组织基本常识。2004年10月，县司法局、公安局集中全县120名“两劳”人员，统一学法和进行帮教活动。2005年12月，全县宣讲法律35场，办展板100余张，发放普法资料2.1万余册（份），使13821人受到普法教育，315人得到法律援助。至“四五”普法期末，累计编发普法资料22.3万册（份），办专栏，展板146期（张），出专刊34期。办普法培训班280期，培训普法骨干14471人。组织普法知识考试82场，参考人员40857人全部合格。全县参加普法教育人数49.39万人，普法教育面82%。

2006年，运用多媒体开展立体宣传，在剑阁电视台开通《法制剑阁》专题栏目；在《剑阁通讯》开设普法专版；在剑阁政法网开设“12·4”网上普法宣传专栏；在全县开展以“学法律，讲权利、讲义务，讲责任”为主题的法制宣传教育活动，使法律进乡村、进社区、进学校、进企业、进单位、进机关。至年末，对全县70个县级部门、57个乡镇、96所学校、5个医院、14个企业的普法检查验收，全县应参加普法人数60.34万人，实参加50.69万人。

第二节 安置帮教

1996年，将刑释教养人员、解除劳动教养人员（简称“两劳”人员）安置教养纳入政府工作日程。是年5月，在县司法局内设安置教养管理股。次年5月，撤销安置教养管理股，建立刑释解教管理科。2001年机构改革，撤销刑释解教管理科，建立刑释解教管理股，负责制订“两劳”人员安置帮教政策、工作规划，指导、检查、督促、协助乡镇搞好“两劳”人员安置工作，调查了解“两劳”人员重新犯罪情况，研究预防“两劳”人员重新犯罪对策。

1997年接收“两劳”人员安置通知56名，安置3人，帮教31人，建帮教小组31个。1998年，“两劳”人员安置和教养纳入社会治安综合治理“细胞工程”，把“两劳”人员无重新犯罪、无矛盾激化、无严重违法行为、无闲散人员作为评价社会治安综合治理优劣的标准之一。全年举办“两劳”人员法制学习班56期，安置12人到乡镇企业务工，为3人落实承包土地。至2000年，三年累计接收“两劳”人员安置通知168名，除31人脱管外，在司法所建卡立档137人，129人受到帮教，20人得到安置。2001年，强化“两劳”人员管理，三次组织司法干部协同派出所对1996年以来的290名刑释解教人员重新建立档案，并建帮教小组57个，落实帮教人员285人。至年末，“两劳”人员除4人脱管外，其余均得到妥善安置，2名刑释少年安排入学，25名刑释人员到厂矿企业就业。2002年11月，鼓励创办过渡性安置帮教企业，并确定多福山庄、县面粉厂为“两劳”人员过渡性安置帮教基地。县司法局在下寺经济开发区举办“两劳”人员法纪学习班两期。对全县50名刑解人员，进行重点帮教，对11名刑解人员作过渡性安置。2003年，普安、城北、柳沟等12个片区成立“两劳”人员安置帮教协会。2004年，司法、公安、法院等单位人员全面清理排查刑释、解教人员。对1996年以来累计接收的“两劳”人员494人建立人头档案，落实帮教责任。2005年，在开封镇页岩砖厂、柳沟机砖厂新建2处“两劳”人员安置帮教基地。全年接收“两劳”人员101人，过渡性安置38人进厂务工。2006年，接收“两劳”人员115人，安置帮教工作纳入“平安剑阁”创建目标，作为维护社会稳定的重要内容。在县司法局内安装“亲情帮教可视电话”专线，在县新科职业学校开设刑释、解教人员安置帮教培训班，在柳沟机砖厂挂牌成立刑释少年帮教所。

第三节　基层司法

法律服务　县司法行政机关开展法律服务，履行法律援助职能。在县局机关设置法律援助中心，为社会弱势群体提供法律帮助。在基层设法律服务所为乡镇、村（居）委会、基层企事业单位、农村承包经营户、个体工商户、合伙经济实体担任法律顾问；代理参加一般民事、经济、行政诉讼以及非诉讼代理；代写法律文书，接受群众法律咨询等法律服务事项。

1990年，司法所为乡镇、学校、计划生育服务站等45个单位担任常年法律顾问。为计划生育工作提供法律服务，代写法律文书867份，解答法律咨询1386件，办理诉讼、非诉讼代理114件。6月24日，县司法局开通“148”法律服务专用电话。1994年，基层法律服务延伸到社区、村。全县建村法律服务站131个，配联络员129人，建社区法律服务站（室）12个。全年为乡镇企事业单位、村（居）委会及个人担任法律顾问340个（次）。办理诉讼、非诉讼代理455件，代写法律文书764份，接受法律咨询1749件。为城北、柳沟、武连、公兴等27个乡镇90个村（居）委会收回历年欠款352.3万元。协助闻溪、北庙、西庙等40个信用社收回逾期贷款127.4万元；协助白龙、开封、鹤龄等乡镇的135个乡镇企业追回货款130.7万元。1996年，贯彻落实司法部“重基础，抓基层，促发展”的工作方针，拓展基层法律服务空间。全年为551个单位承担基层法律顾问，为村委提供法律服务意见书2000份，制订村规民约500份，协助村民代写法律文书512份，现场法律答疑1084件，帮助村（居）委解决“三难”（双提款难收，计划生育难治，公益事业难搞）2000件，收回各类款项900万元。1999年，基层法律服务突出对外出务工人员的法律援助，在元山、羊岭、公兴、白龙、木马等乡镇建外出务工人员法律跟踪服务站32个，同外出务工人员签订法律跟踪服务合同4221份，办理诉讼、非诉讼代理210件，代写法律文书235份。帮助232名外出务工人员追回工资欠款390万元，帮助20余名外出务工伤残死亡人员讨回抚恤金280万元。2001年，开展“法律服务进农家活动”，与个体工商户、小业主、专业大户等签订家庭法律服务合同3500份，为其办理诉讼、非诉讼案件101件，代写法律文书387份，审查、签订各类经济合同514件。

2002年，建立县法律援助中心，为经济困难公民和特殊案件的当事人提供法律援助。全年办理法律援助案件28件，担任453个基层单位常年法律顾问，受理诉讼、非诉讼代理1512件，代写法律文书1321件，接受法律咨询1088人。8月20日，县司法局开通“12348”法律服务专用电话。2003年，突出对社会弱势群体的法律援助，减收公证费，免收律师费。组织抽调干部80余人，奔赴山西、山东、上海、广东、北京等地为剑阁近100名外出务工人员调解劳务合同纠纷38件，死亡索赔纠纷6件，债务偿还纠纷18件，为当事人追回现金568万元。至2005年，累计办理法律援助案件59件，免费受理诉讼、非诉讼代理761件，代写法律文书1986份。2006年，完善法律援助网络体系，全县建立法律援助机构

22个，有专兼职工作人员26人，突出老年人残疾人的法律援助，免费为老年人残疾人提供法律咨询，担任请求解决给付赡养费、抚养费、抚恤金、救济金、社会保障金、劳动报酬等案件的诉讼代理和非诉讼代理。全年为老年人残疾人办理法律救助案件24件，代写法律文书418件，减免各种费用15万元。

民事调解　乡镇建立解调领导小组、村（居）民委员会建立调解委员会。1990年，调解各类民间纠纷4238件，平息群体性事件24起，541人次。1993年，县司法局发布《关于乡镇人民政府处理调解民间纠纷暂行规定》，完善调解制度，规范法律文书。全年调解民间纠纷3986件，防止群体性械斗26起、841人次，处理疑难纠纷766件。1996年，分片集中培训调解人员2100人次。全年调解民间纠纷3982件，调解成功率96%。2000年，调解民间纠纷942件，处理各类疑难纠纷458件，防止民转刑7件，调解成功率97%。2006年开展创建“社会稳定，治安良好，经济发展，人民安居”平安社区活动。全年调解民事纠纷345件，避免民转刑20件，防止群体性械斗11件84人，处置群众上访5件24人，调解成功率99%。

司法机关承担民事调解职责。1990年至2006年，全县累计调解各类民事纠纷54518件。其中，婚姻、继承、赡养17117件，宅基、债务、赔偿13340件，生产经营8722件。

第四节　公证工作

1982年6月，成立县公证处。1999年公证制度改革，其机构为社会中介服务组织，归县司法局统一管理。其职能为办理公证业务，维护公民、法人合法权益。

1990年，县公证处面向社会、深入基层、印发宣传资料，介绍公证性质、任务、作用、业务范围，打开公证工作局面。全年办理各类公证业务5082件。1991年，围绕企业经营机制转换，农村产业结构调整，城乡住房制度改革，开展公证业务。至1994年，累计办理各类公证业务39757件。1996年，国家颁布《公证员职务试行条例》，公证员录用由任免制转换为执业注册制。县司法局规范公证工作业务，严格公证员管理，制定公证员《工作制度》《廉政建设制度》《公证员岗位职责》，增强公证业务透明度，实行证务公开。至2000年，累计办理各类公证业务11547件，办理水库、山坪塘产权拍卖公证2010件，优惠售房公证3000件，企业改制、破产、产权拍卖、租赁、转让、承包、资产重组法律公证2841件，经济合同公证527件。2002年，提升公证地位和公证效力（即证据效力），全年办理各类公证887件，公证履行率90%。为减少金融风险，农行、工商行、信用联社等40余个金融机构与县公证处签订常年公证合同100件，标的过千万元。2004年，为重点工程项目招投标、上寺水泥厂拍卖、粮食系统企业改制、农村“三荒”（荒山、荒水、荒滩）地的租赁、承包、转让等办理公证500件。2005年，国家颁布《中华人民共和国公证法》《公证程序规则》，进一步规范公证管理，加强公证信息平台建设，严格审查公证内容的真实性、合法性，防止错证、假证，提高办证质量，增强公证公信力。至2006年，两年累计办理各类公证482件。其中，经济合同公证115件，农经合同公证72件，债权债务公证14件，贷款担保、企业改制、买卖协议、征用土地公证224件。办证合格率100%，公证履约率95%。

第五节 律师工作

律师机构 1992 年 9 月，县法律顾问处更名为县律师事务所。1996 年，律师事务所机制改革，以聘用人员和特邀人员组建县第一律师事务所。2001 年 3 月，县律师事务所改革，建立剑州律师事务所，与司法局脱钩，为合伙制律师事务所，实行财务独立，自负盈亏。县司法局对其业务指导监督。2006 年年末，县内设四川省剑州律师事务所和四川省智力律师事务所剑阁分所，有律师 14 人，其中执业律师 11 人。

律师业务 1990 年，县法律顾问处办理各类律师业务 190 件，接收刑事辩护案 59 件，民事代理案 69 件，非诉讼代理 62 件。担任 26 个部门常年法律顾问。在办理刑事辩护案中，坚持伸张正义，秉公执法，向法庭提出证据不足 5 件，适用法律不当 3 件，经审理法庭宣告无罪 2 件，免予刑事处罚 1 件。为县五金公司、二建公司、医药公司、复烤厂、林化厂等 14 个单位收回货款 151 万元。

1992 年，办理各类律师业务 219 件，刑事辩护案 77 件，民事代理 124 件，非诉讼代理 18 件。担任 30 个部门常年法律顾问。1993 年后，县律师工作坚持以服务市场经济为重点，为政府依法行政、为企业依法管理、为公民依法办事提供服务。至 1995 年，累计办理各类律师业务 3482 件（刑事辩护案 208 件，民事代理 949 件，非诉讼代理 2325 件）。担任 275 个部门常年法律顾问，介入企业经济合同谈判、签订，解决经济合同纠纷 104 件，为县肉联厂、一建公司、县农业银行等单位担任经济诉讼代理 144 件。律师工作坚持为全县社会改革和经济发展大局服务。至 1997 年，累计应聘担任 175 个单位常年法律顾问，办理各类法律事务 1630 件，办理经济案件 570 件。1998 年 3 月新《刑诉法》颁布实施，执业律师提前介入办案程序，搜寻证言、证据、查找法律依据，出庭为被告人作法庭辩护。至 1999 年，累计受理刑事辩护案 163 件，有 73 件律师辩护意见被法院采纳，犯罪嫌疑人被减刑、缓刑、免刑或无罪释放。为 92 个企业办理经济、民事、行政案件 190 件。2001 年，县司法局对律师工作实施目标管理，律师工作由松散式向规范化管理转变，并将竞争机制引入律师队伍。全年担任 429 个部门法律顾问，办理各类律师业务 541 件（刑事辩护案 25 件，民事代理案 146 件，非诉讼代理 372 件）。2003 年，县司法局制订《律师队伍集中教育整顿实施方案》，在律师队伍中开展政治思想教育、法律法规教育、职业道德和执业纪律教育。全年担任 532 个部门法律顾问，办理经济案件 67 件。办理律师业务 1512 件（刑事辩护案 61 件，民事代理案 740 件，非诉讼代理 711）。为县国税、地税、工商银行、农业银行、信用联社、保险公司等 26 个单位代写经济法律文书，审查经济合同，办理经济案件。2006 年，建立四川省智力律师事务所剑阁分所，全年办理各类律师业务 2553 件，刑事辩护案 21 件，民事代理 1320 件，非诉讼代理 1212 件。担任 320 个单位常年法律顾问。

第十篇　经济综述

第一章　国民经济概况

第一节　经济结构

1990年，农业坚持决不放松粮食生产，积极发展多种经营，大力发展乡镇企业，建立以开发农业为主的商品生产基地，使蚕桑、油料、烟叶、海椒、棉花、水果等拳头产品初具规模；工业加大技改力度，规范承包合同，重点发展食品制造、纺织印染、木材加工、煤炭采选及烟草、饲料、皮革、化工、建材、造纸等产业；商贸改革经营方式，增设服务网点，向产、供、销一体化方向发展。三次产业结构调整为：一产业占70.4%，二产业占11.2%，三产业占18.4%。工农业总产值中农轻重比例构成为：农业占71.1%，轻工业占25.1%，重工业占3.8%。农业总产值中农业产值占69.4%，林业占7.3%，畜牧业占22.6%，渔业占0.7%。从所有制结构看：农业经济中，全民所有制国营林场1个，农场1个，畜牧良种场1个，国营苗圃4个；集体所有制经营主要有村社兴办集体经营的场、厂、园、塘、库；土地和山林均由农民以家庭为主的联产承包经营。在工业经济中，全民所有制工业企业占县属企业总数的8.5%，产值占全部工业总产值的46.25%；集体所有制工业企业占县属企业总数的91%，产值占全部工业总产值的31.5%；联营性工业企业占县属企业总数的5%，产值占全部工业总产值的0.85%；个体工业企业4390户，总产值占全部工业产值的21.4%。商品流通方面，全民所有制商业企业占全县商业企业总数的9.5%，社会商品零售额占全县社会商品零售总额的29%；集体所有制商业企业占全县商业企业总数的28.3%，社会商品零售额占全县社会商品零售总额的56.7%；个体私营商业企业占全县商业企业总数的62.2%，社会零售总额占全县社会零售额的14.3%。

1991年到1992年，农业坚持“南橘北桃（萄）全县桑，南棉北烟全县油”的发展布局，采取调结构，推科技，用良种稳定农业基础，抓牧业，攻蚕桑，建庭园，增加农民收入。工业坚持内涵、外延扩大再生产并重。实施产权制度改革，改组、改造、改制不良企业。乡镇企业多轮驱动，多轨运行。商贸推行用人、工资、经营三项制度改革，改纯商业型向生产经营型转变，改单纯经营型向综合经营转变。至1995年，三次产业结构调整为一产业占63.7%，二产业占11.1%，三产业占25.2%。工农业总产值中农轻重比例为农业占68.3%，轻工业占24.6%，重工业占7.1%。农业总产值中，农业占60.6%，林业占5%，畜牧业占33.6%，渔业占0.8%。工业经济中国有工业产值占29.4%，集体工业产值占28.3%，私营及个体工业产值占42.3%。社会商品流通企业中全民所有制商业企业产值占全县社会商品零售总额的19%，集体所有制商业企业产值占全县社会商品零售总额的13%，私营及个体商业企业产值占68%。

1996年，农业继续深化“南北”战略和稳猪、攻兔、上牛羊，实施“1133”（建成庭院经济重点户10万户、改造中低产田土6666.67公顷，建设微型水池3万口，铺设油路300千米）工程，建设猪、兔、羊三个100万畜牧业生产基地。工业深化产权制度改革，通过改、转、租、包、卖、破等形式，使企业产权明晰，职工了断身份。采取经营项目、品种、范围、登记条件“四放宽”，价格、身份、职业、经营模式“四不限”，提供贷款、安排项目、申报登记、依法保护经营者合法权益“三优一保护”的优惠政策，发展非公有制经济。至2000年，全县生产总值三次产业结构调整为：一产业占50.7%，二产业占13.8%，三产业占35.5%。工农业总产值中的农、轻、重比重为农业占69.6%，轻工业占22%，重工业占8.4%。在农业总产值中，农业占59.2%，林业占3.2%，畜牧业占36.5%，渔业占1.1%。从所有制结构上看：农业经济中，全民所有制的农场、苗圃，中型、小（二）型水库实行承包经营，集体所有制的塘、库、场、园陆续出售给农户经营，全民所有制占农业产值的0.3%，集体所有制占农业产值的1.2%，农民个户经营产值占98.5%。工业经济中：国有经济占16.85%，集体经济占11.64%，私营及个体经济占56.7%，股份联营占14.8%。商业流通中；全民所有制商业社会商品零售额占全县社会商品零售总额的7.81%，集体所有制商业社会商品零售额占全县社会商品零售总额的9.71%，私营及个体商业社会商品零售额占全县社会商品零售总额的64.58%，其他经济构成占17.9%。

2001年，农业布局“南禽北羊全县猪”“南药北烟全县油”；工业坚持国退民进，抓大治小，走园区带动、全面扩张之路；商贸坚持改组、联合、兼并，深化承包经营、股份合作经营。2006年，全县三次产业结构调整为：一产业占42.1%，二产业占19%，三产业占38.9%。工农业总产值中的农、轻、重构成为：农业占64.6%，轻工业占24.3%，重工业占11.1%。农业总产值中，农业占47.5%，林业占2.6%，畜牧业占47.4%，渔业占1.3%，农林牧渔服务业占1.2%。从所有制结构上看，农业经济中国有的剑门关林场并入剑门关景区开发公司，国有或集体所有的土地实行业主开发，产业化经营，全县涌现出各类经济联合体4521个，业主经营户3882户，经营土地2970公顷，年创农业产值3674万元，农村农民经营的土地全部实行二轮承包。其农业总产值中，国有经济占0.3%，集体经济占1.5%，农民个户经济占98.2%。在工业经济中：国有工业企业3个，占规模以上工业企业总数16.5%，总产值4219万元，占全部工业总产值的4.15%；集体及股份企业3个，占规模以上工业总数的16.5%，总产值4157万元，占全部工业总产值的4%；私营及个体工业企业4305个，占全部工业生产单位的99%，产值95239万元，占全部工业总产值的91.85%。在商品流通领域，有各类经营企业11018个，全年社会消费品零售总额98652万元。其中，国有2176万元，集体7549万元，私营及个体58070万元，联营股份合作30317万元。

第二节　生产水平

1990年，在治理经济环境中整顿经济秩序，深化改革中抑需求、控物价、调结构。农业完善统分结合的双层经营责任制。工业扩大企业自主经营权。城市经济以加快第三产业发展为重点，增扩商贸，运输，邮电等各类服务网点，使全县生产水平得以提高。全年实现生产总值4.77亿元，一产业增加值3.36亿元，二产业增加值0.53亿元，三产业增加值0.88亿元。工农业总产值7.10亿元，工业总产值2.05亿元，农业总产值5.05亿元，粮食产量33.9万吨。1991年起，完成上寺水泥厂、毛巾床单厂、县自来水厂、电力公司、开封轧钢厂等重点企业上等升级。1995年，全县生产总值11.33亿元，工农业总产值18.18亿元，工业总产值5.76亿元，农业总产值12.42亿元，社会消费品零售总额3.20亿元，集市贸易成交额1.28亿元。交通运输客运总量245万人次，货运总量200万吨，邮电业务总量561万元。1993年至1995年乡镇企业产值翻两番。

农业遭受自1995年以来的连续三年干旱和1998年“9·16”特大洪灾，工业全面推行产权制度改革。为提高全县经济总体水平，县委、县政府坚持“调结构、上项目、促增收、求发展、保稳定”的工作思路，以改革开放为动力，全面实施“九五”计划。农业主抓粮油、畜牧、蚕桑、水果、乡镇企业；工业突出农副产品、畜牧产品及粮油、棉纺加工，突出丝绸、建材、电力、交通、通信，旅游；商贸加速农村城镇化进程和富余劳力转移，引导农民离土离乡从事第二、三产业。2001年，全县生产总值实现14.30亿元，工农业总产值18亿元，工业总产值5.47亿元，农业总产值12.53亿元。粮食实施水稻、玉米双丰工程，普遍推广良种、旱地改制、地膜栽培、节水灌溉等科技，使粮食产量达到38.26万吨。“九五”计划期，全社会固定资产投资2.84亿元。2001年，全县遭受冬干和入春后的持续春旱、夏旱、伏旱，入秋后遇秋涝轮番袭击，粮食产量下降至19.9万吨，农业总产值10.4亿元，工业产值3.18亿元。2002年，采取产业互动、项目拉动、城乡联动、科技推动抓经济发展。农业继续实施国家优质粮产业工程农机推动项目、农村电网改造和通讯扶贫项目、农村通达工程、土地综合开发、长防水保、退耕还林项目等。至2003年，累计项目投入1.61亿元，建成高产稳产农田12873.33公顷，农村拥有各类农业机械4.46万台（件）、农机总动力21.72万千瓦。至2004年累计固定资产投入3.48亿元，完成技改项目26个，新上项目45个，新建规模以上企业23个，工业整体生产水平提升。商贸突出民营经济发展，放开民营经济经营范围，经营主体资格；放开经营方式和审批条件；放开民间市场准入领域，建立民营经济园区和返乡农民创业园。2005年，全县粮食产量突破40万吨，民营经济个体发展至10118户、私营企业216个，民营经济第三产业增加值4.06亿元。

2006年，全县生产总值25.97亿元，一产业增加值10.94亿元，二产业增加值4.93亿元，三产业增加值10.10亿元。工农业总产值29.37亿元，工业总产值10.37亿元，农业总产值19亿元。社会消费品零售总额9.87亿元。交通运输完成客运总量451万人次，货运总量581万吨，邮电业务总量1.14亿元。乡镇企业产值12.5亿元，三级以上建筑企业6个，产值1.29亿元。旅游业为第三产业中的新兴产业，通过理顺经营管理体制、打造旅游景点，开发旅游产品、创建4A级旅游景区，全年接待中外游客55.3万人，旅游门票收入由1992年的18万元增加到836.6万元。

剑阁县1990—2006年主要经济指标

表10－1 单位：万元

年份	生产总值	分产业增加值			工业产值	其中		乡镇企业产值	社会消费品零售总额
		一产业	二产业	三产业		轻工业	重工业		
1990	47681	33561	5322	8798	20527	17858	2669	14463	14667
1991	51393	33782	7097	10514	23718	20464	3254	18086	16843
1992	57458	37846	7575	12037	27581	21282	6299	23488	18685
1993	72798	45443	11717	15638	35543	24724	10819	44400	21005
1994	97971	59510	16428	22033	47188	38814	8374	111485	29300
1995	113333	72166	12633	28534	57575	44694	12881	211241	32037
1996	126322	76722	16963	32637	52191	45009	7182	47515	35030
1997	134033	75021	19452	39560	68356	53095	15261	66538	38303
1998	140022	75065	21675	43282	63925	44315	19610	78848	41881
1999	138797	72658	19293	46846	66104	48322	17782	9529	45794
2000	142979	72482	19797	50700	54686	39598	15088	67339	50072
2001	134479	59689	19330	55460	31785	22097	9688	68702	54750
2002	150783	74201	18985	57597	29910	20210	9700	71892	59865
2003	167253	79383	24160	63710	37909	25373	12536	78563	65458
2004	200971	95370	31313	74288	53244	37180	16064	82500	71573
2005	228827	105124	36644	87059	70640	50557	20083	99339	85810
2006	259702	109382	49266	101054	103695	71218	32477	125120	98652

说明：资料来源为《剑阁统计年鉴》。

第三节 人民生活

收入与储蓄 随着改革开放的不断深入和社会经济发展，城乡居民收入水平逐年提高。1990年，城镇在岗职工平均工资1614元，城镇居民人均可支配收入1383元，农村居民人均纯收入535元，城乡居民存款余额人均128元（农村居民人均9元）。1991年，农村开展大规模开发式扶贫，城镇抓企业挖潜增效，城乡居民收入持续增长。至1995年，城镇在岗职工平均工资3454元，城镇居民人均可支配收入3686元，农村居民人均纯收入998元，城乡居民存款余额人均450元（农村居民人均15元）。1996年，农村实施越温达标工程建设，城镇全面推行企业产权制度改革。2000年，城镇在岗职工平均工资6190元，城镇居民人均可支配收入4463元，农村居民人均纯收入1397元，城乡居民存款余额人均1403元（农村居民人均260元）。2005年，城镇在岗职工平均工资9792元，城镇居民人均可支配收入5658元，农村居民人均纯收入1906元，城乡居民存款余额人均2847元（农村居民人均305元）。2006年，城镇在岗职工平均工资11400元，城镇居民人均可支配收入6817元，农村居民人均纯收入2108元，城乡居民存款余额人均3346元（农村居民人均379元）。在城乡居民收入水平不断提高的同时，各类保险、社会福利救助也相应发展。2006年年末，全县有81068人参加养老、医疗、失业、工伤保险，有29075人享受城市、农村低保，有38867人得到社会救济，有40100人得到医疗救助。

居民消费 1990年，农村居民消费项目包括家庭经营性支出、购买固定资产支出、上交集体承包款、提留款、集资款、缴纳税金、教育和生活费支出等。按照农村住户抽样调查结果，是年，全县农村人口人均消费总支出为782.18元。其中，家庭经营性支出176.35元，占22.5%；购置固定资产支出28.18元，占3.8%；上交税金11.18元，占1.4%；上交集体各类提留款21.45元，占2.8%；教育及生活费支出530.88元，占68%；其他支出13.63元，占1.8%。每100户人家拥有自行车31辆，缝纫机14架，钟表135只，电视机33部，录音机11部，电风扇4台。1994年，农业科技投入增加，农业机械化发展速度加快，全年农村人口人均消费总支出1430.94元。其中，家庭经营性支出466.33元，占32.61%；固定资产投资65.1元，占4.5%；税款28.27元，占1.9%；上交集体各项提留款32.78元，占2.3%；教育及生活消费支出819.27元，占57.1%。1998年后，农村居民消费结构发生变化，高档商品进入千家万户，电话、手机等现代通信工具开始使用，农民人均消费总支出2217.5元。其中，家庭经营性支出742.4元，占33%；固定资产支出55.73元，占2.5%；税费支出102.28元，占4.6%；生活消费支出1207.43元，占54.4%；转移性支出（寄出、馈赠）104.3元，占4.7%。农村居民中每100户拥有洗衣机2.5台，电风扇57台；电冰箱2台，热水器7台，自行车27辆，摩托车3.5辆，电话机5.5部，电视机80台，影碟机12台，组合音响35台，收录机19台，照相机1部。2002年始，国家税费改革，农民负担逐步减轻。2006年，农村居民人均消费总支出3283.37元。其中，家庭经营性支出1272.95元，购置生产性固定资产支出62.94元，雇工支出3.62元，税费支出5.56元，生活消费支出1311.4元，文化娱乐及服务支出137.44元，转移支出212.32元。主要耐用消费品拥有量为每100户拥有大型家具778件，洗衣机24台，电风扇167台，电冰箱10台，热水器30台，自行车18辆，摩托车42辆，电话机105部，彩色电视机130台，影碟机81台，组合音响24台，照相机8部。

城镇居民消费项目包括食品类、服饰类、日用品类及文化教育、医疗、水电、住房、燃气等。1990年城镇年平均人数为24293人，商品性消费总额3602万元，人均消费1482元。其中，食品类消费占52%，服饰类消费占21%，日用品类占6%，水电燃气消费占5%，住房、文化教育等消费占16%。1995年后，城镇化建设速度加快，城市居民消费结构发生变化。2000年，城镇商品性消费总额23311万元，人均4033元。生活服务性消费4368万元，人均755元；住房及水电消费1607万元，人均278.83元。其后，随着国民经济的发展，城镇人口消费水平提高，手机成为常用通信工具，液晶电视、空调、电脑开始进入城市人家，昔日出行常用的交通工具自行车开始淘汰，逐步由各型摩托、轿车替代。2006年城镇居民消费额62664万元，食品消费支出24478万元，占39%；服饰类支出5880万元，占9.4%；医疗及各类保健支出3905万元，占10%；交通通信类支出6289万元，占16%；文化娱乐及服务性支出

6628万元，占10.6%；改变居住条件消费15484万元，占19.4%。

人居环境　1990年，全民所有制单位新建职工宿舍173套，面积5328平方米。改造职工宿舍5555平方米，其中套房45套，3441平方米。城镇居民私人投资建房2万平方米；农村私人修建住房78.99万平方米。1992年，城镇推行公有住房制度改革，给单位职工优惠售房。鼓励城镇居民自建房，政府投资实施“安居工程”“广厦工程”，解决无房户、困难户的住房问题。1993年农村居民住宅面积户均171.79平方米，城镇居民住宅面积人均13.12平方米。农村住房多为土墙立木结构，墙体粉白，人畜用房分建。城市居民双职工多为套房，单职工使用套间。1995年起，农村居民住房改土墙立木结构为砖混结构，并向集镇、公路沿线拓展。全县新建住房66.37万平方米。其中，国有单位和城镇集体单位竣工住宅面积1.97万平方米，城乡私人建房65万平方米，同比增长32%。城镇住房成套率逐年提高，面积扩大，且设施配套，功能完善。至2000年，城镇国有、集体累计住房竣工面积17.85万平方米，农村、城镇私人建房累计竣工面积179.48万平方米。2001年相继完成57个乡镇集镇建设规划、城镇修建经济适用房、农村实施新农村建设项目，城乡居民居住环境逐步净化、亮化、美化、绿化。至2006年，累计城镇住房竣工面积29.52万平方米，农村住房竣工面积112.41万平方米，城镇人均增加住房面积4.1平方米。一部分农村住房为砖混结构，配套完善。

剑阁县1990—2006年人民生活情况表

表10-2　　单位：元、平方米、台（辆、部）

年份	城镇在岗职工平均工资	城镇居民人均可支配收入	人均居住面积		农民人均				100户农户拥有耐用品							
			城镇	农村	纯收入	生活消费支出	手存现金	存款	洗衣机	电风扇	电冰箱	黑白电视机	彩色电视机	自行车	摩托车	电话机
1990	1614	1383	9	31	535	531	47	9	—	4	—	31	1	31	—	—
1991	1751	1693	9	33	570	578	33	10	—	5	—	42	1	29	—	—
1992	2046	1889	10	34	571	504	37	11	—	7	—	57	1	30	—	—
1993	2093	2198	10	43	620	568	87	14	—	12	—	67	1	36	—	—
1994	3218	2903	10	36	846	696	117	20	—	18	—	74	2	35	—	—
1995	3454	3686	11	30	998	839	154	15	—	20	—	75	6	31	—	—
1996	3790	3817	11	41	1206	1197	73	114	3	37	1	83	7	33	1	—
1997	3847	4175	12	35	1345	1105	189	144	5	41	2	83	9	50	1	—
1998	4631	4300	12	35	1398	1106	174	250	6	47	2	82	15	37	2	—
1999	5505	4377	12	35	1391	1085	215	184	9	48	4	149	40	34	6	—
2000	6190	4463	13	33	1397	1207	176	260	5	114	4	159	51	54	7	11
2001	6948	4595	13	27	1343	1398	147	285	9	146	2	148	65	44	16	19
2002	7703	4668	14	28	1478	1231	210	281	9	155	1	139	77	37	22	39

续表10－2

年份	城镇在岗职工平均工资	城镇居民人均可支配收入	人均居住面积		农民人均				100户农户拥有耐用品							
			城镇	农村	纯收入	生活消费支出	手存现金	存款	洗衣机	电风扇	电冰箱	黑白电视机	彩色电视机	自行车	摩托车	电话机
2003	8662	4770	15	33	1601	1171	334	528	22	150	4	126	93	31	26	63
2004	9178	5131	16	31	1798	1418	388	682	10	147	4	109	113	40	42	77
2005	9792	5658	17	30	1906	1733	305	1196	22	134	2	55	120	15	25	75
2006	11400	6817	19	28	2108	1723	379	1046	24	167	10	32	130	18	42	105

说明：资料来源为《剑阁统计年鉴》。

第二章　市场经济体系建设

第一节　现代企业制度建设

1990年，全县有个体私营工商企业4609个、集体所有制企业2666个、全民所有制企业475个。个体私营企业由业主个人出资兴办，直接经营管理，享有企业全部经营成果，对企业的债务负全部责任。合作制企业系指农村供销社、农村信用社和农村新经济联合体，产权属于股民所有或股金社员所有；城乡集体企业属单位、乡镇、村社所有，集体经营，统一分配。全民所有制工商企业实行计划体制，地方政府直接控制企业人、财、物，统一包揽产、供、销。

为建立现代企业制度，激发企业经营活力，1991年8月，县委、县政府印发《关于进一步深化改革，搞活企业的决定》，并采取先行试点、整体推进的办法，深化企业改革。国有企业完善经营机制，实行政企分离，推行二轮、三轮承包责任制。城乡集体企业普遍采用承包制、租赁制、厂长（经理）负责制；改革劳动用工制度，推行全员劳动合同制；改革劳动用人制度，由企业自主决策，打破“铁饭碗”；改革人事管理制度，实行企业管理，干部能上能下，能官能民，打破“铁交椅”；改革收益分配制度，职工收入随个人“德、能、勤、绩”，与企业整体效益挂钩，有升有降，有奖有惩，打破“铁工资”。1992年，推行企业用工优化组合和合同管理；实行企业分配工资总额与经济效益挂钩，个人实行计件工资、浮动工资、结构工资、岗位工资、提成工资、单位产值（销售）工资总量包干等。对企业经营坚持一企一策原则，或股份制改造，或破、或卖。至1995年年底，全县企业改造为股份合作企业19个，有限责任公司5个。对亏损严重，资不抵债的县针织厂、地毯厂等13个企业实行拍卖。对投资不合理，产品缺销路的企业实施破产。

1996年3月18日，县委、县政府印发《关于进一步深化企业改革的决定》《剑阁县企业产权制度改革实施办法》，提出以提高企业经济效益为中心，建立现代企业制度，触动企业产权，理顺产权关系，坚持企业所有权与经营权分离，通过破产、合并、“嫁”“送”等改制形式，职工改变身份、经营转换机制。全县参加改制企业746个，完成改制728个，拍卖375个、组建股份制153个，破产13个，租赁187个。乡镇企业658个，完成改制649个。1997年12月29日，县委、县政府制定《关于进一步深化企业产权制度改革的政策规定》《关于企业产权制度改革中用工制度、社会保险、职工分流等具体问题的处理决定》，加快企业二轮改制步伐。1999年，对县毛巾床单厂、上寺水泥厂实行股份制改造。小、微、亏企业实行整体租赁或分块租赁。整体活力不足，而内部各车间、柜台，经营状况有明显差距的企业，实行母体分裂，化整为零，人、资、债分离经营。2000年，企业通过改、转、租、包、卖、破等形式，全县应改制企业438个，已改制436个，触动产权402个。

2003年12月29日，县委、县政府印发《关于进一步做好国有企业改革与发展工作的意见》《关于加快工业经济发展的决定》，现代企业制度的建立转入深化国企改革，强化企业内部管理和制度建设，坚持所有企业彻底明晰产权，国有、集体股全部转让；职工彻底转换身份。股份合作企业一律按《公司法》要求，建立董事会、监事会、股东大会制度。至2004年，四年累计改制企业279个，拍卖116个、租赁99个、破产10个，国有、集体企业转制为股份制企业41个，转制为民营企业13个。转让国有、集体资产2196万元，职工了断身份4287人，分流下岗人员2308人，企业离退休人员移交社会保险491人。2005年，采取资源与资本对接、存量与增量对接、产品与品牌对接、生产与销售对接、资本与技术对接的方法对四川女皇茧业有限责任公司剑阁分公司、县印刷有限责任公司、剑州电力有限责任公司、民用爆破器材专营公司进一步明晰产权、转换经营机制；对县酿酒公司、县供排水公司整体出售；县复烤厂、县粮油收储站等了断职工身份；县食品公司破产重组，县药业、医药、机械、农机、林产品公司及商贸流通企业中的百货、酿造、饮食服务等13个企业全部转为民营。在完成企业改制同时，落实银行债权债务。根据企业具体情况，策划发展方略，建立生产经营管理制度。至2006年年末，全县工业企业4311个，规模以上工业企业17个，产品销售收入50万—500万元的企业4294个。

第二节　市场价格机制

1990年，剑阁物价指数比1989年上涨3.8%。县物价局分别在普安镇和江口、金仙、龙泉3区的基层供销社选点调查测算城镇生活消费品价格指数和城镇、农村社会商品零售物价指数，建立条块结合的物价控制目标责任制。收回部分商品定价权限，建立“企业定价证”制、定价公示制、价格调节基金制。对由企业定价的产品和非商品收费项目，包括计划外议价和放开的商品价格及收费标准，实行指导价、浮动价、最高限价和最低保护价。最低保护价的商品价格，允许企业按照规定的范围、差率、幅度调价。1991年，县政府在县百货公司和剑门供销社进行“四放开”（经营范围、价格、用工、分配）改革试点。试点结束后，全县商品价格实行统筹定价和分级灵活调价，除棉花、棉絮等执行国家定价外，其余商品由企业自主定价。1992年后，全县价格调控坚持“宏观管理，微观放活”和“既要稳定物价，更要振兴经济”的原则。放开粮食购销和其他20种商品价格，由市场调节。社会零售商品除少数由国务院各部门管理及蔬菜价格外，其余价格全部放开。省以上部门管理的商品和劳务价格由以前的1874种减为165种。至1993年年底，全县价格放开商品占78.8%，国家定价品种仅占21.2%。1994年始，进行价格管理体制改革的探索和实践，放开第三产业中修理、影剧院、旅馆等21项收费定价权，放开公路、水路货运价格，扩大县物价部门对农业生产资料的定价权。确定计划外商品由县物价部门实行最高限价管理。医院药价、粮食实行保护价，成品油价改国家定价为政府指导价。至1999年，逐步形成定价以企业为主、价格以市场运作为主，政府管理以间接调控为主的市场价格机制。2000年，社会商品零售、农产品收购、生产资料销售，实行市场调节价的比例分别为95.2%、88.8%、89.1%。2001年后，县政府在建立和完善价格机制的同时，坚持粮食价格不能低，水、电、气价格不能高，城乡居民负担不能重的指导思想，坚持稳定菜篮子、米袋子、火炉子价格，建立价格认证会制度，对公共服务定价，召开价格听证会。至2004年，县物价局价格认证中心编制剑州电力公司2001年至2003年电力销售成本认证报告，县供排水公司供水销售成本认证，出动执法队伍对摇铃、碑垭、公兴等地商贩哄抬粮价行为进行价格干预。2005年在城郊大力发展大棚蔬菜，平抑市场物价。规范水、电、气价，客运票价，学校严格执行“一费制”收费。至2006年年底，全县社会商品零售总额、生产资料销售总额及农副产品收购总额中，实行市场调节价的比例分别为97.1%、93.2%、94%。

第三节　市场建设

集贸市场　1990年，全县有各类大、中型商品市场48个，总面积约4.15万平方米。1991年起，县委、县政府把市场建设列入重要议事日程；3月，印发《关于加强乡镇集贸市场建设的通知》，提出市场建设主体多元化，坚持走多渠道、多形式集资建市场之路。全县集资50.1万元，扩建白龙、开封农贸市场，面积1700平方米；新增市场服务设施，搭建摊位棚盖189个1200平方米，吊案架72米。1993年，投资147万元，新建农贸综合市场8处。区、乡镇及部门投资1621万元，新建各类专业市场5处，新增市场面积3.9万平方米，新增门市部36个，摊位410个。至1994年，全县累计征用市场建设用地2.5万平方米，新建和扩建牲畜市场5个，综合市场10个，小商品市场14个，生产资料市场11个，蔬菜市场6个，市场内架棚盖房13296平方米、建仓储及经营性用房3850平方米，公厕及管理房3854平方米。1995年，商品市场建设坚持“谁投资，谁建设，谁经营，谁受益”的原则，调动全社会力量抓商品市场建设。市场建设重点突出专业市场、农村市场、交通沿线市场，深层次开发科技市场、房地产市场及各类生产要素流通市场。全年投资549万元，新建、改建各类市场11个。恢复普安镇西街粮食市场，市场占地5000平方米，设置门面22间，摊位35个；建成碗泉乡杏垭村、汉阳镇新场村2个村办市场；增建三江口城北综合市场。1998年起，投资420万元，建成普安综合贸易市场、普安农贸市场，面积8290平方米，设置摊位515个。建成鹤龄工业品市场、白龙小商品市场、公兴中心市场、下寺镇批发市场等各类市场13个。2001年后，商品市场建设重点突出商品流通领域的梳理和完善，发展总经销、总代理，建立批发、配送、零售网络和特色店、精品店。县酿造有限责任公司与村社联建滨河商业街，百货公司打造鼓楼商场。商贸、供销、粮食、医药等企业延伸网点至区、乡，发展专卖店、连锁店、超市等475个。2003年，商品市场建设重点转移至下寺镇。在沙溪坝建商品批发市场，在修城坝建集贸综合市场1600平方米。2005年，剑阁被商务部列为“万村千乡”市场工程试点县，普安镇大唐门商贸有限责任公司、县百货有限责任公司为“万村千乡”市场工程试点企业。2006年，全县有各类大、中型商品市场68处，总面积6.91

万平方米。公兴中心市场、普安镇城东村商贸中心、元山镇边贸综合市场服务部、普安综合市场、开封正林综合农贸市场，武连镇武侯综合市场、鹤龄镇凤凰市场、工业品市场、龙源镇田坝农贸市场、白龙镇综合市场、剑门关镇市场服务有限责任公司等13个商品市场，总面积41540平方米。

金融市场 1990年，剑阁资本金融市场包括中国人民银行剑阁支行、中国工商银行剑阁支行、中国农业银行剑阁支行（代管农村信用合作社）、中国建设银行剑阁支行、城市信用合作社、农村合作基金会。县农业银行在各区延伸设立营业所，各乡镇设农村信用社。1991年1月，各乡镇农村信用合作社入股成立县农村信用联合社。1996年10月，农村信用社独立核算，由人民银行代管。1997年1月，从农业银行分设农业发展银行。1998年11月，县城市信用合作社归口县信用联社管理。

中国人民银行剑阁支行依法执行货币政策，管理人民币流通；监督管理境内银行的同业拆借市场，外汇市场，债券市场及黄金市场，管理国库；中国工商银行剑阁支行吸收储蓄存款，经营存款，发放工商企业贷款，办理国内汇款结算业务；中国农业银行剑阁支行经营存款业务，办理贷款业务及中间业务。其余各银行及金融机构除经营常规存款业务外，各自办理专项贷款业务。

1988年3月，剑阁县第一个农村合作基金组织——汉阳镇农村合作基金会成立。至1999年，全县有乡镇农村合作基金会57个，县联合会1个，从业人员223人。是年3月关闭时，账面股金（存款性股金）1686.17万元，实有现金430万元，其余部分均为借款白条抵库，调为其他资产。基金会业务一部分被当地农村信用社收购，其余债权债务由县政府负责清理兑付。至2006年年末，全县未兑付农户股金为1233万元。

人才与劳动力市场 1990年，县社会劳动力管理局和县劳动服务公司合并，成立县就业服务管理局，负责管理全县劳动力市场，为全县社会劳动力开展就业培训、职业介绍。1992年，县职介中心成立，实行求职用工登记，为各类用人单位推荐人才。1995年后，劳动、人事部门实施“两个调整”，即由计划经济的劳动人事管理体制调整到适应市场经济的劳动人事管理体制上，由传统的劳动人事管理制度调整到人才资源开发上。至1998年，县劳动部门、县职业介绍中心及中介组织累计向全国各大劳务市场推荐农村剩余劳力、企业下岗职工、城镇待业人员成功就业21.1万人次。1999年，县人才服务中心成立。2000年设立人才市场，负责全县人才交流、人才代理、人才招聘。根据经济发展和市场对劳动力的需求，县政府加大“人才兴县”战略的实施力度，印发《关于促进人才柔性流动的意见》《关于加速农村人才资源开发和农村劳动力转移的意见》，开展劳动力就业能力培训，加强人才市场建设，优化人才资源配置，建立乡土人才资源信息库。至2006年，累计办理各类人事代理4561人次，为企业调剂调配劳力10.5万人次。举办各类职业技术技能培训班80期，参训1.41万人。向人才、劳务市场输送大、中专毕业生2111人，转移农村富余劳力64.1万人次。

其他市场 1990年始，逐步形成建筑、勘测设计为主的各类专业技术服务市场；以广运集团剑阁运输公司、蜀道旅游公司、自力客运公司等为主的交通运输市场；以建筑和水泥、机砖、木材、石材等为主的建筑建材市场；以茧丝、海椒、茶叶、药材为主的外贸市场。1996年，相继建立以房地产交易所、房地产评估所、房地产开发公司等单位为主体的房地产市场；以医药、文化、文印、粮油为主体的医疗保健市场、文化用品市场、粮油交易市场。2000年至2006年，电力、通信事业迅速发展，旅游业快速兴起。以邮政、电信、联通、网通、铁通为主构成通信市场；以广播、电台、电视台、信息公关公司为主构成信息市场；以旅游开发公司、旅游经营载体，业主构成旅游市场。会计事务所、律师事务所、审计、公证等机构构成中介组织市场。

第十一篇　经济管理

第一章　发展与计划管理

第一节　计划编制与管理

管理机构　1990 年至 1993 年 2 月，计划编制与管理工作由县计划经济委员会负责。1993 年 3 月，撤销县计划经济委员会，成立县计划委员会。2001 年 10 月，县计划委员会更名为县发展计划局。2006 年 2 月，撤并县发展计划局，更名为县发展和改革局，综合研究制定全县经济社会发展政策，指导总体经济改革和宏观调控。

年度计划和专项规划编制　编制经济年度计划遵循“自上而下”原则，征求各界人士意见，在县委、县政府集体研究讨论的基础上，提交县人民代表大会审议通过。年度计划包括国民经济和社会发展两方面，包含工业、农业、旅游、产业结构调整、生态环境整治、固定资产投资、基础建设、水利、农田改造、社会事业、中小学校招生、人口与计划生育、新农村建设等内容。1994 年，编制《国家商品粮基地建设实施规划》。1998 年，编制《剑阁县生态环境建设综合治理实施规划》。2001 年，编制《剑门关景区旅游基础设施项目建设实施规划》。2004 年，编制《剑阁县公路建设规划》。2006 年，编制《剑阁县乡镇文化站建设规划》《剑阁县粮食流通结构和农产品批发市场规划》《剑阁县科技发展规划》《剑阁县果蔬生产循环经济产业化专项规划》《升钟水库剑阁淹没区经济和社会发展规划》《农村公共文化基础建设规划》《人口与计划生育网络建设规划》《农村城乡统筹发展规划》《剑阁县小康村建设发展规划》等。1994 年至 2006 年，共编制专项规划 24 个，涉及农业、工业、社会事业、交通、能源、城市基础设施等。

五年计划编制　经济和社会发展五年计划编制工作坚持“由上而下、上下结合”、稳定、协调和可持续发展的原则，由各部门、各行业根据发展需要，编制部门或行业五年规划，上报计划编制管理机构，由管理机构综合协调、平衡和总量控制，形成全县五年规划，送交县政协完善后，报县委、县政府审核，提交县人民代表大会审议通过，由县政府组织实施。

1990 年春，编制县经济和社会发展第八个五年计划，1991 年，县第十二届人民代表大会第二次会议审议通过。1996 年 3 月 16 日，县第十三届人民代表大会四次会议审议通过国民经济和社会事业发展

“九五”计划。2001 年 2 月 17 日，县第十四届人民代表大会第五次会议主席团第三次会议通过“十五”规划纲要。总体目标包括建成生态旅游大县、全市经济强县，社会经济协调发展。开发建设十项重点工程：剑门蜀道景区和下寺城镇，金剑、剑苍二级公路，剑盐三级公路，市政天然气，中成药生产，国家粮油储备库，体育馆及健身中心建设。2006 年 1 月 14 日，县第十五届人民代表大会第五次会议审计通过“十一五”规划。

第二节　项目工作

1990 年以来，县委、县政府制定项目兴县、项目富县战略和引进项目优惠政策，建立督办机制，项目工作实行考核目标。实施杨家坝水库及灌区配套工程项目，包括隧洞 7 座、2949 米，渡槽 2 座、47 米，跌水 3 处、总跌差 63.52 米，干渠长 15.17 千米，灌溉面积 3746.67 公顷。1997 年，成立县经济建设项目工作小组。1998 年，国家实施西部大开发战略，县委、县政府向上争取一批国债项目，中央、省、市批准剑阁实施项目 16 个，总投资 4.46 亿元，其中国债 1.2 亿元，包括剑门蜀道旅游基础设施建设，生态农业治理工程，第二制水厂配套项目，建国家粮食储备库（下寺），天然林保护、公益林建设、退耕还林项目，以工代赈，县城及农村电网改造一、二期工程，羊岭小学排危，团结水库除险加固，农村人畜饮水一、二期工程，炭口河小流域治理，下寺镇供水及管网工程、疾控中心项目等。市级部门直接投资建设剑青公路 1.72 亿元。1998 年至 2002 年，中央和省批准剑阁实施国债农业项目 6 个，投资 6420.16 万元。其中，国债专项资金 4337.36 万元，地方配套资金 1982.8 万元，包括生态农业、综合治理、天然林保护、团结水库配套、农村人畜饮水、退耕还林等工程。1998 年至 2004 年，国家批准剑阁实施农业项目 27 个，投资 1.18 亿元。其中，国债资金 7356 万元，省补资金 805 万元，包括人饮第二期工程，建设贫困旱山村集雨节灌工程等。2001 年至 2003 年，省、市计委两次批准实施省预算内社会事业基本建设项目，农业项目 5 个，工业项目 1 个，社会事业项目 3 个，合计投资 1422 万元。1998 年至 2005 年，实施各级财政性基建项目 23 个、社会事业国家专项投资项目 12 个、国债建设项目 15 个，包括农业有害生物预警与控制区域站建设，生态农业综合治理工程，小流域综合治理、土地整治、水利设施建设，剑阁中学科技实验楼项目、剑州中学教学楼项目，合计投资 6.60 亿元。2005 年至 2006 年，省预算内基建项目 10 个，投资 3348 万元，实施基层政权建设项目、乡镇卫生院改造项目、中小学排危项目、基层文化馆站建设项目等。中央预算内投资和省预算内基建投资项目，投资 663 万元，用于县职业高级中学教学综合楼、沙溪中学教学楼、鹤龄中学学生宿舍、县文化中心及县人民医院传染病区医疗救治体系建设，建设、改造 18 所乡镇卫生院。

第三节　招商引资

优惠政策　1990 年至 1994 年，剑阁招商引资工作通过组织干部到沿海发达地区参观考察，加强横向经济联系，组织企业在外地设立“窗口”办企业，扩大招商引资领域，制定招商引资优惠政策，引进资金、技术、人才。1996 年，确立下寺经济开发区为剑阁对外开放窗口，制定优惠政策吸引投资。对重点企业实施政策倾斜，银行优先安排保证重点企业流动资金需求，签订电力、原材料双向保证目标责任书；技术改造实行“四优先”（优先上报、审批、安排，银行优先解决配套资金）；重点企业反映的情况和问题，县级各部门 10 个工作日内解决；对重点企业税务部门按 33% 征收所得税，财政部门返还已征所得税 18% 作为对企业的投入，用于技术改造或补充流动资金。1998 年召开企业减负工作会，聘请 10 个重点企业担任减轻企业负担监督员，印制《剑阁县企业负担管理手册》，发放到各企业，实行明白卡收费。2003 年 5 月 29 日，县委常委会专题研究剑阁工业经济工作，形成《中共剑阁县委、剑阁县人民政府关于加快工业经济发展的决定》，公开各部门的收费项目、标准，实行县级领导挂联重点企业，财政预算 100 万元作为工业发展基金。9 月，县政府制订《剑阁县鼓励投资的若干政策规定》，企业在生产经营过程中的收费，实行收费许可证、交费登记卡和明白卡制度，对投资生产型、科技开发型、农业开发型企业，在项目审批建设过程中所涉及部门收费，一律按当时标准下限的 50% 收取；排污费按标准下限执行，生产性项目收取的排污费视其污染治理情况可返还 50%，作污染治理补助；投资商收购国有、集体企业，在办理房产过户时，只收工本费；投资在 1000 万元以上的创税工业项目及大型批发市场，土地费只征收上缴国家和补偿农民部分；投资 3000 万元以上创税工业项目，县财政补贴 0.67 公顷土地征用费；5000 万元以上项目，提供 1.33 公顷土地征用费补贴；投产后前 3 年实际入库税金县上留成部分 50 万元以上者，由县政府奖励投资者县上留成部分的 20%；投资企业领办或创办由权威部门认定的高新技术产业建设期内的风险投资贷款给予两年的全额贴息；投资科研开发机构的研发项目，实施后对剑阁产业调整、产品更新、形成产业基础有重大作用的，给予项目研发直接费用 30% 的补贴；投资企业实施技术改造项目，能拉动全县经济增长，贷款人民币 500 万元以上者，由县财政按利率 50% 贴息 1 年；贷款 1000 万元以上，不足 5000 万元的，70% 贴息 1 年半；凡在剑阁境内兴办国家鼓励类企业，其主营业务收入占 70% 以上的，内资企业自经营之日起，第 1、2 年免征所得税，第 3 至 5 年减半征收所得税；外资企业经营 10 年以上，固定资产投资 500 万元以上的生产加工企业和固定资产投资 3000 万元以上的商贸物流企业，第 3 年由县财政按上缴所得税中地方所得部分的 50%，安排专项支出，支持企业发展；新办经营期在 10 年以上高新技术的农业产业化龙头企业，自生产经营之日起，1 至 4 年由县财政将上缴所得税部分用于安排配套设施、技术改造、用工补贴等专项支出；年销售收入在 5000 万元以上的从实现销售收入第 4 至 6 年，参照每年上缴增值税中地方所得部分 50% 安排上项支出。上述企业使用本地劳动力 400 人以上的，自投资之日起，地方财政 3 年内再给 200 万元的资金贴息扶持。投资企业所需的水、煤、电、气、通信设施、货物运输保障等，由县政府先期规划建设，金融机构及时介入投资活动，有关部门落实优惠政策。严格控制到企业参观考察，走访活动，对投资者住所及兴办的宾馆、饭店、娱乐场所，除涉嫌违法犯罪活动及安全隐患外，不得随意检查，为企业提供完善的社会治安环境，充分保护投资者的人身财产安全，保证其正常生产经营。2005 年，县财政局对重点企业的技术改造、贷款资金实行贴息补助，贴息资金在工业发展基金中列支。取消企业收费项目 19 个，取消机动车收费项目 4 个，撤销道路检查点和收费点 12 个。2006 年，继续落实《省委、省政府关于损害经济发展软环境行为的责任追究办法》、重点企业挂牌服务制度、外来企业一站式服务工作，确保各项优惠政策落实到位。

引进项目　1990 年至 1992 年，剑阁与什邡、宜宾、成都金牛区和天津静海、江苏扬州等地结成友好县（市），与上海、无锡、重庆、成都、南充等地大专院校和大中型企业建立经济技术协作关系。

1993年—1995年，加强对外宣传，通过多渠道多形式引进资金、项目。1996年引进各类项目11个，资金2500万元。1997年，向上争取项目21个，资金3300万元，抓住浙江对口帮扶契机，签订合作上寺水泥厂技术改扩建、柘坝丝厂扩建、燃气灶生产、茶叶开发等6个项目。浙江三狮集团与上寺水泥厂合作，投资7000万元，将上寺水泥厂改造为股份有限责任公司，年生产能力10万吨。四川明阳陶瓷有限公司投资750万元，落户下寺工业园区。1998年至2000年，全县招商引资签约项目139个，到位资金3.57亿元，温州商城、剑江电线电缆厂、剑门关矿泉水、白龙丝厂、白龙汽水厂等外来企业落户剑阁。2000年6月1日，招商引资项目的温州商城在县城公园坝体育场旧址动工兴建。四川天地投资置业有限公司注册县土地开发有限公司，投资1.8亿元，开发建设下寺修城园区。2001年，签约下寺修城园区、剑青和剑盐公路、普安天然气等招商项目105个，投资总额3.5亿元。内江松林丝织总厂投资280万元收购剑阁蚕茧经营权20年。汇丰食品有限责任公司投资600万元收购原食品公司；天津中新药业成都弘祥药业有限公司，租赁原复烤厂，投资630万元，成立剑阁中药饮片厂；西普油脂化工公司收购剑阁油脂公司，成立剑阁油脂分公司。

2002年，引进四川吉昌绿业公司、广元油橄榄公司、德阳飞凤饲料公司、眉山页岩机砖厂、台商建设开封中学学生公寓、白龙赵家湾机砖厂、远东超市、鑫盛水泥制品厂、精益眼镜行、桥头页岩机砖厂、修城园区开发、元山剑南花炮厂等，合计项目17个，投资25565万元。2003年，引进“三杂”制种、文君酒业集团、宏祥房产、综合农业开发等项目27个，投资42025万元。2004年，引进上寺乡煤矿技改、中药饮片厂改造、白龙、公兴天然气建设、山村丽都房地产开发、普安综合市场建设、剑门关综合市场建设、剑安配气站等项目14个，投资24274万元。2005年，全县招商引资项目86个，到位资金3.6亿元。引进水稻、油菜高杂种子生产、职业技能培训中心建设、大地石英砂厂、铝土矿厂、上寺桅杆村煤矿、新贵洗涤助剂厂、地热开发、修城嘉园经济适用房建设、城东商贸中心、普安镇众森宏福花园、金仙天然气工程等项目。2006年，引进项目33个，投资19660万元。兴博木业投资7000万元，年产7万立方米中高密度纤维板生产线。鑫茂农科测土配方肥生产线投资1000万元，东山米业投资1000万元，友谊电站投资2800万元等。

第二章　工商行政管理

第一节　企业登记

1990年，县工商局印发《搞好企业的10条意见》，要求对企业登记手续从简、收费从轻、发证从快。放开企业生产经营范围，清理修订原有束缚企业发展的相关规定，帮助企业健全内部管理制度，提供经营信息，拓展产品销路。1992年，全县有法人企业335个，分支机构经营网点2752个，注册资金2.17亿元。1994年，按照现代企业制度要求，新登记企业215个，全县有企业3451个（法人企业435个，分支机构3016个）。1996年，全面开展企业注册登记、年检，全县年检企业4112个，变更登记328

个，新发展企业211个。注销企业783个（法人企业64个）。1998年，按照《企业年度检验办法》开展企业年检，共检验法人企业316个、分支机构1589个。注销法人企业49个、分支机构359个，吊销法人营业执照6个，查处违章经营行为，清理无证经营企业17个。办理企业动产抵押登记12个，抵押金额3691.9万元。1999年，实行统一注册登记，严格收费标准，实行办证程序化、制度化、公开化，注册内资企业2684个，注册资金2.88亿元。注销法人企业16个，分支机构129个。检查企业134个，查处违反登记管理条例18个，未按时办理年检13个，吊销营业执照26个，办理企业动产抵押登记25件，抵押金额6037.56万元。2000年，严把市场准入关，实行特种行业前置审批。完成企业注册号转换，登记各类企业1973个，办理注销登记934个，开业登记232个。年检法人企业、分支机构1924个，吊销法人企业、分支机构营业执照25个。查处超范围经营成品油企业13个，取缔无证经营企业11个，2001年，注册私营企业50个，投资人数75人，雇工22419人，注册资金4723万元。办理内资企业登记注册378个。是年，共有内资企业1981个，注册资金2.76亿元。工商户6121户（新发展个体工商户1022户），从业人员7289人，注册资金5676万元。2003年，推行“经济户口”管理，加强市场主体和经营行为监管，执行《注册行为规范》，依法登记。2004年，发展各类工商企业70个，注册资金1249万元，新发展个体工商户792户，注册资金1302万元；私营企业44个，注册资金1840万元。为下岗职工办理营业执照190份。2005年，坚持依法、规范、高效登记，落实一审一核制度，制定《企业登记质量抽查制度》《企业登记会审制度》等。登记各类企业225个（法人企业17个）、注册资金3830万元。办理企业注销登记145个，微机录入各类企业档案资料2529个，年检各类企业1481个。2006年，登记注册企业179个，注册资金1.22亿元。新发展私有企业230个，个体工商户验证贴花5100个，办理歇业注销登记4818个。为565名下岗职工、大学生和退伍军人创业减免工商规费68.3万元，为76户下岗职工、18户残疾人、125户退伍军人办理营业执照，减免各种费用2.47万元。

第二节　市场管理

集贸市场管理　1990年，开展市场检查99次，查处各类违法违章案件748件，处罚款3.5万元，没收假冒伪劣商品价值4.6万元。进行市容整顿和市场制度建设，全年创建文明市场10个，普安农贸市场被评为省级文明市场。1992年，在城乡集市设立监督岗、公平秤，对市场行为进行监督检查。查处违法经营案件171件，查处出售野生动物案8件，查处伪劣商品566吨，总值50万元。处罚违法生产经营者2934人，处罚款8万元。1994年，开展大型检查8次，查处违法案件464件，处罚款1.8万元。销毁伪劣产品187种。1995年至1999年，查处欺行霸市、掺杂使假、哄抬物价、短斤缺两、无证经营等违法违章案件58111起，展出假冒商品11次，销毁假冒商品440多种。开展白酒市场专项整治，取缔无证白酒作坊2个。开展夏季食品、饮料市场检查，取缔无证经营户28户，查获劣质茶叶、过期饮料、变质婴儿奶粉价值2.32万元。创省级文明市场1个、市级5个、县级9个，市场环境逐步改善。2000年，查获劣质电缆线、电源开关、洗衣粉、烟、酒、无碘盐等20个品种。查封生产劣质糕点、假酒窝点各1个。创建省级文明市场1个、市级4个、县级10个。2001年，开展反仿冒、反误导、反不正当竞争，打击制假贩假活动，查处各类案件285件，处罚没金额33.8万元，没收假冒伪劣商品9大类11个品种，案值10万元。2004年至2005年，落实14个商品交易市场开办者第一责任人，签订入市经营合同1395份。2006年，开展商品流通领域质量监管，建立商品质量和食品安全购销台账1780本。对14种25批次商品进行抽样送检。

特殊商品市场管理 1990年至1992年，开展打击销售假农药、假化肥、劣质种子的专项斗争。查处生产劣质农肥厂2个、经营劣质农肥门市部5个，查获劣质磷肥948吨，劣质农药2.4吨。1994年，查获转交主营部门化肥1142吨，粮食1226.3吨，油菜籽488吨，棉花841公斤，蚕茧1080公斤，种子7吨。销毁劣质化肥27吨。1995年到1996年，挡扣转交主管部门粮食1095吨，油菜籽52.2吨，化肥1929.18吨，农药2.83吨，种子262.6吨，农膜0.76吨，销毁劣质化肥142.56吨。1997年，对全县139个柴油经营站、点、门市部进行清理，取缔无证经营网点36个，限期补证12个，核发“农资经营许可证”，取缔违法经营170个。核发“种子经营许可证”，清理种子生产基地，立案查处制售劣质种子案50件、75人，没收伪劣种子9194公斤。取缔无证经营79个，转交粮油主营单位粮食21吨、油菜籽9吨。取缔无证经营蚕茧3个。1998年，在全县12个区、70个集贸市场开展粮食市场整治，取消8个非法经营粮食企业、7户个体户的粮食经营资格，办理违章案件18件。与118户用粮大户签订《守法用粮保证书》，查处粮食非法经营行为，查扣粮食156吨。2000年，督促23个粮食加工企业、40个粮食经营企业建立新台账，查处粮食违法案件16件，没收粮食45.2吨。查扣伪劣化肥54吨、农药6.17吨，没收劣质种子2.54吨。取缔15个无照经营种子的摊点。查处违法经营蚕茧案6起，没收蚕茧3000公斤。2001年，审查登记66个粮食经营、加工户。查处粮食违法经营案23起，没收粮食73.5吨；查处非法收购棉花3.2吨。查扣无证经营化肥21吨、变质农药488公斤。2004年，实施商品准入制，对群众普遍关心的农药、种子、化肥、家用电器等16类重要商品，实行入市备案管理。500个农资、家用电器经营单位（户）建立商品进、销台账，对4个品种、45个商品批次实行送样检测，对不合格商品立案查处。检查“三农”物资销售单位、个体户1287个，取缔农资经营摊点11个，查获伪劣化肥194吨，没收劣质农药2356瓶，劣质种子500公斤。查处各类违法案件59件，没收违法所得20.5万元，处罚款14.6万元。2005年，对771吨陈化粮的运输、出库、经营实施跟踪管理。检查农资经营户108户，取缔无照经营47户，没收不合格磷肥23吨，变质农药287瓶。受理农资投诉13件。2006年，检查经营户512户，取缔无照经营13户，办理违法经营案31件，没收不合格磷肥56吨、变质农药1202瓶、伪劣种子74公斤，对种子经营实行监封备案登记制度。

专业市场管理 1990年，县工商部门与县农机部门联合发布《旧拖拉机交易管理的规定》，把旧机动车辆入户、办证、交易、缴费纳入市场管理。1992年，配合文化部门对文化市场实行监管。没收淫秽书刊、音像制品3.5万册（盒），罚款22万元。1995年，整治录像厅、歌舞厅、卡拉OK厅，取缔无证经营9户、电子游戏室2户、台球室2户、文化用品经营户20户，没收游戏机2台、非法出版图片9950张、淫秽盗版图书470册。配合劳动部门检查36个乡镇劳务中介机构，取缔不合格2户。1997年，配合相关部门综合调查下寺煤炭市场，对该区煤炭企业进行清理整顿，兼并关停5个。1999年，配合相关部门查扣假药、禁销药品60种。收缴非法书刊510本、非法出版物2346册、盗版音像制品943盒，处罚款3400元。2000年，配合卫生及有关部门取缔无证经营81户，发出限期办理证照通知书66份。摘除县医药公司、中药材公司擅自增加的连锁店吊牌24块，查扣变质药品92种，标值2.4万元。取缔无证从事中介业务的康达信息中心，查处无证从事电脑中介行为1起，没收非法所得2.05万元，处罚款

4000元。责令6个中介机构限期办理营业执照。办理一般经纪人资格证12个。配合相关部门检查娱乐网点108个，取缔无证录像厅6个，桑拿按摩房4个、电子游戏厅10个。2001年，查处超范围经营汽车配件2户，整改8户，没收“三无”汽车配件155件。取缔无证行医38户，处罚款1.02万元，补办许可证和营业执照7户。没收无证销售烟花爆竹60万响。办理运输营业执照813户。2004年，规范互联网上网服务营业场所，整治校园周边网吧秩序。集中检查11次，检查经营户43个，取缔无证无照经营户8个，立案查处9个，处罚款1.8万元。协同有关部门开展煤矿、非煤矿山、危险化学品市场整治。检查各类危险化学品经营户，取缔无照经营5个，换发营业执照4个。2005年，审定52名经纪人及9个中介组织资格，对231名农村经纪人实行备案管理。开展网吧市场整治，取缔网吧16户。规范经营网点38个，建立进销台账。检查工程承包企业27个、工程发包单位32个，跟踪监管2个房地产开发商的投资项目、销售行为、售房合同。2006年，年检中介组织9个、经纪人52人。对煤矿、危险化学品、烟花爆竹、民爆器材、消防安全、道路运输、公共娱乐场所等市场主体资格前置审批。整治旅游市场，与剑门关旅游开发公司签订《旅游市场管理责任书》。建立景区消费者投诉站、“12315”举报点，建立景区食品和重要商品购销台账。协同交通部门规范汽车交易市场、二手车市场及其中介行为，查处报废车回收、拆解、销售中的违法行为。对农村营运户、工程机械、砂石市场监管，取缔无照运输户31户。

第三节　经济合同管理

合同鉴证　1990年，县工商局鉴证各类经济合同2.52万份，依法确认无效合同39份。1991年，通过电报函件帮助企业督促对方当事人履约合同4641份，履约金额57.4万元。咨询合同176份，金额318万元。仲裁经济合同案件877件，合同金额902.63万元。1992年，为企业追回被骗货款、欠款92万元，清收预订金、货款19.23万元。1993年，县工商局为县棉麻公司收回拖欠货款43万元。1994年，鉴证合同3245份，金额5116万元。受理合同纠纷案2件，争议金额1500万元。解除行骗合同20份。1995年，鉴证各类合同2174份，解除违法合同1份。1998年，执行新的《合同鉴证办法》，鉴证各类经济合同1700份，合同金额2379.34万元。1999年，以监管粮食购销合同和建安合同为重点，鉴证各类合同1172份，金额3460万元。检查15个企业126份合同签订、履约情况。2000年，办理欺诈案1件，违法金额1550万元。调解合同纠纷5件，争议金额5.1万元。2001年，办理各类合同鉴证277份，调解合同纠纷1件。2004年，鉴证订单农业合同724份。2005年至2006年，实施《入市经营合同》《种子购销合同》，举办房产、土地、矿石开采权等拍卖活动15次，进行全程监管登记。共检查合同3800份，实施合同解忧帮扶工程，落实帮扶对象20户，鉴证各类订单合同54788份，涉及农户61633户，金额14869万元。

重合同守信用活动　1990年，荣获“重合同、守信用单位”（简称“守重单位”）称号的企业41个。1991年，有“守重”企业52个。其中，省级1个（县毛巾厂）、市级15个、县级36个。1995年，新命名“守重”企业16个。1998年，“守重”企业验收合格的省级1个、市级7个、县级13个，1999年，有“守重”企业省级1个、市级5个、县级10个。2001年，验收合格“守重”企业11个。其中，省级1个、市级2个、县级8个。2005年，撤销星王巾被有限责任公司省级“守重”企业称号，撤销元山信用社县级“守重”企业称号。有“守重”企业7个。其中，市级3个、县级4个。2006年，有“守重”企业22个。其中，市级1个、县级21个。

第四节　商标与广告管理

商标管理　1990年，贯彻《中华人民共和国商标法》及其实施细则，普及商标法规教育。全年查处自行改变注册商标文字、图形、注册人名及其他违章行为的企业16个。1991年，培训商标印制单位负责人，清理整顿商标印刷单位，制定商标印刷接件、登记、审查、排印、出厂制度，查处非法印刷商标行为。1990年至1992年，查处自行变更商标文字图案、改变商标注册人名违章行为16起。查处商标侵权和假冒商标案5件，销毁假冒商标62万套。整顿商标印刷秩序，取缔违章印刷商标广告企业资格2个，核准符合条件的印刷企业2个。1992年，指导企业开展产品商标注册。全年新增商标企业54个，有283个工业产品经国家商标局核准注册。1993年至1997年，开展商标注册、续展、变更、转让登记，代理商标名称查询，查处违法违章行为。清理销毁侵权商标。办理商标注册28件，代理商标名称查询27件，销毁不合法商标标识。1998年，开展保护商标权法律宣传，举办假冒伪劣商标商品展出69场次，28个品种，接收法律咨询3500人次。办理注册商标97件，验证70件，商标转让1件，代办新注册商标6件，变更3件，查处假冒商标案4件。1999年至2004年，开展创企业品牌商标活动，对重点商标企业实行联络制。推进品牌经营战略，实施商标帮扶工程。新增有效商标2件，申请注册商标7件，发展著名商标1件，知名商标5件。2005年11月，县政府印发《关于加快发展剑阁商标事业的意见》，县工商局发放《红盾助农手册》《商标注册行政建议书》《商标注册申优行政建议书》。在剑门关景区设置注册商标公示栏，扩大注册商标宣传影响。专项整治侵犯农产品商标、地理标志商标，办理商标违法案28件。建立完善注册商标档案，规范注册商标档案104件。2006年，全县有注册商标87件，办理商标名称查询11件。继续推行“两建议”制，发送《商标注册行政建议书》23份、《商标注册申优行政建议书》15份。

广告管理　1990年，查处违章广告企业5个，核准印制商标广告单位2个，登记经营广告业务单位2个。1991年，对广告经营单位和户外广告建档，开展经常性检查，立案查处非法印刷商标广告单位。1992年，指导企业正确制作产品广告，使县内工业产品向县外、省外、国外推销。对获得市级以上优质产品称号的企业，及时指导，核准广告宣传，指导8个企业制作、设计巨幅路牌广告，促进企业产品营销。取缔违法广告经营企业3个，审核销毁未经登记的户外广告3800张。1993年至1997年，重点查处虚假广告，整顿户外广告秩序。查处商标广告违法案9件，销毁虚假广告2.23万张。1998年，开展广告企业年审和广告会员单位资格审定。年审广告经营企业6个，审定广告协会会员单位6个。受理药品、保健品、饲料、招工、招生、产品促销等电视广告、印刷广告申请477次，准予发布320次。开展店堂广告专项治理，摘除违章店堂广告1247幅，重新办理登记1.4万幅。没收非法广告印刷品2万张，取缔非法印刷广告窝点2个。专项治理药品、保健品广告市场，查处违法广告经营案15件。1999年至2001年，检查印刷企业18个次，查处非法印刷商标企业16个，登记各类广告578份，销毁虚假广告1万张。2005年，对6个广告经营单位进行资格审查，查处违法广告案37件，处罚款5.2万元，收缴各类非法广告 1.5 万份，办理户外广告登记 318 件，拆除户外广告 152 条。办结广告违法案件 108 件，罚款 9.1 万元。2006 年审查（备案）登记广告 118 件，查处商标、广告违法案 99 件。

第五节　消协工作

1990 年 5 月 11 日，成立县消费者协会（简称县消协），下设 12 个区分会。县消协和各分会设有专职工作人员。1990 年至 1992 年，受理消费者投诉 957 件，协同处理 475 件。开展评选“无假冒商品单位”和“优质服务单位（店）”活动。评选出“无假冒商品单位（店）”19 个，优质服务单位（店）6 个。办假冒商品展览 4 次。在 11 个区镇跟踪调查商品质量，抽样化验品种 120 个，对质量不合格产品就地处理。1994 年 1 月 1 日，《消费者权益保护法》实施。全年受理、处理投诉 626 件，接受信访 35 人次，授牌“消费者信得过企业”46 个，优质服务商店 34 个。1996 年至 1998 年，对家用电器、“三农”物资、农机具配件等 7 类重要商品实行报验制度，阻止伪劣商品入市。市场检查 15 次，共查企业及集贸市场 16500 个次，查获伪劣产品价值 101.2 万元。在《剑门报》开设《消费驿站》专栏，揭露损害消费者权益行为。开展为了农村消费者活动，县、区消协受理投诉 1983 件，协同处理 1100 件，依法支持消费者起诉 28 例。1999 年至 2000 年，围绕“安全健康消费年”和“明明白白消费年”主题，对群众反映的饮水、供电、供气、邮电、医疗、餐饮、娱乐、食品、烟、酒等问题进行调查，在《剑门报》增设《投诉信箱》专栏，开展消费“知情权”情况调查。两年受理投诉 2234 件，处理 2232 件。2001 年至 2006 年，成立“12315”申诉举报服务中心和申诉举报站点 617 个、乡镇举报站 58 个、村举报站 470 个，在市场、商场、酒店、宾馆、社区设置“12315”标志牌 100 块，完善申诉举报网络。围绕放心消费环境、诚心维权等主题，开展消费维权活动，受理消费者申诉 2356 件，处理 2347 件。

第三章　审计监督

第一节　审计工作

行政事业审计　1990 年，对 30 个行政事业单位展开定期审计，审计出违纪金额 83 万元。对执行财经纪律好、财务工作规范的县总工会、计量局、公医办、文教局、县政协机关等 8 个单位免予定期审计。审计国土、林业、工商、农机、民政、畜牧、建设、计生等 15 个部门，审计出违纪金额 145 万元。建委、林业、国土部门挪用专项资金，用于机关基本建设和福利设施。1992 年，审计县委办、县政府办、政协、纪委、计经委、计生委、计量局、卫生局、国土局、党校、人武部等单位，基本无违纪问题。1993 年，审计农业综合口 8 个主管单位。1994 年，审计事业管理费、预算外收入、罚没收缴及新税制贯彻情况，审计出违纪金额 68 万元，收缴财政 13 万元。1995 年至 1997 年，审计县财政局、地税局预算执行情况；延伸审计公安、建委等11个行政事业单位的罚没收入、行政事业性收费解交入库、民工建勤代管金、加密电视集资款筹措、管理、使用，审计调查财政预算中农业、教育、科技三项费用及上级财政补贴使用情况。1998年，深化县本级财政预算执行审计，本级国库办理税款解缴情况；对县工商、公安、物价、城环等预算执行单位的财务收支，延伸对部分乡镇1997年财政税收完成及解缴情况进行审计，对计生、扶贫开发、人事、文化部门的财务收支、专项资金进行专项审计，审计出违纪金额130万元，收缴财政11万元。2001年，重点审计财政周转资金，分析全县借入、借出周转资金的规模及偿还进度。对财政局、地税局机关经费，对稽征所、运管所、交警大队罚没收入的真实合法性进行审计。通过审计，建议县政府严格预算管理和专项资金管理，严格周转资金回收、地税局票据审核，重视社保资金筹措，足额解缴“两保”资金。2003年，审计农业局的部分罚没收入，反映出行政性收费入库率低，长期占用住房基金511.3万元；税费空转，虚增预算收入425.64万元。借款垫税23.57万元，预征税费28.3万元。滞留税款50万元，乱开税票，短少票证；预算外资金未存财政专户，乱收费应缴未缴预算收入87.36万元。2004年，对文峰中学、柳沟小学等8所中小学校的收费情况进行审计，存在乱收费、乱融资、挤占代管费、预算外资金不存财政专户等问题。对县民政局、环保局预算执行情况，下寺管委会招商土地费收支、农村养老保险费征收、管理、使用情况，卫生、教育、电力部门国债资金使用情况进行审计。环保部门截流预算收入34.49万元，民政部门账外收支、挤占低保费，农保挪用农保基金36.56万元，下寺管委会挤占挪用土地费314.48万元等问题。2005年，审计县级学校、医院的财务收支，审计出乱收费、提高收费标准等问题。2006年，审计出33个乡镇违纪金额1144.1万元。

金融和社会保障审计 1990年，对县工行、农行、建行进行审计，审计资金13049万元，审计出挪用信贷资金、漏计营业收入、乱摊成本、偷漏工商税等违纪金额127万元，收缴中央和地方财政15.4万元，分别处工行5000元、农行3000元罚款。1991年，对金融机构实行“两年审一次、一次审两年”的轮审制度。对县人行、工行、农行1990年度粮棉油收购贷款投放、使用、管理情况审计，延伸审计县粮食局、直属库、营业所、粮站，审计贷款总额9151万元，审计出违规挪用信贷资金3035万元，逾期贷款3194万元多计利息12万元。1991年、1993年，两次对县保险公司审计，查出挪用保险准备金等问题，令其归还原资金渠道，处以罚款1200元。1994年，对1992年1月至1994年8月救灾捐赠物款进行审计，省、市两级政府共向剑阁提供救灾资金135.93万元，提供汽油、柴油、化肥等物资1652.5吨。到位的捐赠物款管理严格，使用范围正确，效益较好。1997年，完成农行系统、农村信用联社系统资产负债损益审计。1999年，对县公医办1997年至1999年6月医疗保险费的筹集、管理、使用情况进行审计，延伸审计县财政局社保股。审计表明医疗保险财务收支真实、合理、核算细致，严格执行“一支笔”审签制度。账表、账账、账证、账实相符。1998年至2002年，对县工行、农村信用联社、城市信用联社、农发行等进行7次审计，审计出违纪金额118万元。对保险、就业资金运行情况审计表明，其收支真实，管理规范，上解及时。2003年，对全县2002年度失业保险基金和就业资金的运行情况进行审计；对县农行2002年度养老保险基金的征缴情况进行专项审计调查。2004年，对2002—2003年度医疗保险基金的筹集、管理和使用及机关财务收支进行审计。2005年，对县人行2004年度地方国库预算资金收纳、化解、拨付情况的真实性、合法性进行审计，县国库在办理预算外资金收入支出中，较好地发挥了管理职能。全年审计和审计调查项目58个，审计出违规资金1832万元、管理不规范资金12625

万元、损失浪费29万元。通过审计处理，收缴财政97万元，调账处理341万元，归还原资金143万元，自行纠正12625万元，核减工程造价1877万元。

专项审计　1990年，县审计局与开发办、县农行组成联合审计组对分配扶贫资金的主管部门、转贷单位及23个用款单位（企业）、4个农户的扶贫款物使用效果抽样审计，对县水务局专项资金90.9万元进行审计。1992年，重点审计粮食发展基金、以工代赈、农业开发、水利建设等26个农业资金主管部门和使用单位，审计出违纪金额378.2万元。1993年，对“川中项目”“长防工程”“以工代赈”、杨家坝水库、种子基地项目资金管理、使用、效益情况审计，审计单位105个，农业项目10个，企业20个。审计金额1.35亿元，审计出违纪金额26.3万元，追回挪用资金18.6万元。查处损失浪费金额109.78万元，收缴财政5.5万元。1994年至1995年，对林业、计生、“农转非”资金审计，审计出违纪金额144万元，追回侵占挪用资金20.32万元。1996年，对县属国有企业承包届满的领导人进行经济责任审计，对离任的区乡党政领导干部进行经济责任审计，与区、乡财政收支审计相结合，审计10个区、60个乡镇财政收支，查处违纪金额109.7万元，追回资金18.6万元，上缴财政6.2万元。1998年至2004年，对227名乡镇、学校领导人任期经济责任审计，审计出违规收费、集资、支付资金补贴，挤占专用资金等问题。对环保资金、升钟水库淹没区专项资金、林业生态建设资金进行审计，审计金额817万元。2005年，对国土局在开封镇龙桥村、江口镇白包村、北庙石桥村、普安镇光荣村、碗泉乡石靴村、凉山乡松林村实施的6个土地开发项目进行竣工结算审计。2006年，对2005年度县本级财政预算执行和其他财政收支情况的真实性、合法性进行审计，对下寺管委会1998年至2006年3月、11个督导室及35个乡镇2004年1月至2006年2月的债权债务、重点财政专项资金的管理使用进行了审计。

至2006年，剑阁共引进外资259.91美元。按照外资必审的要求，审计世界银行剑青公路项目工程贷款，第三个农村信贷项目贷款和农业发展项目贷款，国际农业发展基金、畜牧发展项目等外资项目执行情况。对国际农发基金畜牧综合发展项目，世行第三个农村信贷项目，投资额2045.9万元，由世行跟踪审计。

其他审计　1990年至1991年，以“清理整顿基建、压缩投资规模、控制消费基金膨胀”为目的，对基建自筹项目资金的合法、合规、合理进行审计。两年共审计项目75个，计划投资645.3万元，资金缺口148.4万元。通过审计，避免乱摆摊子、盲目扩大规模、超前投入，规范建筑市场。按县人大的交办，对城建、计生、林业部门的财务进行审计，在对县计生委的延伸审计中，审计武连区所属乡镇超生子女费的收、管、用，抽查两村的计生收费。县人大常委会对林业、国土、城建部门大量挤占挪用专项资金用于本部门基建的违纪行为提出严肃批评，令其限期改正。县政府根据审计建议，对全县计生经费的收缴作出新的规定，实行“以乡征收，以县统管，按比例下拨，监督使用”的管理措施。对县百货公司、丝厂进行审计。县丝厂核算不实，漏税、截留利润45.1万元，收缴财政19.6万元。审计烟草公司、蔬菜水果公司、电影公司、县绸厂、县汽车运输公司、县丝厂、县食品公司等14个企业，审计出物资局所属企业违规金额16.2万元，收缴财政3.5万元。1993年，审计种子公司、煤建公司财务收支。对县丝厂、水泥厂、中药材公司进行承包届满审计，查处违纪金额81.5万元，收缴财政21.3万元。按照市审计局安排，对县住房制度改革资金使用情况进行审计。抽查23个部门、单位售房资金存入、提取、使用及监管情况。审计查明，部分单位少存在售房资金、售房资金证明有虚假现象。1994年，对全民所有制单位的基建工程实行“先审计后决算”。审计发现，项目建设中普遍存在高估冒算，超计划、超投资等问题，查处违纪金额22.9万元，核减工程造价6.45万元，责令补税4.9万元。1996年，对杨家坝水库工程财务收支和县中医院职工住宅楼决算进行审计，核减工程造价30万元。1997年，对茧丝绸公司职工住宅楼、开发办综合楼、卫生局综合楼进行竣工决算审计，核减基建投资30万元。1998年至2003年，审计固定资产项目19个，核减工程造价766万元，审计出超计划、超标准建设181万余元，资金来源违规240万元。完成县委交办的5000门程控电话资金审计；县人大交办的县检察院财务审计；县政府交办的民工建勤款审计，收回交通民工建勤款150万元。完成县人大交办的对县法院财务收支审计，县委、县政府交办的升钟水库淹没区补助资金审计及交通局集资、供销社股金、农村合作基金、乡镇企业局第二营业部股金吸收、发放、兑付情况审计。审计县汽车运输公司、剑峰水泥厂等5个企业，审计出违规金额234万元。审计烟草公司的资产负债和财务收支情况，查出漏计漏缴增值税、城建税、教育附加等问题。审计粮食系统，全县12个粮食企业欠农发行贷款12234万元，按国家规定将债务与粮食局剥离，使企业与农发行正常运转。2005年，按省、市安排，对学校、医院进行审计，发现有乱收费和后勤采购管理不严等问题，要求加强会计核算管理。2006年，对公路建设投资审计，核减工程造价2503万元。共同性问题是合同签订、工程监管、资金运作不规范，工程结算不真实。

第二节　审计事务所工作

1989年7月1日，成立剑阁县审计事务所，其性质为社会审计组织，挂靠县审计局，接受县审计局监督管理，人员属国家事业编制。1992年，为拓展审计业务，扩大审计领域，成立县审计事务所农村经济审计站，设县农业局内，业务隶属事务所，人员属农业局，为全民所有制事业单位。是年，审计事务所承办财务审计、经济责任鉴定，债权债务清理等126个项目。审计事务所实行有偿服务，实现业务收入12.5万元。1993年，完成委托事项129项，审计出漏税12.6万元，核减基建核算资金85.5万元，核减虚假注册资金130万元。1994年，成立乡镇企业审计站，实施财务收支、承包离任、验资年检、委托项目145项。乡镇企业审计站和农村经济审计站，在丝厂和剑门农技站审计出贪污案2件2人。县审计事务所被评为省社会审计系统先进集体。1995年，完成审计项目151个，核减基建投资190万元，审计出贪污挪用公款案1件2人。1996年，完成审计项目25个，审计基建投资总额2376.37万元，核减工程造价613.57万元。1997年，撤销审计事务所，建立四川省金秋会计师事务所有限责任公司，不再隶属与县审计局。县审计局不再为其指定业务或干预其执业行为，人员也不再列入行政事业编制，成为独立经营、自担风险、自求发展的中介咨询服务机构。有职工37人，包括注册会计师、注册评估师、注册造价师14人，高级咨询师2人及会计师、审计师、工程师、经济师、咨询师等。1997年至2003年年底，开展企业验资业务、报表审计、离任审计、经济案件鉴定、资产评估，新建项目可行性论证、企业绩效审计评估、企业注册代理、税务代理、招投标代理、基建工程预决结算审计共5436项，送审金额1.84亿元，审定金额1.57亿元，核实有问题的资金5273万元，澄清冤案金额43万元。2006年，公司收入52.64万元，盈利2150元。

第四章　统计调查

第一节　统计工作

统计报表　1990 年至 1992 年，主要按照《物资产品平衡表体系》计算全县五大物质产业，即农业、工业、建筑业、运输邮电业、商业餐饮业的社会总产值和国民收入指标数值。按生产法计算国内生产总值指标数值。1993 年，县统计局举办统计人员培训班，对国务院新实施的工业生产评价考核指标体系进行培训，按新指标体系对各工业企业、经济主营部门和乡镇工业进行考核评价。1998 年实施新的工业经济评价考核指标体系，涉及总资产贡献率（反映企业盈利能力）、资本保值增值率（企业发展能力）、资产负债率（企业经营活动能力）、流动资金周转率（投入企业流动资金周转速度）、成本费用利润率（企业降低成本增加盈利）、全员劳动生产率（企业劳动力投入所获经济效益）、产品销售率（工业产品实现销售程度）等 7 项指标，确定 7 项考核指标的权数及标准值，计算工业经济效益综合指数。2003 年，正式实施《中国国民经济核算体系（2002）》，按生产法、收入法和支出法从不同的方面反映国内生产总值（即 GDP）及其构成。2005 年，县、市统计局共同设计研制完成“乡镇一套表”制度，包括综合统计、乡镇信息系统、农村经济、劳动工资、农村固定资产投资、乡镇 GDP 核算、规模以下工业抽样调查 7 个专业、23 种报表。2006 年，实施主要专业统计报表为农业统计、工业交通统计、商贸统计、固定资产投资统计、建筑业统计、房地产开发统计、劳动工资统计、国民经济核算、国民经济综合统计、民营经济监测统计、两纲监测统计、旅游监测统计、乡镇信息、基本单位名录库建设、物资能源统计、工业品价格统计、农村住户调查、城市住户调查、农村固定观察点调查等工作。利用经济普查成果，按生产法、收入法、支出法全面修订和调整 1978—2004 年 GDP 历史资料。填补 1978—1993 年按三种方法计算 GDP 资料的空白，同时也满足各级党政领导和社会各界使用 GDP 数据的需要。

统计执法　1989 年，国家统计局、国务院法制局、监察部联合发出《关于开展统计法规执行情况大检查》的通知。5 月，县政府发出《关于开展统计法规执行情况大检查的通知》，对全县进行统计执法检查。1991 年，县统计局组织各专业统计人员深入基层开展统计法规和数据质量检查。1994 年，县统计局、监察局、县法制局联合开展统计执法大检查。检查了杨村、羊岭、金仙、演圣、柳沟 5 个乡镇的乡镇企业工业产值、粮食产量、农民人均纯收入和冻兔厂、面粉厂、电力公司 3 个企业的工业产值等统计指标。

1995 年 7 月，县统计局、县监察局联合开展统计执法重点抽查。对王河、木马、盐店 3 镇 1994 年乡镇企业总产值、销售收入、税金等主要指标以及元山镇、秀钟乡 1994 年农村出生人口等指标进行重点检查。1997 年，对学习宣传《统计法》和《四川省统计管理条例》的情况和 1996 年 5 月以来发生的统计违法行为进行统计执法检查。8 月，对江口、演圣、武连、普安、开封等镇政府和油脂有限责任公司、武连供销合社中心社、元山供销合作社中心社、烟草公司、城市信用社、城环局的统计数据质量抽查检查，查处统计违法案件5起。1998年，对全县38个单位进行重点检查，责令有问题17个单位全部进行整改，对问题较严重的县茧丝绸公司、县房地产公司进行处理。1999年6月，对县级14个单位进行重点检查，发现有问题的单位12个，对违法行为作了相应的处理。

2000年3月，县纪委、监察局、统计局组成联合检查工作组，抽调19人，分成6个组，历时7天，对龙源、田家、凉山、武连、公店、长岭6个乡镇虚报猕猴桃、优质梨、长毛兔等主要考核指标数据进行核实调查，对数据严重失实和武连镇、田家乡进行了通报批评。2001年6月，对全县12个区和9个乡镇进行统计数据质量督查和抽查。对问题突出的鹤龄、开封镇政府和县国税局、县农村信用社、县邮政局、县人寿保险公司等部门分别给予处罚和通报批评。2002年7月，县统计局和县监察局印发《关于开展＜统计法＞执行情况检查的通知》，检查内容包括统计登记、上岗培训、原始记录、统计台账等统计基础工作，乡镇统计人员配备、乡镇一套表运行等情况。对有数据差错等问题的7个单位均责令限期整改，重点处理3个单位，立案查处3个单位。

2006年4月至10月，县统计局开展统计日常化执法检查，共检查218个单位，重点检查92个单位，立案查处3个单位，通报批评3个单位。对个别违法单位的领导和统计业务人员进行批评教育和统计法律法规知识培训，责令限期整改。

第二节　普查工作

人口普查　1989年10月25日，国务院第45号令颁布《第四次全国人口普查办法》，规定1990年7月1日零时为人口普查的标准时间。县政府和各乡镇相应组建人口普查办公室，全县选调普查指导员558名、普查员2941名、普查工作人员4367名。经过宣传动员、户口整顿、普查登记、汇总编码等工作阶段，完成全县第四次人口普查任务。经省、市检查验收，各项指标全优，荣获全市第一名、国家先进集体奖励。全县1990年7月1日零时总人口为643722人，比1982年第三次全国人口普查增加67469人。2000年，进行第五次全国人口普查。普查时间以2000年11月1日零时为准，经过全体普查工作人员的共同努力，按时按质完成普查任务。经国家、省普查办检查验收，质量达标。登记人口为667978人。县统计局被评为先进集体，受到国务院第五次全国人口普查领导小组表彰。

经济普查　2004年，开展全国第一次经济普查。3月22日，县政府以剑府发〔2004〕24号发出《关于开展第一次全国经济普查的通知》。全县抽调1035人负责普查工作。普查结果显示，年末，全县从事第二、三产业法人单位2388个（企业法人单位455个、机关事业法人单位775个、社会团体法人单位46个、其他法人单位1112个），产业活动的单位3501个（第二产业188个、第三产业3313个），个体经营户15983户（第二产业2978户、第三产业13005户）。全县第二、第三产业从业人员55226人（第二产业13358人，第三产业41868人）；企业法人单位实际资本总额38933万元，国家投入资本占22.4%，集体投入占17.4%，法人代表投入占21.2%，个人投入占33.9%，外商投入占5.1%。工业企业法人单位主营业务收入3.6亿元，工业个体经营户收入1.74亿元；建筑业企业法人产值8615万元，建筑个体经营户收入1.15亿元；房地产业企业法人单位主营业务收入3939万元，房地产业个体经营户收入31万元，房地产开发业完成投资290万元，商品销售1122万元；交通运输、仓储和邮政业企业法人单位主营业务收入26950万元，交通运输个体户营业收入90671万元；批发零售业企业法人单位主营业务收入39887万元，批发业个体经营户营业收入26159万元，零售业个体经营户收入31528万元；住宿餐饮业企业法人单位主营业务收入906万元，个体住宿业营业收入340万元，个体餐饮业营业收入777万元；金融业企业法人单位营业收入4986万元，营业支出4287万元；其他第三产业企业法人单位主营业务收入3475万元，利润总额362万元；行政事业和其他非企业法人单位收入40333万元，支出40038万元。

基本单位普查 1996年10月，按照国务院《关于在全国开展第一次基本单位普查的通知》开展基本单位普查。经普查，1996年年底，全县共有法人单位1882个（企业法人单位528个，机关、事业法人单位769个，社会团体法人单位7个，基层群众自治组织578个）；按经济类型分，国有经济719个，集体经济454个，私营经济91个，联营经济3个，股份制经济36个，其他经济单位579个。产业活动单位4199个（单产业法人单位1033个，多产业法人单位的产业活动单位3166个）；按经济类型分，国有单位1786个，集体单位963个，私营单位91个，联营经济单位3个，股份制经济单位150个。全部基本单位从业人员37588人（男26781人，女10807人）。按行业分，农、林、牧、渔及服务业1807人，工业9872人，建筑业2409人，运输邮电业1108人，批发零售贸易业、餐饮业5893人，金融保险业999人，房地产业53人，社会服务业213人，卫生、体育、社会福利业1692人，教育、文化艺术及广播电影电视业6460人，科学研究和综合技术服务67人，国家机关、政党机关和社会团体6891人，其他行业124人；按地域分，从业人员超过1000人的有普安、城北、开封、元山、下寺、白龙、鹤龄7镇，在500—999人的乡镇有剑门关、武连、上寺、公兴、江口5乡镇。528户企业法人实际资本28471万元（国家资本9790万元，集体资本9576万元，法人资本1994万元，个人资本7111万元），固定资产原值45813万元（工业19720万元，建筑业1334万元，运输邮电业1097万元，批发零售贸易餐饮业17972万元，金融保险业5442万元，房地产业98万元），固定资产净值33205万元，经营收入114093万元（工业29365万元，建筑业6615万元，运输邮电业2086万元，批发零售贸易业、餐饮业1533万元，金融保险业7074万元，房地产业1000万元）。

2001年，开展第二次全国基本单位普查。是年末，全县共有法人单位2419个（企业法人单位345个，机关、事业法人单位1414个，社会团体法人单位38个，其他法人单位622个）。产业活动单位4155个（生产经营性产业活动单位1314个，非生产经营性产业活动单位2841个）。全部基本单位从业人员56782人（法人单位从业人员28128人，产业活动单位从业人员28654人），男性41102人，占72.39%，女性15680人。企业法人实收资本3.55亿元（国家资本0.86亿元，集体资本1.07亿元，股份有限公司资本0.71亿元，有限责任公司资本0.18亿元，私营经济单位资本0.81亿元）。全部企业法人单位经营收入8.7亿元。全县个体工商户14486户，从业人员18768人，营业收入21661万元。

第三节 农村调查

农村住户调查 按照全国农村住户调查方案组织农民家庭经济收入支出的调查，反映农民生产、收入、分配、积累、消费及有关社会情况。由“县抽乡、乡抽组、组抽户或地块的三阶段抽样”，采用随机起点、对称等距抽样办法，以三年人均实际分配收入（劳动报酬加返还投资收入）和平均参加分配人口制作抽样框。抽选的农村住户调查网点一般五年轮换一次。1990年，调查点轮换为鹤龄镇赤化村、秀钟乡秀山村、白龙镇槐树村等10个乡镇村组100户，调查期限为1991年至1995年。1995年，全县抽选农户200户（国家点100户，地方点100户），国家点轮换为元山镇白坝村、垂泉乡清泉村、王河镇鲁垭村、剑门关镇剑雄村、盐店镇石笋村、白龙镇三湾村等，调查期限为1996年至2000年。2000年，国家点住户调查轮换为盐店、碗泉、迎水等10个乡镇。2005年，农村调查为150户。其中，国家点80户，为东宝镇长梁、白龙镇春风、鹤龄镇化林、江口镇清明、迎水乡燕子等村；地方点70户，为普安镇双剑、光荣和长岭乡玉溪等村，样本周期为2006年至2010年。农村住户调查内容，包括基本情况（常住人口、劳动力数、外出务工人数、家庭耕地面积、住房情况），人均收入（年末手存现金、存款余额、粮食结存），人均总支出（家庭经营费用支出，生产用固定资产支出，纳税支出，上交集体承包支出，提留摊派支出，生活费用支出，医疗及交通、通信、文化娱乐及服务等支出）。2006年，150户农民人均总收入3529.78元（家庭经营收入2814.35元，工资性收入601.35元），人均总支出3283.37元（家庭经营费用支出1272.95元，购置生产性固定资产支出62.94元，生活消费支出1723.43元），人均纯收入2107.97元。每百户居民拥有洗衣机24台，电风扇167台，热水器30台，摩托车42辆，电冰箱10台，电话机105部，彩色电视机130台，黑白电视机32台，影碟机81台，照相机8部。

农产量调查 1990年，剑阁被列为全省进行样本轮换的3个试点县之一。按照“农村住户调查，农产量抽样调查，农村经济基本情况调查和其他各项抽样调查的样本轮换综合配套”的原则，采用多阶段、随机起点、对称等距的抽样方法，完成农产量抽样调查网点的样本轮换工作。开封、秀钟、王河、田家、武连、普安、金仙、柏垭、鹤龄、白龙10个乡镇30个组为农产量抽样调查点。调查的农作物种有小麦、水稻、玉米、油菜籽、红薯、棉花、甘蔗、花生、小杂粮。分大小春作物播种面积、预计产量、实测产量。实际调查中，对实测作物抽选8—12个地块抽选小样本进行单收单割，推算产量。2005年，农产量抽样点样本轮换为元山镇坪桥村、垂泉乡宝珠村、圈龙乡三泉村等10个乡镇的100户。调查网点确定后，选聘农产量辅助调查员。经推荐考核，县农调队审查批准，由县政府发给聘书。

专项调查 1992年5月至8月，剑阁开展农村儿童生长情况一次性抽样调查，调查对象涉及全县10个乡镇的10个村，每村50户，共计500户。调查内容包括儿童营养和生长状况、计生免疫、出生死亡状况、基础教育、青少年辍学和参加劳动状况、儿童生活家庭环境及社会情况。2000年，在龙源、垂泉、白龙、剑门关等抽样乡镇及调查点开展“减轻农民负担快速调查”、退耕还林问卷调查、农产品集贸市场和非住户类农业生产经营单位调查。2005年，开展社会问题专项调查。国家统计局城市司专项调查处副处长、国家统计局四川调查总队副总队长一行，对正在开展的社会问题专项调查进行督促检查。2006年，开展自然村基本情况调查，党风廉政和组工满意度等专项调查。

第五章　价格管理

第一节　价格体制改革

1990 年，对价格坚持“调、放、管”相结合原则，以宏观调控为重点，控制物价上涨，增加有效供应，抑制过热需求。收回部分商品定价权限，建立定价公示制、价格调节基金制。1991 年，在县百货公司、剑门供销社进行经营范围、价格、用工、分配“四分开”试点，除棉花执行国家基本定价外，其余商品由企业自主定价。1992 年，坚持“既要稳定物价，更要振兴经济”原则，放开粮食购销及其他 20 种商品价格。国有零售商业的商品，除少数由国务院各部门管理外，其余价格全部放开。省以上管理的商品和劳务价格由 1874 种减为 165 种。2 月起，执行省政府的《企业价格管理办法》。企业享有对实行国家指导价的商品和经营性服务收费项目，制定商品价格和服务项目收费标准；制定或调整实行市场调节价的商品价格和收费标准的权利；对优质优价产品，在规定的基价和优质加价幅度内制定商品价格和收费标准的权利。1994 年，放开第三产业中修理、影剧院、旅馆等 21 项收费权及公路、水运价格。1995 年，扩大县物价部门和企业对农业生产资料的定价权。计划外商品由市、县物价部门实行最高限价管理。1997 年，医院药价由国家定价改为国家指导价，粮食实行保护价敞开收购、顺价销售。1998 年，改成品油为政府指导价，一省一价，城乡同价。2000 年，社会商品零售、农产品收购、生产资料销售，实行市场调节价，价格机制成为优化资源配置的主要机制。2001 年至 2006 年，价格体制进一步改革，物价部门的工作重点是进行价格总水平调控，保证宏观经济平稳运行，把握市场价格信息，实施市场价格动态监控，为政府制定价格及收费标准提供决策依据。物价部门工作职能由行政审批、调价、定价为主转变为宏观调控、动态监管和价格服务。

第二节　价格控制

随着市场经济体制的逐步建立和市场定价的逐步放开，物价水平逐步上升。1990 年与 1978 年相比，农副产品价格提高 1.5 倍，煤炭销售价格提高 2 倍，电力价格提高 1.6 倍，钢材销售价格提高 2.1 倍。为抵制物价上涨幅度过快，县物价局将让利指标分解到各企业、门市部，并逐年公布主要农产品的保护收购价格或最低收购价和重要生产、生活资料的最高销售价格。1995 年，物价指数上涨控制在 1.3% 以内，实现省、市下达控制目标。1998 年，实施《价格法》，加强对全县物价的管控。2001 年，剑阁大旱，县物价局赶赴灾区调查，了解市场粮食价格变动情况，制止哄抬粮价。2002 年，因生产资料价格上涨，粮食及食品价格回升，服务项目及住房价格上扬，居民消费价格指数上升 1.1%，全社会物价零售总指数为 100.8%。2003 年“非典”期间，一度发生抢购药品、碘盐及其他商品的情况，县物价局通过公示急需药品价格、查处擅自提价销售行为等手段，对抢购商品采取临时价格干预措施。2004 年在全县开展电价、公安系统收费、“黄金旅游周”旅游价格等三项专项检查，对全县部分医院的药品价格、医疗收费、14 所中小学校收费以及石油价格、农业生产性费用和农民建房收费进行专项检查，控制物价，减轻人民负担。2005 年，以电价、水价、天然气价、客运票价和农资市场价格为监管重点，依法召开川投水务集团剑阁公司“户表工程”、剑阁中学和文峰中学学生公寓收费价格听证会。完善天然气安装价格，重新核定收费标准。测算上报公路汽车客运票价，调整短途客运票价。上报农资价格行情，加强烟草、蚕茧、粮食市场价格检测和预警。2006 年，完善医疗机构明码标价工作，降低虚高药价。测算上报剑州电力公司电价调整方案。调整 10 个乡镇供水公司供水站供水价格以及新增用户“一户一表”改造收费标准。组织对全县天然气价格及安装入网费标准进行听证，制定天然气价格。制定剑门关汽车客运站收费项目和标准。公布稻谷最低收购价格、杂交水稻、玉米种子限价以及化肥生产供应中尿素、碳铵的最高限价。

第三节　行政事业收费监管

行政事业收费实行“许可证”制度。1991 年，县物价局与文教局制定利用文物拍摄电影、电视收费标准。1992 年 1 月，物价局批准县公安局非刑事案件技术鉴定，包括法医鉴定、痕迹鉴定、化验项目收费标准；制定县广播局服务项目收费标准；核准县城理发收费标准。1994 年，执行省物价局、公安厅消防设施收费标准，县物价局制定收取书刊市场管理费标准。1995 年 3 月，县物价、财政、公安部门，联合制定城镇治安联防队收费标准，调整生产、营业用房租金标准，制定三轮车收费标准。1996 年，批准收取城市园林绿化及损失赔偿标准，调整环卫有偿服务标准，公布各类房屋重置价格标准。物价、财政、公安部门联合制定户口簿等证照收费标准。调整剑门关、翠云廊景区门票及索道价格，调整公有住房收费标准。1997 年，调整有线电视收视费标准，制定三轮摩托车收费标准。1998 年，与法制局、财政局、教委发文调整中小学杂费、高中学费、代管费及中等职业学校收费标准。1999 年以来，虽然国家陆续取消多种收费项目、降低收费标准、改进收费方法，剑阁县也加强了对乱收费行为的治理。但是，实际落实较差，有些已取消的收费项目仍在收费。至 2002 年，剑阁加强行政收费的管理监督，结合每一年度行政事业性年审工作，将遗漏的未更正的“许可证”，实施换发和更正。2003 年，清理涉及就业和再就业各项收费，免收项目 95 项，涉及 23 个部门，减半收费项目 11 项，涉及 9 个部门，减负 130 余万元。“非典”期间，对涉及“非典”的 11 项收费予以免收，6 项减半收取，12 项按 30% 收取，4 项暂停收取。2004 年，整治教育收费，公开收费标准，撤销一所未达标借宿收费学校收费项目。全县查出违纪违规全额 60 余万元，涉及 50 所中小学，罚款 22.9 万元，退还 36.1 万元。在全县所有中小学校实行“一费制”收费。2005 年，完成行政事业性收费单位年审 50 个，年审总额 2200 万元。换发“收费许可证”82 个。取消行政审批等收费项目 103 项，降低收费标准 10 项，调低医疗服务收费标准 12 项。2006 年，完成行政事业性单位收费年审 50 个，换发收费许可证 33 个，核发行政事业性收费项目 615 项。

第四节　价格监督检查

1990年元旦，县物价局、县政府财贸办组织人员，检查县城节日市场价格，查出违反价格规定行为的国营、集体、个体门市部、摊点21个，处罚13个。节后对金仙、白龙、开封区市场物价进行调查。1992年，全县开展财务、税收、物价大检查，查出国营、集体企业违价违法案件7起，违纪金额40.99万元，涉及工农业生产资料15.26万元、农副产品收购3.9万元、农电5.9万元、邮资3.04万元、烟草公司压级压价非法牟利12.89万元。1994年，检查单位72个，查出违价金额35万元，上缴财政10万元、退还单位和个人6万元。抽查医院收费情况，没收超标准收费2.1万元。与文教局等部门调查处理个别学校乱收费问题。1995年，检查县城烟、酒、副食、五金电器等商品明码标价情况，检查经营户216个。百货公司、新华书店等企业标价率96%，个体工商户基本未标价。3月4日，在普安镇新街口对违价商品公开曝光，现场接受群众关于电力价格、学校收费、房产证收费投诉8件。4月起，对“两杂”种子、粮食、电力、自来水等价格及医疗单位、学校收费进行检查，查出违法案件95起，违法违规金额134万元，上缴财政17万元，退还单位和个人117万元。1997年，重点检查与“菜篮子”“米袋子”“药罐子”相关物价。2002年，被查单位24个，立案查处12个，查出非法所得120万元；专项检查粮食、工商、医疗卫生部门行业收费，收缴违法金额2万元。收费实行公示制。召开县城自来水价格听证会，调高自来水价格。2003年，对城乡居民用电价格、药品价格、用水价格及食盐、房租、学杂费、“三农”物资、成品油、钢材等价格进行监审。2005年，年审行政事业性收费单位50个，总额2200万元。换发“收费许可证”82个，取消行政审批收费项目103项，降低收费标准10项，调低医疗服务收费标准72项。制定7所中小学校学生公寓收费标准。2006年，年审行政收费单位50个，换发收费许可证33个，审核行政事业性收费项目615项，降低收费标准项目8项，取消收费项目2项。

第六章　食品安全和质量技术监督管理

第一节　食品安全监督管理

1990年，食品监督管理部门对食品生产经营单位负责人和从业人员进行食品卫生知识培训，核发和换发《食品卫生许可证》120户，验证494户，组织食品从业人员体检600人。建议调离患有病毒性肝炎、活动性肺结核、痢疾、化脓性或渗出性皮肤病等从业禁忌病患者，对合格人员颁发健康证，建立健康卡片。4月，县政府组织卫生、工商等部门开展食品卫生大检查，共检查食品生产、经营单位1500户（次），处罚违法单位42户，责令停业整改1户，销毁变质食品1018.05公斤。对县内生产的白酒、饮料、冰糕、糕点、调味品抽样检测56件，合格50件。

1991 年至 1993 年，对食品从业人员定期健康检查，平均受检率为 98. 4%；对从业人员进行食品卫生知识培训，受教育面为 97.5%；一年一度按规定办（验）证件；定期检测生产经营的食品质量，每年开展夏令食品大检查，及时清理变质食品。1991 年 7 月至 8 月，对 34 个乡镇 1273 户食品生产经营单位进行检查，销毁变质食品 6338. 3 公斤，责令停业整改 2 户，罚款 5 户。1993 年，抽检食品生产单位样品 85 件，合格 77 件。

1994 年至 2001 年，施行《中华人民共和国食品卫生法》，加强卫生监督队伍建设，配备 16 名食品卫生监督员，57 个乡镇配备兼职食品卫生检查员。建立各类食品从业人员卫生管理制度，实行统一执法，分级管理。以节假日食品卫生安全检查为重点，定期与不定期检查结合，对粮油、禽蛋、肉类、糖酒、饮料、饮用水等 52 类食品的卫生质量和包装材料进行常规检查检测。累计检查 145639 户（次），行政处罚 476 起。其中，警告并限期整改 324 户（次），罚款 128 户（次），责令停业整顿 22 户（次），销毁过期变质食品 8798. 2 公斤。

2002 年 7 月，开展夏季食品卫生综合整治，对各宾馆、餐馆、学校食堂、食品生产经营者进行卫生监督检测，重点对个体食品生产小作坊、小饭店、小摊点的进行卫生监测。对各类食品卫生主要指标的监测每月进行一次，对餐饮业餐具消毒效果的监测每周进行一次，卫生监测率 99%。完善食品卫生监督监测制度，取缔无卫生许可证、健康证、卫生知识培训合格证的“三无”食品生产经营单位。监督学生食堂、职工食堂和餐饮业搞好防蝇、防鼠、防尘、防毒及消毒等工作，防止食物中毒。

2003 年，加大食品卫生监督管理和执法力度，监督检查食品经营户 2860 户，没收并销毁过期变质食品 850 公斤。2004 年，开展对月饼市场、奶粉市场和保健品市场的食品卫生专项整治。共检查食品生产企业 308 户，副食品经营单位 2800 户，散装食品经营单位 158 户，保健品经营单位 18 户。出具监督意见书 876 份，查处违规经营 18 起，取缔非法生产企业 4 户，销毁变质食品 823 公斤。

2005 年至 2006 年，开展食品卫生专项检查，对食品生产经营单位出具监督意见书 316 份，立案查处 6 件，责令停定整顿 3 户，取缔无证经营 21 户，销毁不符合卫生标准食品 1600 公斤。

第二节　质量监督管理

质量监督　1990 年，在流通领域开展“经营质量信得过”活动。制定《剑阁县经营活动信得过单位考核办法》。1991 年，贯彻《四川省保护消费者合法权益条例》，开展质量、品种效益年活动。县政府授予百货公司、龙泉区粮油食品经营站、乡镇企业供销公司、化工机电公司，开封、剑门粮油食品经营站等 6 个企业为“经营质量信得过单位”称号。1992 年 7 月，把食品、饮料、酒类、“三农”物资、家用电器、民用煤等列入全县产（商）品质量监督检验目录。1993 年，县技监局对 112 个生产、商贸企业经销的 15 个产品进行 19 项专项检查。3 个企业受到立案查处，2 个企业被责令整改。是年，县质检所取得向社会提供公证数据的法定资格，对单位和个人经销检测服务。1994 年，县技监局对 500 个生产、经销企业进行日常计量、质量监督检验，全县产品合格率为 69.7%。1997 年，县质监所用预应力多孔板，对糖果糕点、粮油制品、加碘食盐、饲料、肉制品等 8 大类产品、110 多个参数进行检验，新增低压电器安全性能检测设备、新建卫生检验室。增加食品卫生检测指标，开展对纯净水、鲜牛奶的检验。

1998 年，县质检所购回 60T 万能材料试验机及碳素测定仪等设备，开展对钢材、机砖、混凝土试块等检测。1999 年，县质检所设化验室、卫检室、建材室、家用电器室 4 个专业检验室证。2000 年，对 60 名厂长、经理进行质量管理培训。授予 5 家企业质量信得过称号，向社会推荐名优产品 2 个。开展购物放心街、放心店创建活动。县质检所与企业签订委托产品出厂检验合同。2001 年，县政府批准授予白龙中心社店子分社庄稼医院、公兴中心社剑南农肥门市部、县农资公司沙溪坝营业部等 12 个单位为化肥农药放心店称号。授予红蜻蜓皮鞋店、剑阁冷气经营部、县百货公司东门口商场、赵斌家电门市、唐氏家电门市为购物放心店称号。2002 年，县质检所为粮食部门按国家标准制作稻谷实物标准样品 60 套，贯彻国家对大米、小麦粉、食用植物油、酱油、食醋等 5 大类食品实行质量安全市场准入制度。2003 年，在全县开展食品质量状况普查，建立企业质量档案。县酿造有限责任公司、力天精米厂、雪龙股份有限责任公司等 9 个企业，通过省食品质量安全市场准入审查和产品抽验。获得食品生产许可证。2004 年至 2005 年，对全县 160 个、17 类食品生产企业进行普查。规定小麦粉、大米、酱油、食醋、菜籽油、果味品、豆制品、糕点、茶叶等均应具备卫生许可证、营业执照和生产许可证。2006 年，建立 90 个企业质量档案。按照国家规定，分 A、B、C 三类进行监管。A 类企业 21 个，积极扶持，引导其诚实守信，严格自律，按一年巡查一次方式进行监管。B 类企业 47 个，规范其生产秩序，提高控制能力，保证产品安全，为监管重点，按季巡查一次。C 类企业实行重点监管，强化巡查、检验和抽查监督，保证产品安全，每月巡查一次。对不符合质量安全标准的企业责令整改，全年发整改通知书 9 份，关闭豆制品作坊 2 个。

质量认证　2000 年，剑阁开始进行质量认证工作，县星王巾被有限责任公司等 3 个企业获得质量体系认证，1 个企业获得产品质量认证。2005 年，汇丰食品有限责任公司分割鲜冻猪肉、鲜冻片猪肉、冻猪副产品加工及售后服务获中国检验认证集团质量认证有限责任公司颁发的“食品管理体系认证书”，生猪屠宰、分割冻猪肉，白条冻猪肉加工获“食品安全管理体系认证证书”。县银海水泥有限责任公司 32. 5R 型普通硅酸盐水泥获中国质量认证中心颁发的“质量管理体系认证证书”。剑门关茶厂加工生产的茶叶，获杭州中农质量认证中心颁发的“有机产品认证证书”。2006 年，剑门旅游开发中心申请质量体系认证。广元友福化工有限责任公司生产的过磷酸钙、复合肥，雄关机械制造有限责任公司的脱粒机，县酿酒有限责任公司、广元五谷酒业有限责任公司生产的白酒，银海水泥有限责任公司生产的普通硅酸盐水泥、广元鑫茂科技开发有限责任公司生产的测土配方肥、精益眼镜行等 10 个企业 11 个产品获“工业产品生产许可证”。

创名优产品　1990 年，县毛巾床单厂 4007 型儿童毛巾被、剑门牌毛巾、床单、提喷花毛巾、毛巾被等产品获省优质产品称号。1992 年，县粮油工业饲料公司的小麦粉、标二米获省优质产品称号，二级菜籽油、配合饲料获广元优质产品称号。1993 年，酿造厂的火棘果醋获全国保健食品奖、省巴蜀食品节银奖。2002 年，星王巾被有限责任公司的星王巾被被评为省名牌产品，县酿酒有限责任公司的剑门关白酒，广元友福化工有限责任公司的过磷酸钙被评为市名牌产品。2003 年，剑门火腿公司的剑门火腿，评为市名牌产品。2006 年，剑门关牌矿泉水、纯情牌剑门绿茶，评为市知名产品。

创质量管理先进单位　1990 年，县丝厂、百货公司、汽车修理配件厂，获省级同行业质量管理先进企业称号。2001 年至 2002 年，广元市友福化工有限责任公司被省质监局授予产品质量稳定单位称号，市质监局、市工商局授予质量工作先进单位称号。2004 年，汇丰食品有限责任公司、燎原天然气有限责任公司，被市质监局、工业联合会评为 2004 年度非公有制企业质量工作先进单位。县酿造有限责任公司获广元市质量管理先进单位称号。2006年，县银海水泥有限责任公司、新生农资有限责任公司，被县质监局评定为AA级企业。赵氏米厂、雪龙粉业有限责任公司、县健康水业有限责任公司、城北粮油加工厂、精益眼镜行、白龙三湾面粉厂，被评为A级企业。省西普油脂化工有限责任公司剑阁分公司、县银海水泥有限责任公司、剑门茶厂、健康水业公司、林源香料公司5个企业广元市质量管理先进企业称号。雪龙粉业公司、大唐门商贸有限责任公司、白龙三湾面粉厂、剑门关马和尚豆腐干5个企业获广元市非公有制企业质量管理先进企业称号。

第三节 计量监督管理

监督检查 1990年，县政府办公室印发《关于对全县实施法定计量单位的情况进行全面检查验收的通知》，县标准计量局对全县9区1镇和县级部门的11个基层单位推行法定计量单位工作情况进行重点抽查验收，平均合格率93.8%，达到《四川省实施法定计量单位检查验收考核评分认定标准》的规定要求。授予百货公司新街口商场等9个单位物价计量信得过单位称号。1992年5月，依照全国统一部署，对全县汽油、柴油、煤油销售以重量计量改为容量升计量单位。是年，组织人员历时半年，对全县贸易结算、医疗卫生、安全防护、环境监测方面使用的4类计量器具27项39种156585台（件）进行全面检查。1995年12月8日，国家计监局颁发《计量包装商品计量监督规定》，1996年1月1日起实施。是年，在农产品收购季节，对粮油、烟叶等农副产品的计量进行专项监督检查。1997年，开展对全县成品油经营单位计量考核验收工作，对加油机计数器进行加封管理。2000年至2003年，对烟草、蚕茧、邮政、粮油等行业开展专项检查，评选出价格计量信得过单位10个。2003年9月，为剑门豆腐文化节制作的剑门豆腐申报世界吉尼斯纪录提供数据证明。2004年至2005年，开展对医疗卫生单位计量专项检查，对建筑工程质量、下寺镇就业市场、宏景实业有限公司、剑门关市场服务公司进行计量考核。2006年，对集贸市场、餐饮业、加油站、农产品收购场所专项计量检查。开展煤气表检定工作。

计量检测认证 1990年起，全县计量器具检定测试工作由县质检所负责。1992年，县质检所、测试所、卫生防疫站、种子检验站、建筑质监站，相继通过省技监局计量认证评审考核、复查考核，获得向社会提供公正数据的法定资格。按照国家技监局《计量授权管理办法规定》，对电力管理站给予计量检定授权。1993年，授权并命名县自来水公司、剑雄电站、武连、元山电力管理站，为县属水表、电能表强制检定机构。1994年，授权柳沟、白龙、公兴、鹤龄供电管理站为电能表检定站。1995年，授权县煤建公司地磅房货物称重计量测试，命名为社会公证计量站。1996年至1997年，授权开封、王河镇、龙泉、柘坝供电站开展电能表检定工作。2001年，剑阁质监分局与县电力公司联合组建县电能表计量检测所，负责电能表计量器具检定、维修，下设柳沟、龙泉、公兴、白龙、柘坝监测站。2006年8月，县能源检测中心成立，负责检测水表、电能表、燃气表等。授权县电能表计量检测所、县水表检定站及剑雄、鹤龄、元山、开封、武连电能表计量站开展上述检测工作。

第四节　标准化管理

工商业标准化管理　1990年，按照企业标准化上等级细则的规定，经市标计局评审，县肉联厂、酿造厂、翠云罐头厂，达到5级企业标准。开展产品标签专项检查，全县检查食品标签143种，省外产品合格率60%，省内产品合格率42%，县内产品合格率29.4%，平均合格率47%。1994年，实施国家《GB18—1994食品标签通用标准》，取代“GB08—1987”标准。1998年，剑阁被省列为“九五”计划期间创建消灭无标准生产达标县。经过一年努力，毛巾床单厂、县手杖艺术品厂、农业机具厂，面粉厂、食品公司、酒厂、剑门关茶厂、剑门火腿厂等正式批量生产的158个产品，执行产品标准的155个。2001年，剑阁质监局成立标准化专业技术委员会。2004年，实施《GB7718—2004预包装食品标签通则》，取代《GB7718—1994》标准。2005年，剑门关矿泉水公司生产的矿泉水获得国家标准化委员会颁发的《采用国际标准产品标志证书》。2006年，对翠云廊景区和宾馆、饭店、停车场、公共标志牌进行监督服务。

农业标准化管理　1991年2月，国家技监局发布《农业标准化管理办法》，县标计局和农经委联合印发《关于加强我县农业标准化工作的意见》。2001年，全县制定农业标准规范3个。2003年，建设武连油菜、东宝贡米标准化示范基地，迎水柴胡标准化建设经省质监局批准立项。2004年6月，命名剑门镇元安村烟叶示范区、城北镇民主村黄金梨示范区、红双村葡萄示范区等6个示范区为首批县级农业标准化示范区。命名武连油菜示范区、东宝优质稻示范区为市级农业标准化示范区。2004年，质监局制定《无虫害药材剑阁柴胡栽培技术规范》《柴胡试用农药规程》《病虫害防治准则》等5个地方种植业标准。2005年，省质监局将剑门茶场列入第三批省级农业标准化示范区建设项目。2006年，剑门关烟叶示范区、剑阁高芥酸油菜示范区被评为市级农业标准化示范区。年底，全县有农业标准化示范区11个，省级农业标准化示范区1个，即剑门茶场的茶树；市级4个，即武连油菜、剑门烟叶、东宝优质稻、剑阁高芥酸油菜；县级6个，即剑门元安村烟叶、城北镇民主村黄金梨、红双村葡萄、田家乡石磬村柴胡、李家河蛋鸡养殖场、海螺包种猪养殖场等。

代码条码管理　1989年，国务院批转国家质监局等10部门《关于建立企业、事业单位和社会团体统一代码标识制度的报告》，规定给每个企、事业单位和社会团体颁发在全国范围内唯一的、始终不变的法定代码标识。1993年9月，县政府发出《关于建立企业、事业单位和社会团体统一代码标识制度的通知》，县技监局正式进行代码的宣传、动员、培训、填表、建立数据库工作。1994年，启动发证工作，办理代码证书1000套。2001年，剑阁质监局设立数据中心，由专人负责办理代码。2002年，代码数据库存入有效数据2127条。2006年，建立电子档案扫描工作，存入电子档案1886套。

2001年起，剑阁质监局开始办理商品条码工作。至2006年年底，实行商品条码的有酿造、酿酒、剑门关旅游开发、星王巾被、剑门茶场、剑门关矿泉水等15个企业。

第五节　行政执法检查

1990 年至 1992 年，查处质量计量违法案件 29 件，报废处理各种计量器具 36 台（件），处罚没款 7269 元。1993 年，查处计量、质量案件 48 件，处罚没款 3.74 万元。在成品油加油站计量专项检查中，查获垂泉、城北、剑门关加油站在加油机内安装回油管道，回油量 20%—60%。分别给予没收计量器具、处以罚款的处理，新闻媒体通报全县。查处鹤龄供销社经销劣质柴油烧伤致死人命案，查获劣质柴油 2.77 吨，处罚没款 1.06 万元。1994 年，开展食品、农用物资、低压电器等专项检查。检查食品企业 57 种产品，查获伪劣商品 1500 件，假劣电器 4 万件，劣质电线 1.1 万米，共处罚没款 3 万余元。在公园坝河滩销毁假冒商品价值 9.8 万元。查获某供销社劣质磁化复合肥 605 吨，普安镇某商店购进的上海“沪光牌”、浙江“宏大牌”水泵 58 台标识虚假，某农经公司销售的遂宁宏鑫化工厂生产的复混磷二氢钾肥养分低，禁止销售。1996 年，县某服装厂投诉福建石狮公司，发售的价值 43 万元的 7000 多套运动服质量不合格，经检验查出运动服的面料以次充好、制作工艺粗糙，责令对方全部退换。1998 年 8 月，张王乡紫金村烟农因烤烟验收问题与收购站发生纠纷，县烟草公司、县技监局派人与张王乡政府按等级标准复验 1913 公斤烟叶，得到各方认可。2000 年，将县劳动局对锅炉、压力容器等特种设备的监察职能划归质监分局。质监分局成立质监稽查大队，下设 3 个中队，分别承担标准化、计量、质量、特种设备综合执法。2005 年，办理质监行政案件 149 件，立案 40 件，处罚没款 20 万元，查获假冒伪劣化肥 1632 吨，农药 616 箱，劣质农膜 70 公斤，农机 30 台，案值 645 万元。开展特种设备专项治理，封闭土锅炉 65 台，挡获过期液化气钢瓶 240 只，建立液化器钢瓶托管和固定充装制度。2006 年，县质监局开展“查日用消费品，保生活安全”活动，建立食品质量监督工作责任制。实施 160 个食品生产、加工企业普查建档工作，实行分类管理。组织专项执法，检查各类产（商）品 50 多批次，抽检样品 10 余个，对茶叶、豆腐干制品进行计量专项检查。开展农资打假专项下乡行动，受理农民举报投诉。查处坑农案件，抽检化肥 16 批次，查获不合格磷肥 80 余吨，计量不足化肥 1000 余吨，伪造生产许可证农机 32 台。加大对建筑工地塑钢门窗、玻璃幕墙、预应力混凝土空心板、页岩机砖及家具生产的整治力度，检查施工工地 16 处、个体塑钢门窗加工 6 个、家具生产企业 3 个、经销企业 10 个，抽查机砖 20 批次，立案查处一批未认证电线价值 12 万元，取缔地条钢坯窝点 1 个，查获地条钢坯 17 吨。

第十二篇　人　事

第一章　编制管理和事业单位登记

第一节　机构编制管理

1990年，县编制委员会更名为县机构编制委员会（简称县编委），下设县机构编制委员会办公室（简称县编办），挂靠县人事局。县编办既是县委工作部门，又是县政府办事机构，承担县编委具体工作。负责贯彻执行国家、省、市有关机构编制工作的方针、政策，开展机构编制管理调查研究，拟订呈报机构编制初设方案，办理机构编制审批手续，监督管理机构编制执行情况。年末，全县设置行政事业编制机构149个。其中，县委工作机构16个，县政府直属局级工作部门54个，领导管理工作部门9个，县以下乡镇设10区、13镇、47乡。1991年8月，调整部分县级机关行政事业编制，拟定撤区并乡镇和完善区乡建制后区乡镇机构设置及人员编制方案。建立机构编制档案，健全管理工作制度，颁发机构编制统计公报。1996年年末，全县共设行政事业机构148个。其中，县委设置工作部门15个，县政府设置直属局级工作部门55个，领导和管理工作部门9个。乡镇机构经1992年9月撤区并乡建镇，1996年10月完善区乡镇建制工作，全县建12个片区工委、23镇、34乡。1991年至1996年，县级机关行政事业单位机构新建6个，撤销4个，合并6个，更名2个，分设5个，改变隶属关系1个。1999年3月，县委、县政府要求全县机构编制管理上严格实行县编委统一领导，一支笔审批，一家行文、一家承办的"三个一"制度，同时制订县编办工作职责、管理范围、办事程序，建立机构编制监督检查制度，机构设立、审批议事制度。坚持严格按上级批准的机构设置限额，设置县、乡镇机构和事业单位。2001年10月，县编委坚持"精简、效能、统一"原则调查机构编制，重新核定党政群机关和列入机关事业单位机构编制129个。其中，县委工作机构7个、议事协调机构1个、直属事业单位2个；县政府组成部门21个、议事协调机构2个、直属事业单位15个；县人大、县政府、县法院、检察院及人民团体工作机构13个。县级以下设11个督导室、23镇、34乡。2002年5月，开展全县行政、企事业单位内设机构、人员配置及领导职数清理、检查，发现问题29宗，发出限期改正通知书26份。2006年年末，全县共设立行政事业机构102个。其中，县委设工作机构7个，议事协调机构1个，直属事业单位2个；县政府设工作部门21个，议事协调机构2个，直属事业单位12个；县级以下设乡镇57个。

2002年至2006年，累计新设和更名机构9个，撤销机构19个（含2006年6月撤销普安、城北等11个督导室）、合并机构8个、取消机构牌子5个，划转部门职能28项。

第二节　人员编制管理

1990年，县机关工作人员编制管理坚持县编制委员会（以下简称县编委）审批和工资基金管理制度，严格编制管理。未经县编委批准，用人单位擅自超编自调入人员，财政不预算经费和工资。从严控制企业单位人员调入到机关事业单位工作。开展定期清理、辞退超编人员。至年末，全县共有行政编制962名（政法系统267名，人武部23名，党政机关672名）。1993年始，对行政机关、事业单位人员编制实行"增人占编通知单"的办法管理，县编委在全县编制总数内进行余缺调剂和结构调整。至1996年6月，全县机关编制2292名（县级党政群机关680名，乡镇党政群1272名，政法编制340名）。1996年12月，县乡镇党政机构按"政企职责分开和精简、统一、效能"原则实施改革，全县机关编制数2381名（县级党政群机构编制765名，乡镇党政群机关1272名，政法部门编制344名）。1998年，县委建立"编委一家承办，一家行文，一支笔审批"的"三个一"制度，严格按机构改革"三定"方案规定配置人员，施行"一编、一人、一卡"的编制管理制度，控制机关单位人员编制。2000年6月26日，全县启动清退乡镇机关和事业单位临时人员工作。清退包括各区乡镇机关和事业单位中未经组织人事部门批准的临时人员。通过清理整顿，全县共精减临时机构132个，清退临时人员2102人。是年，全县编制总数2428名（在职2283人）。其中，县级党政群机关880名（在职810人），乡镇党政群机关1192名（在职1194人），政法编制356名（在职379人）。2001年，深化县、乡镇机构改革，核定党政机关和列入机构改革范围的事业单位人员编制，对人员编制进行精简，减少行政编制372人。其中，县级党政群126人，乡镇226人，政法机关20人；减少事业编制602名，机构改革共分流人员622人。其中，建制划转89人，提前退休339人，离岗待退49人，辞退5人，下派挂职锻炼12人。至2003年年末，全县机关编制2421名（在职2322人）。其中，县级党政群机关649名（在职620人），乡镇机关1056名（在职1070人），政法机关编制453名（在职383人），县委、县政府直属事业单位263名（在职249人）。2004年，市核定下达全县中、小学教职工人员编制。2005年7月，县编委核定卫生系统事业编制。2006年，全县机关编制2446名（在职2331人）。其中，县级701名（在职676人），乡镇1055名（在职1044人），政法455名（在职406人），县委、县政府直属事业单位235名（在职205人）；事业单位719个，编制10100名（在职10010人）。

第三节　事业单位登记

1997年，初始登记事业单位578户。1998年，县编委会同人事、公安、财政、工商、物价、国税、地税、人行八部门联合印发《关于使用〈事业单位法人证书〉、〈事业单位证书〉的通知》，规定事业单位只有取得法人和非法人资格，才能从事相关活动。制订事业单位登记管理工作规则，建立事业单位申报登记制度、年检备案制度。2001 年 10 月，建立县事业单位管理局，负责事业单位登记工作。年末全县事业单位实有登记 622 户。其中，法人登记 505 户，非法人单位登记 117 户。暂缓登记 7 户，备案登记 15 户，注销登记 167 户。2003 年，初始登记 121 户，注销登记 151 户。年末实有登记 673 户，年检 516 户。全年颁发事业单位法人证书 545 个，事业单位证书 128 个。2006 年，进一步深化事业机构改革和规范管理，建立事业机构设立、注销、变更户头档案，全年初始登记 16 户、变更登记 85 户、注销登记 3 户，年检 586 户。年末实有登记 593 户。

剑阁县 1997—2006 年事业单位法人登记情况

表 12　　　　单位：个

年份	初始登记	变更登记	注销登记	年末实有	年检数	暂缓年检
1997	578	—	—	578	574	9
1999	25	—	34	569	556	—
2000	151	2	—	804	779	—
2001	—	—	167	622	617	7
2002	9	56	—	631	622	—
2003	121	—	151	673	516	—
2004	—	—	2	522	518	2
2005	50	85	—	577	570	5
2006	16	—	3	593	586	—

说明：资料由县编办提供。

第二章　人事管理

第一节　人事制度改革

1990 年至 1992 年，改革人事计划管理体制，先后在工业、财贸、卫生、政法系统推行竞争上岗、双向选择，企业部门实行全员劳动合同制，对单位人员调动实行统一管理。1993 年 5 月，县人事部门制订《剑阁县聘用干部管理暂行办法》，机关及企事业干部实行聘用制。1996 年，全县推行和建立公务员制度。次年 3 月，印发《剑阁县实施国家公务员制度的意见》，制定《公务员职位分类实施办法》《国家行政机关现有人员向国家公务员过渡实施办法》《国家公务员录用办法》等，细化区、乡镇实施公务员制度的指导思想、范围、对象、职位设置、人员过渡、任职定级等事项。1998 年 5 月，县委组织部、县人事局拟定《关于做好区、乡镇机关实施国家公务员制度和参照管理工作实施意见》。12 月，在普安镇集中举行国家干部公务员过渡考试。至年末，全县干部过渡为国家公务员 419 名，机关工作者 350 名。2001 年，县、乡镇党政机构改革，合理划分事权，理顺党政、企事业人员关系，实行人事制度、工资制度管理体制政、事、企分开。2002 年后，建立国家工作人员录用计划申报和“凡进必考”制度。凡有编制、职位空缺的单位补充人员，一律实行聘用合同制，坚持公开招聘、凡进必考，当年向社会招考公务员 52 名。2005 年 3 月，经组织人事部门多方协调，妥善解决了公务员过渡时计划生育系统 44 名、县财政系统 105 名共计 149 名原国家干部未过渡为公务员的遗留问题。2006 年，全县登记公务员 1765 名，暂缓登记 11 人，不予登记 23 人。

第二节　培训与晋升

干部培训　1990 年至 1995 年，县机关事业单位工作人员培训工作由各主管部门根据工作需要统筹安排。离职学习一般由个人申请，用人单位同意，或单位公派，主管部门审批，培训经费由用人单位或县财政负担。培训形式或带薪函授，或脱产学习，或短期业务技能培训，学习期满回原系统工作。不回原系统需调离，按培训学历等次缴纳培训费，办理调动关系。6 年间，全县共培训事业单位工作人员 1.46 万人次。其中，脱产培训 0.07 万人次，函授培训 0.23 万人次，短期培训 1.16 万人次。1995 年后，贯彻人事部、省人事厅关于专业技术人员继续教育的规定，培训工作日趋规范。培训坚持理论联系实际，按需施教，讲究实效原则。采取办培训班、进修班、学术讲座和有计划、有组织、有考核的自学等形式进行。培训内容根据社会主义市场经济和现代科学技术的发展需要确定。重点突出新技能、新知识、新理论、新技术、新方法、新信息等“六新”培训。2000 年，完善机关事业单位工作人员教育培训制度，建立短训与长训，离职学习与函授，专业知识与更新知识相结合的教育培训机制。培训对象以教育、卫生、农业、畜牧业为重点，培训内容主要包括专业知识、新兴学科、管理科学、计算机应用能力、外语、创新能力、WTO 知识等。至 2006 年，全县共培训机关事业单位工作人员 3.6 万人次，脱产培训 0.11 万人次，函授培训 1.3 万人次，短期培训 2.19 万人次。

职务晋升　职务晋升坚持“公开、公平、竞争、择优”原则。按照《四川省党政群机关一般行政职位管理暂行办法》，坚持按规定职数、条件和任免程序任免非领导职务。1994 年，人事制度改革，国家公务员和事业单位管理人员的职务晋升，坚持不超职数、不超比例、不超规格。对拟任命人选依照党政干部任用程序操作，采取民主测评、实地考察、公示等步骤进行。1998 年后，剑阁实行国家公务员制度，非领导职务晋升执行《国家公务员职务升降暂行规定》。至 2006 年，县人事局代县政府累计办理副科级以上干部的任免 1252 人次，确定机关事业单位非领导职务 893 人次，确定机关事业单位人员一般行政职务 4354 人次。通过竞争上岗、轮岗，办理中层干部任免备案 1460 人次。

第三节　干部调配

调动　1990年起，按照省人事厅《关于聘用干部流动的暂行规定》，乡镇聘用干部，财政、农税、农技、水利、计划生育等聘用干部和职业中学指导教师县内跨区流动，不需终止其聘用合同，由县主管部门审批。跨系统或县外流动由主管部门审核，县劳动人事局审批。1999年，制订《剑阁县干部调动工作规定》，明确规定干部调动包括领导干部配备，必须在编制、领导职数限额内按所需职位进行，保证干部在行业部门之间的合理分布及部门内的合理配置。干部调动坚持以工作需要为主，注意发挥其专业特长，围绕经济建设，保证重点，充实基层第一线。鼓励、引导和支持干部到艰苦和缺乏干部的岗位工作。除急需引进的人才外，调动干部应从本县、本单位现有干部中调剂，从国家政策性安置干部中补充。调动工作严格执行干部回避的规定。2000年，规范干部调动管理权限，县人事局承办除县委管理干部外的政府系统内国家公务员跨部门、跨地区的调动，政府系统新录用的国家公务员的调动，政府系统事业单位之间干部（含部门下属事业单位之间）的调动，国家公务员、机关工作者调出党、政、群机关到政府系统所属事业单位工作的，政府系统各部门的人事（政工）股正、副股长的调动，国家公务员、机关工作者、事业单位人员调入企业工作的，企业干部和专业技术人员的调动，教育系统县外调入人员、县内教育系统调入教委机关和县内教育系统与县直属非教育系统之间调入、调出，党群系统和政府系统之间交叉调动。至2006年，全县累计办理跨系统调动730人次，跨县区调动830人次。

调配　1990年，干部调配严格执行省、市干部计划管理的规定，对干部录用、大中专毕业生的分配派遣等实行计划管理。至2000年，全县累计接收国家统一分配的大中专毕业生3614人次。2001年后，人才资源市场化配置引入干部调配工作，以双向选择公开招考等方式进行干部调配。至2006年，全县累计安置退伍军人1390人，分配大中专毕业生663人，干部调配451人。

军队转业干部安置　1991年，贯彻省军队转业干部安置工作小组、省委组织部、省人事厅《关于认真做好我省军队转业干部安置工作几个问题的通知》精神，军队转业干部安置执行计划分配与推荐选用相结合的分配办法。至1994年，全县共安置军队转业干部6人。1995年，贯彻省委、省政府批转省军队转业干部安置小组、省人事厅《关于军队干部自谋职业创办经济实体意见》，改革军队转业干部由国家安置的办法，鼓励军队转业干部自谋职业、创办经济实体。规定凡自谋职业、创办经济实体的军转干部，保留三年干部身份和档案工资，对三年内经营不善或因不可抗拒自然灾害等原因造成企业破产而待业的，负责推荐工作。至2003年，全县累计安置军转干部14人，其中自主择业8人。2004年，县政府把军转干部安置纳入工作目标管理实行量化考核，做到接收好、安置好、培训好、使用好军队转业干部。至2006年，累计安置军转干部15人，其中自主择业11人。

第四节　考核与奖惩

考核　1990年，落实人事部《关于认真做好1990年企事业单位专业技术人员考核工作的通知》精神，开展机关事业单位专业技术人员考核工作。按干部管理权限由人事部门和业务主管单位分别进行。

重点考核完成工作的数量、质量、效果及专业技术水平和能力。考核分优秀、称职、基本称职和不称职四个等次。考核结果作为续聘、低聘、解聘、晋升和奖惩的重要依据。1994 年 12 月，考核机关事业单位工人技术等级由人事部门委托工人所在单位负责，考核内容为工作成绩和技术水平，评定合格与不合格两种。1998 年，国家公务员、机关事业单位工作人员、专业技术人员的考核实行平时与定期相结合，定性与定量相结合，主要考核德、能、勤、绩四个方面，重点考核工作实绩。考核结论统一确定为优秀、称职、不称职三个等次，优秀等次人数不超过总人数的 15%。考核由各单位组织实施，报人事部门备案确认。

按照《广元市国家公务员平时考核试行办法》《四川省专业技术人员考核暂行办法》《四川省事业单位工作人员考核暂行办法》，2002 年始，国家公务员考核等次改为优秀、称职、基本称职和不称职四个等次。2003 年，全县事业单位推行聘用制改革，对工作人员实行聘期考核制度，考核等次确定为优秀、合格、基本合格、不合格四个等次。2006 年全县机关事业单位参加考核 11480 人，确定为优秀 1578 人、合格 9843 人、基本合格 22 人、不合格 12 人、不确定等次 25 人。

奖惩　机关事业单位工作人员的奖惩按照国务院颁发的相关规定执行。1990 年，根据市人事局《关于办理知识分子、干部家属“农转非”有关具体问题的通知》，给予符合条件的知识分子、干部的 15 周岁以下子女，以及 15 周岁以上不超过 19 周岁的在校子女可以迁移到常住户口所在城镇落户的奖励。1994 年，根据市政府《关于加强全市表彰奖励管理工作的通知》，授予县级以下的荣誉称号由主管单位申报，县委、县政府审批，经费由各主管单位负责。记功、记大功和授予县级荣誉称号的，由县委、县政府审批，经费由县财政负责。工资升级奖励由各主管部门按照工作人员年度考核情况，按工资升级政策进行申报，县人事部门审批执行，升职由任命职务机关给予。奖励工作结合年终总结、年初工作安排或评选表彰先进活动进行。有特殊贡献的，随时申报给予奖励。1999 年，县政府明确政府机关领导干部、工作人员违反政纪等处分的调查、审批、处理、备案等权限，规范惩戒工作。2000 年，全县 5 名高级知识分子享受市级以上政府津贴。2006 年，农业、卫生、教育、工程建设等行业有 6 人获得市学术和技术带头人称号，获得晋升一级工资的奖励。

1990 年至 2006 年，全县机关事业单位工作人员获得各种奖励 3041 人次。其中，记功 1005 人次，记大功 748 人次，升职 139 人次，授予荣誉称号 686 人次，晋升一级工资 463 人次。对工作业绩特别突出的，申报市、省、国家奖励 17 人（市级 12 人，省级 4 人，国家级 1 人）；累计处分国家公职人员 124 人（给予警告处分 33 人，记过 25 人，降级 21 人，降职 17 人，撤职 12 人，开除留用察看 7 人，开除公职 9 人）。

第五节　离退休工作

退休　党政机关、社会团体和企事业单位干部退休按照男满 60 岁，女满 55 岁正常退休。因工致残、完全丧失工作能力可提前退休。男满 50 岁，女满 45 岁，经劳动伤残病鉴定委员会鉴定完全丧失工作能力，可以办理因病退休。1992 年起，全县有高级职称退休人员 76 人，按副县级标准落实生活待遇。1993 年工资改革后，国家公务员男满 55 岁、女满 45 岁且工作满 20 年或满 30 年即可由本人提出申请办理退休。工人女满50岁亦可退休。1997年10月1日起，中小学教师教龄男满30年，女满25年的，其退休金享受退休前最后一个月工资标准的100%。是年10月，全县有退休人员2529人，提高退休（职）人员的退休费标准，每人每月增加43元；2001年，全县有退休（职）人员3430名（机关1141人，事业单位2289人）。两次提高离退休费，每人每月增加151元。2003年，全县退休3831人，两次提高退休费标准，每人每月增加68元。2006年，全县有退休人员3676人（退休3644人，退养民办教师32人）。按退休时职级调整退休人员退休金。

退职　退职由本人提出申请，填写《干部、工人退休（职）审批表》，主管单位报人事局审查批准。1993年工资制度改革后，规定因病完全丧失工作能力，但不符合国家有关退休条件的机关事业单位工作人员应当退职。其生活待遇，工作年限不满10年，退职生活费按本人退职当月的职务工资与津贴之和的55%计发；满20年不满30年的按60%计发；满30年及以上的按65%计发。年末，全县办理退职人员手续15人。1997年至2003年共五次调标，每人每月增加250元；退职人员每次按每人每月15元增加退职生活费。2006年全县有退职人员27人。

离休　1990年，全县有离休干部18人。离休干部的政治待遇不变，生活待遇略为从优，原工资照发，继续享受原单位同级在职干部的工作奖金以外的其他一切生活、福利待遇。1993年后，机关事业单位离休干部均按同职务、同条件在职人员的增资额增加离休费，且有增资保底基数。对1937年7月6日前，1937年7月7日到1942年12月31日，1943年1月1日到1945年9月2日参加革命工作的离休干部按本人离休前的标准工资，每年分别增发两个月、一个半月、一个月的工资作为生活补贴；对异地安家有困难的离休干部，县财政部门给予补贴，医药费实支实报。离休干部由县委老干部局负责管理与服务工作。离休干部一般就地分散安置，也可在本人原籍或配偶所在地安置。政府鼓励离休干部到农村或中、小城镇安家落户，异地安置的离休干部由县委老干部局联系办理，县老干部局实行“一把手负责制”，切实为离休老干部服务，帮助离休干部解决就医、住房、用车、娱乐等问题，让离休老干部健康长寿、乐享晚年。2006年，全县有离休干部13人。

第三章　工资福利

第一节　工　资

1989年10月，全县机关事业单位工作人员共6825人普调一级工资，5797人再升一级，人均月增资7元。1992年，全县工作人员7194人（不含临时工、计划外用工和混岗集体工），人均月工资94元。全年有11人奖励晋级，6617人进行奖励工资调整，人均月增资24元。1994年，按照国务院工资改革政策，全县机关事业单位实行工资制度改革。党政机关实行职级工资制度，机关工作人员（除工勤人员外）工资按不同职能分为职务工资、级别工资、基础工资和工龄工资四部分。事业单位工改，改变1985年以来实行的以职务工资为主的结构工资制，在科学分类的基础上，依据按劳分配原则建立体现事业单位不同类型、不同行业特点的工资制度，与机关工资制度脱钩。工资由基本职务工资与津贴构成。根据事业单位特点和经费来源，全额拨款单位，工资构成中固定部分为70%，活的部分为30%；差额拨款单位，基本职务工资占60%，津贴为40%；自收自支单位，基本职务工资和津贴各占50%。有条件的也可实行企业化管理或企业工资制度，实行自主经营、自负盈亏。机关事业单位工人工资与考工定级相结合，按定级高低和工龄长短实行岗位技术等级工资制，工资中固定部分和活的部分分类原则与事业单位工资构成相同。是年，全县参加工资改革的职工9085人，改革前人均月工资307元，改革后人均月工资383元，人均月增资76元。

1995年始，机关事业单位的工人实行考工定级，按技术等级发放工资。是年，全县机关事业单位工作人员第一次实行正常晋升工资档次，以后机关事业单位工作人员每两年考核结果均为称职（合格）及以上的，按规定从次年10月1日起，在本人执行的职务（技术等级、岗位）工资基础上晋升一个工资档次。1997年7月，全县机关事业单位的11586名工作人员提高工资标准，人均月增资24元；是年10月，机关事业单位的9323名工作人员正常晋升工资档次，人均月增资27元。2001年1月，机关事业单位的12239名工作人员提高工资标准，人均月增资106元；是年10月，全县机关事业单位的12297名工作人员提高工资标准，人月增资75元；是月，全县机关事业单位的9754名工作人员正常晋升工资档次，人均月增资36元；2003年至2005年，机关事业单位职工提高工资标准三次，人均月增资153元，正常晋升工资档次两次，人均月增资78元。2006年年末，全县职工人数12135人，年人均工资11267元。

第二节　福　利

补助　补贴　1990年始，根据省、市人事部门相关文件精神，机关、企事业单位职工执行补贴包括粮贴、菜贴、煤贴、肉贴、副食补贴、烤火费、防暑降温费。职工福利费按职工工资总额的3.5%计提，用于购置生活物品、慰问病人、职工食堂补助等。工会费按职工工资总额的2%计提，计提总额的40%上缴县总工会，60%用于职工福利。对单位在职职工因家庭生活困难，本人申请经组织人事部门审批后，发给一定数额的一次性生活困难补助费；职工死亡后除按规定发给抚恤金、安葬费外，对家庭生活困难的家属发给一次性生活困难补助费；对遗属中未满16岁子女逐月发给生活费至16岁止；对男满60岁、女满50岁且丧失劳动能力，无生活来源的遗孀、遗夫、遗父母亦逐月发给生活补助费直至寿终。1993年，落实计划生育政策，由单位给持有独生子女证的职工补给独生子女费，单职工家庭每月发10元，双职工家庭每月各补5元。是年10月起，执行国家工资改革后的福利政策，取消机关事业单位人员粮贴、菜贴、肉贴、副食补贴，以每人每月95元计入工资。1995年，公安部实行警衔津贴制度，每月每人135元。军队执行服务津贴，按人员基本工资的15%计发。1996年至2000年，企事业单位从事高、难、险工种执行特殊岗位津贴。2001年后，机关事业单位职工死亡，一次性计发抚恤金、丧葬费，按死亡时标准工资，计发10个月。

职工休假　1990年始，党政机关、企事业单位职工均按国家规定继续享受事假、病假、探亲假、法定节假日、婚丧假、女职工产假、教职工寒暑假等。若因工作需要不能休假者和未休足假期者，均按假期天数，经领导批准酌情补助。1995年5月1日起，机关、企事业实行双休，实行每周5天工作制，学校从9月1日执行。2005年，县委组织部重申省委1991年发布的休假规定，要求全县工作人员除特殊情况不能休假外，其余均应休假。

养老保险　1995年，全县开展职工养老保险制度改革试点工作。1997年，全县机关事业单位全面推行养老保险制度，机关企事业单位工作人员均参加养老保险。全额拨款单位由财政、单位和职工三方按工资总额22%、2%、2%的比例共同负担，差额拨款单位和自收自支单位由单位和个人按工资总额的24%、2%双方共同负担。2006年，全县机关企事业单位参加养老保险24250人（机关单位11558人，事业单位3825人，企业单位8867人）。

医疗保险　1985年前，职工因病门诊、住院的医疗费，实行“统一管理，实报实销”制度。1985年后改为“单位管理、定额包干”的医疗费制度。1998年12月，全国推行职工医疗保险制度改革，建立职工基本医疗保险制度，实行个人、单位、财政三方统筹，按比例分摊保险费的职工医疗保险制度。2006年，全县参加医疗保险20485人（在职职工14717人，退休人员5768人；机关单位5778人，事业单位8580人，企业6068人）。

住房公积金　1998年1月，成立县住房公积金管理办公室。城镇在职职工及其所在机关、企业、事业单位和社会团体等按照月工资额10%（个人与单位各5%）缴存长期住房储金，全额归个人所有，并免交个人所得税，专项用于职工个人购买、建造自住房补助。2004年，剑阁开始公积金贷款业务。至2006年10月，全县共有151个单位、4760人参加住房公积金储金活动。

第四章　人才管理

第一节　专业技术队伍管理

1990年，根据经济建设和科技教育事业的发展需要，剑阁多渠道吸引专业人才，壮大专业技术队伍，优化人才队伍结构。至1994年，全县有各类专业技术人员5800人。其中，高级职称76人，中级职称1235人，初级职称4489人（含未取得职称的技术员）。1996年始，把专业技术人员继续教育作为人才管理的重要内容，规定专业技术人员服从所在单位安排，执行继续教育的管理制度，完成继续教育任务，接受检查和考核。高、中级专业技术人员每年脱产接受继续教育的时间累计不得少于40学时，初级职称人员和新参加工作的大中专毕业生每年累计不得少于32学时。1998年，全县有各类专业技术人员7299人，接受继续教育的各类专业技术人员1459人。1999年始，专业技术人才管理由管理型向服务型转变，成立县人才服务中心，设人才市场，负责全县人才交流、人事代理、人才招聘、人才开发，遵循“公开、公平、竞争、择优”原则和“供需见面，双向选择，自主择业”的就业方针，选拔人才，指导大中专毕业生就业。2002年，根据省委组织部、人事厅关于《四川省事业单位人事制度改革意见的通知》精神，剑阁进一步深化人事制度改革，事业单位新进人员一律实行聘用制，由人才服务中心接受用人单位或个人委托，代为管理单位或个人的人事业务。推行人事代理制度，改变“人才单位所有”的人身依附关系，推进“单位人”向“社会人”的转变。2003 年后，规范人才入口管理和人事档案管理。2006 年，全县有各类专业技术人才 7896 人（研究生 4 人，大学本科 1445 人，大专 3490 人，高中、中专 2353 人），全年接受继续教育 5635 人。进行各类人才代理 4561 人次，建立 6520 名农村实用人才资源信息库，招录 422 名大中专毕业生在行政、事业单位就业。

第二节　职称评定

职称评聘　1990 年，根据全省 29 个专业技术职称系列规定和调整评定依据，在全县开展专业技术职称评定工作。专业技术职称评定坚持高级职称一般具备大学本科以上学历，中级职称具备大专以上学历，初级职称具备中专以上学历的标准。对虽不具备规定学历，又确有真才实学，成绩显著，贡献突出，符合主要任职条件的自学成才人员，根据需要也可评定相应专业技术职务。专业技术职称一般分为正高、副高、中级、助理和初级职称，即三个级别五个档次。至 1993 年，全县有专业技术人才 5730 人，评定为高级职称 74 人，中级职称 1210 人，初级职称（含未取得职称的技术员）4446 人。1994 年，专业技术职称评定和申报工作由各级职改办与职称评定委员会负责。高级职称评定由省或部委批准组建的高级职称评审委员会负责，中级职称评定由地、市州职改领导小组组建的中级职称评审委员会负责，初级职称评定由县职改领导小组批准组织的初级职称评审委员会负责。1996 年始，专业技术人员评定的专业技术职务，实行任期聘用制。县委组织部、县人事局推行“先入轨后完善”的人员聘用制，制定《剑阁县事业单位全员聘用制实施办法》。已完成推评工作的事业单位合理设置专业技术岗位，确定各层次专业技术职务的聘用限额，任职条件和聘用期限，竞争上岗，择优聘用。对社会通用性强，事业公共利益特点明显，需具备一定专业技术才能胜任的岗位，建立执业资格注册管理制度，实行执业资格准入控制。1998 年，全县设建筑工程专业技术职务初审委员会、农业专业技术初级职务评审委员会、畜牧兽医专业技术职务初评委、商贸专业技术职务初评委、广播电视专业技术职务初评委、教育委员会中小学教师专业技术职称初评委等 9 个。年末，全县有各类专业技术职称人员 7299 名（高级职称 98 名，中级职称 1566 名，初级职称 5635 名）。2000 年，评审专业技术职务需填报《专业技术职务任职资格评审表》，申报高级职务者一并上报《高级专业技术职务（资格）申报信息表》，个人政治思想及业务工作总结，最高学历、外语、计算机考试合格证明，现任职务任期内历年度考核或任期届满考核材料，专业技术职务聘任或职务资格依据，获奖证书、专利证书、成果鉴定证书及社会经济效益等业绩证明材料和本人代表作，以及评委会所要求的其他材料。将其申报专业技术评审材料报送人事职改部门，进行逐项审查核实、公示、推荐，写出综合材料，不同技术职称层次再送上一级人事职改部门最后确定。2002 年，深化职称改革，实行评聘分离，专业技术人员不受岗位设置指标限制，只要送评条件合格，均可参加评定相应的技术职务资格。用人单位按岗位需要自主聘任。打破身份界限，无论工人还是干部只要符合评审职称条件，都可参加评审相应专业技术职务资格。2004 年，全县专业技术职务任职资格评审推荐高级职称 52 人，中级职称 333 人，初级职称 539 人。2006 年，对专业技术人员实行执业资格证书制度和报名考试、职业资格考核、认定。年末全县有各类专业技术人员 7896 人（高级职称 257 人，中级职称 2676 人，初级职称 4657 人，未聘 306 人）。

考工定级　1993 年，根据国家、省、市有关机关事业单位工人技术等级岗位考核办法与实施意见，对全县机关事业单位工人进行首次技术等级岗位考核。凡 1993 年 9 月 30 日前已转正定级、现在岗工作的技术工人均列入技术等级岗位考核范围。其考核内容为思想政治表现、生产工作成绩和技术业务水平。技术等级岗位考核分初级工、中级工、高级工三个等级的考核和技师、高级技师两个职务的考评。规定工作年限 25 年以上并从事本工种工作 15 年以上或从事本工种工作 20 年以上的工人可申报高级工考核；工作年限 15 年以上从事本工种 5 年以上至 10 年者可申报中级工考核；工作年限 14 年以下从事本工种工作不到 10 年的工人可申报初级工的考核。对技术工人考核合格者，政府人事部门审批确定技术等级，并颁发人事部印制的技术岗位证书。对获得高、中、初级技术岗位证书并在本技术工种岗位上工作的技术工人，分别执行高、中、初级工的技术等级工资标准。全县首次机关事业单位技术工人技术等级岗位考核人数 1318 人，评定高级工 353 人、中级工 467 人、初级工 498 人。2003 年，根据省人事厅关于机关事业单位开展工人技师职务评聘工作的精神，在全县开展工人技师评聘工作。评聘技师的条件为遵守国家法律、法规，有良好的职业道德，能认真负责地做好本职工作并具有中等职业技术学校、技工学校、普通高中毕业以上文化程度，持有政府人事部门颁发的高级技术等级岗位证书并在相应工种岗位上工作满 5 年的技术工人均可申报。经个人申报、单位资格审查、报名考试、技能考评与评审、颁证、聘任等程序，全县 29 人取得技师资格。2006 年，全县机关事业单位技术工人技术等级岗位考核人数为 312 人（技师 6 人，高级工 101 人，中级工 201 人，初级工 4 人）。

第十三篇　劳动和社会保障

第一章　劳动管理

第一节　管理机构

劳动和社会保障局　1990 年 3 月撤销县劳动人事局，分设县劳动局和县人事局。分设后的县劳动局下辖社保局、就业局、安全生产办公室 3 个副科级单位。1999 年 10 月，县公医办由县卫生局划归县劳动局管理，县公医办主任补任劳动局副局长。县劳动局归口管理县社保局、就业局、安全生产办公室、县公医办等 4 个副科级单位。2001 年 4 月，撤劳动局，设县劳动和社会保障局，归口管理就业局、社保局、公医办 3 个副科级单位。2002 年 3 月，县政府根据国家有关规定，完善劳动保障体系，将县农保局、县机保局整体划归县劳动和社会保障局管理，县公医办更名为县社会医疗保险局（简称医保局）。2003 年 5 月，经县编委批准，在普安、城北、柳沟、武连、开封、元山、公兴、白龙、鹤龄、江口、剑门、下寺 12 镇设立劳动保障所。2006 年，归口管理就业局、社保局、医保局、农保局、机保局。全系统员工 90 人，大学本科以上学历 10 人，中级以上技术职称 15 人。

1990 年，县劳动局行使国家劳动管理、安全生产职能。1999 年划入医疗保险职能。2001 年划出安全生产职能。2002 年划入农保、机保职能。2006 年，县劳动和社会保障局职能为：编制全县劳动和社会保险事业发展规划和年度工作计划，拟定劳动和社会保险规章实施细则，依法行使国家劳动和社会保险的监督检查权。研究农村剩余劳动力开发和输出工作，企业下岗职工分流安置、基本生活保障，组织实施再就业工作。拟定全县职业分类、职业技能国家标准和行业标准的实施办法，建立职业资格认证制度。组织劳动合同、集体合同制度的实施。监督执行国家未成年人特殊劳动保护政策。负责政策性安置和调配工作。拟定劳动争议处理和劳动争议仲裁办法，处理劳动争议案件。审核县属企业工资总额和企业法人的年薪标准，管理完善企业职工最低工资保障制度。制定全县养老、失业、医疗、工伤、生育社会保险的实施办法，并组织实施和监督检查。负责工伤、职业病、伤残等级鉴定，定期发布劳动和社会保险事业统计公报、信息资料和发展预测报告。指导劳动和社会保障系统的精神文明建设、党风廉政建设，管理归口事业单位。

就业服务管理局　1990 年合并县社会劳动力管理局、县劳动服务公司为县就业服务管理局。2006 年编制 12 人，在职 17 人，内设 6 股 1 室。负责管理全县社会劳动力职业介绍、就业培训和劳务开发。管理职工待业保险，管理企事业单位劳动服务公司及机关安置待业人员工作。

第二节　劳动计划与调配

1990 年，为劳动用工制度改革的初期。按照国家规定，企事业单位多采用计划经济用工模式。劳动计划部门负责对全县工商企业和生产建筑企业的招用工管理。按照国家年度统一下达的招工计划，给县内国有和集体企业下达招工指标，组织招收录用。至 1994 年共审批办理职工调动手续 2600 人次，审批办理劳动合同制工人转移 2400 人次，政策性安置 1000 余人。1995 年 1 月，《中华人民共和国劳动法》实施，改革劳动用工制度，省对地区、部门不再下达指令性职工人数计划，重点引导和指导企业科学合理使用劳动力。实行企业自主用人和自主分配的原则，企业优化劳动组合，实行全员劳动合同制。将劳动用工权下放给企业，企业确因生产经营需要新进工人，由企业自行制定招工简章，报劳动部门审查后，按照面向社会、全面考核、择优录用的原则，公开招收。对新招收的工人实行劳动合同制，合同期限由劳资双方协商确定，合同签订后送劳动部门监证。劳动计划由指令性转向指导性。至 2001 年，劳动行政部门共审批办理招收全民合同制工 3200 余人，审批办理招收集体合同制工 3500 余人。组织 1.5 万人参加各类技工学校考试，录取到校 450 人（计划外招生录取 310 人）。2002 年，随着《劳动法》的深入贯彻，全县国有和集体企业全面实施用工自主和分配自主。2003 年后，除办理个别特殊劳动合同制工人转移手续外，劳动计划调配工作基本停止。劳动计划职能消失。劳动行政部门对劳动计划工作进行宏观管理，重点促进民营企业和个体工商企业发展。2006 年年末，全县有国有企业和集体企业 118 户，民营企业和个体工商企业 1.1 万户。农村常年劳动力近 30 万人，富余劳力 18 万人，常年外出务工 17 万多人，其中县外转移 16 万多人。

第三节　劳动就业与开发

劳动就业　1992 年，成立县职业介绍中心，坚持以“规范、诚信、开拓、高效”为服务宗旨，开展求职登记、职业指导、介绍、政策咨询等。1995 年，与全国 10 余省、市、区就业单位签订合作协议，为全县各类下岗失业人员、失地无业农民、高校毕业生、城镇居民介绍职业岗位 14.6 万人次，介绍成功率 35%。1996 年，企业改制，租赁承包，拍卖破产，职工了断身份，企业明晰产权。至 2000 年，全县下岗失业人员、无地失业农民 1.5 万余人（国有企业 5677 人，集体企业 3488 人，企业化管理的事业单位 508 人，无业农民 5389 人）。就业局开办驾校，常年开班培训机动车辆驾驶员，县劳动局设立技能培训股，采取委托、联合、自主培训等多渠道多形式开展计算机操作、美容美发、旅馆、电工、焊工、家政服务、种养殖业、农产品加工等工种技能培训。落实《社会力量办学条例》，批准开办县烹饪职业技能培训中心、县计算机培训中心、县会计电算培训中心，县粮食局、贸易局职业技能培训中心，县美容美发职业技能培训中心。至2002年，全县计举办各类培训班51期，培训各类人员29577人次。通过培训，自主创业就业4195人，劳务输出1.18万人，二次就业1419人，就业率61%。2003年，企业改制进一步深化，下岗职工再就业矛盾突出。6月，县劳动和社会保障局设立再就业救助中心。7月，县委建立就业再就业工作联席会议制度，县劳动和社会保障局为下岗失业人员、无地失业农民免费办理“再就业优惠证”。国税、地税对再就业人员创业，兴办经济实体实行减免税费等政策。至2005年，全县发放“再就业优惠证”6434个，减免证照费用15万元。免费职业介绍20324人，专业培训补助3715人，社保补贴632人，岗位补贴1058人。劳务企业，社区集体企业吸纳安置下岗职工享受税费减免200万元，小额担保贷款101万元。2006年，在全县14个社区开展创建充分就业社区活动，继续加大落实再就业人员优惠政策和待岗待业人员职业技能培训力度。认定符合条件的就业型的商贸企业14户，服务型企业4户，加工型企业29户，共安置下岗失业人员4500余人。对全县746名年龄40—50岁人员，“零就业”家庭实施重点经济扶持，帮助实现再就业。

技能鉴定 1995年4月，县就业训练中心国家职业技能鉴定站成立。1996年始，重点进行职业技能考评和队伍建设，组建具有技师资格的电工、钳工、车工、计算机文字录入处理员、美容师、美发师等11个专业（工种）的职业技能考评队伍。至1997年，报经市劳动局批准，首批聘请职业技能鉴定考评员34人。1998年至2005年，开展职业技能鉴定工作，职业技能鉴定5668人次（初级1518人次，中级2739人次，高级65人次）。2006年，开展职业技能鉴定586人（初级64人，中级542人）。是年5月，贯彻劳动部《招用技术工种从业人员规定》，在电力公司开展职业技能培训与鉴定工作，165人鉴定为初级工。鹤龄、武连职业中学推行“双证制”，226名毕业生通过鉴定，在取得毕业证的同时，取得初、中级职业资格证。

劳务开发 2001年，成立县劳务开发领导小组，在县就业局下设领导小组办公室。是年，全县输出农村劳动力14万人（县外转移13.2万人，就地转移0.8万人）。培训外出务工人员3万人次（订单培训2500人），获得各种职业资格证书0.5万人。劳务扶贫工程培训600人，“阳光工程”培训（国家财政补贴的农村劳动力转移培训项目）400人。2002年，农业产业结构调整速度加快，农村富余劳动力大量外移，县劳务开发小组广辟就业门路，拓展劳务市场，加大外出人员职业技能培训力度。至2005年累计培训外出务工人员18.01万人次（订单培训1.71万人次），获各种职业资格证书5.1万人，劳务扶贫工程培训2475人，“阳光工程”培训2400人。惠民职业培训学校，剑门关女子职业培训学校等社会办学机构培训15万余人次。累计输出农村劳动力64.1万人次。2006年6月，劳务管理职能整体划转到县农工委，年末划转县劳动和社会保障局，县劳务开发领导小组更名为县劳务开发暨农民工工作领导小组。是年，全县输出农村富余劳力17.5万人（县外16万人）。培训外出务工人员6.37万人（订单培训2.37万人），获各种职业资格证书1.16万人。

剑阁县 2001—2006 年劳务开发情况表

表 13－1

年份	全县输出农村劳力（万人）	其中		全年劳务收入（亿元）	培训外出务工人员（万人）	其中			
		县外输出劳力（万人）	县内就地转移（万人）			订单培训（人）	获各种职业资格证（人）	劳务扶贫工程培训（人）	“阳光工程”培训（人）
2001	14	13.2	0.8	5	3	2500	5000	600	400
2002	14.7	14	0.7	5.37	3.6	2900	6700	800	500
2003	15.9	15	0.9	5.83	4.47	3200	8310	800	500
2004	16.5	14.7	1.8	6	4.8	5000	17000	875	600
2005	17	15.5	1.5	6.5	5.14	6000	19000	1000	800
2006	17	16.01	0.99	8.5	6.37	23700	11600	1000	800

说明：资料为县就业局提供。

第四节　劳动监察与仲裁

劳动监察　1992 年 10 月，全县正式开展劳动合同签订和鉴证工作，所有企业均执行劳动合同制度。1995 年，劳动合同制度在全县国有、集体企业中推行。国有企业合同签订率 100%，集体企业合同签订率 70%。通过劳动合同明确双方权利义务，为劳动监察、仲裁提供法律依据。

1996 年 3 月，全县正式启动劳动监察工作。监督检查用工单位遵守劳动用工制度和社会保险法律法规执行情况，负责对违反劳动和社会保险法律法规案件的调查处理。发展、规范劳动力市场，依法保护用工单位和劳动者的合法权益。1999 年 12 月，设立县劳动监察大队，与劳动局监察股合署办公。2002 年，县政府发文明确劳动监察职责。劳动监察部门依法行使国家劳动监察职权，查处违反劳动和社会保险法律法规行为，管理职业介绍机构，审核颁证和年检，拟定本县中国公民出境就业和境外公民在剑阁就业的管理政策，办理签发境外公民入剑阁就业“许可证”和“就业证”等。2004 年 3 月，在全县各企业主管部门、基层劳动保障所选聘劳动保障兼职监察员 24 人。1996 年至 2006 年，劳动监察采取主动监察、举报监察、专项监察、巡视监察等方式，累计监察用工单位 2455 户次，劳动用工年检 862 户次。立案查处违反劳动保障法律法规的人和事 164 件，调解处理违反劳动保障行为 210 件，责令用人单位限期整改 68 户，审查用人单位规章制度 305 件，纠正用人单位“霸王”条款 45 条。协助追讨、责令补发克扣、拖欠农民工工资 778.7 万元，补签、续签劳动合同 2124 人次，清理欠缴社会保险金 216.9 万元。

剑阁县 1996—2006 年劳动监察情况表

表 13－2

年份	主动监察用人单位（个）	劳动用工年检数（个）	立案查处（件）	调解处理（件）	责令用人单位限整改（户）	审查用人单位规章制度（件）	纠正用人单位"霸王"条款（条）	补续签劳动合同（人）	清缴社会保险欠费（万元）	协助追讨农民工工资（万元）	规范中介机构（户）
1996	147	46	8	11	—	11	2	—	—	—	6
1997	164	53	11	13	2	15	1	—	1.4	—	6
1998	171	56	12	14	4	21	3	261	17.4	—	6
1999	186	62	14	17	6	24	5	247	18.9	2.6	6
2000	181	63	13	18	5	22	7	226	19.6	5.3	6
2001	204	71	15	19	4	31	4	167	17.4	4.7	6
2002	227	84	15	17	6	27	2	144	20.3	9.6	6
2003	244	98	17	21	13	46	7	187	30.7	98.3	5
2004	286	101	19	25	7	30	3	233	28.7	268.7	5
2005	321	104	19	27	9	32	4	312	30.1	320.8	5
2006	324	124	21	28	12	46	7	347	32.4	68.7	5

说明：资料为县劳动和社会保障局提供。

劳动鉴定　1990 年，县医务劳动鉴定委员会更名为县劳动鉴定委员会，划归县劳动局管理，负责全县职工因工伤（亡）、病伤性质认定，伤（职业病）残等级、劳动能力、护理依赖程度的鉴定。依照国家规定标准和器官损伤、功能障碍、医疗依赖和护理依赖等情况，将工伤职业病分解为 5 个门类、10 个等级、469 个条目，在国家社会保险法所规定的医疗期满后进行医学鉴定。1991 年始，工伤认定试点运行。至 1997 年，全县工伤认定 117 人（因公 112 人），伤残等级鉴定为 1—4 级 5 人，5—6 级 19 人，7—10 级 76 人；劳动能力鉴定为完全丧失劳力 180 人，部分丧失劳力 52 人；护理依赖鉴定为完全护理依赖 1 人，大部分护理依赖 2 人。1996 年后，国务院、劳动部分别颁布《企业职工工伤保险试行办法》《工伤保险条例》《工伤认定办法》《职工工伤与职业病致残程度鉴定标准》《职工非因工致残或因病丧失劳动能力程度鉴定标准》。至 2003 年，工伤性质认定 73 人（因公 67 人）。伤残等级鉴定 55 人。其中，1—4 级 3 人，5—6 级 15 人，7—10 级 37 人。劳动能力鉴定 189 人。其中，完全丧失劳力 135 人，部分丧失劳力 54 人。2006 年，县劳动鉴定委员会对机关、企事业单位以及农民工申报的因工伤（亡）、因病职工，经审查作出鉴定结论 65 人，工伤性质认定 18 人，伤残等级鉴定 15 人，劳动能力鉴定 31 人，护理依赖鉴定 1 人。

劳动仲裁　劳动仲裁由县劳动争议仲裁委员会负责，下设仲裁办公室，具体处理劳动仲裁案件、劳动纠纷调解。1990 年，依据省总工会、省劳动人事厅关于贯彻实施《四川省国营企业劳动争议调解委员工作规则的通知》，在国营、集体、私营企业中建立基层调解委员会，负责调解企业内发生的劳动争议

（开除、辞职、解除、工资、福利、社会保险、培训、劳动保护），检查督促争议双方当事人履行调解协议，对业主、职工进行劳动法律法规宣传教育，做好劳动争议预防。至1992年，全县建调解委员会58个，成功调解劳动争议153件。1993年前，劳动争议处理按《国营企业劳动争议处理暂行规定》进行。1993年7月，国务院颁布实施《中华人民共和国企业劳动争议处理条例》，劳动争议处理实行基层调解、劳动仲裁、地方法院审判（二级终审），即“一调一裁二审”的程序运作。至1994年累计立案35件，解除劳动关系13件，社会保险及工资福利争议7件，除名争议、工伤争议、职工异地流动争议、解除劳动合同争议等15件，裁决26件，调解5件，涉案标的14.64万元。1995年，国家《劳动法》颁布实施，县劳动局在全县范围内对各用人单位和企业职工进行《劳动法》宣传、学习、培训，劳资双方法律意识得到提升。全年立案14件（解除劳动合同7件，社会保险6件，工资争议1件），裁决14件，法院强制执行2件，涉案标的17.4万元。1996年始，劳动仲裁与劳动争议预防工作并重，对个别争议较小，问题不突出，采取立案前主动协调沟通，将部分劳动争议在企业内部消化。至2000年累计立案65件，案件涉及解除劳动合同争议26件，伤残争议4件，工资、福利、履行合同争议34件。裁决59件，调解5件，撤诉1件，涉案标的128.12万元。2001年，在全县开展流动仲裁庭活动，仲裁升钟水库剑阁库区渔事劳动争议案、白龙中学建筑工地职工工伤争议案。至2006年劳动争议立案151件。其中，解除劳动关系73件，工伤争议9件，社会保险福利争议60件，劳动合同争议9件，涉案标的241万元；裁决135件，调解11件，撤诉3件，强制执行2件。

第五节 劳动待遇

在岗职工工资 1990年始，企业职工劳动工资实行计件工资和奖励工资相结合的分配办法。是年9月，88个企业对3762人进行了工资调整，月增资总额4.4万元。11月，省政府发文增调企业职工工资，全县75户企业、3701人调整工资，月增资总额5.34万元，人均月增资14.44元。1991年至1999年的9年中，有7年进行工资调整，人均月增资184.24元。2000年后，劳动用工制度改革，建立人员能进能出、岗位能上能下、工资能增能减的分配机制。劳动部门对企业职工工资分配实行宏观管理，劳动工资根据国家确定的企业工资分配政策，核定企业工资分配标准和增减基数，逐步转变为以工资指导线为基础，推行工资集体协商制和最低工资保障制。实行职工与企业代表就企业内部的工资分配形式、收入水平、协议期限、年度调整幅度，奖金、津贴、补贴，变更解除工资协议程序及中止条件等事项进行平等协商。在取得共识的基础上，签订集体工资协议。2006年核定企业职工最低月工资标准400元。

企业退休人员待遇 1990年按照国家提高企业离、退休（职）人员养老金的规定，全县1159人，提高养老金总额2.14万元（离休45人月增574元，退休1053人月增1.94万元，退职61人月增1440元）。1991年至1999年，国家7次增加企业离、退休（职）人员工资。按照国发〔1992〕29号文件规定，增补退休人员生活补贴费610人，月增加2031元。按照川人工〔1995〕13号文件，提高离退休（职）人员养老金1437人，总金额49260元；退休1369人，月增加47880元；退职68人，月增加1380元。按照川劳办〔1999〕116号文件规定，提高离、退休（职）人员养老金1831人，总金额103130元。其中，离休及新中国成立前参加工作的退休老工人34人，月增4590元；1953年年底前参加工作的退休人员445人，月增31150元，退职8人月，增480元；1954年1月1日后，1995年12月31日前退休861人，月增47355元，退职47人，月增2115元；1954年1月1日后参加工作，1999年6月30日前退休的436人，月增17440元。2002年至2006年的5年间，4次提高离、退休（职）人员工资。2006年，按照川劳社〔2006〕21号文件规定，增加2005年前企业退休人员养老金2994人，总金额20.58万元。其中，退休1935人，月增11.2万元；特调1059人，月增9.38万元（含转干74人月增1万元）。增加2006年以前企业退休人员养老金3233人，总金额37.02万元。退休2157人，月增22.12万元；特调1076人，月增14.9万元（含转干82人，月增加1.22万元）。

第六节　安全生产监督

安全教育　1990年，县安全办公室负责综合监督、管理、指导和协调全县安全生产工作。1991年，县安全生产领导小组更名为县安全生产委员会，县政府安全生产办公室为县安全生产委员会的办事机构。2001年，县政府安全生产办公室更名为安全生产监督管理局。开展发放宣传资料、知识竞赛、观看警示录像、召开事故现场会等，内容包括安全法规、安全知识，煤矿、交通、建筑施工、易燃易爆、锅炉、压力容器、危险化学品等特种行业的管理、操作和安全规范要求，开展安全常识进企业、学校、社区、农村、机关的“五进”直通车活动。2006年，县财政拨付专项资金40万元，用于安全宣传培训活动，培训各级党政干部、乡镇安全监察员、企业经理、安全员及各工种的人员，如渡船撑杆人员，车辆驾驶员，司炉工，矿山爆破手，危险化学品的保管、运输、销售人员等。安全生产实行一把手负责制，坚持管生产必须管安全，居委会和生产、经营单位法人代表、车间、班组层层签订安全生产目标责任书，建立安全责任交接班制度，形成“纵向到底、横向到边”的责任制网络。2006年，建立乡镇、县级部门党政主要领导安全生产工作述职评议制度、“一票否决制”和“责任倒查制度”，用评分办法进行安全工作目标考核。对全县新改、扩建项目工程进行安全生产预评价，对危险化学品生产、储存、经营、使用情况进行安全现状评价，对重特大隐患和地质情况进行安全评估。对煤矿、非煤矿山、井下瓦斯、通风、粉尘、支护、机电设备，进行定期检测、检验，对各类生产经营产生的粉尘、毒物危害程度、劳动强度、高温作业及噪音、静电，接地电阻热辐射进行定期检验检测，对企事业单位的起重机、客货用电梯等设备及劳保用品的生产、销售、使用状况，实行定期检测检验。

制度建设　1990年，县安委、安监局组织工业企业、社会团体、机关单位学习《四川省工业企业劳动安全条例》，全县4333人参加安全生产知识竞赛，44人参加司炉工技术培训。1991年，开展安全法规、安全生产基本知识培训，分行业系统召开各种形式安全会议7次。1992年至1994年，举办《矿山安全法》和《实施办法》培训班，培训矿长，举办建筑施工、易燃易爆、锅炉压力容器等特种行业及危险化学品经营、销售、管理人员培训班，颁发安全资格证书，要求相关人员持证上岗。1995年起，建立了《安全生产一票否决暂行办法》《烟花爆竹安全生产管理暂行办法》《安全生产目标考核办法》《自用船舶安全管理办法》《安全生产监察员执行办法》《重特大事故应急处理预案》《安全生产示范乡镇标准》《乡镇县级部门党政主要领导安全生产工作述职》《安全生产资金投入制度》《重点行业联席会议制度》《十大安全会商制度》《安全生产告诫制度》等安全生产制度。

安全检查　1990年，对全县建筑施工在建项目、压力容器开展全面检查，查出隐患38件，发整改通知书16份。1991年，对节假日安全生产大检查，检测在用工业锅炉31台，鉴定危房26处15239平方米。1992年至1995年，检查建筑施工消防、农电、锅炉压力等安全隐患，整治高瓦斯煤矿12个，封闭煤矿1个。1996年，检查火灾隐患625起，检查矿山隐患25起，建筑工程隐患32起。检查10个烟花爆竹企业，关闭钟鼓楼古建筑周围明火餐饮服务企业16个。1997年，组建交通安全联组、义务消防队。检查重点行业隐患1326起，停业整改26户。1998年，开展对易燃易爆、超重机械、电梯专项检查，查处事故隐患1515起，责令13个单位停业整顿。检查鉴定房屋15处，桥梁10座。2000年，实施畅通工程，整治交通秩序，查处无牌、无证超速超载行为。对县城“摩的”依法扣车134辆，报废处理8辆。对80只水运船舶全面检修检验，取缔“三无”船2只。2001年，责令4个烟花爆竹生产企业停业整顿。关闭小作坊75个，收缴成品、半成品700余万响及制炮工具、火药、雷管，罚款39人。开展煤矿整顿、查处。2002年，加大安全生产监管力度，组织开展安全生产执法检查，发森林火灾隐患通知书11份，查处事故12起，处理整治旅游景点安全隐患12处。2003年，组织安全检查156次，对31个非矿山停产整改，对整顿后恢复生产企业实行“回头看”再检查、再落实。2004年，县政府组织10个检查组，查出各类事故隐患86起，整顿“三无”车451辆，处罚1622人，检查公共娱乐场所125个，重点部位176个，二级防火单位21个，三级防火单位127个，整治隐患158起。2005年，开展10大行业安全生产专项整治。2006年，对全县79个加油站、4个液化气充装站、6个天然气企业进行隐患整治。对3个采石场、7个采沙场、7个页岩砖厂检查安全15次，排查重大隐患15起，一般隐患250余起，安全执法结案10件。

重大安全事故　1991年12月18日下午1时30分，县汽车运输公司客车行至国道108线梓潼县境2042千米+8米处，翻入38.6米深悬崖，造成车上乘客7人死亡，9人重伤，其余46人不同程度受伤，直接经济损失20余万元。12月29日，上寺乡上井煤矿发生井下一氧化碳中毒事件，死亡3人。1992年8月8日，演圣乡中子村二组船工驾驶“剑阁07号”柱浆机动船，行至升钟水库猫儿洞时，触礁沉没，船上41名乘客落水，12人遇难。1995年8月8日，在国道108线熊家梁处，一“东风”大货车与农用三轮车相撞，造成三轮车上的8人6死2伤。1996年1月6日，金仙镇双柏村农民建牛圈、猪舍，土墙倒塌，致4人死亡。2004年1月9日，下寺镇窑沟村村民驾驶拖拉机超载，搭乘村民12人，堕落崖下，当场死亡3人，重伤2人。2006年5月2日，广运集团的“金龙”大客车在剑青公路99千米处，与五菱牌小客车相撞，造成3死5伤，省交通、公安、安监部门派人赶赴现场指导抢救伤员、处理事故。是年，全县发生安全事故118件、死亡19人（市政府控制死亡指标27人）、伤130人，直接经济损失40.4万元。1990年至2006年，全县发生矿山、交通、农电、火灾等事故262件，死亡367人，重伤2320人，直接经济损失1104.9万元。

第二章　社会保险

第一节　社会保险机构

社会保险事业管理局　1990 年，县职工保险事业局更名县社会保险事业管理局。2006 年编制 12 人，在职 13 人。负责编制全县社会保险事业发展规划，制定全县社会保险覆盖计划、基金征集计划并组织实施。负责全县社会保险基金的征收、管理和支付，组织对参保企业参保缴费情况稽核审查，承办参保职工缴费台账、个人账户的核算管理。负责全县参保企业职工、个体工商劳动者退休（职）的审查，承办退休（职）待遇的核算计发工作。负责工伤保险制度的实施，拟定企业年度浮动费率，并组织征收工伤保险基金，承办工伤残（亡）职工工伤待遇的审核和支付工作。负责生育保险制度的实施，统筹生育保险基金，承办参保女职工生育待遇的审批和核发工作。

社会医疗保险局　1979 年 2 月设县公医办。1999 年归口县劳动局。2002 年更名为社会医疗保险局。2006 年在编 10 人。其工作职能：贯彻执行国家医疗保险法规、政策。负责医疗保险费的征集和管理。管理城镇职工、居民等群体医疗保险证、卡。负责与定点医疗机构、定点零售药店签订医疗服务协议，并对其履行情况进行监督。负责基本医疗保险待遇的审核和支付。编制基本医疗保险基金的预算和决算。负责有关医疗保险的查询、咨询和其他配套服务工作。

农村社会养老保险局　于 1995 年设立，2002 年划归县劳动和社会保障局。2006 年在编 9 人。其职能是：贯彻执行国家农村社会养老保险法律法规、方针政策，建立覆盖乡村居民社会养老保险体系。负责全县乡村居民社会养老保险费的征缴、养老金的兑现工作和农保基金的存储、营运等管理工作。制作《城乡居民社会养老保险费手册》和“城乡居民社会养老保险金领取证”。负责城乡居民社会养老保险金的审核和支付。建立农村社会养老保险台账，并进行审计稽核。

机关事业单位社会保险局　于 1995 年 8 月成立，隶属县人事局管理，核编 4 人。2002 年 7 月机构改革时，划归县劳动和社会保障局管理，编制增至 12 人。2006 年在编 13 人，内设 2 股 1 室。其工作职能是贯彻执行国家、省、市关于机关事业单位社会养老保险的法律法规、方针政策，并组织实施。编制全县机关事业单位社会养老保险预算和决算，经办机关事业单位社会养老保险业务，负责养老保险基金的管理和运营。负责全县机关事业单位离、退休（职）人员养老保险费的支付和社会化服务工作。负责“机保”费征缴的稽核、检查工作。负责全县机关事业单位养老保险信息系统的规划、建设和管理。

第二节　养老保险

企业职工养老保险　1990 年 12 月，县政府印发《关于城镇集体职工实行退休费用社会统筹的通知》，决定县城集体所有制单位职工实行退休费用统筹，集体企业养老保险制度正式实施。应参保人员包括独立核算的城镇集体企业的固定职工、离退休人员和1971年年底以前参加工作的计划内临时工。养老保险基金按在职职工每人每月15元、退休人员每人每月25元由企业缴纳，职工个人承担每月1.5元。全县应参保集体企业44个，职工2136人，退休人员1017人，征收养老保险金68万元。1995年，按照“资金来源多渠道、保障方式多层次、社会统筹与个人账户相结合、权利与义务相对应、管理服务社会化”的养老保险政策，全县77个国有、集体企业7158名职工纳入改革范畴。全年征收养老保险基金162万元（集体企业23万元，职工个人缴纳12万元），上解省级统筹调剂金25万元，基金积累170万元。1998年，国务院《关于建立统一的企业职工基本养老保险制度的决定》，实施国有、集体企业养老保险制度并轨运行，个体工商户、灵活就业人员均纳入参保范围。缴费比例调整为企业按工资总额的22%、个人按本人工资的4%计算缴纳。全年征收养老保险基金592万元，上解省级调剂金35.2万元。1854名离退休人员由原工作单位发放基本养老金，970名企业离、退休人员由社会保险局直发养老金，基金积累328万元。2006年，参保条件放宽到没有超过法定退休年龄的企业全部职工（含非公有制企业、农民工）、城镇自由职业者。

机关事业单位养老保险　1995年7月，县政府制定《剑阁县机关事业单位工作人员养老保险试行办法》，机关事业单位工作人员养老保险工作启动。凡纳入政府人事部门工资基金管理的机关事业单位（含参照单位）工作人员（含招聘干部、全民劳动合同制工人、集体混岗人员）和离退休（职）人员，养老保险基金筹集遵循以支定收、略有结余、适当调剂、部分积累的原则，财政按单位职工工资总额与离退休费之和的22%、职工按个人工资的2%、单位按在职职工工资总额的2%缴纳养老保险金。1996年，全县参保单位166个，在职职工29855人、离退休职工2178人，由财政全额拨款的单位136个、8233名在职职工、离退休人员1916名参加保险，当年征收养老保险基金90万元。1997年，全县机关事业单位164个，11944人参加养老保险，征收基金1140万元，基金积累237万元。2004年，机关养老保险运行中出现支大于收。清欠养老基金130万元。全年征收养老保险金2054万元，基金积累1725万元。2005年，县委、县政府突出机关事业单位养老保险事业发展，全县参保单位315个，参保人数11055人（离退休人员3811人），征缴养老保险基金3300万元。2006年，完善机关事业单位养老保险制度，全面实施由财政代扣代缴养老保险费和社会保险局委托银行直接发放离退休费。全年征收养老保险基金3958万元，银行直发离退休费4356万元，基金积累916万元。

农村社会养老保险　1994年12月，在东宝镇进行农村社会养老保险试点工作，动员参保群众1314人，占全镇应参保人数的15.7%，征收养老保险金12万元。1995年农村养老保险扩至全县，参保7102人，征收基金58万元。1998年至2005年，农村社会养老保险工作进展缓慢，新增养老保险人数723人，年均增加90人；共发放养老保险金29.32万元，享受养老金5478人。2006年，坚持“稳定队伍、守住阵地、管好基金”的原则。征收基金24万元，新参保32人，享受养老金1751人，发养老金9万元。

个体工商户养老保险　1998年1月，城镇个体工商户纳入基本养老保险。实施范围：男50岁，女40岁以下的所有个体从业人员。缴费按照不低于当年省平均工资的60%作为缴费基数，按20%的比例缴纳养老保险费，并按缴费比例的8%为每一个参保人员建立个人账户。在达到国家规定的养老年龄，缴费满15年后，按月享受养老保险待遇。2006年，全县2300余名个体工商户参加基本养老保险。

2006 年，全县各类参保缴费人数 17706 人（个体参保缴费 8839 人）。全年征收养老保险基金 7276 万元，争取中央转移支付资金 600 万元；支付全县 3488 名离、退休人员养老金 6897 万元，基金积累 4493 万元。

第三节 医疗保险

基本医疗保险 职工医疗保险制度源于50年代初期建立的公费医疗制度，党政机关、企事业单位职工的医疗费用实行统一管理，实报实销。1995 年后，改为单位管理、定额包干的医疗费报销制度。1997 年，根据《行政事业单位公费医疗保险办法》，建立社会统筹、基金与个人账户相结合的社会医疗保险制度。全县共参保 11218 人（财政预算内 10146 人，非财政供养 1072 人），共征收医疗保险费 166 万元（财政安排预算 84 万元，单位缴纳 46 万元，个人缴纳 36 万元）。1998 年，改革职工医疗制度，实行个人、单位、财政三方面统筹，按比例报销的职工医疗制度。全县参保 11493 人（财政供养 10892 人，非财政供养 601 人）。征收医疗保险基金 416 万元，财政预算内资金 225 万元，参保单位缴费 99 万元、参保个人缴费 92 万元。全年支付医疗费 555 万元，个人账户积累 30 万元，略有节余。至 2000 年，参保人员 12530 人，征收医疗保险费 664 万元，支付医疗费 605 万元。2001 年，根据国家、省、市关于建立城镇职工基本医疗保险制度的精神，县政府制定《剑阁县城镇职工基本医疗保险暂行办法》和《剑阁县城镇职工基本医疗保险实施细则》。全年共参保 16181 人，征收医保基金 853 万元，支付医疗费用 1225 万元，基金积累 388 万元。2002 年后，全民生活水平逐步提高，医保意识增强，医疗保险制度日臻完善，参加基本医疗保险人数增多，保费基金标准提高。2006 年，全县参加医疗保险 20485 人（在职 14717 人，退休5768 人），征收医保基金 1670 万元（统筹基金为 1428 万元、个人账户基金 242 万元）。全年支付医疗费用 1227 万元（统筹基金支付 739 万元，个人账户基金支付 488 万元），基金当年结余 443 万元，累计结余 1759 万元。

大病医疗保险 1993 年 10 月，剑阁实施企业职工大病医疗费社会保险。全县国有、集体企业职工参加大病医疗费社会统筹。大病医疗保险基金由企业按上年度全市职工平均工资的 2.5%，职工个人每人每月按 1 元的标准缴纳。参保职工因各种疾病的住院医疗费用，由统筹基金按规定支付。按照“分段计算、累计支付”的办法，应报销的医疗费为全市企业平均工资 3 个月以上至 10 个月的部分，拨付 80%；10 个月至 20 个月的部分，拨付 85%；20 个月至 30 个月部分，拨付 90%；30 个月以上拨付 95%。至 2001 年 10 月，全县共征集大病统筹基金 1328 万元，支付大病医疗费 1389 万元。

第四节 其他社会保险

失业保险 1990 年，按照国务院、省政府关于失业保险政策规定，全县开展失业保险工作，城镇企事业单位、民办企业职工、社会团体的在职人员纳入社会失业保险统筹范围。至 1996 年，全县参加失业保险 935 人，征收失业保险费 24 万元，享受失业保险待遇 45 人，发放失业保险救济金 15 万元。上缴调剂金1.9万元，基金积累6万元。1999年，机关单位纳入社会失业保险统筹范围。至2001年，全县参加失业保险12400人，征收失业保险费180万元，享受失业保险待遇145人，发放失业保险救济金61万元，上缴调剂金36万元，基金积累82万元。2002年后，贯彻落实国务院《失业保险条例》，管理规章日臻完善。至2006年，全县参加失业保险14950人，全年征收失业保险费281万元，享受失业保险待遇320人，共发放失业保险救济金105万元，上缴调剂金51.6万元，基金积累173万元。

工伤保险 1991年11月，开展企业职工工伤保险。工伤保险费由企业按不同行业确定的费率标准缴纳，职工因工伤（亡）待遇全部纳入工伤保险基金支付。是年，全县122户企业的9847名职工参加工伤保险。1996年10月，实施劳动部《企业职工工伤保险试行办法》，原参加企业职工工伤保险的企业职工全部过渡到国家试行办法规定范围。2004年1月，国务院《工伤保险条例》颁布实施，工伤保险范围扩大到私营企业、有雇工的个体工商户、农民工。全县5户私营企业、4户煤矿企业的918名农民工参加工伤保险。五房沟煤矿因工死亡矿工首例赔付金额13万元。2006年，全年参加工伤保险7811人，征收保险费92万元，支付工伤赔付金47万元。

生育保险 1993年10月，试行女职工生育保险。生育保险基金由企业按上年度全市职工平均工资的0.8%缴纳，女职工生育待遇由生育保险基金支付，其标准按照全市企业当年平均工资的3个半月实行定额支付。是年，全县122户企业的869名女职工参加生育保险，征收保金2万元。1995年，全县257户企业8269名女职工参加生育社会保险，征收保险费17万元，支付生育保险待遇14万元。2006年，保费标准提高，全年参加生育保险4733人，征收基金36万元，支付生育保险待遇3万元。

第十四篇 民 政

第一章 优抚安置

第一节 优 待

政府优抚 1990年继续执行县委、县政府对现役军人及家属、子女优待政策，现役军人子女入学、家属就业、工作调动实行特事特办并免费；现役军人、伤残退伍军人就医、转干、招工、子女入学、家属就业给予优先解决；农村将现役军人家属列为重点优抚对象，纳入农村社会养老保险。全县有计划、有步骤地建立农村扶贫互助基金会，现役军人家属优先入会、优先扶持。1993年春节前，县四大班子开展优抚慰问活动，给137户军烈属，293名老复退军人发慰问金5.5万元，送化肥80吨。1995年，给家庭特困的优抚对象发放救济款1.51万元。县卫生部门免费给优抚对象治病854人次。为剑门、柳沟、武连、开封、元山、公兴、白龙、鹤龄8区及下寺镇军烈属助耕2346.67公顷。1998年，农村扶贫互助基金会累计投放资金45.12万元，扶持优抚对象5108户（次），包括种植业1537户13.54万元，养殖业1640户14.4万元，农副产品加工业768户6.12万元，服务业、运输业1163户11.06万元。帮助49名老复退军人翻修住房154间。是年8月，县政府发文规定，人均可支配收入低于当地平均水平的优抚对象享受农村低保。2001年，剑阁遭遇旱灾，民政局组织6个工作组深入全县查看优抚对象遭灾自救情况，为9户“三红”（在乡退伍红军、西路红军、失散红军）、2户“三属”（革命烈士家属、因公牺牲军人家属、病故军人家属）、16户残废军人、91户老复退军人解决建房款23.63万元、培修房屋45间、新建房屋206间。拨付救济款54.2万元，粮食70.82万公斤，解决受灾特重的剑门、白龙、普安等26个区镇“五保”户、特困户、优抚对象1105户生活救济。2003年优抚对象抚恤标准建立自然增长机制。2004年10月至2005年，县政府按照《军人抚恤优待条例》，结合实际修改制定优待政策，县财政拨款为带病回乡的2509个复退军人按比例报销药费。2006年，县乡镇政府对优抚对象进行灾害救济1.67万户（次）、80.75万元，临时救济666户（次）13.32万元，建修住房365户57.97万元。

社会优待 1990年起，执行军人家属评定优待金、部队立功现役军人家属评发奖金政策。对缺乏劳动力的优抚对象帮助耕种，对生活困难的优抚对象进行帮扶，对患病者给予护理。全年发放军人家属优待金19.11万元，部队立功人员奖金0.42万元。1992年，县政府规定优待金在全县居民、职工中统筹，实行村（居）民小组统筹乡镇统管。是年，全县有现役军人家属1103户，共发放优待金22.1万元。农村军人家属户均200元，城镇户均150元。1996年，县政府解决参军人数分布不均，优待金筹集不平等问题，将以村民小组筹集改为以乡镇统筹，并将优待金发放标准提高到农村户均350元，城镇户均300元。1999年，完善国家、社会、个人三结合的优抚政策，确保军人家属的抚恤优待水平与国民经济发展水平相适应。2000年10月，县政府印发《关于全县实行优待金社会统筹的通知》，规定现役军人家属优待金改乡镇统筹为全县统筹，农业户人均1.62元，非农业户人均5元。是年，全县统筹优待金93.5万元，支付现役军人家属1095户，优待金54.75万元，农村户均500元，城镇户均400元。2002年，实行税费改革，优待金标准由500元提高至700元，纳入财政转移支付范围。2005年，全县有现役军人家属1258户，共发放优待金93.6万元。制定对部队立功受奖人员家属奖励标准，一等奖300元，二等奖200元，三等奖100元。至2006年，全县现役军人累计立功受奖人员837人，颁发奖金8.89万元。

第二节 抚 恤

“三红”人员抚恤 1989年，调整“三红”（在乡退伍红军、西路红军、失散红军）抚恤标准，县内在乡退伍红军按每人每月85元，西路红军每人每月60元，失散红军每人每月25元的抚恤标准发给生活补助费。1992年7月1日起，在乡退伍红军每人每月增加81元，西路红军每人每月增加30元，失散红军每人每月增加10元的生活补助费。是年末，全县有“三红”人员69人，年发生活补助费7.25万元。1994年1月1日起，“三红”人员生活补助标准，分别提高60元、30元、10元。是年末，全县有“三红”人员56人，在乡退伍红军每人每月220元、西路红军每人每月120元、失散红军每人每月45元，年发生活补助费5.93万元。按照国家规定，1995年1月1日起，在乡退伍红军护理费由1986年每人每月20-25元，增加到每人每月130元。1997年，依据国家优抚对象抚恤标准的规定和人民生活水平等情况，全县“三红”人员生活补助标准四次进行调整。2000年年末，补助标准为在乡退伍红军每人每月450元、西路红军每人每月330元、失散红军每人每月90元。2001年后的几年间，“三红”人员的生活补助标准进行较大幅度调整。2003年始，“三红”人员生活补助费发放改由乡镇民政助理代行发放为县民政局通过金融机构直接发放。2005年，补助标准分别为在乡退伍红军每人每月800元，西路红军每人每月720元，失散红军每人每月240元，给在乡退伍红军和西路红军、失散红军人均年粮补贴300元、96元。2006年全县有“三红”人员8人，年发抚恤金3.97万元。

“三属”人员抚恤 革命烈士家属、因公牺牲军人家属、病故军人家属简称“三属”。“三属”人员经批准机关批准，并取得民政部统一制作的“革命烈士证明书”“革命军人因公牺牲证明书”“革命军人病故证明书”确认。1994年始，国家四次增加“三属”人员定期抚恤金标准。1999年年末，烈士军人家属、因公牺牲军人家属居农村每月95—98元，家居城镇每月105—110元，病故军人家属居农村每月90—95元，居城镇每月100—110元。2001年后，国家四次大幅度调整“三属”人员定期抚恤金标准。2006年年末，烈士军人家属、因公牺牲军人家属、病故军人家属家居城镇的每月分别为350元、325元、300元，家居农村的每月分别为220元、210元、195元。同时，分别给家居城镇和农村的“三属”人员年发粮食补贴300元和168元。2006年年末，全县享受“三属”人员抚恤金209户，发抚恤金50万元。

革命伤残人员抚恤　革命伤残人员由规定机关批准，并取得民政部统一制作的“革命残疾军人证”“国家机关工作人员伤残抚恤证”“民兵、民工伤残抚恤证”“人民警察伤残抚恤证”证件，按条例标准评定等级，以等级发给抚恤金。1990年，按照国家规定，对革命伤残人员进行普查发证，全县有革命伤残人员361人（在职革命伤残人员100人，在乡革命伤残人员261人），按等级为一等4人，二等甲级23人，二等乙级75人，三等甲级112人，三等乙级147人；伤残时间分别为抗日战争时期2人，解放战争时期24人，抗美援朝时期134人，社会主义革命和建设时期201人；因战伤残167人，因公伤残170人，病残24人。1991年1月1日起执行革命伤残人员抚恤标准，一等残废因战、因公、因病每人每年分别为1260元、1170元、1060元；二等甲级残废因战、因公、因病每人每年分别为920元、830元、760元；二等乙级残废因战、因公、因病每人每年分别为650元、590元、554元。三等甲级残废因战、因公每人每年分别为416元、400元；三等乙级残废无论因公、因病每人每年均为342元。1994年始，国家八次提高伤残抚恤金标准，两次伤残保健金调整。2005年全县有革命伤残人员335人，发放抚恤金53.48万元。2006年全县伤残人员抚恤标准提高，一级（特等）因战、因公、因病人员每年分别为1.15万元、1.11万元、1.07万元；三级（一等）伤残人员每年分别为9260元、8700元、8100元；五级（二甲）伤残人员每年分别为5900元、5340元、4860元；六级（二乙）伤残人员每年分别为4648元、4368元、3768元；七级（三甲）伤残人员每年分别为3528元、3168元、2408元；八级（三乙）伤残人员每年分别为2408元、2088元。是年，全县有革命伤残人员334人，年发抚恤金54.16万元。

复退军人定补　1990年前，全县纳入国家定补的复退军人892人，每人每年享受定补100元。1991年，执行国家“抓紧进行提高在乡老复员军人定补标准和扩大定补面工作”的通知精神，抗日战争时期入伍的复退军人，每人每月定补35元；解放战争时期入伍的复退军人每人每月定补20元；新中国成立以后到1989年以前入伍的复退军人每人每月定补15元。上述各序列中的孤老和被部队授予英雄称号、荣立二等功以上的可较同一时期的标准递增5元。1995年，对老弱病残低于当地群众平均收入水平，生活特别困难尚不具备定补条件的在乡复退军人，适当放宽定补面。经调查摸底、核定评审，最后确认全县享受定补的在乡老复退军人有1570人，享受定补的带病回乡退伍军人235人，发定补金3.03万元。2001年至2003年，全县开展“爱心献功臣活动”和“对带病回乡生活特别困难的复退军人定期补助实行三档次定补”工作，复退军人的定期补助标准提高。2006年，全县评定老复退军人1225人，抗战老战士每人每月定补180元，老复退军人每人每月定补135元。评定带病回乡退伍军人2509人，年发定补金94.05万元。

第三节　安　置

退役士兵安置　1991年4月13日，县政府成立军转安置工作领导小组。1990年至1993年，全县接收安置退役士兵909人。按照“从哪里来到哪里去”的安置原则，安置回农村507人，纳入政府计划安置402人。对回农村的退役士兵解决包产土地、住房、临时生活等问题，动员他们积极参加新农村建设，担任基层干部，带领群众发展农村经济。纳入政府计划安置的采取按系统分配任务包干安置的办法，县安置办公室下达安置计划，县民政局向接收单位发出安置通知，介绍安置人员的基本情况，接收单位量人使用，全部落实。1995 年 3 月，县政府发出《关于做好 1994 年冬季退伍军人安置工作的通知》，凡服现役期满的退伍义务兵、转业志愿兵、因部队精简整编提前退出现役的士兵均属接收安置对象；城镇非农业户口义务兵、转业志愿兵、伤残军人、获二等功以上和在服役期家庭户口发生变迁的义务兵均为国家安置计划范围。同时明确，1995 年 3 月 11 日前“农转非”的义务兵纳入安置计划。当年全县接收退伍军人 343 人，纳入政府安置计划 167 人，安置回农村 176 人。至 2001 年，全县共接退伍军人 3173 人。纳入国家安置计划 1296 人（城镇义务兵 1043 人、转业志愿兵 189 人、伤残军人 20 人、二等功以上 18 人、服役期户口发生迁移变化 26 人）。安置回农村退役士兵 1877 人。2002 年，推行指令性安置计划与市场经济相结合，采取“双向选择、供需见面、保底安置”办法。至 2006 年，全县接收退役军人 1725 人（退役士兵 1630 人，士官 95 人），安置回农村 1212 人，政府计划安置 513 人。

转业士官安置　2002 年，转业士官纳入政府安置计划。为使退役士兵、三级以上转业士官回到地方能尽快得以妥善安置，县政府印发《关于 2002 年春季转业士官接收安置的通知》《剑阁县城镇退役士兵转业士官安置管理办法》，严格审查核实安置对象资格，在安置时对军龄、职务、政治面貌、学历、立功受奖等项量化计分，阳光作业，择优安置。鼓励城镇退役士兵和转业士官自谋职业。凡自谋职业者须经本人申请，填写《剑阁退役士官自谋职业申报审批表》，由县安置办审批后一次性发给经济补贴和“自谋职业证书”。一次性经费补贴标准以本县当年城镇居民可支配收入的两倍计算，超期服役一年递增 500 元，10 年以上的三级士官按本县城镇居民当年可支配收入的三倍计算，超期服役一年增加 1000 元；农村户籍的二、三类残疾军人，发给残疾抚恤金和一次性自谋职业经济补助。实行安置有偿转移，对个别难以落实安置任务的单位，由应接收单位向县军人安置办公室交纳 3 万—5 万元安置有偿转让金。至 2006 年，全县累计接收转业士官 95 人；纳入政府计划安置 36 人，自谋职业 59 人，兑现自谋职业补偿费 70. 1 万元。

军队离退休人员安置　军队离休人员系新中国成立前参加革命达到一定年龄或身体不能坚持正常工作，离开原工作岗位移交地方政府管理仍保留军籍的人员；军队退休干部系指新中国成立后入伍退出现役移交地方政府管理的干部；退休志愿兵系符合退休条件，退出现役后移交地方政府管理的志愿兵；无军籍退职退休职工（指军队机关、事业单位退休退职职工）。1994 年至 2006 年，全县接收县人武部、县武警部队、县武警部队消防大队、解放军十四集团军移交地方政府管理的退休干部 8 人。退休干部的住房、医疗、困难补助费用由部队移交时一次性解决，住房补贴、住房公积金、困难补助归个人；医疗补助划拨给接收单位，由接收单位负责解决退休人员参加医疗保险费用，退休人员的工资福利由接收单位按部队提供的档案资料按军退干部工资政策规定套改工资和确定福利待遇。军队移交地方政府管理的离退人员，纳入离退休干部管理，定期组织学习，参与社会活动。工资调整、福利待遇一律遵照政策规定执行，生活确有困难的给予补助救济，对生活难以自理的军退人员安置到市光荣院疗养。所有军退人员均于 2006 年纳入社会医疗保险。

第二章　赈灾与救济

第一节　灾害救济

1990年，全县发生春旱、夏旱、伏旱。7月，遭受洪涝灾害。县级四大班子领导深入灾区调查研究，制定抗灾自救措施。组织化肥65吨，柴油118吨，衣物1234件，棉被1300床，布匹800米，牛毛毡95筒，救灾款37.7万元，分发重灾区。组织医疗队深入灾区巡回防病治病。县民政局发放救灾款36.2万元，救灾粮5万公斤，施救特困灾民3886户。1991年至1997年，共发生自然灾害42起，大风冰雹15起，春旱、夏旱、伏旱等旱灾13起，暴雨洪灾3起，持续阴雨低温3起，大面积农作物病虫灾害8起。县委、县政府制定"以旱治旱，以旱治旱"措施，大力推广地膜覆盖，旱地改制技术，提倡节约用水、科学用水。深入灾区，发动组织群众抗灾。7年间，县政府共组织资金301.2万元，提供救灾肥料296吨，抗灾柴油120.1吨，救灾种子1万公斤，红薯藤58车，支持重灾区恢复抗灾自救能力。民政发放救济款96万元，棉絮1300床，衣物1500件，组织社会募捐款17.8万元，扶助特困人群恢复生产。1998年累计发生自然灾害5起，是年9月16日发生特大洪灾。县委、县政府主要领导深入灾区第一线组织干部群众查灾救灾，及时向省、市汇报灾情。至2000年，省、市向剑阁拨付救灾款379万元，救灾粮300万公斤；德国大众公司等国际社会组织捐赠人民币117万元；市委、市政府动员全市募捐50万元及棉被1.02万床，衣物98车，布匹600米，油毡140筒救济灾民。2001年，全县共发生自然灾害7起，县级各单位、部门采取对口支援，向灾区送衣物1272件、大米3.6万公斤、水泥40吨、肥料13吨、药品1000件，县政府减免当年农业税500万元。

2002年至2006年全县共发生自然灾害32起。5年间共向灾区拨付救灾款203万元、农膜280吨、农肥150吨，调运红薯藤200车。县委、县政府采用降低农村"双提"标准，减免农业税，兑现股金等措施，减轻农民负担，增强民众抗灾自救信心。

1990年至1995年，全县发生火灾28起。1991年12月24日上午11时，姚家乡繁荣村余家大院发生火灾，烧毁房屋35间，直接经济损失3万元。1996年10月7日凌晨1时，普安镇南街居民守店吸烟，不慎引发火灾，烧毁省级重点保护建筑522平方米，直接经济损失57万余元。灾后，县民政局拨款2万元临时安置灾民，县建委对损坏房屋按原建筑风格安排重建。1997年至2006年，全县发生火灾219起。2002年7月31日中午12时30分，普安镇新民巷后街发生火灾。2002年8月至2003年4月，仅9个月时间全县发生火灾10起，涉及10个乡镇的60多户人家，烧毁房屋100余间，粮食2万公斤。火灾发生后，县安办、农保、民政部门及时组织力量，查起火原因、计损失程度、订救灾措施，县民政、财政拨款救济，当地政府组抗灾。2003年5月10日零时50分，普安镇西街131号发生火灾，烧毁房屋180平方米，直接经济损失60多万元。县政府召开火灾事故处理工作会，民政局为14户灾民发放救济棉被26床，大米600公斤，菜油65公斤。

第二节　特殊人群救济

1990年，县民政局核定60年代精简辞退享受定额救助生活补助对象314人（享受原工资40%的61人，年定补生活费1.56万元；生活困难定期补助253人，年定补生活费2.79万元）。城镇孤、老、残、幼71人，年发定救金2.34万元。对丧失或基本丧失劳动能力、生活无靠的农村孤、老、残、幼人员，实行保吃、保穿、保住、保医、保葬的“五保”制度。农村“五保户”供养坚持集体负责为主，国家民政救济为辅的方针。供养标准为不低于当地人均生活水平。供养形式采取分散供养和集中供养两种，分散供养或“认供自理，或亲友照顾，或请人照料，或包养继承”等办法。集中供养进敬老院。由村民小组负责，每人每年口粮300公斤、食油3公斤、食盐7.5公斤、猪肉7.5公斤，单衣、冬衣各一套，鞋袜各一双。1995年，加大对特殊人群的救助力度，投资1119万元，建成剑门、普安、东宝、武连、吼狮、公兴等30个敬老院、福利院，入院“五保”及城镇孤、老、残、幼161人。提高特殊人群救助标准，全年救助精简人员307人，其中享受原工资40%的44人，年定补2.07万元。生活困难的老、病、残、幼54人，年救济2.49万元。1996年至2000年，县政府三次提高“五保”人员供养标准，每人年均现金600元、粮食250公斤，由乡镇政府统筹统拨。2001年始，“五保”人员供养金，改村民小组筹集为乡镇农经公司统筹。全县统一规定，“五保”人员年口粮250公斤、冷热衣服2套、布鞋胶鞋各1双，每人每月零花钱5元、白糖0.5公斤、牙膏1支。

2004年，扩大特殊人群救助范围，国家拨给剑阁农村医疗救助金42万元。2005年，建立农村医疗救助基金。财政、民政设立农村医疗救助基金专户。基金来源有上级专项拨款、彩票福利金、社会捐助、存款利息收入等。是年，全县695户农民得到医疗救助金8.1万元。2006年特殊人群享受社会救助1577人，发放救助金97.59万元（定救60年代精退人员271人，年发定救金8.75万元；城镇孤、老、残、幼39人，定救2.24万元；农村“五保户”1204户、1267人，年发生活补助金86.6万元）。县民政局制订《农村医疗救助办法》，积医疗救助基金61.4万元，5489户农民获得医疗救助9万元。

第三节　“双扶”与低保

“双扶”工作　1990年，在元山镇开展“双扶”（扶持农村贫困户，扶持优抚对象）试点工作，筹集资金4.98万元（农民加入扶贫救助基金会2041人，交会费2.47万元，财政扶持2635元），全镇确定贫困户1027户、4491人。1992年，全县建立42个扶贫互助基金会，入会7.53万户、32.38万人，收取会费36.49万元，社会捐助2.8万元，国家投入扶贫周转金37.1万元，全年筹资76.39万元。扶持1100户发展生产，发放资金10.9万元；生活救济3150户，发放资金25万元；应急救助1251户，发放资金9.1万元。年底收回扶贫周转金24.7万元。1994年，全县建立36个扶贫互助基金会，入会会员11.9万户、40.3万人，基金积累122.8万元（国家投放扶贫周转金69.37万元，社会捐助8.61万元，会员会费44.82万元）。全年发放资金30.56万元，扶持生产1921户、13.25万元；生活救济1715户、12.8万元；应急救助371户、4.51万元。回收周转金25.6万元。1997年，全县有扶贫救助基金会57个，积累资金315.6万元（国家投放扶贫周转金215.86万元），扶持农村贫困户2.7万户（种植业8862户、69.29万元；养殖业9236户、74.69万元；加工业4783户、38.42万元；服务业2425户、19.65万元）。收回到期扶贫周转金197.08万元。1998年，全县“双扶”工作转入小康建设阶段。

城市低保　1998年，剑阁建立城市居民最低生活保障机制。6月，县民政局在普安、城北2镇调查，每人每月平均收入不足100元的贫困居民76户、143人。是年，发放最低生活保障金8342元。1999年，扩大最低生活保障范围，对城市居民家庭人均收入低于当地最低生活保障标准的人员，纳入保障范围，保障资金实行核定基数、控制总量、动态管理的办法。2001年，市民政局确定剑阁城市居民最低生活保障金标准为每人每月130元，其范围扩大到场镇非农业人口。具体条件是城镇中无依靠、无生活来源、无劳动能力人员，无固定职业、收入，无赡养抚养关系人员，完全丧失或丧失部分劳动能力的重病人员，领取失业救济定补期间或失业救济期满未重新就业，家庭收入低于最低生活保障标准的人员；在职和下岗人员领取退休金后，家庭人均收入仍低于城市最低生活保障标准的人员。2002年，县民政局、财政局根据中央关于城市最低生活保障人员应保尽保的要求，对城乡非农业人员逐户走访，清理核实。全县纳入城镇居民低保对象5576人，年发放最低生活保障金264万元。2005年，县民政局对全县享受低保对象进行核查，取消不符合条件对象132户、378人、1.12万元。将城镇失地无业农民214户、450人纳入低保。2006年年末，全县城镇低保对象4254户、9275人，支付低保资金530.4万元（国家拨付482.7万元，地方财政配套支付47.7万元）。

农村低保　2005年，剑阁建立农村居民最低生活保障制度。凡本县农业户口，家庭收入低于县农村低保标准的农村居民均属农村低保对象。低保标准由县政府根据维持农村居民基本生活所必需的衣、食、住、水、电、燃料及义务教育等因素确定。具体标准由民政局会同相关部门会商，提出方案，报县政府批准，向社会公布后为正式农村低保标准。享受农村低保，由申请人向村（居）委会提出书面申请，村（居）民小组核实，提交村民大会讨论，张榜公布。无异议者填写《农村低保待遇审批表》，经乡镇政府审核，县民政局审批同意后，公示一周，无异议者，发给“农村低保金额领取证”。2006年，全县农村纳入低保对象8914户、1.98万人（残疾人3131人，孤老幼1.09万人，疾病5093人），发放最低生活保障金71.26万元。

第四节　社会福利救助

福利资金募集　1993年，剑阁发行社会福利彩票，销售福利奖券15万元。除去发行奖金、成本，实得社会福利资金4.5万元。1997年，经省、市福利彩票发行中心批准，剑阁开展325万元大奖组福利彩票销售活动。3月22日，在普安镇东门口至新街口举行，确定返奖金额157万元，返奖率55%。一等奖为奥托轿车8辆，每辆6.3万元；二等奖为大阳90型摩托车32辆，每辆0.65万元；三等奖为高路华25英寸彩电40台，每台0.29万元；四等奖为高速赛车320辆，每辆580元；五等奖为高级衬衣640件，每件135元；六等奖为剑阁毛巾被1640床，每床90元；七等奖为踏花被3360床，每床75元；八等奖为枕套5440套，每套35元；九等奖为现金1元，计16万个。销售福利彩票240万元，除去奖金、成本，实得福利资金64.5万元。1999年，发行200万元大奖组社会福利彩票赈灾专款募集销售活动，历时10天，完成销售任务136万元，实得赈灾专款34万元。

1993年至2006年，剑阁举行9次福利彩票发行销售活动，销售福利彩票722.67万元，募集社会福利资金212.3万元。

社会募捐　1990年，全县开展向灾区送温暖活动，募捐现金1.34万元、粮食2.66万公斤、衣物1324件。1993年，剑阁开展第二个助残日活动，全县机关干部、职工1.14万余人向残疾人捐款4.6万元。1998年，为解决因灾失业人员就业，全县76个单位、2913人，捐款6.5万元。至2006年，全县共组织募捐活动11次，募捐38.3万元、粮食6.23万公斤、衣物等用品1.54万件，棉被1045床。

康复病人福利救助　1990年，为康复病患者创造良好的生产生活环境，在剑门镇桂花村升级改造康复院。县民政部门与所在村组协商，征得林地与耕地42.67公顷，供病人参加力所能及的生产劳动，种粮、种菜、养鸡，开展生产自救，不足部分由民政部门解决。1995年，拨给福利资金5.8万元，兴办饲料加工厂，生产“畜旺乐”饲料。1999年，拨款2.5万元修通公路，开挖灌溉水渠，改善生产条件和生活环境。2003年，县民政拨专款5万元修建康复院公墓。2006年，全县有9例麻风患者进行联合化疗，36例病人进入监测治疗。

第三章　社会事务管理

第一节　婚姻与殡葬管理

婚姻登记管理　1990年5月，县政府转发中央10部委《关于开展婚姻法宣传活动的通知》，成立《婚姻法》宣传活动指导组。区、乡镇、村层层建立《婚姻法》宣传小组。全县组织宣传员2750人，培训宣传骨干1.04万人。印发宣传资料1.81万份，举办广播讲座420场，办专栏203期，制作固定标语5631幅。召开《婚姻法》宣讲大会518场，听众3.09万人次。开展《婚姻法》《婚姻登记办法》等法律法规知识竞赛4场。县民政局举办婚姻登记员培训班3期，参训人员151人次。1991年，对婚姻登记机关人员严格管理、定期考核、加强培训，确保婚姻登记质量，提高登记合格率。全年办理婚姻登记4110例，复婚登记43例，离婚登记71例，登记合格率90%。1997年，县民政部门对1995年以来的婚姻登记情况进行执法检查，发现有结、离婚仅一方到场办理登记手续，有不到法定婚龄结婚，有在市场上非法购买结婚证件，有擅自提高收费标准，致使婚姻登记率、登记合格率均未达到国家规定标准。通过执法检查，取消5名婚姻登记人员的婚姻登记资格。2001年全年办理结婚登记2894例，复婚登记18例，离婚登记238例。2006年，加大《婚姻法》宣传教育和执法检查力度，规范婚姻登记的申请、审核、登记运作程序。全年办理结婚登记3256例，离婚登记450例，登记合格率98%。

丧葬改革　1990年，继续推行丧葬改革，提倡火化。受传统思想和习俗影响，年尸体火化不足10具。1992年，国务院颁发《殡葬管理暂行条例》，剑阁宣传贯彻执行过程中阻力大。至1996年，全年仅火化尸体20具。1997年7月，根据国务院《殡葬管理条例》、省《殡葬管理实施细则》，制定《剑阁县殡葬管理实施办法》，印发《关于划定火葬区和土葬改革区的通知》。划定实行火葬的范围区域有县城区、普安镇双剑、剑西、剑坪、城东村，城北镇剑北、剑公村，剑门关风景旅游区，下寺开发区，下寺镇大仓、沙溪、修城、拐枣、大桥等村。其余乡镇及区域为土葬改革区。明确规定党政机关、区乡镇企事业单位、群团组织的离退休干部及职工因病死亡、交通事故死亡，因伤病在县城医院、妇幼保健站、防疫站住院治疗死亡人员一律实行火化。土葬改革区内死亡人员，禁止在文化保护区、风景旅游区、自然保护区、饮用水源管理区及水库周围、河岸两侧200米、公路铁路隔离带内葬尸建坟。建立公益性公墓，制止乱埋乱葬，对乱埋、乱葬、乱占耕地、林地实行经济处罚。规范丧葬用品的生产和管理，建立健康文明、新型的丧葬制度，提倡丧事从简，反对铺张浪费。1998年，县政府批准设立县殡葬管理所，配备殡葬执法人员，负责殡葬管理和案件查处。1999年10月，县政府印发《关于加强殡葬改革工作的通知》，规定无论是火化区还是土葬改革区的国家机关工作人员、企事业单位职工（含离退休人员）死亡后，其遗体一律实行火化；如不火化、不执行国家政策强行土葬的，家属一律不得享受抚恤金、丧葬费、生活困难补助和其他照顾。对阻挠殡葬人员依法执行公务的，其单位和上级主管部门视其情节轻重给予批评教育或行政处分，情节严重、构成犯罪的依法追究刑事责任。2001年，县政府把火化任务分解到各乡镇进行考核。县民政局组建殡葬改革信息队伍，及时掌握人员死亡情况，进行信息反馈，信息反馈有功者予以奖励。2002年后，每年火化尸体均在300具以上。2006年，全年火化尸体316具，其中自觉火化309具。

第二节　地名地界管理

地名补查、命名更名　1990年，在全县开展地名补查工作，经收集、查访、整理、确认和编辑地名词条释文103条（政区、居民点词条释文56条，革命纪念地名词条42条，交通地名词条2条，名胜古迹地名词条3条）。梳理地名资料2.1万件，复制地名资料620件，建立地名档案102卷，填写地名普查成果表1230张。1991年1月4日，成立县地方委员会。1991年至1992年，深化地名普查，配合省、市地名编纂工作，选送剑阁地名词目76条。完成《广元乡镇地名录》剑阁部分的编纂任务。组织力量对下寺地名进行全面补查，编写地名词条释文172条，印制剑阁县行政区划新地图。

1993年后，加强地名命名、更名工作。设置村以上行政区域及各专业部门的地名标志，配合公安、城建完成全县36个乡镇的场镇、街道命名和集镇居民门牌号码的编制工作。1995年10月，剑门镇更名为剑门关镇。2003年5月，县政府印发《关于全县居民委员会整体调整为社区居委会的通知》，全县开展居委会更名工作。普安第1、2、3及第4、5居委会分别更名为鼓楼、小玲珑、卧龙、较场坝社区居委会。下寺沙溪居委会及下寺镇沙溪、修城部分村民小组合并建立为沙溪坝、修城坝社区居委会。白龙鲁班、龙洞居委会合并更名为龙洞社区居委会，龙源、盐店、姚家、柳沟、武连、东宝、开封、元山、演圣、王河、公兴、金仙、香沉、鹤龄、杨村、羊岭、江口、木马、剑门关、汉阳20个乡镇的场镇居委会，分别更名为龙源寺、红旗、向阳、灵泉、武侯、宝石、文庙、元山、平坝、王石、大桥、金仙、跃进、凤凰、龙鞍、太平、闻江、木马寺、雄关、翠云社区居委会。2004年，拟定县城修城、沙溪两个片区的街、路、巷、住宅小区、大厦、宾馆、酒楼、花园、广场、桥梁、车站、名胜古迹、纪念地、游览地、城市公用设施、各专业部门使用的地名命名方案。发出县城街道名称征名公告，向社会各界征求地名命名意见。通过调查走访，广泛征集。至2005年确定县城街道命名方案。修城片区以道命名1条，剑门关大道；路命名2条，环山路、清江路；街命名7条，临津街、南华街、汉德街、隆庆街、武公街、普成街、南安街；巷命名18条，金洞子巷，太平巷、刘家巷、邮政巷、林荫巷、文卫巷、水利巷、卫生巷、民主巷、双拥巷、人民巷、丰收巷、吴家坝巷、宝成巷、富乐巷、柳林巷、桥头巷、朝阳巷。沙溪坝社区以大道命名1条，翠云大道；路命名5条，清江路、铁通路、沙溪路、后马路、粮贸路；街命名4条，学士街、尚书街、三棵树街、大棚街；巷命名9个，新民巷、吉祥巷、如意巷、赵家巷、水井巷、姚家巷、半边巷、合作巷、棋盘巷。大仓坝以街命名4条，桂花街、昌盛街、温泉老街、温泉新街，以巷命名1条，陈家巷。2006年，在国道108线两侧的下寺、剑门关、城北、汉阳、普安、凉山、柳沟、垂泉、武连、马灯10个乡镇及24个村地名标志设置，在城镇、乡镇场镇的街、路、巷地名标志与门牌号设置。

政区界线勘定　剑阁面积大，边界线长。与毗邻县市区界线共8条，长527.8千米。其中，剑阁与梓潼县的边界线长112.3千米，与南部县的边界线长59.4千米，与江油市的边界线长74.9千米，与青川县的边界线长50.1千米，与阆中市的边界线长28千米，与广元市市中区的边界线长24.3千米，与苍溪县的边界线长50千米，与广元市元坝区的边界线长128.8千米。1996年11月，根据国务院“用五年时间全面完成省、县两级行政区域界线勘定任务”的要求，完成剑阁与梓潼、南部三县边界勘定任务，三县勘界办及元山镇铁炉村五组、梓潼大新乡龙泉村九组、南部县桐坪乡东风村六组负责人到交汇处的老龙山确认交汇点，三棱桩三面各书县名立界碑。1997年至2000年，县勘界办与西北测绘大队技术员一道，完成8条边界线的勘定工作，形成案卷96本，协议书附图32本，报省政府核准确认。2001年至2004年，全面完成乡镇行政区域界线的勘定和外业调查。57个乡镇共143条边界线约1200千米（有5条以上边界线的乡镇37个），87个三交点位置达成协议。2006年，对全县57个乡镇行政区域边界线勘定资料进行内业整理。

第三节　社团管理

民政部门负责对民间社团组织的资格登记与撤销、年审换证，监督社团活动，审计社团财务管理运作等。1992年年末，全县有各类社团组织140个，批准依法登记51个，取消登记资格25个，暂缓和不予登记的64个。1995年，县民政局根据社团组织发展状况，规定全县所有社团组织必须建立双重管理网络联系制度，年度工作计划，年终工作总结送达制度，刊物出版备查制度，涉外活动报告制度，经费管理、财务运作公示制度。1997年，全县有各类社团组织96个，核准登记27个。其中，联合性社团4个，行业性社团16个，专业性社团4个，学术性社团3个。1998年后，县民政局批准建立县老科技工作者协会、剑门关豆腐协会、县觉苑寺壁画协会、民办非企业单位（幼儿园、机动车驾驶）协会、县老区建设促进会。注销县棉花生产协会、县电脑爱好者协会、武连水果协会、县古元气功科学研究会等26个协会、学会。2006年年末，全县有各类协会、学会68个，核准登记38个。其中，联合性社团22个，行业性社团8个，专业性社团、学术性社团4个，民办非企业单位协会4个。

第四节　基层自治组织管理

村（居）民自治法规宣传　1990年，《中华人民共和国村民委员会组织法》《中华人民共和国城市居民委员会组织法》（以下简称“两法”）列为“一五”普法重要内容，采取广播、板报、标语、电视讲座宣传“两法”的法律效力、适用范围，以及法律赋予公民的权利、义务，自觉提高公民自治意识、维权意识。1995年至2000年，为提高公民民主选举、民主决策、民主监督意识，累计印发“两法”宣传资料8000份，订阅省民政厅《八亿农民主要法律》一书1200本，出动宣传车120台次，组织广播讲座135场，制作固定标语625幅，培训“两法”骨干1.31万人，召开村民大会340场，使“两法”家喻户晓，深入人心。2001年至2006年，民政局聘请县委宣传部理论教员、党校教师、司法机关干部25人为“两法”普及授课，参训2280人。举办村（居）委会主要领导干部培训班4期，参训1171人次。举行“两法”基本知识竞赛活动5场，参赛1780人。“两法”普及率91%。

换届选举　1989年实施《村民委员会组织法》，村（居）民委员会选举步入法制化轨道。选举时间与乡镇换届选举同步进行。村（居）委会由主任、副主任、委员组成；委员人数根据村（居）委所辖人口多少确定，一般3—5人或5—7人。村（居）民小组设组长1人。人口多，面积大，住居分散的设副职1人。选举方式采取无记名投票，个别地方如民主选举条件尚不成熟，亦可采取召开村民大会举手表决方式，选举产生村（居）委会主任、副主任。第一届村（居）民选举大会，多数村（居）委采取举手表决方式。529个村、15个居委会，选举产生村委委员3341人，主任529人，副主任529人。选举产生居民委员会委员98人，居委会主任15人。村（居）民委员会委员分工有人民调解、治安保卫、公共卫生、社会福利和公益事业。1992年，全县举行村（居）民委员会第二届换届选举，选举产生549个村委会和18个居委会。其选举采取无记名投票的473个村，举手表决的76个村。实行差额选举的444个村，等额选举的105个村。18个居民委员会全部采用差额选举、无记名投票方式。选举产生村委委员3294人，村主任549人，副主任515人；选举产生居委会委员105人，居委会主任18人。村（居）委员会内设分工与第一届相同。选举产生的村委1647成员人中，具有大专以上学历17人，中专、高中学历1014人；其年龄结构，35岁以下的1093人；居委会主要干部18人中，高中、大专学历7人，35岁以下14人，离退休干部8人。1995年进行第三届换届选举。各村设立选举领导小组，进行选民登记、公布选民名单、发选民证。村（居）委会主任、副主任、委员候选人推荐由村选举领导小组在乡镇人大主席团和同级政府领导下提出，也可由选民10人以上联名提出。提出的候选人名单公布后，村（居）民进行充分酝酿，根据得票多少，最后确定正式候选人。第三届选举结果，产生村民委员会委员3288人，村主任548人，副主任510人，居民委员会委员150人，主任30人。1998年、2001年、2004年，第四、五、六届选举工作，由于“两法”逐步深入人心，法制观念增强，其选举程序、投票方式，候选人确定等工作更加完善、规范。第四届选举时，增加选举村（居）民议事机构。第五届选举时，被确定推荐的候选人需向选民事先发表施政演说。第六届换届选举，为减轻农民负担，村（居）委会减少职数，乡镇干部可派到村（居）民委员会任职。其余程序、方式均同前几届无异。第五届换届选举时，全县应参选选民为42.1万人，实际参选有29.1万人。第六届全县应参选选民42.58万人，实际参选仅有21万人。

村（居）民委员会自治建设　1990年，贯彻落实《村（居）民委员会组织法》，实行村（居）自治作为村（居）民委员会建设重要内容，让群众自我管理、自我教育、自我服务、自我依法办事。1992年全面开展创建“村民自治示范村”和“居民自治模范居委会”活动。村村建立相关制度，开展“社区服务、门前‘三包’、协管社会治安”等系列便民利民活动。1993年，制定村（居）民自治示范单位标准，并按有完善的民主制度、有健全的组织机构、有坚强的领导班子、有正常的工作秩序、有整洁的办公环境、有适用的村（居）民公约、有集体经济、有较强服务意识、有协调的工作关系、有出色完成各项任务的能力的“十有”标准管理建设村（居）委会。1997年，全县建成村民自治示范村101个、模范居委会10个。2000年，在村（居）委会开展民主选举、民主决策、民主管理、民主监督和财务、政务公开为内容的村（居）委建设活动，深化村（居）民自治观念，调动村（居）民建设村社、发展经济的积极性。当年，经村民代表大会讨论决定新修、扩建、培修水利工程2463处，整治村级公路4260千米，集资建校，建电视接收台、站647个，无一上诉案件发生。2002年村（居）委会建设重点集中到“科技兴村、依法治村、民主管村”上。协助村委制定“三村建设”规划、标准和验收办法，教育村民学技术、懂法律、会管理。2006年，县政府组织专门力量进行村民自治示范村、模范居民委员会检查验收。

剑阁县1989—2006年村（居）民委员会换届选举情况表

表14-1　　　　单位：个、人

			第一届（1989）	第二届（1992）	第三届（1995）	第四届（1998）	第五届（2001）	第六届（2004）
乡镇数			60	36	57	57	57	57
其中	镇		13	23	23	23	23	23
	乡		47	13	34	34	34	34
村民委员会			529	549	548	549	549	527
村民小组			3484	3621	3618	3618	3618	1954
居民委员会			15	23	31	30	31	28
居民小组			84	87	106	106	106	98
村民委员会选举结果	村主任		529	549	548	548	519	479
	副村主任		529	515	510	310	—	—
	村委委员		3341	3294	3288	2750	2595	2555
	其中	男	2802	2742	2727	2141	2024	2215
		女	539	552	561	609	571	340

续表14—1

			第一届(1989)	第二届(1992)	第三届(1995)	第四届(1998)	第五届(2001)	第六届(2004)
居民委员会选举结果	居委会主任		15	18	30	30	31	24
	居委委员		98	105	150	90	124	116
	其中	男	56	58	86	58	77	42
		女	42	47	64	32	47	74

说明：资料为县民政局提供。

第四章　老龄工作

第一节　老人优待

1990年，贯彻落实《中华人民共和国老年人权益保护法》和《四川省老年人合法权益保护条例》，编辑老年人权益咨询手册，开展爱老敬老活动周，组织健康有益的老年活动。1999年8月，县政府制定《剑阁县老年人优待办法》，规定60周岁以上的农村老年人，不再承担义务工和劳动积累工，70周岁以上农村老年人免交村提留和乡统筹，89岁至99岁老人由民政每月补助生活保健费50元，100岁以上老年人由县民政局每月补助生活保健费150元。2002年，开展老龄人口调查，全县70岁以上老人9100人，100岁以上老人13人。为70岁以上老人办理老年人优待证，规定70岁以上老人游剑门关、翠云廊、觉苑寺、鹤鸣山等景点，免收门票；重阳节、国际老人节看电影免收门票；客车和各医院设老年人专座和优先窗口；县内公证处、律师事务所、法律服务所免费提供有关老年人权益方面的法律咨询服务。2003年4月，县政府决定按老龄人口每人每年0.8元的标准，提取老年事业发展经费，纳入县财政预算。2003年5月，县政府制定发展老年事业税费减免政策，凡在剑阁境内投资兴办福利性老年产业（包括托老所、敬老院、老年福利院、老年公寓、老年活动中心），税务部门免征营业税、房产税，国土部门免收土地出让金，城建部门减收市政工程设计费、市政工程建设费，减免水电入户费，广电部门免收电视初装入户费。2006年，为11名百岁以上老人发放生活保健费，为2990名离退休人员办理老年优待证。

第二节　老龄活动

1990年，开辟老年活动阵地，开展有益健康、丰富多彩的老年活动。建立文艺宣传队、花灯队，自编自演独具地方特色的文艺节目，到社区、学校和乡镇演出。1999年8月，成立县老年科技工作者协会，首批会员150人，具有高级技术职称8人，中级技术职称103人，初级技术职称39人。2000年8月，贯彻落实中共中央、国务院《关于加强老龄工作的决定》，县老龄委编发《老年人权益咨询手册》1000册，印发宣传资料3000份，组织街头宣传活动，接受老年人各类咨询千余人次。2004年11月，县老龄委、县旅游局联合举办“剑门蜀道徒步健身游”活动，普安、城北、凉山、柳沟等乡镇近千名老年人参加。2006年3月，县委、县政府印发《关于加强老龄工作和发展老年事业的意见》，提出建立以家庭养老为基础，社区服务为依托，社会养老为补充的养老机制，逐步建立比较完善的以老年福利、生活照顾、医疗保障、体育健身、文化教育和法律服务为主要内容的老年服务体系。各级各部门把老龄工作纳入议事日程和目标管理，建立完善老年社会保障制度和社会互动制度。至年末，全县建立乡镇老龄工作委员会57个、老龄退休党支部40个、老龄协会37个、老年文艺宣传队26个。参加科技、书法、摄影、舞蹈、体育等协会的老年会员3.1万人。

附：百岁老人简况

2002年统计，全县老龄人口83292人，60岁至64岁25287人，65岁至79岁41146人，80岁至99岁16846人，100岁至105岁11人，106岁以上2人。百岁老人共13人（男3人，女10人），分布为农村12人，城镇1人。年龄最长的寿星是城北镇红双村朱秀珍，女，汉族，生于1895年，时年107岁。2006年年末，老龄人口85054人，60岁至64岁23565人，65岁至79岁44725人，80岁至99岁16753人，百岁老人11人（男3人，女8人），分布农村10人，城镇1人。年龄最长的寿星是高观乡张帽村徐发美，女，汉族，生于1901年2月，时年105岁。

剑阁县2006年百岁老人名录

表14-2

姓名	性别	民族	身份	出生年月	家庭住址
徐发美	女	汉	农民	1901.2	高观乡张帽村
刘述芳	女	汉	农民	1902.5	垂泉乡清泉村
杨秀清	女	汉	农民	1902.9	香沉镇东沟村
贾桂芳	女	汉	农民	1903.3	元山镇柳河村
梁桂华	女	汉	农民	1903.3	义兴乡工农村
邓绍美	女	汉	农民	1903.5	吼狮乡天星村
刘棋芳	女	汉	农民	1904.3	禾丰乡剑丰村
李全先	男	汉	农民	1904.8	涂山乡苏维村
姜兴成	男	汉	农民	1905.12	涂山乡苏维村
卜丛珍	女	汉	农民	1905.12	公店乡五一村
赖子畴	男	汉	退休干部	1906.4	普安镇鼓楼社区

说明：资料为县民政局提供。

第十五篇 农 业

第一章 农业经济

第一节 农业经济概况

1990年，坚持“改革强县，科技兴县，依法治县，争创一流”的总体思路和基本方略，发展农村经济，粮食总产量33.94万吨，烟叶产量533.6万公斤，生猪出栏42.9万头，羊存栏2.97万头。农业总产值50475万元，乡镇企业产值14463万元。农民向国家交售农副产品总额过亿元，集市贸易成交额4428万元。

1991年至1995年，继续调整产业结构，主攻乡镇企业，培植拳头产品，发展商品经济，抓牧业、攻蚕桑、建庭院，增加农民收入。五年累计农业总产值41.69亿元。其中，农业产值25.72亿元，林业产值2.25亿元，牧业产值13.55亿元，渔业产值0.37亿元。粮食产量167.6万吨，肥猪出栏307.45万头，蚕茧产量7690吨。1995年，农业、林业、牧业、渔业产值分别占农业总产值的60.6%、5%、33.6%、0.8%，与1990年比，农业、林业分别下降8.8、2.3个百分点，牧业、渔业分别上升11、0.2个百分点。

1996年至2000年，实施“1133”工程（建庭院经济重点户10万户，改造中低产田10万亩，合6666.67公顷，修微水池3万口，铺油路300千米），建设肉牛、生猪、羊、兔等畜牧业生产基地，猕猴桃、优质梨、葡萄、枇杷等水果生产基地，普安、下寺、元山、白龙等城周大棚蔬菜基地。至2000年，在鹤龄、公兴、元山、开封、武连等区发展优质梨4000公顷，在剑门关、普安、城北、江口、柳沟、汉阳等乡镇栽植猕猴桃2000公顷。五年累计实现农业总产值63.91亿元，粮食总产量182.8万吨。

2001年至2005年，发展订单农业，建设优质粮、油料、蔬菜基地。加大农业投入力度，加强农业服务体系建设，加快农业科技普及速度。在全县实施优质粮产业工程、川中农田改造、粮食以工代赈，扶贫开发、天保、退耕还林、人饮、草地建设等项目强化农业基础设施。争取国家对剑阁农业的投入14800万元；在全县建立推广农业实用技术机构58个，配备农业专业技术人员289人；在普及地膜覆盖、沃土免耕栽培、水稻旱育秧、旱地宽窄行轮作种植、无公害农产品、果树套袋等农业生产技术。2004年，剑阁获全国粮食生产先进县称号。2005年，全县农业总产值17.91亿元，粮食、油料产量创历史新高（粮食41.08万吨，油料8.2万吨），建成优质粮食基地10666.67公顷，被列为全国粮食生产基地县。元山、公兴等地发展中药材，黄姜年播种面积2666.67公顷，产量526万公斤。全县发展高芥酸工业专用油菜基地13333.33公顷，签订订单农业合同7.35万份，订单农业生产56666.67公顷。蚕茧产量跌入低谷。

2006年，全县重点发展花生、雪梨、蔬菜等生产，实施新村、卫生、移民扶贫工程。全县农业总产值19亿元。其中，农业产值9.02亿元，林业产值0.5亿元，牧业产值9.01亿元，渔业产值0.25亿元，农林牧渔服务业产值0.22亿元。粮食产量40万吨，肥猪出栏97.05万头，羊存栏36.37万头，牛存栏12.74万头。

剑阁县1990—2006年农业生产情况表

表15－1　　单位：公顷、吨、万元

年份	农作物播种面积			粮食总产量	农业总产值					
	合计	粮食作物	经济作物		合计	农业	林业	牧业	渔业	农林牧渔服务业
1990	99866.67	66268.53	27622.60	339394	50475	35052	3673	11405	345	—
1991	101104.40	67591.60	29012.87	360969	51023	35159	2686	12743	435	—
1992	101267.80	65514.87	30891.67	364207	57466	38757	3000	15153	556	—
1993	99566.47	66733.80	28267.93	317396	80517	50548	5663	23490	816	—
1994	99737.60	69359.40	24536.73	301215	103730	57454	5007	40408	861	—
1995	101889.87	68463.27	26810.27	332233	124184	75249	6196	41683	1056	—
1996	103368.80	67881.20	28867.47	362022	140591	91450	5169	42026	1946	—
1997	103863.07	69201.00	27970.67	324524	126563	85878	4707	34576	1402	—
1998	105386.53	71580.87	27069.20	370217	125028	83700	3811	36167	1350	—
1999	107373.47	71276.60	28868.00	388615	121535	78308	3282	38675	1270	—
2000	108369.93	65508.47	35958.27	382634	125334	74171	4056	45738	1369	—
2001	107145.00	62141.00	36815.07	199044	103955	50927	4024	47477	1527	—
2002	106249.67	62162.27	34139.93	350000	126491	69865	4140	49285	1600	1601
2003	111695.73	63608.67	35625.87	340895	136504	69898	4170	59069	1665	1702
2004	114378.67	67998.53	38313.87	400619	169004	85770	4349	75318	1776	1791
2005	115191.00	69767.20	37919.13	410753	179092	90514	4570	80127	1945	1936
2006	114492.60	70977.87	36970.60	400077	189974	90168	5000	90101	2498	2207

注：资料来源为《剑阁统计年鉴》。2001年以前未单独计算农林牧渔服务业产值，分别包括在农业、林业、畜牧业、渔业产值中。

第二节 农村经营体制改革

家庭联产承包责任制 1990年，县政府成立农业承包合同管理委员会，并多次部署完善家庭联产承包责任制，保证承包土地实行一年一度的大稳定、小调整。1991年，改原承包耕地“生不添、死不减、嫁娶迁移皆不变”为“以生等死、以进待出、排班站队、依次补缺”；改一年一度的小调整为3—5年一次小调整；改土地承包期10年不变为20年不变；改无偿、抵偿承包为合理收取土地承包费。1992年7月，县委、县政府制定脱贫致富十条政策，允许农民充分利用房前屋后自然界，发展庭院经济。鼓励有经营能力的单位、个体开发荒山、荒滩，发展果园、茶园、桑园，提倡农副产品实行订单种植。在全县完善家庭联产承包责任制，将荒废的1030公顷桑园、450公顷果园、200公顷茶园承包给专业大户和致富能手，拍卖、租赁荒废土地经营权1500公顷。全县第一轮土地承包期限至1997年。1996年，对1982年的林权证进行完善，补充登记了责任山，期限56年，至2052年。1998年，根据中央关于农村土地大稳定、小调整的精神，全县进行第二轮土地承包，经营期限至2028年。2006年，对1996年的林权证再完善，期限46年，仍至2052年。至2006年，全县统一建立土地承包地籍管理卡120万张，土地流转账页60万张，完善地籍档案2826册，流转台账1918本。换发农民土地承包经营权证14.52万个，调解处理各类土地纠纷700余件。

双层经营责任制 1990年，针对农村实行家庭联产承包责任制后，农民的公有制观念、集体观念、合作观念日趋淡化，出现水利设施老化无人管理，集体果园、桑园、茶园屡遭破坏、劳力难统筹等问题，县政府组织农业、林业、水利等单位在武连镇进行双层经营责任制试点，巩固家庭联产承包责任制，健全合作经营制。在全县建立乡镇联合社60个，联合生产大队529个，综合性合作经济组织3479个，负责联营性经济管理，发展集体经济，解决一家一户想办而办不了的公共福利事业。为家庭经营户提供产前产中产后服务。1991年采取承包集体鱼塘、水库发展水面养鱼；租赁、拍卖集体果园、桑园、药园、茶园经营权，发展开发农业；开商店、办企业，经营“三农”物资等，增加无集体经济村收入。至1995年年末，全县集体经济总收入1500万元。1996年前后，农村外出务工人员增多，部分土地撂荒。为有效利用土地资源，积极探讨和引导土地经营权合理流转，提倡土地专业大户和业主开发。至1998年年末，全县耕地有效流转面积52500公顷，建成集体经济联合体407个，涌现出种田能手6965户。2000年，全县区域经济逐步形成，拳头产品不断壮大，专业化生产水平提高。为深化农村双层经营体制改革，在全县推行土地业主开发，土地租赁、转包、托包、股份合作。至2006年，全县农村出现各类新经济联合体4521个，各类业主3382户，经营土地2433.33公顷。招商引资49户，开发土地210公顷，土地承租返包345户、互换210户、托管50户、返乡农民专业承包485户，联营承包土地250公顷。

第三节 农业区域经济

1991年至1995年，全县广泛开展破温饱农业，立致富农业；破产品农业、立商品农业；破常规农业，立“三高”（产值、产量、产品质量）农业的活动。坚持“稳定粮食生产，大力发展多种经营；稳定种植业，适度发展养殖业；稳定现有耕地，适度开发非耕地；稳定农业基础，大力发展二、三产业”，为实现区域经济目标，采取县级领导包区，部门联乡镇，区、乡镇干部包组，层层带头搞点示范。1995年，全县建成以白龙、鹤龄等区和正兴、开封、长岭等35个乡镇100个村7278.2公顷蚕桑基地；以王河、元山、柘坝、吼狮、长岭、广坪等23个乡镇的3833.2公顷烤烟、花生生产基地；以公兴、元山、鹤龄等5区27乡镇的3358.73公顷棉花基地；以剑门关、木马、高观、江口4乡镇的千亩茶园和杜仲、黄柏、厚朴为主的63.47公顷中药材基地。

1996年至2000年，县政府拟定农业产业结构调整方案，规定区域经济发展坚持一乡一品，一村一品。乡有特色产业，村有特色产品，户有特色经济园。在北部乡镇种植猕猴桃，在南部乡镇栽植优质梨，在集镇周围培植塑料大棚蔬菜，在牧场周围开阔地，大种优质牧草，发展肉牛、山羊、长毛兔。2000年，全县实现生猪出栏67万头，羊出栏22.65万头，兔出栏7475只。在普安、下寺、白龙、元山等24个乡镇发展塑料大棚蔬菜42处，培植蔬菜基地1533.33公顷，种植魔芋1000公顷。全县果园6732.87公顷，北部新栽猕猴桃2000公顷，枇杷、桃、黑李693.33公顷。南部发展村、组果园240个，家庭果园20385个，新栽柑橘、苹果、梨子420万株。

2001年至2005年，巩固农业区域经济发展成果，壮大开封、元山、公兴黄姜生产基地。围绕订单农业，调整粮、油区域布局。2005年，全县建成高芥酸油菜基地19547.2公顷，优质水稻基地15400公顷。全县栽植各类水果1023万株（橘柑类400公顷，36.4万株，桃673.33公顷，55万株，枇杷、李、杏、樱桃、猕猴桃1400公顷，311万株，梨4233.33公顷，602.3万株）。2005年果园面积5974公顷，产量2.45万吨。药材面积2824公顷，产量7003吨。武连武镇五村、城北镇红双村、普安镇剑坪村、汉阳镇中心村、禾丰乡剑丰村分别建无公害梨、葡萄、水蜜桃、猕猴桃种植专业村。

2006年，巩固老产业，大力发展特色产业，推进区域经济产业化、专业化、特色化。至年末，全县建成水果、药材、棉花、海椒、花生、烤烟等各类专业村91个，无公害农产品基地5个。茶叶、油料、水稻取得省级认证资格，蔬菜，海椒取得市级认证资格。建成下寺镇沙溪、普安镇城东、公兴镇新生、白龙镇石滩、开封镇鞍山等15个商品蔬菜基地村，年种蔬菜4240公顷，产量1.83亿公斤。北烟南油特色明显，油菜、花生、烤烟年产量分别为到4.54万吨、3.27万吨、5.1万吨。

第四节　农业项目实施

川中项目　1990年，川中基本农田改造项目在公兴、碑垭、白龙等13个乡镇55个村288个组9966户中实施。项目规划22个作业区，逐湾、逐沟、逐坝连片改造田土2340公顷（坡薄土调型1873.33公顷，地变田46.67公顷，改造下湿田346.67公顷、冬水田46.67公顷，非耕地开发26.67公顷）。在项目治理区开挖背沟、边沟3883条，建造蓄水池1500口，建排灌水渠485条。项目总投工291.73万个，移动土石方362万立方米，总投资413.4万元（国家投资36.8万元，省、市配套投入101.5万元）。1991年川中项目实行改土、治水、绿山等综合治理措施。1992年8月3日，第一期川中项目6666.67公顷改造项目通过市级验收。至1995年，项目规划作业区35个，涉及21乡镇、98村、514组、12210户。改造中低产田土2333.33公顷（坡薄地调型1240公顷，改造冬水田、下湿田和开发非耕地900公顷），完善配套设施，整治塘、库、堰42处，挖防旱池308口，山茅坑9989个，开挖排灌渠752条，15.5万米，新建、改造果园4个，成片造林161.4万株，修机耕道43条，4.79万米。项目总投资903.8万元（中央投入54.6万元，省、市、县配套投入191万元）。通过综合治理，使项目区田成方，果成网，路相通，树成荫。

1996年，川中项目突出"三高"农业和建立优质农产品基地，实行山、水、田、林、路综合治理。在元山、柳沟等8个乡镇实施，共改造低产田土1166.67公顷（改造下湿田200公顷，坡变梯806.67公顷，地变田40公顷、开发非耕地120公顷）。在项目实施区修建农田排灌水渠214条、26.5万米，挖蓄水池339口，整治山坪塘10口，建提灌站1处。项目总投资1233.5万元（川中项目投入151万元，发展粮食高产科技项目投入80万元）。1997年川中项目分别在普安、柳沟、元山等乡镇实施，改造中低产田土966.67公顷（坡改梯566.67公顷，改造下湿田400公顷），开挖农田灌溉水渠607条，7.5万米，砌石坎182条，2.71万米，修路31千米，挖蓄水池183口。项目总投资876.4万元（中央投入197.5万元，省、市配套投入95.4万元）。1997年后，川中项目随其他农业项目一并实施。

商品粮基地建设项目 1994年4月，剑阁被农业部列为"八五"第三批商品粮基地实施县，重点扶持农业科技推广中心及网点、良种繁育体系及阵地建设，环境改造、设施更新，土壤、农肥、种子等检测设备升级换代。至1996年，累计完成农技服务体系，良种推广体系房屋建筑7887平方米，总投资397.86万元。改扩、新建片区农技站用房2062平方米，农技培训业务用房2438平方米，良种体系建设房屋3387平方米。购置各类仪器设备331件（台），购置农技服务中心检测、化验仪器设备80件（台），种子公司良种繁育监测设备43件（台），片区农技站土壤、肥料仪器检测设备208件（台）。2005年实施国家优质粮食产业工程、农业有害生物预警与控制区域站建设项目，项目总投资380万元。在下寺修城园区征地0.67公顷，建标准化病虫观测场1处，修病虫观测室及配套用房1000平方米，购农作物病虫监测仪器109台（套）。

农业综合开发项目 全县农业综合开发项目于1995年启动。是年使用"川中项目"资金在剑门关镇剑雄村改造坡薄土233.33公顷；在普安镇中坪村建设蔬菜、水果、庭院经济为一体的经济园200公顷；在柳沟镇长安村实施小康村建设，实施田地调型，做梯、扎埂、开渠、造林等综合治理233.33公顷；在演圣镇鱼岭村培植粮、棉、油基地，改造下湿田、冷浸田、低产田266.67公顷。使用以工代赈项目资金在剑门关镇剑雄村，城北镇民主村，柳沟镇长安村和武连、高池、柏垭、杨村、演圣等8乡镇10村改造坡薄土273.33公顷，项目建设总投资875万元（中央投入253.3万元、省市配套87.5万元）。1996年，实施旱作农业推广示范县项目、世行贷款发展粮食高科技项目、8000吨粮油种子深加工项目和地膜玉米、棉花综合利用、水稻旱育秧抛秧等农业综合开发项目，在汉阳、剑门关、北庙、城北、普安、公兴、开封、白龙、鹤龄、木马、柏垭等31个乡镇48个村实施。至2001年，全县累计改造中低产田土1000公顷，治理水土流失666.67公顷，平整土地、改善灌面、改良质地633.33公顷。项目总投资3141万元（中央投入1520万元，省、市配套投入314万元）。2002年1月1日，2001年度国家农业综合开发土地治理项目在武连镇跃进村和开封镇鞍山村启动实施。5月15日，剑阁实施的农业综合开发项目通过省级验收。2003年，农业综合开发项目在金仙、禾丰、碑垭、杨村、柳沟等21乡镇实施，共改造中低产田土7186.67公顷，建设优质粮食基地1333.33公顷。项目总投资1078万元（中央投入260万元，地方配套187万元）。2004年，农业综合开发项目在北庙、姚家2乡22组实施。项目完成土地综合治理733.33公顷，在项目区整治病险水库1座，山平塘5口，建蓄水池70口，开挖排水沟49条、8500米，修机耕道5000米。项目总投资619.7万元，其中省、市配套141万元。2005年，实施农业综合开发项目8个，包括农村劳动力转移培训（阳光工程）、玉米科技示范工程、测土配方施肥试点工程、新农村沼气发展项目、蝗虫防治工程、粮食基地县项目等。国家累计下达项目实施投资计划739万元，实际投资651万元，在毛坝乡光华、团山、宝桥、百花村实施土地综合治理493.33公顷（坡改梯93.33公顷，改造下湿田133.33公顷，地力培肥266.67公顷），在剑白、剑苍和国道108沿线实施玉米科技示范工程2000公顷；在城北、普安、鹤龄、剑门关4镇实施家园富民工程，打沼气池2512口，推广节柴灶2563台。2006年，普安、龙源、城北、汉阳、白龙、开封等20个乡镇实施小麦良种推广补贴项目，国补助项目资金100万元，建小麦良种基地6666.67公顷。汉阳、城北、白龙、开封4镇建立优质专用小麦推广核心区666.67公顷，小麦高产示范片800公顷。

水稻玉米丰收工程项目　1991年，剑阁列入全省水稻玉米双丰工程示范区，投资108万元在白龙、武连、剑门、高池、鹤龄建立水稻玉米双丰工程示范点。是年水稻采用汕优63、D优10号、D优64作良种，两段育秧，宽窄行绳索牵引播苗、配方施肥、化学除草和科学防病治虫。玉米普遍推广绵单1号中单2号、肥团育苗、定向定距移栽、增磷补锌、人工隔行去雄辅助授粉等丰产技术，使水稻、玉米单产分别为8232公斤/公顷、5227公斤/公顷。项目总投资108万元。1998年，在国道108、剑南、剑苍、剑盐等4条主要交通干线沿线的38个乡镇，289个村，1752组，9.5万户，实施玉米丰收工程项目1000公顷，选用绵单1号、成单19号，川单13号、农大108号，9609号品种，栽培坚持肥团育苗，定向移栽，地膜覆盖，管理实行重施底肥，猛施攻苞肥，增磷补锌，隔行去雄人工辅助授粉等高产技术。实现玉米单产6058公斤/公顷。13个村、867个组，地膜玉米单产突破7500公斤/公顷。城北镇民主村至碑梁村，田家乡田庙村至共和村，白龙镇小垭村至庙垭村共200公顷玉米示范片，单产8235公斤/公顷。项目总投资521.1万元。1999年始，玉米水稻丰收工程转向以改善农业生产条件为主，在长岭乡玉溪村、吼狮乡人马垭村实施以工代赈项目，整治坡薄地533.33公顷，改土66.67公顷，在项目区建排灌水渠114条，砌石埂182条，挖蓄水池62口，建桥、闸、涵、农田制口等配套设施2015处，发展庭院经济112户。项目总投资91.3万元，其中国家投入20万元。2002年在白龙、公兴、汉阳、剑门关、城北、柏垭、武连、田家、禾丰等15个乡镇实施生态农业和以工代赈工程项目，总投资1472.42万元（国家投入1066万元，农民自筹406.42万元）。改造中低产田土2293.33公顷（改造下湿田133.33公顷，培肥地力333.33公顷，坡改梯1826.67公顷），庭院建设1万户。项目区配套设施水库排危加固5座，新建装机容量80千瓦电灌站1处，打微型水池10450口，开挖排灌水渠1519条、9.82万米，整治机耕道42条、89千米，平整土地2000公顷，改良土壤1866.67公顷。

第二章 种植业

第一节 粮食作物

1990年，全县粮食播种面积66268.53公顷（大春39797.27公顷，小春26471.27公顷）。1991年后，加大农业产业结构调整力度，粮食播种面积时增时减。1998年，播种面积71580.87公顷。2001年播种面积62141公顷。2006年播种面积70977.87公顷。1990年至2006年的17年中，粮食增产10年。粮食总产量最高之年2005年，粮食产量41.08万吨；粮食产量最低之年2001年，粮食总产19.9万吨。大春粮食作物以水稻、玉米、红薯为主，搭配种植大豆、绿豆、小豆、高粱、谷子（又名粟谷）等。小春粮食作物以小麦为主，次种豌豆、大麦，搭配种植胡豆、土豆等。

水稻　1990年至1992年，全县水稻播种面积均在20000公顷以上，最高的1991年，全年栽插水稻22294.47公顷，单产8232公斤/公顷，总产18.35万吨。1993年至1996年四年间，剑阁遭干旱袭击，年降水量减少，水稻播种面积积均在19200公顷以下。1995年，降水量为17年之最低，水稻播种面积仅14778.8公顷，也为17年之最低。1998年，剑阁降水量为17年之最高，次年全县栽秧21882.27公顷，为1993年以来之最高，创下8237公斤/公顷的历史新高。2001年，在水稻育秧、栽插、生长期间，受严重旱灾的影响，全县水稻播种面积15158.53公顷，仅略多于1995年，单产、总产分别为3584公斤/公顷、5.43万吨，为17年的最低。2002年以来，实施水稻丰产示范工程，推行农业新技术，产量逐年回升。2004年，水稻播种面积21056.4公顷，8423公斤/公顷，为多年之最高，总产17.74万吨。2005年、2006年，水稻推行节水灌溉，其播种面积均稳定在20000公顷以上。

小麦　小麦栽培适应性广，全县均宜种植，小麦播种面积一般在25000公顷以上。1990年至2006年的17年中，小麦播种面积最大的是1999年，播种面积28219.47公顷，3729公斤/公顷，总产10.52万吨。小麦播种面积最小的为2003年，播种面积22168.13公顷，总产9.29万吨。小麦单产最高为2006年，播种面积24161.27公顷，4828公斤/公顷，总产11.66万吨；最低为1993年，播种面积25401.8公顷，3513公斤/公顷，总产8.92万吨。小麦产量最高之年为1997年，小麦播种面积26879.93公顷，总产11.76万吨；产量最少为1990年，小麦播种面积24027.53公顷，总产8.94万吨。1990年至2006年17年中，小麦增产年12年，减产年5年。

玉米　玉米适应性强、耐肥、耐旱，全县均有种植。玉米播种面积受水稻生产影响，枯水年水稻面积减少，玉米面积增加。丰水年水稻面积增加、玉米面积减少。一般年份，播种面积在13000公顷左右。1990年至2006年17年中，玉米播种面积最少为1992年，播种面积10333.8公顷，总产5.9万吨。播种面积最多的为2006年，播种面积16684.4公顷，总产10.38万吨。玉米单产最低年之为2001年，播种面积13418.27公顷，3034公斤/公顷，总产4.07万吨。玉米单产最高的为2005年，播种面积16166.33公顷，6503公斤/公顷，总产10.51万吨。

20世纪90年代初，玉米产量较低。1990年至1994年的5年，玉米年平均单产仅有4818公斤/公顷。1995年开始，实施玉米丰收工程，采用良种肥团育苗，单株定向移栽，狠施壮苗肥，攻苞肥，人工辅助授粉等农业新技术，其产量大增。1998年，玉米单产突破400公斤，总产实现10万吨。2002年至2006年的5年间，年均单产6222公斤/公顷。

红薯　红薯是干旱年份稳定粮食产量的主要作物。红薯主要用作饲料和加工苕粉，少量食用。红薯在全县粮食作物中占第四位，其播种面积一般保持在4000公顷至5000公顷。旱年，水稻栽插少，红薯播种面积增大。望天田栽上红薯，间种玉米，总产量与栽水稻持平。1990年至2006年17年中，红苕播种面积最多的是1995年，播种面积6734.4公顷，总产2.49万吨。播种面积最少的是1991年，播种面积3380.47公顷，总产1.22万吨，其播种面积仅占全年粮播种面积积的5%。红薯单产、总产最高的是2006年，播种面积4883.27公顷，5198公斤/公顷，总产2.54万吨；红薯单产、总产最少的为2001年，1486公斤/公顷，总产0.77万吨。

剑阁县1990—2006年粮食作物播种面积和产量情况表

表15-2　　单位：公顷、吨

年份	小麦		稻谷		玉米		红薯		其他粮食	
	面积	产量	面积	产量	面积	产量	面积	产量	面积	产量
1990	24027.53	89422	20781.73	170624	12292.20	58500	3698.87	10668	5468.20	10180
1991	25063.73	94057	22294.47	183539	11837.87	61872	3380.47	12176	5015.07	9325
1992	25256.13	97109	22099.33	186858	10333.80	59040	3194.60	12238	4631.00	8962
1993	25401.80	89241	18817.20	146430	11967.47	59499	4438.33	11311	6109.00	10916
1994	25160.80	102019	19164.67	126259	13128.13	48044	5570.93	15195	6334.87	9698
1995	24954.33	107565	14778.80	114561	14896.87	71808	6734.40	24855	7098.87	13444
1996	25547.00	106433	18557.47	147488	12549.73	73961	5420.73	23054	5806.27	11086
1997	26879.33	117563	20900.33	125565	11871.07	61023	4599.93	12410	4950.33	7963
1998	28174.60	101892	18018.07	144844	16540.07	100202	4580.60	17184	4267.53	6095
1999	28219.47	105238	21882.27	180248	12967.00	79476	4378.13	17321	3829.73	6332
2000	24468.40	104091	21145.27	177666	11903.73	75762	3986.40	18166	4004.67	6949
2001	23249.00	90126	15158.53	54340	13418.27	40713	5200.93	7727	5114.27	6138
2002	23050.07	92347	19526.67	160885	11745.27	73648	3776.13	16426	4064.13	6694
2003	22168.13	92945	15479.67	122099	15585.73	91303	5312.13	25498	5063.00	9050
2004	22201.27	101017	21056.40	177358	14830.87	92856	4052.60	17989	5857.40	11399
2005	24075.07	114407	20312.00	160596	16166.33	105134	4250.20	20872	4963.60	9745
2006	24161.27	116641	20023.67	143149	16684.40	103791	4883.27	25384	5225.27	11112

说明：资料来源为《剑阁统计年鉴》。1990年各农作物面积未包括下寺镇、上寺乡和普广乡的面积。

第二节　经济作物

全县经济作物品种主要有油菜、花生、棉花、海椒、烟叶等。1990年，全县经济作物播种面积2722.6公顷。1991年始，突出调整农业产业结构，发展拳头产品，增加园地面积。1999年，全县经济作物播种面积28868公顷，占年农作物总播种面积的26.9%。2003年，农作物总播种面积111695.73公顷，经济作物播种面积35625.87公顷。2004年后，受国际市场行情影响，棉花播种面积减少。2006年，全县经济作物播种面积36970.6公顷，其中，油菜21020公顷、花生10281.73公顷、烟叶2565.87公顷、海椒1115.33公顷。

油菜　为全县主要经济作物，常年播种面积17000公顷左右，单产1600公斤/公顷左右。1990年至2006年17年中，油菜播种面积最大的是2005年，播种面积21562.73公顷，总产4.49万吨。播种面积最少的是1995年，播种面积15087.13公顷，总产2.73万吨。油菜单产最高的是2006年，播种油菜21020公顷，2158公斤/公顷；最低为1998年，播种面积15997.33公顷，1214公斤/公顷，总产1.94万吨。2001年后，建“两高两低”油菜基地，在全县普及油菜生产新技术，产量大增。2006年，油菜总产4.54万吨，创历史最高纪录。

花生　20世纪90年代，花生种植多为元山、金仙、公兴等地，以元山最多。其播种面积在2000公顷至3300公顷之间。1998年后，市场需求增加、价格走高，花生种植范围和面积逐步扩大。1999年后，大力普及地膜花生，亩产逐年增加。2000年，花生3702公斤/公顷。2005年，花生播种面积10172.13公顷，3644公斤/公顷，总产3.71万吨。2006年，花生种植面积10281.73公顷，总产量3.27万吨。

棉花　20世纪90年代，棉花是剑阁的主要经济作物之一，南部五区普遍种植。1990年，县政府设立棉花生产办公室，每年下达生产计划，播种面积和产量逐年增加。1996年，全县棉花播种面积5462.73公顷，667公斤/公顷，总产3643吨。2000年以后，棉花市场销售疲软，国家不再下达生产计划，农民自由种植，棉花播种面积及产量急剧下滑。2001年，棉花播种面积856.33公顷，123公斤/公顷，总产105吨。2003年，棉花播种面积35.8公顷，782公斤/公顷，总产28吨。2006年棉花播种面积12公顷，1333公斤/公顷，总产16吨。

烟叶　20世纪90年代初，烟叶播种面积保持在3000公顷左右。1994年、1995年烟叶生产面积少，年播种面积不足300公顷。1996年，县政府制定优惠政策，种烟地区实行财政扶持，奖励种烟大户，烟叶生产得到恢复。1997年，全县烟播种面积2165.4公顷。以后各年播种面积略有增加。2006年，全县种烟2565.87公顷，1986公斤/公顷，总产5.1万吨。

海椒　全县均有种植，以南边乡镇最多，白龙、公兴一带为主产区。1990年至2006年，海椒播种面积徘徊于1300公顷至3000公顷之间。最低之年为1990年，种植海椒876.93公顷，1010公斤/公顷，总产886吨。最高之年2003年，海椒种植3072.87公顷，2841公斤/公顷，总产8730吨。2006年，海椒播种面积1115.33公顷，2042公斤/公顷，总产2277吨。

蚕桑　剑阁蚕桑产业发展历史悠久。1990年，全县有桑园4238.87公顷，蚕茧产量673吨。随着国际市场行情好转，1992年起，全县大办绿色产业，大建桑园，大力培植扶持缫丝、织绸、栽桑、养蚕产业。1998年，全县桑园面积3995.33公顷，发蚕种12万张，产茧1673吨，蚕农茧款收入2600万元。蚕桑带动丝绸工业发展，全县拥有1.2万绪，织绸机100台生产能力，形成生丝、绸、丝毯、化妆品等系列产品，年创工业产值4700万元，蚕桑成为全县支柱产业之一。1999年以来，国际蚕茧需求锐减，县内蚕桑生产持续下滑。2005年，全县桑园2456.47公顷，蚕茧产量173吨。2006年，全县桑园2466.67公顷，蚕茧产量150吨。

水果 剑阁农民历来有种植水果的习惯，但其品种不优，加之管理粗放，其产量低微，多为自种自用。1990年至1995年，全县果园面积均在1100公顷左右。1995年，县政府提出“南梨北桃全县油”的发展战略，大力引进苍溪雪梨，陕西周至猕猴桃、龙泉驿水蜜桃，以及金堂柚、枇杷、葡萄等20余个新品种，坚持大搞庭院经济、大力发展开发农业，发动千家万户建梨园、桃园、葡萄园、猕猴桃园。2000年全县果园面积6732.87公顷，年产鲜果7268吨。2001年后，县农业主管部门组织农技干部下基层，推行果树高接换种、人工授粉、幼树整形、疏果套袋等新技术，水果产量逐年增加。2006年，全县有果园5970公顷，水果产量5.57万吨。

茶叶 20世纪70年代前后，全县建茶场666.67公顷。1990年，全县茶园205.33公顷，年产粗茶40.8吨。茶园产权责任不明晰，面积逐年减少。1999年，全县存茶园118.53公顷，年产粗茶26吨。2001年，国有的剑门关茶场转让给个体户经营，其茶叶获省优产品、中国西博会名优产品称号。2006年，全县茶园37公顷，产绿茶2吨。

药材 1993年全县种植药材103公顷。1996年5月，县政府印发《关于大力发展经济林的决定》，药材种植积极性提高。至2000年，全县药材种植面积1083.07公顷，药材产量1510吨。2002年4月，省中药材公司“剑柴胡”现代科技种植技术合作项目在剑阁启动。元山镇5村34组种植黄姜、剑柴胡66.67公顷，获得高产。当年全县种植中药材2719.87公顷，其中，黄姜1000公顷，柴胡433.33公顷，桔梗、杜仲、天麻、白芷、白芍1300公顷。2004年，省中药材公司、省外贸公司将剑阁列为中药材生产示范基地，川柴胡GMP研究与规范化种植科技示范区。全年种植中药材3644.53公顷，产量6566吨。2006年，探索“小麦配种柴胡”和“柴胡中间种玉米”技术，取得成功，全年种植中药材1897.67公顷，产中药材6041吨。

剑阁县1990—2006年主要经济作物情况表

表15-3　　单位：公顷、吨

年份	棉花		油菜		花生		烟叶		海椒	
	面积	产量	面积	产量	面积	产量	面积	产量	面积	产量
1990	2308.60	1396	16249.60	25065	1981.07	3991	4322.33	5336	876.93	886
1991	3231.00	2543	17222.40	27310	1971.33	4553	3443.87	2620	1507.00	1643
1992	4342.67	3285	16630.00	26077	2202.47	5012	3409.73	3835	2851.33	4065
1993	2711.93	1710	15327.07	19901	3285.60	7705	2774.13	2459	2585.00	4201
1994	2066.13	822	15793.00	23727	3661.33	4421	193.93	111	1220.00	2595

续表15—3

年份	棉花		油菜		花生		烟叶		海椒	
	面积	产量	面积	产量	面积	产量	面积	产量	面积	产量
1995	3358.73	2019	15087.13	27314	3556.40	6323	276.80	181	1311.60	2248
1996	5462.73	3643	16558.93	25877	3259.13	6296	1419.33	1136	1410.20	3702
1997	4417.20	2451	16149.13	26610	3054.20	4556	2165.40	2462	1494.20	3782
1998	4807.60	3016	15997.33	19428	3568.27	8033	1297.13	1377	1073.07	3027
1999	2420.60	1828	16206.87	23035	6427.60	21772	1285.13	1650	1704.40	3246
2000	926.20	708	19547.20	33524	8009.13	29650	1696.87	2736	2855.13	8750
2001	856.33	105	20032.00	29296	8584.80	9864	458.73	547	2668.60	2101
2002	190.73	168	19001.07	32505	8751.53	25937	815.60	1139	1895.53	4867
2003	35.80	28	18132.67	33706	9718.40	33814	919.27	1452	3072.87	8730
2004	35.87	48	21407.53	41806	10034.47	32856	992.20	1824	1992.40	5440
2005	10.20	13	21562.73	44925	10172.13	37068	1646.73	3650	1524.60	3738
2006	12.00	16	21020.00	45364	10281.73	32696	2565.87	5096	1115.33	2277

说明：资料来源为《剑阁统计年鉴》。

剑阁县1990—2006年园地情况表

表15－4　　单位：公顷、吨

年份	园地面积	桑园		果园		茶园		药园	
		面积	蚕茧产量	面积	水果产量	面积	茶叶产量	面积	药材产量
1990	5437.20	4238.87	673	985.87	1615	205.33	40.8	7.13	—
1991	8008.27	6624.13	885	1095.00	2191	281.73	28.0	7.40	—
1992	8035.40	6731.93	1158	1085.67	2330	200.27	25.0	17.53	—
1993	8952.33	7485.07	1486	1157.87	2167	206.40	13.0	103.00	—
1994	10267.07	8203.93	1943	1863.07	1734	145.73	12.6	54.33	—
1995	8557.27	7278.20	2218	1074.60	2179	141.00	13.7	63.47	—
1996	7910.93	6536.00	1974	1129.47	2084	129.13	13.1	116.33	—
1997	6227.07	5030.73	1505	1063.33	1871	123.60	8.0	9.40	—

续表15—4

年份	园地面积	桑园		果园		茶园		药园	
		面积	蚕茧产量	面积	水果产量	面积	茶叶产量	面积	药材产量
1998	5272.07	3995.33	1673	1165.87	6835	96.13	17.0	14.73	—
1999	7679.67	3052.20	1248	4462.47	5591	118.53	26.0	46.47	—
2000	10859.87	2946.33	1158	6732.87	7268	97.60	10.0	1083.07	—
2001	12029.93	2771.13	887	6387.07	5805	96.53	4.0	2775.20	249
2002	12077.87	2651.00	928	6627.00	13095	80.00	4.0	2719.87	3107
2003	11904.80	2454.67	720	5861.00	16000	40.00	3.0	3549.13	6455
2004	12222.80	2606.27	485	5934.00	22250	38.00	2.0	3644.53	6566
2005	11335.87	2456.47	173	5974.00	24500	81.20	2.0	2824.20	7003
2006	10371.33	2466.67	150	5970.00	55698	37.00	2.0	1897.67	6041

注：资料来源为《剑阁统计年鉴》，并根据部门数据调整了个别指标。2000年以前未统计药材产量。

第三节　土壤改良

耕地改造　1990年，在元山、王河、演圣、公店、国光等乡镇和白龙镇槐树、庙垭、寨门村，公兴镇茶垭、新生、凤凰、九龙村，涂山乡苏维、东河村，正兴乡星火、龙虎、郭沟村实施土壤改造项目。采取调型做梯、理渠扎埂、渗沙增壤、深翻面厚等办法改良土壤。至1992年累计改良土壤11926.67公顷。其中，地变田1420公顷，坡改梯1380公顷，改造冬水田1740公顷、下湿田1753.33公顷，土层薄变厚5633.33公顷。在土壤改良区，实施建园做梯371.33公顷，开挖“三沟”（背沟、边沟、沿山沟）42.9万米，建水池1021口，衬砌石渠14.51万米。1993年，使用川中项目和以工代赈资金，在开封、武连、木马、鹤龄、广坪、柳沟、普安、城北等乡镇实施土壤改良项目。至1998年，全县累计改良土壤21086.67公顷。其中，地变田793.33公顷，坡改梯4620公顷，改造冬水田1980公顷、下湿田3113.33公顷，土层薄变厚10586.67公顷。2001年，围绕建设社会主义新农村、文明新村、小康村，统筹水土保持、退耕还林、川中农田改造、以工代赈、扶贫新村等项目资金，在公兴、毛坝、汉阳、剑门关、北庙、城北等乡镇开展土壤改良。至2005年，全县累计改良土壤4739.4公顷。其中，改造冬水田2506.6公顷，土层薄变厚533.33公顷。2006年，土壤改良重点实施区为毛坝乡团山、光华、宝桥、百花4村，共计改良土壤413.33公顷。其中，改造下湿田266.67公顷，坡耕地调型146.67公顷。

培肥地力　1993年，在汉阳镇先行试点，采取积造农家肥、种植（间套）绿肥、秸秆覆盖还田和施用作物专用肥、配方肥、微量元素肥等生物、化学、农耕、农艺措施培肥地力。全年购买绿肥种子箭舌豌豆2500公斤，子粒苋300公斤，毛苕子2500公斤，扁夹山黎豆2500公斤，生物钾肥1000公斤，利用小春预留行和冬闲地种植绿肥 233.33 公顷。1994 年在该镇实施培肥地力项目，推广秸秆和水稻高桩还田 229.33 公顷，小麦苗桩还田 117.8 公顷，利用预留行种植箭舌豌豆 120.33 公顷。通过培肥地力，粮食产量递增。1996 年，全县利用作物隙地，行间种植绿肥 128.2 公顷。2003 年，武连、柳沟、开封 3 乡镇实施"沃土"工程，地力培肥 200 公顷。在工程区共积有机肥 920 万公斤，秸秆还田 66.67 公顷，种植绿肥 47.07 公顷。当年，实施区粮食总产比上年增长 3%。2004 年，在碑垭、杨村、香沉、白龙、禾丰等乡镇和剑门关茶场、武连镇武五村实施沃土工程。实施区全部采用秸秆还田，作物专用配方施肥和增加农家肥施用量。2006 年，结合实施川中项目、以工代赈、水土保持和文明新村建设项目，在武连、开封、碑垭、汉阳、剑门关、公兴等乡镇抓田土改造后培肥地力。在项目区种植绿肥 733.33 公顷，推广稻田保护性耕作技术 2333.33 公顷。对稻田采取收割前不开沟、不放水、不旱田，使其处于自然积水状态。收获水稻时不收草、不晒草，直接将稻草铺于田面，并用人力或碾压工具轻压，使稻草与田面充分黏结，施用秸秆腐熟剂（腐秆灵），腐蚀稻草，使土壤质地得到改良。

配方施肥 1990 年，施配方肥 64000 公顷次。1994 年，从美国引进高美施 UA－102 有机腐殖酸液肥，从四川彭县红光化工厂引进微量元素肥料农一清复合液肥，在汉阳镇中心村进行叶面施肥效果对比试验后在全县推广。1995 年实施高中级配方施肥 37333.33 公顷次，养分平衡施肥 1666.67 公顷，推广新型复合肥高美施 UA－102 和农一清 13.33 公顷，生物钾肥 233.33 公顷。1998 年，县农业主管部门加大配方肥的推广和普及力度，从省农业厅引进高产精（微肥、叶面肥），从农业部引进小麦拌种剂（种子肥），从四川省精艺技术开发公司引进精艺牌植物营养液肥，分别在白龙、禾丰等乡镇施用，建立油菜示范片 26.67 公顷，小麦示范片 40 公顷，通过对新引进配方肥施用的效果对比试验后，在全县推广。1999 年起，全县每年推广配方肥 26000 公顷至 40000 公顷，小麦大面积采用药剂拌种，油菜、玉米、水稻施叶面肥和增磷补锌。

2005 年 9 月，动用车辆 274 辆次，抽调农业技术人员 822 人次，在全县 527 个村、1954 个村民小组采集土样 3950 个。并按国家《测土配方施肥技术规程》，对土样进行晾晒、制作处理和理化性状化验分析。基本掌握县境主要土壤养分状况。针对全县主要土壤类型及主要作物，研制施肥配方 6 个，建立测土配方施肥示范点 22 个，示范面积 2133.33 公顷。2006 年，全县推广测土配方肥 34200 公顷，覆盖全县 472 个村，13.5 万农户。

第四节　农作物病虫害防治

病虫测报 县植保检测站负责小麦条锈病、白粉病、麦圆蜘蛛、蚜虫、水稻稻瘟病、螟虫、稻蝗、稻苞虫、油菜菌核病、地老虎、玉米螟、黏虫等主要病虫害的预测测预报工作。1990 年，运用模式电报，定期申报病虫监测情况，发布重大病虫信息。1994 年，为准确及时测报病虫，县农业主管部门在植保检测站固定 3 名专业技术人员，2 名兼职病虫测报员，负责田间病虫调查测报、发布病虫动态信息。1996 年，充实植保监测力量，在武连、江口、公兴、北庙、元山等乡镇建立病虫测报网点，固定不脱产测报员 10 人，常年选择典型田块、进行田间监测。2003 年，农作物病虫测报范围扩大。在下寺镇三江村新建农作物病虫测报点，开展病虫电视预报工作。2005 年，农业有害生物预警与控制区域站建设项目。项目总投资380万元，其中中央投资300万元。在下寺镇修城坝新建农业有害生物综合检验检测室及配套用房1005平方米，应急防治药械库288平方米；在汉阳镇中心村二组新建标准病虫观测场1个，面积6536平方米；在武连镇跃进村、下寺镇三江村新建立病虫观测站；购置现代检测仪器和应急防治设备97台（套、辆）。

2006年，测报15种作物的60多种病虫，发布病虫防治书面通知25期，电视预报8期，中长期预报准确率80%，短期预报准确率95%。

病虫防治　对农作物病虫害采用药物防治、生物防治、物理防治和（TPM）综合防治等办法，以药剂防治为主。在20世纪90年代初，国家禁止生产、使用高效、剧毒、残留药物。提倡使用高效、低毒、低残留农药。杀虫剂类“六六六”“DDT”等有氯剂制农药和杀菌剂类“赛力散”“西力生”等汞制剂农药逐步退出市场。90年代中期施用敌百虫、毒死蜱、快杀灵。2003年起，杀虫剂类推广使用锐劲特、甲维盐、阿克泰、生物导弹（生物农药），杀菌剂类使用三环唑、多菌灵、粉锈宁、托布津、麦棉灵、粉多威、丰登可湿剂。2004年起，推广使用阿米西达、科惠、爱苗、纹曲灵。

1990年，防治农作物面积49073.33公顷次，施农药量5.86万公斤（杀菌剂1.27万公斤，杀虫剂4.59万公斤）。1992年，稻螟虫、稻苞虫为害水稻19780公顷。水稻稻瘟病，小麦条锈病，白粉病大面积发生。为控制病虫危害，全年药物防治72373.33公顷次，年施用农药量9.8万公斤（杀虫剂3.01万公斤，杀菌剂6.79万公斤）。1995年采取改良耕作制度，避开病虫高发期；选育良种，壮苗提高作物自身抗病能力，及时中耕除草，恶化病虫滋生环境，保护天敌，维持生态平衡等综合性措施，防治农作物病虫。2000年始，减少农药施用量，利用害虫成虫趋光性，在东宝、武连、汉阳3镇推广频振杀虫技术，于稻田、玉米地、果园安装佳多频振式杀虫灯，诱杀螟虫、稻飞虱、叶蝉等，其效果显著。2003年，使用“7216”菌药、BT乳剂防治水稻稻苞虫、玉米螟虫、烟叶烟青虫，使用井岗霉素防治水稻纹枯病、稻曲病，使用“生物导弹”（赤眼蜂带病毒）防治玉米螟，使用阿维菌素C（钾维盐）防治稻蝗，使用枯草孢杆菌防治油菜病毒病。推广面积2100公顷。2006年，水稻稻苞虫、小麦锈病、玉米黏虫大面积发生，采用药物防治农作物病虫262533.33公顷次，农药施用总量93.2万公斤。生物防治农作物25466.67公顷。物理防治农作物病虫，安装佳多频振式杀虫灯410个，诱杀成蛾40万公斤，果园普遍间种苏麻、紫苏、百花草、胡豆等“蜜源”“桥梁”植物招引寄生蜂、草蛉、捕食螨等天敌昆虫防治果园虫害。

第五节　农业种植技术

水稻育秧技术　20世纪80年代初，剑阁开始推广水稻温室两段育秧技术。1990年，全县温室两段育秧移栽面积5400公顷。1991年，在温室两段育秧的基础上，对室外寄插的秧苗加盖薄膜。1996年，全县两段育秧移栽面积12266.67公顷。

水稻旱育秧稀植技术推行于20世纪90年代初。1995年，县农业部门在城北、普安等乡镇试点，旱育秧苗400公顷，大田移栽面积2000公顷，单产超过9000公斤/公顷。1996年，旱育秧稀植技术推广范围扩大到武连、柳沟、白龙、汉阳、闻溪、江口等乡镇，当年旱育秧大田移栽面积7000公顷。该项技术具有省肥、省种、省秧母田等好处。比温室两段育秧提早熟期3至5天，比湿润秧田省种30%，节水50%，且秧苗矮壮，根系发达，抗旱性强。栽后生长快，分蘖早，成穗多，产量高，可增产10%—18%，其技术迅速被农家接受。2000年，全县旱育秧栽秧面积4666.67公顷，2006年推广至11266.67公顷。

地膜覆盖栽培技术 1990年剑阁大面积推广地膜玉米技术。全年栽培地膜玉米1000公顷，6150公斤/公顷。1997年，金仙、白龙、田家、演圣、元山、城北、汉阳等18个乡镇，实施省农业厅下达的1333.33公顷地膜玉米温饱工程项目，实际完成1866.67公顷，6420公斤/公顷，比常规栽培法玉米单产增长13%。2002年，全县推广地膜玉米8000公顷，6270公斤/公顷，比常规栽植单产增长9.3%。2005年全县大面积推广地膜玉米8666.67公顷，6510公斤/公顷，总产5.64万吨。

地膜覆盖技术除玉米栽培使用外，还广泛用于棉花、花生、海椒、烟叶等经济作物。2006年全县农作物推广使用农用地膜13400公顷（玉米地膜覆盖栽培8533.33公顷，花生、海椒、烟叶地膜覆盖栽培4866.67公顷）。

配方施肥技术 全县推广配方施肥技术始于1986年。按照土壤肥力，农作物需肥规律及特点配方施用氮、磷、钾肥。至1990年，全县初级配方施肥40000公顷。1991年，实施省、市农业“丰收计划”12项，推广配方施肥技术108000公顷（次），年施用微肥1.57万公斤。1995年，高中级配方施肥37333.33公顷，养分平衡施肥1666.67公顷，全年配方施肥量504万公斤。2005年推广测土配方施肥，全县建立测土配方施肥示范点22个，示范面积2133.33公顷。2006年，广泛推广测土配方施肥，年施肥面积34200公顷，配方施肥总量1140万公斤。

旱地复种改制 1990年，全县继续推广旱地复种改制，即小春预留行。小春播种时采用套作、垄作，留足大春农作物播种面积行间。小春作物收割前，预留行提前种上大春主作。小春收获后，其茬行间种杂粮或红薯。1991年，推行麦—油—玉—豆，麦—菜—桑—花生—菜—育桑苗，麦—菜—花生—棉花—菜等套作模式，均取得较好经济效益。1995年，全县旱地复种改制8333.33公顷。1996年后，剑阁屡遭干旱袭击，对无水源保证的“三田”（高磅田、望天田、漏筛田），立足改旱，提前走旱路，其旱地复种改制面积扩大，全年推广旱地复种改制12000公顷。2000年后，全县年均旱地改制在10000公顷至13000公顷。旱地改制增加熟制，提高复种指数和土地利用率。2006年，全县旱地复种改制12066.67公顷。

良种技术 剑阁是国家种子生产基地。20世纪80年代初，县种子公司生产良种水稻、杂交玉米种子。1996年，制种品种扩大到油菜。是年，县种子公司与省油菜联合体协作，生产杂交油菜种子53.33公顷，产量8万公斤，被列为全省杂交油菜生产基地。2002年后，种子生产、营销业务市场化，县种子公司改制，不再制种。

1990年，推广良种水稻、玉米种子110万公斤，栽插良种水稻16000公顷、玉米12000公顷。之后，良种面积推广逐年扩大。1996年，推广良种玉米、水稻、油菜种子115万公斤，栽插良种水稻17333.33公顷、玉米12333.33公顷、油菜5333.33公顷。1997年，水稻推广岗优22、岗优多系1号，更换D优、汕优型品种；玉米推广雅玉2号、川单9号更替绵单1号；引进小麦良种绵农4号、绵阳26号、绵阳92-330，共推广良种20万公斤。2000年，推广良种水稻品种17个80万公斤、玉米品种8个65万公斤、油菜品种3个10万公斤。栽播良种水稻21145.27公顷、玉米11903.73公顷、油菜14200公顷。水稻、玉米全部实现良种化。2006 年，全县播种良种水稻 19133. 33 公顷、玉米 16666. 67 公顷、油菜 18066. 67 公顷。

其他农业种植技术　1990 年，普及推行水稻抗旱节水栽培和喷施“九二〇”“多效唑”叶面施肥技术。1995 年，普及推广玉米矮化栽培、宽行窄株和隔株去雄人工辅助授粉技术。1996 年，推广普及油菜增株减氮，小麦喷施“丰产露”技术和除草醚，果尔乳油田间除草技术。2000 年，推广大棚蔬菜，全光照花卉育苗和免耕法，秸秆还田技术。2003 年，推广无公害水果栽培，试验红薯施用“膨大素”技术。

第三章　林　业

第一节　森林面积　蓄积

森林面积　1991 年 7 月，下寺、普广、上寺三乡镇划归剑阁县行政区管辖，1992 年 3 月对三乡镇开展森林资源二类调查。三乡镇总面积 13907. 2 公顷，林业用地 7790. 0 公顷，其中林地 4141. 0 公顷，疏林地 412. 8 公顷，灌木林地 1291. 1 公顷。在有林地面积中，林分（木材林）面积 2272. 6 公顷，经济林 1864. 6 公顷，用材林面积 1514. 9 公顷，竹林 3. 8 公顷，防护林 757. 7 公顷。

2002 年全县森林资源二类调查统计，全县面积 320433. 3 公顷，林业用地 171268. 1 公顷，占全县面积的 53. 4%；非林业用地 149165. 2 公顷，占 46. 6%。

在林业用地面积中，有林地 156153. 4 公顷，占林业用地面积的 91. 2%；疏林地 2100. 4 公顷，占 1. 2%；灌木林地 3131. 8 公顷，占 1. 8%；未成林造林地 3188. 7 公顷，占 1. 9%；苗圃地 22. 2 公顷，无林地（包括县政府规划的退耕还林地面积）6671. 6 公顷，占 3. 9%。

在有林地面积中，林分（木材林）面积 155730. 1 公顷，占有林地面积的 99. 55%；经济林 750. 8 公顷，占 0. 5%；竹林 32. 5 公顷。在有林地面积中，用材林面积 65481. 5 公顷，占有林地面积的 41. 9%；防护林 82886. 9 公顷，占 53. 1%；薪炭林 5343. 9 公顷，占 3. 4%；特种用途林 1690. 3 公顷，占 1. 1%；经济林 750. 8 公顷，占地 0. 5%。

在无林地中，宜林荒地面积 1051. 1 公顷，占无林地的 15. 7%；灌丛地 4988. 7 公顷，占 74. 8%；竹丛地 8. 6 公顷，占 0. 1%；停耕 258. 8 公顷，占 3. 9%；宜林沙荒 346. 1 公顷，占 5. 2%；难造林地（土层浅薄，岩石裸露）18. 3 公顷，占 0. 3%。

非林业用地 149165. 2 公顷，其中坡度大于 25 度的耕地面积 199. 4 公顷，占非林业用地的 0. 1%。

林木蓄积　1992 年 3 月对下寺、普广、上寺 3 乡镇开展森林资源二类调查。3 乡镇活立木蓄积 84858 立方米，其中林分蓄积 69258 立方米，疏林蓄积 5576 立方米，散生木蓄积 7559 立方米。

2002 年全县森林资源二类调查统计，全县活立木总蓄积 6370470 立方米，其中：林分蓄积 6088187 立方米，占活立木总蓄积的 95. 6%；疏林地蓄积 9337 立方米占 0. 2%；散生木蓄积 40671 立方米，占 0. 6%；四旁树蓄积 232275 立方米，占 3. 6%。

全县林分面积、蓄积以针叶林为主，针叶林又以柏木为主。柏木林分面积136542.2公顷，蓄积量5363328立方米，分别占林分面积、蓄积的87.9%与88.1%。

森林覆盖率 1990年，木材外流成风，县域森林砍伐强度增大，全县有林地覆盖率为35.7%。1998年3月，贯彻落实国务院《关于保护森林资源，制止毁林开垦和乱占林地的紧急通知》（国发明电〔1998〕8号），全县有林地面积上升。2000年开始实施退耕还林（革）一、二期工程，全县有林地面积迅速增加。2006年全县幅员面32.04万公顷，其中有林地面积15.53万公顷，有林地覆盖率48.7%。

剑阁县2002年林分各优势树种（组）面积、蓄积情况表

表15－5

		面积		蓄积	
		公顷	%	立方米	%
针叶林	柏木	136542.2	87.9	5363328	88.1
	马尾松	9374.1	6.0	486695	8.0
	杉木	27.2	…	1540	…
阔叶林	栎类	6917.1	4.5	125532	2.3
	桤木	2509.5	1.6	101092	1.6

说明：资料来源为《剑阁林业志》。

林木生长 消耗 1990年到2006年，全县森林面积和蓄积呈增长趋势，2003年全县森林资源二类调查，全县林分年净生长量357770立方米，综合生长率5.88%。幼林木净生长量193235立方米，净生长率6.55%，中林木净生长量147646立方米，净生长率5.36%，近熟林木净生长量15602立方米，净生长率4.54%，成熟林木净生长量1282立方米，净生长率3.31%，过熟林木净生长量5立方米，净生长率0.75%。疏林、散木林、四旁树蓄积282283立方米，按综合生长率估算，净生长量16586立方米，全县活立木总生长量374357立方米。

1990年至2006年期间，随着农村经济的发展，农村人口人居环境改善，机关、企事业办公用房和生产用房的改、扩建，森林资源的消耗量多年超过生长量。1991年后，实行森林砍伐限额管理，1998年10月禁止天然林砍伐，年平均消耗1287000立方米，其间1992年森林资源核查，消耗资源143808立方米。2000年到2004年，全县累计消耗森林资源171480立方米。2005年全县试点人工商品林采伐，全县消耗森林资源36246立方米。2006年，执行省市相关木材生产计划，全县森林资源消耗54591立方米，其中非商品材消耗22233立方米，人工商品材采伐消耗24427立方米。

剑阁县2002年林分各优势树种（组）净生长量情况表

表15－6 单位：立方米

组成树种	幼龄林	中龄林	近熟林	成熟林	过熟林
柏林	152951	114692	2394	95	2
马尾松	8998	16796	11603	835	—
杉木	7	105	54	9	—

续表

组成树种	幼龄林	中龄林	近熟林	成熟林	过熟林
栎类（硬阔）	12968	4422	234	56	—
桤木（软阔）	18310	11643	1316	287	3

说明：资料来源为《剑阁林业志》。

第二节　林业资源

剑阁属四川柏松栎林业区，究其森林结构类型由木材林、经济林、竹林构成。据2002年全县森林资源二类调查统计，全县木材林面积15.54万公顷，其中柏木林13.65万公顷，松、杉木林0.94万公顷，栎类林0.69万公顷，桤木纯林0.25万公顷。柏木林覆盖县域全境，树干通直、树冠浓郁、树姿优美、木材纹理细密、木质坚韧耐用，是建筑房屋、制作农家具的优良用材。松、杉木林密布于县北及县中北部，树姿优美、木质圆润、树干通匀、干为建筑用材、松果子、叶可提炼松节油。成片松林横亘县北，为剑门关风景名胜区一道自然风景线。栎类林在汉阳、姚家、盐店、西庙、秀钟、剑门关等乡镇为集中成片区，根部再生力强，砍伐后次年抽发新枝，三、五年成林，是生产木耳、木炭、栓皮、建材、土具把的最好材料。桤木林布点县境域各地，是剑阁木本植物资源和森林生态系统群落的新类型，桤、柏混交林比柏木纯林活立木生长率提高80%。桤木是建筑、包装、制作家具的较好材料。

全县有经济林木956.06万株，其中：成片经济林750.8公顷，林木402.69万株；散生经济树2.95万株；四旁经济树550.42万株。成片经济林木按用途划分：果树林390.8公顷，食用油料林28.8公顷，饮料林120.5公顷，药材林52.3公顷；其他林（桑）158.4公顷。

全县有各种竹子1683.74株（丛），其中，成片竹32.5公顷，竹株14.37万株，散生竹24.11万株，四旁竹1645.26万株（丛）。竹种以慈竹为主，共1659.19万株，宅旁、溪边广泛分布。

第三节　森林保护

封山育林　剑阁坚持年年下达封山育林计划，层层落实巡山护林人员，制订封山育林公约。封山育林做到“六定”（定巡山护林员、定封育面积、定管护标准、定封育期、定报酬、定管护制度），“五不准”（不准乱砍滥伐，不准随意进山砍柴割草，不准在封山区采石、取土，不准带火进山、不准牛羊践踏幼树），“四有”（有封山碑，有封山界标志，有管护合同，有封山登记卡、册）。1990年至1994年，全县累计封山育林45400公顷次。1995年，结合长江防护林工程、中德合作四川造林项目、退耕还林项目，配套实施封山育林。至2000年，全县累计封育护林103600公顷次。2001年，封山育林列入天然林资源保护工程建设，林区停止天然林采伐，采取封、管、造、绿等措施保护森林。2006年，细化林木封管责任，在全县建立森林保护站86个，落实森管人员5018人，管育森林123333.33公顷，其中工程封山育林7600公顷。

抚育护林 1990年至1995年，县林业主管部门为提高国有林生长质量，在编制剑门关林场森林经营方案时，五次对朱家寨、梁家寨、雷霆峡、仙峰观、金城山的673.33公顷多代生萌芽栎类青杆林，进行林种改造，择伐其病腐木、虫蛀木、自然枯死木，采取卫生抚育，透光抚育办法，清除林间杂灌、杂草，更新树龄长，木质坚韧、树姿优美，形成既具有观赏价值，又具有经济价值的多功能景观林。1996年，对九院一、三、四所辖区内的200公顷低残次林，实施透光抚育和少数生长不良树种的伐除。1997年，对全县420处、780公顷国有林，由护林人员进行低度剔枝。对过密和病腐严重的160公顷森林，采取透光抚育、卫生抚育、伐密留稀、伐弯留直、伐病留壮等措施，改善林木生长环境。

1998年，县政府明细集体林木管护责任，确保林有其主，主有其权，权有其责，责有其利。将全县113000公顷集体林，采取办乡村合作林场和确权给林农作自留山，责任山，由林农自主经营，并在林业部门的监督和具体指导下进行抚育护林。对密度过高的林分进行透光抚育和卫生抚育，对封山育林区和个户管护的林木，每3—5年，进一次适度的剔枝和清除林间杂灌，杂草的抚育。2006年，全县有集体林113440公顷，实施抚育管理8500公顷。

护林防火 冬春季节为森林火灾的高发期。县政府确定每年10月至次年5月为剑阁火险高发期，规定火险高发期野外用火单位或个人必须向林业主管部门申请，核发野外用火许可证，禁止林区野外吸烟、烧火、烧纸钱、野炊、烧荒、煨火堆、狩猎、实弹演习。1992年，按照国家森林火险区划分等级行业标准，将剑门、姚家、汉阳、盐店、北庙、下寺、上寺等乡镇和剑门关景区、驿道古柏自然保护区等马尾松——青杠林、油松、皇柏古树及各类灌木林划为一类森林防火区；将城北、普安、柳沟、武连、开封、白龙、鹤龄等中部桤柏混交林和黄荆、马桑林区划为二类森林防火区；将元山、公兴等森林资源较少的桤柏混交，人工林区划为三类森林防火区。1995年，剑阁森林防火纳入市GTS管理系统，在汉阳镇大柏树湾林园、剑门关镇朱家寨林区、下寺镇沙溪林场修建森林防火瞭望台。县林业局配防火专用电话、对讲机、护林防火专用车。采取民工建勤与投资相结合，修建至梁山寺、朱家寨、马耳山、九院三所等大林区联网公路35千米。1997年，县政府把森林防火纳入各级政府目标管理。乡镇建立护林防火指挥部，村设护林防火站，配巡山护林员，大林区和一级森林防火区成立义务扑火队。层层签订护林防火责任书，制定护林防火公约，建立护林防火制度。2000年，在林区增加护林防火监控设施。2006年，县林业主管部门编制《森林火灾应急预案》，县政府与乡镇，县林业主管部门与林业站签订护林防火责任合同。

1990年至2006年，全县累计发生森林火情、火警、火灾85起，过火面积65公顷，损失幼树8万余株，烧死皇柏4株，烧毁人工林11公顷。

森林病虫害防治 为有效防控森林病虫害，贯彻国务院《森林病虫防治条例》，落实“谁经营、谁受益、谁防治、谁负责”的森林病虫防治方针，把森林病虫防治责任落实到基层，细化到人头。1992年，县林业主管部门在林区建立森林病虫害预测预报网络体系，坚持每年定期发布森林病虫害动态信息。1994年，对柏垭、木马、店子等乡镇的林区森林病虫实施生物防治。1997年，森林病虫暴发成灾，殃及全县森林20000公顷，重灾区虫口密度为800－2000头/株。县政府采取群防群治，统防统治，动员组织群众打歼灭战，区、乡镇层层召开森林病虫防治工作会议，动员千家万户点灯诱蛾、摘茧、击蛹，全县设诱蛾灯5.86万盏，烧火堆2.03万处，杀虫蛾46.3万公斤。迅速控制森林病虫蔓延。1999年，引进省森防总站10万只川硬皮肿腿蜂放于驿道古柏，防治双条型天牛为害。2006年，全县大面积出现云南松毛虫、蜀北毒蛾危害森林 13333.33 公顷。在白龙、开封、汉阳所有林区，采用飞机杀虫。

1990 年至 2006 年，剑阁发生森林病虫灾害 12 年，其中重灾 4 年（1991 年、1997 年、2003 年、2006 年）。17 年累计投入森林病虫害防治资金 150 万元，购“敌对”“敌玛”“川保防生制剂”等森林农药 19.68 万公斤，制挂林区鸟箱 1829 个，累计防治森林病虫害 86133.33 公顷次。

古木保护　剑阁对名木古树实行登记建卡，挂牌保护，除自然死亡经批准伐除外，一律严禁砍伐。县林业主管部门建立增减台账。1991 年，县林业主管部门组织力量，划定驿道两侧各 10 米、古柏周围 15 米以内为古柏保护带，在保护带内禁止任何单位、个人占用林地修路、建房、架线、开渠或搞其他工程建设。古柏附近已建的房屋，架设的电线、电杆必须逐步撤除。保护带内实行封山育林，禁止入内铲草皮、放牧、生火、取土、采石。1992 年，驿道古柏保护继续沿袭辖区地域管理办法（县长、驿道古柏所在地的乡镇长、村主任为古柏保护第一责任人），实行上任交接、离任审计制。1993—1994 年，县政府两次组织林业、公安、国土、城建等单位对古柏安全进行执法检查，发现龙源、武连、柳沟、剑门、汉阳等乡镇集镇建房，致使近百株古柏或因污水浸渍，或因刨土露根，或因断枝去根趋于死亡。为保古柏安全，立案处理 28 宗，责令限期拆除违章建筑 3 户，拨款保护 128 株。1995—1996 年，在驿道古木保护范围内清理登记幼柏 24325 株，挂牌保护中、小柏 16180 株，大苗移栽缺株断线柏 14400 株。1999 年，投入嘉陵江中上游生态防护林工程建设项目资金 48.1 万元，对 1370 株根系裸露古柏实施砌石垒土保护。2002 年 3 月，省政府批准建立“四川翠云廊古柏（省级）自然保护区”，划定保护区范围 15772 公顷。县林业局内设驿道古柏自然保护处，并在驿道北、西、南三线设保护站，固定专职管护人员 23 人，划段保护古柏。是年 10 月，县政府印发《关于自然保护区，风景名胜区从事经营性活动审批制度的通知》，规定在驿道沿线、风景区从事经营性活动的单位和个人，必须事先提出书面申请，并进行环境影响评估，办理准营证后，才能从事经营活动。全年依据文件通知审批发证 34 宗，取缔 5 宗。2004 年 8 月，县人大常委第十五届十二次人民代表大会审议通过《关于剑阁驿道古柏保护管理的决议》，确定剑阁驿道古柏属重点名胜古迹、县级文物，规定驿道古柏两侧 500 米内的林业用地和有古柏分布的国有林及剑门关林场划归自然保护区范围。国家、集体、个人修路、建房或从事其他建设活动要避免损坏驿道古柏，驿道古柏所在地的乡镇、村（居）组的农户和居民对列入保护区范围的荒山、荒坡有绿化造林的责任，对森林、林地有保护义务。1990 年至 2006 年，累计实施古柏保护 30800 株次，施药 3.81 万公斤，人工捕杀老熟幼虫 84 万公斤，摘虫茧 6.2 万公斤。

第四节　植树造林

荒山造林　1990 年动员组织社会造林。对乡镇、村实行首长任期绿化目标责任制，层层签订绿化造林合同。在全县大搞荒山造林，改造低残次林，退耕还林。1991 年起，全县开展灭荒活动，采取大兵团作战的方式，统一组织劳力，统一制定规划，办公到工地，吃饭在山头，限期完成灭荒任务。1992 年，鼓励农民在“四地八边”，宜林荒坡植树。至 1995 年，各级党委、政府绿化灭荒试点 451 个，试点示范 1320 公顷，累计完成灭荒造林 23133.33 公顷。1996 年，社会造林突出改造林种、树种结构，改造低残次林，发展速生丰产林业。充分利用国家以工代赈、小型造林补助、绿色希望工程、嘉陵江防护林工程、长江防护林工程等项目资金，治理“三废”（废弃果园、茶园、桑园），突出发展经济林，更新低残次林，建造经济林园。至1999年，4年累计完成低残次林改造9200公顷。在城北镇石庙山、武连镇邓家山、龙源镇七宝山、长岭乡金城山、剑门关镇仙峰观等地发展经济林1220公顷（杜仲林66.67公顷、桐园100公顷，茶园66.67公顷，银杏林300公顷），累计栽植银杏、杜仲、梨、苹、桃58.7万株。2000年，实施退耕还林还草和天然林资源保护工程，改善生态环境，遏制水土流失，把社会造林重点转向坡度大于25度的坡耕地放牧地。至2006年的六年期间，累计造林12113.33公顷（包括退耕还林4733.33公顷）。

城镇周边绿化和绿色通道建设 按照全国人大五届四次会议《关于开展全民义务植树运动的决定》，剑阁从20世纪80年代初开始，每年春季或秋季组织机关干部、城镇居民、工人、学生在城镇周边开展义务植树。1990至1996年，县级机关、普安、城北镇居民在城南的烟灯山（去鹤龄方向）、大梁山（去龙源镇方向）义务植树，栽植雪松、塔柏、香樟、桂花、紫薇、元宝枫等各类绿化园林树种197.33公顷，普安、城北、剑门、汉阳、江石、龙源、禾丰等乡镇在古驿道营造二代翠云廊92千米，在剑苍、剑盐、剑南、国道108等270千米路段两旁植树。1997年至2000年，在周垭子、汉阳山造林80.67公顷。1998年，编制《剑阁县城镇周边绿化和绿色通道建设总体规划方案（草案）》。全年公路绿化580千米，建园林式路段14千米，铺草坪6万平方米。2001年，城周绿化重点转至下寺镇，至2004年，累计植树造林203.33公顷，建成区绿化35100平方米。2004年，全县铁路总长15千米，宜绿长度13千米，绿化10千米；国省道宜绿长162千米，绿化101.24千米；县、乡镇公路宜绿长度606.1千米，绿化602.5千米；河流宜绿长度2300千米，绿化1855.1千米；水库宜绿面积398.53公顷，绿化313.27公顷。

2005年3月，编制《剑阁县城镇绿化和绿色通道建设总体规划方案》，规划全县绿色通道建设、城镇周边绿化两项工程实施规模为46780公顷和1368.25千米（公路、河流两旁第一层山脊内新造林地、补植地、抚育地、管护地以公顷作单位；公路、河流护岸林长度以千米作单位）。规划界内绿化，新造林986.67公顷，封补造林606.67公顷，抚育2973.33公顷，管护9140公顷。规划界外绿化，新造林20公顷、封补造林126.67公顷、抚育693.33公顷，管护32233.33公顷。年10月，县人大第十五届第三十次常务会议讨论通过，批准实施。至2006年，全县城周绿化3641.13公顷。其中，新造林397.07公顷，封补造林336.27公顷，抚育696.67公顷，管护1406.67公顷。界外绿化804.46公顷。绿色通道建设246千米、5266公顷。其中，新造林369.87公顷，封育补植造林359.67公顷，抚育1008.67公顷，管护1340公顷；界外绿化2187.8公顷。累计栽植香樟、银杏，杨树、元宝枫、冬青、桂花、紫薇等名贵树种88.4万株，桤柏201.5万株。在下寺镇修城、沙溪、拐枣、大仓等8村公路两侧及可视范围内栽植油橄榄、元宝枫、冬桃、欧美杨等402.53公顷。在剑青公路两侧及可视范围内植杨树6950株、香樟4400株，在城北、姚家、北庙3乡镇营造桤柏混交林47.87公顷，发展经济林23.8公顷。

经济林基地建设 1990年起，从国外、省外、县外引进经济林树种进行繁殖试验，大面积推广。1995年，全县经济林面积7306.67公顷。1996年5月，县委、县政府印发《关于大力发展经济林的决定》，全县重点发展杜仲、银杏、板栗、猕猴桃、雪梨、桃、苹果等经济林。至1998年，全县新栽经济林5266.67公顷。1999年，把成片发展经济林、工业原料林列入嘉陵江防护林、中德合作造林、退耕还林等造林工程项目，坚持同步实施，同时验收。2000年，改变林种结构，从国、省、县外引进冬桃、雪枣、黑李（美国）、欧美杨、三倍体毛柏杨、红豆杉（东欧）、食用玫瑰、新疆葡萄、薄壳核桃、五星枇杷、油橄榄、元宝枫等优良水果、园林绿化树种。2006 年，全县累计发展经济林 22333.33 公顷（包括工业原料林 1400 公顷），四旁零星栽植各类果树 1625 万株。

第五节　林政管理

林木采伐管理　国家对林木采伐一直实行限额管理。《中华人民共和国森林法》颁布后，林业主管部门按照《森林法》“森林年采伐量低于森林年生长量”的规定，依据森林资源调查参数及用材林可及度、经济林出材率、目的树种轮伐期等，编制森林资源限额采伐计划，逐级上报至国务院，经国务院批准下达到县的采伐计划，由县政府发文分解到各采伐单位。无论国家、集体、个人凡采伐林木，必须通过审批取得“林木采伐许可证”。采伐迹地执行砍一栽三。林业部门对林木采伐实行现场监督、伐前指树、伐后验收，全过程管理，做到采伐面积、蓄积、树种、林种、林木权属、采伐方式与林木采伐许可证相符。1990 年，年采伐林木 34013 立方米（商品材 5562 立方米，农民自用材 26833 立方米）。“八五”计划期，国家下达剑阁森林限额采伐计划 47.74 万立方米，实际采伐 47.28 万立方米。“九五”计划期，国家下达剑阁森林限额采伐计划 53.98 万立方米，实际采伐 48.58 万立方米。“十五”计划期，国家实施天然林资源保护工程，停止天然林采伐活动，国家下达剑阁森林限额采伐计划 31.25 万立方米，实际采伐 17.78 万立方米（商品材 11167 立方米，农民自用材 70249 立方米，工副业及农民烧柴消耗 57817 立方米，林业灾害性消耗 5740 立方米）。2006 年，天然林禁伐解冻，下达森林限额采伐计划 62500 立方米，实际采伐 37164 立方米（商品材 6395 立方米，农民自用材 18066 立方米）。

木材运输管理　木材运输执行《四川省木材运输管理条例》《四川省木材运输管理办法》，即凡木竹经营者从林区运出的木材、竹材、木制品、木制半成品及车装木柴 500 公斤以上、木炭 150 公斤以上必须办理“木材准运许可证”。“木材准运许可证”实行分级核发制度，出省木材持国家“木材准运证”，出市木材持省“木材准运证”，市、县内木材调节持有市、县木材准运证。为监控木材运输管理，省政府批准剑阁设置武连、王河、公兴、鹤龄、香沉、东宝、盐店、姚家、江口、张王、厚子铺、黑土、碗泉等 15 个木材检查站。1990—1993 年，全县累计检查过境违章木材 2.15 万立方米，竹材 610 万公斤，干果及林副产品 2.8 万公斤。1994 年始，整治木材运输管理市场，撤销江口、张王、厚子铺、黑土、碗泉等 7 个木材检查站。保留武连、公兴、王河、鹤龄、香沉、东宝、盐店、姚家 8 个木材检查站。至 1998 年，五年累计查处过境木料 3.97 万立方米，竹材 1012 万公斤，查处违规运输木材 3120 立方米。2006 年，县木材检查站，依法管理木材运输、天然林保护、森林植物检疫，累计检查过境木材 6210 立方米，干果 5.1 万公斤，竹材 221.8 万公斤；办理木材运输案件 16 件，查处不合规运输木材 510 立方米。

木材市场管理　在计划经济时代，木材为特殊商品，由国家实行统购、归口管理。20 世纪 80 年代初期，林地承包到户后，受利益驱动，县内部分农民盗伐成材树到在县境周边的南部彭家河、阆中河楼、苍溪白桥、梓潼演武等地下木材市场销售，剑阁每天非法流出县境外木材 200 立方米之多。县林业局联合当地乡镇政府组建挡收队伍，沿木材流经线路拦截等措施控制木材外流，并依法打击，至 80 年代末期基本得到控制。1990 年后，农村集资办电、建校、居民建房和乡镇办企业、兴建小集镇以及机关单位改善办公条件等对木材的需求急剧增加，乱砍滥伐、非法加工经营木材的现象屡禁不止。1994 年，县政府对木材的采伐、运输、销售实行三总量控制。凡经营加工、销售木材、木竹产品的单位和个人，必须先经县林业主管部门批准，核发木材经营许可证、凡不具备加工经营条件，未取得经营资格的经营单位、个人一律不准加工经营木竹产品。1996 年，县林业主管部门对木材经营加工的单位和个人实行年审核证，对超量采伐、收购木材，经营粗放、浪费资源，布点不合理，资源评估不可行的依法于以取缔。2000 年，实施天然林保护工程，停止天然林采伐，商品材采伐指标减少。县政府坚持木材市场管而不死，活而不乱，资源不流失，采伐不超量。组织林业、工商、企业等单位整顿木材加工、经销市场，改粗放经营为精度经营，改卖原料为深加工产品，改经营木材为经营竹材、旧房料、纤维板材。经过整顿，至 2006 年，全县保留木材经营加工企业 25 个、竹材经营加工企业 14 个、旧房料经营 2 个、柏木初油炼油点 84 个。

林业行政执法　1990 年，县政府把依法治林作为保护森林资源安全的重要手段，充分利用广播、电视、报刊等宣传媒体，在全县范围内普及《森林法》《野保法》《森林病虫防治条例》《护林防火条例》，提高全社会的森林保护意识。1991 年，农村集资办电、建校，农民推倒土屋建楼房，以及大办乡镇企业，大搞小集镇建设，木材用量增大，致使森林采伐速度加快，木材消耗过量，乱砍滥伐林木歪风屡禁不止。林业主管部门把治理林木“三乱”（乱砍伐、乱运输、乱加工）作为依法治林的重点，组织林业公安、林政执法队伍，深入重点林区，整顿木材采伐、经营、加工市场。通过清“三乱”、挖团伙、治首恶，至 1993 年，计侦破各类森林案件 927 件（林业刑事、治安案件 309 件，林政案件 617 件），处理违法犯罪人员 1214 人，其中依法逮捕 11 人。1994 年 5 月，组织林业，公安、工商、监察等单位人员对 1990 年以来林木采伐、经营、加工的执法检查，破获各类森林案件 276 件，查处滥伐林木 19458 株、盗伐林木 3549 株，挡收违法运输木材 59 立方米，没收滥猎野生动物活体 1421 公斤。1998 年，贯彻新《森林法》和国务院《关于保护森林资源、制止毁林开垦乱占林地的通知》文件精神，依法治林的重点转向林地保护。禁止毁林开垦，乱占林地和随意改变林地使用性质，破坏森林植被。至 1999 年两年累计侦破各类林业案件 429 件，处理盗伐、滥伐林木 2097 株，清理乱占滥用林地 862 公顷。2000 年，在全县范围内开展“天保行动”“春雷行动”“绿剑行动”“猎鹰行动”等专项治理，打击破坏天然林资源、损坏国家重点造林工程的行为。至 2006 年，累计侦破林业刑事、治安案件 107 件，林业行政案件 967 件，查处违法犯罪人员 1641 人，清理乱伐滥伐林木 6031 株，取缔非法经营木材企业 10 个，处理乱占滥用林地 141 公顷。

1990 年至 2006 年，县林业公安、林业行政累计办理各类森林案件 3896 件。其中，林业刑事案件 301 件，林业治安案件 196 件，林业行政案件 3399 件。查处各类违法犯罪人员 3125 人。其中，逮捕法办 49 人，劳动教养 2 人，治安拘留 152 人，警告 31 人，治安处罚 104 人，林政处罚 2787 人。

第六节　林业产品开发

林产品经销服务公司木材经营　1990 年，坚持不开放木材市场，由林业主管部门委托林产品公司实行收购、销售两条线方式经营木材，木材一律由县林产品公司主渠道经营。林产品公司除经营柏、桤、松木外，还经营旧房料，杂棍、木炭、工具把、烧柴等林副产品，允许从县外调入杉木作木材调节。林产品公司在普安、柳沟、武连、开封、白龙、鹤龄、江口、汉阳、义兴9个乡镇设置木材收购站，在元山、公兴、普安3镇设立储木场，实行收购、销售两条线。至1999年，累计收购经销木材25322立方米（桤原木3240立方米，柏原木20621立方米，松杂木1461立方米）。2000年，实施天然保护林林工程项目，禁止天然林采伐，县林产品公司于年末终止其木材经营活动。

社会木材市场加工　20世纪80年代，县政府为有效利用林业资源，活跃农村经济，在确保林区治安秩序不乱，国家下达的商品材采伐指标不超限的前提下，经林业主管部门批准，允许兴办小型木材加工厂。至1990年年末，全县批准木材加工厂41个。1991年，木材经营加工企业受中国南方集体林区木材市场开放影响，走乡串户收购，倒买倒卖木材。县政府对全县木材加工企业进行清理整顿，取缔违法木材加工企业，保留武连镇木器加工厂、剑阁木材综合制品厂和小剑、汉阳，西庙、盐店、闻溪、姚家、剑门关林场等17个有固定经营场地、加工设备齐全，并具有加工能力的木材加工企业。1994年，江石、龙源、东宝、剑门、凉山、摇铃、下寺、马灯、元山、国光、汉阳等乡镇兴办集体、个体或联营木材加工厂、木制品厂。至1995年年末，全县木制品加工企业45个，年加工经营木材5100立方米，产品销售收入494.5万元。1996年，组织林业、工商对已办的木材加工企业进行资源可行性论证评估，并按其“经营必须凭证、采伐必须定约、商品材伐除不超限”的原则，进行逐户审查。龙泉中心供销社木器厂、柳沟中学木制综合工艺社、王河家具厂、四海腾胶合板厂、小剑联营车木厂等14个木材加工企业或因经营状况不佳，或因产品质量不合格，或因资源论证不可行而取缔。至1999年年末，全县存木材加工企业31个，年经营木材4850立方米。

1990年至1999年，全县社会木材加工企业累计加工经营木材，包括等外材、抚育间伐材、坑木，排柴48634立方米（桤原木13200立方米，青杆木150立方米，柏原木33184立方米，松杂木2100立方米），出售半成品，成品木制品总收入5321万元。

2000年，实施天然保护林工程，商品材减少。林业产业由以木材生产为主业转向“生态林业产业化，产业建设生态化”。2003年，优化林业产业结构，制定优惠政策，鼓励外商投资兴办木材加工企业、鼓励业主对木竹深加工，精加工。开发灌木、小径材、等外材。2004年，剑门木业有限责任公司与上海升达竹业有限责任公司联姻，合作开发香柏实木地板，上海方投入资金在凉山乡甘水村征地4公顷，建成年产30万平方米香柏实木地板生产线。2005年，山东兴博木业有限责任公司入剑，利用原县绸厂闲置厂房、场地，投入资金9000万元，建成中密度纤维板厂流水线，2006年正式投入生产，利用杂棍、灌木做原料，年生产纤维板5000立方米，产值3000万元。

2000年至2006年，全县累计经营商品木材79634立方米、慈竹2134.1万公斤、旧房料2533立方米。

林化产品开发　1985年，新建四川剑阁林产化工厂（以下简称林化厂）。1987年投入生产。至1991年，累计生产柏木初油28吨，柏木精油150吨、柏木脑13吨。因亏损严重，1992年4月停产。1995年5月，林化厂向县人民法院申请破产，6月10日，依法破产。是年8月，引进浙江黄岩香料公司生产技术，在林化厂原址兴办拼木地板厂，将原林化厂柏木脑车间闲置酒精回收塔设备改造成精馏塔，将原蒸气加热改为电加热，继续生产柏木油产品。至1995年，累计生产柏木初油30.5吨、柏木精油239.9吨、柏木脑21.67吨。

1996年，拼木地板厂两次改制，由集体企业转为股份制企业，并更名为剑阁县林业香料公司。2002年7月，剑阁林业香料公司与美国AFF国际香精香料（杭州）有限责任公司联姻，杭方取得51%的控股权，建立四川剑阁林源香精香料有限责任公司，继续生产柏木油系列产品。2003年，杭方投资150万元，增加柏木烯（为食品、烟草、化妆用品、皂用品调香定香和消害剂）生产线。全年生产柏木精油400.58吨、柏木脑15.9吨、精脑45.04吨、柏木烯122.73吨，产值1650.8万元。1996年至2006年，生产柏木精油2551吨、柏木脑247.38吨、精脑86.61吨、柏木烯1074.4吨，产值12480.98万元。

2000年至2006年，全县53户柏木粗油生产点生产柏木初油2951吨。

食用菌、药用菌生产 1989年9月，县林业局购买原汉阳区公所房产2000平方米，引进浙江文成香菇生产技术和设备，兴办香菇袋料加工厂，生产菇类和黄背木耳。至1993年，累计生产黄背木耳0.66万公斤，平菇、香菇23.7万公斤，干茯苓0.41万公斤，实现总收入16.38万元。

1994年，开封罐头厂生产食用菌罐头，带动国光乡、开封镇3村380户农民栽培食用菌，生产鲜菇12万公斤。1995年至1998年，高观乡龙山、黄坪等三村520户发展黄背木耳，年生产黄背木耳125吨，创总收入250万元。

园林花卉栽植 2003年年末，全县有固定场地生产经营园林花卉的单位和个体户24个，有花圃土地11.97公顷（包括园林、庭院绿化树种基地），生产各类绿化树苗10.1万株，培植各类名贵花卉38.5万盆（株），实现园林花卉收入342万元。2004年，公兴、三江苗圃有花圃地1.2公顷，年出售各类园林绿化树苗1.21万株，生产菊花、月季、铁树、君子兰等1.71万盆，年实现园林花卉收入14.1万元。

第七节 林业项目建设

飞播造林项目 1991年，剑阁实施长江防护林工程，在柘坝、武连、东宝、普安、国光、公兴、香沉等乡镇配套实施飞播造林项目，实际完成1666.67公顷，国家补助飞播造林资金16.5万元。1994年起，在鹤龄、杨村、锦屏、白龙、店子、木马等乡镇实施飞播造林。至1999年年末，累计完成飞播造林1133.33公顷，国家拨付种苗款17.5万元。2001年，实施天然保护林工程，配套下达飞播造林计划，在剑门关、城北、普安、木马、店子、武连、汉阳、张王、江口、东宝等31个乡镇实施。至2006年累计完成飞播造林4004.27公顷，国家补助资金197.91万元。

长江中上游防护林体系建设 1990年6月，编制《剑阁县长防工程总体规划设计》。至1998年，长江防护林工程建设项目竣工，项目累计投资708.82万元（中央无偿投入158.94万元，地方配套投入95.98万元，群众投劳折资453.9万元）。完成长江防护林工程建设任务23413.33公顷（人工植苗造林12593.33公顷，重点封山育林6706.67公顷，配套实施飞播造林3220公顷，幼林抚育893.33公顷）。

嘉陵江中上游生态环境综合治理工程 1999年，剑阁开始实施嘉陵江防护林工程，实施三年（1999年至2001年）。全县规划环境综合治理实施区17个，总规模5233.33公顷（坡改梯550公顷，建排水渠45000米，挖沉沙凼75口，建沼气1270口，改节柴灶3607台，草地建设534公顷），总投资1620万元。在剑门关、汉阳、城北、普安、木马、柏垭、田家、鹤龄、下寺等13乡镇40个村和剑门关林场、三江苗圃、剑门关索道3个单位实施。2000年，项目全面启动，人工植苗造林1806.67公顷，重点工程封山育林2333.33公顷，森林保护480公顷，种苗基地建设7.2公顷。至2001年，实际投资786.4万元（中央投入283万元，地方配套投入113万元，农民投劳折资390.4万元）。植苗造林1486.67公顷，重点封山育林2233.33公顷，在驿道沿线对古柏砌石垒土1049株。在三江苗圃建种苗基地7.2公顷，在朱家寨建护林防火瞭望塔1座。

中德合作四川嘉陵江防护林造林项目 1995年6月，县林业主管部门根据德方项目设计要求：造林区“需要造林、能够成林、政府支持、群众乐意，造林后不导致林粮、林牧争地，造林区规模不得低于150公顷，林业用地不得少于50%”，共规划开封、武连、七柏山梁、袁家桥、下寺、张王等7个造林区。1996年12月，根据德方要求，进行第二次补充设计，全县共规划20个造林区，项目涉及25乡镇56村168个村民组。1997年3月，德国复兴银行派出温泽尔、茹德尔博士，葛罗修斯、斯科湟瓦等德方官员与林业部、省、市林学专家、官员，对剑阁设计的中德合作四川嘉陵江防护林项目（简称德援项目）造林区进行可行性评估，获得通过。9月，根据德方官员考查评估的反馈意见和中方要求作最终补充设计，全县共设计造林区30个，项目分布在白龙、禾丰、摇铃、汉阳、剑门、城北、香沉、高观、木马、羊岭、国光、开封、迎水、樵店、涂山、普安、柏垭、店子、武连、下寺、公兴、圈龙、张王、垂泉、演圣、元山、毛坝、长岭、广坪、杨村30个乡镇64村174组。项目总规模4960公顷。其中，人工植苗造林2893.33公顷，封山育林1526.67公顷，封补造林507.33公顷。在项目区配套实施，建截洪沟1000米，坡改梯18.73公顷，修林区公路5千米，挖沉沙凼118个，改节柴灶1168台，项目总投资950万元，其中德方投入650万元。10月10日，剑阁开始实施中德合作四川造林项目。

德援项目实施分三期进行，一期完成总任务的20%；二期完成总任务的50%，三期完成总任务的30%。1997年10月，县林业主管部门在剑门关镇檬子造林区先行试点，组织风垭、剑华、剑山3村23个组的千名村民垦复荒山，造林65公顷。11月，县政府在剑门关镇召开区、乡镇长参加的德援项目实施现场会。1998年4月，在剑门关镇志公、香沉镇号棚包等3个造林区先行实施。1999年，全面启动。至2006年，总投资883.97万元（德方投入559.47万元），建设总规模5553.33公顷，累计完成人工植苗造林2926.67公顷，封山育林2120公顷，封补造林505公顷。配套改节柴灶1224台、坡改梯20.4公顷，修护林公路7100米，打防旱池84口。

德方对林地垦复、土地利用、种苗培育、造林模式、配套设施等项目建设实行全过程监督。派出林学专家约瑟特雷尔、美国的马丁、印度的班纳吉、新西兰的阿米塔奇、澳大利亚的布鲁斯，现场监督施工和检查验收。

退耕还林（草）工程 1999年5月，对全县坡度大于25度的坡耕地进行勘验调查，编制《剑阁县封山育林、退耕还林（草）调查报告》和《剑阁县1999年至2000年退耕还林（草）实施方案》，逐级上报至省。是年12月，剑阁被列入全省退耕还林试点县。省下达剑阁1999年至2000年大于25度的坡耕地退耕还林计划2000公顷。规定退耕后必须种草、栽树、造林。经检查验收合格，颁发林权证，并由国家发放退耕还林补助，按经济林5年、生态防护林8年计算，每公顷每年给退耕还林户补粮食2250公斤、种苗款750元、医教补助费300元。

2000年，退耕还林项目建设全面启动，项目分布在全县21个乡镇140个村583个组14900户，退耕还林2000公顷。2001年完成退耕还林666.67公顷，并配套实施退一还二荒山造林666.67公顷，项目分布在全县11个乡镇55个村167个组、4690户。2002年实施退耕还林666.67公顷，配套实施退一还二荒山造林666.67公顷，项目分布在全县13个乡镇53村128个组4586户。至2003年12月，全县退耕还林林权登记工作结束。至2006年，完成退耕还林1433.33公顷（退一还二荒山造林666.67公顷，重点封山育林333.33公顷）。退耕还林项目实施期（1999—2006），国家累计拨给退耕还林农户粮食2232万公斤，粮改现（2004年开始兑粮改为兑现）4094万元，兑现退耕还林种苗补助款528.2万元，医教补助款584.8万元。至2006年年末，全县在实施的退耕还林项目4733.33公顷。

天然林资源保护工程项目　天然林资源保护工程（简称天保工程），指对未经人为措施，天然起源的原始森林和天然次生林，采取严厉禁伐和封、管、造、停、分、绿等保护措施，扩大森林植被、增加森林蓄积、改善生态环境、建设生态屏障。

2000年3月，剑阁列入全省首批天然林资源保护工程实施县。8月，编制《剑阁县天然林资源保护工程实施方案》，规划森林管护面积135213.33公顷（国有林5246.67公顷，古柏自然保护区16520公顷，集体林113446.67公顷），公益林建设13333.33公顷（人工植苗造林3333.33公顷，重点工程封山育林4000公顷，配套实施飞播造林6000公顷）。工程概算：森林管护费以管护面积为基数，国有林按每公顷195元标准计（中央投资155元/公顷），古柏自然保护区林地按每公顷118.84元标准计（中央投资89.45元/公顷），集体林地每公顷按25元标准计（中央投资20元/公顷），年累计森林管护费621万元。此外，《实施方案》规划驿道8800株古树挂牌保护，概算保护牌制作费10万元。实施森林病防工程、概算病虫防治费50万元。规划下岗人员安置，离退休人员养老保险、森林管护人员公益性、社会性支出268.6万元。

2001年，与项目乡镇签订项目实施目标责任书。2002年，剑阁天保工程建设启动。落实森林管护面积135213.33公顷，设森林保护站86个，配备森林管护人员5018人，设置护林关卡8处，落实森林管护林班605个。至2006年，国家累计拨付森林管护费3454.6万元。2000年启动公益林建设，在剑门关林场及长岭、汉阳、城北、普安、木马、店子、凉山、柏垭、香沉、鹤龄、江口、下寺等47个乡镇110个村实施。至2006年，累计人工植苗造林1446.67公顷，工程封山育林3066.67公顷，在封山育林区设封山标志1225处，立封山界牌35座，配备巡山护林人员62人。国家累计拨付公益林建设资金1102.6万元。其中，中央财政支付809万元，省、市配套293.6万元。

第四章　畜牧业

第一节　畜禽养殖

养牛　剑阁养牛以耕牛为主。南部、中部乡镇田多地少，地势平缓、水草丰茂，以养水牛为主，黄牛次之。北部乡镇自然条件较差，田少地多，山高坡陡，气温较低，以饲养黄牛为主，水牛次之。1990年，全县存栏耕牛8.87万头（劳役牛6.59万头）。1991年，完善服务体系，注重畜种改良，坚持科学种草，牛饲养量上升，年存栏9.38万头（劳役牛6.91万头）。1993年5月，县委印发《关于发展畜牧业生产的决定》，增加畜牧投入，建立畜牧业发展基金，奖励养畜大户，鼓励发展肉牛生产。至1995年，全县存栏12.18万头（劳役牛8.21万头）。1999年，年末存栏15.63万头。2000年，全县存栏12.56万头（劳役牛9.62万头，肉牛2.94万头）。2001年，农村机械化推广速度加快，牛的劳役和积肥作用逐渐减弱，耕牛数量减少。至2006年，全县存栏12.74万头（劳役牛9.58万头）。

养猪　1990年，全县生猪存栏42.9万头，出栏40.19万头。1993年，生猪饲养推行“双推五改”（仔猪提前断奶补饲，人工辅助受精；改喂单一饲料为配合饲料，改熟食稀喂为生食干喂，改纯种猪育肥为杂交育肥，改本交为人工输精，改三段育肥为直线育肥）养殖技术，建立“五定”（定点、定人、定项目、定目标任务、定奖惩）责任制，全县生猪存栏49万头，出栏肥猪43.93万头。1995年，县委、县政府把生猪发展列为农民致富、财政增收的重要渠道，层层下达养猪任务，户户签订预约合同，全县出栏92.12万头，存栏77.7万头，产值32243万元，畜牧业税收突破千万元大关。1998年至1999年，由于市场价格下跌，生猪存栏减少。2000年起，将生猪生产和品种改良纳入各级政府目标管理内容，层层签订责任书。2003年年末，生猪三元杂交面90%，生猪“双推五改”成套技术普及面95%，生猪圈舍改造50%。年生猪存栏71.1万头，出栏80.04万头。2005年，扶持养殖大户，扩大母猪饲养规模。全年发展养殖大户2617户，其中100头以上167户。2006年，发展“无公害”养猪基地。全建成武连、城北、剑门、普安、开封、元山、公兴、鹤龄、白龙等32个无公害生猪生产基地，发展500头以上养殖大户56户。全县生猪存栏71.6万头，年出栏肥猪97.05万头。

养羊　剑阁农民历来有养羊习惯，主要集中在北部的上寺、下寺、剑门、汉阳、姚家、盐店、张王、高观、西庙、柳沟、木马等乡镇。1990年，全县羊存栏2.97万只，出栏1.04万只。1993年，实施县委“南禽北羊”经济战略，对本地山羊进行改良，从南江引进黄羊在盐店镇五指、拱石，姚家乡银溪、天字，汉阳镇青松、锁溪、二龙，下寺镇硝厂、石瓮等村繁殖生产。全县羊存栏3.91万只，出栏1.37万只。1995年，全县羊存栏8.18万只，出栏2.96万只。1998年，县政府成立肉牛羊生产办公室，并在汉阳镇中心村四组32户试点养羊480只，残疾人刘玉林租草山5.33公顷，饲养山羊近百只，年收入1.5万元。2000年，县畜牧局投资改良山羊品种，引进南江黄羊，成都麻羊，金堂黑羊，简阳波尔羊200余只，分别在剑门关、汉阳、凉山、开封、木马、盐店等乡镇建立良种繁殖基地。2003年，全县建山羊良繁基地11个，年存栏27.45万只，山羊品种改良面51%。2004年，羊肉市场走俏，发展肉羊积极性提升，在全县普及羊饲养管理技术，建肉羊生产小区。2006年，全县建肉羊生产小区12个，培育50只以上养羊大户2610户，年存栏36.37万只，出栏45.53万只。

养兔　1990年，全县存栏兔9.9万只。1991年，剑阁实施国际农发基金项目，引进外资200万美元，从美国、新西兰、日本、西德和国内河北塞北引进良种肉兔4455只，在汉阳、白龙、柳垭、禾丰、吼狮等乡镇饲养，并在汉阳镇建种兔养殖场。发展养兔户3679户，年存栏14.1万只（肉兔14.06万只，毛兔0.04万只）。1992年，全县大力发展兔业生产。18个乡镇的7614户，新建、改建兔圈4.45万孔，出栏肉兔18.8万只。1993年，县冻兔加工厂建成投产，肉兔生产坚持抓配套技术普及，提高养兔效益，全县存栏25.37万只。1995年，国际市场行情变化，肉兔价格下跌，产品滞销，兔业生产下滑。1997年末，全县存栏0.37万只。1998年10月，县政府印发《关于大力发展长毛兔生产的决定》，浙江省嵊州市市长钱庆祥与剑阁县县长李在扬签订长毛兔引种及兔毛销售协议。县畜牧局从浙江引进西德长毛兔种6000只。年末，全县23个乡镇养兔，存栏1.91万只。1999年，全县建设种兔扩繁场25处，种植优质牧草166.67公顷。33乡镇144村378组2857户养兔11.04万只。2000年，38乡镇162村436组的3652户从事兔业生产，全年种植优质牧草270.47公顷，养兔3.77万只。2002年年末，全县兔存栏8.2万只。2003年，兔毛价格回升、肉兔产品畅销，县政府齐头并进抓肉兔、毛兔生产，培植专业大户，发展专业小区。2006年，全县发展兔业生产专业小区一个，种植优质牧草1527公顷，养兔270村，848组，13783户，兔存栏29.44万只，产兔毛7.5万公斤。

养禽　1990年，引进德国伊沙种鸡2000只，英国罗斯肉鸡2500只，分别在柳垭、汉阳、白龙等乡镇试点饲养繁殖推广。全县禽类存栏69.67万只，出栏102.3万只。1997年年末，全县禽类存栏104.98万只，出栏222.73万只。1998年，国内家禽市场价格上扬，全县养禽数量大增，家禽养殖500只以上大户357户，出栏263.09万只，年末家禽存栏156.38万只。2000年，开封镇龙桥村引进德阳市养殖大户租用闲置厂房，投资100万元，兴办金羽养殖场，年出栏蛋鸡、肉鸡15万只；武连镇养鸭专业户在新桥西河边搭建大棚养鸭，年出栏肉鸭3000只；鹤龄镇赤化村养鸡专业大户承包化林接待站规模养禽，年出栏肉鸡2000只，蛋鸡1000只。2002年年末，全县家禽存栏369.24万只。2003年，剑阁土鸡品质好，产品畅销，农民喜欢饲养，年办土鸡养殖场21个，发展土鸡专业大户1298户，全县土鸡存栏353.98万只。2004年起，实施畜牧小区建设，严格执行畜禽生产投入品入境申报准入制。在演圣镇大坪村、长岭乡金像村、普安镇丰光村和鹤龄镇、剑门关镇建家禽小区，发展家禽养殖专业户2172户。2006年，全县家禽存栏505.18万只，出栏1376.58万只。

养蜂　1990年，全县养蜂专业户575户，养蜂1.46万箱，产蜜10.5万公斤。1991年，全县养蜂1.2万箱，龙泉、柳沟、武连、开封、金仙、剑门、江口7区养蜂均超过1000箱，最少下寺区养蜂135箱。年产蜜11.3万公斤。1993年，县畜牧主管部门在局机关内设养蜂管理站、成立养蜂研究会，在区兽防站开设蜂药、蜂具专柜，解决蜂业生产所需。1994年，县养蜂管理站改良中蜂品种200群，引进意大利蜂300群，投放于公兴、白龙、普安等地蜂农饲养繁殖。1996年5月，县委、县政府印发《关于大力发展庭院经济的决定》，把养蜂作为庭院经济规划建设重要内容，扶持蜂农发展蜂业生产，全县养蜂1.58万箱，产蜜15.7万公斤。1997年后，受气候影响，剑阁养蜂饲养量徘徊于1万至1.3万箱之间。2002年，蜂业生产坚持外引内联，提倡规模经营，发展专业大户，推行流动牧养。2006年，全县从事蜂业生产专业户856户，养蜂2.14万箱，产蜂蜜19.8万公斤。

剑阁县1990—2006年畜牧生产情况表

表15－7　　单位：万头、万只、万箱

年份	存栏牛		猪		羊		兔存栏			家禽		养蜂
	小计	肉牛	存栏	出栏肥猪	存栏	出栏	小计	肉兔	毛兔	存栏	出栏	
1990	8.88	0.33	42.9	40.19	2.97	1.04	9.90	9.81	0.09	69.67	102.30	1.46
1991	9.39	0.33	44.5	41.16	3.19	1.16	14.10	14.06	0.04	75.80	90.17	1.20
1992	9.52	0.59	45.3	42.15	3.03	1.06	18.80	18.61	0.19	84.44	101.33	1.20
1993	9.70	0.93	49.0	43.93	3.91	1.37	25.37	24.99	0.38	10.32	123.74	1.48

续表15－7

年份	存栏牛		猪		羊		兔存栏			家禽		养蜂
	小计	肉牛	存栏	出栏肥猪	存栏	出栏	小计	肉兔	毛兔	存栏	出栏	
1994	9.71	1.36	72.4	88.10	5.52	2.13	0.73	0.40	0.33	161.22	176.35	1.20
1995	12.18	1.74	77.7	92.12	8.18	2.96	0.51	0.35	0.15	164.50	180.76	1.39
1996	12.13	2.01	66.5	92.42	9.15	4.00	0.48	0.35	0.13	137.03	164.43	1.58
1997	12.20	2.32	73.7	82.44	10.81	11.38	0.38	0.37	0.01	104.98	222.73	1.27
1998	13.56	2.46	66.6	69.11	14.73	16.18	1.91	1.21	0.70	156.38	263.09	1.06
1999	15.63	2.71	75.8	74.90	20.33	20.79	11.04	0.24	10.80	293.85	357.34	1.06
2000	12.56	2.94	67.0	68.05	24.16	22.65	3.77	0.12	3.65	304.27	595.87	1.31
2001	12.86	3.86	65.3	65.58	22.51	21.42	5.64	1.40	4.23	235.56	625.48	1.11
2002	12.27	3.08	70.0	64.42	20.03	26.98	8.20	3.68	4.52	369.24	817.60	1.33
2003	12.61	3.20	71.1	80.04	27.45	37.03	15.05	10.34	4.71	434.85	854.67	1.58
2004	12.67	3.27	70.0	80.45	27.62	38.02	15.20	12.40	2.80	475.73	954.30	1.61
2005	12.79	3.14	69.6	85.64	27.89	39.70	20.99	13.94	7.05	486.49	1200.56	2.14
2006	12.74	3.37	76.1	97.05	36.37	45.53	29.44	19.56	9.88	505.18	1376.58	2.14

说明：资料来源为《剑阁统计年鉴》。

第二节　畜牧新技术

畜禽品种改良　1991年，引进德国伊沙种鸡、美国罗斯肉鸡、加利福尼亚兔、日本大耳兔、河北塞北兔。1994年，引进南江黄羊、成都麻羊、苏联大白种猪、内江大约克猪。1996年，引进秦川牛、西门塔尔牛、荣昌猪、浙江鸭。1998年，引进西德安哥拉长毛兔、浙江长毛兔、浙江鹅、建昌鹅。2000年引进内杂猪、利木赞牛、海福特牛、河南绵羊、波尔山羊、广汉肉兔、安岳长毛兔等。2006年年末，全县牛品种有黑白花牛、荷兰奶牛、摩拉牛、杂交牛、秦川牛、德昌牛、涪陵水牛、西门塔尔牛、利木赞牛、海福特牛12个。猪品种有黑猪、花猪、内江猪、约克猪、长白猪、约克夏、巴格夏、杜洛克、大约克、荣昌猪、内杂猪、苏联大白猪12个。羊品种有本地山羊、成都麻羊、南江黄羊、河南绵羊、波尔羊、萨能奶羊、新疆细毛羊7个。兔品种有白兔、西德长毛兔、新西兰肉兔、日本大耳兔、力克斯兔、河北塞北兔、安哥拉兔、浙江长毛兔、成都麻兔、广汉肉兔、安岳兔11个。鸡品种有来航鸡、红育鸡、九斤黄鸡、澳洲黑鸡、白洛克鸡、罗斯鸡、吐绶鸡、德国伊沙鸡。鸭品种有麻鸭、西昌鸭、北京鸭、樱桃谷鸭、建昌鸭、浙江鸭。鹅品种有花鹅、本地白鹅、浙江鹅、北京鹅。1990年后，家庭饲养宠物狗，单位、业主看家护院养狼狗，品种不断增加，2006年，全县狗品种有海狮狗、波尔狗、利比亚狗、狐狸狗、小熊猫狗、俄比亚狗、澳洲狗、非洲狗、加拿大狗、日本狗等。

1990 年，畜牧局在龙源、柳沟、武连等 10 区 13 镇建立人工输精点，采集国外种牛、种猪冻精，以人工输精方法配本地猪、牛。全年牛冷配 2500 头次，产杂交牛 1250 头，猪冷冻精配 4510 头。1991 年，通过广播、板报、专栏等形式开展科技讲座，宣传畜种改良技术，全县基本消除耕牛、生猪未改良空白乡镇。牛冷冻输精 1670 头，猪冷冻输精 5400 头，分别为当年母畜总数的 5.8% 和 25.4%。1993 年，改良配种猪 3.5 万头，牛 2100 头。猪改良面 75%，牛改良面 25%。1997 年，县政府制定大力淘汰土劣杂种公畜政策，规定每淘汰 1 头不合格种公畜，政府补助畜主现金 100—200 元。组织人员赴江油、成都等地引进良种冻精，全年牛冷配输精 3150 头，猪人工辅助输精 3.9 万头，牛改良面 40%，猪改良面 85%。2000 年，建牛改冷配点 30 个，生猪人工输精点 57 个，年冷配改良牛种 1.3 万头。2001 年，开封兽医站从简阳引进波尔山羊 12 只，购回冻精设备，开展人工输精、改良本地山羊 2100 只。2006 年，冷冻精配技术在牛、猪、羊的繁育上得到全面推广应用，全年冷配黄牛 6755 头，水牛 6175 头，母猪人工辅助受精 57810 头，羊冷配 19100 头。牛、猪、羊改良面分别为 80%、98%、85%。

1990 年起，县畜牧主管部门注重优良畜禽品种的繁殖和推广，在唐家坪开办种鸡繁殖场，饲养伊沙蛋鸡、罗斯肉鸡。在汉阳、柳沟、柏垭、吼狮等 8 乡镇开办优良种兔扩繁场养殖日本兔、塞北兔。至 1992 年，为全县提供优良种鸡 45000 只，优质种兔 45100 只。1994 年，投资 50 万元在武连镇武五村、汉阳镇云丰村、广坪乡健康村、柳沟镇长安村建种猪扩繁场 5 座，年出栏优质种猪 3000 头，二元杂交母猪 1000 头。1996 年，开展生猪“DL9”三元杂交繁殖。全年淘汰土、劣、杂种母猪 9510 头，推广生猪“二元”杂交 8400 头，“三元”杂交 950 头。1997 年，县政府采取多种形式传授生猪改良技术，办科学养猪培训班 58 期，印发生猪“二元”“三元”杂交技术宣传资料 2.1 万份，组织科技下乡 21 场。引进良种公猪 200 头，改良杂交母猪 500 头，选留母猪 2.5 万头，“二元”杂交推广面 50%，“三元”杂交推广面 20%。2000 年，加大生猪“二元”“三元”杂交技术普及力度，扩大畜禽品种改良范围，推广南江黄羊引种选育扩繁技术。全年举办扩繁技术培训班 180 期，组织科技赶场 8 次，印发扩繁科技资料 25 万份。至 2002 年年末，生猪“二元”杂交面 80%，“三元”杂交面 50%。羊品种扩繁 3.4 万只。2003 年，县畜牧局在白龙镇春风、龙洞村建“二杂”“三杂”母猪繁殖场，年出栏 DLY 三元杂交商品仔猪 1 万头，二杂母猪 5000 头。2006 年为生猪“二杂”“三杂”品种改良攻坚年，全年引进洋二杂母猪 8200 头，建 20 头以上良种母猪繁殖场 57 个，50 头以上良种母猪繁殖场 14 个，DLY 仔猪繁殖基地 45 个。至年末，全县生猪二元杂交基本普及，三元杂交 80%。

生猪“双推五改” 1991 年，改变农村几千年传统养猪模式，组织县科委、科协、畜牧等单位科技人员 60 余人，实地普及生猪推广仔猪“双推五改”技术。组织广播讲座 64 场，办培训班 214 期。全县生猪生饲推广面 60%，仔猪补饲面 30%，杂改面 40%。1994 年，县畜牧局采取科技人员挂联基点队，实行生猪“双推五改”技术承包责任制，办养猪专业大户培训班 210 期，印发科学养猪技术手册 1.2 万本。组织群众改良圈舍 1.1 万间，生猪生饲干喂面 80%，杂改面 50%。仔猪推广铁硒补剂——富铁力，生长速度明显加快。1998 年结合全县扶贫攻坚会战，组织百人讲师团，实施科技扶贫，生猪“双推五改”技术得到深化，仔猪普遍推行提前补饲，生猪干喂面 70%，配合饲料喂养面 60%。2006 年，生猪杂改面、生饲面、仔猪提前补饲面均为 100%。

牛羊秸秆青贮氨化育肥 1991 年，剑阁开始推行秸秆青贮氨化育肥技术。全年青贮红薯藤 708 万公斤，籽粒苋1.7万公斤。1992年，县畜牧局在剑门、汉阳、江口、张王、高观、柏垭等14个乡镇确定36户农民试点推广秸秆青贮氨化养牛技术。将玉米秸秆剁碎，按4∶100的浓度尿素兑水，喷射于秸秆上，拌匀紧压池内，热天密闭半月，冬天密闭1月后，喂养肉牛，出栏肉牛130头。1994年，全县普及秸秆青贮氨化养牛技术，办科技示范点30个，出栏肉牛6689头。1998年5月，把推广秸秆青贮氨化技术纳入各级政府目标考核内容，全县建氨化池4100口，青贮氨化饲料510万公斤，肉牛出栏2.56万头。2001年起，开展科技下乡活动，进村到户普及秸秆青贮氨化育肉牛羊技术。至2006年，全县建氨化池6100口，青贮氨化草料1050万公斤，出栏肉牛3.1万头，肉羊45.53万只。

饲草种植，草种改良　1990年，全县种植牧草333.33公顷，年产鲜草258万公斤，收购牧草种子0.9万公斤。1991年，实施国际农发会贷款项目，发展肉兔业。人工种植牧草扩大到江口、开封、城北、柳沟、普安等12乡镇，种植牧草233.33公顷，改良草地40公顷，生产优质牧草287万公斤，收牧草种子3.55万公斤。1995年，实施秸秆青贮氨化养牛项目，扩大肉牛羊饲料来源，种植牧草233.33公顷。1999年，实施国家以工代赈草地建设项目，在柏垭、木马、鹤龄、田家等4乡镇27组推广人工种草技术。2000年，全县种植优质牧草2100公顷，其中，黑麦草266.67公顷，篁竹草6.67公顷，紫花苜蓿106.67公顷，三叶草293.33公顷，鲁梅克斯53.33公顷，聚合草、苏丹草、籽粒苋1373.33公顷。2006年，推广种植高赖氨酸饲料玉米技术，全县种植高赖氨酸玉米3200公顷，建成种草养畜基地31个。

配合（预混）饲料推广　1990年，全县生产配合（预混）饲料车间16个，年生产配合饲料1500万公斤。粮食部门饲料加工车间8个，年生产配合（预混）饲料1000万公斤。畜牧食品部门加工车间4个，生产配合（预混）饲料500万公斤。1992年，饲料市场放开，外地厂家和商家介入剑阁饲料市场，各大场镇有专营商品饲料店铺、摊点，其种类有配合饲料、混合饲料、预混饲料、浓缩饲料、生长素和饲料添加剂等，销售量2100万公斤。1996年，县政府实施“科技兴牧，科学养畜”战略，组织畜牧科技人员普及推广配合（预混）饲料技术。预混配合饲料使用范围扩大，由单一喂猪扩大到鸡、鸭、鹅、鸽，全县预混饲料推广面70%。2000年，县畜牧主管部门协同工商、质检等单位对全县饲料市场进行整顿，关闭5个质量不合格厂家，注销14个经营伪劣饲料商家的营业执照，销毁劣质配（混）饲料11400公斤。2001年，畜禽养殖逐渐转入专业化、集约化经营轨道，配（混）饲料推广使用技术得到普及。至2006年年末，全县有生产经营配合（预混）饲料厂家35个，年生产销售配合（预混）饲料3900万公斤。其品种有恒力通、猪财神、中华世纪王、华龙上肉王、满堂红、东方红、催奶宝、川猪催肥精等。

第三节　畜禽疫病防治和检疫

畜禽疫病防治　剑阁有畜禽疫病20余种，有猪瘟、猪丹毒、猪肺疫、仔猪副伤寒、猪蓝耳病、猪流感，牛炭疽、牛败血症、口蹄疫，羊足癣、关节炎、脑炎、梅迪——维斯纳病，鸡瘟，禽流感，兔瘟，狂犬病等，以猪瘟、猪丹毒、鸡瘟、兔瘟等为常发病。

1991年，全年注射各类疫苗124.3万头（次）。其中，猪瘟苗55万头（次）、牛炭疽和牛出败苗6.1万头（次）、禽兔等59.1万只（次）。因干旱缺水，牲畜饮污水，1993年9月下旬，31个乡镇73个村88个组猪瘟流行，演圣、元山、王河、开封、柳沟、城北、剑门、江口、鹤龄、白龙、公兴等乡镇生猪发病5.9万头，死亡2.5万头，直接经济损失300万元。县畜牧主管部门组织60名医务人员赶赴疫区防控，实施猪圈消毒3.5万间，深埋死猪2.1万具，清洗运载畜禽车辆311车次，注射各类疫苗39.1万头（次），迅速控制疫病流行。1996年贯彻“以防为主、防控结合”的方针，全年注射各类畜禽疫苗115.3万头（次）。其中，猪瘟疫苗50万头（次）、猪“三联苗”45万头（次）、仔猪副伤寒菌苗10万头（次）、牛出败苗6.1万头（次）、鸡新城疫Ⅰ系Ⅱ系苗接种4.2万只（次）。猪、牛预防密度分别为98%、95%。1998年，实施《中华人民共和国动物防疫法》，依法加强畜禽防疫，全县组织“春防”“秋防”两次疫病预防突击活动，猪、牛、羊、兔、禽疫病预防密度分别为99.1%、98.4%、75%、85%、91%。2000年，猪瘟、猪丹毒、仔猪副伤寒、鸡白痢、鸡球虫病、牛出败、鸡瘟等有零星发生，但未出现大的疫情。2001年，在全县范围内对猪瘟实行强制免疫，畜禽推行耳标脚环管理，禁止任何单位或个人收购、经营、屠宰、销售无耳标生猪、无脚环鸡鸭。2005年6月，剑门关镇的高峰、志公等村和普安、汉阳、鹤龄、锦屏等乡镇发生耕牛“五号”病，人猪Ⅱ型链球菌病，仔猪水肿病综合症。县政府果断处置。县畜牧主管部门调集疫病防治人员100余人赶赴疫区，紧急封杀扑灭，使疫情迅速得到控制。2006年，部分乡镇发生猪瘟、狂犬病疫情。县政府按照《四川省预防控制狂犬病条例》，规定在城市近郊、工矿、机关、学校、场镇及附近一律不准养犬。对全县37263只犬批准登记28063只，捕杀9200只。对23.9万间猪舍实施消毒处理。全年注射各类动物疫苗455.61万头（只）。其中，畜131.5万头（次）、禽321.59万只，犬2.52万只（次）。

畜禽检疫 县畜牧主管部门行使动物检疫职权，对畜禽及其产品的屠宰、流通、销售实施产地检疫，屠宰检疫，流通监管和市场监控。1990年，设立县兽医卫生检疫检查站，在马灯乡、武连镇、元山镇、金仙镇等出境公路要口建立畜禽检疫站，实施动物进出口检疫。1996年，加强牲畜口蹄疫防治工作，全年检疫生猪169.86万头、牛羊22.31万头，查出猪疫病6.86万头、牛羊疫病1.3万头。1998年，县设动检站，区设动检分站，乡镇配备动检员。全年检疫各类动物197.6万头（只）、产品199.8万公斤，处理病死动物3144头（只）、病害产品5620公斤。2000年，对全县动物疫病检疫，坚持五不出证的原则（即无免疫证、标识、非健康动物、来自疫区动物、无防疫合格证动物不出证）。全县办理各类畜禽运输检疫证15120张。在屠宰市场检疫生猪94.91万头、牛羊1.01万头、小家禽149.41万只、肉类295万公斤。查出病猪9400头，病牛羊1600头。2006年，国内外猪链球菌、口蹄疫和禽流感的疫情严峻，县畜牧局采取“阉割双免”（生猪、耕牛在阉割时同时注射猪瘟、口蹄疫苗）和“耳标溯源”（发现疫情追溯到疫情发源地）的疫情监控措施，并加大畜禽产品出入县境检疫力度，控制疫情传播。是年6月，樵店乡蒲李村发生牲畜重大疫情，迅速漫延至鹤龄、杨村、羊岭等乡镇，县政府发出《关于对鹤龄督导室疫区实行封锁的通知》，组织百名疫检人员赶赴疫区，封锁辖区交通路口，挡检、消毒运输车辆515台次，处理病畜尸体1021头，猪牛圈舍消毒13157间，使疫情迅速得到控制。

第四节 畜牧项目建设

肉兔综合发展项目 1990年，肉兔生产项目正式启动，先在吼狮、柳垭、龙源、江石等13个乡镇的5834户农户实施。建标准化兔圈9.16万孔，种植优质牧草272.87公顷，发展肉兔9.81万只。次年，扩大肉兔综合发展项目实施范围和养殖规模，开展“万只商品兔村”竞赛活动，全年新发展养兔户7614户，新建、改建兔圈4.5万孔，年出栏肉兔11.2万只。1993年，国际农发基金会贷款资金到位，肉兔养殖扩展到田家、禾丰、白龙、广坪、金仙、汉阳等14个乡镇的108个村432个组5100户农户实施，出栏肉兔14.8万只。使用项目资金562.7万元在普安镇建冻兔加工厂。

肉兔综合发展项目实施期5年，城北、龙源、江石、普安、田家、禾丰、白龙、摇铃、广坪、吼狮、金仙、江口、义兴、垂泉、武连等18乡镇118村619组，发展项目农户10304户（肉兔生产户10233户，扩繁户71户）。于1994年结束，累计购进种兔6.4万只，产仔兔687万只，出栏肉兔351.06万只。项目总投资1596.9万元。其中，世农发行到位资金963.9万元，国内配套409万元，项目区农户自筹224万元；兔笼标准化建设投入301.5万元，种植优质牧草投入154.1万元，兔种改良、引种投入578.6万元。

生态工程（草地）建设项目　1991年，省农牧厅下拨给种草资金1.7万元、专用化肥1万公斤，在龙源、江石、北庙、凉山、柳沟、国光、高池、演圣、吼狮、江口、汉阳、剑门等14乡镇实施人工种草项目，人工种草200公顷。1994年，国家拨付粮食以工代赈资金30万元，在城北、普安、白龙、公兴、涂山、盐店、武连等18个乡镇实施以工代赈草地建设项目。至1996年，改良草场333.33公顷，人工种草300公顷。1998年，省财政厅、农牧厅向剑阁下达科技扶贫——种草养羊项目，在汉阳、剑门、北庙、盐店、西庙、东宝、柳沟等21乡镇实施。至1999年，项目总投资1875万元，其中国家财政专项资金补贴970万元。累计种植优质牧草344公顷，草场治理260公顷，引进种羊、肉羊种3.57万只。2000年，国家补助项目资金177.9万元，在田家、柏垭、木马、鹤龄4乡镇实施嘉陵江中上游生态环境建设项目，采取调型做梯、开沟理渠、扎埂建池、造林种草等措施，治理草场531公顷。2001年至2006年，利用国家投资625.92万元（以工代赈资金385万元，省、市财政专项拨款40.92万元，退耕还林还草资金200万元），建设生态工程草地10933.33公顷，整治草地476.67公顷，种植篁竹草6公顷、鲁梅克斯10公顷。

兼用牛、肉牛（羊）基地建设　1991年至1995年，投资31.2万元（国家扶持牛改资金9.1万元），在剑门、江口、城北、普安、下寺等20个乡镇实施秸秆氨化养牛项目，建青贮氨化饲料池2670口，改良牛品种1.5万头，改良草地4000公顷，育肥牛1.61万头。项目总投资31.2万元，其中国家扶持牛改资金9.1万元。1997年至1999年，在江口、张王、高观、柏垭、木马、田家、盐店、下寺、上寺、剑门、汉阳、城北等19个乡镇实施全省优质肉牛生产基地县建设项目。投资60万元，草场改良1933.33公顷，改良乳、肉、役用牛1.3万头，引进摩拉牛、秦川牛、西门塔尔牛150头，建牛改站30个。2000年，投资100万元（国家投入85万元），实施优质肉牛综合配套技术项目，建牛改站50个，引进良种公牛100头，改本地牛种30482头，年育肥牛2.7万头，建氨化池、青贮窖、缸6.8万口（个），秸秆处理0.69亿公斤。2004年至2006年，投资110万元（国家投入80万元，畜牧局配套投入30万元），实施优质肉牛良繁体系建设项目，推广牛细管冷冻精液配种技术，肉牛快速育肥技术，犊牛早期断奶技术，秸秆氨化、青贮、糖化技术，建牛品种改良站57个，良种繁殖站1个，改良牛品种13097头。

瘦肉型商品猪基地建设　1991年，在普安、武连、东宝、开封、国光、元山、演圣、金仙、鹤龄、羊岭、白龙、禾丰、碑垭、江口14乡镇实施瘦肉型商品猪基地建设项目。至1995年，累计投资194.1

万元（国家财政扶持10.5万元），生猪双推五改技术推广面60%，生猪二元、三元杂交面40%，年出肥瘦肉型商品猪24.75万头。1996年至1999年，投资351万元（国家补助良改资金40万元），实淘汰土、劣种猪3500头，购进优良种猪450头，在唐家坪建年出良种小母猪400头良种繁殖场。2000年，使用国家“科技扶贫试点县项目资金”“经济不发达地区发展生猪三元”（DLY）杂交项目资金，投资210万元（中央财政投入130万元，省、市配套投入80万元），在城北、剑门关和普安镇丰光、中坪、剑西、江东、登高、白虎、鹤鸣、光荣村，柏垭乡青坪、新庙、红梁、共同、云顶村，鹤龄镇化林、赤化、龙潭、白鹤村等6乡镇49村9310户，推广生猪“三元”CLY杂交、“二元”LY、YL杂交技术。投放良种母猪350头，引进良种公猪141头，饲养二杂、三杂母猪1086头，改圈舍21100间，种植优质牧草222.93公顷。2006年，投资108.25万元（国家产业扶贫93万元，农民自筹15.25万元），在元山镇平桥、鹤龄镇柏林、迎水乡寺坝、长岭乡玉溪、吼狮乡龙座等5村1250户实施产业化扶贫（生猪基地建设）项目，购进“三元”杂交商品仔猪2983头，饲养“二元”“三元”杂交母猪702头，改（建）猪舍1225间，推广种植高赖氨酸饲料玉米68.33公顷。

第五章　水　利

第一节　水资源管理

水量供需平衡管理　县境河川径流主要靠降水产生，地表水径流除部分被蓄水工程拦蓄，用于生产生活用水外，其余均变为径流，集中于丰水期流走。全县水资源虽丰，水量供需矛盾仍然突出。以1993年为例，全县能供的水分别是：平水年可供水量3.03亿立方米，中等旱年可供水量2.63亿立方米，特大旱年可供水量1.93亿立方米。但需水量却急剧上升，平水年需水量2.68亿立方米；中等旱年需水量2.8亿立方米；特大旱年需水量3.07亿立方米。全县水量供需平衡分析计算，平水年余水3508.05万立方米，除店子河因发电用水缺水外，其余流域均有余水。中等旱年缺水1658.61万立方米，普安、元山、高池、木马、羊岭、金仙、吼狮等高山地区缺水尤为严重，缺水乡镇占全县总乡镇的三分之二。特大干旱年，全县缺水总量1.14亿立方米，缺水30%—70%，给人民生产生活造成极大困难，少数高山旱湾村组丧失抗灾能力。

1990年，县政府把水量供求平衡管理纳入政府目标责任制，采取生物和工程治理措施，抓水土保持，植树造林，保护植被，提高涵养水源和水资源储蓄能力。1993年，加强现有水利工程管理，治险除病；加固水利配套设施，防止水源渗漏；加强小、中型水利工程建设，增加水资源储备。至1995年，全县已建成各类水利工程25953处，共蓄、引、提水总量2.2亿立方米，有效水量1.98亿立方米。此外，全县有水井115516眼，年生产水量1300.11万立方米。2000年，在全县积极发展集雨节水工程、微型水利工程，增加提、蓄、引水能力。改革农业灌溉技术，发展节水农业，采取多种管理办法，使全县水量供需矛盾得到缓解。至2006年，全县累计建成各类水利工程42460处，共蓄、提、引水总量2.43亿立方米，有效蓄水2.17亿立方米。全县累计打井173516眼（包括报废井），生产水量1751万立方米。

拦蓄水工程管理　小型水利工程管理坚持“谁投资，谁受益，谁使用，谁管理”的原则。在20世纪90年代初，山坪塘由村、社统一管理，并指定专、兼职管水员，负责巡视和报告险情，小雨引水入塘，大雨排水防洪。由集体组织劳力，每年维修一次。管水人员报酬按塘堰灌溉面积分摊水费。微型水池由村民个体户管理、维修和使用，水利部门逐户登记建卡，抽样调查，督促管理。随着农村青壮年劳力进城务工，留守农村多为老弱病残，致使山坪塘管理不到位，淤积、渗漏、垮塌时有发生。1995年，县政府印发《关于农村小型水利工程使用权拍卖的有关政策规定的通知》。至1997年，全县拍卖使用权集体山坪塘17528口。已拍卖的山坪塘由拍卖所得户管理和整治、维修。土石堰按等级划分，一般土石堰按山坪塘管理方式管理。大中型石堰，尤以国家投资兴建的浆砌条石石河堰，由受益单位共同推选管理人员管理。其维修由上一级组织召集受益单位，按受益面积，分摊维修任务。管理人员报酬按受益面积在征收的水费中解决。全县中小型水库管理继续沿袭实行统一领导、分级管理的做法，即工程属那一级由那一级负责维修、排除险情，并设置管理站，确定专人管理。管理人员报酬按其灌溉面积和工业用水、人饮提水、发电用水的水量收取的水费中解决。1998年，县政府针对水库运行时间长、病害问题多、整治维修经费不足的情况，适当提高水费征收标准，解决水库维修费用。2000年，县政府与各乡镇、县水利主管部门与各水库工程管理站签订管水双向责任制，强化水库工程管理站人员管理责任，同时利用库区闲置土地发展多种经营，引进技术、人才，利用水面，发展水产养殖。至2006年年末，全县建水库管理站29个，有专兼职中小型水库管理人员283人，建管理房125间、2500平方米，负责全县水利工程的安全、放水、发电、水费征收和水利工程的改扩、维修。

天然水域管理　全县有各类水域面积16060公顷，自然形成的河流水域4713.33公顷。1990年，建立涉河建筑许可制度，规定在河道沿线临河修建开发水利、防治水害、整治河道的各类工程和跨河、穿水、过堤所建的桥梁、码头、道路、渡口，管道、缆线以及房屋建筑和设施，建设单位和个人必须按照河道管理权限，将工程建设方案报送河道主管机关，进行蓄洪行洪影响程度和范围评估。确认无碍后，核发涉河建筑许可证，方可动工。1993年7月，县政府发文规定，凡在河道管理范围内对其水域和土地利用必须符合江河行洪、输水和船运要求，坚持先保护，后利用的原则。禁止在河道上开石、取沙、取土。确需开发，必须由水利部门统一规划、作业设计，才能进场施工。1998年，在库区、河道两岸实施小流域治理215平方千米，采取栽树造林、封山育林、挖沉沙坑、做截洪渠、建蓄水池等措施，确保水域安全。2003年10月，县政府组织开展农村水电资源勘测调查。2004年，建立建设项目水环境影响评估制度，规定凡向水域排放污染物的建设项目，必须事先申报，由水管部门进行水环境污染评估，评估通过后，其污染物经过净化处理，才能排入水域。2006年，抓集镇居民用水安全，在清江河，闻溪河、白龙河，西河设置污水入河排污口监测网点，对城镇进行排污量监测。在普安、下寺镇设立城市人口饮水源天然水域保护区。

渔政管理　1990年，水电局设渔政股。2000年，建立水政监察大队，负责渔业许可证核发、水环境管理、渔事纠纷调解、渔政案件查处。1991年1月，县政府印发《关于切实加强禁渔期鱼类春繁保护工作的通知》，规定每年2月1日12时至4月20日12时为禁渔期，在禁鱼期内，严禁任何单位、个人在江河溪沟湖泊等天然水域内从事捕捞作业和娱乐性游钓活动，严禁在市场上销售天然水域鱼类产品。1993年3月，县政府颁布禁止在规定水域管理区内毒鱼、电鱼、炸鱼的决定。是年，全县侦破各类渔政案件28起，处理违法人员51人。1995年，对在水域从事渔业活动的经营者，实施渔业养殖许可证、水产捕捞许可证、船舶安全使用证制度，从事渔业养殖、捕捞、动用船只进行水上作业的单位、个人，必须办理“三证”。水利主管部门坚持季度考查，年度评审，定期排除水上安全隐患。至2000年，办理渔业“三证”241张，处理渔政案件109件，排除安全隐患48起。2001年，水上作业活动频繁，开始实施水生动物检疫。至2006年，累计办理各类渔政案156件（炸鱼、毒鱼、电鱼等破坏水生资源案29件，水环境污染案30件，无证从事水产养殖、捕捞、驾驶渔船案31件），排除安全隐患66起，查处各类违法犯罪人员215人，处理渔事纠纷179件，实施水生动物进出口检疫394车（船）。

第二节　水土保持

水土保持规划　1991年，组织水利、林业、农业、畜牧等单位科技人员，开展全县水土流失状况调查，编制《剑阁县水土保持综合治理规划》。全县水土保持综合治理目标为：从1991年开始到2000年得到初步治理，至2010年达到基本治理，使水土流失面积减少70%，土壤侵蚀量减少80%，宜绿面积绿化覆盖率达到90%。水土流失综合治理措施：采取分级拦蓄、层层设防、治坡与治沟并重，生物措施、工程措施与农耕措施有机结合。工程措施规划全县坡改梯17553.33公顷，修建坡面水系工程，挖沿山沟1.7万条、1.1万千米，修排水沟8500条、5000千米，建坡面截水沟6.2万条、300千米，挖沉沙凼21.5万个，建蓄水池3.1万个，新修小型塘、库1400口，旧塘、库、堰清淤淘沙1349处。生物措施以植树种草为主，重点发展水土保持林，水源涵养林。农耕措施以改造土壤，改进耕作方式为主，打背沟、沿山沟、汇集地面径流，规范排泄，防止和减少对耕地耕层的冲刷。对坡度5度－15度的耕地，地边挖沟、筑地坎、栽桑固土。每年利用冬春农闲季节清淘沟渠，挖沙面地改良土壤。规划在全县水土流失区域内，开挖边背沟3.2万条、5600千米，修筑地坎8000条、640千米。在耕作方式上，改单季单作全程翻耕为套作换茬翻耕。坡度大于20度的耕地，实行农业种植结构调整，栽桑种果，间作矮秆植物或经济价值高的多年生牧草。坡度大于25度的坡耕地，实行退耕还林还草，栽植有经济价值的林木果树或多年生牧草。规划全县退耕还林10000公顷，种植优质牧草2000公顷。

水土保持治理　20世纪80年代，剑阁水土保持治理重点以西河流域中上游国家重点水利工程——升钟水库淹没区为主。至1990年，累计治理水土保持面积3820公顷。1991年，在长岭、涂山、金仙、吼狮、演圣、柘坝、公店、国光等乡镇以植树造林、封山育林为主的生物措施和挖沉沙凼、做截洪沟、建微水池、开沿山渠为内容的工程措施。至1992年，国家累计投资98.7万元，完成水土治理面积34820公顷，在治理区植树造林7800公顷，封山育林8333.33公顷，开挖排洪沿山沟、耕地背沟、边沟5578条、1044千米，挖沉沙坑20778个，建蓄水池752口，挑沙面地38.13公顷。1993年，开征水土流失防治费，实施建设项目水土保持审批制度。凡在县内开办矿业、修建公路、水电、水利工程，在项目设计论证时，同时设计水土保持方案，并报县水利主管部门审核批准。对开采石灰石、膨润土、建筑石料，烧砖瓦，开小煤窑，需按规定缴纳水土流失防治费。1994年始，水土保持综合治理以全民动员、项目支持、部门配合、全面治理与重点治理相结合的方式进行。是年，以元山镇卜家沟340公顷小流域为综合治理示范区，带动元山镇完成1773.33公顷水土保持综合治理任务，全年完成坡改梯113.33公顷，整修水利工程3处，挖蓄水池13口，新增蓄水9130立方米，挖沉沙坑790口，做截洪沟20条，17.5千米，浆砌石河堰一道。累计营造水土保持林和经济林483.33公顷，封山育林486.67公顷。项目总投资151万元，其中国家补助78.4万元。1995年，在羊岭镇实施水土综合治理2000公顷，累计营造水土保持林646.67公顷，经济林413.33公顷，种草33.33公顷，坡改梯310.4公顷。在治理区内开渠、挖凼、修塘370条（口）。项目总投资210万元，其中国家投入48.2万元。1996年至1997年，水土流失综合治理重点项目在城北镇柳垭、民主等村实施，水土综合治理面积5300公顷，在项目区建经济果林363.33公顷，坡改梯366.67公顷，封山育林1840公顷，挖排洪沟27条、26.3千米，挖水平沟82条、8千米，挖沉沙坑、蓄水池2388口。项目总投资310万元，其中国家投入105万元。1998年，投资251万元（国家投入110万元），在武连镇武五村，普安镇中坪、丰光村实施综合治理农业生态工程和集雨节灌工程的项目。采取治水、改土、造林、建园等水土保持措施，治理水土流失面积3000公顷。修建微水池228口，挖沉沙坑1200口，做排洪沟、沿山沟41条、22.7千米，水平沟53条、27.8千米。坡改梯113.33公顷，营造水土保持林486.67公顷，经济果林220公顷。2003年，投资317万元（国家、省市投入227万元），在鹤龄镇赤化村、羊岭镇马鞍村改造中低产田土42.73公顷，坡改梯73.33公顷，建微水池541口，开挖排水沟31条18.4千米，造水土保持林73.33公顷、经济林16.73公顷。2004年至2006年，投资836.3万元（国家拨付水土流失治理资金、小流域治理资金357万元），在凉山乡松林，武连镇跃进，城北镇亮垭，开封镇龙桥，王河镇南华，金仙镇大顺，长岭乡金城，公兴镇大梁，白龙镇槐树，木马镇停船，下寺镇修城、沙溪、大仓13村实施长江防护林工程建设项目第五、第六期水土保持综合治理工程，水土治理13700公顷，在治理区完成坡改梯620公顷，营造水土保持林286.67公顷，栽植经济林300公顷，保土耕作1200公顷，修排洪沟渠29.3千米，建蓄水池920口。

第三节　人畜饮水

农村人饮工程　1993年始，剑阁连遭数年干旱，地下水位下降，导致人、畜饮用水严重缺乏。1996年5月，聘请人工打井技术员在汉阳镇天桥村实施人工打井试点，采取技术人员定位选点，专业队施工作业，受益户分摊责任，国家给予补助的办法打井。当年全村人工打井174眼，国家补助资金6.8万元。1997年8月，组织12个专业打井队伍，在57个乡镇285个村1069个村民小组开展人工打井。至2000年，累计打井23674眼，安装手压泵1.1万台，国家补助350万元。2001年，人工打井转向高山、旱湾村组。由水利部门选址定位、乡镇村组干部包户督促实施，验收合格后国家定额补贴300元。至2004年，累计打井6500眼，国家补助资金195万元。2005年，在柏垭乡和汉阳镇中心村试点实施红层找水打井项目，机械作业掘井深15—30米，安装直径20厘米井管，使用微型直流潜水泵抽水到户。2006年，红层找水打井扩展到武连、开封、元山、公兴、白龙、鹤龄等地，累计打机井2.1万眼，国家补助资金700万元。

集镇人饮工程　1990年，多数乡镇已建有集镇供水站，但规模小、设备差、供水能力弱，集镇年生产、生活需水总量222.08万立方米。1991年，县政府建立县人畜饮水工程办公室。集镇人饮工程建设坚持企业自筹为主，社会募捐、国家补助为辅的原则，并按先区集镇，后乡集镇，先人口多的大集镇，后人口少的小集镇，先饮水困难的高山集镇，后水源好的河谷集镇的顺序分批下达计划，安排资金。一期安排木马、鹤龄、金仙、剑门、碗泉、西庙等10个乡镇，二期安排白龙、田家、北庙、义兴、元山、吼狮、羊岭等14个乡镇；三期安排武连、公兴、演圣、涂山、摇铃、锦屏等15个乡镇；四期安排开封、柳沟、汉阳、江口、盐店等11乡镇。至1994年年末，全县所有乡镇场镇均建成自来水站，累计完成投资738.72万元（普安、下寺水厂建设投资除外）。其中，国家拨给粮食528万公斤、棉花3万公斤、棉布5.7万米、配套现金197.74万元，市、县财政配套投入22万元，集体和群众筹资投劳380.12万元。1995年至1998年，投资650万元（国家补助350万元），对白龙、元山、武连、开封、鹤龄等24个集镇供水工程进行配套、改建、扩建或新修供水源。改、扩自来水站16座，新建集镇饮水源工程3处。缓解自来水站原设计规模小、不能满足用水需求的矛盾，改善取水源卫生条件差、饮用水质不达标的状况。1999年，按国家有关规定，县水利局收购36个乡镇供水站，成立县乡镇供水有限公司，实行水利产业归口管理。其余乡镇自来水站因供面小，由乡镇自行管理。县乡镇供水公司独立核算、自收自支、自负盈亏。至2006年，乡镇供水站有职工122人，固定资产总值1100万元，固定资产净值950万元，供水人口逾10万。

县城人饮工程 1990年，县财政投资26万元，对县自来水厂进行改造，新增机泵，扩建净水处理厂，日产水量5000立方米。社会集资和财政投入120万元，在三江口上游刘家河修建浆砌条石弧形拱坝石河堰一座，容水60万立方米，新辟县城的饮用水源。1995年5月，杨家坝水库开闸放水，实行人饮与灌溉用水分离，每年向县城调节供水120万立方米，与刘家河共同作为县城饮用水源。2002年3月，县政府向省城建委申报拟建下寺自来水厂，次年春获得批准。2003年，投资2100万元，县建设局在下寺镇沙溪村二组征地1.88公顷建下寺自来水厂，取水于清江河水碾碥电站拦河坝内。2003年年底，县自来水公司被四川川投水务集团收购，原县自来水公司的下寺、普安2水厂进行改制，实行自负盈亏的企业化管理，并沿袭至2006年。

第四节　防洪防汛

防洪机构 县防汛指挥部为剑阁防汛抢险决策机构，由分管农业的副县长兼任指挥长。1993年3月，县防汛指挥部更名县防汛抗旱江河管理指挥部，下设防洪防汛江河管理办公室，负责全县防洪工程项目规划、审查、报批及建设管理；组织收集整理全县雨情、水情，制定防洪预案；组织防洪抢险。1995年，在各乡镇建立抗旱防洪领导小组，在各中、小型水库建立防洪抢险应急队。防洪抢险队由基干民兵组成，实行军事化管理。1998年“9·16”洪灾后，县政府将全县重点水利工程、险要河段、中小型水库的防洪抢险责任细化到县级四大班子领导、县级涉农部门和乡镇党政主要领导，随时关注拦、蓄水工程安全，确保平安度汛。2006年完善村（居）民委员会防洪抢险体系，规定小型水利由所在地村组负责监管，一遇汛情，坚持昼夜值班巡护，引洪蓄水，排洪防汛。若有险情，立即组织村民抢险。

汛情监测 1990年前，剑阁有闻溪河、开封两个水文监测站，县气象监测站在区乡镇延伸设点，负责观测、报告雨量和降雨强度。1991年7月，上寺乡划入剑阁后，在清江河流域建立上寺水文监测站。1993年，制订水文监测制度，规定水文监测站必须准确掌握县境主要河流雨情、水情、汛情变化，无论晴天、雨天，白昼、黑夜坚守工作岗位，监测降雨量、河水秒流量、洪峰流量、洪水位、警戒水位，并及时向县防洪办通报，建立月报、季报、年报制度。2006 年全县有水文监测站 3 处，负责全县汛情监测，雨情、水情上报。

防洪预案　1997 年 8 月，制订了包括清江河防洪、闻溪河防洪、集镇防洪、水库防洪调度等预案的《剑阁县防洪预案》，并结合全县汛情、雨情变化状况，坚持每年修改一次。

清江河防洪预案确定下寺镇警戒水位 503 米，相应流量 3800 立方米/秒，洪水重现期 5 年一遇。保证水位 504 米，相应流量 5100 立方米/秒，洪水重现期 12 年一遇。上寺水文站距县城较近，洪水预报时间紧迫，不利于防洪抢险，改用江油雁门雨量站、青川大院雨量站的雨情、水情作为县城汛期洪水预报依据。当洪水在警戒水位线以下时，洪水对沿岸无大影响，只有临河少部土地被淹。要求县防汛指挥部及下寺镇、下寺开发区管委会加强值班，关注水情；当洪水达到警戒水位时，须充分做好防洪抢险准备，加强河堤工程巡查，随时向县防汛指挥长和值班人员报告汛情；当洪水超过警戒水位线 0.5 米时，县防汛副指挥长、水利局主要领导亲临现场，做好防汛物资调运，召集抢险队伍，通知两岸低洼地带群众安全转移；当洪水达到保证水位时，县防汛指挥长亲临现场，县级领导，指挥部成员分片负责指挥防洪抢险，确保不出险情；当洪水超过保证水位时，县防汛指挥部宣布进入紧急防汛状态，动员和组织全社会力量投入抗洪抢险第一线，全力保障县城、国道 108 线、绵广高速公路、宝成铁路等设施和沿岸人民群众的生命财产安全；当洪水超过城市防洪标准时，县防汛指挥长签署命令，下令各抢险队伍，严防死守，快速将群众转移至安全地带，维护好社会秩序，以最大努力减轻洪灾损失。

闻溪河防洪预案以姚家雨量站预测的雨情、水情作为预测汛期洪水依据，确定闻溪河警戒水位 470.71 米，相应洪峰流量 1300 立方米/秒，洪水重现期 5 年一遇；保证水位 471.71 米，相应洪水流量 1600 立方米/秒，洪水重现期 8 年一遇。闻溪河普安段河道断面狭窄，洪水排泄不畅，极易造成洪灾。当洪水在警戒水位线以下时，必须加强值班力量，密切关注水情变化趋势；当洪水到达警戒水位时，须加强河道两岸巡查，作小东街、闻溪路、新民路、青少年宫、农贸市场、酿造厂一带低洼地区的抢险准备；当洪水超过警戒水位 0.5 米时，县防汛指挥部领导亲临现场，做好防汛物资调运，召集抢险队伍。通知低洼地带居民做好人员财产转移准备；当洪水达到保证水位时，各级防汛机构领导及抢险队伍迅速到位，组织群众抢险，确保不出险情；当洪水超过保证水位时，县防汛指挥部宣布进入紧急防汛状态，动员组织全社会力量投入抗洪抢险，确保人民群众生命财产安全；当洪水超过城市防洪标准时，县防汛指挥长签署命令，宣布闻溪河沿岸进入紧急防汛状态，下令全体抢险队伍严防死守，全力保障国家、城镇居民生命财产安全。

集镇防洪预案由各级政府制定，成立防汛指挥小组，组建防汛抢险队伍，储备防汛抢险物资，提前做好城镇防洪的防范准备。当外江洪水高出城镇低洼地面高程时，应根据具体情况，关闭排水闸门和涵洞，防止洪水倒灌淹没集镇。在集镇规划建设中，须根据当地雨情资料，查实历史汛情痕迹，确定城镇建设规模和范围，全面考虑城镇排涝设施布局，合理规划和建设。对已建成的集镇排涝设施，若不能满足排涝要求，要加快改造进度，提高排涝能力。汛前做好安全检查，清理疏通排涝设施，确保汛期排泄畅通。

水库防洪调度方案由各水库管理单位和所在地地方政府根据水库运行及工程情况制订，并报上级部门批准执行。杨家坝、七一水库防洪调度方案经水利部门审定后，报市、县政府批准执行，并报省水利厅备案；小Ⅰ型、小Ⅱ型水库防洪方案由县水利局制订，报县政府批准执行，并报市水利局备案。水利局防洪调度责任，按分级管理原则执行。杨家坝水库由市、县水务局、杨家坝管理处负责；龙王潭水库由市、县水务局、龙王潭管理处负责；小Ⅰ型水库由县水利局及各水库管理站负责；小Ⅱ型水库由县水利局指定乡镇政府及水管站负责。各水库管理单位须立足于防大汛，抗大洪，抢大险，认真开展水库枢纽工程的汛前安全检查加固，结合实际制订汛期水库防汛调度运行方案，落实防汛抢险队伍，组织储备抢险物资，切实做到防洪、蓄水两不误。

防洪工程　20 世纪 80 年代，两次投资 109.4 万元，对闻溪河西岸的东门桥至龙泉涧出口，龙泉涧下游段实施第一期城市防洪河堤建设 517 米。1990 年，修建双剑公园（公园坝公园）时，经县政府批准，县水电局设计，城建委投资施工，建成高 4.5 米、宽 2.5 米、长 135 米条石浆砌河堤一道。1994 年，县政府发文规定，凡用地单位或个人在城镇修建房屋，必须避开县防洪办确定的防洪高程和行洪断面修建房屋，并随时监管督查。至 2000 年，累计拆除影响行洪建筑 21 处。

2001 年，总投资 1500 万元，由县水利局设计，县土地开发公司承建，新建清江河修城坝河段防洪河堤 3110 米，防洪标准为 20 年一遇。2005 年，投资 58 万元，修建修城坝沿宝龙山脚排洪工程，建成长 1200 米，宽 1.5 米，深 1.2 米的矩形混凝土现浇排洪渠一道。2006 年动工修建清江河拐枣坝工业园区河段防洪河堤，长 2300 米，底部为混凝土现浇，挡土墙上部为混凝土预制件护坡，防洪标准为 20 年一遇。

行洪路障清除　1990 年，建立涉河建筑许可制度，规定凡在河道范围内和水域利用土地，必须符合江河行洪、输水和船运要求。临河道建设、建筑项目，必须先报河道管理机构审查批准同意后，划定建筑红线，发给涉河建设许可证后方可实施。1994 年，县政府根据省政府《河道管理实施办法》，规定对河道管理范围内的阻水障碍物按照谁设障、谁清除的原则，由河道主管部门提出清障计划和实施方案，由防汛指挥部责令设障者在规定期限内清除。逾期不清除的由防汛指挥部组织强行清除，并由设障者负担全部清除费用。对阻水严重的桥梁、引道、码头和其他工程设施，由河道主管机关提出意见，报经同级政府批准后，责成原单位在规定限期内拆除或改建。汛期影响防洪安全的，必须服从防洪指挥部紧急处理决定。

2003 年，嘉陵江沿岸因采金、取沙导致河道堵塞，严重影响行洪安全。县政府两次组织国土、水利、公安、司法、检察院、法制局等单位执法人员现场清除行洪路障 14 处。2005 年至 2006 年，水利、国土局出资 30 万元，对嘉陵江张王乡嘉陵村、江口镇长江村河段进行行洪障碍疏通，清除阻碍物 18 处，清理河道 1041 米。

第五节　水利工程

中型水库　县境有七一水库、杨家坝水库 2 座中型水库。七一水库位于樵店乡、木马镇交界处，属店子河下游，集水面积 326 平方千米。1969 年 7 月 1 日，由鹤龄区和木马公社组织群众修建，总库容蓄水 1890 万立方米，主要为七一电站调蓄水源。

杨家坝水库（翠云湖）。其大坝坐落在盐店镇莲花村一组，地理坐标北纬 32°9′、东经 105°15′。

1960年，由省地质局水文大队踏勘规划。1972年，县水电局勘测设计。1977年，龙泉、柳沟、武连区组织300余人的石工专业队，备石料8000立方米，修施工管理房2100平方米、盐店至大坝公路8千米。1978年，落实中央国民经济调整、改革方针，停工缓建。1987年，剑阁遭受罕见旱灾，不仅农业生产严重缺水，而且县城居民饮水匮乏。为此，县委、县政府决定复建杨家坝水库。委托省水利电力勘测设计研究院进行复工建设的可行性研究和设计。次年6月，完成工程项目可研设计，11月，通过专家评估。1989年4月，省计经委、水利厅批准立项。1990年，组建副县长任指挥长、灌区部分区领导任副指挥长的杨家坝水库工程指挥部，8月15日，以大坝工程开工为标志正式复建。水库集水面积20.5平方千米。库区总用地244公顷。其中，淹没土地165公顷，枢纽工程及管护多经用地17公顷，建渠系工程用地62公顷。用地范围涉及9个乡镇50个村298个组1.2万户4.5万人，搬迁房屋2.5万平方米。水库工程由大坝、溢洪道、放空底孔、表层取水竖井、取水隧洞、输水干渠、支渠、饮水管道及管理设施组成。大坝高度53.37米，坝型为浆砌条石双曲拱坝。正常蓄水面积150公顷，总库容2640万立方米，有效库容1860万立方米，主干渠至王家垭分左右两支渠，左支渠名柳剑支渠，经城北镇至普安镇唐家坪，1991年11月动工，1994年竣工，全长14900米；右支渠为凉龙支渠，从王家垭分水岭经新店子，凉山、吊猴垭、杨家梁、江石、老土地至龙源镇，长24500米，1991年11月动工，1995年10月竣工。1993年9月，大坝主体工程竣工。主干渠工程1990年12月动工，次年8月竣工。支渠1991年11月动工，1994年竣工。大坝放空底孔1992年5月开工，次月竣工。表层取水及竖井工程1991年12月开工，1993年7月竣工。溢洪道工程1993年1月动工，1994年3月竣工。水库1995年5月开闸放水，1998年12月全面竣工。工程总资额6532.09万元。其中，蓄水工程建设资金1590.58万元，枢纽工程投资2235.01万元，渠道开挖砌投资2706.5万元；国家投资2205万元，自筹667.47万元，世行贷款2406.84万元，投劳折资1252.78万元。累计开挖土石88.9万立方米，土石填方及浆砌条块石46.72万立方米，浇筑混凝土2.07万立方米，金属结构安装16.2万公斤，帷幕灌浆2156.1米。

小（一）型水库　1990年起，对白龙镇合作，剑门关镇剑雄，下寺镇茶园沟，毛坝乡光华，柳沟镇光明，凉山乡战备，姚家乡高台、团结，吼狮乡开天观，元山镇二教，金仙镇赛金，涂山乡迎新，香沉镇群英，圈龙乡金铃，普安镇光荣，鹤龄镇红岩，柏垭乡云顶，城北镇民主，国光乡国光，龙源镇青杆，摇铃乡张家河，汉阳镇陡岩口等23座水库的外坝滑坡、内坡裂隙、涵卧管渗漏、溢洪道变形等进行除险加固处理。至2006年，累计投资1519万元（其中国家小水利资金投入937万元）。全县有小（一）型水库28座，库容4451万立方米，有效蓄水3450万立方米。

茶园沟水库　位于下寺茶园村，1971年修建，库容蓄水314万立方米，控灌茶园、普广、冠京、友于、下寺5村200公顷农田。2004年5月，茶园沟水库作为剑门蜀道水体景观开发，加之涵卧管渗漏，被列入病险水库整治项目。投资350万元（国家投入240万元），对坝体全面翻修补漏、外坡采用混凝土预制件防渗、外坝加固护坡、溢洪道加宽加长衬砌、建防浪墙，对库区景点进行绿化。

小（二）型水库　1990年至1992年，累计整治病害小（二）水库72座。1993年至2002年，总资134.6万元（国家补助28.4万元），在龙源、香沉、马灯、东宝、元山、垂泉、长岭、涂山、碗泉、姚家等乡镇新建小（二）型水库13座，新增库容水量155.8万立方米，增加控灌面积239.73公顷。2003年至2006年，投资341万元（国家补助104万元），累计除险加固水库98座。2006年年末，全县有小（二）型水库227座，库容4986万立方米，有效蓄水3853万立方米。

剑阁县1990—2006年新建小（二）型水库情况表

表15－8　　单位：米、万立方米、公顷

水库名称	坝型	坝高	总库容	有效库容	灌溉面积	溢洪类型	建设时间	所在乡镇	备注
青杆水库	均质土坝	13	15	12	19.53	宽浅式	1990	龙源镇	
登云水库	均质土坝	12	14	12	19.40	宽浅式	1990	龙源镇	
东沟水库	均质土坝	16.3	14	10	19.53	宽浅式	1990	香沉镇	
杏垭水库	均质土坝	16	10	7	16.87	宽浅式	1990	碗泉乡	
井田水库	均质土坝	12	14	10	45.67	宽浅式	1991	元山镇	
蒲家窝水库	均质土坝	21	12	9	16.80	宽浅式	1991	涂山乡	
金城水库	均质土坝	11	13	9	23.47	宽浅式	1991	长岭乡	
春江水库	均质土坝	23	11	10	34.87	宽浅式	1993	垂泉乡	
九五水库	均质土坝	18	13	10	23.33	宽浅式	1997	香沉镇	
楼台水库	均质土坝	17	13	10	13.33	宽浅式	1997	东宝镇	
三江水库	均质土坝	15	16.5	12	26.67	宽浅式	1997	马灯乡	
沙溪水库	均质土坝	15	30	19	19.53	宽浅式	1972	下寺镇	区划调整并入

注：资料来源为县水务局提供。

提、拦蓄水工程　1990年，全县有固定电力提灌站287座，年提水能力1600万立方米，控灌1933.33公顷农田。1991年后，建成鹤龄、白龙、姚家、柏垭、柳沟、汉阳6座35千伏变电站。至1993年全县新增固定电灌站35座，配电动机39台，装机容量1140千瓦；1994年后，固定电灌站向维修改造方向发展，并逐步普及微型直流电力提水。2001年，白龙、鹤龄、剑门、下寺新建电力提灌站22处。至2006年，全县累建固定电力提灌站344座，配电动机442台，装机容量12300千瓦，年提水能力1814万立方米。

县内有重力式溢流坝、圆弧形拱坝两种石河堰。1990年，全县存石河堰184道，蓄水681万立方米。1991年起，集镇人口迅猛增加，为解决集镇用水，多处修建石河堰。1993年至1996年，采取群众集资、财政补贴、项目扶持等办法，建成公兴镇凤凰、大梁和碑垭乡漏水河、普安镇刘家河等石河堰17道。1997年后，石河堰建设随水土保持、人畜饮水工程、中低产田土改造、农业土地综合整理等工程项目统一规划，一并实施。每年修建2至3道石河堰。至2006年，全县已建成石河堰230道，总蓄水961万立方米，控灌农田1520公顷。

微型水利工程　1993年，剑阁制定以微型水利为主的四年水利建设规划。在汉阳镇试点，改浆砌条石方池为浆砌红砖圆池，改单一建池为配套引水渠、沉沙池、下池梯步等。通过试点，全县建成微水池130口，新增畜水量2万立方米。1995年，微型水利工程建设在国道108沿线乡镇推广，共建微型水利工程2500处（微水池2000口），新增蓄水量30万立方米。1997年，在上寺乡桅杆村，汉阳镇中心、天桥村，剑门关镇青树村，城北镇民主、柳垭、红双村，碗泉乡石靴村，武连镇跃进、武五村，柳沟镇新民村实施微型水利工程建设。建成微型水利工程5000处，新增蓄水80万立方米。1998年至1999年，微型水利建设随农业土地综合开发、水土保持、文明新村建设、人畜饮水等项目一并实施。累计建微型水利工程2910个。2000年，实施烟水配套项目，在烟地附近建微水池。1993年至2006年，全县累计建设微型水利工程16500处，新增蓄水量247.5万立方米。

集雨节灌工程　1998年，剑阁编制全省集雨节灌工程项目试点三期实施计划。1999年为第一期，在普安镇风光、中坪村试点，突出解决“两保”（保苗、保人畜）用水、坚持“谁投资、谁受益、谁使用、谁管理”原则。至年末，两村共建微水池190口，整治山坪塘4口，新修灌渠310米，打井6眼，购置移动式喷灌设备15台/套。项目总投资202万元，其中国家财政补贴40万元。2000年为第二期，在城北镇柳垭、红双村实施，建微水池141口，整治山坪塘19口，建防渗石渠2150米，新开引水渠7000米，挖沉沙凼20口，安装移动喷灌设备4处，配套微型水泵38台/套。项目总投入156万元，其中国家补助30万元。2001年为第三期，在武连镇跃进、凉山乡松林2村实施，共建微水池92口，整治山坪塘13口，人工打井14眼，修建引排灌渠4300米，安装U型砼槽3200米，挖沉沙池106个，配套移动喷灌、微灌设备4台/套。项目总投资116.3万元。

2002年起，集雨节灌工程在全县范围内普遍推广，并与国土开发、农业综合开发、水土保持、人畜饮水、烟水配套等项目结合实施。至2006年，全县累计配套移动式喷灌设施151台/套，微灌61处，年集雨节灌面积1006.67公顷。

第六章　农业机械

第一节　农机推广

耕作机械　1990年，全县有小型拖拉机1229台12638千瓦，小型耕整机18台76千瓦，大中型拖拉机132台3474千瓦。1991年，全县耕整机发展到28台。1996年6月，县农机局购进第一台微耕机，在普安镇剑坪村2组现场旋耕作业。年末，全县机耕作业机械315台。1997年，全县机耕作业机械1659台（耕整机421台，拖拉机1238台）。1998年，剑阁实施省第三批农机化先行县、国家优质粮产业工程农机装备推进项目，农民购置农机具由国家实行财政补贴。2000年，全县机耕作业机械2412台23837千瓦（各型拖拉机1622台20318千瓦，耕整机790台3515千瓦）。2001年，购买农业机械财政直补政策落实，农业产业化、集约化经营步伐加快，为农机作业创造条件，2006年，全县有各类耕作机械23870台（各型拖拉机870台，耕整机21500台，微耕机1500台）。

收割机械　20世纪80年代，剑阁的粮食收割基以镰刀割、拌桶脱的传统收割方式为主。1990年，全县仅有金稻牌4GB－1型水稻割禾器1台。9月23日，县农机局在普安镇剑公村召开“丰收牌”水稻割禾器使用现场会。1991年，在白龙、武连、开封等乡镇推广收割机械作业。1992年9月，在普安镇剑公村使用“金稻牌”4GB－1型水稻割禾器示范收获水稻。至年末，全县收割机械1150件。1995年5月，在白龙镇使用4C－1000型“良友”牌联合收割机演示收割小麦。至1996年，全县有各类收割机械14104件（台），其中联合收割机、机动割晒机4台。至2006年，全县水稻割禾器8500件，联合收割机320台5441千瓦。机械收获作业面积6453.33公顷。

播种机械 1993年10月22日，在白龙镇三湾村首次试用213G－6C型小麦浅旋播种机，与川丰－15、江西－180、泰山－25型拖拉机配套作业，可一次性完成碎土、浅旋、精量播种、覆土、碾压等系列工序，操作方便，省种，耗油低。在白龙、开封、下寺、元山、公兴等地推广。至1999年，全县小麦播种机发展到286台。水稻机械化播种起步较晚。2000年还是土法育秧、人工插秧。2001年，县农机推广站在普安镇江东村进行水稻生产机械化示范，采用2C1－600型电控数种机催芽，2BJ－360Ⅱ型软盘精量摆种机摆种，小型气流式抛秧机抛秧。全县销售机播作业机械104台。2003年5月，县政府在汉阳壮山村召开水稻机播现场会，采用小型气流式抛秧机插秧。年末，全县水稻抛秧机增至1500台。2005年5月，县农机局引进“东洋PF4555型”手扶步进式插秧机，在元山镇平桥村二组、开封镇龙桥村三组、公兴镇九龙村一组、下寺镇拐枣村七组现场示范，该机械插秧能节水节肥，省工省力，栽植均匀，宽密适度。2006年，全县累计推广小麦播种机430台，水稻插秧机64台，数控育秧机6台。

灌溉机械 1990年起，突出农村小型流动机电提灌站建设，利用小水利建设、人畜饮水、扶贫开发、以工代赈等项目资金，建设小型流动机电提灌站，以3马力、4马力、6马力、8马力、12马力柴油机作动力，配小型水泵。1999年，全县累计建流动机电提灌站4554座，配微型水泵4641台。2000年，发展500瓦至2000瓦微电泵提水，解决农村灌溉用水，人畜饮水。2006年年末，全县排灌机械5765台、48789千瓦（柴油机5108台、35170千瓦，电动机657台、13619千瓦），微水泵5136台、7517千瓦。

1995年，全县大力推行机械喷灌作业，采购喷灌设备187套，喷灌作业466.67公顷。1996年，县农机局投资60万元在武连农场实施“川中项目”，出动活动式喷灌机10台，对27公顷粮、果、菜地实施喷灌作业。全县推广喷灌机355台套。喷灌机作业使用方便，适用范围广。2006年，全县灌溉机械470台（套），年喷灌作业1400公顷。

运输机械 1990年，全县有各型拖拉机1361台16112千瓦（大中型拖拉机172台4949千瓦，小型拖拉机1229台112638千瓦），农用汽车243台14509千瓦，农用机动船7只。全年运输量0.9亿吨千米。因手扶式拖拉机的运输性能远低于专业运输车而开始淘汰，至1996年全部报废。小四轮拖拉机逐步发展。1997年，全县运输机械1229台。1998年，适合中长途运输的运输型拖拉机迅速发展。2001年，全县有运输型拖拉机1350台18210千瓦（小四轮930台10230千瓦，大中型拖拉机420台），农用汽车638台10458千瓦，年运输量1.2亿吨千米。2006年年末，全县有各型拖拉机870台、16734千瓦，农用汽车925台、27481千瓦，农用机动船15只，年运输量2.24亿吨千米。

加工机械 1990年，全县有各类加工机具4589台（件）。其中，饲料粉碎机1810台，机动脱粒机178台，年加工农副产品1.99亿公斤。2000年，全县有磨面机2756台、粉碎机5421台、打米机11173台、榨油机341台、压面机2141台。加工农副产品3.02亿公斤。2004年后，购农机具享受国家补贴，农业机械化水平提高。2006年，全县拥有各类农用加工机械15937台（件）。其中，饲料粉碎机6445

台，压面机2859台，磨面机2814台，榨油机351台。加工各类农副产品3.9亿公斤。

脱粒植保机械　1990年，全县有脱粒机1780台，脱粮食0.82亿公斤，机动喷雾器263台、5488千瓦，机械植保22526.67公顷。2000年，全县有脱粒机3546台，脱粒1.37亿公斤；机动喷雾器598台657千瓦，机保面积20913.33公顷。2006年，全县有机动脱粒机5218台，年脱粒量3亿公斤；机动喷雾器820台1230千瓦，机保面积15.4万公顷次。

剑阁县1990—2006年农业机械情况表（一）

表15－9

年份	农业机械总动力(千瓦)	大中型拖拉机		小型拖拉机		农用运输车		排灌机械	
		台	千瓦	台	千瓦	台	千瓦	台	千瓦
1990	96633	132	3474	1229	12638	243	14509	1532	22539
1991	114311	132	3530	1563	16487	568	28759	1631	22749
1992	113245	119	3157	1553	16548	309	28329	1545	21537
1993	114375	71	1944	1275	13663	279	26639	1979	27578
1994	122752	57	584	1190	12953	310	28140	4975	36870
1995	133873	19	614	941	10183	490	43119	5427	30466
1996	139969	11	374	132	12396	540	42365	2639	30656
1997	144951	9	278	1229	13553	627	44154	2949	31257
1998	147086	78	1634	1482	16340	636	34589	3149	38421
1999	150061	105	1855	1532	16968	234	11291	4188	43787
2000	158179	312	5928	1310	14390	618	13765	4590	44830
2001	158334	420	7980	930	10230	638	10458	5597	51823
2002	166390	500	9350	890	9790	670	11090	5674	53137
2003	217162	580	11600	290	1638	709	24281	5674	55023
2004	261622	680	17000	370	5920	798	27149	5764	55023
2005	303771	660	16500	360	5760	817	28187	5643	47757
2006	361647	420	10794	450	5940	925	27481	5765	48789

注：资料来源为《剑阁统计年鉴》。

剑阁县 1990—2006 年农业机械情况表（二）

表 15－10

年份	农产品加工机械		耕整机械		联合收割机		机动割晒机		机动喷雾（粉）机	
	台	千瓦	台	千瓦	台	千瓦	台	千瓦	台	千瓦
1990	4589	45317	18	76	—	—	—	—	263	548
1991	4914	41768	28	133.5	—	—	—	—	391	818
1992	4990	42090	29	142.2	—	—	—	—	427	858
1993	4974	42518	37	149.6	—	—	1	6	422	878
1994	4572	40156	45	198.5	1	13	1	6	432	864
1995	4753	46104	100	425	1	13	1	6	451	902
1996	4869	49327	315	1394	2	32	2	12	466	942
1997	4903	49977	421	1640	2	31	5	30	475	983
1998	4248	50322	512	2102	2	31	5	30	485	727
1999	7349	69608	523	2144	4	67	5	30	485	727
2000	9987	71699	790	3515	4	67	4	24	598	657
2001	10259	73048	857	3931	4	67	8	10	598	742
2002	10335	74072	2100	7720	6	110	8	10	612	979
2003	10857	60854	4100	15300	38	684	27	20	630	1015
2004	12863	74024	8100	48600	105	1575	27	33	750	1125
2005	14815	85237	14100	84600	166	2495	27	33	780	1170
2006	15937	91692	121500	12900	320	5441	20	24	820	1230

说明：资料来源为《剑阁统计年鉴》。

剑阁县 1990—2006 年农业机械情况表（三）

表 15－11　　单位：台、件、套

年份	拖拉机		机动船	播种机	水泵	喷灌机具	加工机具	饲料粉碎机	维修设备	机动脱粒机
	配套农具	机引农具								
1990	1301	287	7	—	1511	108	6377	1810	92	1780
1991	1643	367	9	—	1667	108	7415	2347	127	2094

续表15—11

年份	拖拉机		机动船	播种机	水泵	喷灌机具	加工机具	饲料粉碎机	维修设备	机动脱粒机
	配套农具	机引农具								
1992	1615	310	15	—	1652	128	7158	2439	173	2057
1993	1346	408	16	1	1267	153	8775	2500	173	2100
1994	1247	291	11	21	2185	177	9026	2602	100	2172
1995	960	248	33	28	2445	187	9091	2702	631	2389
1996	1143	304	33	48	2640	355	9751	3043	676	2439
1997	1238	52	31	25	2940	355	10259	3201	662	2877
1998	1560	263	40	97	2725	375	7919	4158	502	3455
1999	1617	340	23	286	4198	375	8874	5086	595	3496
2000	1941	380	12	407	4685	405	13285	6068	610	3546
2001	1416	5652	5	467	4685	405	13570	6070	682	3546
2002	6053	9938	12	500	4993	405	14262	6130	713	3859
2003	8190	19432	12	500	5024	416	15142	6348	824	4075
2004	8874	29212	12	500	5024	420	17172	6460	867	4967
2005	8965	29104	12	500	5132	420	19355	6637	923	5016
2006	8700	34145	15	430	5241	470	20952	6645	954	5218

说明：资料为县农业机械局提供。

第二节　农机技术培训

1990年，扩建县农业机械技术学校，增添设施设备。县内的农机驾驶操作人员必须入校进行专业技术培训，学习动力机械构造原理、操作技能、维修保养和排障技术。经考试合格取得驾驶资格后，才能从事农机作业。是年，举办乡镇农机站长培训班4期，参训251人。送农机干部参加省、市专业培训11人，学习农机维修、质量监测管理、农机消防安全业务。全县有农机人员5318人（拖拉机手1765人，农用汽车驾驶员307人，内燃机机手2987人，农机技术员、农机修理员259人）。1991年，围绕手扶拖拉机检测调修、节油技术和3号米机、S195柴油机改型技术，在县农业机械技术学校、普安及武连、开封、白龙举办区、乡镇农机站长、农机技术骨干培训班16期321人次。1993年，对大、中、小型拖拉机驾驶员，除学习专业理论外，现场操作时间还必须分别达到50天、80小时和25天、60小时的，才能颁发驾驶执照。1995年，举办专业法规培训班10期，培训管理人员251人次，组织专业法规考试21

场。举办农机机手培训班31期、64班，培训各类机手3264人次（拖拉机手2072人次，农用汽车驾驶员203人，内燃机机手989人次）。1996年，重点培训农机加工、脱粒机械和微型水泵在农村的推广运用。1998年，全县检测维修拖拉机1100台，3号米机改型510台，柴油机改型830台。2000年，农村机耕道建设职能划归农机部门，县农机局派出局机关42人，乡镇农机站长20人分别参加国家、省、市农机专业技术培训，学习机耕道建设工程技术管理、农机监理执法、农机安全事故处理和农机专业法规。全县举办各类农机技术人员培训班15期、31班，培训农机技术员931人、农机修理工654人。2001年，农村使用稻麦两用收割机、抛秧机、耕整机、旋播种机、机动喷雾器、喷灌机、微水泵等，农机培训适应农村新机具的推广应用。在农村使用化肥深施器，推行化肥深施技术；使用ZCJ－600型电控数显种子催芽机，推行新法育秧技术；使用肥团育苗器，推行玉米、烟叶、棉花、蔬菜肥团育苗。2003后，每年春秋两季开展农机技术三下乡活动，在白龙镇三湾、普安镇城东、汉阳镇壮岭、武连镇武侯等村召开化肥深施器、电控数显种子催芽机操作使用现场会。在普安、白龙、县农机校现场演练稻麦两用联合收割机、播秧机、抛秧机、耕整机使用保养和维修技术。2006年，全县农机从业人员16771人（拖拉机手840人，农用汽车驾驶员925人，内燃机手13576人，农机技术员、农机修理员1430人）。举办各类机手培训班21期35班、1950人。

第三节　农机安全管理

农业机械事故　1990年至2006年，全县累计发生各类农机安全事故78件（手拖、中拖、小四轮机械事故43件，农用汽车机械事故2件，柴油动力机械事故8件，加工、脱粒、机灌、机播、机耕等农业机械事故25件），造成重伤41人，死亡30人，机具报废78台，直接经济损失121万余元。发生农业机械事故最多的为1990年，全年发生各类农业机械事故12件（农机事故7件，拖拉机事故5件），造成2人死亡、3人重伤，直接经济损失0.65万元。农机事故发生较少的为1996年，全年发生农机事故1件，造成1人死亡，直接经济损失0.6万元。其余年份，农机事故发生面均在3件至6件之间。2004年1月9日，下寺镇窑沟村二组驾驶员刘某驾驶CGC250川路牌运输型拖拉机，因超载、人货混装和操作失误，行至下寺镇窑沟村三组栏母山时，造成拖拉机翻入32米深的悬崖、3人死亡、3人重伤、4人轻伤的特大交通事故。

农机安全监管　1990年，建立县农机监理站，负责全县农业机械及操作人员年度审查，牌证核发、安全教育、事故处理及车辆过户等。1995年，在全县12片区，57乡镇配备农机安全员69人，负责农机安全生产法规宣传，农机作业田检路查，农业机械入籍、转籍、异动、变更、补换牌照，农机操作人员的驾证核发和管理。1996年开展农机作业专项治理，检验报废车、不合格车辆250台，停止使用机械事故发生频率高的800台工农—12型手扶式拖拉机。1998年7月，县政府印发《关于清理整顿“三无”车辆的通知》，制定《剑阁县农机重特大事故预防、处置预案》，规定行走式农业机械上路“六不准”（不准农用拖拉机违章搭人，不准驾驶室超员载客，不准无牌、无证、无照开车，不准酒后开车，不准超速驾车，不准人货混装）。组织农机、公安、交通等单位开展农机安全大检查，查处“黑车”210台，督促换发牌照840付，报废和就地解体车辆18台，投保、办证车辆320台。2000年，县政府将农机安全纳入各级政府的目标管理，实行量化考核。2003年，制订农机安全村标准，要求农机安全知识普及率、农业机械使用率分别达到80%、75%，农机驾驶员持证率、审验率均达到100%，农机事故率低于1%。开展农机安全村活动，把农机安全监管置于社会公众监督之下。在全县建立农机安全互助协会57个，农机安全联防组514个。2006年，处理各类农业机械事故6件，田检路查农业机械2150台，纠正违章作业151起。

第四节　农机服务体系建设

农机管理　1989年9月，陆续在全县建立农机管理服务组织。至1991年，全县共建11个区，53个乡镇农机管理服务站，核定事业编258名。农机管理服务站负责宣传贯彻党和国家有关农业机械化方针政策，制定辖区内农业机械化发展长远规划和短期目标，组织各类农业机械技术检验，机具维修，零配件供应；组织农机服务队开展机耕、机灌、机播、机收、机保、机运、机脱及农副产品机械加工服务；负责组织农业机械抢险救灾，协调解决农业机械经营者与农户之间关系；负责引进、试验、推广先进适用的农业机械。1996年，制定农机专业技术人员技术等级评定规则，开展专业技术等级评定。1997年后，乡镇农机管理服务站建抗旱服务队，机耕、机收服务队，增设农机配件和农机修理网点。至2000年，全县建抗旱服务队43个，机耕、机收服务队25个，设农机配件和修理网点41处。机灌提水6.53万公顷次，机耕、机收作业3.69万公顷。2003年，农机服务站实行政事、政企分开，公益性事业与经营性业务分开，对农机服务实行定员、定岗、定编、定管理区域、定服务内容、定报酬、定奖惩的"七定"责任制。2006年，全县建乡镇农机管理服务网点57个，区域性农机管理服务站12个，从事农机服务管理人员166人。

农机产销服务　1990年，全县有县通用机械厂、县农业机具厂、江口农机修造厂3个农机产品生产服务企业，主要生产简易500型，丰收500型脱粒机，9E0－400粉碎机，5SY－760型手摇打谷机、SCY－70型脚踏打谷机和3至10吨渡船，年农机产品生产销售总额131.5万元。农机产品供销企业有县农业机械供应公司、开封中兴农机配件门市部2个和白龙、新桥、下寺农机供应网点3个，主要经营销售农用汽车、农机配件、米机、粉碎机、磨面机、榨油机、压面机、机动脱粒机、电动风车等，年销售总额286.7万元。1997年后，私人投资陆续建立县机械工业有限责任公司、良友机械厂、华丰农机厂、兴农宏源机具厂、金阳机械厂等农业机械加工企业。2002年，全县农机生产厂家7个，年生产500型简易脱粒机500台、500型丰收脱粒机500台、TB500型复式脱粒机100台、9EQ－20型小型米机1500台、6FP－260型磨面机500台、手摇打谷机200台、小型喷灌机650台、红旗310型粉碎机350台、各型汽车、农业机械机具零件950台（件），销售收入421万元。2003年3月，设江陵农机配件门市部。2005年成立吉峰农机供应有限责任公司，经销稻麦两用联合收割机、各型耕整机、各型拖拉机、柴油机、粉碎机及各型农机配件。2006年，全县农机生产企业8个，农机销售企业网点6个，生产各型脱粒机2300台、打谷机800台、压面机900台、联合收割机20台、农用拖车1000辆，各类小型农机具3500件（套），产值629.5万元。销售耕整机2610台、各型米机740台、粉碎机1000台、压面机300台、脱粒机510台、拖拉机120台、柴油机2100台、微水泵300台、小型联合收割机110台、各式农机具配件

11000 件（套），销售额 1045 万元。为保护农机经营者合法利益，农机生产、销售厂家对生产的产品和销售的农机具坚持现场演示，上门服务，技术包教、产品包换、维修包期。

农机维修服务 1990 年，全县有农机修理服务网点 51 个，从事农机维修服务人员 100 人，维修中拖及电机 150 台次，小拖 635 台次，内燃机 451 台次，汽车 118 辆次，农机具 1431 件次。1991 年，为保障农机维修质量，农机局配农机维修质量监督检查员，全程监督鉴定农机修理服务质量。1995 年，整顿农机服务市场，组织农机、工商、质检人员检查农机服务质量，网点布局，经营资格，核发“技术合格证”。通过整顿，全县设农机修理网点 158 个，核定农机修理人员 332 人。1997 年，增加农机修理服务项目，扩大农机修理业务范围。2000 年，全县设置农机修理网点 250 个，从事农机修理人员 454 人，年修理各类农机具 47250 台（件）次。2001 年，县政府按照农业部《关于做好农业机械维修管理的规定》，发文规定凡从事拖拉机、内燃机、农用汽车、简易机动车、农用机动船、电动机及农田作业机械、排灌机械、植保机械、农副产品加工机械的维修业务人员必须取得“农业机械维修技术合格证”，才能从事农机械修理业务。组织力量对全县农机修理网点，进行整顿考核，按其工作场地、设备能力、技术水平、服务质量核发“农机修理技术合格证”。整顿后，保留农机维修服务网点 210 个，核定农机维修人员 341 人，确认三级维修企业 52 个，技术人员 119 人（二级工 2 人、三级工 29 人，四级工 27 人，五级工、六级工 61 人）。2006 年，全县设农机修理服务网点 146 个，从事农机修理人员 509 人，修理各类农机具 60649 台（件）次。其中，维修中拖及电机 3996 台次，小拖 3678 台次，内燃机 4175 台次，农用汽车 670 辆次，其他农机具 48130 件次。

第十六篇　扶贫与协作

第一章　扶贫开发

第一节　扶贫工作

基本情况　剑阁扶贫开发工作历经体制改革推动扶贫（1978—1985）、大规模开发式扶贫（1986—1993）、扶贫攻坚（1994—2000）、为全面实现小康水平创造条件扶贫（2001—2010）等几个阶段。1978年，为体制改革推动扶贫年，国家确定人年均收入低于150元标准的为贫困人口。根据这一口径统计，龙源、西庙、马灯、碗泉、演圣、店子、樵店、羊岭、锦屏、江口、木马、高观、圈龙、公兴14个公社居贫困线下，有35903户、146835人为贫困人口。1984年，启动大规模开发式扶贫开，国家确定人年均纯收入200元，人年均占有粮食300公斤为温饱线，低于线下为贫困人口。元山、时古、羊岭、龙源、木马、店子、西庙、盐店等33乡镇287村1852组低于温饱线，有10774户、50473人为贫困人口。1998年，扶贫攻坚，国家确定5.8线（1990不变价人均年收入500元，人均年占有粮食800市斤）为农村越温脱贫标准。吼狮、龙源、江石、城北、盐店、毛坝、秀钟、高池、柘坝、长岭、木马、上寺、下寺等26乡镇144村926组处于5.8线下，有8175户，32492人为贫困人口；2001年为全面建设小康水平创造条件启动之年，国家扶贫开发重点转移到西部少数民族地区、革命老区、边疆地区和特困地区。剑阁确定升钟水库淹没区、杨家坝水库移民区和省核准的整村、新村建设作为开发扶贫对象。1978年至2006年投入扶贫开发资金9358万元。其中，扶贫专项资金1630万元，以工代赈资金2740万元，工程项目资金3310万元，共实施扶贫开发项目408个。通过挂联扶贫、帮带扶贫、科技扶贫、新村扶贫，1990年，全县3.9万户16.21万人脱贫，实现人均粮食535公斤、纯收入465元。1998年，经省、市验收，原26个贫困乡镇1.3万户贫困户全部达到脱贫标准。2006年，全县81个村建成小康新村，4616户贫困户建成小康之家，人均粮食570公斤、纯收入2108元。

挂联扶贫　1990年起，把扶贫开发工作列入各级政府的目标管理内容，实行量化考核，采取领导承包，建立不脱贫不脱钩的承包体制。县、区、乡镇三级层层签订扶贫目标责任书，各级党政第一把手和县开发办主任、县农行行长、区营业所、乡镇信用社主任为各级扶贫工作第一责任人。1992年，实行县级四大班子成员，县级各单位各部门、区、乡镇正、副职领导干部挂联贫困户，限期脱贫。1993年，实行县级五大班子领导挂区联片，各部、委、办、局、院、社、公司联乡挂厂，对口蹲点，包干扶贫，一定三年不变。同时，将挂联乡镇扶贫工作的进度与单位年终目标奖挂钩，将挂联乡镇、厂的扶贫业绩作为挂联干部工资待遇、职务升迁依据。1994年，制定《剑阁县扶贫攻坚计划》。“八五”计划期间，投入扶贫开发资金7528万元（扶贫专贴300万元，以工代赈2030万元，地方配套投入1948万元，国家项目投入1400万元）。全县累计改造中低产田土13333.33公顷，推广农用地膜3666.67公顷。新建自来水站13座，建微型水池1130口，人工打井31021眼，水库扩容10座，解决贫困地区人畜饮水。新建乡村便民道59.3千米，升级改造乡村公路153千米，

帮带扶贫 1991年起，县蚕茧公司承贷扶贫资金20万元，扶持鹤龄、白龙、长岭等15乡镇1万户贫困户发展蚕园，养蚕脱贫；县烟草公司承贷扶贫资金20万元，扶持剑门、木马、张王、高观等17乡镇3794户贫困户种烟466.67公顷，种烟脱贫；县农业局多经公司承贷扶贫贷款29.5万元，扶持2万户贫困户发展柑橘、雪梨、苹果等，发展水果业脱贫；县乳酸加工厂承贷扶贫资金35万元，吸收贫困人口157人进厂务工，扶持4943户贫困户种植原料玉米666.67公顷，以务工、种植工业原料玉米脱贫；县毛巾床单厂承贷扶贫资金23万元，吸收150个贫困户进厂就业，扶持香沉、公兴等5个乡镇6318户贫困户种植棉花666.67公顷。1993年，全县发展龙头企业10个，吸收农民进厂务工，带动贫困人口脱贫。1994年，各乡镇政府参照县扶贫模式，结合本乡镇区域经济发展实际，把农村中会经营，善管理、有经济头脑、有技术能力，在养殖、种植、加工、服务、运输等开发性生产项目上做出成绩，有经济实力的专业大户、致富能手作为龙头，给予资金扶持，贷款帮助，项目延伸，用榜样的带动力影响力综合服务力，以一带十，帮扶左邻右舍贫困户脱贫致富。1995年，全县确定专业大户、致户能手5425户，帮助21405户贫困户脱贫，签订合同，严格双方扶贫责任和义务，做到扶贫对象、帮扶项目、扶助资金、脱贫期限四落实。其间，国家投入扶贫专项资金320万元，扶贫开发资金250万元，扶持万户专业大户帮带贫困户脱贫。

科技扶贫 1988年起，省委、省政府派出的科技副县长范承发、蔡锡贵、江为民、江容星、吴勇、张世忠等，抓科技扶贫工作。1995年，在全县开展两个“十、百、千”科技活动（推广十项实用技术，组建百人科技讲师团，讲授1000堂农业实用技术和建立十乡镇、百村、千组科技示范网络）。1997年，各乡镇建立科委机构，县委组织部向各乡镇委派科技干部或配备科技副乡镇长，负责辖区内农业科普及工作。1998年，由县科技局牵头，组织科协、教育、农业、林业、畜牧、供销社、棉麻公司、烟草公司等10部门86名科技干部组成科技扶贫讲师团，在全县57个乡镇举办农业科技讲座57场，受训36.78万人，强化“明白人”培训78期10845人。2000年，县扶贫办、教委、县劳动局组织科技下乡活动。至2006年，发放农业科技资料33.9万份，举办科技培训班1334期；办劳动就业培训班31期，培训“明白人”103.19万人次。

新村扶贫 2001年，剑阁把扶贫开发项目集中到整村、新村建设和升钟水库淹没区、杨家坝水库移民区。把扶贫开发的重点转移到为全面建设小康水平创造条件的“三大扶贫工程”建设上。通过实施“新村扶贫”“卫生扶贫”“移民扶贫”工程，使贫困地区的经济持续稳定增长。是年3月，县政府制定2001—2010年《剑阁县农村扶贫开发实施方案》，规划全县10年建设扶贫新村130个。扶贫新村建设的具体内容为：农村产业结构战略性调整，使村级特色支柱产业收入占总收入的60%，农产品的商品率达

50%以上。“两提高”：提高农民收入水平和集体经济综合实力，提高农村文明程度。“三建”：建家，建设实用美观舒适大方的住房。建园，户均建成0.13公顷以上致富经济园。建池，户均建成一口节能沼气池或集雨微型水池。“五改”：改水，解决人畜饮用水、农业用水，户均或联户掘一眼人工水井或饮用自来水。改厕，建清洁卫生水厕，厌氧化厕所。改灶，改柴灶为节能灶，使用清洁能源。改圈，修建新式牲畜圈和畜禽饲养圈，实现畜禽圈养化。改造人居环境。“五通”：通电，实施农网改造，解决农村用电难。通邮，形成村、组便捷邮路。通路，进村公路，组道公路形成标美泥碎路，连户建成水泥、石板便民路。通电话，电话进村入户。通电视，广播电视进村入户，闭路电视普及率达60%，电视收视率达100%。“六个一”：户平有一亩（合0.07公顷）以上经济园，户均有一口沼气池，旱湾死角户均或联户有一眼人工水井或一口微型水池，户均有一块石板、（砼）混院坝和一条连户便民路，户均有一标准化厨房和圈舍。实现“十化”：进村公路通畅化，入户道路砼混化，人畜饮水卫生化，使用燃料沼气化，住房环境优美砖木化，厨房厨具整洁化，厕所厌氧化无害化，畜禽圈养化，井、池、园配套化，家庭五好、村组文明化，广播、电视、电话网络化。

三大扶贫工程在普安镇中坪村、城北镇红双村试点。2002年，县委、县政府将三大扶贫建设任务，细化到年份，落实到人头。县、乡镇干部联村，蹲点包户，统一制定规划，集中实施项目，通盘安排资金。2006年，完成城北镇新华、柳沟镇长安、武连镇武五、元山镇平桥、公兴镇大梁、汉阳镇中心、下寺镇三江、剑门关镇青树等81个村的扶贫目标任务。6年时间整治补修乡村公路169.6千米，人工掘井6591眼，建微水池462口，打沼气池7044口，建经济园487.33公顷，改厕、改厨、改圈10149户，硬化贫困户院坝12.84万平方米，改造低产田土706.67公顷，改电48村，安装程控电话954门，建村卫生站64个，建村文化站58个，农户住房改造6196户、28670间。

第二节 老促会工作

剑阁是1953年2月经省政府确认的首批老革命根据地、1979年国务院批准的革命老区。1996年9月，成立县老区建设促进会（以下简称老促会）。1999年，接纳县老科协、老年大学为成员单位，建立鹤龄、白龙、杨村、闻溪等乡镇老促分会。老促会的职责是：宣传党关于革命老区建设的路线、方针、政策，老区人民为革命事业做出的巨大牺牲和贡献，老区建设发展的先进典型，弘扬老区精神和光荣传统；深入老区调查研究，了解掌握老区建设现状及存在问题，向党和政府提出政策性建议；动员社会力量，为老区引进资金、项目、技术和人才，接受社会团体、企事业单位和个人捐助，支持老区建设和发展；开展各类培训，提高老区群众科学文化素质，促进老区经济社会的发展；加强联络工作，开展国际合作；开展信息交流，提供咨询服务；加强与各地老促会的联系协调，交流经验，互相配合，共同促进老区建设和发展。

1997年始，县老促会组织常务理事纂写剑阁风土人情、红色旅游资源、老区开发动态、老区革命精神等文章，形成《红军在剑阁》《红色剑门》《剑阁老区人民在前进》《剑阁红色旅游资源开发促进蜀道旅游发展》《利用旅游资源搞好开发扶贫》等专辑，多数入选《广元时报》《中国旅游之声》《广元市老区红色资源开发利用理论与实践》等刊物。

1998年，组织晚霞讲师团，开展科技、卫生、文化、法律“四下乡”活动，向老区人民普及农业、水果、畜禽等实用技术，帮助革命老区贫困人口制订脱贫规划。至2000年，累计组织“四下乡”活动9次，开展农业科技讲座45场，编发《山羊饲养办法》《优质牧草简介》《雪梨人工辅助授粉技术要点》《葡萄高产栽培技术》《畜牧常见病防治》《免耕土壤调理剂》《杂交水稻高产技术》等科普资料39.6万余份。

2001年至2005年，参与《新县城控制性详规》的修订、编制，剑青等公路建设可行性评估。累计征辑《普安商贸园区调查报告》《百户农民增收情况调查》《浅淡老城经济发展现状与对策》《老区新村建设调查》《鼓励城镇干部下乡帮农民》《乡村配备干部要看质量》《农民小康需学习》《老区金融在“对杀”》等调研文章150余篇，建议250余条。撰写的《农民是否减负担要听农民的》《鼓励城镇干部下乡帮农民》《乡村干部配置要看质量》《钱、挣回来又投出去》《农村经济发展事业大户不可少》《新农村建设要以人为本》等文章被《中国老区建设》刊物登载。2005年，邀请中国老促会、中央电视台在剑门关拍摄《红军之旅》电视片，向全国宣传推荐剑阁革命老区。

第二章　以工代赈

第一节　项目建设

1986年，县交通、水利、农业等部门根据国家以工代赈政策的投资方向和重点，及时规划、申报县乡公路改造、旱湾村组人畜饮水、病险水库排危加固项目。至1990年，国家向剑阁下达粮、棉、布以工代赈、中低档工业品以工代赈、新增工业品以工代赈项目和资金（实物）1063.55万元（解决旱山村组人畜饮用水资金337.12万元，小型水利建设资金45万元，中低产田土改造资金62万元，县、乡道公路建设资金602.43万元），整治病险水库8座，改造公路89千米，建惠民桥1座，建自来水站6座，人工打井2051眼。

1991年，建立县以工代赈办公室，负责以工代赈项目的评估论证，汇总申报、资金下达、项目实施和质量监管。1992年，国家调整以工代赈项目的投资方向和重点，增加粮食以工代赈项目及资金，加大改造中低产田土的实施力度。增加第六批、第七批粮食以工代赈、工业品项目及资金数额。加快对水毁工程的修复进度。县政府根据以工代赈的投资方向和建设重点，组织单位、部门及时规划设计，评估论证，筛选申报项目。至1995年，申报并经国家批准下达粮食以工代赈，第六批、第七批粮食、工业品以工代赈实施项目97个，拨付资金1446.05万元（人畜饮水工程140.37万元，小型水利建设、小流域治理409.24万元，农机提灌、农业综合开发、经济林基地建设、草地建设452.46万元，交通环境整治、农网改造、农话通信443.98万元）。实施人畜饮水工程14处，整治病险水库9座，改造中低产田土1266.67公顷，建设经济林、草地393.33公顷，公路升级改造65千米，农网改造14个村。

1996年后，国家以工代赈下达方式由使用工业券和实物改为由中央财政安排预算内专项资金和中央财政预算内国债以工代赈项目资金，以工代赈项目实施重点为农业项目（农田基本建设、庭院经济发展、种植业结构调整）、水利项目（场镇供水、旱山村人畜饮水）、交通项目（县、乡公路，渡口、桥梁建设）、畜牧业项目（畜牧品种改良，草场建设）。至2006年，全县申报并经国家批准立项127个，争取中央财政预算内专项资金、国债资金2900万元（人畜饮水、小水利补助、小水电站建设资金639万元，农机提灌设备维修改造、农田基本建设资金353万元，畜牧品种改良，青贮饲料池建设资金365万元，县、乡公路升级改造、乡村便民道建设资金1543万元）。

1986年至2006年，剑阁实施国家以工代赈项目295个，项目总投资9909.6万元。其中，中央财政投资5409.6万元，省、市、县配套投入1100万元，项目区单位、农民集资（含投劳折资）3400万元；用于水利建设1663.73万元，用于农业、林业、畜牧业1163.46万元，用于交通建设2513.41万元。通过项目实施改扩新建乡村公路、便民道430条、3100千米，新建公路桥15座、960延米，人行桥、漫水桥2座、170米；整治小型水库17座，新增蓄水215万立方米，建标准防渗水渠60.4千米，打防旱蓄水池649个，新建人畜饮水工程400处，人工打井3802眼，建场镇自来水站45座。完成水土流失治理面积1200公顷；建小水电站15座、装机容量2100千瓦；改造中低产田3586.67公顷（改造下湿田253.33公顷，坡改梯3333.33公顷）；建标准庭院示范户1500户，建绿色希望工程、发展经济林园64公顷；建青贮氨化池1.1万个，发展养殖示范户600户，种植优质牧草133.33公顷，实施农网改造，架设高压线路17杆千米/对；安装程控电话250门。

第二节　项目管理

1990年，以工代赈投资范围为县、乡公路，便民道建设；中低产田土改造，农业综合开发；人畜饮水工程，农机提灌、小水利、小电站，小流域治理和畜种改良。1992年，根据国家以工代赈项目投资方向和重点，组织县交通、水利、农业、林业、畜牧、县以工代赈办人员，编制全县“九五”“十五”计划期以工代赈项目规划。坚持每年初下达计划，组织项目实施，岁末作下年度项目设计、筛选、评估和申报。1994年，县政府规定投资5万元以下的以工代赈项目由项目建设单位编制项目建议书，报县以工代赈办汇总上报；投资在5万元以上至20万元的项目由乡镇或行业按建设内容提出项目建议书，报县以工代赈办汇总上报；投资20万元以上项目除乡镇或行业按建设内容拟出项目建议书外，同时县以工代赈办须组织财政、银行、项目建设单位进行评估，编写项目可行性论证报告，汇总上报。是年，以工代赈项目29个，90%以上项目获省、市计委、以工代赈办批准实施。

1996年5月，制定《剑阁县以工代赈资金管理办法》，规定以工代赈项目，县财政按中央财政资金额度的30%落实配套资金。以工代赈资金安排坚持相对集中，突出重点，典型示范原则。以工代赈资金的拨付，按工程实施进度分批兑现。以工代赈项目资金管理坚持专款专用、专户储存、专账管理，封闭运行。是年5月，组织财务大检查，专项审计以工代赈项目资金，发现经济问题37宗，清退挪用、挤占以工代赈资金21.5万元。

1998年，国家以工代赈工程项目的实施改民工建勤为专业队施工，改自力更生为主为国家投资为主。县政府制订《剑阁县以工代赈项目施工作业管理规程》，规定在施工作业上突出以工代赈示范项目和重点工程建设，项目布局以沿江河、沿公路、铁路作点、由点连线，由线连片，连片成带。对以工代赈工程项目的实施进度和建设质量实行全程监督。2004年，拟订以工代赈工程竣工验收程序，规定工程竣工后由项目单位对工程进行全面自查，结束尾欠，弥补质量，并写出自查报告。县以工代赈办组织复查验收，确认为优良工程的给予奖励，不合格工程，除责令限期补救质量外，并视其情节追究承包建设单位和工程主管部门的行政、经济责任。2006年，完善工程项目档案，立卷296宗，建项目台账140宗。

第三章　定点帮扶与区域协作

第一节　定点帮扶

省级部门定点扶贫　1990年，省政府决定由省供销社对升钟水库剑阁淹没区定点帮扶，后扩大到省物资厅、商业厅、化工厅、纺织厅和省医药局，定点帮扶长岭、涂山、金仙、演圣、柘坝5乡。1993年6月，省纺织厅资助涂山乡涂山村高扬程梯级提灌提水设备资金1万元；8月，省化工厅为金仙仙皇食品加工厂拨付扶贫资金1万元，用于扩大生产规模，为剩余劳力拓宽就业渠道；11月，省物资厅帮助长岭乡桥楼、井坝村销售柑橘3.1万公斤。1994年，省医药局、商业厅为演圣、柘坝两乡镇沿西河两岸农户调拨茯苓种子0.1万公斤，嫁接桑树苗8万株，扶持两乡镇发展药园、桑园133.33公顷。至1995年，累计向淹没区投入扶持资金137万元，平价化肥64万公斤，水泥20万公斤，钢材12万公斤，柴油3万公斤。

2003年3月，省人大办公厅、省社科院、中国工程物理研究院第九工程院定点帮扶剑阁。4月，省人大办公厅蹲点剑门关镇剑雄村，拨付资金20万元，建猕猴桃园10.93公顷，优质金花梨园10.8公顷，种植紫花苜蓿饲草21.33公顷，挖微水池13口，掘井66眼，修村道公路1.25千米。2004年2月，争取国债资金231.92万元，扶助县人民法院修建民事刑事审判庭、剑门关镇村道公路建设、剑门中学失学儿童入学。是年5月，中国工程物理研究院第九工程院定点帮扶马灯乡和下寺镇，至2006年，向两乡镇捐赠资金92万元，帮助下寺小学、马灯乡纯阳小学建校舍500平方米，修校区公路2.5千米。

2004年，省社科院定点帮扶下寺镇拐枣村，出资5万元，选派该村5名干部、11名农民代表赴成都龙泉驿学习水蜜桃栽培技术。投资8万元，为该村购奶牛8头，发展奶牛养殖业。2005年，投资40万元，选送剑阁100名中专生到四川省职业学校学习旅游、计算机、电子技术、环保、家政等热门专业。

省人大办公厅、省社科院、中国工程物理研究院第九工程院除带资金、带技术定点帮扶外，还捐赠扶贫助学金56.12万元，救助169名贫困家庭学生就读，引进扶贫开发项目6个，引进资金310万元。

市级部门定点帮扶　2003年，市委、市政府确定市发改委、市政法委、市委宣传部及市检察院、企业局、建设局、经合局、粮食局、公路局等32个市级单位定点帮扶下寺镇大桥、拐枣、友于村，普安镇剑坪村，城北镇新华、民主村，剑门关镇剑雄、青树村，汉阳镇七里、二龙村，武连镇武五村，王河镇南华村，北庙乡孤玉村，吼狮乡人马垭村，金仙镇井峰村等21乡镇32村。

2004年，市经合局定点帮扶城北镇新华村，投入资金13.5万元，帮助该村建立卫生保健站，党员活动室250平方米。市建设局定点帮扶剑门关镇剑雄村，投入资金7.8万元，资助改造村道公路2.8千米，帮扶10户贫困人口改造住房31间、1010平方米，挖微型水池5口，打井4眼，赠送农科书籍3000册。市档案局定点扶贫城北镇民主村，注入资金5万元，支援水泥5万公斤、河砂21车，用于整治村道公路7.5千米、修建党员活动室200平方米。2005年，市公路局定点帮扶武连镇武五村，解决公路铺油资金190万元、炸药0.3万公斤、雷管5000发、导火线5000米，用于建环村公路14千米、建果园10公顷、建党员活动室172平方米。市邮政局定帮扶王河镇南华村，投资3.5万元用于硬化村道公路3千米，赠化肥100包扶持100户贫困户。2006年，市粮食局定点帮扶剑门关镇剑雄村，投资3万元，用于建村广播站200平方米、改造村道公路6千米。市委宣传部定点帮扶金仙镇井峰村，赠送21英寸彩电10台、农科书籍2000册。市发改委定点帮扶吼狮乡人马垭村，建自来水站1座，使位居高山的100户人家饮上自来水。市扶贫办定点帮扶迎水乡白顶村，拨付扶贫资金7.2万元，带助12户农民完成异地搬迁任务。

2003年至2006年，市级单位派出帮扶人员246人次（处级以上干部68人次，科级干部115人次，科技人员63人次），累计投入帮扶资金324.8万元，救济贫困人口424户，发放救济金15.4万元，大米1500公斤，菜油500公斤，棉被141床，寒衣754件，彩电28台，化肥2.1万公斤，农膜0.2万公斤；协助21个村整治村道公路64.5千米，修建人行便民桥250余米；发放农科书籍14100册；支持村民建园，建池、改厕、改灶、改土、改造民居；无偿供应水泥5.8万公斤，沙石81车，石灰2.5万公斤；扶持农民发展开发农业，免费提供优质枇杷、黄金梨苗5.9万株；发放贫困学生助学金24万元，救助121名失学儿童重返校园。

第二节　区域协作

根据全国扶贫工作会议关于“开展东西合作，发达地区支援不发达地区经济建设”精神，1996年5月，浙江省嵊州市、绍兴市外贸厅对口帮扶剑阁，开展区域协作。1997年9月20日，剑阁与绍兴缔结友好县。12月，嵊州与剑阁缔结友好县市。

1997年2月，成立县对口帮扶办公室，挂靠县扶贫开发办，负责协调处理对口帮扶日常事务。2001年12月，对口帮扶办公室整体划归县经合局。2006年，对口帮扶办公室整体划入县扶贫开发办公室。

1996年11月，浙江省副省长张启楣、绍兴市常务副市长袁长寿到剑阁视察旱情，慰问灾民。12月，浙江嵊州市民政局赴剑阁开展救灾济困送温暖活动，向灾区捐赠救灾大米2.1万公斤，衣、被1万件（床）。次年2月，组织嵊州市、绍兴县、金华市向剑阁灾民捐赠衣被8万床（件）、化肥2.8万公斤。1997年4月，浙江省嵊州市、绍兴县为解决剑阁旱湾村组人畜饮水困难，拨付微型水利工程建设资金85万元。1998年6月，剑阁与嵊州签订合作开发长毛兔协议，浙方调运给剑阁西德长毛兔6000只，并负责兔毛外销，剑阁负责毛兔养殖，兔毛供给。1998年10月，绍兴市副市长、绍兴县人大常委会主任到剑阁慰问“9·16”洪灾受灾群众，赠送救灾药品48箱，棉被1021床，衣物2.5万件。1999年5月，浙江省省长助理率团赴剑阁，考察剑阁“9·16”洪灾灾后恢复情况，拨付救灾款5万元用于恢复水毁工程。1999年10月，绍兴市委副书记，副市长到剑阁考察，确定下寺镇三江、剑门关镇剑雄、汉阳镇中心、城北镇新华等10村为浙江省绍兴市对口扶贫越温示范村。2000年，绍兴市为抓好越温示范村建设，帮助越温示范村制订保温规划、目标，谋划保温扶贫项目、措施，实施越温示范村工程项目。2001年9月，经检查验收合格，拨付工程建设项目资金68万元。2003年，浙江省绍兴市、嵊州市党政代表团赴剑阁，专题调研新时期帮扶工作，并将对口帮扶重点转入新村建设和卫生、教育扶贫，落实新一轮对口帮扶项目，拨付项目资金78万元。是年5月，浙江绍兴县、嵊州市向剑阁捐资60万元，帮助汉阳、下寺卫生院建门诊综合用房2000余平方米。6月，浙江省外贸厅向剑阁捐赠资30万元。县广播电视局利用对口帮扶资金，自筹27.8万元，修建节目制作传输中心。2004年4月，浙江协作办公室领导考察剑阁山区教育，发放“1+1”结对助学金1.08万元，浙江省政府捐资300万元在沙溪中学援建剑阁中学下寺校区“之江教学楼”。5月16日，浙江省委书记习近平率团到剑阁，为“之江教学楼”奠基剪彩。次年9月竣工，项目总投资510万元，总建筑面积7340平方米，半框架砖混结构楼房，内设48个标准中学教室，每层配套办公室、休息室、卫生间。2005年5月，浙江省外贸厅帮扶30万元修建的县宣传文化中心动工，2006年10月投入使用。建设用地1422平方米，建筑面积2470平方米，总投资250万元。2005年11月，浙江省政府委派对口帮扶办领导率团检查剑门关、城北、普安、汉阳等乡镇新村扶贫建设工程实施进度和质量，拨付资金120万元。2006年8月，浙江省协作办向剑阁捐赠助学金3万元，帮助剑州中学、汉阳、下寺等小学30名贫困生完成学业。

第十七篇　乡镇企业

第一章　企业结构与改革

第一节　企业结构

1990年，全县乡镇企业13317个（乡办340个，村办232个，农户联办31个，户办10752个）。主要企业有翠云罐头厂、仙皇食品厂、王河纸厂、东宝纸厂、吼狮皮革厂、开封磷肥厂、广元市农药厂。从业人员30310人，有固定资产原值1187万元。1991年，有乡镇企业11349个（乡办354个，村组办234个，户办10761个），从业20624人，总产值18088万元，实现利税1401万元，固定资产原值5581万元。按行业分，农业企业77个，工业企业4876个，运输企业1821个，建筑企业136个，商业企业1720个，饮食企业599个，服务企业2120个。营业收入50万元以上企业30个（其中工业企业19个），产值100万元以上企业5个（即翠云罐头厂、白龙畜产品加工厂、武连跃进油厂、广元市农药厂、上寺煤矿）。1992年，引进项目、技术、资金，新上和技改项目127个，投资1201万元。全县乡镇企业12284个（乡办企业376个，村办企业250个，村以下企业11658个），从业人员23173人。1993年，新上、技改、扩建项目1590个，投入资金3922.2万元。1994年，武连镇建立非公有制经济试验区，与广汉中药材公司合办营养保健品厂。开封镇新上轧钢厂。全县改建、扩建、技改项目821个，固定资产投入5395.01万元。从业人员在8人以下的私人企业18987个。村级企业321个。1995年，全县村办工业1537万元，村以下办工业13025万元，农村建筑总产值7811万元，农村运输业产值9955万元。其中，乡办280万元，村办25万元，村以下办9650万元。商业、餐饮业产值7887万元（批发零售业4009万元，餐饮业3878万元）。年产值100万元以上项目的有白龙丝厂、开封轧钢厂、剑元绸厂。全年新上、续建、技改项目1859个，投入资金7830万元。1996年，乡镇工业总产值21296万元（乡办工业6734万元）。1998年，全县乡镇企业12876个，从业人员24991人，产值78848万元，增加值17337万元，实现总收入70548万元。按所有制分，集体企业139个，收入8396万元，产值8874万元，利润3787万元，上缴税金1938万元、私有企业127876个，从业21752人，产值69974万元。按行业分，农业企业8个，从业82人，产值119万元；工业企业4714个，从业10957人，产值34835万元；建筑企业366个，从业3605人，产值12468万元；交通运输企业3381个，产值15972万元；商品流通企业2775个，从业3736人，产值90180万元；旅游饮食服务企业1632个，从业2709人，产值6436万元。1999年，新上、续建、技改项目526个，投资3638万元。2000年，乡镇企业13906个（农业企业7个，工业企业5531个，建筑业320个，运输业3157个，零售贸易企业2779个，旅游饮食服务企业1946个），从业24940人，增加值17973万元，产值67339万元。集体企业营业收入5920万元，利税522万元。新上项目302个。其中，投资100万元以上项目9个，50万元以上项目16个。2003年，新上100万元以上项目10个，50万元以上项目7个。2004年，上规模企业13个。2005年，投资100万元以上项目22个，有下寺大地石英砂厂、上寺建国黏土矿、鹤龄采砂场、兴隆燃气等，投资50万元以上项目35个，年销售50万元以上工业企业2个。2006年，全县乡镇企业14386个、从业26088人。其中，农业企业9个、从业76人：工业企业4294个、从业9984人，建筑企业256个、从业2340人，交通运输企业2830个、从业3192人，批零贸易企业4773个、从业6814人，旅游饮食服务企业2221个、从业3658人。有集体企业2个，从业76人，私营企业4099个、从业8868人。乡镇企业增加值38534万元，总产值125120万元，营业收入126643万元，上缴税金3304万元，利润10794万元，固定资产原值43548万元。

第二节　产权制度改革

1990年，全县220个乡镇企业第一轮承包满届，县委、县政府在开封镇调研总结经验，安排部署第二轮承包。1991年，鹤龄酒厂调整领导班子，落实承包，完善承包合同。取消挂牌工资，实行效益挂钩，利润包干，超利分成，差利补齐。发展多种经营，实现产、销、利、税翻番。1996年，触动产权改制，全县658个乡村集体企业中，拍卖345个，实行租赁经营199个，破产11个，关停3个。1997年，继续深化产权制度改革，破产3个，解散6个，改造为股份制18个，股份合作制20个。破产企业罐头厂有职工250多人，采取办理养老保险，买断工龄，招工招干等多种形式进行安置。1999年，对改制企业的股东会、董事会、监事会及规章制度进行完善配套，规范运作。对未改制企业进行重点剖析。张王雄关旅游公司，经营门类有运输、商业、餐饮等，资不抵债，采取分块搞活的办法，将农机经营业务改造为股份合作制，商贸业组建有限责任公司。全县改制为股份合作制企业10个，租赁55个，关、停抵债42个，减债5585万元。2002年，雄关旅游公司破产、了断职工身份，重组广元市剑门关实业有限责任公司。对鹤龄水泥制品厂、汉阳天桥页岩机砖厂、吼狮星鑫页岩机砖厂、武连南桥预制厂、开封磷肥厂、木马酿酒厂等进行股份制改造。对小、微、亏企业实行租赁、拍卖、转体等改制形式。时有集体企业21个。2003年，全县乡镇企业13913个，从业人员24571人。其中，集体6个、从业149人，集体个人联营1个、从业30人，股份合作2个、从业71人，有限责任公司9个、从业311人，股份公司1个、从业48人，私营236个、从业2898人，个体户13658个、从业21064人。

2005年，剑峰水泥厂依法破产，两次兑现职工部分经济补偿、拖欠工资、门诊费等，破产安置资金500万元。2006年，完成建工建材公司清产核资工作。

第二章　企业分类

第一节　农业企业

1990年，全县乡镇企业中有农业企业67个，固定资产原值76万元，产值219万元，实现利税24万元。1992年，有农业企业98个（乡办33个，村办65个），602人，营业收入316.3万元，固定资产原值194万元，实现利税29万元，总产值383万元。1993年4月，建天雄食品总公司，年产罐头5000吨，建羊岭粉丝厂和卫星精米厂。元山镇赵明诚、黄海全等6个股东投资兴办剑南花生食品厂，产品远销青海、广州、福建等地，当年实现产值160万元，带动农民种花生致富。1994年2月，组建迎水农副产品经营部。开封镇蚕种厂周围5个村建基地，组建蚕业发展公司，将饲料厂、食品厂组建为畜牧发展公司。1995年，王河镇集社会闲散资金办果园、养殖场项目6个。1996年，盐店镇从茂汶引进人才、资金，使长期停产的酒厂恢复生产。1998年，全县有集体农业企业8个，从业人员82人，总产值119万元，增加值32万元。1999年，新上农业产业化项目，投资435万元。元山剑南花生厂列为省农业产业化重点项目，被九三学社推荐到农业部，争取农业开发资金。是年，全县农业企业8个，从业91人，产值122万元，其中集体企业营业收入56万元，实现利润3万元。2001年至2002年，在元山花生厂周围建成6666.67公顷花生基地，汉阳镇发展牧草基地3800公顷，武连、鹤龄发展柴胡，东宝镇、张王乡发展魔芋基地。国光乡建成蚕桑基地，从广元女皇茧业有限公司引进人才，组建土门蚕业生产合作社。2002年，全县有农业企业21个，从业人员116人，增加值68万元，产值295万元。2004年，重点培植东宝大米和剑门关333.33公顷无公害茶场。2005年，全县乡镇企业生产白酒2098吨，食用植物油5924吨，茶叶1.9吨，粮食加工165072吨。白龙引进虹营食品有限责任公司。与农户签订产销合同，种植甜糯玉米133.33公顷。组建普安镇中坪村农产品协会、武连雪梨协会、元山黄姜协会、白龙生猪流通协会。是年有农业企业23个，从业人员40人，增加值57万元，总产值207万元，营业收入205万元，利税23万元，固定资产原值108万元。2006年，有农业企业9个，从业人员76人，增加值93万元，固定资产原值687万元，产值349万元，营业收入338万元，创税利16万元。

第二节　工业　建筑业

1990年，全县乡镇企业中有工业企业4805个（乡办215个，乡以下办4590个），固定资产原值3367万元，产值7999万元，实现利税385万元。有建筑企业192个，总产值2101万元，固定资产原值201万元，实现利税93万元。1991年，投资707万元，建设下寺页岩砖厂、普安空心砖厂、开封玻纤厂、王河纸厂、鹤龄七一黄板纸厂、杨村塑料制品厂等39个项目，停产半停产的禾丰磷肥厂、吼狮皮革厂和部分木材加工厂恢复生产。新建江口农机厂、元山塑料加工厂和年产红砖50万块的开封三砖厂。元山炮厂为市烟花爆竹定点生产企业。年销售收入50万元以上工业企业19个，100万元以上企业5个，即翠云罐头厂、白龙畜产品加工厂、武连跃进油厂、广元市农药厂、上寺煤矿。翠云罐头厂生产肉食、水果、蔬菜罐头34个品种，年产量1563吨，产值1093万元，产品销往全国18个城市和香港地区，出口苏联、新加坡等国家。是年，全县有乡镇工业企业4876个（乡办215个），从业人员10223人，有固定资产原值3566万元，实现产值9890万元，利税550万元。有建筑企业136个，从业1782人，其中乡办40个，从业1260人。固定资产原值187万元，产值2511万元，实现利税135万元。各建筑队在坚持所有制、隶属关系不变和财务、贷款、包工、材料、人权五统一的前提下，承包县内外工程80余处。1992年，兴建成都金剑棉织厂、剑北花炮厂。建工建材公司被评为市级和省乡镇企业系统先进企业。1993年，建腾达皮鞋厂、羊岭皮件厂、剑门电子电器厂、钉丝厂。是年，有建筑企业264个，固定资产原值1458万元，实现产值784万元，利税215万元。建工建材公司成立昆山市分公司，新建开封建材公司。有运输企业2271个，固定资产原值7847万元，购置各种车辆380台，总产值5977万元，实现利税493万元。1994年，新建下寺阳山煤矿、青林沟煤矿、东宝预制厂等。1995年，演圣镇、王河镇引进资金建机砖厂、鞭炮厂等6个项目。全县有工业企业6757个，产值67865万元，乡以下工业产值14562万元，村及村以下工业产值14242万元。年销售收入50万元的以上工业企业有马灯营养保健品厂、元山农机站。全县乡镇建筑企业836个，总产值46328万元，增加值8473万元。1998年，全县有工业企业4714个，从业人员10957人，产值34835万元，增加值7298万元。其中，集体企业112个，从业2259人，产值6502万元，增加值1343万元。建筑企业366个，从业人员3605人，实现总产值12468万元，增加值2780万元。其中，集体企业5个，产值1567万元，增加值263万元；私有企业361个，从业人员2870人，总产值10901万元，增加值2517万元。1999年，乡镇工业企业92个（集体82个，私营10个），从业人员1895人，总产值6485万元。集体企业营业收入5404万元，利润216万元，缴税178万元。2000年，骨干工业企业有上寺水泥厂、普安墙体材料公司、田家机制瓦厂等。有建筑企业320个，从业人员3246人。其中，集体企业4个，从业606人，私营企业13个，从业285人，实现增加值2790万元，总产值10058万元（集体企业666万元），集体企业收入531万元，实现利润3万元，上缴税金15万元。2002年，全县组织8个乡镇领导干部和20个企业业主参加全市新项目推荐会，引进投资50万元以上项目16个，有元山、白龙天然气工程，青林沟煤矿、元山福泉砖厂等骨干企业。2003年，有乡镇工业企业4907个（采矿业6个，制造业4846个，其他55个）。从业人员10348人，实现产值27950万元，增加值8135万元。有建筑企业272个，主要工业企业有上寺煤矿和桅杆村、五房沟、青业沟煤矿、李家坝煤业有限责任公司等。其中，规模以上工业2个，规模以下工业43个。投资100万元以上的工业项目9个，有白龙新贵洗涤助剂厂、下寺大地石英砂厂、上寺建国黏土矿、鹤龄采砂场、兴隆燃气等。2005年，全县有乡镇工业企业4367个，从业人员9666人，实现增加值12787万元，产值42721万元，营业收入42437万元，利税4200万元，固定资产原值14193万元。年营业收入50万元以上规模的工业企业2个。2006年，全县乡镇工业企业4294个，从业人员9984人，固定资产原值19670万元，实现增加值17450万元，产值60201万元，营业收入59669万元，实现利税6109万元。建筑企业256个，从业人员2340人，增加值4210万元，产值13810万元。营业收入12520万元，上缴税金399万元，实现利润1103万元，固定资产原值2764万元。

第三节　服务业

1990年，乡镇企业有农业、工业、建筑业以外的服务企业6253个，产值3664万元，实现利税719万元，固定资产原值862万元。其中，运输企业1754个，固定资产原值554万元，产值1742万元，实现利税209万元；商业企业1694个，产值306万元，固定资产原值308万元，实现利税197万元，饮食企业555个，产值659万元。1993年，全县有服务企业9433个。其中，运输企业2271，固定资产原值587万元，产值5977万元，实现利税493万元；商业、餐饮企业3930个，固定资产原值354万元，产值3014万元，实现利税249万元。1994年，组建振兴食品公司、剑州贸易总公司、元山贸易公司、乡镇企业招待所等。1995年，有运输企业3736个，生产总值45384万元，增加值7704万元。批发、零售商业、餐饮业企业6892个，营业收入46683万元，增加值9152万元。其他服务业1324个，增加值637万元。1998年，有交通运输企业3381个，从业3902人，总产值15972万元，增加值3604万元。其中，集体企业3个，从业62人，产值350万元，增加值76万元。私有企业3378个，从业3840人，总产值15616万元，增加值3528万元。有商品流通企业2775个，从业人员3736人，营业收入9018万元，增加值2089万元。其中，集体企业11个，从业101人，营业收入330万元，增加值64万元；私有企业2764个，营业收入8688万元，增加值2025万元。有饮食服务企业1632个，从业2709人，营业收入6364万元，增加值1534万元。2000年，全县乡镇企业有服务企业8048个，从业11129人。其中，交通运输企业3157个，从业3750人；批发零售贸易业2779个，从业3813人；饮食服务业1946个，从业3385人。2005年，全县乡镇企业有服务企业9196个，从业13638人。其中，交通运输企业2774个，从业3231人；批发零售贸易业4755个，从业6740人；饮食服务业2141个，从业3575人。2006年，全县乡镇企业有服务企业9827个，从业13788人。其中，交通运输企业2830个，从业3192人，增加值5049万元，产值15827万元，营业收入15669万元，实现税利1937万元，固定资产原值7154万元；批发零售贸易业4773个，从业人员6814人，增加值7714万元，营业收入27179万元，上缴税金744万元，利润总额2351万元，固定资产原值8915万元；饮食服务企业2221个，从业3658人，增加值3992万元，营业收入11268万元，实现利税1471万元，固定资产原值4352万元。

第三章　企业管理

第一节　生产管理

1990年，县乡镇企业局组织人员对全县87个乡镇企业检查整顿，历时26天，收回欠款20多万元。在全县16个重点乡镇企业开展全面质量管理教育，有272人参加考试，合格率90%。企业成立质量小组，抓全面质量管理。1991年，县乡镇企业局制定企业财务管理和企业内部管理的各项规章制度，县塑料包装厂、开封磷肥厂、翠云罐头厂、元山农药厂达到三级计量合格企业。经省检查验收，命名为全省乡镇企业系统先进单位，受到表彰奖励。1994 年，县乡镇企业局举办厂长、经理、会计培训班，进行全员达标培训。举办白酒高产技术培训班 6 期，培训 269 人。组织 110 多名员工，参加北京的乡镇企业干部培训。对剑门农技站、乡镇企业供销公司、高观农机站等 17 个企业进行资产负债及届满审计，查处违反财经纪律案件 17 起。1995 年，对 7 个独立核算单位和 6 个非独立核算单位的资产负债及财务收支情况进行审计。1997 年，召开全县乡镇企业矿山、烟花爆竹、压力容器等重点行业安全工作会议，培训有关人员，签订目标责任书，查出隐患 105 起，限期整改。1998 年，在乡村办企业进行工业、农业标准化管理工作，执行国家标准。2001 年，组织乡镇企业 484 人参加省、市、县安全法规安全知识培训。对小煤窑进行整顿，安装安全设施，经省、市验收合格，恢复生产。是年，对鹤龄七一电站、成都金剑棉织厂、田家砖厂等 7 个单位开展审计，查出贪污 3 人。2004 年，剑阁致力于引进有实力、有技术的企业，对现有企业改组改造，加大生产投入。汇丰公司以 120 万元收购县肉联厂，投入 300 万搞技改，年宰生猪 40 万头。开展酒类食品质量信得过厂家、无假冒伪劣酒类商店创建活动。对全县 61 个酒厂的生产许可证、水源、生产环境、检测设备、技术力量、产品质量进行综合检查和鉴定。2005 年至 2006 年，贯彻《商务特许经营管理办法》，对全县 95 个特许经营户进行摸底普查，按照《生猪屠宰企业资质等级要求》和《酒类流通管理办法》，加强监督管理。2006 年组织对生猪屠宰场业主变更进行检查、考核、验收和审批。对汇丰公司、剑门火腿等生猪定点企业的资质等级进行上报认定。对 350 个酒类经营户进行检查，酒类流通备案登记 300 个，没收销毁假冒、变质、过期名酒、啤酒、普通瓶装酒 157 瓶。

第二节　营销管理

1990 年，送职工 113 人去北京农业干部管理学院、重庆建筑工程学院、绵阳农专等大专院校深造。翠云罐头厂生产的新品种五香猪肉罐头、五香牛肉罐头、午餐肉罐头，保持市优质产品称号，分别被中国优质保健食品评选委员会评为“金鹤奖”和“银鹤奖”，出口苏联、新加坡。金仙仙皇食品厂的无铅皮蛋，被省评为乡镇企业系统优秀产品、市优质产品。高观农药厂生产的乐果被评为市优质产品，除草醚被评为市优秀新产品。1991 年，全县乡镇企业有 5 个产品被评为市优质产品，4 个产品被评为市优秀产品，7 个企业被评为市三级计量和单项计量合格企业。1992 年，翠云罐头厂严格营销管理，年产罐头 1563 吨，实现产值 1093 万元，所产“五香牛肉罐头”、糖水樱桃罐头获国家“金鹤奖”“银鹤奖”，出口创汇，被评为四川省乡镇企业系统食品定点厂。元山花生厂的“天府花生”、李家河万鸡养殖场的鸡、蛋销往绵阳、成都等大中城市。1996 年，企业改制 650 户。通过改制破产、解散、停息等，实现减债 4180 万元。募股、租赁、风险抵押多渠道筹资 1900 万元。企业改制后，建立健全现代企业管理制度，稳步发展乡镇企业。1999 年以后，随着企业改制的深入，企业以市场为导向，生产营销产品，加大外贸工作力度，以“坚定信心、主动出击、求实创新、大有作为”为指导思想，对全县基础情况进行普查，挖掘有利出口的资源和产品。协助具有出口潜力企业申报、办理进出口经营权，开拓外贸出口。争取外商投资项目审批权，获取外商投资总额 1000 万美元以内的审批权，实行“三零”优质服务（即零时间、零距离、零收费）。2004 年，汇丰公司取得自营出口经营权。2005 年至 2006 年，推动外贸出口，将弘祥药业、林源香料、剑门火腿、剑门关酒纳入出口企业重点培植对象。

第十八篇　工　业

第一章　工业结构

第一节　国有工业

1990年，全县有国有工业企业22个，从业人员3003人，总产值7768万元。主要企业有水泥厂、丝厂、印刷厂、绸厂、通用机械厂、电力公司、酒厂、糖果厂、酿造厂、食品公司（肉联厂）、蜂窝煤厂、卷烟厂、粮油工业饲料公司、面粉加工厂、精米厂、植物油厂、饲料加工厂、淀粉厂、元山粮油加工厂、林产品加工厂、自来水厂、剑中校办厂等；全民与集体合营汽车修配厂。分别直属于县计经委、水电农机局、商业局、粮食局、林业局、城建委、文教局。全民所有制工业劳动生产率32841元/人，销售收入5627.1万元，上缴税金298.9万元，实现利润17.4万元，固定资产原值3640.9万元。有亏损企业4个，亏损金额239.1万元。1993年，剑阁进行股份制改造试点，全民所有制县水泥厂改制为剑峰建材有限责任公司。国有企业27个，新增丝毯厂、腌腊品加工厂、冻兔厂等，共有从业人员3788人，产值13088万元，销售收入11269.9万元，利税13.2万元。1996年，商业局系统的食品公司、酿造厂、酒厂、糖果厂，改制为有限责任公司。全民所有制企业18个，从业人员811人，产值12905万元，产品销售收入5393.5万元，亏损702万元，固定资产净值3256万元。国有控股企业7个，从业人员534人，产值3432万元，产品销售收入2235.8万元，固定资产净值1610.8万元。1998年，深化企业体制改革，明晰产权，减员增效，以销定产，产品质量提高，企业扭亏面63.3%。全县独立核算国有工业企业8个，从业人员136人，实现工业产值1214.7万元，产品销售收入2109.7万元。利税89.9万元。固定资产净值1088.5万元。亏损企业1个，亏损46.8万元。2001年，进行以国有企业退出为重点的企业改制，解除丝厂、绸厂、丝毯厂1616名职工的劳动合同关系。食品公司、粮油公司、淀粉公司、工业物资供销公司、印制公司等10户企业破产。国有企业3个，从业人员186人，产值817.5万元，产品销售收入2631.9万元，利润0.8万元。增加值625.4万元，固定资产净值4470万元。2003年，规模以上国有工业企业3个，从业人员267人，产值1115.3万元，销售收入2676.8万元，实现利润36.4万元，固定资产净值8335.1万元。2006年，规模以上国有工业企业3个，从业人员408人，产值4219.3万元，产品销售收入4528.7万元，实现利润107.6万元。

第二节 集体工业

1990年，全县集体所有制工业企业234个，从业人员4281人，主要企业有二轻局系统所属服装厂、制鞋厂、针织厂、工艺美术公司等，产值797.1万元；供销社系统所属毛巾床单厂、羽绒制品厂、乳酸厂、附属加工厂，产值696.8万元；劳动服务公司所属制鬃厂，产值16.7万元；林业局所属林化厂，产值79.9万元；水电农机局系统所属大理石厂、刺梨饮料厂，产值19.2万元；普安镇所属街道企业工业产值35.25万元；商业局系统所属复烤厂、豆制品厂，产值2万元；乡镇办工业产值2809.1万元。合计产值6469万元。独立核算企业劳动生产率15169元/人，产品销售收入3109.7万元，实现利税总额67万元，固定资产原值3014.9万元。亏损企业28个，亏损额308.8万元。1993年，集体所有制工业企业255个，从业2961人，产值13567万元，产品销售收入6065.7万元，利税总额170.7万元。亏损企业17个，亏损额324.9万元。固定资产原值4227.8万元。1996年，企业改制，针织厂、汽车配件厂、新艺印刷厂、服装厂、手杖厂、宏源农机厂、五金厂、建筑公司，相继成立有限责任公司。原丝织厂、二轻物资有限责任公司公开拍卖给个人经营。有集体企业158个，从业人员1793人，产值14704万元，产品销售收入5233.8万元，利税总额424.2万元。亏损企业10个，亏损金额153万元。固定资产原值3353.4万元。1998年，全县集体企业122个，从业701人，总产值12364.7万元。产品销售收入2848万元，利税总额11.3万元，固定资产原值5775.9万元。2002年，全县规模以上有限责任公司工业企业3个，从业人员601人，工业产值3883.2万元，产品销售收入3906.7万元，利税总额256万元，固定资产净值1132万元。2003年，县办烟叶复烤厂停办。2004年，全县规模以上集体工业企业1个，从业人员108人，工业产值688.8万元，销售收入639.8万元，利润总额20.4万元，固定资产原值109.2万元。2006年，全县规模以上集体工业企业1个，工业产值2676万元，销售收入1406.9万元，缴税1.3万元，实现利润10.7万元，固定资产原值328.6万元。

第三节 私营工业

1996年，私营企业19个，产值1621.4万元。其中独立核算企业1个，从业人员139人，产值1818.4万元，产品销售收入24.3万元，利税总额3.4万元，固定资产原值2.7万元。1997年，私营企业3个，产值694万元。1998年，新增欣鑫冷冻厂等企业12个，私营工业企业15个，产值1555万元，其中独立核算企业1个，从业人员45人，工业产品销售收入199.3万元，实现利税7.4万元，固定资产原值327.6万元。1999年，私营企业14个，产值2413万元。其中独立核算私营企业1个，从业人员90人，产品销售收入1544.8万元，实现利润2.2万元，固定资产原值831万元。2000年，私营企业37个，产值6566万元。其中独立核算工业2个，从业人员119人，产品销售收入5046.6万元，利润总额4.7万元，固定资产净值785.8万元。2001年，私营企业80个，工业产值10125万元，其中规模以上私营工业2个，从业人员282人，销售收入6005.2万元，税金5万元，利润8.9万元，固定资产净值2409.8万元。2003年，规模以上私营企业4个，从业人员473人，工业产值10902.4万元，产品销售收入11298.4万元，利税总额62.6万元，固定资产净值1331.6万元。2006年，私营工业企业11个，从业人员1069人，产值44976.7万元，产品销售收入39951.5万元，缴税333.4万元，实现利润231.1万元，固定资产原值8959.8万元。

第二章　工业门类

第一节　电力生产及供应

电力生产　1990年，剑阁有大吊岩、凉水沟、江口小水电站。装机容量1820千瓦。1991年，投资80万元，对剑门关小剑溪进行一级开发，建成龙王潭水电站，装机容量720千瓦。全年发电377万千瓦时。1992年，小剑溪进行四级开发，建成新店子水电站，装机容量200千瓦，年发电20万千瓦时。全县发电420万千瓦时，产值92.9万元。1996年，投资328万元，对清江河进行二级开发，建成水碾徧电站，装机容量410千瓦，年发电量200千瓦时。全县发电488万千瓦时。1997年，投资1000万元，对清江河一级开发，建成桅杆电站，装机容量1400千瓦，年发电能力500千瓦时。2000年，全年发电1823万千瓦时，供电4332万千瓦时。2006年，投资2000万元修建清江河友谊电站。全年发电8910万千瓦时，供电9145万千瓦时。

剑阁县2006年小水电站发电情况表

表18

电站名称	装机容量（千瓦）	建成投时间	总投资（万元）	发电能力（万千瓦时）	坐落地
龙王潭水电站	720	1991	80	50	剑门关镇小剑溪
大吊岩水电站	300	1976	25	55	剑门关镇小剑溪
凉水沟水电站	600	1979	480	100	剑门关镇小剑溪
新店子水电站	200	1992	45	20	剑门关镇小剑溪
桅杆水电站	1400	2000	1000	500	上寺乡上寺村
水碾徧水电站	410	1996	328	200	清江河
七一水电站	720	1978	300	160	樵店乡岱岭村
江口水电站	200	1979	50	100	江口镇
友谊电站	—	2006	2000	8910	清江河

说明：资料为县电力部门提供。

电力供应 剑阁境内由国家电网、地方电网分别供电。国家电网供电单位有梓潼供电局和剑阁供电局。梓潼供电局供区为武连、东宝、正兴、马灯、开封、碗泉、国光、元山、王河、公店等10乡镇。剑阁供电局供区为下寺镇、上寺乡。县电力公司系地方电网有柳沟、柏垭、姚家、汉阳、白龙、公兴、演圣、鹤龄等8个供电站，负责其余45个乡镇的供电。2002年6月28日，剑阁供电局在下寺成立。2003年3月21日，县电力公司更名为剑州电力有限公司。

1990年，剑阁有唐家坪110千伏变电站，公兴35千伏变电站，有35千伏线路43.97千米，10千伏线路贯通县电力公司供应区各乡镇村。投资35万元，改造电能计度，由配电房总表计度改为变压器计量箱总表计度。1992年，架设普安镇唐家坪至海螺包4.9千米、10千伏供电线路。1993年起，对全县高、低压电线路进行改造，新增变压器33台、6720千伏安，改造高低压线路57.59千米，总投资430.9万元。梓潼供电局架设梓潼文兴至元山镇10千伏线路。1994年11月3日，全县最后一个无电村——木马镇金魁村通电。2000年，广元供电局在下寺镇新建110千伏沙溪坝变电站，整改县城规划区内原有广元至剑阁、青川22万伏供电线路，投资4000万元的沙溪坝变电站。2002年12月1日，投资300万元，改造原有供电线路。1999年至2006年，投资9844.9万元，新建、改建35千伏变电站7处、8台；改造10千伏线路255.4千米；改造0.4千伏以下低压线路3598.6千米；改造配变电台区1820台、60兆伏安。

第二节 燃气供应

1992年，广元铺设从中坝到广元的天然气管道，剑阁争取到在青川县金子山乡预留天然气孔给县城供气。1999年3月18日，白龙镇修建高能燃气站。2000年，县建委与市天然气公司商定供气接口之后，普安镇天然气工程由大康公司投资建设，建成后，由该公司经营15年。工程预算投资1519.26万元，供气规模为每日1.7万立方米。建设内容包括金子山至普安镇27千米长输管线、门气站、城区管网、计算机系统CNP站。2001年5月，普安镇天然气工程竣工供气。1998年至2000年，下寺镇天然气站选址，完成可行性研究立项。2002年，通过招商引资，市天然气总公司承建，完成修城园区7千米管线铺设。6月28日，县天然气长输管线、门气站竣工剪彩。2003年，投资500万元，建成下寺天然气工程城区主供气管网。2004年2月15日，县城天然气点火，由中国天然气公司西南油气分公司川北矿区输送，接口于江油中坝金子山管网处，开始为县城机关单位和居民供气。2006年，有用户600多户。

2001年8月，川西北气矿建成兴隆天然气有限责任公司，以白龙镇为中心，辐射金仙、公兴、龙源、鹤龄4镇和苍溪县白桥等地。2006年，完成白龙、碑垭、广坪、禾丰、店子、摇铃、公兴、金仙、龙源、锦屏、圈龙、杨村、鹤龄13个乡镇管网建设，铺设管道60多千米，在白龙镇春风村建成可供5万户用气的输配供气站。2006年，供气5000户。

2006年，金鑫天然气公司建站供气，供应原开封区、武连区、柳沟区所辖乡镇，至年底供气近400户。

第三节　煤炭开采

剑阁的煤炭资源分布于下寺镇、上寺乡。全为烟煤，储量约为730万吨。1990年，全县产煤3.12万吨。1991年至1997年，陆续建有三华尖煤矿、青林沟煤矿、下寺煤矿、老窑沟煤矿、新窑沟煤矿、上寺煤矿等22个煤矿。多属私人承包企业，由乡镇企业局管理。设备条件和开采手段原始落后。上寺煤矿较大，年产值100万元。1994年，全县产煤1万吨，1998年，对不具备安全生产条件、不依法经营的三华尖煤矿、老窑沟煤矿等17个煤矿关闭。2000年，结合贯彻《煤炭法》《矿山安全生产法》，再次关闭青林沟煤矿二井、下寺煤矿、下寺友于煤矿、康家沟煤矿、老窑沟煤矿、新窑沟煤矿等7个煤矿。2002年，在招商引资中，青林沟煤矿、上寺桅杆村煤矿分别引进资金50万元，投入煤矿设施设备建设。全县产煤5.4万吨。2003年，经过整顿治理，陆续开办上寺乡上寺煤矿、桅杆村煤矿、五房沟煤矿、李家坝煤业有限责任公司、青林沟煤矿，为县乡镇企业局骨干企业。2005年，产煤10万吨。2006年，全县经审查批准获得“生产许可证”“采矿许可证”的煤矿有3个。即上寺乡桅杆村煤矿、新五房沟煤矿和青林沟煤矿，共有从业人员183人，产煤14万吨。

第四节　建材业

1990年，有县办水泥厂1个，从业人员258人，年产水泥2.21万吨，实现产值345.2万元，产品销售收入349.6万元，利税总额24.6万元，固定资产原值380.4万元。产砖5134万块，瓦2526万片。1993年，产水泥2.1万吨，产值865.9万元，销售额469.8万元（1990年价），产砖9763万块，瓦5972万片。1994年，县水泥厂改制为剑峰水泥有限责任公司。全县有水泥制品和石棉水泥制品业13个，产值1041.9万元。砖、瓦、石灰和轻质建筑材料制造企业21个，产值517.2万元。1995年，成立剑峰建筑有限责任公司预制分厂，剑峰建材有限责任公司木材加工厂。全县有水泥制品和石棉水泥制品业，砖、瓦、石灰和轻质建筑材料制造业34个，工业产值2009.7万元（1990年价）。1997年，乡镇企业局建上寺水泥厂，全县有水泥厂2个，生产水泥5.62万吨，产值1376.8万元。产砖11477万块，瓦10200万片。水泥制品和石棉水泥制品企业13个，产值1234.7万元。砖瓦石灰和轻质建筑材料制造企业18个，产值697.5万元（1990年价）。2000年，经贸委剑峰水泥有限责任公司水泥产值603.6万元，上寺水泥厂产值9024万元（1990年价），共生产水泥67514吨。全县有乡镇集体和私营水泥制品企业9个，产值2199.3万元。砖瓦制造企业8个，产砖12378万块，产值366.8万元。2004年，生产水泥8.9万吨，砖13956万块。建材企业17个，产值2566.1万元。至2006年，除水泥厂外，全县建筑材料生产均为私营、个体砖厂，主要生产机制页岩砖，多数砖厂附带生产小青瓦，个别砖厂附带生产水泥瓦、平板瓦。有碑垭、田家、江口页岩砖厂，鹤龄三岔口、松树包页岩砖厂，开封明星、下寺大桥、杨村龙鞍、元山福泉、汉阳天桥页岩砖厂，下寺镇松柏瓦厂。全县生产水泥7.9万吨、砖20411万块。

第五节　食品加工业

粮油加工　剑阁粮油工业为县粮食局所属工业企业。1990 年，有粮油工业饲料公司所属面粉加工厂、精米厂、植物油厂、面粉厂，从业人员 318 人，产值 3515.3 万元，产品销售收入 1225.4 万元，实现利税 93.4 万元，固定资产原值 1064.7 万元。1992 年，粮油工业从业人员 498 人，产值 4890.8 万元。1994 年，粮食局系统独立核算工业产值 8859.1 万元。主要企业有粮油工业公司、面粉工业公司、川北淀粉公司、卧龙粮油食品开发公司；集体企业有公兴米厂、区粮站附属加工厂，产值 3244.8 万元。1996 年，粮食系统工业产值 10899.2 万元。1998 年，粮食局系统工业产值 13824.8 万元。主要企业有，普安粮站加工厂、元山粮油工贸公司加工厂、公兴粮站加工厂，各区粮站附属加工厂、粮油工业有限责任公司、面粉有限责任公司、油脂有限责任公司、粮油饲料有限责任公司，玉环粮油工贸公司等。2000 年，粮食局系统工业产值 9438.6 万元，加工大米 25452 吨，小麦粉 85000 吨。4 个独立核算企业应缴税金 69 万元，实现利润 10 万元。2002 年，加工大米 19742 吨，小麦粉 1143 吨。2004 年，加工食用植物油 7445 吨，大米 83663 吨，小麦粉 67213 吨。2006 年，加工食用植物油 18859 吨，大米 112963 吨，小麦粉 86417 吨。豆制品加工企业有剑门关的豆腐业，如六娃子豆腐店、马和尚豆制品厂等。

肉类加工　生猪屠宰及肉类加工企业主要为商业局所属食品公司。1990 年，有肉联厂、腌腊品加工厂及 10 个区食品经营站，生产剑门火腿、香肠、蝴蝶猪头、皮蛋等。销售鲜冻猪肉 3696 吨，鲜冻牛肉 2.21 吨，羊肉 0.81 吨，肉制品 4013 吨，蛋制品 2.23 吨，合计产值 2655.1 万元；畜牧局所属冻兔厂，购进生猪向外销售冻肉制品；乡镇企业局所属罐头厂，生产罐头 432 吨。康利食品公司生产绍兴干菜肉、五香卤牛肉、红心咸鸭蛋等。1992 年，加工畜肉制品 5509 吨，食品公司和冻兔厂产值 2860.5 万元，销售 3060.5 万元。罐头厂生产水果罐头 53 吨，肉类罐头 2102 吨。1995 年，全县从事食品加工企业 59 个，从业人员 462 人，产值 9301.9 万元（1990 年价）。1997 年，食品加工企业 31 个，总产值 187.6 万元（1990 年价）。当年罐头厂破产。1999 年，全县加工鲜冻畜肉 5390 吨。各区经营站、肉联厂、火腿厂的产值分别是 1111.7 万元、975.2 万元、209.5 万元。汇丰食品有限责任公司年宰杀加工生猪 61236 头，产值 1424.7 万元，销售收入 1385 万元，实现税利 17 万多元。欣鑫冷冻厂产值 140.2 万元。畜牧食品有限责任公司产值 85.8 万元。2000 年，全县收猪 13.71 万头，屠宰加工 13.39 万头，加工鲜冻畜肉 6940 吨，食品加工产值 16716.4 万元。肉食品有限责任公司各经营站、肉联厂、火腿厂产值分别是 1097.8 万元、163.2 万元、200.4 万元。2001 年 5 月，肉食品有限责任公司破产。2003 年，全县加工鲜冻畜肉 10482 吨。2006 年，全县加工鲜冻畜肉 25498 吨。

酒饮料加工　1990 年，剑阁酿酒业有县国营酒厂，下设普安、白龙、公兴、江口、剑门、开封、元山分厂，产白酒 1000 吨，产值 111.4 万元，产品销售收入 139.9 万元，固定资产原值 538.3 万元。乡镇企业办集体、私营酒厂，产白酒 1465 吨。1992 年，县酿酒有限责任公司从剑南春酒厂引进曲料、窑泥、技术，生产剑门关大曲酒。全县产白酒 1300 吨，无酒精饮料 185 吨（主要是刺梨饮料厂生产的原汁、浓汁、果酒、香槟、汽水、广柑汁、葡萄酒、果味饮料等刺梨饮料系列产品）。产值 110.7 万元，固定资产原值 152.1 万元。1995 年，县酒厂从业人员 74 人，产白酒 2300 吨，产值 98.6 万元。产品销售收入

100.6万元，固定资产净值30.3万元。全县产无酒精饮料301吨，乡镇企业产白酒3000吨。1997年，全县产白酒8600吨，产值101.4万元。无酒精饮料33吨。1999年，刺梨饮料厂产值15.6万元。2000年，全县产白酒2780吨，产值181万元，产无酒精饮料96吨。2001年，刺梨饮料厂停产。2003年，全县有酒厂61个，产白酒2098吨，2004年，文君井酒业集团收购“剑门关酒”品牌。2006年，剑阁的白酒酿造业有剑门关酿酒有限责任公司、剑门五粮窑酒厂、小河子酒厂、江中酒厂、江口酒厂、唐家坪酒厂等。全年产白酒3799吨，无酒精饮料14吨。

调味品加工　县酿造厂生产酱油、豆豉、豆瓣酱、豆腐乳、甜酱等调味品，主要销售本县。1990年，生产酱油1020吨，食醋440.89吨，酱类128.05吨，豆制品耗原料71.23吨。1992年，产酱油1280吨，产值173.2万元，产品销售收入191万元。1994年，产酱油1274吨，产值292.9万元，产品销售收入273万元，固定资产净值50.6万元。1996年，酿造厂改制为有限责任公司，产酱油1433吨，产值563.5万元。1998年，产酱油1311吨，产值697.9万元。2000年，产酱油981吨，工业增加值75.6万元，缴税18.5万元，实现利润3.3万元。2001年，酿造厂产值177.2万元，销售额195万元，上缴税金21万元，利润2.7万元。2003年，产酱油575吨。2006年，产酱油912吨。县酿造有限责任公司的职工股及全部资产被剑州国投有限公司收购。开发商品房。原有职工10余人在剑州公园内租房继续生产调味品。县内的酿造企业有满福食品有限责任公司、云顶酿造厂、元山酿造厂生产鱼凤酱油、鱼凤食醋。下寺日月阁酿造厂等生产酱油、食醋在当地销售。

糖果糕点加工　1990年，生产糖果糕点的企业，主要是商业局所属的糖果厂。有从业人员52人，生产糖果29.18吨，糕点92.62吨，产值51.2万元，产品销售收入53.4万元，实现利税7.5万元，固定资产原值33.4万元。1992年，糖果厂产值29.4万元，销售收入24.5万元。1993年，产值36.35万元，销售收入20.18万元。生产、销售不景气，时停时产。1996年改制为沁源食品有限责任公司，产值24.75万元，销售收入39.23万元。1997年，销售收入34万元。2002年，产值83.5万元，销售收入145万元。以后停产。在普安镇开业的民营企业有满城香蛋糕房、欣欣面包房、上海面包房、宏发蛋糕房。乡镇有白龙糖果厂、元山糖果厂等，产品就地销售。全县销售的糖果多从绵阳、成都购进，满足群众需求。

第六节　烟草加工业

复烤加工　1988年，县财政投资221万元，商业局承办，在三江口占地1.67公顷兴办集体性质的广元市剑门复烤厂，为烟草公司复烤烟叶。设计能力为年产烤烟7500吨。当年破土动工，翌年建成投产。有从业人员12人，当年复烤烟叶55.55吨，加工费每50公斤4.5元，后提为9元。1993年，烤烟1933.95吨，加工费收入32万元。有从业人员34人。1997年，为广元市元坝区的烟叶复烤加工，烤烟3381.5吨，生产期106天。加工费收入83万元，上缴税金5.8万元，实现利润10.5万元。剑门复烤厂复烤的烤烟，经省烟草行业鉴定，符合正规产品要求，全国各地卷烟厂都适用。由于是国家计划外的复烤厂，2003年8月11日，省烟草专卖局通知，撤销复烤厂，销毁烟叶挂杆等烤烟设备。

卷烟生产　1988年2月24日，在市委常委扩大会上，市委主要领导提出兴办烟厂，剑阁主动申请承办。后经市计经委批准基建立项。由县商业局筹建全民所有制的广元市剑门卷烟厂。选址普安镇鹤鸣路58号，计划建筑面积400平方米，投资280万元，生产能力为年产平嘴香烟2万箱。当年开工建设，次年5月建成。实际占地0.73公顷，投资523万元（固定资产393.2万元）。从业人员60多人，试制凤凰楼、剑门关1、2、3号和剑南春等品牌91大箱、22750条，投放市场。年底建成5万大箱的制丝线，6000大箱的卷接、包装线，年产值57万元。1990年，增加女皇品牌1200大箱。因未获国家审批，1993年10月，根据省政府关于关停计划外烟厂的要求，停止生产。

第七节　纺织服装业

纺织　1990年，剑阁的纺织工业有计经委直属的全民所有制企业县丝厂、绸厂，二轻局系统、供销社系统的集体所有制企业针织厂和毛巾床单厂，有从业人员2028人，产值2593.4万元。销售收入2154.3万元，实现利税445.4万元。年产棉毛类衫裤3.2万件，毛巾、枕巾334万条，毛巾被4.86万条，针织内衣裤138.17万件（针棉织品折用纱线量486吨），丝78吨，丝织品19.63万米。毛巾床单厂生产的硕果花面巾获全国优质产品奖；“4007”快乐的童年儿童毛巾被、儿童提喷花巾获全国妇女儿童用品博览会铜奖，产品远销80多个国家和地区；138提喷双人枕巾、双人毛巾被被荣获省优质产品称号；出口小方巾产值12.2万元。丝厂的飞川牌B蚕用蜕皮激素，获省优质产品称号。针织厂生产的罗领文化衫被评为市优质产品，出口产值271.8万元。1992年，全县有纺织企业5个，产值3954万元，生产针织内衣裤199.93万件，棉毛类衫裤6.23万件，毛巾及枕巾271万条，毛巾被16.7万条，丝105吨，白厂丝出口产值917.2万元，丝织品32.83万米。1993年，乡镇企业局新建成都金剑棉织厂、白龙丝厂。1994年，全县有纺织企业7个，产值5565万元，从业人员2931人，生产毛巾及枕巾505万条，毛巾被14.13万条，丝115吨，丝织品35.38万米。1995年，纺织业7个，产值6110.9万元。毛巾床单厂产值4084.8万元，产品销售收入3299.3万元，应缴增值税198.2万元，实现利润159.6万元。1996年，针织厂改制为鸿鑫针织有限责任公司。毛巾床单厂跻入全省工业企业500强和“纺织工业最佳效益15强”，产品8170系列获“全国供销社系统名牌产品”称号、“97中国新技术新产品博览会”金奖。全县有纺织企业5个，产值4390.3万元。毛巾床单厂产值2615.3万元，鸿鑫有限责任公司产值706.1万元，产毛巾498万条，毛巾被10.89万床，丝45吨，丝织品9万米。1999年，鸿鑫有限责任公司与四川锦天彩棉公司合作，建立县彩棉开发有限责任公司，开发天然彩棉针织品，在王河镇、江石乡试种彩棉0.67公顷，因设备、技术等条件制约，彩棉开发有限责任公司于2000年破产。毛巾床单厂系列产品被命名为四川名牌产品。2001年，产毛巾421万条。毛巾被1.9万床。丝厂、绸厂、丝毯厂破产。2002年7月，省外经贸厅核准星王毛巾被有限责任公司经营进出口业务，颁发《中华人民共和国进出口企业资格证书》。2003年，产毛巾572万条、毛巾被7.3万床。2006年，产毛巾411万条、毛巾被6.3万床。

服装生产　剑阁生产服装主要是二轻局系统的集体所有制企业服装工业公司。1990年，从业人员139人，年产服装90.22万件，产值179.5万元，产品销售收入111万元，实现利税17.2万元，固定资产原值54.8万元。1992年，服装工业公司产值204.2万元，销售收入126万元。供销社系统羽绒综合制品厂从业人员72人，产值51.2万元。1994年，服装工业公司从业人员63人，服装及其他纤维制品制造业产值429.6万元，产品销售收入225.1万元，实现利税总额39.6万元。羽绒综合制品厂从业人员114人，产值170.5万元，生产服装149万件。剑阁羽绒厂参加北京举办的第五届亚太贸易博览会，所产“剑门牌”羽绒服荣获国际金奖，羽绒被获国际银奖，产品远销美国、波兰、俄罗斯等国家，出口创汇65万元。1996年，全县服装及其他纤维制品制造企业5个，生产服装305.31万件，服装公司产值85.3万元，羽绒综合制品厂产值116.4万元。1998年，羽绒综合制品厂破产。全县有服装企业1个，生产服装146万件，产值242.5万元。1999年，引进商家整体租赁服装公司。2002年，服装公司生产服装2.2万件，产值168.9万元，应缴税金9万元。2005年，生产服装41万件。2006年，生产服装23万件。

第八节　印刷业

1990年，全县有5个印刷企业。全民所有制企业县印刷厂，有从业人员82人，产值86.8万元，销售收入94.6万元，实现利税18.2万元，固定资产原值101.6万元。集体所有制企业新艺印刷厂，从业人员50人，产值65.4万元，产品销售收入57.7万元，实现利税8.4万元，固定资产原值41.6万元。1992年，全县有印刷企业6个，产值290万元，书刊印刷13.08万令。新艺印刷厂产值110.5万元，教育印刷厂产值53.9万元。1993年，全县印刷业6个，产值346.4万元，书刊印刷7.5万令。县印刷厂产值76.8万元，新艺印刷厂产值103.4万元，元山教办印刷厂产值9.3万元，教育印刷厂产值65.8万元。1995年，印刷企业产值323.2万元，书刊印刷2.07万令。县印刷厂119.7万元，教育印刷厂96.9万元，新艺印刷厂139.2万元。1996年，县印刷厂改制为印刷有限责任公司，产值128万元。新艺印刷厂改制为新印工贸有限责任公司，产值146.7万元。元山镇印刷厂产值71万元。合计书刊印刷2.32万令。1997年，教育局印刷厂改制为印刷有限责任公司，产值165.9万元。1999年，印刷、新印工贸、教育印刷工业增加值115万元，应缴税金21.2万元。教育印刷厂盈利14.8万元，其余亏损。合计单色印刷品0.75万令，机制板及纸板193.61吨，本册558.98万本。2000年后，印刷有限责任公司、新印工贸有限责任公司破产。民营企业毕升、兴印、兴达、弘睿、广元七彩印刷厂相继开业。教育印刷有限责任公司承担全县教育系统的教辅资料和学生作业副本印刷，经济效益较好。2002年，单色印刷品0.1万令，本册821万本。2006年，单色印刷品1万令，本册630万本。

第九节　自来水生产和供应

县自来水厂实行承包经营，厂长负责制。1990年，生产规模为日供水0.5万吨，不能满足县城机关单位、居民的生产生活需要。1991年，投资1600万元，修建刘家河水库及引水工程，日供水能力1万吨，但仍不能满足需求。1993年，自来水厂改制为自来水公司。1995年，投资422万元在普安镇汉阳山修建第二制水厂，引杨家坝水库水，缓解供水紧张矛盾。1997年，自来水厂更名为县供排水公司。2002年，县供排水公司建设下寺水厂一期工程。次年9月10日建成，日供水能力1.5万立方米。2003年年底，县供排水公司整体出售给四川投资集团总公司，组建四川川投水务集团剑阁有限公司（简称川投集团)。2004年起，由川投集团负责普安、下寺城镇供水。

1990年，木马、鹤龄、金仙、剑门、白龙、田家、北庙、盐店、义兴、西庙、武连、锦屏、小剑等乡镇已有自来水工程。1991年起，除对上述自来水工程进行改建、扩建外，完成了其余乡镇的自来水工程建设。后按照国家水利产业归口管理的规定，县水电局出资收购部分建制镇供水站，成立县乡镇供水服务公司，对白龙、元山等较大供水站实行统一管理，负责工程建设、供水设备安装、资产管理、水质监测、生产及水费收缴等管理服务工作。1994年后，集镇供水站建设转入完善配套、建设饮水源工程。1999年，深化水产业行业归口管理，县水利局出资收购供水规模大的乡镇供水站，建立县乡镇供水有限公司，公司实行独立核算、自负盈亏。至2006年，县乡镇供水有限公司共管36个乡镇场镇供水站，年供饮用水110万立方米，年产值310万元。

第三章　经营管理

第一节　管理体制

1990年起，企业继续实行计划管理体制，县计划主管部门每年下达企业年度生产计划。是年，开展企业第二轮承包工作。坚持国家增收、企业多留的原则，取消实物抵押，改为现金抵押。风险抵押金专户储存，参与资金周转，只计息不分红。在分配方法上，取消法人的挂牌工资和超承包利润基数分成办法，实行超比例分档计算奖惩，法人代表只领标准工资，享受本企业职工应得的收入，年终按合同指标完成情况，最多不超过职工人均收入1—3倍，承包领导班子成员和法人代表的收入在本企业张榜公布。1992年，以“交足国家的、留足集体的、剩下都是自己的”原则，试行企业产权转让，继续开展以改组、兼并、拍卖、组建企业集团为重点的企业第二轮承包工作。

1993年，举办转换企业经营机制培训班，企业厂长（经理）、中层骨干共653人参加培训。全县71个独立核算工业企业落实三轮承包。对产值500万元以上或利税100万元以上的16个重点企业法人代表进行考核、调整。1994年，在全县企业中推行全员劳动合同制，县水泥厂推行股份制试点，组建剑峰建材有限责任公司。1995年，在全县12个片区和57个乡镇建立工业办公室，配备会计、统计人员，主任由区乡镇副职担任。1996年，全面深化体制改革，逐步改变依靠行政手段、计划管理的旧体制，打破所有制界线。政府开始由管理型向服务型转变。企业引入竞争机制，参与市场竞争，实行自主经营、自主管理、逐步建立完善市场经济体系。2000年起，统计部门将所有不同性质的工业企业划分为规模以上工业企业和规模以下工业企业进行统计。规模以上工业企业由县经贸局管理，其余工业企业仍由原管理部门归口管理。2001年，进行以国有企业退出为重点的企业改制。2002年，成立县企业稳定工作办公室，工业产品质量管理及监督职能由县经贸局划归县质量监督局。2003年，县开封磷肥厂、县教育局印刷厂和县酿酒有限责任公司被列为规模以上企业。12月29日，县委常委会专题研究工业经济工作，实行县级领导干部挂联重点企业制度，政府部门管理职能转移到引导、规范、监督、服务等方面，印发《关于进一步做好国有企业改革与发展工作的意见》。2005 年，抓剑峰水泥公司、剑州电力公司改制工作，推行县级领导和部门挂联重点企业，协调解决企业用电、用水、资金、原材料、办理证照等事宜。2006 年，撤销县经贸局、商贸局、乡镇企业局和财贸办，组建县经济和商务局，主管全县工业经济和商务工作。

第二节　生产经营管理

1990 年 6 月 1 日，县委、县政府印发《关于切实加强工业生产的决定》。是年，剑阁工业企业生产经营实行计划管理，厂长（经理）负责制。1991 年，县设立“开发新项目奖”“救活死企业奖”“扭亏增盈奖”等奖励政策和措施，开发 20 多种新产品，促进企业扭亏增盈。补充完善企业二轮承包合同指标。发挥地方产品和集体企业优势，组建县茧丝绸公司，实现生产加工一条龙。精简县丝厂机关工作人员 27 人，充实生产第一线。县计经委加强全县企业考核工作，对县水泥厂实行分层次全员风险抵押承包，逐月考核，按季兑现。县印刷厂实行单项考核制度，县绸厂工资实行“四岗分配”制，县针织厂实行“产品等级两级核算”办法，产品质量与职工劳动所得直接挂钩。

1992 年，县毛巾床单厂、植物油厂、罐头厂、地毯厂等企业实行劳动组合制，精简行政科室人员，充实生产第一线，工资分配上采取“产品等级含量工资”。销售人员实行“销售收入含量工资包干”等办法，提高产品质量，扩大销售。全县建立工业经济指标考核体系，下达县内国营预算内工业企业五项经济效益考核指标（产品销售收入、资金利税率、实现利税额、定额流动资金周转天数、全员劳动生产率）。完善 138 个县属企业和 339 个乡以上乡镇企业承包合同。依托县商业、粮食、供销、物资局，组建县商业、粮油工贸、物资、贸工农、剑阁商贸五个总公司，兴办服务实体 3 个，增设经营网点 47 个，撤并科室 26 个，裁员 63 人，减少行政事业经营支出 28.52 万元。在县百货、五金、糖酒公司推行“零批一条龙，柜组个人租赁，柜组合伙租赁”经营模式，使企业职工与生产资料相结合，在所有制、所有权不变的情况下，实行自筹资金、自主经营、自负盈亏，自觉缴纳税利和定基数、定期限、定资产的企业租赁改革。1993 年 6 月 9 日，县委、县政府召开工业主管局局长、县属工业企业厂长、经理誓师会，确定 31 名县级领导干部挂联 46 个项目，明确扭亏增盈目标任务和考核奖惩办法。

1991 年年底至 1993 年，开展压缩库存，清理资金占压、压缩费用开支、清理职工挪用、借支公款。开展经营质量信得过、质量品种效益年、打假治劣活动，开展“3·15”质量月活动。1994 年，转换经营机制，实行承包经营责任制和厂长、经理负责制。企业享有机构设置、劳动用工、资金分配、产品定价、市场开拓、营销策略等自主权。改革企业用工、分配制度，推行工资总额同经济效益挂钩，职工劳动所得与贡献大小相联系。实行利润包干，超利分成，定利润额，定商品适销率，工资奖金与效益挂钩，上不封顶，全额浮动。实行抽底经营或风险抵押、大包干等多种形式的经营责任制。组织经济协作，内引外联，在原有 21 个联合企业基础上，新联合 7 个。达成协议性协作项目 52 项，技术引进和技术改造 26 项，理顺粮食、油菜、蚕茧、棉花等主要农副产品的收购、经营渠道，保障企业原材料供应。

1995 年 1 月 11 日，县委、县政府表彰奖励 1994 年度工交生产战线先进集体和先进个人，奖给特级企业家许昌德住房一套，铜匾 1 个；县粮食系统工业产值破亿元奖现金 1 万元；县毛巾床单厂、丝厂、食品公司利税超100万元，各奖现金1万元；优秀厂长、经理15人，各奖现金500元。县经济委员会对产值大户、利税大户、扭亏大户实行“一厂一策、分类指导、扭亏增盈”，成立帮促组进驻县水泥厂、印刷厂、罐头厂等亏损企业，举办厂长、经理培训班，学习现代企业管理知识。成立厂长经理联谊会，开展信息共享、经验交流、技术合作，清理“小金库”，开展财政、税收、物价检查。

1996年，实行产权制度改革，引导建立现代企业管理制度。通过改、转、租、卖、包、股份合作，逐步将国有和集体企业过渡为个体私营企业。

1996年至1997年，县连续两年组建城市经济工作团，从各部门选派干部组成工作队，抓企业改革，抓生产经营管理，落实县级领导挂联15户重点骨干企业。选派39名年轻干部到基层企业担任副职领导。从各经济主管部门和企业选派9名局级领导，6名企业干部，到浙江嵊州和绍兴等地的机关、企业对口学习。推行“三个一”管理模式（管好一个法人代表、抓一个拳头产品、实施好一张目标责任书），签订生产经营、扭亏增盈、资产保值增值目标责任书，事前监督、控制、年终检查、考核、逗硬奖惩。

1998年，全县召开企业减负工作会，在10个重点企业聘请减轻企业负担监督员，印制《剑阁县企业负担管理手册》发放到各企业。全县88户县属工商企业改制86户，10户破产，6户剥离。83户村以上乡镇企业，拍卖14户，股份合作制改造12户，解散1户，租赁经营56户。对重点企业县毛巾床单厂实行股份制改造，县食品公司实行划小单位核算，上寺水泥厂实行租赁承包经营。对1997年度实施年薪制18户工商企业，进行复检审核、标准测算，完善相关制度。2001年，对全县工业目标层层分解，与各经济主管部门和8户重点企业签订目标责任书。在食品、纺织、建材、医药化工、包装行业推广先进实用技术，推进现代化管理，建立科技奖励基金。星王巾被有限责任公司成立科技开发中心，开展职工技能培训和技术比武活动。银海、剑峰水泥有限责任公司投入技改资金300万元，进行扩能降耗技术改造。汇昌公司通过技术改造，提高宰杀能力，由月宰猪300头提高到800头。

2003年，县委、县政府印发《关于进一点做好国有企业改革与发展工作的意见》，明确职工补偿标准、资产处置办法和离退休职工社会保险、医疗保险移交程序等政策，使改制后企业轻装上阵，开展经营活动。当年，县财政预算安排100万元作为工业发展基金。2004年，对饮食、酿造、百货有限责任公司进行清产核资、资产评估、离任审计、产权鉴定工作。解散烟叶复烤厂。将开封、元山、白龙、鹤龄、下寺、普安、公兴、剑门关8个乡镇列为发展重点，新培育上规模企业2户，培植东宝大米产业，重点打造开封、元山、白龙、武连面粉厂，剑门关333.33公顷无公害茶场。2005年，县财政局对重点工业企业技术改造实行贴息贷款，贴息资金在工业发展基金中列支。弘祥药业有限公司剑阁中药饮片厂、银海水泥有限责任公司、林源香料有限责任公司、西善油脂化工公司剑阁分公司、汇丰食品有限责任公司等企业享受贴息贷款。

2006年3月，县委、县政府召开工业工作会议，确立围绕项目抓工业，围绕工业抓农业发展思路，实现工农互助和产业联动。完成剑门工业园区53.33公顷规划建设，完成下寺镇青林沟煤矿、上寺新五房沟煤矿、梳杆村煤矿技改前期工作。确定15个发展中、小企业条件较好乡镇为重点乡镇，政策倾斜，进行中小企业集中区建设。开展“为企业排忧解难调研月”活动，14位挂联企业的县级领导及30个部门负责人，深入企业一线调研，帮助企业解决生产经营具体问题，改善投资环境。争取国家优惠政策，为剑门关供销社注册国家商标“剑门豆腐”，申报品牌发展扶持奖金80万元。为星王巾被申报农轻纺产品贸易促进资金，中小企业国际市场开拓资金6万元。

第十九篇　交通运输

第一章　交通网络

第一节　公　路

1990年，全县有国道、专用道、乡道共69条，总长907.4千米，村组机耕道2349千米。至2006年，有过境高速公路26千米、国道97.6千米、省道57.3千米。县道12条：剑南公路（剑阁普安经阆中市至南部县）、剑金公路（接剑南路马家仑至金仙场）、剑苍公路（剑阁普安至苍溪县）、剑盐公路（剑阁普安至盐亭县）、剑江公路（普安至江口）、元梓公路（剑阁元山至梓潼县）、剑青公路（剑阁普安至青川县）、喻马公路（苍溪县金龙村喻家嘴经剑阁鹤龄、碗泉等乡镇至梓潼县马鸣乡）、三江公路（剑阁下寺镇三江村至江油市二郎庙青林口）、小伏公路（江油市小溪坝剑阁东宝、元山等乡镇至南部县伏虎）、凉迎公路（凉山乡至迎水乡）、鹤八公路（鹤龄镇至公店乡八庙垭）。乡道383.6千米。

绵广高速公路剑阁段　1998年9月设计，次年12月开工修建。北起广元，南至绵阳，全长135.5千米。剑阁段北起下寺镇拐枣村，中与国道108线交汇，南至金子山，途经下寺镇拐枣、三江、大仓、五台、麻柳5村，长26千米。在下寺镇境内设剑门关收费站和剑门关服务区。2002年建成通车。

国道108线剑阁段　国道108线起点为北京复兴门，终点为云南昆明。按国家公路编序编号为G108线。在剑阁境内即为民国26年（1937年）建成的原川陕公路。G108线剑阁段北起下寺镇境内的1924千米桩，南至武连镇境内2022千米桩处，与梓潼段相接，全长97.6千米。途经下寺、剑门关、汉阳、普安、城北、凉山、柳沟、垂泉、武连、马灯10乡镇。在下寺镇与绵广高速公路相通；在普安镇与剑苍、剑南、剑青路相接；在武连镇与小开路（江油市小溪坝至剑阁开封）、剑盐路相交。1990年至2002年，G108线是剑阁的运输大动脉，最高车流量1万车次/日。2002年绵广高速公路通车后，G108线车流量降低，但仍是县境内重要的民用和战备交通干线。

省道302线剑阁段　东起万源，西至阿坝，系川北东西重要通道。剑阁段始于涂山乡苏维村（厚子铺），经金仙、长岭、演圣、元山等乡镇，至梓潼县文昌镇交界的印盒嘴进入梓潼县，长57.3千米。厚子铺至罗家河、演圣镇至印盒嘴两段为二级公路，共24.6千米。罗家河至演圣镇段为四级公路。

剑青公路剑阁段（剑阁普安至青川金子山） 1999年，省计委批准修建普安镇至金子山公路，沿剑青公路改建，建成山岭重丘二级公路，沿途弃印把石隧道，凿金子山隧道，与绵广高速公路相接于青川县金子山场。2000年8月，改扩建工程开工，2002年年底竣工通车，长22.4千米。

三江公路 东起下寺镇三江村，沿西经普广场、金子山、云集，止于江油市二郎庙青林口，长50.2千米。1986年至1988年，由广元市中区交通局使用世行贷款、国家以工代赈资金修建。1992年，县交通局实施路面改造，建成山重四级公路。该路与绵广高速公路、宝成铁路走向平行。绵广高速公路通车后，三江公路利用率降低。

小伏公路 与小开路、剑盐路部分重合，路号为X123。西起江油市小溪坝，经江油河口，剑阁东宝、武连、正兴、开封、国光、王河、元山等乡镇，止于南部县伏虎，全长166.4千米。剑阁段长75.18千米，始建于1955年，1967年全线贯通。2000年，对开封至元山段34.16千米按山重三级标准进行改造。2006年小伏路剑阁段有二级公路1.46千米，三级公路67千米，全线实现行道绿化。

喻马公路 东起苍溪县金龙村喻家嘴，经苍溪县雍河、龙王、三川、五龙、鸳溪入剑阁鹤龄、樵店、杨村、白龙、广坪、迎水、开封、碗泉乡等乡镇，西止于梓潼县马鸣乡。全长189.12千米，剑阁段长102.41千米（鹤龄镇境内有断头路2千米）。1964年修建白龙至鸯溪段，1985年修建开封至广坪段，1992年全线贯通，2000年建成山重三级公路61.2千米。

凉迎公路 起自凉山乡新店子国道108线，经义兴、高池，止于迎水乡，与喻马路相接，全长40.9千米。1976年由凉山、义兴、高池、迎水四乡组织民众修建，1990年全线贯通。2000年建成山重四级公路，并全部绿化。

鹤八公路 起自鹤龄镇，经羊岭、香沉、公兴、吼狮、柘坝、王河等乡镇，止于公店乡八庙垭，全长87千米。始建于20世纪80年代并逐年改造。至2000年，鹤龄至王河段78.8千米达到山重四级标准，全线绿化，沿途架桥梁5座，砌涵洞161孔。

乡、村道 1990年年初，全县村道公路通车里程552.6千米。2000年全县乡道公路里程为379.9千米，村组公路4230千米。2001年后，农村开展新农村、小康新村建设，把村组道路、农户便民道建设列入项目规划内容。2006年，全县有乡道公路383.6千米、村道公路1688千米、组道2769.7千米。

剑阁县1990—2006年公路情况表

表19　　单位：千米

年份	绵广高速公路	国道108线	省道302线	县道	乡道	村道	组道	工区专用道	总里程
1990	—	—	129.95	224.45	535	—	—	18	907.4
1991	—	—	143.65	224.45	552.98	—	—	18	939.08
1992	—	—	143.65	224.45	558	—	—	18	944.1
1993	—	—	144.45	224.45	535.23	—	—	18	922.13
1994	—	—	143.8	250.8	554.3	—	—	35.5	984.4
1995	—	—	143.8	250.8	554.3	—	—	35.5	984.4

续表19

年份	绵广高速公路	国道108线	省道302线	县道	乡道	村道	组道	工区专用道	总里程
1996	—	—	143.8	250.8	554.3	—	—	35.5	984.4
1997	—	—	143.8	250.8	554.3	—	—	35.5	984.4
1998	—	99.3	61	266.2	580.5	3286	—	—	4293
1999	—	99.3	61	266.2	580.5	4230.9	—	—	5237.9
2000	—	99.3	61	266.2	585	4230.9	—	—	5242.4
2001	8	99.3	61	266.2	608.2	4230.9	—	—	5273.6
2002	26	97.6	57.3	480.8	379.9	4230.9	—	—	5272.5
2003	26	97.6	57.3	480.8	379.9	4230.9	—	—	5272.5
2004	26	97.6	57.3	480.8	379.9	4230.9	—	—	5272.5
2005	26	97.6	57.3	480.8	379.9	1688	2769.7	—	5499.3
2006	26	97.6	57.3	480.8	383.6	1688	2769.7	—	5503

说明：资料为《剑阁统计年鉴》、县交通局提供。1997年前省道包括国道，未统计村道，1998年至2005前村道包括组道。

第二节　铁　路

20世纪50年代，宝（鸡）成（都）铁路建成通车。剑阁境内北起下寺镇拐枣村，南至上寺乡猫儿村，长19.74千米，设有沙溪坝、上寺站。1993年，宝成铁路复线工程开工建设。县政府成立宝成铁路复线建设领导小组，下设支援铁路建设办公室，协调解决复线工程建设中土地征用、农户搬迁及安置等问题。在下寺镇境内征用土地50.27公顷，搬迁安置农户67户。宝成复线剑阁段建设工程于1996年5月动工修建，1999年竣工。

在宝成铁路建成之初，沙溪坝站为五等客运站。1996年，市、县政府请求铁路部门升级沙溪坝客运站。2000年，沙溪坝客运站由五等站提升为四等站。

第三节　桥梁　隧道　津渡

桥梁　县境主要公路桥梁有剑州大桥、柳沟大桥、剑门河大桥、清江河大桥、团结大桥、三江大桥、柘坝河大桥。县境除大型桥梁外，1990年后全县建设小集镇时，修建市政联网桥；1995年后全县交通大会战修建公路桥；2000年后旅游建设修筑景观桥，新农村建设修筑便民桥。2006年年末，全县有公路桥 114 座，5196 米，人行桥 172 座，索桥 2 座。

剑州大桥位于普安镇，跨闻溪河。桥东枕普安镇学街口，桥西头至剑阁宾馆出小东街接交通路。1992 年申请立项，1993 年 10 月由市公路局设计施工，1995 年 5 月 1 日建成通车。桥型结构为肋拱、重力式墩，砼混。全长 102.2 米，主孔跨径 6 米，引桥跨径 42.2 米，桥面净宽 13 米（车行道 9 米，两侧人行道各 2 米），总投资 416 万元。

柳沟大桥，位于柳沟镇，跨柳沟河，为柳沟镇境内的 G108 线公路桥。由市交通局负责设计、监理，县养路段施工，1992 年 10 月底建成。其桥为弯坡石拱桥，弯道半径 150 米，桥型结构石拱，重力式墩，U 型桥台，全长 124 米，引道 299 米，桥面宽 11.7 米，净宽 9.9 米。

剑门河大桥位于下寺镇，跨剑门河，西接 108 线，东连清江河大桥。1996 年申请立项，1997 年 9 月开工，1999 年 12 月完工。桥型结构上部为预应力钢筋砼混空心桥梁，下部为钢筋砼混桥台，挖孔灌注园型柱。桥长 220 米，宽 18 米，荷载汽 -20，挂 -120。

清江河大桥位于下寺镇，跨清江河，西连剑门河大桥，东接剑门关大道。桥型结构为钢筋混凝土 T 形桥梁，全长 200 米，跨径总长 264 米，每孔净跨 30 米，桥面宽 18 米，两侧人行道各 1.5 米。荷载汽 -20、挂 -100。剑门河大桥与清江河大桥，同时修建，同时竣工。均由省交通厅设计，省桥公司承建施工。两桥引桥及连接线 1200 米，总称“两桥一线”工程，2000 年竣工，总投资 3200 万元。

团结大桥位于姚家乡团结村，跨团结河，为剑青公路桥。2000 年 10 月开工，由省内河设计院设计，铁道部 15 工程局二处和绵阳公路工程公司承建。2004 年 6 月 20 日竣工。桥型结构为预应力钢筋混凝土空心桥梁，全长 225.2 米，共 10 孔，每孔净跨 20 米，跨径总长 220 米，桥下净空 32 米，桥面宽 11.5 米（车行道 9.5 米，两侧人行道各 1 米）。

三江大桥位于普安镇三江口，横跨闻溪河，是连接剑青公路剑阁境内的第一座桥梁。桥型结构肋拱重力式墩。长 230 米，宽 13 米，载重汽 -20、挂 -100 吨，2000 年动工建修，2002 年竣工。

柘坝河大桥位于柘坝场，桥南接柘坝，跨西河，北通吼狮。全长 270 米，宽 8.5 米，高 17 米，2006 年初开工。

隧道 县境主要公路隧道有印把石隧道、金子山隧道、剑门关隧道。

印把石隧道位于姚家乡印把石山，为原剑青公路隧道。1987 年开凿，长 152 米，高、宽各 6 米，混凝土衬砌。普安镇至金子山公路开通后，该隧道为人行、机耕道出入通道。

金子山隧道位于姚家乡金子山脚下，为剑青公路隧道。2001 年开工修建，2005 年竣工通车。全长 1705 米，宽 9 米，高 5 米，混凝土复式砌筑。

剑门关隧道位于剑门关隘口西侧，横穿剑山岩壁，隧道起于 G108 线 K1937 +554，止于 G108 线 K1938 +897.5 岩壁。全长 1350 米，为 G108 线公路隧道。2006 年 12 月 10 日开工，总投资预算 0.5 亿元。

津渡 1986 年升钟水库建成蓄水后，县政府批准在吼狮乡王家堰、张家拐、官渡河，长岭乡黄泥坡、黄连嘴、观音寺，迎水乡双龙、寺坝，涂山乡水磨河、演圣镇天子坟，金仙镇西河村等地建渡口 33 处。1990 年批准在闻溪河流域江口镇长江村建长江渡。1991 年，七一水库建成蓄水，在店子、木马、樵店等乡镇的偏石滩、陈家堰、官耳坪、龙潭河等地建渡口 4 座。2003 年县政府驻地迁址，在清江河流域建沙溪渡和修城渡。2006 年，全县设公路渡口 2 处（长岭乡渡口、柘坝乡渡口），人力渡口 43 处，无码头的习惯性渡口27处。

沙溪坝汽车渡位于沙溪坝清江河，连接G108线与沙溪坝火车站的渡口。1957年由县粮食局建造，由县交通局、剑阁省养路段管理。1981年渡口置钢质三车渡驳两艘，日渡车千余辆次。1998年绵广高速公路修建时，建清江河、剑门河大桥。2001年，剑门河大桥、清江河大桥竣工通车，该渡撤销。

长演公路渡位于长岭乡，连接长岭乡和红岩村。于1986年批准设立，1989年渡口建成投入使用。1991年，为方便两岸人行车往，置钢质汽轮渡船一艘，日渡车约200驾次。2006年对该码头进行维修。

第二章　公路建设与养护

第一节　公路建设

国、省道整治改造　1991年，拓宽G108线普安镇学街口。该路段两侧店铺鳞次栉比，坡陡路窄弯拐。过往车辆在此经常发生交通事故，重则车毁人亡。是年，县政府出资撤除公路两旁部分严重影响车辆通行的房屋，拓宽街道。1992年，新建成柳沟大桥，G108线绕过柳沟场镇。1995年，整治城区交通环境，修建剑州大桥，改造城北大道。疏通学街口至东门大桥交通瓶颈，改善G108城区路况。1996年，县交通局、农资公司、邮电局、电力公司集资61.3万元，重砌G108线1972千米处堡砍7.5米、2012公桩至2020公桩8800米标美路建设。1999年，结合剑门关镇集镇建设，改道2.3千米，G108线从剑门关镇新街通过。2005年，G108线剑阁段列入川北旅游环线建设项目。11月10日，G108线下寺镇王家渡至普安镇段整治工程开工。12月5日，省道302线厚子铺至印盒嘴36.8千米公路改建工程开工。2006年11月16日，G108线下寺镇王家渡至普安镇段整治工程竣工。至2006年，整治G108线王家渡至普安镇三江口公路，建成山重三级标美路48.84千米，省道302线厚子铺至盒嘴公路开挖土石方22.9万立方米，浆砌路肩6133米，新砌涵洞84孔，铺设路基30公里。

县道建设　1990年，完成公店乡至梓潼马迎乡4.7千米路基工程。1991年完成以工代赈项目陈江公路（广元市昭化区陈江至剑阁江口镇）工程。1992年，全县日出动民工30万人次，全面整治县、乡道公路。采备碎石11.7万立方米，豆石0.57万立方米，片石2.6万立方米，清理边沟769千米，整治塌方107处，维修路肩181千米，铺筑路面82.7万平方米。植行道树40万株。1995年起，设立剑盐、剑苍、剑南、剑青四条公路建设指挥部，集全县之财力、物力、人力抓公路建设。至1996年投资，6000万元，投劳2000万个，按山重二、三级标准改造剑南路、剑苍路、剑盐路、剑青路及剑凉路、柳翠路232.33千米（铺筑油路141千米），改造东门大桥，开通印把石隧道，硬化城北路，建成9.3千米一级公路。

1997年，县四大班子领导挂线搞点，县级各部门联路挂乡，将剑南、剑苍路和剑梁（剑门关场至梁山寺）、柳翠（城北镇柳垭村至盐店镇翠云湖）、新凉（凉山乡新店子至拦马墙）三条旅游线路任务分解到乡镇，细化到村、组，落实到户头，人均集资100元，户均投劳100个，累计改、扩、新建公路

136 千米，整治路肩 128 千米，处理路基 54.7 千米，调整路拱 5.15 万平方米，砌扎边沟 109 千米，起拱涵洞 1767 米/218 孔。

2000 年 5 月，县政府制订“十五”公路建设规划。9 月，县委印发《关于进一步加快公路建设的决定》，确立“打通进出口，建好主骨架，形成大网络、乡乡黑色化”的发展思路。至 2005 年，完成苍剑唐旅游环线（起于苍溪县红军渡，经剑阁普安镇，止于青川县唐家河自然保护区）、太柏路（广元市元坝区太公镇至柏垭乡）、三江路、小伏路、凉迎路、鹤八路等公路整修任务。剑青公路全长 22.4 千米。采取项目投资、干部捐资、向农民借资等办法筹集资金，总投资 1.7 亿元。2000 年 8 月动工，2002 年完工，建成山重二级公路。

2006 年年末，全县乡以上公路总长 1045.3 千米，县道 480.8 千米，乡镇道 383.6 千米。按技术等级分，二级 109.5 千米，三级 252 千米，四级 367.4 千米。油路 250 千米。

乡村道建设 1990 年改造乡村道 370 千米。1991 年后，公路建设重点集中整治断头路、烂泥路和县乡镇联网路。至 1996 年，全县修通村道公路 554 千米，工区专用道 35 千米。1997 年起，剑阁实施粮食以工代赈交通建设项目、三村建设（新村、移民、卫生扶贫）项目，乡村道路建设步伐加快。2001 年全县建村组道公路 4230.9 千米。2002 年，县政府制定乡村油路建设奖励政策，规定自是年起建设乡道油路每千米奖补 2 万元，建设村道油路每千米奖补 5000 元。全年升级改造村、组道路 169 千米，铺筑油路 213.8 千米。2004 年 7 月 20 日，鹤龄镇化林村 2.5 千米村级主干道全面黑色化，为剑阁第一条村级油路。2003 年至 2006 年，改造村组泥碎路 397.9 千米，新建四级村道 301 千米，新铺通乡、村油路 269 千米。全县村、组通车公路 4457.7 千米（村道 1688 千米，组道 2769.7 千米）。

第二节 公路养护

公路养护实行“民工建勤，民办公助”相结合的办法。1990 年，广元市公路局剑阁养路段在册职工 239 人，负责全县公路常年养护工作。当年全县出动民工 20 万人、干部 6014 人次，出动机动车 2310 辆次，参加国、省、县道公路岁修养护，采备片、碎石 4.07 万立方米，清理边沟 68.7 千米，整理路肩 42.2 千米，绿化公路 140 千米，栽植行道树 7 万株。养路段工人细化养护责任，铺碎石 3.21 万立方米，加工碎石 3442 立方米。年终好路率 55.8%。1993 年深入开展民工建勤活动，出动民工 30 万人次，整修国、省、县道公路，清理边沟 769 千米，清除塌方 7.01 万立方米，铲填路肩 18.5 万平方米，铺筑路面 82.7 万平方米。平均好路率 60%。1997 年，剑阁县省道公路养护段和剑阁县县道公路养护段隶属县交通局。公路专业养护，全面推行目标管理，实行“四定”（定养护里程、人员、经营、质量）、“八无”（路面平整无坑凼、边沟流畅无积水、涵洞畅通无堵塞，路肩牢固无垮塌，油面整洁无杂物，排洪水沟无损毁等）责任制，采取百分制量化考核，养路工报酬按量化积分计发。全县 218 个养路工承担国、省、县道公路 394.6 千米公路养护。抢修水毁地段，清理塌方 6100 立方米，修复路面 18.1 万平方米，恢复坍塌桥梁 5 座，抢修危桥 10 座，整治涵洞 10 孔，疏通水沟 18.2 千米，油路大修 7.3 千米，中修 13 千米，泥碎路养护封填坑凼 1950 处。

2001 年后，公路养护坚持专业养护为主，民工建勤突击养护为辅的原则，深入开展“无坑凼月”活动和“百日竞赛”活动。至2004年，累计完成国道油路大修31.3千米，中修10千米；县道油路大修12千米，中修10千米；G108线剑门关景区公路段升级改造3.5千米。年末，经市县交通局验收，全县公路综合好路率77.1%，国省道好路率82%，县道好路率72.2%。2005年3月，县政府制订《剑阁县农村公路养护管理办法》、县交通局制订《剑阁县农村公路养护管理考核标准》，规定县乡道公路养护做到“路面横坡适度，行车顺适，边坡稳固无坍塌，路肩整洁无杂物，边沟畅通无阻物，绿化协调美观，沿线设施、标志完整无损坏”。公路养护实行企业化管理，养护工程量竞争承包，变“养人养路”为“养路养人”。2006年，完成剑盐路、剑青路、剑苍路等路面补烂126处、28237平方米，清理水毁塌方12093立方米，清理边沟79千米，疏通涵洞121孔，摊铺油路18千米，小修油面398平方米，采用新技术实行摊补作业5041平方米。全县有养路工383人（国省道养路工207人，县道养路工176人），养护国、省、县道公路635.7千米。

第三章　运　输

第一节　公路运输

1990年，全县有各型汽车408辆（县汽车运输公司60辆，行政企事业单位270辆，个体、联户78辆），运输型拖拉机734辆，其他机动车54辆。客运总量151.78万人次，客运周转量10081万人千米。其中，县运输公司客运总量123.4万人次，客运周转量8263万人千米，非交通部门运量28.38万人次，客运周转量1818万人千米。全年货运总量59.92万吨，货运周转量3295万吨千米；其中，县运输公司货运总量1.34万吨，货运周转量111万吨千米，非交通部门货运量58.58万吨，货运周转量3184万吨千米。全年装卸货物10万吨，实现营运收人357.93万元。1991年，春运历时40天，运送旅客16.7万人次，共发班车4935班次，运送节日供应物资1587吨和杨家坝水库工地河沙600立方米，水泥100余吨。6月，县内干旱严重，向灾区抢运红薯藤50余吨，抗旱物资200余车。全年客运总量147.1万人次，客运周转量9719万人千米，货运总量81.56万吨，货运周转量4097万吨公。其中，专业运输公司客运量110.38万人次，货运量0.78万吨，个体及联户客运量36.72万人次，货运量80.78万吨。

1995年，全年货运总量200万吨，货运周转量14806万吨千米，客运总量246万人次，客运周转量13336.9万人千米。2000年，村、组道路加速建设，私人购车增多。全县有载货汽车356辆，载客汽车257辆，营运拖拉机511辆，其他机动车541辆。全年货运总量323.2万吨，货运周转量21132.6万吨千米，客运总量267.5万人次，客运周转量13600.6万人千米。2001年7月，交通运输企业改革，县运输公司、91车队被广运集团收购，实施人员分流，资产重组，建立广运集团剑阁有限责任公司，有职工341人，总资产1762万元，注册资金934万元。2005年，公司拥有固定资产3300万元，有客运车200辆，公交车15辆，在册职工279人，全县设二级车站1个，三级车站2个，四级车站5个，领市班车线路3条、省辖班车线路8条，开设北京、广东、浙江等超长线路。全县年客运总量423万人次，客运周转量21144万人千米。2006年，全县拥有大、中、小各型客运车823辆，大、中、小各型货运车673辆，农用车795台。全年客运总量451万人次，客运周转量22392万人千米，货运总量581万吨，货运周转量37247万吨千米。

第二节　水上运输

剑阁内河运输集中在升钟、七一、翠云湖、剑雄等水库和嘉陵江。嘉陵江绕县东界流，经县境50余千米，流经张王、江口、鹤龄等乡镇。其水运航道上属广元，下属阆中县管理，水上运输未形成规模，仅有极少渡口、渡船，从事摆渡性服务。1986年升钟水库建成蓄水，剑阁淹没区通航航道24千米，沿湖两岸设公路渡口2处，人力渡口31处，有各类渡船58只（客渡25艘、客货运输船29只、车驳船4艘），常年为淹没区人民运输物资和对外交往服务。1991年，在店子河流域的七一水库、闻溪河流域的江口镇长江村设渡，置渡船。至1995年，全县内河运输年客运总量24.15万人，客运周转量1207.5万人千米，货运总量3.78万吨，货运周转量75.6万吨千米。1998年杨家坝水库建成蓄水，置水上快艇、游船。2003年，在清江河设沙溪渡、修城渡。

2006年，全县水路通航里程134千米。设公路渡口2处（长演公路渡口、柘坝乡渡口），人力渡口43处，无码头的习惯性渡口27处。有各型船舶267只（客运船98只，货运船73只，渡口船96只）。有水上运输从业人员232人，涉及水运乡镇和单位有长岭、金仙、吼狮、柘坝、演圣、迎水、涂山、樵店、店子、木马、江口、张王、鹤龄和翠云湖管理局、剑雄电站等。随着公路的延伸和桥梁的增多，水上运输逐步减少。2006年，全县内河运输客运总量33.6万人次，客运周转量2740万人千米，货运总量10万吨，货运周转量200.16万吨千米。

第四章　交通管理

第一节　路政管理

1990年，县交通局聘请3名常年法律顾问，负责路政法律咨询，并按交通市场“散而不乱”的原则实施路政管理。至1993年，累计查处盗伐公路行道树案件21件，排除路障141起，拆除违章建筑9处，收取占道费1.03万元、赔偿费448元。1994年，排除路障1200起，制止在公路控制区内乱修乱建，收回有效行车路面1100平方米。取缔乱设卡站2处，与15个有批文的卡站签订路政管理协议，与18个非法占用公路控制面积修筑围墙的单位、个人签订临时占用协议，收回路权面积500平方米。1995年，上路巡查750人次，排除路障1400处，撤除乱设关卡3处，审批公路沿线建房98处，收回路权5840平方米，公路畅通率100%。查处路政案45件，收取规费8万元。1998年，排除路障1500起，办理路产保护协议150份，收回路权面积5000平方米。规范公路用地、留地、建筑控制区，审批公路沿线建房120处，纠正违规建筑65处，收缴规费12万元。

2000年始，实施畅通工程，禁止在公路沿线乱设加水、洗车场（点），禁止利用公路打场晒粮和占道堆放，禁止超限超载运输和在公路界内乱修乱建。治理公路乱设加水洗车场（点）104处，查处损坏公路案件380件，排除路障134件，收缴超限运输补偿费130万元。2002年起开通鲜活农产品绿色通道，规范路标、路牌管理，加大公路畅通工程实施力度。至2005年，治理公路加水洗车场（点）94处，其中取缔19处。清理公路控制区内乱修乱建46处，拆除违法建筑18处。处理公路控制区内乱设广告、路标牌211个，强制拆除破旧和影响交通视线路标牌130个。投资制作路标、广告牌、警示框、交通标志153块，规范接道15处。下寺镇至剑门关、普安镇至金子山路段建成文明示范路。2006年，县政府制订《关于停止公路建筑控制区内修建房屋的紧急通知》《关于规范公路控制区管理的通知》，组织路政、交警、运输等单位，开展公路安全畅通专项整治活动。查处路政案件62件，收取路产补偿费32万元，拆除违法建筑3处，现场停建13户；排除路障38起，清除公路堆放杂物100立方米。路检路查安全隐患48起，增设7段减速板，25块安全提示牌，拆除影响交通安全广告牌50张。

第二节　运输管理

营运车辆管理　1990年，全县有各类运输机动车1196辆。县运管所按照《汽车运输技术管理规定》，对营运客货车辆实行择优选配、定期检测、强制维护、合理改造、适时更新和宣布报废等全过程综合性管理。车辆校核数据、技术档案全部立卷，实行一车一档。1991年始，将机动车驾驶员交通规则、驾驶技术培训纳入车辆运输管理内容，采取临时培训和定期办班等措施，经考核合格的才能上岗。至1995年开办机动车驾驶员培训班15期，培训驾驶员915人。1996年，全县有二级机动车维修企业6个。按照交通部《道路运输车辆维护管理规定》，将道路运输车辆维护修理工作纳入车辆管理的范围。坚持“安全第一，预防为主”的方针，建立汽车安全运输保障机制。规定客货营运车辆定期进行二级维修的行驶里程和间隔时间。规定对不按期进行二级维护的车辆给予处罚或就地强制修理。

1999年，按照交通部《关于交通行业标准营运客车类型划分及等级评定》的规定，县交通主管部门对全县营运的231辆客运车进行类型划分和等级评定。根据动力性、行驶平衡性、密封性、车内噪声、空气调节、乘客座椅（卧铺）、车内服务设施、整车布置与内饰等评定等级，将车辆等级档次与客运票价挂钩。至2001年，全县客运车辆发展至293辆，85%的省际客车和市际客车达到大型中高级和中型中级标准，90%的县际客车和县内干线客车达到中级以上标准。2003年，全县有营运客车293辆、货车376辆。按照交通部《机动车维修管理规定》《机动车驾驶员培训管理规定》，强化机动车驾驶员培训、机动车维修市场整顿和从业人员资格认证。至2005年，投资升级改造剑门关驾校，开办客货车驾驶员、从事道路运输经营者从业人员培训班41期，培训机动车驾驶员1915人，客货站乘务员、汽修技工、质检员、车站安检员2654人。机动车二级维护6500台次，恢复性大修180台次。2006年，全县有客货营运汽车902辆。年检车辆1510辆次，监督二级维护2100辆次，强制大修30辆次。核定二类机动车维修企业7个，三类机动车维修企业45个，站乘人员资格认证430人。

营运市场管理 县公路运输管理所负责县境道路运输管理工作。负责道路客货运输经营，客货站、场管理，机动车驾驶员培训、客运机动车租赁、货运代理和货运配载。1990年，全年审验核发车辆营运证1123户，新增普安至鸯溪、长岭、西河、杨家坝、厚子铺、摇铃、吼狮7条客运路线。1992年，在运管所下设龙泉、开封、白龙、下寺4个交通运输管理站。举办道路运输安全培训班3期，受训151人，签订安全运输责任书1500份。建立客货车辆进出口检查制度、车辆定期保养制度、劳动操作安全制度。1995年，客货运管实行申请准入制，完成对货运中心机构的清理。1998年始，客货运管严格履行“三把关”（经营资质把关，客车技术等级把关，从业人员资格把关）、“五不出站”（客车运行时，行驶证、驾驶证、从业资格证、道路运输证、客运线路标识牌、客运派车通知单不全或不合规定不出站；报班车辆安检不合格不出站；驾驶员酒后和不按规定配备驾驶员不出站；车辆超高超载不出站；恶劣天气不出站）的安全管理制度。全年审验客运车480辆次，货运车350辆次，杜绝“病车”上路21辆。实现货运车辆营运证有证率95%，客运车有证率100%。2000年10月，建立县交通运输行业联合会，将城区所有客货车辆纳入行业管辖范围。实行“统一进站，分散经营，集中管理”的经营模式。2004年4月，全县开展道路运输市场管理年活动，对客货运输企业实施资质、资格审查，严把车辆检测关、运证合格关、驾驶员资格关。全年路检路查运输车辆450辆次，纠正违规运输行为250起，取缔无牌、无证运输经营户11户，发出限改通知书75份。11月14日，开通县城至成都、绵阳高速直达营运客车，由广元集团剑阁分公司承运。2006年，全县从事公路运输的有广运集团剑阁分公司、普安镇蜀道旅游公司、香沉自力客运公司、木马客运公司、剑门关天宝客运公司等企业及个体运输户。有客运站9个，开通客运路线84条。在主干公路上建立GPS监控平台，在长途客运车上安装GPS监控设施。处理运政案件51件，客运办证率99%，货运办证率95%。

第三节 稽征管理

县交通稽查征费所（简称“稽征所”）负责全县各类机动车辆公路养路费，客运、货运附加费，车辆购置费（税）的征收管理工作。

1990年，县稽征所稽查各类机动车593辆，征收“两费”（养路费、车辆购置费）215.5万元，查处违章车辆684台次，追收养路费14.8万元。1992年，征收养路费、车购费、货附费260万元。1993年4月，组建交通稽查中队，征费车辆实行报停包缴合同制、司法公证制。全年稽查各类车辆4.5万台次。扣证755个，扣车107台。补征车辆养路费40万元。1995年，根据省交通厅《公路养路费包干缴纳办法》，客运附加费按川交财〔1995〕184号文件规定执行。全年稽查车辆2.5万辆次，扣车57台、扣证365个，追补“四费”60万元。征收养路费410万元，车购费74.1万元，客货附费120万元。1997年5月，《四川省公路养路费征收管理条例》颁布实施。8月，农用车养路费征收标准按川价字〔1997〕141号文件规定执行，由稽征所统一征收。车辆购置费按国务院《车辆购置附加费征收办法》征收。县稽征所严查“三无”车辆、“报停偷驶”车辆、“危而不修”欠费车辆，加强养路费缴（免）讫专用标志牌核发管理和规范“五费”征收。至1998年，两年征收养路费918万元，车购费163万元，货运、客运附加费483万元，农用车养路费100万元。2001年费改税后，车辆购置税由稽征所代征，执行标准按《中华人民共和国车辆购置税暂行条例》执行，四费一税征收依据国家《公路汽车征费标准计量手册》核实吨位、座位，保证“应征不漏、应免不征”。2002年，农村拖拉机养路费移交稽征所统征。2005年1月，车辆购置税移交县国税局征收，全年征收养路费716万元，客货附加费207.2万元，农用车、拖拉机养路费90万元。2006年，全面清理营运客车座位和外挂车辆、欠费车辆、假冒军车、“三无”车辆，全年补交各类交通规费256万元。

第四节　海事管理

1980年成立县渡口管理所。1991年4月1日，县政府制定《剑阁县乡镇船舶安全管理办法》。1992年渡口管理所更名为县港航监督所（简称港监所）。2001年，设县地方海事处，港监所更名为县航务管理处，两处设编6人，负责全县水域交通安全、船舶管理、航道建设、海事执法和规费征收。

船舶管理　1990年全县有各类船舶72只，乡镇设管船员，建船舶入籍档案。对乡镇船舶实行“两证一牌一线”（船员驾驶证、船舶检验证；船牌名；干舷线）管理。新建、改建和过户船舶坚持按程序上报审查备案。1991年，根据市政府《乡镇船舶管理办法》，规定凡从事船舶活动的经营人或所有人，必须具备港航监督机关核发的“船舶检验证”“船舶所有权证”“船员技术合格证书”“运输许可证”“营运证”及工商部门核发的“营业执照”；凡进行水上作业的船只必须标明船名，勘划载重线，配备救生声号、旗号，办理船舶保险，实行色度管理；凡用于农牧业生产、防洪及散杂船只，必须持有乡镇政府核发的“船只登记证”，使用船只必须标明载重线，一律不准从事客货运输活动。1993年，强化水运安全责任，实行县、乡镇安全管理责任制，凡经县交通主管部门批准的机动（人力）渡口船，个体联户运输船，乡镇企业自用船，放牧、烧灰、运砂石杂用船，均由乡镇政府承担安全管理责任。未经批准和船运证件不全的船舶，由乡镇政府负责取缔。全年开展水上安全检查10次，纠正违章25起，取缔证件不全的船舶经营户3户。1995年，根据农业部、交通部、国家工商行政管理局、海关总署取缔“三无”船舶（无船名船号、无船舶证书、无船籍船）的通告，公安、交通、水利、县港监所等单位对全县“三无”船舶进行清理整顿，查出“三无”船舶45只，换证12个，审验签证84人，重新检验船舶发证14只次，补发“船舶营运证”“水路运输许可证”各25份。1998年，对全县所有渡船、运输船喷印标准规范船名、牌号、准载数、载重线。在清理整顿造船企业过程中，长岭造船厂被撤销，批准建立剑阁县西湖造船厂。2003年，县交通主管部门开展小型船舶及水上环境专项治理活动，责令停业整顿船只经营户5户，并争取资金39万元，对长岭、金仙、柘坝客渡船进行换底大修，对部分船舶进行检修，对车渡船进行加宽处理。2006年，船舶营运坚持进出港签证制度，船舶管理实行乡镇、村、组、船主四级安全责任制。全年签订安全责任书124份，排查船只隐患34起，取缔病船作业3只。

船员管理　1990年，在有船乡镇及单位配备管船员15人，船舶驾驶员131人。按广元港航监督处统一要求，对非机动船驾驶人员资格实行年审，考评发证。规定凡从事客（渡）货运的船舶驾驶人员必须经考试合格持证从事水上作业。1993年，清理各类船舶船员，取缔无证驾驶员15人。举办船员学习班2期、56人次，办理非机动船员签证53人次，换发机动船员适任证书23人次。1995年起，建立船舶年审制度、驾驶人员培训考试发证制度、安全检查警示制度。深入开展反“三违”（反对违章指挥、违章操作、违反劳动纪律）活动。至1999年，举办船舶管理员、驾驶员安全生产、驾驶技术培训班5期，受训150人次。年审船员15人，更新从事非机动船员适任证书8人，核发船员驾驶证21人，清理“三无”船只25只。2000年，建立乡镇、村、组、驾长四级安全管理体系，落实船员“四定”（定人员、定任务、定责任、定报酬及奖惩）责任制。2006年，对船舶管理实行四级目标考核，明确相关责任人员对发生的发生安全事故负负连带责任。是年，全县有船单位配备船舶管理员43人，船舶驾驶员114人。

海事监察　1991年，严厉禁止船舶经营者无证照营运，超载、超越航线区航行，抢漕抢航、无灯夜航；严厉禁止非客（渡）船搭客，人货畜混载、改变船舶用途；严禁私设渡口渡客、超封航封渡水位线航行和酒后驾船作业。规定凡在通航水域参加运输的机动船按每马力月0.2元至0.5元；非机动船按吨0.2元至0.6元的标准，缴纳船舶管理费。1992年开征航道养路费、水路运输管理费、港口费、船舶检验费和水运基础设施附加费。至1993年累计代征规费1.89万元。1994年，海事活动抓春运、汛期、年审三项工作。全年印发水上营运安全文件58份，实施安全检查123天，纠正违章158次，发限期整改通知书26份，责令停航13只，限期改建船5只。1996年开展反“三违”月活动，检查各类船只191只次，受检船员123人次，发水上安全通知书42份，纠正违章64次，责令停航21只次，处罚15人次，罚款1510元。1998年，在各渡口张贴《渡口守则》，在渡口码头竖《过渡须知》碑牌，刻封航线标志。全年征收各类规费2.48万元。2003年始，在通航乡镇开展水上运输安全教育和通航安全专项整治，至2006年，发放安全宣传挂图200幅、宣传资料1200份、安全警示光盘100张。对所有从事水上作业的船只逐一建立台账。检查船员391人次，纠正违章250起，排除安全隐患121起。

第二十篇　邮政通信

第一章　邮政通信体制改革

第一节　邮政电信改革

1990年，邮政电信继续合营，邮电局系国营独立核算单位，企业内部分中央国营和地方国营农村电话两种经营核算模式。中央国营包括邮政通信业务、电信的电报、长话、市话等业务。地方国营农村电话为县以下各项电信业务。为保持邮政网、电信网的相对独立和完整，并与世界信息产业发展接轨，90年代后期，邮政通信系统进行体制改革。1998年9月28日，县邮电局按照信息产业部《关于邮电分营中企业资产、负债和所有者权益划分的规定》和省邮电局《四川省市、地、州、县邮电局分营工作实施方案》，实行邮、电分营，分别成立县邮政局和县电信局。原邮电局的内设机构及业务班、组等，按业务属性分别划归县邮政局和县电信局。

邮、电分设后，县邮政局有在职职工112人，离退休职工52人。按照信息产业部和省、市邮政局对邮政局内部机构设置的总体要求，县邮政局实行党支部领导下的局长分工负责制和职工代表大会制度。辖邮政支局12个，自办邮政所8个，委托代办所（点）60个，联网储蓄所19个，远程终端8个。2006年年末，县邮政局有在职员工81人，聘用工25人，临时工20人，委托代办人员79人。

分营后的县电信局有在职职工112人，离退休职工46人。总资产4581.12万元。县以下分支机构为沙溪坝电信支局和柳沟、武连、开封、元山、公兴、鹤龄、白龙、江口、汉阳、剑门10个电信营销部。1999年7月，县电信局更名为中国电信集团公司四川省电信公司剑阁县分公司，为全民所有制国有企业。2000年12月，县电信分公司按照省电信集团公司《四川省电信企业进一步深化改革，推进多元化经营工作的实施方案》精神，电信企业实行主业、实业分营，分别成立中国电信集团公司四川省电信公司剑阁县分公司和四川省电信实业有限责任公司剑阁县电信实业分公司。分营后，县电信分公司有员工75人，县电信实业公司有员工8人。2001年4月，按照省电信集团公司要求，将电信主业的线路维护从业人员和县下辖片区营销部营销人员共35人，划入县电信实业分公司。县电信分公司成为国有控股企业，不再独立核算，管理权收归市电信分公司。2003年3月，电信主业和实业整合，县电信分公司和县电信实业分公司合并成立四川省电信有限公司剑阁县分公司。2006 年年末，有员工 71 人。

第二节　电信改制

1999 年 7 月，移动通信从县电信分公司分离。2000 年 1 月，四川移动通信公司剑阁分公司成立，在职员工 12 人。2002 年 10 月，移动通信改制更名为中国移动通信集团四川有限公司剑阁分公司。分公司辖剑沙、普安、武连、开封、白龙、鹤龄 6 个营销中心。2006 年年末，有员工 43 人。

2002 年 3 月，中国联通有限公司剑阁分公司成立。主营移动 GSM/CDMA 通信、数据通信及相关通信业务。2006 年年末，有员工 12 人。

2003 年 8 月，中国网络通信集团公司广元市分司剑阁经营部成立，下设普安、修城营业部，实行企业化管理，经费由市分公司统一核算，人员实行招聘制。主营固定电话及互联网宽带业务。2006 年年末，有员工 14 人。

2003 年，中国铁路通信集团有限公司在下寺镇设立中国铁通广元市分公司沙溪坝经营部，隶属广元市分公司宝轮经营部管理。2006 年 3 月，中国铁通广元市分公司在普安镇设立中国铁通广元分公司剑阁经营部，主营固定电话及 ADSL 宽带业务。

第二章　邮　政

第一节　邮政业务

邮政基础业务　剑阁邮政经营的邮政基础业务主要有国内国际函件业务（含机要函件）、明信片、国内国际包件（含直递包裹）业务、国内汇兑业务、报刊发行、特快专递、各类邮资凭证的发行销售以及符合邮政基础业务特征的其他指定业务。党报党刊发行采取“财政供养单位实行统一代扣”的办法完成订销任务。1990 年，县内邮政传递函件 107.4 万件，邮政快件 77764 件，包裹 7488 件，汇票 42323 张。报刊实行“计划发行，区别范围，扩大零售，发展代办”的原则，订销报纸期发数 28407 份、杂志期发数 29778 份，报刊流转额 96.93 万元。1991 年，订销报纸期发数 32589 份、杂志期发数 21980 份。1997 年，因电话等通信设备的快速发展，剑阁邮政的主营业务函件业务量下降到 139 万件。以后，函件业务量持续下滑，收入比重逐年下降。2000 年 1 月 26 日，县邮政局开通邮政业务热线“184”。2001 年 3 月 26 日，县邮政局在县城安装首台自动取款 ATM 机。

1999 年至 2004 年，邮政基础业务除函件业务量继续下降外，其余业务均呈上升趋势。县邮政局进行业务结构调整，开办新型、长效型业务。全县自办邮路沿线各支局、所均开办邮政特快专递业务。利用首届剑门关豆腐文化节，发行《剑门风光》首日封 3000 枚，明信片 3.7 万枚，个性化邮票一套四枚共8000版（个性化邮折2000个）和邮册4000册。发展定向类函件业务，合作印制校园邮资信封1万枚，印制剑门蜀道风景区邮资门票明信片40.5万枚，印制企业拜年卡1.8万枚。2004年，商业函件133万件。开办快包和寄递新业务，邮销饲料587件。开办礼仪汇款、特快汇款等业务，汇兑业务收入增加。

2005年至2006年，扩大函件和包裹营销领域。县邮政局与剑阁中学、剑州中学、剑阁职中等学校合作印制校园邮资信封5.8万枚，印制单位和个人“拜年金卡”13.2万枚。收寄政务类特快412件，法律文书1034件，商业函件77万件。联合开展“致2008奥运会的一封信”、少儿书信写作大赛“写封家书”活动。参与开展“全国第二届少儿书信写作比赛”活动，共收寄学生作品1.53万件。2005年12月，开展邮寄腊肉等土特产业务，寄递包裹656件。2006年中秋节邮寄、代销月饼440件。

邮政储蓄业务　1990年，县邮电局为应对金融市场竞争，动员职工揽储，以扩大邮政储蓄份额。是年，邮政储蓄平均余额275万元。1991年，邮政储蓄实现业务收入145157元。1993年，邮政储蓄平均余额664万元。以后逐年增长，至1998年，邮政储蓄平均余额为4066万元。1999年，县邮政局把邮政储蓄列为“邮政一号工程”大力发展，增加宣传投入，在城乡书写大幅固定宣传标语300余幅，制作宣传袋1.7万个，制作《给全县务工人员的一封信》等宣传资料1.3万份。开展全员协储劳动竞赛，邮政储蓄平均余额5612万元。2000年6月至7月，相继开通县邮政局储蓄所及下寺、剑门、白龙、公兴、鹤龄、武连、开封、元山等邮政储蓄点的电子汇兑业务，并与全国邮政汇兑网络联网运行，实现通汇通兑。

2001年至2004年，制定邮政储蓄激励措施，发展农村协储员，调整营业网点，优化服务环境。2004年，经县银监会同意，撤销新桥邮政储蓄所，新建木马储蓄所。增加普安支局营业厅服务窗口，实行邮储柜员制服务，储户排队等候办事难得到缓解。是年，绿卡银联卡发卡、换卡1366张，邮政储蓄平均余额16300万元。2005年至2006年，撤销闻溪、姚家、公店等31个手工代办协储点，新建龙源、王河、香沉、杨村4个储蓄联网点。公开向社会招聘储蓄营业员10名。发挥网点优势，建立客户信息名址库，收集客户信息2万余条，对乡镇场镇商户、种养业大户、农副产品贩运户和外出务工人员上门营销和定期回访。2006年年末，全县发放银联卡30911张，邮政储蓄平均余额29032万元。储蓄收入居各项业务之首，成为邮政支柱业务。

邮政代办代理业务　1990年至1998年邮电合营时，剑阁邮政已开办广告、商业信函等延伸业务。自邮电分营后，剑阁邮政实施对外联合发展战略，多渠道、多层次地开展邮政代办代理业务。1999年，开展代销寻呼机、电话机，代售联通、移动电话卡，代收话费、服务费，代发工资等多项代办代售业务，实现代办业务收入3.83万元。2000年至2003年，拓展业务市场，寻求新的代办业务增长点，与县移动公司合作开办下寺、白龙营业厅。新建武连、公兴等镇电信、移动IP话吧（超市）5个。2004年与县人保、财险公司合作，代理学生团体保险业务，收入211万元。年末，代办业务收入161万元。2005年后，代办业务呈下滑趋势。

剑阁县1990—2006年邮政业务情况表

表20－1　　单位：万元、万份、万件

年份	邮政业务总量	邮政业务收入	邮政储蓄平均余额	汇兑		订销报刊			函件
				汇入	汇出	报纸累计份数	杂志累计份数	报刊流转额	
1990	177.73	—	275	—	—	499.94	33.49	96.93	107.4
1991	211.61	—	520	—	—	583.24	38.32	116.43	93.39
1992	283.9	—	676	—	—	584.94	45.42	136.82	102.54
1993	365	—	664	—	—	538.52	36.71	142.11	165.87
1994	459	—	945	—	—	516.18	32.59	162	217.65
1995	561	782	1520	—	—	447.63	24.83	195.03	221.12
1996	966	1066	2597	—	—	472.57	20.04	226	227
1997	215	1275	3307	12815	5027	476.09	24.36	252	139
1998	217	271	4066	14659	5066	479.62	20.34	233	121.37
1999	241	427	5612	14894	4694	505	15	259	151
2000	647	513	6038	36373	9336	549	21	317	123
2001	815	641	7361	23598	15049	596	22	332	102
2002	819	726	11003	66173	35460	610	22	339	143
2003	903	837	12155	33800	1545	687	26	333	155
2004	987	836	16300	29866	1610	508	16	324	133
2005	942	742	24727	25905	12626	494	15	322	107
2006	1138	853	29032	20898	9229	452	8	297	77

说明：资料为《剑阁统计年鉴》。邮政业务总量1996年及以前包括电信业务总量；邮政业务收入无1990年至1994年统计数据，1995年至1997年包括电信业务收入。

第二节　邮路与设备

邮路　1990年，全县邮路总长度为752千米（机动运输工具邮路365千米，非机动运输工具邮路387千米）。1991年，邮路总长度增至938千米（机动运输工具邮路445千米，非机动运输工具邮路493千米）。至1998年，全县开通自办区间汽车邮路12条。2006年年末，全县邮路总长度1883千米（机动运输工具邮路347千米，非机动运输工具邮路1536千米），邮运线路99条。

邮政设备　1990年，县邮电综合大楼正式营业，新增房屋面积1440平方米，生产用房2871平方米。部分邮政设备得到更新。有邮运汽车3辆，生产用微型汽车1辆。1992年，配置信函捆扎机1台，函汇、机要专用电子秤1台。各邮政储蓄点配备计算机。随着科技发展，以信息化为特征的现代邮政建设步伐加快。1998年，实现邮政电子化办公，添置邮政专用运钞车和邮政检查车各1辆。2005年，全县13个邮政业务电子化网点更新业务操作系统软件，更换、改造部分硬件设备。2006年，配备新增营业网点机器设备12套，打印机11台，配置物流配送、分拣、储蓄稽查、统计及管理使用计算机7套，复印机1台，长安面包车1辆。年末，邮政主要设备有：邮政自动化办公系统，邮政营业、电子汇兑计算机系统，电子汇兑DDN专线电路12条，邮政储蓄绿卡全国通存通取联网系统，邮政绿卡ATM自动取款机1台，邮政信箱63个，信筒1个，报刊投递箱464个，邮运汽车5辆。

第三章　电　信

第一节　电信业务

电报　90年代初，县邮电局设报务组，配备报务员4—5名，负责电报收、发、转和市内电报投递。区邮电支局使用传真机收发电报。电报业务在中央国营电信业务中占有较高比重。1990年，全县出报43300份，收入9.99万元，占电信业务收入的14%。1992年，出报89896份。1996年后，通信业快速发展，固定电话普遍使用，电报业务量逐年下降。至1999年，出报降至19648份。2000年后，随着拨号上网、宽带上网、手机短信等多种信息传递方式的出现，电报业务量急剧下降。2002年，报务组撤销，人员并入电信营业组。是年，出报降至4180份。2006年，仅出报396份。

固定电话　1990年，县城使用史端乔2000门自动交换机，固话装机用户795户。区乡镇使用人工接续磁石交换机，装机容量645门，装机用户464户。全县固定电话业务收入187.75万元。长途电话使用20门磁石交换机进行人工接续，明线、载波电路传输线路8条，全年出话43300张次，收入13.33万元。县邮电局和各支局使用共桥式汇接台办理会议电话业务。1991年，柳沟、武连、开封、元山、东宝5镇改固话为自动交换机，装机容量886门，装机用户205户。1992年，固话总用户1842户，其中县城固话用户1123户。县邮电局营业厅安装公用电话2部。市内电话交换机改为自动交换机，可半自动进网拨打长话。1993年，白龙、鹤龄、公兴、汉阳、剑门、下寺6镇固话改为自动交换机，开封、东宝2镇装机扩容，装机容量1426户，装机用户916户。县城共有公用电话10部。长话出话和来话线路分别增至10条、7条，均自动进网。1994年，县城固话改为5000门程控交换机，全县电话用户3736户。12月30日，剑阁程控电话实现光缆通讯。1995年，盐店、国光、杨村、香沉4乡镇固话改为自动交换机，开封、白龙、鹤龄、元山4镇装机扩容，装机容量4736门，装机用户2185户。公用电话68部。长话取消半自动进网。1996年，西庙、马灯、公店、柘坝、演圣、王河、江口7乡镇固话改为自动交换机，柳沟、武连、公兴、香沉、汉阳、剑门关、下寺7镇装机扩容。部分乡镇安装公用电话，全县公用电话共249部。长话改为自动交换机，出话和来话线路分别增至105条。会议电话改为模拟数字会议电话汇接机。1997年，秀钟、圈龙、长岭、羊岭4乡镇固话改为自动交换机，龙源、东宝2镇固话装机扩容，装机容量4992门，装机用户3579户。柳沟、武连、开封、元山、公兴、白龙、鹤龄、汉阳、剑门关、下寺镇及武连镇至东宝镇的明线、载波中继电路改为光纤数字中继电路。1998年，县城装机扩容，容量10120门，用户6206户。柏垭、木马、高观、锦屏及羊岭镇石城改为自动交换机，装机容量6462门，装机用户4405户。县城至江口镇的明线、载波中继电路改为光纤数字中继电路，全县中继电路全部实现光纤数字化。晶体管会议电话终端机更换为可视会议电话机。1999年，田家、北庙等地的最后一批磁石交换机全部改为自动交换机，普安、下寺等12个镇装机扩容，县下装机容量12352门，用户7444户。随着通信、交通事业发展，会议电话使用频次逐年减少。

2000年，部分交换点的中继电路改为光纤电路，县下用户13755户，县城用户为9435户，公用电话1092部。2001年，县城装机扩容。柳沟、武连等12个镇的04型自动交换机改为08型数字程控交换机，容量16872门。全县装机用户27441户。所有交换点的中继电路全部改为光纤电路，部分地方的光缆加芯和网调，全县实现电话交换程控化，中继电路光纤化。是年，县电信分公司开通来电显示，发展用户4777户。长途光纤数字电路再次调整，长话业务量上升。

随着市场化改革步伐加快，电信业引入竞争机制。2002年发展用户8000户。2003年8月，中国网通剑阁经营部成立，发展固定电话用户812户。是年，中国铁通沙溪坝经营部成立。2006年3月，中国铁通剑阁经营部成立，至2006年年末，全县固定电话装机75443户。固话营运商包括中国电信剑阁分公司、中国联通剑阁分公司、中国网通剑阁经营部、中国铁通剑阁经营部。全县公用电话增至2670部，因移动电话的逐步普及，公用电话使用频次越来越低。

移动通信 1993年，剑阁开始发展无线寻呼业务，是年发展用户210户。1996年突破1000户，达到1373户，至1998年达5660户。后因其他移动通讯工具的发展，其用户逐年减少。1995年，剑阁开始发展移动通讯业务，是年发展移动电话用户114户，至1998年达到1020户。2000年，中国移动剑阁分公司开办移动话音业务，设“全球通”“神州行”“动感地带”等服务项目。投资168万元，为全县527个村免费安装农信机，用于农村信息发布、信息互动和应急抢险等。至2006年年末，有营业网点387个，网络覆全县57个乡镇，440个村。

2002年3月，中国联通剑阁分公司机站开通，经营移动GSM/CDNA通讯网和无线寻呼等业务，网络覆盖率为86.5%。2006年，联通公司业务收入240.54万元。

2003年8月，中国网通广元分公司在下寺镇修城坝建立基站，设修城、普安营业部，开通SCDNA无线网络。2006年，开办“大灵通”业务。收入135.21万元。

2001年11月25日，县城区“小灵通”开通放号。2003年，县电信分公司发展“小灵通”用户4552户，收入42.79万元。2005年，调整“小灵通”机站，新建开封、元山、白龙、鹤龄、汉阳、剑门、下寺7镇机站，用户增至7554户。至2006年年末，“小灵通”用户8077户，业务收入379.54万元。

数据通信 1998年，县电信局开办拨号上网业务，发展用户25户。2000年，县电信分公司开通ISDN窄带（一号通）上网业务。至2003年，窄带上网用户1495户。宽带业务开办后，窄带上网用户逐年减少，2005年仅233户，2006年停止窄带上网业务。

2002年，县电信分公司开通ADSL宽带上网业务，发展用户227户。2004年用户为1188户。2006年，用户3061户，业务收入268.73万元。

2002年3月，中国联通剑阁分公司开通宽带上网业务。2004年，中国网通剑阁经营部开通LAN宽带上网业务。2006年，中国铁通剑阁经营部开通ADSL宽带上网业务，发展用户20户。

剑阁县1990—2006年电信业务情况表

表20-2

年份	电信业务总量（万元）	电信业务收入（万元）	年末固定电话机（部）				移动电话户数（户）
			总数	城镇	农村	住宅电话	
1990	177.73	—	1200	736	464	202	—
1991	211.61	—	1518	914	604	341	—
1992	283.9	—	1842	1123	719	476	—
1993	365	—	2535	1619	916	1105	—
1994	459	—	3736	2238	1498	1838	—
1995	561	782	5212	3353	1859	2995	—
1996	966	1066	6337	4652	1685	4980	245
1997	1321	1275	8563	4984	3579	7365	485
1998	1582	1276	10611	6206	4405	7012	1020
1999	2691	1785	14969	7525	7444	12080	2727
2000	2701	2710	23190	9435	13755	19972	6296
2001	3032	3022	27441	10125	17316	23976	13654
2002	3747	3663	33008	11452	21556	29538	23460
2003	5670	5430	41321	15801	25520	37072	37884
2004	7412	6020	50645	16838	33807	44322	48666
2005	8968	7284	55917	19301	36616	49882	85910
2006	10252	8261	75443	22314	53129	68412	106424

说明：资料来源为《剑阁统计年鉴》。电信业务总量1996年及以前包括邮政业务总量；电信业务收入无1990年至1994年统计数据，1995年至1997年包括邮政业务收入。

第二节　设备设施

电话交换机　1990年，全年电话交换机装机总容量为2645门（市话2000门、农话645门）。从1993年起，采取政府自筹资金，争取以工代赈项目资金等办法，对全县城乡通信设施陆续进行改造。

1994年，县城2000门步进制自动交换机改为5000门04型程控交换机。1997年，投资60万元，从广州、成都等地购回英制史端乔2000门自动电话交换机及附属设备，1998年6月正式开通，县城市内电话人工接续磁石交换机被淘汰。1998年，县城装机扩容，增加1240数字程控交换机一台，装机容量10120门。2001年，县城交换机改为7000门08型数字程控交换机。下寺镇安装2000门08型数字程控交换机。2001年9月起，全县58个乡镇和19个人口较密集的村使用的磁石交换机、步进制交换机、模拟交换机陆续改为08型数字程控交换机，装机总容量38496门。2003年6月，县城08型数字程控交换机中22000门调往下寺镇安装，装机容量降至9920门。下寺镇交换机装机容量4200门。

机站 2000年4月，县电信分公司在高池、鹤龄、剑门关建ETS无线机站3个。2002年8月起，普安、开封、白龙、鹤龄、元山、汉阳、剑门关、下寺8镇陆续建PHS机站134个。公兴、禾丰等乡镇建RDAS机站16个。至2006年，县电信分公司建机站153个，中国移动剑阁分公司建机站87个，中国联通剑阁分公司建机站70个。

长话线路 1990年至1993年，长途电话使用明线、载波电路传输。剑阁至广元8路，剑阁至绵阳3路。1994年，剑阁至广元、绵阳、成都的长途光纤数字电路开通。1995年，人工长途交换机改为剑阁至广元、绵阳各1路。用户全自动进网，剑阁至广元出话增至60路，来话60路。1996年，长途光缆6个2M端口数字电路开通，数字电路调为：剑阁至广元210路，剑阁至苍溪、旺苍、青川各30路。1998年，成（都）—兰（州）光缆建成，数字电路达到剑阁至广元320路，剑阁至绵阳300路，剑阁至苍溪、旺苍、青川各30路。2001年，长途光纤数字电路剑阁至广元增至678路。

本地网中继电路和用户电路 1990年，县至区的中继电路明线47.8杆千米，69.8对千米；载波电路25路；用户线路72.7杆千米，107.9对千米；主干电缆6.7皮长千米。1991年，载波电路增至51路。1995年，载波电路达到132路，主干电缆增加到33皮长千米。1997年，县城至柳沟、武连、开封、元山、白龙、公兴、鹤龄、汉阳、剑门关、下寺、东宝11镇的中继电路改为光缆。1998年，县城至江口镇建成光缆线路后，县城至各区光纤数字电路全部开通。2000年，部分交换点的中继电路改为光缆，主干线路改为电缆，光缆达到53.6皮长千米，3203芯千米；电缆351皮长千米，中继电路达到2920路。2001年，全县交换点的中继电路全部改成光缆，用户主干线改为电缆，部分区镇的光缆加芯、调网。年末，本地网光缆达到586皮长千米，3973.7芯千米；电缆达到1128皮长千米，65458.3芯千米；中继电路7278路。2006年年末，全县电缆达到1418.94皮长千米，102416.95芯千米。

第二十一篇 城乡建设

第一章 城乡规划与建设

第一节 管理机构

县建设局 县建设局负责制定全县城乡建设、建筑、房地产、风景名胜中长期规划及指导实施；负责建设项目管理，包括建设项目选址、用地规划、项目审批、初步设计、征地拆迁、工程招投标、质量监督、竣工验收等；制定工程经济评价方法、结算指标、工程定额等；管理城市规划、勘察、测绘，会同相关部门进行历史文化名城审查上报，管理城乡建设档案；负责城市拆迁安置；主管工程勘察设计和建筑业。管理县城供水、城区客运、市政设施、园林绿化；负责全县房地产业管理。县建设局的机构名称和职责几经变更。1990 年为县城乡建设委员会。1997 年 5 月，县城建委更名城乡建设环境保护局，划入建设行业管理、重点项目监审、农村能源管理职能。1998 年 8 月，县城乡建设环境保护局再次更名为城乡建设委员会。2001 年 11 月，改城建委为县建设局。2002 年，划出环境保护职能，增加城市规划区水资源管理、城市防洪、燃气用具生产管理、建筑行业规划管理职能。2003 年，划出名胜资源开发管理职能。2004 年职能转换，将各行业科技成果评审，转化，推广和各行业资质审核具体工作转交有关单位、协会承担。2006 年，县建设局设编制 168 人，在册 265 人，其中机关 30 人，设局长 1 人，副局长 3 人。

县城乡规划建筑设计所 1981 年成立。1990 年，在册职工 28 人，设所长、副所长各 1 人。负责全县城乡规划建筑勘察设计，参与有关图纸的审定；参与部分建筑测绘工作；负责建筑业设计及施工人员培训。1993 年，在设计所建立城市勘察测绘队（简称测绘队）。1997 年 2 月，组建县城市规划设计室。其职责是以城镇总体规划为依据，编制各类详细规划，进行各种专业规划设计，对全县中小型建设项目进行可行性研究。1998 年 3 月，县测绘队、城市规划设计室与设计所合署办公。2001 年，设立剑阁县建筑设计咨询中心，负责基建、技改项目投资机会可行性研究，工程招标，评标，工程概决算预算审计。2002 年，设计所转制改企，组建县工程勘察设计咨询有限公司。同时成立县中正建设工程监理有限责任公司。2006 年设计所在职职工 11 人，有注册监理工程师 6 人，助理工程师 5 人。

县房地产管理所 1990年，县房地产管理所在编11人，设所长、副所长各1人。为全民所有制事业单位。职能为贯彻执行国家有关城镇房地产方针政策，制定实施细则与地方性法规起草；负责公房房租收缴和房屋维修，负责房屋互换和旧房调配。负责城镇各类房屋的产权、户籍管理、审定各类房屋的所有权和使用权；确定对城镇各类房屋实行产权户籍登记，对私有房屋买卖进行管理；建立房地产档案。1992年，成立县房地产开发设计事务所，事务所为集体所有制企业，在丙级设计单位内承接设计任务。1995年3月，设立县房地产交易所和县房屋安全鉴定办公室，与房管所合署办公，归口城建委管理。房地产交易所的职能：贯彻执行国家房地产交易法律法规，代政府管理城市房地产交易市场，研究制定房地产交易管理办法和工作程序，办理房地产交易手续，解决买卖纠纷。房屋安全鉴定办公室：负责贯彻执行《城市危险房屋管理规定》及有关方针政策，负责城市危险房屋鉴定。8月，成立县房地产估价事务所，与房管所合署办公。承办全县房地产买卖、租赁、抵押、赠予、互换、清产、兼并、拆迁、土地权转让和房地产入股、联营，房地产纠纷仲裁的价格评估及当事人委托的其他房地产评估业务。2000年，县房地产估价事务所改制，组建县精正房地产估价事务所。2006年，县房产管理所设编18人，在册35人。全年办理房屋产权登记1127件，建立房产档案1106宗，仲裁房产纠纷41件。

县质监站 1984年成立。1997年设编5人，在册8人。5月，在质监站成立县工程质量检测所（简称检测所），属质监站的分支机构，负责建筑工程质量检测管理。2000年12月，检测所与质监站分设。2001年4月，质监站更名为县建设工程质量安全监督站（简称质安站），负责对施工单位承建工程的资格审查、重大质量事故的处理、质量争端的仲裁。同时对采用新结构、新技术、新材料、新工艺的试验过程进行质量鉴定。2006年，质监站设编6人，在册9人。全年实施建筑工程安全检查26次，发出限改通知书10份，责令停工整顿施工单位一个。

县检测所 1997年5月成立。原为质监站的分支机构，2001年9月，监督与检测职能分离，分设检测所，属事业单位，企业性质，市场化管理。2006年检测站设编5人，在册9人。负责贯彻《建筑法》《建筑工程质量管理条例》，严格执行国家新标准，推广新技术。

县环卫所 1990年，县环卫所在编20人，负责县城街道、公厕等公共场所卫生扫除，垃圾粪便清运，落实门前“三包”和城市环卫设施管理。1997年，成立县城市环卫监察中队，负责对城市生活、建筑垃圾乱堆乱倒行为的管理和查处；对市民乱丢、乱吐等陋习的教育和纠正，对损坏城市路灯、垃圾桶、果皮箱等公共环卫设施行为的监督和处罚。2004年，在下寺镇设环卫1所，编制10人。普安镇设环卫2所，编制20人。均为独立核算法人单位，股所级建制，隶属于建设局。两所分别负责下寺、普安城镇环卫基础设施规划、建设，环境卫生管理、街道及公共区域的清扫保洁，垃圾清运和公厕无害化处理，负责城区路灯建设管理、维护。2006年，有环卫工42人。

县园林绿化管理所 1995年，设立县园林绿化管理所（简称园林所），与县环卫所实行两块牌子一套人马，合署办公。归口建委领导。其职能是负责县城和建制镇规划区内的绿化规划、建设、管理，负责城市绿化开发，指导创建“园林式单位”工作。1997年6月，园林所成立园林绿化工程队。承担园林绿化工程设计、施工及花木销售任务。2002年，园林绿化工程队从园林所分离，承包给私人经营。2006年园林所有绿化工6人。

县城市建设管理监察大队 1989年9月，由县编委批准成立，为县政府在城市建设管理方面的综合执法机构，依法行使城市管理职能，由城建委直接领导。2002年1月，更名为县城市建设监察大队，核定编制8人。其执法人员按照《国家公务员暂行条例》进行管理。2月，县城市建设监察大队下设下寺中队和普安中队。按照《城市规划法》及有关规定，实施城市规划违法违章行为监察，城市市政工程设计监察；城市道路、桥涵、供排水设施、防洪河堤占有、挖掘、损坏等违法行为监察；城市供水、供气、供热、公共交通设施、城市规划区地下水资源的开发、利用、保护等方面的违法违章行为监察；城市环保、卫生、市容、市场秩序、绿化等方面监察。2006年城监大队设编16人，在册22人。

村镇建设管理机构　1990年，全县设区村镇建设管理所12个，乡镇配村镇建设专职管理员（助理员）70名。1994年2月，区村镇建设管理所更名为村镇建设服务站。1995年10月，村镇建设服务站更名为片区村镇建设委员会（简称村建委），各乡镇设村镇建设管理所（简称村建所）。1997年2月，片区村建委更名为区村建委。2004年7月，区村建委更名为村建环卫中心，同时撤销57个乡镇村镇建设管理所。2006年，全县设村建环卫中心12个，配村建管理员103人，其职能是：贯彻执行国家、省、市有关村镇建设法律法规和方针、政策；负责辖区内城镇和集镇规划的监督管理，负责建设项目的初审和“一书两证”报批；负责辖区内农村建房的选址、规划和报批；负责建设工程定点放线，规划实施和竣工验收；负责对超面积、超红线、擅改设计方案等违规行为查处、建筑业及建筑市场的监督管理、施工队伍及村镇建筑工匠的管理；负责工程质量安全监督，查处无证设计、施工和不具备开工条件施工企业；负责本辖区集镇供水、排水、燃气、园林绿化、路灯、公交等公益事业的管理。

第二节　县城规划与建设

普安城镇规划　1994年，县建委报请县政府同意，省政府批准，对县城开展总体规划修编工作。1995年，聘请省城乡规划设计院作总体规划修编，省地质勘察测绘队作县城现状图绘制。规划年限，近期1995—2000年，中期2001—2010年，远期2011—2050年。1996年2月，完成总体规划修编工作。

县城远期发展方向以扑船山和海螺包一带为主，沿国道108线和闻溪河下游、亭子口库区码头方向拓展，形成以闻溪河线为主轴，依扑船山、汉阳山、卧龙山等四周延伸的片状台阶式立体结构。功能布局，老城片区为政治、文化、娱乐、商贸中心，历史文化旅游区；汉阳山片区为文教科研、体育中心；扑船山片区为中转型仓库、交通中心。公共设施规划用地168.8公顷，占城市建设用地19.1%，人均16.9平方米。县医院、各中小学校在各自区域发展。农贸市场建滨河路一带，汽车客运站移建至普安镇三江口。

在扑船山西侧设互通式立交桥，以25米宽出入城专用道路与老城相连。剑南路、剑苍路于城区西部绕汉阳山，借助专用通道进出立交桥。城市内部道路系统按一级红线宽度24—30米，二级16米，三级14米以下设置。车流交通道路按斜交等高线开辟，人流交通用垂直等高线布置。给水工程：规划近期标准400升/人·日。万吨水厂建成后，安排刘家河水源改造，在海螺包建1.5万吨水厂1座，远期供水为5万吨/日。对柳常河进行梯级开发，现有水厂进行扩容建设。排水工程：城市排水采取雨污分流制。污水系统通过近期建设的闻溪河两岸截流排污管将污水排至下游，远期建污水处理厂，处理达标后排放。燃气工程：气源采用江油至广元输气干管供气，在海螺包以北设置6.4万立方米自配气门站1座。供电系统：近期在海螺包新建35千伏变电站1座。邮电系统：远期实现电话普及率30%，电话装机3万门，移动通信装机容量3000门。防洪工程：按30年一遇洪水标准设防，闻溪河床宽度保持50米以上，抓紧防洪堤建设。抗震工程：按抗震烈度标准Ⅵ（6）度设防。城市绿地：规划公共绿地以贯穿全城的闻溪河、滨河路绿地为主轴，加强行道树、梯道绿化，构成全城公共绿化主骨架。结合地形，在汉阳山、扑船山、海螺包等居民区各建公园一座，重点开发鹤鸣山公园，使之成为城市历史文化公园和旅游胜地。加强规划区外圈生态绿化和单位附属绿化，全城规划绿地123.4公顷，人均12.34平方米。历史文化名城保护规划：保护原则突出历史文化名城的地位和作用，挖掘弘扬剑阁蜀汉文化特色，把保护历史文化名城同蜀道风景名胜区旅游事业发展结合起来；历史文化名城保护规划分绝对保护点、古城保护区、鹤鸣山保护区和历史文化发展延续区。绝对保护点有：钟鼓楼、箭楼、古城墙、红军十大政纲等省级文物保护单位；古城保护区有：南街、烟街、顺城街，南街为重点保护区；历史文化延续区：在汉阳山公园开辟蜀道纪念馆，在三条古街有组织地扶持一些明清和蜀汉文化风情手工业。

城市环境保护坚持建设和保护同步规划、同步建设、同步发展和全面规划、合理布局、强化管理、综合治理原则。环保目标：城区大气环境质量近期达到国家3级标准，远期达到2级；城市噪声排放控制在昼60分贝，夜50分贝内。城市供水达到国家饮用水3级标准，城市污水下游排放，远期实现污水处理达标率不低于80%，固体废物近期实现每日清运，远期实现无害化处理和利用。水源保护：划定刘家河上游3千米至下游100米为刘家河水源保护区，杨家坝水库引水渠两侧各设10米为保护带，在保护区内严禁网箱养鱼、洗澡等污染性生产、生活活动和保护区内设排污口；改善城市燃料结构，减少大气污染。

普安城镇建设 1990年，县城面积4.15平方千米。1992年9月，新建城北镇，城区范围扩大至海螺包、扑船山。1993年铺筑滨河路，1995年改造三江路，2000年扩大鹤鸣山公园，2005年硬化河东街，城区建设范围继续向城北路、剑门路、闻溪路三方向延伸。2006年年底，普安城镇建成区面积4.76平方千米，常住人口76754人。

自来水、然气设施 1990年，投资26万元，对县自来水厂进行改造，扩建净水处理厂，日产水5000立方米。1990年8月，开工复建满足县城饮水和周边乡镇浇灌用水的杨家坝水库。1991年至1993年，修建库容60万立方米刘家河水库，铺设Φ400毫米管道710米，将县城自来水取水位置由原林业局附近的闻溪河，上移至剑州中学附近的刘家河水库，并建设杨家坝水库至县城的引水工程。1995年5月，杨家坝水库开闸放水。1998年，投资545万元，修建第二制水厂沉淀池。至2006年，年供水总量250万立方米。

1992年，广元市铺设从江油中坝至广元的天然气管道。2000年，县建委与市天然气公司商定在青川金子山为剑阁预留供气接口。2001年4月，城建委与大康实业公司签订《剑阁县普安镇天然气工程建设经营合同书》，大康公司独资建设，经营期15年，工程估算投资1519.26万元，日供气1.7万立方米，建设金子山至普安镇27千米输管线、门气站、城区管网、计算机系统等。完成管道12条，管径63毫米至110毫米无缝钢管与PE管总长9415米。2002年5月，天然气工程竣工通气。至2006年，新增天然气用户1000户。

城市排水排污 20世纪90年代中期以前，县城污水直接排入闻溪河。1994年7月，城建委和沼气办联合发文，规定县城单位和住户的生活污水实行无害、净化处理，所有新、改、扩建工程必须坚持

“三同时”规定。1995年起，投资93.5万元，从新石河堰排污口起，沿闻溪河东岸至县肉联厂，修建截流排污管道管道1800米。翌年春建成。2005年，投资150万元，沿闻溪河西岸修建截流排污3100米。至2006年，有下水管道40条，总、分支管道总长18.2千米。

街、巷、路建设　1990年，拓宽学街口，拆除路道两旁房屋，扫清路障。县城机关单位扩建维修县城至塔子山、至海螺包、至龙泉粮站3条干道。1992年，投资221.1万元，6月初动工拆通顺城街，拆迁房屋2500平方米，架设索桥连通闻溪路至武侯桥东，建成防洪堤300米，混凝土道路750米，下水道950米，平桥1座，索桥1座，形成跨越龙泉涧、连接鹤鸣路的环形路2240米，绿化带500米，路灯50盏，河堤栏杆420米。是年底，主体竣工。1994年3月起，投资177万元，拆迁15个单位、55户居民、房屋1.3万平方米，改造G108线城区段（剑州大桥至一号拱桥）长3100米、宽24米（车行道14米）。1995年，全面竣工。1997年开展创建省级卫生城活动。投资200万元，全面硬化县城道路，修缮断头路及死角14处。2003年，县政府驻地迁址，城镇建设重心位移。2006年，普安镇升级改造河东街道650米，维修交通路、闻溪路、滨河路共2400米，铺设人行道彩砖4600平方米。

河堤桥涵　县城防洪堤主要分布在闻溪河、龙泉涧。1990年至2006年，修筑龙泉涧至青少年宫段、鹤鸣路二期河堤、滨河路、东门桥头、河东街等5处河提，总长1310米。文峰大桥于1987年动工兴建，1990年7月复修，翌年12月竣工，总投资130万元，全长97米，人行道宽1.5米，车行道宽7米。为砼混拱桥，载重负荷20吨。1990年1月，成立汉龙索桥建设指挥部，2月动工，9月底建成，全长100米，宽1.9米，为人行铁索桥，投资13.2万元。鹤龙索桥于1992年动工，1993年年底竣工，全长105米，宽2.7米，总投资46万元，为人行铁索桥。剑州大桥于1992年2月立项，4月初设计，1995年5月1日通车。桥长净跨102米，引桥42.2米，人行道1.5米，车行道9米，总投资486万元。鹤龙平桥于1992年修建，位于龙泉涧与闻溪河交汇处。全长14.8米，宽14.4米（人行道宽7.4米，车行宽7米），总投资5.8万元。校场坝平桥于1996年建成，桥长6.5米，宽8.5米。剑州武侯桥改造，于1996年8月动工，1997年1月竣工，完成加厚加宽桥面钢筋砼35公分，改钢筋木柱护栏为砼护栏，桥长89米，车行道宽5米，人行道宽1.65米，投资34万元。三江大桥于2002年建成。至2006年有桥梁9座。

城市环卫设施建设　20世纪80年代末，县城人口增长，垃圾增多，日产30吨左右。县政府投资购垃圾清运车2辆，粪罐车1辆。全年清运垃圾1.8万吨，清运粪便1000吨。1995年，净化城市环境，全城10条主街，16条路巷配置环境卫生类设施。1996年有垃圾桶543只，果皮箱380个。1997年至1998年，县城建垃圾房16座、垃圾收集点44个。1999年，县政府在普安镇光荣村1组水沙湾征用林地建垃圾处理场1座，投资60万元，建设面积3344平方米。建污水处理池1口、车辆消毒房1间，硬化地坪250平方米，硬化出入道路1.5千米，铺草坪740平方米，建花坛250平方米，日处理垃圾90吨。城市公厕建设：1991年在南门外建无害化公厕试点，至2003年，投资200余万元，建无害化公厕18座。2006年，开展创卫迎检活动，投资150余万元，更换垃圾桶151只，修理果皮箱105个，安装路灯200盏。

城市绿化　1990年，绿化新街口、交通路。1992年6月，绿化东门口、闻溪路、青少年宫、河东街、滨河路、食品厂等地段，街道绿化面积3500平方米，单位绿化面积5000平方米。1995年，县级机关单位、学校开展“园林式单位”创建活动。次年6月，县政府发出《关于开展创建“园林式单位”活动的通知》，绿化东门桥头、闻溪路、鹤鸣路机具厂至滨河路地段，新增绿化面积5300平方米。1997年

10月，县政府制定《剑阁县城市园林绿化管理办法》，投资120万元，绿化城北路（广玉兰）、交通路（雪松）、滨河路（柳树）、闻溪路、三江路、后西街（桂花树），实现一街一景。新增公共绿地10万平方米，单位附属绿地面积14.5万平方米。城市绿化覆盖率22%，人均绿地面积5平方米。2003年，县城有公共绿地21.3万平方米，各类花木6231株，草坪3125平方米。县政府机关、粮食局、县医院、农发行、剑阁中学、稽征所、电力公司、农村信用联社8个单位获市级园林式单位称号，林业局、武装部、剑州中学等23个单位获县级园林式单位称号。2006年，普安城镇新增绿化面积2600平方米。

下寺城镇规划　1996年6月，随即着手下寺镇集镇规划编制。2000年8月，县政府委托省城市规划设计院承担《剑阁县新县城总体规划方案》编制工作。经实地踏勘，资料收集，信息反馈，内外业调整，于2001年8月完成《新县城总体规划方案》。近期2001—2005年；远期2006—2020年；远景2020—2050年。规划建设目标：建成环境优美，生态平衡。基础设施完善，具有川北地方文化特色的生态型山水花园城市。城市人口，2005年3万，2010年5万，2020年9万。城市建设用地，2005年3平方千米，2010年4.75平方千米，2020年8.1平方千米。城市性质为全县政治、经济、文化、交通中心，以旅游为主的生态型山水花园城市。城市布局，由修城坝、沙溪坝、大仓坝、拐枣坝四大组团构成。修城坝组团为行政、金融中心，沙溪坝组团为以商业贸易为主的城市经济中心，大仓坝组团为交通枢纽和旅游服务基地，拐枣坝组团为城市工业园区。《总体规划》对城市交通、能源、供排水、邮电、防汛、城市环境建设、保护、城市防灾减灾均做出详细策划。

2003年11月，县政府根据《总规设计方案》委托省城乡规划设计院进场编修县城近期规划，进行局部调整。增加老下寺组团，作为城市居民用地，增加沙溪坝组团中小学建设用地，调整大仓坝路网机构，规划建设剑门关大道、翠云大道，组成环形干道系统。至2010年，城市人口5万人，年递增人口0.5万人，城市建设用地规模4.14平方千米。

下寺城镇建设　1990年，下寺镇占地面积0.67平方千米，常住人口1100人。1991年7月，县委、县政府实行“三放开”“两突破”等优惠政策，鼓励县城机关单位、社会团体、个人到下寺镇建房，集镇建设规模迅速扩大。2000年6月，国务院批准县政府驻地由普安镇迁往下寺镇，县城建设由沙溪坝扩大至修城坝、大仓坝、拐枣坝。2006年，县城面积4.06平方千米，建成区2平方千米，城镇人口19552人。迁至城区行政机关、企事业单位157个，已建成街、路、巷、道54条，居民住宅小区14个。

水、电、气设施　1998年，城市天然气站纳入市政建设内容，完成项目选址、设计、立项。2000年，广元供电局投资4000万元，在修城园区建设110千伏沙溪坝变电站，最大负荷为每小时8万千伏，2002年12月2日投入使用。2001年至2003年，投资2150万元，建成日供水量1.5万吨自来水站1座。广元燃气公司投资1500万元，铺设修城园区天然气管线7000米及城区主供气管，建门气站。广元市供电局按县城总体规划，配套城市供电网建设，城区配电网络采用10千伏中压配电环形网运行，城市主干道及重点地段采用地下电缆，街区部分采用架空线路。2006年，天然气用户600户。

桥梁、河堤　1998年，“两桥一线”（清江河大桥、剑门河大桥、公交公路城市连接线1.2千米）被纳入高速公路规划建设。两桥总长422米，宽18米，投资2100万元，由省桥梁公司一处承建，2000年竣工。1999年，决定修建清江河堤，由县水利电力综合队勘测设计，总长11.5千米，概算投资1.17亿元。2000年投资270万元，完成260米。修城园区建设启动时，由县土地开发公司委托华西工程设计总公司对河堤工程设计，方案按20年一遇洪水标准设防，按50年一遇洪水标准校核。2002年11月动工，2003 年完成 3.5 千米河堤建设。2004 年，开工修建清江河上游加油站至清江河沙溪坝河堤。至 2006 年，投资 2100 万元，建河堤 2 千米。

城市道路　实施修城园区“十”字骨架道路系统建设。修城园区道路分主干道、次干道、支线三个层次。主干道红线宽度 30—40 米，次干道 18—26 米，支线 12—24 米（消防道红线宽度 6 米）。形成修城坝“三纵七横”的路网格局。“三纵”是从西向东依次为环山路（宽 18 米）、剑门关大道（宽 40 米）、清江路（宽 26 米）。“七横”由南向北依次为临津街（宽 30 米）、南华街（宽 18 米）、汉德街（宽 30 米），隆庆街（宽 18 米）、武公街（宽 24 米）、普成街（宽 24 米）、南安街（宽 12 米）。纵横道路总长 7.2 千米。2002 年修城园区主次干道地下线管铺设完成。2003 年起，完成修城干道横 1 至横 6 路面建设、滨河路、环山路砼混铺筑。至 2006 年累建城市道路路面 20 万平方米。

园林绿化　2004 年至 2005 年，完成修城园区干道绿化 5000 平方米，安装路灯 301 盏。2006 年，重点转入修城园区街道绿化，行道树种植本着“一街一景”形成特色，修城干道以种黄葛为主，单位入口旁种植紫薇、桂花及其他观赏树种。滨河路以栽植柳树为主，间种白玉兰、紫荆、黄花槐；环山路以栽植梧桐为主。横 1 路香樟树，横 2 路广玉兰，横 3 路大叶槐，横 4 路黄葛、桂花，横 5 路小叶榕树，横 6 路香樟，横 7 路法国梧桐、冬青。各单位负责门前“三包”。人行道在 5 米以内路段布置行道树，3 米宽彩色地砖，人行道中间 1.2 米盲道。栽植行道树同时布置建筑物前的绿篱和草坪；8 米以上路段人行道另一侧种植一排乔木，增加街头绿化。街道绿化 8000 平方米。

广电、通信设施　2002 年，广播电视局投资 10 万元，架设线路 1000 米；电信投资 50 万元，架设线路 2000 米。2003 年光纤电视工程、通信扩容技改项目如期完成。2006 年，广播电视实施光纤联网工程，开通清江花园，江岸华城等小区电视用户 1100 户；电信通信优化县城网络，增加小灵通大基站 14 个，小基站 9 个。完成城区配线架 4800 回线，直列模块更换和 4800 对成端电缆更换工作，县城电信实现无缝覆盖。

城市排污　1998 年起，坚持建设项目与排污工程“三同时”规定，在县城清江河段建设截污管道，汇集污水。大仓坝、拐枣坝的污水通过清江河上游的污水倒虹管接入修城坝污水主管道，汇入下游污水处理厂。向单位和居民收取垃圾清运费，对生活垃圾统一封闭清运填埋、建筑垃圾集中回填。对医疗等有害、放射性垃圾，按照谁生产、谁治理的原则进行专业化处理。2001 年 11 月，污水处理场立项，选址屯竹坝，占地 1.85 公顷，建日处污水 0.5 万至 1 万吨的污水处理场。2003 年 6 月，省计委批准剑阁新建日处理垃圾 100 吨的垃圾处理场。垃圾处理场位于下寺镇窑沟小洞子口，工艺选择填埋，总投资 1800 万。2006 年，加大城市排污处理力度，为避免清江河水质污染，在修城坝东建污水提升泵站 1 座。投资 740 万元，完成垃圾处理场土地征用，专用道路建设及场地平整。

城市房屋建设　2002 年 2 月，行政中心办公大楼立项，占地 6.89 万平方米，总建筑面积 2.1 万平方米，投资概算 1720.94 万元。8 月，委托上海同济城市规划设计院、四川城镇设计院作《蜀汉广场行政中心建筑方案设计》。经市、县领导及专家组评审通过。方案设计的行政中心体现蜀汉建筑风格，为县城标志性建筑。其工程次年 1 月动工，年底告竣。2002 年完成 33 个单位在下寺镇修建办公用房规划设计和陆续开工。2003 年 6 月，县政府印发《关于新县城经济适用住房建设的实施意见》。8 月，建设局根据《总规》和县政府安排，在修城园区横 1（临津街）至横 4（隆庆街）之间规划为经济房建设用地，总面积 185 万平方米，净用地 13.48 万平方米，容纳人口 5500 人。工程建设分期进行，清江花园为一期工程，建筑面积4.05万平方米，258套。江岸华城为二期工程，建筑面积9.38万平方米，789套。至2006年，两期经济适用房竣工全部售出。经济适用房总建筑面积13.43万平方米，投资7441.8万元。单位和个人52家，在新城建房，竣工房屋建筑面积44.24万平方米，投资26640万元。

第三节　小集镇规划与建设

集镇规划　1995年、2001年，县政府两次组织城建委、建设局工程技术人员对全县乡镇集镇总体布局、网络结构、发展规模、功能划分和建设期限作翔实规划。以实现剑阁经济社会发展战略为目标，充分发挥各级集镇的区域中心作用，逐步建立以一级城镇为中心，重点镇为骨架，一般乡镇为基础，逐步形成布局合理、相互协调、共同发展。建设目标规划力求因地制宜、因势利导，基础设施完备，服务功能齐全。建设达到“标准不高水平高，造价不高质量高，面积不大功能全，占地不多环境美”的要求。充分运用国家经济建设重点向西部倾斜的政策，抓住西部大开发和县城搬迁的历史机遇，扩大集镇规模，提高集镇功能，加快城镇化步伐；依托小集镇建设，引导乡镇企业集中发展，建立工业小区，促进城乡互动，共同发展；以集镇经济实体为基础，调整产业结构，抓住企业技改，形成“内有活力，外有特色”的功能结构。集镇布局形成点轴状空间结构，以点带面，以线连片，推进全县集镇经济发展。规划时段：近期2001—2005年，中期2006—2020年，远期2021—2050年。

集镇建设　1990年，县政府制订土地、户口、资金、口粮等优惠政策，鼓励农民离土不离乡，进城镇建房。规定县财政每年投入10万至15万元，集市贸易管理费的80%，用于集镇建设。1991年，县政府授予姚家、武连、公兴、白龙、剑门等乡镇小集镇建设先进称号。1992年至1993年，贯彻国务院《关于进一步加强村镇建设工作的通知》，集镇建设坚持统一规划、合理布局、突出重点、综合建设，扩大建制镇规模。全县两年投资6496万元，新建集镇街面房19.4万平方米。白龙镇硬化街道14条，砼混路面1.5万平方米。剑门镇征用土地10公顷，启动剑门关新街建设，修建长2400米、宽18米混凝土干道，实现新老街交通分流。1994年7月，县政府印发《关于加快小城镇建设的决定》，提出集镇建设坚持高起点、高质量，设施配套，功能齐全，服务完备，综合经营，文明卫生的要求。规定2级集镇人口达到0.5万至0.8万人，3级集镇人口达到0.2万人以上，每年按20%的速度递增。武连镇建10里长街，集1000户商贾。鹤龄镇拓展集镇规模，向剑苍路、鹤羊（鹤龄镇至羊岭镇）路延伸，新辟街道3000米。至1998年，全县新增集镇面积5.76平方千米。2000年后继续扩大集镇建设规模，重点转入基础设施、功能完善，配套服务建设，整治交通，绿化街道，治理污染，解决供水、供气、供电等。至2005年，硬化街道23.81万平方米，建街面房27.41万平方米，修公厕36座，疏理下水道1.71万米。2006年，全县有小集镇64个，集镇建成区面积24.5平方千米，城镇建设固定资产投资7560万元，新增住房7.68万平方米、生产及经营性用房2.12万平方米，硬化街道3.78万平方米，建下水道3840米，市政绿化6200平方米，新增自来水、天然气用户1970户。

第四节　新农村规划与建设

1990年，按照建设部村镇建设坚持“先规划，后建设”和省、市《村镇规划编制与审批办法》的规定，城建委制定城北镇民主、碑梁，武连镇跃进、武五，普安镇光荣、鹤鸣等118个村的村镇建设规划。1993年，在38乡镇的69村作为小康村建设示范点，并进行重点规划。

新农村建设在90年代初重点突出农房改造和更新，坚持“紧凑、合理、适用、安全”的原则进行设计。1994年始，新农村建设和农房改造从“五线”（108线、剑南、剑苍、剑盐、剑青）两侧逐步推进。1995年4月，县政府印发《关于加强农村小康住宅标准化建设和“五线”农房标准化改造的通知》，规定农房建设坚持“一书两证”审批手续。农房建设规格，客厅30平方米、餐厅12—14平方米、居室14—18平方米、卫生间8—10平方米，厨房6—8平方米，门厅2—3平方米，储藏室24—30平方米，合计110—130平方米。规定严禁“五线”沿途2000米内修建立木土墙结构房屋，已建房按标准整改，封闭墙体，用麻筋灰抹面，坐脊，改变外貌。

2000年，继续深化新农村建设实施方案，规划至2010年，全县130个村558个村民小组的38135户完成新农村建设任务。要求达到户均1亩（合0.07公顷）经济园，户均1口沼气池或微型水池，户均1眼卫生井，户均1间标准化厨房和猪圈，户均1块石板（水泥）院坝，1条通户便民路，户均1座美观舒适农家院落。实现“十化”（进村道路通畅化，入户道路砼混化，饮用水源卫生化，燃料沼气化，住房环境优美砖混化，厨房整洁化，厕所无害化，畜禽圈养化，井、池、园配套化，家庭五好村社文明化，广播、电视、电话网络化），人均收入2230元。2002年，在普安镇中坪村、城北镇红双村、武连镇武五村等13村实施改水、改厕、改厨、改路、改圈、通路、通电、通电话、通电视广播和建园、建池、建家、建文明村社的新农村建设。共新改扩建公路43千米，建沼气池438口，改厕、改厨、改圈520户，改造民居2400间，硬化院坝3.2万平方米，建经济园143.33公顷。2003年至2005年，采取以奖代补，北庙乡星光、长岭乡玉台、下寺镇空木、龙源镇登云等14村建成小康示范村。共新建、改扩公路147千米，改造民居4529间，建沼气池、微水池854口，改厕、厨、圈、水2165户，建经济园143.33公顷，硬化院坝3.4万平方米。国家累计补助资金1100万元。2006年3月，县委、县政府印发《关于加快推进小康新村建设的通知》，规划从“十一五”起，在三个五年计划期内，除长期举家外出户、五保户、特困户外，90%村基本建成生态小康村。是年启动小康村建设46个，其中，示范村4个（剑门关镇青树村、普安镇丰光村、长岭乡金像村、演圣镇大坪村）。年末，建成小康村11个，白龙镇春风、北庙乡孤玉等村138户集中建成居民点，剑门关镇青树、汉阳镇天桥等村130余户农房改造成具有明清时代风格的川北民居。全年投资2510万元（国家项目投入860万元）。

第二章 城市管理

第一节 规划管理

1990年4月，根据《中华人民共和国城市规划法》，县政府发出《关于认真宣传贯彻〈城市规划法〉的通知》，规定城市建设项目，必须依法在城市规划行政主管部门办理“建设项目选址意见书”“建设用地规划许可证”、“建设工程规划许可证”（简称“一书两证”）。凭“一书两证”向土地管理部门申请建设用地，建设主管部门凭“一书两证”进行工程规划。1991年，城镇规划管理按照“五个一”（决策一班人，规划一张图，审批一支笔，建设一盘棋，管理一个法）、“四到场”（办证勘察到现场，开工放线、验收到现场，监督检查到现场，处理问题到现场）、“三不批”（手续不齐不审批，超越程序不审批，违反规划不审批）制度，加强对城镇规划管理。

1993年至2000年，累计查处违反规划乱修乱建行为204件，责令拆除3件，停建3件，限期整改112件，补办手续76件，处罚款3件。2003年后，城镇规划建设监督执法的重点转向下寺城镇。2004年6月，县人大常委会作出《关于进一步加强城镇规划管理监督的决定》，规定城镇规划由各级政府统一管理，实行首长负责制。县政府定期或不定期向人大常委会报告规划实施情况。2006年，对元山镇油坊沟市场、工商所市场，公兴镇农贸市场，武连镇供销社市场，剑门关镇钟会故垒酒店及下寺镇沙溪坝、拐枣坝、修城坝，普安镇三江口等地规划管理进行执法检查，处理78户违规建设户。

第二节 城管监察

市容管理 1990年6月，针对县城脏、乱、差问题，县政府印发《关于认真整治城市市容市貌、促进“三优一学”活动深入开展的通知》，坚决治理乱修、乱建、乱堆现象。实行农贸归市、摊贩归区、坐商归店、行商归点，禁止在主要街道及公共场所摆摊设店。强化城市交通管理，严禁车辆乱停、乱行、乱鸣。严禁乱堆、乱倒、乱吐、乱丢、乱写、乱画。在县城主要街道和公共场所设置卫生监督岗。1991年，县政府把综合治理县城脏、乱、差列作为民办10件实事之一。落实门前“三包”，居民住户、机关企事业单位、店铺商贩包干负责自己门前卫生、绿化和公共秩序。1992年为改善市容攻坚年，集中治理滨河路。建设河堤、整治道路、修建桥涵、绿化街道。全年查处违反市容管理规定的人和事641件。1993年10月，县政府颁发《城市市容、环境卫生管理暂行规定》，实行统一领导、分区负责、专业管理和群众管理相结合的办法。县城监对市容市貌、环境卫生管理进行执法监察，对违反规定的典型人物和事件实行处罚。全年纠正违章行为520起，监察建设项目326件。实施县城东西干道“步行一条街”，客运机动三轮车单双号运行管理。2000年，成立城市监察综合执法大队，由城监、交警、交通、文化、工商等部门抽调人员组成，依法行使执法权、处罚权。2004 年，城监大队下设下寺中队、普安中队，分别负责普安、下寺城镇的管理。2006 年，组织城监、交警、交通、工商等执法人员对在下寺、县城乱贴、乱画，乱停，乱放行为进行执法检查，现场处罚市容违章行为 250 件，规范占道摊点 190 户，拆除长期违章占道 32 处。

环卫管理　1990 年，全年清运垃圾 1 万吨，清运 60 多座公厕粪便 640 吨。1993 年，对县城 9 条主要街道和 13 处公厕实行专人保洁工作，责任到人。全年清运垃圾 1.8 万吨，清运粪便 0.8 万吨。1998 年，根据《广元市市容环境卫生管理规定》制订《剑阁县城垃圾管理实施办法》，开展城市环卫有偿服务。全年处理乱堆乱倒 20 起、处罚款 500 元，收取清洁服务费 23 万元，签订门前“三包”责任书 516 份。2000 年始，清洁保洁做到“四无”（道路无污泥、无果皮、无纸屑、无垃圾）“二净”（街面洁净、道路干净），路灯明亮率 95%。2006 年，扩大城市环卫队伍，加大环卫投入，环卫机构除专业人员外，聘用城市环卫临时工 80 人，负责普安、下寺城镇环卫保洁。投资新建垃圾房 2 座，添置垃圾桶 189 个，安装果皮箱 260 个。对县城 13 处公厕，14 个垃圾房实施维修改造。全年开展卫生检查 8 次，处理卫生违章 24 件。

第三章　建筑业管理

第一节　建筑企业管理

建筑企业资质管理　1990 年，全县有建筑企业 28 个，从业人员 4918 人。根据建设部《施工企业资质管理规定》，开展施工企业的资质复查工作。是年，通过资质复查，撤销不合格企业 15 个，兼并 5 个。保留县建筑公司、县第二建筑工程公司（县以上集体三级企业）、县建筑建材公司（县以下集体三级企业）、县第三建筑工程公司、县联社建筑建材公司、县城乡建设综合开发公司、水利水电建筑建材公司（上述公司为县以上集体 4 级企业），2 个建筑队（县以下集体 5 级企业）等 8 个建筑企业，保留人员 2356 人。1992 年至 1993 年通过资质审查，新增城乡建设市政工程公司、县房地产公司、第四建筑工程公司、科技建筑工程公司、华侨联盟公司、下寺建筑工程公司、元山建筑安装工程公司、县文教建筑安装工程公司等 8 个。1998 年，四级建筑企业 13 个。2000 年，四级以上建筑企业 14 个，施工队 63 个。2002 年 4 月，按照《四川省建筑企业资质就位的意见》，对全县 17 个建筑工程企业的资质进行评估。其中，广元金益建设工程有限责任公司（原县联社建筑建材公司）、第二建设有限责任公司、县第三建筑工程有限责任公司、市政工程公司、广元众想建筑工程公司、建设发展工程公司申报为“房屋建筑工程施工总承包”三级资质。至 2006 年，全县保留合格与基本合格施工企业 6 个，分别是县第二建筑工程有限责任公司、广元金益第二建设有限责任公司、剑阁第三建设工程有限责任公司、广元众想第二建设工程有限责任公司、广元海天第二建设工程有限责任公司（原市政工程公司）、县装饰工程有限责任公司。

建筑业经营状况　1994 年，全县国有建筑企业 2 个，从业人员 275 人，产值 186 万元，固定资产原值 250 万元，税金 2 万元，实现利润 11 万元；集体企业 5 个，从业人员 744 人，产值 1949.7 万元，税金8.9万元，利润21.9万元，固定资产原价576.4万元，自有机械设备净值687万元，房屋建筑竣工面积54628平方米。1996年，有建筑企业15个。其中，国有1个，从业人员22人，集体11个、从业1516人，私营1个、从业25人，股份制企业2个、从业839人。总产值6396万元，房屋建筑竣工面积78100平方米，上缴税金37万元，亏损10万元。固定资产原值1804万元。1998年，建筑企业13个，从业人员1064人。其中，国有1个，从业17人；集体5个，从业307人；有限责任公司6个，从业733人；私营1个，从业7人。除承担本县建筑工程外，还外出陕西、山西、贵州等地承包工程，总产值3855万元，房屋建筑竣工面积4.37万平方米，自有机械设备净值676万元，上缴税金33万元，亏损92万元，固定资产原值1579万元。2000年，四级以上建筑企业14个，从业人员1411人，竣工产值3136万元，自有机械设备净值424万元，上缴税金13万元，利润62万元。2003年，三级以上建筑企业6个，施工队38个，从业人员2121人，竣工产值7948万元，自有机械设备净值1062万元。上缴税金52万元，固定资产原值2382万元。2006年，全县三级以上建筑企业从业人员1914人，建筑总产值12865.7万元，竣工产值12005.7万元，自有机械设备净值1127.9万元，上缴税金20万元，实现利润额543.4万元，固定资产原值2267.2万元。

第二节　建筑工程管理

建筑工程管理规范　1990年全面实施《城市规划法》，完成全县57个集镇（含县城）建设发展规划方案。建筑工程建立“一书两证”（选址意见书，规划用地许可证，工程规划许可证）管理制度。1992年，规范建筑工程管理程序，规定工程建设项目建设单位在规划原则指导下，向县计划管理部门提出立项申请，办理批文；在县建设部门办理建设用地红线图、规划通知；在消防部门填报消防安全设施申请表；由设计部门根据立项批文，红线图、规划通知编制初设方案，施工图纸；在国土部门根据设计方案和施工图纸办理建设用地许可证；在建设部门办理建设工程规划许可证、施工许可证，放验红线后，建筑工程单位进场施工作业。

1993年，成立县城市勘察测绘队，获得测绘资格证书，对建筑工程设计单位设计方案进行技术鉴定和规划设计程序监管。城建委投资规范普安测绘导线并作加密处理，采用国家统一大地坐标系统和高程系统，测设出四等三角点6个，五秒三角点11个，二级导线点92个；建立独立坐标系统和“八五”国家高标基准系统，为城市规划与工程建设提供科学依据。1996年，贯彻建设部《关于加强建筑市场管理和积极开展招标投标工作的通知》精神，成立县招投标领导小组。1999年，根据《中华人民共和国招投标法》和建设部《建筑工程设计市场管理规定》，规定凡建设项目初设方案与施工图批准后，建设单位必须实行公开招标投标，让施工单位平等参与竞争。严格建筑工程设计市场管理，实行单位资质，个人执业资格，市场准入的管理制度。

根据国务院《关于加强墙体材料革新和节能建筑的意见》，建筑材料纳入建筑工程管理内容，发展节能、节地、利废、保温、隔热的新型墙体材料。1998年，全县各建材生产企业一律采用省建委及西南三省市联合批准使用的《预应力空心板使用标准图集西南C221》。2003年起，凡新、改、扩建工程，室外地平以上及围墙，禁止使用实心黏土砖；框架式结构工程禁止使用实心页岩砖。2004年鼓励发展使用多孔砖、空心砖、混凝土空心砌块、加气混合物砌块、工业灰渣混凝土空心隔墙条板、石膏板、纤维增强水泥板、植物纤维板等条型墙体材料。2006年，根据市财政局、建设局《关于新型墙体材料专项基金征收和使用管理办法实施细则》精神，规定建设单位和个人凡县境内的新、改、扩建工程，在工程报建时，按每平方米6元征收新型墙体材料专项基金，待后视建筑过程中使用新型墙体材料的情况，按比例返还专项基金。

建筑工程质量管理　1990年，县质监站制定《办理质监委托手续的条件与办法》《单位工程质量监督程序》《结构工程验收的内容与程序》《关于记录建设工程日志有关规定》等一系列监督措施与制度，组织全县施工企业人员学习建筑新标准，培训质安员，明确质监工作的重点是治理“混凝土、砂浆不达标，屋面、厨房、厕所、阳台、管道等部位积、漏、堵水现象”等通病。1994年，加强建设工程质量监督力度，全年培训各级质监员250人。1996年，按照省、市政府的统一部署，在全县开展为期24天的建筑市场清理整顿工作。通过整顿县城在建项目委托接受质量监督管理100%，全县平均80%。对建工建材公司承建剑州宾馆施工质量事故进行查处和通报。1997年4月，组织质检人员对全县建设工程质量展开拉网式检查，查在建项目94个，接受质监74个，责令停工整改项目9个，处以罚款项目2个。2006年，为使“建设工程报建、招投标（应招投标项目）、工程质量监督”均达到100%的要求，县建设局组织质检人员对建筑市场进行8次综合执法检查，对5个施工企业、3名违规项目经理进行查处。建立质量安全通报制度、劣迹档案制度、重大事故主要负责人追究制度，健全建设方、施工方、监理方、质安方四位一体的质量安全保障体系。全年受监工程25个，受监率100%，开展7次质量安全大检查，发出整改通知6份、停工整顿通知21份，印发质量安全通报6期。开展“安全文明施工标准化工地”创建活动，无一例重大质量事故发生。

建筑工程安全管理　1991年，根据建设部《建筑安全生产监督管理的规定》《建设工程现场管理规定》，建立安全生产责任制，要求建筑企业添置安全设施，安全达标后才准予进场作业。1995年，实施《建筑法》，开展建筑企业安全生产大检查，发现安全隐患58起，责令停工整治3起，发出限改通知28份。2000年，建筑安全事故增多，县建委印发《关于加强建筑企业安全生产目标管理的通知》，授权县建筑工程质量监督站依法行使国家安全监察职能。规定杜绝3级及以上重大安全事故发生，把施工死亡人数控制在从业人员的0.2‰以内。4级以上企业年底安检必须全部达标。开展文明工地和最佳安全文明标准化工地的评比活动。坚持机械工、电工、架子工等特殊工种及安全员经教育培训、资格审查后才能进入现场。坚持持证上岗，先签订安全责任书再上岗制度。2003年8月，贯彻省《建筑企业主要负责人和安全管理人员安全管理能力考核管理暂行办法》，设立考核小组，对全县在建的19个工程项目进行安全大检查。查出安全隐患28起，发出限期整改通知书21份。2006年，受理监理工程34个，开展安全生产大检查4次，送达整改通知书16份，责令停工8处。

第三节　房地产开发管理

1990年3月，成立县房管所，负责公房登记、城镇房地产管理。1991年，城市房地产开发严格执行城市总体规划方案，坚持经济效益、社会效益、环境效益相兼济的原则。重点开发安居房和经济实用住房，解决城镇居民住房困难，改善居住条件。1992年成立县房地产开发设计事务所，承建房地产开发设计。1995年3月，设立县房地产交易所和房屋安全鉴定办公室，管理房地产交易市场，承办房地产买卖交易、纠纷调处、地价评估。5月，县政府规范拆迁安置行为，制定《剑阁县城市房屋拆迁处理办法》，规定县城房屋拆迁必须符合城市总体规划，房屋拆迁必须是在拆迁范围明确、房屋产权确认、作价补偿，以及被拆迁户的奖励、补偿取得一致意见和对拒绝拆迁的裁决处罚生效后，才能办理。至2001年，在普安、下寺2镇拆迁旧房193户。2002年后，城镇住房供给体系逐步由优惠售房、经济适用房向住房分配货币化过渡，房地产开发升温。至2005年累计开发商品房101套1.15万平方米。县建设主管部门规范房地产开发企业行为，实施开发企业资质、项目和市场征信三方面管理。依法查处无证开发、超越资质等级开发，转借、出租房地产开发等级证书等违法违规行为，健全完善《项目手册》备案制度。2006年，县建设局制定《房地产管理程序》，规范销售经营行为，执行商品房预售许可制度；规范经济适用房买卖合同文本，开发企业售房必须向购房人提供《住宅质量保证书》《住宅使用说明书》。建开发企业互联网报送系统，在网上实行开发项目监督，发布商品房信息。全年建商品房161套1.79万平方米。

第四章　房产管理和城市住房制度改革

第一节　房产管理

公租房管理　县房管所依法行使房产管理职能，负责直管公房的维修、清理登记、租金调整、房租收缴。直管公房包括解放初期接收的旧政权房产，土改中没收的地主房产，社会主义改造时期的出租房和国家财政投资所建的住房。直管房实行以房养房、增值保值。1990年，县城有直管公房3.99万平方米，住户800多户，年房租收入5万元，维修支出3万元。至2003年，累计房租收入66万元，维修支出16万元。2006年，县直管公房2.4万平方米，有住户600余户，年收房租5.8万元。

1991年12月，按照小步提租、新房新租、超标准加租的原则，根据不同结构、楼层、新旧程度等情况调整县房管所直管房以外的单位公有住房租金，由每平方米0.064元提高到每平方米0.15元；住房无厨房、无厕所等配套设施，按不同结构等级每平方米下调0.02元。住房租金提高后，老红军、解放战争时期老干部、家庭人均收入在50元以下者，酌情减租。1992年1月1日起，凡租新房按建筑面积每平方米20元交纳保证金，并按新标准缴纳房租。住公有住房面积标准按职务（职级、职称）确定，超过规定标准，加收住房租金。

房产登记　县城至乡镇，凡在国有土地上建设的各类房屋均属房地产管理范围。1990年，核发13个建制镇房屋产权证，分户立档600卷。1992年，为明晰产权，便于房屋拆迁、产权转让、产权注销、房地产开发，房地产管理实行产权户籍登记制度。其登记的种类分原登记、初登记（新建）、转移登记、他项登记、注销登记、变更登记（户主、地名变更）。1994年，核发优惠售房产权证3217户，建档

3614卷。2003年，办理产权证610件，过户192件，抵押登记396件，租赁登记83件。2006年，开展新防伪产权证发放工作，当年发证1278户，办理城市住房产权证2975户，并对5.9万户农村房屋进行外业勘丈测量，核发产权证4.8万个。

第二节　城市住房制度改革

根据国务院《关于在全国城镇分期分批推行住房制度改革的实施方案》，1993年3月，剑阁推行公有住房制度改革。对全县170个公有住房产权单位住房进行评估、勘文制图，依据相关政策出售。同时制定优惠政策，新建住房（1992年1月1日后竣工）先卖后租，公布售房价格，钢混每平方米380元，砖混320元，砖木280元。从竣工年起，每平方米每年折旧2%，折旧后最低价格每平方米不得低于240元。职工住房享受工龄优惠、早买优惠和一次性付款优惠，优惠房可继承、出售。1994年，实施“安居房工程”，征用土地9150平方米，建房560套，重点解决教职工和科技拔尖人员住房。1995年5月1日起，实行住房公积金制度，凡属县城房改范围内的职工，具有本县常住户口的党、政、群和企事业单位的固定职工，劳动合同制工人均属实行住房公积金制度范围。职工个人和单位各按月工资的5%交纳，两者存入职工公积金专户，归职工个人所有。

1998年4月，深化住房改革，县城优惠售房实行最低限价，规定每平方米不低于110元标准。加强售房收入管理，实行“政府管理、财政执行、银行监督”的运作机制。1999年停止福利分房，优惠售房工作全部结束，归集成本售房款2700万元。住房公积金归集82个单位、资金158.8万元。住房制度改革经租金调整、出售公有住房、建立公积金制度、实施安居工程，至2002年，旧的住房分配制度基本废止，职工住房由福利分房向商品化过渡。2003年5月，建立新的城镇住房供给体系，采取商品住房、经济适用房和廉租房相结合的办法解决城镇居民住房问题。2004年3月，为深化住房改革，县政府印发《关于职工购买经济适用住房的通知》，加紧构建城镇住房市场化供给体系。至2006年出售经济适用住房1074套，12.9万平方米。职工住房完全市场化。

第二十二篇 国土资源管理 环境保护

第一章 国土资源管理

第一节 地籍地政管理

土地调查 1990年6月，根据国务院和省政府的指示精神，县政府印发《关于开展土地利用现状调查工作的通知》，对调查的任务、做法作具体部署。从7月开始，对全县土地利用现状进行评查。查清各乡镇村组的境界与权属界，签订权属认可书，明确县际境界和县内乡镇的界线。1993年1月，开展农村集体土地建设用地使用权登记发证工作。全县完成申报登记、确权调查，宗地勘丈单位180个，农户13192户，颁发集体土地建设用地使用证。1995年，全县集体土地建设用地10226.67公顷。1998年11月起，经过4年多时间，完成全县使用国有土地的单位、个人使用国土面积的勘丈调查工作。审核颁发国有土地使用证5830宗，面积8.74平方千米。其中，单位1480宗、面积8.23平方千米，个户4350宗、面积0.51平方千米；县城1230宗，面积1.53平方千米，乡镇4600宗，面积7.22平方千米。县国土局按照上级要求，抽调干部在全县范围内进行土地利用现状变更调查工作。2000年8月，对全县面积进行变更调查，外业调绘图斑523个（生态退耕图斑198个，面积274.74公顷，耕地转为建设用地图斑45个，面积5.1公顷，其他图斑280个，面积543.87公顷）。2004年，完成全县土地资源变更调查，调绘图斑6435个，绘制57个乡镇土地利用现状图，指导各乡镇绘制城镇地籍图。完成全县坡耕地调查，调绘图斑31000个，大于15度坡耕地18476.93公顷，已退耕254.87公顷。变更调查调绘图斑523个，生态退耕198个，面积274.73公顷。耕地转为建筑用地图斑45个，面积5.1公顷，其他图斑280个，面积543.87公顷。2006年，新增整理土地108.53公顷，完成土地使用权发证1488宗（划拨国有土地使用权登记532宗，出让国有土地使用权登记956宗）。办理土地他项权利证书22宗（住宅用地抵押登记11宗，其他土地抵押11宗）。

土地征用和划拨 1990年，征用土地8.23公顷，其中耕地4.18公顷，划拨土地0.61公顷。1991年征用土地7.33公顷，其中耕地3.14公顷，划拨土地0.49公顷。1992年征用土地62.78公顷，其中耕地42.35公顷，划拨土地0.9公顷。1993年征用土地3.64公顷（不含宝成铁路复线建设征地），其中耕地1.84公顷。宝成铁路复线建设，剑阁境内19.74千米，征用耕地50.27公顷，非耕地22.67公顷，林地6.67公顷，河滩3.33公顷。1994年征用土地22.3公顷，其中耕地16.84公顷，划拨土地0.17公顷。1995年征用土地3.91公顷，其中耕地1.35公顷，划拨土地0.21公顷。1996年征用土地2.45公顷，其中耕地0.64公顷，划拨土地0.17公顷。1997年，征用土地3.13公顷，其中耕地0.36公顷，划拨土地1.1公顷。1998年征用土地20.13公顷。1999年，划拨土地0.2公顷。2000年征用土地6.52公顷，其中耕地1.31公顷，划拨土地1.04公顷。2001年征用土地0.18公顷，划拨土地0.18公顷。2002年征用土地2.99公顷，其中耕地2.33公顷，划拨土地1.79公顷。2002年7月8日，县国土资源局成立"国土资源管理重大事件内部会审小组"，组成农用地转用、土地征用会审小组，局长任组长，分管副局长任副组长。至2004年，执行新《土地管理法》进行批地、管理、用地，凡非农建设依法批准占用耕地按"占多少，退多少"的原则，落实与所占耕地数量与质量相等的耕地。2004年划拨用地1.89公顷。2005年，共办理国有土地有偿出让377宗，批准出让土地0.67公顷，核发《建设用地批准书》253份（出让189宗，划拨64宗），面积4.46公顷。2006年，完成剑门关．天赐温泉项目一期12公顷征地工作。启动拐枣工业园区、钟会故垒、县城垃圾处理场、沙溪—修城连接线等项目征地前期工作。

征地补偿安置　1988年，县主管领导组织县国土局、财政局、杨家坝水库工程指挥部、盐店镇及相关村组干部，协商杨家坝水库用地和移民搬迁安置补偿标准。标准为：水库库区淹没耕地，每公顷补偿18000元，荒地耕地每公顷9000元，临时占用耕地每公顷补6000元；塘堰按口计算，每口5000元，根据大小等具体情况安排补偿费，幼树每株补0.3元，幼桑每株补0.2元，竹子每丛补10元，青苗及挖渠道损坏屋瓦按实际情况商定补偿费；移民搬迁人均2256元，居民房屋拆迁，按结构、材料和劳务计算，平均每间补偿540元；猪牛圈、柴栅、厕所、沼气池平均每处补偿100元，晒坝每平方米补偿2元。至1994年，杨家坝人饮工程基本完工，工程土地补偿土地及移民安置费用298万元。

1994年，剑门镇被省确定为小集镇建设试点镇。经上级主管部门批准，在剑雄村1、2、3、4、7组征用耕地12公顷、非耕地2.66公顷，在志公村1、3组征地4.67公顷、非耕地0.66公顷，两村合计征地20.01公顷。耕地年产值62253.33元，按6倍计为373520元，其他土地36685元，安置补偿70046元。

1995年11月，广元至江油220千伏安输电线路工程建设征地补偿，按每公顷13.5万元标准补偿，青苗粮田按大春每平方米1元、小春0.8元补偿，菜地按每平方米3元补偿，被征用土地的青苗只补一季，非征用土地青苗损失几季补偿几季。地面附着物补偿标准，果树挂果的每株补偿40—100元，未挂果的每株补5—30元。杂木胸径20厘米以上的，每株补15—20元，胸径18—20厘米的每株补12—15元，胸径4—10厘米的，每株补6—8元，幼苗每株补1—2元，飞播林幼苗每公顷补3750元，桑树每株补5—10元，竹子每丛补20—40元。房屋补偿标准，砖混结构每平方米补130元，砖木结构每平方米补110元，立木结构每平方米补90元，简易房每平方米补60元。村干部误工每人每天补助8元。全年按210个工作日包干。由县支援宝成铁路复线建设办公室（简称支铁办）代县国土局统征土地，与被征地村组签订征地补偿协议，建设单位向支铁办缴纳有关税费，土地补偿费付给有关村组，青苗补偿费等涉及农户的，直接支付给有关农户。干部误工补贴由建设单位付给县支铁办，由支铁办与镇村结算。

第二节 用地制度改革

国有土地管理 1990年，国务院《关于城镇国有土地使用权出让和转让暂行条例》颁布后，为适应经济体制改革形势和土地管理工作发展要求，逐步开展土地调查、房地产普查，制定城镇建设规划和建立国土管理机制，开征城镇土地使用税，试行土地使用权出让和转让等推动土地的使用制度改革。土地使用制度改革的核心是变无偿、无限期、无流动的行政划拨制度为有偿、有限期、能流动的市场配置制度，逐步建立土地市场体系，提高土地利用率，发挥土地的社会经济效益。1993年，县政府制定剑阁城镇基准地价及划拨土地使用权出让金标准。1994年，县委印发《关于加强宏观调控管理地产市场的意见》，县政府发布《剑阁县城镇国有土地使用权出让和转让暂行规定》发至各乡镇党委、政府和县级各部门执行。规定除国家投资的党政机关办公用地、军事用地、公益事业及国家重点扶持的企业用地外，其余用地均要纳入有偿出让的范围。县国土局结合全县实际，实行城镇国有土地统征出让制度，建立地价体系，公开拍卖国有土地使用权，协议出让国有土地使用权，规范银行土地抵押办法。至1996年，办理国有土地抵押396宗。在公兴、演圣镇等地拍卖土地使用权，收取土地有偿使用金200多万元。1999年，实施新《土地管理法》，按规定程序调整城镇基准地价，按法定比例上交土地出让金等有偿使用收入。至2004年，实行占用耕地补偿制度，保护耕地，按照新国土法进行批地、管理、用地，凡非农建设依法批准占用耕地，按“占多少，垦多少”原则，由占地单位开垦整理等量面积的耕地。搞好企业改革的土地资产处置工作。按照政府垄断土地一级市场，国有土地转让、出租、抵押，须进入一级市场。除规定实行行政划拨供地外，其余建设项目用地均实行有偿出让。2005年至2006年，实行土地使用权招标拍卖制度，国有土地使用权公开挂牌交易、公开供地计划、供地结果、基准地价等市场信息。规范土地使用权转让、出租、抵押和划拨土地使用权入市管理，依法处置资源性资产，推进城镇国有土地收购储备制度，安排建设项目用地，优先使用收购储备的土地，实现一个“口子”供地。制定《重大事项内部会审制度》，对全县农用地转用、土地征用、土地审批、土地资产处置、供地价格确定和探矿权、采矿权审批进行会审。

集体土地管理 1988年以后，农民占用耕地建房，除按耕地占用税减半征收外，按占地面积交补偿费，耕地每平方米1元至1.4元，非耕地每平方米0.3元，超占耕地每平方米7元至10元，非耕地3元至5元。1993年，按国家和省、市精神，切实减轻农民负担，停止部分收费项目。农民建房占地，征收耕地占用税和收取土地管理费，严禁乱收超收税费。烧制砖瓦、采石占用耕地，城镇规划区每平方米4元至8元，其他地区每平方米1元至2元。1995年，贯彻省委办公厅《关于完善土地承包责任制，放活土地使用权的意见》，探索农用土地使用权有偿转让办法，建立土地流转机制，允许在不改变土地使用性质的前提下，依法有偿转让土地使用权，由村社租赁使用。允许以土地使用权入股，组建合作制农业企业，允许农户互换承包土地使用权和非耕地互换使用权，鼓励有条件的农户投标承包非耕地的开发经营，农户自行转包、租赁、代耕。在招标转让成片非耕地使用权时，要确定合理标价、公开平等，完备手续，以合同方式落实双方权责利，保护双方的合法权益，促进农村经济发展。

土地市场管理 1993年，成立清理土地隐形市场领导小组和地价评估委员会，制定《城区基准地价及划拨土地使用权出让金标准》。抽调干部清理单位或个人非法转让、出租、抵押土地使用权，私下进行土地交易的“隐形市场”。在开封、鹤龄、公兴、店子等乡镇，清理非法转让土地 84 户，面积 9853 平方米，法出租土地使用权 7763 平方米，没收非法所得 102.9 万元。1994 年，全县查出非法转让、抵押土地使用权 1549 宗，面积 8.9 万平方米，实收出让金 35.2 万元，出租土地使用权 1201 宗，面积 5 万平方米，收回出租金 22.38 万元，收税金 22.97 万元，罚没收入 1.5 万元。在拍卖公兴镇国有土地使用权 4 宗，128.8 平方米，售价 6.9 万元。1995 年，查出违法转让、出租、抵押使用权面积 5.43 万平方米，收回出让金 53.66 万元。1996 年，在演圣镇公开拍卖土地 1 宗，面积 529 平方米，成交额 26.1 万元。在白龙镇、盐店镇、柏垭乡协议出让国有土地使用权 3 宗，出让金额 48.1 万元。2004 年始，实行政府垄断土地一级市场、国有土地有偿出让后，征用农村集体土地必须先经征用转为国有土地，按国有土地有偿出让。土地使用权出售、转让、变换、赠与等，转让双方必须签订合同，按规定缴纳税费，换领“国有土地使用证”。如转让时增值，要缴纳土地增值税。出租土地须办理“土地使用权出租许可证”。

土地价格　1990 年，对县城和各建制镇的地价进行抽样调查。1993 年，成立地产市场中介机构——县地价评估事务所，依法开展国有土地使用权转让、出租、抵押、入股联营，企业兼并、分立、破产拍卖活动中的地价评估，制定县城区及各建制镇的基准地价。1994 年，对县水泥厂改为股份制企业后的国有土地 4.89 公顷进行评估，资产为 101 万元。1996 年年底，全县评估地价 186 宗，面积 9046.7 平方米，4523.35 万元。1996 年，公布 23 个镇的基准地价，评估地价 220 宗，4188.97 万元。1998 年 12 月，市政府批准剑阁 1999 年城区及乡镇基准地价和国有土地使用权出让金标准。1999 年地价沿用至 2006 年，期间，2003 年对下寺镇基准地价国有土地使用权出让金标准作调整。

剑阁县 1993—1999 年城区各类用地基准地价表

表 22　　　　单位：元/平方米

年份	土地级别	用地类型			备注
		商业用地	工业用地	住宅用地	
1993 至 1996 年	城区 1	300	75	120	城镇国有土地使用权出让最高年限，商业服务业 40 年，工业用地 50 年，住宅用地 70 年
	城区 2	225	60	75	
	城区 3	150	45	45	
	城区 4	75	30	—	
1997 至 1998 年	城区 1	400	190	230	省安排剑阁价
	城区 2	280	140	180	
	城区 3	250	90	130	
	城区 4	170	50	90	
1999 年	城区 1	500	238	288	
	城区 2	400	198	223	
	城区 3	236	149	154	
	城区 4	160	110	130	
	乡镇 1	250	100	150	
	乡镇 2	170	60	100	
	乡镇 3	90	40	60	

说明：资料为县国土资源局提供。

第三节　土地开发利用

1989年，省国土局下达剑阁葡萄园地开发计划46.67公顷，在沿国道108线的剑门、汉阳、抄手、普安、柳垭等10个乡镇18个村的315户农民分散开发。省、市、县每公顷补贴1500元。当年开发非耕地53.33公顷，种植葡萄8.5万株，投资23.1万元。4年后全部挂果。1992年2月，杨村镇开发岱林山果园66.67公顷，至1999年第一期开发整理土地30公顷。1994年至1995年，开发武连镇邓家山99.33公顷、锦屏乡佛山林场43.33公顷、鹤龄镇牧林湾33.33公顷、城北镇石庙山46.67公顷、柳沟镇20公顷。1996年，实行“谁开发，谁投资，谁受益”原则，鼓励集体、个人投资开发“四荒”土地，将市下达的开发计划分解到各乡镇。县政府向省争取资金4万元，县征收造地费的50%及土地闲置费全部投入该项目。到1997年，全县开发荒地1773.33公顷，其中，新开发耕地486.67公顷、园地946.67公顷。1998年，开发复垦土地1900公顷，其中新开发耕地100公顷。灾后立项投资300万元开发复垦耕地2086.67公顷。12月，县政府与建设单位签订绵广高速公路建设占地复垦协议，至2002年完成复垦任务。1999年，在普安、元山、公兴、鹤龄新垦耕地，实施县政府驻地搬迁及农民建房占地指标复垦项目。2000年，在城北、开封、田家等地乡镇实施耕地复垦项目，整理居民点、工矿企业废弃土地2.67公顷，开发未利用土地73.33公顷。2001年至2002年，由京川公司承担实施田家乡石磬村、公兴镇九龙村耕地占补平衡项目，工程投资64.98万元，开发土地12.28公顷，新增耕地11.97公顷。2003年，开发开封、江口、普安、碗泉、凉山荒草地37.73公顷，新增耕地34.05公顷。2004年，开发广坪、张王、木马土地35.53公顷，实施正兴、禾丰土地整理项目1126.67公顷，投资2293.64万元。2006年，实施北庙、凉山、广坪3乡耕地占补平衡开发项目，新增耕地23.87公顷。省投资公兴镇土地整理项目进入项目库，实施后新增耕地99.33公顷，规划升钟库区6个土地开发项目报省审批，实施后可新增土地84.67公顷。

第四节　土地监察

1991年6月，县国土局成立土地管理行政复议委员会。区乡镇配置土地监察员72人，土地管理员108人。1990至1996年，查处土地违法案件1.59万件，处理率占97.1%。1997年4月，成立土地监察大队，12个片区设土地监察中队，全县土地执法队伍113人。开展非农建设用地清查，补办用地手续901宗，面积8.09公顷，收罚金120万元，拆建还地1000余平方米。1998年至1999年查处违法占地案件42件，面积3.27公顷（其中，耕地0.43公顷），处理40件，收回土地3.11公顷，罚款4万元。实行土地监察巡回检查制度，成立土地违法案件处理听证会。2000年，全县划分一、二级巡查区。城市规划区、国道108线、省县公路沿线、剑门风景区、基本农田保护区为一级巡查区，即对该辖区农村建房、采沙、采石、取土、办砖厂及非生产性建设用地进行巡查，建立巡查台账、巡查登记簿，需要立案的及时立案处理。2000年至2002年，全县查处违法案件200余件。违法占用土地2562平方米，其中耕地

285 平方米。2003 年至 2006 年，重点查处不经审批占用土地、非法转让、非法采矿、占地烧砖瓦等违法行为，查处各类违法案件 68 件，涉及土地面积 7. 15 万平方米，其中耕地 5146. 7 平方米。查处未经审批占用土地案 13 件，面积 1. 23 万平方米；超占土地面积案 20 件，面积 3092. 8 平方米；非法转让土地 11 件，面积 1. 11 万平方米；清理土地欠款 300. 54 万元。

第五节　地下资源勘查管理

1992 年起，由于利益驱动，乱采滥挖现象较为突出。2002 年年初，矿产资源管理办公室会同公安部门，多次深入嘉陵江沿线，对黄金矿产资源保护情况进行检查，同张王、江口、鹤龄等乡镇密切配合，结合整顿非煤矿山企业有关规定，建立矿产资源违法案件举报查处责任制，实行奖励举报人制度。根据资源分布情况，在黄金资源品位较低，开采价值不高，且国家政策许可的情况下允许有序开采。在资源品位较高，有一定开采价值的河段，采取措施，予以封闭，严禁开采。4 月，原县矿产资源管理委员会办公室的行政管理职能划入县国土资源局，成立矿产地质管理股。其主要职责是依法管理矿产资源探矿权、采矿权的审批登记发证和转让审批登记；依法审批和组织实施对外合作区块；承担矿产资源储备管理工作；管理地质资料汇交；依法实施地质勘察行业管理，审查确定地质勘察单位的资格，管理地勘成果，管理矿产资源补偿费、采矿权使用费的征收和使用；审定评估机构从事探矿权、采矿权评估的资格；确认探矿权、采矿权评估结果。

第二章　环境保护

第一节　环境污染

污染源　县境污染源主要有工、农业生产污染和生活污染。

工业生产污染　1990 年，全县有工业企业 257 个，乡镇企业（含联户企业）565 个，饮食服务 1274 个，35 个单位使用燃煤锅炉。其排污数量与浓度和国家环境质量标准比照，严重污染企业占 15%，一般污染企业占 54%，无污染企业占 31%。西河流域的东宝纸厂、王河纸厂、开封丝厂、开封罐头厂生产期日排废水过千吨、亚硫胺黑液 40 吨，未作任何处理直接排入西河，氨氮、酚等成分严重超标，造成鱼类死亡、人畜不能饮用、农田无法灌溉，严重影响沿河两岸人民群众的生产生活。1996 年 5 月，鹤龄七一纸厂废水未作处理直接排入店子河流入嘉陵江，造成下游沿江两岸部分村组饮水污染。1998 年 10 月，根据省政府《关于进一步检查企业排放污染物情况的通知》要求，组织力量对全县生产正常的 15 个企业进行为期半月的环境影响调查。查明 15 个企业年耗煤 1. 12 万吨，年排放废气总量 3. 81 万立方米，主要污染成分为二氧化碳 0. 18 吨，烟尘 0. 59 吨，排废水 18. 44 万吨。2002 年，检查县城 29 个单位使用的锅炉未安装消烟除尘设备；35个企事业单位均使用燃煤，年耗煤0.68万吨，排放二氧化碳50.4吨，生产废渣0.17万吨，均为污染环境的源头。

农业生产污染 农业污染源主要是化肥、农药和农膜。1990年，施用氮、磷、钾肥面积占总耕地面积的67%，使用农用地膜94吨。1996年全县施用各类农药746.6吨，每公顷施药量13.8公斤。1999年全县施用化肥12.35万吨，每公顷施肥2321公斤，施肥面积占总耕地面积95%。全年施用各类农药980吨，每公顷用药量18.4公斤。使用农用地膜339吨。化肥、农药及农膜残留物或丢弃于田间地头，或残存于土地耕作层，破坏土壤生态，污染农作物果实。2004年，碗泉乡杏垭村杏垭水库对外承包养鱼，承包户在水库内大量使用化肥、农家肥及石灰，污染饮用水源，全村200余户群众无水可用，近20公顷秧苗死亡，减产3万余公斤。2005年，城北、普安2镇的3户农民利用县地毯厂、饲料厂的闲置厂房兴办养猪场。无任何排污设施，污水、粪便直接排入农田、池塘，污染饮用水源。致使北庙乡五星村一、二、三组，城北镇城北村一组、普安镇一个居委会的130多户人家无水饮用，6.4公顷秧苗、0.67公顷玉米、1.27公顷烟苗死亡。

生活污染 1992年，23个建制镇常住人口9.5万人，年生产固体垃圾2.85万吨，排出生活污水207万吨。1993年后，产业结构调整，城镇经济发展，城镇人口继续攀升，生活垃圾、废水排放对城镇环境造成极大压力。至1997年，普安镇产生固体垃圾3.78万吨、粪便1.44万吨。2000年后，全县产业化、工业化、城镇化建设速度加快，2006年全县城镇年排放废水480.24万吨，生产固体垃圾4.8万吨。

污染程度 1990年，随着改革开放的不断推进，一大批工农业产品加工、服务性项目上马，因建厂时缺乏环境保护意识，未执行建设项目与防治污染设施同时设计、同时施工、同时投入（以下简称“三同时”）使用制度。在生产运行中乱排乱放工业废水、废气、废渣（以下简称“三废”），使大气、水体和自然环境遭到污染。1995年，对东宝纸厂、王河纸厂、鹤龄七一纸厂、县淀粉厂、县乳酸厂、县酿造厂、肉联厂、水泥厂、开封砖厂、九院一、三、四所等13个“三废”排放量占全县工业“三废”排放总量70%的企业进行调查。13个企业年用水297万吨，年耗煤2.02万吨，耗油251吨。排放工业废水20.3万吨，废气1.98万立方米，煤渣、石灰矿渣等固体废弃物1.03万吨。按照国家环境质量标准要求，“三废”排放量不仅超标，而且所排废水中的COD、BOD5，废气中的二氧化硫、氨氮和烟尘排放浓度严重超标。废水、废气直接排放入大气与河流中，使县城闻溪河、西河、店子河及嘉陵江遭到污染。1996年，经检测，位于县城饮用水源上游的淀粉厂、植物油厂、饲料厂、绸厂、地毯厂、复烤厂、大理石厂、蚕药厂等，月排放工业废水1.5万余吨。加之县城医疗废水、居民生活废水直接排入闻溪河，致使水环境恶化。1997年，县城年生产垃圾9060吨，排放生活废水64.35万吨，工业废水59.5万吨，废水pH值4.2，COD浓度540mg/L，部分指标超过《四川省污染水排放标准》的几十倍。尤以纺织行业日排印染废水近2000吨，废水中还有微量的酚、苯胺等致癌物危害最大。闻溪河水体溶解氧降低，水质变黑发臭，鱼类难以生存，滋生蚊蝇、蚊虫。乡镇场镇的人畜粪便、生活污水直接排入河流，使水体与自然环境遭到严重污染。

2003年，全县年污水排放总量499.28万吨（工业废水19.04万吨，生活废水480.24万吨），生产生活垃圾4.8万吨，COD量2187.5吨，氨氮量186.8吨。农村水库转包私人经营，实行肥水养鱼，大量投放粪便、化肥、石灰等物；土法提炼柏木油，污染致使农村人畜饮用水源持续恶化。县境内大气污染企业有剑阁银海水泥有限责任公司、广元市三王鼎水泥有限责任公司（原剑峰水泥厂）。2个水泥公司分别采用旋窑与立窑生产线，生产中产生的粉尘与工业噪声，造成环境污染。2005 年，经环境监测，数据显示均超过《四川省大气污染物排放标准》（DBSV－93）。银海水泥厂旋窑出口粉尘浓度为 206.7 毫克/立方米，生产料磨出口粉尘浓度为 150.8 毫克/立方米。三王鼎生料磨粉尘出口浓度为 150.8 毫克/立方米，水泥磨排放浓度为 165.9 毫克/立方米。全县工业污染企业 6 户，废气污染 2 户，废水污染 4 户，日排放废水 57 吨。全县医疗卫生机构 64 户，除县医院设有治污设施外，其余均无治污能力，年排放废水 3.41 万吨。

2006 年，普安城镇有 29 个单位使用燃煤锅炉，排放物质对空气质量影响较大。城区 300 多辆三轮车的交通噪声、几十个娱乐场所的音响噪声、建筑工地与小型家具厂的生产噪声对居民生活环境构成噪声污染。是年 7 月 31 日，剑州中学排污管破裂，城区饮用水污染，部分居民腹痛腹泻。

第二节　环境监测

水质监测　1998 年 3 月，县环保局会同县水利局、防疫站对白龙河公兴段水质进行监测，在自来水站取水点提取水样本进行化验检测，水质未达到国家饮用水 3 级标准。该场镇居民生活污水、医疗废水均无治理设施，直接排入河中。当年天旱，河水自然净化能力降低，大肠菌群数量超《地表水环境质量标准》10 倍之多。县环保等部门发出通知责令自来水站限期对自来水进行消毒处理。2001 年 6 月，香沉镇群英水库承包给业主养鱼，大量施用化肥、人畜粪便，致使水体污染，灌区农作物受损，农户缺乏饮用水，引发村民与养鱼户纠纷。县环保局委托市环境监测站对群英水库水质进行监测，pH 值、总氮、总磷、高锰酸盐指数、生化需氧量等 5 项指标超标，责令业主终止经营活动。2003 年 5 月，普安镇城镇居民联名投诉杨家坝水库肥水养鱼，致使水体污染，影响居民饮用水安全。县环保局委托环境监测站对杨家坝水库水质进行监测，pH 值 8.27，大肠菌群 3700 个/升，溶解氧 8.35 毫克/升，铁 0.08 毫克/升，锰未检出，高锰酸盐指数 4.95 毫克/升，氟化物 0.32 毫克/升，总磷 0.08 毫克/升，总氮 0.28 毫克/升。根据《地表水环境质量标准》Ⅲ类水质评价，除总磷超标外，其余项目均未超标，属安全饮用水源。

2004 年，市环保局分别对闻溪河水域、清江河水域进行城市环境综合考核监测。闻溪河剑州中学断面 $BOD_5$0.74 毫克/升，CODmn2.92 毫克/升，pH 值 8.27，NH3－N0.21 毫克/升，SS25.3 毫克/升；电力公司断面 BOD_{mn}2.92 毫克/升，CODmn4.37 毫克/升，pH 值 8.15，NH_3－H6.54 毫克/升，SS32.1 毫克/升。清江河上寺水文站断面 pH 值 8.14，化学需氧量 5.02 毫克/升，生化需氧量 1.68 毫克/升，溶解氧 9.33 毫克/升，氨氮 0.06 毫克/升；大桥断面 pH8.23，化学需氧量 9.86 毫克/升，生化需氧量 0.45 毫克/升，溶解氧 9.26 毫克/升，氨氮 0.05 毫克/升。所测五项指标均未超标，符合国家地表水Ⅲ类标准。2005 年后，县环保局坚持每年对闻溪河、清江河水域水质的常规监测。是年 11 月，通过监测，清江河 pH 值 7.15，SS22 毫克/升，CODmn1.14 毫克/升，$BOD_5$2.42 毫克/升，NH－N2.07 毫克/升，按照国家《地表水环境质量标准》Ⅲ类水质标准评价，五项监测项目全部达标。闻溪河水五项检测指标中，李家河断面的氨氮超标。2006 年 7 月，剑州中学排污管破裂致使闻溪河饮用水源污染。县环保局委托江油市环境监测站进行监测。对闻溪河三个断面的监测结果取平均值：pH 值 7.65，高锰酸盐 4 毫克/升，溶解氮 6.72 毫克/升，生化需氧量 0.84 毫克/升，氨氮 2.41 毫克/升。按照《地表水环境质量标准》Ⅲ

类水质评价，氨氮超标。是年 8 月，市环境监测站对剑阁水环境质量进行监测。清江河高锰酸盐 2.1 毫克/升，溶解氧 6.1 毫克/升，氨氮 0.007 毫克/升，pH 值 8.27，生化需氧量 1.5 毫克/升。闻溪河高锰酸盐 4.5 毫克/升。溶解氧 4.1 毫克/升，氨氮 0.09 毫克/升，pH 值 8.64，生化需氧量 2.9 毫克/升。按《地表水质环境质量标准》Ⅲ类水质评价，闻溪河水质溶解氧超标。

污染源监测　1997 年始，县环保局开展对全县工污染源监测。1998 年 7 月，群众反映县城及乡镇集镇屠宰场污水污染环境，危害农田庄稼，影响场镇居民饮用水安全。县政府组织工商、食品、防疫站有关人员深入普安、柳沟等 18 个集镇的屠宰场，监测污水排放情况，60% 的屠宰场污水超标排放。按照国务院《生猪定点屠宰条例》规定，对超标排污屠宰场限期治理，在限期内未完成治理任务的依法关闭。2000 年，县环保局对县城进行为期 3 年的城市环境综合考核监测，南禅小学昼间 54.3 分贝、夜间 45 分贝，交通局昼间 58 分贝、夜间 49.8 分贝，县医院昼间 59.3 分贝、夜间 48.6 分贝，普安中学昼间 53.2 分贝、夜间 44.2 分贝。总悬浮颗粒物（TSP）：南禅小学 0.098 毫克/立方米，交通局 0.114 毫克/立方米。2001 年总悬浮颗粒物（TSP）检测，南禅小学 0.102 毫克/立方米，县交通局 0.1 毫克/立方米。2002 年噪声检测，南禅小学昼间 54.3 分贝、夜间 45 分贝，交通局昼间 58 分贝、夜间 49.8 分贝，县医院昼间 59.3 分贝、夜间 48.6 分贝，普安中学昼间 53.2 分贝、夜间 44.2 分贝。总悬浮颗粒物（TSP）检查，南禅小学 0.104 毫克/立方米，县交通局 0.118 毫克/立方米。经 3 年的定点监测，按照国家噪声排放标准及国家废气排放标准考核，5 个监测点的噪声和废气排放量均未超标。是年 8 月，县环保局委托市环境监测站对下寺镇修城坝进行噪声和废气现状监测。噪声平均值昼间为 48.6 分贝，夜间 39.6 分贝，大气中总悬浮物颗粒浓度，下寺卫生院平均值为 0.063 毫克/立方米，鸿兴宾馆为 0.086 毫克/立方米，工程建设指挥部为 0.083 毫克/立方米。按国家噪声和废气排放标准评价，均符合国家环境质量标准。

2000 年，监测县明阳陶瓷公司、县汇昌食品公司、县冻兔厂、县毛巾床单厂污染情况。明阳陶瓷公司烟尘 130 毫克/立方米、总悬浮颗粒物 11 毫克/立方米，均超过《四川省大气污染物排放标准》。县汇昌食品公司废水排放中的化学需氧量、氨氮、pH 值、大肠菌群、动物油等 5 项指标未超标。冻兔厂排放的废水中生化需氧量、化学需氧量、氨氮、悬浮物、动物油、大肠菌群 7 项指标正常。毛巾床单厂锅炉烟尘排放、印染废水中酚、氧化物、苯胺等排放基本达到国家规定标准。2005 年，配合广元市查处违法排污企业专项检查组，对上寺乡柏木油厂、汇丰食品公司、银海水泥公司进行专项检查。上寺柏木油厂污水排放中化学需氧量 33.04 毫克/升，石油类 3.04 毫克/升，pH 值 8.14。按国家标准，3 项指标中化学需氧量、石油类两项指标超标；汇丰食品公司治污设施处于停运状态，所排出污染物 COS、BOD、氨氮、大肠菌群个数均超国家《肉类加工工业污水排放标准》。银海水泥公司烟尘浓度 547.1 毫克/立方米，超过国家 GB13271－2001 标准。2006 年 7 月，县政府委托市环境监测站对普安城镇环境质量进行监测。星王毛巾床单厂烟尘浓度与水质溶解氧超标。

第三节　污染防治

污染防治措施　1991 年 3 月，县政府发出《关于保护县城饮用水源区的通知》，决定将县城自来水站取水点由闻溪河上移至刘家河。海螺包区域不再上新的工业项目，三江口、川陕公路、剑青公路交汇处不再增加单位和居民住房。住房和办公用房必须建沼气或厌氧无害化厕所。居民生活污水经二次沉淀后排入统一规划建设的城市下水道。是年 8 月，县政府印发《关于加强县城饮用水源区保护管理通告》，规定刘家河取水点至上游 1000 米、下游 100 米的水域内，河岸两侧各纵深 200 米的陆域内为水源保护区。在保护区水域、陆域内禁止排放污染物。禁止在保护区域内新、改、扩建对水源有污染危害的建设项目。禁止在保护区内集中堆放工业废渣、生活垃圾、粪便。禁止在保护区内建墓地与掩埋动物尸体。禁止破坏、水源保护区水源涵养林、护岸林和水源植被，禁止在水源保护区使用剧毒农药、炸药、毒药捕杀水生动物，禁止在水源保护区内游泳、洗涤衣物和开展旅游活动。根据通告内容，规定保护区范围，设置界碑标志。

1992 年至 1995 年，为增强全民环保意识，采取小集中大分散形式，深入城市、农村、厂矿、学校普及《中华人民共和国环境保护法》《中华人民共和国水污染防治法》《中华人民共和国大气污染防治法》《中华人民共和国固体废物污染防治法》等系列法律法规。在普安镇开展 8000 多人参加的“保护地球誓言签名”活动，“为了地球生命”为主题的 200 米长卷书画大赛，“6・5”世界环境日中学生环保知识竞赛。“4・22”地球日，县城千名干部、学生清扫闻溪河道活动。依法处理 1992 年 3 月县淀粉厂排污管道爆裂，闻溪河水体污染，造成县城自来水厂停止供应居民饮用水 60 天的恶性事件。

1996 年 5 月，县政府根据国家《固体废物污染环境防治法》《城市建筑垃圾管理办法》，制定《剑阁县垃圾管理实施办法》。规定县城及区、乡镇场镇人口密集区，必须建设垃圾处理场。建筑垃圾及时清运，防止污染环境，避免堵塞交通、占据街面。生活垃圾统一回收至垃圾站，定时运送到垃圾场进行集中填埋，焚烧。1997 年 9 月，根据国务院《关于限期关停严重污染企业的通知》的要求，组织环保执法人员对全县重点污染企业进行执法检查，依法关闭东宝、七一、王河造纸厂。1999 年，规范环境监管运作程序，建立排放污染物申报登记制度。企业在生产运行中，“三废”排放须及时申报、登记，按其排放种类、数量、浓度征收排污费。根据国务院《建设项目环境影响条例》，建立建设项目环境影响评价、环境影响审批制度和排污证发放制度。凡新、扩、改建项目必须经事前进行环境影响评估，经审批发证后，方可施工。2002 年 5 月，县政府印发《关于建设县城烟尘控制区和噪声达标区的通告》，制定《关于县城烟尘控制区噪声达标区实施细则》。划定县城“两控区”范围：东起县汽车站，西至县种子公司、毛巾床单厂，南起步行街，北至普安中学。规定“两控区”内严格执行国家大气环境质量标准。未安装消烟除尘设备的锅炉与产生噪音的生产企业在是年 9 月底前完成锅炉除尘配套与噪声污染治理工作。“两控区”内餐饮食堂炉灶禁止使用原煤散烧，大力推广天然气、液化气、生活用电等清洁能源。油烟排放必须符合国家《饮食业油烟排放标准》，严禁在店堂门前搭建炉灶开展营业活动。建筑施工机械在城市敏感区域内，禁止夜间施工作业；若因抢险或生产工艺要求及特殊需要连续作业，应事先报告环保部门，告知群众；“两控区”内的一切商业经营活动，均禁止超标排放噪音。“两控区”建设活动三年期内，依法处理烟尘污染纠纷 21 件，噪声污染纠纷 7 件，搬迁污染企业 8 户。2004 年，经，市环保局验收，各项环保指标合格。2006 年 5 月，县政府召开剑阁锰污染源排查及矿山企业污染整治会议，对 5 个煤矿、34 处采金、采沙点，31 个页岩砖厂，4 个石英沙、石灰石矿进行环境影响调查，因排放污染物超标，下达限期整改通知 34 份，责令迁址 5 个。2006 年，县政府颁发《剑阁县城饮用水源保护区划定方案》，划定出县城饮用水水源地和饮用水源保护区范围。加大环境保护监控力度和执法强度。全年清理工业企业 294 个，乡镇企业 310 个，餐饮服务业 290 个。建立排污台账 894 户。处理污染纠纷、事故、案件14宗。依法关闭高观农药厂、县交通局甲鱼养殖场、水电局玻纤厂等严重污染企业28个，取缔柏木油作坊27个，迁走城区小家具厂14个。否决两个污染严重的引进项目，对368个建设项目执行环境影响评价和“三同时”制度。

水污染治理　1991年，为确保县城居民饮用水源安全，在刘家河划定饮用水源保护区，将影响饮用水源安全的厂矿企业关闭或搬迁。1994年3月，城建委针对城镇生产、生活垃圾、污水直接排入河流、污染水源等问题，印发《关于城镇污水采用沼气净化处理的通知》。县政府把处理城镇污水、推广沼气净化池工作纳入目标考核内容作为新农村建设标准。规定对排放高浓度废水的屠宰场、肉联厂、酿造厂、食品厂、养殖场、淀粉厂、纸厂以及人畜粪便，未经沼气净化处理，不准接入市政排污管道，更不得直接排入河流。1995年，治理闻溪河水污染，县财政、县淀粉厂、植物油厂、饲料加工厂投资25万元，铺设排污管道1600米。1996年投资93.5万元，铺设新石河堰排污口起，沿河东街至肉联厂主排污管道1800米，石砌排污干渠500米，将河东街部分居民生活废水归口排入市政排污管道。2000年5月，县委、县政府发出通知，从是年1月起，凡城镇建房户，必须实行“三同时”制度，建设足够容量的生活污水处理设施。至2002年，县城建厌氧化水厕135处，无害化公厕18处，机关食堂建沼气池15处。2003年“非典”期间，县委、县政府紧急通知，规定辖区内的医疗单位必须限期配套建设医疗废水处理池，所有医疗废水必须进行二氧化氯消毒处理。所有医疗垃圾在环保部门监督下由卫生部门统一集中，焚烧深埋。2004年，县政府组织环保、环卫、防疫等部门，深入排污大户进行专项治理。8月，县毛巾床单厂投资50万元改进印染工艺，更新污水治理设施，使废水排放浓度降低，排放量减少20%。县医院投资80万元，实施污水处理站扩容项目，降低污水排放浓度。经监测pH值、总大肠菌群、生化需氧量、化学需氧量、悬浮物等指标均达到国家废水排放标准。2005年，县委、政府主要领导亲自负责汇丰食品公司屠宰废水治理工作，投资64万元，建成日处理400吨废水处理场。

2006年，为使闻溪河城区段、清江河水体不受污染，县政府投资250万元，铺设普安镇闻溪河西岸毛纺厂至李家河纤维板厂排污管道3100米。剑州中学采取措施防止污水渗漏，川投水务集团公司将自来水取水点上移至刘家河水库。在下寺镇清江河上游划定县城饮水源保护区。新城建设严格执行建设项目环境影响评价、审批和建设项目“三同时”、建设项目环境影响“一票否决”等四项制度。

大气污染治理　1990年，规定城镇生活锅炉使用成型煤、农业禁止使用剧毒农药。1995年，开展城市环境综合治理，对县城300多个餐饮服务企业进行炉灶革新，取缔17个单位废气排放量大的生活与工业锅炉。1997年，县城开展创卫达标活动，组织力量清理使用锅炉的单位和个人，监测排放烟尘浓度，对未达标单位和业主发出限期整改通知书，对安装消烟除尘设备排污达标的单位和业主发给排污许可证。2002年，县城开展“两控区”活动，禁止使用工业锅炉，禁止餐饮业使用原煤散烧。凡在控制区内的所有单位和个人必须使用天然气、液化气或生活用电，确需使用锅炉者，其锅炉型号和排放的废气必须符合国家规定及质量标准。至2003年，两控区内饮食行业改柴灶、散煤灶为型炉灶、气灶274台，改燃煤锅炉8户。2004年，县环保部门根据国家关于关闭“五小”企业精神，开展污染专项治理。至2006年，关闭上寺小石灰窑19个。上寺水泥厂投资62万元，下寺水泥厂投资68万元，配套安装静电除尘、旋风除尘、袋式除尘设备，治理废气。经环保单位监测，两水泥厂废气、烟尘排放达到国家大气污染排放标准。

噪声污染治理　1990年始，县环保局配合相关部门，在每年学校中、高考阶段均发文通知，禁止噪声超标的建筑施工作业，禁止使用高音喇叭，禁止露天娱乐和集会，禁止营业性娱乐场所超标排放噪声。1998 年 10 月，县环保局办理县政协六届一次会议政协委员《关于规范烟花爆竹禁止城市噪声》的提案，发文规定县城烟花爆竹燃放地点、时间和产品的规格质量。2002 年 5 月，县政府划定县城 0. 675 平方千米的噪声达标区建设范围。为避免噪声污染，至 2005 年，关闭或迁移普安镇小型家具厂 14 个。2006 年 4 月，县政府印发《关于加强城市噪声治理的通知》规定，城市工业企业、建筑工地必须隔音降噪，减少噪声排放。

固体垃圾、电磁辐射污染治理　1990 年始，按照国家《固体废物污染环境防治法》《城市生活垃圾管理办法》《城市建筑垃圾管理办法》的规定，全县城镇生活垃圾采取统一规划布点，设置垃圾处理场、垃圾集运站、垃圾桶、垃圾箱，由环卫部门负责清运处理。1998 年，组织力量对县广播电视差转台、邮电、移动等单位豁负水平以上的通信系统、电力公司电压 100 千伏以上的输变电系统、电流在 100 安培以上的工频设备以及工业、医疗等单位配备的介质加热设备、感应加热设备、豁负水平以上的电疗设备、微波加热设备、射频源类加热设备等进行全面调查，建立电磁辐射定期例行监测制度。至 2004 年，全县 60 余户使用电磁辐射设备的单位经监测均按国家规定辐射污染排放标准执行。2006 年，县政府办理县人大十四届五次会议《关于解决下寺场镇乱倒垃圾，阻塞河道，污染水环境》议案，组织县环境监察大队执法，组织民工清运固体垃圾，在窑沟村建 1 万平方米垃圾处理场。

第二十三篇　商　业

第一章　商业结构

第一节　国有商业

1990年，剑阁的国有商业企业有商业局所属食品、百货、五金交电化工、糖酒、煤建、商贸、蔬菜水产、饮食服务等公司，粮食局各区粮食收储站，经贸局工业供销公司，物资局所属化工机电公司和金属建材公司，乡镇企业局矿业公司、供销公司、蜀北工贸公司，烟草专卖局各经营站，医药局所属的中药材公司和医药公司以及林产品公司、农机供应公司、蚕丝公司、新华书店、盐业公司等。共有企业459个，从业人员2163人，实现社会消费品零售总额14667万元。其中，商业局系统零售企业279个，实现社会商品零售额2499万元，国内纯购进5219万元、纯销售3374万元，年末库存1439万元。蚕丝、烟草、石油、医药、盐业、物资、农机等全民所有制企业，实现国内纯购进1979万元，纯销售4343万元，实现社会商品零售额1390万元。是年，商业市场疲软，流通不畅，商品库存积压，资金沉淀。县政府召开扩销工作会议，印发《关于加强市场销售，搞活流通的通知》，组织力量赴省内外各地扩销粮油、冻肉，收回外欠货款。在北京、重庆、成都签订稻谷、大米、小麦、油菜籽销售合同。烟草公司拓宽销路，推销晒烟。1991年，在百货公司和糖酒公司进行“四放开”（即经营、价格、分配、用工放开）改革试点。转换企业经营机制，提倡竞争。开展“文明窗口”和“效益年”竞赛活动。全县全民所有制商业企业528个，从业人员2808人。其中，工业品批发企业57个、从业417人，零售企业348个、从业1312人，其他企业123个，从业1073人。全年实现社会消费品零售额5467万元，占全县社会商品零售总额的32.5%。

1993年，商业由单一经营型向综合经营型转变。推行租赁承包、股份合作制、内部柜组承包等，逐步推进企业改制。全县有国有商业企业31个，经营网点301个，从业人员1382人，其中批发企业3个、网点36个、从业人员170人。商品销售总额25277万元，批发18625万元，零售6652万元。1994年，国有企业为打破“大锅饭”“铁饭碗”，划小核算单位，组建单体公司，试行国有民营、批零一体、大包干等多种形式的改革。全县国有商业企业36个，网点290个，从业人员1665人，消费品零售额6442万元。1996 年，国有商业资金紧缺，市场疲软，亏损严重。对资不抵债的五金交电化工公司依法破产。食品公司、百货公司、糖酒公司、煤建（燃气）公司等，组建有限责任公司。百货有限责任公司率先在内部柜组推行自愿入股，买断库存，租赁经营。全年社会消费品零售额 3. 5 亿元。1997 年，县四大班子的主要领导组成城市经济工作团，下设工作队、组，分线作战，分工负责，抓城市经济工作，抓产权制度改革。1998 年，化工机电公司破产。全县批发零售市场扩大，商品供应充足，市场活跃，贸易（商业）局系统 10 个企业均盈利。全年社会消费品零售总额 4. 19 亿元，县贸易局成为全省中小企业改革的先进典型，参加全省经验交流会介绍经验。2000 年 5 月，县燃气有限责任公司依法破产，由饮食服务公司接收人员、资产和经营业务。11 月，全省百货企业改制经验交流会在剑阁召开。至 2000 年，剑阁百货公司有职工 245 人，资产总值 1300 万元，年销售额 2000 万元，实现利润 80 万元。

2001 年，全县进行以国有企业退出市场为重点的改制。县食品有限责任公司破产，屠宰场、冻库等厂房设备以 120 万元卖给个体经营，兴办汇丰食品有限责任公司。原部分职工组建剑门火腿有限责任公司。全县国有经济消费品零售总额 4437 万元。2003 年，企业改制结束，全年社会消费品零售总额 6. 55 亿元。2005 年，商务部开展“万村千乡”市场工程，将剑阁纳入试点县。百货有限责任公司被商务部核准为“万村千乡”试点企业。2006 年，剑阁县百货、饮食服务、糖酒有限责任公司，由股东买断国有股，分别是 160 万元、80 万元、43 万元，组建民营企业，百货有限责任公司更名为鼎力实业有限责任公司，饮食服务有限责任公司更名为精达商贸有限责任公司。全县国有企业有县商贸公司、盐业公司、烟草公司和各区粮食收储站等 14 个。社会消费品零售总额 98652 万元，其中国有企业 2716 万元。

第二节　集体商业

1990 年，商业局系统在县城有独立核算的集体商业企业（合作商店）41 个，销售门市网点 53 个，从业人员 320 人；供销社系统有土产果品公司、日杂废品公司、农资公司、棉麻公司、国泰商贸公司和归口管理的土杂店、各区供销合作社、场镇合作商店等独立核算企业 38 个，从业人员 758 人；二轻和乡镇企业局系统的二轻供销公司、蜀北商贸公司等集体商业企业 57 个，从业人员 136 人（不含乡镇办企业）；其他部门办商业企业 51 个，从业人员 147 人。全县共有集体所有制商业企业 2187 个，从业人员 3873 人。集体商业企业实行自主经营、自负盈亏、归口管理。全年商品销售总额 11931 万元。1991 年，商业局系统集体商业企业经县体改委批准改制为商业联合公司。以剑南宾馆为依托，把公司办成自主经营的经济实体，合并原有的 9 个独立核算企业，公司下设工业品、副食品、饮食服务部。汉阳、剑门两个基层供销社合并重组，成立剑门区供销社，国泰商贸公司和供销社车队分为两个独立核算企业。是年 7 月，广元市市中区管辖的上寺、普广、下寺供销合作社划归县供销社管理，组建下寺区供销社。1992 年 6 月，在县供销合作联社基础上，组建县供销合作社商贸工农总公司。公司为资产、管理、经营一体化的经济实体，由 10 个县级公司、厂和 11 个区级基层供销合作社及新增设的药材公司、劳动服务公司组成。是年，为适应撤区并乡建镇的行政体制调整，将基层供销社更名为 11 个中心供销社。1993 年，县供销社新建蜀北商城批发中心、白龙供销社新建飞龙商场。县商业局下属商业联合公司按经营行业改为 5 个独立核算单位，即百货经营部，五金文具经营部，糖果副食经营部，烟酒经营部和理发店。各经营部独立核算，自负盈亏，照章纳税。1994 年，二轻局系统的生化厂更名为物资商贸公司。全县有集体商业企业 28 个，网点 993 个，从业人员 2259 人，社会消费品零售总额 5749 万元。1996 年，撤销商业联合公司，设立管理办公室，取消脱产人员，保留 7 个独立核算单位。乡镇企业局直属的物资商贸公司整体出售给私人。供销公司、五金工贸公司改制为股份合作制企业。县供销社国泰商贸公司破产。由于集体企业改制、重组、合并、解体、社有民营、双向承包、破产倒闭等，集体企业减少到 31 个，经营网点 743 个，从业人员 207 人，流动资产 8514.4 万元，固定资产原值 2862.4 万元，社会消费品零售总额 5801 万元。1997 年 5 月，原五金交电化工公司职工组建五金家电公司为集体所有制企业。2000 年，武连中心社在马灯乡三江村组建社区综合服务社。2001 年，县农资公司破产。商业联合公司下属理发店与剑南公司合并，蜀北公司与堂市口商场合并。集体商业联合出资收购金龙宾馆，继续经营餐饮服务业。全年集体经济社会消费品零售总额 5906 万元。2005 年，全县集体商业企业社会消费品零售总额 7236 万元。2006 年，商业局系统有五金家电公司，集体商业分为新街口综合商场、蜀北宾馆、剑南宾馆 3 个独立核算单位；供销社系统的日用杂品有限责任公司，对外经济贸易公司及 11 个区中心供销社。全县有集体批发企业 11 个，股份合作企业 3 个，有限责任公司 8 个，社会消费品零售总额 7549 万元。

第三节　个体私营商业

1990 年，全县有个体商业店铺 3205 个、从业人员 3455 人，饮食业店 997 个、从业 1250 人，服务业店 925 个，从业 1022 人。销售额 2184 万元。1991 年，全县个体私营工商户实现社会消费品零售总额 4111 万元。1994 年，全县个体私营工商业社会消费品零售总额 17109 万元，超过国有、集体和其他经济类型之总和。1995 年，全县个体工商户 12077 个，从业人员 12759 人，社会消费品零售总额 20154 万元，上缴税金 1638 万元。

1997 年，实施民营经济“123”工程，即培育 100 户缴税上万元大户，开发下寺、新桥两个民营经济试验区，立足普安、剑门、元山 3 镇的资源和区域优势，发展民营经济。是年，民营企业纳税 2263.8 万元。2000 年，县委、县政府召开民营经济大会表彰非公有制经济先进典型，树立“致富百星”和“致富明星”二十佳，鼓励机关干部、企事业职工和下岗工人、大中专毕业生兴办私营企业。全县新发展私营企业 21 户，累计 83 户，新增个体工商户 1034 户，累计 17017 户，上缴税金 2615 万元。2001 年，百货、饮食服务、酿造等有限责任公司，由股东买断国有股，发展民营经济。江鹰通信、赵斌家电、唐氏家电在县城开业。全县个体工商户 14486 户，从业人员 18768 人，营业收入 21664 万元。2003 年，县委、县政府印发《关于进一步加强民营经济发展的意见》。2004 年，全县有个体工商户 8447 户（饮食业 1374 户），从业人员 12911 人，注册资金 1.75 亿元，私营企业 181 个（饮食企业 5 个），雇工 4752 人，注册资金 2.49 亿元。社会消费品零售总额 61778 万元。2005 年，开展清理“三乱（收费、罚款、摊派）”和“新三乱（评比、培训、排序）”。全县新增工商户 1225 户。有私营独资企业 9 个，私营合资企业 1 个，私营有限责任公司 6 个，个体工商户 10118 户。2006 年，全县有个体工商户 10758 户，从业人员 13440 人；私营企业 257 户，从业人员 3676 人。

第二章　商业贸易

第一节　日用工业品

1990 年，剑阁的日用工业品主要由百货公司承担全县批发和县城的零售业务，经销纺织、针织、百货和文化用品。仓库面积 16000 平方米，常年库存商品价值 600 万元，起“蓄水池”作用。从国营二级批发站成都、绵阳、广元进货，承担三级批发站业务，批发给各基层供销社、城乡百货商店零售。县城工业品零售门市部有新街口百货商场、龙泉供销社、商贸股份公司等。随着改革开放的推进，县百货公司逐渐直接向工厂进货，如向雅安皮革厂、成都长城床垫厂、江阴棉纺厂等工厂购进产品，从广元、广汉、绵阳购进皮鞋、服装、玩具，扩大购销差率。为县丝厂、针织厂和南部县服装厂代销被面、汗衫、背心、大衣等，减少资金占压。采取送货下乡、服务上门、开展有奖销售等经营策略，全年销售纺织类商品 350. 36 万元，针棉织品类 245. 45 万元，百货类 536. 51 万元，文化用品类 196. 27 万元。销售的主要商品有棉布 129 万米，棉纱化纤混纺布 38. 66 万米，涤棉混纺布 29. 3 万米，化纤布 15. 66 万米，中长纤维布 1. 4 万米，呢绒 3. 83 万米，绸缎 7. 64 万米、毛巾 30. 16 万条，针织内衣裤 31. 84 万件，床褥单 4. 09 万条，毛线 2. 62 万公斤，各种服装 26. 95 万件，皮鞋 3. 41 万双，胶鞋 42. 84 万双，火柴 1. 28 万件，肥皂 1. 01 万箱，洗衣粉 4. 76 万吨，保温瓶 4. 28 万个，缝纫机 588 台、手表 1. 18 万只，机制纸 51 吨。县供销社所属国泰商贸公司和各基层供销社联购分销部分工业品，乡镇企业供销公司批发肥皂、牙膏、洗衣粉之类小百货。1993 年，糖酒公司新建开封批发部批发工业品，五交化公司兼营服装、百货、鞋子、化妆品。百货公司配备信息员，在沿海一带和本县乡村聘请信息员，安置热线电话，召开供货会、座谈会，拓展购销业务。全年购进商品总额 1161. 29 万元，销售额 1510. 59 万元，销售的主要商品有棉布 39. 18 万米，呢绒 1. 64 万米，绸缎 1. 07 万米，针织内衣裤 8. 28 万件，各种服装 7. 47 万件，毛线 57. 62 万公斤，鞋 48. 11 万双，手表 4606 只，铝锅 4866 个，化妆品 3900 元。县供销社新建蜀北商城面积 600 平方米，批发零售工业品。1995 年，县城从事工业品的营销人员 4000 人。县百货公司职工 200 人，设立纺织部、针织部、百货部、文化部、小商品批发部、白龙营业部、沙溪坝转运站、新街口商场、东门口商场。有柜组 12 个，供应商品 4600 种。销售纺织品 453. 48 万元，服装鞋帽 725. 73 万元，日用品类 748. 9 万元，文具体育用品 629. 99 万元，化妆品 100. 55 万元。实行批零一体、以销计酬。1996 年，扩大新街口商场营业面积 100 平方米，开设李宁服装和上海名牌皮鞋专柜，全年购进商品 1607 万元，销售 2168 万元，糖酒公司零售门市部兼营服装和日用工业品。全县销售布 7. 15 万米，呢绒 1000 米，绸缎 9200 米，针织内衣裤 4. 9 万件，各种服装 2. 03 万件，毛线 52. 43 万公斤，鞋 24. 6 万双，照相机 40 架。洗衣粉 825 吨，手表 28. 25 万只，化妆品 103 万元，铝锅 4287 个。1997 年，百货公司扩建城北路批发部、白龙营业部，改造新街口商场三、四楼，建城北交易大厅，租赁工商银行门面作第三商场。组合名、特、优、新、廉商品规模优势，扩大经营业务。1999 年，百货公司购买装修西街营业房作自选商场，增加营业面积 1200 平方米。全年购进日用百货 1949 万元，销售 2154 万元，库存商品 397 万元。销售的主要商品，棉布 2.84 万米，呢绒 2000 米，针织内衣裤 2.99 万件，各种服装 3.21 万件，毛线 1505 公斤，皮鞋 3.76 万双，胶鞋 1.44 万双，洗衣粉 7300 公斤，手表 10.85 万只，铝锅 580 个。1998 年以后，各公司的门面承包给个人经营，多数在成都荷花池进货。2001 年，县城引进化妆品、配镜连锁店、专卖店、精品店 24 个，区乡特色连锁店 10 个。百货公司与成都城商集团合作，在新街口二楼开办计算机超市 2 个。2004 年，普安镇有虎豹服饰、艾莱伊服饰等。全年日用百货购进 2806 万元，批发 96 万元，零售 2636 万元，库存商品 224 万元。2006 年，普安镇经营工业品的店铺，主要有原各国有公司门市部、大都超市、美纳多超市、远东超市、温州商场、龙泉供销社、剑南超市、蜀北公司、新街口综合商场等。经营鞋业有惠康鞋业、正本鞋业、意尔康鞋业、蜘蛛王鞋业等 14 个。有新华书店、文具店、九林文具店、文具行、合作文具店等文化用品商店。有床上用品店、日化店。经营服装的有雪中飞、波司登、恒源祥、雅鹿、法国老人头、享得尔、金考拉、派蒙陆陆裤业、伊仁坊、春秋豹、金丝狐、凤翔歌等个体户城区 57 户、乡镇 164 户。全县专卖店、精品店、连锁超市 562 个。从事个体批发业的有盛发、丽容、胜利、丰富等小百货批发部，小扬、宏发日杂批发部，晨光、东门文具批发部、中兴塑料批发部等。日用百货业商品购进 1625 万元，批发 126 万元，零售 1909 万元。

第二节　五金　交电　化工

1990 年，县城经营五金、交电、化工商品的企业以县五金交电化工公司为主，除在广元、绵阳二级批发站进货外，还直接向西安黄河电冰箱厂、宝鸡长岭电冰箱厂、灯泡厂、成都五金站、交电站、德阳五金厂等厂家进货，建立货源基地，批发给县城五金合作商店，区乡供销社和综合商店零售。百货公司兼营家用电器，在国庆期间开展有奖销售活动，如购买彩电 1 台或自动洗衣机 1 台，发给奖票 20 张，奖品分一、二、三等，分别奖励双卡收录机、永久牌自行车等商品。五交化公司每年召开区乡供销社主任和业务人员会议，联络感情，巩固购销业务关系，采取预约购货、送货上门、代客安装、跟踪服务、设立修理部、免费修理等措施以提高服务质量。全年购进商品总额 630.57 万元，销售 625.6 万元。销售的主要商品有元钉 81 吨，镀锌铁丝 46 吨，普通灯泡 25.85 万个，自行车 3239 辆，电风扇 2188 台，缝纫机 588 台，黑白电视机 5031 台、彩电 429 台，半导体收音机 706 台，录音机 956 台，家用洗衣机 519 台，家用电冰箱 177 台，纯碱 24767 公斤，硫黄 9188 公斤，油漆 50320 公斤。1994 年，五金交电化工公司采取小批量进货，多品种经营，小库存，快周转等经营策略，在五交化大楼外侧开设门面，引进长虹家电产品、电脑学习机、快速磁化热水器、电饭煲、气电两用炉等家用电器。全年购进商品总额 500 万元，销售 600 万元。全县经营五交化商品零售企业 4 个，网点 130 个，从业人员 285 人，其中县城零售企业 2 个、网点 34 个、从业人员 134 人。全县销售自行车 745 辆、电视机 1703 台、录音机 385 台、家用电风扇 1058 台，家用洗衣机 159 台，家用电冰箱 345 台，抽油烟机 75 台，元钉 36 吨，镀锌铁丝 8 吨。1995 年，家电批发 278.19 万元，零售 351.86 万元，化工商品批发 23.08 万元，零售 351.8 万元。1996 年，五金交电化工公司破产。1997 年，原五交化公司部分职工自愿入股，与集体股金共同组建五金家电有限责任公司，实行自筹资金、自组货源、自负盈亏、租赁门点、统一管理的经营模式，经营五金交电化工商品。全县有五交化零售企业2个，网点204个，从业人员307人，其中县城企业2个、网点31个、从业人员77人。全年销售自行车222辆，电视机2775台（彩电1037台），录音机91台，录像机11台，家用电扇443台，家用洗衣机768台，家用电冰箱414台，房间空调器7台，照相机43架。2000年，个体私营家电经营在县城陆续开业。2001年，五金家电公司销售878万元。2004年，五金家电公司引进海尔家电在剑阁开设专卖店，批发零售家电产品。

第三节　石油　煤建

石油　1990年，县境内石油销售以四川省石油集团剑阁有限公司为主，下设2个销售点，一个是以库代站的普安油库，一个是新桥加油站。公司担负全县用油供应及石油市场管理双重职能。1991年至1995年，剑阁石油公司购进各类成品油8712吨，销售8465吨。销售收入2106万元，实现利税53.83万元。1992年，剑阁石油公司分设集体企业剑阁石化产品联营公司。新建下寺、剑门、鹤龄、白龙、公兴、汉阳、元山、开封加油站。1995年年底，将普安油库改造为加油站，成品油储存量从3000吨降至200吨，达到国家一级加油站的规范要求。1997年，汽油销售批发2639吨，零售879吨，库存308吨。1998年至2000年，石油及其制品购进6201万元，销售7259万元，库存674万元。2001年，剑阁石油公司划归中国石油天然气集团，由独立法人单位变为中国石油终端销售机构。2006年，销售各类成品油1.15万吨，占市场1.3万吨的88.46%。出资1100万元收购县内外单位和个人所办的加油站13座，在下寺镇修城园区、普安镇三江口新建加油站两座。关闭碑梁、下寺、沙溪坝、新店子加油站。按照国家新行业标准整治全县13座加油站。

煤建　1990年，商业局所属煤建公司经营煤炭，蜂窝煤厂生产供应蜂窝煤。8月20日，县政府召开会议传达中央、省、市关于煤炭实行统一购销管理的指示精神，决定对煤炭实行计划分配、统筹平衡、归口经营、保证供应方针，煤建公司凭计划发给煤炭运销许可证，在国道108线公路边设立煤炭经营检查站，在此路过的煤炭一律过磅检查。对违反计划、计量、价格的，按照规定处罚。会后，县公安交警昼夜配合检查，县工商局在国道108线查处市蔬菜公司无证运销煤炭。12月，煤建公司召开供货会，用煤量较大的县水泥厂、普安机砖厂、开封砖厂签购煤订单，分别订煤1000吨、1500吨、2000吨，全年销煤8784吨，加工蜂窝煤销售无烟煤8477吨。在燃料缺乏的元山镇办蜂窝煤厂、日产蜂窝煤2万块。煤建公司全年销售收入149万元。1991年，销煤24880吨，销售木材500多立方米，全年营业收入322万元。1993年，煤建公司划细核算单位，改为国有民营煤炭、建材、燃气、综合4个公司和蜂窝煤厂、加气站。年产蜂窝煤23153吨，营业收入231万元。1994年，煤建公司设立节能部，在全县开展改灶节煤工作。全年销煤6717吨，营业收入231万元。1996年11月，煤建公司改制为燃气有限责任公司。1997年，燃气有限责任公司下设滨河路和下寺、剑门关、元山、公兴、鹤龄、白龙、江口网点，扩大液化气供应，设立修理部为用户免费修理炉灶。县政府通告整顿液化气市场，取缔非法经营液化气的个体户8户，指定县燃气有限责任公司为用户定期检验钢瓶、处理残液，发挥主渠道作用。全年产销蜂窝煤1215.7吨。随着煤炭经营的逐步市场化和燃料的多样化（城镇液化气、天然气、电、煤并用，农村烧柴和电、沼气、煤炭并用），燃气有限责任公司煤炭销售量逐年下降。2000 年 5 月，燃气有限责任公司依法破产。

第四节 副食品

1990 年，全县有肉联厂、冻兔厂、糖果厂、刺梨饮料厂等食品制造企业 62 个，产值 9328 万元，饮料制造业 34 个，产值 254 万元。食品类零售额 8253 万元，销售猪肉 5.81 万头，牛肉 100 头，羊肉 100 头，鲜蛋 279.2 吨，酒 1745 吨，食糖 1016 吨，水产品 4.11 吨。6 月，县委、县政府在商业局召开生猪工作会议，对食品公司猪肉胀库难销、亏损严重等问题商讨对策，决定增派人员向外扩销。县长薛义富同商业局局长、食品公司经理分别赴太原、沈阳、上海、深圳等地推销猪肉；食品公司在兰州租赁冷库储存冻肉，销往西北地区；派屠工去绵阳、中江学习生猪剥皮和分割肉技术；检查白龙区各乡镇村组生猪购销合同执行情况。县糖果厂生产的糕点、杂糖年销售收入 40 万元左右。糖酒公司在鹤龄、金仙、元山、开封、武连、白龙等乡镇设立批发部，批发糖酒副食。并向周边的南部、梓潼等场镇扩销。到绵阳、绵竹组织剑南春、茅台等名酒应市。全年销售糖酒副食 594.62 万元。集市贸易成交猪肉 2235 吨，鲜蛋 768.8 吨。水产品 56 万元，干鲜果类 174 万元，蔬菜 423 万元。1993 年，县食品公司 10 个区经营站改设 36 个乡镇食品经营站，有职工 543 人。五交化公司兼营糖酒副食。1994 年，全县收购生猪 18.94 万头，销售猪肉 11729 吨，水产品 3700 公斤，食糖 235 吨，酒 17.46 万吨。集市贸易成交猪肉 3797 吨、2715 万元，鲜蛋 8988 公斤、581 万元，水产品 197 万元，蔬菜 743 万元，干鲜果类 535 万元。1995 年，食品公司为养猪户贷款贴息 120 万元，收猪 21 万头，销售猪肉 10.56 万头，全县实现生猪税收 1300 万元，食品公司缴税 601 万元。集市贸易成交猪肉 3426 吨，牛肉 193 吨，羊肉 48 吨，鲜蛋 1373 吨，家禽 1790 吨，水产品 282 吨，蔬菜 7944 吨，干鲜果类 3502 吨。食品批发 63.14 万元，零售 64.9 万元。饮料副食批发 249.6 万元，零售 56.96 万元。1996 年，食品公司改制为肉食品有限责任公司。1998 年，签订对俄出口冻猪肉 2700 吨。县政府设立生猪宰屠管理办公室，规定生猪宰屠实行定点屠宰、统一检疫、统一缴税、分散经营。在县城销售的鲜猪肉，一律由食品公司肉联厂屠宰。关闭县城其他屠宰场。12 月，批准柳沟、开封、秀钟等 18 个生猪定点屠宰场。全年销售猪肉 70731 头，冻猪肉 120 吨。集市贸易成交猪肉 4245 吨，牛肉 249 吨，羊肉 153 吨，鲜蛋 2051 吨，家禽 1761 吨，水产品 764 吨，蔬菜 17123 吨。1999 年，全县批准定点屠宰场 46 个，关闭简易屠宰场 15 个和私宰滥杀点 200 多个。2001 年，在元山、剑门关、江口、下寺镇增设生猪定点屠宰场。食品有限责任公司全年购进生猪 99988 头，集市贸易成交猪肉 4866 吨，牛肉 412 吨，羊肉 112 吨，鲜蛋 2444 吨，家禽 2571 吨，干鲜果类 6896 吨。年产剑门火腿 1.5 万只，向香港裕华公司供货，销售额 3000 万元左右。汇丰食品有限责任公司收宰生猪、冻猪肉销往广州、深圳、北京等地。2006 年，剑阁食品经营企业有喜诚食品有限公司、满福食品有限责任公司，佳芯食品有限责任公司、志公寺食品有限责任公司、剑门关“国娃子”食品厂和“马和尚”豆腐干等。

第五节　饮食服务

1990年，县城的主要饭店有全民所有制的剑阁饭店、鼓楼园饭店、剑阁宾馆食堂，集体商业南鲜饭店、闻溪饭店、顺城街稀饭饼子店、车站小食店。旅店业有全民所有制剑阁宾馆、剑州宾馆（原县委招待所）、桥东宾馆，集体所有制企业蜀北宾馆、剑南宾馆、五交化公司招待所等。照相业有剑阁照相馆、时新照相馆、剑南影楼、苑芳影楼等。集体所有制的理发店有东门、西街、车站门市部。全县饮食业的从业人员719人，全民所有制73人，城镇集体所有制219人。1992年，集体所有制企业新建金龙宾馆、经营餐饮住宿业务。1993年，全民所有制的剑阁宾馆、桥东宾馆、剑阁饭店、鼓楼园饭店，实行国家所有、集体承包和大包干等经营形式。全县餐饮业营业收入1192万元。1995年，县供销社招待所和农业大厦餐厅、住宿部开业。1996年，全县餐饮营业收入3917万元。1998年8月，金融系统的金都大厦和吴应良新建滨河路美丽洲宾馆开业，经营食宿业务。2002年，全县餐饮业营业收入4156万元。2003年9月28日，县政府在剑门关举办豆腐文化旅游节，业主母建民组织6人攻关技术小组，用黄豆3120公斤，制作成重6878.16公斤的“天地豆腐王”，创吉尼斯世界纪录。剑门关镇8个餐馆注册登记经营豆腐宴席。是年，剑阁宾馆建成二星级宾馆。全县有餐旅企业1381个（国有企业1个，集体企业1个，私营企业5个，个体1374户），年营业收入8266万元，实现利润1811万元，上缴税金193万元。国有剑阁宾馆有员工132人。2005年，全县美容美发备案登记的有大型店2个、中型店7个、小型店109个。从事美容的7个，美发86个，既美容又美发25个，均为个体经营或特许加盟连锁店。有从业人员220人，技术人员68人。2003年7月、成立美容美发协会。2005年，剑门关大酒店建成。2006年，全县住宿餐饮业营业收入17670万元，星级（限额以上）企业255万元，星级以下（限额以下）企业和个体户17415万元。

第六节　商品展销

1990年9月30日，县财贸系统在县城举行“贺亚运庆国庆物资展销会”，参展摊位105个，参展商品10210种，销售额45.7万元。1991年9月30日至10月1日，县财贸系统在县城举办“迎国庆商品展销会”，参展的有18个企业、298名销售人员。参展商品有工业品、家用电器、农副土特产品、粮油食品、名特小吃、医药等8大类、600多个品种。荣获巴蜀食品节金奖和优秀奖的“剑门牌火腿”“剑门牌川味腊肉”畅销。百货公司的电视机优惠让利销售，两天实现营业收入3712万元。1992年元旦，县财贸系统举办冬季商品展销会。1994年元旦、春节、“五一”、国庆，县党代会、人代会期间，商业系统摆摊展销。组团参加广元秋交会，成都双新（新产品、新工艺）商品交易博览会展销。1995年元旦、春节、国庆和广元秋交会时，商业局、粮食局、供销社系统组织各具特色的商品，参加展销活动，增加销售收入3500万元。1995年，广元建市10周年，剑阁组团参加市庆暨“一会两节”（秋交会、女儿节和第二届青年艺术节）庆典活动展销商品。1997年，县毛巾床单厂参加全省双新会、市秋交会，有18个产品获优秀产品奖。1998年3月2日至8日，德阳市政府经济技术协作集团到剑阁县城举办春季商品展销会。9月16日，剑阁遭受特大洪灾，为了尽快恢复生产，重建家园，县委、县政府安排10月10日至12日，在县城举办'98秋季商品展销会，由县政府财贸办公室牵头，县工商局、城建局、公安局配合，组成县政府商品交易会办公室。以贸易局、粮食局、供销社、医药局、个体、私营企业为展销主体，区、乡镇进城摆摊设点，共设摊位906个，商品成交额598万元。1999年1月22日至25日，举办迎春商品展销会，参展的个体工商户500户，县贸易局所属百货、五金交电化工、糖酒、饮食服务等公司，县酿造厂、酒厂、综合食品公司、食品公司肉联厂的工业品、副食品，县供销社各中心社和生产资料、日杂、棉麻，外贸公司、毛巾床单厂等企业的生产资料、生活资料、农副土特产品为交易特色。粮食局所属各粮站、县城直属粮油工业企业的粮油和以粮油为主的副食品，医药系统的各类药品参展。9月，剑阁组织商业、粮食、供销系统参加市第十一届西部商品交易会和温江、成都、绵阳的商品交易会，同时邀请外地客商在普安镇和元山、白龙举办商品展销会。11月10日至16日，外地客商在普安镇闻溪路举办商品交易会。2001年，县政府决定组团参加宁夏吴忠市第十三届西部商品交易会。在广元女儿节、秋交会期间，开展系列商品展销活动。4月22日至29日，10月18日至24日，外地客商在普安镇闻溪路、小东街举办商品展销会。2003年9月28日，县委、县政府举办县政府驻地迁址庆祝大会暨中国剑门关豆腐文化旅游节，展出名、优、特、新产品。10月11日至18日，在普安镇闻溪路举办秋季商品展销会。

第二十四篇　供销　粮油　烟草　盐业

第一章　供　销

第一节　农副产品收购

棉花属国家指令性计划产品，由国家下达计划，委托供销部门统购统销。红麻、海椒等属国家指导性计划，政府下达派购任务，供销社按派购任务实行合同订购。木耳、黄花、水果、核桃、茶叶、白蜡、蜂蜜、苡仁、杜仲、黄柏、魔芋、甜叶菊等实行议价购销。1990 年，全县定购棉花、红麻、海椒、甜叶菊、苡仁等 5 大类产品 4386 吨，金额 1387 万元。其中，棉花 1197 吨，红麻 2761 吨，海椒 17.5 吨。全县订购农副产品中，订购专业户的产品 3508 吨。1992 年，全县收购皮棉 2050 吨、海椒 1029 吨。1995 年，全年农副产品购销总额 7570 万元，上缴税收 350 万元。1997 年，县供销社积极参与农副产品产业化开发，抓商品生产基地建设，实行集约化种植。全县集中在元山、公兴、白龙片区乡镇发展棉花生产；在公兴、白龙、鹤龄片区、城北镇集中发展海椒；在元山、开封、武连片区集中发展红麻。全县收购商品棉 1680 吨、红麻 540 吨、1493.33 公顷，收购海椒 25 吨。农副产品购销总额 5453 万元。1997 年起，在白龙、公兴、鹤龄、元山、国光、江口、剑门关等乡镇组建 7 个村级农资、生猪、棉花、红麻专业合作社。2001 年 12 月 17 日，白龙中心供销社引进墨西哥食用仙人掌，在白龙镇青峰村建园繁殖。2003 年，全县兴办各类专业合作社 15 个，入社社员 5675 户，购销农副产品总额 6665 万元。2005 年，有专业合作社 25 个，发展养殖基地 12 个，专业生产基地生产农副产品 1121 万元。建立生猪接收站 15 个，全年收购生猪 11.48 万头，购进金额 6153 万元，实现税收 344 万元。2006 年，收购红麻 60 吨，海椒 98.6 吨。

剑阁县供销社 1990—2006 年主要农产品收购情况表

表 24－1

年份	总额（万元）	棉花（吨）	红麻（吨）	海椒（吨）	粮食（吨）	生猪（百头）	油菜籽（吨）
1990	3464	1008.5	3080	17.5	6683	47	400
1991	4122	1993.5	2790	37	8562	210	784
1992	3285	2050	1888	1029	8410	243	1972
1993	4299	78	—	49.4	10209	196	—
1994	7078	62.8	173	3.25	5940	420	—
1995	7570	507.1	561.7	113.4	3434	750	924
1996	7284	1330	730	107	2310	950	503
1997	5453	1680	540	25	2241	661	—
1998	5770	1362.5	38	9	518	397	—
1999	2948	29.4	600	650	—	547	—
2000	4065	1342.2	188.6	94.5	—	662	—
2001	5938	122.6	129.8	0.65	—	1000	—
2002	6199	32.9	31.1	132.3	—	934	—
2003	6665	—	1.28	390	113	1093	—
2004	7446	—	165	1458	4585	1058	—
2005	7285	—	10.1	415.4	—	1148	—
2006	—	—	60	98.6	860	1121	200

说明：资料来源为县供销社提供。数据为供销系统。

第二节　农资供应

农资专营联营　县供销社对化肥、农药、农膜实行专营，其他部门、单位和个人一律不准插手经营。1990 年，县供销社成立专营领导小组，监督执行专营政策和专营纪律，负责农资市场管理，保证“三农”物资有序供应。1992 年，建立县供销社贸工农总公司，发挥集团优势和农资商品供应主渠道作用，对化肥、农药、农用薄膜等农用商品，实行县供销社与基层供销社联合经营。联营体成员企业有县农资公司及 12 个区供销社。联营方式包括统一进货渠道，统一计划管理，统筹调拨运输及风险保全制度等。品种由农资公司统一对外衔接计划，商定价格，坚持“淡储旺供”原则。农药、农用薄膜由县农资公司集中储备货源，化肥由县农资公司与各基层供销社共储，分月到位。碳铵储备量按高于常年销售1/3储备，磷肥按高于常年销售量1/2储备。储备商品所占资金利息和定额损耗由县农资公司承担。1992年至1995年，县农资公司领导带队到省外124个厂家采购调运各类化肥308115吨，农药1849吨，农膜826吨，中小农具10.5万件。

农资一体化经营 1994年，县供销社组建农业生产资料总公司，对农业生产资料实行专业化经营。农资总公司为县供销社直属企业，实行独立核算，自主经营，自负盈亏。1996年至1998年，销售各类化肥24.26万吨，农药1171吨，农膜575吨，农机具5516台，实现销售额3.17亿元。县农资公司建立系列化服务中心，由3名农艺师、2名助理农艺师组成服务中心办公室，负责编印农科资料，指导基层开展系列化服务。全县庄稼医院60所，面向农业，以农资商品销售与科技服务相结合，以村科贸站、代销店为依托，建立多功能服务网点576个，帮助农民进行市场预测，提供市场信息、科技信息，提供测土配方施肥技术，做好产前、产中、产后服务。1996年，组织机械化病虫害防治专业队20个，统防统治面积12000公顷，供应种子180吨，培训农民技术员8784人，配方供肥3940公顷，配方施肥7333.33公顷，化学锄草13333.33公顷，地膜覆盖3293.33公顷。1997年，帮助农民推销棉花、红麻、海椒、粮食、生猪等农副产品总额7284万元。2005年，全县供销社建“三农”服务中心22个，开展软件信息、科技指导，种子、中介、基础设施建设、技能培训等项目的服务。2005年至2006年，全县“三农”服务中心购销总额1.08亿元。其中，“三农”物资销售2554万元，生活资料销售511万元。

第三节 废旧物资回收

县供销社组建废旧物资回收利用公司，与各基层供销社联营。建立区回收联营站，向村镇张网布点，设立村镇个体户回收点，负责废旧物资回收利用工作及行业管理。1990年，全县有回收联营站5个，收购网点241个，个体户100余户，回收总量2500吨（废纸765吨，废钢铁631吨，废旧有色金属15吨），回收废旧物资69.08万元，实现销售利润7.73万元。县回收公司新建仓库345平方米，挑选各类物资1100吨，总值10.5万元，切割大件废钢40吨。1991年至1992年，县供销社配合公安、工商等部门挡获无证经营、运输废旧金属13吨，价值8800元。1994年，全县回收废旧物资203万元。收购杂铜3141公斤，废铅1965公斤，废钢铁1821吨，废纸2427吨。1996年，35个回收站、点回收废旧物资116万元，个体大户回收6.1万元。1998年，废旧回收企业改制，放开废旧回收行业，实行自筹资金，自主经营。县供销社只作间接管理和指导。全年回收废旧物资12万元。2003年回收废旧物资245万元。2006年回收废旧物资273万元。

第二章 粮 油

第一节 收购与储备

粮食收购 1990 年，县政府下达订购任务 30500 吨（中小麦 9000 吨，大米 1500 吨，玉米 7000 吨）。收购市场小麦、稻谷、玉米指导价为每公斤 0.8 元、0.68 元、0.64 元，全年收购粮食 3974 万公斤。实行“挂钩”奖励和预付订金，由粮站结算订购任务时兑现。1993 年，实行保量放价收购。当年县政府下达合同订购任务 29250 吨，实际收粮 69050 吨。1996 年，国务院发出《关于做好当前粮食收购和储存工作的通知》，要求稳定粮食市场价格，防止粮价过度下滑。省政府发布《订购粮食包干管理试行办法》，规定包干基数必须完成。订购每公斤中等稻谷、玉米 1.44 元，小麦 1.36 元。1997 年，省政府指示，订购任务要落实到户，并纳入各级政府工作目标考核。县政府下达订购任务 29800 吨。中等稻谷玉米保护价为每公斤 1.32 元，小麦每公斤 1.28 元。1998 年，国务院颁布《关于进一步深化粮食流通体制改革的决定》，取消“挂钩”奖励政策。县政府下达订购任务 17800 吨，规定主要粮食品种收购保护价，按保护价敞开收购农民余粮。2000 年，订购任务 1900 吨，稻谷执行保护价，小麦、玉米退出保护价范围。稻谷 1 级每公斤 1.12 元，5 级 0.88 元。

2003 年，粮食收购全面市场化，国有粮食企业转变收购方式，实行就仓收购、上门收购与预约收购相结合，敞开收购农民余粮，全年收购粮食 78150 吨。2005 年，粮食购销市场“一主多元”格局形成，国有粮食企业在竞争中拓展主渠道，掌握粮源，立足多购，充实库存，满足农民出售粮油需求，确保国家粮食宏观调控和国家粮食安全，全年收购粮食 69682 吨。2006 年，继续发挥国有粮食企业主渠道作用，收购粮食 69840 吨，中等稻谷收购价每公斤 1.44 元。

油料收购 对市场粮食品种按保护价挂牌收购。县政府下达市场粮食收购任务，粮食局下达保护指导价。1990 年，油菜籽执行全省统一综合价，由粮食部门统一收购，其他任何人和任何部门不得插手经营。订购任务内的油菜籽，交售后无偿返还油枯。至 1993 年，全年收购油菜籽 12400 吨。1994 年，油菜籽执行最低保护价，每公斤 2.6 元。每公斤提取 0.04 元作为乡镇组织费，全年收购油菜籽 15050 吨。1996 年，国务院规定，对议价粮按市场粮价收购，市场价低于订购价时，按县政府确定的保护价收购。购销差价由中央和地方风险基金补贴。1997 年，收购油菜籽，中等指导价每公斤 2.6 元，全年收购油菜籽 6790 吨。1999 年，国务院指示，拉开粮食品质差价、季节差价和地区差价，按购得进销得出、不亏损原则，自行确定购销价格。2003 年，粮食收购全面市场化，县政府根据市场行情制定粮食收购保护价，确定油菜籽分类指导价。2004 年，全县种植高芥酸油菜籽 6666.67 公顷，实行订单收购 15297 吨。2005 年，收购高芥酸油菜籽 19800 吨。2006 年，收购 10710 吨。高芥酸油菜籽收购价高出普通油菜 3%—5%。

花生，在每年湿花生上市时，即被抢购一空，国家粮食企业难以收到符合标准的干花生。芝麻收购数量极少。

粮油储存保管　1990 年，柳沟、武连、公兴、鹤龄、剑门等 5 站 10 所扩建仓库容量 665 万公斤。1991 年，扩建龙泉、香沉、圈龙粮站（所）仓容 220 万公斤，新建抄手、新桥、海螺包仓库，仓容 600 万公斤。1992 年，扩建柳垭、秀钟、高观、下寺仓库，仓容 285 万公斤。1993 年至 1997 年，新建张王、正兴、香沉等 11 个乡镇村组粮仓，增加库容 342. 5 万公斤。1998 年至 1999 年，改建吼狮、白龙、开封等处仓库，容量 629 万公斤。2000 年，改建闻溪、龙源仓库及丰光榨油厂基地仓，容量 125 万公斤，2000 年，搬迁北庙、木马粮管所，改造柘坝粮管所仓库，增加仓容 345 万公斤。全县总仓容为 3211. 5 万公斤。是年，利用国债资金 1382 万元，在下寺镇建成仓容为 2500 万公斤的国家粮仓，设有中控室、地磅房、检测、消防、烘干系统及升降平台等设施设备。2003 年，对全县国有粮站、库、所，产权内的土地、货物、仓库、油罐、罩棚等进行清查，健全粮油仓储清洁、安全制度，巩固发展“四无”粮仓（无虫害、无霉变、无鼠雀，无事故），“四无”油库（无变质、无混杂、无渗漏、无事故），全县粮油规范化管理全面达标。是年，用国债资金建设的县国家粮食储备库（下寺）开始装粮。2006 年，剑阁保持“四无”粮仓县称号。

第二节　粮油供应

国家供应城镇非农业人口和食品、酿造工业及饲料加工业等行业的粮油。对非农业人口的口粮按特重体力、轻体力、脑力、大中专学生、城市居民，10 岁以下儿童 3 等 9 类标准发放粮油供应证（粮油券）、副食票。农村销售主要包括生产奖励、缺粮户及救灾等项供应。1990 年，国库销售贸易粮 16538 吨，对居民和社会集团的销售额 775 万元。集市成交各类粮食 4022 吨。1992 年下半年起，粮食购销制度改革，粮价放开，取消城镇居民口粮定量凭票供应，居民直接到市场购买粮食，各种政策性用粮供应取消。1993 年，粮价上涨，国库销售粮食 2857 吨（零售 38 吨），集市成交各类粮食 6689 吨。1994 年春，国家对居民的口粮供应，从中储、省储粮中，每人每月补助 10 公斤。1995 年，恢复粮食订购，因订购粮价高于市场价格，城镇居民口粮供应彻底取消。1996 年，销粮 4988 吨（零售 276 吨），集市成交各类粮食 4708 吨，油脂油料 1647 吨。1998 年，集市成交粮食 9921 吨，成交额 2114 万元。2001 年，国库售粮 61987 吨，集市成交粮食 26124 吨。2003 年，国库销售粮油 97150 吨，集市成交粮食 24085 吨，成交额 3701 万元。2006 年，国库销售粮油 76060 吨。

剑阁的军粮供应，由龙泉、武连、开封粮站军粮供应点分别承担，供应驻剑阁雷达兵部队及武警、人武部人员、九院一、三、四所人员。

1990 年至 1998 年，外调平价粮 9. 6 万吨，订购粮 5. 03 万吨，市场议价粮 5. 87 万吨。2000 年，向西藏调销大米 3244 吨。2002 年，给九寨沟县、松潘县调拨退耕还林粮食 7720 吨。1990 年至 2002 年，剑阁向外调销食用油 1. 04 万吨。

第三节 粮油专项补贴

1990年至2006年，剑阁粮食经营企业得到的粮油专项补贴有提价补贴、储备费用补贴、超储费补贴、预购订金利息补贴、代中央和省储备粮油的差价、费用、利息补贴、议转平差价补贴、超亏挂账利息补贴、贷款建仓费用、利息补贴等。这些补贴区分不同情况，单列亏损总额，宏观算账弥补。1990年，国家给予剑阁专项补贴148万元，提价补贴178万元。1991年至1992年，专项补贴708万元，提价补贴85万元。1995年，国家对剑阁订购粮食价格补贴511万元。1996年，为稳定粮食市场价格，建立购销差价风险基金。1990年至2001年，剑阁承担国家“甲”字粮、中储粮储备任务，所需保管费用、资金利息由中央财政给予定额补贴，直接拨付给储粮企业。1990年至2006年，剑阁的省储粮由省财政给予定额补贴，直接拨付给储粮企业。2006年，省储陈化粮轮换给予每斤0.05元补贴，一次性拨付给承储企业。1994年至2002年，拨付军粮差价补贴58.8万元。1998年，经财政部核定，剑阁粮食企业自1992年4月1日至1998年5月31日，新增政策性财务亏损1.096亿元，停息挂账，利息由中央财政承担，本金由省政府筹措资金消化。2005年，按审计复核，上报确认剥离上划程序，消除粮食企业自1998年6月1日至2004年12月31日亏损挂账1.22亿元。

第三章 烟草 盐业

第一节 烟草专卖

烟草经营 1984年，成立县烟草专卖局、县烟草公司，两块牌子，一套人马。卷烟经营权归烟草公司独家所有，各供销社代批发点逐渐取消。1990年，下设白龙、新桥（武连镇）、元山、鹤龄、金仙批发部。全县零售摊点51个，个户202户。设立烟草专卖检查站、所，查处无证经营和贩运卷烟等违法行为。1995年，增设剑门、沙溪坝批发部。1999年8月15日，全县统一发放卷烟防伪标识，县烟草公司统一发行包装箱，条盒上加贴本县的标识。2000年，从业人员28人。设基层卷烟批发部，与烟草专卖管理所和合署办公，在开封、东宝、柳沟、香沉、公兴、杨村、木马、江口、盐店、汉阳、张王11个乡镇设立送货点，有经营摊点1888个。运行模式为省烟草专卖局将国家下达的生产计划分配到各烟厂，同时将销售计划分配到各县烟草公司，县公司在每年的订货会上和各厂家衔接品种、数量，在市烟草专卖货站提货。各零售摊点向批发部报送销售计划，打款后送货上门。成立烟草稽查大队，下设3个中队与卷烟批发部一起，既要做好市场管理，又要抓好卷烟促销工作。2005年，按照集中呼叫、集中配送、集中营销管理模式，设市场营销部负责全县卷烟营销。2006年，强化烟草专卖执法主体职能，加强烟草市场监管，专卖管理与专卖稽查明确分工，增设稽查中队1个。

烟草专卖稽查　1991年，挡获宝鸡卷烟厂无证运输卷烟，处以罚款4500元。挡获计划外烟厂的陕西永寿烟厂，从云南武定县烟草公司无证运输烤烟29.6吨到陕西，按产地调拨价9折验级收购。1993年，《烟草专卖法》实施后。县烟草局在新桥（武连镇）、元山镇、金仙乡、白龙镇、鹤龄镇批发部设专卖管理所，在马灯乡、武连镇、公兴镇、剑门镇设烟草检查站。查获两名河北省人从昆明往武汉非法贩运红塔山、万宝路香烟165件，价值56.1万元，处以罚款17万元。1995年，在武连镇新桥查获运载两个自制军用集装箱，箱内装有假冒红梅香烟、翻盖红塔山香烟239件，案值80万元，全部没收后销毁处理。1998年3月，在武连镇新桥检查时，发现宜宾县复烤厂调往郑州卷烟厂的烤烟455担，所持准运证过期，且有涂改，依法查扣并罚款16.27万元（违法总额的35%）。检查普安、元山、鹤龄等乡镇1000多个香烟零售摊点，没收假烟案值3.14万元。2000年出动稽查车50台，检查摊点6000人次，没收假冒烟30件，处罚款5万元。2001年起改为全市统一核算，县公司不计盈亏。2004年，查处违规经营40户，没收香烟610条，协助破获制造假烟案1件。2005年，查处烟草专卖案50起，没收假冒卷烟、杂牌烟600条，没收烟叶3.89吨，处罚款5000元。2006年，配备猎豹越野车4台及摄像机、数码照相机、录音笔等执法工具。在烟叶收购期间，严密监控收购站点，布点24小时监控交通要道，强化烟草专卖管理。与县公安局联合开展打假行动，查获制假网络案，在普安镇查获违法卷烟146条，案值1.75万元。查处违规经营120户，没收违法卷烟700条，处罚款4000元。

剑阁县1990—2006年卷烟销售情况表

表24－2　　单位：箱、万元

年份	数量	金额	缴税	利润
1990	13432	1990	310	90.49
1991	12804	2092	192	63.92
1992	13730	2414	348	58.97
1993	15198	3889	351	144.72
1994	14352	3883	81	72.05
1995	12801	4022	179	132.59
1996	13973	4717	297	150.34
1997	12709	5472	662	288.87
1998	11206	4810	280	60.66
1999	11878	5098	387	68.5
2000	11331	4791	873	534.22
2001	13730	5783	512	—
2002	56000	6120	700	—

续表24－2

年份	数量	金额	缴税	利润
2003	12700	7240	1270	—
2004	12400	8677	900	—
2005	12400	13000	1000	—
2006	11250	12000	1770	—

说明：资料为县烟草专卖局提供。

第二节　食盐专卖

食盐购销　1990年3月，国务院颁布《盐业管理条例》，盐的批发业务由各级盐业公司统一经营，食盐零售业务由商业、供销社零售单位承担。需要委托个体工商户代购代销、经营食盐，需由县工商行政部门批准。经营单位要把食盐列为必备商品，保持合理库存，不得脱销。是年，县盐业支公司调入食盐7418吨，全年销盐5733吨，实现利润13万元。1991年，少数食盐销售单位跨地区购盐、随意提价、降价，冲击剑阁盐业市场。全年销盐6300吨，比市下达计划多销500吨。11月，将原属广元市市中区管辖的下寺、上寺、普广3乡镇供盐人口移交剑阁。1996年，国务院颁布《食盐专营办法》，明令禁止将工业用盐、农业用盐及其他不符合国家食盐标准或者行业用盐标准的盐作为食盐销售。从事食盐批发、运输的单位个人必须办理经营许可证、准运证。1998年，盐业购销贯彻“专供专营专管”原则，委托有经营能力、有场地、有资金的个体户和供销社代理批发业务。全县确定食盐批发68户。对零售单位和个人，发给零售许可证，形成从县盐业支公司批发点，到区乡委托代理批发、零售一条龙的食盐专供线。全年调入合格的加碘盐6052吨，销售5600吨。实现销售收入541.81万元，利润26万元。2000年，食用小袋盐上市，调入食盐5923吨，销售5601吨。2003年，平息食盐抢购风，稳定购销市场，年销食盐4817吨，实现利润126万元。2005年至2006年，公开竞聘代批盐商，完善代批网络建设，规范盐业物流配送和食盐销售市场。

食盐仓储　按照有关规定，在县盐业支公司的仓库内，把储备盐和经营盐严格分开，实行专仓储存、专人管理、专账记载。改善保管条件，做到保质量、保数量、保安全、保急需。1992年至1996年，结合开展文明、卫生单位创建活动，不断改善仓储设施，美化净化环境，使仓储保管达到规范要求。1998年，制订仓储保管责任制，库内堆码整齐美观，账实相符，库房安全无事故。对没收的私盐，单独存放建卡，防止再次流入市场。2003年至2006年，不断规范仓储管理、分堆建卡，分仓建账，做到防火、防盗，防毒，防污染，防雨损，建成A级仓库。

盐政管理　1990年，盐政执法的重点是查处走私盐和越境跨地区销售盐。鹤龄商业总店因剑阁推销袋盐，越境到苍溪县进散盐，剑阁盐业公司得知后，随即派员到苍溪县，查明后进行制止。1992年，成立县盐政管理办公室，对全县盐业供销情况进行调查，查处销售劣质盐3起。1996年，国家对碘盐的加工、运输、仓储保管提出严格要求，碘盐和非碘盐必须分开存放，不得混乱。1998 年，县盐业支公司在全县深入宣传食盐专营法规，建立举报网点 63 个，查处销售非碘盐行为。1999 年，私盐有所泛滥。县盐政管理所下乡查私，取缔批发私盐窝点 3 个，中转销售窝点 2 个，查处违法案件 12 起，查获私盐 29. 8 吨，罚款 14250 元。2006 年 1 月，剑阁、广元、苍溪盐政管理所开展联合缉私行动，在高观乡供销社和场镇查出无碘盐 7. 7 吨，在剑门关、汉阳镇查处跨区域违章销盐 4 吨，在公兴镇查获私盐 3. 25 吨，在青川县竹园坝和通往白家的途中查获私盐 15 件，在金仙镇碾盘垭查出私盐窝点两个，没收私盐 4. 3 吨。2001 年，在国道 108 线没收运私盐 11 吨，被并处罚款 2100 元。在禾丰乡查获私盐 3. 25 吨，处罚款 8530 元。2003 年 4 月非典流行时，出现碘盐可治非典的谣言，导致抢购碘盐成风，县盐政、公安、物价、工商部门组成综合执法大队，查处囤积居奇、跨区域经营案 3 起，平息抢购食盐风波。

第二十五篇　财　政

第一章　财政体制与改革

第一节　财政体制

乡镇财政实行“定收定支，收支挂钩，收入上缴、支出下拨，超收分成，短收减支，结余留用，超支自理，一年一定”的管理体制。1990年，全县设区财政办公室10个、乡镇财政所60个，配区、乡镇财管人员156人。1991年，增设下寺区财政办公室和下寺、上寺、普广财政所。1992年，撤区并乡建镇，撤销11个区财政办公室，建立36个乡镇财政所。1994年，贯彻国务院1993年12月15日《关于实行分税制财政管理体制的决定》，县财政对乡镇财政实行“核定收支、收入递增、超收分成、超支不补、结余留用，一定五年”的管理体制。1995年，为适应中央对地方实行分税制的财政体制，全县设12个片区工委财政办公室和57个乡镇财政所，配编204人，设所长、副所长、会计、出纳。1997年，全县区、乡镇共有财管人员225人。5月，地税所分设，分流125人，区乡财政保留人员100人，负责组织乡镇财政收入，管理预算内外资金和国有资产登记等财政工作。2001年后，农村税费改革，调整乡镇财政实行“划分税种、比例分享、核定收支、定额上解、转移支付、自求平衡”管理体制。2003年，县政府组织财务工作组，深入乡镇澄清财务家底，核定收支范围、税种，锁定乡镇债务基数，建立偿债机制和县对乡镇的激励约束机制。2005年，按照预算管理权、资金使用权、财务审批权不变的原则，县财政对乡镇实行预算共编、账户统设、收入统管、支出统核、采购统办、票据统制。建立收入、支出、管理、监督“四位一体”的财政体系。2006年，撤销11个督导室财政办公室，保留57个乡镇财政所，设编176人。是年7月，贯彻财政部《关于进一步推行乡财县管工作的通知》，在基层逐步建立“乡财县管乡用、分类指导、激励约束”的以县为主的公共财政体制。

第二节　财政改革

1994年，财政工作重点转移，突出财源培植。1995年，推行分税制（分国税、地税）后，建立统一转移支付制度。至1996年国家累计转移支付价格补贴1104万元。1999年，建立区乡财务会计核算中心，实行综合财政预算。2000年7月，县政府决定在乡镇建立金库，组织财政干部赴剑门关镇、香沉镇、迎水乡先行试点并逐步推开。2002年农村税费改革，取消乡镇统筹、村提留和行政性收费、集资。免收屠宰税，调整农林特产税税率，地方财政收入减少。为确保基层政权正常运转和支持农村经济发展，中央和省财政对地方财政减收部分，实施转移支付。全年，一般性转移支付1271万元，农村税费改革转移支付3032万元。2003年4月，建立县国库集中收付中心，制定《剑阁县县级国库集中收付制度暂行办法》，规定实行国库集中收付后，取消各预算单位所有银行账户，县级财政预算内外收入分别采用直接缴库和集中汇款方式。各项财政收入，除法律、规章另有规定外，经征收机关审查无误后，按其收入性质由缴纳义务人将应缴部分直接归入国库存款账户或财政专户。集中收付坚持"三不变"（预算单位资金使用权不变，预算单位会计主体和核算权不变，债权债务关系不变）的原则。至年末，全县纳入集中收付中心的县行政事业单位111个，在国库集中收付中心开设银行账户121户。2004年，县政府扩大财政改革范围，成立县政府采购中心，制定《剑阁县县级定点采购管理办法》《剑阁县政府采购工作规程》，规定除法律、法规另有规定外，县级各部门、各单位（简称采购人），必须实施政府采购目录以内和采购限额标准以上的采购活动。为使采购活动便于操控，县财政局坚持每年在部门预算编制前，拟定下一年度政府集中采购目录和采购限额标准。全年政府采购支出1481.28万元。2005年，加大财政转移支付力度，省财政给剑阁一般性转移支付补助24922万元，其中，调整工资转移支付7408万元，农村税费改革转移支付7597万元，农村义务教育和专项补贴转移支付9175万元，缓减县、乡财政困难转移支付补助742万元。贯彻落实《政府采购法》，实现政府采购支出1996万元（公开招标采购171万元，邀请招标采购6万元，竞争谈判采购1819万元）。2006年1月1日，县财政新的支付系统正式运行，实现省、市、县三级财政联网和预算单位资金网上申请、审批、支付，提高财政直接支付比率。11月3日，新的国库支付系统和操作系统正式运行。是年，剑阁全面推行"乡财县管"，清理整顿乡镇财务，核定财政供养人员，锁定债权债务，给乡镇减债、减负、减压。建立收入、支出、管理、监督"四位一体"的公共财政管理体制。完善政府采购、国库集中收付、转移支付运作程序。全年实现政府采购金额2932万元，纳入国库集中收付单位187个（行政、政法口39个，社会保障15个，教科文口109个，投资管理口9个，经济建设口9个，农业口6个），开设银行账号206个。累计发生收支账额103213万元。中央、省给转移支付31508万元，全部下拨、填补农村税费改革后形成的需求缺口。

第二章 财政收支

第一节 财政收入

一般预算收入 1990年，财政一般预算收入包括工商税收、农牧业税收、国有企业所得税、调节税、上缴利润，计划亏损补贴和其他税费收入。全年实现一般预算收入2293万元。其中，工商税收1711万元，农牧业税收389万元。随着国民经济总量增加，财政收入逐年递增，1993年，全年实现一般预算收入3657万元。其中，工商税收2601万元，农牧业税和耕地占用税571万元。1994年，实行国税、地税分征制，一般预算收入取消国企调节税和上缴利润两项，增加中央上划两税返还收入项，全年实现一般预算收入3315万元。其中，工商税收类1717万元，农牧业税收和耕地占用税957万元，国企所得税125万元。1996年，县委、县政府抓财政扭补，抓企业扭亏增盈，抓产业结构调整。大力发展蚕桑、烤烟、水果生产，广辟财源，全年实现一般预算收入5170万元。其中，工商税收类2833万元，农牧业税和耕地占用税1603万元。1998年，扶持纳税大户，突出财源培植。全年实现一般预算收入6055万元。其中，工商税收类3064万元，农业四税1873万元。2001年，剑阁农业遭灾减产、减收，农业四税减少，全年实现一般预算收入5265万元。其中，工商税收类3074万元，农业四税1058万元。2002年国有企业产权制度改革，其税种减少，全年完成一般预算收入6569万元。其中，工商税收类2070万元，农业四税3702万元。2003年起，国家逐年取消农业税、农特税、屠宰税等农业四税。2006年全县财政一般预算收入3363万元，其中工商税收类1865万元。

预算外收入 1990年，全县预算外收入含行政性收费、政府性基金、地方财政部门的收入、国有企业主管部门收入等97个项目，收入金额3048.3万元。其中，行政事业性收费266.8万元，基金和附加322.7万元，其他收入2458万元。1991年至1995年，农业、文卫、工商、国土、城建等部门增加收费项目80余个。1996年增加乡镇自筹、统筹资金、社会保障基金，有收费项目180余项，收入7269万元。其中，行政事业性收费1600万元，基金和附加累计收入2408.3万元，乡镇自筹统筹资金1655.3万元，社会保障资金566万元。1997年后，中央发文取消部分收费项目。2000年，预算外收费项目141项，收入5620万元。其中，行政事业性收费3677万元，基金及附加1848万元。2001年起，压缩政府性收费项目，严厉禁止乡镇乱收费、乱提留、乱罚款。收入逐年下降。至2006年，全县预算外收入1707万元。其中，行政事业性收费710万元、基金及附加收入916万元。

上级补助 1990年上级专项拨款1090万元，用于川中农业综合开发，水利、交通、林业工程建设。1993年起，增加价外补贴、原体制补助等。至1998年上级补助资金18814万元。其中，专项拨款12808万元、原体制补助1617万元、价外补贴2345万元。2000年始，国家加大投入，提高专项拨款数额，增加税收返还补助项目。2001年，补助11134万元。其中，专项拨款补助3067万元、税收返还2241万元。2002年，农村税费改革，国家加大转移支付力度。2006年，全年补助48809万元。其中，专项拨款补助

12378 万元、税收返还 2363 万元、转移支出补助收入 31508 万元。

剑阁县 1990—2006 年财政收入情况表

表 25－1　　　　单位：万元

年份	一、地方财政收入	1. 一般预算收入	工商税收	农业四税	2. 基金收入	二、共享税上划	附记：省补助收入	专项拨款补助	税收返还收入	转移支出补助收入
1990	2293	2293	1711	389	—	—	—	—	—	—
1991	2454	2148	1590	404	—	—	—	—	—	—
1992	2613	2613	1855	545	—	—	—	—	—	—
1993	3657	3657	2601	571	—	—	—	—	—	—
1994	3315	3315	1717	957	—	1591	—	—	—	—
1995	4069	4070	2495	1099	—	1875	—	—	—	—
1996	5168	5170	2833	1603	—	2035	—	—	—	—
1997	7229	5855	3355	1873	1374	1713	4627	2880	1172	—
1998	7319	6054	3064	1873	1264	1575	4887	2588	1070	—
1999	7547	6374	3237	1517	1173	1824	5147	2428	1183	—
2000	6792	5496	2664	1297	1296	2933	7222	3476	2146	—
2001	5810	5265	3074	1058	545	3245	11134	3067	2241	—
2002	7327	6569	2070	3702	758	2825	15752	4028	2046	8473
2003	7102	6216	1524	3728	886	3377	17855	4372	2316	9555
2004	5457	4930	2302	1930	527	3594	26711	7419	2295	16071
2005	3302	3001	1831	—	301	3516	36925	8966	2320	24922
2006	4029	3363	1865	—	666	3564	48809	12378	2362	31508

说明：资料为《剑阁财政志》《剑阁统计年鉴》《剑阁五十年》综合整理。

第二节　财政支出

一般预算支出　1990 年，一般预算支出编制科目 14 个，支出 3793 万元。其中，经济建设支出含基本建设、支持农业生产、城市维护等 672 万元，文教卫生事业费 1500 万元，行政管理费 502 万元，优抚及社会福利救济费 178 万元。1993 年，一般预算支出 5855 万元。其中，基本建设投入 282 万元，农业生产投入 432 万元，城市维护费 67 万元，优抚救济费 171 万元，财政供给人员工资、福利待遇累计支出

2572万元，价格补贴945万元。1995年起，县政府把财政增收、企业增税纳入单位部门及乡镇第一把手考核目标，强化税收征管，加大“三大检查”（税收、物价、财务）力度，财政状况略有好转。1998年一般预算支出10908万元。其中，经济建设支出1483万元，财政供养人员工资及事业费支出6103万元，社会福利、救济支出365万元。2000年一般预算支出编制办法改历年“基数加增长”为“零基预算加项目预算”，坚持先安排工资、社会保障、公务费，再安排业务费、事业发展和经济建设费用，严格按照“三定”方案，控制财政支出，消除赤字。2001年，一般预算支出16175万元。按照国家财政支出口径，预算支出科目37项，增加外交外事支出，对外援助支出，武装警察部队支出、土地和海域开发支出等。2002年后，税费改革，征税项目减少，国家加大专项资金投入和财政转移支付力度，维持财政收支平衡。2006年，全年一般预算支出52222万元。其中，经济建设支出6517万元，优抚救济救灾支出3279万元，农林水畜牧事业费2751万元，文教卫生事业费16821万元，工交财贸事业费3619万元，行政管理费8296万元，文体广电等单位事业费3987万元，社会保障、政策性补贴、离退休人员退休金等其他单位事业费6952万元。

预算外支出 1990年，预算外支出项目包括：地方财政部门支出、行政事业费支出、基本建设及其他项目支出。至1995年，累计总支出24647万元。1996年后，增加乡镇统筹支出，社会各类保险支出等。至2001年累计支出38013万元。其中，行政事业费12548万元，基本建设3657万元，城市维护399万元，乡镇统筹11685万元，地方财政部门903万元，主管部门、预算调节、社会保障其他支出8821万元。2002年后，县政府严格“收支两条线”管理，对预算外资金实行打捆安排使用，至2006年累计打捆安排11125万元。

其他支出 财政其他支出项目含基金支出，上解支出，国债转贷收入安排的支出，项目及专项拨款支出。1990年至1995年，修建杨家坝水利工程，实施“川中农业开发项目”、建设长防工程等，国家专项拨款与工程项目投入支出6395.8万元。1996年始，改善交通状况，实施“普九”教育，治理城市环境，发展“三高”农业等。至2000年累计支出18556万元，其中项目及专项拨款支出11588万元。2001年后，剑阁实施新村扶贫工程、金土地整治、草场建设、退耕还林、天然林保护、公路升级改造项目、石油价格改革财政补贴资金、农资综合直补资金等。至2006年累计支出63605万元，其中专项拨款及工程项目支出57157万元。

剑阁县1990—2006年财政支出情况表

表25－2 单位：万元

年份	一、一般预算支出	基本建设支出	支援农业生产支出	城市维护费	文教卫生事业费	优恤和社会福利救济费	行政管理费	二、上解支出	三、基金支出
1990	3793	176	441	55	1500	178	502	351	—
1991	4105	418	398	61	1480	166	544	219	—
1992	4681	337	404	64	1585	171	578	122	—
1993	5855	282	432	67	1780	171	717	84	—

续表25－2

年份	一、一般预算支出	基本建设支出	支援农业生产支出	城市维护费	文教卫生事业费	优恤和社会福利救济费	行政管理费	二、上解支出	三、基金支出
1994	6700	454	310	72	2794	228	1079	9	—
1995	7228	272	291	33	3113	298	1098	234	—
1996	8773	241	479	113	3285	313	1005	94	—
1997	10462	194	515	115	3486	335	1367	299	1380
1998	10908	494	703	286	3873	365	1631	619	1325
1999	11170	18	853	173	4049	403	1604	744	1173
2000	13019	113	698	225	4765	554	1762	199	1325
2001	16175	530	847	170	6271	681	2463	224	512
2002	22565	756	391	482	7354	929	3833	559	811
2003	24699	1326	1775	352	7493	1350	4383	567	1101
2004	32130	1678	2187	265	9276	1460	5318	411	684
2005	39768	568	3525	617	10910	2749	7407	158	529
2006	52222	1730	3606	920	16821	3279	8296	160	2340

说明：资料为《剑阁财政志》《剑阁统计年鉴》《剑阁五十年》综合整理。

第三章　财政管理

第一节　财源建设

财政扭补　1990年，县财政滚存赤字252万元。1991年，省财政厅将剑阁列入全省财政扭补县，与县政府签订《扭补合同任务书》。1992年，县政府成立“剑阁县财政扭补领导小组”，确定扭补项目，制订扭补措施。至1995年，省财政厅投放财政扭补资金2250万元，扶持剑阁丝厂、绸厂、淀粉厂、植物油厂、毛巾床单厂、针织厂、水泥厂等企业的技术改造和挖潜配套；支持烟叶、蚕桑生产，发展氨化饲料养牛等。财政扭补期五年，1996年，扭补单位及项目区累计增加税利1397万元，削减财政赤字349万元，财政收支基本持平。是年12月，省、市派员检查验收，认定剑阁县为财政扭补合格县。

企业扭亏　1990年，县财政向骨干企业倾斜，坚持“放水养鱼”，对丝厂、食品公司、粮油议购议销公司归还贷款，弥补亏损，让利近1000万元。1992年，上述3家企业扭亏为盈，上缴利税占全县企业上缴利税总额的58%。1993年5月，县委印发《关于切实抓好企业扭亏增盈工作的意见》，对小型商贸企业上缴利税实行“包死基数、超收全留”，对骨干财源企业坚持“将欲取之，必先予之”。至1997年，县财政投入挖潜改造资金475万元，扭亏企业96户，企业上缴财政税利426.5万元。2001年，实施“工业强县”战略，培育支柱产业和优势项目，提高创税能力。县政府对全县骨干纳税企业进行逐一排队，县级四大班子领导分片包干，挂联剑州电力公司、县烟草公司、剑峰水泥有限责任公司、剑门茶场、剑阁页岩砖厂、元山、武连个体经济示范区。财政投入资金451万元。至2003年，上述企业全部实现盈利755万元。2004年，企业产权制度改革结束，县政府将企业财源增值重点转向民营企业，制定优惠政策，简化办事程序，为民营经济开绿灯。2006年，全县民营企业创财税2818万元。

烟叶生产 1990年，划定剑门、柳沟、普安、城北、江口等乡镇为重点种烟区，创财税600余万元。1993年，县财政、烟草公司、税务部门负责培训技术，供应烟苗，兑现烟叶专用肥。县级部门定点包片，实行烟叶生产双向责任制，龙源镇、木马镇烟叶创税均超20万元。1998年2月，县政府印发《关于稳步发展烤烟生产的通知》，制订烤烟生产组织奖、烤烟生产目标奖、烤房建设优惠政策，鼓励发展烤烟。2000年，木马镇出售烤烟30万公斤，创烟税35万元。2003年始，奖励种烟大户并实行烟叶价格补贴。2006年全县烟叶创税1459万元。

生猪发展 1990年，县级四大班子领导分片扎点，县级单位部门联乡挂村，区、乡镇干部包组包户发展生猪生产，建立生猪卡片、档案，定期检查、通报，及时解决猪源、饲料、防病、治病等问题。1994年生猪创税1000万元。1995年，县财政投入扶贫资金250余万元，项目资金50万元，用于生猪饲养技术培训、品种改良、圈栏建设，加快生猪发展速度。2000年，生猪、肉牛、山羊创税1500万元。2001年，实施省财政厅“科技扶贫、生猪三元杂交项目、高瘦肉率商品猪生产基地县”项目，国家累拨项目资金138.5万元，生猪创税1185万元。2006年，因市场疲软、生猪价格下跌，创税805万元。

第二节 清减负债

20世纪80年代后期始，全县财政性负债逐年增多。至1998年，全县区乡镇负债总额10399.3万元。其中，政府负债7466.6万元，站、所负债2932.7万元。1999年3月，县委、县政府抽调县、区、乡镇干部496人，对全县57个乡镇1995年至1998年的财务收支进行为期68天的全面清理整顿。在澄清债权债务的基础上，县委印发《关于消化区、乡负债的通知》，要求自1999年起，5年内消化全部债务，并制订消化债务规划，层层建立债务消化目标责任制。是年，核定债权，催收欠款，消化债务1598万元。2001年，根据省委办公厅《关于认真解决乡村两级债务问题的意见》和市政府《关于组织开展乡村两级债务专项审计调查的通知》精神，在全县开展乡、村两级债务专项审计调查。全县负债11584.8万元。其中，政府负债8652.1万元，站所负债2932.7万元。县政府采取精简机构，压缩行编人员。减少非生产性开支，减轻财政负担，组织力量，催收欠款，对倒闭企业依法破产等措施解决债务。至2003年消化债务4234.4万元。2004年，县委、县政府统一部署，由县财政局牵头，组织审计、监察及相关单位的财务人员对区、乡镇、村财务负债作清查，锁定数额，认定债务性质结构。截至是年末，全县乡镇、村两级负债总额36353万元。其中，乡镇负债28735万元，村级负债7618万元。负债资金用途：关闭合作基金会政府兜底1923万元，兴办企业投资462万元，兴建公共设施16172万元，工程建设项目地方配套9015万元，支付报刊、垫税等2665万元，维护日常运转5806万元，民政优抚等其他支付310万元。2005年起，将债务消化纳入政府目标考核内容，实行一把手负责制。各级政府采取催收欠款、控制开销、停息挂账、收付抵账、豁免呆账等措施，全年消化债务3074万元。2006年，实行乡财县管，村财乡管，县委、县政府对全县财务作清理，锁定乡镇、村债务28082万元。其中，乡镇19893万元，村级8189万元。对政府性债务采取统一核据，现场确认，乡镇法人代表、账务核定组负责人、债权债务人三方签字，建立完整的债权债务增减台账。

第三节　财务管理

预算管理　县财政实行预、决算制度。1990年至1992年实行单式预算。1993年始实行复式预算。1995年1月1日，《中华人民共和国预算法》颁布实施。县财政预算编制坚持“量入为出、量出增入”的原则，确定当年财政分类支出方案；乡镇财政采取“基数不变，逐年递增，超收全留，短支减收”的管理办法，行政事业单位实行“预算包干、超支不补、节余留用”的管理形式。财政预算经各级人民代表大会讨论通过，才能生效。预算方案确定后，县财政局按时拨付款项，坚持按月考核各预算单位收支状况。预算年度期满后，各预算单位及县财政分别办理决算和总决算，向同级人民代表大会报告预算执行情况。1999年，全县财政收入完成8106万元。其中，一般预算收入实现6374万元，上划中央两税收入1824万元。全年财政决算总支出13157万元。其中，一般预算支出完成11170万元。全县收支平衡状况为，上年滚存赤字318万元，收支品叠累计赤字811万元，当年赤字493万元。2001年，县财政推行“零基预算”，制定《剑阁县综合财政预算管理和零户统管实施暂行办法》。2006年实现地方财政收入4029万元，专项拨款7496万元，共享税返还5805万元，原体制补助2100万元，价格补贴600万元，转移支付31508万元，全年财政决算总收入51731万元；全年完成一般预算支出52222万元，国债转贷收入安排支出590万元，项目及专项拨款支出12120万元；财政决算总支出54972万元。

预算外资金管理　1990年，继续执行县政府1989年《关于进一步健全财务制度，加强区、乡镇财务管理的通知》精神，对预算外资金实行统一管理，使用行政事业性专用发票收费，开支执行一支笔审批，建立预算外资金专户储存、计划管理、财政审计、银行监督的管理体制。1995年，贯彻（国发〔1995〕29号）《关于加强预算外资金管理的决定》和《四川省预算外资金管理条例》，规定预算外资金所有权属国家，使用权属政府，管理权属财政，将财政专户储存改为上缴财政专户。在资金渠道不乱、性质不变、使用权属不变的前提下，全县36个单位，57个乡镇在财政建立“专户储存”账户93个，累计储存预算外资金7046万元。1996年，全面清理检查预算外资金，清查违规收费和私设小金库等问题。通过清理，补交财政专户储存款86万元，撤销多头开户6个，追缴收入19万元。1999年，县级行政事业性收费（包括罚没收入）实行收费大厅统一征收和财政委托征收；区、乡镇采取财政统管和专户储存管理。2001年，预算外资金实行收支两条线管理，在规范完善乡镇金库和会计核算制度，在全县普遍开展收支情况专项检查和收费项目年审。至2003年年末，查处违纪违规收费889万元，清理归并115个单位的银行账户。2004年，建立部门综合预算和国库集中收付制度，把预算外收入（非税收入）纳入财政综合预算管理，实行“执收分离、罚缴分离”的征管制度。资金打捆安排，统筹调剂。2006年，贯彻《中华人民共和国行政许可法》和财政部、发改委《关于公布取消103项行政审批收费项目的通知》，取消部分收费项目，全年预算外资金入库1707万元。资金管理严格执行收支两条线，实行单位开票、银行代收、财政管理、政府调控。

财务监督 1990年5月，县政府印发《关于进一步加强财政管理的通知》，坚持经费支出一支笔审批制度，预算内外资金开立专户制度，财政资金、票据统一管理制度，监控财务支出。县财政制订车辆管理规定，差旅费用报销标准，会议、接待费用支出范围等。1993年，行政建制调整后，县财政组织70余名县、区财政干部对撤区并乡前11区，63个乡镇财务全面开展“四查”（查坐支挪用，查隐匿转移、查国有资产保值，查专项资金使用）。通过清查，处理违反财经纪律案件161件，追回坐支挪用资金251万元。1996年整顿会计工作纪律，全县522个独立核算单位开展自查和互查，县财政重点抽查农业、水利、白龙、下寺等163个独立核算单位，查出违规使用票据、虚列支出、账实、账据不符案件283件，处理违纪金额363.6万元。对违反财经纪律的17名财会人员调离会计工作岗位。1999年5月，县委、县政府印发《关于进一步加强财政管理的通知》，组织财务、审计、监察人员，在全县区、乡镇开展财务清理（清产核资，清理债权债务）和县级单位财务审计。至2000年，清理57个乡镇的财务，审计单位财务9个，处理违纪案件291件，追缴款317万元。全县通过清查审计，完善各种财会制度，普及会计电算化。

2001年，执行国务院《关于加强预算外资金管理的决定》，对行政事业单位的行政事业性收费进行专项检查。至2002年检查单位667个次，查出应缴存预算外资金4964万元，实缴存3277万元，漏存1687万元。在征收的预算外资金总额中，使用非行政性专用发票收费431万元（其中乱收费139.6万元）。2003年，建立县财政监督检查局，对实验小学、普安幼儿园、县建设局、林业局等单位行政事业规费检查，查处违规违纪收费案件29件，罚款21.1万元。2004年，市财政局、审计局对剑阁2003年财政总决算的真实性、合法性、效益性进行专项审计，查出向非预算单位拨款、办理无预算拨款，欠拨财政资金，农业税减免未到户，超标准收费，向纳税单位借款，单位往来款长期不清等问题，合计金额1207万元，分别作出处理决定。2006年，县审计局对县财政局机关2005年度经费收支真实性、合法性审计，查出个人借款、单位经济往来结算不及时，金额19.1万元，责令及时结算和归还欠款。

1990年，上级下达剑阁社会集团购买力控制指标440万元，实际执行384万元，其中未控商品执行75.1万元。专控商品重点控制社会集团购买非生产性用车。1991年后，购置非生产用小车逐步放宽，只要资金来源渠道合法，可购国产车。1995年全县有车单位75个，有各类非生产用小车108辆。1996年，确定8种商品作为控制范围，规定按比例征收专控商品购置附加费。1998年，购买移动电话的风潮兴起，县纪委、监察、财政配合专项清理整治用公费为私人配置通信工具，清退移动电话297部，住宅电话306部，传呼机215部。2000年，专控商品范围逐渐缩小，重点控制进口小车，空调、无线移动电话、录像及音响设备。上级下达专控指标650万元，专控品种9类，实际执行840万元。2004年，根据《剑阁县县级定点采购管理办法》，开展财务监督检查，查处违规采购21宗，清退超控商品52件。2006年，上级下达剑阁采购计划2932万元，实际执行2784万元。

第四章　国有资产管理

第一节　国有资产清理

1992 年，成立县国有资产领导小组，下设国有资产管理办公室（简称国资办），管理全县国有资产，负责国有资产产权登记、资产评估、资源配置，国有资产保值、增值。1993 年 4 月，县财政局、县国资办组织力量对全县国有资产进行全面清理。采取单位自查、交叉检查、重点抽查，全面清点财物数量，以物对账，以账查物。全县 260 个单位，盘盈 3347.89 万元，处理盘亏 375.26 万元。全县国有资产总值 17438.98 万元（属国家拨款形成的资产 13464.5 万元，属负债借、欠款等形成的资产 3974.48 万元），比账面数额增加 2946.19 万元。1994 年，遵照国务院统一部署，开展国有企业的清产核资。全县 69 户国有企业资产总额为 4415.2 万元。1995 年，成立国有资产管理局（简称国资局），开展国有资产存量统计调查、产权登记和产权界定，处理产权纠纷 28 件。首次编制出《国有资产统计报表》。全县国有资产登记 114 户（县级 45 户，区乡级 69 户），国有资产总存量 25920.4 万元（固定资产 18345.4 万元，暂付款 7575 万元）。

1998 年至 1999 年，再次登记全县国有资产。乡镇房屋 144635 平方米，资产总额 3788 万元。车辆、电话、手机、办公用品总资产 798.4 万元。县级单位国有资产登记 111 户，资产总额 29879 万元，其中经营性资产 1066 万元。2001 年，根据国务院 192 号令和省《行政事业单位国有资产产权登记实施办法》的有关规定，为真正澄清国有资产家底，对凡具有独立法人资格，并进行独立核算的所有行政、企事业单位均进行国有资产登记。历时两月，共清理登记行政事业单位 136 户，企业单位 45 户，国有资产净值 47356 万元。2003 年 9 月县政府驻地迁址后，全面清理县级机关、企事业单位在普安、下寺镇两地的国有资产。两地国有资产总额 36370 万元（固定资产 23157 万元，经营性资产 13117 万元，收益 96 万元）。2006 年，开展国有资产产权登记和换证、发证，对全县 57 个乡镇、176 个企业进行财务审计，价值重估。共核实行政、企事业单位国有资产总额 42300 万元，负债总额 18200 万元，所有者权益 24100 万元，查出管理不规范的资产 389.5 万元。

第二节　国有资产配置与管理

县国资局依法处置国有资产。1992 年，县国资办对停产的县铁厂、机砖厂部分固定资产进行重估评价，有偿划拨给县水泥厂、丝厂、工业公司，价值 99.41 万元，变价出售 2.21 万元。1996 年，通过国有资产产权登记后，将开封、武连、剑门等地非经营性资产（公房）评估价额 189 万元，转为经营性资产，用于办学、开店、建厂。1998 年依法报废处置国有资产 57 宗，将县旅游局国有资产划拨给剑门关旅行社，二贤祠等24处古建筑无偿划拨给县文管所。

2000年，处理国有资产产权纠纷25宗，查办国有资产流失案件10宗，追回变价款21.5万元。2001年，为盘活国有资产，实现资源合理配置，在全县企业产权制度改革中，将县汽车运输公司390万元国有资产，作为投资入股至广元公路运输集团公司，拓展交通运输业务；将原烟厂闲置国有资产厂房和土地租赁给江油市开发商，兴办休闲度假娱乐园；剑门关景区林业、城建、文化等单位564.9万元国有资产，投资入股至剑门关景区开发建设有限责任公司兴办旅游业。九院一所部分国有资产划拨给县国有资产投资公司，共划拨房屋96幢、4.49万平方米，土地25.44公顷，价值1049.52万元。次年5月，县国投公司将闲置厂房1.45万平方米划拨给马灯乡政府，876.5平方米划拨给马灯乡小学，5813平方米租赁给马灯乡种猪繁育场。2003年5月，县政府发出《关于印发〈国有资产处置和监督暂行办法〉的通知》。全县国有资产由县国资局负责管理。其中，在普安镇的县委、县政府原办公楼由普安镇政府使用，其余县级行政事业单位国有资产委托普安镇政府代为管理；土地储备、矿产资源、河沙、河滩等资源性国有资产由国土部门管理。县级部门国有资产收益的10%由县财政统管，其余90%用于各单位在新老县城的建设事业，乡镇国有资产收益的10%归县财政统管，90%用于各乡镇基础设施建设和乡镇债务消化；企业国有资产收益全额上缴县财政，优先用于解除劳动合同职工的补偿和社会保险费。资源性国有资产收益除剑门关景区门票收入中25%由剑门关景区管理外，其余全额上缴县财政。全年处理行政事业单位国有资产126.6万元，归集国有资产收益627.9万元。2004年至2005年，国有资产配置进入市场化运作程序，两年处置国有资产317万元，拍卖行政事业单位国有资产8宗，盘活闲置固定资产650万元，为行政事业单位提供担保1400万元，国有资产增值240万元。2006年，县政府采取国有资产划转方式，将45个行政事业单位的1.1亿元国有资产划转给县国投公司，组建中小型企业信用担保公司。该公司以老城部分国有资产作抵押，向信用联社贷款1050万元，支付下普线（下寺镇—普安镇）旅游公路建设资金200万元，转换县饮食服务公司、县酿造公司职工身份175人，支付安置补偿费706万元。全年拍卖资产11批次，返还单位消化债务1700万元，上缴财政400万元，税收130万元。

第二十六篇　税　务

第一章　税制改革

第一节　税务机构

县税务局　1990年，县税务局设区税务所11个，乡镇税征组27个，配正式税征人员125人。负责全县税收征管、税源培植、税收法规政策宣传贯彻。1991年9月，增设下寺区税务所。根据市政府《关于组建中央和地方两套税务机构方案》，1994年9月28日，撤销县税务局，分设县国家税务局（简称国税局）、县地方税务局（简称地税局）。时有正式税征干部128人（局机关28人，基层税务所100人）。

县国税局　国地税分设时，县国税局内设4股3室，下设城区、集贸、龙泉、柳沟、武连、下寺等13个税务所，在编104人。1997年，撤销普安、城北、柳沟等13个税务所，设税务稽查、征收、征管3个直属分局和柳沟、江口、武连、开封、元山、公兴、白龙、鹤龄、剑门、下寺10个基层分局。2004年合并剑门、下寺分局，设剑门关分局。2006年，在册员工109人，下设普安、城北、武连、开封、元山、白龙、公兴、鹤龄、剑门关9个税务分局，负责全县税收法规的宣传贯彻和落实，税收征管、稽查，税务登记、税源培植和国税案件侦查处理。

县地税局　国、地税分设时，县地方税务局内设税政股、征管股、稽查股、会计股、人事监察股、办公室。在基层设36个乡镇财税所。1995年，农业税征收职能划归地税局，增设农税股，区乡财税所增至69个。1998年乡镇财政与地税机构分设，区设地税分局，乡镇设地税所。2002年1月，根据（川办发〔2001〕21号）《四川省县地方税务系统机构改革方案》精神，撤区分局，建稽查、直属、车管和城北、柳沟、武连、开封、元山、公兴、白龙、鹤龄、江口、剑门、下寺14个税务所。改乡镇地税所为征收组。2006年，下设稽查局和直属、车管、普安、城北、柳沟等14个地税所，共有税征人员150人，负责贯彻执行国家有关税收政策、法规；组织实施地方税收、基金的征收，管理和稽查；开展地方税收调查研究；培植税源，进行本辖区地方税收会计和税收信息数据统计、分析。

第二节 税制税种

1990年，全县开征税种22个，即按销售收入和营业收入征收产品税、增值税、营业税，对企业和个体工商户征收所得税、调节税，对开发利用自然资源征收土地使用税，对房地产变更和开发征收房产税。此外还开征车船使用税、印花税、牲畜交易税、屠宰税、集市贸易税、固定资产投资方向调节税、奖金税、特别消费税、城市维护建设税等。开征能源交通建设基金、国家预算调节基金及教育费附加。1994年1月1日，改革税制，国税、地税分征，建立新税制体系。实行内外统一流转税，以增值税为主体，消费税、营业税并行。将国营、集体、私营企业分别征收的企业所得税合并为统一的企业所得税；将对外国人征收的所得税、对中国人征收的个人收入调节税、个体工商户所得税，合并为统一个人所得税；对资源税，特别目的税、财产行为税扩大其征收范围。开征土地增值税，取消盐税、奖金税、集市贸易交易税，下放屠宰税、宴席税管理权限。1995年，根据国家税务局《关于国税地税机构建立后税收征收范围划分及有关问题处理的实施意见》，国税开征18个税种，征收范围包括个体工商户及集贸市场税收、各类承包户，境内外商家投资企业的营业税、个人所得税、土地增值税、车船使用税、房产税、城镇土地使用税、企业所得税、城镇维护建设税、教育费附加及单位、企业、个体屠商屠宰税。地税征收的税种、基金及附加费21种，包括地方固定收入的营业税、地方企业所得税、城镇土地使用税、个人所得税、城建税、房产税、车船使用税、土地增值税、资源税、养猪户自养自食的屠宰税、印花税、固定资产投资方向调节税、农业税、耕地占用税、农林特产税、烟叶税、契税及教育、交通等各类附加。1998年，工商税制改革，统一企业所得税，完善流转税，按不同所有制、不同地区设置税种和税率，合理确定共享税分成比例，体现税法统一，税负公平，税制简化、分权合理。2000年始，继续深化税制改革，简化税种，平衡税负。地税停征固定资产投资方向调节税、屠宰税（农民自养自食牲畜）、交通建设费附加、农林特产税。2005年1月1日起，剑阁全面停征农业税及附加，同时代征残疾人就业保障金、地方教育附加、文化事业建设费、工会经费。国税对持有工商营业执照和特种行业许可证的废旧物资回收企业及饲料产品免征增值税，取消农民种养殖业个人所得税。至2006年国税开征增值税、消费税、个人所得税、企业所得税、车辆购置税等12个税种。地税开征营业税、资源税、耕地占用税、房产税、印花税、车船使用税、烟叶税等15个税种。

第二章 税收征管

第一节 征收

1990年，多次组织力量检查企业，清理登记税户，采取税收任务与奖金、下乡补助挂钩办法。至1994年，全县完成各类税收13832.8万元（工商税类10078.1万元，农业税类3002.7万元）。1994年9

月，实行分税制。1995 年，征收各类税收 6100. 8 万元（国税入库 2278. 9 万元，地税入库 3821. 9 万元）。国税中两税（增值税、消费税）入库 2144 万元，地税中农业税类 1485. 3 万元。1996 年起，国税按属地管辖原则落实税种，细化税源，逐级下达税收计划，层层签订目标考核责任书。地税划定县、乡镇地方税收征管范围，同时确定县属以上（含县属）国有、集体企业、县直各单位的直属劳动服务公司（含经济实体）的各项地方税收由县地税局直属分局征收管理。各乡镇辖区的基层供销社、粮站、食品站、乡镇及其以下企业和个人的地方税收由所在地财税所负责征收管理。1996 年至 2001 年，累计征收各税 48490. 8 万元（国税 15913. 4 万元，地税 32577. 4 万元）。国税征收流转税类 15021. 7 万元，收益税类 498. 1 万元，资源税类 19. 2 万元，其他税类 374. 4 万元。地税征收工商税类 18174. 9 万元，农业税类 13968. 9 万元，其他税类 433. 6 万元。2002 年，为稳定税源，县政府加快“金税工程”建设步伐，发展生猪、烟叶生产。管好税基，完善汇缴，普及税法。至 2006 年，五年累计征收各税 40919. 9 万元（国税 13138. 5 万元，地税 27781. 4 万元）。

剑阁县 1990—2006 年税收情况表

表 26　　　　单位：万元

年份	税收总额	国税			地税		
		小计	流转税类	收益税类	小计	工商税类	农业税类
1990	2099. 6	—	—	—	—	—	—
1991	2584. 6	—	—	—	—	—	—
1992	2951. 6	—	—	—	—	—	—
1993	3172. 0	—	—	—	—	—	—
1994	3025. 0	2071. 0	—	—	954. 0	—	—
1995	6100. 8	2278. 9	2168. 8	10. 1	3821. 9	2321. 8	1485. 3
1996	7395. 9	2564. 8	2469. 0	42. 8	4831. 1	2715. 5	2093. 1
1997	8129. 6	2740. 1	2631. 5	76. 4	5389. 5	2986. 0	2371. 2
1998	7594. 2	2469. 5	2280. 3	1. 9	5124. 7	2729. 1	2375. 0
1999	7748. 1	2300. 6	2299. 0	0. 9	5447. 5	3097. 3	2297. 0
2000	8349. 4	2587. 7	2462. 9	13. 1	5761. 7	3128. 6	2483. 1
2001	9273. 6	3250. 7	2879. 0	363. 0	6022. 9	3518. 4	2349. 5
2002	9721. 6	2282. 3	2015. 6	255. 3	7439. 3	2652. 7	4700. 6
2003	10166. 6	2601. 6	2302. 0	274. 0	7565. 0	2264. 1	5208. 4
2004	8464. 2	2609. 6	2300. 4	307. 9	5854. 6	2946. 5	2345. 8
2005	6131. 0	2715. 5	2317. 3	322. 7	3415. 5	2577. 9	713. 8
2006	6436. 5	2929. 5	2355. 2	486. 7	3507. 0	2430. 3	170. 3

说明：资料为税务部门提供。1990 年至 1994 年，全县工商税收由县税务局负责征收，农业税收由县、乡镇财政征收。工商税收分别为 1711. 1 万元、2040 万元、2009 万元、2601 万元、1717 万元；农业税依次为 388. 5 万元、544. 6 万元、544. 6 万元、571 万元、954 万元。

第二节 税务管理

税务部门通过对纳税人的税法宣传、税务登记、纳税申报、税源调查、税务检查、违规违法案件处理等工作，依法实施税务管理。每年开展财务、税收、物价“三大检查”活动。1990年，县政府全面开展税法宣传，县长作“人民税务”的电视广播讲座。推行税务管理改革，建立征、管、收三分离制度，打破一员到户统管的一贯制。至1993年全县举办各类税法培训110期，培训税法宣传骨干5510人，发放税法宣传资料6.5万册（套），组织税法考试67场，参试1.51万人次。开展税务大检查6次，清收税费151.2万元，办理偷、漏、抗税案件41件，追回税款50.1万元。1994年9月，国税、地税分设后，国税系统建立纳税申报、税务代理、税务稽查三位一体的税收征管体制。地税部门明确征管范围，在乡镇建立自动纳税申报制度，规范代扣代缴业务。国、地税办理税务登记验证4191户，变更登记231户，重新登记307户，注销登记109户，完成一般纳税人申报税款3051户，查处偷漏税户24户，清收税款21.3万元。1996年4月，贯彻省国家税务局《关于国税系统税收征管改革方案》，建立以自行申报、集中征收为基础，以计算机网络为依托，以专业稽查为重点，以加强管理和优质服务为保障的国税征管新模式。1998年6月，根据国务院《关于地方税务机构管理体制的通知》精神，在全县设立13个地税分局，57个地税所，负责辖区地方工商税收和农业四税的征收。建立税务代理制度，逐步实现地税征管、稽查、代理三分离。2000年，贯彻国务院《关于加强依法治税严格税收管理权限的通知》，县政府印发《关于切实加强建筑修缮行业税收征管的通知》《关于进一步加强餐饮娱乐行业税收征管的通知》等税收征管文件，对全县石油市场、餐饮娱乐、建筑安装市场及农村合作基金会等行业开展税费征收专项整治活动。全年查补纳税单位687个次，补交国税203万元、地税127.6万元。税务登记验证3910户，清查漏征漏管179户，监督新补办证201户，追补税款12.1万元。2002年后，国税建立征管信息化系统，将重点企业纳入监控范围，对电力、建材、食品加工等重点行业产业链，实行建账、核产核销、委托代征、属地管理等措施进行征管。地税针对取消农业四税和乡统筹、村提留后导致的税收减少，严格票据管理，发挥以票控税、管税作用，规范税收征管的业务流程，由静态管理向动态管理转化，采取以查促管、以管促收的办法，确保应收尽收。至2004年，稽查一般纳税人50户、个体工商户1417户、办理生猪等偷漏税收案件121件，清收国税411.5万元，补交地税201万元。2006年，建立重点税源监控、分析、信息采集制度，税管人员业绩考核、考评制度。规范办税服务窗口，完善申报税款网络体系建设。稽查纳税单位241户、个体工商户1516户，办理涉税案件35件，清收国税237.8万元，补交地税196.2万元。

第三节 税源培植

支柱税源 1990年，县政府实行“放水养鱼”政策，通过降低交通能源建设基金和预算调节基金、允许长期借款、利息进入成本、税前还贷等措施，增强企业活力和创税能力。开展“支、帮、促”活动，给粮油加工、食品加工和烟叶复烤等企业注入财政周转金220万元，支持产品结构调整。投入扭补资金292.1万元，免税让利378.1万元。对丝厂、淀粉厂、毛巾床单厂、针织厂、植物油厂等企业实施挖潜改造和技术更新。1995年，全县36个国有企业上缴税利1255万元。1996年，企业改制增资减债，县财政投放企业生产周转金1050万元，处理改制企业负债2141万元。县税务部门对校办工厂免征所得税，毛巾床单厂等17个企业免征能源交通重点建设基金和预算调节基金。2000年，企业创税1500万元。2001年，抓企业节能、降耗、增效，清理取消企业不合理基金及收费项目149项。投资920万元，支持下寺开发区、普安工业园区建设。全年实现税收1482万元。2005年，投入资金500万元，扶持剑门工业园区和林源香料公司、上寺水泥厂等15户企业税源建设。2006年全县企业上缴利税5687万元。

基础税源　1990年后，县政府为农业“升温”，扶持高产、高质、高效农业，创税型农业。县财税部门实行定人员、定项目、定投入、定利税、定奖惩的目标管理责任制，保证支农资金的拨付和对农业项目的硬投入。至1995年，投入农业项目资金1850万元，发放生产周转金1200万元，扶持水果、蚕桑、烟叶、生猪生产。当年实现农业创税1485.3万元。1996年始，加大农业基础设施建设力度，县财政先后配套8150万元，实施农业综合开发、川中农田建设、水土保持、改造项目、退耕还林、草场建设等项目。2001年，按国家税务总局规定，免征县富源饲料等27个企业增值税。除尿素以外的氮肥、磷酸二氨以外的磷肥及钾肥，免征生产、销售环节的增值税。农业创税3518.4万元。2003年至2006年，投入农业项目资金1.34亿元，建设农业、旅游等基础税源。

梯级税源　1990年，对经济实力差的乡镇所征的农林特产税实行“全收全返”，以乡镇财政超收分成资金的60%，用于乡镇企业发展。1992年，县政府下达指标，村村办企业。财税部门为乡镇企业争取项目、投放资金、联系贷款、领办企业。至1996年全县投入资金3001万元，新上项目245个，技改项目39个，乡镇企业创税1150万元。1997年至2000年，全县改制企业436户（破产终结25户，重组民营企业156户）。全县非公有制生产销售企业7610户（含个体经营户）年创税收1140余万元。2001年起，梯级税源培植重点向非公有制经济，畜禽养殖和烤烟生产倾斜。县政府制定政策，支持鼓励民营经济发展。财税部门开展“送资金、送科技、送政策、送农资”四进村活动，扶持生猪、烤烟生产。2004年，全县生猪创税1122万元。2006年，全县民营经济发展到11015户（私营企业257户，个体工商户10758户），年税收总额6436.5万元，其中个体经济和私营企业年创税2270万元。

第二十七篇　金融　保险

第一章　金融综述

第一节　金融机构

中国人民银行剑阁县支行　中国人民银行剑阁县支行（简称县人行）是中央银行的地方派出机构，在辖区履行央行职责。办公地址设在普安镇闻溪路9号。县人行专门负责对境内各金融机构的管理、监督、协调、稽核，执行国家货币政策，经理国库等。随着金融体制改革深入发展，2003年12月，金融监管职能分离给银监机构，县人行主要职责调整为：依法执行货币政策，管理人民币流通；监督管理境内银行的同业拆借市场、债券市场、外汇市场及黄金市场；经理国库等。

中国工商银行股份有限公司剑阁县支行　中国工商银行股份有限公司剑阁县支行（简称县工行）是国有商业银行，办公地址设在普安镇河东街4号。1995年以后，县工行由于贷款质量差、经营亏损等原因，工行广元市分行于2000年10月将县工行降格为分理处。随后，县分理处在股份制改造、消化、剥离不良贷款等方面取得成效。经工行广元市分行2006年12月30日批准，分理处升格为支行。县工行主要业务范围是：吸收储蓄存款、公营存款；发放工商企业贷款；办理国内汇款结算业务及其他金融业务等。

中国农业银行剑阁县支行　中国农业银行剑阁县支行（简称县农行）是国有商业银行，办公地址设在普安镇西街98号。1990年，县农行按区（镇）设营业部、营业所和储蓄所，辖农村信用合作社，营业网点遍布城乡。1995年起进行机构撤并，收缩营业网点。1996年10月，根据国务院农村金融体制改革的决定，农业银行不再领导农村信用合作社，其政策性业务划归农业发展银行。县农行主要经营存款、贷款和中间业务等。

中国建设银行剑阁县支行　中国建设银行剑阁县支行（简称县建行）是国有商业银行，以管理国家固定资产投资为主，兼营其他金融业务。随着经济、金融体制改革的深入，建行机构收缩，由规模型向效益型转变。1998年9月8日，经省人行批准，撤销建行剑阁县支行，存款和部分贷款移交农行剑阁县支行，部分贷款移交市建行营业部，人员分流。

中国农业发展银行剑阁县支行　中国农业发展银行剑阁县支行（简称县农发行）是国有政策性金融机构。1997 年 1 月 16 日与农行剑阁县支行分设，主要业务范围是：办理主要农副产品的专项储备贷款、调拨加工贷款和扶贫开发贷款；办理支农资金的代理拨付；办理开户企事业单位的存款等。2002 年 1 月，县农发行迁至普安镇河西街 36 号办公。

剑阁县农村信用合作社联合社　剑阁县农村信用合作社联合社（简称县信用联社）是全县农村信用合作社入股的联合金融组织，办公地点设在普安镇东街 47 号。1991 年 6 月，成立信用联社营业部，主要办理辖区内农村信用社之间的资金调剂、汇兑结算业务，存、贷款结算业务及同业拆借、票据交换业务等。1996 年 10 月，根据国务院农村金融体制改革的决定，农村信用社与农业银行脱离隶属关系，由人民银行代管。2006 年 2 月起由行业主管部门领导管理。县信用联社主要职能是：调剂信用社资金余缺，从信用社利润中提取互助基金用于调剂盈亏；检查信用社执行国家金融、经济政策情况等。

剑阁县城市信用合作社　剑阁县城市信用合作社是城市集体金融组织，由县人行负责监管，办公地址设在普安镇东街。主要办理存款、贷款、结算业务等。1998 年 11 月，县城市信用社归口县信用联社管理。2000 年 9 月，城市信用合作社并入县信用联社，更名为县剑城农村信用合作社。

剑阁县邮政金融业务部　剑阁县邮政金融业务部办公地址设在普安镇小东街 1 号，主要办理居民储蓄存取款业务和其他业务。不办理支票、结算、投资等业务。

中国人民财产保险股份有限公司剑阁县支公司　中国人民财产保险股份有限公司剑阁县支公司是经营各项财产保险及咨询服务业务的专业性公司，其前身为中国人民保险公司剑阁县支公司，办公地址设在普安镇西街 61 号。1996 年 9 月，根据《保险法》产、寿险分业经营的规定，撤销县保险公司建制，分设为中保财产保险有限公司剑阁县支公司和中保人寿保险有限公司剑阁县营业部。1999 年 1 月，随上级公司名称变更，复名为中国人民保险公司剑阁县支公司。2003 年 7 月完成股份重组后，更名为中国人民财产保险股份有限公司剑阁县支公司。

中国人寿保险股份有限责任公司剑阁县支公司　中国人寿保险股份有限责任公司剑阁县支公司是专门经营人身各项保险业务的专业性公司，其前身为中国人民保险公司剑阁县支公司，办公地址设在普安镇西街 61 号。1996 年 9 月，根据《保险法》产、寿险分业经营的规定，中保人寿保险有限公司剑阁县营业部成立。1999 年 6 月更名为中国人寿保险公司剑阁县营业部。2001 年 12 月更名为中国人寿保险公司剑阁县支公司。2003 年 10 月改制后更名为中国人寿保险股份有限公司剑阁县支公司。

中国太平洋财产保险股份有限公司剑阁县支公司　中国太平洋财产保险股份有限公司剑阁支公司是股份制商业保险公司，成立于 1992 年 3 月，办公地址设在普安镇城北路 1 号。其前身为中国太平洋保险公司剑阁代办处，1995 年 11 月，代办处更名为代办所。2000 年 11 月，实行产、寿险分业经营，更名为中国太平洋财产保险股份有限公司剑阁支公司。主要办理财产险、工程险、责任险、车辆险和短期人身意外险等。

中国太平洋人寿保险股份有限公司剑阁营销服务部　2002 年 6 月，太平洋寿险广元中心支公司在县境设普安、白龙、下寺 3 个营销服务部，剑阁营销服务部办公地址设在普安镇东街新街口，主要经营各类人身意外险、健康险、人寿险。

新华人寿保险股份有限公司剑阁营销服务部　2004 年 9 月，经省保监局批准，成立新华人寿保险股份有限公司剑阁营销服务部。办公地址设在普安镇东街 4 号。主要经营人寿保险、健康保险和人身意外伤害保险。

第二节 货币流通

人民币发行 中国人民银行发行库剑阁县支库负责保管辖区内国家待发货币（发行基金）。发行基金调拨计划由县人民银行负责，实行按月编制《保管库发行基金调拨计划》，计划包括数量、券别。2005年，根据人民银行总行关于“适当集中人民币发行库管理”的规定，县发行支库于3月31日撤销。发行库撤销后，县农业银行在市农业银行办理存、取款业务；县农村信用联社在市人民银行办理存、取款业务；工商银行剑阁分理处、县农业发展银行与县农村信用联社签订办理存、取款业务协议；邮政储蓄机构选择在县农业银行办理存、取款业务。

1990年10月1日，辖区内发行第五套人民币（1999版）。至2006年年末，已发行纸币5种、硬币3种。普通纪念币（钞）共发行59套71枚（张）。纪念币（钞）题材有领袖人物、重大历史事件、体育、珍稀动物、世界文化遗产、中国宝岛台湾和贺岁币7个系列。辖区内普通纪念币（钞）收藏者甚多，贵重金属纪念币题材有珍稀动物、中国十二生肖、中国及世界杰出人物等10大系列，264项，1339种。材质有黄金、白银、铂金、钯金等。

人民币流通 人民币流通量随着经济发展和支付手段的变化而增减。上级行按年度安排市场货币流通量调查，核定地区货币流通量控制指标。1991年，贯彻国家“控制总量，调整结构，保证重点，压缩一般，适时调节，提高效益”的货币信贷政策，当年投放现金32686万元，回笼现金31071万元，净投放1615万元。调运发行基金29次、4687万元，基本满足不同季节、不同层次的现金供应。1994年，按照央行关于建立中央国库和地方国库两套机构组织和人员配备工作的要求，县人行成立“国库科”，行使国库经理和监管职能。全年投放现金70500万元，回笼现金67836万元，净投放2664万元。共调运发行基金21次、55790万元，市场现金和农副产品收购资金充足。1995年，继续控制货币总量，抑制通货膨胀，全年投放现金92905万元，回笼现金88038万元，净投放4867万元。1996年，县农村信用社采取以回笼确定现金投放，回笼与投放基本持平的原则，调剂现金投放指标，解决农村信用社与农业银行脱钩后的现金供应，使农村金融体制改革得以顺利进行。是年投放现金111878万元，回笼现金109991万元，净投放1887万元，控制在上级银行下达的现金投放计划以内。1997年，域内各金融机构严格执行货币政策，有效抑制“通胀”，实现抑制目标。1998年，坚持适度从紧的货币政策，紧中求活，适应经济发展，现金净投放13624万元。1999年，执行适度的货币政策，实现金融业平稳运行。2000年，贯彻全国分行行长会议精神，适度调整票币结构。2001年，县人行将国库、发行、会计三个科室合并为“营业部”，承担相应工作职责。是年投放现金340844万元，回笼现金339612万元，净投放1232万元。2002年，执行稳健的货币政策，投放现金415905万元，回笼现金397727万元，净投放18178万元，调入发行基金26078万元。2006年，全县金融机构投放现金291226万元，回笼现金311508万元，净投放20282万元，控制在现金计划以内，城乡市场交易需求和现金供应充足。

2006年，县境内继续流通使用第二至五套的人民币，其中第四套人民币只收不发。

现金管理 执行银行出纳工作制度，坚持双人临柜，钱账分管；交叉复核和入库复点；双人管库、双人守库、双人押运；出入库面额登记和付款全面额或主币登记；定期查库和严格交接；长短款逐笔登记。

辖区内银行、信用社负责现金计划、库存现金和工资基金管理。1990 年，执行省劳动厅、省人事厅、省编委、省人民银行《关于企业工资基金管理中若干问题的处理意见》和《关于国家机关事业单位工资基金管理中几个具体问题的通知》规定，加强工资基金管理，抑制消费基金盲目增长。1991 年，县劳动局、县人事局、县人行对全县机关、事业单位、全民所有制企业的工资基金计划执行情况进行检查。

1994 年 1 月，辖区内各类所有制企业统一执行《工资总额使用手册》制度，企业工资总额经主管部门和劳动部门备案签章后到银行支取。1995 年，控制现金投放，抑制通货膨胀，进行国库资金划缴，是年开展入库检查 4 次，处罚违规者款额 2586 元。1996 年，加强机关、事业单位工资总额的调控和工资基管理，实行“增人不增工资，减人不减工资总额”的政策。1997 年 7 月起，根据人民银行总行规定，辖区金融机构实行大额现金支付登记备案制度。1998 年，辖区银行、信用社加大信贷投入，现金净投放量增长较快。2001 年 4 月，根据人民银行总行通知，改进现金管理办法，改变以控制现金投放为主逐步向以打击利用现金结算从事违法犯罪活动、防范化解现金结算风险为主，开展大额现金支付管理制度执行情况检查，加大对“代币券”的查处力度。2002 年，对 57 个乡镇金库业务人员进行培训。2003 年，受“非典”影响，大额现金支付的笔数和金额减少，但个体私营经济通过储蓄账户结算现象突出。2005 年，按人民银行总行要求，县人行撤销 57 个乡镇金库，理顺代理国库关系。

辖区内银行和信用社配备专职保卫守押员，对库房实行双人 24 小时武装值班守卫，建立健全库款安全保卫工作制度。2000 年，根据人民银行总行颁发的《银行金库、金库门及组合锁三项标准》要求，辖区内银行和信用社库房实现钢筋水泥六面浇铸，专用铁门、“双锁”；安装红外电子报警器和电视监控录像；人行系统建立专用无线电台，配备电子监控设备；银行配备运钞汽车，武装全程押运现金；各商业银行和信用社负责日常现金存送取。

人民币损伤券的兑换与销毁　辖区内金融机构按人民银行总行规定的统一兑换标准，负责兑换人民币在流通中自然磨损、保管不善或其他原因造成的损伤券。人民币损伤券由县人民银行回收后，定期交上级人民银行集中销毁。2000 年，回笼损伤券 8472 万元共 5588 捆。2002 年，继续加强残损人民币的管理，是年调出残损券 6 次共 12323 万元。

反假币　1990 年，县人民银行对有关单位和辖区内金融机构人员进行反假币工作培训。此后，培训和宣传工作不定期开展。1991 年至 1994 年，协助公安机关破获案件 19 起，收缴假币 1 万余元。1997 年，加大反假工作力度，收缴假币 20240 元。1998 年至 2000 年，城镇及街道社区开展 5 次较大声势的反假币宣传活动，印发宣传资料 2 万份，办宣传专栏 10 期，收缴假币 36310 元。2002 年，辖区内公安机关破获售假币案件 8 起，抓捕犯罪嫌疑人 18 人，收缴假币 77330 元。2004 年，破获假币案件 3 起，收缴假币 113 张共 10920 元。金融机构收缴假币 269 张共 22085 元。

第三节　金银管理

金银生产管理　新中国成立以后，国家鼓励群众采金。张王、江口、鹤龄等有沙金资源的地方，居民多以淘金为副业。县、乡政府制定奖励办法，实行政策补贴，嘉陵江流域不少农民农闲时手工淘金，

1979年至1985年，境内淘金量10910克。1990年前，全部由国家收购。20世纪90年代中期，嘉陵江沿岸农户利用农闲淘金，高峰期数万人，其沙金开采多由小业主、淘金老板垄断经营。2000年后，因国家实施规范化管理时强制停止。1990年至2006年，累计生产沙金2000余克。

金银收兑和管理 1990年1月，县人行执行按2‰提取黄金收购手续费，奖励收购单位。1998年，由于国家黄金价格调整频繁，民间存量黄金出售者众多，出现主动排队交售现象，是年收兑黄金2570克，创历史最高纪录。1999年，受国际金价波动影响，人民银行总行6次调整黄金收购价格，黄金收兑量直线下降至59克。11月，县人行停办金银收兑业务，收购工作统一由市人行办理。1998年3月，剑阁县隆庆金店获准经营金银饰品。2006年年末，县境内核发许可证允许经营金银饰品的专卖店共3个。

第四节 金融监管

金融行业管理 1990年，县人行行使对辖区内金融机构的设置、撤并、迁址、业务活动和主要负责人任职资格管理。1991年4月，为拓展非金融机构筹融资渠道，发展证券市场，市人行批准成立四川省证券股份有限公司剑阁城市信用合社代办点，代理发行各种有价证券，代理证券买卖、代理支付和代收证券本、红息。按照撤区并乡建镇后新的行政建制，1993年6月，辖区内金融机构名称变更。经市人行批准设立剑阁县开封农村信用合作社中心社等11个中心社，对相应机构进行更名、迁址、换发许可证。是年，查处供销系统乱集资、变相集资办理金融业务的问题，对违规单位进行经济处罚。罚款9000元，并限期停业整顿，乱集资行为得到一定程度遏制，金融秩序逐渐好转。1994年，县人行转换职能，对金融机构法人、法人代表、内控制度、资本金、信贷资产质量、社会金融行为进行全面管理，建立金融机构规划管理制度，规范金融机构设置和变更事项检查转报程序，纠正处理部分金融机构违规违纪行为。对辖区内154个金融单位进行年检，抽查56个单位，处理违规经营单位12个。同时，查处非法设立金融机构10个，非金融机构办理金融业务98个，违规金额1508万元。对上述机构作出相应处理，共处罚款2.55万元，金融秩序混乱局面得到扭转。11月，市人行撤销四川省信托投资公司广元办事处剑阁代办处，撤销太平洋保险公司广元经营部剑阁代办处。次年11月，市人行批准设立太平洋保险公司广元经营部剑阁代办所。

1995年，县人行对辖区内175个金融单位的年检报告进行审查，抽查68个单位。发现24个单位擅自提高贷款利率，11个单位未经批准擅自发行大额可转让定期存单，7个单位随意更换机构负责人，对违规单位提出18条整改意见，罚款18501元。对3家专业银行所属房信部进行清理检查，对违规行为罚款27828元。对社会集资管理进行检查，撤销28个股金服务部、28个农村合作基金会。查处8起社会违规集资案件，对单位处罚8007元，个人罚款2300元。1997年，针对辖区内农村信用社与农行脱钩和亚洲金融风暴的影响，农村信用社进行清查摸底，坚持每季度召开一次大监管例会通报工作情况。县人行对社会上乱办金融、乱集资及各种基金会展开全面检查，对供销社股金服务部、农村合作基金会、教育基金会及一些单位的集资行为加大查处力度，查出违规开立账户11户，实施经济处罚5857元。1998年，集中整顿金融“三乱”（乱集资、乱批设金融机构、乱办金融业务）现象，防范和化解金融风险，撤销辖区内农村信用社下设的信用站，城市信用社归口农村信用合作联社管理。撤销建行剑阁县支行。

1999 年，继续整顿金融“三乱”，清理县交通局非法集资案共清退 523 万元，取缔北庙乡高利贷地下钱庄，清理整顿农村合作基金会，将柏垭乡等 9 个农村合作基金会资产 363.23 万元和负债额整体并入农村信用社，部分收购普安镇等 45 个农村合作基金会的借款 606.24 万元，股金 681.61 万元。对群众举报的元山、公兴、城市信用社高息揽存和元山供销社超标准建房问题进行查处。强化邮政储蓄、粮食企业附营业务和彩票市场的监管，取缔县电影院变相发行彩票的行为。

2000 年，以风险监管和真实性监管为重点，进行金融机构真实性检查，检查商业银行 2 个，中小金融机构 8 个，被查机构信贷资产质量真实性的 1 个。查出严重失实 4 个，并存在盈亏不真实、内控制度执行不到位等问题，提出整改措施 48 条。聘请 20 名社会监督员，对金融机构和社会“三乱”进行有效监督。2001 年，辖区内工行、农行和城乡信用社的机构撤设变化较大。农村信用社完成对 1 人社和偏远社的撤、迁、并工作。国有商业银行向城市收缩，大幅度撤并机构，裁减冗员。

2002 年，县人行以合规性监管为目标，加大现场监管力度，开展对农村信用社管理费使用、地方政府向中央银行专项借款、农业发展银行非保护价粮棉贷款、银行系统小金库、邮政储蓄机构违规揽储等 20 项专项检查。严把金融机构市场准入与退出关，撤销跨地区设置的梓潼县文兴信用社元山分社，新建元山农村信用社北街分社。按照布局合理、保持稳定、安全效益的原则，调整金融机构布局。商业银行区镇以下储蓄机构相继撤销，是年撤并金融机构 6 个，迁址 1 个，划转新设 1 个。年末，辖区内金融机构共 117 个，比年初减少 6 个。金融从业人员 647 人。制定治理整顿银行信用环境五年规划，将每年 9 月定为剑阁银行信用宣传月，把打击逃避银行债务、维护金融债权作为工作重点，逐级签订《防危化解风险责任书》，落实任务职责。2003 年，县人行停止对辖区内金融机构年检工作。2004 年 1 月，辖区内金融机构管理职责由市银监分局剑阁办事处负责，2005 年 11 月收归市银监分局统一管理。是年，建成信用乡镇 2 个，信用村 23 个，信用企业 5 个，优胜信用社 4 个。2006 年，开展金融生态环境建设，印发《剑阁县金融生态环境建设的实施意见》，制定《金融机构突发事件应急预案》，加强对辖区内金融机构整体风险状况的监测分析，完善评价考核和监测体系，继续查处逃避银行债务的行为。

金融机构管理人员任职资格管理　1996 年至 1997 年，县人行审查县农村信用联社、县农发行、县工行、县农行和非银行金融机构的主要负责人以及辖区内所有金融机构高级管理人员的任职资格。1998 年，县人行对辖区内农村信用社主要负责人进行资格认定。2000 年，组织辖区内金融高管人员法律知识考试。2002 年，实施金融机构高管人员动态管理制度，对 20 名高管人员任职资格重新审核，评定 18 名称职，2 名基本称职。对业务经营中存在问题的高管人员进行处罚，全年共警告 12 人（次）。执行高管人员离任审计制度，共审计 3 人。建立高管人员约见谈话制、定期述职制、年度考核制等管理制度。

金融业务稽核　1990 年，县人行金管稽核科负责辖区内金融业务稽核。1999 年 1 月，撤销金管稽核科，成立金融管理科和农村合作金融管理科，其职能不变。2004 年起，县人行和各专业银行均设立总稽核，实行行长领导下的总稽核负责制。

1990 年，县人行围绕控制信贷总量、调整信贷结构、整顿金融秩序等工作，开展信贷结算等专项稽核检查。一季度，对各金融机构 1989 年的经营合法性、资本金充实性、业务经营真实性、财务利润分配合理性、内控制度健全性等业务和财务活动进行全面稽核评级。6 月下旬，开展执行利率政策的专项稽核，对各金融机构 1989 年 12 月 20 日至 1990 年 6 月 20 日间的存、贷款利率和利差补贴政策执行情况进行现场稽核。针对查出的问题，分别对有关单位作出补付储户利息、并处罚金，退付多收贷款利息、并处没收违规所得的处分决定。10 月，对各商业银行营业部 1990 年 9 月份的资金清算业务进行稽核，对查出的问题进行处理和纠正。1991 年 3 月，对辖区内金融机构 1990 年度各项业务经营、财务管理活动进行全面稽核，检查各类存、贷款 13800 万元和 27043 万元，查出违规金额 8570 万元，处以罚款 38530 元。查出其他违规金额 4 万元，处罚款、罚息 30003 元。受理德阳工行等部门举报剑阁县农行延压结算凭证、截留结算资金和拖欠资金一案。经查实后，对县农行罚款 5928.85 元，并扣发经办人员、会计、业务主管和行长一个月奖金。1992 年，以常规稽核为重点，推进全面稽核。全年实施稽核项目 10 个，对城市信用社进行常规稽核和试评级，评为二级社。7 月，由县人行行长任组长的稽核组，对稽核中发现的问题，提出整改意见，评定县农行为四级行。1993 年上半年，县人行针对辖区内金融机构出现支付困难、结算受阻、乱集资突出等问题，整顿金融秩序，强化金融监管，对辖区内金融系统违规拆借资金 2500 万元进行逐笔清理清收，对供销系统等单位违规融资行为进行处罚，对社会集资、企业发行债券、信用社增资扩股等问题加大查处力度。对违规发行债券和吸股的企业分别给予通报、经济处罚，对积压延票的行（社）和当事人作出处罚，并限期汇划资金。对金融机构职工参与炒股、炒房地产、办经济实体和其他投资活动的作出处理，并限期收回投入的资金。开展对资金到位的专项稽核，清收 37 个单位违规资金 14347.1 万元，并分别给予处罚。大力组织资金，保证农副产品收购资金足额供应。

1994 年，对辖区内保险公司、东宝信用社进行常规稽核，对县房地产信贷部的业务、财务活动进行稽核和审计，对 3 个专业银行贷款发放进行专项稽核，查出问题 29 个，违规金额 5015 万元。对超规模发放贷款、违规拆借、末经批准办理保险业务等问题，提出整改意见 31 条，罚款 35194 元。是年，金融违规率较上年下降 66.3%。1995 年，对举报的 8 个金融单位进行稽核，查出资金体外循环、超范围发放贷款、挤占信贷资金、隐匿超计划亏损、虚增存款、隐藏存款、账外经营、转移财政性存款、超范围吸收存款、公款转储等问题，稽核金额 83217 万元。查出违规金额 12428.2 万元，罚款 5.7 万元。对 8 件利率举报案进行查处，给予经济处罚 18 人次，罚款 2600 元。检查 83 个金融单位的利率执行情况，检查金额 14900 万元。查出违规金额 850 万元，罚款 5 万元，并对有关人员通报批评。清理全县 781 个基本存款账户，核实 543 户，取消多头开户 238 户。1996 年，分别对国有商业银行、农村信用社、邮政储蓄等 20 余个金融机构存、贷款利率执行情况进行专项稽核，检查单位 65 个，检查金额 35000 万元。查出违规金融机构 35 个，违规金额 12000 万元，罚款 31.2 万元。

1997 年，县人行实行事前防范预警、事中跟踪检查、事后查处的监管方式，建立多层次、全方位的监管体系。6 月至 9 月，对辖区内农村信用社和县信用联社营业部进行现场稽核，查出挤占信贷资金搞基建，违规办理存、贷款，违规拆借，违规吸股等问题，分别给予有关信用社（含联社）2000 元至 10000 元的经济处罚。开展专项稽核 24 次，查处违规金融机构 25 个，涉及利率、结算、存款、账户、贷款等方面的违规问题，提出整改建议 130 条，给予经济处罚 23.4 万元，建议行政处分 2 人。1998 年，对辖区内金融机构开展常规稽核、专项稽核 18 次，办理社会举报案件 6 起，查处违规金融机构 14 个，提出整改建意 120 条，给予经济处罚 6.2 万元，建议行政处分 4 人。1999 年 1—2 月，对农村信用社 1998 年度经营真实性进行全面检查，发现普遍存在隐瞒存贷款、虚增（以贷收息）收入等问题，给予有关责任人相应处分和经济处罚。事后跟踪检查，对 9 个高风险信用社主要负责人进行 3 次约见谈话，落实整改措施。全年检查金融单位 142 个，金额 34528 万元，查出违规单位 18 个，违规金额 3076 万元，处罚款 5.05 万元，处理违规人员 10 人，撤职 1 人。

2000年至2002年，以监管中小金融机构为重点，开展专项稽核检查26项，现场检查22项，对辖区内最大10户贷款户逐户进行风险稽核分析，对违反规定发放单户大额贷款有关责任人作出限期收回贷款的处理决定。同时查处违规经营8起，处罚款8000元，没收违规所得金额2000元，提出整改建议100余条。2003年至2006年，着力建设金融监管长效机制，防范和化解系统性风险，加强货币市场监测，规范账户与支付清算行为，加大反洗钱力度，对可疑类大额存取现金业务进行动态监测，维护金融稳定。

第二章　存　款

第一节　对公存款

1990年，辖区内各专业银行树立“存款立行”的思想，坚持资金来源制约资金运用，强化对公存款的组织、管理。开展清理企业“三角债”工作，协助企业清收拖欠货款。县工商银行年末存款余额2489万元。县农村信用社实行全员风险抵押承包，存款与工资奖金挂钩，年末存款余额4167万元。是年，全县金融机构各项存款余额12895万元。1991年至1993年，出现社会乱集资、股票热、债券热、抢购风、机关兴办经济实体等现象，造成资金无序流动，存款下降。各银行和信用社主动应对，实施存、贷挂钩，多存多贷的措施，抓老户大户存款，扭转存款下滑局面。至1993年年末，全县金融机构各项存款余额21231万元，净增2247万元。1994年，开展企业清欠挖潜工作，清收“双呆”和逾期贷款，盘活信贷资金，并加强资金筹集和管理。是年组织存款13402万元，各项存款余额31621万元。

1995年至1996年，县内专业银行管理体制逐步向商业银行转化，银行间由贷款规模竞争转向存款竞争和贷款管理竞争，内部管理实行存款与费用、存款与贷款规模挂钩和以贷引存、稳存等措施。至1996年年末，全县金融机构各项存款余额45146万元。1997年，贯彻落实适度从紧的货币政策，严格现金管理。组织企事业单位存款，开展代收、代付、代理业务。进行村级集体财务清理，收回借、垫支款。年末，全县金融机构各项存款余额51792万元。

1999年，县内银行、信用社普遍开展承诺服务和提供特色服务，营造“大存款”氛围。对农村合作基金会进行停业整顿。年末，全县各项存款额77459万元。2000年，各银行、信用社把存款作为“一号工程”来抓，把机关团体、企事业单位存款作为揽存重点，继续开展“代收代付”等中间业务。年末，全县各项存款余额10.3亿元。

2001年，辖区内金融机构超负荷经营状况得到缓解。年末，全县各项存款余额11.34亿万元。2002年至2003年，县内银行、信用社大力支持农村文明新村建设和农村城镇化建设，对农村水、电、气、路等基础设施建设和小康示范村、示范户建设给予信贷支持，有效拉动农村资金向资本的转化，促进存款增长。县农业银行鹤龄营业所存款超常规增长，成为全市农行系统首个存款过亿元的农村金融机构。2003年年末，全县各项存款余额14.08亿元。

2004 年，围绕全面建设小康社会的战略目标和全县经济发展规划，提供及时、优质服务，巩固企业黄金客户，发展企业事业单位存款。年末，全县各类存款余额 170519 万元。2005 年至 2006 年，县内银行、信用社支持农业综合开发和社会主义新农村建设，促进农村经济又好又快发展。2006 年年末，全县各类存款余额 24.96 亿元。其中，县工商银行 2.31 亿元，县农业银行 10.85 亿元，县农发行 0.11 亿元，县农村信用社 8.2 亿元，邮政储蓄 3.49 亿元。

剑阁县 1990—2006 年金融机构存款余额情况表

表 27－1 单位：万元

年份	存款余额	企业存款	机关团体存款	储蓄存款
1990	12895	2562	462	8170
1991	16265	3140	471	10542
1992	18984	3212	464	11985
1993	21231	2814	337	13768
1994	31621	4063	476	21937
1995	36908	4666	429	29619
1996	45146	4748	777	37272
1997	51792	5477	—	45719
1998	71775	7593	—	62606
1999	77459	6223	1108	66319
2000	102987	4066	1549	94065
2001	113412	16604	2305	91947
2002	128155	13291	2923	109634
2003	140802	5685	3211	129922
2004	170519	6973	3402	157196
2005	210875	12463	5736	190192
2006	249646	11662	9157	224308

说明：资料来源为《剑阁统计年鉴》和《剑阁五十年》。

第二节 储蓄存款

城镇储蓄存款 1990 年起，县内金融机构在城镇储蓄存款营销业务中克服因经营结构调整和营业网点收缩带来的负面影响，按照“改革、创新、管理、发展”的要求，坚持以客户为中心，以有效控制风险为前提，建立和完善个人金融业务营销体系，不断推进业务流程改革，逐步建立起以储蓄业务为基础，理财业务为核心，资产负债业务与中间业务全面发展的综合化、现代化个人金融业务体系。各银行实行综合绩效考核，创新考核分配激励机制，强化员工同业竞争意识，完善个人金融专业柜员合同工与在岗正式员工同工同酬的分配办法，采取有效措施，争取优质客户。在旺季市场促进营销，每年元旦、春节期间开展“大战一季度，实现开门红”宣传活动和劳动竞赛。1996 年起，为满足外出民工安全返乡，开展“汇款直通车”“储蓄异地通”等营销业务活动。各银行还发挥整体营销优势，扩大代理保险、证券、基金、国债、个人理财、银证通、代收代付等中间业务范围，推动城镇储蓄业务不断发展。

2000 年后，各银行建立现代商业银行零售业务三级营销管理体制。推行门市客户经理制，开发零售业务，针对不同客户提供“差异服务”，推出网上银行、电话银行等新服务项目。随着医疗保险制度改革进程加快，居民收入预期发生改变，预防性储蓄意愿增强，注重医疗、教育、购房等大额消费积累。各银行将增存列入“一号工程”，开展优质服务。业务处理手段现代化，储蓄卡、信用卡业务发展迅速，卡存款不断增加。各银行顺应城镇储蓄存款的发展，增加银行、证券、保险交叉业务的推广力度，建立以储蓄、个人消费信贷、中间业务和个人综合账户等业务为主的个人金融业务体系，开辟个人金融业务新的效益增长点。

农村储蓄存款　1990 年，农村信用社完善承包经营责任制，实行全员风险抵押承包，推行信用社等级管理，采取存款任务与工资奖金挂钩的办法，年终考评，奖罚兑现。年末，县内农村储蓄存款余额 3668 万元。1991 年，县农业银行、农村信用社加强储蓄存款知识宣传，印发宣传资料，开展宣传活动。年末，农村储蓄存款余额 4986 万元。1992 年至 1994 年，巩固支农联系点，按照“一村一品，一户一专”的要求，开展“万家致富活动”，推进农村经济发展。1994 年年末，农村储蓄存款余额 9362 万元。1995 年至 1996 年，推行储蓄所资金计价承包，实行自我核算、自我创新、自我发展的储蓄经营机制，打破行、社、内部资金使用的大锅饭，调动储蓄所和储蓄柜员的积极性，职工利用工余时间揽储，动员职工家属义务揽储，协助动员储户储蓄。1996 年年末，农村储蓄存款余额 13900 万元。1997 年，推行预约储蓄和储蓄所办理小额抵押贷款业务，增设零钞、残破钞币兑换点、储蓄业务咨询台和验钞机，不断拓展储蓄服务领域，争取和吸引更多新客户。年末，农村储蓄存款 18813 万元。1998 年至 1999 年，受“9・16”特大洪灾和农村合作基金会、供销社股金停业清理整顿的影响，部分信用社出现挤兑现象，存款下降。1999 年 6 月，各信用社抓住农村合作基金会兑付股金的有利时机，做好宣传工作，防范挤提储蓄存款的风波蔓延。把劳务输出人员作为揽储重点，做好预约，培植储源，增设便民设施，开展存、贷、汇一条龙服务。至 1999 年年末，农村储蓄存款余额为 33227 万元。

2000 年至 2001 年，为发展农村非公有制经济，推行小额质押贷款和消费信贷业务，以贷引存，以贷稳存，稳定和发展农村储蓄存款。2001 年，农村储蓄存款为 42740 万元。2002 年，农村信用社实行职工包片、包任务，深入村、组、户，将农村闲散资金汇集到信用社，年末，农村储蓄存款余额 48564 万元。2004 年年末，农村储蓄存款余额 60975 万元。2005 年，农村储蓄存款余额 69560 万元。2006 年，围绕生态小康新村建设，加大支农力度，促进农村经济社会全面发展。

第三章 贷 款

第一节 常规贷款

1990年，县内金融机构多方筹措资金，调整信贷结构，提高经济效益。年末，全县各项贷款余额28533万元。重点支持农业发展，共投放农业贷款2744万元，用于农业生产费用占60%，多种经营占11.6%，农田水利和中低产田土改造占2%，乡镇企业占26.4%。县农业银行各项贷款余额18900元，除粮棉预购订金、农业生产资料、土地开发、抗旱救灾等贷款外，重点支持乡镇企业发展，投放乡镇企业贷款660万元。县工商银行各项贷款余额17956万元。县建设银行各项贷款余额808万元。新增贷款规模116万元，重点用于粮食生产和食品工业，为65个工商企业发放贷款960.8万元，收回到期逾期贷款648.3万元。县城市信用社各项贷款余额298万元。县农村信用社各项贷款余额3367万元，投放贷款2952万元，重点支持中低产田土改造、水利设施配套建设及粮、棉、油、果、蚕桑、烟叶生产。

1991年，各银行、信用社加大农业贷款投放力度，重点支持农村种养殖业、农副产品加工业、农业技术成果推广和农业综合开发等项目。是年投放农业贷款5800万元。投放工业贷款1424万元，支持企业产品结构调整。商业贷款新增3076万元，基本满足流通领域资金需求。1992年，大力聚资融资，促进经济发展。年末，金融机构各项贷款余额38059万元。其中，工业贷款2991万元，农副产品收购贷款15146万元，固定资产贷款2618万元。1993年，各金融机构坚持“管住固定资产，搞活流动资金”的信贷原则，在控制总量的前提下，适当增加贷款规模。年末，各项贷款余额43900万元。重点支持农村产业结构调整、乡镇企业发展和商贸流通体制改革。1994年后，各金融机构贷款规模扩大，信贷资产质量提高。至1995年年末，累计发放贷款23000万元，收回11000万元，净投放12000万元。逾期贷款减少2.3%，正常贷款占贷款总额的80.2%。自1996年7月1日起，辖区内金融机构实行贷款证制度，企业凭贷款证办理贷款业务，是年发放贷款证97户。

1997年7月，受东南亚金融危机影响，县内金融业亏损严重。至1998年年末，金融机构各项贷款余额9.18亿元，其中农副产品收购贷款3.24亿元。1999年至2000年，辖区内金融形势仍未见好转，历史遗留下的低质量贷款消化困难，应收未收利息新增额较大，金融业亏损额和亏损面增加。2000年年末，各项贷款余额11.05亿元，累计发放贷款2.69亿元，收回2.85亿元，不良贷款余额5.55亿元。金融业经营效益下滑，除县农发行盈利344万元外，县工商银行、县农业银行、县农村信用社分别亏损491万元、1277万元和1966万元，盈亏扎差，亏损3370万元。

2001年，金融形势开始好转，县内金融机构出现“三增两降”（存款、贷款和经营效益增长，不良贷款、高风险信用社下降）的发展势头。年末，各项贷款11.59亿元。不良贷款余额6.03亿元，较年初减少0.53亿元。金融机构亏损1260万元。在剥离不良资产、盘活存量贷款的基础上，加大对工业企业、农村经济发展的投入，制定《剑阁县2001年重点支持的产业、企业、产品目录》，发放支农贷款4300

万元。2002 年年末，各项贷款余额 12.32 亿元。累计投放贷款 3.26 亿万元，其中县城建设投入 2 亿元。金融机构印发《支农信贷工作指导意见》，新增支农贷款 6100 万元。在全县推行 5000 元以下农户小额信用贷款。支持以剑门关为中心的生态旅游资源开发，以剑青公路为重点的基础设施建设。

2004 年年末，全县金融机构各项贷余额 11.53 亿元。县农村信用社全年累计发放贷款 26953 万元，支持农村产业结构调整。县农业银行投入贷款 9719 万元，支持县城基础设施建设。2005 年，累计投放贷款 49822 万元，回收贷款 40740 万元。年末，各金融机构出现贷款整体减少，投放乏力。2006 年年末，各项贷款余额 12.41 亿元。贷款投向方面，工业贷款为零，商业贷款减少 4451 万元。乡镇企业贷款增加 28 万元。农业贷款增加 794 万元。基本建设贷款减少 468 万元。其他贷款 22381 万元。金融机构贷款呈缓慢下降趋势，有效信贷投入不足，金融与经济发展不协调。

第二节　专项贷款

老、少、边、穷地区发展经济贷款　1990 年，县人民银行调整信贷结构，增加对重点项目的配套和技术改造工程的专项贷款投入。用于能源工业配套 48 万元，新增年发电量 12 万千瓦时。肉兔加工生产线配套 1000 万元，粮办企业和国营工业技改 302 万元。重点基建项目固定资产 252 万元，完成固定资产投资 500 万元，新增固定资产 750 万元。1991 年，共投放专项贷款 150 万元，贷款余额 863 万元，较上年增加 131 万元。新放贷款主要支持县汽车运输公司更新客、货车辆，解决交通运输困难。1992 年，专项贷款用于骨干企业技术改造和扩大生产规模，支持县粮油公司粮油深加工设备更新，县自来水公司供水管道改造及 23 个企业共 28 个项目，54 个品种结构调整。1993 年，强化专项贷款管理，促进有问题贷款项目转化。重点支持能源、交通、原材料加工、新产品开发、科技成果推广运用和企业技术进步。累计发放专项贷款 946 万元，较上年多投放 130 万元。同时努力盘活信贷资金存量，对 3 个企业项目进行优化，收回呆滞贷款本息 30 万元。1994 年，累计投放专项贷款 2890 万元，用于 4 个重点项目技术改造 100 万元。白龙丝厂扩建 150 万元，县石油公司设施建设 50 万元，国道 108 线扩建工程 50 万元，县丝厂 20 万元，解决专业银行之间临时周转的清算资金 500 万元。协调解决 5000 门程控电话、108 线改造资金 2000 万元。1995 年，县人民银行合理使用上年结余贷款指标和当年收回可再贷资金，主要用于上年度支持项目的未完续建工程和解决困难企业生产周转资金急需。1996 年，县人民银行根据上级行指示精神，未发放贷款。

扶贫开发贷款　扶贫开发贷款以扶贫贷款为主，包括农业综合开发贷款、农业基本建设和技术改造贷款、林业治沙贷款和粮棉油加工贷款等。用于能够直接启动或带动贫困地区和贫困农民改变面貌、增加收入、脱贫致富的种养业、劳动密集型企业、农副产品加工企业、市场流通企业和基础设施建设项目。扶贫贷款按下达计划指标、用途、效果评价等程序实施管理。1993 年以前，扶贫贷款由县农业银行将指标分解到乡镇各营业所或农村信用社代发放，期限 3—5 年，利率 2.88%。放款单位负责监督，专款专用，按期催收。1994 年，扶贫贴息贷款采取“双轨制”运行，即由县扶贫开发办和县农业银行共同对扶贫贷款实行有效投放和监督管理。

1997 年，扶贫开发贷款转由县农业发展银行承办。是年发放扶贫开发贷款 1621 万元，除支持发展种、养、加工业外，重点投放到县城万吨饮水工程改、扩建和武连万亩（合666.67公顷）水果基地建设。鉴于县农发行在乡镇无机构的实际情况，县农发行与县农村信用合作联社签订《扶贫贷款发放管理协议书》，按再贷款方式由其中心信用社审定贷款对象，经批准后划给信用社办理发放手续，做到包发放包收回。全年共投放料油工业贷款1682万元，回收粮油工业贷款1465万元，注销企业多头开立的存款账户17个，协助企业清收不合理资金68万元。信贷质量得到改善。

1998年，县农发行按照“成片开发，择优选项，扶贫到户，到期归还”的原则，规划扶贫贷款项目。全年投入扶贫贷款290万元，其中小额信贷200万元。努力盘活不良扶贫开发贷款，与48个乡镇签订《盘活回收扶贫贷款合同》，落实任务582万元。到4月底，共收回扶贫开发贷款150笔共127.4万元。5月，按照国务院“信贷扶贫业务划归农业银行办理”的决定，县农发行向县农业银行移交扶贫开发专项贷款271户643笔、5616万元和扶贫开发企业存款51户、156万元及信贷档案资料139册（份）。

1999年至2000年，县农业银行发放扶贫开发贷款主要支持农村贫困户的生产发展、农产品加工企业和农村产业化发展。实施《十年扶贫开发纲要》的头三年（2001年至2003年），信贷扶贫重心向开发型、产业化、商业性转移。扶贫贷款主要支持“扶持一个点，安排一批人，带动一大片”的劳动密集型企业、农副产品加工企业、市场流通企业和基础设施建设项目。2001年12月，县农业银行发放1.2亿元专项贷款，支持下寺镇修城园区土地开发项目建设，县城建设取得实质性进展。2002年，根据农业银行总行贷款新规，县农业银行鉴于贷款质量不良状况，实行贷款业务“休克疗法”，基本停止发放新的扶贫贷款。2003年12月，扶贫贷款业务同县农业银行常规贷款业务并账经营，纳入信贷资金统一管理。

农副产品收购贷款　1990年，实行银行、企业、财政三方承包责任制，落实农副产品收购资金。年初，县农业银行发放粮棉预购订金179万元，至年末共发放农副产品收购贷款15060万元，投放现金9509万元。基本保证大、小春收购资金。除生猪外，主要农副产品收购设有出现打“白条”现象。1991年，制定《剑阁县主要农副产品收购资金管理办法》。全年农副产品收购总值13653万元，资金投放12800万元，占收购总值86.2%。1992年，县农业银行贷款投入重点支持合同定购粮的资金需求，对其他农副产品收购实行“以销定贷”，防止收购期间资金脱节现象，减少“白条”。全年农副产品收购总值14041万元，资金投放13987万元，占收购总额的99.6%。实现收购资金到位12887万元。1993年，各银行加强收购资金专户管理，督促企业及时归位资金，按照先订购后议价的资金使用顺序，突出重点、保压结合、区别供应的原则发放收购贷款。全年农副产品收购总值18839万元，资金投放17000万元，占收购总额的90.2%，收购资金得到保证，消除农民手中的“白条”。

1994年，根据国务院关于组建农业发展银行的通知精神，全县粮棉油收购专项储备贷款、农副产品合同收购中的政策性贷款、粮油调销和批发贷款、国家粮油产品政策性加工任务企业贷款等，划归农发行办理。代理农发行业务的县农业银行设立代理专柜，并组织人员逐个企业清理核实划转基数，与政府部门、人民银行协调处理划转中的有关问题。至1996年年末，全县农副产品收购贷款25174万元，比上年初增加1085万元，基本满足农副产品收购资金的需要。

1997年，县农发行对农副产品收购资金供应严格按照“保收购、防挪用、促扭亏”的要求，及时到位资金，改变由银行、企业、财政按比例到位资金的做法。是年发放粮棉油收购贷款15322万元，未发生“白条”现象。1998年，县农发行配合粮食流通体制改革，对粮棉油收购资金运行实行封闭管理，按照收购资金“钱随粮走”的要求，对所辖15个粮棉企业分别派驻13名信贷人员。是年，发放粮棉油收购贷款7874万元，现金净投放7203万元，基本实现收购资金封闭运行目标。向受“9·16”特大洪灾损毁的12个粮站发放简易建仓贷款185万元，粮食收购入库难的问题得到解决。1999年，全年粮棉油收购总值7125万元，新增收购贷款7125万元，收购粮棉油价值与发放收购贷款比率100%。

2000年，实行银行监管、购销企业主管部门督查督办的“双线”管理，制定《粮棉油收购资金封闭运行双线管理（试行）办法》，强化库存监管，按保护价敞开收购农民余粮，全年共投入粮油收购贷款7634万元，棉花收购贷款114.3万元，未发生限收、拒收和给农民打“白条”现象。2001年，县政府印发《关于进一步加强粮棉油收购资金管理确保收购资金持续稳定封闭运行的意见》，银、企配合，改善服务。全年共发放粮油收购贷款4101万元，粮油购进值为4101万元。2003年，开展信贷工作大检查，对查出挪用挤占违规的责任人和企业进行处理，建立《收购资金封闭管理责任追究制度》。2004年，县农发行严格执行“择优选贷，全程监控，防范风险”的信贷政策，把握贷款投向，重点支持有比较效益的粮油购销企业，对符合贷款条件的企业发放粮油收储贷款9372万元。2005年，针对粮油购销市场全面放开的新情况，对具备承担国家“托市”收购资格的粮食购销企业发放调控贷款2658万元。审慎支持企业开展市场收购，发放流转粮油贷款8631万元。2006年，发放粮油收储贷款4006万元。其中，省储轮换贷款468万元，流转粮油收购贷款3272万元，调控贷款266万元。

剑阁县1990—2006年金融机构贷款情况表

表27－2　　　　单位：万元

年份	贷款余额	短期贷款中		
		工业贷款	商业贷款	农业贷款
1990	28533	2543	16257	2744
1991	34347	2761	19333	2951
1992	38059	2991	20764	9062
1993	43900	3022	23922	4238
1994	56934	3699	24546	2551
1995	67622	4033	30348	3346
1996	79044	3834	30205	4313
1997	91800	8400	35300	25800
1998	102307	9000	37000	44300
1999	104683	3208	42314	27972
2000	110481	1923	41256	33416
2001	115883	1359	39082	30733

续表27－2

年份	贷款余额	短期贷款中		
		工业贷款	商业贷款	农业贷款
2002	123236	1313	39819	36833
2003	112285	1180	32845	38339
2004	115286	574	33790	42474
2005	122469	30	36584	56099
2006	124124	—	32133	56893

说明：资料来源为《剑阁统计年鉴》和《剑阁五十年》。

第四章　不良信贷资产清理与处置

第一节　不良信贷资产清理

1990年至1997年，县内金融机构根据不同阶段的贷款分类方法及不良贷款的确认标准，除坚持日常性清理、定期统计不良贷款外，多次组织力量集中清理，查找分析信贷管理中存在的主要问题及薄弱环节，建立和完善相应的信贷管理制度。

1998年，根据人民银行总行《关于开展清理信贷资产，改进贷款分类工作的通知》的要求，县内金融机构从下半年起，开展集中清理信贷资产工作。年底，县农业银行完成对全部贷款按五级分类法的清分，县工商银行完成对部分企业贷款按五级分类法的清分。按贷款五级分类法，1998年年末，县工商银行、县农业银行、县农发行、县农村信用社、县城市信用社不良贷款余额分别为5185万元、9183万元、11922万元、9804万元和771万元，不良贷款率分别为73%、41%、37%、38%和28%。

1999年起，县工商银行、县农业银行全部推行五级分类法，同时按四级分类法统计正常和“一逾双呆”（逾期、呆滞、呆账）贷款。考核以四级分类为主，对五级分类结果进行通报。县农发行将其纳入考核、监测。县农村信用社尚未正式实行贷款五级分类法，仍执行四级分类法。2000年，县内银行全面推行贷款五级分类法。经过调整贷款形态，不良贷款占比发生较大变化。县工商银行年末不良贷款余额2906万元，占63%；县农行年末不良贷款余额余额11415万元（不包括专项贷款中的非正常贷款10057万元），占30.2%；县农发行年末不良贷款余额16641万元，占56.4%；县农村信用社年末不良贷款余额余额24505万元，占78.4%。全县金融机构不良贷款余额55467万元，占53.2%。

2004年，县农业银行根据农业银行总行“实事求是，真实反映信贷资产”的要求，对贷款形态进行重新调整。农发行总行经财政部同意，通过财务转账方式，对以前粮食企业陈化粮贷款差价亏损和其他政策性不良贷款，进行账务调整，县农发行财务调整共计12234万元。因不良贷款统计发生变化，至2005年年末，县工商银行不良贷款余额41万元，占35.65%，县农业银行余额13540万元，占50.13%，县农发行余额28105万元，县农村信用社余额6458万元。全县不良贷款余额共计48144万元，占39.3%。2006年，全县金融机构不良贷款余额为44691万元，不良贷款率为36.01%。

第二节　不良信贷资产处置

1990年至1995年，县内各金融机构对不良信贷资产实行风险管理，双向监控。县人民银行负责对各商业银行和城乡信用合作社不良信贷的监测和考核，下达降低不良贷款率年度指标，对不良贷款率在15%以上及不良贷款不降反升的机构及时发出预警通知。各银行、信用社采取有效措施，强化信贷管理，压缩不良信贷资产，普遍实行"一把手"负责制。

1996年，县人民银行就企业产权制度改革制定"积极支持，主动参与，落实债权，防范风险"的措施，介入破产企业清算工作，尽力维护金融债权。是年，全县参与改制企业742户，企业总资产77361万元，总负债67686万元。至年末，参与企业改制面98%。在县人民银行有专项贷款的25户企业中，破产8户，贷款本金376.5万元；歇业整顿2户，贷款本金170万元；母体剥离资产重组2户，本金70万元；拍卖停厂2户，本金1.5万元；有限责任公司6户，本金164万元；其他形式5户，本金420万元。由于当时产权制度改革相关政策不配套，有的企业借机逃避银行债务，造成银行债权悬空的现象。县人民银行根据改制企业金融债权落实情况，采取有效措施，维护银行债权。对县面粉厂、县针织厂采取母体剥离悬空专项贷款债务的做法进行纠正，减少贷款损失近50万元。收回移交县农业银行的专项贷款档案，对25户贷款单位进行清理核查，发送《催款通知书》，加大清收工作力度，全年收回本金18万元，占计划的21.2%；收回历欠利息105.1万元，占计划的100%。

1997年，县内金融业信贷资产质量持续下降。由于企业改制不规范，导致银行信贷资产严重损失，银企矛盾加剧。全县开展较大声势的不良贷款清收行动，各经济主管部门与县政府签订《不良贷款盘活责任书》。是年收回1600万元，占计划的80%。至1998年年末，不良贷款余额比年初下降11334万元，占比下降3.6个百分点。1999年，继续抓紧清收不良贷款。年末，不良贷款余额比年初下降3000万元，占比下降10个百分点。

2000年至2002年，开展创建金融安全区活动，清收转化不良贷款，查处各种逃废债行为。对具有一定偿还能力，但以各种借口故意赖账、逃债的借款人依法诉讼，强制执行；对借款人不能归还贷款的，依法以物抵债及追究担保人责任。同时严格监管辖区内银行业的不良贷款化解，建立健全不良贷款和贷款五级分类监测台账，按月对各金融机构不良贷款变动情况进行分析、通报，对不良贷款化解不力，占比上升的金融机构发出预警通知7份。至2002年年末，不良贷款余额为41020万元，较年初减少2157万元，占比下降5.7个百分点。

2004年，县内金融机构不良贷款依然数额大。年末，不良贷款余额为47103万元，不良贷款率为40.86%。全县253个企业长期拖欠县农业银行贷款金额1.3亿元。这些存量贷款无法收回，是年又新增不良贷款1.2亿元（县城专贷）。不良贷款中，行政事业单位贷款、行政干预性贷款和出面担保贷款数额较大，乡镇政府和及其公务员贷款不还现象严重，全县此类贷款本息7044万元。在农村信用社，党政机关的不良贷款890万元，村组干部986万元，其余为乡镇和部门贷款，不良贷款居高不下，加大信贷风险化解难度，影响金融对经济发展的支持。2005年，县政府制定清收不良贷款、化解信贷风险的实施意见，并层层签订责任书，明确目标任务。要求政府部门减少行政干预，各级干部带头偿还贷款，支持金融机构依法清收不良贷款和处置抵押资产的工作。

县内金融机构在催收和转化不良贷款的同时，做好不良信贷资产的剥离和呆账贷款的核销，严格按照财政部及银行总行规定的呆账贷款核销条件、申报手续、审批程序及权限，进行逐笔逐户调查核实，上报审批后核销。对已核销的呆账贷款，根据国家规定，实行“账销案存”的原则，仍进行催收。

第五章　结算与专项业务

第一节　结算　联行

同城结算　1990年，县内金融机构执行人民银行总行《银行结算办法》，同城结算方式有商业汇票、支票、委托收款、银行本票。商业汇票一律记名，可背书转让，承兑期限由交易双方商定，最长不超过9个月；现金支票既可取现，亦可转账。转账支票只能转账，不能取现；委托收款不受金额限制，付款期为3天；未推行银行本票。1997年12月起，执行《支付结算办法》，原结算方式废止。

异地结算　1990年，异地结算方式为银行汇票、商业汇票、汇兑、异地委托收款4种。银行汇票起点为500元，允许一次背书转让；商业汇票不受金额限制，在同城和异地均可使用；汇兑分信汇、电汇两种，可取现金或转汇；异地委托收款不受金额起点限制，同城、异地均可办理，付款期3天。1991年11月起，各银行陆续停办商业汇票的承兑和贴现业务。1993年1月，县人民银行恢复借、贷记账法。1994年，辖区内各银行及非金融机构均采用借、贷记账法。1997年12月，《支付结算办法》实行后，银行结算更加规范。2002年2月，县内金融机构取消电话汇款、电话委托汇款、电话委托划款业务。

结算账户管理　1990年12月，贯彻人民银行总行《关于开展账户、结算纪律检查的通知》，县人民银行组织各金融机构对企业单位在银行开设账户情况进行清理检查。1994年10月，县人民银行对在银行开设“基本存款账户”的有关单位实行开户许可制度。1995年9月，各银行、信用社按照企事业单位基本存款账户管理要求，将存款账户分为基本存款账户、一般存款账户、临时存款账户、专用存款账户四类。是年，县人民银行对粮棉油企业在银行开设账户情况进行专项检查。1998年，开展账户年检，检查各类账户1130户，查处违规开立账户46户，给予经济处罚1.65万元。2003年11月，县人民银行加强对银行结算账户的管理，建立结算账户专管员制度。同时对各银行账户进行全面清理登记。年末，全县银行账户为21688户（存款户525户，一般存款户44户，专用存款户49户，临时存款户1户，个人银行结算户21069户）。2004年至2006年，各金融机构继续加强账户工作，重点清理规范个体私营经济和个人账户，改进服务手段，为客户提供方便、快捷服务。坚持每季度进行检查，年终全面清理。

结算管理　1990 年，县人民银行贯彻人民银行总行《违反银行结算制度处罚规定》，对县内金融机构进行结算检查，对积压延票的行、社作出处罚。限期资金汇划。1995 年，开展结算纪律执行情况检查，对违法单位经济处罚 4 万元。受理查处举报案件 8 起，经济处罚 6740 元。1998 年，受理结算举报案件 2 起，涉及金额 566 万元，给予经济处罚 1 万元。1999 年，开展结算检查 24 次，对违纪结算单位处罚 6.8 万元。2002 年，县人民银行集中检查会计凭证和账本。对查证的问题进行纠正和处罚。2003 年后，加强结算监管，严格结算纪律，内控制度执行做到规范化、制度化。

全国联行　1990 年，对跨系统汇划款项和专业银行系统内的大额（10 万元）汇划款项，通过人民银行联行转汇和清算。1993 年 7 月，县农业银行全国联行往来实施计算机对账。同年，县内银行实行系统内和跨系统 50 万元以上汇划款项及签发 50 万元以上银行汇票通过人民银行转汇和清算。1994 年 1 月，县人民银行将省内联行间的划拨业务，一并使用全国联行报单纳入全国联行核算。

省辖联行　1990 年，县人民银行执行省辖往来业务，县农业银行执行《省辖往来办法》。1994 年 1 月，县人民银行停止使用省辖账务核算。1997 年 1 月，县农发行执行省农发行《省辖往来办法》。1998 年 5 月，县农村信用合作社联社营业部开办手工省辖汇兑业务，2000 年 9 月开办省辖电子汇兑业务。

县辖联行　1990 年，县辖往来由农业银行和县工商银行处理。1995 年，县农村信用合作社开展自办县辖联行业务，县内信用社之间，信用社与县信用联社之间的款项汇划，采取相互直接往来，由县信用联社负责县辖联行的组织、管理和监督。2000 年 7 月，县农业银行取消县辖联行，县内营业机构之间的资金汇划通过省辖电子汇兑系统处理。

联行汇差资金清算　1990 年 4 月，实行汇划款项与资金同步，汇差资金由县人民银行控制。1993 年起，县人民银行加强对专业银行汇差资金管理，保证资金清算。1994 年前，县人民银行，全国联行汇差资金以存欠额向人民银行总行记账，按季计收（付）联行汇差利息。省辖联行汇差资金向省人民银行记账，按季计收（付）省辖联行汇差资金利息。从 1994 年起，联行汇差由人民银行总行平衡。工商银行、全国联行和分辖联行的汇差资金纳入信贷计划，实行总、分行两级管理和统一调度，主管行对下级行按季核定借差额度。根据计划执行情况，通过人民银行的存款户调拨资金，清算汇差，上下级往来均计算利息，超占汇差资金，按日向主管行计付罚息。农业银行汇差资金纳入信贷计划管理，全国联行和省辖联行的汇差资金实行各级主办行统一管理运用，由系统自动札计，通过人民银行存款账户上划，超过规定划款期，主管行加收罚息。建设银行联行汇差资金实行统一计划，互计利息，分级调拨的办法，做到记划、对账、清算三位一体，一日清。农村信用社省辖汇差实行“集中缴存，统一管理，即时清算”办法，按人民银行同业往来利率实行按季结息。

第二节　专项金融业务

国家债券　国债发行和兑付的组织工作由县人民银行牵头，县财政局协助。发行和兑付均由金融部门所辖业务网点承担，发行款项当日划回支行，支行于次日划入专户。1991 年，国家对国债发行进行改革，一部分按原方式向城乡居民、各种基金会发行，一部分由国有专业银行承购包销。全县共发售国库券 68.5 万元、特种国债 11 万元。1994 年，发行 3 年期凭证式国库券，债券全部面向社会发行。1996

年，发售国库券种类有记账式国库券、不记名国库券和凭证式、特种定向国库券。1998 年至 1999 年，国家实行积极的财政金融政策，实施西部大开发战略，增发国债以拉动经济增长。2001 年后，国债发行种类单一，均为凭证式国债，债期分 3 年、5 年两种。

股票（股权证、股金证） 1991 年，市人民银行批准县农村信用联社发行股票 200 万元，股票面额为 10 元、20 元、50 元、100 元 4 种。1993 年，市人民银行批准县城市信用社增资扩股 400 万元（个人股 240 万元，法人股 160 万元）。股票使用人民银行统一印制的股权证书，并在县人民银行稽核、金管部门协同管理和监督下，按章程规则发行，年内发行工作结束。

企业债券 1995 年，市人民银行批准四川女皇丝绸股份有限公司发行企业短期融资债券 500 万元，由市农业银行担保，代理发行，期限为 1 年，年利率为 13%。

国库业务 1990 年 1 月，执行《国家金库条例实施细则》，人民银行对各银行经办的国库业务实行垂直领导，各银行的营业机构为国库经收处。1992 年，国库业务实现微机操作。1993 年，全年共收纳报解国库款项 3981 万元，总支出 5852 万元。1994 年，为适应财政“分税制”改革，国家金库分设中央金库和地方金库，县人民银行设立国库科，国库业务专柜分开账户，专人办理地方金库业务。1995 年，开展国库款占压和财务处理的专项检查，对随意延压税款的单位促其限期改正，并实施经济处罚 2586 元。1997 年，配备专用 586 计算机，建立国库核算操作系统。1999 年至 2001 年，对国库的财务设置、库款入库、退库、拨付、更正等业务处理程序进行规范，集中开展对乡镇国库划解款项的检查和申报纳税工作的调查，边查边纠，对突出问题予以通报批评。2002 年 7 月 1 日起，建立统一的国库单一账户体系，对库款实行集中收付。并对乡镇金库业务人员和稽核人员进行培训。按照属地管理原则，对国税的征收实行统一规范入库凭证的就地缴库办法，安装新的乡镇国税征收微机软件程序。2006 年，实现财政、金库联网，完成金财网开通工作。经年审，支库、乡镇金库全年所办预算收支真实、合法。

第六章　保　险

第一节　财产保险

县保险公司开办的财产类主要险种有企业财产保险、运输工具及第三者责任险、货物运输保险、家庭财产保险、农业保险等，以企业财产保险为主。1990 年，开展宣传贯彻企业财产保险和机动车辆保险条款的工作，集中到企业、车队落实承保，签订合同，尽量保全保足。开展农村建房平安综合保险、农村房屋还本长效保险和农民养殖保险等。是年产险保费收入 153.23 万元（企业财产险保费收入 34.29 万元，运输工具及责任险 36.66 万元，家庭财产险收入 82.28 万元）。1992 年，县保险公司在剑门、鹤龄等 7 个乡镇设立保险营业所，推行保费承包责任制，将任务指标分解到各所，落实到人头，制定相应考核奖惩办法。推出烟叶种植保险，对全县烟叶进行统保，收入保费 23 万元。是年，财险收入 404.54 万元。1995 年后，不断推出新险种，保费收入逐年增加。

1998 年，县财险公司加强横向联系，发展代理业务，同县农业银行、县工商银行等单位建立代理业务，增加保费收入 40 万元。全年财险收入 385 万元，净收储金 25 万元。1999 年，因县内自然灾害频繁，承保农村种养殖业赔付率较高，加之为农民减负，强调自愿投保，使农业险迅速萎缩。是年，保险公司停办种养殖业保险。年内财险收入 430 万元（企业财产险 143 万元，运输工具及责任险 259 万元，家庭财产险 28 万元）。2000 年后，由于国内需求不旺，企业生产经营困难，原料产品流通运输急剧减少，财保系统及时调整险种结构，开辟新保源，重点向工商保险、个体工商保险、家庭财产保险发展。扩大教育系统、财政部门等行政事业单位的保险，保持财险业务持续增长。至 2004 年，实现财险收入 682 万元。2006 年，财险收入 844 万元。

第二节 人身保险

1990 年，县保险公司开办的人身保险为简易寿险、健康寿险、年金寿险和意外伤害保险 4 种。全年增加投保 405 人共 600 份，保费收入 24.2 万元。在学校普遍推行中、小学生平安保险，保费收入 20.9 万元。同 4 个有车单位签订意外伤害保险长期合同，保费收入 7.5 万元。开展独生子女“两全”保险及其父母养老保险，保费收入 50 万元。少儿保险费收入 3 万元，养老年金保险保费收入 25 万元。1991 年，发展独生子女“两全”保险 1450 份。新增团体人身还本险和村干部养老金保险，金仙、白龙区 13 个乡的村干部均参加养老保险。1992 年，推出个体工商户养老保险。1993 年，新开办学生长效还本保险，与学生意外保险结合承保，开办储金性人寿保险。1995 年推出子女教育金保险、增额人寿保险、增额人寿还本保险。

1996 年，县人保产、寿险分业经营，寿险业务实施专业化运作。县寿险公司大力调整险种结构，巩固和发展团体寿险、简易人身险、独生子女“两全”险、子女教育婚嫁备用金险、妇女健康险等骨干险种，转保挖潜，扩大承保面，提高承保份额。1997 年，转换寿险营销机制，建立营销网点，招聘保险代办员，实行个人寿险上门服务。重点推销简易人身保险（1997 版），鸿寿养老保险、66 鸿运保险（B 型）、一生平安人身保险、定额人身意外保险、子女教育婚嫁备用金保险等 6 个险种。启动农村寿险业务。1998 年，推出 66 鸿运保险（A 型）、重大疾病终身保险等。全年新增简易人身险 1.8 万份，保费收入 594 万元。1999 年，清理整顿保险中介市场，规范兼业代理机构。停办部分老险种，推出 1999 年版国寿简易人身保险、国寿康宁终身保险、国寿英才少儿保险、国寿学生幼儿平安保险附加住院医疗保险等 9 个新险种。同时，制定农村寿险三年发展计划，坚持走集约化道路，大力发展保险村。2001 年后，陆续推出国寿 99 鸿福两全保险、国寿鸿祥两全保险、国寿千禧理财两全保险、国寿康宁重大疾病保险、国寿鸿盛终身保险、国寿金秋夕阳养老保险、国寿团体年金保险等险种。2003 年非典期间，推出国寿团体传染性非典型肺炎疾病保险。至 2003 年，寿险保费收入 1947 万元。2005 年至 2006 年共实现保费收入 5658 万元。

第三节 理 赔

县内保险公司对赔偿案件坚持双人查勘制度，重大案件和疑难案件集体研究，并及时向上级保险公司汇报请示。处理大面积灾情时，统一组织人员查勘定损。对案件清、手续全的赔案，不拖不压，及时赔付。

1990年，县保险公司处理各类赔案7870件，赔款118.2万元。1991年5月17日，县针织厂车间房屋垮塌，保险公司支付赔款10.9万元。5月24日，高观乡农药厂发生火灾事故，保险公司支付赔款11.7万元。全年共理赔2058起，支付赔款137.18万元，给付率为89.2%。1992年7月，元山、开封等地遭受雹灾，烟叶大面积受损，县保险公司赔付16万元。8月，县运输公司与蜀道旅游公司发生客车相撞事故，轻、重伤64人，保险公司支付赔款12万元。同月，翠云罐头厂汽车在重庆合川出险，死、伤各1人，保险公司支付赔款4万元。全年共理赔4600件，赔款298.06万元。

1998年发生“9·16”特大洪灾，县财险公司核定76个企业、30个个体工商户、500余户城镇居民和3000余户农户保险财产损失，支付赔款2200万元。全年共理赔4702件，赔款2609万元。2003年，县财险公司办理赔案1350件，支付赔款574万元。县寿险公司支付赔款505万元。2006年3月3日，普安镇较场坝发生火灾，1个单位和7户个体工商户保险财产受损，县财险公司支付赔款12万元。4月27日，全县24个乡镇的3000多农户房屋、财产因大风灾害不同程度受损，县财险公司赔款18.7万元。5月2日，广运集团剑阁分公司一客车发生车祸，死、重伤各3人，县财险公司赔款50万元。6月30日，普安镇突降暴雨，27户个体工商户商品受损，县财险公司赔款10.2万元。2006年，县财险公司共支付各类赔款518万元。县寿险公司办理赔案1829件，支付赔款232.16万元。

第二十八篇 旅 游

第一章 自然景观

第一节 剑门关

剑门山古称梁山，由大、小剑山组成，为剑门山脉西南段，位于县城东南 12 千米。其山峻岭横空，危崖高耸，从东北向西南蜿蜒伸展，长达百余里，气势磅礴。主峰大剑山，峰如剑插，石壁横亘，森若城郭，峭壁中断，两崖对峙，一线中通，形似大门，故称“剑门”。剑门地势险峻，为秦蜀交通咽喉。

剑门关为两崖石壁如刀砍斧辟，平地拔高 150 多米，长 500 多米，宽 100 余米，底部宽 50 多米。蜀汉诸葛亮利用这里“乱石环抱楚天昏，两岸相峙如一门”“两崖对峙倚霄汉，昂首只见一线天”的险势，在大小剑山之间的隘口，依崖砌石立门为关，置尉镇守，形成“一夫当关，万夫莫开”的军事要塞，为历代兵家必争之地。

剑门关集雄、险、秀、幽于一体，有剑门关隘、七十二峰、金牛峡、后关门、石笋峰、双穿洞、照壁峰、仙女桥、舍身崖、望云坪、雷霆峡、经皇洞、仙峰观、小剑门关、翠屏峰、兵硐洞、双旗岩、雷鸣谷、大小剑溪等自然景点和“剑门细雨”“梁山松涛”“夕照绝壁”“雪染翠云”等自然景观。

景区属亚热带湿润季风气候区，终年气候温和，雨量充沛。年均气温 14℃，年均降水量 1075 毫米。全年降雨集中于 5—10 月，降雪汇聚于 1—2 月，在海拔 800 米以上地面积雪较多，形成雪景。秋冬两季云遮雾罩，日光难到地面，致使地面潮湿，相对湿度 74%。

剑门关风光秀美，景色迷人。景区生态系统属全省松栎林亚区，森林以常绿针叶树松、柏和落叶阔叶树桤、栎及少量杨、枫、榆等杂树组成，森林覆盖率 78%。有森林树种 63 科、110 属、150 余种；有各类野生动物 220 余种。有原生植被林，集中于大剑山翠屏峰。独特的南向山岩及峡谷地势，形成特殊的小气候环境，生长着以亚热带常绿树为主的茂密的原生植物，品种极为丰富。樟、楠、栎、山茶、葱木等树种层层密密，林下藤蔓牵挂，碧绿葱郁，遮天蔽日，形成绿色海洋。一年四季野花漫谷，百鸟争鸣。油松林分布于梁山寺周围海拔 1000—1240 米地区，由油松与马尾松混交以及多种栎类夹混组成。栎类林主要分布于朱家寨，为天然生长麻栎、栓皮栎、槲栎等落叶树种，黄栌、苦竹、盐盆木、荚蓬，呈红橙紫色，与林下乳白色的菌类和林中千姿百态的画眉、锦鸡等野生动物构成一幅绚丽多彩的画卷。尖峰林立，横亘县北。最有特色的是东侧群峰中的营盘嘴、石笋峰、仙女桥、舍身岩、照壁岩，西侧群峰中的金城山、仙峰观。洞穴有大穿洞、小穿洞、经皇洞。关隘有剑门关、小吊岩；峡谷有后关门峡、翠屏峡，东山寨峡、金牛峡、明阳峡、寨沟峡、双旗峡。景区溪涧纵横，后关门、金牛峡、寨沟峡等沟深峡长，水流湍急。翠屏湖、龙王潭和剑雄湖湖阔水深，平静清澈，千峰倒映，景象万千。望云坪观云赏雾，云从足下升起，雾向身边扑来，恍入仙境。剑门细雨是蜀中“四景”之一。宋乾道八年（1172年），陆游出任成都府安抚司参议官，由陕西入蜀经剑门关遇雨，写下“细雨骑驴入剑门”诗句。隆冬之际，剑门银装霁雪，雪压青松，群山银装素裹，雄关玉宇城廓，极为壮观。

根据对剑门关风景区旅游资源的普查和《中华人民共和国国家标准旅游资源分类调查和评价(2003)》，景区旅游资源有8大主类、22种亚类、50种基本类型、268个资源点。地文景观3大亚类、8种基本类型、33个资源点；水域风光1大亚类、1种基本类型、2个资源点；生物景观4大亚类、8种基本类型、59个资源点；天象与气候景观1大亚类、2种基本类型、2个资源点；遗址遗迹1大亚类、3种基本类型、7个资源点；建筑与设施7大亚类、16种基本类型、28个资源点；旅游商品1大亚类、4种基本类型、14个资源点；人文活动4大亚类、8种基本类型、123个资源点。

兵硐洞 又名兵洞，位于剑门双旗沟悬崖之上，洞深约60米，阔50米，可容3000人栖息。洞内地面平坦，光线充足，纤尘不染。洞壁之上刻有“兵硐崖”字样。此洞系先朝避兵乱之处，历代踞关者入洞拒敌，能保安全。据传，明末张献忠在剑门攻打朱家寨、鸡心寨时，此洞的瞭望哨上呼下应，使其损兵折将。兵硐洞密林掩映，冬暖夏凉，是纳凉避暑和读书、弈棋的好去处。

双旗岩 又名老爷岩。在朱家寨右侧和龙王潭壁口左侧悬崖之上，相对各有50平方米见方的粉白色崖壁，其状似两面大旗放在两崖之上。相传是三国时蜀后主刘禅降魏，镇守剑门关的蜀汉大将军姜维将两面“帅”字大旗藏于此处岩洞中，待日后举旗重振蜀汉，并派两位武士守候。后晋兴蜀亡，武士自刎殉国，两面帅字大旗，紧贴山崖石壁，自行舒展。此后，其地名双旗岩。

雷鸣谷 在剑门关北。大剑溪迂回盘绕其间，幽谷狭长3千米有余。进谷内，不见寸草，只有砾岩相对，峡底一线，谷壁千仞，如雷鸣时进谷，则响声一路，滚滚而下，当响声消失片刻之后，响声又从谷底翻滚而上，冲出谷口，直上云霄，天鸣地唱之绝，唯此可听。

大剑溪 大剑溪，发源于剑门关镇青树村北，南北穿剑门关镇，经雷鸣谷流至下寺镇与小剑溪合。因溪水流经大剑山而得名，大剑溪长11.5千米，于小剑溪会汇合处落差231米，流量近5.1立方米/秒。溪流在剑门关南平缓，流至剑门关北陡落。“飞湍瀑流争喧豗，砯岩转石万壑雷”，轰隆隆的巨响从乱石缝中迸出，极为壮观。

小剑溪 小剑溪，源出汉阳镇北，经剑门关镇西，在下寺镇与大剑溪合，流入清江河。因溪水流经小剑山而得名。溪长18.5千米。至汇入清江河处总落差223.7米，流量6.8立方米/秒。

第二节 翠云廊

翠云廊以普安镇为中心，北至昭化，南至阆中，西至梓潼，是由近万株苍翠的行道古柏组成的绿色长廊，像一条苍苍莽莽的长龙，沿起伏山峦，穿壑跨涧，蜿蜒曲折，蟠环在古道上，享有“世界奇观”

“国之瑰宝”的美誉。翠云廊在剑阁境内有150余千米。古柏以剑阁境内最为集中，为保存最完好的古行道树群，是古蜀道上最为壮观的一段。至2003年10月，剑阁古驿道尚存古木7886株，以普安镇为中心，北段至剑门关镇高峰村界1700株；西段至马灯乡双坪村李家店1959株；南段至碑垭乡山峰村老土地4227株。

翠云廊之名，出自清剑州知州乔钵诗，“剑门路，崎岖凹凸石头路，两旁古柏植何人？三百长程十万树，翠云廊，苍烟护，苔花荫雨湿衣裳，回柯垂叶凉风度，无石不可眠，处处堪留句”。翠云廊是剑门关风景名胜区重要景观。

翠云廊气势磅礴，规模宏大。古柏粗壮挺拔，虬枝凌空，展臂摩云，壮如苍蟒巨龙蜿蜒于崇山峻岭之间，葱郁成廓，历经沧桑，枝叶繁茂，生机盎然。翠云廊由于驿道所处地理位置之差异，古柏形成历史条件之不同，因而三段翠云廊的风景又各具特色。西段浓荫裹道，风韵古朴。从普安镇沿驿道西行，途经凉山、柳沟、垂泉、武连等乡镇直抵梓潼。古柏排列于石板铺面的驿道两旁，虬枝凌空，盘根错节，千姿百态。最有名气的景点为拦马墙。南段翠幄绵亘，气势宏伟。为古驿道中的一段，为剑州通往巴西郡（今阆中市）的军事要道。全程100余里，现存古木4200余株。南段驿道崎岖，时而上山，时而下河，时而越涧，时而翻岭，时而转弯，时而笔直。远眺，如一条逶迤的绿色苍龙，似一道绿色盘绕的长城，更像一列看不到头的火车，沿驿道起伏翻滚。最引人注目的景点有曲径通幽打儿崖、绿色长城龙源道、花香鸟语石垭口、苍龙逶迤古楼铺。北段云环耸翠，景色奇秀。经普安镇沿驿道北行，途经城北镇、汉阳镇，跨越剑门雄关抵昭化，为古时天府之国通往中原的唯一官道。山高坡陡，岗峦起伏，沟壑纵横，不仅驿道两旁古柏缠山裹岭，满山遍野的柏树成片成林。著名景点有：绿树如伞兔儿石、岚烟缭绕石洞沟，翠幄仙景大柏湾。北段的大柏树湾林园，是翠云廊的核心景点，其古柏最多最集中，风貌最古，树形最怪，传说最奇，保护最好，景色最美。

翠云廊以蜀道两旁矗立的参天古木最为奇特。古时或因名人路过留迹，或因树形奇特怪异，或因文化内涵深邃，或因物种珍稀，或因祭拜显灵而驱灾避祸，生儿得女，金榜题名，富贵发财，而取以不同的名字，并有一则掌故或传说。最有名气的有剑阁柏、太子柏、状元柏、天官柏、仙人掌柏、寿星柏、帅大柏、阿斗柏、夫妻柏、美女晒胯柏、老虎柏、五鼠爬杆柏、七猴戏狗柏、孔雀柏、铁掌柏、挂蛋柏、弯弓柏、断头柏、开肠剖肚柏、遮天柏、蝴蝶树等，每一棵树都有一段动人的传说。

“剑阁柏”（松柏长青树）生长于翠云廊北段大柏树湾林园，高34.8米，胸径1.17米，立木蓄积9.4立方米，常绿高大，皮褐色，干通直，树冠鳞叶小枝交互对生，如松似柏，球果单生枝顶，翌年成熟，矩状卵圆形，亦如松似柏，经国家林业专家鉴定为柏木一新品种，全世界仅此一株，定名“剑阁柏”。

“帅大柏”生长于翠云廊北段大柏树湾，高29米，胸径2.24米，立木蓄积33.95立方米，树脚8人才能合抱。1963年3月，全国人大常委会委员长朱德到翠云廊视察时，取名“帅大柏”。

“遮天柏”生长于翠云廊南段龙源镇十里长廊，距镇治地里许，高32米，胸径2米。主杆3米处，伸出8个大叉，形成遮天蔽日的大伞，树冠覆地面积2000余平方米。

“蝴蝶树”又名飞蛾树，生长于翠云廊西段柳沟驿天官祠堂前崖边，树高13米，胸径2.4米，树龄450余年，传是明太子太保、兵部尚书赵炳然于1549年至1553年出任云贵巡按御史时，在大理蝴蝶泉边采集的树种运回剑阁老家，亲手所植。其树长势奇特，独具风韵。每年4月中旬，银白色的花朵开满枝头，宛如千万只蝴蝶在树上飞舞。此树不仅花朵酷似蝴蝶，且花香馥郁，开花时树叶还分泌出一种蝴蝶喜食的蜡液，吸引着大批蝴蝶来树上欢聚，交配产卵。成群结队的蝴蝶首尾相接，连接成串，挂满枝头，五彩缤纷，形成蝴蝶盛会的罕见景象。

“状元柏”生长于翠云廊西段拦马墙林园，高25米，胸径2.18米，树干通直，枝叶滴翠，虬枝凌空，顶着浓云薄雾。相传古时有一举人，上京赴考途经于此，见其树长势伟岸，便心生敬意，叩头祷告，若中得状元，便封为“状元柏”。举人果然高中夺魁，金榜题名后，前来树下焚香祭拜，其树便为“状元柏”。

2000年1月24日，香港凤凰卫视《锦绣天府·千禧之旅》摄制抵达剑阁，对翠云廊、剑门关进行拍摄。凤凰卫视台台长王纪言栽植柏树，命名“凤凰柏”。随行著名节目主持人吴小莉认养一株千年古柏。2001年5月，卫生部医院评审委员、中华医院管理学会会长、中国农村卫生协会会长张自宪和《中国乡村医药》杂志社各认养一棵剑门柏。

第三节　五子山

五子山位于盐店镇西北，又名五妇山、京兆山、五华山、五指山。南北长约13千米，东西宽约3千米，面积约34平方千米，在剑阁盐店镇五指、拱石、姚家乡天字三村境内面积18.9平方千米。主峰海拔1330米。这里是野生动植物的天堂，曾被林业专家誉为“野生动植物的基因库”，绿色植物近千种，野生动物逾百种。山大林深，峰高水长，第一峰下“老龙洞”，系闻溪河源头。主要的景点有：

拱石坝　拱石坝位于五子山下，四面环山，碧水中流。飞龙山、笔架山、牛心山等由南向北，横亘天际，为拱石坝之天然屏障。拱石坝由一个自西向东的狭长幽谷走廊，地理范围在盐店镇拱石、五指、姚家天字三村，面积约16平方千米，森林覆盖率80%以上。源出于五子山包龙洞的拱石河自拱石坝西向东横贯绕流，流经剑州古城于剑阁县江口镇汇入嘉陵江。

牛心山　牛心山与高耸的王家山遥相对峙。两山夹一条长约10千米的幽谷。谷两边为高数百米的绝壁，直插蓝天。在谷底望天，仅剩一线。峡谷南端有“一夫当三关”大、小隘口，犹如出入峡谷的门户。

王家寨　至小隘口复北行，远望可见一寨，如碧海中的一座孤岛，即王家寨。王家寨四周为陡壁深涧，唯寨东南之下有一崎岖小道蜿蜒而上，可至极顶。山腰处有一天生寨门，十分险要，一人把守，万夫难开。古寨位于山顶，地势相对平坦开阔，其方圆约七八里。上有翠竹清泉，古松栎林，郁郁葱葱，遮天蔽日。寨下深谷中有一黛青色巨石，高3米，长4米，宽米许，其形状酷似昂首向西的牛犊，头部生两颗怪柏，远望与牛角无异，故名“犀牛望月石”。

金银洞　湍溪以北约300米处，河中一黑色巨石上刻有“金银潭”三个大字，其笔力遒劲刚直，相传为李隆基避乱“幸蜀”于此路过，偶有所感，信笔写下。“金银潭”东侧石崖上有一山洞，深不可测。传为古人藏金之处，故名“金银洞”。

湍溪大峡谷　湍溪之北约里许，过“老熊洞”，其河道稍直，然河中巨石嶙峋，绝难行走。峡谷长五里，名湍溪大峡谷。峡谷中依次有石鼓、石锣、石钹、石海螺等怪石散布其间。峡谷西侧绝壁之下有一长米许的白色岩石嵌于黛青色悬崖上，其形状如趋前扑食的蛤蟆，故名“蛤蟆石”。“蛤蟆石”的上方，绝壁高耸，直入云天。崖壁上有大石腔，形若仰卧的黄牛，头东尾西，长60米，高10余米，地名“红岩塘”。“红岩塘”峰顶，地名为“老鹰石”，以其有形如老鹰的巨石而得名。山脚下拱石河西有“牛王庙”。民间传说此处为当年孙行者向牛魔王借芭蕉扇的地方。因牛魔王不肯借扇，惹恼了孙悟空，被孙悟空剖腹挖心，将牛心抛于此处。牛心化而为山，故此山名“牛心山”。

黄杨寺　黄杨寺在“老鹰石”1千米处。其寺始建于宋，扩建于明。建筑古朴典雅。寺旁有一股甘冽可口的清泉。民间传说，当年李隆基避难途经此处，于人困马乏、饥渴交加之际，石岩之下突现一股泉水，唐明皇于感激之中写下“皇源”二字，故黄杨寺又名“皇源寺”。

月亮崖、石围城　月亮崖在五子山对面铁青色峭壁之上，距“皇源寺”两千米的梯子岩和毛垭口之间。“月亮”长200余米，宽20余米，呈半轮上弦月形。天色愈暗，其“月色”愈明，实为五子山特殊地形对阳光的折射所致。月亮崖下为石围城。石围城中有石墙、石门、石旗、石鼓、石人、石马、石剑、石戟等，其形象生动逼真，排列有序。

在五子山景区众多景点中，当数五子山“龙洞”为最。在冲天直立的五座翠峰之下，各有一个“龙洞”，尤以东头一峰、二峰下的新老龙洞最大、最长、最有灵气，号称“灵湫”。其间清泉涌出，为县内两大河流——闻溪河、西河之源头，其洞深5千米有余，内有大龙庭、小龙庭、龙王庭、阎王碥、奔胯沟、乌木滩、一碗水等八景。

五子山的雾也极为神奇。它出自龙洞，常年不歇，且变幻多端，能预报天象。若白雾直线上升，冲入云头，当日即为大好晴天；若折转向南，在五子山与月亮岩之间形成雾桥，将数日风雨；若乌云下垂山脚，即有暴雨降临，山洪暴发；若翻山北去，则大风将至。同时雾的颜色也能测定天气，纯白主晴，灰白主阴，白中带黑主雨，乌云粗犷成牛头马面怪兽象，则暴雨山洪将至。

第四节　茶园沟　翠云湖

茶园沟　茶园沟位于下寺镇，距下寺镇17千米，海拔高程1240米，15平方千米，森林茂密，风景秀丽。林间珍禽异兽种类繁多，在林海苍茫、群山环抱的高山上有一人工湖泊，酷似一颗巨大的“祖母绿”镶嵌在崇山峻岭之中。森林覆盖率65%。林种有香樟、楠木、红豆、风相、白皮松、铁甲松。

茶园沟曾是一片葱绿的茶山，终年云遮雾罩，气候湿润，特殊的小气候适宜茶叶生产，在历史上盛产绿茶，相传唐明皇幸蜀途经剑门古栈道时，曾品尝茶园沟的茶，因其清香味浓被封为“贡茶”。自此，茶园沟声名远播，茶商云集，在茶园沟苦竹林一带渐渐建起街道和茶庄，茶园沟也由此而得名。至宋末元初，蒙古军入川，此地的茶庄、集市毁于战乱。

20世纪70年代末至80年代初，普广公社调动大批劳动力在茶园沟修建茶园沟水库，即茶园湖。蓄水314万立方米，水域长5千米。沿湖景点有僰人崖、熊人崖、白人崖、仙女峰、白鹤咀、翠盖岩、金子沟、铁围城、神仙井、牛脚石、绿珠岛和三国时魏将钟会袭蜀的秘径——陷马渠、寨子岩等点缀其中。湖边林荫小道旁有一块清代文人的碑刻题记，碑上镌刻“茶园沟”三个大字。茶园湖似一颗绿色明珠，与剑门七十二峰构成一幅群山环抱的壮丽山水图卷。

僰人崖、熊人崖　两山对峙于茶园湖之侧，绝壁千仞，似刀砍斧削，远望如两座石城。峰顶为茂密的原始森林，绝壁之缝隙间亦多有奇异古木花草。相传此处在古代为僰人和熊人两个少数民族的家园。熊人崖山势多变，层峦叠嶂，苍松翠柏郁郁葱葱。僰人崖的断壁处，有一奇峰突起，整个山崖如古僰人的石刻雕像。

美女峰、仙鹤岩　美女峰、仙鹤岩位于茶园湖之侧。其得名源于民间传说。相传古时候有仙女驾鹤来茶园沟，在此种茶、采药、织布、耕种劳作，因其地美若仙境不忍离去，后化为仙女峰和仙鹤岩。

绿珠岛　绿珠岛为茶园湖水中小岛。站在小岛上，茶园湖的山光水色尽收眼底。四川省委原书记杨汝岱为小岛赐名“绿珠岛”，绿珠岛由此而得名。

牛脚石、神仙井　牛脚石、神仙井位于绿珠岛东面的群山之中。牛脚寺因寺旁有倚天石柱宛如反踏天空的牛脚而得名。牛脚寺对面为神仙井，井旁有一可容纳千人的大石窟。窟下有小溪流出，潺潺溪水清澈见底，终年不绝。

茶园湖中，岛屿甚多，小岛上绿树森森，蔓藤牵挂。湖南岸虎头岩上青松挺立，时有山猴上下攀援，或在松枝倒挂，使人乐而忘返。

翠云湖　翠云湖即杨家坝水库，源出五子山南尖山。水域170公顷。因其高峡平湖，风景优美，1994年命名为翠云湖。距普安镇29千米，位于国道108线侧“剑门蜀道”连接线上、盐店镇境内剑门七十二峰峡谷中。

翠云湖为剑门蜀道风景名胜区的一个新景点。湖区崇山峻岭，奇岩环踞，山高水长，林密木茂，森林覆盖率95%。为天然野生动植物乐园，猕猴、野猪、獐子、锦鸡、画眉等生活其间；松林、柏树、箭竹、兰花，布满山峦。这里气候适宜，人迹罕至，山水相互辉映，湖光碧波荡漾，胜似仙景。

第二章　人文景观

第一节　古城建筑

普安曾长期为郡、府、州、县治地。各朝各代对普安均有修建。最突出的为明成化十年（1475年），剑州知州孟璋召集乡绅父老商议捐资修筑城墙1500米，建城门5洞。第二次为明正德乙亥年（1515年），剑州知州李璧扩建古城墙1433米，新辟城门两洞，并倡导在城内修筑街道，增扩街房，修学宫，建书院，创谯楼，办养生院。第三次为明嘉靖末年，川东发生农民起义，知州高任重动员士绅乡民加固城墙，扩大城区规模。清康熙初年，知州乔钵为防县城水患，倡导将城池建设规模扩至城北汉阳山麓。城内有各类庙宇、祠堂、宫殿、亭台、楼阁遗址30余处，以钟鼓楼为轴心，分别向东、向南、向西延伸的古城建筑群和二贤祠，保存完整。古城主要建筑有钟鼓楼、学宫、二贤祠、古城垣、古井、圣寿寺、南禅寺、广济桥。

钟鼓楼 矗立于古城中央，高大雄伟。钟鼓楼始建于明正德年间，明末毁于兵火。民国17年（1928年）重建。钟鼓楼重檐歇山造，屋顶施筒形灰陶瓦，翘角凌空，金铎有声。举目视之，形似梵宫。楼基占地115.2平方米，楼分三层一底，通高15.9米，顶层高3.5米，二、三层高3.6米，底层高5.2米。

钟鼓楼为普安最高的古建筑物，登临顶层，大街小巷一览无余。清风扑面，金铎和鸣。古楼虽为民国建筑，但经百年沧桑，屡遭地震、水患、风雷袭击，仍巍然屹立。1989年被省政府列为省级重点文物保护单位。

古城垣 剑阁古城垣，始建于刘宋时期，唐时已具规模，至明正德年间，就已形成完整的护城体系。古城垣采用长方形青条石垒砌，中心以土、石混合夯实构成，高8米，厚6米，现存完好的南门和小南门，当初命名“成化”和“鹤鸣”。南门为卷拱形门洞，门高4.5米，宽3.4米，铆钉凸现的双扇城门仍然靠在洞墙上。卷拱门洞的门额上铭刻“秀分阆苑”秀丽端庄。门洞两侧面柱上，“野鹿御花”“吉祥如意”两组浮雕精美别致。箭楼为重檐歇山造建筑结构，屋顶铺盖灰陶筒形瓦，正脊和垂脊上陶质的龙凤空心砖，虽历经风雨剥蚀，形态依然栩栩如生。巨龙张牙舞爪，凤凰展翅欲飞。箭楼飞檐翘角上的金铎，迎风摇荡，叮叮作响，向人们展示其昔日的风韵。

古井 古城周围，古井很多，有龙泉井、安乐井和宋代古井。龙泉井位于古城西门外，紧依石岩，井水从山岩石缝中流出，水清冽，冬暖夏凉，水量充足，四季不枯。安乐井在龙泉涧东侧，其水清澈见底，凉气袭人。宋代古井位于龙泉涧与闻溪河交汇的三角地上，在对古城基建清理时发现，井深7.8米，井口呈八瓣覆盆式莲花形，用青灰砖错缝叠砌而成，采用截角撵顶法造。根据挖掘的出土文物考证，为宋代人工掘井。

第二节 鹤鸣山石刻 白塔

《剑州重阳亭铭并序》碑刻 在鹤鸣山。唐大中八年（854年）九月刻，为诗人李商隐撰文。碑高1.9米，宽0.85米。碑额小篆刻题《剑州重阳亭铭并序》，碑文楷书，21行415字。末行刻“大中八年九月太学博士河内李商隐撰”。碑面左下方为明正德十三年和清道光甲辰秋记事。碑附近有许多古碑、石刻。包括《摩崖碑亭记》《登重阳亭次韵》《剑州重建重阳亭碑记》《重修摩崖亭小记》《登丰阁记》《重修重阳亭》等碑，“古重阳亭”“一郡奇观”“登高览胜”等石刻。

《大唐中兴颂》摩崖石刻 在重阳亭侧。石刻通高3.13米，宽3.84米，从左至右竖行阴刻，楷书21行，共229字，通体端庄，气势磅礴。系唐肃宗上元二年（761年）八月，文学家元结撰文，大书法家颜真卿书写。代宗大历六年（771年）六月，书刻于湖南祁阳浯溪石崖，南宋绍熙年间，翻刻于鹤鸣山。鹤鸣山《大唐中兴颂》为颜真卿晚期作品，风格雄伟厚重，跌宕有致，表现出正而不扬、正而不滞的艺术风格，通篇一气呵成，自成一体。《大唐中兴颂》文出不凡，书艺绝伦，具有极高的艺术观赏和文化研究的价值。

摩崖道教造像 在鹤鸣山，刻凿于唐宣宗年间。存有造像5龛，完整者2龛，为长生保命天尊造像。倚崖凿洞刻石造像，刻有天尊、真人、护法神、武士、魔众、护法狮子共63尊。各龛天尊造像有冠有履，袍着贴体，面部饱满，神情庄重。摩崖造像雕刻采用圆雕和深浮雕两种手法并用，简洁概括，挺拔有力，粗细协调，雕出富有生活气息变化的花纹，技艺高超。刻工精湛，为全国艺术珍品，被中国美术史和世界美术史著作收集。

剑州白塔　在鹤鸣山顶，又称文峰塔。清乾隆三十五年（1770 年）开工修建，乾隆四十二年（1777 年）竣工，砖石结构，7 级 8 面阁楼式塔刹。石塔由塔基、须弥座、塔身和塔刹四部分构成。塔身建于须弥座之上，底层塔身较高，以上每层塔身较短逐渐收缩成密接塔檐。每层每面开小窗，以通光透气。底层有八根石柱，浮雕蟠龙。白塔整体造型敦厚稳重，轮廓刚柔结合，雄健挺拔，和谐秀美。

白塔坐北朝南，塔内旋梯通道，直达顶层。底层心室宽敞，青石望板上镌太极八卦图。塔底心室浮雕太极八卦图，浮雕乾、坤卦位与白塔座向相合。塔门南面，有石砌阶梯五步。拱状石门，洞开如虹，由门框、门楣、门限、门柱组成。门楣刻“文峰”联额，门柱上楷书阴刻楹联“文心直透五华秀，笔阵高分两剑雄”。

剑州白塔是研究古代建筑力学的重要文物。以其独特的造型，成为古代建造艺术上的奇观，列入《中华人民共和国文物分布图集·四川分册》，是全省第一批重点文物保护单位文物，被《巴蜀名胜记》列为蜀中一绝。

第三节　觉苑寺　壁画

觉苑寺建筑　位于武连镇。前临西河，川陕公路从寺东北约里许的武侯坡半山腰上通过。始建于唐贞观年间，名弘济寺，宋元丰年间赐名觉苑寺。元末部分殿宇被毁，明代天顺初重建殿宇，塑佛像，绘制《佛传》连环图画于大雄宝殿四壁，更名普济寺；清康熙初年，维修殿宇，复名觉苑寺。寺院建在同一条轴线上，东西配殿对称排列。坐北向南，气势磅礴庄严。2001 年 6 月，国务院批准为第五批全国重点文物保护单位。

觉苑寺由山门、天王殿、藏经楼、大雄殿、观音殿、东西配殿、香积厨、斋堂、僧房、方丈室、职事室组成。现存三重殿宇，依山而造，梯级递进。以大雄殿为主体，前有藏经阁，后有观音殿，东西两厢配殿对称。大雄宝殿面阔五间，单檐歇山式屋顶，其屋顶施青灰色陶制筒瓦。墙体用木骨竹筋作胎，内外均上泥抹白石灰。大殿用青条石砌筑台基，台高 1.5 米，明间前置垂带式踏道七级，殿堂周围用檐柱 18 根，两山面各设分心柱 1 根。全殿共用大型木柱 24 根，都设置在纵横交错的十字网格的交点上。减去明间前侧的金柱和殿内的 4 根分心柱，是中国金、元时代木结构建筑上普遍使用的方法，与唐、宋木结构建筑上具有显著不同之特点。

在大雄殿内两旁的上方内额处，左右排列着 24 位诸天神像，全为樟木雕刻，每尊神像身高 1 米多，站在雕刻的祥云之上。其神像有文有武，有男有女，姿态各异。雕像中除紫薇大帝、东岳大帝、雷神是道教造像外，其余均为梵天、帝、释等佛教神像。

大雄殿正中的土石神台上，塑有三尊高 2.95 米的佛像，尊称“三宝如来”。佛像身披袈裟，袒胸露肘，结跏趺坐于莲花台上。三尊佛像身后的桃形火焰纹光屏，近似木板雕刻，底衬为木板，其外表为泥塑而成。“三宝如来”所坐的莲花台，由上下两层构成，每层前方的台沿上都用沥粉堆金技法，并塑有佛本身的故事，上下层之间用莲花柱、狮子柱、鳄鱼柱和圆形环相承。

壁画碑刻　大雄殿四壁之上，绘《佛传》连环图画，共14铺、215幅画面，174平方米，人物1740个。通体构图，匠心独具，宏大缜密，浑然一体。壁画主要绘制释迦牟尼的生平事迹。每幅绘一个“佛”的故事，四字题词，称《佛传》。画面从摩耶夫人夜梦能仁菩萨化乘六牙白象来就母胎开始，依次绘出树下诞生、姨母养育、初启出家、飞身出宫、六年苦行、牧女献糜、魔军拒战、华严大法、转妙法轮、始度众生、竹园精舍、诸佛还国、布金买地、初建戒坛、姨母求度等200余个佛传故事。达官贵人、侍从奴仆、善男信女、妖魔鬼怪、飞禽走兽、鱼龙水怪应有尽有。此外还有楼、台、亭、阁、屋宇、房舍、花园、比武场等。其构思缜密，用笔娴熟，典雅富丽，特征鲜明。壁画采用工重彩与沥粉堆金相结合技法，其绘画艺术对于研究美术学史、佛学史、体育史、建筑史均具有重要价值。

觉苑寺内收藏有一些历代石碑，较珍贵的为唐代大书法家颜真卿书写的“逍遥楼”大字石碑，宋代“种松碑”；明代所刻的陆游诗碑；民国剑州知事张政所书的诗碑和唐代的“夫之子墙”大字。其碑文的书法有楷、草、篆，运笔流畅自如，结构疏密有致，整体造型优美。

第三章　遗址遗迹

第一节　古遗址　墓葬

古遗址　县境内最早遗址为新石器时代聚落遗址，最多为三国遗址，主要为军事防御、避兵遗址，少数废弃寺庙遗址。小庙山遗址，在田家乡双丰村。三国遗址主要分布在剑门关一带。姜维城在剑门关营盘嘴，姜公祠在剑门关内古道东侧。钟会故垒在剑门关外七里坡。军事防御、避兵遗址分散。青疆店位于剑门关镇西南。苦竹寨，位于汉阳镇寨隘口东侧。芦塘寨在大剑山顶，后唐长兴元年（930年），董璋屯兵木马寨时置。汉源坡，在青疆店南17里，宋乾德三年（965年），王全斌伐蜀，别将史德分兵走来苏小路，到达青疆岭，蜀将王昭远引兵退守汉源坡与之对峙。长宁山，在鹤龄镇境。蟠龙寨，位于广坪乡快乐村。寺庙及饮水遗址多在普安镇境。唐开元寺遗址，位于普安镇卧龙山西麓。安乐泉、龙泉分别位于普安镇西门外，西郊南禅寺下。报国灵泉，位于柳沟镇新民村。

墓葬　县境最早的古墓葬有汉墓，最多为三国将领墓葬以及剑阁名人墓葬。汉墓群，在剑门关镇青树子。姜维墓在剑门关内。邓艾墓在北庙乡孤玉山。皇后墓系三国蜀汉后主刘禅妻之墓，在涂山乡皇山村。赵炳然墓在普安镇卧龙山麓。黄裳墓在公兴镇九龙村。李榕墓位于下寺镇友于村何马沟。

第二节　历史事件遗址　遗迹

历史事件遗址　剑阁县境有革命遗址和红军战斗、工作遗址。“九一兵变”遗址，在江口镇新庄村，距普安镇50余千米。1983年冬，在兵变遗址庙子嘴建亭立纪念碑。剑阁会议遗址，在普安镇学街。

1935 年 4 月初，红军在此召开西北革命军事委员会议。马鞍山红军战斗遗址，在羊岭镇马鞍村。大路河红军遗址，在秀钟乡青岭村大路河场。剑门关红军战斗遗址，在剑门关镇营盘嘴。小房头红四方面军政治部旧址，在吼狮乡向前村。

红军活动遗迹 1935 年 2 月 22 日至 3 月 27 日，红四方面军在剑阁活动一月有余。血战剑门关，智夺火烧寺，在节孝祠（今普安镇学街）召开剑阁会议，在县内建立各级苏维埃政权 298 个。广泛发动群众打土豪、斗恶霸、分田地。在剑阁留下许多碑碣，烈士墓冢。普安镇东门城墙上刻《中国共产党十大政纲》，在白龙镇、秀钟乡大路河一带留有红军书写和石刻的标语。在普安、鹤龄、木马等发现红军发行和使用过的布票、纸币、银元、铜元。

十大政纲和宪法大纲 在普安镇顺城街城墙上，刻《中国共产党十大政纲》。为 1935 年 3 月红军所书，字大若拳、笔力遒劲、刻艺高超，长 11.7 米、宽 1.7 米。1980 年 5 月，省政府公布为省级文物保护单位。《中华苏维埃宪法大纲》，收藏于县文化馆，为 1935 年红军在剑阁活动期间发行的木刻本小册子，为中国工农政权首部大纲，是研究中国现代史，中国工农政权建立和发展的重要实物资料。

石刻标语 1935 年 4 月，红军在剑阁期间，把石刻标语作为进行政治宣传的最好形式。在县文化馆和秀钟、闻溪、普安、北庙、西庙、柳沟等乡镇，保存石刻标语 43 幅，其中秀钟乡青岭村有 19 幅，大多镌刻于石碑、石柱、石牌坊之上。

烈士陵园 剑阁县双桥村烈士陵园在长岭乡双桥村。1932 年，为纪念剑南边区袁家沟游击大队配合红四方面军入川，发动升钟起义，在起义战斗中牺牲的先烈，1984 年 12 月，县政府在此修建陵园。

红军纪念堂、纪念馆 马鞍山是 1935 年红军进入剑阁后，进行首次战斗的遗址。与之相邻的火烧寺、石城庙是红军当年赤化县和石城区苏维埃政权遗址。1993 年 9 月，羊岭镇建“马鞍山红军纪念堂”。袁家沟（现长岭乡双桥村）为 1932 年中国共产党地下党组织发动升钟起义的遗址。与之相邻的金仙场、厚子铺为 1935 年红军建立的金仙县、剑南边区苏维埃政权遗址。1995 年 8 月，建立厚子铺红军纪念馆。两地陈列红军钱币、标语、书信等实物和红军当年活动的史实图片，是革命传统教育基地。

第四章 旅游规划与发展

第一节 旅游规划

2001 年 5 月 15 日，剑门关景区旅游总体规划在成都通过专家评审。2004 年 11 月 22 日，省旅游局考察剑阁红色旅游发展情况。2005 年 10 月，剑门关景区开发建设管理委员会聘请扬州大学城市园林设计所编制剑门关景区开发建设规划，并经县人民政府批准实施。

景区地理区位 剑门关景区位于县境北部，其地理坐标为北纬 32°08′10″至 32°16′35″；东经 105°26′40″至 105°37′54″之间，景区面积 142 平方千米。其范围北起下寺镇梁家盖，南至汉阳镇向家湾；东起县界石人嘴，西至小剑石垭子。视其景区景点布局、地理分布，划分为 5 个片区，即钟会故垒志公寺片区、剑关隘姜维古墓片区、大剑门梁山寺片区、小剑门休闲会议度假区、古蜀驿道翠云廊片区。

景区资源评价 根据国家《旅游资源分类与评价（2003）》标准，即观赏游憩使用价值，历史文化科学艺术价值，珍稀奇特度，规模丰度与几率，完整度，知名度与影响力，适应期或使用范围，环境保护与安全附加值八条标准对景区各资源点进行单体评价和打分，并按其赋分值的大小评定等级。5 级标准 5 个，为大剑山、剑阁柏木、剑门关隘、翠云廊古柏、剑阁驿道。4 级标准 4 个，为小剑山、翠屏峰、照壁峰、姜维像。3 级标准 4 个，为姜维城、梁山寺、关楼、剑溪桥。2 级标准 6 个，为舍身崖、红军血战剑门关遗址、志公寺、姜维墓、翠屏湖、经皇洞。1 级标准 1 个，为大小剑溪河。

旅游发展目标 近期（2005—2007 年），为重点开发建设期。以大剑门关和翠云廊为核心，塑造剑门观光旅游形象——地理人文奇观；中期（2008—2010 年），为全面建设发展期。随着剑门关景区观光旅游产品体系的建立和旅游新形象的确立，结合区域结构，对剑门关旅游进行深度开发，重点完成小剑门旅游观光游乐和亲水游乐项目，增加景区的旅游内容，充实游线结构。远期（2011—2015 年）为系统建设完善期。剑门关景区内部旅游产业结构调整完善，形成均衡格局，剑门关景区成为川东北旅游线及川陕甘旅游线的核心旅游区及最终旅游目的地。

景区建设风貌 景区地块控制指标：容积率（FAR），商业金融用地（C2），FAR = 0. 2—1. 2；文化娱乐用地（C3），FAR = 0. 1—0. 3；其他公共设施用地（C9），FAR = 0. 3—0. 4。建筑密度（BC），商业金融业用地（C2），BC = 20%—40%；文化娱乐用地（C3），BC = 15%—25%；其他公共设施用地（C9），BC = 20%—25%。建筑限高（HL）和退后红线，根据景区景观控制要求和空间轮廓控制要求，景区内建设为低层和多层建筑。景区建筑退后红线，即景区建筑基地外界面距道路红线，旧建筑物必须满足 10 米，新建筑物必须退后 20 米。绿地率（GAC），商业、金融业用地（C2）GAC≥30%；文化娱乐用地（C3）GAC≥35%；宗教活动用地（C9）GAC≥50%；广场（S2）≥35%；机动停车场（S3）GAC≥35%。钟会故垒志公寺片区的打造，着重表现蜀汉风格的军营、军寨风貌和佛教建筑风貌特色，利用自然山坡顶作景观制高点，两山相望，形成视廊，清理出河流等自然视觉走廊。剑门关隘姜维墓片区景点，结合蜀汉三国历史风貌和自然峡谷、悬崖等地质特征，在营盘嘴悬崖顶端再现三国姜维守关时蜀军军寨风貌。在后关门和金牛峡自然形成景观通廊。按照蜀汉建筑风格对剑门关镇民居建筑外观进行改造，主要游览街道作青石铺路，体现古镇风貌，控制居民数量。大剑门梁山寺片区，集中体现自然地质风貌展示区和佛教文化风貌展示区，完善步行走廊，将沿线众多景观平台串联起来。小剑门休闲会议度假区，依山而建的建筑以自然山体色彩和质感作墙面，下层屋顶空间作上层房屋花园，形成退台式布局景观。其他建筑与川北传统民居风格一致。古蜀驿道，翠云廊片区，其景点以蜀道文化为依托，打造仿古驿站。景区建筑风貌，文物保护单位建筑保持原有历史风貌。接待服务设施和农房，标志性景观建筑，其布局结构，旅馆功能，生活方式和各项设施，应力求现代化，外部总体形象力求吸纳川北地方特色。建筑风貌按蜀汉文化特征，体现三国文化特色，保持田园化、乡土化、风景化，区内建筑层高不超三层。建筑物体量、高度、色彩、造型与景观相协调，合理保护当地传统民居，建筑形象与各景区景点特征、景区气氛、游览内容和谐统一。

景区路网改造 2010 年前，剑门关场镇至梁山寺 8 千米，剑门关场镇至仙峰观 5 千米，县城至茶园沟 17 千米，凉山乡至拦马墙 1 千米，柳垭至翠云湖 17 千米，武连集镇至觉苑寺 1 千米，G108 线下寺镇至普安镇至梓潼界 98 千米，G108 线至雪溪洞（剑阁段 5 千米）等 8 条公路升级改造。

旅游线路设计 根据景区旅游资源的具体分布及主要客源的时空距离和经济原则、市场导向原则设计剑门关自然奇观观光游，翠云廊古蜀道文化体验游，剑阁县城休闲度假游，剑阁古城休闲度假游，三国文化观光游，宗教文化观光游等6条旅游线路。

第二节 景区建设

1982年11月，剑门关景区被国家建设部公布为国家级风景名胜区。至1990年，累计投资79.1万元，对剑门关隘、鹤鸣山、翠云廊、觉苑寺进行保护性开发，打造景点8个，建停车场1482平方米，修游山踏道8500米，建景观桥1座、休憩亭阁、茶坊3处。1992年9月，林业部批准建立剑门关国家森林公园，景区经管主体增多，景区建设步伐加快，恢复古关楼、架设悬空索道、建翠云楼、修李璧祠、升级改造林园饭店、新修林园宾馆、开发梁山寺景区等。至1995年，四年累计投资751万元，建设景点15个，修游山梯级踏道9100米，建综合服务用房3500平方米，建停车场2100平方米，铺草坪7500平方米，砌扎防洪河堤240米。1996年，将剑门关场镇至梁山寺、柳垭场出口至翠云湖（杨家坝水库）、新店子至拦马墙、剑门场镇至仙峰观四条35千米旅游公路建成山重四级标准化泥碎路。1997年至2000年，投资1100万元，完善拦马墙、鹤鸣山、翠云湖旅游基础设施，建设景点8个，修复景区驿道3000米，古栈道750米，建CMS基站5座，安装自来水管3500米，架设专电线路2300米，硬化景区公路4500米，更换景区安全警示牌、导示牌、景点标示牌、鸟瞰图235个（幅）。2001年，利用中央预算内专项资金，总投资1013.4万元，在钟会故垒、志公寺片区建旅游综合服务大楼一幢1472平方米，建瞭望塔1座，景区停车场6000平方米。修游人中心至剑门关楼游人步行道2500米，架景观桥5座，铺设入景公路3000米，外景绿化2000平方米。2003年，投资500万元，改、扩、新建停车场6处1500平方米；新修和改造景区游山道9000米；加固后关门石桥，修复水毁的宏仁桥，改造徐家店危桥，连通G108线至钟会故垒钟会桥；升级改造G108线下寺三江村至汉阳向家湾过境公路24.5千米，更换安装仙女洞、雷神峡、上天梯等18处险境防护栏。2006年，开展翠云廊创国家4A级景区活动，投资450万元，在景区南北建标志性大门两座，建生态停车场6025平方米，将原林区内停车场改造成文化休闲广场；配套安装电子触摸屏、残疾人轮椅、童车，重新制作景区导游图；升级改造景区厕所、售票亭。是年末，经省景区质量等级评定小组评定和国家旅游局景区质量等级复查，授牌确认翠云廊为国家4A级景区。

1990年至2006年，全县景区建设累计投入6114.86万元（国家项目投入2311.5万元，社会集团、个人投入698万元，县财政、单位投入3105.36万元）。累计建设景区7个，开发旅游景点35个。主要景点建设项目有：

关楼 三国时蜀汉丞相诸葛亮在剑门关隘口垒石砌门立关镇守，使剑门有了关楼。历朝屡有维修。至明、清修缮后关楼为三层，上两层为箭楼，重檐歇山式小青瓦盖顶，下层为条石砌成的拱洞。拱洞横顶嵌有“剑阁”二字，二楼及顶阁楼正中分别悬挂“天下雄关”和“雄关天堑”的金字横匾。1935年冬修建川陕公路时被毁。1992年5月27日，省建委批准重建剑门关关楼，确定在剑门关大剑溪东侧紧靠山崖的砾石堆土修建，关楼主体面积443.56平方米，坚持修缮如旧的原则，体现沧桑的历史痕迹。

1993年，社会募捐集资250万元，按照修旧如旧的文物保护原则，重建剑门关楼，修建仿砾石售票亭、游人商店、茶房及休憩亭阁，6月28日竣工。1996年，投资100万元，建仿古建筑的游人集散中心服务楼436平方米，餐饮娱乐用房120平方米。1998年，投资2.5万元在关楼建筑群周边铺草坪3500平方米。2006年2月12日，因香客焚香不慎，引发火灾，烧毁关楼一、二楼。

索道 坐于剑门关隘口下，东连石笋峰，西接国道108线。1992年，县林业局投资350.7万元，征用土地1.13公顷，修建剑门关旅游载人索道。由江油矿山机械厂承建，1993年4月动工，是年末竣工，次年春投入使用。索道全长550米，高差116.4米，运行速度1.25米/秒，设52个吊椅，每小时可运载400人上山。索道建成后又投资修建停车场、综合服务用房。至2003年，总投资405万元。

梁山寺 梁山寺景区6.15平方千米，森林覆盖率79%，境域尖峰林立，森林密布，森林物种63科110属150余种。野生动物近100种，国家一级保护动物有牛羚、豺、白鹤、蟒；二级保护动物有猕猴、水獭、小灵猫、小熊猫、班灵猫、林麝、班羚、岩羊。1993年，根据“剑门关国家森林公园”总体规划方案设计，在景区修建翠屏门，翠屏门至经皇洞，石笋峰至梁山寺大庙游山小道8千米，在翠屏峰对岸修建观景亭，装饰大穿洞（天生桥）、小穿洞（仙女洞）、经皇洞，洞府架设悬梯，增设与自然景观相协调、文化内涵深邃的人工景点，在翠屏湖上架索桥，购小舟，供游客水上览胜。1995年，林业、城建部门共同投资34.5万元修建梁山寺进山大门。

大剑山绝顶有古寺——梁山寺。据历史资料记载，其庙初建于唐，扩建于南宋理宗年间，以后各朝均有修葺，现存的两院一庭古庙主体建筑系清雍正十年（1732年）江南“剑峰”“三海”和尚总成地方士贾助资修葺。

梁山寺匾额排排，石碑林立，神像森严，由天王殿、观音殿、大雄宝殿和左右厅堂的地藏殿、目连殿构成四合院体结构。庙塑佛像30余尊。佛事活动频繁，故成“剑门天险”八景之一。20世纪60年代，“文化大革命”破“四旧”，庙内佛像、碑刻、匾额被毁，70年代初，省广播电台在梁山寺建“506”转播台。

1997年3月，县政府决定恢复梁山寺古刹大庙。是年7月，县委统战部批准梁山寺为佛教活动场所。是年末，剑阁与506台签订共同恢复梁山寺殿宇景观协议。1998年年初，506台退出庙产，县林业局正式进场开展古庙修葺工作。按照恢复大庙设计方案，总投资45万元，对原古庙天王殿、观音殿、大雄宝殿和左右厅堂添瓦补漏，换檩坐脊，装饰墙体，彩画梁柱，新建寺庙山门，恢复墨龙池、古井、紫薇亭，复原古庙楹联，碑林，在庙内塑大佛金像45尊。

翠云楼 位于大柏树湾林园，其楼址为古代烽火台遗址。1992年10月，投资13.1万元修建，占地150平方米，通高15米，呈六角亭型，五重接叠，楼层同径，梯通顶端，远处视之，似掩映在古木丛林中的海市蜃楼。登楼览胜，剑门72峰尽收眼底。1993年，投资72万元，开发翠云楼陪衬景点，修补驿道，建李璧祠、休憩亭阁，恢复张飞井，实施古柏保护和园区外景绿化。2000年投资100万元，修建景区综合服务大楼、停车场。

剑门关景区游人接待中心 剑门关游人中心位于剑门关镇志公村，距剑门关2.5千米。2001年5月开工建设，2002年11月建成。为全框架仿汉代风格，面积1435平方米，主体建设净空最高处为9.6米。设有展览大厅、民俗展厅、会议中心、游人休息室。在游人中心西北边建有瞭望塔，为四楼一底仿汉代建筑。相配套的有停车场、旅步行道，驱车或步行可直抵剑门关楼北门。

翠云湖景点建设 翠云湖位于盐店镇莲花村。1996年，杨家坝水库竣工后，县水利主管部门投资310万元，实现景区水、电、路三通，在库区建宾馆一幢，别墅两幢，并配套茶坊、商店、停车场、运动场、水上快艇、游船。2001年，与江油药业公司合作联合开发莲花山，在沿湖两岸种植桃树，建桃花岛，在莲花山修游山道，建野生动植物园，在坝区进行外景绿化，栽种花草树木。修建长廊、亭阁。

鹤鸣山公园 鹤鸣山位于剑阁古城东，相传因有仙鹤栖鸣其上而得名鹤鸣山。此处有蜀中“三绝”《大唐中兴颂》摩崖石刻、李商隐撰《重阳亭铭》碑、唐代《摩崖道教造像》群石窟。山顶有清代六级八角白塔。其地环境优美，山上苍松掩映，翠柏葱茏，山脚闻溪河绕流。1982年，县文管所投资6.91万元，复原鹤鸣山道教造像，设保护栏，建护碑亭。1985年，城建委投资30万元建仿古文化长廊，休憩亭阁，修沿山脊石级梯踏道1000米，围墙2000米。2000年后，投资250万元，征地6000平方米，将鹤鸣山公园范围扩至普安镇滨河路，同时打开县酿造厂通道，采用石作工艺，建滨河路至剑州白塔，剑州白塔至剑南路，长千米石级踏道、亭阁。2001年，因剑州白塔（文峰塔）经风雨剥蚀，塔体倾斜。县政府广纳民意，首倡修缮。各界捐资将其塔体部分撤除，装饰修补，而所用砖石，悉采故物，营造体制，一仍其旧。

第三节　乡村旅游发展

1997年4月，县委、县政府印发《关于加速旅游业发展的决定》和《关于培育支柱产业，建设旅游大县的决议》，大力发展观光农业、生态农业。通过建家、建园、建池、改水、修路发展农家乐，组织乡村旅游。至2000年，乡村旅游接待游客1.1万人次，收入57万元。2001年，实施生态大县战略。将县林业，城建、水利、文化等涉旅单位，普安、城北、剑门关、汉阳、姚家、盐店、武连、凉山等涉旅乡镇纳入旅游行业管理，把发展乡村旅游作为党政干部政绩考核内容，坚持乡镇搞点，县、区连线，部门合作，联合打造乡村旅游景点。至2004年，全县已建成乡村旅游景点16个，打造出普安镇剑坪村桃花节、城北镇红双村葡萄节、剑门关旅游文化豆腐节、拦马墙牛肉宴。剑门关镇仙峰观茶庄、马尔山休闲游等乡村旅游品牌。全县乡村旅游接待游客约2.5万人次，实现旅游收入140.1万元。

2005年，贯彻市委、市政府《关于加快发展乡村旅游业的意见》，突出旅游新村建设。县委确定由分管农业的副书记牵头，分管农业、旅游工作的副县长统筹负责，发动县级各部门和相关乡镇合力打造剑阁乡村游，决定重点打造剑门关镇仙峰观品茶园、盐店镇拱石坝世外桃源、普安镇唐家坪农家乐、多福山庄和剑门关乡村游等5个乡村旅游景点。2006年，将下寺镇三江村途经剑门关景区至汉阳镇大柏树湾沿G108线10千米可视范围内的300户居民作为整体风貌打造对象，将任务分解到部门，细化到人头。旅游新村建设坚持农户主体，部门扶持，政府援助，统一施工，限期完成。旅游新村建设规划设计体现川北民居特色、剑门关景区地方特色。在旅游新建项目中将剑门关场镇豆腐名店、钟会故垒区、剑门关隘口、古驿翠云廊等四处相距景点最近，地理位置最显，农户激情最高的101户民居作为县政府明星工程，由县级四大班子领导挂帅，进行重点打造。投资1211万元建成174户农家乐，其中星级农家乐10户。下镇寺三江村至汉阳镇大柏湾一线实施整体风貌打造，总投资720万元，改造民宅202户，建成具有川北民居特色、环境优美、融景区自然风光于一体的乡村旅游景点。全县乡村旅游接待游客3.5万余人，旅游收入300万元。

第四节　旅游产品开发

手杖、根雕　剑门手杖，相传三国时蜀相诸葛亮北伐中原，途经剑门关时，见山路险峻，举步维艰，便采山中藤条、树丫为杖助行。尔后，人们纷纷效仿，以之助行山路。其制作工艺代代相传。根雕手杖不仅是助行工具，更是高雅的艺术品，其实用价值和艺术价值被人们普遍认可。

1990年，县旅游局把剑阁县手杖社作为旅游商品定点生产厂家，提供资金扶持、信息服务、组织技术交流、产品展销。1996年，多次举办手杖、根雕艺术竞赛和产品展销活动。1998年12月，成立手杖、根雕艺术协会。1999年2月、2001年10月，分别在县文化馆、普安镇新街口成功举办两次手杖、根雕艺术展，参赛作品200余件。至2002年，剑杖已发展成四大类230余种。2003年8月，景区管委组织民间艺人开展根雕比赛，作品展示，在各大旅游商场开设雕杖展销窗口。根雕取材于树根，能工巧匠根据树根自身造型的特点，在自然形态的基础上稍事雕琢，便形成宠物、恐龙、仙鹤、夜鹰、饿狼等种种形象，栩栩如生。为增加剑杖文化色彩，厂家根据其杖雕刻的不同题材，点缀上具有诗情画意的题名、如“牡丹”“猴桃”“竹蝉”“二龙戏珠”“松鹤延年”“百凤朝阳”“玉洁冰清”“东篱佳色”等，使剑杖更添历史文化气息。

腊肉、火腿　剑门山区盛产大米、玉米、小麦、大麦、高粱、大豆等五谷杂粮，农家素有养猪习惯，用粮食饲养的猪只皮薄肉嫩，制作的“腊肉”“剑门火腿”“蝴蝶猪头”“川味、广味”香肠等肉食品，享有盛名。

1990年，剑门火腿荣获国家食品博览会金奖，1996年获首届巴蜀食品节金奖。

1997年，县旅游主管部门把剑门火腿有限责任公司作为旅游商品定点生产单位，协助提高制作工艺，注重包装设计，提升产品等级，开展产品推销活动。2000年，在旅游景区各大商品市场，设置腌腊制品展销门市部，组织专业队伍在国际、国内各大旅游商品市场推荐剑阁腌腊产品，开展腌腊制品技术培训。至2006年，剑门腌腊制品已发展到五大类60多个品种。

剑门豆腐　剑门豆腐以当地黄豆做原料。制作剑门豆腐的黄豆产于“剑门七十二峰”砾岩油沙石坡土，其豆子蛋白质、脂肪含量丰富；水为山泉水，微量元素含量丰富；剑门豆腐的制作工艺历史悠久，相传始于三国。蜀汉炎兴元年（263年），魏伐蜀，钟会、邓艾屯兵10万于七里坡，直逼剑门。此时扼守剑门关蜀将姜维的3万兵马已人困马乏，剑门关危在旦夕。姜维号令百姓家家磨豆浆做豆腐，以豆腐犒赏士兵，豆渣饱喂军马。数日后，姜维营垒兵强马壮，复引兵杀出关外，钟会大军溃败而退。剑门豆腐也由此名声远播。

2003年9月，县政府为深度开发剑门豆腐系列产品，丰富景区旅游文化内涵，在剑门关举办首届中国—剑门关豆腐旅游文化节，向社会和中外游客展销剑门豆腐系列产品。县政协、县委宣传部合编《诗画剑门豆腐画册》，向公众和新闻媒体展示剑门豆腐旅游文化风采。2004年，开展豆腐制作厨艺表演，组织豆腐制品展销活动。2005年，在剑门关镇成立豆腐协会，定期组织会员交流豆腐制作工艺。至2006年，县境剑门豆腐制品厂已过百家，豆腐的种类逾百种，制作方法越来越多，烹调技艺越来越精。有炒、炸、熠、烧、炖、氽、凉拌等制作方法，主要有黄角豆腐、葵花豆腐、春卷豆腐、莲花豆腐、金钩豆腐、龙眼豆腐、菊花豆腐、芙蓉豆腐等花色品种。根据制作豆腐的样式、形状，取草船豆腐、水淹曹营、空城计、围困白帝城、三分天下、孔明点灯、周瑜水师等三国文化气息的名称。剑阁豆腐既能制作宴席，又能制作小吃，还能制作方便食品。主要豆腐小吃有豆腐饺子、豆腐包子、豆腐面条、豆浆、豆奶等。主要豆腐方便食品有钟会豆腐干、志公寺豆腐干、马和尚豆腐干等。

剑门茶叶 剑门关仙峰观土壤为砾岩油沙石坡土，加之森林茂密，腐枝烂叶覆盖地层，其土壤腐殖质含量丰富，适宜茶叶生长。20世纪70年代，剑门公社在仙峰观开垦千亩（合66.67公顷）茶园。建园初期，其产量逐年递增。但因茶叶制作设备简陋，工艺落后，生产的茶叶门类不多，其知名度亦不高。

1990年，剑门镇引进成都茶业主承包剑门关茶场。1995年，县旅游局将剑门茶场作为旅游商品定点生产厂家。2001年，新建仙峰观品茶园，投资改善交通环境，开通至仙峰观旅游线路。通过对茶场的设备更新、技术改造，使茶园茶叶产量增加，门类增多，品质提高。至2006年，剑门茶品种10个，玉芽系列有纯情玉芽礼盒、玉芽听装；玉绿系列有纯情碧绿礼盒、碧绿简装、纯情特级绿茶、一级绿茶、三级花茶。

星王巾被 星王巾被有限责任公司是川北最大的毛巾床饰生产企业。1996年，县旅游局申报星王巾被有限责任公司为省旅游产品定点生产厂家。星王巾被有限责任公司推出旅游产品定制生产活动，按旅游经营单位提供产品的规格、要求生产（或命名）其产品。至2006年，开发出星王巾被系列产品80余种。翠云廊文化衫、翠云廊旅游帽、翠云面巾、枕巾、方巾、浴巾、翠云廊毛巾被设计美观，做工精细。

其他旅游产品 剑门关景区自然资源丰富，山中泉水，其水质含有硅酸、锶、锌等人体所需的多种微量元素；剑门花草植物，尤以剑门兰草名气最大，享有“王者之香”的美称。剑阁蜜源植物、藤编植物、药用植物，以及森林中自然生长的野生蔬菜品种繁多，菌类有黑木耳、桤木菌、青杆菌、刷把菌、香菌，菇类有平菇、香菇、凤尾菇、猴头菇，笋类有竹笋、芦笋等。至2006年，剑门关雄关矿泉水、剑门岩蜜、黑木耳、天麻，柴胡、剑门兰草、剑门香菌、香菇、蕨台、竹笋以及各式藤编等旅游产品已发展到140余种。

第五章 旅游管理

第一节 旅游经营

由于经济发展水平的制约，剑阁旅游产业发展起步较晚。1982年11月，国家建设部公布剑门蜀道为国家级风景名胜区后，为合理利用和有效保护国家风景名胜资源，在普安镇鹤鸣山、剑门关隘口、武连镇觉苑寺等处景点进行保护性开发，但旅游业收入低微。1990年，全年接待中外游客9.8万人，旅游门票收入15万元。1997年4月，县政府印发《关于加快旅游业发展的决定》（剑府发〔1997〕53号）。

1998 年 2 月，县党的第八次代表大会通过《培育支柱产业，建设旅游大县，快速发展旅游业的决议》。至 1999 年，剑门关楼、剑门索道、梁山寺、翠云廊、觉苑寺、鹤鸣山等景区，年接待游客 21. 39 万人，旅游门票收入 109. 1 万元。为规范旅游运作程序，县政府多次召开办公会议，规定剑门景区进山门票必须统一印制，统一发放，统一结算。按门票收入的 5% 提取旅游发展金和管理费，旅游开发坚持“规划统一、建设合法、经营凭证”。

2001 年 9 月，成立县旅游资源开发有限责任公司。是年，县政府将梁山寺、关楼、翠云廊、鹤鸣山、翠云湖、索道、觉苑寺等 7 个旅游经营单位和县林业、城建、水利、文化 4 个涉旅单位及剑门关、汉阳、城北、盐店、姚家、凉山、武连、普安、柳沟 9 个涉旅乡镇纳入县旅游行业管理，对旅游业的发展实施年度目标考核。2002 年 10 月，县旅游服务中心成立。是年，全县旅游业收入 169. 42 万元，旅游相关收入 3510 万元，接待中外游客 25. 25 万人次。

2003 年 6 月，县委针对景区无序开发、利益纷争、各自为政、严重损害景区整体形象等弊端，着手对剑阁旅游体制进行改革。改多头管理为统一管理，改分散经营为统一开发建设的主体，在一个主业的格局下经营景区，实现所有权、管理权和经营权有效分离。成立剑阁县剑门关景区开发建设管理委员会，按《公司法》运作程序组建县剑门关景区开发有限责任公司。是年 7 月，在坚持企业管理职能不变、经费渠道不变、行业指导和隶属关系不变、人员身份不变的前提下，将剑门关风景名胜局、剑门关国家森林公园管理处、剑阁县旅游局的职能、财产、人员并入管委会；在经营单位法人代表地位不变、资源性资产权属不变的前提下，剑门关国营林场、剑门关索道管理站、翠云廊管理站、剑门关风景名胜开发公司以现金和经营性固定资产投资并分别作为股东，组建四川省剑门关景区开发有限责任公司。风景名胜、林木、林地不作计算出资，也不作为公司资本纳入市场流转，在原有产权关系和性质不变的条件下，上述单位的正式人员、债权、债务全部并入。2004 年 5 月 24 日，引进联星集团同景公司开发剑门关旅游资源。是年，全县接待游客 47. 32 万人次，实现旅游门票收入 489. 3 万元，旅游相关产业收入 1 亿元。

2005 年 6 月 29 日，县人大常委第 15 届第 19 次人民代表大会通过《关于加快旅游业发展的决定》，建立旅游产业发展基金专户，决定每年由县财政安排一定数量资金，用于旅游资源保护、旅游项目申报前期运作费用和旅游促销，旅游人才培训、旅游公共设施建设。2006 年 4 月 20 日，剑阁与同景公司终止合作关系。是年，县政府在翠云廊、国道 108 线下寺镇三江村至汉阳天桥村段开展创建 4A 级景区和旅游新村建设活动，使旅游产业得到较快发展。全年接待中外游客 55. 3 万人次，旅游门票收入 836. 6 万元，旅游相关产业收入 2 亿元。是年，剑门蜀道列入国务院公布的第六批全国重点文物保护单位。

1990 年至 2006 年，全县累计接待中外游客 399. 87 万人次，旅游门票收入 3102. 31 万元。

第二节　旅游市场管理

1990 年，剑阁旅游业发展尚在艰难起步阶段。1993 年后，景区经营主体增多，经营项目增加，业务范围扩大。1996 年，旅游市场扩大，但杂乱无序、多头经营、利益交叉重叠引发纷争；乱开窗口、乱制标牌。县政府规范旅游市场，组织涉旅单位，取消乱设景区标志牌 28 个，取缔无证从事旅游经营摊点 5 个，查处违法经营案件 21 件。2000 年 8 月，县政府规定旅游市场管理坚持“规划一张图，建设一盘棋，审批一支笔，进山一张票”的四统一原则；旅游经营业务做到经营凭证，活动依法，运作有序，形象阳光。2003年6月，针对景区旅游市场紊乱、资源分散、主体复杂、建设无序，县政府印发《关于剑门关国家重点风景名胜区综合整治实施意见》，景区管委会联合工商、物价、质检对剑门蜀道风景名胜区（辖剑门关景区、翠云廊景区、鹤鸣山、觉苑寺、翠云湖）景区旅游市场进行综合整治，查景区标志牌设置位置、质量标准；查景区经营单位和个人的经营资格、项目、范围，其证照是否齐全；查景区经营活动行为、摊点设置部位、行业收费标准是否影响旅游形象和破坏景区资源。通过清理整顿，更换景区标志牌、导示牌141个，增添景区标志，导示牌108个，撤除乱搭、乱设摊点10处，处理无证照相、算命、卜卦8人，废止乱设广告标语34幅，撤除违章建筑4处。2004年，根据国家风景名胜资源保护条例，国家森林公园管理办法的有关法规，制定《剑门关景区旅游市场整治方案标准》《环境管理规定》《旅游安全服务标准》《风景名胜区规划建设管理办法》，严格规章制度，有序管理景区旅游市场。

2005年5月，旅游、公安、质检、卫生、安办等相关单位对旅游市场进行专项治理和执法检查，取缔违法经营4户，拆除违章建筑2户，查处破坏景区资源案件5起，处理旅游投诉10件，查处购物欺诈行为11件，组织诚信旅游服务讲座5场。2006年，县政府投资拓展剑阁旅游市场，组织专业人员纂写剑阁旅游文章，制作景点图片，在全国各大报刊介绍剑阁旅游产品。邀请中央、省、市电台，将剑阁旅游产品制作成电视节目，《雄关剑门》《崔嵬剑阁》《剑门风光》等在中央电视台《搜寻天下》，四川电视台《巴蜀旅游》、广元电视台《女皇故里》栏目中专题播放。

第三节　旅游人才培训

1997年8月，剑阁举办首次导游人员培训班，县辖各旅游经营单位选派导游人员11人参加。2001年，举办旅游定点宾馆、饭店经理、服务人员培训班，参训98人，学习旅游服务标准、待客要求、服务程序和对旅游服务人员基本素质培训，包括着装、仪容、礼节。在旅游服务行业开展“五心”（即普通客人全心服务，重要客人精心服务，挑剔客人耐心服务，反常客人热心服务，特殊客人贴心服务）、“五声”（即宾客来访有迎声，体贴宾客有问声，客人表扬有谢声，客人批评有歉声，客人离别有告别声）服务活动。2005年，聘请大专院校专家学者，对景区行业管理人员进行特殊培训。全年举办管理人员培训班4期，受训106人次。举办导游人员培训班10期，参训618人次。

县旅游主管部门还注重旅游人才引进，职工学历提升，队伍思想政治素质培养。2006年，旅游行业队伍总人数142人中，大学本科18人，大专45人，高中、中专56人；工程师2人，助理工程师21人；高、中级工40人。全年有10人受到省、市表彰，有3人获省、市最佳导游、景区优秀管理员、宾馆优质服务员称号。

1996年至2006年，全县累计举办各类旅游人才培训班36期2195人次。其中，导游解说人员培训班8期628人次，旅游定点饭店、宾馆人员培训8期575人次，旅游商品生产厂家经理、厂长、技术人员培训班6期191人次，旅游政策法律法规培训班7期580人次，旅游经营单位、涉旅单位负责人培训班7期221人次。

第二十九篇　教　育

第一章　教育改革

第一节　管理体制改革

教育行政管理体制改革　1990年，按照中共中央《关于教育体制改革的决定》，县内基础教育实行“地方负责，分级管理”的运行模式。1993年2月，按照中共中央、国务院《中国教育政策和发展纲要》对各级政府有关基础教育的管理职权划分，县政府承担组织实施义务教育的主要责任，包括统筹教育经费。全县教育经费由1985年前的国家财政统筹划拨改为县政府统筹。教育行政部门负责调配和管理中小学校长、教师和职工，指导中小学教育教学等工作。县内学校实行县、乡镇财政分级管理体制，县负责管理剑阁中学、剑州中学、县职中、电大分校、教师进修校、文峰中学、普安小学、实验学校、普安幼儿园、白龙中学、开封中学、鹤龄职中、武连职中等13所直属学校。乡镇负责管理区级单设中学、乡镇中小学。社会力量办学由办学法人代表自行管理。全县各层次学校的教学管理、业务指导、师资培训和教师队伍建设由县文教局负责，干部任免、教职工调动按有关规定执行。学校布局调整和招生计划、人员编制由县文教局负责，乡镇政府组织实施。扩征校地、添置教学设备等，实行分级负责。剑阁中学等13所直属学校由县文教局负责管理，所在地乡镇政府协助。乡镇中小学由县文教局规划，乡镇政府负责实施。

实行教育行政管理体制改革后，地方政府办教育的责任和财政压力增大。1997年至1998年“普及九年义务教育”（简称“普九”）攻坚迎检期间，县财政无力按“普九”计划投入经费。为使中小学校硬件建设达到“普九”标准，按照“人民教育人民办，办好教育为人民”的要求，各乡镇频频动员机关干部、农民集资捐物，各中小学校或贷款或向包工头借债，推倒“土围子”，拆除旧校舍，按“普九”标准新建教学楼、宿舍楼、实验室、图书室、运动场等，购置教学设备。1998年，剑阁“普九”验收合格。但政府和各中小学债务沉重。县教委2000年统计，全县中小学校“普九”债务共1.24亿元。县政府按照“分灶吃饭”、分级办学、分级管理的原则，把统筹教育经费责任下放到乡镇政府，大多数乡镇政府财源枯竭、债台高筑，自顾不暇。各乡镇中小学校旧债未还，新债又添。至2005年，全县87所中小学校全部负债，负责额 1.7 亿元。2006 年，中央和省政府计划逐年拨款消解学校债务，县委、县政府千方百计化解学校债务，减轻学校经济压力。是年，消减债务 959.57 万元。剑阁基础教育受巨额债务影响而弱化的局面开始逐步扭转。

学校行政管理体制改革 1993 年 9 月，县文教局根据《中国教育改革和发展纲要》关于“中等以下学校实行校长负责制”的精神，制定《剑阁县各中小学实施校长负责制暂行办法》，将实行的校务委员会制、校长责任制、教代会制、党支部领导下的校长分工负责制等学校行政管理体制转变为校长负责制。以“校长负责制”为主要内容的学校行政管理体制改革在全县中小学校推开。1998 年 6 月，县教委在普安小学进行公开选聘校长试点工作，有 18 人参加竞岗演讲。通过民主测评、综合素质考察，产生校长 1 名、副校长 2 名。是年 12 月，县委办、县政府办转发《剑阁县学校内部管理体制改革方案》，全县各级各类学校全面实行校长负责制、教职工定编聘任制、岗位目标责任制、经费总额包干制的学校内部管理体制。年底，校长聘任工作全部结束。

2000 年 10 月，县教委先后印发《关于进一步全面落实中小学校长负责制的意见》《关于提高中小学领导班子的领导水平和教师队伍建设的意见》，规定校长为首的学校决策指挥系统必需自觉接受同级党委、政府和上级教育行政部门的双重领导；各校应充分发挥学校党组织的监督保证作用和教代会的民主管理作用，以增强校长的责任意识、质量意识和廉洁从政的意识；加强对全县中小学校长的岗位培训，坚持校长持证上岗、离任审计等制度，规范办学行为。

2000 年至 2001 年 5 月，全县 98 所中小学校增设法制副校长，负责学校法制教育和法律咨询工作。

第二节 办学体制改革

民办教育 县民办教育的管理机构为成立于 1994 年的剑阁县社会力量办学管理委员会，后更名为剑阁县民办教育管理委员会，其职能是负责全县民办教育的发展规划、指导和监督管理。

1995 年，县委、县政府把发展民办教育作为办学体制改革的突破口，决定建立以公办教育为主体、以民办教育为补充的多元办学机制。1997 年 9 月，县政府制定《剑阁县社会力量办学管理办法（暂行)》，鼓励公民个人办学，出现了一批私立学校。1998 年，针对民办教育发展过程中出现的布局不合理、申办程序不合法、资质不达标等问题，县社会力量办学委员会对乡（镇）分管教育的领导、中小学校长和私立学校法人进行培训。随后，对全县部门办学、私人办学进行清理整顿，对符合办学条件的，颁发社会力量办学许可证。对不符合办学条件的限期整改，整改后仍未达标的令其停办。

至 1999 年秋，全县新增私立学校 22 所，教师 108 人，其中合格学历 26 人。是年 10 月，县人大、县委政研室、县教委、县法制局组成县社会力量办学条件评估小组对全县私人办学机构进行全面评估。对具备办学条件的河东街幼儿园等 3 所学校予以保留；对基本具备办学条件的龙源镇红光小学等 3 所学校要求限期整改；对不完全具备办学条件的普安镇苗苗幼儿园等 4 所学校要求整改并限制办学规模；取缔了 10 所不具备办学条件的私立学校；自行关闭两所。至年底，全县私立学校共 89 所。其中，幼儿园 32 所，小学 51 所，初中 2 所，职业学校 4 所。在校生 5228 人。

2000 年 8 月，县教委、县社会力量办学管理委员会印发《关于进一步加强民办学校管理的意见》，明确在管理上乡镇民办学校视为村小，服从当地中心校和县级有关部门的管理。

2003 年，县委、县政府宣传贯彻《中华人民共和国民办教育促进法》，加大对民办教育的扶持力度，促进民办教育的发展。当年有民办学校 53 所，在校生 6226 人。

至 2005 年，全县民办教育实现统一管理。2006 年 3 月，印发《剑阁县 2006 年民办职业教育机构评估细则》《剑阁县 2006 年民办小学办学水平评估细则》。5 月，县教育局、县民办教育管理委员会发布《关于民办学校学生学籍管理的暂行规定》，规范管理民办学校学生的学籍档案、学生注册、考试成绩、操行评语、报名册、点名册、成绩册、学籍卡、学籍册、毕业会考、转学、升学。是年，全县有私立学校 30 所，在校生 2262 人。

公办学校办学体制改革的探索 2001 年 8 月，县委、县政府印发《关于深化教育改革加快教育发展的决定》，转发县教委《关于改革办学体制调整教育结构和校点布局的实施方案》，决定启动教育社会化、产业化进程，在全县进行公有民办、公办民助、租赁承包、股份制合作和公办学校后勤社会化、产业化办学模式的试点并逐步推广。各校均成立了校办企业公司，减轻了财政负担。但受经济发展和人口状况的制约，学校规模与学校布局之间的矛盾日渐显现，成为剑阁教育的主要矛盾。县委、县政府根据转制试点的经验和剑阁教育面临的新问题，重新明确了教育的公益化方向和政府办学的主体责任。2001 年 11 月，终止了教育社会化、产业化改革。把布局调整和提高办学质量作为教育部门的中心工作，并继续努力构建以公办教育为主体、民办教育为补充的教育基本格局，以保证剑阁教育的持续快速健康发展。

第三节 教育人事体制改革

教育行政部门全员聘任（用）制 1998 年 2 月，县教委印发《关于机关工作人员竞岗聘用的实施意见》。规定机关部分工作职位，除应由上级组织部门任用或委派的外，其余职位均实行聘任（用）制。股室中层干部竞争上岗，一般工作人员“双向选择”。有 30 人参加竞岗演讲，通过民意测验和组织考核，由副职升正职 3 人，新任职务 11 人，调整职务 4 人，保留职务 4 人，从学校选调 3 人，降职 1 人。一般工作人员调整岗位 3 人。

教职工定编聘任制 1998 年 11 月，县教委根据川教基〔1990〕35 号文件和市教委有关规定，核定学校人员编制后，发出《关于对各级学校教职工实行聘任考核的通知》，要求各级学校对教职工聘任前进行任职考核。各学校按核定的人员编制数设置工作岗位，按照全县统一的聘任、考核标准，开展聘任工作。聘任的对象是首先在本校教职工，乡镇小学在本乡镇内聘任，村小教师实行双向选择，超编学校教职工可到缺编学校应聘。学校教职工根据公布的岗位设置范围，填报《教职工应聘申报表》及个人工作总结，经学校聘任小组考核后择优聘任，签订聘任协议书，并颁发聘任证书。1999 年 1 月，首轮教职工聘任工作结束。全县待聘、落聘教职工 140 人。此后，每学期均按前述程序进行聘任。

2001 年 8 月，县教委在总结教职工定编聘任制经验教训的基础上，制定《教职工全员聘任实施方案》，提出“按需设岗，公开招聘，平等竞争，严格考核，择优聘任，合同管理”的聘任原则，并将聘期由一学期延至 3 年。同时规定落聘人员应控制在 5% 以内。落聘人员待岗期限为一年，在待岗期间承担教育或后勤辅助性工作，或进修，或到缺编学校任教。待岗期内，每月发给70%的固定工资。待岗期满仍落聘者，从待岗第二年起，按下岗人员对待，每月发给最低生活费130—150元，第三年仍落聘者，由学校上报批准后予以辞退。

2003年，县教育系统开展教职工聘任工作，教职工依据各自不同情况，与所在学校签订为期6年、10年或长期聘用合同；新进教职工首次签订聘用合同期限为一年，一年试用期满，再与学校签订为期3年的聘用合同。随后，逐步与学校签订6年、10年或长期聘任合同。

学校干部选拔任用 1998年12月，县教委党组、县教委印发《关于进一步加强学校领导干部管理的意见》，规范学校干部选拔任用的操作程序和管理办法。2000年9月，县教委印发《关于剑阁县中小学校干部条件和选拔的意见》，明确校长应具备的素质和校级干部的选拔标准。

2001年6月，县教委制定《关于学校内部管理体制改革的实施方案》，对校长、校级干部及学校中层干部的选拔原则，任用及任期管理等方面进行修订完善，将选拔校长的年龄由50岁以下，改为45岁以下；教龄由5年以上改为6年以上。校长任期三年一届，届满考核可连任的，在同一学校原则上不能超过两届。是年9月至12月，公开选拔普安中学、白龙中学、下寺小学、白龙小学、武连小学、鹤龄小学的校长和剑阁中学副校长，通过笔试、面试、演讲、民意测验、座谈考察、择优公示后任命。

2003年至2006年，中小学校干部实行任命制。小学，初级中学校长、副校长和中小学中层干部，由县教育局任命；高级中学校长，职中校长、副校长，成教中心主任、副主任，由县教育局提名，县委组织部考察，县委常委会讨论通过，县政府任命。

第四节 基础教育课程改革

2002年，剑阁被定为省级基础教育课程改革试验区。是年4月，成立以分管副县长为组长的剑阁县国家基础教育课程改革实验领导小组，并相继成立课改实验工作组、专家指导组、工作督导评估组和学科指导组。全县所有教办、中小学均成立相应课改机构。9月，县教育局制定《剑阁县基础教育课程改革实施方案》。是月，剑阁中学、普安小学等29所中小学被确定为课改实验重点学校。白龙镇中、实验学校等5所中小学被确定为市课改实验重点学校。之后，全县开展课改实验师资培训。全县参加省、市级培训11次，参培人员48人次；举办县级培训9次，参培教师1350人次；举办教办及校级培训76次，参培2900人次；召开各级交流讨论会250次，参会8000人次；参培教师写读书笔记1400篇。

2002年6—8月，小学、初中一年级的学科教师运用新课程标准，采取集体备课、说课、观摩录像及学科指导教师上示范课的形式，探索新课程教学方法。参与集体备课、说课3700人次；放映教学录像810场次；学科指导教师上示范课280节，观摩者3500人次；编写课改实验教案234节。各学科指导组根据《剑阁县基础教育课程改革实施方案》，制定《剑阁县实验区基础教育课程学科改革实验实施计划》。全县各中小学校参照学科指导组课改实验实施计划，制定学校课改实验实施计划。9月1日起，全县小学一年级、初中一年级开始使用新教材。各学校按照《构建促进学生主体性发展的教学策略》和《新课程教学活动的设计与组织策略方法》两篇文章，进行备课、说课、讲课、评课。各学科指导组在课改实验重点学校遴选教师到县、市展示新课程课堂教学方法，开展交流研究活动。

2003年4月，推行大校本教学研究制度，创建课改实验联合体，分学科成立联合教研组，每所学校的备课、说课、讲课效应在系列活动中辐射3—5所学校。课改实验成果在校际、学区、县、市间交流、分享。至2005年，全县印发课改简报《剑阁教研》68期、《剑阁教育信息》32期，组稿《广元课改》剑阁专辑一期，《教育科学探索》6期，出版《课改理论专辑》一书，发行2000册。中小学教师说课、讲课赛获市一等奖56人，二等奖106人，三等奖149人；获省一等奖1人。课改论文获市一等奖104篇，二等奖248篇，三等奖369篇；获省一等奖15篇，二等奖115篇，三等奖248篇。课改实验研究获市一等奖18项，二等奖48项，三等奖69项；获省二等奖1项，三等奖18项。2006年，全县有96篇论文获市第二次基础教育课程改革优秀成果奖，5篇论文获省第三次基础教育课程改革优秀成果奖。

第二章　教育结构

第一节　学前教育

1990年，县文教局、财政局、物价局联合制定各类幼儿园收费标准。1991年3月，根据国务院《幼儿园管理条例》和《幼儿园工作规程》，县文教局加强幼儿教育管理，幼儿教育日趋正规，制度逐步完善。至1993年，普安幼儿园有教学班14个，入园幼儿800人，教职工40人。是年底，全县有农村幼儿班501个，入园幼儿9624人，教师505人。1994年，县实验学校、南禅小学开办附设幼儿园（班），武连、白龙、开封3镇各建幼儿园1所，全县农村幼儿班共526个，入园幼儿14796人，教职工603人。1995年至2000年，各乡镇中心小学和村小开办附设幼儿园或附设学前班。

2001年至2003年，县教育局按照《广元市幼儿园等级评定标准》，组织幼儿教师参加市幼儿园教师继续教育规范性考试，开展提高幼教质量、开发幼儿智力等方面的师资培训，共培训公民办幼儿教师320人次。2004年，根据省政府办公厅《关于贯彻〈幼儿教育改革与发展指导意见〉的通知》精神，县教育局制订加快幼儿教育发展的措施，鼓励社会力量发展幼儿教育，一批乡村民办幼儿园相继开办。是年，仅普安学区就有民办幼儿园6所。2006年，全县各类幼儿园共13所（县直属公办幼儿园1所），入园幼儿4693人。5月，普安幼儿园获“省级示范幼儿园”称号。

课程设置　各幼儿园贯彻执行《幼儿园教育指导纲要》，运用幼儿智能学具，引导幼儿“学中玩、玩中学，学知识，练思维”，促进幼儿身心健康发展。一般开设的课程有语言、计算、常识、体育、音乐、美工、生活常识和思想品德8门课程。并按年龄大小编入大、中、小班，3—4岁为第一学年，编入小班；4—5岁为第二学年，编入中班；5—6岁为第三学年，编入大班。

园点布局调整　2003年，全县有幼儿园点158所（个）。其中，公办幼儿园1所、乡镇中心小学附设幼儿园45所、民办幼儿园点112所（个）。入园幼儿5989人，入园率为66.1%。2004年至2006年，县教育局对幼儿园（点）进行布局调整。在下寺镇开办普安幼儿园机关分园，满足机关职工和当地居民的幼儿就近入园；每个乡镇办一所示范幼儿园；在人口相对集中的村办幼儿园。

剑阁县 1997—2006 年幼儿教育情况表

表 29－1　　单位：所、个、人

年份	1997	1998	1999	2000	2001	2002	2003	2004	2005	2006
幼儿园所数	1	8	3	7	11	10	13	13	9	13
班数	639	639	651	650	629	633	524	518	307	277
其中：学前班	238	305	260	313	346	401	330	324	136	114
入园幼儿数	12766	11036	11153	13015	9955	8276	5989	5598	5117	4693
其中：学前班	4756	4791	4766	7083	4801	5381	4005	3886	2197	2126
在园幼儿数	16117	16587	15624	22189	14566	12398	10118	9982	7746	6975
其中：学前班	5918	7488	5574	8097	7232	6979	5619	5482	3038	2821
幼儿离园数	9600	11604	10699	10507	10412	8655	6863	6423	4085	7492
教职工数	685	680	706	727	175	87	63	62	104	87
其中：教师	675	676	693	714	151	63	48	47	88	69

说明：资料来源为《剑阁统计年鉴》。1990 年至 1996 年在园幼儿分别为 9998、14457、15573、12041、15560、17306、15617 人。

第二节　义务教育

1986 年 4 月，国家颁布了《中华人民共和国义务教育法》，以法律形式规定适龄儿童和少年必须接受九年的义务教育。在此之前，小学阶段实行免费普及教育。剑阁从“普九”开始全面推行九年制义务教育。

义务教育学校布局　“普九”之前，每个乡镇设立中心校，除乡镇政府所在村外，每个村设立由中心校管理的小学，承担免费普及教育。“普九”之后，逐步将村小撤并到中心校。1990 年，全县村小占小学总数的 88%。1993 年秋，新办县实验学校。至 1994 年秋，全县有乡镇中心校 68 所，村小 477 所，在校学生 69657 人。2000 年，全县公办小学共 70 所，1—6 年级学校 43 所，1—9 年级学校 27 所，在校学生春季 74457 人、秋季 77323 人；民办小学 17 所，春季在校学生 3901 人，秋季 3945 人。全县 7—9 年级春季共 560 个班，学生人数 32987 人，秋季 564 个班，33015 人。2002 年，全县小学校点共 413 个。其中，中心小学 68 所，村小 345 所（不含民办小学）。至 2004 年，民办小学由 44 所发展到 50 所。2005 年，随着国家义务教育收费新机制的建立，民办小学生源减少。至 2006 年，民办小学减至 23 所。同时，乡镇初中、小学经过 4 次布局调整，撤并村小 110 所，建寄宿制小学 9 所；撤销小学附设初中班。调整后，乡镇初中共 47 所。

普及九年制义务教育　1991 年 11 月 10 日，县政府制定《剑阁县普及九年制义务教育实施方案》，明确1998年前完成“普九”任务。1994年6月，东宝、香沉、剑门3镇验收合格，提前完成“普九”任务。是年9月，召开全县“普九”工作会议，落实任务，签订《目标责任书》。1996年1月，县委、县政府根据省政府〔1995〕78号文件精神印发《关于加强普及九年制义务教育工作的意见》，调整“普九”规划。全县“普九”硬件建设共投入资金12695.2万元（集资4791万元，捐款288.9万元，投工投料折款641.2万元）；维修校舍16.48万平方米，新建校舍28.48万平方米；添置课桌凳6.1万套，图书76.87万册，仪器9.8万件，其他设备2万件。是年10月，市政府受省政府委托，对剑阁“普九”工作评估验收，剑阁“普九”达标。

义务教育学制与课程设置　从1986年起，全县实行小学六年、初中三年学制。小学入学年龄为6周岁。1993年，按照全省义务教育“六三”学制课程表，地方课程时间调整为：小学一、二年级安排为数学；三至六年级排数学1节，自习1节。同时，保证小学每学年传统活动时间1周、社会实践活动时间1周、期末复习考试时间2周、学年机动时间1周。秋季开学时实施。是年，占用体育课时间开设健康教育课程。

1995年，根据每周五个工作日的制度，按照省教委《关于实行新工时制后执行调整后的全日制普通中小学课程（教学）计划的通知》要求，以减少内容、难度降低为原则，调整相应课程时间安排：语文、数学课，一至六年级每周课时各减少1节；音乐课，一、二年级减少1节；科技文体活动一、二年级减少1节，三年级减少2节，四、五年级减少3节；地方安排课程，一、二年级减少1节，三、四、五、六年级减少2节。1998年，贯彻《面向二十一世纪教育振兴行动计划》，全面推进素质教育，开设书法课，让学生规范地写好汉字，写字和书法教学得到加强。1999年，各小学统一开设国防教育课程。2001年9月，各小学陆续开设英语和信息技术课程。

2002年9月，剑阁义务教育阶段一、七年级进入基础教育课程改革实验，一年级开设品德与生活、语文、数学、体育、艺术（或音乐、美术）等课程；七年级开设思想品德、历史与社会（或历史、地理）、科学（或生物、物理、化学）、语文、数学、外语、体育与健康、艺术（或音乐、美术）等课程。同时，按全省义务教育地方课程计划表开设地方课程。每学年教学时间39周，每周按5天安排教学，每节课45分钟。

特殊教育　1995年，县实验学校开设特殊教育班，招收聋哑儿童，有学生3名，配专任教师1名。1997年，县特殊教育中心在县实验学校挂牌成立，配备有专用教室、办公室、食堂、宿舍及专用活动场地。设置分为聋哑特殊教育班和智残儿童随班就读两个部分。县特殊教育中心负责对全县聋哑智残儿童进行规范性教育，指导各乡镇中心小学“三残”儿童的随班就读教学工作，开展特殊教育的教学研究。2006年，县特殊教育中心有专任教师6人，专任保育员和后勤服务人员4人，教学班3个，学生29人。

第三节　普通高中教育

普通高中布局　1990年，全县有普通高中3所（剑阁中学、开封中学、白龙中学），8所区级初中附设高中班。1991年秋，沙溪中学开始招收高中班。1994年，根据国家教委、财政部调整学校布局的要求，取消区级初级中学附设的高中班。是年，全县有高中班61个，在校学生2418人。1998年，四川省剑阁师范学校停招师范生转向招收高中生。艺体生在全县范围内招收，其他学生在普安、城北、江口、剑门、下寺等地招收。1999 年 9 月，剑阁师范首招初中新生 340 人、高中新生 240 人，全校共设教学班 21 个，学生 1100 余人，学校中师、高中、初中、高函并存。2000 年 9 月，县师范校停止招收师范学生。2001 年 7 月，四川省剑阁师范学校更名为四川省剑州中学校，全面转轨为普通高中。

2002 年 6 月，剑阁中学创建省级示范性普通高中验收合格。2005 年 6 月，市教育局批准剑州中学为市重点普通高中。是年 9 月，沙溪中学升格为完全中学，招收高中新生 680 人，设教学班 10 个。至 2006 年，全县共有高完中 5 所，教学班 194 个，在校高中生 12298 人。

普通高中课程设置 1990 年，全县普通高中按照国家教委《现行普通高中教学计划的调整意见》，调整课程设置。地理课由高中二年级和侧重选修文科的高中三年级开设，调整为高中一年级开设的必修课和高中三年级开设的选修课；历史课由高中一年级和高中三年级侧重文科班开设，调整为高中一、二年级开设的必修课和高中三年级开设的选修课；时事政治每周一课时；人口教育为高中必修课；外语为高中一、二年级必修课，高中三年级选修课。其他课程在学时上进行小的调整。试行普通高中毕业会考制度。1991 年，全县秋季入学的高中一年级，按调整后的课时计划行课。高中二、三年级仍按 1981 年教育部颁发的教学计划和统编教材组织教学，直到毕业。1992 年，高中实行毕业会考制度。会考科目为：政治、语文、数学、外语、物理、化学、生物、历史、地理。

1995 年秋季起，高中一年级开设音乐欣赏课。是年，学校实行每周五天工作制，课时相应调整，教学内容有所减少。1996 年，高中二年级开设美术欣赏课。1998 年至 1999 年，《中学国防教育读本》列为基础教材。各中学全面推进素质教育。2000 年，根据省教育厅《关于调整普通高中课程计划的通知》精神，调整各中学 2001—2003 级普通高中各年级的课程课时。2001 年，各普通高中开设信息技术课并于次年列入会考科目。

2002 年，根据教育部《全日制普通高中课程计划（试验修订版）》对普通高中语文等 7 个学科教学大纲的修订，全县从秋季开始，对 2001 年秋季及以后入学的高中生所有年级实施课程计划。2002 年秋季的高中三年级仍按原课程计划执行。2004 年，地方教材进入中学课堂。《广元历史》《广元地理》在各中学试用。剑阁中学的《青春河》、剑州中学的《风帆》、白龙中学的《剑阁的昨天今天》作为校本教材在本校使用。至 2006 年，全县普通高中设置的课程有思想政治、语文、数学、外语、物理、化学、生物、历史、地理、信息技术、体育和保健、艺术（音乐、美术）和综合实践活动。

剑阁县 1990—2006 年中小学情况表

表 29－2 单位：所、人

年份	小学				初中					高中					
	学校所数	在校学生数	新招学生数	毕业学生数	学校所数	在校学生数	新招学生数	毕业学生数	考入中专学生数	学校所数	在校学生数	新招学生数	毕业学生数	考入大专学生数	考入中专学生数
1990	558	65481	—	14229	28	25454	—	5906	216	3	4470	—	944	187	43
1991	568	62779	—	12952	29	27331	—	5644	277	3	4695	—	1136	169	47

续表29－2

年份	小学				初中					高中					
	学校所数	在校学生数	新招学生数	毕业学生数	学校所数	在校学生数	新招学生数	毕业学生数	考入中专学生数	学校所数	在校学生数	新招学生数	毕业学生数	考入大专学生数	考入中专学生数
1992	567	62973	—	10885	35	26180	—	6947	326	3	4195	—	1408	261	63
1993	568	63782	—	8032	34	20693	—	6512	668	3	2941	—	1121	346	98
1994	565	69657	—	7327	30	20353	—	5689	610	3	2418	—	1004	218	49
1995	563	73758	—	7684	29	20604	—	6420	587	3	2256	—	691	282	28
1996	563	78393	—	7790	28	21020	—	5791	618	3	2439	—	590	291	31
1997	560	82149	—	8346	26	21807	—	5998	541	3	2390	—	710	411	27
1998	556	85407	14541	11001	27	25512	10864	6507	706	3	3439	1334	637	344	18
1999	571	84641	13947	13550	25	28306	11979	6573	1219	3	3829	1590	866	560	1
2000	523	83635	12816	13643	25	33825	12805	6323	558	3	4845	2266	1066	587	—
2001	184	78736	12732	13465	53	35397	12486	8425	768	4	6396	3278	1124	659	—
2002	184	76189	11126	12982	54	36859	12756	10744	958	4	7734	3537	1319	779	—
2003	151	68873	9522	12761	53	33393	11598	11546	666	4	9428	4006	1557	1838	—
2004	68	63302	8293	11241	20	33182	11049	10150	575	4	10840	4459	2822	2128	—
2005	68	56902	6894	11228	19	36871	11426	10653	741	4	16363	4978	3329	1867	—
2006	51	56868	6956	11084	47	33668	11464	10251	845	5	12298	4479	3314	2847	—

说明：资料来源为《剑阁统计年鉴》和县教育主管部门提供。学校数含村小。1997年以前未统计新招生人数。

附：重点学校

四川省剑阁中学校　校址位于普安镇东卧龙山麓，始建于1927年。2006年，学校占地面积84672平方米，校舍建筑面积38600平方米，有教学班77个，在校学生5333人，教职工340人。

学校坚持“德才兼备，励志图强”“爱校，爱父母”的校训，促进学校和师生共同发展。在办学实践中逐渐形成“因材施教，全面育人，尊重个性，突出艺体”的办学特色，创办“校园之声”广播站，出版校刊《青春河》《剑中教苑》。1992年，被省政府、省教委评为中学劳动技术教育优秀学校、体育传统项目先进学校。1995年，被中国教育学会外语研究会、中国中学生英语奥林匹克赛组委会评为第二届中学生英语奥林匹克竞赛优秀团体。2000—2006年，全校有259名教师在各级刊物发表教研论文1184篇（国家级刊物264篇，省级199篇，市级175篇）；获奖论文441篇（国家级刊物164篇，省级28篇）；197名教师获学生写作竞赛指导奖，564名学生获写作竞赛奖；124名教师受到市以上表彰（国家级22名，省级23名，市级79名）；初中连续5年获市教育局一等奖。2006年，高考重本、本科上线人数分别为91人、628人。学校获全国基础教育名校、国家青少年体育俱乐部、四川省艺术教育特色学校、四川省体育传统项目示范学校、四川省示范性高中等称号。

第四节 职业技术教育

职业学校 20世纪80年代，全县先后设立了四川省剑阁县职业高级中学、剑阁县鹤龄职业中学校、剑阁县武连职业中学校，全日制学校教育，招收初中毕业生。学校分设职高班、中专班，毕业后分别获职业高中文凭、中专文凭。学制因专业不同分为三年制和两年制。2000年，剑阁职中被教育部命名为首批国家级重点职业高中，私立的新科职业技术学校成立。至2006年，全县中等职业学校仍为4所，有教学班70个，在校学生3359人，教职工232人。

职业教育专业及课程设置 县职业高中、中专设置的专业课程有：电子、财会、旅游管理、酒店管理、文秘与办公自动化、平面设计、计算机应用、计算机网络技术、汽车运用与维修、机械加工技术、数控技术、工业与民用建筑等。各专业均开设公共课，开设语文、数学、英语、体育、书法、计算机、普通话、德育、形体礼仪。课程时间安排为：第一、二学年按国家规定的公共课和各专业各工种总学时数安排教学，第三学年是顶岗实习，同时按专业工种考取职业等级证书。

职高生升学就业 1998年，剑阁职中、武连职中、鹤龄职中共160人参加职教高考，有66人上分数控制线，58人被录取。2002年，全县有196名职中学生通过省、市劳动部门职业技能鉴定，获中、初级职业资格证书。向广东、深圳等地输送中级技术人才32名，就业面100%。2003年，全县职教高考上线556人（本科上线90人），上线率88%。

附：重点学校

四川省剑阁职业高级中学校 校址位于普安镇中坪村唐家坪，建于1965年。至2006年，学校占地面积73370平方米，有教学班41个，在校学生2548人，教职工144人。

1990年，按省重点职业中学标准进行教学管理。1991年，接受省教委创省重点职中的全面评估合格。翌年2月，列为省重点职业中学。至1994年，陆续新建总务楼、图书实验办公综合大楼，改建学生宿舍、厨房，扩建占地8000平方米的标准运动场。校舍建筑面积新增4200平方米。建成一批为专业实验实习服务配套的实习基地。至1996年，学校占地面积为67000平方米。2000年，被教育部命名为首批“国家级重点职业高级中学”。至2006年，建成图书馆、教职工住宿楼、学生公寓、教学综合楼及语音室、财会模拟室、网络微机室、实验室、计算机房、练功房等。

学校实行“校企合作，工学结合”的办学模式，以职教为主，兼顾职业培训、职业鉴定和劳务开发。参加省职教会“中高职衔接”课题研究，获省教育科研成果优秀奖。26名教师在市以上刊物发表文章55篇，62名教师获市以上表彰。学校获“四川省德育先进集体”“四川省职业技术教育先进集体”“广元市教育科研先进单位”等称号。

第五节　成人教育

农村扫盲教育　1990年是“国际扫盲年”。3月，县工农教育委员会组织文教部门、乡镇团委、妇联，在全县范围内开展扫除文盲自查验收工作，至10月结束。全县15—40周岁人口脱盲率为64.1%，非文盲率为93.7%，基本扫除文盲。1991年3月，对全县63个乡镇扫盲工作进行查漏补缺，逐个落实。4月，接受市政府验收。验收组对田家、毛坝、白龙等6个乡镇18个村的抽样检查和全县资料核实，全县15—40周岁人口中，有文盲、半文盲22484人，非文盲255232人。组织文盲、半文盲学习17769人，脱盲14539人，非文盲率为81.8%。市政府认定剑阁为基本扫除文盲合格县。1993年5月，经复查验收，省政府认定剑阁为高标准扫除青壮年文盲合格县。

1994年，结合开展农业技术教育，抓扫盲巩固工作。各乡镇农民文化技术学校招收脱盲学员和未读满小学六年级的学生学习文化、技术。是年，结业589人，全县非文盲率上升一个百分点。1996年，开展人口文化结构普查，截至1995年12月31日，全县大专、中专、初中、小学文化程度的人口分别占总人口的0.6%、4.3%、26.4%和52%；半文盲52522人，占总人口的8.4%。澄清家底后，全县把《义务教育法》《扫除文盲工作条例》纳入普法规划，逐级签订目标责任书，明确工作职责，逗硬考核奖惩。是年，剑阁被省教委评为扫盲工作先进县。

1998年，15周岁人口中初等义务教育完成率为99.13%，文盲率为0.08%，基本无新文盲。是年10月，省、市“两基”（基本普及九年义务教育、基本扫除青壮年文盲）评估督导团到剑阁评估督导“两基”工作，认定为合格。11月，剑阁获教育部、财政部联合表彰的全国扫盲工作先进县。1999年，全县乡镇及行政村成人学校（教学点）共有专职教师124人，兼职教师785人。县财政分3年拨出扫盲专项资金82.39万元，乡镇按教育附加收入的1%拨付扫盲经费，并通过减免义务工等办法，给参加学习的文盲学员适当补贴。全县农村文盲率降到0.08%。是年，通过教育部扫盲工作检查达标，剑阁获教育部表彰的“两基”工作先进县。涂山小学获教育部授予的中华扫盲奖。

2000年，全县成人学校（教学点）举办青壮年扫盲班28个，学员2046人，毕（结）业2017人。2003年，县教育局对全县15—50周岁人口文盲状况调查显示：文盲人数为613人，占这一群体的0.21%，其中15—24周岁文盲人数为49人。2006年，全县有扫盲班3个，学员6人，脱盲5人。巩固班18个，学员1927人，毕（结）业1906人。

农民文化技术教育　1990年，全县农民文化技术学校共529所，在校学生15670人。农校设文化课和技术课，使用省教委编印的《农民思想政治教育读本》和《农民实用技术教育读本》。1994年，新建城北镇农民文化技术学校。全县乡镇农校64所，村级农校487所，专职干部75人，兼职干部12人，专职教师14人，兼职教师576人。农校开办种植、养殖、加工、群众文化、生活服务、人口教育等各类短训班648期，培训学员6.78万人次。举办实用技术讲座81场次，听众1.13万人次。1997年起，每年3月的“科技进步宣传月”活动中，各乡镇农校组织科技人员，把农民急用、实用并易于掌握的短、平、快技术送到农户。1998年，开展“燎原教育，实施科教扶贫”活动，全县组织12个科技扶贫工作组，36个服务队，共2000人参加的送科技下乡活动，开展科技赶场60场次，举办科普讲座470场次，放映科普影片150场次，印发科普资料8万份。

2000年，全县63所乡镇技校共办教学班455个（职业班304个，技术班151个）；在校学员36531人，毕（结）业32817人。548所村技校有教学班553个，在校学员38438人，毕（结）业38042人。2004年，全县参加技校时事政策培训44740人次，实用技术培训71339人次，人口教育培训35820人次。

随着大批农村青壮年进城务工，乡镇技校生员逐年减少，村级技校逐渐萎缩。20世纪90年代后期，国家大力扶持成人教育事业，给学员每天补助生活费10元，并按学员人数和培训时间长短给技校划拨培训费。

职工教育 1990年，开办县成人中等专业函授学校，设工业财会、商业财会、商业管理、行政管理、文秘5个电视中专班，在校函授生613人，专任教师12人。四川电大剑阁工作站有4个教学班，在校学生192人。1991年12月，县电大工作站在全省电大思想政治工作经验交流会上交流办学经验，获"电大先进教学工作站"称号。全县职工教育采取政治学习与业务培训相结合，全日制与业余学习相结合，学历教育与非学历教育相结合等多种形式，全年参加各类学习、培训的干部职工有6493人，结业1258人。1992年至1994年，商业、供销、粮食等部门及县水泥厂、县绸厂等厂矿举办各类短训班共24期，参训3300人。县畜牧局、农机局、乡镇企业局、劳动局举办专业技术训练班12期，参训2400人。县丝厂、针织厂、毛巾床单厂举办就业上岗业务培训，参训510人次。1995年7月，在四川电大剑阁工作站基础上成立广元电大剑阁分校。1996年，县教委举办全县中小学校校长参加的成人教育理论知识培训班。

1998年，电大剑阁分校招收新生300人，毕业245人，在校学生692人。教职工22人，专任教师17人。县委党校函授教育专、本科毕业224人。参加高等教育自学考试1507人，共3417科次，合格1129科。毕业45人，累计毕业257人。2000年至2003年，县教师进修校共招收专科函授学员100人，本科函授学员130人，全部毕业。全县成人教育共举办汉语言文学、数学、教育管理等20个专业的本、专科教学班，毕业人数2500人；举办计算机应用等各类短训班36期，参训教职工1600人次；对全县中小学教师进行职业技能培训，对中小学管理干部进行岗前集训。2003年11月，广元电大剑阁分校与县教师进修校合并为四川省剑阁成人教育中心，保留四川省广元广播电视大学剑阁分校和四川省剑阁县教师进修校两块牌子。2006年，全县有成人学校2所，专任教师48人。

老年教育 2003年，县老年科技工作者协会和广元电大剑阁分校联合筹建剑阁县老年大学，是年3月26日成立，校址位于普安镇河东街，后迁至小东街人民巷，继迁至里仁巷8号。学校有教学场地280平方米，活动场地600平方米，教学设施设备基本齐全。内设办公室、教务科研处和文艺队。领导体制实行校务委员会领导下的校长负责制，办学经费实行学员自筹、社会捐助、财政适当补贴的办法。学校以"增长知识，丰富生活，陶冶情操，促进健康，服务社会"为宗旨，向老年人提供教育服务。

老年教育的专业有：文史、书画、体育、音乐、舞蹈等。设置的课程有：社会与科学、文史常识、文学欣赏、文学创作、书法、绘画、卫生保健等；选修课有计算机、花卉栽培、保健按摩、烹饪等。全年分两个学期，每学期4个月，每周开课4—5次，每次2课时。在办学实践中，逐步形成"因需设教，自主学习，教学相长，互动互助，能者为师，各尽其才"的特色，学员进出自愿，选课自由，开卷考试，重在学有所得。至2006年，参加各专业层次课内学习和活动的学员共5万人次，学员作品被市以上刊物采用的有500篇，创作、改编各类文艺节目50个。2005年，获全省老年学校教育工作先进集体称号。2006 年，获全省首批县级老年大学示范校称号。

第三章　师资队伍

第一节　人员编制

县编委根据教育部、省教育厅有关规定，按学校实际班数、学生人数核定学校人员编制。1990 年，剑阁师范编制每班与教职工之比为 1∶6.3，其中教师为 1∶3.6；剑阁中学编制为 1∶4.6，其中教师为 1∶3.6；普通高中为 1∶3.8，其中教师为 1∶2.8；县职高为 1∶6.5，其中教师为 1∶4；普通职高为 1∶6，其中教师为 1∶4；乡镇初中为 1∶3.4，其中教师为 1∶2.4；小学为 1∶1.6；幼儿园为 1∶2.8。1994 年年末，全县在编教职工 4094 人（师范教职工 76 人，普中 1678 人，职中 177 人，小学 2061 人，幼儿园 29 人，电大 13 人，进修校 18 人，成人教育 42 人），另有民办教师 990 人，代职代课人员 692 人。至 1999 年，全县在编教职工 5427 人，另有民办教师 193 人。

2001 年 9 月，县编委核定全县各类学校（含教育办事处）教职工总编制为 5500 名。2006 年 9 月，县教委根据控编要求，清理核实教职工编制，查出 2000 年 1 月至 2006 年 6 月全县有在编不在岗教职工 261 人。按广人发〔2006〕147 号文件精神，批准离职 49 人，调出 29 人，辞退 35 人，辞职 10 人，退休 3 人，病假 26 人，立案审查 2 人，其余 107 人责令返校上岗。同时，对代课教师和临时代课人员进行清理，全县中小学代课教师共 144 人，临时代课人员 280 人，幼儿临时代课人员 123 人。

第二节　教师培训

学历培训　1990 年，教师中师函授毕业 145 人，文科结业 30 人，理科结业 28 人；高师函授毕业 77 人。县教师进修校利用每年暑假举办小学教师文化专业知识考试辅导班，至 1993 年，语文、历史、地理、教育学、心理学单（双）科结业共 816 人。是年，按照国家教委精神，建立“函授、卫星电视教育、自学考试”相互承认（沟通）的“三沟通”开放教育新模式，加强师资培训。县教师进修校开设中文、生物、政教 3 个专业的“三沟通”教学辅导班，学员 403 人。经过各种形式的培训，中小学教师学历结构得到改善。至 1994 年，全县小学、初中、高中教师学历合格率分别为 87%、51.6% 和 57.9%。1995—1999 年，全县教师参加中师、高师函授毕业人数分别为 480 人和 249 人，98 名教师获自学考试本、专科毕业文凭。

2000 年，全县有专任教师 4956 人。其中，高中、中专教师 480 人，学历合格率为 69%；初中教师 1396 人，学历合格率为 84.5%；小学教师 3080 人，学历合格率为 92.3%。至 2002 年，中小学教师参加本科进修 291 人，脱产学习 95 人；参加研究生课程进修班学习 110 人，结业 79 人。2006 年，全县高中、中专教师学历合格率上升到95%；初中教师学历合格率98%，其中本科学历占18%；小学、幼儿园教师学历合格率为100%，其中专科学历占25%。

继续教育培训 1996年1月，开展小学教师普通话、三笔字、教学简笔画、组织教育活动、教具制作与应用等五项基本功培训。县教师进修校、电大剑阁分校举办教师技能培训班5期，计算机应用、艺体学科、新教师岗前培训班各1期。组织教师参加省、市各类继续教育培训班120人次。1997年12月，县实验学校、武连小学被列为首批市级教师职业技能示范学校。1998年12月，县实验学校、武连小学、下寺小学教师职业技能训练验收合格，列为首批省级教师职业技能示范学校。1999年6月，县教师职业技能检测组对全县小学教师职业技能五级考核全部结束，99%的教师达到五级。是年，小学教师新增教学技能、现代教育技能、英语应用技能等三项职业技能训练。

1998年，开展中学教师普通话、三笔字、组织教育活动、现代教育技术技能、教学技能、英语应用技能、教学简笔画技能等七项职业技能培训，实行五个等级考核标准。

2000年，分层分类梯级式培训中小学教师。培训分为培训者培训、新任教师培训、教师岗位培训、骨干教师培训等四种类型，并确定相应培训目标、教学内容等。从2002年起，实行职业技能等级与评聘教师职务挂钩，凡未达到规定等级的，不得评聘相应职务；对2002年前已取得职称的，限期达标。2003年起，实行教师资格证制度，凡在各中小学和职业学校任教的，必须具有相应的教师资格证书。全县分期分批进行中小学教师职业技能培训，至2006年，完成在职教师资格过渡工作。

师德建设 改革开放后的一度时期，师德建设受到经济利益至上的冲击，加强市场经济条件下的师德建设迫在眉睫。1993年10月《中华人民共和国教师法》颁布后，师德建设提高到法治层面。各学校以宣传《教师法》为契机，在贯彻实施中注重教师职业道德修养和思想素质的提高，强化师表意识。1995教育系统组织职工学习贯彻《中华人民共和国教育法》。1997年至1998年，各学校遵照《四川省教师职业道德准则》，对教职工进行社会公德、职业道德、家庭美德教育，开展“三让一树”（让学生成才，让家长放心，让社会满意；树文明新风）活动，继续加强师德建设。

2000年3月，县教委制订《剑阁县师德建设年活动实施方案》，全县各中小学普遍开展师德师风大讨论，针对存在的问题，提出整改措施。通过领导查评、教师自评、教师与学生民主测评等形式，进行师德考评。举办师德演讲赛，参赛1900人次。开展争创市、县教师职业道德建设示范学校和争当师德标兵及模范班主任活动。至2001年，全县有23所中小学被评为县教师职业道德建设示范学校，112人获师德标兵，107人获模范班主任，194人获师德优秀教师，24人获优秀教育工作者称号；5人获市师德标兵称号。

2002年至2004年，在全县中小学教师中开展学习贯彻《公民道德实施纲要》活动，以教师队伍道德修养为重点，对照广元市教师“六不准”（不准体罚和变相体罚学生；不准训斥学生家长；不准在工作日喝酒、打牌；不准在课堂上使用通讯工具；不准在工作日从事有偿辅导；不准向学生推销学具和资料）开展自查自纠，建章立制。2004年，全县表彰十佳校长和十佳教师。

2005年4月，在全县开展学习全国模范教师殷雪梅、郑琦的活动。各教办举办教师职业道德演讲赛，参赛教师共250人，决出25名优胜者，参加全县演讲大赛。

2006年5月，县教育局制定《剑阁县师德师风教育整顿活动实施方案》，在全县教育系统开展以党性教育、工作作风教育、社会主义荣辱观教育、法制教育和职业道德教育为主要内容的师德师风建设活动，教师写出学习心得和个人总结，学校制定整改措施，建立师德建设长效机制。剑阁中学、元山中学、普安幼儿园、剑阁成教中心被评为市教师职业道德先进学校。

第三节　职称评聘

1992 年，县文教局根据国家教委《关于中小学教师职称聘任工作有关问题的通知》和《关于做好教师职务聘任工作的几点意见》精神，确定各学校中、高职岗位数额。1994 年年末，对中、高职岗位设置进行调整。高职：师范校、进修校、省重点高中、职业中学按本校教师数的 20%—35% 设岗；一般高完中、职业中学按 10%—25% 设岗；单设初中按 5% 设岗。中职：小学高级教师作为中职对待，师范校、进修校、省重点高完中、职业中学按本校教师数的 30%—40% 设岗；一般高完中、职业中学按 25%—35% 设岗；单设初中按 20%—30% 设岗（小学附设初中班按担任初中课程教师数的 15%—25% 设岗）；重点实验学校按 30%—50% 设岗；县城小学按 20%—40% 设岗；乡镇小学按 15%—25% 设岗。各中小学按照教师职责及任职条件，进行职称评聘工作。每年高、中职缺额于下年补充，初职按条件评聘，不受指标限制。教师职称评定后，由校长聘任，发给聘任证书，任期 3—5 年。任期内进行年度考核，考核结果作为职务聘任、晋升、评选先进的重要依据。低聘和解聘由教育行政部门批准，取消任职资格的报审批机关批准。低聘和取消任职资格的人员，按政策重新确定工资。从 1998 年起，被评聘为高、中、初级职称的教师分别参加省、市、县教委举办的职称培训。2001 年至 2004 年，县教育局根据省教委和县政府有关规定，再次调整中小学校教师专业技术结构比例。2004 年 8 月，全县开展中小学教师职业技能三等级考核。至 2006 年，全县中小学专任教师共 4629 人（高级教师 168 人，一级教师 1868 人，二级教师 2342 人，三级教师 179 人，未评级 72 人）。

第四节　教师待遇

教师工资　1990 年，根据省政府《关于调整国家机关、事业单位工作人员工资实施方案的通知》精神，全县教育系统有 3429 人调资，调资后最高工资为 161 元，最低为 69 元。享受各类津补贴，粮贴 13 元，肉贴 3 元，主副食贴 10 元，菜煤补贴 5 元，山区补贴 8 元，奖金 5 元。1992 年，教师工龄津贴由每年 0.5 元增加到 1 元，书报费每月增至 16 元。

1993 年，继续工资制度改革，中小学教职工实行职务（等级）工资制。从是年 7 月 1 日起，在已有职务（岗位）工资标准基础上提高一级工资，除各种津补贴照发外，增加菜篮子补贴 30 元。并建立正常的增资机制，凡连续两年工作考核合格的教职工，可晋升一个工资档次；少数考核优秀或有突出贡献的专业技术人员，可提前或越级晋升工资。1994 年，根据国务院《关于机关和事业单位工作人员工资制度改革的通知》精神，教职工工资由职务工资和津贴两种组成，原各种津贴除教龄、特级教师、班主任津贴继续执行外，其余合并在工资内。1997 年 7 月 1 日起调整工资标准，机关工作人员基础工资由每月 90 元调至 110 元，教师工资档次由 10 个增加到 16 个。1999 年 7 月 1 日起，提高公民办教师和工人工资标准，高、中、初专业技术职称的教师分别调资176元、146元和128元。

2001年1月，按照市委、市政府《关于进一步加强专家队伍建设做好专家服务管理工作的意见》，特级教师每人每月津贴提高到200元。2002年起，年度考核合格的教职工，年终享受一次性奖金，金额为当年12月份的工资标准。2006年12月，根据省人事厅、省财政厅《四川省事业单位工作人员收入分配制度改革实施意见》，中小学教师的岗位工资标准提高10%。全县教职工月平均工资842元。

休假 学校教职工除有与其他正式职工相同的法定假日和婚假、产假、病假和探亲假外，还有教职工特有的寒假、暑假。但部分学校或教师利用假日有偿为学生补课，从幼儿园到高三，补课、辅导已成为学校潜规则，造成了负面影响。教育行政部门多次发文禁止，有偿补课逐步得到遏制。至2006年，除高中三年级外，其余学校和班级一般不再补课，教师的双休日、寒暑假基本得到保障。

第五节 民办教师转制

全县每年都有一定数量的民办教师（包括代民师）直接转为公办教师，或通过考试升入中师学习，毕业后转为公办教师。1991年，根据省经委、省人事厅、省教委《关于从优秀民办教师中选招公办教师实施意见的通知》精神，对参加1981年民师整顿，教材教法考试合格，持有民师职务任职资格证，连续任教的正式在册中小学民办教师，分批逐年直接转为公办教师。1992年，根据国家教委、国家计委、人事部、财政部《关于进一步改善和加强民办教师工作若干问题的意见》精神，中师定向招收民办教师数量增加，入学年龄放宽。至1994年秋，全县有232名民办教师就读中师。1995年后，大幅度增加“民转公”及与之配套的“农转非”指标。至1998年，凡符合条件的民办教师全部转为公办教师。2000年，通过考试，将部分1982年至1985年期间起、且连续任教至2000年9月的各中小学正式代课民办教师转招为公办教师。未转招为公办教师，学历合格的转聘为代课教师，不再用代课民办教师这一称谓；学历不合格、教学能力欠佳的，按省教委的规定予以辞退，并发给一次性生活补助费。

第四章 德育与体卫艺教育

第一节 德育工作

1990年，各学校开展“学雷锋，树新风”“学赖宁，树理想”“学十佳，树榜样”活动，为灾区捐款5172元，捐物4267件，捐助病残学生现金4200元，为修建“红军攻克剑门关纪念碑”捐款16630.9元。是年，普安小学五年级四中队荣获全国红旗中队称号。1991年至1992年，各校按照国家教委的《小学生日常行为规范》，把德育工作的重点放在行为规范养成教育上，围绕培养小学生遵守社会公德的意识和文明行为习惯，开展各类活动。鹤龄镇龙潭小学少先队开展“学赖宁，见行动”、杨村小学少先大队举办“学两史，苦读书”、柳垭小学少先大队开展“我为家乡做贡献”、普安中学初二少先中队举办“大山的呼唤”征文竞赛等活动，分别获团省委、省少先队工委颁发的奖品和荣誉证书。

1993年起，学校德育工作以贯彻实施中共中央《关于进一步加强和改进学校德育工作的若干意见》和《小学德育纲要》《中学生日常行为规范》为主要内容，以全面贯彻党的教育方针，坚持社会主义办学方向，培养“四有”（有理想、有道德、有文化、有纪律）新人为主题，开展“知我中华，爱我中华，兴我中华”系列活动。全县有71名学生分别获省、市奖励，剑阁职中被评为省德育工作先进集体，剑阁县获国家教委爱国主义教育系列活动组织奖。1994年，县文教局关心下一代工作委员会成立。

1995年，贯彻实施《中学德育大纲》，各学校举办专题讲座、演讲赛、征文赛等活动。1996年，纪念红军长征胜利60周年，组织学生观看爱国主义影片，举办中小学生爱国主义演讲大赛。1997年，县教委、团县委、县青少年宫在城区中小学开展“百名少年百米书画长卷迎香港回归”书画竞赛活动，并编辑出版师生优秀征文集《情系紫荆花》。1998年，按照《中小学德育工作规程》，加强对学生“热爱祖国、遵守公德、文明礼貌、遵纪守法”的教育，全县中小学分别开展“礼仪教育”“做合格学生”“创文明校园”等主题活动。1999年，在县城举办“庆祝建国50周年，迎澳门回归祖国”电视抢答赛。全县16所中学百余名选手参加预赛，决出优胜者组成初中生代表队，代表广元市参加省中学生“庆国庆、迎回归”电视抢答赛。10月13日，普安小学王静获省“十佳少年”称号。

2000年至2003年，贯彻落实中共中央办公厅、国务院办公厅《关于适应新形势进一步加强和改进中小学德育工作的意见》，各中小学开展形式多样的德育系列活动。南禅小学构建学校、家庭、社会相结合的小学生思想品德教育运行机制。姚家小学开展国家与个人命运、集体主义情操为主题的社会调查、征文和演讲系列活动。县实验学校自1998年在北庙小学建立德育实践活动基地后，每年秋季用3—5天时间，组织学生行军拉练至基地，城乡小学生一帮一结对子，进行社会实践锻炼。每年组织近万人次中小学生到剑南革命烈士陵园、长岭双桥革命烈士陵园、秀钟大路河红军烈士墓地等基地开展德育教育。

2004年，县教委根据中共中央、国务院《关于进一步加强和改进未成年人思想道德建设的若干意见》精神，制定《剑阁县中小学生思想道德建设行动计划》，各学校注重对学生“诚实守信，加强实践，合作意识，创新意识，网络文明，安全自护，远离毒品”的教育，相继开展“军训与国防”“劳动·环保”“和谐·少年”“同游百科园”等系列活动。2005年，全县中小学生5.2万人参加全省首届少年儿童书信写作比赛暨明信片设计大赛，参赛作品共5.4万件，书信类有3人获一等奖，15人获二等奖，21人获三等奖；明信片类有2人获二等奖，1人获三等奖。2006年，全县10.8万中小学生参加中宣部、中央文明办、全国妇联、教育部、新闻出版总署等联合举办的以“八荣八耻”为主题的第十四届全国青少年爱国主义读书征文活动。是年，剑阁中学“校园之声”广播站开播，继之举办纪念红军长征胜利70周年文艺晚会、讲演、展览等系列活动。

第二节　体卫艺教育

体卫教育　学校每天坚持按时做早操、课间操、眼保健操，防近视、防疾病、防脊椎变形。每年体检查心率、查血压、查色盲、查视力、查五官。县教委适时检查“三操三防检查”落实情况。1990

年，各学校按照《学校体育工作条例》《学校卫生工作条例》和《国家体育锻炼标准》开展学校体育卫生工作。1991学年度，全县中小学体育达标人数为31786人，达标率占适龄生的80.3%。1992年秋，各学校推行第七套广播体操。1993年，在体育课时间内，开设健康教育课。同时，学生定期体检，实行健康证制度。剑阁中学连续两届招收体育班，并两度评为全省体育传统项目（田径）学校。1994年，普安小学被评为全省体育传统项目（篮球）学校。各学校均建立体育运动队，参加者为有培养前途且爱好体育的学生，由体育教师负责培训，项目以球类或田径为主，训练时间一般在早自习前或下午课外活动。各校每年春冬两季举办不同规模的运动会，春季项目为田径，冬季项目为球类。组织学生参加省、市、县举办的体育竞赛活动。是年，执行国家教委“凡报考普通高中的初中生必须参加体育术科考试”的规定，在体育术科考试中进行50米短跑、立定跳远、掷铅球等3项测试。1997年，普通高中招生把体育考试成绩加入总分录取。1998年起，实施《全民健身计划》，各学校开设健康教育课。

2003年，县教育局发布《剑阁县中小学体育卫生工作条例》，将学校体育卫生状况列为中小学生综合素质评价内容。剑阁中学、剑州中学、实验学校等10所中小学于2003年春实施国家《学生体育健康标准（试行）》。2004年，全县各中小学均按试行标准进行体育课教学和课余体育活动。是年，普通高中招生体育考试项目改设为身高、体重、肺活量、握力、立定跳远、台阶测试。2005年，体育考试计入普通高中招生总分的成绩由2003年的15分增加到30分。是年，启动每位学生在全面接受体育、艺术教育的同时，重点学习掌握2项以上体育技能和1项以上艺术技能的体育艺术“2+1”工程。至2006年，全县有12所中小学达到标准。

艺术教育 各中小学的艺术课有音乐、美术，并组织学生开展各类艺术活动。1992年，全县有专职艺术教师108人（音乐59人，美术49人），成立各种兴趣小组264个。是年4月，举办首届职业中学艺术节，评出优秀节目2件，参加市职业中学艺术节比赛，分别获一等奖和二等奖。1993年，举办首届中小学生艺术节。是年10月，剑阁参加全省首届中小学生艺术节，获独唱二等奖，并授予“艺术活动先进县”称号。是年，普安小学开办手风琴演奏训练班。1994年，成立少年儿童艺术团。各中小学每年举办1—2次文艺晚会或游园活动，并于“六一”“五四”“一二·九”期间，举办绘画、书法、摄影展或文艺演出活动。

20世纪90年代初，剑阁中学艺体班学生逐年增多，每年报考音乐、美术等专业的考生人数呈上升趋势，高考艺术类上线人数一直名列全市前茅。2001年，该校被省教育厅授予全省艺术教育特色学校。至2002年，全县任教的艺术类专、本科毕业生有80人，已成为中小学艺术教育的骨干力量。普安小学手风琴训练班至2003年已办4个班次，参训学生54人，85%的学生能弹奏8—10个考级曲目，有1名学生获手风琴演奏8级证书，6名学生参加省、市比赛获奖。

2006年，全县征集68所中小学校760名学生创作的艺术作品685件。推荐168件优秀作品参加全市中小学生艺术节展出活动，120件作品获奖。

第五章　教育管理

第一节　学校管理

目标管理　20世纪80年代末，市、县教育主管部门开始对部分学校进行目标考核。按先完全中学、再区级中学的层次依次推进。1992年，县教委制定《剑阁县中小学常规管理基本要求》。各学校结合实际，制定管理措施，落实各项具体工作。县教委及教办定期开展校长考评、教师考核和教育督导评估工作。1997年，完善学校目标管理办法，将全县中小学、幼儿园等各类学校纳入目标管理范围，实行分级分类管理，建立起较为完善的年度工作目标考核评价机制。

2000年至2005年，教育系统继续沿用目标管理办法，县教育局、教办、学校逐级签订目标责任书，年终视目标实现情况，评出优秀、合格、不合格三个等次，按等次兑现奖惩。在反复酝酿，广泛征求意见的基础上，2006年3月16日公布《剑阁县教育管理规程（试行）》。次年1月起，县教育局和县教育督导室依据“规程”的目标体系、评价体系和制度体系，对各类学校、教办及教育局各股室进行年度目标考核。

安全管理　各中小学成立安全工作领导小组，完善学校安全工作制度，配备专（兼）职安全员或专职保安人员，负责学校的治安保卫和校产保护工作。1995年开始，县文教局与各学校签订年度《学校安全工作责任书》。发生安全事故，首先追究第一责任人的责任；评优晋级与安全工作挂钩；年度工作考核实行安全责任“一票否决制”。学校与家长签订《学生安全教育责任书》，明确家长、学校、学生各自的安全责任。1996年起，每年3月25日“全国师生安全教育日”，各学校举办安全知识展览、安全知识竞赛、安全警示报告会等系列活动；在校园内组织路队行进演练、灭火模拟演练、自护自救演练等安全实践活动；每年春、秋开学，全县开展以校舍安全、消防安全、食品卫生安全、饮水安全等为重点的学校安全检查，及时消除安全隐患。平时，对学生进行法制、消防、防洪、交通等方面的安全教育。

2000年至2002年，县教育局印发《关于加强中小学校安全工作，严防各类安全事故发生的意见》和《关于加强中小学校饮食卫生防疫工作的意见》，确定“以人为本，安全第一，预防为主，防患未然”的安全工作方针。开展各类安全隐患与整改实效大检查和百日卫生安全活动，针对问题，逐一整治。2003年，县教育局制定《抗洪抢险应急处理预案》《地质灾害应急预案》等，各学校组织抢险队，并落实责任。2004年，开展学生安全工作专项整治活动，实施“净化校园文化工程”，整治校园及周边治安秩序，设置治安亭、报警点及道路交通信号灯、指示牌、斑马线等安全警示标志。

2005年1月，县教育局制定《剑阁县教育系统重、特大事故应急处理预案》，全县开展创建“平安校园”活动。3月24日至4月4日，抄手小学118名师生患肠炎、痢疾。经查明系饮用水污染，县政府立即决定禁止肥水养鱼，县有关部门同养鱼专业户签订的合同终止。6月，县疾病预防控制中心对全县171所学校生活用水采样检测显示，水质合格率为25.58%；126所学校自备饮用水（井水）

水质合格率为 23.83%。

第二节　教学管理

教务管理　教务管理主要包括招生、编班、排课和学籍的安排和管理。每年春季，县发展计划局下达各级各类学校招生计划。幼儿园、小学一年级、职高招生在招生学校校长领导下，于春季期未进行此项工作。招生具体工作由学校教务处负责。初中招生考试由县教育局命题制卷，组织考试、评卷、录取新生，由招生学校发通知书。高中招生考试由市教育局命题制卷，组织考试，统一评卷，统一录取。

学校教务处负责新生的编班，按成绩高低分快班、慢班、重点班和普通班。高中分火箭班、顶尖班、特优班、平行班；按学生原任干部职务、工作能力、品德表现等合理搭配学生干部；适当兼顾各班男、女生比例。学校教务处按照课程设置编排课程表。文理各科适当搭配；同一学科的课程适当分级；上午第一课不安排体育课而安排主课；自习课程安排到学科；一个教学周内合理间隔安排学科和教师任课时间。1990 年，县教委重申学籍管理的规定，严禁学校办假学历证明和按成绩编班，严格控制学生留级。1991 年，按照省、市教委要求，各高（完）中完善九一届高一学生学籍卡片、新建体质健康卡片并制度化。1994 年，县教委发出《关于严格学籍管理和毕业证发放有关问题的通知》，强调不得歧视弱差生，不得用任何方式迫使学生留级或流失。严格规范毕业证发放工作。2000 年，全县中学生学籍实行计算机管理，建立学生电子档案。2005 年，县教育局发布《剑阁县义务教育阶段学籍管理规定》，各学校按“规定”建立学生学籍表和学籍档案，并制成软盘交县教育局存档备查。

教学过程管理　1990 年，全县小学和初中推行“单元目标教学管理”，统一使用县教研室编印的单元目标测试题，检测单元教学质量。1991 年，各高中学校陆续采用单元目标管理办法。1992 年后，突出以教师为主导，学生为主体，训练为主线的教育观念，加强教学过程管理。在实施素质教育和推行基础教育课程改革中，注重教师教育理论学习和教育观念转变，各学校把理论学习列入教学工作计划，安排学习时间和篇目，把理论学习笔记作为教师期末考核的内容之一。

2000 年后，随着现代教育技术的运用与推广，绝大多数中小学把转变教学技术手段作为教学过程管理的重点，把是否使用多媒体辅助教学作为优质课的标准之一。剑阁中学、普安小学分别举办“电教观摩周”“电教月”活动，教师运用现代教育技术，优化教学功能。2002 年起，对中考、小学质量检测和体、卫、艺、科工作中成绩突出的学校、校长、教师给予表彰奖励。各学校把第二课堂纳入教学管理，由学科教研组统筹安排、管理。课外活动计入教师工作量，作为学期工作考核内容。至 2006 年，各学校已形成较为完备的备课、上课、作业布置及批改、课外辅导、考试等教学过程管理制度。

第六章　教育教学研究

第一节　教学研究

教学方法研究　1990年，各学校开展“四个一”活动，即每个教师一项教改项目、一篇优质教案、一节优质课、一篇教改总结。全县逐步形成县教研室、区各科联合教研组、乡镇各科年级教研组、学校各科有教研组的四级教研网络。是年，全省地理教研会在剑阁召开。1993年秋，全县开展“中学课堂结构改革研究课”竞赛活动，千名教师参加讲课，18名教师到县城借班上课。此后，课堂结构改革全面推开。1994年，县教研室制定《高中统考学科课堂教学常规》，对教师备课、上课、辅导、作业布置与批改等进行规范。是年，县高中学科联合教研组成立。1996年至1997年，全县推广上海育才中学“读读、议议、练练、讲讲”八字教学法。在教学实践中，剑阁中学、普安中学、文峰中学和剑门中学将“读读、议议、练练、讲讲”八字教学法修正为“读读、议议、多练、精讲”。1998年，县教研室重点运用“读读、议议、多练、精讲”教学法指导教学研究工作。普安中学语文教研组在说课、竞课、评课过程中，总结出质疑式自读、程序式自读、设问式自读、提要式自读、疏通式自读、评点式自读和教前尝试性练、教中运用性练、教后巩固性练的读练模式。

1999年，县教研室对普安中学、白龙中学等8所中学和普安小学、盐店小学等19所小学的教师教研情况进行调查。针对存在的问题，提出“严而活，活而实，实而新，新而精”的精讲多练原则。并深入学校视导教学，组织中老年骨干教师、模范教师、优秀教师与青年教师结对，开展传、帮、带活动。2000年3月，县教委印发《关于加强课堂教学方法研究的意见》，提出启发式教学法必须贯穿在教学的全过程。全县开展说课、亮相课、合格课、优质课、示范课、特色优质课、专题研究课等7类竞课活动。至2001年，优质课评选进行38次，获省级奖7人次，市级奖75人次。

借鉴与创新　20世纪80年代后期，各中学开始中学语文教学学习魏书生的“六步教学法”和钱梦龙“三主”教学法。1990年，普安中学语文教研组借鉴魏书生的中学语文“六步教学法”，创造设问引路、先学后讲等教法，并得到推广。全县借鉴推广程序教学法、尝试教学法、反馈教学法等。1999年，在沙溪中学、开封中学等5所中学进行实践，取得成果后逐步扩展到10余所中学；中学教学自学辅导法，采取启、读、练、知的综合方法，指导学生获得新知识，有11所中学借鉴应用；钱梦龙“三主”教学法，即“以学生为主体，以教师为主导，以训练为主线”的教学法，由县教研室中学语文教研员在部分中学应用推广。至1999年，剑阁中学、普安中学等在学习实践中，不断总结完善，形成“三结合”自学自练方法，即听说读写结合、课内外结合、学习与运用结合的方法。

1999年至2002年，县教研室运用科学教学观，对教学目标、内容、方法、效果和教学模式、教学艺术及教师、学生、师生互动行为等多种类型变量进行研究，在培养学生独立获得知识的自学能力等领域重点探索，指导全县开展教学研究活动。各中小学校联系实际，广泛学习借鉴“南钱北魏”先进教学方法，在“学—教—研”实践中，创造出适合剑阁县情的教学方法和教学模式。如剑阁中学“高中化学多媒体组合教学法”，剑阁职中“集群两阶段知识与技能训练教学法”，鹤龄职中“五环节教学法”，剑阁实验学校“多项目组合愉快练习教学法”，姚家小学“自学—提问—议论—精讲”教学模式，迎水小学五步教学法和四步式学法指导模式，普安小学兼容教学法等。

第二节　教育科学研究

教育研究　1995 年，剑阁中学成立教育科学研究室，开展教育科研活动。至 1999 年，全县 96 所中小学均成立教科室。2000 年，县级课题研究与实验鉴定评估小组成立，全县共立项科研课题 127 个，教育科研骨干 300 人，县、教办、学校三级教育科研网络形成。是年起，广泛开展教育科研活动，规定每位教研员承担一项县以上教育课题研究任务、选择一所中学作为教科基地、推广一种先进课堂教学模式、每学期至少在市以上刊物发表一篇科研论文。各学校按照《剑阁县教育科研管理条例》，开展教育科研工作。2002 年 5 月，县政府制定《剑阁县教学成果奖励办法》。是年，举办首届教学成果奖评选活动，产生特等奖 1 项，一等奖、二等奖各 6 项，三等奖 7 项。至 2006 年，县教研室共指导课题研究与实验 118 个，发表教育科研论文 128 篇。全县表彰教育科研先进学校 22 所，教育科研先进教师 900 人次。

科研课题　从 1997 年到 2006 年，开展国家、省、市县级课题研究。

国家级课题　“英语‘四位一体’教学法验证实验”该课题，属于成果推广与应用的验证性研究，由县教研室和 35 所中小学校参与研究实验，1997 年至 2005 年共实验 8 轮。“剑阁县应用英语‘四位一体’中高考复习教学法实验报告”被国家基础教育中心外语教育研究中心评为一等奖，县教研室被评为全国优秀实验单位。主研人员获市首届教学成果一等奖。

2001 年 6 月，剑州中学报送“农村高完中法纪教育研究与实验”立项，是年 9 月，被批准为国家级科研课题。

省级课题　1995 年秋，剑阁申报“培养名教师，造就名校长，创办名学校”（简称“三名”工程）的科研课题。1996 年，省教委批准为省普教科研资助金项目。1996 年，“三名”工程课题启动。确定剑阁中学、剑阁职中、文峰中学、实验学校、姚家小学 5 所学校为参研学校。1998 年，参研学校扩大到 38 所。同时选拔 49 名骨干教师充实研究队伍。确立 12 项研究实验要素，组成培养目标、选拔标准、检测评价三个体系，建立起“三名”工程运行机制。至 2001 年，“山区中小学名教师、名校长素质目标培养和名校建设研究与实践”的课题形成理论成果 25 项、技术成果 15 项、实践成果 4 项。是年 6 月，省教科所批准结题，7 月，课题获省政府第二届教学成果二等奖和市政府首届教学成果一等奖。

1998 年，县实验学校申报课题“语数教学中培养学生创造性思维研究”，被批准为省普教科研资助金项目。

市级课题　1998 年，剑阁中学“三主和谐多向发展研究与实验”被批准为市级科研课题。2000 年，文峰中学和普安小学的市级课题“初中生自主学习的研究与实验”和普安小学“小学兼容式教学研究与实践”，运用主体教育和多元智能理论在学科课堂教学中进行研究实验，取得 15 项课题研究成果。普安中学、文峰中学、实验学校、开封小学等参研市级课题“读报教学活动研究与实验”。所承担的子课题，在预期内完成研究实验任务。2004年，普安中学、开封中学、白龙中学、鹤龄中学、剑门中学、开封小学、元山小学、鹤龄小学各申报立项一个市级课题，进行研究实验。

县级课题　2000年至2004年，县级课题已有两批结题。第一批课题，2001年7月，禾丰小学“利用汉语拼音教学提高小学低段学生识字能力的研究与实验”结题。至2003年10月，姚家小学、抄手小学、迎水小学等17所学校的县级课题结题。第二批课题，2003年11月至2004年12月，“初中生青春期问题研究及矫正策略”等14个县课题陆续结题。是年，全县中小学教师获省第五届教师优秀论文奖30项（一等奖1项，二等奖10项，三等奖19项）。是年7月，省第十次优秀教育科研成果评奖揭晓：普安中学的“农村初中理化实验教学模式研究与实践”获二等奖，获课题研究三等奖的有县教研室、县教育学会、姚家小学、迎水小学、普安小学、武连小学、碑垭小学，获优秀奖的有剑阁职中、剑州中学。2005年，获中国基础教育学会颁发的基础教育论文奖74篇，获省第六届教师优秀论文奖31篇，获市第二届教学成果奖19篇。2006年，论文获省第十二次优秀教育科研成果奖1篇，获省第七届教师优秀论文奖42篇，获市第三届校长论坛奖33篇。

第七章　招生工作

第一节　大中专招生

普通高校招生　1990年起，取消高考预选，应、往届高中毕业生和同等学历者均可报名直接参加高考。剑阁只在县城设一个考场。1994年起，普通高校招生改“双轨”制（按国家任务招生计划和调节性计划分别划定两条分数线录取新生）为“单轨”制（按总的招生计划划定一条分数线进行录取），在同一地区实行同一录取标准；委培和自费招生计划由人事、计委、教育部门落实后向社会公布；高校招生报名、体检、录取均不再分应届毕业或往届毕业。是年，高考实行“3+2”考试，文理科均考语文、数学、英语，文科加考政治、历史、地理（选2）；理科加考物理、化学、生物（选2）。剑阁考场分设文（剑阁中学）、理（普安中学）科考点。

1996年，普通高校招生实行改革，不分公费、委培和自费，录取前考生不再与学校签订委培合同，毕业生不再由国家统包统分。高等教育逐渐转为收费教育。1997年，高校扩招增容，试行网上录取。1998年，专科招生中，农、医、师实行全省统一投档，统一录取；先录并轨计划，后录定向计划；面向全省的招生计划和地方大学招生计划第一阶段录取，电大普专班和预科生第二阶段录取。2000年，普通高校继续扩大招生计划，全部实行网上录取。

2001年，按照省招办、省教委安排，县普通高校招生实行“3+X”科目设置方案。“3”指语文、数学（文理科分卷）、外语3科，各科满分150分；“X”指文科综合或理科综合。“文科综合”考试内容含政治、历史、地理3科；“理科综合”考试内容含物理、化学、生物3科。文科综合和理科综合满分均为300分。考试时间150分钟。英语考试增加听力测试，听力成绩占英语试卷总分的20%。是年，高考报名条件放宽，取消年龄、婚否限制。

2003 年，普通高校招生改革，主要包括高考时间从沿袭多年的 7 月 7 日至 9 日改为 6 月 7 日至 8 日；调整填报志愿时间，提前批次和其他所有本科批次的志愿均安排在高考之后，通知高考成绩之前填报；本科志愿分本科一批、本科二批和本科三批；高职（专科）志愿仍在通知考生成绩之后填报；师范面试工作放在体验时一并进行，其面试结论亦在体检卡上反映；徒手画加试工作不再由省上统一组织；调整改进照顾政策，继续进行扩招。是年，普通高校招生考试全县报名 2193 人，录取 1838 人。

2004 年，高考改革继续深入，违规处理和安全保密管理更加严格，实现省、市、县三级招办试卷保密监控联网计划。高考前，考生签订《考试诚信承诺书》；对思想政治品德方面有突出先进事迹者，录取中给予 10—20 分的照顾；所有专科层次的院校不再设定调配志愿；对报考师范院校师范专业的考生不再组织专门面试；常规录取工作结束后，不再组织本科层次招生的补录。

2005 年，县政府印发《关于推进国家教育招生考试“阳光工程”的实施意见》，制订应急预案，层层签订招生考试工作目标责任书。是年，普通高校招生考试全县报名 3969 人（文科 1292 人，理科 1999 人，职教 678 人），共设考室 134 个。2006 年是省自主命题进行普通高校招生考试的第一年，全县报名考生 4230 人。招生规模扩大，升学竞争激烈，全社会对招生考试的公正、公平、公开的期望更为强烈。县委办、县府办印发《关于认真开展国家教育招生考试环境综合整治工作的通知》，采取分级管理，逐级负责，招生考试“阳光工程”运行机制正常，招考工作未出纰漏。

中专、中师招生　1990 年至 1992 年，中专、中师招生实行预选考试与初中毕业考试和高中招生考试合并进行，预选后单独进行中专、中师考试。1993 年起，取消中专、中师预选，考生直接参加中专、中师考试。填报志愿时，中专和中师不能兼报，中专、中师可兼报高中，亦可单报中专、中师或高中。1994 年，中专、中师委培和自费招生计划由县人事局、县计委、县文教局落实后向社会公布，不再与招生学校和委培单位签订合同，取消中专、中师往届生招考的附加条件。

1997 年，普通中专招生实行小并轨，只有国家任务和调节性两种计划，不再签订委培合同，招生计划不分解到县，中专热开始降温。1998 年，普通中专招生全面并轨，实行一种招生计划即国家招生计划。中师招生计划全部安排到县，40% 为定向计划。1999 年，省教委调整全省中师学校布局，剑阁师范学校从 2000 年起，停止招收师范生。

2000 年以后，改变普通中专、中师招生考试科目设置和计分办法，统考科目为语文、数学、外语，各科满分为 150 分，答卷时间均为 120 分钟；普通中专停止招收预科生；除政法、财经等少数有特殊要求的普通中专可继续招收高中毕业生外，其他中专不再招收高中毕业生；允许初中毕业生兼报高中阶段的各类学校。2001 年实行初中毕业考试与升学考试分离，初中毕业考试由各级初中学校自行组织，升学实行统一招考。是年，剑阁考生考入二年制高职（含师范）118 人，三年制中专、中师 205 人。

2003 年，中专、中师招生考试科目为语文、数学、外语、物理、化学、政治、历史 7 科，总分 740 分（语文、数学 120 分，其他各科均为 100 分）。2004 年至 2006 年，高中阶段学校继续实行统一招生考试，分类分批录取的招生办法。中等职业学校招收三年制中职生实行统一招生和自主招生并举的办法。五年制小教、幼教及高职专科招生，省属以上中职学校三年制招生不再向学校下达生源计划，各校面向全省招生。各校招生规模和专业目录由省招委向社会公布，市属中职招生规模及专业目录由市招委向社会公布。

第二节　成教招生与自考

成人高校招生　1990年，各类成人高等学校继续实行全国统一考试，由国家教委命题，省制卷评分。考试时间为每年5月。县招生办负责组织报考成人专科考生的考务工作，县设成人大专考场。成人本科报考由市招生办负责。是年，剑阁报考人数545人，录取人数293人。1999年，成人高校专升本的报考工作由市下放到县，全县高中起点报考成人高校本、专科考生由上年的746人增加到1184人，录取700人。

2000年，全省成人高校招生政策放宽，允许应届普通高中、各类中等职业学校毕业生和中等职业学校在校生报考各类成人高校；允许国家成人教育高等学校应届专科及专科以上毕业生当年报考成人高校专升本，且取消对专升本考生的工龄限制；预科招生条件不再有年龄限制；试行招收高职预科生，对25岁以上的考生在录取时照顾20分（高职班为10分）；专升本进行“资格生”招收试点工作；省级先进个人直接免试进入成人高校学习，市级先进个人免试进入成人高校专科预科班学习。是年，剑阁报考人数1386人，录取人数1018人，为历年考录之最。2001年，报考成人高校不再出具单位或乡镇证明，《登记表》亦不需考生所在单位盖章，只验身份证，不再进行体检。是年为“考风考纪年”，首次实行县与县交叉监考、巡考。县招生办配备电子数码摄像机为考场摄像。

2002年，成人高校招生进行政策调整，停止招收“资格生”；不再推荐中等职业学校优秀毕业生免试进入成人高校学习；不再实行先进或劳模免试进入各类成人高校专科预科班学习的规定；专升本外语科目实行分卷考试，成人高校师范专升本的外语成绩60%计入总分；报考高等师范小学教育专科班的考生不再加试教育理论。县招生办为考生制作电子档案，成人高校招生全部实行计算机网上录取。

2003年，成人高考全面实行新的考试科目设置方案，进一步与普通高考靠近。招生政策相应调整。报考医学类各专业的考生，必须是已取得卫生类执业资格的在职人员；继续实行“预科生”招生改革，并调整各类照顾加分的标准。由于受“非典”疫情影响，按照省、市招委安排，剑阁成人高校招生报名工作在3月结束后，9月又进行第二次报名，统一考试时间亦推迟到11月15日至16日进行，12月进行录取，对在一线工作的“非典”防控人员录取时照顾5分，录取新生于2004年春季入学。

2004年，成人高校招生报名时间调整为9月15日前，统一考试时间为每年10月第3个星期六，12月底前录取新生，次年春季入学。是年，省招委局部调整招生政策，自谋职业的城镇退役士兵，照顾10分录取；不再实行“国防科技工业三线企业事业单位职工录取时照顾10分”和“盆周贫困山区考生录取时照顾15分”规定；不再免试招收第二专业专科学历教育学生；成人高校不再实行调剂录取制度。2005年，进行“乡村医生中医、中西医专业大专学历教育”专科班招生改革试点。高校招生实施“阳光工程”，考场配备通信工具屏蔽设备和探测仪器，防止利用通信工具舞弊的行为。

高等教育自学考试　1990年，贯彻“改革、完善、提高、发展”的自考工作方针，加强机构建设，建立资料室。县自考办负责每年1月、8月的报名及4月、10月的考务工作。是年，全县参考人数604人，考试合格347人，毕业人数17人。1993年，自考专业增至38个，207个科目。1995年，加强自考管理现代化、规范化建设，县自考办添置微机、光电阅读机及配套设备，自考专业全部实行计算机管理。1998 年，随着自学考试人数增多，为方便乡镇职工及农村考生就近报名、订购自考教材等。县政府决定建立片区高等教育自学考试工作站，首批建立元山、白龙、公兴、鹤龄 4 片区自考站。至 1999 年，12 个片区自考站全部建立。是年，剑阁参加全国第 31 次自学考试人数 1259 人，首次突破千人。

从 2002 年起，全国自学考试面向社会开考的所有专业执行调整后的专业考试计划。剑阁从 2003 年起执行。是年起，每年的 1、4、8、10 月报名考试，每次开考 2 天。2004 年，随着普通高等学校连年扩招和广播电视教育、网络教育的普及以及民办高校的发展，参加高等教育自学考试的人数逐年减少，考生实考率不到 80%，考试及格率仅 30%。是年，剑阁报考人数为 755 人。至 2006 年，降至 241 人。

第三节　高中与职高招生

高中招生　1993 年起，实行初中毕业会考，由市教委统一命题制卷，县文教局组织阅卷，市教委抽阅一科试卷。考试科目为政治、语文、数学、外语、理化（物理化学合考）、历史、生物 7 科，每科满分均为 100 分。1998 年起，语文、数学、外语 3 科分 AB 卷，每科满分 150 分（A 卷 100 分，B 卷 50 分），其余 4 科不分 AB 卷，每科满分仍为 100 分，会考成绩既作初中毕业成绩，又作高中招生录取成绩。县文教局按照当年招生计划数划定录取分数线，按照先重高、后普高、再职高的顺序录取，不满额的招生学校自主降线录取。1999 年，普通高校扩大招生数量，直接牵动普通高中办学规模的扩大。2000 年，全县 4 所普通高中扩大招生数量。是年，报考普通高中人数 9739 人，录取人数 2266 人。2001 年，高中招生考试与初中毕业考试分开进行。高中招生考试实行“四统一”，即统一报名、统一填报志愿、统一考试、统一分类分批录取。其考试科目为语文、数学、英语和其他学科的综合。增加物理、化学实验操作考试，每科成绩 10 分，加入文化考试总分录取。2003 年，按照市教育局、市招委通知，高中招生统一考试时间改为 6 月 14 日—16 日，考试科目为语文、数学、外语、物理、化学、政治、历史 7 科。增加生物实验操作考试和体育考试，分别按满分 10 分、15 分的成绩计入文化考试总分。2004 年 5 月，根据市教育局安排，剑阁推荐初三优秀生 200 名提前举行升学选拔考试，选出 50 名，分别进入剑阁中学和剑州中学读书。2005 年，全县推荐的初三优秀生不再进行考试，直接进入剑阁中学和剑州中学读书。从是年起，高中阶段学校招生实施阳光工程，由市教局负责统一命题、制卷、组考和阅卷工作，县上负责监考工作。同时规定，省、市重点高中可以打破县与县的界限，在全市范围内招生，全市考生可选择学校填报志愿。是年，剑阁设普安、开封、白龙 3 个考区，考点 8 个，考场 271 个，考生 10919 人，录取 4978 人。省重点高中剑阁中学和市重点高中剑州中学计划内招生由市招办统一录取，开封中学、白龙中学由县招办按计划组织录取。2006 年，增设下寺校区、成教中心、武连职中和鹤龄中学 4 个考点，全县共设 6 个考区，10 个考点，276 个考场，考生 10236 人，录取 4479 人。

职高招生　1990 年，县文教局统一安排职高招生和普通高中学校招生。是年，全县职高招生 483 人，毕业 221 人。1995 年，职高在校学生为 996 人。2000 年至 2005 年，根据市教育局安排，县教育局组织录取职高新生和普通高中新生。2006 年，县教育局实行中考前初三学生分流去职中的办法，以缓解职高招生难的问题，同时控制职高新生流往外地。是年，全县 3 所中等职业学校招生 1613 人，毕业 1030 人，在校学生为 3359 人。

优生流失　1990 年至 1996 年，县内高中与职高招生严格执行国家指令性计划。按照国家要求，统一组织考试、阅卷、统分，按“先重高、后普高、再职高”的顺序和各校的录取线，由高分到低分依次录取。各校录取名额以国家下达的计划为准。在足额录取的基础上，各校可招少量的代培生。县内高中招生工作井然有序。但这一时期，优质师资和优质生源的争夺已初见端倪。

2000 年前后，川内各地生源争夺进入白热化阶段。绵阳等地的学校凭借自身优势，吸纳周边区县的优质师资和生源，导致剑阁县教育资源的流失，严重影响正常教学和招生秩序。2000 年至 2006 年，剑阁流入绵阳的中小学骨干教师、学科带头人 380 人。仅剑阁中学就流失骨干教师 68 名，包括特级教师和具有高级职称的教师 20 名。绵阳市一些学校派员驻剑阁，采取口头动员、发放宣传资料、提供信息费用等方式，收集应届初中毕业优等生姓名、电话号码、家庭住址等个人信息。承诺免收建校费、学杂费、伙食费、住宿费等，导致部分优生流失。

第四节　义务教育阶段招生

小学招生　县文教局按各地适龄儿童数量将小学招生名额下达到各中心校，学校将当年应入学、复学儿童名册送交乡镇政府，乡镇政府向适龄儿童的家长或监护人发出《义务教育入学通知书》，要求家长或监护人依法送子女或监护儿童入学。同时，学校采取教师包村的办法动员适龄儿童入学。个别生源不足的地方实行隔年招生或办复式班的解决办法。

按照《中华人民共和国义务教育法》规定，招收 1 年级新生其年龄为 6 岁半至 7 岁。但从 2000 年以来，由于幼儿教育阶段收费提高和其他原因，有 7% 的 5 岁至 5 岁半的儿童被家长送进小学亦被招为一年级新生。2006 年，全县招收一年级新生 6956 人。

初中招生　1990 年起，初中招生由县文教局统一命题制卷，全县统一考试，考试时间为每年 7 月 2 日，考试科目为语文、数学、自然 3 科，每科满分均为 100 分。答卷时间：语文、数学各 120 分钟，自然 90 分钟。考点设各乡镇中心小学。1993 年起，取消小学毕业和初中招生考试，全县统一举行小学毕业班质量检测，检测成绩供初中招生参考，小学毕业生就近升入初中接受九年义务教育。

第八章　经费与设施

第一节　教育经费

教育经费由受教育者和政府共同负担，政府经费以地方负担为主。全县公办学校教育经费实行财政拨款为主，多渠道筹措资金为辅的体制。其主要来源为：县财政预算内拨款；各种教育费附加；国家、省财政专项资金和转移支付资金；后勤产业收入；群众集资与个人捐资；招商引进项目资金等。但由于剑阁税源稀缺、财力薄弱，县、乡镇政府统筹教育经费困难。特别是“普九”巨额负债的影响，除县直属学校外，大多数乡镇学校教师的工资不同程度地被拖欠。2002年起，上级财政以转移支付的方式承担义务教育的短缺经费，主要包括人员经费、基建经费。至2004年，拖欠教师工资问题得到解决。2005年起，实行“两免一补”政策，即免部分贫困生书费和杂费，补部分贫困住校生生活费（小学每生每期120元，初中生180元），同时转移支付公用经费（小学每生每期190元，初中生210元）。由中央、省、市、县财政按比例分别承担。2006年，全县享受“两免一补”政策的中小学生为90576人，中央和省财政转移支付义务教育经费9388.9万元，其中“两免一补”经费2434万元。

1990年，县财政投入教育经费1060.9万元。1998年，教育经费总投入5454.1万元，其中财政投入教育经费2830万元。2003年，根据省财政厅、教育厅公布的生均公用经费标准，县财政在预算内按小学每年每生5元、初中每年每生10元预算公用经费。以后逐年提高标准。2004年至2006年，全县生均教育费分别为904元、1252.95元和1478.6元。2006年，全县教育经费总投入16240万元，其中财政投入教育经费12406万元。

预算内经费管理 1992年前，县财政改统拨制为包干制，将预算内经费划拨给乡镇管理，即由县财政局直接划拨到乡镇财政所，乡镇财政所再划到学校，教师工资由乡镇列支发放。由于大部分乡镇税源少，财力弱，出现拖欠教师工资现象。至1992年年底，全县拖欠公办教师工资14.1万元，补贴2.4万元，医药费9.6万元；拖欠民办教师工资33.6万元。拖欠教师工资问题引起县委、县政府高度重视。1993年，县政府发出《关于采取有力措施迅速解决拖欠教师工资问题的通知》，决定自是年起，全县中小学公民办教职工的工资由县文教局统管。在县财政局、县文教局的督促下，至是年底，拖欠公民办教师的工资全部足额兑现。

教育费附加管理 教育费附加实行收支两条线管理。城镇教育费附加（含城市维护建设费、专控商品附加费中用于教育的部分以及宾馆、饭店、职工个人交纳的教育费附加）主要用于“普九”改善办学条件；农村教育费附加首先保证中小学民办教师（包括退休民师）生活补助费中的乡镇统筹部分。教育费附加总额的85%用于乡镇教育事业，10%用于区级单设中学修缮，5%由县统一提留掌握使用，专户储存。1992年，据县教育费附加费清查领导小组查实，部分乡镇挤占、挪用教育费附加，用于修建机关办公楼、集镇建设、乡村公路等。1991年至1992年，全县共挤占教育费附加10.8万元，挪用138.8万元。对此，县政府决定教育费附加实行乡收县管。农村教育费附加使用时，由乡镇政府提出计划申请，经县教育、财政部门审核，报县政府分管教育和财政的领导审批后，由乡镇政府直接安排到学校使用；城镇教育费附加，由县教育部门提出使用计划，经县政府分管教育和财政的领导审批后，直接安排到学校使用。同时，县财政、教育部门制定相应措施，加大催收力度，使挤占、挪用的教育费附加及时归还原资金渠道。2001年，实行农村税费改革，取消农村教育费附加，教育经费中的不足部分由中央财政转移支付。城镇教育费附加限用于改造中小学危（劣）房和增添教学设备。2004年，职工个人教育费附加停止征收。

学校收费管理 每年春秋两季开学前，县物价局、财政局、教育局联合公布中小学校收费标准。学校收费实行“一证一据一册”制度，即亮“收费许可证”收费、用县财政局批准的中小学收费票据和《中小学收费登记册》。每季开学后一周内，县教育局组织人员到各学校开展收费检查，发现问题，及时纠正。

2000年，各级各类学校费用总金额在20世纪80年代基础上上涨14－17倍。是年6月，县委、县政府组织443人的队伍，对教育系统1997年至1999年的经费收支情况进行为期30天的大检查，针对存在的10个方面问题，印发《关于加强教育系统财务管理的意见》《关于教育系统接待费管理的意见》《关于教育系统补贴、奖金发放的意见》和《关于消化教育债务的意见》。是年8月，县物价局、财政局、监察局、教委联合发出《关于加强教育收费管理的通知》，重申不准任何人以任何借口擅自扩大收费范围和“搭车收费”，变相提高收费标准；严格实行依法建账和财务监管制度，严禁设“账外账”“小金库”等；严把资金出口关，学校经费支出计划需经职工集体讨论方可实施；建立举报监督机制，凡学校或教办主管领导违反财经纪律的，一经查实，追究其责任并课以罚金。各学校健全完善内部财务审计制度，加强收费自律，接受群众监督，乱收费现象得到一定程度的遏制。

2001年8月，按照教育部、国家计委、财政部和省教育厅、物价局、财政厅通知规定，农村中小学实行固定“一费制”收费办法。“一费制”标准中含杂费、教科书费和课堂作业本费。2002年8月，省教育厅、物价局、财政厅转发教育部、国家计委、财政部《关于切实做好2002年农村贫困地区义务教育阶段“一费制”试行工作的通知》，调整农村中小学“一费制”标准，“一费制”标准中含杂费、教科书费、课堂作业本费和信息技术教育费。2003年秋，县物价局、财政局、教育局对中小学收费进行调整，并规定学杂费、课本费、借读费、住宿费开具行政事业性收费凭据，其余项目收费开具中小学后勤服务专用发票。凡学校乱收费的，当事人和相关领导当年不得评优、晋级、晋职，并依据有关规定处理。

2004年秋，根据省教育厅、物价局、财政厅《关于在全省义务教育阶段学校实行“一费制”收费办法的意见》，县教育局、物价局、财政局制定的《关于义务教育阶段学校实行“一费制”的具体办法》，按学校所在地分为县城、乡镇、村小3类，同时根据全市义务教育阶段收费红线标准，制定义务教育阶段红线收费标准。是年，实行“两免一补”政策，全县共12471名学生免教科书费，免交金额为41万元；5087名学生免杂费，免交金额为27万元。从2006年春季起，全县义务教育阶段的学杂费全免。财政下拨义务教育阶段学生生活困难补助费。每生每年240元。义务教育阶段的收费项目有课本费、作业本费、住宿费。

2006年，建立教育系统财务核算监管中心，由县教育局、财政局共同委派财务人员。财务人员经业务考核合格，持证上岗，负责全县教育系统的财务核算和监管工作。

第二节　教育设施

校舍　学校校舍资建设资金来源包括县财政投入、学校自筹、社会捐资等。1990年至1994年，小学新建教学及辅助用房1.8万平方米，生活用房3900平方米；中学新建教学及辅助用房2万平方米，生活用房9600平方米；直属学校新建辅助用房1.1万平方米，生活用房1.84万平方米。全县中小学改、扩建教学及辅助用房5万平方米，生活用房3万平方米。各类学校总共改、扩、新建校舍16.09万平方米。其中，教学用房9.9万平方米，生活用房6.19万平方米。是年底，全县学校占地面积279.32万平方米，建筑面积55.09万平方米。其中，教学用房24万平方米，生活用房23.2万平方米，行政办公用房2.5万平方米，校办厂（场）用房9708平方米，其他用房4.43万平方米。

通过“普九”，全县中心小学和单设初中的校园整体布局趋于合理，配套设施基本完善。大部分学校实现教学区、生活区、运动区三区分离，办学条件得到改善。至1999年6月，全县共投资1.27亿元（群众集资4971万元），新建校舍28.48万平方米（教学及辅助用房16.19万平方米，教职工宿舍7.88万平方米，学生宿舍1.75万平方米，其他用房2.66万平方米）。至2006年年底，全县中小学校由2000年的94所调为92所，占地面积为220.31万平方米，建筑面积101.07万平方米，建成寄宿制学校91所。校园设施配套学校由2000年的93所合并为92所。

教学设备 1990年至1994年，开展普及中小学实验教学。建成实验室的学校230所，已配齐教学仪器的学校221所，建成图书阅览室的学校47所，藏书21.63万册；课桌凳13.39万套，校园设施已配套学校54所。全县开展电教的学校14所，有书写投影仪47台，135自动幻灯机3台，135手动幻灯机2台，电影放映机52台，照相机42台，录像机34台，收录机44台，彩电38台，语音实验室1个。建卫星电视地面接收站1个，可同时收录中国教育电视台第一、二套节目。1995年3月，接受省普及中小学实验教学检查验收组的检查验收，抽查学校合格率为100%，确认剑阁为普及中小学实验教学合格县。

1997年至1999年，全县按计划完成“普九”期间中小学校和幼儿园电仪装备任务。2000年，县教委制定《中小学现代教育技术评估标准》，印发《关于创建中小学计算机教育示范学校的通知》。各中小学按照电仪装备标准，换代或添置各学科教学仪器与电教设备，开展电教研究活动。是年底，实验学校、开封小学被命名为现代教育技术示范学校，南禅小学、公兴小学、东宝小学等5所小学被命名为计算机教育示范学校。

2001年，全县中小学进入以计算机为核心的现代技术教育装备阶段。2002年，确定剑阁中学、剑州中学、剑阁职中等25所学校为首批“校校通”工程实施学校。至2003年，全县60%的高完中、职中和县城初中、小学以及县、市级现代教育技术示范学校实现“校校通”，60%的乡镇中小学建立远程教育接收站和校园广播闭路电视系统，并实现计算机网络教室单机上网的目标。是年，县教育局印发《关于进一步加强中小学计算机教育工作的意见》，全县相继建成一批资源库和音像电子阅览室。

2004年，国家和地方共同投资实施农村中小学现代远程教育项目。开封小学、剑门小学、公兴小学等36所乡镇小学率先拥有现代化远程教育设备，卫星收视应用于课堂教学。同时，各中小学从实际出发，把“校校通”工程与信息技术课开设结合起来，统筹安排，装备计算机网络教室。开通电子政务，实现教育教学资源共享，信息互通。2005年，开展教师信息技术培训。至年底，全县中小学骨干教师和60%的中青年具备使用多媒体辅助教学的能力。2006年，继续加大投入，改善添置各中小学现代教育技术设备、设施，全县学校计算机总数3694台，有网络教室98间，语音室8个，实现远程教育模式的36所中小学均建成电子备课室。

第三节 教育项目建设

国家贫困地区义务教育工程 1995年，剑阁实施国家贫困地区义务教育工程（简称“贫义”工程），普安、盐店、北庙等25个乡镇的29所中小学被列为实施“贫义”工程项目学校。至1997年11

月，累计投入资金2105.82万元（中央拨款440万元，省、市配套资金分别为333万元、142万元，县投入资金1190.82万元）。新建校舍面积3.69万平方米。中、小学生均校舍分别为11.31平方米、6.17平方米；购置图书11.93万册，中小学生均图书均超过10册；购置单人桌凳1.12万套；培训校长、教师1248人次。1998年6月，接受省“贫义”工程项目专家组验收获总评第一名。1999年6月，剑阁被教育部评为全国贫困地区义务教育工程项目实施先进县。

希望工程　剑阁从1997年起实施希望工程。是年，成都市知青协会捐资35万元，修建龙源镇永红小学教学综合楼，建筑面积540平方米，工程造价50万元，市县投入资金15万元。1998年至1999年，市发展计划局、共青团四川省委、省扶贫办分别捐资35万元、40万元、50万元，修建剑门关镇青树小学、禾丰乡剑丰小学、江口镇新禾小学的教学综合楼，总建筑面积2160平方米。2000年至2002年，上海通用汽车公司、香港真维斯公司等捐资修建和维修羊岭小学、鹤龄镇青木小学等学校的教学综合楼。

2003年5月，省金融系统捐资80万元，修建姚家小学教学楼，建筑面积2193平方米。是年7月，县教育局引进省彩票公益金援助项目款180万元，并筹措100万元，修建建筑面积为2530平方米的县青少年活动中心大楼。是年，省妇联、香港慈善基金会和台商王永庆等捐资修建和改建凉山小学、下寺镇大仓坝小学等学校的教学楼。2004年，省烟草公司、成都龙基集团捐资维修和修建剑门关镇青树小学、香沉小学和圈龙小学的教学综合楼。2006年5月，中国人民解放军总参谋部捐资100万元，修建剑门关八一希望小学。

对口帮扶援建助学项目　国家制定东部发达地区支持西部贫困地区的对口帮扶经济发展战略，剑阁县被列为浙江省绍兴、嵊州、海宁市的对口帮扶县。1997年至1999年，绍兴市援建普安镇南禅小学教学综合楼，建筑面积1130平方米，总投资60万元，其中援建方出资20万元；嵊州市援建抄手小学教学综合楼，建筑面积9000平方米，总投资45万元，其中援建方出资20万元；浙江省外贸厅援建武连镇跃进小学教学楼，建筑面积1100平方米，总投资60万元，其中援建方出资40万元。2000年至2002年，浙江省绍兴县对口帮扶剑阁200多名贫困生助学款32.08万元。

2004年，浙江省海宁市捐资300万元，援建剑阁中学之江教学楼。5月16日，浙江省委书记习近平一行12人，在四川省委副书记蒋巨峰陪同下，赴剑阁参加奠基典礼。2005年1月，海宁市教育局与县教育局在剑阁签订对口支援协议书，协议内容包括建立两县（市）学校对口支援关系，全面提升受援学校教师的素质，帮助剑阁家庭经济困难学生完成学业，确保对口帮扶资金到位等方面。是年11月，海宁市市长朱祥华一行6人赴剑阁，视察剑阁中学下寺校区，同行的浙江鸿翔集团公司董事长、总经理姚岳良决定长期资助下寺校区4名品学兼优的学生，直到大学毕业，并举行捐赠仪式。海宁市教育局决定从是年起，连续4年，每年向县教育局提供60万元资金援助。双方在合作办学、教师对口交流、教育科研学术交流等方面达成共识。

中小学危房改造工程　2000年，全县中小学危房面积为4.64万平方米（B级0.29万平方米，C级0.23万平方米，D级4.12万平方米）。2001年2月，国家实施中小学危房改造工程。是年，全县中小学危房改造工程全面启动。县政府组织力量，对全县中小学校舍进行拉网式排查。鉴定为D级危房的无条件停止使用，限期拆除；鉴定为B级和C级的限期维修改造，消除隐患。至2003年，共投资162万元，改造中小学C级危房870平方米，D级危房4248平方米。2004年，全县中小学危房降至3700平方米。2005年至2006年，随着校舍自然老化、耗损和洪涝等灾害袭击，每年仍有2%左右的校舍演化为新的劣房或危房。两年内，全县共投入694万元，改造危房1.56万平方米。

邵逸夫工程 邵逸夫工程是香港爱国人士邵逸夫为支援祖国内地教育事业发展，改善办学条件而提供的无偿资金所建设的项目。1998年，修建汉阳小学逸夫楼，建筑面积900平方米，工程造价55万元，其中邵逸夫捐赠港币15万元。2002年至2003年，邵逸夫捐赠40万元、60万元，分别修建普安小学逸夫楼和剑阁中学逸夫楼。

第三十篇 科 技

第一章 科技工作

第一节 科技队伍

1990 年，成立县科学技术进步奖评审委员会。继续执行引进科技人才“三不要”（不要组织介绍，不要户籍、不要供给关系）政策，吸引科技人才，扩大科技队伍。12 月 20 日，县政府为 298 名农村技术人员授予助理技师，技术员职称。是年，全县有各类科技人员 6302 人。其中，工业 170 人，农、林、水、牧、气象业 394 人，建筑业 57 人，交通邮电业 64 人，文卫事业 4235 人，金融业 351 人，饮食服务业 906 人，机关团体 125 人。1997 年国家实施西部大开发战略，加强各行各业科技队伍建设和科技人员职称评审申报工作。2001 年 2 月 26 日，制定农村乡土人才专业技术职称评聘办法。至 2003 年，全县有各类科技人才共 7796 人。其中，高级职称 204 人，中级职称 2645 人，初级职称 4947 人。2004 年后，实施“科技兴县”战略，多渠道招揽人才。至 2006 年，全县各类专业技术人才 7896 人。其中，高级职称 257 人，中级职称 2676 人，初级职称 4657 人。

剑阁县 2006 年专业技术人员情况表

表 30 单位：人

		合计	其中女性	按学历分			
				研究生	本科	专科	高中（中专）
总计		7896	2353	4	1436	3441	2245
职称等级	高级职称	257	12	3	158	85	10
	中级职称	2676	605	1	532	909	1093
	初级职称	4657	1639	—	719	2295	1063

续表30

		合计	其中女性	按学历分			
				研究生	本科	专科	高中（中专）
专业类别	工程技术人员	659	134	1	48	243	132
	农业技术人员	559	110	—	41	101	185
	卫生技术人员	1107	524	2	42	513	371
	教学人员	5227	1469	1	1267	2397	1496
	经济人员	159	49	—	18	89	36
	会计人员	67	26	—	4	41	11
	统计人员	3	3	—	—	1	1
	图书档案文博人员	74	12	—	4	34	11
	新闻出版人员	13	6	—	3	10	—
	播音人员	19	17	—	2	10	2
	体育人员	4	1	—	3	1	—
	政工人员	5	2	—	4	1	—

说明：资料由县科技局提供。

第二节 科普宣传

1990年，县政府强化科学技术普及活动，采取科普画报、墙报、广播电视、培训、科技赶场、派讲师团等形式，向全社会普及科技知识。组织县畜牧协会、农学会、医学会、林业学会编发《家禽疫病防治手册》《科学养猪》《养鸡法》《剑阁农业》《农业栽培及防治病虫害技术》《防疫治病基本知识》《林果栽培技术要点》等科技宣传资料28.1万册，加大农村科技普及密度。1995年，在全县开展“两个十百千”（推广10项实用技术、组建100人科技讲师团、讲授1000堂农业技术课；建立10乡镇、100村、1000组科技示范网络）为内容的科技普及活动。制定《农村基层干部实用技术培训实施计划》，确定每年3月为剑阁县科技进步活动月。至1997年，组织科技讲师团251人次，发放科技资料6.81万册（份），宣讲科学实用技术1041场次，培训科技骨干3.91万人，全县31.4万人次受到科技普及教育。1998年，全县开展扶贫攻坚工作，由县科委牵头，从科委、科协、农业局、畜牧局、供销社、茧丝绸公司、烟草公司等9家单位抽调科技人员35人及各区站、所农口技术员共86人，组成科技扶贫攻坚讲师团。分赴全县26个贫困乡镇、144个贫困村和非贫困乡镇的98个贫困村，开展“科技明白人”培训工作。历时90天，举办科技讲座1682场次，培训农民3.68万人次，放映科技录像263场，对1.08万名“科技明白人”进行60天强化培训，发放科技资料6.5万份，举办讲座114场次。对考核合格的建卡贫困户“明白人”颁发“农村适用技术培训合格证”。是年，剑阁分别获得市科技扶贫、省农业科技扶贫先进单位称号。

2001年，开展科技推广普及年活动，制订《剑阁县科技推广普及年活动行动纲要》，规定至2003

年，各级干部和农村每户有一个能掌握1—2门实用技术的“明白人”，农业科技对经济增长的贡献率达到55%。工业科技对产业发展贡献率达到30%。为实现这一目标，县政府加大科技普及教育和新兴产业实用技术培训力度，组建科技普及讲师团，在全县范围内分片开展生猪三元杂交、长毛兔养殖、优质梨、中华猕猴桃等4项新兴农业技术培训。采取现场练兵、知识讲座、试验示范等办法，深化传统产业技术改造。2004年5月，县广播电视台开设科技推广普及年专题节目，有线电视台、站开办星火科技30分专题节目。领导小组办公室组织科技人员编印《农村科技实用技术》1.5万册发至农村各户。2006年加大科技兴县战略实施力度，推广普及科技项目175项，完成132项。开展“科技之春”宣传活动，组织科技人员78人，贴近基层，深入群众，宣讲科技151场，印发科技资料3.7万份，科普图片1000余张。

1990年至2006年，共编印科技科普资料31种29.76万份（册）；向社会各界赠送科技资料252.66万份、图书7.33万册。

第三节　科技培训

1990年，县委、县政府印发《关于选配科技副区、乡（镇）长加强科技兴农领导的通知》，要求在年内逐步选派配齐并对选配条件、范围及职责、任务、待遇、管理作出明确规定。全县配备科技副乡镇长57人、科技副村长549人，选派326名科技人员开展科技下乡活动。1991年至1994年，分期分批举办科技培训班5期、培训258人次。选派29名科技副乡镇长分别参加省、市开办的科技短训班，学习土肥调理，生猪、毛兔、牛羊养殖、水果栽培等技术。1995年，强化科技培训设施设备建设，投资修建县农技培训中心3000平方米，设教室6间，入住学员300人。集图书资料1000册，配专职教师6人。建立林业、畜牧业、农机等培训中心，作为全县党政干部、专业技术人员科技培训窗口。1996年，强化科技培训力度，批准翠云廊管理站、县青少年宫为科普教育基地。至1997年，全县办各类科技培训班151期，培训1.14万人。至2000年，有公立职业中学3所，民办职业技术学校3所，乡镇建立成人教育学校68所，拥有专兼职教师268人，在校职教人数4798人。基本形成初、中、高级职业教育，学历教育和短期培训，岗前职业教育、在职继续教育，下岗再就业培训等职业技术培训体系。2002年起，科技培训重点由乡镇领导、企业经理、厂长延伸到农村基层干部和富余劳力培训。实施科技兴县战略，每年为农村培训富余劳力800人，培训城镇再就业人员400人，培训村党支部书记、村主任110人次。至2006年，全县培训农村基层干部1100人次，科技明白人2860人，280人获省、市颁发的专业合格证书，200人获得中等职业技能等级证书。所有职业学校学生获得初级技能等级证书。

第四节　地震监测预报

1990年，加强全民防震减灾意识，开展机关、学校地震知识宣传教育活动，在剑阁中学、东宝小学建立地震观测点。1996年5月，经省、市地震局批准，在普安镇汉阳山投资建修地震观测台。1997年

10月，破土动工，翌年8月完成土建，9月10日仪器安装结束投入运行。1998年10月起，县地震台开展地震观察工作，运用电磁波可预测距剑阁80—300千米范围内3.2级至6级地震。1999年9月18日，县地震台监测电磁波仪出现异常信号，预测9月24至30日甘肃、青海一带发生5至5.5级地震。9月27日青海发生5.1级地震。2000年，增加地震监测网点，在东宝镇、下寺、姚家乡建立地震宏观观察点，由乡镇长兼任观察站站长，观察动物植物、滑坡、泥石流等异常现象。2003年11月7日至9日，县地震台监测电磁波仪出现异常信号，预测距剑阁300千米内南北方向会发生5级左右地震。11月30日，距剑阁台240千米的甘肃岷县发生5.2级地震。2005年，强化地震监测力度与密度。县投资购置C5-2000型电磁波仪，省地震局投资在上寺建强震动态监测仪器用房250平方米，在剑门关镇剑雄村建遥测地震台。2006年3月12日至17日，县地震台监测电磁波仪出现异常信号，其时间为40—50分钟，预测西北方向距剑阁200千米，在15天内可能发生4—5级地震，结果在距剑阁240千米的甘肃宏昌县发生4.9级地震。1998年至2006年地震预测预报29次，由于预测准确，报告及时，2005年获省地震局连续7年地震观测质量评比优秀奖。2006年，获国家地震局表彰的防震综合质量评比先进单位。

第二章　科技成果

第一节　科技投入与科技创先

科技投入　1990年至1992年，实施“星火计划”“丰收计划”和“科技兴工·兴农项目”，科技投入年均2.5万元至5万元之间。1993年，县财政科技投入19万元支持粮油工业技改项目。其中，三项费用（试验、中试、终试）3万元，科技事业费14.5万元。1994年至2000年支持企业改组、改制、改造，活性膨润土开发，烧碱、糖酚厂可行性论证，野生动植物资源普查，农业新技术推广、实验等科技投入6511万元。其中，科技事业费296万元，三项费用964万元，技术改造、科学实验、技术运用费用5203万元。2001年11月24日，省科技厅批准剑阁启动“柴胡种植科技示范区”建设。2001年至2006年，实施科技兴县战略，加大科技投入，支持良种、水果、蚕桑、肉兔、水禽、肉牛羊基地建设，淀粉、黑炭墨粉、微膜吹塑、旅游工艺品、食用菌、中药材生产和农业高新技术项目考察，投入10156.8万元。17年间，累计投入科技经费1.67亿元，研发重点科技项目8项，新技术应用14项。获省、市科技成果奖5项。科技对经济增长的贡献率22.8%。

科技创先　1997年1月，全县开展科技创先活动。3月，建立县科普工作联席会议制度。4月，在全县57个乡镇成立科学技术委员会。1998年3月，县政府印发《关于在全县开展创建科技工作先进乡镇活动的通知》，县科委制定《剑阁县科技工作先进乡镇标准》《评选与奖励办法》《科技工作先进乡镇验收办法》，对科技进步有突出贡献的县农业局、县中医院、普安小学、县毛巾床单厂4个单位和技术应用、科学实验成绩突出的进个人给予表彰奖励。1999年，县政府在全县开展科技创先评比活动，普安、汉阳、香沉、碑垭获科技工作先进乡镇荣誉称号。2002年11月25日，剑阁柴胡基地建设被列入

《四川中药材》一书。2006年，元山、东宝、白龙、高观、羊岭、店子、武连、城北、毛坝、义兴、迎水、田家、江石等26个乡镇和县人民医院、县卫生局、县文教局等5个单位被省、市、县政府授予科技工作先进乡镇、科技先进单位称号。

第二节　技术应用

30万亩水稻规范化栽培技术　规范化栽培技术属川北山区百万亩水稻亩产500公斤（合7500公斤/公顷）配套技术工程子项目。1990年，全县栽插水稻20666.67公顷，全部推广良种、两段育秧、规范化栽培、初级配方施肥、化学除草、病虫防治等技术，8205公斤/公顷。获市科技进步一等奖。

玉米栽种技术　21万亩（合14000公顷）玉米育苗移栽高产技术项目属广元市贫困山区70万亩玉米高产稳产优质综合栽培子项目。1995年全县播种玉米14866.67公顷。采取全育全栽、地膜覆盖、人工辅助授粉、改良土壤条件、薄地提高施肥水平等技术，4815公斤/公顷，与常规玉米比，每公顷增1110公斤，获广元市科技进步二等奖。县种子公司参与完成的"玉米姊妹系及改良单交种研究与应用"获省科技进步一等奖。

水稻旱育秧栽培技术研究及其应用　1996年，县农业主管部门根据日本水稻旱育秧稀植技术的增产原理，结合本地耕作制度和川北地区多旱的气候特点，旱育秧改单纯的旱地为菜园子作苗床，改平铺盖膜为起拱覆膜，改硫黄粉、杀菌剂为壮秧剂或移栽灵，改苗床人工扯草为化学药剂除草，改苗床以尿素作底肥为三元复合肥，改播粉嘴谷（胚芽见白）为芽谷，改苗床管理多次施肥为适时适量施肥，改等宽人行道为固定沟和活动沟相互交错，改迟播迟栽为早播早栽。简化旱育秧操作程序，节约成本。省工40%—50%，省秧母田35%，省投资30%—40%。是年，旱育秧栽播水稻7000公顷，增产808.5公斤/公顷。获省科技进步二等奖。

稻田沟函养鱼技术　1991年，县科委和县水利电力局在国光乡五爱、朝阳两村推广沟函式稻田养鱼，经过两年试验示范，取得效益。试验户67户，面积8.97公顷，每公顷投鱼苗11835尾，产鱼419公斤，产值2515.8元。收稻谷8565公斤，总产值2.26万元，共收稻谷7.69万公斤。"平板式"养鱼试验示范户40户，面积5.57公顷，每公顷投鱼苗7470尾，产鱼77.1公斤，收稻谷5430公斤。盈利108.45元。共收稻谷3.03万公斤。1992年2月18日，通过县级验收。1993年，获市科技进步三等奖。

"双推五改"科学养猪技术　1991年，县畜牧局开始推广人工冷精配种，仔猪提前补饲，改吊架子猪育肥为一根笋直线育肥，改熟料为生料，改自然交配为人工授精，改单一饲料为配合饲料，改稀料为干料。1994年，实行科技承包责任制。1998年派科技讲师团普及"双推五改"技术。全县生猪杂交改良面76%，杂交猪肉料比为1∶3.14，日增重量569克。本地猪肉料比为1∶3.68，日增重458克。该技术获市科技进步三等奖，县政府科技进步二等奖。

防水隔热粉　1990年，县科技开发中心开始研制防水隔热粉，历时3年获得成功。其技术填补平顶屋面防漏及地面防潮处理建筑材料空白。1993年完成《剑门牌防水隔热粉企业标准》QB/939的项目研究。

土坯建造轮窑三项技术　该技术属轮窑改造技术。20世纪80年代中期，剑阁普遍推行轮窑烧砖瓦。1995年始，实施轮窑技术改造，改红砖建砌窑体为土坯建造窑体，省投资30%；改红砖或青石护坡为砂石护坡，省投资20%，改立式烟囱为依地势而建的攀坡式烟囱，节约耕地，省投资10%。同时维修便捷，翻修期由5年延至10年，各项性能指标达到要求。

微机配料（水泥）系统　1992年，县水泥厂投入科研经费10万元，应用微机配料（水泥）系统，实现率值控制。使用标准的STD功能模块，其互换性、兼容性、可靠性良好，方便操作人员对技术性能、操作程序的掌握。在生产实践中使用该系统，效果好，生产的水泥质量高。

水力自控翻板闸门　1996年，县水利局勘测设计队工程师白成君应用自控翻板闸门技术负责设计剑雄电站、水碾碥电站。水力自控翻板闸门具有开关灵活、运行平稳可靠的优点。是年12月，水碾碥电站投入使用。1998年获市政府科技进步二等奖。

剑门牌89－C－102型双排硫高效蜂窝煤炉（新产品）　1989年，县煤建公司技术员经多年研究的剑门牌89－C－102型双排硫高效蜂窝煤炉产品获得成功，申请专利。该产品烟囱采用可调节式排烟气组装结构，具有上火快、火力强、排气效果好的特点。其技术指标为上火速度1.22克煤/分钟，火力强度23.8克煤/分钟，蒸发热效率48.12%，综合热效率65.92%，污染指标；CO_1.3毫克/立方米，SO_2为零，氮氧化物微量$CO_2$2.8毫克/立方米，达国家二级标准。1992年获县科技进步三等奖。

新洁尔灭引产技术　1980年始，白龙区卫生院用一定浓度的新洁尔灭注射于羊膜腔内进行人工引产，试验1500例（初产妇82例，经产妇1418例）。临床应用3500例。共计5000例全部成功。操作简单、无过敏反应，引产时间一般24小时，出血量少于300毫升，死胎率100%，且不影响再孕。跟踪观察12年，至1992年，未见任何毒性副作用反应，农村尤为适用。1992年该技术获县科技进步二等奖。

化瘀清散汤治疗高血压病疗效观察　1987年，县中医院运用中药化瘀清散汤与西药复方降压片作临床对比观察试验：化瘀清散汤治疗50例；复方降压片治疗30例（同等条件）。经14天临床治疗，化瘀清散汤显效32例，有效16例，无效2例，总有效率96%。复方降压片显效20例，有效8例，无效2例，总有效率93.3%。两者疗效虽基本相同，但化瘀清散汤所用药源丰富，价格低廉，无副作用，可长期服用。运用化瘀清散汤治疗病人300例，效果良好，降低1/3的医疗费用。该技术观察期5年，无任何不良反应。其成果1991年获县科技进步三等奖。

椎弓根钉治疗脊柱骨折瘫痪　2002年，县人民医院施用椎弓根钉治疗脊柱骨折瘫痪取得满意效果。该课题选用椎弓根钉（Dilk）治疗脊椎骨折合并瘫痪病可达到脊椎的三维空间固定。该技术实施61例，疗效好。达到市内先进水平，获县科技进步三等奖。

后房型人工晶体植入术的临床应用　2002年，县人民医院临床应用后房型人工晶体植入术，治疗眼病患者复明，经250位眼病患者的临床试验，其手术成功率相当“三等甲级”医院水平。术后矫正视力0.5－1以上为89.7%。2003年，获县科技进步二等奖。

第三节　科学试验

火棘果丹皮制作工艺试验　1990年，县科委、省食品研究所在白龙食品厂研究用火棘果作主料，加辅料制作果丹皮。试料选用每年10月以后挂的果，霜降后的果实为佳，经晒干储藏待用。火棘果丹皮制作按挑选、洗果、磨细、配料、软化、浓缩、摊盘烘烤、成品包装等工艺流程制作。按此工艺试制的火棘果丹皮，经业内工程技术人员及工人进行品尝和九级记分评定结果为7.19分，居省内先进水平。中国食品协会顾问于若木品尝后认为该产品应大力开发。

玉米良种掖单12、13号引种试验 1991年，县科委从山东莱州玉米研究所引进玉米新品种“掖单12、13号”各2公斤。由汉阳农技站进行试验示范种植。结果表明掖单12号、13号玉米，株型紧凑，叶片短而直立，生育期为121天，比绵单1号提前7—10天成熟。株高173—189厘米，比“绵单1号”矮10多厘米。掖单12号每公顷6万株、产量10470公斤。掖单13号每公顷6万株、产量11730公斤。同田对比，“绵单1号”每公顷7545公斤。掖单12号、13号分别比“绵单1号”增产2925公斤和4185公斤。其品种具有高抗病、个体和群体结构适宜密植的优良特性，宜在全县大面积推广。

优质水稻“禾嘉2号”引种试验 2000年，县科委从成都高新技术开发区禾嘉种业公司引进“禾嘉2号”在东宝镇种植试验结果显示，其品种生长期为155 — 156天，分蘖力强，中抗，株高108厘米，叶长37厘米，每穗成果90—270粒，千粒重27—28克，空秕率8%—12%。次年在东宝、香沉、白龙等乡镇推广种植384公顷。经省原子核应用技术研究所、省农科院作物研究所等单位专家监测和评估，确认东宝镇生态条件符合国家绿色食品生产基地。省倍力米业公司与东宝镇签订种植水稻禾嘉2号666.67公顷协议。

特种稻引种试验示范 1992年，县科委引进黑糯、黑籼、黑粳、黑香等5个香米品种及泰激1号、83－255川核、优米2、4、6号等7个优良品种计1500公斤，分别在东宝、香沉、公兴、羊岭等乡镇示范种植40公顷。1993年特种稻与当地稻共19个品种参试，特种稻每品种各点3次重复，与当地种植的杂交稻同时育秧，同时移栽，栽后30天排水晒田。7月中旬后，不同品种稻苗开始分蘖，优籼稻为337.5万－525万苗/公顷，优粳300万—412.5万苗/公顷，优糯375万—525万苗/公顷。并对病虫危害、抽穗、整育度等情况逐一调查登记。收获前组织农艺专家深入田间考查评估。经两年多点试验结果，表现好的品种有D209、AN57、泰激1号、83－255、CDR22、CDR430、植45、1R24、D013－4、D096、D091、龙睛2号、大粒香、白香糯、黑优粘、黑香糯等17个品种，食味好、品质优、产量高，单产均在6000—7500公斤/公顷。符合省定优米标准，具有推广价值。

德昌松毛虫质型多角体病毒防治大柏毛虫试验 1995年至1996年，县林业局森林保护站引进凉山州林科所生产的1×10^{10}PTB/8可湿粉剂，在柏垭、店子、汉阳等林区毒杀大柏幼龄毛虫，其综合防治率85%以上，且具有显著的扩散流行和持续防治效果。试验证明德昌松毛虫质型多角体病毒为最佳生物制剂林药，在剑阁大林区可广泛使用，防治大柏毛虫危害森林。1996年，其科研项目获市科技进步二等奖。

水稻机械化生产试验示范 2000年，县农机局在普安镇江东村2组实施水稻机械化作业，含田块旋耕、种子催芽、抛秧、收割等全程试验示范。经县科技局组织鉴定，具有省种、省劳力和节水效果，增产20%。2002年在全县14个乡镇推广8000公顷，增收节支3600万元。

巴西陆稻引种试验 1992年，国务院总理李鹏出席巴西国际环境与发展大会时巴西国王赠送该品种。后由江西繁育基地培育而成。1997年普安同心村1组农民孙先从江西宜昌县购该种1公斤。是年4月22日育秧，5月24日移栽于0.03公顷旱地内，收获时经县科技局和县科协联合实测，稻株高117厘米，穗长19.5厘米，着粒91粒，千粒重30.1克，生长期130天，7620公斤/公顷，其品种分蘖力强，轻感叶稻瘟病，无水可种，能有效解决旱区吃米难题。

人参果引种试验 1999年，人参果在昆明世界园艺博览会首次展示。2001年被农业部命名为名特优新蔬菜。是年3月，毛坝乡团山村农民徐文奇从山东购回800株，植于0.02公顷土地内。2003年扩种0.4公顷，批量育苗。经过两年种植，至2003年发展8户，种植1.33公顷，育苗35万株，挂果1.07公顷，产量10万公斤，产值35万元。

1990年至2006年，县科委、县科技局还开展过小麦、油菜、薯类品比试验，黑米粉条、腌腊制品、酒类酿造、粮经作物微肥处理、烤烟生产、剑阁柴胡规范化种植等多项试验示范。全县科学技术对经济增长的贡献率在18.6%—20.2%之间。

第三十一篇　文　化

第一章　文化设施与活动

第一节　文化设施

电影院　位于普安镇闻溪路，是西南首家无窗强制式通风的县级电影院，占地2460平方米，建筑面积1645.3平方米。1992年后，陆续开设数字电影放映厅、银河录像厅、镭射放映厅、梦幻舞厅、夜莺歌舞厅和电子游戏厅。但因无力整治火灾隐患，2005年9月被关闭。2006年4月，通过“招、拍、挂”方式对电影院改制。县电影公司与广元万信实业有限公司签约，电影公司以土地入股参与开发，改建后一楼300平方米为电影院营业用房，二楼1300平方米为电影放映大厅，产权属电影公司。放映大厅按国家现行标准设计，观众厅呈阶梯式逐级上升，设置通风座椅、中央空调、35毫米放映设备、数字音响设备和现代灯光设备，可放映各类影片，举办各种文艺演出活动。2006年年底，全县有电影院9座，电影放映队80个。县电影院电影放映设备有35毫米放映设备1套，16毫米放映设备23套，流动放映车1辆，放映大棚1床。

新华书店（四川新华文轩连锁股份有限公司剑阁分公司）　1990年，剑阁县新华书店为自收自支全民事业单位，财务由省新华书店统一管理，内部实行企业化运作。主要负责图书发行工作。1992年，成立音像发行站。2003年6月，根据省委办公厅、省政府办公厅《关于做好四川新华发行集团改制和授权经营有关工作的通知》和省委宣传部、省人事厅、省新闻出版版权局、省编委《关于确保全省新华书店改制工作顺利进行有关工作的通知》精神，剑阁县新华书店改制为“四川新华文轩连锁股份有限公司剑阁分公司”。

图书馆　位于普安镇闻溪路5号，占地400平方米，建筑面积350平方米，主楼三楼一底，辅楼一楼一底，L型布局。馆内设有图书借阅室、报刊阅览室、资料查阅室等。馆外临街设立橱窗式阅报栏，供来往行人阅览。随着文化体制改革的深入发展，图书馆转换机制，面向市场，兴办大文化，实行有偿服务。1997年，图书借阅室、阅览室从主楼一楼搬至二楼，与儿童阅览室合并。一楼用于开办文化茶园、台球室等。2000年，位于图书馆前的文化馆舞厅改为门面出租，临街阅报栏搬进馆内，功能逐渐丧失。2002年，图书馆职工集资，购进电脑20台，建成多媒体电子阅览室。2003年，馆藏图书清理、剔除后，存量减少，新书购进、报刊订阅经费短缺，读者借阅量下降，图书流通萎缩。是年，关闭报刊阅览室，图书馆仅存借阅室、资料库和电子游戏厅。至2006年，藏书6.5万册。但图书、资料新品种极少，借、查阅基本停滞。

文化馆 与图书馆毗邻，占地3000平方米，建筑面积2100平方米，主、辅楼呈U型布局，馆内设有多功能排练厅（1991年改为大众舞厅），多功能展览厅、录像放映厅等。至2006年，文化馆有美国进口音响1套，调音台1部，少数民族歌舞服装30套。

群众文化活动中心 2003年10月，筹建包括“两馆一所”（文化馆、图书馆、文管所）及文化局机关在内的群众文化活动中心，位于下寺镇修城坝，占地5124平方米，建筑面积5123平方米，总投资373万元。是年12月30日举行奠基仪式。2004年4月，德阳海天公司中标承建。年底，除文化馆和图书馆争取国家财政资金20万元外，其他单位无实质性投入，因资金不到位，工程被迫停工。2005年6月，海天公司完成主体工程浇灌后，缺乏后续建设资金，年底再次停工。受资金制约，2006年年底，县文化局与海天公司达成实物分摊协议：群众文化活动中心一、二、四楼归海天公司消抵债务；三楼产权属文化局和“两馆一所”，为局机关和文化直属单位办公及业务用房。

文化站 2006年，全县57个乡镇文化站的文化活动场馆总面积共10000余平方米。其中，影剧院4个，面积3000平方米；舞厅2个，面积400平方米；文化活动室6个，面积150平方米。同时，建成一批街道文化园、村组文化室。全国先进文化站——张王乡文化站，占地2000平方米，建筑面积1400平方米，建有多功能影剧院（含文化活动演艺厅、舞厅、录像放映厅）300平方米，图书阅览室60平方米，橱窗阅报栏12平方米，文印室、会议室200平方米，招待所200平方米，休闲山庄800平方米。

第二节　社会文化活动

创建全国文化先进县 1990年，继建团38年的剑阁县川剧团建制撤销后，县其余直属文化单位文化业务活动经费、图书馆购书经费、文管所文物保护经费短缺，运转困难。至1993年，全县用于文化事业的经费占当年财政收入的0.3%。部分乡镇文化站人员、经费、场地、活动不落实，少数乡镇文化站名存实亡，文化事业发展滞后的负面效应显现。

1994年，县委、县政府确立“脱贫致富，文化开路，科技兴县，文化当先”的指导思想，着力发展文化事业。6月5日，县委、县政府印发《关于开展创建全国文化先进县活动的实施意见》。是年，县图书馆向社会各界募集图书3万余册，馆藏图书增至8万册，建成国家二级图书馆，并获全省读者服务先进集体称号。为巩固发展农村文化阵地，提高文化专干业务水平，县政府制定《乡镇文化站建设规划》，县文化系统举办文化专干培训班4期，参训200余人（次）。各乡镇聘请文化辅导员，配备文化站办公及业务用房，大部分乡镇的电影院、戏园等划归文化站开展群众文化活动和文化产业经营，群众文化活动不再“打游击”。全县共有舞厅83个，电影放映队164支，录像放映队64支，坚持常年文艺演出团体48个，文化公园、说书场、文化娱乐室、图书阅览室344个。全县36个乡镇文化站均达到“四有”（有文化专干、有活动经费、有活动场所、有演出活动）标准。张王、碗泉乡建成全国先进文化站，白龙、公兴镇建成省级先进文化站。1995 年 4 月，省文化厅受文化部委托，检查验收剑阁创建先进文化县工作，确认剑阁文化建设达到全国文化先进县标准。5 月，文化部、人事部授予剑阁全国先进文化县称号。

1998 年，全县共投入文化站建设资金 8 万元，扩大文化站建筑面积 2000 平方米。新建村、组文化活动室 204 个，有农民业余文艺演出队 20 支，民间传统艺术演出队 46 支。2002 年 3 月，县委、县政府实施“剑门蜀道文化长廊工程”，利用和整合剑门蜀道沿线文化资源，保护历史文化遗产，建设北起下寺镇，南至武连镇的百里文化长廊，对沿线的下寺、剑门关、汉阳、普安、凉山、柳沟、垂泉、武连等乡镇文化建设提出具体标准。至 2005 年，沿线的乡镇全部达到建设规定。2006 年，全县有文化馆 1 个，乡站文化站 57 个，图书馆 1 个，藏书总量 6. 5 万册（西南科大、市图书馆捐赠图书 2. 12 万册），发行图书 10. 4 万册、报刊 461 万份，新建读书网点 2 个，开展有组织的大规模读书活动 60 余次；各乡镇为文化站划拨活动场地共 50000 余平方米，巩固建立文艺演出队 45 支，新建电影队 9 个

“万村书库”读书征文竞赛活动 1995 年，文化部发出“建立万村书库，搞好文化扶贫”的号召，文化部文化扶贫委员会、新闻出版署、共青团中央、农民日报社等单位联合发起“万村书库读书征文竞赛活动”。3 月，确定 69 个小康示范村和 41 个偏僻边远村作为“万村书库”图书受赠单位，将共青团四川省委、四川农村日报社捐赠的 110 套图书分赠给定点村建立图书室。上述村均建起 20 平方米以上的图书阅览室，挂上万村书库图书室牌子。各乡镇举办农村实用技术培训班，向农民传授种植、养殖、农产品加工等技术，进行读书用书实践活动指导，让科技知识尽快转化为科技成果，帮助农民脱贫致富。文化专干、教师和文学爱好者撰写的读书征文被报刊采用 215 篇。是年 10 月，剑阁参加文化部在北京市密云县召开的万村书库读书征文活动经验交流会，作题为《加强读书指导，搞好文化扶贫》的经验交流。1996 年 3 月，剑阁获全国万村书库读书征文活动组织奖。

1998 年 10 月，县文化局赠送白龙镇图书 10 套、普安镇 4 套。至 1999 年，文化单位和社会各界向农村图书室捐书 9. 66 万册（县新华书店捐书 3735 册，图书馆捐书 1608 册）。全县农村图书室均达到“四一六有”的建室标准，即：一个阅览室（面积不少于 20 平方米），一块“万村书库图书室”牌子，一个书架，一张书桌；有图书管理制度，有图书借阅制度，有图书登记册，有图书借阅登记册，有读书活动记录册，墙上有 3 幅以上名人字画。至 2001 年，共建立“万村书库”图书室 314 个（重点图书室 54 个，文化单位捐书建室 116 个，社会捐书建室 98 个）。三次活动共征集稿件 3 万余篇，向报刊选送 1. 5 万余篇，被《农民日报》《四川日报》《四川农村日报》《剑门报》等报刊采用 250 篇。

送文化下乡活动 1996 年起，响应文化部、科委、卫生部等部委号召，开展送文化、科技、卫生下乡活动（简称“三下乡”活动）。“三下乡”活动每年集中在春季举行，为期 1—2 个月。县级 20 个涉农部门和单位联合组队，分片行动，利用乡镇赶场天开展工作。送文化下乡活动由县文化局统一组织，有县直文化单位及县川剧玩友会、音乐舞蹈者协会、摄影家协会、剑门书画院等参加。活动期间，县图书馆选编发放农业技术、卫生保健、文化娱乐等专题资料 1000 余份。县新华书店举办图书特价展销，县摄影家协会和剑门书画院展出反映剑阁新貌的摄影、美术、书法作品，现场进行摄影、绘画辅导，向农民赠送春联、年画等书画作品。川剧老艺人演出传统折子戏、现代戏选段、川剧小品，县文化馆组织演艺人员街头表演舞蹈、声乐器乐演唱演奏、谐剧等，县电影公司举办科普电影展映周。至 2006 年，共举办送文化下乡活动 120 多场次。

电影“2131”工程 1998年，广电总局、文化部发出《关于实施农村电影放映“2131”工程的通知》，要求在21世纪初，全国农村基本实现一村一月一场电影放映（简称“2131”工程）。2001年，由县委宣传部牵头，组织相关部门具体实施。各乡镇与县政府签订《实施农村电影放映“2131”工程目标责任书》，与县电影公司签订《影片租映合同》，与所辖村签订《电影放映合同》。放映经费按农村人口每人每年1.5元集资，列入农村“三提五统”，由乡镇财政设专户管理。2003年12月，省文化厅授予剑阁实施“农村电影放映‘2131’工程暨送电影下乡先进集体”称号。至2004年，县电影公司共培训农村电影放映员32人，恢复乡镇电影放映队18个。放映影片2195场（科教影片1200场），观众58.53万人次。

第三节 文艺创作

创作队伍 县文化部门多次举办各类培训班，邀请省内外作家、教授讲课，辅导业余作者。县文艺社团创办文艺报刊，提供发表园地。至1993年，有业余作者300余人。

1995年7月，成立县作家协会，会长母学勇，首批会员104人，是全省第二个县级作家协会。“作协”创办会刊《作家之路》，为不定期四开四版小报。时任省社科院文学研究所所长、著名文学评论家吴野对剑阁成立作协给予肯定和支持，并在《四川文学》发表评论文章《为文学事业唱响“开路歌”》，评价称赞《作家之路》刊载的部分作品。1996年6月，《作家之路》停刊。

2004年7月，成立县文学艺术联合会。2006年6月创办会刊《翠云廊》，为大16开不定期文艺综合期刊，内部发行。“文联”定期或不定期召开作者座谈会，就省内外报刊发表有影响的文艺作品展开讨论，探索创作技巧，以提高创作水平，推出新人新作。至2006年年底，全县有业余作者、文学爱好者1000余人，省作家协会会员5人，市作家协会会员20人。

文艺作品 1991年，县文化馆主办的《剑阁文艺》复刊，该刊开设小说园地、诗歌欣赏、散文天地、杂文百家、文艺评论、百家争鸣等栏目。至1993年，共出版5期，刊登县内外200余名作者的各类文艺作品300余件。是年底，因经费短缺，《剑阁文艺》停刊。剑阁文学创作大致可以分为三类：一是把握时代脉搏，讴歌人民群众的创造力，反映社会主义革命、建设和改革开放新成就的作品。如省作协会员朱斗峰的小说集《前方驿站》、散文集《生命如潮》；省作协会员梁元昊的诗集《山的分支》；省作协会员逍程的儿童文学《多杰克历险记》；诗文集有王丕虎主编的《剑门风铃》，王锡华主编的《情系剑门·笔铸春秋》，蒲剑的《山谷跫音》等。二是人物传记、文艺评论及其他作品。如何兴明、李金河、杨百艺的《黄裳传》（四川人民出版社，获省哲学社科优秀成果三等奖），省作协会员雍思政的《名人与剑门关》，何兴明的《国学大师谢无量》，张济生的《曹操全传》，省作协会员杨仕甫的《谜语故事》及剑阁籍学者敬文东的《敬文东解读鲁迅》等。三是反映剑阁历史文化、自然风光、社会风土方面的作品。如文博副研究馆员、省作协会员母学勇的《金牛古道上的明珠——剑阁》（四川人民出版社）、《道国仙都探秘》（四川大学出版社）、《剑阁武连觉苑寺明代佛传壁画》（文物出版社，获省社科优秀成果三等奖）；副研究馆员邹振常的《剑门的传说》，肖明远、雍思政主编的《崔巍剑阁》，何兴明执笔的《翠云廊大观》、校注的《十三峰书屋》，黄邦红的《耕砚集》，揭纪林的《古往今来话剑门》，王正理的

《剑门观光任你行》，雍思政的《剑门蜀道诗歌选注》，李金河、何兴明的《剑门蜀道楹联选注》，王传心的《王传心油画集》等。

1990年至2006年，剑阁每年均有数百件作品在国家、省、市级报刊发表或参展、演出，并有数十件作品分别获国家、省级文艺奖。如杨仕甫的小说《手机的故事》获《四川日报》文学奖，《哦，雪梨》获《四川日报》“永隆杯散文大赛”三等奖。书画类如中国书法协会会员、中国硬笔书法家协会会员王湖益的书法作品获“全国群众书画摄影大展”中青年组优秀作品奖，入展省硬笔书法协会第15次会员年会作品展，获三等奖，入展“第七回世界书法文化艺术大展”，并收入作品集，中国硬笔书法家协会会员罗启的书法作品获第三届“欧阳询奖”全国书法大赛银奖，中国硬笔书法家协会会员白世蓉的书法作品获首届“中原杯”全国硬笔书法大赛银奖、纪念毛泽东逝世30周年“毛泽东诗词全国书画大赛”银奖、“第一届国际书画艺术大赛”银奖，中国硬笔书法家协会会员邱璞、省硬笔书法家协会会员吴婷的书法作品入选省硬笔书法家协会第15次会员年会作品展，并获三等奖。省书法家协会会员朱光泽、蒲汉林的书法作品入展“第七回世界书法文化艺术大展”，并入选作品集，省书法家协会会员陈旭胤的书法作品在“中华世纪之光书法摄影大赛”中获文化部颁发的优秀作品奖。摄影类如中国摄影家协会会员武丕星的摄影作品《人民子弟兵》被中央电视台“社会与法”频道和《大众摄影》杂志采用，省摄影家协会会员黄中强的摄影作品《乡戏》《牧牛翠云廊》等获省级奖项，中国摄影家协会会员敬永雄、冷帆、高文豪、曾正强等的作品也多次获奖。

第四节　文艺演出

文化艺术节　改革开放以后，农村“庙会”再度兴起，农民群众按照当地传统习俗，利用地方文化品牌，张贴告示，广发请柬，邀请本地名流、社会贤达和外地客商赴会，借以提高地方知名度，促进物质文化交流，推动当地经济、社会发展。乡镇政府因势利导，把“庙会”逐步办成“文化搭台，经济唱戏”的文化艺术节。至2006年，乡镇举办的文化艺术节有：农历二月初三的张王之春文化艺术节、杨村之春文化艺术节，农历二月十九的田家文化艺术节，农历三月十五的白龙文化艺术节，农历五月十五的鹤龄文化艺术节，农历六月二十三日的元山文化艺术节和农历九月十二的秀钟文化艺术节等。

调演与汇演　1990年，柳沟区举办首届农民文艺调演。1994年6月，县文化部门在川剧团举办首届农村戏剧小品调演。9个乡镇文化站选送的参赛小品中，柳沟镇的《自作自受》获一等奖，鹤龄镇的《理发》、碗泉乡的《买牛》分别获二等奖，张王乡的《拜年》、武连镇的《二娃子饭店》、元山镇的《公公听房》、龙源镇的《吃鸡》、剑门镇的《父与子》分别获三等奖。《送礼》《归遇》《自作自受》《买牛》获创作奖。

1992年5月，城乡开展多种形式的纪念活动，纪念毛泽东《在延安艺座谈会上的讲话》发表50周年。县城机关、学校共举办文艺汇演13场。县职中的舞蹈《绿色田野》和小品《出征》，被推荐参加市文艺汇演分别获一、二等奖。1995年2月，全县民间文艺汇演在县劳模会期间举行，12个片区的14个文艺演出单位，1300多名演员，12辆文化彩车与普安镇、城北镇组织的摩托车队、彩旗队、花环队、武警民兵队、老龄文艺队在县城汇集，举行开幕庆典游行。36支表演队伍进行民间文艺表演，鹤龄唢呐方阵、张王狮舞、公兴龙灯、白龙花灯、普安秧歌、城北高跷、柳沟跑旱船等各具特色，为观众所称许。

巡回演出与群众演唱 1996年1月，县文化系统配合农村水利建设，组织县文化干部、幼儿教师和川剧老艺人共32人的文艺演出慰问团，赴6个乡镇的水利建设工地进行慰问演出11场。12月，配合公路建设大会战，该团到剑南路、剑苍路、剑盐路沿线建设工地慰问演出15场。

2000年1月，县文化系统在文化馆举办"携手进入新世纪"星王巾被卡拉OK大家唱，活动为期3天，市民踊跃参加。2001年8月，在县武警中队院坝举行"纪念建军节军民联欢文艺晚会"，县文化局艺术培训中心演出《螺号》《喜悦》等歌舞曲艺节目，文化馆协助武警中队自编自演的相声《我的老班长》以及武警战士表演的功夫、擒拿格斗术受到好评。2002年10月，在县委大礼堂举办"迎十六大庆国庆"专场文艺晚会，有16支演出队伍参加表演。

2005年6月和8月，团县委、县文联分别在普安镇、下寺镇举办"赵兴俊从艺40周年民乐独奏音乐会"，演出的代表曲目有：《北京有个金太阳》（二胡）、《毛主席的话儿记在我们心坎里》（笛子）、《月光下的凤尾竹》（葫芦丝）、《竹楼情歌》（巴乌）等，为剑阁首次举办的个人民乐独奏音乐会。

2006年，举办庆"七一"大型文艺晚会"为党旗增辉"。是年，开展"永葆先进性建设新农村"文艺下乡活动，在汉阳、鹤龄、江口等地巡回演出8天，观众2万人次。

参赛活动 1990年春节期间，县级20个部门和单位组队参加市春节文艺调演，获组织奖及文艺节目二等奖、三等奖、优秀奖各1个。1991年9月，参加广元"女儿节"暨秋季商品交易会文艺演出，获市政府"文经结合，以文促贸"优胜锦旗。1998年9月，参加广元女儿节文艺调演，剑阁专场文艺晚会《飞越雄关》系列节目中的舞蹈《青豆角儿开白花》《汗水、谷子、草把子》《剑门雄关》，小品《月圆中秋》，歌舞剧《翠云廊的笑声》获组委会高度评价，特邀剑阁在市豫剧院公演3场，市政府破例嘉奖1万元。2000年10月，严静、邵明慧、王秀杰、刘林英、敬红梅等参演的舞蹈《青豆角儿开白花》获省舞蹈大赛表演二等奖。舞蹈《小荷喜露尖尖角》《小草青青》获省舞蹈大赛少儿舞蹈二等奖。2001年，廖光星、奂大琚编导，奂大琚、杨从平、敬红英、贾琳参演的戏剧小品《回家看看》，获2001年"中国曹禺戏剧奖·小品小戏奖"暨中国剧协百优小品大赛剧目三等奖和全国第十一届群星金奖，实现了广元市戏剧艺术史上获国家级奖项零突破。2002年，严静、王秀杰参加《女子健美操》获庐山杯全国健美操四川分赛区中青年组三等奖。2005年，舞蹈《雄关剑门》在广元女儿节文艺演出中获特等奖。2006年，李晓清编排的舞蹈《草原小骑兵》获中国国际青少年文化交流会、中国传统文化促进会颁发小学B组金奖。

第五节　展览活动

1990年起，常年开展各类展览活动，展示域内民间艺术、当代作品和民间收藏。1991年，县政协精选书画作品30余件，参加重庆等八市、县（区）政协书画作品联展，油画《剑门蜀道翠云廊》、中国画《瑞雪图》，受到山城各界好评。1992年5月，纪念毛泽东《在延安文艺座谈会上的讲话》发表50周年，为讴歌开国领袖的伟大业绩，展示毛泽东文艺思想的硕果，举办书法、美术、摄影作品展16次。7

月，举办“剑阁革命斗争史·离退休老干部功绩展览”。1993年至1997年，两次参加成都金牛区书画作品联展，有12人获奖。与天津静海县开展文化艺术交流，互展书画作品158件。县城举办书法、绘画、剪纸、根雕展览17次，展出作品800余件，参观人数1.1万人次。1998年10月，参加第三届成都“金牛杯·巴蜀群文之歌”文化交流活动，摄影《大地之光》、中国画《蜀道奇》等分别获一等奖。

1999年12月26日至2000年1月3日，县委宣传部、县文化局在文化馆展览大厅举办“千禧之年纪念开国领袖毛泽东诞辰106周年暨毛主席像章、肖像作品收藏展”，展出民间收藏的毛泽东像章1000余枚、肖像作品300余幅。像章最大直径20厘米，重600克，最小直径1.5厘米。景德镇陶瓷烧制的“毛主席去安源”粉彩像章、杭州东方红丝织厂的丝织大幅毛泽东标准像均保存完好，参观者1.2万人次。

2002年，举办“剑门六人书法展”，剑门六人包括朱光泽、王湖益、蒲汉林等。2004年，举办县首届少儿书画大赛和县首届老年人书画展。2005年，参加“庆祝绵阳、遂宁、广元建市20周年美术、书法、摄影作品联展”，剑阁参展作品获好评。2006年12月，县文联、剑门诗书画院、县摄影家协会、县书法家协会、县根雕协会举办“2006迎春书画、摄影、根雕展”。展出毛笔书法作品35件，硬笔书法作品59件，美术作品15件，摄影作品24件，根雕作品45件。活动举办3天，逾万人次参观。

第二章　地方文艺

第一节　地方戏曲

川剧　明末清初，川剧已在剑阁流行。晚清时，川剧出现昆（腔）、高（腔）、胡（琴）、弹（戏）、灯（戏）五腔共和的局面，逐渐形成川西坝、资阳河、下东川、川北河四大流派。剑阁受“川西坝”和“川北河”影响较多，对其他流派亦兼收并蓄，形成独特的艺术风格。民国25年（1936），剑阁县城有广益、来鹤轩、较场坝、西街、学街5个川剧玩友会。民国27年（1938），玩友会合并成立“剑阁县正声俱乐部”，在西街、公园坝各建戏楼1座。民国36年（1947），成立“联合复兴社”和“国民剧社”，县城有戏台10处，分别设在文昌宫、较场坝、南门坝、三圣祠、城隍庙、县衙外、底监外、财神庙、望江楼和公园坝. 戏班在庙会和农闲时演出为主。

1950年，成立“剑阁县工农剧团”，在南门坝搭建简易剧场，始售门票。1953年，更名为“剑阁县群众川剧团”。次年，南门坝简易剧场改建为土木结构，建筑面积200平方米，可容600名观众的戏园。1956年5月，贯彻毛泽东“百花齐放，推陈出新”、“古为今用，洋为中用”的文艺工作方针，县群众川剧团整理剧目，上山下乡为农民演出，活跃农村文化生活。是年，在城南圣寿寺侧新建砖木结构，建筑面积1076平方米，可容1230名观众的剧院，添置价值1.4万元的戏服道具。1958年元旦，剧团迁至新址开业。1968年11月，更名为“剑阁县工农兵剧团”。1973年9月，恢复县川剧团。1981年至1984年，县川剧团上演现代戏115个，传统戏538个，折子戏223个，上演剧目共876个（其中创作、改编、移植现代戏 32 个，传统戏 15 个），剧团演职人员 67 人，占地面积 3009 平方米，剧场建筑面积 1120 平方米，服装、道具、灯光、音响设备齐全。此后，推进文化产业化、市场化，剧团两次“承包”搁浅，人员分流，留团员工 8 人，演出活动停止。元山、普安、鹤龄、杨村等地的川剧团常年开展演出活动。2005 年 11 月 28 日，中央电视台“夕阳红”栏目播出剑阁县普安镇老龄协会川剧团演出的折子戏《假投降》片断及采访实况。2006 年 9 月，因县实验学校扩建运动场，川剧院剧场被拆除。其后，川剧艺人和川剧爱好者自发组织川剧玩友会，成立业余川剧团开展活动，原川剧团的老艺人更成为队伍中的骨干力量。

花灯戏　又名“彩灯”，民间称“要灯”。花灯戏源于宋代的“社火”（旧时节日神赛会的诸种杂戏）活动，清同治年间传入剑阁。相传时有白龙一杜姓农民，赴省城花银捐得八品灯官，能在保宁府辖区内管理 4 个灯棚。辛亥革命后“灯官”被废除，灯棚便以民间文艺团体形式保留下来。花灯在流传中汲取川剧、谐剧、傩傩、连箫、渔鼓等的表演形式。角色以小丑、摇旦为主，表演多跳跃性舞蹈，轻松活泼，接近生活。演唱为主，很少大段说白。形成了幽默诙谐、活泼明快的特点。说唱内容包括本地民歌、小调、明清戏曲曲牌及其他剧种、曲种演变而来的小曲，如《虞美人》《打枣竿》《小放牛》等。伴奏乐器有盆鼓、大锣、马锣、小钹等。

剑阁花灯戏传统剧目较少，除《十大姐》《踩连厢》《大头和尚戏李翠》等剧目外，其余剧目多来自民间故事及其他戏曲某一段或某个典型人物的故事情节，如《杨家将》《梁山寨》《清官图》《二十四孝图》等。1949 年以后，多采用《贺新年》《玩骰子》《修行辞》等曲目重新填词演唱。

剑阁花灯戏的演出分晚场、白日场两部分。晚场以“要灯”为主，内容丰富，有对图腾的崇拜，对自然现象的热爱，对传统道德的颂扬，对农业丰收的祈求，对幸福生活的向往等等。如象征四时八节十二个月二十四节气的春、夏、秋、冬四季灯，立春灯、春分灯、立夏灯、夏至灯、立秋灯、秋分灯、立冬灯、冬至灯。十二农夫要的晖灯，十二仙女要的素灯；庆贺传统节日的春节灯、清明灯、端午灯、乞巧灯、中秋灯、重阳灯、寒食灯；祈求平安、祥瑞的灯有龙灯（龙凤呈祥）、凤灯（百鸟朝凤）、狮灯（狮镇邪魔）、虎灯（虎吞瘟疫）、渔灯（鱼跃龙门）、鸟灯（吉星高照）、福寿灯（长命百岁）、太平灯（五谷丰登）等。花灯戏主要用灯表现“龙”以及与龙有关的阵图，在各个阵图之间穿插本地曲艺表演。花灯戏中的龙有彩龙、火龙、水龙。与龙有关的阵图有苍龙游海阵、二龙出水阵、二龙进洞阵、二龙戏珠阵、二龙抢宝阵、二龙抱柱阵、狮龙舞、龙凤呈祥等阵图。这些阵图的表演，表达对图腾的崇拜与敬畏。而天下太平阵、福禄寿禧阵、双喜阵等，则表达对吉祥与幸福的追求；《七姐下凡》《闹五更》《放牛歌》《织手巾》《对花》表达人们对美好爱情的向往与追求；《目莲和尚》《王祥卧冰》《丁郎刻木》《唐氏乳母》则体现“忠孝”二字，弘扬中华民族的传统美德。

白日场为狮猴，俗称“要猴戏”。通常要法是将 10—15 张农村就餐的方桌重叠，最上一张须桌腿朝天，以绳连结加固，称“高架”。将晒簟卷好，置架上。猴戏在锣鼓声中开场，出场顺序依次为：地猴 4—6 个出场，杂要；若干小猴出场，有站立于大猴肩上出场的，有以手着地倒走出场的，有连翻筋斗出场的，有倒挂在竹竿上、站立于竹竿上抬出场的，也有众猴作争抢食物状，形似群殴出场的。出场后的众猴各显其能，一边戏要，一边向观众讨要赏钱。观众多以硬币抛置场中，演员不能以手拾钱，多是倒立向后以嘴衔起。这出戏可长可短，长短视场内场外演员与观众互动情况而定。杂要后小猴退场。接着，摇旦（花旦、女旦）出场，和尚狮猴随后出场，逗弄戏要摇旦。摇旦上架，和尚亦戏要上架，在最上一层的桌腿上表演“拜四方”一套高空杂技，结束后戏要下架。狮猴上架，在桌踶上表演“青蛙晒肚皮”“鲤鱼板腰”等杂技功夫。从直立着的两床晒簟中钻出，在上边表演“帽过天”（意为高过天）等一套高空杂技。整套动作表演完毕后戏要下架，全体演员上场亮相，结束演出。

剑阁花灯戏除上述表演形式外，鹤龄、白龙等地要花灯出场顺序依次为：拜将军、抬乙宫、上茶山、玩骰子、拖唐瞎子、疯和尚、跑竹马等。另有背丝童、送春、送傩傩等花灯表演形式。

皮影戏 俗称“皮鞑子”。是由演员操纵皮影表演，透过灯光投影于银幕，让观众观看影像的一种表演形式。剑阁皮影的制作，初为油浸纸剪画，后改用牛皮，将牛皮削为薄片，剪成各种人物形象。人像的制作分为头、腰、四肢，分段刻画，各部位用细麻绳或丝线连成一体，系于三根竹棍，其中一根呈弓形，斜插于表演师后颈处，长40—60厘米，伸出头部前方，用于悬挂人像，另两根直竿分别拿捏在左右手，用于操作人体四肢及头腰动作。表演时，提动各部位连线，人物形象栩栩如生。为达到戏剧效果，还制作有楼台水榭、鸟兽鱼虫及各种兵器等。皮影人物头像均按戏曲脸谱刻画，一般戏班有影视人像男40具，女20具。因表演剧目不同，人物形象各异，可根据剧情需要将人像拆卸拼装。影像一般高40—60厘米，均按人体比例制作。帷幕用白布制成，一般长2.3米，高1.2米。皮影戏演出前，用4根柱竿、4根撑竿、8根套竿绳索固定围成舞台，再用青色围幕套在搭成的舞台外围，将观众与表演师分隔。舞台顶部使用白布作天幕，便于聚光和隔开观众视线。

皮影戏班由半农半艺的民间艺人组成，或自由结社，或家庭组班。农忙务农，农闲演出。戏班中演员一人称“前台”（俗称“把式”），乐队四人称“后台”，承担伴奏、帮腔和杂务。乐器有弦乐、管乐、打击乐三种。皮影戏剧目分为“大传戏”和“单本戏”两种。大传戏是根据长篇历史故事改编的唱本，单本戏是采用民间口头文学改编的唱本。灯影戏没有脚本，靠口传身授和艺人自编自演，同一台戏艺人唱法各异，但主要内容、唱词、道白比较固定。剑阁皮影戏传统剧目有《铡美案》《铡侄》《状元媒》《精忠传》《东汉演义》《绿牡丹》《火烧红莲寺》等300余种。高观皮影戏继承川剧艺术的表演风格，唱、念、做、打，管、弦、丝、竹均按川剧套路进行，唱腔高亢嘹亮，圆润流畅，声情并茂，气氛热烈，驰名县内外。

木偶戏 俗称“木脑壳”。由演员操作木偶以表演故事的戏剧。木偶戏大约在明末传入剑阁，清朝至民国时，仅存白龙一带的曹、杨两家。1974年成立公兴中学木偶剧团，在校内演出。1985年有白龙木偶剧团，上演古装折子戏。木偶制作复杂繁琐，工艺水平要求高。2000年，改木偶为纸偶，制作简单，成本低廉，表演更趋灵活。

阳戏 阳戏亦称杨戏，全称太上混元演教正亦舞杨花戏。剑阁阳戏是流传在剑门山区一种古老的民间戏剧，相传鹤鸣山为张天师修道成仙的道教仙山，人们称道教为阴教。阳教（戏）则是对巫派的称谓。剑阁阳戏是民间安神谢土、驱邪纳吉的法事活动，“病愈还愿，谓之阳戏”。因而，阳戏又习称“还愿戏”“还阳戏”。剑阁阳戏将法事与戏剧融为一体，敬神娱人，形式多样，内容丰富，为乡间百姓喜闻乐见。

剑阁除私人家庭因事设坛演出阳戏外，民间还经常举办带公祭性的阳戏傩仪活动。在观音会、文昌会、城隍会、土地会等神诞庙会，由会首承头，化缘集资演戏。老幼妇孺，善男信女们或还愿或许愿一并观看演出，演出时间一般3—5天，多则7天。阳戏班子称“坛班”，班主称“掌教”，其余人员称“股伙”，演员以端公、道士为主，多系祖传。

剑阁阳戏属“三教坛”性质，所谓“三教坛”，即儒、释、道三教合一的众神灵崇拜巫傩神坛。演出前，坛场正中必挂“三教”总神图，神图分为上、中、下三层，顺序为，上层：孔子、释迦牟尼、老子；中层：文昌、观音、玄帝；下层：土主张飞、川主二郎神（李冰之子）、药王孙思邈。剑阁阳戏固定的仪式程序中，有“法事科仪”和“正戏、耍戏”的演出习俗。法事科仪的主要程序有：开坛、请圣、出功曹、迎圣、打蘸、安神、二郎扫荡等。正戏演出有：《出功曹》《旗司郎》《跳判官》《跳小鬼》《赶鹤》《代医》《单放牛》《二郎赶孽龙》等；耍戏演出娱人节目，如：《桂英打雁》《王婆骂鸡》《花子骂相》《瞎子算命》《背娃赶会》《王汤圆打鬼》等。如有戏班参加演出，更加精彩，常演剧目有：《古城会》《岳飞传》《清风亭》《琵琶记》《荆钗记》《安安送米》等。演出的种类有：赐福戏、贺寿戏、仕进戏、婚娶戏、送子戏、逗乐戏等等。

剑阁阳戏一般在神坛前面演出，内坛、外坛不严格区分，法事与戏剧交替进行，演出内容服从于法事科仪，又在科仪中插科打诨，以达到敬神、娱人的双重目的，整个过程更趋于戏剧表演，这种现象在巫傩阳戏中比较少见。

剑阁阳戏在表现形态和手法上，如剧本取材、曲牌唱腔、服装道具、舞台布景等方面，有很多与川剧近似。男子反串女角。声腔除正戏部分是神歌腔（端公调、神腔）外，耍戏部分多为灯调，乐器除号角外，也与川剧基本一样。伴奏主要为鼓。节拍，有用“肉二胡”作“过门”—乐队人员念“弄弄弄、喃哩呐”或“啷啷哩歌啷”作伴奏的。值得一提的是，剑阁阳戏表演与川内其他巫傩戏略有差异，没有木偶参与，而是戴上面具（俗称“脸壳子”）表演神祇。面具为柳木刻制，并经过一定的仪式“开光”方有“灵气”。如同坛场神挂一样，开光后的面具特别神圣，用专门衣箱存放，平时不能乱摆乱坐，出行时此箱在前，其余衣箱杂物随后。

剑阁阳戏以“开棚教化”为主旨，除祭祀外，把“孝是根，忠是本”视为做人的根本，以此作为“耍戏”题材而发挥教化作用。在发展过程中，取其精华，去其糟粕，融入先进文化，自发地演变为剑阁独特的民俗聚会。

庆坛　亦称“传坛”或“攒坛”，系傩戏中的巫门戏类。相传“庆坛”源于殷周的国祭和军祭，唐以后发展完备，成为民间公祭活动，在剑阁南部乡村亦有几千年的历史。

庆坛神案分为全坛神案与简易神案两种，坛王包括三仙王母、三皇五帝及兵马神将。剑阁庆坛中将“峨眉山开化院九天圣母老娘”排在正中，次排掌坛赵侯祖师与罗公师主。“神案”挂在堂屋（民间家祭或几家共祭用房）西边，（东边为“东厨司命”神案）。神案前摆放一只石碓窝，名为“九州混元阴司兵马坛”。坛内所装之物代表神灵，如装五谷者为“五谷坛”，装活物，如地龟子、土鳖子、蟑螂等为“龙凤坛”。神案不是家家都设，一般为一个院子或一片地带设置一处。

庆坛形式分为科仪与戏两类。比之道教戏庆坛更显粗犷，有的还加入巫门之术表演，以吸引观众。庆坛活动一般在秋播后举行，特殊情况如怪事、怪病出现，则随时皆可举行。庆坛举行前，先请法师择日。施主备齐十色祭品，有香烛、鲜花、茶、酒、雄鸡、横猪（或刀头）等物。庆坛开始先行坛前仪——请圣（即请神），从三仙王母到各方尊神请毕后进入正戏“土地点盘”和“出功曹”。土地出场戴慈祥和蔼的笑眯眯面具，其唱词诙谐生动，动作活泼夸张。“出功曹”之后进入“拆坛放兵”，掌坛师（亦称“常门师”）一身先秦装束，头戴花冠，身着神裙，手舞绯铃师刀，口头念念有词。身边一群扮饰各种神像的人围着游司石碓起舞，边舞边唱，其间有两面神锣、两只螺角合鸣。法事毕拆坛，打开符

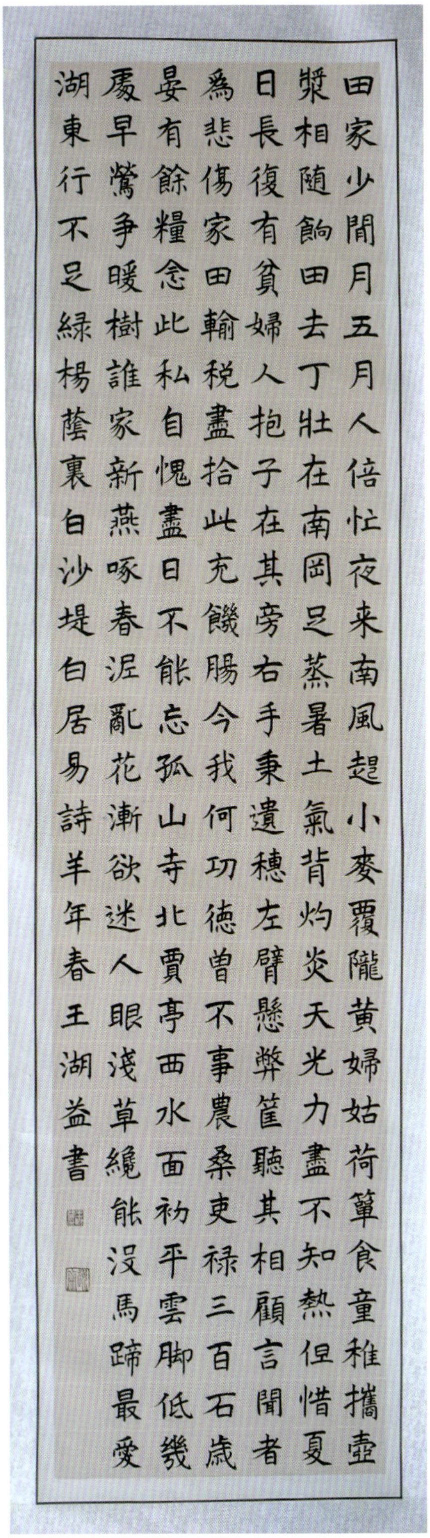
田家少閒月五月人倍忙夜来南風起小麥覆隴黄婦姑荷箪食童稚攜壺
漿相随餉田去丁壯在南岡足蒸暑土氣背灼炎天光力盡不知熱但惜夏
日長復有貧婦人抱子在其旁右手秉遺穗左臂懸弊筐聽其相顧言聞者
爲悲傷家田輸税盡拾此充饑腸今我何功德曾不事農桑吏禄三百石歲
晏有餘糧念此私自愧盡日不能忘孤山寺北賈亭西水面初平雲脚低幾
處早鶯爭暖樹誰家新燕啄春泥亂花漸欲迷人眼浅草纔能没馬蹄最愛
湖東行不足緑楊蔭裏白沙堤白居易詩羊年春王湖益書

书法 – 王湖益

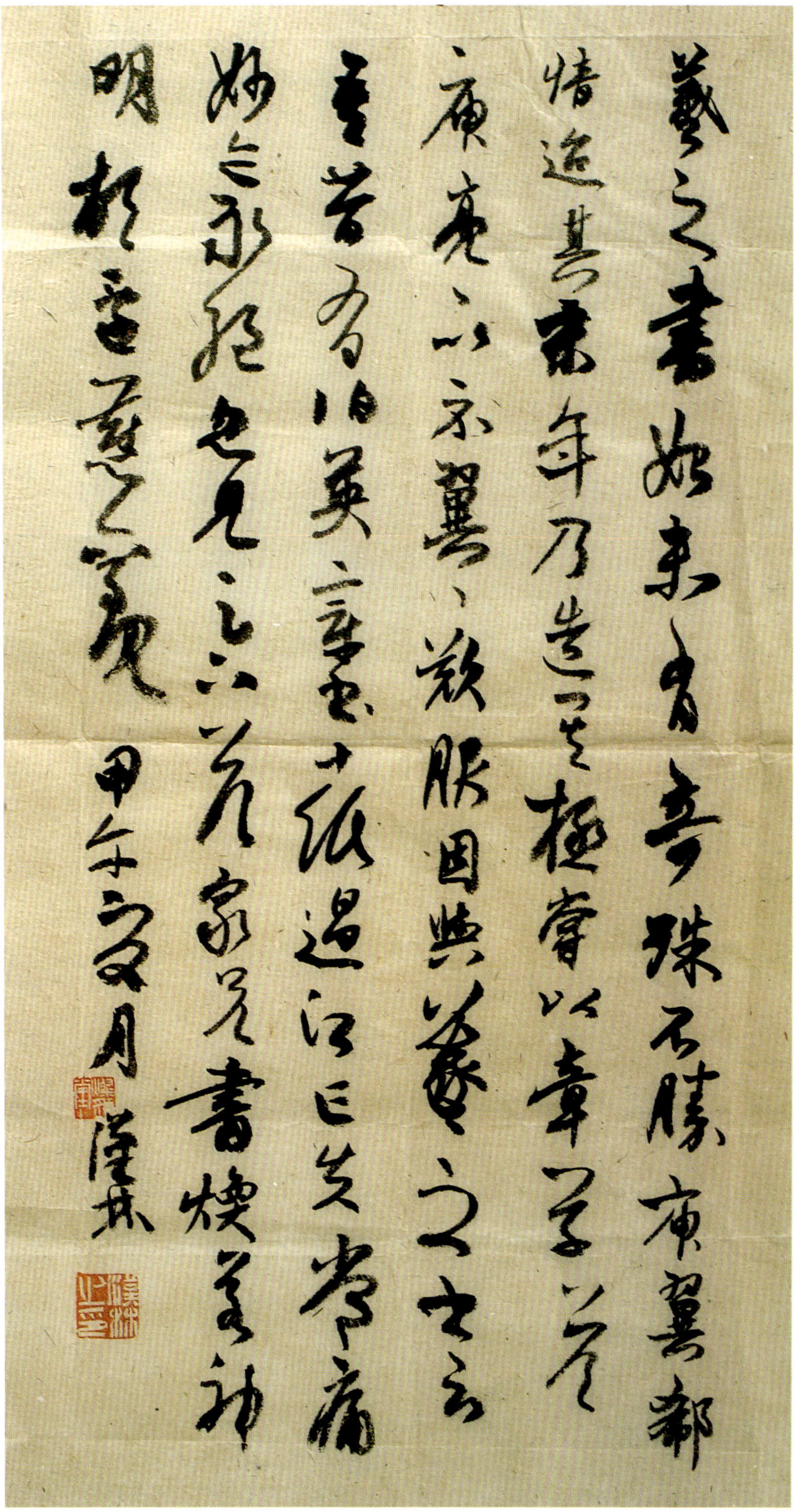

书法 – 蒲汉林

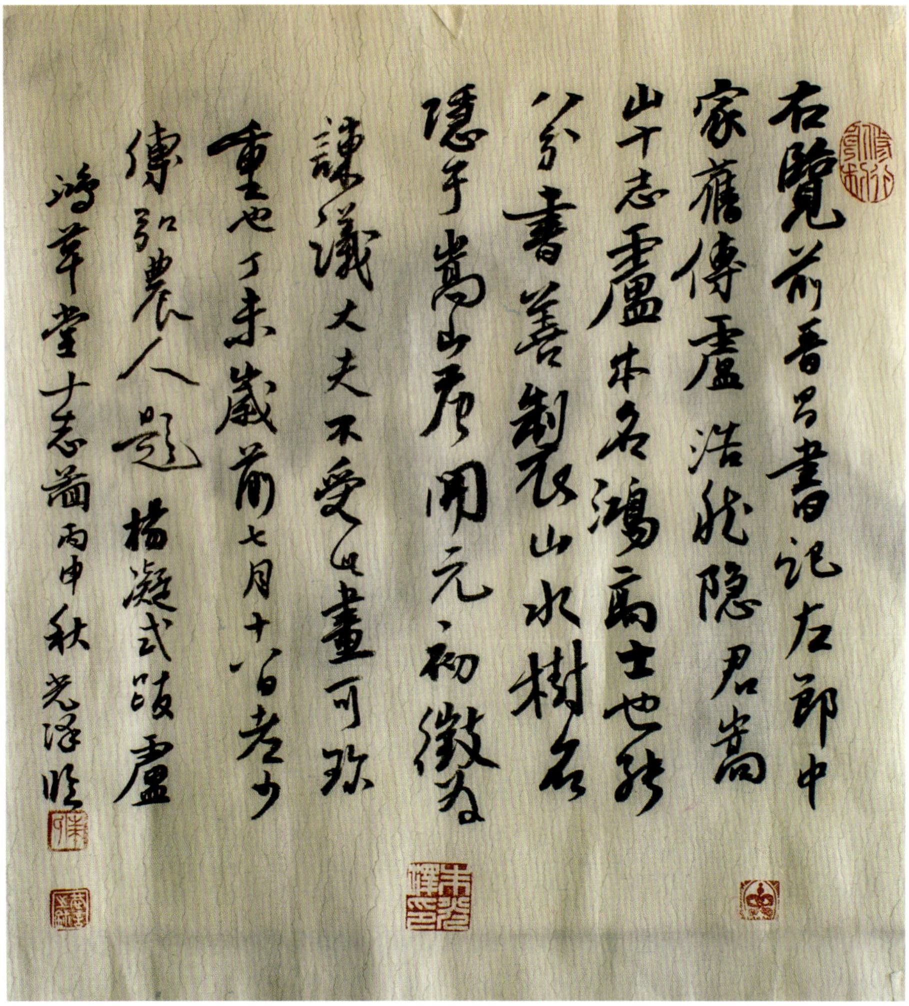

书法 – 朱光泽

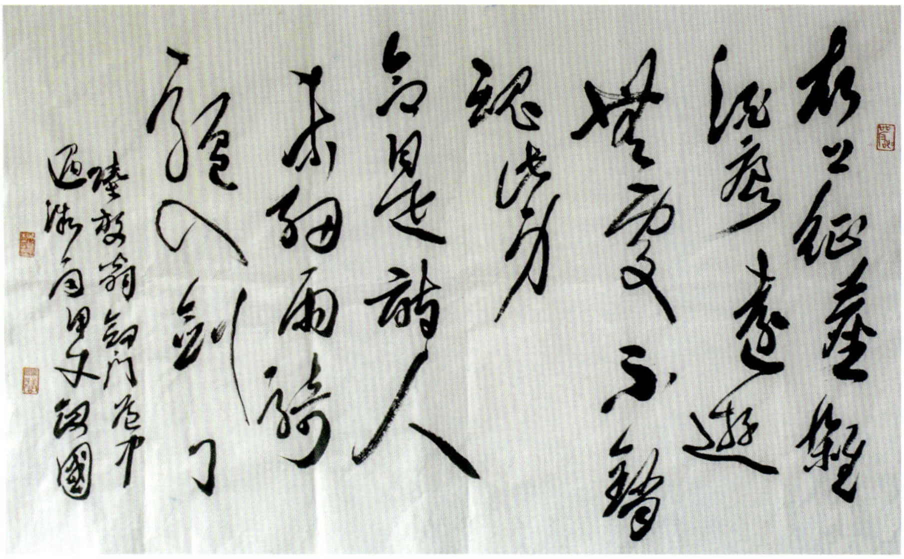

书法 – 杨政国

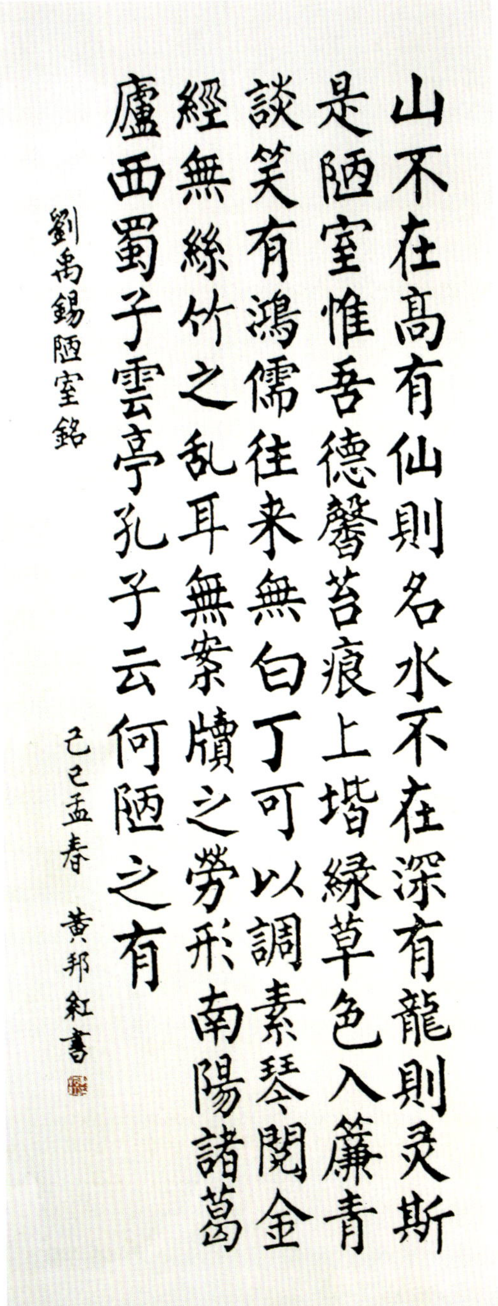
山不在高有仙則名水不在深有龍則灵斯
是陋室惟吾德馨苔痕上堦绿草色入簾青
談笑有鴻儒往来無白丁可以調素琴閱金
經無絲竹之乱耳無案牘之勞形南陽諸葛
廬西蜀子雲亭孔子云何陋之有
劉禹錫陋室銘
己巳孟春 黄邦紅書

书法 – 黄邦红

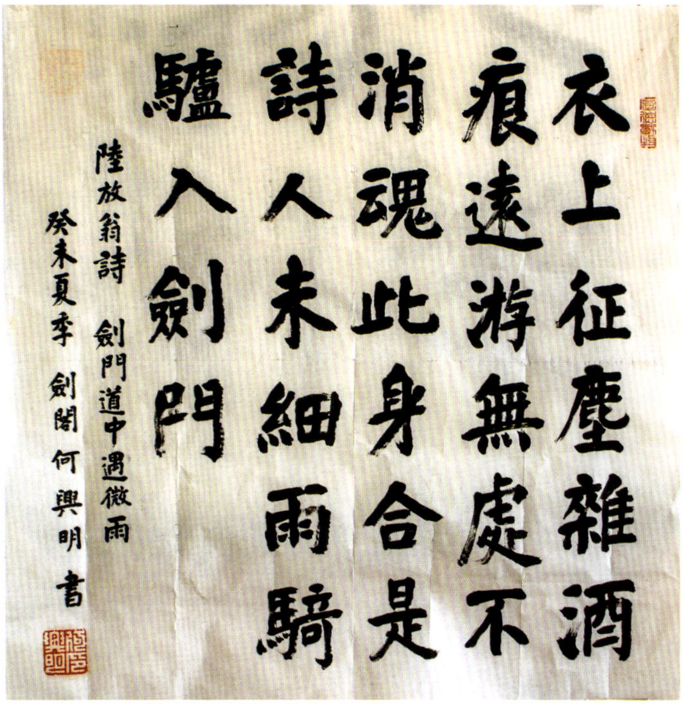
衣上征塵雜酒
痕遠游無處不
消魂此身合是
詩人未細雨騎
驢入劍門
陸放翁詩 劍門道中遇微雨
癸未夏季 劍閣何興明書

书法 – 何兴明

含英咀华（国画）
傅剑平

剑山之月（国画）
谢定超

蜀汉多奇山(国画)
李永武

沧桑岁月（国画）
孙绪和

三百里程十万树(国画)
沈志荣

先秦遗脉（国画）
冯启千

乡戏 摄影：黄中强

古宅闹春 摄影：曾正强

金秋 摄影：李元宝

翠云长廊 摄影：苟永雄

箓，用手诀放兵。手诀共有七十二套，每挽一诀就算放出一路阴司兵马，直至放完。拆坛放兵之后有“造枪”“造旗”“造桥”“迎老娘”“砍红山”“出灵官”“唐神仙”“二郎扫荡”等。最后是“送神”（亦称“送茅船”），掌坛师将放在游司石碓中的诸物放上茅船烧掉，将新准备的五谷、香灰等收入，跟拆坛做法事一样按诀目一道一道地收，每收一道均要禀卦，卦至为被收的兵马已经收回。收完后用符箓封好坛盖，并放回原处。

觍缕　亦称“觍奴”或“守厮觍奴”，为剑阁民间说唱艺术。觍缕由民间艺人行乡串户表演，无演出机构，但有派系之别。锦屏乡水磨坝苟家觍缕自成一派，祖传数十代。觍缕演唱活动安排在农历正月初一到十五。此外，佛祖会、观音会、文昌会等庙会和“耍灯”时亦有演唱。觍缕演唱一至二人即可进行，表演者头戴满脸堆笑，蓄八字胡而无下巴颏的面具，身背红布包袱，包内装木鞭一只、蓑草一绺（二物分别代表秤和蚕丝），腰系红布条，手持小马锣，边敲边唱。演唱的类型（俗称“套子”）分三种：一种为贺新年，从开场词、参神词至收场词结束（正月初八蚕过年加演“断丝蚕”）；另一种为故事传说，如七十二行的来龙去脉等；再一种为即兴演唱，随机应变，见啥说啥。新年时，主人如遇觍缕上门应予接待，否则觍缕会嘲笑几句转身而去，此被民间视为不吉利。主人接待觍缕需去堂屋祖先坛前上一炷香，在神龛香炉内放只红包（内装钱币），表演者唱完之后取走红包，再到一下处。晚上，觍缕艺人一般落宿农家大院子，夜晚每演唱一段皆有人给礼钱。1996 年春节举行的全县文艺调演活动中，鹤龄、金仙、白龙等代表团的觍缕表演受到观众称赞。锦屏、杨村、圈龙、广坪、禾丰、店子、樵店等乡镇的民间觍缕艺人，除在乡间演唱外，还进县城或到邻近的梓潼、江油、苍溪等县市行艺。

花鼓　又名三棒鼓，每逢喜庆佳节，数人围坐敲锣打鼓，边打边唱。打花鼓有固定的调式和曲牌，曲目题材多取自侠义故事、民间传说等。境内流传较广的传统曲目有《上天梯》《下山猫》《胖筒筒》等 20 余种，反映现实生活的新编曲目有《大救星》《学雷锋》《学大寨，赶化林》等。20 世纪 90 年代逐渐减少，近年时有出现。

莲花闹　又名莲花落，用两块竹板连成，加一块类似锯齿的楠竹“刮搭子”。表演者边打竹板边唱，说唱内容多为即兴创作，紧扣生产、生活实际，颇受群众欢迎。已逐渐稀少。

金钱板　说唱艺人手执 3 块 1 尺长的竹板，边敲击竹板边演唱。说唱内容多为历史典故，也有即兴创作。其曲调多用川剧高腔曲牌《红衲袄》，为长短韵文。现仅有极少民间老艺人表演。

此外，境内还有清音、评书等多种曲艺表演形式，已难见。

第二节　地方民乐

唢呐　境内唢呐流行甚广，常与打击乐锣鼓组合，俗称吹手、吹打或吹鼓手。农村嫁娶丧葬、节庆开业等红白喜事，均请吹鼓手，少则一拨，多则两拨以上。一拨吹鼓手分别有 4—6 人演奏唢呐和锣鼓，技艺高的队伍掌握有 70 支正牌、70 支副牌的演奏乐谱。剑阁农村唢呐保留曲牌有《观音阵宫牌》《接客牌》《陪客牌》《道谢牌》等。

1990 年春节期间，举办全县文艺调演比赛，鹤龄区和张王乡各 40 人组成的唢呐演出队，一边吹奏当代歌曲，一边变换队形队列，时而单声时而合奏，将传统唢呐与现代艺技有机结合，这一表演形式赢得年轻人的喜爱。后来在城乡各类喜庆活动中，逐渐加入《好日子》《祝酒歌》《祝你生日快乐》《难忘今宵》《十送红军》等唢呐流行曲目。

锣鼓　俗称响器。每逢传统节日、集会庆典等活动，境内民众喜欢结队打锣鼓以示庆贺。剑阁农村流行的锣鼓曲牌分折子锣鼓和闹年锣鼓，折子锣鼓有《金银课》《抱葫芦》《切葫芦》《两豆齐》《撬锣》等20多套曲牌。难度较大的《闹台锣鼓》，能打出变换复杂的川剧曲牌，一般锣鼓队不易掌握。1995年，上寺乡聘请陕北民间艺人传授《威风锣鼓》演奏技巧，此后这支由青年农民组成的锣鼓演奏队伍常年活跃在境内各地，曾多次参加县、市文艺调演并获奖。

渔鼓　又名竹琴、道筒（旧时道士使用的打击乐器，故名。）渔鼓源于唐代，盛于清末。1949年前已遍及境内乡村。渔鼓以竹筒为体，长60—100厘米，底端蒙以猪羊护心薄皮或蛇皮。唱鼓词时左手竖抱渔鼓，右手击拍鼓面。指法有击、滚、抹、弹等。渔鼓常与简板合用，外加小铙伴奏。渔鼓以唱为主，道白为辅。演唱形式有坐唱和站唱两种，唱词分为引诗、正腔、锁口3部分，曲牌的组成无固定格式，演唱自由灵活。渔鼓传统曲目丰富，多以历史题材、侠义故事和民间传说为内容，剑阁民间流行较广的曲目有《观音圣母十枝杨柳》《八仙传》《呼延庆上坟》《五下河南》《青台镜》《三孝记》等。传统曲调平板单调，演唱长篇唱词表现形式欠丰富。20世纪90年代初，县文化部门为抢救非物质文化遗产，对渔鼓进行发掘整理，融入民间山歌的演唱特点，突破一人独唱的表演形式，形成以独唱为主，对唱、领唱、合唱、齐唱等多种演唱形式。新编反映现实生活的曲目有《孝敬父母》《计划生育好》等。境内渔鼓演唱艺人左培高，终生行艺，他声腔圆润，吐词清楚。其鼓词内容把历史故事与现实生活结合起来，有较强的教化、励志、劝诫作用，颇受农民群众的喜爱。直至81岁高龄，仍在家乡鹤龄一带及相邻的苍溪、阆中、南部等地走乡串户行艺。

吹树叶　境内劳动人民在生产劳动中自娱自乐的一种方式。劳动间隙，随手摘下一片树叶，两手各执一端，衔于唇际，可吹出一些简单的曲调。或将树叶夹于两拇指之间，上下嘴唇微抵而吹，可摹仿鸟雀鸣声。

吹嘟嘟　俗名吹拐儿。将泥揉搓至胶状，制成鸟雀或其他动物形状，中空，泥具嘴部留气孔，腹部一侧或背部有出气孔，吹时会发出嘟嘟、吡吡的声音。20世纪60—70年代在境内城乡儿童中普遍流行，现已少见。

第三节　地方歌舞

山歌　剑门山歌起源于劳动号子、川江号子及民间灯调等，历经沧桑，形成具有明显地域特征的剑门山歌。剑阁上达三秦，下通巴楚，号称巴蜀文化与三秦文化、中原文化相融的史画长廊，文化积淀深厚。历代文人咏剑门的诗句亦在民间广为流传。受上述因素影响，融域内外多种文化元素于一体的剑门山歌，既具有清新、明快、奔放、幽默的演唱特点，又展现出剑阁劳动人民淳朴、憨厚、粗犷的精神风貌，它实实在在地唱出山里人心中的爱恨情仇。剑门山歌多用比、兴手法，短歌居多；或朴实直白，或诙谐风趣，易唱易传；唱腔上或清朗婉转，或高亢豪放，不拘一格。音乐节奏明快，韵味清雅舒展。演唱形式可分为独唱、对唱、领唱、合唱等。

剑阁农民在劈石垒墙、改土造田、挑塘凿堰的生产劳动中，伴随着他们的是激昂响亮的劳动山歌。如："这个石王真是怪，你不喊它它不来，加把力来齐使劲，大吼三声出窝来。"而在薅秧除草、牧牛打樵时，悠扬清丽的山歌道出另一番情景。"大田栽秧四只角，挽起裤儿把鞋脱，过路君子你莫笑，秧儿栽上再缠脚。"一声"再缠脚"，道出山村劳动妇女对封建礼教约束的怨恨和无奈。再如："放牛来到登高梁，梁上有口大堰塘，一塘清水好洗澡，鲤鱼背上好歇凉。"

剑门山歌中的情歌情真意切，感人至深。长篇叙事情歌《清风悠悠吹》《拐拐阳》《太阳当顶过》《月儿落西斜》在剑阁及周边地区流传甚广。《清风悠悠吹》中的王清桂卖身葬母的悲惨情景，《拐拐阳》中的李桂阳失身自尽的苦楚情肠，都使唱的人声泪俱下，听的人心碎不已。

剑门山歌中的短歌多为即兴创作。"清早起来走上梁，摘片树叶吹响响。幺妹听见树叶响，赶忙出来晾衣裳。""幺妹长的细浪条，好像田中嫩秧苗，二世变个水担哥（青蜓），抱住秧苗摇几摇。""耳听门外梆梆梆，以为妹在洗衣裳，丢下碗筷往外跑，才是啄木鸟戏春桩。"等短歌，简练明快，情景交融，犹如一幅幅迷人的剑门山村风情画。

剑阁是红四方面军建立的川陕革命根据地之一，文化史志部门曾收集整理出红军歌谣百余首，对研究川北革命老区的历史文化极具参考价值。这类歌谣，唱出剑阁劳苦大众对世道不公的愤慨，对翻身求解放的渴望和当家做主后的喜悦之情。如："滑竿好坐路难行，爬坡下坎汗淋淋。地主老财坐上耍，还骂我们抬的人。""剑阁成立苏维埃，大印穷人掌起来。游击队员士气壮，土豪劣绅哭哀哀。""脚踩板凳手扒墙，隔墙望见我的郎。昨日送他当红军，今天背枪在站岗。"

剑阁新一代农民歌手，在建设社会主义新农村中创作出一大批新山歌。"十七八岁正青春，巧手打扮新山村。姑娘要绣十样锦，钢纤就是绣花针。""七十二峰炮声隆，梯田造进白云中。仙女撒下花万朵，献给当代新愚公。""张家湾，竹林岩，接个媳妇不用抬。背上背个红箱箱，甩脚甩手过门来。上午行了结婚礼，下午上山去砍柴。手儿巧，比风快，霎时砍下一大岩；引来小伙们，忙把师傅拜。"农民诗人、歌手张丕利的这些新山歌生动活泼，清新流畅，达到令人震撼的艺术效果。由郭沫若、周扬选编的《红旗歌谣》中，有一首山歌就出自剑阁。这首山歌是："田中秧苗绿成行，阳雀才叫快栽秧。自己落后不检讨，洋洋得意吼旧腔。"

20世纪80年代后，流行音乐兴起。乡村一些老年人闲时常常聚在一起唱山歌，更有一批民间文艺爱好者对山歌进行抢救性的收集整理，并融合新的时代元素，不断创新，使剑门新山歌更具生命力。

龙灯　每年春节或喜庆活动，县城及各场镇都要耍龙灯，以增加节日气氛。龙灯用竹、木、纸、布扎成龙的形状，由若干节组成，节数为单数。最短的不少于5节，长的9节、11节，最长的20余节。耍龙时可独龙、双龙或多条龙同时舞动，一般两条龙为一组。每组龙灯前由一包头巾或戴面具，着武士装的男子执圆宝灯引舞。龙灯分为彩龙、火龙和水龙。彩龙白天游耍，多为拜年贺喜；火龙则夜间活动，配以锣鼓等打击乐器，民众用烟花、爆竹竞向龙灯燃放，俗称烧龙；水龙即草把龙，为抗旱祈雨的耍龙活动，舞龙者仅着裤衩，任凭男女老幼用水浇泼，泼水者边泼边大声叫喊"捉旱魃，赶旱魃"。境内彩龙、火龙盛行，水龙已绝。

狮舞　俗称耍狮子。通常由两人（也有一人的）披狮型道具扮演狮子，另一人头戴笑和尚面具，身披羊皮短褂，手执拂尘（或彩球）逗狮起舞。狮舞分文狮和武狮两种。文狮表现狮子温驯的神态，有搔痒、舔毛、抖毛、打滚等动作。武狮则表现狮子勇猛的性格，现跳跃、跌扑、腾转、踩球等功夫。更甚者还有登上搭起的多层方桌，表演高难度的惊险动作。狮舞一般在春节期间表演。

秧歌 俗称扭秧歌。20 世纪 50 年代全国普遍流行扭秧歌，县内乡村组建了男女老幼均可参加的秧歌队。每逢传统节日、集会游行，扭秧歌为一大景观。1968 年一段时间，群众广泛参与跳“忠”字舞的活动，扭秧歌基本被“忠”字舞替代，但“忠”字舞行进时仍保留了扭秧歌的动作。80 年代后，秧歌队重现街头。90 年代后，老年人的健身活动以扭秧歌居多。2002 年 8 月 15 日，巨能杯全国健身秧歌大赛在秦皇岛闭幕，剑阁代表队获二等奖。

腰鼓 俗称腰鼓。20 世纪 50 年代后，在剑阁逐渐流行。于节日庆典、集会游行，群众打腰鼓庆贺。2000 年，剑阁老年腰鼓队参加市文艺调演获一等奖。

高跷 踩高脚。境内流行于汉阳、普安、城北一带。高跷用木材制成脚架，可长可短，高达几尺，矮则几寸，分别缚在双腿上，边走边舞。其绝技有踩碗、下腰、丢卡子等，表演者多化妆扮演成历史、现代人物或戏剧中的丑角之类，如三国人物、梁山好汉及王婆、唐瞎子等。“文化大革命”前，每逢春节，县城举办高跷游行表演，行进路线是：从小东街出发，到西街堂市口，上石梯到县委、县人委，其后到武警中队、武装部，最后在公园坝结束表演。粉碎江青反革命集团后，县城恢复高跷表演，以县手杖社工人为主，高跷队首场表演了讽刺话报剧《女皇梦》。此后的高跷表演内容更加丰富，形式不具一格。

钱架子 又名莲湘。是流行于剑阁的一种民间舞蹈。钱架子以一根 1 米多长、直径 1.5 厘米左右的斑竹棍为体，上、下端各嵌入铜钱 6 枚（现多用铁片），棍体饰以花絮、彩纹，表演者舞动此棍，击打身体部位时，就会发出有节奏而响亮的声音，故又称打钱架子。因其表演灵活，形式多样，不受人数、场地限制而为群众喜爱，每逢年节喜庆，众人载歌载舞，蔚为壮观。

钱架子的表演形式有一人舞一根的单耍，舞两根的双耍，还有男女双打、分组对打、集体表演等。其基本舞法为，舞者手执钱架子中端，随音乐节拍，或上或下，或左或右地敲击自己的肩、臂、腰、背、腿、脚等部位，或在地面敲打，随之跳跃起舞，边舞边唱。步法有立、跪、蹲、坐、卧、行进、停留、跳跃等各种动作。击打分十二下、十四下、十六下等。流行套路有雪花盖顶、黄龙缠身、丹凤点头、古树盘根等。男女对打和集体对打有背合背、心合心、脚勾脚、凤穿花、五梅花、双采花、一堵墙、龙出水、凤点头、车斗方等竞技动作和舞蹈队形。总之，无论单打、双打、集体对打，都呈现出一片欢腾跳跃、热烈喜悦的动人场景。

在剑阁，钱架子的唱词唱腔有自己独特的风格。唱词多用赋、比、兴，抒情意味浓，语言简洁易懂。唱词基本结构为上、下句式，带衬词。上句衬词“柳啊柳莲柳啊!”，下句衬祠“荷花柳格（儿）莲，灯（儿）海棠花!”。唱腔节奏明快，旋律优美，演唱内容与山歌类似，县内广泛流传。香沉镇乘风村钱架子最具代表性。

跑旱船 亦称采莲船。流行于普安、闻溪、柳沟、武连等地。多用竹、木片、高粱秆、麦草等扎成无底船形，外边蒙布或纸着彩，扮演幺妹者站在彩船中间，手提船舷。另一人扮演艄公，手持木浆，站于船前作划桨摆渡动作，如船漂浮在水面上一般。两人合舞，作水中采莲状，边舞边唱。艄公不时唱曲打诨，逗幺妹嬉戏。表演唱内容以竹枝词为主，在发展中将民间歌谣和流行歌曲改编为舞蹈曲调。境内流行的有《对歌》《采花》《还家》等曲目。

第三章　文　物

第一节　馆藏文物

县文物保护管理所馆藏文物 3297 件（套），包括陶器、瓷器、铜器、铁器、金银器、钱币、字画、革命文物、古籍善本等 27 个类别。其中，国家一级文物数量 3 件（套），二级文物数量 35 件（套），三级文物 634 件（套），一般文物 2625 件。最早文物为新石器时代物品。一级文物有宋龙泉窑影青釉莲瓣纹瓷碗、《中华苏维埃共和国宪法大纲》木刻本、南江县平民银行通用券一串样币。

宋龙泉窑影青釉莲瓣纹瓷碗　通高 6 厘米，口径 14 厘米，底径 4 厘米，重 260 克。小圈足，外壁有莲瓣暗纹，无题款。釉面匀称，青中带白，白里显青。胎质细腻纯净，以指轻叩，音清脆悦耳。1962 年在普安镇鹤鸣山出土，当地群众转交县文化馆收藏。

《中华苏维埃共和国宪法大纲》木刻本　蒋道德书，杨安清刻，1934 年印，册页装订，64 开本，计 10 页。内页粗黑线条套框，框长 19.5 厘米，宽 15.7 厘米，每页竖排九行，每行计 17 字。仿宋体雕刻，字迹工整，版面均匀。保存基本完好，其中第七条有 31 字模糊不清，少数书页渗油变黑，封面残缺。1950 年由剑门乡征集，转交县文化馆收藏。1964 年，县文化馆文物管理人员重新装裱封面。

南江县平民银行通用券一串样币　布质，1935 年印制，横版。长 51 厘米，宽 42.5 厘米，重 23 克。正面上方从右至左呈小弧形横排楷书“南江县平民银行通用券”字样，正中偏下为鼎形图案，左右双线内各有椭圆图形一个，从右至左园内分别为“壹”“串”字样。左上方“串”字右侧竖排小字“平字第□□号”，右上方竖排小字“随时兑换”。单线勾出外框，四角各有一个圆圈，圈内分别为“壹”“串”字样，外框四边为变形金鼎二方连续花边，左右各 7 组，对称。上方 14 组，下方 15 组，不对称。未加印章，背白。1950 年由江口乡征集，转交县文化馆收藏。

剑阁县 2006 年文物保护管理所馆藏一级文物名录

表 31－1　　单位：厘米、克、件(套)

名称	年代	功能类别	质地	来源	尺寸	重量	数量
南江县平民银行通用券一串样币	1935	钱币	布质	1950 年征集	长 51 宽 42.5	23	1
《中华苏维埃共和国宪法大纲》木刻本	1934	宣传品	纸	1950 年征集	长 19.5 宽 15.7	21	1
龙泉窑影青釉莲瓣纹瓷碗	宋代	生活用品	瓷	1962 年普安镇鹤鸣山出土	高 6 口径 14 底径 4	260	1

剑阁县2006年文物保护管理所馆藏二级文物名录

表31－2　　单位：厘米、克、件(套)

名　称	年代	功能类别	质地	来源	尺寸	重量	数量
玉蟾蜍	宋代	丧葬用品	玉	普安镇原县邮电局工地出土	长10.6 高4.7	345	1
人骑石犀牛	宋代	艺术品	玉	普安镇原县邮电局工地出土	长12.8 高7.6	190	1
双耳套环铜瓶	宋代	艺术品	铜	征集	通高49.7 口径37.3 底径16.6	8170	1
双耳套环铜瓶	宋代	艺术品	铜	凉山乡出土	高31.5 口径8.7	2655	1
数珠观音	宋代	艺术品	铜	普安镇原县食品厂工地出土	高15.4	370	1
兽面纹铜扁瓶	宋代	艺术品	铜	普安镇原县邮电局工地出土	高14.4 腹圆8 口径5	490	1
青铜鼎状博山炉	宋代	生活用品	铜	普安镇原县邮电局工地出土	高47 腹圆28.8	10980	1
持扇持瓶道教神像	宋代	宗教用品	铜	城北镇原县蚕药厂工地出土	通高22 肩宽3.4 站台高5.5	910	1
持药杵道教神像	宋代	宗教用品	铜	城北镇原县蚕药厂工地出土	通高22 肩宽3.4 站台高5.5	730	1
南江县平民银行通用券一串样币	1935	样币	纸	征集	长51 宽42.5	23	1
车马临阙纹砖	东汉	丧葬用品	陶	剑门关镇青树村出土	长26 高8 宽15	5845	1
陶砚	宋代	文化用品	陶	普安镇县百货公司工地出土	长16.07 高24 宽10.64	675	1
三彩女像	宋代	艺术品	陶	普安镇县百货公司工地出土	高32.6 肩宽6.5 坐高9.23	1220	1
豆青釉碎崖执壶	五代	生活用品	瓷	征集	高20 口径6.8 底径8	725	1
褐色开片瓷碗	宋代	生活用品	瓷	普安镇鹤鸣山出土	高7.5 口径19.5 底径5	655	1
龙泉豆青莲瓣纹瓷碗	宋代	生活用品	瓷	普安镇鹤鸣山出土	高6 口径14 底径4	260	1
青瓷太白尊	宋代	生活用品	瓷	武连中学工地出土	通高10 口径3.7 腹经13.5	760	1
青瓷蜡台	宋代	艺术品	瓷	普安镇原县食品厂工地出土	高12.7 口径1.35 底径3.5	110	2

续表31－2

名　称	年代	功能类别	质地	来源	尺寸	重量	数量
影青竹节纹盘口瓷瓶	宋代	生活用品	瓷	普安镇出土	高29 口径9.11 底径11.65	1495	2
武士铜像	明代	宗教用品	铜	征集	通高112	120千克	1
武士铜像	明代	宗教用品	铜	征集	通高127.5	135千克	1
清铸明剑州知州李璧铜像	清代	其他用品	铜	普安镇二贤祠	通高114	100千克	1
清铸明剑州知州杨汝震铜像	清代	其他用品	铜	普安镇二贤祠	通高114	100千克	1
川陕苏区时期大200文铜币	1933－1935	流通币	铜	征集	直径3.5 厚0.2	15	1
川陕苏区时期大500文铜币	1934	流通币	铜	征集	直径3.5 厚0.2	16.4	3
川陕苏区时期小500文铜币	1934	流通币	铜	征集	直径3.2	9.4	2
带柄铜镜	宋代	生活用品	铜	店子乡出土	直径12 厚0.3	420	1
八卦铭纹铜镜	宋代	生活用品	铜	店子乡出土	直径41 厚0.4	865	1
湖州铜镜	宋代	生活用品	铜	店子乡出土	直径13.3 厚0.3	295	1
花卉纹铜镜	宋代	生活用品	铜	店子乡出土	直径13.4 厚0.4	385	1

说明：资料为县文管所提供。

第二节　地面文物

县境地处金牛道核心地段，有丰富的文物遗存。县域内有不可移动文物保护单位及文物保护点近200处。其中全国重点文物保护单位3处，包括觉苑寺、剑门蜀道遗址、鹤鸣山道教石窟寺及石刻；省级重点文物保护单位9处，包括普安镇钟鼓楼及箭楼、中国共产党十大政纲石刻、剑阁中学文庙、香沉镇香沉寺、金仙镇文庙、碗泉乡白兔寺、秀钟乡大路河场及红军石刻标语、剑溪桥、鹤龄镇化林大队。市级文物保护单位19处，县级文物保护单位30处，分布于全县57个乡镇，种类有新石器时代遗址、古民居、古桥梁、古墓葬，石窟寺及石刻等等。

第三节 文物保护

重点文物保护单位及范围 1996年，省政府公布觉苑寺、鹤鸣山、钟鼓楼和石刻“中国共产党十大政纲”为省级文物保护单位。2001年6月，觉苑寺被国务院列为第五批全国重点文物保护单位。2006年5月，剑门蜀道遗址被国务院列为第六批全国重点文物保护单位。国家级及省级重点文物保护单位的保护范围分别为：

剑门蜀道遗址 北起广元市朝天区朝天关，南经明月峡栈道、广元市市中区飞仙阁栈道、利州古渡遗址、广元市元坝区昭化古城、南至绵阳市梓潼县演武镇，全程近300公里。县境内保护范围由北至南经剑门关镇、汉阳镇、城北镇、普安镇、凉山乡、柳沟镇、垂泉乡、武连镇约80公里，保护对象主要是战国至清代以来的青石板道路，以及汉代以来的行道柏。

觉苑寺 范围包括以寺院为中心，向西150米，向北300米，向东120米，向南150米的区域。保护面积16．55万平方米。2003年10月起安排专职人员看守。

鹤鸣山 北至1号龛外20米，南至城东村村民朱述芳、达福常承包地，东至造像及石刻岩壁外15米，西以“鹤鸣山文物管理处”围墙为界。保护面积5500平方米。2003年10月起安排专职人员看守。

钟鼓楼 东至百货公司，西至小南门，北至火神庙后檐沟，南至烟街座而言茶馆。保护面积9000平方米。

中国共产党十大政纲 以石刻为中心，往西15米，北至城墙内面2米，南至城墙外皮6米。保护面积480平方米。

保护维修及管理 1994年至2006年，县委、县政府组织有关部门，动员社会力量，对剑州白塔、觉苑寺等文物进行保护维修，及时地抢救了一批珍贵文物。但这一时期也存在文物被损毁的情况。

《中国共产党十大政纲》石刻维修 1994年7月，因城市建设，经省文化厅批准，将位于县城东门右侧城墙上的省级重点文物保护单位“中国共产党十大政纲”（石刻）移至顺城街南门左侧城墙上。施工中未按“石刻保护面凹入立平面35厘米阴嵌”技术设计处理，而采用“混泥板直贴石刻背面”和“石灰加棉麻混泥底勾缝”办法完成，以后又无防风化、防蚀化措施加以保护。十多年风霜雪雨城墙渗漏及附近居民燃煤产生的酸性物质等因素影响，现石刻字迹近三分之二已风化剥落，面目全非。

白塔重建 2000年，县级重点文物保护单位剑州白塔因年久失修，塔身鼓裂，柱椎错位，基座浆砌条石外移，已成危塔。县委、县政府采纳民意，决定修缮，制定拆换复原的维修方案，进行整体拆除，原址重建，砖石采用原物，塔体依旧。县房地产开发公司负责工程建设，2000年10月动工，翌年8月建成。工程造价30万元，均为县级机关、各督导室、乡镇政府及干部、群众募捐，并立碑为记。2003年10月，因碑文引发民怨，经县政府同意，由知名文化人士王文海重新撰写后刊刻。

觉苑寺维修 2001年，剑阁按照国家文物局批准的《觉苑寺保护维修工程方案》，聘请宜宾师来山文化产业有限责任公司施工，采用“挑顶修缮”办法，对藏经阁、西厢房进行整体维修。维修坚持“修旧如旧”原则，修复残损，加固墙体，装饰屋脊，补铺石板，重砌阶梯，清理台基。2005年至2006年，国家文物局分两次拨给剑阁文物保护专项资金160万元，用于觉苑寺藏经楼、西厢房维修。工程建设按照河南省古建筑保护研究所制定、国家文物局批准的《觉苑寺保护维修工程方案》进行。由具有国家文物维修二级资质证书的宜宾师来山文化产业有限公司负责施工。采用“挑顶修缮”办法，将屋顶御载后，局部拆卸木构架，对残损部件修整复原，并整体加固。所有木构件均作防虫防腐处理，装饰屋脊，修补楼板、楼梯，清理台基，补铺石板，重砌阶条石，依旧制复原。

文庙保护维修工程　文庙位于剑阁中学校园内，始建于唐代。1996 年 8 月，实施“县城教育发展规划”被列为应拆除的 3 处古建筑之一。后县委、县政府采纳群众保留古建筑意见，得以保存。2006 年 2 月，县委、县政府决定，由剑阁中学斥资维修文庙，恢复学宫、隆庆府学、兼山书院旧观，设为学校图书馆。工程建设由河南省文物建筑保护设计研究中心设计，广元众想建筑公司施工。文庙建筑群包括大成殿、魁星楼、东庑、西庑，占地面积 2607 平方米，建筑面积 1002. 86 平方米，总造价 180 万元，于是年 6 月竣工。剑阁中学为展示修葺后的文庙、学宫、隆庆府学、兼山书院的全新风貌和剑阁中学风采，旌表剑阁历代名人和为剑阁教育事业倾注心血的人物为主旨，编辑出版画册《千年流丹》，以资纪念。

境内县級重点文物保护单位有 7 处损毁。1995 年，国光乡庆丰村县级重点文物保护单位白鹤寺被入住村民陆续拆毁。1996 年，普安镇小东街县文教局机关内县级重点文物保护单位二贤祠和小玲珑园林被拆毁。8 月，县实验学校旁的县级重点文物保护单位圣寿寺、普安镇南禅小学旁的县级重点文物保护单位被拆毁。1999 年，武连镇小学校园内的县级重点文物保护单位三皇庙被拆毁。2004 年，白龙镇中学校园内的县级重点文物保护单位广东会馆被拆毁。2005 年，经县文化局、文管所批准，白龙镇的县级重点文物保护单位陕西会馆的部分重点保护范围划给白龙酒厂，该厂连同厂房一起转卖给附近居民。陕西会馆三面被居民楼包围，通道被占，进出困难。

第四章　文化市场

第一节　文化市场建设

90 年代初，县内文化市场逐渐形成多元发展格局，民间传统文化历经复兴—改良—创新阶段，川剧、花灯、木偶、皮影、龙灯、狮舞、秧歌、高跷、跑旱船等民间艺术，适应时代发展需要，在社会主义精神文明建设中发挥应有作用。同时，外来文化以散打方式强势进入大众生活，录像、镭射、KTV、卡拉 OK、电子游戏、网吧、迪吧等遍布城乡，占据文化市场的半壁江山。1990 年，全县有印刷企业 3 个，音像制品出租零售点 20 个，录像放映厅和个子游戏厅各 32 个，舞厅 12 个，歌厅 22 个。1992 年，县政府实施“文化长廊”工程，以国道 108 和剑南路两条公路干线为依托，构建“人”字形文化长廊。沿线乡镇利用区域优势，发展文化产业。武连镇新桥一带有歌舞厅 12 个，KTV18 个，影像镭射出租零售点 5 个，放映厅 12 个。剑门镇有歌舞厅 8 个，KTV6 个，影碟出租零售点 6 个，录像放映厅 8 个。剑南路出入境处的涂山乡厚子铺，有舞厅 1 个，KTV、录像、镭射放映厅各 2 个，文化茶园 2 个。“文化长廊”两条公路沿线的乡镇和农户，开展多种形式的文化经营活动，并辐射到周边乡镇，形成较大的文化市场。至1997年年底，全县有舞厅80个，歌厅120个，KTV83个，卡拉OK厅73个，音像制品出租零售点82个，录像放映厅150个，电子游戏厅62个。至2006年年底，全县有电影放映队24支，音像制品出租零售点45个，录像放映3个，电子游戏厅3个，歌舞厅8个，台球18个，网吧58个，迪吧5个，酒吧12个，茶楼90个，印刷企业17个，打字复印29个，出版物出租零售点56个，电子出版物零售点6个。

第二节　文化市场管理

文化市场繁荣中出现的淫秽出版物、盗版书刊音像制品开始蔓延泛滥，造成严重的精神污染，干扰文化市场秩序。1990年起，对群众反映强烈的镭射放映厅、电子游戏厅、卡拉OK歌舞娱乐场所、网吧和印刷行业等进行多次专项整治。1993年，县印刷厂盗印香港作家雪米莉的《女魔头》，经查证核实，收缴销毁盗版图书5000册，限期停业整顿3个月。主要责任人被追责。1995年，实施《四川省文化市场管理条例》，运用行政执法和司法手段对文化市场实行监管。县文化部门每年举办文化市场经营人员培训班，进行政策法规培训，测试合格者发给合格证；实行市场许可制度，进入文化市场必须申请办理“文化市场经营许可证”，获准后方可经营；按经营户年经营总收入收取一定比例的文化市场管理费，以维护市场秩序，防止无序竞争；文化市场稽查除平时巡查、抽查，半年一次集中整治外，还协同公安、工商等部门，常年坚持开展“扫黄”“打非”的专项治理，清除精神垃圾，净化文化市场，依法处置无证经营、违法经营的企业和个人。

2001年，集中执法19次，收缴色情光盘265张，压缩带143盒，丽晶画182幅，盗版书刊1339册，查处违法经营户2户。2002年9月12日，县文化稽查大队成立。是年，开展校园周边环境治理，收缴翻牌机19台，麻将机11台，游戏光碟300余张，限期整改网吧5个。2004年3月，开展由文化部、公安部、工商行政管理总局联合发起的全国网吧专项整治行动，共出动执法人员987人次，出动宣传车123台次，采取“0点后行动”27次，收缴光盘游戏机48套，销毁台式赌博机105台，登记保存违规经营户电脑121台，查处网吧接纳未成年人36件，取缔黑网吧17个，责令停业1个，限期整改21个，警告6个，责令搬迁（离校园200米以外）4个。规定网吧必须挂警示牌。非节假日，中小学生一律不准进入网吧。2006年6月，根据省文化厅《关于贯彻〈娱乐场所管理条例〉的通知》精神，台球、文化茶园、棋牌活动室、旱冰场、气枪打靶、保龄球、手柄游戏不再纳入经营性场所管理范围，县文化部门停止对这些项目的行政审批。

第三十二篇　广播电视　报纸

第一章　广播电视

第一节　广播电视事业建设

农村有线广播　农村有线广播设施建设主要是网络标准化建设和农村机房改造。

网络标准化建设　1990 年 4 月，全县在白龙区召开小喇叭入户现场会，参观碑垭乡先锋，白龙镇春光、青峰、三湾、龙洞等村入户喇叭现场。会后，各乡镇采取地方财政、集体、用户三方负担的原则筹措资金，推动有线广播入户工作。至 1991 年年末，全县建村广播室 403 个，小喇叭入户 13.97 万只，入户率为 89.5%，完成农村有线广播网络标准化建设，获省广播电视厅一等奖和全省发展村广播室三等奖。

1992 年，改造农村电力线路，农村有线广播进村入户受到冲击。1993 年年底，全县小喇叭已名存实亡，各乡镇相继恢复田间广播。2002 年农村税费改革，取消广播收听费，维护经费短缺，全县多数乡镇农村有线广播中断。至 2004 年，仅有元山、公兴、白龙等 10 多个乡镇的广播间断开通，其余乡镇的广播停播。11 月，县委、县政府印发《关于加快广播事业发展的意见》，明确恢复发展农村广播的投入政策。各乡镇采取政府投入与群众“一事一议”相结合的投资办法，加快恢复发展农村广播事业。至 2006 年年底，17 个乡镇开通乡至村广播（有线开通 12 个，无线调频传输 5 个），313 个村开通村至组广播。乡至村有线广播主杆线 1509 杆千米，村至组支线 1817 杆千米，水泥电杆 18661 根，大小高音喇叭 3684 只。

站房改造　按照广播电视部《农村有线广播技术标准》，分期分批对乡镇广播站技术用房（机房、播音室）进行改造。集资 790 万元，购置 902 遥控台、903 输出配电柜、GY 型 250 瓦以上扩大机，部分乡镇还安装微机播控设备、双向对讲设备等。年末，全县 60 个乡镇广播站站房全部改造完毕。1991 年，进行设备更新和村广播室建设。年末，54 个乡镇广播站更新设备，27 个乡镇广播站安装多功能对讲设备，403 个村建起村广播室。1992 年，全县乡镇广播站广播设备全部更新为省广播电视厅设备厂的新设备，41 个乡镇广播站安装使用对讲机，8 个乡镇广播站运用微机管理。乡镇广播站站房和广播线路均达到部颁标准。全县村组全部通广播，广播线路总长11573杆千米（标准化水泥杆线路9258杆千米），入户喇叭11.14万只。经省广播电视厅检查验收达标，获省一等奖。

无线广播电视 无线广播电视设施建设包括中转台、差转台卫星地面接收站建设。

木马、龙源广播电视中转台 木马广播电视中转台位于木马镇停船山，海拔1040米，处剑阁扇形中心腹地。1992年秋动工，1993年1月竣工，由市、县广播电视局和木马镇政府共同筹资15.23万元修建。塔高3米，机房及住宅面积80平方米，安装50瓦调频广播中转机、100瓦电视节目中转机、100瓦电视节目发射机各1台。能直接转播市台广播电视节目，使郑家山调频台不能覆盖的鹤龄、柳沟、江口、剑门等地能收听收看到广播电视节目。功能较弱，覆盖率低。于1997年转为木马镇属无线差转台。

龙源广播电视中转台位于龙源镇尖山子，海拔908米，处剑阁中心地带。1997年秋动工兴建，1998年5月投入使用。该台主要利用地面卫星接转中央台一套和川台一套节目，利用微波技术接转广元台和剑阁台广播电视节目，基本能覆盖全县。2000年，由于506台启用4频道，节目信号相互干扰，龙源中转台改为2频道运行。

区、乡镇无线广播电视差转台 1992年，采取地方财政投入，单位、企业筹资，农民集资等多种形式，改、新建区、乡镇广播电视差转台28座，全县80%以上人口能收看一套（四川电视台一套）以上电视节目，40%以上人口能收看三套（四川电视台一套，中央电视台一、二套）以上电视节目。2002年农村税费改革后，无线差转台运行维护经费困难，大多数乡镇因无线差转台设备老化而停转。2006年年底，全县仅有郑家山等3个县广播电视局直属台和开封、金仙等5个差转台能正常播出，其余无线差转台均被有线电视代替。

卫星地面接收站 1990年后，各乡镇陆续建设广播电视卫星地面接收站。同时，部分厂矿企业和学校也相继建设卫星地面接收站，卫星地面接收站逐年增多。2000年年末，全县共有卫星地面接收站419座。其中，县城7座，乡镇站62座，村站150座，系统外200座。2001年后，一些居住偏僻的农户安装卫星地面接收器，用于接收电视节目。至2006年，全县共建卫星地面接收站14388座。其中，广播电视系统内301座，系统外14087座。

有线电视 有线电视设施建设主要是对县城和乡镇场镇所在地配套设施和网络建设。

县城有线电视 1991年年初，县广播电视局筹措资金40万元，建设县城有线电视。9月，建成2000户550MHZ有线电视网络系统，传输节目9套以上。年底，开通县委、县政府、剑州宾馆、剑阁旅馆、烟街等地有线网络，入网用户200户。1992年起，进行城区网络延伸、扩网入户。1996年8月，开通中央电视台四套加密电视，节目增至13套。1998年年末，建成城区主干线28杆千米、支干线50千米，用户5000户。1999年7月，旧网改造为750MHZ的HFC宽带网，节目增至25套。

有线电视建网资金来源采取“谁受益，谁负担”的原则，单位联网费4000元，单位内入网用户入网费180—200元。居民视其线路距离，收取入网费150—200元。用户收视费随节目套数增加，每月收费标准为3元、5元、8元、10元、15元。

乡镇有线电视 1992年年初，县广播电视局在公兴镇、碑垭乡进行场镇有线电视试点，建起300MHZ隔频同轴传输网络，传输节目6套，随后逐步推广。1993年至1994年，剑门、白龙、开封等10个中心场镇建起300MHZ间频同轴电缆有线电视网。1995年，已建中心场镇间频前端升级为550MHZ邻频前端，节目增至10套以上。1997年，江口、木马等16个乡镇场镇建起550MHZ邻频传输有线电视网。1998 年至 2000 年，金仙、演圣等 31 个乡镇场镇建起有线电视网，并向场镇周边村组延伸。2000 年年底，全县 57 个乡镇都建起有线电视网，传输节目 8—10 套，农村有线电视用户 1.5 万户。

网络改造、整合与大联网　1991 年年初建成的县城有线电视同轴电缆网络运行数年后，设备、线路基本老化，加之 1998 年“9·16”特大洪灾的影响，使系统前端节目套数减少，信号质量降低。1999 年，县政府决定将县城原有的 550MHZ 有线旧网改造为 750MHZ 的 HFC 宽带网。8 月，县政府发出《关于加快县城广播电视光纤网络建设的通知》，决定采取向每个用户预收电视收视费 300 元的办法筹集改造资金。9 月动工，12 月完成投入运行，总投资 212 万元。网络采用光纤、同轴电缆（HFL）混合网络系统，干线结构采用全星形结构，改造主干线 30 千米，共 31 个光节点，安装光发、光收机 36 台，新增电视节目 11 套，共传输 25 套节目，用户为 0.6 万户。

2000 年 1 月 3 日，县广播电视局宽带综合信息网络公司成立。

2001 年年初，开工建设市到县光纤干线，广元市市中区赤化镇至普安镇总长 49 杆千米。年底完成，实现市、县光纤联网。

2002 年 5 月，启动县、乡镇光纤联网，总投资 300 万元，栽水泥电杆 874 根，架光缆 107.6 皮长千米，2963.8 芯长千米。2003 年 1 月，开通普安经龙源至长岭沿途 14 个乡镇的光纤联网。9 月，开通普安至城北、汉阳、剑门关、下寺 4 个乡镇的光纤联网。2004 年年底，开通长岭乡至元山镇沿途 4 个乡镇和下寺镇至上寺乡的光纤联网。2005 年年底，开通普安镇至开封镇以及白龙镇至鹤龄镇沿途 11 个乡镇的光纤联网。同时，边联网边入户，二级光网陆续进村入户。2006 年年底，全县光纤联网 33 个乡镇，栽水泥电杆 5336 根，架光缆 559.6 皮长千米，4851 芯长千米，光缆联网 248 个行政村，903 个自然村，联网用户 4 万户。

2004 年年底，开通长元线（长岭乡至元山镇）沿途 4 个乡镇和下寺镇至上寺乡的光纤联网。2005 年年底，开通普开线（普安镇至开封镇）白鹤线（白龙镇至鹤龄镇）沿途 11 个乡镇光纤联网。同时，边联网边入户，二级光网陆续进村入户。2006 年年底，全县光纤联网 33 个乡镇，栽水泥电杆 5336 根，架光缆 559.6 皮长千米，4851 芯长千米，光缆联网 248 个行政村，903 个自然村，联网用户 4 万户。

2003 年 10 月，广播电视部门在下寺开展有线电视网络整合试点工作，对下寺广播电视站原有资产、债权债务进行清理后，纳入县网络公司统一经营管理。2004 年年初，全县按照“一域一网”和广播电视网络集团产业化发展方向，分批整合有线电视网络资源。2006 年年底，全县 57 个乡镇有线电视网络资产整合完成，实现网络统一经营管理的市场化运作模式。

“村村通”工程　1999 年，全县有 220 个行政村群众收听收看不到广播、电视。2000 年 3 月，国家实施“村村通”广播电视工程，全县投入资金 696.7 万元，受益农户投劳 8700 个，建小片网、有线联网等。6 月底，安装开通省、市调拨的 150 套“村村通”设备，将国家扶持的“2+1”套节目（即中央电视台、省电视台的电视节目加中央人民广播电台的广播节目）增加到“8+1”套节目。2000 年 11 月，剑阁获省政府表彰的村村通广播电视工程先进集体称号。2003 年 7 月，安装开通省、市新增的 10 套“村村通”设备，完成 160 个行政村“川一套”模改数工程。2005 年，完成国家下达的 50 户以上已通电自然村“村村通”工程建设任务，建小片网点 109 个、光纤联网点 181 个。2006 年 2 月，县广播电视局获市实施自然村“村村通”工程二等奖。3 月，启动升钟库区 20 户以上自然村“村村通”工程。是年，库区内金像、井坝、玉溪、红岩、大坪 5 个村实现光纤联网，建光节点 14 个，用户 412 户。至 2006 年年底，全县共装“村村通”450 套，有线前端设备 269 套，有线联网点 181 个，新增有线电视用户 1.4 万户。

广播电视中心建设与搬迁　2002 年 6 月，下寺经济开发区管委会将位于沙溪坝清江河畔、占地 0.69 公顷、建筑面积 5534 平方米、主体工程建至二楼的一在建工程整体转让给县广播电视宽带综合信息网络公司。广播电视系统落实启动资金 100 万元，于 2003 年 7 月开始续建，2006 年 7 月竣工，共投资 600 万元。

2002 年，启动下寺广播电视网络建设。9 月中旬完成修城坝三纵七横主干道电视光缆地埋工程，12 月上旬剑下线（普安镇至下寺镇）光纤联网。2003 年 9 月初，完成剑下线的光纤电视主干线建设，实现两地光纤电视联网和信号回传。

2004 年至 2005 年，县广播电视系统对下寺镇沙溪、大仓、拐枣、三江、大桥等村部分低质网进行光纤改造，边改网边延伸网络，联通上寺乡、下寺镇窑沟、友于等村光纤网络，新增用户 1000 户，县城周边村组用户能看到 30 多套电视节目。至 2006 年，相继开通县级单位和清江花园、江岸华城等住宅小区光纤电视，用户 2000 户。

2006 年，全县投入资金 90.3 万元（争取浙江省外贸厅对口援建资金 30 万元，县财政分批拨款 42.5 万元，广电自筹 10 万元），进行县广播电视台整体转移设备配套和节目制作中心建设。10 月下旬，县广播电视台整体移至新演播室、制作室、配音室制作节目。

剑阁县 1992—2006 年部分年份广播电视事业建设情况表

表 32

年份	1992	1995	2000	2002	2006
乡镇广播电视站（个）	36	57	57	57	57
村广播电视室（个）	490	420	150	206	313
CATV 总用户数（万户）	0.35	1.2	2.09	3.1	5.2
其中：城区（万户）	0.3	0.42	0.58	0.6	1.7
农村（万户）	0.05	0.78	1.51	2.5	3.5
电视差转台、站（个）	43	41	13	11	6
广播电视人口覆盖率(%)	69.5	78.2	91.5	92.1	93.2

说明：资料为县文化广播影视新闻出版局提供。

第二节　广播电视宣传

广播宣传　1990 年至 1995 年，县广播站按播音时间每天分早、中、晚 3 次播音，共 6 小时。节目分为转播上级台站节目和自办节目，各 3 小时。自办节目有新闻、知识、服务、专题、文艺 5 大类，主要栏目为《剑阁新闻》，每日一组 20 分钟；《农家参谋》《可爱的剑阁》《生活顾问》《生活大观》《科技集萃》等知识类节目，每周一组15分钟；随农事季节及听众反映，不定期播出《经济立交桥》《希望的田野》《听众信箱》等节目；配合全县中心工作和部门业务工作，开办《剑阁40年讲座》《红军在剑阁》《协作与联办》等专题节目；《剑阁文艺》，每日一组15分钟。

县广播站每年组织通讯员培训，定期印发宣传报道要点。通讯员来稿采用后付0.5—2元稿费。1995年年底，全县有骨干通讯员68人，业余报道组12个。

1996年1月10日，剑阁人民广播电台节目覆盖全县大部分地区。电台除转播中央台和省台节目外，自办节目每天3次播音，共7小时10分。节目兼顾城乡，重点为农村听众服务。栏目设置有："新闻节目"有《剑阁新闻》《剑门快讯》，每日一组15分钟。配合全县重点建设和重大活动，设置专题新闻节目。1998年"9·16"特大洪灾时，"临时广播站"滚动播出政务快报、抢险快讯、慰问电函等节目，鼓舞县城人民奋力抗灾自救；"板块节目"由《全县各乡镇广播站联播节目》《经济立交桥》《生活百叶窗》《协作与联办》和《文艺欣赏》5个综合板块构成；"听众信箱"节目于1996年4月首次开办，及时报道群众反映的热点、难点问题，是最受听众欢迎的节目之一；"现场直播节目"于1996年9月30日开通，首次直播县城职工文艺演出，此后，多次现场直播全县重大活动。县人民广播电台多次选送作品参加省、市节目评选活动，李金河、田中锦采写的《王河镇做到"两种生产"一起抓》为剑阁首次获省广播优秀节目奖。至2006年，共有15件广播作品分别获省一、二、三等奖，80件广播作品分别获市一、二、三等奖。

乡镇广播站宣传定时转播中央、省、市、县台重要新闻节目，自办灵活多样、富有乡土特色的广播节目，主要开设了《本地新闻》《政策与法规》《农家科学》《协作与联办》4个等固定栏目。根据工作需要，举办广播讲座、发布通知等。乡镇广播站每天播音两次，每次1小时，逢场天增加半小时。

电视宣传　1990年，县城郑家山广播电视调频台和县广播电视局大楼地面卫星接收站转播中央台第一、二套和四川台第一套节目，晚间转播剑阁电视台自办节目。1992年至1998年，木马镇停船山和龙源镇尖山子相继建成广播电视中转台，能直接收转市台电视节目，并转播中央电视台第一套和四川卫视节目。2006年年底，剑阁电视台可转播中央台及全国部分省台电视节目28套（中央电视台一至八套、十至十二套、新闻频道、少儿频道、教育频道，四川电视台二套，部分省台十一套，广元电视台一套），再加剑阁电视台自办节目3套，共转播31套电视节目。有线电视用户从2000户增加到6.8万户，广播电视覆盖率从89%增加到93.2%，电视覆盖率从65%增加到90.1%。

自办节目　1990年，剑阁电视台每周二、四、六播出《剑阁新闻》10分钟，以图像新闻为主，辅以口播新闻，由一名女播音员播音。1992年以后改为男、女对播，并开办点歌台、广告栏目等，与县农业局、县林业局、县计生委等28个单位联办专题节目。1994年至1995年，增设《剑阁风采》《要闻回顾》《家庭影院》《夜间剧场》等栏目。自办节目形式逐渐丰富，节目制作日益规范。1996年1月，自办节目增设《专题报道》《请你欣赏》《每周一歌》《下周银屏》等栏目。1998年，"9·16"特大洪灾时，县台记者抢拍洪水肆虐县城的大量珍贵镜头，制作新闻和电视专题片《九八年剑阁大洪灾》分别在四川电视台《新闻联播》和广元电视台播出，并被浙江电视台和香港卫视编播。2000年11月11日，剑阁电视台首次远距离无线传输直播川北文化列车"剑南春艺术团"在剑阁中学的演出活动。2003年9月28日，完成"县政府迁址庆典暨首届中国·剑门关豆腐文化旅游节"下寺镇与普安镇远距离现场直播，全县近10万电视观众收看到大会实况。2004年至2005年，开设《剑阁百姓事》《百姓热线》等栏目。

2006年10月8日，《剑阁新闻》改为每天一组，每周播出五次，周六、周日播出《一周要闻》，新闻播出时间增加到15分钟。

专题节目 1993年，摄制反映剑阁解放后特大旱灾的《旱、旱、旱——来自剑门山区的报告》的新闻专题片。摄制反映剑阁历史文化、名胜古迹、社会风土的五集专题片《崔嵬剑阁》及系列风光电视片《剑门风光》《天下第一古道——拦马墙》《剑阁乡村旅游纪实》等专题片。同时，开设专栏节目和电视评论，加强舆论监督。对剑门关关楼失火，普安镇居民饮用水污染等突发事件及时报道，力求客观公正。至2006年，共摄制播出新闻专题片、纪录片、文艺专题、系列报道等550部（集），获省、市级政府奖的有30多部。

广告宣传 剑阁电视台电视广告宣传形式主要有电视点播、字幕广告、专题广告、品牌广告和公益广告等。电视点播内容为祝贺成立、开业、庆功等各类庆典和结婚、生日、升学等喜庆事宜，在电视上点播歌曲，叠加字幕祝辞。1996年，电视点播达到高峰期，收入近10万元，占广告收入的三分之一。1999年后广告收入逐渐下降，到2006年，收入不足2万元。专题广告是1—3分钟的电视短片，介绍商家、医疗机构、办学单位的情况和药品、保健品等。品牌广告多为县内外客户的商品介绍。

第三节 管理与执法

乡镇广播电视站管理 1990年，乡镇广播电视站实行“县乡共管，以乡为主”的管理体制，县广播电视局负责乡镇广播电视站工作人员调配、技术培训和广播电视器材供应等。乡镇党委、政府负责乡镇广播电视站工作人员行政管理、思想教育和党组织生活等日常管理工作。乡镇广播电视站内部实行站长负责制、目标责任制、人员聘用制、工资浮动制。县广播电视局每年年初和乡镇广播电视站签订全年目标责任书，年终考核，平时定期检查。随着乡镇有线电视向村、社延伸，农村有线电视形成规模，原有管理模式已不适应事业发展需要。1999年5月，县委、县政府决定乡镇广播电视站实行县乡共管、以县为主的管理体制，县广播电视局统一管理乡镇广播电视站的人事劳资、资产经营和业务工作，乡镇党委、政府负责乡镇广播电视站的日常管理工作。2004年11月，县委、县政府制订《关于加快广播电视事业发展的意见》，规定“乡镇广播电视站除保留1—2人仍由财政供给外，其余人员经费由企业化的网络公司负担”。乡镇广播电视站和网络分公司实行“两块牌子，一套人马”的体制；“村村通”实行监管。由乡镇广播电视站统一管理，分村建账，站长（经理）审批，定期公布，维护“村村通”正常运转。

网络维护与管理 1990年，农村普遍建立专、兼职护线队伍，除乡广播电视站工作人员负责有线广播网络线路维护外，每个村配备1—2名护线员。农村广播建设和维护费一般由县、乡财政拨款。为弥补经费不足，按照《四川省农民负担管理条例》规定，乡镇人均统筹广播收听费1元至1.5元，作为广播维护费。2002年农村税费改革，农村广播经费纳入财政转移支付后，不足部分采取村民“一事一议”的办法筹集。

1993年，随着有线电视快速发展，县广播电视局印发《关于加强卫星地面站、电视差转台、有线电视管理的决定》。1997年，制定《城乡有线电视管理办法》。2004年后，相继发布《有线电视维护管理规定》，制定《光缆维护制度》等。有线电视维护实行各分公司划片包干，任务到人，一般故障24小时内排除，重大故障排除不超过72小时。光纤维护实行属地维护，定期巡查，确保线路畅通和广播电视节目安全传输。

音像制品管理　1990年至1999年，县广播电视局负责管理音像制品，按照《剑阁县录像发行放映管理办法》，核发营业许可证。县广播电视局与公安、工商、文化等部门，每年对全县音像制品经营市场及录像放映点进行1—2次大检查。同时，每年按照省、市统一部署，集中开展"扫黄打非专项行动"，收缴非法音像制品，堵住"黄源"，清除精神污染，净化音像制品经营市场。1999年6月，县政府将音像制品经营管理工作划归县文化局。

行政执法与行政复议　1992年至2006年，广播电视行政执法人员查处单位和个人违法违规行为多起，并按照相关法规进行行政处罚。2003年至2004年，县广播电视局会同公安、国安、工商等部门，对辖区内卫星地面接收设施全面检查，暂扣非法销售的卫星电视接收天线200多面，高频头接收机300多套。2005年至2006年，开展执法监督检查20次，依法取缔违规销售卫星广播电视地面接收设备经销商78个，没收设备40多套共100多件。拆除非法安装和使用卫星地面接收设施3800面，查处私接乱拉、非法窃取信号、损坏广播电视设施等案件52件。另外，县广播电视局共受理5起行政复议申请案件，经调查审理后作出行政复议决定，申请人和被申请人对行政复议决定均无异议。

第二章　《剑门报》

第一节　剑门报社

1996年7月，县委决定创办《剑门关报》，为县委机关报。报送市委宣传部审批，批准复刊《剑门报》，报纸为广元市内部资料刊号。《剑门报》创刊于1956年2月10日，1959年7月15日停刊，1960年1月1日复刊，是年12月24日停刊。1996年8月8日，再次复刊，报头为郭沫若书法集字。报纸总编辑王丕虎，副总编辑杨仕甫。1996年8月至2002年2月，《剑门报》社为县委宣传部内设机构。2002年3月，县编委同意成立"剑门报社"，为正科级事业单位，人员编制2人。报社设总编辑1人，副总编辑1人，聘用工作人员11人。2003年，遵照新闻出版总署"县级党委机关报刊一律停办"的规定，《剑门报》于12月31日停刊，共出版382期、增刊1期。

第二节　报社业务

版务工作　《剑门报》复刊时为月报，四开四版。1997年1月改为旬报，9月起，每月增加一期教育专号，反映教育动态，刊登教师教研文章和学生习作。1999年1月改为周报，2001年改为周二刊。

2002年1月起，每月末增加一期“月末特刊”，广采博览，纵论天下。报纸四版分别为要闻版、农村经济版、综合版、副刊版。四版中一、四版为套红版。固定栏目有剑门小议、农业技术、金钥匙、学习与实践、教育园地、博览、文化与生活、翠云湖等。除固定栏目外，根据全县中心工作需要，开设来自国家重点工程的报道、结构调整在基层、科学战胜“非典”、新县城建设、喜迎中国·剑门关豆腐文化旅游节等临时栏目。县党代会和每年县“两会”召开均出专号。2002年起，编辑《剑门报内部参考资料》，刊登不宜公开发表的舆论监督文章，送县委常委参阅。2003年9月，为庆祝剑阁“一会一节”，出版《剑门报》增刊1期，共18版。

编辑工作　《剑门报》编辑工作实行总编辑负责制。1996年报纸复刊时2人，承担编辑、记者、印务、通联等所有工作。1998年，报社职工增至5人。随着改版扩版，编采人员配齐，各版均设1名责任编辑负责编辑、组版和校对。通讯员来稿由办公室收发人员按稿件性质，分送各版责任编辑；记者采写的稿件直接送交责任编辑；临时换稿补稿，由责任编辑请示总编辑决定。稿件审定分版分级负责，一至三版稿件由总编辑或副总编辑审定，四版由副刊版负责人审定，特约稿件由总编辑与责任编辑、有关部室负责人集体审定。四个版的清样由总编辑审定后发排。实行版面差错追究制，清样前由责任编辑和记者负责，文字、标点及文理不通由编辑负责，政治性差错和重大技术性差错、标题差错由审稿人负责；清样改定后，打印、出胶片、照排出错由照排人员负责。差错视其程度，给予批评或经济处罚。报社每周一召开编务会议安排工作，并定期评选优秀稿件和版面。

记者与宣传　1996年至1998年，报社无专职记者，记者由编辑和县委宣传部工作人员兼任，各自承担所分配版面的采编任务。1999年，报社设专职记者2名，配备高档数码相机、采访机，负责采写要闻、专稿等。2002年，专职记者增至5名。记者采访由总编辑或副总编辑安排，重大事件跟踪采访，突发事件及时报道，不宜公开报道的编发“内部资料”。《剑门报》复刊期间，除采访报道县内发生的有价值的新闻事件外，重点对全县重大事件和中心工作进行集中、连续报道，使县内外读者及时了解剑阁各条战线的新成就、新经验。同时，坚持贴近群众、贴近实际、贴近生活的原则，开设热点聚焦、法制天地、读者来信等栏目，开展舆论监督，为读者服务。

报纸发行　《剑门报》的订阅纳入党报党刊征订发行范围，每年下达订阅计划，由县委宣传部和报社负责落实。除公费订阅外，自费订阅逐年上升，订户遍及重庆、西藏、新疆、广东、福建、上海等地。报社还向在外地工作、定居的部分县处级、副高职称以上的剑阁籍干部、知识分子及企业界人士寄赠报纸，让他们通过《剑门报》这个窗口了解家乡，激发其热爱家乡、支持家乡建设之情。1996年，《剑门报》每期发行5000份，以后增至10000份，全部赠阅。1997年，报纸改由邮局发行，年价正刊每份21元，“教育专号”每份10元。是年，发行23000份。1998年，正刊发行增至25000份，“教育专号”增至20000份。2001年改周二刊后，报纸年价每份40元，农村村、组报纸实行赠送（县财政每年向报社支付村组报款10万元。）

通联工作　《剑门报》坚持“全党办报，群众办报”方针，由通联部负责对通讯员的培训、约稿、评奖等工作，对外联络、收集听取通讯员和读者的反映和意见，对内承担传递、协调通讯员来稿来访。全县各乡镇、机关企事业单位均有通讯员，县级各系统、各乡镇设报道组。报社向通讯员统一颁发“通讯员证”，提供报道信息和采访要点，建立激励机制。报社记者、编辑到基层采访组稿与通讯员合作，进行现场指导。县委宣传部召开通讯员表彰会时以会代训，对通讯员进行集中培训。请川内报社出版社记者、专家授课，传授新闻写作基础知识，组织通讯员相互交流采写经验等，并经常开展各类征文活动。通讯员寄回的稿件占来稿的70%，采用率65%以上。除县内稿件外，上海、北京、广东、福建、新疆、西藏等省、市自治区均有作者向《剑门报》投稿，副刊《翠云湖》发表数包括国内知名作家的作品在内的10位县外作者的稿件。1996年至2003年，有100多名优秀通讯员分别受到县委、县委宣传部的表彰。

报社注重对外联络，长期与《苍溪报》《梓潼报》《阆中报》《什邡报》《盐亭报》等20余个市、县报社互相交流。2000年，《剑门报》加入省报纸副刊研究会，每年和《四川日报》《华西都市报》等全省数十个报社一起参加年会，均有好作品上榜。报社总编辑杨仕甫发表在《剑门报》副刊和省内外报刊系统介绍剑阁历史文化、名胜风光、民风民俗的作品收入《文化剑阁》一书，由中国戏剧出版社出版发行。

第三十三篇　医疗卫生　计划生育

第一章　医疗机构与卫生改革

第一节　医疗卫生机构

县直属医疗卫生机构　1990年，县直属医疗卫生机构有县人民医院、县中医院、县卫生防疫站、县妇幼保健站、县康复院和县卫生进修学校。1997年7月，县妇幼保健站更名为县妇幼保健院，县卫生进修学校更名为县卫生职业中专学校。1998年5月，县康复院更名为县皮肤病防治院。2003年8月，撤销县卫生防疫站、县皮肤病防治院，组建县疾病预防控制中心、县卫生监督执法所。2005年9月，县卫生职业中专学校停办，人员并入县疾病预防控制中心。2005年12月，成立县新型农村合作医疗办公室。

农村卫生院　1990年，全县有区医院10所、乡镇卫生院54所。1991年，下寺、上寺、普广3乡镇划入剑阁，区医院、乡镇卫生院增至68所。1992年10月，卫生院随行政区划调整做相应变更，原区卫生院更名为中心卫生院，原区公所所在镇的镇卫生院并入中心卫生院。全县设乡镇卫生院68所。1995年10月，全县恢复原撤销的21个乡建制，根据《剑阁县1995年至2000年医疗机构设置规划》，未恢复乡建制的鹤鸣、柳垭、时古、鸯溪、抄手、小剑、普广7地设地名卫生所。2003—2004年，开封、白龙、元山3所中心卫生院分别更名为县第二人民医院、县第三人民医院和县中西医结合医院。至2006年，全县设乡镇卫生院61所，其中中心卫生院11所，包括柳沟、武连、公兴、鹤龄、江口、剑门关、下寺中心卫生院和县红十字医院、县第二人民医院、县第三人民医院、县中西医结合医院。

村卫生站　1990年，全县有村卫生站576个。经过联办、重组后，1999年减至509个，2003年降至431个。2006年，随着政府责任强化和对卫生经费投入增加，村卫生站521个。

个体诊所　2003年，全县有个体诊所28个，2006年个体诊所增至48个。

剑阁县1990—2006年卫生机构（网点）情况表

表33－1　　单位：个

年份	合计	县级医院			农村卫生院	县卫生防疫站（疾控中心）	县妇幼保健院	村级卫生组织
			县医院	中医院				
1990	676	2	1	1	64	1	1	576
1991	696	2	1	1	68	1	1	594
1992	696	2	1	1	68	1	1	594
1993	97	2	1	1	35	1	1	—
1994	97	2	1	1	64	1	1	—
1995	97	2	1	1	63	1	1	—
1996	97	2	1	1	63	1	1	—
1997	630	2	1	1	63	1	1	553
1998	589	2	1	1	63	1	1	512
1999	586	2	1	1	63	1	1	509
2000	594	2	1	1	63	1	1	525
2001	586	2	1	1	63	1	1	509
2002	536	2	1	1	57	1	1	431
2003	555	2	1	1	54	1	1	431
2004	606	2	1	1	64	1	1	489
2005	607	2	1	1	64	1	1	489
2006	640	2	1	1	61	1	1	521

说明：资料为《剑阁统计年鉴》和县卫生主管部门提供资料整理。未统计1993—1996年村级卫生组织机构数。

剑阁县1990—2006年卫生机构床位情况表

表33－2　　单位：张

年份	合计	县级医院			乡镇卫生院	县妇幼保健院
			县医院	中医院		
1990	962	260	170	90	671	6
1991	985	260	170	90	694	6

续表33—2

年份	合计	县级医院			乡镇卫生院	县妇幼保健院
			县医院	中医院		
1992	987	260	170	90	696	6
1993	929	260	170	90	550	—
1994	951	260	170	90	668	—
1995	931	260	170	90	638	—
1996	998	340	250	90	635	—
1997	941	340	250	90	601	—
1998	1022	350	250	100	647	25
1999	978	340	250	90	613	25
2000	1001	381	250	131	613	7
2001	1016	358	250	108	638	20
2002	910	313	200	113	537	20
2003	903	306	193	113	537	20
2004	978	416	303	113	537	20
2005	933	295	182	113	614	20
2006	950	320	207	113	605	25

说明：资料为《剑阁统计年鉴》和县卫生主管部门提供资料整理。

第二节　卫生行政管理体制改革

1992年9月，根据国务院《关于深化医疗卫生体制改革的几点意见》提出的“支持有条件的单位办成经济实体或实行企业化管理，做到自主经营、自负盈亏”和卫生部关于“建设靠国家，吃饭靠自己”，“以工助医，以副养主”的市场化、产业化改革导向，结合剑阁实际，制定加强卫生管理、引入竞争机制、加快医疗卫生体制改革步伐的十一条措施，从管理体制、人事制度和分配制度等方面分步推进。

1994年，加大医疗卫生管理体制改革力度，改革医疗卫生单位运行机制，引进企业管理办法，扩大医疗卫生单位自主权，全面推行院（站）长负责制和综合目标管理责任制。县卫生局强化财务内控制度，卫生事业费由卫生局统筹安排，改拨为奖。各医疗卫生单位顺应市场化改革方向，拓展医疗市场，增加服务项目，把非常规、非基本医疗卫生服务项目推向市场，通过各种方式，增加收益，获取补偿。

1997年5月，县委、县政府召开全县卫生工作会议，贯彻落实国务院《关于卫生改革与发展的决定》，制定一系列卫生改革与发展的政策措施。主要包括：乡镇卫生院由所在地党委、政府和县卫生局共同管理；医疗卫生单位继续实行院（站）长负责制，明确责、权、利，建立和完善任期目标责任制；发挥党组织的政治核心作用和监督保证作用，依靠职代会实行民主管理和民主监督，建立有效的监督保障机制；优化卫生人才资源配置，卫生技术人员和卫生管理人员实行聘任制，建立健全岗位考核制；扩大分配自主权，搞活内部分配，建立按任务、业绩定酬的自主灵活分配机制。

1998年至1999年，县财政对卫生事业经费投入大幅减少，大部分医疗卫生单位经费短缺，运转困难。全面推行“以工助医，以副养主”的卫生改革举措。各医疗单位突破传统办院（站）模式，因地制宜，开发卫生产业，延伸开发其他产业，采取多种形式增加收入，力争经济效益最大化。医疗卫生改革全面步入市场化轨道。在实行鼓励创收、以药养医的政策导向下，一些医疗单位管理混乱，药品监管失控；群众看病负担加重，医患矛盾产生；“看病难，看病贵”日渐突出。

2000年至2002年，根据中共中央、国务院《关于进一步加强农村卫生工作的决定》、国务院办公厅转发国务院体改办、卫生部等八部委《关于城镇医药卫生体制改革的指导意见》和相关文件精神，剑阁继续推进城乡医药卫生体制改革。全县3个县级医疗机构和39所乡镇卫生院被确定为城镇职工基本医疗定点医院；实行医疗、药品分开，分别管理，收支两条线。县人民医院和县中医院先行实施；全县二级以上综合医院推行药品集中招标采购，严格监督药品价格，推行药价公示制、医疗收费公示制和医疗费用清单制；建立农村药品供应网络，乡村医生用药由乡镇卫生院统一代购，防止假劣药品流向农村，以保障农民群众用药安全。

2002年4月，县政府调整医疗卫生单位经费拨付的办法，保证国家投入及时足额到位；消化债务，把“减债”纳入领导任期目标，逗硬考核奖惩；严格业务招待费管理，业务招待费限定在单位当年公务费的2%之内；控制非生产性建设支出，强化投资计划审批制度，加强审计监督管理，建立健全财务责任追究制。县卫生局相继对武连镇中心卫生院基建维修项目资金及西庙乡卫生院、鹤龄镇中心卫生院等负责人进行离任审计。各医疗卫生单位通过优化资产，降低成本，提高效益，化减债务，至2003年，全县卫生系统减债199万元，资产净增126万元，实现结余47万元。

2004年，县卫生局制定卫生事业单位人事制度改革实施方案，首次向社会公开招聘乡镇卫生院院长11名，并落实部分招聘院长的待遇。同时，调整县级医疗卫生单位领导班子成员、镇中心卫生院和乡镇卫生院院长及12个中心镇卫生工作管理委员会组成人员。

2005年10月，县卫生局发出《关于进一步加强人事制度改革的通知》，规范卫生事业单位人员聘用制管理，停止执行停薪留职政策，完善聘用人员续签合同，新进人员实行凡进必考原则，并加强对流动人员的管理。是年，在部分乡镇卫生单位推行卫生经费集中收付核算改革试点工作。

医疗卫生体制改革产业化、市场化的导向，使“看病难，看病贵”的问题恶化。2006年下半年，根据国务院关于“医药卫生体制改革始终贯穿坚持公共医疗卫生公益性”的指导思想和“建立基本医疗卫生制度”的总体目标，从着力解决群众反映的“看病难、看病贵”问题入手，引导农民参加以大病统筹为主的新型农村合作医疗，城镇建立由医院和社区卫生服务机构组成的新型医疗卫生服务模式。国家免疫计划扩大病种，重大疾病防治力度加大，群众健康保障机制逐步恢复。

第三节 县级医疗卫生机构体制改革

1992 年至 1999 年，县级医疗卫生单位按照全县卫生改革的总体目标，推进以院（站）长负责制为主要内容的各项改革。实行院（站）长负责制，建立民主管理制度，发挥职代会的民主监督作用；实行目标管理，县卫生局同医疗卫生单位签订目标责任书，按任务完成情况，定项、定额补助经费，收支包干。单位对科室采取计量、计件的企业管理办法，实行承包或半承包责任制；改革分配制度，下拨经费 60% 用于发展卫生事业，40% 用于单位集体福利和个人津贴、奖金。奖金全浮动，工资部分浮动。

县人民医院在此期间进行三次大的分配制度改革：第一次，全院打破吃大锅饭的平均主义分配格局，奖金拉开档次。第二次，实行科室收支自行平衡，节余部分按 15% 至 35% 的比例提取奖金，奖金总额上不封顶，下不保底。并设立开展新项目、抢救危重病人、撰写学术论文等单项奖。第三次，奖金向临床一线和高风险岗位倾斜，分配差距拉大。同时，国家调整工资中活的部分也因科室绩效受到影响。1999 年 1 月，制定《剑阁县人民医院职工奖惩规定》，实行“两管三制”，即院、科室两级管理；院长负责制，科室主任聘任制，职工劳动组合制。经营上实行“三包、三制、三挂钩”，即包社会效益，岗位责任制与奖金、卫生津贴挂钩；包经济效益，目标管理责任制与超产奖挂钩；包医疗质量，优质服务竞赛制与评选先进、年终奖挂钩。

县中医院实行党组织领导下的院长负责制和中层干部聘任制及任期目标责任制，推行医疗质量、经济指标、精神文明三合一的目标管理办法，通过综合考核，与经济利益挂钩。

县妇幼保健院将工作任务分解到科室，由科室落实到人头，实行量化考核，拉开分配档次。县卫生防疫站从站长职责权限、任期目标及科室设置、人员组合等方面进行规范，设立站长基金、科研技术成果奖，将部分公务费下放科室使用，建立责、权、利相结合的运行机制。

2000 年 11 月，县卫生局根据省卫生厅《关于实行病人选择医生，促进医疗机构内部改革的实施意见》精神，首先在县级医疗单位推行病人选择医生制度。县人民医院、县中医院、县妇幼保健院将本单位医技人员姓名、照片、技术职称（职务）、专业特长等设橱窗公布。在门诊部设导医咨询台，为患者答疑解难，引荐就诊科室。2001 年起，病人选择医生制度在全县各医疗卫生单位普遍推开。

2002 年至 2006 年，县级医疗卫生单位深化管理体制、人事制度、分配制度等各项改革，强化制约机制、激励机制和监督机制，医疗质量、管理水平提高，妇幼保健和疾病防控能力得到加强，经济效益和社会效益增长。

第四节 乡镇卫生院体制改革

1992 年至 1995 年，随着市场化改革和分税制的实施，卫生事业经费投入逐年减少，乡镇卫生院运转困难。部分乡镇卫生院房屋破旧，设备简陋，人员流失，入不敷出，难以为继。农村公共卫生服务产生危机，农民“看病难、看病贵”的矛盾日趋严重。县委、县政府为改变农村医疗卫生现状，实施增强乡镇卫生院活力的一系改革措施，改革乡镇卫生院管理体制和运行机制，建立以预防、保健、基本医疗为主要内容的农村卫生服务网络。

1996 年至 1997 年，全县实施《乡村卫生组织一体化管理办法》，各乡镇逐步建立起比较完整、相对独立、自负盈亏、有自主权的防保体系。

1998 年至 1999 年，根据《医疗机构管理条例》，按照方便群众、合理布局的原则，由村委会提供业务用房，全县各行政村普遍建立村卫生站。村卫生站受村委会和乡镇卫生院的双重领导，站长由乡镇卫生院任命。村卫生站实行站长负责制和人员聘用制，经济上实行“独立核算、自负盈亏、适当提留、合理分配”的原则，分配上采取基本工资加浮动工资或工资全额浮动的办法，经费来源主要包括财政补助经费、农村卫生集资款、医疗业务收入、药品差价划拨收入、第三产业收入及其他劳动收入等。

2000 年，根据省卫生厅有关指示精神，终止乡镇卫生院分摊底金和个人承包经营，恢复卫生院集体经营、统一管理的模式。

2001 年至 2002 年，贯彻中共中央、国务院《关于进一步加强农村卫生工作的决定》和国务院办公厅转发国务院体改办等五部门《关于农村卫生改革与发展的指导意见》精神，县委、县政府把群众关注的提高医疗质量，降低医疗费用，改善服务态度，方便群众就医作为医疗卫生改革的根本出发点和改革成败的唯一标准，纠正一些偏离改革方向的错误做法，规范医疗卫生机构经营行为，实行卫生组织一体化管理。2002 年 1 月，乡镇卫生院 232 名退休人员联名致信县委、县政府，要求补发被拖欠数年，总金额达 200 余万元的养老金，同时落实医疗费、丧葬费等问题。多年来医疗卫生事业“吃饭靠自己”的市场化改革导向，卫生事业单位原养老保险筹集办法矛盾暴露，资金无法保证，上缴和兑现困难，造成退休人员基本生活得不到保障。是年 10 月，县委、县政府召集宣传、卫生、财政、劳动和社会保障等相关部门负责人，专题研究卫生系统职工养老保险问题，决定卫生系统养老保险由单位筹集改为社会统筹，实行统筹与发放分离，由县卫生行政部门统一征收，县机关事业保险局直接发放。11 月起，乡镇卫生院 232 名退休人员按月足额领到养老金。

2003 年至 2004 年，县委、县政府印发《关于进一步加强农村卫生工作的意见》和《关于完善乡镇卫生院管理体制的实施意见》，实施发展中心卫生院、缩编一般卫生院，限制新建卫生院的整合农村卫生资源规划。将开封、白龙、元山 3 所中心卫生院分别更名为县第二人民医院、县第三人民医院和县中西医结合医院。对同一场镇的医疗机构进行合并；改革领导管理体制，将乡办乡管的乡镇卫生院改为县、乡共管，行政上受当地党委、政府领导，业务上受中心卫生院指导。院长实行民主推荐，乡党委、政府审定，县卫生局任命的办法产生。强化卫生行政部门的规划、协调、监督服务职能。各中心卫生院成立卫生工作管理委员会，各乡镇设卫生办公室，协调解决辖区内卫生事业发展中的重大问题。乡镇卫生院实行双重目标管理，县政府与乡镇政府、县卫生局与乡镇卫生院分别签订责任书，对农村卫生事业建设、工作目标进行双重考核；改革财务管理制度，将乡镇财政管理的农村卫生事业费改为由县财政统一管理，按目标任务完成情况以奖代拨；改革分配制度，乡镇卫生院实行“以收定支，工资浮动，先积累后分配”的办法，院长有权提取和分配奖励基金；下放权力，乡镇卫生院有权举办以医疗为中心的各种经济实体，有权拒绝任何单位或个人平调、变卖、私分集体和国家财产。

县卫生局针对一些乡镇卫生院在财务管理中出现的“三多三乱”（银行账户多，资金管理混乱；违规账目多，会计核算乱；违纪问题多，财务审批乱）的现象，2005 年至 2006 年，在部分乡镇卫生院推行乡镇卫生经费集中收付核算改革试点工作，防止铺张浪费和资产流失，完善卫生财务管理体制和运行机制，推进乡镇卫生财务管理规范化、制度化、效益化。

第五节　卫生监督与疾病防控体制改革

1993 年，撤销原区防保站，按新建置乡镇设防保站 36 个。防保站设在乡镇卫生院，配备办公、业务用房和相应设备。镇中心卫生院的防保站设专职站长，其余乡镇防保站站长由卫生院长兼任，配备二至数名专职人员。防保站隶属乡镇政府管理，接受县卫生局业务指导。其主要职能是负责辖区内的卫生防疫、妇幼保健、初级卫生保健、爱国卫生运动、医药市场管理和村卫生站建设等工作。

2002 年 11 月，将原县卫生防疫站承担的食品卫生、公共场所卫生、化妆品卫生、生活饮用水卫生、学校卫生、劳动卫生、放射卫生、传染病防治管理、消毒卫生的监督职能，地方病防治办公室承担的碘盐监督职能，卫生行政部门相关科室承担的对医疗机构、卫生防疫机构、妇幼保健机构、采供血机构的卫生专业人员执业许可职能集中，由县卫生执法监督所实行综合管理。县卫生执法监督所在 12 个中心镇设立卫生执法监督分所。

2003 年 8 月，县政府发出《关于县疾病预防控制体制改革的通知》，决定撤销各镇中心防保站、乡镇防保站，成立镇中心疾病预防控制所和乡镇疾病预防控制站。各级疾病预防控制机构的主要职能是：负责辖区内疾病预防控制、监测检验、健康教育工作；承担传染病流行、中毒、污染等公共卫生事件的调查处理工作；组织公共卫生从业人员体检和培训疾控专业人员；开展疾控应用性科研工作等。

剑阁县 1990—2006 年卫生机构技术人员情况表

表 33－3　　单位：人

年份	合计	县级医院			农村卫生院	县卫生防疫站（疾控中心）	县妇幼保健院	县卫生监督所	村级卫生组织	医院卫生院执业医师
			县医院	中医院						
1990	2524	276	177	99	595	36	16	1511	474	—
1991	2573	270	174	96	621	37	15	—	1552	503
1992	2551	267	171	96	603	36	15	—	1552	472
1993	1004	247	153	94	544	35	15	—	—	339
1994	1255	262	157	105	875	42	14	—	—	404
1995	1402	289	178	111	929	43	23	—	—	414
1996	1418	289	176	113	1014	41	30	—	—	473
1997	1548	318	202	116	1112	40	34	—	—	502
1998	2845	326	207	119	1102	43	39	—	1285	566

续表33－3

年份	合计	县级医院			农村卫生院	县卫生防疫站（疾控中心）	县妇幼保健院	县卫生监督所	村级卫生组织	医院卫生院执业医师
			县医院	中医院						
1999	2510	319	215	104	998	43	35	—	1066	471
2000	2428	347	226	121	876	43	38	—	1074	503
2001	2411	370	232	138	841	29	46	—	1113	600
2002	2315	527	359	168	715	66	59	—	852	592
2003	2036	673	508	165	318	56	61	—	856	429
2004	2434	558	419	139	546	42	59	—	1086	535
2005	3048	762	463	299	973	48	82	—	884	596
2006	2165	377	238	139	733	41	52	30	874	508

说明：资料为《剑阁统计年鉴》和县卫生主管部门资料整理。未统计1993年至1997年村级卫生组织数。

第二章　医疗　卫生防疫与妇幼保健

第一节　中　医

1990年，县人民医院和各区、乡镇卫生院均设有中医诊断室、中药房、中药库房、中药加工炮制室，开展中医内、妇、儿、外科疾病诊治。县中医院科室门类增加，有中医内、妇、儿、外、骨伤、肛肠、痔瘘、眼、口腔等科室，病床90张，卫生技术人员99人。当年中医门诊10.65万人次，住院2001人次。

1994年起，县中医院以市、县名老中医为骨干，开设眼病、消化病、风湿病、针灸理疗等中医特色科室，使用经临床验证的中药单、验方，由医院制剂室加工炮制各种膏、丹、丸、散，治疗疑难病和慢性病。结石科运用现代技术，辅以中药专用制剂治疗各种结石。医学美容科使用自主研制的“净白霜”“参芪祛斑霜”等中药制剂为主，满足病员的不同需求。眼科被省中医药管理局列为省重点眼病专科。是年，中医门诊10.56万人次，住院2243人次。中医参与治疗率75%，诊断符合率98%。住院病人好转率98%，达到国家“二级乙等”中医医院标准，被人事部、卫生部、国家中医药管理局授予“全国卫生系统先进集体”称号。1997年后，县中医院突出中医特色，发挥中医综合疗法优势，重点研究开发专方专药，规范中药制剂加工工艺，确保药剂临床疗效，提高单病种中医药治疗率。至2000年，院内制剂有10个剂型、105个品种，研发的“净白霜”获市科技成果二等奖，中药房获省“放心药房”称号。

是年，经省专家评审组评审，达到国家“二级甲等”中医院标准。2001 年 2 月 17 日，县中医院为一脑瘤患者摘除 2.5×2.6×2.9 厘米的巨大垂体瘤。2002 年 9 月 26 日，县中医院成立“999”救援中心，开通免费救援电话“999”。

1999 年 7 月 31 日，省中医药管理局对剑阁创建省农村中医先进县工作进行评审验收。次年秋，剑阁被评为全省首个农村中医工作先进县。

2000 年，实施《剑阁县创建全国农村卫生工作先进县规划》，以县中医院为龙头，各中心卫生院为骨干，加强乡、村中医防治网络体系建设。至 2001 年，全县 61 所乡镇卫生院（所）的中医科和 453 个村卫生站的中医建设达到县级合格标准，乡镇卫生院均设立中医科，村卫生站有 1 名以上中西医结合医生。新建中医专科专病诊室 28 个。县人民医院肛肠痔瘘科、县中医院针灸理疗科、县中西结合医院骨伤科的好转、治愈率均在 95% 以上，3 科室被评为市级重点专科。全县共推广中医新技术、启动新项目 85 项。是年秋，经省专家组验收，剑阁获“全国农村中医工作先进县”称号。

2003 年，加大中医事业经费投入，争取中华慈善项目资金 230 万元，为中医医疗机构和乡镇卫生院添置医疗设备，医疗条件得到改善。全县有 4 个乡镇评为市级农村中医工作先进示范乡镇。在抗击“非典”中，编印 10 套中医药防治“非典”方法，免费发放药品 2 万人次。

2006 年，县中医院病床 113 张，卫生技术人员 139 人，门诊量 13.23 万人次，住院 5414 人，病床占用总计 4.12 万床日，使用率 100%，治愈率 32.69%，好转率 53.66%。

第二节　西　医

1990 年，县直属医院可开展呼吸循环、肾衰竭、休克、脑溢血、急性中毒等疑难危重症的诊治和中、下腹部及部分上腹部外科手术。区医院和乡镇卫生院一般能诊治农村常见病、多发病、传染病、地方病，开展囊尾切除、剖宫产及计划生育五种外科手术。部分医院可开展胃大部切除、肝胆肾取石、子宫肌瘤切除等手术。随着新技术的引进，医疗单位业务范围不断扩大，增设心血管内科、肾病专科、脑外科、骨伤科、烧伤科等专科，开设脑外、胸外和肺癌、食道癌切除及髋关节置换等外科手术项目。1999 年 9 月 6 日，鹤龄镇卫生院为一 76 岁妇女切除 60×60 厘米、重 20 公斤的特大卵巢囊肿瘤。

县人民医院为西医重点医院。1991 年 5 月，五官科分设为眼科和耳鼻咽喉科，增设儿科、专家门诊等 10 余个科室。开展脑电图、超声洁牙、青光眼手术、直肠阴道瘘修补等 21 个医疗项目。1993 年 10 月，设急诊科。1994 年达到国家“二级乙等”综合医院标准。1995 年 9 月，住院大楼投入使用，增设内儿科病房，病床 170 张，手术室可同时进行 6 台手术。1998 年 8 月 18 日，县医院投资引进美国 CE 公司生产的 MAX－640 型全身 CT 机、法国生产的全身数字化彩色多谱诊断仪、德国生产的 BCT－2000 型彩色经颅多普勒血流仪。1999 年创建为“国际爱婴医院”。2002 年 4 月 22 日，县人民医院购进一套德国生产的电视腹腔镜系统，成立电视腹腔镜微创科。是年，县人民医院达到国家“二级甲等”综合医院标准。2005 年开设传染病房。至 2006 年，第一、二门诊部设有西医内、儿、妇、外、眼、耳鼻咽喉、口腔、急诊、专家门诊等诊疗科室及中医科室，设有检验、放射、CT、B 超、心电图、脑电图、经颅多普勒、电子胃肠镜、病理等医技及辅助检查科室。住院部设有内一、内二、内儿、外一、外二、妇产等临床科室和手术室、供应室。内一科为市级心血管内科重点专科。内二科（传染科）开展的“链激霉在包裹性胸腔积液中的应用新技术”，被列为2006年全省科学技术推广项目。外一科为市级普通外科重点专科，获市科技成果三等奖2项。外二科开展的天状窦旁脑膜切除术，挢小脑角肿瘤切除术、断肢再植术、关节融合术、妇产科开展的子宫全切术、阴式子宫切除术，都属于“三甲医院”开展的较大难度的技术项目。是年，县人民医院门诊量为10.12万人次，住院4982人，住院病人手术2965人次，病床占用总计3.97万床日，使用率52.51%，治愈率56.6%，好转率35.12%。

第三节　爱国卫生运动与红十字会工作

农村卫生　1990年至1994年，进行农村环境治理，改善卫生设施，开展“两管五改”（管水、管粪；改水井、改炉灶、改厕所、改圈舍、改造环境）和除“四害”（蚊、蝇、蟑螂、老鼠）讲卫生活动，推进卫生户、卫生村和卫生集镇建设。1995年至2000年，按照“重点突破、树立典型、稳步发展、整体推进”的工作思路，坚持经济建设、环境建设、卫生建设同步发展，全县农村以治理脏、乱、差为重点，大搞环境卫生，开展卫生示范户、示范村和卫生集镇建设。公兴镇、剑门关镇建成市级卫生集镇。

2003年，农村以改水改厕为重点。全县派出领导干部224人次，卫生人员324人次，引导农民改建水井、改造厕所。累计改厕10780户。2005年，对公路沿线环境卫生、场镇出口道路卫生死角开展为期两个月的专项整治活动，建立卫生区域责任制，做到常抓不懈。抓爱国卫生“细胞”建设，建成健康教育示范村3个，市级卫生村1个。2006年，把爱国卫生运动与社会主义新农树建设结合起来，进行村容整治，道路、庭院绿化，人居环境美化等工作。

城镇卫生　1990年至1993年，把爱国卫生运动作为精神文明建设和“三优一学”竞赛活动的重要内容，围绕社会性公共卫生、群众性卫生和除害灭病等工作，坚持突击与经常相结合，持之以恒，常抓不懈，治理城镇“脏、乱、差”。

1994年，县爱卫办组织开展除“四害”活动。在县城集中投放鼠药，喷洒消杀蚊、蝇、蟑螂药液，面积13000平方米，“四害”密度下降，鼠密度控制在2%以内。是年，建成省级卫生单位3个，市级卫生单57个。1997年后，每年结合4月爱国卫生月，开展不同主题的爱国卫生运动，各单位、各居委会组织市民清洗门窗、地面，疏通阴阳沟，清理卫生死角，建立门前“三包”责任制和日常清扫保洁、周末卫生大扫除、月末检查通报制度。

2000年，开展“保护母亲河行动”。县城机关干部职工、学校师生8000余人参加闻溪河、龙泉涧的清淤排障，清除河道白色污染物、沟边垃圾杂草，滨河路环境卫生状况得到改善。2002年，县城万余市民、学生参加整治以塔山公路为主的城区道路、河道和公共地段环境卫生。是年，建成省级卫生单位2个，省级无烟单位1个，市级最佳卫生先进单位6个，市级卫生先进单位8个，市级无烟单位1个。撤销复查不合格的5个省、市级卫生先进单位称号。

2003年，“非典”期间，县卫生局组织医务人员街头宣传防“非典”知识，发放宣传资料6万余份。关闭烟尘严重的锅炉房，县城空气污染程度降低。2004年，对全县公路沿线环境卫生进行专项整治，清理城镇进出口道路卫生死角。县爱卫会在普安镇聘请爱国卫生监督员15人，加强环境卫生监督。2005年至2006年，对普安镇、下寺镇、剑门关景区的环境卫生进行集中整治，打造生态园林城市和旅游休闲城市，植树造林，养花种草，绿化、美化环境，改善新老县城卫生和环境面貌。

创建省级卫生县城 1996年3月11日，县委、县政府印发《关于开展创建省级卫生县城活动的决定》，成立县"创卫"总指挥部，由县委书记、县长任总指挥长。总指挥部下设7个分指挥部。5月7日，县委、县政府在县粮食局召开"创建省级卫生县城动员大会暨现场会"，县级各部门与县政府签订创卫目标责任书，分指挥部与各部门举行联席会，研究制定"创卫"宣传、门前"三包"、除"四害"、卫生监督监测及传染病防治、食品卫生、饮水卫生、公共场所卫生、城监、交通管理等方面的具体措施。县城机关、学校、工厂、街道等各行业积极参与，"创卫"活动全面展开。

1997年，县"创卫"指挥部在城区开展春、夏季大规模除"四害"活动，动员城区机关、企事业单位、居委会、村委会和公路沿线的场镇，按统一时间，集中投放喷洒除"四害"药物，控制"四害"密度。6月和7月，省爱卫会除"四害"考核组对县城机关、学校、医院、特殊行业、农贸市场、公共场所、垃圾站（点）及居民住宅区等78处共2000米段的灭蝇随机抽样检测，检测结果符合灭蝇先进县城区标准；对城区96处共2283个房间的灭蟑螂随机抽样检测，检测结果达到灭蟑螂先进县城区标准。

县"创卫"指挥部按照《四川省省级卫生县城检查评比量化指标》，对城区窗口单位卫生、公共场所卫生、市容环境卫生、饮水卫生、食品卫生、垃圾粪便管理和城区绿化等方面进行综合整治。1997年11月28日，省卫生县城检查团对剑阁创建省级卫生县城现场考评，结论为达标。次年，省政府授予剑阁省级卫生县城称号。

1998年，县城遭受"9·16"特大洪灾袭击后，县委、县政府组织全城市民恢复水毁城市道路、河堤及环境卫生设施。清淘、恢复公厕12处，新增垃圾桶242个、果皮箱216个，新建垃圾中转站2座。修复城区公共绿地带篱3000余米，新植桂花、丁香、柳树等行道树2000余株。加强市容管理，从东门口至后西街东西主干道设为"步行一条街"，限制机动车辆进入城市中心区。

1999年至2002年，重点建立健全卫生长效机制，坚持日常保洁，坚持把爱国卫生与城市环境治理相结合。每年4月爱国卫生月、"6·5"世界环境日，组织市民开展卫生活动。对闻溪河饮用水源实行经常性监管。对市民反映强烈的10个烟尘污染大户限期整改。

2003年县驻地迁至下寺镇后，普安镇继续巩固和发展创卫成果，普遍开展创建"园林式单位"活动。严格执行国务院《环境绿化条例》，严禁毁绿、挤绿建房，对践踏园林绿地，损坏绿化、卫生设施的行为进行批评、制止和处罚。至2006年，新增和恢复城市绿化面积1400平方米，新建园林式单位5个，复查合格20个。顺利通过省爱卫会的两次复查和市爱卫会的年度复查。

全民健康教育 1990年起，开展全国亿万农民健康教育行动。剑阁组织医务人员送卫生下乡，广泛开展健康教育，普及健康知识；建立健康宣传教育制度，学校常年开设健康教育课，广播电视开办健康教育专题节目，印发《卫生知识手册》《健康教育知识选编》《卫生与健康》等宣传资料，举办各类健康教育培训班；每年结合"计划免疫日""世界卫生日""世界防治艾滋病日"，开展街头健康咨询活动，引导群众克服有害健康的不良习惯，增强健康意识和自我保健能力，树立卫生文明的社会风尚。至2006年，累计开设卫生宣传和健康教育专栏480处920期，展出图片、展版295幅；制作宣传标语570幅，印发各类宣传资料8．1万份；举办健康知识电视讲座54期；出动宣传车巡回宣传102次；举办健康咨询活动129次，群众受教育面90%。

红十字会工作　1992年1月，县红十字会成立，挂靠县卫生局。红十字会自成立起，在全县广泛开展《红十字会法》《母婴保健法》《献血法》等宣传活动，进行咨询服务，发放《中国红十字会章程》《国际红十字会简介》等资料，传播红十字会精神，让红十字会的性质、宗旨和任务，家喻户晓，深入人心。在每年5月8日“世界红十字日”都要组织纪念活动，设立街头宣传站（点），根据县情，突出重点，展示不同主题，扩大红十字会的社会影响。同时，县红十字会还与县卫生局、县爱卫办等单位配合，利用“世界献血日”“世界无烟日”“世界白血病日”“世界艾滋病日”开展宣传活动，15年间，县红十字和基层红十字会共办宣传专栏626期，情况简报120期，印发各种宣传资料7.6万份。

1992年至1993年，县红十字会组织开展应急救护培训，以机动车辆驾驶员卫生救护为重点，按照省红十字会规定的统一教材施教，共举办培训班4期，培训驾驶员482人。此后，还配合有关部门，分期分批举办农民工、乡村医生和中小学生应急救护培训班，使之掌握初级卫生救护、家庭急救、群众互救自救等救护知识，提高自救互救能力。

县红十字会还组织开展“红十字博爱送万家”“迎百年华诞——红十字在行动”“红十字献爱心康复工程”等救助救护活动，组织义诊义检，提供健康咨询，为孤寡老人、五保户、伤残军人赠送药品等。15年，共开展义诊义检活动38次，接受诊检3.2万人（次），赠送患者药品价值9万余元。

1998年，县红十字会按照中国红十字会的统一部署，开展“《献血法》宣传年”活动，提高群众对无偿献血重要意义的认识，使之成为自觉行动。是年9月16日，全县遭受特大洪灾，县红十字和基层红十字会紧急行动，组织抗洪、救灾志愿者1.2万人，战斗在抗洪第一线，抢救群众生命、财产安全。

2003年“非典”发生期间，县红十字会主动参与防治“非典”工作，为“非典”募集资金16.3万元。2005年至2006年“五·四”“六·一”节，开展“弘扬人道主义精神”的红十字会青少年活动，部分学校还开展红十字青少年夏令营活动。县红十字会还组织6名先天性心脏病患儿到上级红十字定点医院接受部分免费手术治疗。

第四节　卫生监督监测

饮水卫生检测　1990年，县卫生防疫部门对全县集中式饮水点抽检水样26个，水质合格5个。1991年至1997年，县卫生防疫站为合格的集中式供水单位核发卫生许可证，对集中式供水单位工作人员进行一年一次的健康检查和饮用水卫生知识培训，对从业禁忌病患者建议有关部门调离。1998年5月，县卫生防疫站对县自来水厂生活饮用水水质进行理化、微生物、细菌等指标检验，所检水样基本符合国家GB5749－85标准。2000年至2001年，县卫生防疫站对全县生活饮用水进行卫生学调查，抽检饮用泉水、井水、河水、溪沟地面水、塘库水等多个水样，水质合格率在91.6%至92.3%之间。

2005年至2006年5月，县卫生监测检验中心对全县集中式供水单位生活饮用水卫生进行调查，抽检水样18个，水质合格8个。全县供水站饮水卫生未达到规范化管理标准。川投公司直管的下寺、普安2个供水站，选址符合标准的1个，普安镇水源受污染，两个供水站水质处理均不符合卫生要求；全县7个中心场镇的供水站，水源符合要求5个，水质检测4个指标均合格；其他45个乡镇供水站，部分水源选址不符合饮用水卫生要求。上寺、马灯、义兴、柏垭、木马、姚家、西庙、迎水、国光、碗泉、田家等乡镇供水站水源分别受到厂矿废水、林化油加工、肥水养鱼和农田施药等污染。一些乡镇供水站水源处未设置明显标志，水池未加盖防护、定期清洗和规范投放消毒药物。乡镇供水站水质检测12个，4个指标合格。全县一级供水站未按规定配备基本的检测仪器，二级供水单位大部分未按照生活饮用水卫生要求进行管理，90%的单位未办卫生许可证，专（兼）职人员未经体检和培训。

2006年6月，县卫生局制定《剑阁县生活饮用水安全专项整治工作方案》，卫生监测检验人员对全县供水站、二次供水单位及自备饮用水全面调查，抽样检测199个，应检率为36%，水质合格55个。集中式供水站抽检水样25个，水质合格8个；自建集中式供水站和二次供水单位抽检水样6个，水质合格3个；自备饮用水抽检水样126个，水质合格30个。对全县学校生活饮用水卫生安全进行调查检测，抽检水样172个，应检率为38.31%，水质合格44个。城镇学校抽检水样14个，水质合格1个。乡村学校抽检水样158个，水质合格41个。不合格生活饮用水主要是水源受到不同程度的污染，导致氨、氮、锰、硝酸盐氮和大肠菌群、细菌总数及肉眼可见物等不符合国家GB5749－85控制标准。县卫生监督执法部门以加强生活饮用水源头管理、强化消毒、规范集中式供水单位的制作工艺为重点，进行执法监督。对不合格饮用水供水单位责令限期整改34个，立案查处4个。2006年6月，普安镇生活饮用水水源受到污染，发生群体性腹泻事件。县委、县政府启动应急预案，开展全面治理，控制事态发展。

学校卫生监管　县卫生部门按照《学校卫生工作条例》，开展学生健康教育，培养学生良好的卫生习惯。加强传染病、学生常见病的预防和治疗。定期对8—12岁年龄段的小学生进行生长发育学调查，掌握学生生长发育和健康状况。普遍开展中小学学生健康体检，各学校均建立学生健康档案和健康卡片。

2001年，按照《四川省学生集体用餐管理办法》，县卫生防疫站对全县中小学、幼儿园学生餐饮供应点，学校周边副食店实施卫生监测，发现有问题的限期整改，整改后仍不符合卫生要求的予以关闭。对学生进行健康体检，接受健康检查学生64840人，体检率为81.2%，建档率100%。

2003年，县卫生执法监督所对学校卫生进行专项检查，重点检查生活饮用水卫生、食品卫生及“非典”期间坚持“晨检”和开展健康教育的情况。共检查学校65所。其中，饮用自来水的学校40所，饮用井水的17所，依靠车辆运水的8所。被检查学校多数存在缺少专职医务人员，饮用水安全隐患较突出。针对存在的问题，出具“卫生监督意见书”，限期整改。

2004年，县政府印发《关于加强学校卫生安全与食品卫生监督量化分级管理的通知》。各学校实行卫生安全校长负责制，完善各项制度和应急处理工作预案，建立学校卫生安全工作长效机制。县疾控中心、县卫生执法监督所进行学校卫生防疫指导和学校食品卫生监督量化分级管理工作。剑阁中学、剑州中学、开封中学、元山中学食堂开展量化分级管理工作试点。年底，剑阁中学、开封中学食堂通过食品卫生等级A级单位的评审。

2005年，根据市卫生局、市教育局《关于在全市开展学校卫生安全检查的紧急通知》精神，对全县中小学校进行卫生专项检查，检查项目包括学校医务室设置及卫生技术人员配备，食品卫生、饮水卫生，厕所、集体宿舍卫生，传染病管理等。存在的主要问题是：大部分学校未按规定配备专兼职卫生技术人员；一些学校食堂未实施量化分级管理，食品卫生状况较差；北部山区学校师生生活饮用水困难，卫生管理制度不落实等。

2006年，县卫生局、县教育局强化学校卫生安全管理，县疾病预防控制中心对全县中小学校负责人、卫生分管人员和从业人员进行卫生安全知识培训和复训，县卫生执法监督所在春、秋季开学1月内分别对学校进行卫生专项检查，学校卫生条件逐步改善。

公共场所卫生监管　1990年，贯彻国务院《公共场所管理条例》，加强卫生监督监测队伍建设。配备公共场所助理卫生监督员，添置监测设备，扩大监督覆盖面。1991年至1993年，对城区影院、舞厅等进行卫生学监测。每年对公共场所从业人员进行一次健康检查，合格者发给健康证，对从业禁忌病患者建议调离。1994年，县卫生防疫站对县城区36处公共场所卫生抽样监测。1997年，对县城旅店、发廊、洗浴等23处公共场所进行卫生监测，合格8处。对不合格的，督促管理者或业主增添卫生设施，完善卫生制度，改善卫生条件。2000年，对县城宾馆、旅社、茶楼、理发店等行业的床单、脸盆、茶杯、毛巾、剪刀等公共用具进行卫生检测，合格率64%。2001年至2006年，卫生执法监督人员以公共场所卫生条件、从业人员健康状况为重点，对公共场所开展经常性卫生监督，每年进行1—2次采样检测，检测合格率逐年上升。

第五节　传染病与地方病防治

传染病疫情报告　全县医疗、保健、卫生防疫机构为疫情报告单位，各级医务人员为法定疫情报告人。县级医疗卫生机构设防保科，县、区（镇中心卫生院）、乡、村四级防保组织具体负责疫情报告工作，实行逐级全天候疫情报告制度。乡镇卫生院向县疾控中心报告疫情时，一并向镇中心卫生院报告。医疗单位每月作一次传染病例汇总报告。防疫部门建立了《剑阁县传染病疫情与突发公共卫生事件监测旬报制度》，定期通报疫情概况、重点疫情、突发公共卫生事件及疫情分析，提出疫病防治工作要求。并于冬春和夏秋季各作一次疫情预测预报，提出相应的预防控制措施，指导全县疫病预防工作。

2003年，县卫生局发出《关于进一步做好抗击非典型肺炎和流感等法定传染病疫情控制工作的紧急通知》和《关于加强疫情报告制度的通知》。各医疗机构均增设发热门诊，严密监控疫病流行趋势。对流动人口特别是发生疫情地区返乡的农民工、大专院校学生等进行医学观察，并以村、居委会及县级各部门为单位，逐一登记，加强监测。实行疫情日报告和“零”报告制度，紧急情况随时报告。2005年，建立传染病与突发公共卫生事件网络直报制度，各乡镇卫生院全部配齐网络直报计算机，改手工报告为网上报告，同时完善疫情报告制度。2006年，县级医疗单位传染病漏报率为零，镇中心卫生院漏报率9.6%，乡镇卫生院漏报率7.2%。

疫病流行及重点防控　县卫生防疫站（疾控中心）按照《传染病防治法》《乡镇公共卫生突发事件处理条例》，预防控制县内传染病和应对各类公共卫生突发事件。对剑阁易发的流感、流脑、麻疹、痢疾、病毒性肝炎、肺结核、麻风病等传染性疾病，采取重点防治和紧急处理相结合的防控措施，防止疫情扩散、蔓延。对一般性传染病的防治，按接到疫情报告→立即口头（书面）汇报→派专业技术人员迅速赶赴现场→调查、制订方案→隔离治疗（对接种病人进行医学观察）→疫区饮用水消毒的应急接种程序进行处理。

1991年10月，香沉乡发生流行性出血热7例，并向邻近的羊岭、摇铃、吼狮、鹤龄等乡镇各蔓延1

例。县卫生防疫部门接报后立即组织人员到疫区，对病人进行隔离治疗，疫情得到控制。是年，全县传染病报告率为98%。至1994年，传染病发病率347.6/10万。1998年，全县发生传染病病种14种，病例1974人，发病率295.39/10万。1999年，传染病发病率150.96/10万。

2003年5月，剑门关镇中心小学校1名学生出现发热症状，全身分布红色丘疹，1日后丘疹消退，体温恢复正常。随后，该校二年级、五年级及幼儿园共有21人出现发热，县卫生防疫部门展开流行病学调查，8人被确诊为风疹，3人为单纯疥疮，3人为单纯扁桃体肿大。经对症处理全部治愈。是年，全县有15所乡镇小学291名学生相继发生风疹、流感等疫情。

2004年9月，义兴乡中心小学校暴发流感样病例疫情。139名学生出现39℃以上高热，发病者均为住校生。疫情发生后，县医疗防疫部门迅速开展有序救治和疫情控制。县人民医院、柳沟镇中心卫生院派出医务人员援助治疗一般患者，高热不退及并发症患者转送县人民医院救治。同时，学校设隔离室4间，控制疫情蔓延。是月，东宝镇中学发生流感样病例95例。是年，中小学校共发生传染病疫情26起（霍乱疑似病例1起）。全县传染病发病率427/10万。2005年，法定报告传染病3798例，发病率上升至566.8/10万。

2006年，县疾病控制部门规范各类传染病监测和疫情信息发布制度，加强疾控所、站基础设施建设，举办疫情管理人员培训班，开展传染病工作专项检查。制定《剑阁县霍乱监测方案》，规范各医疗机构腹泻门诊的设置与管理，共监测采样200件，均为阴性。是年，全县无重大传染病暴发流行。

计划免疫　县卫生局每年向县卫生防疫站和各区、乡卫生院下达儿童预防接种任务，按照免疫程序对0—7岁儿童进行预防接种，实行计划免疫。1990年，全县运转疫苗8次，投放7种，接种18.21万人份，卡介苗、脊灰糖丸、百白破三联疫苗、麻疹疫苗等“四苗”接种率为89.8%。1991年，各乡镇儿童计划免疫使用的卡、证、簿、册实现标准化管理，疫苗运输、储藏和低温接种符合规范。全县“四苗”单项接种比例为：卡介苗98.8%，脊灰糖丸94.2%，百白破92.5%，麻苗96.2%。

1992年1月，国家将乙肝疫苗接种纳入儿童计划免疫管理。剑阁新生儿和学龄儿童的乙肝疫苗接种率县城为40%，农村为30%，符合国家要求。2月，国务院颁发《九十年代中国儿童发展纲要》，制定《全国消灭脊灰强化免疫活动实施方案》，规定每年12月5日和次年1月5日为全国统一强化免疫日。按照实施方案，剑阁每年脊灰强化免疫服苗率均在98%以上。

1994年，全县投放脊灰糖丸81670人份，卡介苗19700人份，百白破三联40400人份，百白破二联7200人份，麻苗7170人份，流脑4000人份，乙脑2645人份，“四苗”覆盖率94.4%。1997年，对全县中小学校和幼儿园学生接种腮腺炎疫苗。2001年，对全县2—17岁青少年实行强化免疫，达到国家控制指标。开展脊灰强化服药和扫荡免疫活动2轮（次），送服糖丸，接种率为99.2%。通过省、市检查验收。2002年，省计划免疫所按容量比概率抽样法在剑阁抽查30个村，调查儿童基础免疫和强化免疫情况，剑阁计划免疫接种率符合国家标准。是年，建立乙肝筛查、补种和加强免疫制度。全县对18岁以下青少年和儿童乙肝感染状况进行筛查，乙肝普种疫苗接种率85%。

2003年，开展2003—2004年度脊灰强化免疫活动。第一轮强化服苗2万人次，基本消除免疫空白人群。是年5月1日起，实行新生儿乙肝免费接种，全县免费接种1060人。是年，全市流脑A+C定点接种工作现场会在剑门关镇召开，推广流脑A+C定点接种工作。2004年，完成儿童脊灰糖丸强化免疫2万人次，计划免疫接种率为95%。2006年，计划免疫“四苗”全程接种率88.3%，乙肝疫苗首针及时率81.1%，“三针”全程接种率91.3%。

麻风病防治　按照世界卫生组织提出的联合化疗方案，对现症麻风病人严格进行正规化疗。1990年全县有麻风病患者42人。1992年至1997年，新发病13例，年平均发病率为0.4/10万，患病率为1.38/10万，治愈率97.53%。2002年，麻风病三联化疗病人4例，规则治疗率为100%；监测复查55例，监测复查率为100%；新发病2例，发病率为0.3/10万。2003年至2006年，新发病2例，患病率控制在0.02%以下。

克山病防治　1989年，完成全县10万人口克山病监测第一阶段工作，通过省卫生防疫站验收。1990年至1993年，重点加强发病区域内人口膳食结构分析监测，进行防病保健知识宣传，推行预防服药等措施。同时，继续对克山病患者进行调查回访，摸清病人转归情况。1990年，克山病发病4例，1992年3例，1993年后县内无克山病发生。

地甲病防治　地方性甲状腺肿病简称地甲病，亦称碘缺乏病。1991年，县卫生防疫站在全县中小学和部分乡镇开展流行病学调查，甲状腺肿大率8%，患病率1.6%。1992年，制定《剑阁县消除碘缺乏病规划》，印发宣传资料5000份。在孕产妇、新婚育龄夫妇、7岁以内婴幼儿及中小学生中同步预防和治疗碘缺乏病。是年，地甲病发病率低于5000/10万。1993至1997年，县卫生防疫部门、盐业部门多次联合行动，打击销售贩卖假碘盐活动，巩固防治成果。1998年，执行卫生部有关决定，停止在中小学生中服用碘制品。全县8—12岁儿童甲状腺肿大率7.2%。1999年，碘缺乏病患率3.6%。2002年，县卫生防疫站对居民食用盐含碘量抽样监测200份，碘盐合格率97.3%。对8—10岁儿童4300人进行抽查，甲状腺肿大209人，肿大率为4.86%。2004年，省、市地方病防治办公室检查剑阁碘缺乏病防治工作，按组织领导、碘盐管理、健康教育、防治监测四项指标评分为97分，确认剑阁消除碘缺乏病实现阶段目标。2005年，确认为基本消除碘缺乏病达标县。2006年，继续开展经常性监测工作，碘盐合格率99%，学生尿碘中位数120u微克/升，儿童甲状腺肿大率3.4%。

第六节　妇幼保健

婚前保健　1996年1月，县政府办发出《关于贯彻执行〈母婴保健法〉及〈四川省婚前医学检查管理办法〉的通知》，成立婚前医学检查领导小组和婚前检查技术鉴定小组，确定县妇幼保健站、县红十字医院和10所中心卫生院，2所镇卫生院为婚前医学检查定点单位。全县举办各类培训班16次，培训卫生人员3478人次，印发宣传资料8万份。开展婚前保健演讲和知识竞赛活动，剑阁4名选手参加全市《母婴保健法》知识竞赛获团体第一名。对婚前医学检查工作人员严格考核，持证上岗，全县婚检医生考核合格发证71人，接生员考核合格发证456人，计划生育技术考核合格发证189人，执法监督员考核合格发证138人。1997年10月，市卫生局对剑阁14个婚检定点单位和从业人员进行考核评审，均合格达标。1998年2月，市卫生局、市民政局联合发文，对剑阁14个婚检定点单位予以确认。全县婚检从业人员共76人（主治医师61人，医师15人）。

1998年，全县婚检应检人数4214人，实检1185人。检出患病5人，暂缓结婚。2000年，登记结婚青年1566人接受医学检查。2002年，婚前医学检查率上升到82.45%。2003年5月，根据省卫生厅

《关于贯彻执行婚前保健工作规范（修订）的通知》精神，对现有婚前保健服务机构进行清理、复审，重新认定执业资格，乡镇卫生院不再承担婚前保健服务工作。是年6月起，婚前医学检查均在县妇幼保健院或其下设的分检点进行。至2006年，全县婚前医学检查率为87.65%。

孕产妇系统管理 1990年，实行孕产妇保健系统管理，内容包括早期建卡、产前检查、产时新法接生和产后访视。至1994年，孕产妇系统管理率81.6%。1998年，孕产妇6532人，参加系统管理4744人。2000年，有2089名孕妇参加系统管理，系统管理率85.1%。早孕建卡率86.7%，产前检查5次以上的占86.1%，孕产妇死亡率控制在78.6/10万以下。2001年，全县统一使用《孕产妇保健手册》。2002年9月16日，县医幼保健院通过验收达国家“一级甲等妇幼保健院”标准。2003年，各医疗机构开展孕产妇急救“绿色通道”建设，改善医疗环境，提高服务技能。全县孕产妇系统管理率为89.48%，建卡率和高危妊娠管理率均100%，住院分娩率65.69%，产前检查率99.5%，孕产妇死亡率控制在92.64/10万以下。2005年至2006年，加强乡镇卫生院妇产科和急救“绿色通道”建设，实施《助产技术管理办法》，规范母婴保健行政执法行为，孕产妇系统管理工作体系进一步完善。

孕产妇保健保偿 1989年，县卫生局根据省卫生厅《关于推行孕产妇保健保偿制工作的意见》，制定《剑阁县孕产妇保健保偿制实施细则》，确定各乡镇卫生院为孕产妇保健保偿承办单位，以孕产妇为保偿对象，明确双方的权利和责任。保偿金额为350元，在领取“结婚证”时交纳。保偿期限从怀孕到产后访视的全过程，孕期检查5次以上，产时住院3天全产程接生，产后访视3次。对产后大出血导致产妇死亡，子宫破裂引起的产妇及胎儿死亡，新生儿破伤风死亡等，由承办方负责补偿。至1994年，全县有52个乡镇开展孕产妇保健保偿制工作。1996年后逐渐减少。

新法接生 1990年，全县新法接生率为83.5%。新生儿破伤风发生2例，发生率0.8‰。1992年，新法接生率为84.6%，住院分娩率43.9%。新生儿破伤风发生3例，发生率1.4‰，7月内婴儿死亡5人，死亡率2.3‰，孕妇死亡3人，死亡率14.3/万。1993年，出生10992人，新法接生9349人，住院分娩4838人。无新生儿破伤风发生。7日内婴儿死亡率4.4‰，孕妇死亡1人，产后访视率34.5%。1994年至1996年，县妇幼保健站对乡村接生员进行分片区集中培训考核，颁发合格证书。由乡镇卫生院配给专用产包，新法接生技术水平提高。至2006年，新法接生率97.13%，住院分娩率66.21%。无新生儿破伤风病例发生。

“两个死因”监测 1990年，剑阁被列为全市“两个死因”（孕妇和5岁以下儿童死因）监测县。县卫生局组织医疗保健机构业务人员在部分乡镇进行调查，查阅卫生院有关资料，找当事人核实情况，掌握大量数据资料，为死因分析提供重要依据。1995年，根据国务院《九十年代中国儿童发展规划纲要》（简称NPA）中期监测目标，剑阁成为全省NPA监测点。县卫生行政部门成立相应组织机构，制定《NPA监测方案》和《NPA评估方案》，开展数据收集、整理和评估工作。至2000年，根据3个周期NPA监测指标，剑阁“两个死因”率高于全省水平。2002年，孕产妇死亡率112.33/10万，5岁以下儿童死亡率29.43‰。至2006年，孕产妇死亡率降至110/10万，5岁以下儿童死亡率降至28.7‰。

妇女病防治 1990年，开展妇女“四病”（子宫脱垂、宫颈癌、乳腺癌、尿瘘）普查普治和“五期”（经期、孕期、产期、哺乳期、更年期）劳动保护工作。是年，接受妇女病检查人数9542人。1991年，扩大妇女病查治面，检查妇女16432人，患病5826人。1992年，为2800名育龄妇女接种破伤风类毒素。1995年，检查妇女31024人，患病12109人（宫颈癌11人）。1998年，妇女病普查58696人，普查率53.57%。2002年，妇女病普查率和治疗率分别为60.68%和100%。2005年至2006年，县妇幼保健院在姚家、北庙两乡开展妇女病普查普治，普查率和治疗率分别为55.78%和100%。

儿童保健　县妇幼保健站每年对城区各幼儿园儿童进行健康体检，乡镇卫生院妇幼工作人员对本地7岁以内儿童进行体检。县卫生防疫站、中心卫生院组织卫生人员对中小学生进行体检，建立健康档案。每年“六一”儿童节，县卫生行政主管部门组织医务人员上街为儿童义诊，开展儿童保健咨询服务。1990年，县妇幼保健站对普安镇幼儿园和县城7岁以下散居儿童进行健康体检，对县城儿童进行氟离子透入，以预防儿童龋齿。1991年，对5772名儿童进行体检，发现活动期佝偻病患儿52人，贫血86人。1992年至1999年，开展儿童“四病”（腹泻、贫血、肺炎、佝偻病）防治工作。2002年，县妇幼保健院对江口镇12所幼儿园的326名幼儿进行心理、生理和发育评估检查，纳入儿童保健计算机系统管理。2003年，各医疗机构加强儿童保健、儿科门诊、儿科病房规范化管理，坚持“儿童优先”原则，提供服务与指导。7岁以下儿童保健管理率88.96%，托幼机构保健管理率66.74%。2004年，实行城镇儿童保健系统管理，新生儿和5岁以下散居儿童为重点管理对象，建立散居儿童花名册，5岁以下儿童保健系统管理率83.24%。2005年至2006年，开展等级幼儿园儿童保健系统管理工作，完成4800名在园儿童健康检查和建档工作，全县0-7岁儿童保健系统管理率88.79%。

ARI标准病例管理　ARI标准病例管理即儿童急性呼吸道感染病例管理。1991年，县卫生局根据市卫生局《关于加强儿童急性呼吸道感染防治工作的通知》精神，制定儿童急性呼吸道感染防治实施办法，举办乡镇妇幼卫生人员培训班，建立三级转送制度，确保患儿得到有效诊治。1994年，发生急性呼吸道感染患儿3527例，其中肺炎232例，未发生死亡。1995年，全县42个乡镇实行ARI标准病例管理。1998年，急性呼吸道感染患儿死亡30人，死亡率1.3%。2001年至2005年，继续推行ARI标准病例管理。至2006年，95%的乡镇实行API标准病例管理，新生儿死亡率为24.23‰，婴儿死亡率24.1‰，5岁以下儿童死亡率27.66‰。

第三章　城乡医疗制度

第一节　农村合作医疗

农村合作医疗是农民群众通过集体和个人筹资，用以抵御疾病风险的基本医疗保障制度。合作医疗以集体经济为基础，1982年农村推行家庭联产承包责任制后，农村合作医疗失去集体经济基础而解体。1993年，中共中央在《关于建立社会主义市场经济体制若干问题的决定》中提出，要“发展和完善农村合作医疗制度”。合作医疗被重新提上议事日程。1997年，国务院批转卫生部等部门《关于发展和完善农村合作医疗若干意见的通知》。是年8月，剑阁被列为省农村合作医疗试点县。县卫生局在剑门关镇青树村、江口镇金钟村和碗泉乡白兔村开展村办村管的合作医疗试点，在秀钟乡开展乡办乡管的合作医疗试点，取得经验后扩大试点范围，全县农村合作医疗制度逐步恢复。

2002 年 10 月，中央决定建立新型农村合作医疗制度。2003 年，新型农村合作医疗制度开始在全国试点推广。2005 年 11 月，剑阁被列为全省第三批新型农村合作医疗试点县。12 月，县委、县政府印发《关于建立新型农村合作医疗制度的实施意见》，确定 44 医院、卫生院为新型农村合作医疗定点医疗机构，24 个村卫生站为新型农村合作医疗村级门诊定点医疗机构。12 月 7 日，县委、县政府开会布置新型农村合作医疗试点工作。各乡镇普遍建立新型农村合作医疗制度，按照个人缴纳、集体扶持、政府资助相结合的原则筹集基金。2006 年，以家庭为单位，每人每年缴费 10 元，五保户和特困户个人筹资部分由民政医疗救助资金资助。各级政府专项补助资金每人 40 元（中央财政补助 20 元，省、市、县财政共 20 元），合计人均 50 元。全县参加新型农村合作医疗人数 45.3 万人，筹集新型农村合作医疗基金 224.68 万元。全县有新型农村合作医疗定点医疗机构 468 个，其中村级卫生站 404 个。

第二节　农村初级卫生保健

“2000 年人人享有卫生保健”是世界卫生组织提出的全球性战略目标，实现这一目标的基本途径是做好初级卫生保健工作。1990 年，成立县初级卫生保健委员会（简称“初保会”），初保会办公室设县卫生局。1991 年，县政府制定《剑阁县初级卫生保健实施规划》，提出分两步走，实现“2000 年人人享有卫生保健”的奋斗目标。第一步到 1996 年，全县达到温饱地区最低限标准，60% 的乡、村达到宽裕地区最低限标准。第二步到 2000 年，全县达到宽裕地区最低限标准，部分乡、村达到小康地区最低限标准。

1991 年至 1992 年进行规划试点。全县广泛开展初级卫生保健宣传教育活动，动员群众积极参与；区、乡镇建立初保会，村建立初保领导小组；培训管理干部、技术人员和群众卫生骨干；选择不同类型，在全县 20% 的乡、村进行初级卫生保健试点工作。1993 年至 1995 年实施。县政府把初级卫生保健涉及的政府管理、财政投入、健康教育、卫生保健网络建设等 16 个方面，44 项指标分解到各相关部门，层层签订目标责任书。1994 年 6 月，综合性妇幼保健项目（卫 VI 项目）在剑阁启动。是年，县财政投入卫生事业费 386 万元，用于乡、村两级的占 28.8%。改扩建 21 所乡镇卫生院房屋 1380 平方米，添置大型医疗设备 100 台。548 个村均设有卫生站，其中甲级村卫生站占 54%，村级卫生人员 1200 人。健康教育普及率 96%，所有乡镇实行计划免疫保偿制%，实行妇幼保健保偿制的乡镇 91.6%。农村卫生厕所普及率 82.5%，安全饮用水普及率 85%。经省初级卫生保健委员会专家组检查评审，剑阁达到国家初级卫生保健普及阶段标准。1996 年至 2000 年进入加速发展，全面达标阶段，继续推进乡村卫生组织一体化管理，不断完善三级医疗卫生预防保健网络。群众卫生意识和自我保健意识增强，城乡卫生面貌改观，农村初级卫生保健成果工作得到巩固和发展。

第三节　城市医疗救助

2006 年 6 月，县政府根据民政部、卫生部、劳动保障部、财政部《关于建立城市医疗救助制度试点工作的意见》，制定《剑阁县城市医疗救助办法》，确定县人民医院、县中医院和各中心卫生院为城市医疗救助定点医院。城市医疗救助对象主要是城市居民最低生活保障对象中未参加城镇职工基本医疗保险人员、已参加城镇职工基本医疗保险但个人负担仍然较重的人员和其他特殊困难群众。低保对象中的重病、重残病人员，按其实际情况每月在低保补助标准上救助 10—50 元的医疗救助调节金。低保对象凭“剑阁县城市医疗救助证”就医时，免收门诊挂号费，减收基本手术费和 CT、核磁共振等大型设备检查费、普通住院床位费 20%。在县政府确定的定点药房购药，享受零售价 9 折优惠。低保对象门诊、住院就医、个人负担超过一定金额的医疗费用或特殊病种医疗费用给予一定比例或一定数量的补助。于次年 1 月 1 日起在全县正式实施。

第四章　卫生行政管理

第一节　医政管理

医疗机构分级达标建设　1990 年，按照《广元市农村区、乡卫生院分类分级管理标准与分级达标办法（试行）》和《广元市农村卫生站建设标准》，实行卫生工作双重目标管理责任制。卫生工作纳入各级政府重要议事日程和当地经济社会发展计划，卫生事业费投入增加，全县农村卫生站全部建立，医疗机构标准化建设和医护质量管理得到加强。1991 年，经市医院分级管理评审领导小组评审验收，开封区卫生院达到国家一级甲等医院建设标准。1993 年至 1994 年，县中医院和县人民医院达到国家二级乙等医院建设标准；武连、公兴、白龙、剑门、元山中心卫生院达到国家一级甲等医院建设标准；东宝、汉阳镇卫生院达到国家一级乙等医院建设标准。1995 年至 1996 年，开展医疗机构标准化建设，医院分级管理和分级达标工作加快。经评审验收，鹤龄中心卫生院、县红十字医院达到国家一级甲等医院建设标准。

1997 年 9 月，卫生部根据《中华人民共和国医疗机构管理条例》，重新制定《综合医院评审标准》和《乡镇卫生院评审标准》。县卫生局按照评审标准，从医德医风、医疗质量、医疗安全、血液管理等方面，对全县医疗机构展开评审，实行“单项否决制”。至 2006 年，县中医院、县人民医院建成国家二级甲等医院，16 所中心卫生院和乡镇卫生院建成国家一级甲等医院，20 所乡镇卫生院建成国家一级乙等医院。县人民医院和县妇幼保健院建成国家级爱婴医院。

医疗行业执业资格审定　1990 年至 1993 年，县卫生局加强医疗行业执业资格审定工作，严把执业准入关。分期培训乡村医生，规范医疗机构医护人员执业行为，强化常规管理。1995 至 1996 年，开展全民、集体医疗机构登记注册工作，对首批申报的医疗机构，按卫生部《医疗机构基本标准》进行逐一审查。对审查合格的医疗机构颁发“医疗机构执业许可证”。1999 年，统一执行卫生部确定的全国护士执业考试标准，全县通过护士执业考试合格 15 人。2002 年，首次开展医师执业注册工作，组织执业注册专业资格考试，办理登记注册医师 668 人。

2003 年，对贯彻《执业医师法》和《医师执业注册暂行办法》等法规实施情况开展检查，对医师执业资格注册后调离、退休、退职、开除等进行清理备案。在册乡村医生重新审定办理“乡村医生证书”。按照中共中央、国务院《关于进一步加强农村卫生工作的决定》和相关规定，村卫生站均核定为非营利性医疗机构，重新更换“医疗机构执业许可证”。对全县个体医疗机构进行评审，评审合格的换发“医疗机构执业许可证”，注销9个未取得“医师资格证书”和未参加评审的个体诊所。同时，根据《剑阁县2003—2005年场镇个体医疗机构设置规划》，通过评审，批准设置10个个体诊所。2004年，对所有“医疗机构执业许可证”进行校验，规范医疗机构42个，取缔不合格医疗机构18个。对新办医疗机构严格按照有关法规进行验收把关，批准新办民营医疗机构12个。对外地到剑阁的专家和义诊人员进行资格审查24人次。2005年办理医师考试注册245人次，组织乡村医生资格考试2次，注册1048人。

2006年，县卫生局发出《关于进一步加强医疗机构和医师护士执业准入及监督管理的通知》，规范医疗机构和医师、护士执业行为。对全县医疗机构进行年度校验，注销柘坝乡卫生院三门诊部、西庙乡卫生院三门诊部、县汽车修配厂医务室、县职业中学医务室、开封中学医务室和3个个体诊所。按照《母婴保健专项技术服务许可证及人员资格管理办法》，对母婴保健技术服务机构和人员进行审定、考核，对连续两年考核不合格的人员，取消母婴保健技术服务资格。

医疗质量监督管理 1990年至1999年，各医疗机构实行医疗服务质量管理。教育医护人员树立以病员为中心、全心全意为病员服务的思想，坚持严谨作风；加强医护人员基础理论、基本知识和基本技能的训练，以熟练掌握诊治护理技术和徒手心肺复苏急救技术；完善医师查房、病例讨论、病历档案、病历质量和医疗质量考核制度；专家门诊由副主任医师常年值班，负责诊治疑难病症，保证患者及时就医；急诊科（室）由主治医师值班，实行急诊首诊负责制和危重病人抢救床旁交班制度；开通“120”和院设急救电话，接到求救信号后，5分钟内出动救护车；加强设备管理，提高设备诊断质量，为临床医护提供准确依据；建立院、科两级感染控制体系，完善消毒、隔离、无菌操作和传染病登记报告制度，规范一次性卫生用品的管理和用后处理。

2002年，针对乡镇卫生院急诊科、供应室建设普遍滞后和大量医疗安全隐患的状况，县卫生局制定《剑阁县乡镇卫生院急诊科建设标准》，规范急诊科和供应室建设，开展大面积改扩建工作，各中心卫生院急诊室基本达到标准。同时，县卫生局制定《剑阁县医疗服务质量监督考核细则》，组织3个县级医疗单位的业务副院长、护理部主任对各中心卫生院和县直属医疗单位的医疗服务质量进行全面考核，对问题突出的医疗单位限期整改。

2003年至2004年，县卫生局健全完善医疗质量监管体系，加强重点科室建设，相继制定《剑阁县手术室建设标准》和《关于手术管理的规定》，明确手术工作相关软、硬件建设标准。“一甲”以上14所医院和部分乡镇卫生院按照要求，加强手术室建设，改扩建手术室5个，新增设备35台（件），培训人员80人。全县开展医疗质量评比和树技术标兵活动，举办“处方质量”“病案质量”“放射影像质量”等多项评选及“十佳护士”评选活动。各医疗单位进行护理人员理论、技能和职业礼仪的培训和竞赛，整体护理水平得到提高。

2005年至2006年，按照《剑阁县医疗机构施行外科、妇产科手术的规定》，对不具备规定条件的医疗机构和个人，不准开展相应级别的外科、妇产科手术。要求医院科室门诊按照卫生行政主管部门核准的诊疗科目开展诊疗活动，不准转让、出借、出租门诊科室，纠正科室承包经营行为和超范围执业。

医疗服务市场管理　1990年后，社会力量开办医疗机构逐年增多，无证行医、游医、巫医，借医行骗等违法现象出现。1996年至1998年，对全县社会力量开办的医疗机构进行审查，处罚非法行医，取缔无证行医摊点和游医承包医疗机构门诊科室。

2003年，开展为期23天的全县医疗服务市场专项治理工作。抽调县卫生局、公安局、工商局、药监局138人次，出动车辆19次，对28个重点场镇的医院、个体诊所、药店、计划生育服务指导站进行清理检查，查出非法行医摊点13处，非卫生技术人员从事诊疗活动18人。根据当事人违法情节轻重，分别给予取缔、没收药品器械、罚款等行政处罚，共没收药品价值9000元，没收医疗器械70台（件），罚款7600元，移送公安机关处理2起。对县卫生防疫站开设的皮肤病门诊进行监督检查，对从业人员的执业资格进行合法性审查，并查处未经县卫生局审批的医疗广告2条。

2004年至2006年，继续开展医疗服务市场的专项整治工作，县政府办公室、县卫生局制定《剑阁县整顿和规范医疗服务市场工作方案》和《剑阁县打击非法行医专项行动方案》，共检查各类医疗机构298个，出具卫生监督意见书154份，终止发布不合格医疗广告5条，受理群众举报137件（次），立案处罚56件，罚款3.4万元，没收医疗器械223台（件），销毁药品440公斤，取缔无证行医125人，移送公安机关处理2件。

血库建设和血液管理　1992年5月，成立县中心血库。中心血库设县人民医院内，承担全县范围内的采供血任务。为加强对公民献血的管理，对献血人员建立人头档案，进行逐项体检，实行采供血统一血源、统一采购、统一供血。严格执行卫生部制定的《采供血机构和血液管理办法》，加强血源管理、采血管理和临床用血管理。

2004年至2006年，根据《中华人民共和国献血法》《四川省公民献血条例》及《临床输血技术规范》等法律法规，制定公民年度献血计划，开展公民无偿献血活动，加强县中心血库血液资源管理。县人民医院、县中医院建立输血科，严格执行输血技术操作规程和质量标准，完善输血制度。做到临床用血登记报批和输前血液检查核对，建立输血反应及输血感染应急救急组织，血液质量和临床用血安全得到保证。

医疗事故处理　医疗事故鉴定由县卫生局负责受理鉴定申请。县医疗事故鉴定委员会负责鉴定。

2002年9月1日，国务院颁布《医疗事故处理条例》。县卫生局，举办学习《条例》培训班，组织全县1400名医务人员参加《条例》及相关规定的知识考试，规范医疗行为。根据新的举证责任倒置的要求，加强病案管理，统一病历书写格式。对各中心卫生院和县直属医疗单位的病案质量进行逐家评比和指导，病历质量提高，医疗管理加强。1990年至2006年，通过医患双方协商、行政调解、民事起诉等形式，共处理医疗事故156例。其中，有争议未进行医疗事故鉴定、由医患双方协商解决的106例，行政、法院调解的39例，法院判决的11例（一级甲等医疗事故5例、二级乙等医疗事故6例）。

第二节　药政管理

药品质量监督　1990年，集中整顿全县医药市场，对从事药品生产、经营的54个企业，71户个体工商户，72个医疗卫生单位和73名个体医生进行资格审查和药品质量、价格检查，审查合格者换发药品生产（经营）营业执照、许可证、合格证。对制造和销售假劣药品者依法给予制裁。1991年，对全县96个药品经营单位从业人员进行法制教育，教育面为95%。对药品经营单位监督检查144次，检查面为100%。取缔非法摊点13个，销毁伪劣变质药品34种，价值8000元。罚款15个单位（个体行医户），金额1560元。1992年，县卫生行政部门增加药品监督员7名，全县建立药政、药品、检验三位一体的监督体系。在医药市场整顿中，取缔无证行医42人，吊销个体开业行医证12个，没收药品53件，器械13台（件），价值1000元。取缔非法经营药品摊点24个，销毁伪劣变质药品124种，价值1万余元。罚款13个单位（个体行医户），金额4230元。

1993年，乡镇防保站建立后，设立乡镇药品检查员。是年，医药、工商、公安、物价等部门对县城及33个乡镇医药市场进行清理整顿，检查药品经营单位、个体行医摊点、医院、计生站、兽医站（门市部）等190个。发现的突出问题是：一些场镇个体诊所、药店设立过密过多，布局不合理，逢场天街头药品经营摊点增多。被检查的87个个体诊所中，有30个是乡村医生上街行医和退休医生个体行医。经营药品的单位和个人中，无证或证件不齐的有36个，占被检查数的46%。部分药店挂着畜牧兽医门市部的牌子，而所售药品70%以上都是人用药品，请人医坐堂开方提成。有的非法从事药品批发业务，进药渠道、销售渠道、药品质量检测都在监督执法部门的控制之外。医药市场混乱造成用药安全隐患。处罚无证行医卖药、销售使用伪劣、违禁药品及其他违法经营的机构，责令停业24个，停业整顿20个，限期整改23个，罚款37个，警告27个。共没收西药片剂73种87520片；针剂72种4903支；各种膏丹丸散剂39种424袋、128盒、96支；中药46种98803公斤。封存非法药品批发点2个，中西成药168种。

1994年，全县有药品经营单位134个，从业人员316人。药品市管理趋于规范，药品监督建档率、违法案件查处率均为95%。除坚持经常性执法外，开展集中检查3次，抽检药品31批。查处某中药材开发公司非法经营药品案件，没收药品价值22万元。取缔非法经营药品摊点18个，收缴伪劣变质药品125种，价值1万余元。1996年至1998年，贯彻落实国务院办公厅《关于继续整顿和规范药品生产经营秩序加强药品管理工作的通知》和省、市相关规定，由卫生、药监、工商、公安等部门组成联合执法队，坚持“标本兼治，纠建并举”和“谁主管，谁负责”的原则，重点查处制售和使用假冒伪劣药品、过期药品和不合格医疗器械，禁止兽医经营人药和人兽药混卖。实行药剂从业人员执证上岗制度，未取得资格证书的不准上岗开办药店。1998年，收缴销毁伪劣药品312种，价值38万元。

1999年，按照卫生部《关于治理药品回扣问题的实施方案》，全县开展纠正医药购销不正之风的工作。县卫生局行文规定：凡医院进购药品，商家、厂家必须是国营主渠道，具备药品经营企业合格证、经营许可证、营业执照，并有销售人员单位证明、身份证复印件，经药剂科主任、会计、药库保管员同时验收签字后办理入库手续，报院长审批签字付款。严禁医疗单位从个体药贩或非法经营单位购进药品。各医院按规定在醒目处摆放告示牌告之病员提供线索，接受群众监督。在全县范围内开展创建放心药房活动。至2002年，县中医院、县人民医院、田家乡卫生院等21个医疗单位的药房达到放心药房标准。是年，推行药品招投标制度，市药品招投标领导小组分配给县人民医院113万元、县中医院55万元的药品招投标任务全部完成。医疗单位实行药品收支两条线管理，控制药品价格过快上涨。全县医疗单位所需一次性无菌医疗用品实行定点采购，统一管理，做到以旧换新发放，发放和回收一致。各医疗单位建立健全一次性使用无菌医疗用品采购、贮存、使用及后期处理制度。

2003年，各医疗单位按照县卫生局《关于进一步加强医疗机构药品管理的通知》要求，在药品采购中实行计划、审批、采购、验收、付款分离，建立出入库质量检查制度，定期对库房、药房的药品、一次性用品和医疗器械进行全面清理，销毁过期失效、霉烂变质的药品及已淘汰的器械或用品。将药品采购工作作为院务公开的主要内容，规范药品管理。对从事药剂工作人员进行资格审查，非专业技术人员调离药剂工作岗位。2004年，实行药品价格公示制，各医疗单位定期公布药品价格。2005年，开展医药购销和医疗服务中不正之风的专项治理工作，规范医疗卫生执业行为，按照省卫生厅《关于严格管理医疗机构医药费用的通知》要求，推进合理检查、合理用药、合理收费，控制医药费用过快增长，缓解看病难、看病贵的矛盾。各医疗单位坚持救死扶伤，实行革命的人道主义的传统教育，弘扬白求恩精神，树立质量第一、服务第一、病人第一的理念，把以病人为中心落实到每一个医疗服务环节。建立完善各项管理制度，全面推行医疗收费及药品价格公示制、查询、住院费用清单制，取消科室承包收入分成和药品、检查费用提成办法。是年4月，县卫生局开展价格监督检查，对医疗单位自立项目、自定标准收费，分解项目、重复收费，已取消项目的继续收费，不按实际服务数量计算收费，超国家规定标准收费等行为进行查处。

2006年，县卫生局印发《剑阁县卫生系统治理医药购销领域商业贿赂专项工作实施意见》。治理工作从是年4月起至年底结束。通过思想动员、正面教育和自我剖析，7名医务人员在规定的期限内主动上缴10240元，科室上缴5460元。各医疗单位对2001年以来的药品耗材购销、药品零售价和利润的财务处理及医疗设备采购等进行全面清理，在自查自纠的基础上整改规范，建章立制。县直属医疗卫生单位对药品、耗材、设备实行网上集中招标采购，由药械科、财务科、药事会、医院领导四方共同完成。各中心卫生院由院长、主办会计、药房库房人员组成的药品采购领导小组负责。各乡镇卫生院由院长与临床科室商议后采购。医疗卫生单位购买超过3000元以上的医疗器械、设备，报县卫生局审查，纳入政府招标采购。建立健全治理医药购销领域商业贿赂专项工作的长效机制，遏制医疗机构和医务人员开大处方、高价药、滥用检查、过度医疗等行为。

精神麻醉药品管理　1990年至2000年，精神麻醉药品由县卫生局管理。县卫生局依据国务院《麻醉药品管理办法》和省、市卫生行政部门有关规定，制定精神麻醉药品管理措施。使用单位凭“麻醉药品购用印鉴卡”在指定的麻醉药品经营单位购进；使用实行专人、专柜、专销、专账、专处方制度。患者确需使用精神麻醉药品，由具有医师以上专业技术职称的医务人员处方。配方时严格核对，并建立精神麻醉药品处方登记册。加强对经营单位精神麻醉药品质量和使用流向的监督管理，对违反规定的给予处罚。2001年，修改后的《中华人民共和国药品管理办法》颁布实施，精神麻醉药品改由县药品监督局管理。2005年11月，国务院《麻醉药品和精神药品管理条例》颁布后，麻醉药品和精神药品仍由县卫生局管理。

第三节　卫生项目管理

农村卫生建设项目　1993年起，剑阁实施国家农村卫生三项建设项目。三项建设包括：排除危房，改扩建医院业务、生活用房。完善医疗设备；培训医疗卫生人员。每年按乡镇卫生院总数的10%规划，以国家、省、市的资金为引导，县、乡财政投入为主，实行国家、集体、个人多方筹措资金的融资机制以筹措资金。首批安排无业务用房和急需改造的危房，乡镇卫生院设施、设备逐步完善。

2001年，根据《四川省农村卫生扶贫建设规划（2001—2010年）》实施卫生扶贫建设项目，建设18所乡镇卫生院。2002年，鹤龄、木马镇卫生院建设项目完成。鹤龄镇卫生院项目总投资77.49万元（建筑工程造价70万元，医疗设备投资4.59万元，医技人员培训费用2.9万元）。该镇启动卫生扶贫工程为辖区内16户特困户减免医药费4002.9元，减免户占贫（特）困户的30%。至2004年，有锦屏、姚家、义兴、高池、羊岭5所乡镇卫生院完成建设项目。

2005年，争取国债、省补资金农村乡镇卫生院建设项目，编制《剑阁县2005至2010年乡镇卫生院建设规划》。按照农村乡镇卫生院建设标准进行系统和规范改造，安排改、扩建业务用房50150平方米，添置更换设备434台（件），培训医疗卫生人员637人次。项目概算总投资4428万元，申报中央、省分别投入85%、10%，县财政配套4%、乡镇卫生院自筹1%。项目分期投资，逐年建设。至2006年，改扩建乡镇卫生院26所，建筑面积9225平方米，总投资820.5万元（省补资金444.8万元，自筹375.7万元）。全县乡镇卫生院基本实现无危房，房屋、设备、人员基本配套。2006年，汉阳镇卫生院使用中国健康工程基金会50万元（由香港中国健康工程基金出资）建门诊楼1200平方米。

医疗卫生专项建设项目　2002年，实施“十五”卫生专项建设项目，改、扩建县妇幼保健院业务用房总面积825平方米，总投资39万元（国家补助20万元，自筹19万元）。是年4月动工，2003年4月竣工。

2004年，实施国债传染病建设项目，新建县人民医院传染病区，建筑面积1200平方米，项目计划总投资240万元（中央预算180万元，地方配套60万元）。2005年8月竣工交付使用。实际总投资198万元（基建投资123万元，附属工程投资16万元，污水处理工程33万元，医疗设备投资26万元）。

疾控中心国债建设项目　2003年，实施县疾控中心国债建设项目。该项目建筑面积3000平方米，疾控中心业务用房2000平方米，检验检测中心业务用房1000平方米。项目总投资300万元（中央国债资金110万元，县财政配套资金180万元，单位自筹10万元）。是年6月，在下寺镇修城园区主干道以西，武功街以南征地0.53公顷（每公顷195万元），完成图纸设计工作。2004年5月，主体工程竣工并通过验收。2005年9月，全面竣工。

结核病控制项目　1993年，实施世界银行贷款中国结核病控制项目，剑阁被列为全省结核病控制项目县。是年3月，县政府制订结核病控制项目实施方案，各乡镇政府与县政府签订《结核病控制项目工作协议书》，各医疗卫生单位与县卫生局签订《结核病控制项目责任书》，层层落实目标任务和工作职责。县卫生防疫站相关人员参加省、市组织的结核病控制项目业务培训结束后，开展对各乡镇卫生院医务人员的集中培训，深入乡村、厂矿对防痨医生进行具体指导。各医疗卫生单位对已登记管理的病人进行清理，将新发现初治涂阳病人纳入管理，对他们免费检查，免费提供抗结核治疗药物。对传染性肺结核病人实行全程督导管理，确保治疗效果。至1998年，全县共发现肺结核疑似病例18459例。活动性肺结核病人5570例，发现并治疗管理初治涂阳病人2445例，复治涂阳病人330例。是年，实施结核病控制项目期满。剑阁结核病涂阳患病率从1993年的217/10万降至103/10万。

2003年至2006年，实施中央经费——全球基金结核病控制项目，全县派出医务人员参加国家、省、市培训班20余人次，举办县、乡、村医务人员培训班14期，培训人员2300人。2003年，发现肺结核疑似病例618人，活动性肺结核病人480人（初治涂阳病人183人，复治涂阳病人27人，重症涂阳病人173人，其他涂阳病人97人）免费治疗病人383例，自费治疗97例。至2006年，全县共登记肺结核涂阳病人1634例，治愈1463例，涂阳病人强化期督导治疗率95%；病人丢失125例。三项指标均在项目控制指标以内。

妇幼卫生保健项目　1994年6月，经卫生部和世界银行审定，剑阁1994年至1999年实施世界银行贷款综合性妇幼卫生保健项目（简称卫Ⅵ项目），项目总经费712.52万元（世界银行贷款427.52万元，县财政配套资金250万元，卫生事业费12万元，单位自筹23万元）。1995年，完成县妇幼保健院新建500平方米和改建300平方米业务用房基建工程。至1999年，共改造乡镇卫生院手术室120平方米，产房325平方米，增添妇幼卫生基本设备2597台件。培训妇幼卫生人员短期7937人周，长期1037人月，分别占计划的113%和117%。至1999年项目结束时，全县孕产妇死亡率由1994年的258.35/10万降到145.32/10万，5岁以下儿童和婴儿死亡率分别降到70‰和57.33‰。

2000年，卫生部、国务院妇女儿童工作委员会和财政部在全国12个省（区）实施降低孕产妇死亡和消除新生儿破伤风项目（简称“降消”项目），剑阁被列为项目实施单位。项目总经费89.83万元。5名县级和县卫生部门相关领导参加市降消项目管理培训班，3名医务人员参加省卫生厅“降消”项目县级师资培训班。县妇女儿童工作委员会举办“母亲安全项目”培训班，培训乡镇长、妇联主任和有关人员115人次。全县以卫生部编印的“降消”项目培训大纲和《乡级孕产期保健服务手册》《村级孕产期保健服务手册》为教材，分批培训产、儿科卫生人员207人次，乡村医生489人次，完成培训计划的120%。2003年7月，县卫生局发出《关于降低孕产妇死亡和消除新生儿破伤风项目贫困孕妇住院分娩医疗救助实施办法的通知》，对全县130名贫困孕妇住院分娩实行定额补助，高危筛查免费，住院分娩（平产）补助150元，剖宫产补助300元，产科出血补助600元，严重产科并发症救治补助800元。至2004年，全县产前检查率92.67%，住院分娩率为61.46%，高危孕妇住院分娩率为100%，孕产妇死亡率降到119.02/10万。新法接生率为96.26%，新生儿破伤风发病率为0。各项指标均达到或接近国家“降消”项目标准。

剑阁县1998—2006年医疗单位病人及病床情况表

表33－4

年份	诊疗人次	门诊	入院人数	出院人数	治愈	好转	治愈率	好转率	住院病人手术次数	出院病人平均住院日	实际开放总床日数	实际占用床日数	病床使用率	健康检查人数
	万人次	万人次	人	人	人	人	%	%	人次	日	万床日	万床日	%	人次
1998	128.5	119.29	18742	18670	13688	3603	73.32	19.3	2928	6	36.37	10.96	30.13	54119
1999	111.7	108.8	17352	17249	12364	3095	71.68	17.94	3575	6	34.8	10.8	31.03	54886
2000	103.7	101.6	15666	15542	11105	2992	71.45	19.25	3187	7	32.1	10.1	31.46	37755
2001	100	94.9	16193	16167	10805	2954	66.83	18.27	3608	7	30.3	11.5	37.95	44572
2002	86	82	10817	10828	7777	1916	71.82	17.69	2090	6	28	7	25	20268

续表33—4

年份	诊疗人次	门诊	入院人数	出院人数	治愈	好转	治愈率	好转率	住院病人手术次数	出院病人平均住院日	实际开放总床日数	实际占用床日数	病床使用率	健康检查人数
	万人次	万人次	人	人	人	人	%	%	人次	日	万床日	万床日	%	人次
2003	87	81	14108	14031	9194	3042	65.53	21.68	3428	7	35	10	28.57	33399
2004	98	92	17248	17153	12118	3697	70.65	21.55	4161	7	31	11	35.48	26896
2005	97	95	17303	17200	10714	4764	62.29	27.7	5054	7	30	13	43.33	34100
2006	103.24	99.29	24752	24756	15661	7250	63.26	29.29	7060	6.88	31.39	17.03	54.25	99106

说明：资料为《剑阁统计年鉴》和县卫生主管部门资料整理。

第五章　计划生育

第一节　人口计划与管理

人口计划编制　1990年6月，制定剑阁“八五”期间人口计划。1991年，形成“七五”期间人口计划执行情况分析报告。1992年8月，制定“九五”期间人口计划。1993年，根据第四次全国人口普查结果，对剑阁未来人口发展趋势进行预测。1995年，形成“八五”期间人口计划执行情况分析报告。2000年7月，制定2005年、2010年、2015年中长期人口计划。2003年7月，根据第五次全国人口普查资料的年龄、男、女、死亡率和生育率等有关数据，从全县经济、社会、资源、环境等方面论证，制定出四套预测方案，对2000年至2050年人口进行预测和分析。确定育龄妇女总和生育率为1.6，既控制人口增长，又能维护群众的合法生育权利，切合剑阁实际，是编制全县中长期人口计划的依据。

人口计划执行　1990年，全县计划出生10000人，实际出生10077人，超计划0.77个百分点。1991年至1995年，人口计划完成均保持在90%以上。1996年起呈下降趋势，至2006年，下降到93.52%。

剑阁县1990—2006年人口计划执行情况表

表33－5　　单位：人

年份	计划		实际出生			占计划%
	一孩	二孩	一孩	二孩	多孩	
1990	7920	2080	7237	2766	74	100.77
1991	9180	2080	7846	2544	36	92.56

续表33－5

年份	计划		实际出生			占计划%
	一孩	二孩	一孩	二孩	多孩	
1992	8920	2080	7812	2518	39	94.26
1993	8920	2080	8020	2861	41	99.26
1994	9400	2000	6886	3342	70	90.33
1995	8300	2000	6383	3083	42	92.31
1996	8200	2000	6181	2428	31	84.71
1997	8000	2000	5464	1926	26	74.16
1998	6000	2000	4578	1578	13	77.11
1999	5380	1620	4344	1439	20	82.9
2000	5000	1500	3896	1126	29	77.71
2001	4300	1200	3631	947	37	83.9
2002	4390	1110	3239	861	43	75.33
2003	4460	1040	2892	792	29	67.62
2004	5500	1000	2830	826	32	56.74
2005	4500	1000	3033	1105	41	75.98
2006	4000	1000	3325	1297	54	93.52

说明：资料为县人口和计划生育局提供。

计划生育工作目标管理　1990年，把人口计划纳入经济和社会发展计划一并下达、考核。县政府与各区公所签订《人口与计划生育目标责任书》，区、乡镇、村层层分解任务，责任到人。随着计划生育工作的开展，考核指标除考核人口与计划生育工作责任指标外，增加工作质量、经费投入、计划生育"三结合"、流动人口计划生育管理、队伍建设、综合改革等考核内容。同时，加强工作责任，在考核扣分不保底的基础上，增加"一票否决"一项：即人口与计划生育不达标单位及其党政主要领导、分管领导和计划生育工作负责人，取消其当年度综合性先进评选资格。目标考核实行年度目标与平时工作相结合，量化打分，按排名结果给予奖惩。对未完成年度人口和计划生育目标任务的，实行黄牌警告。造成人口失控的，追究其领导责任。1999年9月13日，县政府对连续三年未完成市政府下达的计划生育指标、负有领导责任的县计划生育委员会主任发出黄牌警告，限期一年整改。经一年整改后仍不合格，2000年12月1日，县计划生育委员会领导班子成员被集体免职。

计划生育工作"三结合"　把计划生育工作与发展经济、帮助群众勤劳致富奔小康、建设文明幸福家庭相结合，为实行计划生育的家庭开展生产、生活、生育服务。1988年进行帮扶试点并全面推开。1989年5月16日，《中国人口报》头版头条报道《剑阁县万名农村青年成为计划生育脱贫致富领头雁》的事迹。1994年8月，县委、县政府发出《关于在农村开展鼓励帮助计划生育户率先致富活动的通知》，全县普遍推广白龙镇永安村、黄林村，武连镇星火村、跃进村，义兴乡土垭村、双流村等计划生育“三结合”的经验。四川电视台分别在8月中旬、9月下旬播出《希望之路在剑阁》的计划生育专题报道。9月21日，《中国人口报》头版刊登《跨越雄关又攻坚——剑阁县深化计生与扶贫政策启示录》。1995年，制订计划生育帮扶工作实施细则，帮扶部门对帮扶对象分户建卡，实行挂牌管理。

1996年后，把计划生育“三结合”工作与“幸福工程”“巾帼扶贫”“教育扶贫”“卫生扶贫”“科技扶贫”等帮扶活动结合起来，突出特色，注重实效。1998年，开始由救济式帮扶向开发式帮扶转变，由一家一户的零星式、分散式帮扶向成片帮扶转变，出现一批计划生育“三结合”帮扶典型。2001年，建立县级领导联片，县、乡镇各部门共帮共建的计划生育“三结合”基地建设运行机制。全县57个乡镇机关部门帮扶计划生育家庭16985户，总投资90余万元。79个县级部门同乡镇结成帮扶对子。至2006年，全县共建帮扶基地128个，累计帮扶34065户。

创建计划生育合格单位、合格村　1994年7月，县政府决定在全县机关、企事业单位开展创建计划生育合格单位的活动。达到合格单位标准的，按单位职工人均一个月的工资标准给予奖励。到1996年年底，全县共创建计划生育合格单位45个。1997年，加大创建力度，完善考评制度，对连续三年考评得分95分以上的单位，由县政府授予计划生育模范单位称号，并按单位职工人均一个半月的工资标准给予奖励；对年度复查不合格单位限期整改，整改后仍不达标的，取消计划生育合格单位、模范单位和文明单位称号。是年，全县创建计划生育模范单位10个，合格单位50个。1999年，取消计划生育模范单位1个，合格单位3个。至2006年，全县共建成计划生育模范单位59个，合格单位163个。

1995年，全县农村开展以队伍建设好、政策执行好、宣传教育好、技术服务好、制度落实好、干群关系好为内容的计划生育合格村创建活动，县、乡镇均把创建工作纳入人口与计划生育目标责任统一考核。1996年，创建计划生育合格村79个。至2002年，全县建成442个。随后改为创建计划生育村（居）民自治合格村。是年4月，县委、县政府印发《关于大力开展计划生育村民自治工作的实施意见》，并在城北镇红双村召开计划生育村民自治现场会，推广工作经验。乡镇对村（居）委会实行“两包一挂”（工作任务、工作经费与奖惩挂钩）的管理办法，村（居）委会依照《计划生育村（居）民自治章程》，与已婚育龄妇女签订计划生育协议。2005年，开展创建计划生育村（居）民自治先进乡镇活动。是年，12个乡镇被评为计划生育村（居）民自治先进乡镇，319个村为合格村。

流动人口计划生育管理　随着社会主义市场经济体制的逐步建立，城镇流动人口日益增多。1993年起，县政府办公室相继发出《关于加强流动人口计划生育管理的通知》《关于查验流动人口计划生育证明的通知》《关于印发流动人口计划生育管理办法的通知》等，把流动人口计划生育管理纳入综合目标考核内容，明确相关单位的工作职责，健全持证流动、定期查验、两地协作等制度，建立流动人口计划生育专项档案。各级各部门齐抓共管，违法生育得到有效控制。

第二节　计划生育宣传教育

人口与计划生育基础知识教育　全县人口与计划生育基础知识教育由县、乡镇人口与计划生育基础知识教育学校和村人口与计划生育基础知识教育辅导站负责。教育对象主要为育龄人群。教育内容主要包括计划生育政策法规、晚婚晚育、优生优育、避孕节育等基础知识。

1995年，社会科学、生命科学以及其他与计划生育相关的知识被纳入教学内容，课程针对性、时效性、实用性强。群众不仅了解人口理论基本观点，人口与经济社会发展的关系，还学到节育优生、生殖保健、健身养生、防灾祛病等科普知识，从理论上、思想上更加理解和接受控制人口这一基本国策，自觉实行计划生育。

1998年，把发展农村商品经济、农民勤劳致富奔小康、建设文明幸福家庭同人口与计划生育宣传教育结合起来，把经济、科技、计划生育宣传融为一体，帮助群众了解商品信息，发展商品生产，掌握科技文化知识，少生快富奔小康。

1999年，人口与计划生育基础知识教育重点放在树立婚育新风和关爱女孩行动上，把解决思想问题与实际问题统一起来，抓住群众最关心最迫切需要解决的热点难点问题，展开平等说理式的情感交流，运用典型示范、形象教育、启发疏导、关心服务等方法，有的放矢，群众易于接受。

2000年后，人口增长得到有效控制，人们的婚育观念逐步转变，育龄人群对人口与计划生育基础知识教育内容的要求相应变化。为适应群众需要，教学重点适时转向社会主义人口文化和生育文化上。充分发挥宣传教育网络作用，发掘蕴藏在民间的文化资源，激发群众的参与热情。寓教于乐，不断创新，把人口与计划生育宣传教育融入到社会生活的方方面面，让群众在享受美好文化生活的同时，接受新的婚育观念和社会主义道德情操教育。

至2006年，各级人口与计划生育基础知识教育学校设施设备更加完善，有书柜、阅览室、电视机、影碟机、音像制品、知情选择展示栏及活动场所，成为群众学习和休闲娱乐的好去处。全县共有人口与计划生育基础知识教育学校61所，教师1440人，举办“五期教育”（青春期、新婚期、孕产期、育儿期、中老年期）、科技、文化等培训班1540期，培训未婚、新婚、孕产青年22.7万人次，指导6.7万名已婚育龄夫妇接受避孕节育知情选择，发放“五期教育”丛书、宣传品33.8万份，全县90%以上的青年夫妇受到人口与计划生育基础知识教育。经省计划生育委员会检查验收，剑阁普及人口与计划生育基础知识教育合格。

婚育新风进万家活动　实行计划生育以来，群众的生育观念经历了由多子多福到少生优生，再到少数夫妇不愿意生的转变。政府的计划生育工作也由强制过渡到群众自觉执行生育政策的转变。婚育新风逐步形成。

1999年，在马灯乡开展婚育新风进万家活动试点工作，破除早婚早育旧俗，树立晚婚婚育新观念，为群众提供婚育新风服务；破除重男轻女、男尊女卑旧俗，树立男女平等、生男生女都一样的新观念，为全面提高妇女素质服务；破除多子多福旧俗，树立优生优育优教新观念，为群众提供优生优育优教服务；破除养儿防老旧俗，树立少生快富新观念，为群众提供生产生活保障服务；破除亲上加亲旧俗，树立婚恋新观念，为群众提供婚恋生育服务；破除谈性色变旧俗，树立科学文明的性观念，为群众提供生殖健康服务。

2000年，婚育新风进万家活动全面展开，县广播电视台和《剑门报》分别开设《婚育新风》《人口视窗》《人口与经济》等栏目，专题或定期报道活动开展情况。乡村利用广播讲座、板报橱窗、宣传标语等多种形式，把人口与计划生育政策法规和婚育知识送到千家万户。是年“7·11”世界人口日，县委宣传部、县计划生育委员会等部门联合举办“国策杯”人口与计划生育知识大赛，近万人参加竞赛活动。县计划生育委员会、县卫生局、县科技局等每年组织科技“三下乡”活动，开展义诊，放映科普影片，发放宣传品和避孕药具，为群众提供直观便捷的服务。乡、村计划生育宣传技术服务站（室），根据不同层次、不同生理阶段人群的计划生育需求，开展生殖生理、优生遗传、孕产期保健咨询服务，使青年夫妇婚育知识和节育应用能力不断提高。各乡镇和县级各部门把婚育新风进万家活动与推行计划生育“三结合”、建设文明幸福新村相结合，共同推出75个婚育新风亮点工程，形成剑门关生育文化小区、剑盐生育文化线、剑南生育文化示范片等三个特色基地工程。开展婚育新风进万家活动四年间，全县送科技“三下乡”83次，发放人口与计划生育宣传资料33.8万份，各类科技图书5530册，放映电影、录像（光碟）79场次，开展政策、法律法规咨询3625人次，义诊4700人次，举办致富科技讲座45场次，建成婚育新风示范户9900户。剑门关镇、普安镇分别荣获全国婚育新风进万家活动先进集体和市婚育新风进万家活动先进集体称号。

社会主义生育文化建设　2003年，实施社会主义生育文化建设工程。按照《剑阁县社会主义生育文化建设工程规划》，整体推进社会主义生育文化广告、标语宣传、生育文化小区和生育文化户建设。县委党校开办乡镇领导干部人口与计划生育理论研讨班；各中学开设青春期教育和预防艾滋病知识课程；各级人口与计划生育基础知识教育学校开办社会主义生育文化建设培训班。2004年，实施“四线”（108线、剑青线、剑南线、剑苍线）“六点”（普安、城北、元山、公兴、鹤龄、剑门关）社会主义生育文化样板工程，沿线（点）乡镇采用电脑喷绘、瓷砖彩绘、摩崖石刻、旧碑翻新等多种办法，制作标语、楹联、宣传画，设置人口与计划生育宣传栏，让社会主义生育文化占领农村文化阵地。

2005年至2006年，免费发放价值12.4万元的避孕药具，接受咨询8.7万人次。全县共建社会主义生育文化小区57个，生育文化中心35个，生育文化大院196个，生育文化户2350户。

第三节　计划生育技术服务

计划生育服务网络建设　1990年，县计划生育宣传技术指导站和龙泉、元山、公兴、鹤龄等4个区计划生育宣传技术服务站完善设施设备。1991年6月，县指导站1113.26平方米综合大楼竣工投入使用，开展避孕节育技术服务、术后并发症治疗和腹部外科手术等。是年，江口、开封、武连3个区服务站相继建立，21个乡镇建立计划生育宣传技术服务室。

1994年1月，龙泉区计划生育宣传技术服务站产权划归县计划生育委员会后，县指导站在此开设第二门诊部，增设不孕不育科、性病科和流动人口生育服务门诊部。2000年至2002年，县指导站设遗传病检测中心和生殖健康服务中心，开展优生学检测和生殖手术，服务人员21人。至2006年，全县共有乡镇服务站54个，村服务室528个，技术人员72人。县指导站配备价值50余万元的现代医疗设备，乡镇服务站有B超、显微镜、电动吸引器、妇科检查仪、四孔无影灯、万能手术床、激光机、计算机等设备。

节育技术应用　1990年，县计划生育宣传技术指导站和少数区服务站应用推广新型T铜宫内节育器、VCU200型节育器等。1991年，县指导站组织培训乡镇服务站B超技术人员，应用B超查环、查孕，结束使用X光机和人工查孕方法。开展经腹小切口输卵管抽芯包埋绝育术，应用推广直视钳穿法结扎输精管和输精管粘堵新技术。1992 年，原长期使用的宫单型不锈钢节育环被淘汰，普遍使用宫型铜和 T 型铜节育器。1993 年，应用推广口服米非司酮无痛药物流产和芫花萜膜引产新技术。1994 年，开展皮下埋植剂避孕术取得成功，随后在全县推广。1996 年，开展新型宫内节育器母体乐的应用推广。2000 年至 2003 年，应用推广“爱母”宫内节育器和“吉姆”宫内节育器。

避孕节育新技术、新方法的不断推广，惠及广大育龄夫妇，从 90 年代初期的“一安二扎”转变到由避孕者知情选择节育措施。县、乡镇、村各级服务站（室）深入村社，服务上门，开展生殖健康教育、避孕节育指导、环情孕情监测、节育手术和术后随访等。县指导站开展节育手术并发症的鉴定治疗和独生子女病残儿童医学鉴定工作，为育龄夫妇提供全方位服务。基本做到孕检不出村，补救、安环、结扎手术不出乡镇，并发症诊治不出县。1991 年，全县计划生育服务机构施行各种节育手术 11721 例。普查早孕 37531 人，产科检查 1129 人，新法接生 337 人，查治妇科病 4105 人，独生子女病残鉴定 797 人，接受咨询 7332 人，诊治各种疾病 28553 人。至 2006 年，共施行各种节育手术 140642 例。

避孕药具供应　1990 年，避孕药具供应实行计划发放与零售并举的双轨制，将计划发放为主、零售为辅改为以块为主，按计划定人、定量、定时发放药具。扩大零售范围，最大限度保证供应，方便和满足群众需要。县计划生育宣传技术指导站设避孕药具服务站，负责药具管理发放工作。区、乡镇服务站有专人负责，村（居）委会和机关、厂矿、学校有药具发放员，并配备专用避孕药具箱，形成四级药具服务网络。

1996 年，避孕药具管理从县指导站分离，建立县避孕药具管理站。县管理站每年集中培训乡镇、村药具工作人员，坚持评定考核，执证上岗，实行药具目标管理责任制，药具管理更加规范。2001 年，全县使用药具人数 8230 人，药具应用率为 97.1%，随访率为 98.1%，有效率为 98.6%，药具使用人数占落实综合节育措施的 6.3%。2005 年，使用药具人数 9342 人，药具应用率为 98.3%，随访率为 98.9%，有效率为 99.7%，药具使用人数占落实综合节育措施的 7.91%。

剑阁县 1990—2006 年落实节育手术情况表

表 33－6　　单位：人

年份	合计	男扎	女扎	安环	皮埋	取环
1990	7862	2356	482	2808	—	160
1991	11721	1729	1555	5797	—	1136
1992	11493	1537	572	7522	—	613
1993	9107	888	461	6064	—	515
1994	8925	330	947	4874	—	1318
1995	10619	691	647	6332	—	1238
1996	12845	2292	1211	6527	—	1347
1997	9740	1037	847	5337	443	1050
1998	8207	561	562	5152	243	975

续表33－6

年份	合计	男扎	女扎	安环	皮埋	取环
1999	8741	583	499	6029	246	805
2000	5831	158	209	4711	100	457
2001	5203	68	82	4381	29	391
2002	4477	12	37	3972	19	229
2003	6260	10	38	4592	40	716
2004	5371	1	28	4249	21	505
2005	7028	1	57	5216	64	944
2006	7212	—	27	5456	36	845

说明：资料为县人口和计划生育局提供。

第四节　计划生育奖惩与执法

计划生育奖励与处罚　剑阁实施分类指导的生育政策。按照自然条件、经济状况和人口因素，对不同类型的地区，实行不同的生育政策，既有效地控制人口增长，又密切党群、干群关系。省计划生育委员会以《计划生育简报》通报和《四川计划生育报》报道，向全省推广《剑阁县结合山区实际合理照顾二胎生育》的经验。在实施《四川省计划生育条例》中，县委、县政府制定相应配套政策：对独生子女家庭的奖励增多，除执行《条例》规定外，干部、职工由所在单位发给奖金，退休时增加5%的退休金，但不能超过本人退休前工资标准。农村人口免去一人的集体义务工，独生子女免交集体提留款至年满14周岁止。对违反计划生育法规的处罚更加严格。1991年8月8日，县政府制定《剑阁县计划生育超生费用管理办法》（试行）。1993年12月，将独生子女保健费改为独生子女父母奖励金。

1999年10月，为解决人口过快增长与经济社会发展的矛盾，县政府按照省物价局、省财政厅有关规定，制定《收取计划生育社会抚养费办法》。凡符合条件照顾生育一个孩子的夫妇，均交纳社会抚养费，农村居民交纳500元，城镇居民交纳800元；再婚夫妻一方只有一个孩子，另一方无子女，要求再生育的交纳1000元。2001年10月起，对照顾生育者收取节育手术补偿费30元。

2002年10月，《四川省人口与计划生育条例》实施后，剑阁实行晚婚的增加婚假20天，已婚晚育妇女增加产假30天，给予男方护理假15天，假期工资奖金照发；城镇职工已领取“独生子女父母光荣证”的，由单位每月发给奖励金5—10元，发至子女18周岁止。农村人口和城镇“低保”户的奖励金在人口与计划生育奖励专项经费中列支。农村独生子女家庭可多划一个人的宅基地。由于多种原因，农村和城镇无业人员的独生子女奖励金未能兑现。2005年8月，县政府明确计划生育独生子女父母奖励金的标准和兑现方式：已领取“独生子女父母光荣证”，其子女年龄在18周岁以下的单位在职独生子女父母，由所在单位按年120元（夫妻各60元）的标准执行；夫妻一方是单位在职人员，另一方无用工单位的，由在职一方现在单位全额发给。各类企业职工、城镇个体工商户及其他经济组织的独生子女父母奖励金按年60元标准，在经营成本中列支；双方均为农村人口、城镇无业居民中的独生子女父母奖励金按年60元的标准，在县人口与计划生育奖励专项经费中列支。是年，全县13156名农村人口和城镇无业居民中的独生子女父母奖励金全部兑现，奖励金总额为78.9万元。县财政兑现免费节育技术服务资金70万元。

2004年4月，为解决农村独生子女父母和双女户老有所养的问题，剑阁开展农村部分计划生育家庭奖励扶助制度试点工作。年满60周岁的农村独生子女父母和双女户父母，每人每年领取奖励扶助金60元，直到亡故。到9月底，全县1833人领到奖励扶助金。2005年，奖励扶助对象2286人，共发放奖励扶助金137.16万元。

行政执法　1995年，全县贯彻执行国家计划生育委员会颁发的计划生育行政执法的规定。1999年8月，县计划生育部门印发《关于进一步规范乡镇计划生育办公室行政执法的通知》，制定《行政执法错案责任追究制度》《计划生育行政执法争议调处制度》《计划生育重大行政处罚备案制度》《计划生育行政执法投诉举报制度》和《计划生育行政行为查处制度》。2003年7月，县计划生育部门为贯彻执行省计划生育委员会《关于行政执法“十禁止”的通告》作出相应规定，全县计划生育行政执法趋于规范。

第三十四篇　体　育

第一章　体育设施

第一节　体育场馆

1992年12月，县城双剑公园公共体育场地扩建工程竣工，新增用地面积500平方米，新建体育锻炼、办公用房，扩建体育看台，可容观众1500人。1998年9月16日，双剑公园公共体育场地在特大洪灾中被毁。

2001年8月20日，由原县委大礼堂改建的县体育中心建设启动。设计为一个标准室内木质地面和液压式蓝架的多功能篮球场、健身房、门球场、健身路径、棋牌室等综合性全民健身场所。2002年12月，县体育活动中心建成。设有标准室内篮球场、半活动看台，场内可进行排球、羽毛球、乒乓球训练和比赛。并建有武术房、健身房、棋牌馆等。场外设有篮球场、门球场和其他健身活动场地。至2006年，全县体育场馆占地面积为1.57万平方米，各类体育场地共230个。其中，篮球场140个（灯光球场1个），排球场8个，门球场1个，专用羽毛球场12个，田径场14个（非标准田径场13个），室外游泳池1个，健身路径5条。各类场地中，标准场地136个，非标准场地94个。全县大部分机关、厂矿、乡村都建有乒乓球台、台球、羽毛球等体育设备设施。各中小学、职业学校体育活动场地完备。

第二节　体育设备

随着经济社会发展，全县公共体育设施设备增多。学校体育设施设备有较大改善，体育教具和锻炼比赛器材均有不同程度增加。2002年12月，县体育活动中心建成后，陆续添置室内健身器材一套，双鱼牌乒乓球台1副，象棋钟2台，磁力棋盘6幅。为露天篮球场、老年门球场添置必要设备，可进行门球、排球、羽毛球训练和比赛。在场外空地建多功能健身路径3套，早、晚有成批老年在此健身。2004年11月，成都大力士实业有限公司为县体育活动中心提供全民健身路径体育器材（英派斯）二位单杠、臂力练习器、仰卧起坐训练器、三位压腿训练器、平衡木、二位太空慢步机、吊环、双杠、爬梯、转体训练器、骑马机、平衡梯、跷跷板、太空柔椎器、上肢牵引器等20件（套）。县体育活动中心设施设备更趋完备，基本能满足老年、儿童、青少年锻炼身体的需要。

2005年，在清江花园安装室外健身器材一套共12件。2006年，在修城坝滨河路安装全民健身路径1套。是年，健身路径器材达到5套。各中小学体育教学及训练活动必需备的设施设备，基本达到普及九年制义务教育规定的标准。

第二章　体育活动

第一节　学校体育

体育教学　全县各中学和乡镇中心小学都配备有专职体育教师。县体委和县文教局举办学校体育专业训练班、中小学体育教师培训班，并分批选送体育教师到体育专业院校进修，体育专业师资力量不断加强。至1995年，全县有专职体育教师200人，年龄在35岁以下的占75%。具有本科学历的10人，大专学历的80人，其余为中师以上学历。县体委常年派干部到各学校看课、座谈，了解体育教学和业余培训情况，进行业务辅导，并同学校联合开展体育教学课题调研活动，以提高学校体育教学水平。2006年，全县专职体育教师107人（中学55人，小学52人）。

在体育教学中，教师按照《体育教学大纲》和《体育教材》的要求，根据学校不同情况，采取按体育成绩、训练项目等分类编组，由体育教师分别带领授课。根据场地及体育器材，分组分项目轮换，以提高设备器材利用率，不断增加体育设施设备投入。在学区、校际间开展体育教学示范课、教研课活动，以提高体育教学质量。1994年5月，对报考普通高中的初中生增加体育科考试。1997年起，把体育科考试成绩记入报考高中学生的考试成绩，对有体育特长的学生实行加分或优先录取，体育教学得到重视。

全县各中小学普遍推行《国家体育锻炼标准》，以“标准”规定的项目、师资、场地、器材等作为测评体育教学和体育成绩的依据，全面开展体育达标活动。1994年，全县109所中小学中，有102所实施《国家体育锻炼标准》，实施面为93.6%。学生总数43260人，适龄学生37840人，残疾生356人，参训学生37484人，及格34104人，及格率91%。2004年，全县97所中小学全部参加“标准”实施，学生总数80259人，适龄学生70721人，残疾生320人，参训学生70740人，及格69019人，及格率98.04%。2006年，全县中小学参加体育锻炼达标人数共91584人，参加达标学校92所。剑阁县和剑阁中学被评为市体育锻炼达标先进集体。

课外体育活动　1990年起，全县各学校继续坚持“两课”（体育课、课外体育活动）、“三操”（早操、课间操、眼保健操）和课余训练与竞赛活动。初、高中住校生坚持每天出早操，多为跑步、做广播体操，间或武术操、球类等。中小学生于上午进行20分钟的课间操活动。

各中小学组训有篮球队、乒乓球队、田径队，利用课余时间进行训练活动，经常开展队与队、班与班之间的友谊比赛。普安小学、开封小学组建“娃娃篮球队”，开展小篮球活动。各单设中学和城区小学每年举行两次学生运动会，春季以球类为主，秋季以田径为主。乡镇中心小学每年举办1—2次学生运动会。县体育局、县教育局、团县委联合举办中小学生篮球运动会、中小学生乒乓球运动会、中小学生田径选拔赛等单项或综合性学生体育运动会，并组队参加省、市举办的各类运动会。

全县中小学普遍开展田径“雏鹰起飞”通讯活动，举办运动会和田径选拔赛发现新苗，培养体育后备力量。1990年，剑阁县和普安小学双获市田径“雏鹰起飞”通讯赛先进集体。1991年，剑阁获市田径“雏鹰起飞”通讯赛组织奖。1992年，剑阁获市田径“雏鹰起飞”通讯赛活动奖。1993年获市小学生“雏鹰起飞”田径活动一等奖。

第二节　群众体育

职工体育　县城各机关企事业单位成立职工体育协会，组建业余运动队，开展各项体育活动。参加晨跑、篮球、象棋、太极拳（剑）、健身操活动的人数较多，篮球、乒乓球活动普及率较高。

县体育局在每年元旦、春节、“三八”、“五一”、“十一”等节日，组织职工开展篮球、乒乓球、羽毛球、田径、象棋、拔河、登山及一些趣味性体育活动。县级机关、企事业单位每年利用节日举办各类体育活动，并长期坚持，形成制度。

1995年，成立全民体育健身指导委员会，启动全民健身活动，每年组织职工开展“全民健身月”活动，并以全民健身活动为载体，组织职工参加各类运动会。

2003年“五一”黄金周期间，在剑门关举办“天地杯”象棋大赛，特级大师、冠军吕钦、柳大华和四川象棋队主教练蒋全胜、李艾东在剑门关与剑阁及绵阳、广元棋友进行车轮战、盲棋赛。

农民体育　1990年，成立区体育协会6个，乡体育协会3个。1991年，区、乡体育协会发展到16个。区、乡体育协会和已有的农民体育协会，共同推动农村体动活动的开展。农民体育除开展篮球、乒乓球、田径、拔河、登山越野、游泳、武术、摔跤、象棋等经常性活动项目外，逢年过节舞龙舞狮、踩高脚、扭秧歌、荡秋千、踢毽子等趣味体育。

姚家乡以学校体育、机关职工体育带动全乡农民体育活动的开展，从与毗邻乡村进行友谊赛到参加县、市体育竞赛，激发群众的参与热情。一年一度的攀登马耳山越野活动，千人以上参加。1993年，姚家乡获农业部、国家体育总局、全国农民体育协会授予的“全国亿万农民健身活动”先进乡镇称号。剑门关镇投资40多万元，投劳5万多个，建成200米半圆式田径场1个、篮球场24个（灯光球场1个），乒乓台60个，购置体育器材1500多件，基本满足群众锻炼需要。全镇村体协分会15个，每个分会至少有一支运动队。镇体协自1990年以来，每年举办一次农民运动会。2003年9月，该镇制作5辆木牛车，组队参加“中国·剑门关首届豆腐文化旅游节”推木牛车比赛项目，男女选手双获第一名。

老年体育　县老年人体育协会常年开展的活动项目有门球、太极拳（剑）、健身操、登山、跑步、钓鱼、棋牌、健身气功等，常年坚持参加活动的会员占70%以上。1990年11月上旬，县老年门球队赴甘肃省康县参加川陕甘3省10市第三届“协作杯”老年门球赛，增进友谊，交流经验。1992年4月，川陕甘3省13市县第五届“协作杯”老年门球赛在剑阁举行。1993年，剑阁首届“长寿杯”老年门球赛举行。1994年1月，县老体协举办新春门球赛。1995年10月，首届老年人运动会举行，县太极拳辅导站的数十名老年人表演木兰剑、梅花扇。是年，县太极拳辅导站被评为全省老年人体育工作先进集体。2003年3月，县老体协举办夕阳红百人徒步游凉山拦马墙活动，并进行太极拳、木兰剑、梅花扇和健身秧歌表演。

妇女体育　1992年春节，县城举行千人越野赛，女子队分初中、高中、成人三组进行1500米长跑比赛。2002年3月，县体委和县妇联联合举办“三八”全民健身秧歌大赛，有8支代表队参赛。2003年9月，剑门关镇政府和剑阁中学组织百名女子徒步剑门关比赛。

第三章　体育竞赛

第一节　人才培训

业余体校及培训网络　剑阁业余体育学校常年开设篮球、足球、排球、乒乓球、羽毛球、田径、游泳、击剑、武术、艺术体操等培训项目。全县建立“体教联合，校办校训，分级管理”的县、区、乡三级体育业余培训机制。县体委、县文教局共同管理全县体育业余培训工作；县业余体校负责对区级业余培训的辅导和检查；学区体育联合教研组管理区内业余培训工作，负责对乡级业余培训的辅导和检查；各中小学领导负责本校业余培训工作。1990年，县业余体校管理3个直属班，5个培训点。1993年，剑阁中学、普安中学、文峰中学、普安小学、实验学校建立城区业余培训点。2000年，县业余体校职工6人，其中专职教练员5人。至2006年，全县业余体校共4所，在校学生587人。

短期培训　县、区、乡三级体育业余体校常年开展短期培训。1992年7月，县业余体校利用暑假开办3个体育短训班，60名学员参加集训。1993年暑假，县体委和县业余体校组织篮球、田径两项集训，培训学员56人。开办门球、篮球裁判员培训班两次，受训30人。抽调3名中级教练到普安小学等4个网点及中心班巡回授课，指导短训班工作。2000年7月，县业余体校举办暑假短训班，招收田径学员47人、篮球学员19人、游泳学员11人、武术学员16人。剑阁中学短训田径120人、篮球80人、排球80人、乒乓球20人。文峰中学短训篮球、田径、武术60人。是年，全县各类短训学员千余人。选送到上级业余体校进修学员70人，培养等级运动员7人（女运动员3人）、等级田径裁判员20人（女裁判员4人）。2001年至2006年，常年各类体育短期培训班学员均在千人左右。

人才输送　1997年4月，剑阁获市业余体育训练人才输送先进集体称号。县业余体校、市体校输送的摔跤运动员姜宝成，1998年8月在全省第四次青年运动会上获摔跤130公斤级冠军，2000年4月在全国摔跤锦标赛中获130公斤级第三名。至2006年，全县累计向市体校、市运动队选送摔跤、举重、排球、篮球等项目学员、运动员46人；向省体校、省运动技术学校、省运动队选送摔跤、举重等项目运动员3人。

第二节 竞技活动

县级运动会 1990年，为迎接亚运会的召开，县体委先后举办了县级机关“五四”运动会、职工篮球联赛。1992年4月，举办中学生田径运动会，有14支代表队的男女运动员参赛，10名运动员破县级纪录。1994年2月，县体委举办春节篮球联赛和象棋擂台赛。4月，举行“五一”“五四”篮球联赛，有14支男子篮球队和5支女子篮球队参赛。1995年4月，举行全县初中生田径运动会，有12支代表队的144名运动员参赛，决出8名运动员参加市初中生田径运动会。5月，举行全县中小学生乒乓球赛，有168名运动员参加单打和双打两项角逐，分别决出小学组、初中组、高中组男女单打冠军6名，男女双打冠军12名。1996年4月，县体委等四单位联合举办职工篮球运动会，有8支男子篮球队参赛。

1997年6月，县委宣传部等六单位联合举办“梅花王·佛兰杯”大型运动会。县级各部门和各区组队参加，共16支代表队418名运动员，进行象棋、桥牌、围棋、乒乓球、篮球等项目的争夺。11月，县体委和县精神文明办联合举办“文明杯”篮球联赛，有7支男女篮球队参赛。1998年4月，全县中学生田径运动会举行，参赛运动员共130人。分初中男女组和高中男女组比赛。6月，县委组织部等三单位联合举办庆“七一”体育运动会，有10支代表参加。闭幕式上进行木兰拳、女子自选拳、梅花扇、健身操、健美操、倒功操、养生创指桩、警棍盾牌术、擒敌对练等团体表演。1999年9月，举办迎接国庆50周年体育运动会，开展篮球、乒乓球、象棋比赛。

2000年后，县办体育竞赛活动规模逐年扩大，项目增多，体育事业进入新的发展时期。2000年6月，县体委和县机关工委联合举办迎“七一”运动会，有5支代表队参加，比赛项目有篮球、象棋、乒乓球、绑腿接力。2001年4月，县体委、县总工会举办职工乒乓球赛。6月，县全民健身指导委员会举办首届职工体育运动会，有11支代表队参加，进行男子篮球、男女乒乓球和象棋比赛。2002年4月，县体委、总工会、团县委联合举办职工篮球赛，有12支球队200余名运动员参赛。

2003年11月，全县中学生篮球运动会举行。有13支男篮代表队、7支女篮代表队参赛。2004年5月，县体育局举办县城篮球运动会，县级部门和下寺管委会共9支球队参赛。2005年1月，县体育局举办庆元旦迎新春篮球联赛，有5支球队参赛。11月，举办县城机关篮球赛，有5支球队参赛。2006年1月，县体育局在普安镇举办篮球联赛和象棋比赛。

部门运动会 1990年9月，县粮食系统举办职工运动会，有12支代表队143名运动员参加，进行乒乓球、篮球、象棋、田径等项目比赛。1991年，县毛巾床单厂举办首届、县财贸系统举办第四届职工运动会，县城各系统、厂矿、体协、银鹰体协等开展支持“北京申办奥运会”篮球、象棋联赛。是年起，县棋协每两年举行一次象棋晋级赛。1994年5月，县金融工会、银鹰体协举办金融系统“金鹰杯”职工运动会，参赛运动员350人。1998年3月，县金融系统举办首届“三人制”篮球运动会，有8支球队参赛。7月，开展职工全员体育比赛活动，项目有台球、川牌、新式麻将、钓鱼等。1999年，县金融系统举办第四届职工运动会，比赛项目有象棋、田径、乒乓球、篮球、拔河等。

2001年5月，县党群口举办职工运动会，有篮球、乒乓球、象棋比赛，决出团体和个人优胜者。6月，县公安系统举办体育运动会，比赛项目有篮球、乒乓球、象棋、手枪无依托射击5发25米半身靶立射。10 月，县金融工会举办秋季职工运动会，开展乒乓球团体赛、扑克双抠赛、中国象棋赛和男女跳绳赛。2003 年 6 月，县政府机关举行庆“七一”体育运动会，开展男女乒乓球和象棋比赛。2005 年 3 月，县交通系统举办第二届职工会，400 多名职工参加篮球、乒乓球、拔河、健身操等项目比赛。5 月，县财贸系统举办职工运动会，开展篮球、乒乓球、拔河及趣味接力赛。9 月，举办教师节“动感地带杯”教职工篮球赛等活动。2006 年 2 月，县政府机关举办春季职工运动会，开展羽毛球、乒乓球、象棋、跳棋和定点投篮等比赛。11 月，县政府机关举办职工运动会，开展男子篮球和男女乒乓球单打比赛。

区、乡镇运动会　区、乡镇体育运动会一般由区、乡镇体育协会、共青团、民兵组织和文化站主办，结合纪念“五一”“五四”“八一”和民间传统节日开展农村体育活动，活跃群众文化体育生活。1990 年，武连、剑门等区举办篮球、乒乓球、象棋、田径等各种竞赛活动或综合性职工运动会。3 月和 5 月，碗泉乡、演圣乡举办首届农民运动会，开展篮球、乒乓球、田径、拔河、象棋等项目比赛。1991 年 8 月，龙泉区举行首届“八一杯”民兵运动会。2000 年 4 月，姚家乡举办“五四”农民运动会，比赛项目有篮球、男女乒乓球、象棋、田径、拔河等，近 200 名运动员参赛。11 月，剑门关镇举办第十一届职工运动会，项目包括篮球、乒乓球、拔河、象棋等。

2001 年 5 月，剑门片区举办第六届运动会和第七届篮球运动会，有 7 支代表队参赛。2003 年 8 月，剑门关镇举行第八届职工篮球运动会，8 支球队参赛。2004 年 6 月，江口镇举办篮球锦标赛，8 支球队参赛。2005 年 9 月，剑门督导室举办第九届篮球运动会，8 支代表队参赛。

参赛活动　1990 年 5 月，剑阁代表队参加市中学生田径运动会，有 10 个项目获得名次。7 月，剑阁县派出运动员 2 人、教练员 1 人，参加省田径新苗集训赛。1991 年，剑阁代表队参加市第二届老年运动会，乒乓球、象棋比赛取得好成绩，有 2 人入选市代表队出席省老年运动会。5 月，在市中学生田径运动会上，剑阁代表队有 9 个项目取得良好成绩。11 月 10 日至 12 日，剑阁、青川、苍溪、旺苍四县“剑门杯”男篮及象棋邀请赛在剑阁举行。

1995 年 4 月，剑阁县组队参加市中学生田径运动会，剑阁中学获高中组团体总分第一名，初中组团体总分第三名，8 名男女运动员个人成绩获前 6 名，30 人达到国家三级运动员标准。5 月，在市中学生乒乓球比赛中，剑阁运动员获初中男子组团体冠军，初中女子组团体第二名，剑阁中学男队获高中男子组团体第二名，剑阁中学女队获高中女子组团体第三名。有 2 名运动员分获初、高中男单冠军，1 人达到乒乓球二级运动员标准，11 人达到乒乓球三级运动员标准。10 月，参加市中学生篮球比赛，剑阁中学获男篮第二名。1996 年 5 月，在剑阁县举办的市国税系统第二届职工运动会上，剑阁队取得良好成绩。1998 年 10 月，剑阁 5 名运动员在全省第四次青年运动会上取得优异成绩。剑阁代表队参加市首届老年象棋、武术比赛，获象棋团体总分第二名，个人第三名和第六名，武术比赛团体第二名。

2002 年 6 月，剑阁小学生乒乓球队参加市萌芽杯乒乓球比赛，获女子团体第一名，男子团体第二名。参加市小灵通杯青少年足球比赛，剑阁中学获甲组第一名，乙组第二名。参加全市九寨沟杯全民健身运动会，剑阁获集体武术比赛第二名，学生武术队拳类第一名，器械类第一、二、四名，普安幼儿园运动员获健身秧歌比赛第一名，代表广元参加省健身秧歌大赛资格。8 月，剑阁代表队参加在秦皇岛举办的全国全民健身秧歌大赛荣获二等奖。8 月底，剑阁代表队参加市首届川北高速杯篮球运动会，获小组比赛第三名。在广元女儿节篮球比赛中，获第三名。

2004 年 8 月，由篮球、乒乓球、象棋、信鸽、健身秧歌、舞龙舞狮 6 支代表队共 80 多名运动员、教练员组成的剑阁体育代表团，参加市第二届全民健身运动会。剑阁获组织奖，健身秧歌队获一等奖，舞龙舞狮队获二等奖，信鸽放飞队获第二名。2006 年 4 月，在市第三届全民健身运动会上，剑阁女子健身操获三等奖，老年象棋队获团体第一名，剑阁获农民健身展示第三名。5 月，在市首届残疾人运动会上，剑阁代表队获得 21 个项目比赛的好名次。10 月，剑阁代表队参加市首届登牛头山比赛获二等奖。

剑阁县 1990—2006 年体育事业情况表

表 34 单位：人、所、次

年份	专任教练员	等级裁判员	少年儿童业余体校			举办运动会		参加体育锻炼标准人数
			所数	在校学生	其中田径	次数	参加运动员	
1990	—	8	1	263	99	40	8240	22931
1991	3	13	1	316	117	214	25530	31786
1992	3	3	1	245	93	13	2802	34570
1993	3	3	1	231	131	14	790	29681
1994	3	6	1	210	90	21	2452	34104
1995	3	3	1	370	146	19	2591	35127
1996	3	5	1	343	100	10	880	41939
1997	3	5	1	430	130	13	1750	46062
1998	4	5	1	450	130	14	1570	53319
1999	5	20	1	550	150	12	3000	61480
2000	5	30	1	570	160	12	3300	53786
2001	5	30	1	630	180	12	4800	65764
2002	5	40	1	680	240	20	3200	67519
2003	5	40	4	680	240	17	3100	67520
2004	5	40	4	667	238	18	3600	68106
2005	5	40	4	537	246	18	2300	70500
2006	4	30	4	587	256	14	2500	91584

说明：资料为《剑阁统计年鉴》。

第三十五篇　社会风土

第一章　家庭　宗族

第一节　家　庭

家庭成员及结构　境内所指家庭成员包括：祖父母、父母、夫妻、子女、孙五代，收养的过房子、养子、养女等，招夫、赘婿及他们的子孙，家祖或随本宗亲之妻的前子或收养的弃婴等。随着社会历史变迁，家庭代际结构发生变化，家庭也由传统的“四世同堂，五世其昌”向小户型转变。

家制　家有家长，有“父在前，子不言”“男主外、女主内”传统礼制。家长一般由男性长者担任，也有理财能力较强的晚辈或女性当家。在城镇，女性当家比例高于农村。

家庭盛行堂、房、室家制。堂即正庭庭堂，如尊长在世称为在堂，尊母为令堂，或称同祖兄弟姊妹为堂兄弟姊妹等；房即庭旁左右居室，如称长子为长房，次子、三子为二房、三房，称养子为过房等；室即住居的一室，如称妻为正室，称未出嫁的女子为室女。而用语上，家指夫，室指妻，正妻之子称为嫡子。

家庭亲缘关系有内亲外戚之分，属于父方的称为内亲，母方的称为外戚，妻方的称为妻族，姑方（即父的姊妹出嫁者）的称为姻族，女及姊妹出嫁者称为姻家等。

家号商号　家庭有沿用家号、家印、宅号、屋号等习俗。富有家庭有标示家族门第、职业和社会地位的家号。家号大致可分为三类：一是冠以先祖姓氏、封号、职业的家号，这类家号常见于小商户、手工业家庭。民国10年（1921年），剑州城陆续开办的“玉成旅店”、陈氏“陈半夜抄手店”、谷氏“谷三更面食店”及“协森祥药铺”等。二是吉祥字号，除一般大家族外，从事商业、手工业的家庭更有此种家号。民国20年（1931年），射洪、广汉、广东等地商户到剑阁开设的“兴盛糖果铺”“可口饭店”“陆通饭店”及本地人开办的“大兴长商号”“聚川源糖果铺”“顺利餐馆”“唇园饭店”“义芳手杖社”等。三是以部落名、地名为家号。

家堂　传统民居院落均建有堂屋，用于祭神拜祖、停柩举丧、家族议事等。家堂便设于堂屋内正壁，供奉“天地君亲师”牌位。一般人家除设此神位外，还在灶房设立祭祀灶神牌位，牌位位于灶壁，上书“九天东厨灶王府君之神位”，左右联语为“寅时上天奏善事，卯时下地降吉祥”。

分家与继承 传统社会中，农村兄弟分家，一般由父母直接处理，也有请族长或内亲外戚参加的。家产分割由父母提出方案，家人共同协商，达成一致意见后采用抓阄的办法确定分配份额。

旧俗中的继承分为宗祧继承和财产继承。“宗祧”即祖先的祭祀，以承宗祭祖为目的的“宗祧继承”，由父、子、孙一系相承，维持其血统不绝，女子或异姓之子无资格继承。宗祧继承必须是同宗或同姓的男子，其继承顺序为：亲生子、养子。同样是亲生子，又按照嫡子和庶子有先后之分，而养子也按同宗和同姓而先后有别，异宗异姓的养子不得继承宗祧。宗祧继承遵循一宗一祀的原则，也有特例允许“两祧继承”，两祧继承人生子时，自己留一房，使其子继承另一房的宗祧，以便符合一宗一祀的原则。财产继承一般是平均分配。对祖宗的祭祀，由兄弟共同承担。

第二节 姓 氏

夏商周“三代”，剑阁为蜀、苴、巴人散居地带，其时有昝、龚、冉、雷、卜、罗、何、田、武、李、阳、袁、向、秦、杜、齐、侯、樊、谭、党、郑、涂等姓。秦汉时，多次移民入境，至魏晋，新增刘、赵、范、雍、邓、马、文、严、蒲、谢、陈、姚、王、张、冯、朱等姓。唐宋时期，境内移民增多。宋太平兴国年间，客籍户占到53%，首次超过土著户，姓氏随之增多。宋末战乱，至元代人口锐减。明永乐年间，有“程、左、刘、杨、伏、管、李、赵”八姓军户迁入剑州浆池屯（今白龙镇）定居。此后，陕、甘、湖广、江浙等地数次移民剑阁。至明末，增加了魏、梁、母、聂、高、卫、徐、熊、吕、洪等姓。清康熙年间，朝廷诰令：百姓入蜀定居，滋生人丁永不加赋。故湖南、湖北、广东、陕西、河南、江西、福建、浙江等地大批移民入川，迁入剑州的外籍人形成籍地各异、姓氏众多的族群。内有史、贺、万、那、金、乔、缑、苏、嵇、安、白、潘、慕等姓。数次移民以后，同一父系的家族便成为一个宗族，聚居于一山一湾，形成村落，并禁止异姓入宗。同姓同宗的大姓望族有王、杨、李、张、刘、梁、唐、何、罗、魏、赵、贾、陈、蒲等14个，其时的王、杨、李、张四大族，分布的村落均在100处以上，一般规模的宗族还有138个。

抗日战争爆发，东北、华北、江南等地大批受难同胞涌入剑阁。抗战胜利后，部分难民留居境内从事商贩和手工业，其间，西充、南部、阆中、盐亭、三台、遂宁等邻县的许多百姓也移居剑阁，经营小商业、手工业和各种服务业。1949年后，因工作、婚姻等原因迁入人口逐渐增多。1956年至1957年，蓬溪、遂宁、三台、中江、乐至、简阳、射洪、盐亭、南部等县向剑阁移民5631户19747人，移民散居境内农村各地。80年代中、后期，外籍人到剑阁经商、办企业、务工、婚迁、就读、购房，人口增多，姓氏也随之增多。

至2006年，剑阁境内姓氏有王、张、李、杨、刘、梁、唐、何、罗、赵、魏、贾、陈、蒲、徐、孙、苟、郑、母、郭、黄、杜、田、聂、冯、高、邓、程、任、袁、吴、姜、马、左、侯、付、肖、范、曹、宋、谢、董、蔡、熊、许、姚、昝、伏、冉、鲜、岳、尤、薛、石、涂、周、邢、邵、黎、窦、帖、龚、缑、彭、陶、樊、严、谯、胡、党、苗、尹、韩、白、史、毛、雷、贺、舒、鲁、赖、龙、蹇、陆、雍、孟、管、邱、洪、曾、常、亢、温、辛、万、弥、钟、向、戚、康、奂、戴、尚、颜、宁、秦、崔、金、乔、柴、嘉、那、武、郝、燕、文、神、卫、余、林、官、苏、凌、翟、沙、盛、边、卜、嵇、乜、拜、车、蒋、汪、沈、欧、倪、齐、夏、费、饶、仲、丁、蒙、安、房、来、伍、骆、庄、朱、萧、瞿、宁、章、谭、江、柯、郗、庞、佘、游、潘、叶、覃、满、况、柳、巫、卿、银、詹、勾、孔、晋、钦、扈、卢、芦、敖、娄、吕、红、胥、权、牛、纪、古、耿、傅、漆、段、祝、揭、邹、易、华、鄢、海、缪、施、达、方、师、殷、寇、廉、芮、廖、仇、季、邝、鱼、喻、钱、童等。

第三节　宗祠与祭祀

宗祠　在宗法社会，以父系同一氏族组成宗族。民间奉行百善孝为先的人伦思想，视守孝祭祖为人生大事。以至形成族有宗祠、家庙，家有堂屋神龛，世代沿袭，香火不断的景象。宗祠、家庙是同族中人祭祀祖先和族人议事的重要场所。至民国年间，境内宗祠、家庙有100多处，规模较大的有香沉镇太祖庙、李氏祠堂，田家乡田氏家庙，北庙乡唐氏祠，国光乡董家庙，王河镇王家庙，杨村镇王氏家庙，禾丰乡伏氏祠，正兴乡何氏祠堂等。支祠、转祠规模较小，仅有三五间平房。

民间历来重视祠庙兴建，大抵由宗亲会组织族人捐款、捐物或投劳，建成后作为族产管理。祠庙一般为石木结构或石、土、木混合结构，以石料为基石，土石为墙体，木质穿斗构架，青瓦屋面，搬角坐脊，青石铺地，画栋雕梁，形似寺宇。较为普遍的造型有四合院型（俗称“一颗印”）、三合院型（俗称“撮箕口”）、一字型（俗称“一条枪”）。祠庙规模、结构和造型，常常受到本族人口多少、殷实程度、身份地位等因素影响。

祠庙内神主堂位置于正中，神龛设在正壁，始祖牌位居中，余下按辈份高低依序排列，并竖立族碑记载宗族源流字派。境内现存族碑五处：清康熙五十三年（1714年）何家岩（正兴乡郭家沟）《何氏宗族回轮谱》、清嘉庆七年（1729年）大河坝（正兴乡郭家沟）《郭氏宗族回轮谱》、清道光十八年（1838年）火峰山（田家乡响水村）魏氏族碑、清光绪二十年（1894年）蔡家河（田家乡中凤村）魏氏族碑、民国13年（1924年）双凤山水头子岭房（田家乡双丰村）《历代宗支高曾显考之神道》。

祭祀　民间视祭祀宗祖为追养继孝、寄托哀思、祈其福佑的人伦传统，祭祀习俗世代沿袭。先人下葬后，生烟火、烧七纸、百期祭、周年祭。此后，每年三十夜和正月初一拜飨。年三十夜，厅堂悬挂祖先遗像，在遗像前上香化帛，有的直接到墓地祭祀。正月初一，一家之主带领全家人到墓地焚香挂纸、奉酒荐食拜祭；清明会则是同族中人热烈而庄重的祭祖节日，每年清明节，祠庙张灯结彩，神主堂悬挂绛帐，神龛前点燃神灯、香烛，祭桌上摆满祭器、祭品。祭祀设主祭和陪祭，主祭由族长担任，如族长因故不能到会，则由辈份高、年纪长、有声望者主持。陪祭的声望地位仅次于主祭，有时也由晚辈中最年长者担任。祭祀仪式分为生食祭奠和熟食祭奠两项，形式相同，统称“三献礼”。主要程序为祭祖、告祖两项。鞭炮三响之后，儿孙在唢呐演奏的迎神曲中叩拜祖宗，进献供品，聆听祭文，行侑食礼。最后行送神礼，礼毕开宴。宴席菜肴一般为“十碗加一品”，或“十三花”。八人围坐，白酒一碗，大家畅饮，气氛活跃。中元节，即七月半（俗称“亡人节”）。传说每年此时阴界放假，已逝先人之灵要回到后人家中受享。于是，家家备祭，迎神拜祖，祈求福佑。

1949 年后，旧制度废除。1951 年实行土地改革，宗祠、家庙收归公有，用于开办学校、医院或为政府机关用房，部分分给贫穷农民居住。随后因改、扩建校舍或其他原因被拆除，境内仅存少数几处。宗法制度随之瓦解，清明节一类的大型祭祖活动停止。20 世纪 80 年代，一些侨居海外和港、台的剑阁籍人士回乡省亲，寻根拜祖，民间宗族意识复萌，一些地方维修祠堂，重建家庙，续修族谱，祭祀先人，祭祖活动渐渐恢复。但是，除丧事外，其余祭祀活动逐渐淡化。

第四节　宗　谱

在“文化大革命”运动中，破“四旧”时部分宗谱被收缴焚毁。至改革开放前，基本上没修新的宗谱。20 世纪 80 年代以后，宗谱逐渐被重视。宗谱被视为与正史、方志并列的三大历史支柱之一。宗谱一般由本族年长且有威望者组织编纂，族人捐助经费，更有族中贤达自费编修宗谱，赠送族人。宗谱通常由序例篇、图像篇、渊源篇、世系世传篇、族规家训篇、族产契约篇、祠庙墓图篇、恩荣篇、艺文篇等内容组成。序、例篇，收序文、原序及再修、增修的序文，凡例。图像篇，刊载族人居住分布图，祖先及族中英才遗像。渊源篇，收渊源考，含姓氏源流、迁徙、宗支分布等。世系世传篇，录世系谱图、谱表及始祖至编修该谱时本族历代孙的姓名、生卒日期、妻室、子女等。族规家训篇，记录忠君、祭祖、孝亲、禁赌及婚姻、嗣续、丧葬、财产继承等。族产契约篇，记载本族坟地、祀田、山林、房屋等族人共有财产及相关文约、契据。祠庙墓图篇，记载祠庙建筑图形、方位、墓图、墓地朝向等。恩荣篇，记本族忠臣、义士、孝子、节妇、乡贤、名宦及革命、建设年代功臣、劳模的彰奖和主要事迹。艺文篇，录奏疏、著述、字派、领谱字号附后。剑阁新一轮宗谱续修，借助碑志考察成果，订正旧谱谬误，推陈出新，彰显时代特色。部分宗谱破除父系社会陈规，将女性入谱，体现男女社会地位平等。至 2006 年，已出版《王氏族谱》《张氏族谱》《李氏宗谱》《杨氏宗谱》《何氏族谱》《赵氏宗谱》《魏氏族谱》《剑门田氏源流》等数十部宗谱。这些谱书，对研究剑阁历史文化、社会变迁、风俗民情等，具有一定史料参考价值。

《王氏宗谱——剑阁县备马角分支》载：始祖王廷亿，山西汾阳人，为仆射。唐天宝十五年从玄宗入蜀，卒于剑门，赐葬青墟山。王氏子孙定居剑州，历时千余年，已成为剑阁县第一大族，遍及境内各地，如柏垭乡云顶村王家岭，普安镇同心村王家岩、丰光村王家坝，田家乡双丰村王家湾、共和村王家坪，闻溪乡檬树村王家坡、二郎村王家角，龙源镇文笔村王家坪、兴泉村王家嘴，北庙乡钟岭山村王家角，姚家乡天字村王家河，盐店镇双马村王家窝，柳沟镇文星村王家碥，东宝镇龙泉村王家林，碗泉乡杏垭村王家坪，元山镇粮丰村王家岩，香沉镇元柏村王家山，禾丰乡油坊村王家坡，羊岭镇太平村金子山王家，汉阳镇壮岭村王家沟等。

《杨氏宗谱》载：始祖杨太全，系汉朝杨震三十四代孙，陕西凤翔邠州人，明初因宦入蜀，任布政使，落户剑州西河村，后迁至羊岭镇青柏村梅子坪，卒后葬于木弄口山下。祖妣王氏、李氏、罗氏，生九子，收义子定保，共十子。震坎、震离、震昌、震兑返回原籍；震乙、震乾、震巽、震坤、震艮、定保留居剑阁。震乙定居梅子坪，子孙迁居羊岭马鞍、大堰、石城、太平，鹤龄龙潭、赤化，江口陵丰、百包等地。震巽迁居杨村石门、杨垭、柏梓等地。震坤迁居白龙浆池，子孙迁居碑垭先锋、山峰等地。

定保迁居香沉镇东沟、乘风等地。震乾、震艮宗谱无记载。

《田氏宗谱》载：虞舜之后裔胡公封陈，至敬仲仕齐，为田氏。始祖田再、李氏，系湖北麻城人氏，元至正十七年（1357 年）随明玉珍入蜀，身列义军指挥，后在大夏为官。明灭大夏前，田再巡行剑州，至江口中坝河（江口镇金钟村）归隐田园，殁后葬于白鹤山。明弘治年间，第四代孙田荣移居登高山店子岩（田家乡田庙村四组），于大道两侧开设店铺，渐兴集市。明嘉靖中叶，第五代孙田芝聪偕三子田瑀、六子田琇共立田氏祠堂，明末扩为田氏家庙。田家庙田氏子孙蕃息，分支遍布城北镇剑北村田家角、柳沟镇新民村田家坡、秀钟乡双星村田家湾及江油市河口镇大胜村田家嘴、养马村养马坪田家等地。

《赵姓宗谱》载：赵州赵姓，祖籍天水郡。汉代营平侯赵充国之后裔，由天水迁居陕西。始祖赵子玉、母氏，陕西凤翔蒿枝坝人，唐天宝进士。“安史之乱”随王驾入蜀，留任剑州刺史，落户剑州。其后裔迁居剑南天会山（香沉镇、圈龙乡交界处）。分支遍布县内羊岭、香沉、锦屏、杨村、木马、公兴、江石、吼狮等 20 个乡镇及苍溪、阆中、南部、通江、巴中、南充等 9 个县（市）。《石磬观大学堂赵氏宗谱》载：始祖赵君辅系宋太祖赵匡胤第六世孙，洛阳人氏，宋熙宁四年（1071 年）由朝廷“外放”，出任剑州知府。宋崇宁四年（1105 年）由普成县迁至普安县回龙观（田家乡石磬村），后裔分布于县内 10 多个乡镇及广元、旺苍、青川、苍溪、江油、绵阳、阆中等地。

《何氏宗谱》载：始祖何文进由湖北麻城移至陕西富平县麦子坪，明洪武至清顺治立业十辈。清顺治年间，何文进裔孙何桂乡避乱迁徙至四川龙州江油县北汉坪山，后迁至川北剑邑广义乡太华山下（正兴乡郭沟村）插户，农耕为生。何桂乡、吴氏生长男春林、媳伏氏，次男春景、媳吴氏，三男春秀、媳严氏，四男春元、媳郭氏，其后形成四大房。分布境内的何氏家族有：龙源镇何家山、何家嘴，田家乡响水村何家坡、何家岩，迎水乡玉清村何家坝、何家嘴，姚家乡关刀村何家角、团结村何家坡、柳场村何家嘴，盐店镇莲花村何家湾，凉山乡联合村何家角，毛坝乡元山村何家嘴、斑竹村何家山、团山村何家湾，东宝镇迎春村何家岩等。

《剑南樵山李氏宗谱》载：始祖李仑，原籍陕西凤翔府陇西郡。唐天宝十五年（756 年），因逢“安史之乱”，唐明皇李隆基幸蜀，李仑护驾入川，因功敕授普安郡西水县令，遂家于剑州玉字山下，殁后葬井字坝。至李仑裔孙李德元娶雍氏生五子，因战乱仅存二子。长子李义聪娶王氏，居剑州樵店垭；次子李义仁娶王氏，居樵店大原山下。其后子孙繁衍，形成剑南樵山李家盖、李家坝、樵店垭、李家坪四大房。后裔除集中居住于樵店、杨村外，木马、店子、鹤龄、羊岭、香沉、锦屏、圈龙、剑门关、下寺及梓潼、广元、苍溪、阆中等地均有分布。

《魏氏族谱》（再修版）载：南北朝时期，魏氏先人已在普安、昭化、利州一带生活。剑阁魏氏系钜鹿魏氏后裔，唐初迁入。田家乡魏氏先祖魏暹系陕西凤翔府宝奚谷县水磨河人，元末明初因宦入蜀，后从昭化迁入田家。田家乡响水、石泉、中凤、双丰 4 村以魏姓为主。闻溪乡新中村魏家河、魏家坡，姚家乡天字村魏家岩、魏家坝，盐店镇红花村魏家湾、石笋村魏家包，店子乡天台村魏家嘴，柏垭乡云顶村魏家角、柳青村魏家嘴、新庙村魏家岩，木马镇停船村魏家角，城北镇新华村魏家坝、亮垭村魏家河、水池村魏家河、踞山村魏家河等处均有分布。

《张氏族谱》载：始祖张子林，系浙江绍兴府山阴县人，明贡生，诰授文林郎，原配祖妣陈氏诰封二品宜人。正统年间由宦入蜀，莅任昭化，告老剑邑柏叶树仑（鹤龄镇化林村张家沟），有 300 余户，

1000余人口。张氏家族境内分布于鹤龄镇龙谭村张家岩、樵店乡新房村张家沟、杨村镇建设村张家梁、锦屏乡锦屏村张家台、羊岭镇桥河村张家岩、城北镇亮垭村张家嘴、龙源镇青杆村张家、田家乡双丰村张家梁、北庙乡五星村张家、柳沟镇三清村张家嘴、武连镇武五村张家湾、国光乡石印村张家湾、元山镇石板村张家嘴、公兴镇文林村张家沟、禾丰乡剑峰村张家盖、柏垭乡井泉村张家山、剑门关镇志公村张家岩及苍溪、广元、仪陇等县（市）。

第二章　习　俗

第一节　饮　食

百姓习惯一日三餐，主食为大米、面粉，搭配玉米、红薯、豆类等杂粮。喜吃酸菜。北部山区主产玉米、红薯等，玉米搅团、红薯稀饭为主食；中南部低山丘陵区主产水稻、小麦等，酸菜稀饭、面水汤为家常饭。解放前，农民每天三顿稀饭，逢年过节或来客人时中午蒸干饭，而干饭并非全是大米，一般要在锅底垫红薯、南瓜或豆类，再于大米上面盖一层炒酸菜蒸成。缺粮人家从稀饭中捞出大米另蒸一碗饭待客。有些子女多、拖累重的家庭，青黄不接时，改一日三餐为两餐。灾荒年头，挖野菜、剥树皮度日，不少人逃荒要饭。贫穷农民过年也难吃上猪肉。

20世纪50年代至80年代初，民间膳食结构逐渐改变。城镇居民凭票证购买粮油，以大米、面粉为主，配少量玉米、豆类等。一般家庭早餐豆浆稀饭，午餐大米干饭，晚餐稀饭或面条。新鲜蔬菜、豆制品、肉、禽、蛋等市场均有供应。单位职工食堂早餐一般供应稀饭、馒头、包子加泡菜，午餐干饭、炒菜、汤菜，晚餐面条、水饺、稀饭、包子等。因实行供给制，这些食品都需要凭粮票购买。农民吃得差些，平时基本上没有肉吃，一般要春节、长辈生日及待客时才会吃肉，肉少时，只给客人吃。

剑阁民间特色饮食以豆花饭和大肉席最具代表性。农民喜欢做豆花饭待客。将黄豆磨浆，过滤去渣，倒入锅内煮沸，均匀加进酸菜水，待形成乳状后，用筲箕轻压舀出多余的豆水，再加适量清水与大米、小豆、红薯、嫩玉米、花生仁等煮熟，最后加酸菜、姜末、葱蒜、橘皮、红椒、花椒、盐巴等即成。豆花饭清香可口、开胃健脾，被剑阁人视为食中上品。

大肉席是清乾隆年间盛行于城北镇据山垭、白图观、盐店场一带的大肉会演变而来，大肉席已成为农家宴席的普遍形式。四方桌配长板凳，八人围坐，厅堂正面为上席，对面为下席，左右为陪席，宾主长幼有别，尊卑有序，依次入座。上菜先是一品碗刀尖丸子，接着连上三碗蒸酥肉，然后是三碗坨子肉，这些坨子肉肥瘦兼搭，浓香扑鼻，油水四溢，十分爽口，成为衡量主人酒席好孬的标准，因而有将肉坨子切成拳头大小的。其后依次是夹沙肉、蒸烧白、炖鸡肉、红烧鱼、蒸龙眼、蒸糯米等，最后一道菜是凉拌豆芽粉条。席上一般是十三道菜，民间又将这种大肉席称为“十三花”。少数大肉席在“十三花”“拼碗”之上再加一道菜叫“楼上楼”。

20世纪80年代后，城乡居民膳食结构趋向多样化。90年代初，国家取消粮油定量供应。城镇早餐业兴旺，各类小吃增多。老城小东街为夜市小吃一条街。每当夜幕降临，各种风味小吃应有尽有，有的摊主忙到半夜仍有食客临门。城镇主要街道的普通食店逐步转向套餐、快餐、特色餐等餐饮。90年代后，以猪肉为主要肉食，牛、羊肉较少，鸡、鸭、鱼鲜见的状况得到改变，食品中奶、禽、蛋增加，蔬菜品种多样，供应充足。火锅、砂锅迅速兴起，遍及城乡。民间举办酒宴者日渐增多，一般在酒楼、饭店宴会宾客，家中自办的较少。一些上档次的酒店，每逢节庆，举办酒宴者众多，需提前数日预订。2000年后，城乡兴起“农家乐”，融剑门山区传统农家饭菜与休闲娱乐为一体的“农家乐”，受工薪阶层和单位欢迎。每逢双休、节庆，“农家乐”便成为家人休闲、亲朋聚会、单位开展活动的好去处。

剑阁还有蒸馍、火烧馍、肉煎饼、油炸果子、鸡蛋挂面、醪糟汤圆、豌豆凉粉、米豆腐、米馍馍、水煮包子、炉桥面条、豆花饭等特色小吃。还有剑门豆腐、元山天府花生、东宝贡米、凉山牛肉、剑阁腊肉、剑门火腿等饮食名品。剑门豆腐远近闻名。豆腐菜肴有雪花豆腐、菱角豆腐、怀胎豆腐、熊掌豆腐、鱼香豆腐、豆腐烧鸡、豆腐丸子等百余种。剑门关镇经营豆腐业的店铺有数十家，剑门豆腐店及豆腐系列产品遍及广元、绵阳、成都、汉中等大中城市。

境内佐餐饮料主要是酒和茶。民间办筵席，有“无酒不成席”之说。因而筵席又称酒席，赴筵称为吃酒，筵席上常用白酒。80年代后期，民间饮酒习惯渐有变化，高度酒改为低度酒，白酒改为红酒、啤酒或其他饮料。香槟、豆奶、纯牛奶等常被选作筵席佐餐饮料。20世纪90年代后，夏季冷饮品增至数十种，夏夜间盛行喝啤酒，谓之喝夜啤。

饮茶亦是剑阁城镇百姓的饮食习惯。80年代后，茶馆、茶园增多，茶园内有讲评书的，有放录像的，有举办川剧坐唱的，以此吸引更多茶客。90年代后兴起茶坊、茶楼，装修豪华，茶具精致，并为客人提供麻将、纸牌、象棋等娱乐用品。

剑阁也有把正餐以外的加餐称为吃茶（喝茶）习惯。这里的吃茶（喝茶）一般是指正餐以外的客人到来时，以面条、鸡蛋、醪糟等地方小吃招待客人。

第二节　服　饰

1949年前，一般人家多以手工土布作衣料。土布通常以自产的棉、麻为原料，经家用手摇纺车纺成纱锭后，用织布机织成布，再到印染坊染色晾晒后，成品即为土布。农闲时节，请裁缝（工匠）缝制衣服。土布衣服面料粗糙，色调单一，大多以毛蓝、靛青、粉色为主。服装款式男女略有差异，男子春秋季穿大襟长衫，外套对襟领褂，宽腰大裆裤，系棉线绳裤带。冬季穿棉滚身或棉背心，夏季对门襟褂。妇女穿斜扣大袖中短衫（俗称“满大襟”）。成年男女喜包青布或白布头帕，年长者为避风寒包幔头帕。男子穿草鞋或圆口布鞋，妇女穿圆口布鞋。贫穷人家多穿补丁衣裤，三五年不添新衣，甚至一家几口共用一套出门衣裤，赶集走亲轮流穿。更有借别人衣服穿着去相亲或作客的。多子女家庭，常常是弟弟妹妹捡哥哥姐姐的衣裤穿，有的补成“千层衣”（补丁重补丁）仍需留给最小的孩子穿。农民穿草鞋，夏天打赤脚。而有钱人家的衣料多为洋布或绸缎，花色多样。服装四季各异，一人多件。男子着绸缎长衫、团花马褂、对襟短衫，戴瓜皮帽，穿圆口布鞋。妇女着宽边、滚边或镶边的斜扣大袖中短衫，领口、袖口及襟边绣有花纹图案。戴金银首饰，穿绣花鞋。冬天除棉衣棉裤外，还有皮衣皮裤皮袍皮褂等。缝纫机传入后，陆续出现穿中山服、制服、西装、旗袍、裙子和穿胶鞋、皮鞋，戴毡帽、博士帽的人群，大多为富绅、政界、学界人士及其眷属。普通人家服饰变化不大。县城学校男生多穿学生制服、操鞋，女生着宽袖斜扣短衫、裙子、圆口平跟鞋。部分学生冬天戴围巾。

解放后，服饰变化较大，土布衣料逐步退出市场。男子穿中山服、制服、军干服、青年服，妇女穿翻领双排扣列宁服、短衫、连衣裙、背带裤等。农村仍有穿长衫、短褂的。服装面料多为"英丹""卡其""毕叽""斜纹布""灯芯绒"等。颜色以蓝、灰、青为主。男女穿各式绒衣、毛衣、针织背心，汗衫代替布褂，塑料凉鞋代替草鞋。"文化大革命"初期，一度出现"军装热"，青年中流行着军装，戴军帽，扎军用腰带，穿解放鞋，并佩戴毛主席像章、红袖章，随身携带64开本《毛主席语录》。夏季穿冬海横衫，季披军大衣或毛领蓝色短大衣，穿塑料底操鞋。女青年剪齐耳短发或留一双短辫子。农民喜欢穿经久耐磨的解放牌胶鞋。70年代，化纤、混纺织品增多，衣料有"涤卡""的确良"等，尼龙袜、丝光袜盛行，其价格远高于纯棉制品。部分青年喜穿拉链衫、窄脚裤。

20世纪80年代后，国家取消布票，人们衣着观念变化，新颖、时尚、得体成为城里人选择服饰的标准。成衣大量上市，缝纫店生意渐淡。时装款式多，更新快。化纤、混纺、毛呢、丝绸、棉麻织品等衣料色彩丰富，任人选择。青年中流行西装、牛仔装、卡克衫、蝙蝠衫、喇叭裤、小脚裤。女性穿西装套裙、旗袍裙、大摆裙、直筒裤、健美裤等。春秋季外披带帽风衣为时尚，冬季雪花呢大衣、防寒服、羽绒服、太空服代替棉袄。男女都喜穿四季皆宜的休闲鞋、旅游鞋，冬有保暖鞋、皮统靴等。部分老年人戴鸭舌帽、礼帽、线帽。女青年戴太阳帽、窄沿帽等。一些部门、企业和中小学统一制服。农村中老年人买布料加工服装，以中山服、军干服为主。有的老人仍穿对襟衫。

20世纪90年代，各种面料、款式的服装同时流行，麻类、丝类、纯棉制品受到青睐。衣着追求个性化，年轻女性喜爱大色块、流行色，青年人着T恤衫、情侣衫，成年男子喜穿卡克衫、T恤衫、直筒裤、休闲裤，西装革履者逐渐减少。妇女以无袖宽松式连衣裙、吊带衫、紧身裤、中长裤为时尚。男女着装随意多样，休闲装逐渐成为主流。城乡居民购买成衣的增多，本地加工服装的减少，销售成衣的商场、店铺遍及城乡大街小巷。90年代中后期，一度流行文化衫。年轻女性中出现穿小背心、超短紧身衫、短裤、超短裙。少数女性着装追求时髦露透，低胸、露肩、开背、露脐。女式高、中、低跟鞋依旧流行，部分女性穿高帮皮鞋、长筒马靴。男子盛行穿大头、方头、尖头等样式的皮鞋。童装季节分明，色彩缤纷。中老年人着装观念变化，打破传统的蓝、灰主色调，服装款式多样，选择余地大。男女发型逐渐个性化，男子多留分头、拖头、平头、运动头，少数男青年蓄齐肩长发、耳发、小胡子或光头。女性多披肩发，拉直或烫卷，有的焗油、染发。理发店多数更名为发廊、美容店、洗头坊、形象设计屋等。

2000年后，青年人以穿名牌为时尚，名牌服装店应运而生。年轻女性着吊带背心或吊带裙，时有青春女孩穿兜肚逛街，兜肚面料为棉麻、丝绸、牛仔布，配有牡丹、芙蓉、蝴蝶、龙凤等图案。也有着短袖与披肩的，披肩为丝类或纱类，秋冬季为毛织或呢类。青年女子扎三角头巾或方头巾一度流行。唐装、绸衫、对襟衫为文化界人士和知识型长者所喜爱。

第三节　居　行

剑阁百姓历来视修房立屋为居家大事，人们储足钱粮和建材后，便按传统习俗，请人看地（主要是确定堂屋的朝向、中线）、择期下基、安门梁、安挑、开梁口、上梁、起屋架、立柱、安门、祭门、立神龛、布天井、筑院坝、谢土地神、立灶、开灶。即使是贫困农家建房，也少不了看地、上梁等事关家庭兴旺的环节。民居建造依山势而择坐向，以依山傍水、坐北朝南、背风向阳居多。

民国及以前，剑阁民居多为立木结构房，其建筑格式和质量差异甚大。主要建筑格式有四合院、半边转、两边转、一条枪等。质量上的差异主要在房屋结构和屋面材质。房屋结构有全立木结构、半立木结构、土坯结构，屋面材质有青瓦和茅草（包括稻草和麦草）。房屋墙体用黄泥土夯筑或用泥砖垒砌，屋顶椽檩和阶檐前柱用柏木构件。

四合院是封闭式的住宅，只有正面一个大门，关起门来自成天地，具有很强的私密性；多为全立木结构、青瓦屋面；多为富贵人家住宅。半边转相当于四合院的一只角，由堂屋、正房、转角（厨房）、厢房组成。两边转相当于取消了四合院的正面房屋，农村俗称“撮箕口”，由堂屋和堂屋两边对称的正房、转角（厨房）、厢房组成。半边转、两边转多为全立木结构或半立木结构、青瓦屋面；多为普通人家住宅。半边转多为一户人居住，两边转多为两户人居住。一条枪为单排无转角房屋；村社民居中的一条枪指有门无窗、土坯结构、茅草屋面的房屋，为极贫人家栖身之所；场镇民居中的一条枪除建筑式样与村社民居相似外，多为立木结构、青瓦屋面，且有门有窗。无论何种建筑格式，村社民居均有堂屋。

四合院属立木穿斗结构，全部用木柱、木梁、木檩、木椽穿斗连接，钩心斗榫，柱圆梁方，檐栋造型，木质门窗，雕花刻字，青瓦屋顶，灰浆坐脊。房屋高度为一丈九尺九（俗称丈九零九），开间一丈二尺，入深一丈八至二丈四尺。四合院上阶正中为堂屋，堂屋左右各一间或两间称正房。堂屋为祭奠活动的共有场所，用于供奉祖宗神灵、停椂灵柩、斋醮道场等，平时则堆放杂物。堂屋两边为正房，又叫耳间，作主居室，供长辈居住。两侧为厢房，作次居室。正房、厢房置木楼，转阁与厢房后接拖檐。转阁作厨房，火塘一般置于此室。转阁以下设客厅、饭厅，俗你对厅子。拖檐作厕所、猪牛圈和柴草杂物堆放用房。进院大门（俗称“龙门”）一般在左侧，大门两侧同为正房、转阁。

富裕人家的四合院，院内设明楼贯通全院，称为“走马转角楼”。官宦人家、富商大贾或人丁兴旺的富裕人家，将三套四合院摆成一个“品”字形院落群，从前门正中进入，第一、第二院的厅堂成为进出的门庭，直到第三院落上阶檐中才设厅堂，各院结构大体相同。有的院落群多达五个、七个、九个以上四合院。这些院落前后左右互通，但每个四合院大小不一，房屋高低不等。这些富裕人家四合院中的部分住户，会因人口的繁衍或经济衰败，自身沦为贫民仍在原处继续居住，或将四合院卖给普通人家。

县内现存保存较为完好的有城北镇琚山村石家大院、公兴镇凤凰村杨家大院、上寺乡猫儿村冯家院子、高池乡庄子村何家院子等四合院。

茅舍为全土墙，檩用圆木，椽子用树条或竹竿，茅草结顶。民居建筑规制通常为长一丈八尺，宽二丈二尺，厦高八尺至一丈二尺，屋脊高度为丈六零六、丈八零八或丈九零九不等。无房无地的佃户，常借住地主的庄子或自建简易草棚。赤贫人家，常栖身山间岩洞。

境内乡村居民有在房前屋后植竹栽树的习俗，农家院舍常常掩映于葱茏竹木之中。竹类多为慈竹、斑竹。树类主要有桑树、柏树、松树、香椿、桂花等高大乔木和具有观赏、食用、药用价值的紫荆、梅花、栀子、核桃、板栗、桃李等。年代久远的合抱之高大乔木被视为风脉树，受到族人世代保护。

农家之石碾、石磨，多为数家共有财产，碾滚、磨扇较沉重，役使牛、马拉动，石碾、石磨用于碾米磨面，石滚用于脱粒粮食或碾压土坝。安放石碾、石磨颇有讲究，民间有“碾前不碾后，磨左不磨右”之说，意即石碾要安在院舍前方，而石磨应安在院舍左面。此外，家家均有腰磨、碓窝，用于推豆浆、臼姜蒜等。至20世纪90年代，石碾、石磨逐渐废弃。

解放后，贫穷人家分得地主的宅舍，普通老百姓居住条件逐渐发生变化。20世纪50年代至60年代，居家建房仍以土坯结构或立木木结构为主。60年代，一度流行石块砌墙的“干打垒”建筑。70年代，农村单家独户择地建房增多，大多为“撮箕口”或半边转布局，其建筑样式和功能与解放前基本一样。80年代兴起小集镇建设热潮，有条件的人家到集市和城镇建房，一部分为砖混结构楼房，而大多数农民仍在自己老家建房，且多为土坯结构，木材需求量激增。一些农户拆除包括四合院等立木结构的院子，颇具剑阁民间特色的一批古老建筑消失。90年代，沿公路干线建房热出现，楼房多为一楼一底或二楼一底的砖混结构，楼面用预制板搭建，有挑篓式阳台，铝合金玻璃窗，一楼作铺面，后屋为生活用房。进入21世纪后，居家建房均有客厅、居室、厨房、卫生间等，均为砖混结构，配套较为齐全。不再新建土坯房。

机关企事业单位职工住房。在50—80年代，住房公有，单位为职工提供住房。一般为一人一间或几人一间，面积10平方米左右。1993年、1998年，县城机关企事业单位分两次实行公有住房制度改革，职工住房向私有化、市场化方向发展。新建住房分集资房、经济适用房、商品房等几种。2000年后，高层建筑增多，住房面积增大，错层、跃层结构相继出现，房屋装修档次提高。小区实行物业管理，住户普遍安装防盗门、防护栏。经济能力较强的家庭到绵阳、成都等大中城市购买住房和商铺。低收入家庭深受住房难困扰，廉租房建设提到政府工作议事日程。

剑门山区自古出行难。春秋末，秦惠王开辟“金牛道”，至后修栈道、阁道、驿道。行旅方式经历徒步、骑马、坐滑竿、轿子、马车等演变过程。货运工具为扁担、背篼、背架，靠人力肩挑背磨。除长途贩运外，马车使用较少。1937年川陕公路修通后，多为官商使用，普通老百姓的出行和运输方式仍然如故。

自1955年冬季开始，剑阁利用农闲时节修建公路。1966年实现区区通公路，1971年实现乡乡通公路，1980年基本实现村村通公路（机耕道）。1958年建成、1976年改造成为电气化的宝（鸡）成（都）铁路，有慢车在下寺、上寺站上下旅客，在一定程度上方便了剑阁人出行。20世纪90年代起，拓宽改造国道108线。2002年西（安）成（都）高速公路通车。县城距广元机场27千米。剑阁有到成都、重庆、北京、上海、广州、深圳、温州、珠海、乌鲁木齐等地的直达长途客运班车，也有到成都的铁路慢车。2000年通航的广元机场，因客货市场不足等多种因素，于2004年停航。至2006年，境内交通工具主要有公共汽车、单位公务车、私家车以及三轮车、摩托车、电瓶车、自行车等。百姓短途出行以摩托车为主，少数地势平坦的地方使用自行车，很少有人徒步外出；长途出行以搭乘公共汽车为主，也有乘坐火车、飞机的。

第四节　礼　仪

婚嫁　旧时婚姻讲究“门当户对”，男女婚嫁由“父母之命，媒妁之言”而定。媒人往往起决定作用，故民间有语：“强媒压两家，弱媒两家压。”清末至民国年间，剑阁民间沿袭传统婚聘礼俗，即纳彩、问名、纳吉、纳征、请期、迎亲等六项仪程，称为“六礼”。其大略为：

纳彩　为六礼之首，即男方家请媒人（俗称“红叶”，一般为一男一女）到女方家提亲，女方家答应议婚后，男方家备礼前去求婚。

问名　即男方家请媒人问女方的名字和出生年月日及时辰。又称“请八字”“开红庚”。纳彩既准，便择黄道吉日互通庚帖。写庚帖亦有讲究，双方均用新笔，意为好事成双，双喜临门。庚帖先由男家传到女家，再从女家传回男家。

纳吉　即男方将女方的名字、八字取回后，请阴阳先生“合八字”。男女双方八字相合，方能联姻。合婚得出吉兆后，便可“定盟”，又称“定亲”，双方互换“龙凤帖”。纳吉之后，婚姻之事已定，至此，男女双方都会受到社会伦理约束，婚约终止再也不是随便的事情。纳吉至成亲之前，男女双方不得会面。

纳征　亦称纳币，即男方家以聘礼送往女方家，又称“纳彩礼”。彩礼多少由双方事先协商，一般为四件，求双忌单。女家则根据彩礼多少决定陪嫁数量。

请期　即男家择定婚期，备礼告知女家，求其同意。婚期一般选双月双日的吉日良辰，嫁娶月份不能犯双方的属相忌讳。请期需备“四色礼”（烟、酒、糖、茶）送到女家。

迎亲　为“六礼”中最后一道仪程，即新郎亲自去女家迎娶新娘。主要有迎亲准备、正式迎亲、拜堂、闹房等礼俗。迎亲前，女子开脸，又称“挽面”。由一名“全福”妇女（即父母兄弟姐妹及配偶子女俱全的），用棉线绞除女子脸部茸毛，使其光洁。而后“上头戴髻”，全福人为新娘梳头，插上象征女子成年的发簪，穿戴结婚服饰。而男家则要安排新房，布置婚床等。男女两家都把房舍打扫布置一新，准备迎亲待客。

新郎奉父母之命到女家迎亲，一般骑马，媒人坐滑竿，与娶亲娘子、押礼先生等一行至女家后，新郎由媒人陪同，拜见岳父岳母，行三叩首跪拜礼。女家摆喜宴招待来宾。晚宴后搭长台，男女两家至亲及媒人一起叙话，女家望善待女儿，男家则表示视如己出，并相互祝愿。因新娘在迎亲途中不能下轿，在迎亲的前一日开始就不能进食，以防迎亲途中内急。次日早宴后，新娘辞拜父母时大放悲声，民间谓之“哭嫁”。娶亲娘子牵新娘上轿，花轿出门时，鞭炮鼓乐齐鸣。女家送亲一般是12人以上，多则32人。且送亲娘子、押轿人应是新娘至亲。娶亲忌走原路，意为“不走回头路”。花轿行进要四平八稳，象征婚后生活安定。行至男家，执事人将事先备好的“百家粮”撒向花轿来的方向，弹雄鸡冠血，以示避邪。花轿从预备好的火盆上跨过，意为烧去一切不吉利之物，日后夫妻生活越来越红火。传席子，新娘下轿后，踏上由执事人反复传接的米袋，直至喜堂，谓之“传席”，意为传宗接代。

拜堂前，陈列女家陪奁嫁妆，称为“摆礼”。大户人家有给女儿陪全套家、农具，床上用品及四季服装的，还有将田宅山林作陪奁的。普通家庭一般陪箱、柜、被褥、衣物等。拜堂由支客主持，按拜天地、拜高堂、新郎新娘对拜顺序，每拜均为三叩，即三拜九叩。有些地方还要拜亲友，称为拜人。

拜堂礼成，新郎新娘即为夫妻，被送入洞房，新郎揭开新娘盖头，多数新郎至此方知新娘长相，谓之初会。而新娘则端上香烛盘，与新郎对饮交杯酒，此为“合卺礼”。男方开席款待亲友。新郎新娘则不能入席，男方为新娘煮一碗“定心汤”（一般为荷包鸡蛋），以示新娘定心在夫家。

宴席后的晚上开始闹洞房，闹洞房形式多样，雅俗并存，虽有不文明之举，但新郎新娘只能接受，即新婚三日无大小。

女家来客则根据路途远近，迎亲当天或次日返回。新郎新娘在婚礼第二天早饭后“回门”。在娘家住两夜后于第三天回到公家。行前，女家做一个大火烧馍让男家所有人分食，意为“和睦”。婚后第九天，夫妻双双再回女家一次，取“来三去九，不做就有”之意。

1949年后，破除婚嫁陋习。20世纪50—70年代，提倡婚事新办，反对铺张浪费，结婚不收彩礼，不办酒席。城镇机关、企事业单位青年结婚，多以茶话会、集体婚礼等形式举行。农村青年结婚，从形式到支出尽量从简，但仍要请媒人、举办婚宴。20世纪80年代中后期，部分婚嫁旧俗在农村恢复。20世纪90年代后，城镇青年结婚，彩礼、妆奁档次提高，双方大办酒席，婚礼多讲排场，车队迎亲，少则6辆、多则数十辆。影楼提供婚庆服务，化妆、婚纱、婚车装饰、摄影录像、光碟制作等一应俱全。餐馆酒店承办婚宴，新郎新娘和父母在酒店门前迎宾，亲朋好友送现金以示祝贺。宴席往往数十桌，耗资数万。富家显贵，攀比豪奢。乡村嫁娶仍较传统，但租车迎亲必不可少，餐馆办席较为普遍。婚姻的中彩礼、嫁妆也出现货币化倾向。必须由父母或家族长辈操办的婚礼，也逐渐转变为男女双方自主举办。

丧葬 旧时，老人寿终，棺木土葬；儿童夭折，装“火匣子”（木板制成）土葬或置于石岩（称为“悬葬”）；流离失所者死亡，则收葬于义冢地（俗称“乱葬坟”）。民间视父母丧葬为大事，奉行慎终追远，心存敬畏，故丧礼内容庞杂，仪规甚多。1949年后，破除丧葬旧俗，提倡厚养薄葬。50年代到60年代，丧后即时入殓，设灵堂，挂遗像，亲人佩黑纱，吊者戴小白花，送花圈、祭幛。出殡前，由当地干部或单位负责人主持开追悼会，致悼词。木棺土葬为主，不大会宾客。“文化大革命”中，丧葬陈规陋习被彻底根除。80年代后，农村丧葬旧俗逐渐复萌，部分地方更盛于前，讲究行“三献礼”等只有旧时富裕之家才有的习俗。办丧事讲排场，厚葬薄养之风渐起，民间戏称：“活在不供（养），死了炮轰”。城镇推行火葬，1981年，时任全国人大常委、省委常委、县委顾问张正桃逝世后，遵其遗嘱送广元火葬场火化。1986年有5人实行火葬。1997年，县政府划定火葬区范围。1999年，县殡仪馆建成后，县城居民家有丧事，在殡仪馆设灵堂守灵，接待亲朋祭奠，举行遗体告别仪式或追悼会。遗体送广元或苍溪火化，一路撒冥币，转弯过桥放鞭炮。火化后骨灰盒送鹤鸣山公墓安葬，也有送回老家装棺木土葬的。2000年后，丧事奢办之风愈盛，看期择地，预建寿城，大操大办，互相攀比。县城纸火铺、墓碑店应运而生，普安镇4家墓碑店尚不能满足需求，时有到阆中、广元等地订购墓碑、花坟者。乡间有修坟从祖父母修起的陈规，预建墓者一订便是3座。一座花岗石或白石材的花坟，耗资少则七八千，多则一两万元，豪华型二万元以上。

旧时丧葬礼仪略述如下：

送终 父母弥留之际，儿孙齐聚榻前守候，聆听遗嘱，待咽气后即烧“落气钱”。接着给死者净身、剃头、穿寿衣、盖衾被，头盖黄纸，移至堂屋，放于席子上（称“小殓”）。将棺材大头向内，小头朝外，摆在板凳上，待签棺入殓（称“大殓”）。棺材前置一小桌，设灵牌，摆供品，上香烛，点水灯。香火不断，水灯不灭，直至出殡带入坟内。

报丧　父母亡故，应火急遍告族人内亲，并礼数周全。道士择期，家人商定后，孝子披麻戴孝手执哭丧棒，前往本族和内亲家报丧。到达后不能进屋，有人接时，无论长幼均行跪礼。亲族接到丧报后，便赴丧家祭奠。子女、亲属得知丧讯要急奔而返，谓之“奔丧”。

棺殓　父丧请族（称“本家”），母丧请舅（称“人主”）。父母亡故，须请父族母党嫡系亲人签棺，亲视入殓。入殓前，棺内铺层柴灰，印上“寿圈”。捧扶遗体入棺，先进脚，后放头。将备好的一串七个铜钱大小的火烧馍和一根一尺五长的椒树棍分别放在死者左右手中，二物分别称为“打狗馍”“打狗棒”。择几件死者生前常用和所喜之物放入棺内随葬，意为劳碌一生，不能空手而去。盖棺须在大头留一缝隙，出殡或下葬时合上。入殓后开始守灵。

祭奠　设灵堂。灵柩前面摆张桌子，上置纸扎灵房。灵房高四尺八寸，三层楼阁，飞檐走脊宫殿式造型，正中置亡者灵位和遗像，两边彩绘金山银山、童男童女，摆设香案祭品。堂屋前和楼门口扎彩色辕门迎宾，院内牵绳挂纸布置灵堂，各门张贴挽联，四周陈列孝幛。停丧期间，请僧侣诵经，超度亡灵。有钱人家做三至七天道场，贫困家庭也要在出丧的头天晚上请道士超度。出丧前，请道士择坟地，选址打荆桩。出丧前一天下午，远亲近邻备香帛、纸烛、挽联、祭幛前来吊唁。三党（父党、母党、妻党）六亲（姑娘、姊妹、干男、侄女、姨亲、表戚）到达时，孝家要鸣炮奏乐，主孝手捧灵牌，孝儿孝女身着孝服，手持青香一炷，出辕门跪迎道旁。来宾搀扶后，退走数步行跪叩礼，后到大堂前行三跪礼，再退入灵堂参灵行三鞠躬礼。支客或主祭人给来宾发孝帕或孝帽。是夜，行坛祭礼，由道士设坛，吊宾肃立，鼓乐齐鸣，引领生引孝男孝女绕灵三转，躬身出帷至堂前。随即引领生手执引魂幡，带孝子转灵柩三圈，讴报恩经。孝男孝女及众孝姓俯伏长跪。为逝者上香、奠爵、诵祭文。诵者声调哀婉悠长，催人悲切。接着是孝祭、宗族祭、女儿祭、娘舅祭等。最后是所有吊宾排班行参灵礼（三鞠躬礼），礼成退班。执事人烧纸、焚香、放炮。坛祭礼毕后搭长台“说话”，一般是父族、母党指责不孝行为，孝子认错服责。境内还有哭丧习俗，孝家的女儿及媳妇迎宾前后哭、坛祭礼后哭、出殡发丧时哭，一直哭到坟茔金井，掩土时便被众亲朋劝停。

出殡　出殡前，为丧夫（抬丧的人）、道士、乐队备早餐席桌，称“丧夫台”。餐后两名丧夫赶至坟地打金井，八名丧夫准备抬灵柩。道士为灵柩贴上灵符，手执宝剑，念念有词，大吼一声“起!”，丧夫抬棺出堂，哀炮、哀乐齐鸣，送葬队伍列队出发，幡幛引路，主孝端灵牌，次子以下持哭丧棒，大儿媳妇抱衣食罐，灵柩居中，孝女孝媳随后哀号恸哭，陡增凄凉。送葬者各持祭幛、挽联、纸人、纸马等缓缓前行，沿路丢引路钱。灵柩要抬得四平八稳，以免惊扰亡灵。若遇灵柩暂停行进，孝子面灵柩而跪。至墓地后，灵柩放在两条板凳上便开始烧井，纸钱、灵堂花絮、挽联、字纸等一并烧入金井。丧夫把满满几大碗饭菜边吃边撒于井内。将灵柩移至金井，调整好方位。道士持剑安魂，念动真言，边念边撒五谷杂粮，随后将剑扎在棺木上说番吉利话，孝家备小礼酬谢道士。接着是唢呐队吹井，绕棺木吹三圈后，唢呐领队站立正前方，说些阴宅福地、人兴财旺吉利话，孝家女子客亦须备小礼酬谢。按照男左女右的传统习俗给殁者安放衣食罐。最后掩土安埋，葬毕，宴请送葬者及宾客。

居丧　亲人去世后，孝子们在生活诸多方面自觉节制，以示对逝者的思念和哀悼。传统观念认为，婴儿出生后三年，时刻不离父母照料，父母亡故，回报三年，即居丧三年。其间，对逝者要祭奠十五次：下葬后，孝子要在墓地生烟火，每日黄昏进行，连续三日。每隔七日到墓前祭奠一次，称“烧七纸”，前后共七次。“回阳”时在家中设祭。至一百天，设斋会祭奠，称“烧百期”。以后的头周年、二周年、三周年均要祭奠。三周年要大办，并修墓立碑以尽孝道。富贵人家修“花坟”，建“坟亭子”；普通人家用石料垒砌三角形坟头，穷人则垒土坟堆。

庆贺　剑阁民间庆贺主要有祝寿、吃满月酒、祝贺乔迁开张等。

祝寿　民间传统习俗，家中老人年过六旬，要设宴祝寿。时俗，儿女为六旬以上老人请客祝寿，须于请柬上落上儿子的名字。老人从六十岁起，逢五、十必办寿宴，此外，一般不办，要办规模也较小。七十岁称“古稀之寿”，此后的寿宴规模越办越大。“八十大寿”为寿宴之极，富贵人家设寿堂，摆寿烛，挂寿匾、寿幛，贴寿联，请乐班吹打，举行拜寿典礼，大宴宾客，收受贺礼。一般人家只有亲友送点礼物，晚辈拜寿祝贺。境内祝寿“做九不做十”，如69岁做70岁寿诞，提前一年做。50—70年代，人们一般不举行祝寿仪式。老人生日，家人和少数来客一起备酒菜祝贺。更有俭朴老者，七八十岁都不主张做生。80年代初，一些机关团体、企业工会给离退休老干部、老工人祝寿，送寿匾、字画等。80年代中后期，“过生日”之风渐兴，庆贺生日，不分长幼。简单者送纪念品、生日蛋糕，奢侈者送寿礼，办酒宴。中、小学生及幼儿做生，互送小礼物，伙伴们欢聚一堂，点生日蜡烛，唱生日快乐歌，分食生日蛋糕，热闹一番。低收入户及农村家庭大多无此举。民间有36岁“做生”的习俗，俗谚称：“人人有个三十六，三十六上有啰嗦。”相信做生化灾，能够遇难呈祥。成年人庆贺生日，好友一起聚餐，餐后进歌厅、茶楼唱歌或打麻将，电视台点歌祝贺也常见。90年代后，做生陋习愈盛，有的人不分整数零数，年年做生，大肆铺张，极尽所能，祝寿已演变成狂敛钱财的一种形式，民间颇多微词。

满月酒　婴儿出生后，家人欢欣，亲朋相贺。满月当天，为婴儿剃去胎发。外家送外孙和尚衫（不带纽扣的婴儿衣服）、满月帽、胸饰及红桃（馒头）等。亲朋亦以衣饰、食品为贺礼。生子之家则置办酒席答谢，称“满月酒”。

贺升学、参军、就业　旧时考中秀才或高小毕业归来，族人、乡亲均要为其“接风”，主家备宴酬谢。解放后至改革开放前，庆贺升学之风基本消失。80年代后期，升入大中专者，乡邻、亲朋以钱物相赠，家长亦须宴请示谢。城乡青年参军、就业亦要宴客。

贺乔迁、开张、校庆　80年代后，各种名目的庆典风行。公司、集团、中心成立，工程奠基与竣工，楼盘开盘，工矿企业开业、迁址，厂庆、校庆，乃至茶楼、火锅店、美容店、洗脚坊开张也要举行庆典活动。举办者广邀各级领导、相关单位和社会名流到场庆贺或剪彩，以期提高自身知名度。庆贺者送镜屏、花瓶、匾额、礼金或在电视台点歌祝贺等。主办单位则举办宴会或送红包以示答谢。个人建房上梁、乔迁新居、修坟立碑等亦要举办宴席，庆贺者皆送礼金。

第五节　节　日

过年　民间最重要的传统节日。农历腊月初八（“腊八节”）后便进入过年的准备。“腊八节”做腊八饭，以大米、绿豆、小豆、花生、红枣、萝卜、豆腐、肉丁等混煮而成。有肉为“荤腊八”，无肉为“素腊八”。吃腊八饭，意在庆祝和祈求丰收。民国时期，过年祭祀及娱乐活动自腊月中旬开始，腊月十六敬土地神，祈求来年风调雨顺，五谷丰登。二十三日晚送灶神，户户点香烛，奉米糖，送灶神上天，祈其“上天奏善事，下地降吉祥”。诸神送走，百无禁忌。二十四日起“清掸”，即大扫除，打扬尘，淘沟渠，洗厨具、衣被。并备办小菜，如发豆芽、点豆腐、蒸馍馍、炸果子等。其后给祖先上坟、烧纸，诸事就绪，已到除夕。户户贴春联、门神，挂红灯，吃团年饭。除夕夜，烤疙瘩火，摆龙门阵。大人小孩都要洗脚，称为“脱穷皮”。守岁至子时燃放鞭炮，称为“开春”。正月初一，全家人都穿一身新衣服，小孩给长辈磕头拜年，长辈要赏赐新年钱。早餐一般吃汤圆、鸡蛋醪糟、油炸果子。邻里相见，互贺新年。乡下人喜欢上街看热闹，城乡集镇均有狮子、龙灯表演。过年是小孩最开心的日子，民谚云：“大人想用钱，娃儿想过年。”孩童们打秋千、跳绳、抱蛋、藏猫猫，尽情依俗玩乐，大人一般不会责备。初二起为拜年的时间，亲友相互拜年，彼此宴请，称为“请年酒”。新婚夫妇要去娘家和亲戚家拜年，以后每年正月，媳妇或同丈夫一起都要去娘家和父母兄妹团聚。初五称“破五”，不能走亲戚。初七是人过年，盼望出太阳，以象征疾病少，人丁旺。十五闹元宵（古称“上元节”），民间各种游艺活动，如狮舞、花灯、高跷、皮影等至元宵大盛，城乡民众，普天同庆，热闹倍增。至此，时间最长的传统节日——过年结束。

清明节　时令“清明”为祭祀节，家家祭祖扫墓，挂纸。先清除坟墓周围的灌木、杂草，用松、柏枝或其他枝条将其打扫干净，再把印好的纸钱挂在坟头，有做成钱串子的，有在坟头压冥币的。挂纸后，在坟前上香跪拜，祝福先灵，祈求保佑家人平安。民间有“坟前无纸乃绝后”之说，故远在他乡的子女，也会赶回扫墓。一到清明，坟茔处一片洁白，分外肃穆。除家祭外，同族宗亲还要在宗祠举办清明会，这是剑阁民间最庄重热烈的祭祖盛会。清明节扫墓代代相传。20世纪50年代后，共青团、少先队和一些单位，清明节组织青少年、职工祭扫烈士墓、红军墓，缅怀先烈，进行革命传统教育。21世纪后，城区市民此日到鹤鸣山公墓祭扫，为过世亲人献花已成习惯。网上祭祀兴起，在外地的子女，路途遥远，因故不能返乡祭扫的，设网上纪念堂献花祭祀先灵，以此表达怀念与追思之情。

端午节　农历五月初五，俗称“端阳节”。民间以五月初五为“头端阳”，十五为“二端阳”，二十五为“三端阳”。此时，剑门山区麦收已过，家家蒸白面馍馍、大米包子尝新或馈送亲友。习惯吃粽子，喝雄黄酒。将酒涂于小儿太阳穴、肚脐和手足心，并缝制小猴香包，系于小儿衣肩，意在驱毒防病。将艾叶、菖蒲挂在大门上，联语云：“艾叶为旗招吉庆，菖蒲作剑斩妖孽”。嘉陵江曾有划龙舟赛事。20世纪50年代后，学校为纪念爱国诗人屈原，对学生进行爱国主义教育，开展游泳、划船等比赛活动。

乞巧节　农历七月初七，又称“七夕”。相传牛郎织女是夜鹊桥相会。是夜，境内青年女子欢聚一堂，焚香祷告，望月穿针，以一线穿过者为巧。或盛清水一盆，掐绿豆芽一根投入水中，观其显影形状，以卜巧拙。成年男子则乞子、乞财、乞寿等。20世纪80年代后，此俗已演变为中国“情人节”。

中元节　农历七月十五日，俗称“七月半”，也称“亡人节”。家家在祖先神位前摆放香烛、冥币、瓜果、酒肉佳肴等供品，让亡灵受享。然后，举家老小去墓地焚香化帛，奠酒设供，跪拜祈祷，愿亡灵安息，保佑子孙安康，家业兴旺发达。也有在野外燃香化帛祭祀祖先的。据传无论坟前或野外祭祖，都要施舍一部分给那些无儿无女、无依无靠的孤魂野鬼，以求平等，让祖宗平安大吉，自身免遭横祸。这天，也是佛教的“盂兰盆会”，佛门举行“瑜伽焰口”，诵经施斋，以慰“无祀孤魂”。20世纪50年代后，中元节的迷信色彩渐弱，祭祀祖先的习俗仍在民间流传。

中秋节　农历八月十五日，又称“团圆节”。民谚云：“不老不嫩，八月十五尝一顿”。此时，农民收获新粮备办食品，敬奉天地神灵，自己也尝尝新。是夜，在庭院中设香案，摆爪果、米酒、糕点、菜肴等供品，月饼居中，呈宝塔形。阖家焚香叩拜，谓之“拜月”。拜毕团坐赏月。“百里不同风，千里不同俗”。剑南的白龙、金仙、鹤龄一带赏月，取一张素丝纱巾，据说透过纱巾看月亮，会看到月亮四周像彩虹般的七色光环。若不现，可调整纱巾与眼睛之间的距离，直到看见为止。此后俗称“八月十五看月华”。边赏月边吃月饼，孩子们听老一辈讲故事。婚后无子者，其亲友子弟乘月夜摘南瓜一个送往家中，取“瓜瓞连绵”、添子添福之意。旧时读书人，邀文友到风景绝佳处相聚赏月，吟诗作赋。20世纪50年代后，家人团聚赏月，吃月饼的习惯尚存。80年代后，亲友互送月饼，单位给职工送月饼贺节。

重阳节　农历九月初九，又称“重九”。此时，秋高气爽，人们自带酒食，结伴而行，野游登高。境内名山胜景不下百处，如鹤鸣山、孤玉山、青云山、青墟山、云起山、登高山等。登高览胜，喝茱萸菊花酒，吃糕饼，谈古论今，至醉而归。普安城镇的文人雅士，游兴未减者，当夜集聚“小玲珑”，浅斟慢酌，吟诗作赋，儒雅多彩，别具风韵。20世纪50年代后，“重阳登高”多被遗忘。1986年，国家确定“重阳”为敬老节，开展敬老活动。一些单位组织离退休老同志登高野游或参观等。老人们亦自发结游，登山赏菊，饮酒野餐。

下元节　农历十月十五日，又称“寒衣节”，与三月清明节、七月中元节并称为民间三大悼亡节日。是日，将裁剪或彩印的纸衣、纸裤等，于墓地焚祭，意为亡人“送寒衣”。20世纪50年代后，此俗不再流行。

元旦节　1月1日，放假一天。机关、学校、厂矿挂彩旗，开展文体活动，以示庆祝。

春节　农历正月初一至初三，放假3天。20世纪50年代，提倡移风易俗，过革命化的春节。50年代后，春节节日气氛渐浓，插彩旗、挂红灯、贴春联、放鞭炮，传统的狮舞、龙灯，现代的秧歌队、腰鼓队，各类文艺演出、体育竞赛等丰富多彩，家人团聚，亲友互访，城乡同乐。

妇女节　3月8日为国际劳动妇女节，又称“三八”节，女职工放假半天，单位召开纪念“三八”节茶话会或开展文娱活动。

植树节　3月12日为植树节，开展全民义务植树造林活动。是日，城区干部职工、师生上汉阳山、周垭子、大梁山、烟灯山、宝龙山植树，城乡居民亦在居所院舍栽植花木，绿化、美化环境。

劳动节　5月1日为国际劳动节，原法定放假一天，1997年起改为放假3天，谓之长假。城乡举办文化、旅游、体育等各种庆祝活动。

青年节　5月4日为中国青年节，城乡青年举办各种活动，纪念五四运动，进行爱国主义、社会主义教育。

护士节　5月12日，为南丁格尔纪念日。卫生系统举行纪念活动，表彰优秀护士。

儿童节　6月1日为国际儿童节，儿童放假一天，小学、幼儿园举行庆祝活动。

建党节　7月1日为中国共产党诞生纪念日，党组织举行纪念会，表彰优秀党员，新党员入党宣誓或组织参观红色旅游景点，对党员进行革命传统教育。

建军节　8月1日为中国人民解放军建军纪念日。节日前后开展拥军优属、拥政爱民活动，党政机关领导人慰问驻军、武警和荣退军人、军烈属。地方与部队一起举办军民联欢晚会。

教师节　9月10日为教师节，慰问教师，表彰先进。

国庆节　10月1日为中华人民共和国成立纪念日，原法定放假两天，1997年起改为放假3天。城乡悬挂国旗，张灯结彩，举办文艺晚会、体育竞赛、展览等活动。每逢十年大庆，举行大型庆祝活动。职工利用国庆长假外出旅游。

20 世纪 90 年代后期，境内兴起的外来节日有：

情人节　2 月 14 日，情人互赠礼物，互致祝福。是日，城内花店、花坊的红玫瑰畅销，价格攀升。

母亲节　5 月第二个星期日，子女祝福母亲，送礼物以表孝敬之意。

父亲节　6 月第三个星期日，子女祝福父亲，送礼物以表孝敬之意。

圣诞节　12 月 25 日，为耶稣诞生日。24 日晚为平安夜，青年男女聚会逛欢。节日前后，一些酒店、商场披红挂绿，摆放圣诞树和圣诞老人模型，发圣诞礼品，开展促销活动。

第六节　陋　习

吸毒　境内种植罂粟始于清咸丰年间。光绪三十三年（1907 年）设官膏局，专卖鸦片。民国 5 年（1916 年），官方统计吸食大烟者 751 人，而实际人数数倍于此。国民政府依赖烟税，强迫农民种罂粟，至民国 24 年（1935 年），境内普遍种植罂粟。县城烟街设市交易烟土，逢场天有数百家上市，以“高观土”驰名川北。城内烟馆分布于烟街、西街、较场坝一带，有一品香、一道烟馆、迎春旅馆等。国民政府曾一度禁烟，官吏却以此肥私，故政令难行，有禁不止。1949 年后，政府严禁鸦片烟毒。至 1952 年，剑阁烟毒禁绝。80 年代末，境内种植罂粟和变相贩毒吸毒偶有出现。东宝镇一赵姓农民私种罂粟，县城农贸市场销售罂粟壳（籽），部分火锅汤料渗入罂粟碱成分。吸毒者以注射杜冷丁为多，吗啡、海洛因、冰毒、摇头丸等毒品较少见。政府明令禁毒，公安部门严厉打击，并开展创建“无毒社区”活动，毒品蔓延之势得到遏制。

赌博　民国时，境内赌博之风盛行，有人甚至输光家产，典妻鬻女。常见赌博有打麻将、打敲敲、推牌九、掷骰子等。城边蔡家桥一带，有几处摆簸箕掷骰子的，赌资较小。城内的赌场分布在南街、堂市口、公园坝一带，有龙泉茶馆、堂市口茶馆、快斋亭、爽心茶社、馨心茶社等。县城几家较大的赌场（烟馆）为警局要员、袍哥大爷或有背景者开设，赌资较大，光顾者多为达官显贵、外地商贾和军旅人士。民国 26 年（1937 年），县政府颁发禁赌布告，县长带人抓赌，仍禁而不止。嗜赌者家败后沦为匪盗不在少数，国民政府无力根治。解放后至改革开放前，赌博绝迹。20 世纪 80 年代，一些乡镇重现小赌，如龙源场一家设赌 3 处被查获。90 年代，出现“刁青”“斗地主”、玩电子游戏机等赌博。政府印发禁赌通告，公安部门开展专项打击，仍未能彻底根除。因赌丢官、因赌破家者有之。

娼妓　民国 10 年（1921 年），军阀王鸿恩部驻防剑阁，引进河南、陕西等地流娼，人称“马班子”。县城流娼、暗娼多在旅馆、茶馆、烟馆等处活动，方式之一是为鸦片客“摆盘子”，即装烟、点烟等。如需“特殊”服务，3 个银元便可成交。内有一人称“嫩白菜”的妓女，在公园坝茶社一度走红，乡绅政要和军旅人士趋之若鹜。民国 25 年（1936 年），四川省政府颁布禁娼令，但毫无收效。解放后，娼妓绝迹。20 世纪 80 年代末，境内卖淫嫖娼旧态复萌。时称卖淫者为“小姐”。90 年代初出现卖淫嫖娼团伙，一些歌舞厅、卡拉 0K 厅、录像厅、镭射厅、夜总会等文化娱乐场所，为卖淫嫖娼者提供方便。而宾馆、酒楼、发廊、美容店、按摩店、洗脚坊等服务业则为嫖娼多发地。车站附近、城乡结合部的个别出租房，暗中容留卖淫嫖宿人员。90 年代后出现电话应召女和官员大款养情妇现象。城里成人用品店与性病门诊部增多。公安部门屡次取缔、打击，卖淫嫖娼活动仍然存在。

黄祸 20世纪80年代后期，县城街头个体书摊出售的通俗文学作品、报刊精选本、精华本中，不乏夹杂色情内容。90年代初，书摊出现《玫瑰梦》《情场赌徒》等夹杂色情渲染的庸俗读物。淫秽油画、扑克从沿海流入境内。县城第一家镭射厅在“翠云商场”开张，以“少儿不宜”广告牌招徕观众，放映港台和海外色情、暴力片。随后，一些乡镇也办起镭射厅，有的还到村上播放。录像放映机、影碟机上市，黄色录像带和光碟渗入家庭。进入21世纪，成渝等地的婚外恋、三角恋、校园同居、妓女生活之类的口袋书流入境内，在青少年中大量流传。部分书刊音像制品赤裸裸的渲染性行为、性暴力，毒害下一代，诱发青少年堕落犯罪。文化市场管理部门和公安机关多次收缴、销毁处罚违法人员，黄祸泛滥势头减弱。

乞讨 民国时，城乡游乞结帮，各有头领，外来行乞者得办交涉，否则即用打狗棍驱赶出境。1949年后，政府收容改造乞丐，或分田归业，或救济给养，乞丐基本绝迹。20世纪80年代，时有乞丐在饭店或农家乞食。90年代，乞丐以讨取现金为主，主要乞讨方式有拦路、下跪、写地状、画地画、弹唱表演等。既有谎称丢失钱包、家遭厄运，或假扮僧尼、失学者、残疾人，以骗取钱财。也有成年人操纵儿童乞讨牟利。民政部门适时收容遣返，对确有困难者给予救助。

骗术 骗子以外来者居多。或假扮僧尼，或自称易学研究者，常出没于街头巷尾，乡间农舍。行骗的对象主要是老年人，特别是老年妇女。往往以问路、问人的方式和别人答言，进而施展骗术。有数人结伙行骗的，其危害性更甚。骗术种类繁多，如丢包骗钱术、叠印洗钱术、拍肩导财术、联合投资术、灾难化解术、电话报灾骗钱术、中奖纳税骗钱术等。90年代后，县城有多名中老年女性受骗，少则数千，多则数万。

80年代后，随着个体私营经济迅速发展，市场竞争激烈。商家各施其技，促销花样百出。如媒子拉客：某些个体户的家属、亲友或合伙经营者，假装买主讨价还价，引顾客上当。这种媒子拉生意多发生在车站附近或过往行人较多的人行道旁摊点；招徕顾主：集市个体成衣店、鞋店和小百货店为招徕顾主，除传统的叫卖外，店堂招贴“开业大酬宾”“厂家直销”“全市最低价”“亏血本销售”“跳楼价”“最后三天大甩卖”“门面到期大出血”等，并注明商品原价（多与实际价格不符）和现价。有的手持喇叭叫卖、拍手或播放录音广告，吸引过往行人。外来奸商为牟取暴利，以花言巧语欺哄顾主，坑人手法多样，有上门推销刀具、皮衣的；有伪装聋哑残疾人进屋推销，不买不走的；有冒充少林弟子下山为民疗疾，卖膏药的；有身着白大褂拦路拉客，以“义诊”为名，推销“特效药”或保健品的；有租用场地卖保健品后，又如数退还顾主货款（白送），反反复复，待大批量售出后，卷款而去的，诸如此类，不一而足。

迷信 解放前，封建迷信盛行。主要有祈雨、安胎、叫魂、走阴、下镇、保关煞、看风水、书符练咒、占卜测字、算命看相、朝山拜神等迷信活动。祈雨为例，久旱无雨，瘟疫流行，政府设坛祈雨，城乡民众前往龙王庙、观音阁等寺庙抬龙王、耍水龙、撵旱魃、唱雨戏祈求雨泽。1949年后，政府严令禁止，封建迷信活动得到遏制。20世纪80年代中期，封建迷信活动有所抬头。90年代后，算命看相、占卜测字、看风水、择吉日等迷信活动公开化。普安镇的算命看相等封建迷信活动主要集中在县城南门、顺城街、滨河路一带。农村“阴阳先生”进村入户从事封建迷信活动。除传统迷信活动复活外，数字被涂上吉凶祸福的色彩，盛行“数字迷信”，称“2、6、8、9”为吉祥数字，“3、4”是灾难符号。多用

“8、9”取其数字谐音，“发发发”“久久久”，一般不用“3、4”为电话号码和车牌尾号。一些建筑企业、商家和民间团体，举行奠基、竣工、开业、庆典仪式的时间，月、日、时、分都要选吉利数字，把数字与事业的兴衰成败紧紧连在一起。如8月8日8时8分等。21世纪初，街头出现电脑算命，以科学预测为幌子行骗。

旧时民间愚昧的禁忌较多，逢年过节、婚丧娶嫁、吃喝居行均有禁忌。如农事忌戊，立春后逢“戊”日忌动土，连忌五个戊日，便不再忌。1949年后，禁忌陋习逐渐消失。80年代后，在经济交往活动和商业、建筑业中出现禁忌。如生意人忌上午兑换零钞和换货，建筑业的开工日或发生过事故的工地，建筑老板或有禁忌，或请人祈禳消灾。

第三章　方　言

第一节　俗　语

人际称谓类

干老子：义父。

干儿子：义子；女婿。

拜门客：女婿。

上门汉：男到女家落户。

独棒槌：单身汉。

独铧：独生子。

私娃子：私生子。

咪娃儿：小孩。

舅老倌：妻兄或妻弟。

小姨子：妻妹。

袋匠：理发匠。

扒儿客：小偷。

阴神子：阴阳先生。

敹（liao）家：互为“情人”的男女。

小姐、美女：旧为对年轻女性的尊称，现多指妓女。

卫爷：外公。

卫婆：外婆。

老外：岳父。

师孃子：巫婆。

姑爷：姑婆的丈夫，也指女婿。

干妹：未婚妻。

戏娃子：演员。

老挑：男性对妻子姐妹丈夫的称呼。

哥子：男性之间的互称。

老庚：对与自己同年出生的男性的称呼。

舍物：指生活作风极坏的女性。

梭叶子、野鸡：妓女。

日常生活类

炬脑壳、炬耳朵：怕老婆。

瘟猪子：本指病猪，引申为对成绩特差的学生的侮辱性称呼。

狗夹夹：吝啬。

犟拐拐：倔强。

光疙瘩：本指光头，也指普通百姓。

干潦五：贫穷潦倒。

烂眼儿、滚龙：无赖。

烂心肺：心术不正。

阴肚子：性格内向。

假洋盘：过分炫耀自己的财富或长处。

张花氏：张张扬扬。

麻糖客：难缠。

尖脑壳：善于钻营的人，为贬义。

方脑壳：不圆滑，不会通融，为贬义。

冒失鬼：冒冒失失。

天棒槌：天不怕，地不怕。

街娃儿：街上惹是生非的年轻人。

耍死狗：耍无赖。

簸罗货：劣等品，不入流。

下金井：下葬。

下话：求情。

下课：对不受欢迎的领导降职、解职的贬称。

球大哥：谁，哪个，侮辱性称呼。

莫教招：因为没教养而无羞耻之心。

不落教：不守规矩。

不认黄：推翻原来认可的事情。

不虚火：不畏惧。

不烫然：不高兴、不满意。

不安然：身体不适。

带罢字：口语前后夹带粗俗赘词，如老子、龟儿子等。

不耳你：不应答你、不理你。

壳子客：吹牛，说大话。

抱膀子：多指智力娱乐活动中旁观并出主意。

搓麦子：效率低且没必要的荒唐事情或行为。

下海：脱离原行政、事业单位去经商办企业。

口弊子：习惯性口语，如啊、这个等。

口重：咸。

口轻：淡。

挨头子：受驳斥。

下宰子：决断、拍板。

下耙蛋：服输。

喳口黄：打胡乱说。

喳哇：乱说话、乱插言。

哑啾啾：鸦雀无声。

耍水：敷衍塞责。

汤水：事情麻烦。

啄梦脚：不无所知却胡乱猜测。

摆家怀：谈家常事。

淡球话：闲聊；废话。

咬不耳：咬不动。

帽儿头：饭菜一碗，形状似帽。

饿怂客：狼吞虎咽，没吃相。

吊锅：断炊。

短嘴：输理。

犟嘴：反驳。

搭手：帮忙。

烫人：哄骗人。

捏倒：不能声张。

谙倒：猜倒。

阴倒：不能外传。

估倒：强行、强迫。

千烦：出言不逊。

咚匠：败家子。

吵祸：吵架。

割孽：打架。

惯适：娇惯、放纵。

戳拐：出问题、办错事。

出脱：损失殆尽。

日白：说谎。

神戳戳：行为不正常。

瓜兮兮：缺少智力，滑稽、尴尬。

编筐筐：说假话、设圈。

捡粑粑：捡便宜。

打上快：幸灾乐祸。

打广子：偷懒，磨时间。

打急抓：遇到急事手忙脚扰地应付。

打滥仗：时运不济，硬着头皮乱混。

打捶：打架。

打岔：说话乱插嘴。

打水漂：血本无归。

打平伙：凑份子聚餐。

撮一顿：大吃一顿。

吃抹合：白吃白喝。

遭孽：可怜。

经佑：伺候、护理老人或病人。

诧生：怕见生人。

干贵：贵重，稀少。

欺头：便宜。

煞角：结束。

幺台：正餐以外的加餐。

些勿儿：几乎，险些。

劳慰：谢谢。

黄棒：生手或外行。

尔了：扔了。

丢了：小孩死了。

撇脱：爽快、简便。

装莽：装糊涂。

弯酸：刁难。小意：平易近人。

行式：不谦虚，在行。

肘起：摆架子。

玩格：享受，摆阔。

积攒：积蓄。

醒伙：搞清楚、弄明白。

提虚劲：说大话威胁别人。

冒皮皮：出风头，说大话。

看笑事儿：幸灾乐祸。

透下：下面。

高头、浮首：上面。

走了：人死了。

出血：出钱。

摆平：把事情处理好。

搞定：把事情办落实。

扎起：为别人撑腰壮胆。

毛起：发怒、冒火。

黑脸咚嘴：脸色阴沉，不高兴。

横奔带嗔：态度生硬。

没龙稀呆：没精神。

粑来汝气：没力气。

充扦节子：充内行、出风头。

取草帽子：白跑、空忙。

风麦子：扬麦子。

舔沟子：拍马屁。

其他

打春：立春。

扯闪：闪电。

麻处处：拂晓或黄昏。

啥塌塌：啥地方。

亮绍：光线充足。

背静：僻静。

茅厮：厕所。

转磙：用于碾压的石磙。

磉礅：支垫柱头的石礅。

毛铁：斧头。

索索：绳子。

夹篼子：提篮。

腰裤：内裤。

小衣：裤子。

砣子：拳头。

沟子：屁股。

克膝包：膝盖。

螺丝拐：足踝骨。

前啄啄：前额。

后啄啄：后脑。

麻老鹰：老鹰。

鸦鹊子：喜鹊。

老鸹：乌鸦。

恨猴儿：猫头鹰。

滚身子：紧身短袄。

架架：汗背心。

癞格包：蟾蜍。

曲蟮：蚯蚓。

灶鸡子：蟋蟀。

偷油婆：蟑螂。

第二节 谚 语

社会生活类

人比人，气死人。

人怕闹，火怕抄。

人是生成，鬼是画就。

人穷怪屋基，没米怪筲箕。

人无千日好，花无百日红。

人有七穷七富，瓦有七翻七复。

人无横财不富，马无夜草不肥。

船载千斤，掌舵一人。

天高不算高，人心比天高。

家中有剩饭，路上有饥人。

勤人跑三转，懒人压断腰。

睁起眼睛吃人家，闭倒眼睛吃自家。

宁嫁穷人补破衣，不给富人当妾妻。

只要坐得正来行得正，哪怕和尚尼姑合板凳。

会使人使死人，不会使人怄死人。

吃菌子不忘树桩恩，喝水不忘挖井人。

先说断，后不乱。

抱脚抱手，只有讨口。

三天不吃饭，装个卖米汉。

老鸦说猪黑，自己不觉得。

婚姻望说成，是非望说散。

米缸面缸，不及菜缸。

好吃不过酸菜饭，好看不过素打扮。

吃不穷，穿不穷，不会划算一世穷。

独柴难烧，独子难教。

养儿不学艺，挑断撮箕系。

养儿不孝昧天理，鸡抱鸭儿一场空。
加惯养儿不孝，惯狗爬灶
爹有娘有不如自有，哥有嫂有不敢伸手。
当家才知柴米贵，养儿方知父母恩。
没有父母夸孝顺，没有儿女夸干净。
一辈孝，辈辈孝；一辈不孝，辈辈不孝。
房檐水滴旧窝窝。
猫儿老了不辟鼠。
老人不讲古，后人会失谱。
家鸡打得团团转，野鸡打的满天飞。
人皮隔不得。
家吵败，猪吵卖。
小时是兄弟，大了是房份。
远水难救近火，远亲不如近邻。
十个指头有长短，山中树木有高低。
性急吃不得热豆腐。
瘦死的骆驼比马大。
没有泥腿，饿死油嘴。
富人吃肉，穷人吃亏。
公堂一点朱，下民一滴血。
衙门深似海，弊病大如天。
赢得官司去条牛，输了官司气断喉。
只许州官放火，不准百姓点灯。
有理走遍天下，无理寸步难行。
门难进，脸难看，话难听，事难办。
嘴不馋，少麻烦；心不贪，少牵连。
老老实实终究在，虚虚滑滑终究败。
一顿吃伤，十顿喝汤。
一过九月九，大夫高抄手。
寒从脚起，病从口入。
冬吃萝卜夏吃姜，不用大夫开药方。
要得小儿安，常带三分饥与寒。

农事气象类

人哄地皮，地哄肚皮。
人怕老来穷，谷怕午时风。
一年两头春，黄谷变成金。

正月青蛙叫，秧田整二道。

立春雨水到，早起晚睡觉。

误了一季春，十年理不伸。

春争日，夏争时，大春宜早不宜迟。

春寒有雨夏寒晴。

春分早，立夏迟，清明种棉正当时。

春分秋分，昼夜平分。

正月开雷坟堆堆，二月开雷谷堆堆，三月开雷草堆堆，四月开雷一包灰。

雨水前后，种瓜种豆。

惊蛰吹了风，冷到五月中。

过了惊蛰节，耕田不停歇。

三月三，栽竹竿。

叫声穷人不要夸，三月还有个桐子花。

四月起大雾，米麦满仓库。

五月二十五，水打抱鸡母。

白刺花儿圆，高粱种下田。

清明要明，谷雨要淋。

清明断雪，谷雨断霜。

清明前后有大风，谷雨前后有大雨。

清明谷雨两相连，浸种耕田莫迟延。

雷打清明前，高山栽满田；雷打清明后，平地种成豆。

谷雨前，好种棉。

立夏三天遍山黄。

立夏下雨麦生芽。

麦黄种豆，豆黄种麦。

小满不挖蒜，挖起落瓣瓣。

栽苕一把灰，红苕一大堆。

小暑前，草拔完。

大暑连天阴，遍地产黄金。

热在三伏，冷在三九。

早上立了秋，中午冷飕飕。

白露蚊，咬死人。

白露无雨看十三，十三无雨一冬干。

白露麦子寒露豌。

大雁天上旋，豌豆种下田。

山黄石头黑，雁过种小麦。

荞三麦四豌九天，菜子落地一袋烟。

七大八小九丁丁，十月萝卜光缨缨。

冬除田边草，来年虫害少。

立冬下雨一冬晴。

冬干一面宝，只要春雨早。

小雪小雪，烧火不灭；大寒大寒，杀猪过年。

豌豆滴溜圆，种上就过年。

栽桑种桐，子孙不穷。

穷不丢书，富不丢猪。

桃三李四杏八年，樱桃两年果满园。

早上起来黑瓮瓮，晌午晒得钻茅笼。

天起鱼鳞斑，晒谷不用翻。

天上起的瓦子云，明天晒的胯子疼。

云往东，雨成风；云往南，雨成潭；云往西，披蓑衣；云往北，雨没得。

乌云接驾，不等吃饭就下。

南山有乌云，大雨必降临。

早上满天雾，尽管洗衣裤。

坝雾晴，山雾雨，河中起雾涨大水。

雾绵雾山，露水不干；雾绵雾河，晒死老婆。

日落乌云涨，半夜听水响。

日晕涨洪水，月晕草不生。

天黄有雨，人黄有病。

天黄雨，地黄晴；山雾雨，河雾晴。

风是雨脚，风停雨落。

东风雨，西风晴，北风吹来冻死人。

夜里起风夜里住，五更起风刮倒树。

今天不住点，明天晒破脸。

星星稀，渴死鸡；星星稠，雨长流。

猫洗脸，雨不远。

蚯蚓拱沙，大雨要下。

蜻蜓飞得低，明天雨浠浠。

燕子飞得矮，大雨就要来。

久晴雀嘈雨，久雨雀嘈晴。

雀鸟高飞告天晴，蚯蚓出土雨要淋。

早叫阴，晚叫晴，中午叫唤大雨淋（斑鸠）。

木头硬不过“九把斧”，响声要数牛皮鼓，雨后太阳赛“老虎”。

天闪地闪，牛皮晒卷。

先打雷不下，后打雷不晴。

雷打天顶，有雨不狠；雷打天边，大雨连天。

第三节　歇后语

矮子爬扶梯——步步高升。

矮子过河——安（淹）了心的。

瞎子过河——摸着走。

瞎子摸鱼——胡碰。

老人公背媳妇过河——累死不讨好。

背上老人婆向太阳——孝心起到了。

背上蒸笼过河——湿（失）格。

猫儿过河——摆两摆（奔命）。

猫儿上灶台——熟路。

猫儿喝烧酒——够呛（强）。

拉虾子过河——谦虚（牵须）。

孕妇过独木桥——铤而走险。

和尚买木梳——无（吴）用。

和尚敲木鱼——多、多、多（哆、哆、哆）。

四大天王流鼻涕——越大越痴。

阎王爷出告示——鬼话连篇。

钟馗打饱嗝——肚子里有鬼。

喉鬼打粉——死爱面子。

吊喉鬼看戏——死爱热闹。

蚊子咬菩萨——认错人了。

红萝卜雕老爷——饮食菩萨。

淘篼里端老爷——淘神。

鸡脚神戴眼镜——假扮正神。

较场坝的土地爷——管得宽。

较场坝的桅杆——独苗苗。

城隍庙的瓜锤——一对。

王母娘娘的蟠桃——老果果。

盘古王跳舞——老天真。

姜子牙的坐骑——四不像。

孔夫子的褡裢——书呆（袋）子。

张飞穿针——大眼瞪小眼。

赵匡胤爬城墙——四门没路。

包文正过沟——吓（黑）人一跳。

程咬金的武艺——三板斧。

漏筛做门——眼子多（点子多）。

墙上挂草帘子——不叫话（画）。

穿钉鞋拄拐杖——牢着把稳。

对镜子作揖——自己恭维自己。

公共厕所丢炸弹——激起公愤（粪）。

茅坑里的石头——又臭又硬。

三张纸画个人脑壳——好大的脸面。

三尺的梯子——搭不上言（檐）。

三十夜看黄历——临年无期（一年就要结束了）。

十五个驼背睡一床——七拱八翘。

坛子头捉乌龟——手到擒来。

箩篼头睡觉——搞不伸腰。

空棺材出丧——目（木）中无人。

堂倌的袖子——免了。

铁匠的围腰——遮火皮。

理发匠的徒弟——从头学起。

两爷子打架——胡斗（豆）。

两口子抬床——共同受益。

两个“春倌”睡一头——说不赢。

两个哑巴同路——没话说。

月亮坝头耍刀——明砍。

拿竹竿戳月亮——不知天高地厚。

巷子头楤竹竿——直来直去。

房檐上挂剪刀——高才（裁）。

脱了毛的牙刷——有板有眼。

脱了裤子戴帽子——瞒上不瞒下。

冬瓜皮做帽子——霉透顶了。

脱了裤子骑老虎——又不要脸，又不要命。

门缝里看人——把人看扁了。

屋里开飞机——内行（航）。

床下放风筝——起点不高。

坟地里赌钱——鬼场合。

电灯点火——其实不然（燃）。

胡子上贴膏药——毛病。

老妈子打呵嗨——一望无涯（牙）。

吃玉米面馍馍打呵嗨——开黄腔。

癞蛤蟆打呵嗨——好大的口气。

哑巴挨打——哭不出声。

哑巴吃汤圆——心中有数。

黄连种在苦瓜园——苦上加苦。

豆腐落到灰堆里——吹也吹不得，拍也拍不得。

洋马儿（自行车）上街——钻空子。

洋马儿下坡——不踩（睬）。

讨口子打架——破罐子破摔。

讨口子赶场——凑人多。

讨口子卖醋——穷酸。

讨口子烧铺草——要起身了。

聋子听话——干瞪眼。

瞎子的拐棍——乱戳。

瞎子打瞌睡——不显眼。

麻子打呵嗨——总动员（圆）。

歪嘴照镜子——当面丢丑。

缺牙巴吹火——不关风。

缺牙巴喝稀饭——无耻（齿）下流。

缺牙巴咬虱子——碰上的。

狗打喷嚏——天要晴。

狗舔磨盘——有道无数。

狗咬乌龟——无处下口。

狗吃桑果子——等不到黑。

狗吃粽子——不改（解）。

狗坐轿子——不识抬举。

狗掀门帘——全靠嘴。

瞎狗吃屎——碰上的。

瘦狗掉在茅坑里——搞肥了。

毛狗的尾巴——不妥（不向下）。

猪蹄子抽筋——爪了（无主意）。

牛吃草帽子——一肚子烂圈圈。

鸭子过浮桥——水平不高。

抱鸡母说话——谷（不）多谷（不）多。

老母鸡下蛋——越来越少。

老虎不发威——病猫。

老虎拉车——谁敢（赶）。

老虎进屋——凶多吉少。

老虎戴念珠——假慈悲。

老鼠出洞——东张西望。

老鼠进粮仓——吃住不愁。

老鼠偷米汤——勉强糊嘴。

老鼠挂手枪——起的打猫心肠。

老鼠舔猫屁股——干悬事。

老鼠拖秤砣——自堵门路。

麻雀戴毡帽——不要脸。

猴子推磨——玩不转。

乌龟有肉——在壳壳头。

鲢鱼的胡子——没几根。

青蛙跳串井——不懂（咕咚）。

推屎爬戴眼镜——假装斯文。

推屎爬喝墨水——黑心黑肠。

灶鸡子打架——对头。

第四章　民间歌谣

第一节　生产歌谣

山歌六首

（一）

清早放牛走上梁，梁上有口大堰塘。
一塘清水好洗澡，鲤鱼背上好乘凉。

（二）

隔壁懒汉讨人嫌，日高三丈床上蜷。
等到明年二三月，总要饿得打偏偏。

（三）

大田栽秧四只角，挽起裤儿把鞋脱。
过路君子你莫笑，秧子栽上再缠脚。

（四）

水茶开花一片白，蝉儿叫唤我心窄。
心想回去看爹妈，毛眠蚕儿正吃叶。

（五）

天上太阳火辣辣，晒得农夫眼发花，
种田之人受尽苦，挨饥受暑没抓拿。

（六）

滑竿好坐路难行，爬坡下坎汗淋淋。
公子哥儿坐上要，还骂我们抬的人。

工地短歌三首

（一）

不怕石王埋得深，屁股底下有坐根。

撬的撬来拉的拉，一声吆喝出了坑。

（二）

哪怕石滚碾盘大，龙头一套就听话。
今天东山压塘界，明天西面压晒坝。

（三）

七十二峰炮声隆，梯田造进云雾中。
仙女撒下花万朵，献给当代新愚公。

栽秧歌

几时撒种几时栽？几时等到秧怀胎？
几时等到打谷子？几时等到郎回来？
三月撒秧四月栽，五月六月秧怀胎。
七月八月打谷子，九月十月郎回来。

踩秧歌

大田栽秧行对行，行行里头有蚂蟥。
蚂蟥缠的懒汉腿，姑娘爱的勤快郎。

割草歌

上岩割草下岩梭，一梭梭到斑鸠窝。
斑鸠飞起喳喳叫，歇到牛娃后颈窝。
牛娃割草快如梭，割了下坡爬上坡。
天天上山遇见我，一路割草闲话多。
一说林中有阳雀，二说岩上长草药；
又说绿草开红花，还说青藤缠手脚。
放下背篓树下坐，他喊妹子我喊哥。
又见天边飘彩云，方知太阳已落坡。

北京的声音

早上出工上山顶，停止脚步仔细听。
山前山后歌不断，天边传来鞭炮声；
耳贴山崖再细听，声源来自北京城。
毛主席一心为人民，心中装着老百姓。

剑门绿茶

仙峰观，高又高，梯地层层插云霄。
大寨精神结硕果，剑门绿茶九州飘。

化林湾

层层梯田平展展，口口堰塘映蓝天。
条条渠道绕山转，片片秃岭成绿山。
人红山变地增产，大寨花开化林湾。

分与统

包产到户实现了，人换思想地换貌。
全家老少齐上阵，两年光景越温饱。
两年越过温饱线，廿年未进共富门。
合作之路宽又广，经营还得搞“双层”。

大胆闯

大胆试，大胆闯，姓社姓资且莫讲。
只要生产搞上去，生活自然会变样。

闯天下

砸“三铁”，下了岗，自谋职业门路广。
凭着双手闯天下，处处都有活儿干。

第二节　生活歌谣

十字源

一字源，一条河，弟妹年小靠哥哥。
弟弟妹妹不懂事，全靠哥嫂看成我。
二字源，一双双，定要孝敬二爹娘。
爹娘好似堂前佛，何必灵山去烧香。
三字源，三弯塘，父子行事多商量。
父子都有和睦意，父慈子孝才久长。
四字源，四角方，夫妻做事要商量。
丈夫要听贤妻说，妻子贤惠夫少祸。
五字源，盘脚坐，弟兄和睦莫顶角。
拧成麻绳难折断，同胞不和受欺多。
六字源，六盘山，街坊邻里赛同乡。
逢善不欺恶不怕，一家有难众人帮。
七字源，七道弯，庄稼活儿要多管。
栽桑种麻多打粮，男耕女织度时光。
八字源，两边排，偷鸡摸狗莫胡来。
雁过留声人留影，贼名不要进棺材。
九字源，往上弯，花街柳巷莫乱钻。
赌博之钱祸害大，倾家荡产妻儿散。
十字源，田中过，从小就要把书读。
黑发不知勤学早，白发方知后悔多。

哭嫁歌

八月桂花朵朵香，我妈点灯进绣房。
今晚点灯照小女，明夜点灯照空房。
今晚小女娘家坐，明夜女儿嫁他乡。
推开窗前望月亮，不由两眼泪汪汪。
弟弟问我哭个啥？姐姐明日要离娘。
嫁到他乡百多里，不知何时再回乡。

轿夫歌

新娘子，哭什么？我们抬轿你坐着。
眼睛给你当灯笼，肩膀给你当凳坐。
四人八条腿，走路如穿梭。
拐个弯，上个坡，再有几里就见公婆。
你笑一笑，乐一乐，眼泪擦干花一朵。
洞房要喝你一杯酒，路上先喊我一声哥。

老来难

老来苦，老来难，劝君莫把老人嫌。
当初只嫌别人老，而今落到己身前。
老来身体渐虚弱，疾病时常把身缠。
住进医院受煎熬，儿女媳妇受拖连。
食物只能囫囵咽，口涎鼻涕湿衣裳。
怕冷怕热熬冬夏，行坐睡卧都难安。
度日如年年难过，魂魄已近鬼门关。
儿孙莫忘人之本，百善首推孝为先。
生前多尽一份孝，死后不要搞铺张。
一辈孝来辈辈孝，孝顺家风代代传。

劝孝歌

人间大爱养育情，世上最数爹娘亲。
少时不解尽孝事，养儿方知父母恩。
十月怀胎娘辛苦，一朝分娩爹娘欣。
洗浆缝补勤操劳，吃喝行走常挂心。
一旦孩儿生疾病，如同患在父母身。
求医寻药祛病魔，日夜盼儿早长成。
送儿送女进学堂，节衣缩食凑纹银。
酷暑严寒来接送，平安归家才放心。
儿女有成娘心喜，儿女有难父母惊。
子女成家有了后，爷爷奶奶又带孙。
世间只有爹娘好，不孝父母枉为人。
孝儿孝媳人景仰，幸福家庭传美名。

孝　歌

一束山菊戴头上，身披孝服上山冈。
凄风秋雨别故人，一家亲人痛断肠。
喊娘不应悲声放，咽喉哽哽泪汪汪。
自古生死离别情，伤心不过孝别娘。
房前落叶飘地上，儿女为娘烧纸张。
愿娘飞身极乐界，驾鹤西去享佛光。
早也思来晚也想，多想梦中再见娘。
拉着娘手不肯放，梦里话长情更长。
岁岁清明百花放，陵园墓地游人忙。
手捧鲜花思故人，孝顺儿女怀念娘。

第三节　爱情歌谣

山歌十八首

（一）

清早起来走上梁，摘片树叶吹响响。

幺妹听见树叶响，赶忙出来晾衣裳。

（二）

清早起来走姐家，姐在后院摘南瓜。

莫嫌南瓜吃一碗，现在不是姐当家。

（三）

耳听门外梆梆梆，以为妹来洗衣裳。

丢下碗筷往外跑，才是啄木鸟戏春桩。

（四）

太阳出来照高崖，满山遍野百花开。

风吹百花花不谢，郎不打哨妹不来。

（五）

一路唱歌一路来，一路桃花朵朵开。

妹是桃花香千里，哥是蜜蜂万里来。

（六）

一根带儿七尺长，挽个疙瘩甩房梁。

十年不想疙瘩散，百年不想丢小郎。

（七）

隔河看见姐穿白，身背背篼采桑叶。

十里青光白一点，我姐恰似中秋月。

（八）

隔河看见姐穿青，心想过河水又深。

打个石头试深浅，唱支山歌试姐心。

（九）

黄豆地里小豆叶，妹回娘家哪一月？

那时等到妹回来，打把花伞路上接。

（十）

我在山上打石头，姐在河边看黄牛。

石头飞到牛背上，看姐抬头不抬头。

（十一）

藤缠树来树缠藤，钥匙缠锁锁缠门。

豇豆缠的玉米秆，情妹缠的有情人。

（十二）

小妹门前有道梁，芹菜韭菜栽两行。

郎吃芹菜勤想妹，妹吃韭菜久想郎。

（十三）

小妹长的细浪条，好像田中嫩秧苗。

二世变个水担哥，抱住秧苗摇几摇。

（十四）

小妹给哥做双鞋，院坝人多没拿来。

背篼丢在麦堆边，小哥帮我背回来。

（十五）

大田栽秧排对排，我俩下田把秧栽。

哥走前来妹在后，借故拿秧靠拢来。

（十六）

谷子发芽慢慢青，人要相交才知心。

不怪小妹情义浅，浅水淘沙渐渐深。

（十七）

蝉子叫唤柳叶青，我唱山歌众人听，

要是哪个接上了，明年今天来娶亲。

（十八）

送郎送到屋后头，眼泪牵起线线流。

郎问幺妹哭个啥？渣渣落到眼睛头。

哥是山上青棡林

哥是山上青棡林，妹是坡上柏角藤。

不怕小哥站的高，抓住脚杆就上身。

几时把你缠累了，小妹才得松绳绳。

哥是河心大石包

哥是河心大石包，妹是河里水滔滔。
天天都从身边过，摇不动来板不倒。
不怕小哥眼睛高，有心缠你慢慢熬。
等到七月涨大水，抱住小哥摇通宵。

只为把你叫一声

我和小妹门对门，看着小妹长成人。
花花轿儿抬上走，叫我咋个不心疼。
叫声小哥莫心疼，我过三天就回门。
回来不图看爹妈，只为把你叫一声。

改天拜访来赔礼

八月里来桂花开，小哥读书回乡来，
楼上小姐有心意，茶水泼在哥胸怀。
失礼失礼真失礼，原谅小妹莫规矩，
不知小哥哪家郎，改天拜访来赔礼。

今生百年永不缺

一把扇儿半边月，送给小妹她不接。
扇儿再好不团圆，小哥走了妹遭孽。
小妹听我说明白，两把扇儿成圆月，
送一把来留一把，今生百年永不缺。

风吹树摆不倒根

妹在沟南挑野菜，哥在沟北砍刺柴，

唱支山歌互相应，深沟难隔哥妹心。
唱得好来唱得乖，唱得山花朵朵开，
唱得画眉团团转，唱得哥妹挨拢来。
两种鸟雀两样音，哥妹两人一条心。
雨打花落枝不断，风吹树摆不倒根。

第四节　时政歌谣

穷人谣三首

（一）
荞子花开三道楞，我们都是穷苦人。
一年三百六十天，没有欢喜一早晨。
（二）
春夏秋冬不得闲，面朝黄土背朝天。
哪怕粮食堆成山，穷人过年吃搅团。
（三）
住在竹林边，抽的兰花烟。
烤的疙瘩火，吃的玉米团。
富人有年我无年，想买猪头没现钱。
几时等到天地变，顿顿吃肉如过年。

翻身农民心欢畅

菜子花开遍地黄，翻身农民心欢畅。
分得耕牛和土地，不住茅屋住瓦房。

翻身不忘共产党

毛主席领导得解放，劳动人民把家当。
没有地主来剥削，没有土豪逞霸强。

吃穿住用大变样，扬眉吐气喜洋洋。
吃水不忘挖井人，翻身不忘共产党。

跌倒算什么

摸着石头走，就是不回头。
跌倒算什么？倒退路没有。

硬道理

猫论、摸论、先富论，大家不要再争论；
这理那理谁有理，发展才是硬道理。

合作医疗好

合作医疗好，终于盼回了。
看病有保障，农民乐陶陶。

社会主义就是好

共同富裕阳光道，“五有”社会乐陶陶。
人民歌颂共产党，社会主义就是好。

第五节　红军歌谣

（一）
要想脱苦海，盼望红军来。
翻身求解放，成立苏维埃。
（二）
天上扯闪又打雷，我望红军千万回。
山山岭岭望穿路，路上石头望成灰。

（三）

红军过了江，川军着了慌，

穷人拍手笑，豪绅都跑光。

（四）

浩浩荡荡过嘉陵，红旗高高插剑门。

斧头劈开新世界，镰刀割断旧乾坤。

（五）

红军驻扎剑门关，我为红军办盘缠。

推磨碾米烧开水，洗浆补钉心里甜。

（六）

七十二峰插云端，红军攻打剑门关。

我为红军把路带，杀得敌人喊皇天。

（七）

红军来到剑阁城，抬上猪羊去欢迎。

双手捧出高粱酒，答谢徐总红四军。

（八）

剑阁成立苏维埃，大印穷人掌起来。

游击队员士气壮，土豪劣绅哭哀哀。

（九）

思念红军有功德，唱起红歌口不绝。

留给后代传家宝，石刻标语染鲜血。

（十）

岭连岭来山连山，红军来到剑门关。

点起心中革命火，我随大军出四川。

（十一）

打虎不怕上高山，擒龙不怕下深潭。

要当红军不怕死，为了穷人心也甘。

（十二）

穷人跟着红军走，天王老子也不瞅。

挺胸昂头一声吼，豪绅吓得直打抖。

（十三）

墙内开花墙外红，有心跟哥不嫌穷。

忽来一日天地变，两朵鲜花一起红。

（十四）

我和小哥岩对岩，早就盼望红军来。

哥要参军走得急，赶双草鞋表情怀。

（十五）

脚踩板凳手扒墙，隔墙看见我的郎。

昨日送他当红军，今天背枪在站岗。

（十六）

山路长，树林深，爹妈引我去相亲。

高门大户我不要，女儿要去当红军。

（十七）

亲帮亲来邻帮邻，红军帮的穷苦人。

一心跟党闹革命，骑马挎枪出剑门。

（十八）

苦楝叶，苦楝根，红军和我同命生。

雷打火烧在一起，海枯石烂不变心。

要我不跟红军走，除非太阳从西升。

（十九）

背上快火枪，穿上红军装。

心想回去看幺妹，亲亲热热叙衷肠。

前方火线紧，那里顾得上？

等到全国赤化后，风风光光娶进房。

十把扇儿

剑山竹子绿鲜鲜，剑门姑娘会编扇。

剑阁成立苏维埃，姑娘编起十把扇。

扇儿编着穷人心，把把扇儿送红军。

自从盘古开天地，只有红军为穷人。

叫声红军同志哥，莫嫌送情送的薄。

干人只有扇儿送，礼轻意重莫推却。

一把扇儿正月正，骂声杨森黄鼠精。

逮鸡捉狗是强盗，残害四川老百姓。

二把扇儿绘春光，头号军阀是刘湘。

想在四川当皇帝，派款抽丁似虎狼。

三把扇儿麦秆高，汤圆木匠罐儿炮。

派来几团烂队伍，嘉陵江边如鬼嚎。

四把扇儿麦穗黄，红军同志听端详，

你们未到剑门关，穷人处处都遭殃。

五把扇儿正端阳，土豪劣绅逞凶狂。
山珍海味还嫌弃，穷人麦麸不得尝。
六把扇儿好扇风，红军哥哥拿手中。
一打蚊子二打鬼，扫尽天下害人虫。
七把扇儿红日高，苏维埃政府成立了。
男上前线当红军，女在后方打土豪。
八把扇儿月儿明，红军穷人心连心。
共产党是好领导，军民齐心闹翻身。
九把扇儿菊花黄，知心话在扇儿上。
自古忠良不怕死，永做革命钢铁汉。
十把扇儿小阳春，我送红军出剑门。
日寇蒋帮灭亡了，打开山门迎亲人。

第三十六篇　人　物

第一章　人物传记

何芹生

何芹生（1921—1999），生于1921年3月11日，长岭乡玉溪村人。老红军，上校军衔，曾任包头市委常委、包钢党委书记、冶金工业部第22冶金建设公司党委第一书记等职。

何芹生出身贫寒，生活坎坷。两岁丧母，其父有染吸鸦片恶习，靠舅父周济，读书识字，识文断句。1935年4月，他就读普安高级小学时，恰遇中国工农红军第四方面军在剑阁县城活动。其时他受到进步思想影响，毅然辍学参加红军，跟随部队长征，爬雪山、过草地，始终乐观向上，坚信革命必胜。因为他在红军队伍中年龄很小，大家叫他“红小鬼”。1936年12月编入红15军团司令部二科任测绘员。1937年10月调入晋察冀区机要科，12月加入中国共产党。抗日战争、解放战争时期，任职中央分局机要科、晋察冀野战军机要处、二兵团机要科，历任副科长、科长、处长职务。何芹生做事认真，胆识过人，作战机智勇敢。他参加过无数次战斗，常深入阵地前沿，侦察敌军火力。辽沈战役打四平时，他潜入敌垒搜集情报，遭敌军伏击，随行战友全部牺牲，他从死人堆里爬了出来。1950年，美帝国主义发动侵朝战争，他奉命入朝，参加抗美援朝战争，担任志愿军63军直属榴弹炮团政治委员。1952年2月，在一次对敌阻击时，被围困三天三夜，他们巧妙地于敌人周旋，最后赢得时间，取得整个战斗的胜利。1954年4月，抗美援朝战争结束，他第一次回家探亲，组织上出于安全考虑，派一班人护送，至金仙场时，他不想惊动乡邻，劝返护送人员，自己找一村妇做向导，步行30里，回到故乡。这才知道父亲已不在人世，于是探望了祖父、叔父、姐夫，专程拜访了他儿时的故交、朋友、伙伴，参观了启蒙受教的学校——盘龙庙、千里庙。受金仙乡政府的邀请，在金仙小学、乡政府机关作多场红军长征和抗美援朝战争的报告。所到之处，受到群众热烈欢迎，但他从不吃请，拒绝接受馈赠。临行时，多次叮嘱亲友要遵纪守法、拥护党的方针政策，不准打着他的牌子谋取特权。回到部队，先后担任第63军188师、189师政治部主任，授予上校军衔。1960年后，参加地方社会主义建设，先后担任核工业部包头市第二冶金建设公司党委第一书记、革委主任，包头市委常委，包钢党委书记、冶金工业部第22冶金建设公司党委第一书记。任职地方期间，时刻不忘部队优良传统，处处以身作则，带头实干苦干，钻研技术，攻克难关，多次受到冶金工业部党委表彰和嘉奖。1978 年他携妻带子，第二次回家探亲，他乘飞机从包头至成都双流机场后，便租车回家，车开至长岭乡码头时，他改乘手扶式拖拉机回家，崎岖盘结的山道，颠簸得他妻子小儿哇哇大哭。这次回家祭祖置办酒席，宴请乡亲父老分文未取。1983 年 12 月，他已过花甲之年，积极响应中共中央废除干部终身制的号召，主动辞去冶金工业部第22 冶金建设公司党委第一书记职务，光荣离职休养。离休期间，仍关心国家大事，热爱生活、注重学习，经常教育子女要自强、自立、自律，听党的话，做有用的人。1995 年，他见自己身体每况愈下，就带上长子作最后一次回家祭祖。尽管他身体不适，但仍不忘勤俭节约，吃的饭菜不准剩，剩饭不准倒，坚持下顿热了吃。他亲侄子四川大学毕业，学化工专业，不想教书想改行，请他帮忙，被他婉言拒绝。他真诚地教育侄子，要听党的话，服从国家统一安排，人一辈子干什么事都有酸甜苦辣，只要长期坚持不懈，都会创造出奇迹来。1999 年 8 月因病治疗无效辞世，享年 78 岁。

高良伦

高良伦（1932—2003），生于 1932 年 6 月，剑阁县正兴乡灵验村（今郭沟村）人。小时家庭贫寒，在苦难中度过儿童、少年时代。1951 年 2 月参加革命，中国人民志愿军特等功臣二级战斗英雄。

1950 年 6 月，美国悍然发动侵略朝鲜战争，其战机进而多次侵入中国东北领空，战火扩大到鸭绿江边，帝国主义妄图把诞生不久的新中国扼杀在摇篮之中。10 月，毛泽东主席果断地作出重大历史性决策：出兵朝鲜，抗美援朝，保家卫国。剑阁县和全国各地一样，声势浩大地开展抗美援朝宣传活动。1951 年 2 月，年仅 19 岁的高良伦积极报名应征，成为全县首批中国人民志愿军入伍新兵。他胸戴大红花，在开封场夹道欢送的人群中告别双目失明的老母和新婚妻子，到了部队。高良伦被编入中国人民志愿军 3 兵团 12 军 31 师 93 团 9 连。93 团的前身是“朱德警卫团”，曾获“功臣团”“英雄团”等称号。他倍感荣幸，暗自下定决心，要为团争光。他和战友们一起高唱《中国人民志愿军战歌》，雄赳赳、气昂昂地跨过鸭绿江，挺进朝鲜国土。沿途是荒冢废墟，断壁残垣，庄稼被遭蹋，道路被破坏，流离失所的人们在冰天雪地中呼号。前沿阵地炮火连天，硝烟弥漫，令人透不过气。这一切，激起了他对美帝国主义及其走狗的强烈义愤，发誓要狠揍侵略者，为朝鲜人民报仇雪耻。高良伦在连队学习勤奋，训练刻苦，作战勇敢，不久就加入中国共产主义青年团。一次，营长下连队检查工作，发现他射击技术有过人之处，便把他选送到团部射击训练班参加培训，训练结束后，他成了一名神枪手。

1952 年 10 月 14 日，上甘岭战斗打响。刚刚完成金城前线阻击战任务的 93 团接到增援 15 军，参加上甘岭战斗的命令。高良伦所在的连队奉命坚守五圣山上甘岭防线的最前沿门户——537. 7 高地（又称 6 号高地）。作战组长高良伦带队进入阵地。美军在重炮猛击的掩护下，以强大的兵力向 6 号高地发起进攻。由于敌人严密封锁，弹药极度减少，给养无从补充，战士们一天没有吃饭，两天没有喝水，但无一叫苦，仍然信心百倍。高良伦灵活机智，沉着应战。用石头伪装人头，套上军衣军帽，诱敌深入，集中歼灭。他随时分析敌情，变幻战术，和战友们先后打退敌人 17 次进攻。战斗进入白热化，战友们一个个相继牺牲，阵地上只剩下高伦和王学礼。为保存实力，他安排王学礼挖“猫儿洞”，自己沿着战壕迅速在附近战地上检回敌人散落的手榴弹和爆破筒。接着二人藏身猫儿洞。敌人一阵阵炮击后，见无动静，以为阵地已被攻陷，便得意忘形地往山上爬，高食伦看准主攻缺口，和王学礼急速跃出猫儿洞，向敌阵地猛英投爆破筒和手榴弹，打得敌人魂飞魄散，抱头鼠窜，尸横遍野，歼灭美军 100 多人。后来的一次战斗中，王学礼牺牲了，高良伦孤身一人坚持阵地 20 多小时，打退敌人 6 次疯狂进攻，消灭美军 170 多人，守住了朝鲜中线门户。

上甘岭战役打出国威军威，高良伦的英雄事迹通报全军，所在部队政治部授予他“特等功臣二级战斗英雄”光荣称号。1953 年 9 月，剑阁县人民政府收到部队寄来的高良伦立功喜报，在正兴乡隆重举行庆功大会，给英雄母亲和妻子报喜，并送去慰问品。家乡人民将正兴乡建立起来的第一个农业生产合作社更名为“良伦农业生产合作社”。同年 10 月 1 日，高良伦参加中国人民志愿军国庆归国观礼代表团，在北京受到毛泽东主席的亲切接见。1955 年 11 月，高良伦从朝鲜归国，参加牡丹江荣校学习，转业后分配到南京市纤维厂工作。他始终保持艰苦朴素的军人作风，有困难自己解决，从不向组织伸手。三年国民经济困难时期，他工资低，一家四口生计窘迫，便卖掉军功章。后来，这件事被原部队首长知道了，费尽周折方物归原主，帮助他解决了困难，渡过难关。高良伦晚年经常被学校、机关请去作报告，讲英雄故事，宣传爱国主义精神。2003 年 9 月，高良伦走完了人生最后里程，终年 71 岁。

郑仕唐

郑仕唐（1930—2004），生于 1930 年 10 月，涂山乡大桥村人，初中文化。曾任剑阁县委常委、县政府副县长、县第十一届人大常委会主任等职。

郑家世代耕读，诗礼传家。郑仕唐五岁丧母，父亲立志送其读书。他就读剑阁国立初级中学时，适值解放。1951 年 4 月参加工作。1955 年 4 月加入中国共产党。其间，先后担任白龙区财粮干事、县专卖公司白龙分销处主任、县人事科副科长。1958 年 10 月，调任中共金仙区委副书记、金仙区区长时，正值“大跃进”，建人民公社，办公共食堂。农村实行组织军事化、行动战斗化、生活集体化。高指标、高速度、高产量和浮夸风、瞎指挥风、一平二调的共产风一度泛滥成灾。郑仕唐主张实事求是，坚持说真话，办实事、讲实效，戒冒进、忌浮夸。当时有人认为他思想右倾，多次受到批判，终因其管辖之地饿死者少、得水肿病人少而获得组织信任。1961 年 9 月，调任中共武连区委书记，时逢“四清”和无产阶级“文化大革命”，郑仕唐常下基层蹲点，改土造田、兴水修路、戒武斗、远派性、疏政治，因而屡遭批斗，说他只埋头拉车，不抬头看路，他申辩说这是落实毛主席的“抓革命、促生产”最高指示。你们抓革命，我促生产，两者兼顾，相得以彰，何乐而不为，弄得造反派无言以对。1975 年，他任元山区委书记，这时的元山地薄、人穷、山光，群众常为煮饭无柴作难。他推动绿化，组织育苗，封山育林，大搞植树造林。几年后，昔日的荒山秃岭披上绿装，元山成为全县首个绿化植树达标区。1978 年 7 月，郑仕唐调入县城工作，先后担任县农林局长、县革委副主任、县委常委、县政府副县长。进入县领导班子后，他更加求真务实，体恤民情。为提高全县科学种田水平，他常常带领科工干部深入基层，带头试验示范。他认为领导干部要敢于承担责任，善于发现问题，注重修正错误，才能得到上级重视、群众信任。1979 年 3 月，根据中央指示，全县平反冤假错案。他立刻想起 1975 年 5 月参加龙源公社先化大队党的基本路线教育时，以割资本主义尾巴为由，砍去石垭口、唐家角、瓦水窝50余户农民果树600株，便驱车前往当众赔礼道歉，送去柑橘、苹果、梨等果树苗1000株，帮助受损农户发展果园6.67公顷。受到当地群众好评。1983年全县大搞小集镇建设，许多耕地被占去建街房，失地农民生活陷入困境，时有上访事件发生。为此，他带领财政、城建、国土、民政等单位工作人员就全县小集镇建设作专题调研。在征得县委、县政府同意后，对集镇建设占地村（居）民小组酌减粮食征购和农业税，并出台集镇建设有关具体问题的处理意见。他为人谦和，工作认真，办事严谨。1986年，他分管财政、金融、保险，县政协一位干部向他反映，他家两间瓦房被洪水冲垮，县保险公司理赔300元钱，却被乡干部挪用。郑仕唐得知情况后要求有关部门彻查此事，并多次过问，事情得到圆满解决。1987年3月，他当选县第11届人大常委会主任后，为深化剑阁产业结构调整，与政协主席梁显芝不畏酷暑，翻山越岭，穿峡趟涧，徒步剑门、汉阳、高观、木马、羊岭、香沉、公兴、元山、武连等29个乡镇，调查了解区域经济发展优势、产业结构调整布局情况并写出考察报告，为县委制定"南棉北烟全县油，南橘北桃全县桑"的产业发展思路提供决策依据。1991年7月，郑仕唐年过六旬，光荣退休，心里仍然装着党的事业、人民的利益。1995年，剑阁遭遇历史罕见干旱，全年降水总量670毫米（正常年为1000毫米左右），截至6月中旬，全县仅栽水稻13333公顷（正常年为20000公顷），且过半稻田缺水。县委紧急召开扩大干部会议，邀请退休老干部参加，广泛征求抗旱保收对策。郑仕唐拿出1976年的工作笔记，讲述当年全县降水仅为581毫米，水稻栽插12000公顷，元山、金仙等南边区干旱更为严重。他当时任元山区委书记，坚持水路不通走旱路，通过改种包谷，套作红薯，大抓旱地改制，扩大复种指数。使元山区在当年水稻比正常年少栽45%的情况下，粮食产量却同比增长11%。与会者一致认为他的发言就是1995年抗旱保收的救急良策。郑仕唐一生崇尚俭朴，忠于事业，不徇私情。他只有一个儿子，在农村务农，但他从未想过利用手中的职权，为儿子谋求一份工作。2004年1月，儿子身患肺癌，手术后不久，就离他而去。丧子之痛使他病情加重。郑仕唐病危期间，还念念不忘剑阁的经济发展，总是对来看望他的人说"感谢党的培养，感谢组织关心"，托请转告组织："人总是要死的，剑阁财政还穷，不要在我身上花更多的钱，把钱用在最需要的地方。"2004年11月3日，郑因病情恶化，医治无效，离世，时年74岁。

杜兴方

杜兴方（1942—2005），1942年5月15日出生于羊岭镇蒲花村的一个贫困家庭，他家7口人，只有一间房、0.13公顷地。儿时放牛，直到9岁时父母才送他上学。杜兴方深知供他读书不容易，因而学习刻苦，惜时如金，不到5年时间就读完小学。正准备上中学时，适逢家乡大旱，迫于生计，遂辍学务农。

1957年9月，杜兴方到鹤龄粮站当工人。由于三年自然灾害，1962年7月被精简回家务农。1964年7月，被推荐参加绵阳地委党校学习。其后两年在三台、梓潼及本县龙源公社等地搞"四清"运动，1966年1月加入中国共产党。1966年12月至1977年9月，任太平粮点农管员、太平公社林蚕辅导员、太平公社党委副书记、城郊公社党委书记、城关区委副书记、开封区委书记；1977年10月任县委副书记；1979年7月援藏，任共青团西藏自治区委组织部长；1982年12月回剑阁工作，任县委副书记、县政府常务副县长；1989年11月任代理县委书记，次年2月当选为县委书记；1995年2月调市政协工作，任第三届、第四届副主席。

杜兴方在30多年的农村工作中，积累了丰富的实践经验。3次参加省、地委党校学习，提高了思想理论素养。他担任剑阁县委书记期间，查阅地方史志，开展调查研究，同县委一班人共谋剑阁发展大计。1990年，提出继续实施“南棉北烟全县油，南橘北桃（萄）全县桑”的产业布局，实施“春筑路、夏淘沙、秋植树、冬水土”的大规模农业基础设施建设，走“以工业带动农业、以集镇带动农村、以旅游业带动第三产业”发展路子。

1990年年初，县级领导干部联区、部局级单位联乡挂厂指导帮助工作机制和县委13个联系村等制度相继建立。9月17日至24日，杜兴方轻车简从，到武连镇武五村、国光乡走马村等13个联系村实地考察，每到一处，必与当地干部、群众深入交谈，针对群众反映的水利设施老化、无企业空壳村等问题。他认为消除空壳村不能在农民头上打主意，治水迫在眉睫。在化林村，他鼓励干部群众发扬化林精神，重振昔日雄风。回县城后，他主持召开县委常委扩大会议，通报考察情况，专题讨论研究改善农业生产条件、加快农村经济发展工作。在会上，他提出治水是改善剑阁农业生产条件的首要任务。

剑阁十年九旱，杜兴方无论是在一个地方短期工作，还是主政一区一乡，始终把治水摆在十分重要位置。他任汉阳乡工作队长时，组织群众投工投劳建成水库两座。担任开封区委书记不到两年时间，每乡建水库一座。他身先士卒，经常到水利工地参加劳动。杜兴方在农村调研时发现，随着家庭联产承包责任制的推行，大规模水利建设停止，早期建成的水利设施因年久失修，功能渐失。治水防患，异常迫切。他认为很有必须再来一次群众性兴修水利、大搞农田基本建设活动。修建杨家坝水库的议题，摆到县委重要议事日程。

杨家坝水库，原名为人民水库，自1960年开始，历届县委、政府屡有修建举措。终因时异事迁，多有延宕。1989年11月，杨家坝水库工程指挥部成立，县委代理书记杜兴方兼任指挥长。他率领一班人夜以继日，奋战施工前期准备工作。1990年8月15日，沉寂了30年的杨家坝水库工程破土动工。全县人民出钱出力，忘我奉献，历时3年建成大坝主体工程。随后几年完成渠系配套建设。杨家坝水库总库容2640万立方米，灌溉面积3746.67公顷，供水工程日供水1万立方米。剑阁几代人的梦想终于变成现实。

修建杨家坝水库的同时，一场大规模的山、水、田、林、路综合治理工程在全县农村展开。至1992年，新修水利工程513处，改造标准农田和中低产田土14600公顷。“长防工程”造林3933.33公顷，整治新修公路1800千米，农业生产条件普遍改善，成为改革开放30年剑阁规模空前的群众性农业基础设施建设，为剑阁发展奠定了坚实基础。

杜兴方在发展农村经济方面，抓住蚕桑、烟叶、生猪等支柱产业，推行成片开发，规模经营。1992年7月，组织82名干部赴无锡全国乡镇企业家培训中心参加培训。学习苏南经验，依靠科技进步，大力发展乡镇企业。是年，全县蚕茧产量达到1158吨，乡镇企业总产值达到2.27亿元，比1989年分别增快74%和64%。工业方面，对28个厂进行了大规模的技术改造，新上了冻兔厂、籽棉加工厂等一批工业项目，针棉织品、罐头食品等打入国际市场。他还着力于下寺经济开发区建设、剑门古关楼复修等。为剑阁经济社会的长远发展提供了基础支撑。

杜兴方以身作则带好县委一班人。担任县委书记后，在第一次参加县委机关一支部民主评议党员会上就表示，书记不能凌驾于党委之上，要改变“书记不遵党章，委员不守准则”的状况。他在会上认真自查了自己的5个缺点，对浮夸粉饰、分配不公、干群关系紧张等问题不无忧虑，关心党和国家的前途命运。一年一度的民主评议党员会，除外出学习、开会外，从未缺席。《毛泽东选集》第二版发行后，他自费购买了一套精装本，坚持每天读一小时，通读两遍。在县委常委会上，他交流学习心得时说，党员领导干部要弄通马克思主义，坚持社会主义道路的正确方向。他反对名目繁多的各种参观考察，拒绝了唯一去美国参观考察的机会。他说，花财政3万元钱出国，不如救活一个企业。他每年用三分之二的时间下基层调研，撰写调研文章。1993年4月，他撰写的《走向市场路更宽——关于振兴农村经济的思考》，受到市委的高度重视，市委副书记朱天开加按语转发全市。在他的带动下，大兴调查研究之风在全县形成。长期的农村工作，使他能更多地接触到基层群众，了解他们的生活，熟悉他们的语言。他记忆力强，讲话作报告使用群众语言，简洁通俗，条理清晰，深入浅出，打动人心，催人奋进，使党的工作得到大多数干部群众的支持。工作之余，有时也和职工们一起玩“斗地主”的扑克游戏，与民同乐。

杜兴方心系群众，始终把他们的冷暖挂在心上。1993年10月，他在《对农村产业结构调整的再探索》一文中写道：“六十年代到七十年代中期，农民饿着肚皮还高呼共产党万岁，党和人民患难与共，亲如一家。现在，农民不闹饥荒，反而对党和政府有意见，其根本原因是我们对农民取的不少，帮的不多。”他限期消除农民手中的“白条”，反对政出多门，侵占群众利益的行为。敢于顶住压力，如实上报情况。他说：“干部得表扬，群众吃苦头的事不能干！”杜兴方重视人民信访工作，平均每月批阅人民来信在60件左右。特别是对批评县委工作的信件，他主动要求曝光，并认为这样做，才能有力促进党委的工作。他经常出现在田边地头、工厂车间，察民情，解民忧。一次在姚家乡大山深处的农舍里，看到盲人青年小魏一家人生活艰难，临走时留下了300元钱，后又联系成都盲人按摩医院，让小魏去学习。小魏学成归来，他还帮助小魏开办了剑阁首家盲人按摩诊所。小魏25岁还未成家，他又四处托人做媒，帮小魏找到了称心的对象，并参加了这对大龄青年的婚礼。

杜兴方尊师重教，每年教师节都会到学校慰问教师。在第7个教师节前夕，他正在元山调研，挤出时间去梓潼看望启蒙老师李茂桃。当年李老师为他一个人单独开班，在小油灯下辅导他做作业，就是读的这几年书打下了他的文化基础。

杜兴方侍母至孝，其母离世前的半个月里，他不顾自己重病在身，终日守候在母亲榻前，陪伴老人走完人生的最后旅程。

杜兴方在市政协工作期间，仍然关注家乡的发展，多次到剑阁调研指导工作。由于长期超负荷工作，积劳成疾，两次住进医院。他以顽强的毅力，与病魔抗争。食道癌手术后，仍坚守工作岗位，2005年8月退休。

2005年11月21日，杜兴方终因病情恶化医治无效逝世，终年65岁。

许昌德

许昌德（1936—2006），女，四川金堂县人。大专文化，高级经济师。1954年8月参加工作，1985年6月加入中国共产党。

1986年10月，时任县棉麻公司副经理的许昌德被组织派往上海、漳州一带考察企业，仅用4天时间，她就与上海毛巾十二厂达成联办毛巾床单厂协议。是年12月，许昌德被任命为县毛巾床单厂厂长。面对无资金、无产房等困难，她迎难而上。为筹措建厂资金，她十余次上成都，数十次下区乡求助，40多天筹措资金240万元。为加快建厂进度，保证工程质量，她白天与工人一道劳动，晚上策划方案、钻研技术。同时选送50名青年工人到上海毛巾十二厂学习技术，引进专业技术人才10多人，从上海购回生产设备119套。经过161个日夜的奋战，1987年7月23日试车投产。当年生产毛巾13个品种，实现工业产值60万元，取得了当年建厂、当年投产、当年见效的超常规发展成果。

工厂刚投产就面临市场疲软，销售陷入困境，同行纷纷停厂、转厂。许昌德认为这既是挑战又是机遇。如果不提高产品质量，扩大生产规模，就可能被市场经济大潮淹没。于是，她又6次去成都，争取棉纱指标，解决原材料供应。从新疆等地高薪引进工艺美术师、提花技术人员，以老带新，提高员工技能，产量产值不断上升。她和主管销售的副厂长及销售人员带着产品，到内江、宜宾、重庆等地销售，由于长途跋涉，脚上打了血泡，她也顾不上休息。就这样与全国13个省（市）的180多个商家建立了长期的产销关系。

20世纪90年代，市场需求千变万化，消费者求新求奇。许昌德采取"以快对快，以新对新"的攻略，做到"设计快、投产快、上市快"，开发新产品210个，平均每月上市新产品2—4个。她始终不放松技术改造，继第一期技改项目完成后，1992年9月，她赴美国考察归来，力排众议，又投资600万元，改造原有生产设备，新增织机36台，共装织机105台。扩建厂房，扩大生产规模。1993年巾类产品市场行情看好，企业取得了1∶2的投资高效益。这年，许昌德决定再上一批技改项目，当时有人怀疑，怕担风险。她通过分析市场行情说服了大家，再上20台织机。次年，巾类产品价格上扬，实现利润203万元，比上年净增52万元。产品销往北京、上海、陕西等20个省市，出口新加坡、日本等国家。

许昌德外争市场，内抓管理。坚持干部参加劳动，工人参加管理，改革不合理的规章制度。实行干部、技术人员和工人三结合，健全目标管理责任制，建立厂部、车间、工段、班组四级质量监督网。开展"质量月月行"活动。采取经济措施，降低次品率。1995年，一等品入库率达到87%，正品率比1991年提高24个百分点。有25个产品获国家、部、省、厅和市优称号。她推行人事、分配制度改革，打破干部与工人、固定工与合同工、全民与集体性质的界限，推行全员劳动合同制和全员岗位结构工资制，实行计件工资与效益工资相结合的分配制度。同时，发挥工会民主监督作用，保障职工的合法权益。有10名工人应聘为中层以上干部，1名工艺美术师被评为剑阁首届"十佳青年"和科技拔尖人才。12名职工获市、县表彰奖励。

许昌德爱厂如家。她说："工厂是集体的家当，我必须管好。"上千万的资产，近千号人的吃饭问题，企业的前途命运，时时压在她的心上。她白天跟班作业，早出晚归，晚上只要在家，就要到车间走一走，看一看，帮助班组解决一些具体问题。节假日、星期天，工人放假回家，虽然有值班人员，她还是要去厂里检查一两次。离开工厂，她总有一种牵肠挂肚的感觉。可每天回到家，全身都像散了架。她知道自己的精神面貌直接影响着企业精神和工人情绪，虽然年过半百，还必须撑下去。

自己的小家顾不上，家务劳动全部落在了丈夫身上。丈夫年逾花甲，长年艰辛的工作使他身患多种疾病，有时住院一两个月。她却成天忙在厂里，照顾不上丈夫。就连丈夫做眼科手术也未能抽出时间去护理，即便到医院去看望他，只能问候几句，来去匆匆。她时时感到做女人的内疚。有一次，在外地工作的女儿难产需做剖腹手术。她接到电话后，心里实在不能平静。作为妈妈，作为未出世孩子的外婆，她知道该去看看。可是当时厂里正值技术攻关的紧要关头，实在离不开。她独自暗暗擦了几把泪水，又和工人们一起干。当千家万户欢度除夕的时候，当中秋家人团圆的时候，小家缺了她，而厂里却有她。她曾脱掉鞋袜，赤着脚在含碱度高达30%的碱水中手工浆洗棉纱5个多小时。在场的工人们感动了，跟着她一起干。她的丈夫说，昌德在家里一辈子都没有吃过那么大的苦。她舍小家顾大家，同工人们一起劳动，一起流汗，缩短了与工人之间的距离，赢得了大家的信任。

随着企业的兴旺发展，许昌德走上县供销社副主任、县政协副主席等新的工作岗位。职务升了，地位变了，但她经常告诫自己：领导干部的标准始终不会变。她拒收回扣、礼品不下100起。一次，她的母亲从外地来看她，在家里收了别人捎给的东西。她回家后打开一看是件较贵重的礼品，当时就责怪亲娘，弄得几年难得一聚的母女在大年初二不欢而散。而对有具体困难的人，不收礼也是要帮助的。一位在新疆想回剑阁工作的同志，给她送了一床高级毛毯和一些现金，她拒收钱物，却接收了这个厂里需要的人。

许昌德任毛巾床单厂厂长的10年间，该厂共创税利1944万元，固定资产由建厂初期的239.5万元，增加到1800万元。企业积累达到650万元，经济效益连续7年居全省同行业前列。与建厂初期相比，9年赚回7个厂。1991年企业被省政府授予全省先进企业称号，1996年获全省优秀企业称号。许昌德获市十佳女杰、省优秀女企业家、省三八红旗手、全国巾帼建功标兵、全国商业劳动模范、全国优秀女企业家等荣誉称号。

许昌德于2001年5月退休。2006年3月27日因病逝世，终年71岁。

梁树森

梁树森（1923—2006），北庙乡五星村人。幼时家贫，靠父母租佃地主土地维持全家生计，常年食不果腹，衣不蔽体。幼弟因食观音土充饥导致肠梗阻夭亡。他11岁时被父亲送进县城拜师学艺，从小就尝到了生活的艰辛。

1949年12月剑阁解放后，梁树森回乡投身到党在农村开展的清匪反霸、减租退押和土地改革运动。1950年6月朝鲜战争爆发，他响应中共中央“抗美援朝，保家卫国”的号召，参加抗美援朝宣传队和组织代耕队帮助军烈属的活动，并说服父母送弟弟梁树清参加志愿军。临行前，兄弟俩立下誓言：“弟上前线勇敢杀敌，争当战斗英雄；兄在后方努力生产，争当劳动模范。”1951年秋，梁树森被评为川北区劳动模范，而首批入朝参战的弟弟屡立战功，多次受到嘉奖，不幸在一次战斗中壮烈牺牲，年仅26岁，后被追认为革命烈士。

1951年9月，毛泽东主席主持制定的《中共中央关于农业生产互助合作的决议（草案）》在各地试行。是年10月，梁树森参加了川北区第一届各界人民代表大会暨劳动模范大会，他决心把走互动合作道路和川北区“万户千组一百乡的增产创模活动”化为实际行动，把农民组织起来，办好互助组。回县后，在县委工作组的指导下，通过宣传动员，农民们明白了一个道理：靠一家一户的力量，难以抵挡三灾八难，搞不好还要典当卖地，又会回到解放前的穷日子。贫农梁廷玉、梁朝伦、梁廷剑等3户首先响应办互助组，推选梁树森为组长。1952年3月，剑阁第一个农业生产互助组成立。

梁树森互助组共4户，劳力16人，耕牛2头和一些常用农具（生产资料系土改时分配各户的）。互助组坚持“自愿互利，等价交换，共同劳动，换工互助”的原则开展生产活动。而在运行中也遇到了不少困难。首先是这4户人家无人识字，谁来记工、记账？梁树森请本村一位小学教师协助这项工作。他们就地取材，将工分数记在竹片上，十天统计一次并进行公布。《川北报》以《竹片经验》为题作了报道。梁树森互助组自力更生，战胜了一个个困难，抢在其他农户前头，结束了大春抢栽抢种。又有4户加入，互助组扩大到8户，耕地4.8公顷。当年大春作物丰收，水稻、玉米、棉花分别比上年增长16%、23.2%和19%。梁树森互助组的影响力一天天扩大，越来越多的农民认识到：组织起来力量大，互助组比单干户好。至1952年12月，五星村办起了9个互助组，入组农户71户，占总户数的41.8%。

梁树森互助组与南充县世阳乡八村“何全左互助组”“川北劳模”郑国友互助组发起挑应战，开展生产友谊竞赛。梁树森互助组被评为川北区模范互助组，梁树森被评为川北区劳动模范，并光荣地加入了中国共产党。1953年8月1日，县委、县政府在公园坝召开表彰大会，奖给梁树森互助组水犉牛一头和双轮双铧犁一具。

1953年10月19日，梁树森作为中国人民第三届赴朝慰问团成员，在团长贺龙、副团长彭真的率领下赴朝开展慰问活动3个月，受到朝鲜党和国家领导人的接见，被授予朝鲜民主主义人民共和国和平勋章、金日成奖章和中华人民共和国抗美援朝奖章。1954年1月回国后，他同慰问团其他成员在成都、绵阳、梓潼和剑阁城乡作报告，介绍中国人民志愿军和朝鲜军民打击美帝国主义侵略者的英勇事迹。

1954年1月，梁树森互助组学习《中共中央关于发展农业生产合作社的决议》后，又有了新的奔头——办初级农业生产合作社。互助组的5名党、团员和县委工作组的同志一道，分头发动附近的梁仁祥、梁玉清两个互动组。农民们相信毛泽东主席指引的社会主义道路是正确的，但要变革传统的私有观念，思想斗争是复杂而激烈的。在讨论中，富裕中农认为自己的土地好，耕牛、农具充足，怕入社吃亏。更有一富农拉拢一些人与梁树森互助组对着干，还说要除掉梁树森。县委派人调查核实后，在五星村召开群众大会，县委书记薛烽、县长苗满山到会宣讲办社政策，对破坏互助合作的不法分子依法进行处理，群众入社热情高涨。接着组织讨论土地入股分红、耕牛农具租用、劳动分配方式和制订合作社章程。有35户农民自愿报名入社，16岁以上的劳动力105人，入股土地21公顷。2月4日，薛烽命名的剑阁第一个以“土地入股，统一经营”的初级农业生产合作社——剑模农业生产合作社成立。值得一提的是选举方式，社员们在写有候选人名字的碗中投放豌豆，得豌豆最多的梁树森当选为社主任，同时选出6名委员，组成剑模农业生产合作社管理委员会。

剑模初级农业生产合作社（以下简称“剑模社”）成立后，在推广农业技术、抗御自然灾害、兴修水利等方面的优越性不断显现，干部社员齐心协力发展生产。秋收结束，全社水稻每公顷产4335公斤，比上年增长14.6%，玉米、红薯、棉花分别增长26%、12.6%和68.7%。社员们苦战一个冬春，挑了一口大池塘，把山下的2.53公顷旱地变成了水田。建社当年，国家公粮统购任务超额完成，家家增收，户户有余粮，剑模社成为川北模范社。

1955年秋，毛泽东主席《关于农业合作化问题》的指示和《中共中央关于农业合作化问题的决议》发出，中国农村的社会主义建设高潮兴起。剑模社在县委工作组的指导下，依靠党团员和贫下中农，扩大办社规模，扩入附近的刘家河社、青龙社等6个初级社，总户数达到292户，耕地314.27公顷。1956年元月，五星高级农业生产合作社成立，梁树森为主任。这是全县第一个取消土地分红，生产资料折价入社，实行按劳分配的社会主义性质的高级农业生产合作社。8月，五星高级社继续扩社，把丧失或基本丧失劳动能力，生活没有依靠的孤、老、幼、残人员吸收入社，集体供养，对他们实行保吃、保穿、保住、保医、保葬的“五保”制度。同时，吸收地主、富农家庭的子女入社，同社员一样对待。地富反坏分子也被吸收入社为“候补社员”或为监督劳动对象。是月，北庙乡实现农业合作化。年底，全县实现农业合作化，完成了农民私有制向集体所有制的农业社会主义改造。

梁树森是剑阁首届至第四届各界人民代表会议代表，第四届“各代会”常委，县第一届至第十届人大代表，省第五届人大代表，县第一届至第三届党代会代表。他担任五星村党支部书记30年，在农村社会主义革命和建设时期，始终带领群众走在全县前列。他动员组织群众，发扬愚公移山精神，开展“农业学大寨”活动，全村修建小（二）型水库2座、山坪塘23口，村里80%的水田实现自流灌溉。改造中低产田地，建成高产稳产农田260余公顷，昔日的穷山村变成了米粮仓。1978年，中央新闻纪录电影制片厂在五星村拍摄新闻纪录片《剑门山区大寨花》，在全国上映。90年代后，村民们对水利设施老化、毁坏深感无奈，总会情不自禁地想起当年组织他们走集体化道路的带头人——梁树森。

梁树森晚年，把一生获得的国内外金、银、铜质勋章、奖章23枚传给了后人，并对他们说：“吃水不忘挖井人，翻身不忘毛主席。无论任何时候，你们都要跟着共产党，走社会主义道路。”

2006年7月18日，梁树森因病在家中逝世，终年84岁。

母前轮

母前轮（1929—2007），笔名粗石，斋号《刀情居》，生于1929年2月，普安镇人。省高级民间艺术家，中国工艺美术协会会员。曾担任县书画院顾问、县根雕协会名誉主席。

母前轮出身工艺美术世家，父亲母安乐是川北一带的镌刻、雕塑名家。他从小受家庭艺术熏陶，立志秉承父业。七岁时学写篆字；读小学时，以习字、劳动、美术等科目见长。十二岁时随父学艺，以雕刻、纸扎、印染、治印为优。十六岁父丧后，他牢记父亲生前教诲“人品为艺品，艺业无止境，人艺是吾师”，把整个身心投入金石镌刻之中，并以印艺作为人生终极追求目标。1950年，剑阁解放，他有了工作，无生计之累，遂潜心修研印艺。母前轮深知学印必先学书，若不知“六书”“八法”，就不谙笔情墨趣；不通分间布白，不晓奇正险夷，就很难刻出上乘之作。于是在习颜书、北碑的基础上兼习南贴。1955年开始学习篆书，陆续购置《甲骨文编》《殷周金文集录》《汉印文字徵补遗》《古图形玺印章》《小篆疑难字典》等160余册专论篆刻艺术的辅导书籍，以供学习，补益实践。他潜心钻研甲骨文、金文、籀文兼及皇帝诏令、文告、诏版。依甲骨、石鼓认大篆，以诏版、金文习小篆。在刀法上，细心琢磨“切”“冲”技法，反复实践，大胆创新，变传统的切刀多、冲刀少为冲刀多、切刀少。多用冲刀使满白文粗而不肿，稳重、质朴、凝练。1979年起，他用十年时间临习汉印，反复摹刻汉代官府铸印、私人凿印佩带装饰印、汉代瓦当肖形印，刀法功力精进，摹刻几可乱真。他还深入研究汉印中的满白文、细白文和朱文印章。1980年后，他的艺术生涯由篆刻艺术转向根雕艺术，为制作出高品位的根雕艺术品，他辗转于剑门千山万壑、古木丛林之中，搜索素材、应物形象。根据原料初始形态，进行精心设计和独具匠心的加工，雕琢出各类惟妙惟肖的艺术品。1983年，他艺术人生走上辉煌，是年2月2日，篆刻作品“恭贺新禧”选作《四川工人日报》刊头用章。他的一方启首印“闻水东山”，在汉印中渗入碑刻手法，将“闻”字适度夸张变形，让“耳”产生动感，在平稳的“东山”之上，安排似在流动的“水”，像瀑布，若飞泉，静中寓动，妙不可言。1987年岁末，他在县人代会上欣闻丰收喜讯，即兴举刀刻出“硕果累累”的长方形艺术印章。他以钝刀直入，随意冲出，任其剥落，使全印有浓厚的金石味。印中计红守白，块面分明，字形恰似葡萄垂珠，又若枇杷欲坠。1988年，篆刻作品《蜀道情》参加“全国首届书画大奖赛”展出，获优秀奖。1990年，篆刻“江山如画”载入《人民画报》（世纪珍藏版）。其后，又创作《名城印组》《粗石印稿》《粗石印存》等三组58方印，参加巴蜀金牛杯美展、四川第二届篆刻展、重庆四川美术学院陈列馆展等大型展出。篆刻作品“学雷锋、树新风”获全国书画大赛三等奖；“百万未可傍”印章获国际三等奖，并选入《国际现代书法集》。1995年后，母前轮以根雕艺术见长，在他的数百件根雕作品中，尤以“布谷催春”为人称道，根雕取材于一截山民生火取暖而未燃尽的余柴，用其弯曲苍劲的一段，施钢丝刷去表皮后，露出粗犷树根本来面目，棕红间显焦黑色，状如一株树叶凋零后尚未萌发的越冬老树。春暖花开，一只布谷鸟栖于树枝引颈高歌，似在演唱“催春”曲。另一件作品“思蜀”，则是一只老鹤停在松树枝头，酷似沉思之状，鹤腿长、颈长、啄长，雕琢细腻，逼真传神。1996年7月，根雕作品布谷催春、思蜀，在全省第二届根雕奇石邀请展中双双荣获三等奖。2000年，省民间文艺家协会授予母前轮为高级民间艺术家称号。2002年，人民日报出版社、中国科学新闻学会等四单位发行的《中国世纪专家》丛书，载入母前轮的艺术业绩，并颁发证书。2004年7月，市文联、市书法协会联合出版他的首著《刀情居治印》。

母前轮业余从事书法篆刻60年，以篆刻见长，创作作品逾万件，《刀情居治印》10卷，2000余方印。他的作品参加国家、省、市展出82次，136件，获奖29件；在国家各大报刊发表300余幅；媒体文章介绍70余篇。母前轮的艺术作品引起社会各界广泛关注，因其在篆刻、根雕领域有较高艺术造诣，享有“川北第一刀”之美称，原中顾委常委王首道得到他的印章后，以“精益求精”的题词相赠；原省委书记杨超欣赏他的作品后，书赠“汉魏风骨”予以赞扬；著名书法家，重庆大学教授唐璞、省书法协会主席李半黎鉴赏他的作品后，分别慷慨挥毫赠以“一刻千金”“书画传神”墨宝。

2007年2月，母前轮因身患重病，医治无效辞世，享年78岁。

何兴明

何兴明（1936—2007），男，白龙镇青峰村人，副编审，社科联副理事长、剑门书画院名誉院长、剑阁书法协会主席，县志办原主任。

何兴明1956年5月1日加入中国共产党。1958年3月参加工作，任白龙人民公社发电厂党支部书记，1959年任中共白龙区委组织委员，1961年兼任两河公社党委书记。

1962年任石板公社党委书记，其间，为改变山高偏远、缺水贫穷面貌，认真贯彻毛泽东主席大办农业方针，带领公社干部群众，克服困难，兴修团结水库、狮子水库、文笔水库、中荣水库、文昌水库及一大批山坪塘、山湾塘，彻底缓解人民群众生产生活用水困难，为发展农业生产奠定了坚实基础。带领群众兴修公路，基本实现组组通公路；修知青农场，建房100余间，解决川师大学生吃住问题。

1971年任“5·1”水库副指挥长。1973年任碑垭乡党委书记。1981年春调县文化馆任副馆长，1985年调县志办任秘书、副编审、副主任职务，1988年5月，任县志办公室主任。1998年12月退休。

何兴明重视文化教育，胸怀坦荡，唯贤是举。在碑垭乡任党委书记期间，克服困难兴修学校，推荐10多名有志有才的年轻人上大学，每送一名大学生，他都要从自己薪水中拿出50元相赠，并为他们做棉衣棉裤，临行反复叮咛“用心读书、放心家里”，怜惜人才，情深意切。

何兴明从事中共党史、地方史志编修工作。他勤奋好学，刻苦钻研，废寝忘食，为史志事业倾注了毕生心血。编著《十三峰书屋·全集》《黄裳传》《剑门蜀道诗选》《翠云廊大观》等，近500万字的书籍文稿，为弘扬地方文化做出重要贡献。他负责主持编修的第一轮《剑阁县志》，荣获全国地方志三等奖，他编著的《十三峰书屋·全集》获省历史学会历史学科科研成果优秀奖、省哲学社会科学科研成果二等奖；《黄裳传》获省哲学社会科学三等奖。

何兴明退休后，仍然心系文化事业。为抢救地方历史文化遗产，不畏寒暑，翻山越岭，访老问贤，将剑阁著名历史名人李榕（字申夫，清代翰林，曾任湖南布政使、剑阁兼山书院主讲）的书法作品和民国初年川北地区著名书法家何寅生的手迹及碑刻拓印成帖，为继承和弘扬历史文化做出积极贡献。他一生酷爱书法，砚耕不辍，书法作品兼有颜筋柳骨之风，风格拙朴大方，自成一体。

何兴明晚年身患肝病，手术后，仍以惊人毅力与病魔作顽强斗争，辛劳奔波，上北京、南京、杭州，跑成都、绵阳、安县、梓潼等地搜集资料，以超常效率完成了数十万言专著《国学大师谢无量》，北京、上海、港台等地史学界人士评价甚高，不少专家、教授来函来电表示祝贺，该书荣获省社科院哲学科研项目成果奖。

2006年7月，被县政府聘请为第二轮《剑阁县志》编修副主编。

2007年年初，何兴明受县委、县政府委托编写《化林人张正桃》一书。接受任务后，他多次到化林村考察体验生活，7月3日，再次到化林村深入生活、收集资料时，突发脑溢血，医治不效不幸去世，享年71岁。

赖子畴

赖子畴（1906—2008），原名赖天锡，生于1906年4月，普安镇人，大学文化，无党派爱国人士。曾任县粮食局局长、民政科科长、县政协副主席等职。

赖子畴生于商贾世家，6岁入私塾，18岁入尚友书塾求学，得名儒刘咸炘（鉴泉）授业6载，学成。先后在成都尚友书塾、剑阁师范校、剑阁初级中学执教20年。其时，正值民国时期，官场腐败，拉兵派款，匪患肆虐，民不聊生。县内士绅唐如陶、赖伯桥等人怂恿他出面一起搞垮刘琯（次瑶），争夺县副参议长的位子。但他不为所动，远离政治，笃志教书，忠诚待人，深受社会各界好评。

1949年12月18日，剑阁解放。他积极参加各项社会活动，坚决拥护中国共产党，带头执行党的各项方针政策，彻底与旧社会决裂，很快得到了人民政府信任，把他作为接管成员，开明人士，党外盟友。1950年3月，他被推荐到川北行署“革大”学习。结业后，离教从政，担任县粮食局局长。1951年1月，剑阁粮食缺乏，供给极度困难，很难做到既保民生又保军需。他带领粮食部门的人员深入区乡动员群众，广征余粮，抢修粮仓，缓解粮食供给紧张局面。1953 年 10 月，担任县民政科长，心里总是装着困难群众，时刻不忘赈灾济民。他经常带上理发员、医生徒步下乡，慰问困难户和孤、残、幼、康复病人，给他们理发、修面、治病。三年困难时期，他积极倡导、支持兴建水肿病院、孤儿院、敬老院，从死亡线上救回不少的老人、妇女和儿童。1965 年 5 月，他下乡检查民政工作时，在柳沟公社长安村发现一位孤老残废军人，后他时常挂念在心，连续三年定期托人为其理发、检查身体、治病。1966 年天大旱，柳沟公社大岩山康复院 37 位麻风病人无水吃，他深入康复病院所在地——柳沟公社团结村四组，组织动员村民每天给山上送水。他还在全县调集红薯藤 1000 余公斤，帮助康复院抗灾自救，恢复生产。1976 年，针对全县麻风病人多且散居农村、管理不便、影响四邻健康安全的现状，他亲自规划，在剑门桂花村征地 40 公顷，投资百余万元，建康复院，将全县 280 个散居麻风病人集中到剑门康复院，实施统一隔离治疗。1980 年 12 月，调入县政协筹备小组，筹办政协成立事宜。1981 年 3 月，在县政协一届一次全委会上当选为副主席。任职期间，他拥护党的领导，认真贯彻落实党的"肝胆相照，荣辱与共，互相监督，长期共存"的统一战线方针，始终与中共中央保持高度一致。对待党内外各界人士，尤其是知识分子，总是温和谦恭、礼贤下士。负责文史资料工作，他带头纂稿、审稿，按时出版史集，多次受到省政协、省社科院表彰奖励。1987 年 3 月，当选县第三届政协副主席，虽已年过八旬，仍坚持天天按时上下班。他善于发现问题，乐于察纳雅言，敢于谏言献策。他提出的严格保护古城建筑、抢救剑阁历史文物、兴建敬老院、福利院、扶老、助残、救孤等提案被县委、县政府采纳，并转化为具体工作措施。

1990 年 5 月退休，仍酷爱学习，关心政治，乐于助人。他当过县老科协顾问，积极参加剑阁老年书画展。先后向剑阁中学、普安中学、县图书馆无偿捐赠书籍近万册。他学识渊博，精研史学，著有《三代族治考》《四辞论》等著作。

2008 年元月 10 日，辞世，享年 102 岁。

梁承烈

梁承烈（1932—2010），柘坝乡银河村人。1956 年 12 月从事邮政工作，1959 年 12 月加入中国共产党。

1963 年 3 月，梁承烈从《人民日报》上看到了毛泽东主席"向雷锋同志学习"的题词手迹和雷锋事迹报道后，便暗下决心要像雷锋那样，做一个有益于人民的人。他几十年如一日，践行了自己的诺言。

1967 年 3 月，县邮电局接到甘肃省离休老红军罗明英的一封信，请求帮助寻找离散 30 多年的亲人。信中说："离家长征时，只记得我家住在罗家山罐子坪，家中的兄弟也只记得乳名"。梁承烈主动接受这一任务，与全县各公社联系，到剑门关附近的几个大队查访。找了两个多月，终于在毗邻的广元县下寺公社冠军大队找到了罗明英的亲人，使他们得以团聚。1990 年 7 月，他为台胞找到失散多年的亲人。

梁承烈从小生长在农村，养成了勤俭节约的好习惯。在他手里，一个公用信封总是里里外外用几次；一张皱巴巴的包装纸，翻来覆去用到无法再用；捆扎邮件的麻绳断了，接起来再用；邮件袋脏了、破了自己洗、自己补；废纸、废品一件件收起来运到废旧物品收购站，卖的钱一分不少地交给单位。日积月累地为公家节约了不少开销。

梁承烈担任邮政代办员、邮件接发员、分拣分发员，兼做档案、机要通信等工作。他干一行、爱一行、专一行，身兼数职，一人顶着几人干。他35次被评为省、地（市）、县先进工作者、优秀共产党员，1984年3月被省政府授予劳动模范称号，1991年4月被邮电部授予邮电特等劳动模范称号。

梁承烈长期照料县邮电局退休职工冯大均。主动同他生活在一起，像对待自己的亲人一样。从清晨洗漱到一日三餐，夏天驱蚊，冬天生火。病了为他寻医煎药，衣被脏了、破了为他浆洗缝补，护理了10多年。老人临终前将遗物全部赠与梁承烈，他却只留下了一把剪刀作纪念。

梁承烈乐于助人。几十年来，他以“一个工人”“一个共产党员”的名义，为地震灾区、修复长城、抢救大熊猫、小平家乡植树、希望工程、送温暖工程、残疾人基金会等捐款100余次共6000多元。这些钱都是他和家人省吃俭用节约下来的。1991年5月，他将邮电部奖给他的800元奖金作为特殊党费上交党组织。组织上考虑到他家庭困难，劝他购买些衣物和生活必需品，他坚决地说：“平时积攒几百元钱很难，这次党给了我崇高的荣誉我领了，但这笔钱我不能用，我要把它交给党。”组织上再三做工作都不生效，只好背着他以“梁承烈”的名义存入银行。他知道这件事后，到银行取出现金，添够1000元，直接上交中央组织部。5月13日，县委、县政府发出通知，号召全县人民向梁承烈等同志学习。

1992年12月，梁承烈办理退休手续后，仍坚守工作岗位3年。他和老伴天亮前起床，打扫宿舍区门前的街道。他关心国家大事，积极参加社会活动，对有损党和国家利益的言行敢于斗争。一度时间，社会上出现歪曲党的历史、亵渎人民领袖、丑化英雄人物的言论，他旗帜鲜明地站出来耐心讲解。无论在什么场合，从不随波逐流。为使更多的人了解国家大事，每逢中央重要决策和重大政治活动的报刊发行，他都要掏钱买若干份，供社区居民阅读。他自费订阅《文摘周报》《真理的追求》《中华魂》等报刊，给大家传阅，使更多的人了解历史，明辨真伪。梁承烈关心下一代的健康成长，每逢“六一”儿童节，他都要给普安幼儿园和城内的几所小学赠送礼品表示祝贺。他是南禅小学、文峰中学的校外辅导员，孩子们特别喜欢他讲述的《红军鏖战剑门关》《雷锋的童年》等故事，都亲切地称他“梁爷爷”。

梁承烈心中装着工作、群众，唯独没有自己。他3次把调工资指标让给其他同志，生前最后一个月的退休金只有1680元，比同期参加工作的人少了几档。单位分房，按条件他完全能够住上楼层适中、采光较好、远离喧嚣的好房子。他却要了临街一楼的一套69平方米的小户型居住。家里摆放的是50—60年代的木制家具，最高档的电器就是别人处理给他的一台14英寸的黑白电视机，全部家当折合人民币不到1000元。

有人不解地问梁承烈：“你这样做究竟图个啥?”他说：“我是一个共产党员，我所做的一切，就是要大家感到共产党好，感到社会主义大家庭的温暖。如果这个目的达到了，我无怨无悔。”

2010年8月20日，梁承烈在柘坝乡家中逝世，享年79岁。

第二章　人物事略

王少君

王少君，1943 年 8 月生，木马镇人。1960 年 7 月入伍，编入中国人民解放军汽车第三团司机训练队当战士。1962 年 11 月加入中国共产党。1963 年 7 月，调入中国人民解放军驻青海格尔木市汽车第三团，历任教练员、司务长、排长、政治处书记、组织股干事、政治教导员、团政治委员。1982 年 7 月调任中国人民解放军青藏兵站解放军第三军医大学校务部长。1988 年 7 月，调任中国人民解放军总后勤部第一后方基地代政治委员、主任、政治委员。1994 年 3 月起，先后担任郑州铁路局军事代表办事处政治委员、武汉军事经济学院副院长、北京军事医科学院政治部主任、天津军事交通学院政治委员（正军职）。1997 年 7 月，授予少将军衔。

王少君服役期间，于 1962 年 10 月参加中印边界自卫反击战，负责战地运输和后勤补给，荣立三等功，1977 年 8 月当选中共第十一大代表；1993 年 3 月当选为第八届全国人大代表。

毋瞩远

毋瞩远，1945 年 10 月生，汉阳镇人。1965 年 8 月入伍。1970 年 12 月任总参通信第八团组织干事。1974 年 8 月任总参通信第八团八连政治指导员。1976 年 7 月任总参通信工程指挥部政治部组织科副科长。1979 年 11 月任 221 通信工程指挥部政治部组织科科长。1982 年 5 月调任南京通信工程学院政治部组织处处长，1992 年任政治部副主任、主任。1999 年 2 月调广州军事体育学院任政治委员，同年 7 月授予少将军衔。

刘光恒

刘光恒，生于 1939 年 10 月，金仙镇人。1964 年 9 月西南农学院毕业，分配到县农业局工作。在从事杂交种科研生产及推广中，他针对山区实际，提出玉米生产“三推三改”技术措施，使剑阁玉米生产突破原始生产状态，产量大增。1985 年后，他与人合作共同主持研究的“玉米姊妹配制改良单交种技术”、玉米杂交选育——玉米新品种“绵单一号”获省政府科技进步二等奖、一等奖。独立完成的“绵单一号制种高产技术研究”获市科技进步一等奖。1988 年 4 月评聘为县农业局高级农艺师。1990 年后，他还亲自选出适合川北山区种植的玉米杂交新组合，推广面积达 20000 公顷。由于成绩突出，1991 年获市先进工作者称号，1993年获市第三届科技拔尖人才称号，并享受政府特殊津贴。

1981年至2000年，先后担任县政协一、二、三、四届委员、常委，县政协第五、六届副主席。市人大二届人民代表，市政协第三、四届委员、常委、副主席。

朱召芳

朱召芳，女，生于1942年7月，鹤龄镇化林村人，中共党员。原籍上海市，1962年随当兵复员的丈夫到剑阁，落户剑门山区，扎根化林农村，被称为“上海姑娘”。尽管山区条件差，环境恶劣，生活艰苦，但朱召芳不怕吃苦，不怕困难，安心农村，情系山区，不久当选为化林大队党支部委员，其后又被村民选为化林大队妇女主任，她组建“铁姑娘队”治山治水、改土造田，立志改变化林山村面貌，多次被评为省、市、县青年积极分子和劳动模范。1976年6月，朱召芳以化林大队（全国先进典型）农民杰出代表身份成为中国人民赴罗马尼亚友好代表团成员，访问罗马尼亚。1979年被评为全国“三八”红旗手，1984年当选省第六届人民代表大会代表，2009年7月23日逝世于化林村家中。

任　杰

任杰，男，汉族，生于1920年11月，张王乡长石村人。少时即慈悲善良，聪敏好学。18岁出家，先后师从窦团山严云寺果羯和尚、彭县龙兴寺广超和尚、能海上师、五台山扎萨喇嘛桑巴桑波伽学习佛教经典藏文及藏传佛教经典。1956年入中国佛教学院藏文中观系研究佛典，翻译《中论文句释》等藏传佛教经典8部。“文革”中入五七干校并还俗。1972年调中国佛教协会、参编《辞海·宗教分册》和《中国大百科全书·宗教卷》。1974年至1978年，参研《黄山石经》，编写经碑三十二册经目，出版《房山石经》十八册。1978年开始，翻译《智心要集论释》等佛典多部，1989年退休以后继续从事佛经研究，著述颇丰。

任杰先生修习佛典，弘法利生，学修并重，兼通显密，爱国爱教，为弘扬佛法，促进民族文化交流，为社会主义建设作出了贡献。

罗光升

罗光升，生于1971年10月，鹤龄镇金银村人，大专文化，县畜牧局城区动物检疫站动检员。

罗光升幼年失怙，靠兄扶养成人。1998年元月，罗光升大专学业，分配到县畜牧局工作。是年8月10日，北庙乡梁述贵私宰肥猪，于当日午后4时进入普安农贸鲜肉市场销售。5时许，被城区畜牧动检员罗光升发现，当即向业主出示执法证件，表明身份，要求查看当事人检疫证明及有关证件。得知梁述贵未办理相关手续，罗光升劝其补检。梁述贵认为这是多此一举，存心找茬，遂举起屠刀捅向罗光升左肋，罗光升当即昏倒。虽经医院抢救，终因脾脏受损，失血过多，因公殉职。

1999年8月，省政府追认为革命烈士。

郑自强

郑自强，曾用名郑成功，生于1919年2月，涂山乡人。1935年3月参加中国工农红军，1938年4月加入中国共产党。红军长征时，历任红四方面军第4军10师通讯员、司号员、班长、司务长。抗日战争时期，任八路军第129师供给部会计、冀南军区、第一军分区财粮股股长、第九军分区供给处处长。其间参加响堂铺伏击战和永年、安阳、肥乡等战斗。解放战争时期，任第58军卫生部供管科科长、第173师供给处处长。新中国成立后，任中南军区海军后勤部西营基地后勤部副部长、部长，南海舰队后勤部、司令部副参谋长，南海舰队空军后勤部部长。1955年荣获三级八一勋章。1980年在绵阳离休。1982年批准享受副军职待遇。1988年获二级红星功勋荣誉章。2004年9月辞世。

贾兴文

贾兴文，生于1938年11月28日，小学文化，禾丰乡剑锋村人。出身贫寒，一生勤俭，乐于助人。他家是远近有名的五好家庭。1999年6月15日，天降大雨，河水猛涨，至下午5时30分，在剑锋村小学读书的14岁女学生蒲海艳放学回家，路过乱石沟时，趟水过河，不慎落水，被洪水卷入急流中。在这千钧一发之际，贾兴文奋不顾身，纵身跃入急流救人。因沟宽、水湍、又遇暗礁，几次将蒲海艳托出水面又被浪头打入水中，贾兴文拼尽全身力气，终于避开急流，将其托到岸边，蒲海艳得以生还。而贾兴文终因年事已高、体力不支，被洪水吞噬，时年61岁。

1999年6月18日，禾丰乡政府为他举行千人参加的追悼会。2000年5月，省政府追认他为革命烈士。

程玉兰

程玉兰，女，1946年10月生，普安镇人。1965年3月参加工作，1980年12月加入中国共产党，县中医院妇产科主治医师。

1998年9月16日上午，剑阁发生强降雨，闻溪河水猛涨，横扫县城大街小巷。程玉兰仍像往常一样提前赶到医院上班。为临产孕妇作分娩前检查后，并将其搀扶至病房，即到手术室做人流手术。9时许，首例人流手术刚做完，洪水冲进医院门诊大厅，程玉兰迅速将病人转至三楼，这时，一楼洪水漫过膝盖，她奋不顾身，冲进洪流抢搬医疗器械。忽然一个大浪盖过来，把她卷入洪流之中，无情的洪水剥夺她的生命，时年52岁。

1999年7月，县委组织部追认她为优秀共产党员。10月，省政府追认她为革命烈士。

夏力耘

夏力耘，字生本，生于1928年7月，四川省江油市人。1948年重庆勉人文学院毕业，1949年11月加入中国共产党，12月参加工作。先后担任中共江油县委宣传部秘书、江油农高校长、党支部书记。1952年秋调入剑阁工作，相继担任剑阁师范校校长、剑阁中学校长兼党支部书记、县委委员。1981年3月在县人大九届一次会议上当选县人大副主任。1981年秋调任绵阳师专副校长。

夏力耘博览群书，学识渊博，以哲学、文学、历史见长。他思想深邃，笔力俊健。年轻时，就曾写过40余篇杂文、小说，在《西方日报》和《川北日报》上发表。夏力耘对教育事业一片赤诚，忠贞不贰。担任剑阁中学校长时，总是白天上课抓教学，晚上挑灯备教案，深夜方休。1965年剑阁中学高考成绩名列绵阳专区第二名，1981年剑阁中学建成省重点中学。他在长期的教育教学实践中探索出一套办学经验，如《学校工作项目》《基本管理制度》《好学校标准》《稳步提高教学质量》等经验之作，被省、地（市）领导和专家肯定为办学好经验。夏力耘讲坛舌耕之余，笔耕不辍，学术著作《（论语）中的教育思想研究》被山东曲阜师范大学编入《孔子教育思想研究文集》；《安于师专层次，办好师专特色》被省教委编入《高等师范专科教育的发展和改革专论》；《面向基础教育、探索办学特色》被国际师范教育学会采用。

袁超北

袁超北，字乃朝，中共党员，1929年5月生，四川省遂宁县人。1948年冬毕业于遂宁师范校，次年从教，是年秋季担任教导主任。解放后，任遂宁长安乡中心小学校长。1957年举家移居剑阁，执教白龙中学。在此期间，一边教书，一边函授学习，完成大学本科学业。1960年起，担任剑阁师范校、剑阁中学语文教师。1964年后调任县文教科视导室中学教研员、县文教局教育股股长。1980年5月加入中国共产党。1981年冬因病退休，婉言谢绝高薪聘请。1982年剑阁中学缺语文教师，他主动去代课。尽管每月仅给20元退休金补差，他却无怨无悔，经三年努力，所教班级统考成绩名列全县第一。1983年，受省人民出版社邀请，参加《汉语大字典》《现代汉语成语词典》《中华字海》等书的编纂工作，并任编审、副主编。《汉语大字典》编成后，国家新闻出版署给他颁发了荣誉证书。1989年后受聘于剑阁电大，担任财税班班主任兼教学工作。所带班级被评为全省先进教学班，他被评为省级优秀班主任。

阎增约

阎增约，生于1933年12月，中师文化，苍溪县人。1950年12月参加工作，1952年8月加入中国共产党，担任剑阁县城关区公所宣传干事。1953 年 3 月，调元山区工作，先后担任区委宣传委员、组织委员、区委副书记、书记。1958 年 12 月，调任中共剑阁县委常委，先后任县政府第四、第五、第六届副县长。“文化大革命”开始后，县级领导班子陷入瘫痪，阎增约被送进五·七干校集中学习。1975 年 12 月，县委领导班子调整，阎增约相继担任县委副书记、县委书记，兼任第七届县革委副主任、第八届县革委主任、第九届县人大常委主任。1985 年 5 月，广元建市，阎增约调广元，担任市委常委、市纪委书记。1995 年 3 月退休，2008 年 4 月 10 日辞世，享年 75 岁。

蒲绍华

蒲绍华，生于 1906 年 8 月，江口镇罐林村人。1933 年 8 月，在四川省通江县鸡公嘴参加中国工农红军，编入红四方面军 12 师 34 团 2 营任打旗兵。1934 年 8 月攻打梓潼大庙山、人头山后，在马家湾加入中国共产党。1935 年随红军长征。曾三次往返雪山、草地。长征途中历任班长、排长。1937 年后，担任刘伯承、张洁、李达的警卫连长。1944 年随刘、邓大军挺进中原，在河南、安徽、湖北、大别山等地与敌军多次作战，历任连长、营长。1948 年参加淮海战役。之后，担任大别山剿匪指挥部副指挥长、指挥长。1949 年调任安徽省霍山县大队长、人民武装部部长。1951 年 9 月调任华东军区第二陆军医院副院长（正师级）。1965 年参加南京军区干部学校文化学习。1969 年离休。1991 年 11 月逝世。生前中央军委授予他“八一”“解放”“独立”三大功勋章。

第三章　人物名录

剑阁县地师级以上干部名录

表 36－1　（以姓氏笔画为序）

姓名	性别	籍贯	工作单位	职务或职业	备注
王华蓉	女	禾丰乡	中共广元市委	常委、宣传部长	
王朋友	男	樵店乡	广元市人大常委会	副主任	曾任旺苍县委书记、市财政局长
王永章	男	汉阳镇	武警成都总队军事法院	院长（副师级）	大校
王子章	男	禾丰乡	广元市人大常委会	副主任	退役前西藏日喀则军分区副政委

续表36—1

姓名	性别	籍贯	工作单位	职务或职业	备注
王玉湘	女	香沉镇	中国人民银行成都分行	副行长	享受正厅级待遇
王朋春	男	樵店乡	总参工程兵第四设计院	副院长	大校
田次尧	男	金仙镇	江苏徐州空军后勤学院	师职教授	大校
田进朝	男	田家乡	德阳市政协	副主席	
刘仕海	男	剑门关镇	贵州省物价局	副局长、正厅级顾问	老红军
刘永成	男	鹤龄镇	空军第二飞行学院	副政委	大校
刘玉林	男	张王乡	武警新疆支队	政委	
刘玖成	男	城北镇	中国人民解放军总后勤部	师职干部	硕士
刘学芝	女	下寺镇	武汉军区	后勤部主任	老红军
邓光志	男	广坪乡	中共广元市委	常委、政法委书记	曾任广元市副市长
母文林	男	江口镇	中国人民解放军某师	师长	
任建民	男	普安镇	绵阳市公安局	副市长兼公安局长	
李三富	男	木马镇	吉林省储备局（中央系统）	副局长	老红军
李茂泉	男	长岭乡	中国人民解放军某师	师政委	大校
李小林	男	涂山乡	中国农业银行四川分行	副行长	硕士
李　直	男	吼狮乡	解放军武汉空军基地	师长	大校
杨云先	男	武连镇	中国人民解放军广州海军疗养院	院长（正师职）	老红军
陈兴元	男	龙源镇	中国人民解放军吉林省公主岭军分区	副司令员	
张光俭	男	木马镇	中国人民解放军山东青岛海军某部	师职干部	

续表36—1

姓名	性别	籍贯	工作单位	职务或职业	备注
张康明	男	店子乡	中共广元市委	市委常委、总工会主席	曾任广元市副市长
张　健	男	普安镇	国家电力监管委，四川电力监管办公室	专员	曾任省物价局副局长
张玉树	男	元山镇	北京军区	副政委	大校
范金绶	男	普安镇	乐山市人民政府	副市长	硕士
赵立中	男	下寺镇	广元市政协	主席	曾任广元市委副书记
赵安均	男	东宝镇	广元市人大常委	广元市人大常委会党组书记、副主任	曾任广元市委常委、市政法委书记
郑海朝	男	白龙镇	成都军区政治部	秘书长（副师职）	
凌成德	男	柘坝乡	工程兵机关门诊部	军医（文职三级、技术六级）	副师职
高金明	男	白龙镇	兰州军区情报处	处长（副师职）	
梁大忠	男	演圣镇	广元市政协	副主席、统战部长	省政协委员
黄光雄	男	白龙镇	第38军112师	副师长	
袁问学	男	长岭乡	成都军区司令部	编研室主任	大校
崔兆全	男	毛坝乡	四川省商务厅	副厅长	曾任内江市委副书记
傅国柱	男	龙源镇	四川省军区	政治部副主任	大校
贾邦彦	男	东宝镇	广元市人大常委会	副主任	曾任苍溪县县长
贾文先	男	元山镇	江苏淮阴军分区	副司令员	老红军
敬全林	男	碑垭乡	四川省民族宗教局	局长	
熊晓平	男	普安镇	内江市中级人民法院	院长	
颜继禄	男	江口镇	四川省人大常委会	四川省人大常委委员、民族宗教委主任	曾任广元市副市长、省扶贫开发办主任等

续表36－1

姓名	性别	籍贯	工作单位	职务或职业	备注
魏正禄	男	剑门关镇	中国人民解放军广西柳州军分区	司令员、后升副军职顾问	老红军、荣获八一解放、红星勋章

说明：资料为据县委办、县政府办《〈剑阁县志〉（1990—2006）入志人物资料收集办法》广泛征集。因信息所限，可能不全。已作人物传、人物简介的未入此表。

剑阁籍外地工作专家、学者及高级职称人员名录

表36－2　（以姓氏笔画为序）

姓名	性别	就读学校	学历（学位）	职称	工作单位	职业（职务）	出生地
王显春	男	1964年剑阁中学毕业考入四川大学	硕士生导师	教授	西南民族大学	执教	鹤龄镇
王明树	男	1984年剑阁中学毕业考入四川外国语学院	博士	副教授	四川外国语学院	教研室副主任	马灯乡
王学凯	男	1974年第三军医大学毕业	硕士生导师	教授	西藏军区总医院	副院长	北庙乡
王朝熙	男	1986剑阁中学毕业考入绵阳财贸学校		注册会计师	四川富临实业有限公司	财务总监	樵店乡
左大成	男	1964年剑阁中学毕业考入四川大学		编审	四川辞书出版社	社长，兼中国辞书学会秘书长、香港远东国际出版社名誉会长	香沉镇
田怀军	男	1982年旺苍煤铁厂子弟校毕业考入西南师范大学	博士	教授	第三军医大高原军事医学系	教研室主任	马灯乡
田怀聪	男	1981年开封中学毕业考入内江教育学院		主任编辑	《泸州日报》《泸州晚报》	社长	马灯乡
田　森	男	2000年开封中学毕业考入成都电子科技大学	博士		美·科罗拉多大学	攻读遥感遥测专业	马灯乡
刘建波	男	1992年剑阁中学毕业考入浙江大学	博士		中国物理研究院	仿真中心副主任	马灯乡
邓　鹏	男	1978年白龙中学毕业考入南充师范学院	硕士生导师	教授	西华师大	数学院院长	广坪乡

续表36—2

姓名	性别	就读学校	学历（学位）	职称	工作单位	职业（职务）	出生地
牟永红	女	1981年剑阁中学毕业考入南京商学院	硕士	副教授	南京商学院	执教	普安镇
向永生	男	1994年剑阁中学毕业考入西南农学院	博士		商业部	食品工程研究	普安镇
李汝政	男	1964年剑阁中学毕业考入中国地质大学	硕士	研究员	武汉地质研究所	核物理研究	圈龙乡
李全生	男	1983年白龙中学毕业考入华西医科大学	博士	副教授	华西医科大学		圈龙乡
李　苏	女	1989年剑阁中学毕业考入南京大学	博士	研究员	核物理研究所（美国）	核物理研究	普安镇
严素蓉	女	1998年剑阁中学毕业考入浙江大学	博士		浙江大学	信息管理研究	马灯乡
肖永松	男	1991年剑阁中学毕业考入西南师范学院	博士		浙江大学	心理学研究	城北镇
武俊英	女	1991年剑阁中学毕业考入四川大学	博士		中国工程院核物理研究所	核物理研究	东宝镇
杜少先	男	1997年剑阁中学毕业考入南京大学	博士		新加坡	执教	龙源镇
宋昭勋	男	1994年剑阁中学执教考入四川社科院	博士	教授	香港树仁大学	执教	秀钟乡
何勇田	男	1989年剑阁中学毕业考入四川农业大学	博士		加州国家实验室（美国）	应用技术研究	广坪乡
何　洋	男	1994年成都航空工业学校毕业考入西北工业大学	博士	讲师	西北工业大学	纳米技术研究	普安镇
杨　虎	男	1979年剑阁中学毕业考入四川大学	博士	教授	重庆大学	副院长	武连镇
杨守忠	男	1964年剑阁中学毕业考入四川大学	博士	教授	四川大学	生物学院院长	杨村镇
杨小虎	男	1991年剑阁师范校毕业继考四川教院	博士	副教授	上海财经大学	执教	城北镇
杨映宝	男	1981年剑阁中学毕业考入北京理工大学	博士	研究员	神奈川县横滨市激光研究所（日本）	激光研究	碑垭乡

续表36－2

姓名	性别	就读学校	学历（学位）	职称	工作单位	职业（职务）	出生地
杨栩生	男	南充师范学院	大学专科	教授	绵阳师院汉语言文学系	执教	长岭乡
罗顺忠	男	1974年白龙中学毕业考入四川大学	博士	研究员	中国工程物理研究院	所长	涂山乡
罗云林	男	1974年白龙中学毕业推荐入东北大学	博士	教授	东北大学	电器工程自动化仪表研究室主任	金仙镇
罗政云	男	1991剑阁中学毕业考入北京理工大学	硕士	副研究员	北京汽车研究所	汽车制造研究所所长	剑门关镇
赵树义	男	1962年剑阁中学毕业考入四川外语学院	硕士	教授	四川省社科院	国际经济研究所所长	公兴镇
赵　英	女	1986年剑阁中学毕业考入四川大学	硕士	副教授	四川大学	执教	元山镇
赵　星	男	2000年剑阁中学毕业考入浙江工商大学	硕士	注册会计师	上海同济大学	商业贸易研究	剑门关镇
赵佛容	女	1981年四川卫校毕业考入华西医科大学	硕士生导师	教授	四川大学	华西口腔医院护理部主任	开封镇
陈明岷	男	1973年剑阁中学毕业考入中南财经大学	博士		纽约银行（美国）	副总裁	普安镇
张晓军	男	1989年剑阁中学毕业保送大连工学院	硕士	副教授	成都电子科技大学	执教	普安镇
张文飞	女	1998年剑阁中学毕业考入上海复旦大学	博士		复旦大学	中国古代文学研究	普安镇
张婧婧	女	2000年广元中学毕业考入北京师范大学	博士		牛津大学（英国）	计算机研究	普安镇
张大全	男	1980年剑阁中学毕业考入西南师范大学	硕士	副教授	西南大学	执教	城北镇
姜怀春	男	1982年剑阁中学毕业考入四川师范学院	博士	教授	重庆商学院	生化研究	北庙乡
徐平光	男	1991年剑阁中学毕业考入北京理工大学	博士		博士后工作站（日本）	导师	禾丰乡
姚继荣	男	1977年剑阁中学毕业考入四川大学	博士	教授	北京师范大学	史学研究员	元山镇
黄伯坚	男	1964年剑阁中学毕业考入西北工业大学	博士	教授	华中理工大学	执教	普安镇

续表36—2

姓名	性别	就读学校	学历（学位）	职称	工作单位	职业（职务）	出生地
袁重桂	男	1976年白龙中学毕业考入四川师范学院	博士	教授	福州大学	硕士生导师	碑垭乡
曹丽蓉	女	1990年剑阁中学毕业考入华西医科大学	博士		上海复旦大学	执教	普安镇
曹立成	男	1964年剑阁中学毕业考入四川医学院	博士	研究员	加州大学（美国）	医学研究	普安镇
程永生	男	1979年剑阁中学毕业考入太原机械工程学院	博士	教授	中国工程物理研究院	所长	张王乡
敬文东	男	1986年剑阁中学毕业考入四川大学	博士	教授	中央民族大学	执教	开封镇
蒲　莉	女	1994年剑阁中学毕业考入华中理工大学	博士	副教授	华中理工大学	执教	白龙镇
蒲朝勇	男	1980年剑阁中学毕业考入成都科技大学	硕士	高级工程师	水利部	处长	公兴镇
董青林	男	剑阁中学毕业考入重庆大学		副教授	绵阳师范学院	执教	元山镇
饶　竹	女	1979年剑阁中学毕业考入中国地质大学		研究员	中国地质研究院	地质构造勘察研究	普安镇
魏雄文	男	1980年剑阁中学毕业考入四川大学	硕士	副研究员	西南冶金地质研究所	冶金工业研究	柏垭乡

说明：资料为据县委办、县政府办《〈剑阁县志〉（1990—2006）入志人物资料收集办法》广泛征集。因信息所限，可能不全。已作人物传、人物简介的未入此表。

剑阁县高级职称人员名录

表36－3　　（以评职时间先后为序）

姓名	性别	职称名称	评职时间	工作单位
胡宇鸿	男	高级农艺师	1984.04	县农业局
杜远芳	女	高级畜牧师	1987.09	县畜牧局
刘光恒	男	高级农艺师	1988.04	县农业局

续表36—3

姓名	性别	职称名称	评职时间	工作单位
杜继春	男	高级工程师	1988.06	县水电局
王建中	男	中学特级教师	1988.10	剑阁中学
张湘菊	女	小学特级教师	1988.10	普安小学
胡光寿	男	高级农艺师	1989.03	县农业局
赵文伟	男	高级律师	1989.12	县司法局
张正国	男	高级律师	1989.12	县司法局
罗玉荃	女	小学特级教师	1991.09	普安小学
许昌德	女	高级经济师	1992.03	毛巾床单厂
廖乾兴	男	高级农艺师	1993.03	县农业局
白权敏	男	高级畜牧师	1993.04	县畜牧局
郭涣科	男	高级畜牧师	1993.04	县畜牧局
刘　才	男	中医副主任医师	1993.05	县人民医院
何守荣	男	中医副主任医师	1993.05	县中医院
陈天然	男	中医副主任医师	1993.05	县中医院
杜贵生	男	中医副主任医师	1993.05	县红十字医院
金春乐	男	中医副主任医师	1993.05	县红十字医院
宫东生	男	中医副主任医师	1993.05	县人民医院
涂正凡	男	中医副主任医师	1993.05	县中医院
张茂江	男	中医副主任医师	1993.05	县中医院
冯仕强	男	注册会计师	1994.05	县财政局
王文海	男	中学特级教师	1994.10	剑阁师范校
曾孔玉	女	小学特级教师	1994.10	普安小学
何文全	男	高级农艺师	1994.12	县农业局
舒友林	男	高级农艺师	1994.12	县农业局

续表36—3

姓名	性别	职称名称	评职时间	工作单位
刘傅贵	男	高级农艺师	1994.12	县农业局
何兴明	男	副编审	1994.12	县志办
田中锐	男	高级工程师	1995.05	县广播影视局
刘光恒	男	研究员	1996.10	县农业局
杨培兴	男	高级工程师	1996.12	县农业机械局
李安全	男	中学特级教师	1997.05	剑阁中学
董桂英	女	小学特级教师	1997.05	县实验小学
何亚英	女	小学特级教师	1997.05	武连小学
王林乐	男	高级讲师	1997.06	县委党校
马朝先	男	高级畜牧师	1998.12	县畜牧局
白晨君	男	高级工程师	1998.12	县水电局
王正远	男	高级工程师	1998.12	县水电局
杨永健	男	高级工程师	1998.12	县水电局
李琼林	男	高级工程师	1998.12	县水电局
张鹏飞	男	副主任法医师	1999.01	县公安局
薛俊太	男	副主任检验师	1999.04	县人民医院
李多安	男	高级农艺师	1999.12	县农业局
梁洪轩	男	高级农艺师	1999.12	县农业局
唐彦文	男	副主任医师	1999.12	县人民医院
王天义	男	副主任医师	1999.12	县妇幼保健站
何晓红	女	小学特级教师	2000.06	县实验小学
李永林	女	注册造价工程师	2000.08	县财政局
李显银	男	高级工程师	2000.11	县农机局
刘从阔	男	高级畜牧师	2000.12	县畜牧局

续表36—3

姓名	性别	职称名称	评职时间	工作单位
朱德元	男	高级畜牧师	2000.12	县畜牧局
梁虎生	男	高级农艺师	2000.12	县农业局
邓仁德	男	高级农艺师	2001.07	县农业局
王国道	男	副主任医师	2002.04	县中医院
李建成	男	副主任医师	2002.04	县中医院
白剑生	男	副主任医师	2002.06	县中医院
母安彦	男	高级农艺师	2002.12	县农业局
张　全	男	副主任医师	2003.04	县人民医院
王玉元	男	副主任医师	2003.04	县人民医院
罗强生	男	中学特级教师	2003.07	剑阁中学
王志杰	男	中学特级教师	2003.07	剑阁中学
蒙子平	男	副主任医师	2004.04	县人民医院
朱绍松	男	中医副主任医师	2004.04	县人民医院
刘仁辉	男	副主任医师	2004.04	县人民医院
戚国成	男	副主任医师	2004.04	县人民医院
王芝文	男	副主任医师	2004.05	县中医院
吕三科	男	副主任医师	2004.05	县中医院
贾文凡	男	副主任医师	2004.05	县中医院
邓元阔	男	副主任医师	2004.05	县中医院
庚文斌	男	高级畜牧师	2004.07	县畜牧局
李荣峰	男	高级农艺师	2004.12	县农业局
蒲文勇	男	高级农艺师	2004.12	县农业局
杨剑奎	男	高级农艺师	2004.12	县农业局
杨仕甫	男	编审	2006.05	县委宣传部

续表36—3

姓名	性别	职称名称	评职时间	工作单位
邓国荣	男	高级农艺师	2006. 07	县农业局
李元宝	男	副主任医师	2006. 12	县人民医院
张正旭	男	副主任医师	2006. 12	县人民医院

说明：教育系统仅含特级教师。

剑阁县1990—2006年获省部级以上表彰先进个人名录表

表36－4　　（以表彰时间为序）

工作单位	姓名	授予时间	分颁发单位	荣誉名称
公兴中学	梁洪光	1990. 3	四川省人民政府	优秀教师
农行剑阁支行	杨永荣	1990. 10	中国农业银行	优秀监察工作者
县防疫站	王兴文	1990. 12	卫生部	儿童计划免疫先进工作者
县统计局	何兴国	1990. 12	国务院第四次全国人口普查领导小组	第四次人口普查先进个人
人行剑阁支行	李仕安	1990. 12	中国人民银行	保卫工作先进个人
县人民检察院	吴宗桐	1991. 7	最高人民检察院	优秀刑事检察官
普安一小	曾孔玉	1991. 9	教育部	优秀教育工作者
碗泉乡文化站	罗　启	1991. 11	文化部	文化先进工作者
县职中	邓润生	1991. 12	国家教委	优秀教师
县工商行政管理局	罗明镜	1992. 3	国家工商行政管理局	优秀工商行政管理人员
县畜牧局	白权敏	1992. 4	四川省人民政府	星火奖科技成果三等奖
长岭乡玉溪村	何德雄	1992. 6	共青团中央	农村青年星火带头人
县林业局	田兴甫	1992. 10	四川省绿委	绿化奖章

续表36—4

工作单位	姓名	授予时间	分颁发单位	荣誉名称
人行剑阁支行	黄正林	1992.12	中国金融工会	金融劳动模范
县疾病控制中心	邹清富	1993.5	卫生部	卫生防疫先进个人
羊岭小学	寇永清	1993.9	教育部	优秀教师
开封小学	杨永林	1993.9	教育部	优秀教师
木马小学	黄绍民	1993.9	四川省人民政府	优秀教师
县农调队	陈一姝	1993.10	国家统计局	农村经济调查先进工作者
县总工会	姜绍安	1993.10	中华全国总工会	优秀工会工作者
县人民政府	王朋友	1993.12	人事部、林业部	1990年至1992年连续三年无森林火灾先进个人
县林业局	田兴甫	1993.12	人事部、林业部	1990年至1992年连续三年无森林火灾先进个人
县计生委	贾连生	1994.8	国家计生委	计生主任百杰
柳沟区林业站	王永钊	1995.3	林业部	林业工作站先进个人
县畜牧局	白权敏	1995.3	农业部	畜牧工作先进工作者
县畜牧局	杜远芳	1995.3	农业部	畜牧工作先进工作者
县畜牧局	郭焕科	1995.3	农业部	畜牧工作先进工作者
县畜牧局	孙元昌	1995.3	农业部	畜牧工作先进工作者
张王乡农机站	岳大武	1995.3	农业部	乡镇农机管理服务先进站长
公兴区粮油站	杨树国	1995.4	四川省人民政府	劳动模范
白龙镇庙垭村	杜树朝	1995.4	四川省人民政府	劳动模范
鹤龄职中	敬雪昌	1995.4	四川省人民政府	劳动模范
县职中	袁仕德	1995.5	国家教委	农村优秀教师
普安中学	聂玉成	1995.9	国家教委	优秀教师

续表36—4

工作单位	姓名	授予时间	分颁发单位	荣誉名称
摇铃小学	杨秀琼	1995.10	四川省人民政府	优秀教师
城北镇	杨华林	1995.10	四川省绿委	绿化奖章
县国土局	魏正荣	1995.10	四川省人民政府	土地管理先进工作者
长岭小学	袁思康	1995.10	国家教委	优秀教师
县青少年宫	赵兴俊	1995.11	共青团中央、文化部	青少年宫优秀工作者
李家店木检站	李贵生	1995.12	林业部	木材检查先进个人
县信访局	马瑞蓉	1996.3	四川省委、省政府	信访工作先进个人
县防疫站	李培山	1996.6	卫生部	结核病防治先进个人
县粮食局	管华宗	1996.9	国家粮食储备局	粮食收储先进个人
东宝镇	王炳生	1996.9	国家教委、全国妇联	优秀家长
白龙镇	郑培生	1996.10	四川省人民政府	优秀乡村干部
香沉镇	王子泽	1996.10	四川省绿委	绿化奖章
县水电局	杨志宏	1996.11	水利部	水利系统模范工人
武连计生站	田　坪	1996.12	四川省人民政府	“八五”期计划生育先进个人
县计生委	王巩民	1996.12	中央宣传部、国家计生委	婚育新风进万家先进个人
县政协、毛巾床单厂	许昌德	1997.3	人事部、全国供销总社	供销企业劳动模范
县卫生局	梁登仕	1997.6	卫生部	卫生工作先进个人
普安镇卧龙社区	陈春英	1997.10	民政部、劳动部、全国妇联	敬老好儿女金榜奖
县林业局	赵树鹏	1997.12	四川省绿委	绿化奖章
剑阁中学	刘学明	1998.9	教育部	优秀教师
县毛巾床单厂	袁茂君	1999.4	全国总工会	先进女职工

续表36—4

工作单位	姓名	授予时间	分颁发单位	荣誉名称
工行剑阁支行	唐明贵	1999.5	中国金融工会	金融系统劳动模范
县贸易局	郭建军	1999.10	国家经济贸易委员会	商贸工作先进工作者
县教委	李树伦	1999.12	教育部、财政部	贫困地区义务教育工程建设先进个人
县人民检察院	白跃生	2000.3	最高人民检察院	人民满意检察官
县中医院	何守荣	2000.4	四川省人民政府	劳动模范
县农村能源办	张聪明	2000.4	四川省人民政府	劳动模范
县畜牧局	张双全	2000.9	四川省人民政府	志愿者助残先进个人
县林业局	孟邹述	2000.10	国家绿委	绿化奖章
剑阁中学	王晓岚	2001.3	教育部	艺术教育先进个人
县司法局	刘三永	2001.4	司法部	人民满意司法助理员
抄手小学	聂仕玖	2001.10	四川省人民政府	“两基”先进个人
县妇联	赵碧芳	2002.3	四川省人民政府	帼国社区带头人
剑门关财政所	罗　东	2002.12	人事部、财政部	财政系统先进工作者
剑阁中学	赵永锋	2004.8	教育部	优秀教师
剑门中心卫生院	叶兴禄	2005.2	四川省人民政府	劳动模范
县普查中心	黄茂斌	2005.12	四川省人民政府	第一次全国经济普查先进个人
元山镇党委	王湖益	2006.8	四川省委、省人民政府	抗旱救灾先进个人
马灯乡	田红梅	2006.10	全国妇联	“双学双赛”女能手

说明：资料为据县委办、县政府办《〈剑阁县志〉(1990—2006)入志人物资料收集办法》广泛征集。因信息所限，可能不全。已作人物传、人物简介的未入此表。

剑阁县1990年年末“三红”（在乡、西路、失散红军）人员名录

表36-5 （以姓氏笔画为序）

姓名	性别	类别	住 址	姓名	性别	类别	住 址
王朝尧	男	在乡红军	吼狮乡龙座村	王灯村	男	失散红军	剑门镇剑城村
王国荣	男	失散红军	演圣乡寅圣村	王海贤	男	失散红军	龙源镇兴泉村
王明发	男	西路红军	吼狮乡兴峰村	王明富	男	失散红军	剑门镇剑山村
王树珍	女	失散红军	垂泉乡春光村	王思南	男	失散红军	元山镇普同村
王体林	男	失散红军	木马乡后坪村	王现林	男	西路红军	木马乡前坪村
龙乾宣	男	西路红军	普安镇一段	石志海	男	失散红军	木马乡魁灵村
田崇坤	男	失散红军	金仙镇双河村	左文先	男	失散红军	羊岭乡青柏村
刘富远	男	失散红军	小剑乡青松村	刘金德	男	失散红军	凉山乡甘水村
刘克连	男	失散红军	羊岭乡荼角村	刘映富	男	失散红军	闻溪乡檬树村
刘永满	男	西路红军	张王乡嘉陵村	刘远记	男	失散红军	剑门镇剑山村
刘在玉	男	失散红军	小剑乡顺风村	刘子厚	男	在乡红军	柏垭乡共同村
孙天尧	男	失散红军	闻溪乡檬树村	孙玉超	男	失散红军	西庙乡上游村
孙占湘	男	西路红军	江口镇高堂村	许三桂	男	西路红军	柳垭乡闻风村
朱炳秀	女	失散红军	北庙乡五星村	杜西臣	男	在乡红军	樵店乡岱岭村
何桂珍	女	失散红军	闻溪乡建兴村	何兴顺	男	失散红军	盐店乡五福村
何志敏	男	在乡红军	演圣乡寅圣村	李翠珍	女	失散红军	禾丰乡云起村
李德元	男	失散红军	剑门镇剑雄村	李德章	男	失散红军	金仙乡双河村
李方海	男	失散红军	闻溪乡鲁公村	李清富	男	失散红军	普安镇闻溪村
李树珍	女	失散红军	樵店乡蒲李村	李思凯	男	在乡红军	木马乡
李腾云	男	西路红军	木马乡松木村	李文贤	男	失散红军	垂泉乡寿山村
李秀兰	女	在乡红军	演圣乡寅圣村	李云青	男	失散红军	垂泉乡清泉村

续表36—5

姓名	性别	类别	住 址	姓名	性别	类别	住 址
吴容珍	女	失散红军	垂泉乡白杨村	余进才	男	在乡红军	普安镇
张昌新	男	失散红军	公店乡平乐村	张朝元	男	失散红军	剑门镇剑山村
张崇德	男	失散红军	柳沟镇四五村	张茂盛	男	失散红军	圈龙乡金陵村
张仕怀	男	西路红军	木马乡魁凌村	张应魁	男	西路红军	王河乡皇观村
罗府文	男	失散红军	金仙乡西河村	罗金山	男	失散红军	垂泉乡回龙村
帖明美	男	失散红军	武连镇寨桥村	帖仕保	男	失散红军	武连镇枣垭村
帖永康	男	失散红军	武连镇枣垭村	苗春发	男	失散红军	垂泉乡清泉村
杨成山	男	失散红军	杨村乡长湖村	杨浩卿	男	在乡红军	杨村乡杨垭村
杨在龙	男	西路红军	张王乡紫荆村	岳含珍	女	失散红军	张王乡嘉陵村
郑永南	男	失散红军	圈龙乡新风村	郑元奎	男	失散红军	义兴乡沙河村
邹维才	男	失散红军	垂泉乡春光村	洪 兵	男	西路红军	龙源镇宝泉村
洪桂珍	男	失散红军	北庙乡石桥村	胡绍家	男	失散红军	木马乡后坪村
姜文章	男	西路红军	禾丰乡健全村	赵凤英	女	失散红军	羊岭乡庙坝村
赵开恩	男	西路红军	北庙乡星光村	赵新相	男	西路红军	龙源镇青龙村
赵玉珍	女	失散红军	武连镇武侯村	赵泽福	男	失散红军	田家乡田庙村
贾金发	男	西路红军	盐店乡石笋村	贾顺乾	男	失散红军	金仙乡金仙村
聂仕友	男	西路红军	秀钟乡青岭村	唐名文	男	失散红军	龙源镇红彤村
唐 凯	男	在乡红军	龙源乡先化村	唐秀英	女	失散红军	凃山乡石剑村
唐元宽	男	失散红军	西庙乡鲜花村	徐桂芳	女	失散红军	元山镇石板村
郭银元	男	西路红军	樵店乡岱岭村	黄清坤	男	失散红军	龙源镇青龙村
梁秀英	男	失散红军	盐店乡五指村	梁玉清	男	西路红军	北庙乡五星村
戚绍现	男	失散红军	江口镇罐林村	彭天勤	男	失散红军	碗泉乡白兔村
税尚才	男	失散红军	江口镇	蒲选林	男	失散红军	龙源镇青龙村
管彦长	男	西路红军	龙源镇尖岭村	蹇登怀	男	西路红军	剑门镇剑华村

续表36—5

姓名	性别	类别	住　址	姓名	性别	类别	住　址
蹇登龙	男	失散红军	剑门镇剑华村	魏安生	男	失散红军	田家乡中凤村
魏大怀	男	失散红军	柏垭乡	魏荣弟	男	西路红军	剑门镇剑山村
魏傅华	男	失散红军	武连镇枣桠村				

说明：资料为据县委办、县政府办《〈剑阁县志〉（1990—2006）入志人物资料收集办法》广泛征集。因信息所限，可能不全。

剑阁县2006年年末“三红”（在乡、西路、失散红军）人员名录

表36－6　　（以姓氏笔画为序）

姓　名	性别	出生年月	参加红军时间	类别	家庭住址
王树珍	女	1919.12	1935.4	失散红军	垂泉乡春光村
王现林	男	1921.7	1935.3	西路红军	木马镇前坪村
许三桂	男	1920.3	1935.4	西路红军	城北镇闻风村
李方海	男	1920.4	1935.4	失散红军	闻溪乡鲁公村
张仕怀	男	1921.5	1935.3	西路红军	木马镇魁凌村
张应魁	男	1920.10	1935.4	西路红军	王河镇皇观村
赵凤英	女	1919.10	1935.3	失散红军	羊岭镇庙坝村
黄清坤	男	1920.5	1935.4	失散红军	龙源镇青龙村

说明：资料为据县委办、县政府办《〈剑阁县志〉（1990—2006）入志人物资料收集办法》广泛征集。因信息所限，可能不全。

附　录

重要文件

中共剑阁县委
关于认真学习坚决贯彻《中共中央关于加强党同人民群众联系的决定》的决议

剑委发〔1990〕69号

中共剑阁县第六届第二次全委（扩大）会议，于四月十七日到十八日在县城举行。县委委员、候补委员参加会议；县纪委委员、县人大常委会、县政府、县政协、县人武部、县委各部门、县人民政府各综合口及部分局级党员领导干部列席会议。

会议认真传达党中央十三届六中全会和省、市委全委会议精神，学习讨论《中共中央关于加强党同人民群众联系的决定》和省、市委全委会议《关于认真学习坚决贯彻〈中共中央关于加强党同人民群众联系的决定〉的决议》。到会同志一致认为，党的十三届六中全会作出的《决定》，是进一步恢复和发扬党的优良传统和作风，全面加强党的建设的又一重大决策，决定总结了我国革命和建设的丰富经验，也汲取了国际共运特别是执政党正反两方面的经验教训，深刻地指出了党脱离群众的危险性和党内存在脱离群众问题的严重性，有针对性地提出了在新的历史时期加强党同人民群众联系的指导思想，明确要求和具体措施，是党的群众路线的新概括、新发展。省、市委的《决议》，是贯彻落实中央《决定》的具体化，这不仅对于进一步实现全国全县政治、经济、社会的稳定具有极为重要的现实意义，而且对于实现党在新时期的总目标、总任务、建设有中国特色的社会主义都将产生深远的历史影响。

全委（扩大）会议用整风的精神学习讨论了中央《决定》和省、市委的《决议》，联系我县实际，初步进行对照检查，分析当前党风存在的消极现象和脱离群众的危险倾向，讨论贯彻落实的意见和措施。为把中央的《决定》和省、市委的《决议》学习好，抓落实，特作出如下决议：

一、迅速组织全体干部、党员认真学习中央《决定》和省、市委的《决议》，深入进行马克思主义群众观点和党的群众路线的再教育

1. 深刻地领会中央《决定》的重大意义。充分认识人民群众是党的力量源泉和胜利之本，群众观点是马克思主义的基本观点，群众路线是党的生命线。能否保持和发展党同人民群众的血肉联系，直接关系到党和国家的盛衰兴亡。共产党员，尤其是各级领导干部如何对待群众，不是一般的工作方法问题，而是一个根本的立场问题、世界观问题、党性问题。全党干部和党员必须牢固地树立“六个根本观点”，即人民群众是历史创造者的观点，向人民群众学习的观点，全心全意为人民服务的观点，干部的权力是人民赋予的观点，对党负责与对人民负责相一致的观点，党要依靠群众又要教育群众和引导群众前进的观点。广大党员特别是各级领导干部要认真联系国际国内形势总结经验教训，全面领会《决定》的精神实质，明确马克思主义群众观点和党的群众路线的基本内容、基本要求，从而增强执行党的群众路线的自觉性。

2. 各级党组织要用整风的精神传达学习贯彻落实党的六中全会《决定》和省、市委《决议》坚持理论联系实际的学风，对照文件，检查过去的工作，找出党群关系、干群关系中存在的问题，开展批评和自我批评，总结行之有效的经验，研究出解决问题的办法，迅速把《决定》精神落到实处。

3. 学习教育的重点是认真抓好各级领导干部、全体党员和国家公职人员的再教育。县委党校今年内要分期分批培训好县级机关副局级干部、股所长和农村支部书记，以小集中的方式深入学习和贯彻落实中央《决定》精神。区、乡（镇）党校也要分期分批培训农村党员和区、乡（镇）、村、组干部。培训中要把群众观点、群众路线、全心全意为人民服务的教育作为学习马克思主义哲学和党建理论的重要内容，同坚持四项基本原则，反对资产阶级自由化教育结合起来，各中、小学必须把群众观点、群众路线作为政治学习、政治课的重要内容对师生进行教育。

4. 广泛深入地向广大群众进行宣传教育，使中央《决定》的精神深入人心。宣传部门和广播、电视都要及时、持久地宣传和报导共产党员、工人、农民、知识分子和人民群众的创造性劳动、先进思想和模范事迹，弘扬正气，表彰典型，不断把各条战线学先进，赶先进、创功立业活动推向深入。

5. 全体党员和干部要带头深入开展学雷锋树新风活动，进一步把一切为群众着想，全心全意为人民服务的思想变为具体行为，不断提高广大群众的思想道德素质；并且把这一活动同建设文明单位、文明街道、文明村镇有机结合起来，使城乡文明单位、文明街道、文明村镇、双文明户不断涌现，把全县精神文明建设推向一个新阶段。

二、以实际行动改进作风，认真建立和完善制度，保证党的群众路线坚持贯彻执行

历史经验反复证明，什么时候党的群众路线执行得好，党群关系密切，我们的事业就顺利发展。什么时候党的群众路线执行得不好，党群关系受到损害，我们的事业就遭受挫折。一切为了群众，一切依靠群众，从群众中来到群众中去的群众路线，是实现党的思想路线、政治路线、组织路线的根本工作路线，是党的优良传统和政治优势。我们必须充分发挥这一政治优势，坚持不懈地把群众路线贯彻到一切工作的各个环节中去，确保各项政策和决策的执行符合人民利益，实现我们党所肩负的历史任务。

1. 各级党委要严格执行民主集中制原则。进一步完善集体领导和个人分工负责的制度，建立健全党内民主生活，加强各级党委领导班子内部和党政领导班子之间的团结协作。凡重大原则问题，都要经集体讨论。集体作出决定，全体成员必须维护，带头执行。

2. 坚持和完善各级领导干部深入基层定点联系群众的制度。继续坚持实行县级各大班子领导联区挂厂、部局区级领导干部联乡（镇）挂厂、区乡镇干部驻点联户的制度。认真把县委（90）50号文件的各项规定落到实处。县级各大班子领导深入基层，调查研究，联点指导工作的时间，每人每年不得少于三分之一，部、局领导不少于二分之一、区、乡镇干部不少于三分之二。对经济、政治和社会稳定与发展中的重大问题，各级领导都要按照分工进行专题调查，并且通过试点，取得经验，指导面上工作。一定要做到季度汇报，半年小结，年终总结，好的表彰，差的通报。

3. 县级各部门要建立自身业务工作点的制度。部、局、区级单位除县委统一确定的联乡（镇）挂厂联系点外，还要组织干部到本系统、本行业的基层单位去，帮助工作，解决具体问题，取得指导业务工作的经验。

4. 各级党委要认真贯彻落实中央关于继续完善人民代表大会这一根本政治制度，加强和完善中国共产党领导的多党合作和政治协商制度，加强和改善党对工会、共青团、妇联、和民兵工作的领导，加强社会主义民主和法制建设，积极疏通和拓宽党同人民群众联系的渠道。

5. 各级各部门要大兴调查研究之风，提倡领导干部亲自动手写调查报告，每个县委委员，每年至少要向县委交两篇有分量的调查报告，反映各自分管工作的动态。要充分重视和加强各办公室的调查研究，决策咨询、信息反馈、检查督促等项工作，充分发挥他们的参谋、助手、纽带、协调和联系人民群众的作用。

6. 精简会议，减少文件，认真解决“文山会海”。提倡少开会，开短会。凡以县委、县人民政府召开的全县性会议，必须经县委常委会议或县人民政府常务会讨论确定；部门召开的工作会议，不通知区、乡（镇）领导参加；凡能用现场办公解决的问题，不召集下面的同志回城开会；可以合并召开的不单独召开。要下决心减少文件数量，提高文件质量，提倡少说套话，不说空话，做到文件短，内容精，数量少，质量高，针对性强，指导工作及时。各级各部门办公室要严格把关，认真清理，坚决做到不该开的会坚决不开，不该发的文件、简报坚决不发。

7. 认真重视人民群众来信来访工作，坚持领导干部轮流值班接待群众制度。县委常委除处理好亲收信件外，要轮流到县信访办值班，直接接待和处理人民群众的来信来访。各级各部门也必须将这一工作纳入重要日程，采取多种方式做好群众信访工作，以更好地密切党群、干群关系。

三、加强党风建设和廉政建设，时刻警惕脱离群众的危险

我县绝大多数党员和干部是廉洁奉公、勤政为民的。但也有个别干部和党员，经受不住执政和改革开放的考验，滋长了官僚主义、主观主义、形式主义和以权谋私等问题，使党同人民群众的关系受到严重损害。我们必须坚定不移地加强党风廉政建设，继续发扬艰苦奋斗精神，坚决采取领导表率、宣传教育、制度建设、查处大案、干部考核、监督检查“六位一体”的办法，坚决同各种消极腐败现象作斗争，这是改善党群关系，密切党同人民群众的血肉联系，保证我们的事业立于不败之地的战略措施，必须切实抓紧抓好。

1. 健全党政机关和国家公职人员《廉政守则》制度。党政机关领导干部和国家公职人员必须清正廉洁，秉公办事，模范地遵守党纪国法和各项规章制度，自觉接受人民群众的批评监督，必须做到十个不准：不准弄权渎职，以权谋私；不准贪污、索贿、受贿；不准用公款请客送礼；不准违反规定为家属子女谋取私利，任用干部不准任人唯亲，不准包庇和纵容违法乱纪行为；不准违反廉政纪律，搞阳奉阴违，有令不行、有禁不止；不准违反财经纪律，乱开口子、滥发钱、物；不准徇私舞弊，弄虚作假，虚报浮夸；不准政出多门，乱收费、乱摊派、乱罚款。

2. 继续推行和深化“两公开一监督”制度。主要生产资料供应、奖励奖售政策、支农专项资金、农业税减免、农转非指标、劳动用工、招工招干、征兵“选飞”、计划生育、土地管理、林木管理、市场管理、各项提留、财务收支等群众最关心的“热点”和“难点”，都要实行政策公开和办事结果公开，让群众监督，坚决刹住各种不正之风。

3. 坚持检查考核制度。各级的部门、单位均应建立四项检查和考核制度：一是组织生活和民主生活制度，随时对照检查，发现问题及时纠正、处理；二是每半年进行一次自查；三是年终总结检查；四是按照干部管理权限每年分级对干部进行一次全面检查考核。

4. 依靠群众监督制度。各级各部门要继续通过健全举报站，加强信访，深入廉政检查，进行民意测评等，做好依靠群众监督的工作。

5. 加强监督部门联席会议制度。县委建立的纪检、监察、政法、审计、工商、物价、财政等部门联席会议制度，要进一步坚持和完善，坚持每季度召开一次会议，互通情报，交流信息，研究“五管齐下”中的新问题，反映廉洁奉公的好人好事，做到相互协调，密切配合。

四、切实解决广大群众反映强烈而又可以解决的问题，认真为人民群众办好事、实事

每个共产党员和党员干部要认真听取来自基层的呼声，来自群众的心里话。想群众之所想，急群众之所急，自觉做人民的公仆，努力为人民群众办好事、实事，实实在在地解决好群众最关心而有条件解决的问题。对条件不具备，一时不能解决的问题，要做好群众的思想工作，正确加以引导。

全会决定近期要突出抓好以下几项工作：

1. 下决心解决好“乱收费、乱摊派、乱罚款”的“三乱”问题，这是今年要抓好的一件大事。会议确定，由梁大忠同志主抓此项工作，分部门落实。清理乱罚款问题由县财政局负责；清理乱收费问题由县物价局负责；乱摊派问题由县纪委和监察局负责。首先由梁大忠同志牵头，组织各方面的力量，搞好试点，取得经验，然后有领导分步骤地展开。各级的部门、单位都要自觉清理，层层清理，主动整改。有关群众负担的问题，要坚决按政策规定办事，凡属不合理的群众负担要坚决砍掉，即使合理也必须考虑群众的承受能力，农民人均负担总额绝对不能突破上年农民人均纯收入的5%；对挖国家、坑群众的非法收入要坚决取消；要加强对各类收费、罚款的统一管理；坚决纠正超标准收费，取缔重复收费、无证收费；改变把罚款收费、摊派同单位、部门和个人经济利益挂钩的办法，实行收支两条线，切实减轻群众和基层的负担。清理整顿工作，要上下配合，左右配合，各方配合，务必搞好以密切党同人民群众的关系。

2. 各行各业要大力支援农业，积极为农业生产服务，为农民生活服务，急农民所急，想农民所想，做农民所需。从良种、农肥、农药、农膜、资金、技术、物资、收购、信息等方面，提供方便。做到态度热情，供应及时，服务优质，便民利民。这是密切党同人民群众关系的重要方面，必须花大力，下苦功夫，做细做好。

3. 千方百计搞活流通。努力抓好农副产品的收购和工农业产品的推销，特别是本地产品的推销，以活跃市场，加快资金周转，促进货币回笼，改变销售疲滞状况，以调动工人、农民生产的积极性。同时要采取多种办法，帮助停厂、半停厂企业，开辟生产门路，切实解决好待业职工的工作和生活问题。

4. 全党动员，依靠群众，维护社会稳定。稳定压倒一切，一切服从于稳定，服务于稳定。要向广大群众深入进行稳定利国利民，动乱害国害民的宣传教育，动员广大群众自觉维护稳定，坚决抵制一切危害社会稳定的行为。要实行全党动手，全民动员，各部门、各单位齐抓共管，充分发动和依靠群众，进行有效的社会治安综合治理，建立各种形式的军、警、民治安联防网络、运用教育、行政、经济、法律等多种手段，从各方面消除产生治安问题的因素，同一切违法犯罪行为和社会不良风气作坚决斗争。要一手抓预防，一手抓打击。一年开展几次集中统一行动，以增强群众的安全感。要继续严厉打击贪污、贿赂、投机倒把、走私等经济犯罪活动，为治理整顿、深化改革扫除障碍。坚持不懈地把“扫黄”和除“六害”斗争进行下去，以遏制各种社会丑恶现象的蔓延，转变社会风气，巩固和发展安定团结的局面。

5. 要本着全民受益，量力而行，不增加群众负担的原则，从实际出发，因地制宜，切切实实地为人民群众办几件好事、实事。要做到统一规划，分期实施，经常检查，公布于众，接受群众的监督和评议。

五、全面加强农村、机关、企业、事业党的建设工作，切实解决好基层组织和基层政权建设中带普遍性的问题，不断提高党支部的战斗力、凝聚力和吸引力

基层党组织和广大党员都要联系群众，宣传群众，组织群众，充分发挥战斗堡垒作用和先锋模范作用。一些基层党组织不能发挥应有作用的，要找准原因，采取措施，抓紧进行整顿，帮助改变面貌。各地基层党组织和党员联系群众的好经验、好形式，要及时总结推广、不断完善，并针对现实生活中提出的新课题，创造新的经验。只要抓紧抓好这一重要环节，党同人民群众的联系就会大大加强。

全会要求：全县各级党的组织、全体共产党员、各级领导干部和国家公职人员，都要认真学习贯彻中央《决定》，在落实上下苦功夫、下硬功夫、下细功夫，从自己做起，以身作则，多做少说，说到做到，我们党密切联系群众的优良传统就会得到继承和发扬，党的各项事业就会大踏步前进，力争今明两年在密切党群、干群关系上取得明显进步。

1990 年 4 月 20 日

中共剑阁县委　剑阁县人民政府
关于进一步深化改革搞活企业的决定

剑委发〔1991〕41 号

深化改革，增强企业活力，既是经济体制改革的中心环节，又是实现国民经济发展战略目标的关键所在，它直接关系到我县经济的振兴和社会的稳定。根据国务院、省委、省政府和广元市委、市政府近期有关搞活国营大中型企业的政策，结合我县情况，对进一步深化企业改革增强企业活力的有关问题作如下规定，请认真贯彻执行。

一、继续坚持、完善承包经营责任制

1. 继续坚持实行和完善承包经营责任制，这仍然是我县“八五”期间企业改革的主要形式，必须继续坚持，稳定不变，并根据我县实际不断完善和发展。

2. 不断完善企业承包方式，实行承包的方式很多，各企业应本着有利生产和经营的原则，自行选定承包方式，不论采用哪种方式承包，必须大力提倡推行全员承包和领导班子集体承包，也可以实行合伙承包和个人承包。在承包中，必须建立企业风险基金和风险抵押金制度，企业风险基金在企业留利中按5% ~10% 提留。承包期中凡未完成上缴任务的，要用企业风险基金和风险抵押金抵补。承包企业要进一步坚持和完善“双保”合同，充分调动广大职工自觉完成承包任务的积极性。

3. 进一步完善承包指标体系，强化企业约束机制。各部门要按照广府发〔1990〕9 号文件规定精神，逐步建立和完善承包指标体系。一是以利润为主的效益指标；二是技术进步考核指标；三是国有资产的保值指标；四是以资金利税率，产值利税率、销售利税率、优质产品产值率、资金负债降低率，全员劳动生产率等为基本内容的管理指标，同时要强化财务管理，坚持财务制度，既包盈，也包亏。

4. 实行企业经营承包责任制必须与增强企业后劲，克服短期化行为相结合。在承包中，对于过去上缴税利多、“八五”期间技改任务重的企业，要合理确定承包基数，适当提高留利水平，增强企业发展后劲。经县政府确认的特困企业和经营困难大，不技改就难以摆脱困境的少数企业，经财政、税务部门批准，可以试行税利目标管理责任制，超目标部分，既可由企业全留，也可分成让企业留大头。

二、进一步落实企业自主权

5. 进一步贯彻执行《企业法》。各部门要按《企业法》的规定，全面清理和检查《企业法》的贯彻和执行情况。凡与《企业法》和党中央、国务院以及省委、省政府、市委、市政府、县委、县政府有关搞活企业的规定相抵触的文件必须一律废止。今后各部门不得擅自出台上收或截留企业自主权的政策，企业必须强化约束机制，厂长必须自觉主动地接受群众监督，要依法治厂，从严治厂、严格贯彻执行国家有关深化改革搞活企业，增强发展后劲的法律法规和规章制度，正确处理好国家与企业、积累和分配、长远和眼前利益等关系，克服短期化行为，主动建立和完善民主管理和科学决策程序。

6. 落实企业机构自主设置权。企业按照生产特点和实际需要，本着精简、高效、多能的原则，有权自主确定机构设置和人员配备。各部门不得要求和规定企业对口设置机构、配备人员及提高机构规格。

7. 落实企业劳动用工自主权。企业有权按照国家劳动用工计划自主招工。除国务院、省政府有政策规定的统分人员外，企业有权拒绝接收任何单位和个人安置的不需要人员；企业有权解聘、辞退职工，职工有权辞职选择企业；企业有权按有关规定开除违纪超生违法职工，当地或户口所在地公安部门要准予落户；对具备重新就业条件的，当地劳动部门要积极联系安置。

8. 坚决维护企业工资、奖金自主分配权。在国家核定的工资、资金总额内，企业有权根据“按劳分配”的原则，制定适合本企业实际情况又经职代会讨论同意的工资、奖金分配制度和形式。

9. 放宽企业自主定价权。除国家和省定价格外，其他产品和劳务价格均由企业自定，并报当地物价部门备案。

10. 进一步落实企业开拓市场，强化购销的自主决策权。企业要坚持把建设购销队伍，强化购销工作放在经营策略的重要位置。凡本县原材料必须满足本县生产的需要，在同质同价的前提下，流通部门必须优先销售地方产品。对于拓展销售和推销地方产品的有功人员，允许企业制定奖励政策。各有关部门应积极支持和帮助企业开拓市场，强化销售。责成县计经委负责地方工业产品推销计划的下达，县人民政府财贸办负责检查、督促、汇报。

三、加大企业内部改革分量，加快经营机制转换步伐

11. 进一步理顺党政关系，坚持和完善厂长负责制，维护厂长在生产经营中的中心地位。企业党政主要领导职务的设置要根据企业的实际情况和干部素质具体确定，厂长、党委书记可以由一人兼任，也可以分设。厂级行政副职的任免，由厂长提名，经党委集体讨论后，报主管部门审批任命；企业中层干部由厂长提名或党委推荐，经党政集体讨论后，由厂长决定任免，报主管部门备案。要进一步坚持和发挥企业党组织的保证、监督作用和在思想政治工作、精神文明建设中的领导核心作用，全心全意依靠工作阶级，强化职代会的民主管理。

12. 符合条件胜任工作的厂长不受届数限制，其中个别厂长确因工作需要，经过审批，还可以不受现行退休年龄的限制，继续任职。凡是连续两期超额完成承包任务，在推动技术进步、企业达到省级先进企业以上、国有固定资产增值等方面都作出突出贡献的厂长、书记，按照企业隶属关系，经企业主管部门申报、县计经委审定、县政府批准，退休后可以领取任职期间的最高经济收入（不含承包奖），并同时享受相等于任职时的政治待遇和最高经济收入的10% －20% 的退休补贴。对于不能胜任工作的厂长，不受承包合同期限限制，要及时更换。对于内耗严重、经营管理不善、软弱涣散的班子，必须坚决调整。

13. 厂长、副厂长、书记晋级不受现有工资标准顶格的限制。贡献突出的优秀厂长，经考核评定，报经政府批准，由政府给予政治物质奖励。

14. 强化竞争机制，改革干部人事制度。继续推行、完善企业行政管理干部择优选聘制，培养人才，重视人才，破格使用，稳定人才。坚持从优秀工人中选拔干部和职工民主评议干部的制度，做到赏罚分明，能上能下。

15. 推行企业全员劳动合同管理，改革劳动管理制度。在推行全员劳动合同管理的同时，要积极慎重地实行多种形式的优化劳动组合。对于富余人员的安置，一是集中培训；二是厂内待业；三是停薪留职，自谋生路；四是兴办集体企业。富余人员在集中培训期间的工资收入应酌情减发，但一般不应低于原标准工资的70% 。在厂内待业的只发基本生活费；富余人员兴办的集体企业，可以享受城镇新办集体企业的优惠政策；对停薪留职、自谋出路的人员，企业必须制定可行措施，按签订的协议加强管理。

16. 坚持“按劳分配”原则，改革企业分配制度。凡是导致企业内部分配产生平均主义倾向的措施和办法都必须全部废止。标准工资和政策性补贴要与职工劳动的数量、质量、消耗挂钩分配，也可采用其他适合推动企业发展的分配形式，具体形式由各企业自定。

17. 对在企业管理、上等升级、技术进步和对社会贡献、促进剑阁经济发展等方面作出突出贡献的企业和个人，将分别给予奖金、晋级、农转非、工转干等档次奖励。

18. 鼓励行政、事业单位干部和科技人员到企业工作。在企业工作期间，原单位编制不变，户口不变，政治待遇不变，仍参与原单位调资及住房分配，并可享受企业晋级待遇，回原单位有效。在企业工作期间对推动企业技术进步作出突出贡献的，可实行重奖。

四、实施各项优惠政策大力推进技术进步，加速产品更新换代

19. “八五”期间继续实行税前还贷。对工效挂钩企业，税前还贷部分的50% 视同上缴任务。对承担县以上的重点技改项目而还贷能力弱的盈利企业，经税务部门批准减免的产品税或增值税，全部用于企业还贷。

20. “八五”期间企业技术进步规划要纳入承包，严格考核。企业要根据国家产业政策和市场需求预测，结合自身的实际情况，认真编制技术进步规划和分年实施计划，规划一经制定，必须组织实施，按期完成。对推动企业技术进步的有功人员，尤其是工程技术人员，要实行重奖。

21. 扩大企业技改项目审批权。企业利用自筹或自有资金进行生产性技改的项目，均由企业自行确定并负责方案实施，实施前报县计经委备案。城建、国土等有关部门应予积极支持。企业用自筹或自有资金进行的技改项目，一律免交城市建设配套费。

22. 从一九九一年起，企业在不调整承包基数、确保财政上缴任务的前提下，可按销售收入的1% - 3%提取新技术开发费，计入成本，专款专用。具体提取比例应根据企业的经营状况、技改任务、承受能力由财政税务和企业主管部门商定。

23. 提高固定资产折旧率。从一九九一年起，对符合国家产业政策、经济效益好、技改任务重、固定资产投资负债重、有承受能力的企业，在不影响承包任务的前提下，生产性固定资产折旧率可在一九九〇年的基础上，提高1 - 3个百分点。对国家和省认定的高新技术产业，允许在五年内提足折旧。企业增提的折旧基金，免交能源交通基金和预算调节基金，任何部门不得截留或集中使用。

24. 企业用自筹资金进行技术改造和新产品开发，新增利润免征两年所得税。企业用自筹资金和银行贷款进行技术改造和新产品开发，新增利润按自筹资金所占比重摊得的部分，免征两年所得税。同时，新增利润两年内全部用于还贷。

25. 认真贯彻执行国发〔1985〕21号文件和财政部〔1986〕财税字第383号通知，分别以下情况执行税收减免：（1）国家级新产品从试销之日起免征产品税、增值税三年；（2）省级新产品通过技术鉴定，经省税务部门同意，从试销之日起免征产品税、增值税两年；（3）市级新产品通过技术鉴定，经市税务部门同意，免征产品税、增值税一年，免征的产品税、增值税，全部留给企业专项用于技术再开发。对新增的出口创汇产品，也可免征当年的产品税、增值税，专项用于继续开发创汇产品。

26. 企业为开发研制新产品、新技术所必需的单台价值在五万元以下（含五万元）的测试仪器、试验装置、试制用关键设备购置费经县财政税务或主管部门批准，可摊入当年成本；数额较大的，可分三至五年摊入新产品成本或全部产品成本，并免交设备购置税。

27. 技改资金实行专户储蓄、专款专用，企业提取的技术开发费、增提的折旧费、新产品减免税金，只能专项用于技术改造、设备更新、归还技改贷款，严禁挪作他用。企业主管部门要会同财政、税务、审计、金融部门对企业技改资金使用情况进行监督，挪用技改资金的，要追究企业领导人的责任。

五、切实采用可行措施补充企业流动资金，调整产业结构，改善外部环境

28. 对符合产业政策、生产适销对路产品的企业，从一九九一年起，每年可分别按以下渠道补充国拨流动资金和企业自有流动资金：（1）可从销售收入中提取1%或按国拨流动资金5% - 7%的比例，分月提取流动资金占用费，全数用于补充国拨流动资金，计入营业外支出项目；（2）在税后留利中提取10% - 20%的比例，以及因中央、省调整价格使库存产品升值部分，全数补充自有流动资金。流动资金补充数额应纳入承包，实行考核。

29. 以拳头产品为龙头，以骨干企业为依托，鼓励和支持组建企业集团，鼓励和支持本县企业参加全国性或全省性的集团企业。现有的企业集团要做好完善和提高工作，尽快发展为紧密型集团企业。为强化成员企业的资产链纽带，在县境内新建企业集团和企业兼并的，一律以上年上缴任务为准，一定三年不变，逐步使之在科研、生产、流通、融资、出口等方面配套，从而增强竞争能力。

30. 积极稳妥地推进企业产权转让工作。对于经营困难，长期亏损、限期整顿而无转机的企业，要采取有力措施，实行企业兼并。财政、税务、工商、金融、国土、劳动等部门，要认真贯彻中央、省、市有关产权转让的政策规定，同心协力搞好企业产权转让工作。

31. 各级党委政府及各部门都要模范贯彻执行《企业法》，主动为企业排忧解难，搞好服务。要遵照有关搞活企业的规定，结合本部门的职能，制定尊重和维护《企业法》以及制定贯彻落实本决定的具体措施，纳入部门领导的政绩考核。对于干扰企业自主权的侵权行为和用部门规定抵制贯彻本决定的单位和个人，纪检、监察部门要追究领导人和当事人的责任。

32. 企业主管部门要加强对企业的宏观管理，重点是加强对企业的领导班子建设，思想政治工作，引导企业产业结构的调整，搞好企业的协调、服务和监督工作。

33. 鼓励企业面向社会筹集资金。允许企业向社会自融资金。对于承担重点建设项目和重点技改项目又缺少资金的企业，一是人民银行应批准向社会发行债券和股票；二是允许在本县籍人员中实行集资招工。其中凡将自有资金三万元以上（含三万元）无偿投到本县全民和集体工业企业，并经公证的农村人口，公安部门要准予办理一名地方城镇户口，劳动部门要准予企业按条件接收为正式工人，粮食部门要为其办理粮食供应手续。

34. 切实减轻企业负担，维护企业合法权益。一是要坚决贯彻执行中央、国务院《关于坚决制止乱收费、乱罚款和各种摊派的决定》，禁止任何部门在国家法定收费外任意向企业收取费用。各种罚没款必须全部上缴财政，任何部门不得从中提成。一律使用省财政厅统一印制的罚没款凭据，使用其他任何凭据企业有权拒付。对于乱收费、乱罚款、乱摊派的款项，责成治理“三乱”办公室负责清查。一经查实必须限期全部退还给企业，并追究当事者的责任；二是认真贯彻省政府《关于减少和规范对企业的各类检查和评比的通知》精神，按剑府发〔1991〕77号文件规定，减少和规范对企业的考试、考核、检查、评比等活动。对借考评、检查之名行创收之实的不正之风，要追究领导人和当事人的责任。

六、加强对搞活企业工作的领导

35. 县成立深化改革搞活企业领导小组，由县长挂帅，县计经委、体改委、财政局、税务局、工商局、劳动局、审计局、监察局、人民银行、总工会等部门的主要负责同志组成，负责贯彻执行本决定的统筹、协调、督促、检查工作，办事机构设在县计经委机关内。

36. 建立深化企业改革搞活企业的项目责任制。根据深化改革搞活企业领导小组的安排部署，各有关部门要及时制定贯彻执行项目责任制实施细则，并同领导小组签订目标责任书，项目责任的完成情况纳入部门领导的政绩考核。

37. 培养、造就企业家队伍。组织人事部门要尽快制定出选拔、培养、管理、保护、奖励和稳定企业家的具体规定；财政部门每年应安排一定资金作为培训企业管理人才的费用，专项支出；计划部门应制订出培训计划，由主管部门和计经委负责组织培训。

38. 为了把本决定落到实处，由县人大牵头，组织政协、纪委、监察、审计等部门共同组成检查组，对各有关部门和企业贯彻执行本决定的情况，一年进行两次重点检查，并将检查情况书面报告县委，同时送县政府。

39. 本决定所列各项政策规定，适用于国营和城镇集体企业，乡以上的乡镇企业可参照执行。

40. 本决定的解释权由县计经委负责。

1991年8月1日

中共剑阁县委　剑阁县人民政府
关于进一步做好国有企业改革与发展工作的意见

剑委发〔2003〕26号

各乡镇党委、政府，各督导室，下寺开发区党委、管委、剑门关景区党委、管委，普安商贸园区党委、管委，县级各部门、各企业：

为认真贯彻落实党的十六大和十六届三中全会精神，加快我县国有企业改革与发展步伐，根据市委、市政府的安排部署，结合我县国有企业改革现状，现就进一步做好我县国有企业改革与发展工作提出如下实施意见。

一、统一认识，积极稳妥地推进国有企业改革与发展工作

高度认识推进国有企业改革与发展的重要性。坚定不移地推进国有企业改革与发展，是提高我县经济质量和效益，壮大县域经济实力，实现工业强县的重要举措。我县已经历了几轮国有企业改革，取得一定的成效，有力地促进了经济发展。但是，改革工作仍需完善，国有企业还存在结构不合理、整体竞争力不强、管理水平不高、生产力水平低下、经营机制不活、债务负担沉重、职工安置困难等诸多问题。今年，省市要求进一步加快国有企业改革与发展工作，对于有效解决上述问题，具有十分重大的现实意义。根据调查摸底，列入今年国企改革与发展工作的国有企业有38户，企业总资产为5.02亿元，总负债高达5.46亿元，资产负债率达到108.7%，部分企业已严重资不抵债，濒临破产边缘。只有坚定不移地推进国有企业改革与发展，尽快建立“产权清晰、权责明确、政企分开、管理科学”的现代企业制度，大力培育充满生机活力的市场竞争主体，才能尽快使我县国有企业摆脱困难，为我县经济和社会跨越式发展注入强大动力。

当前，做好我县国企改革与发展工作的指导思想是：认真贯彻党的十六大和十六届三中全会精神，全面实践“三个代表”重要思想，坚持以“三个转变”为指导，正确处理改革、发展和稳定的关系，不断创新国企改革和发展的思路和方法。以产权制度改革为核心，积极推进国有经济布局和企业结构的战略性调整，努力实现“三个百分之百”（即指百分之百触动产权、百分之百转换职工身份、百分之百转换经营机制）的改革目标，在深化国有资产管理体制改革，完善现代企业制度和实现经济新跨越上取得新的突破。

按照这一指导思想，我县国企改革的基本原则是：坚持实行政府引导、市场运作、因企制宜、依法有序的原则，积极稳妥地推进改革工作。做到“四个规范”，即资产评估要规范、产权交易要规范、改制程序要规范、法人治理结构要规范。要积极推行股份制等多种公有制的有效实现形式，多渠道吸引民间资金参与国企改革，逐步实现国有股的有序退出。要尽可能地降低改制成本，尽量减少企业改制中的现金支出，为企业进一步发展创造良好的基础条件，力求做到改革一个，救活一个，发展壮大一个。要把国有企业改革与完善社会保障体系、转变政府职能有机地结合起来，为国有企业的进一步发展创造良好的体制基础和机制活力。

二、明确改革的范围、形式、内容及目标任务

（一）改革的范围

县属国有企业（包括国有控股企业和国有参股企业中职工身份尚未转变的企业），县属全民所有制自收自支事业单位。

（二）改制方式

1. 整体改制：即将原国有企业整体改组成有限责任公司或股份有限公司。

2. 资产重组：即通过分立重组、引资嫁接、吸收兼并等方式实现企业资产重组，组建新的股份制企业。

3. 内部转让及股份合作：即通过企业职工购置企业净资产，或以现金方式投资入股组建新的企业。

4. 公开出售：即将企业资产通过整体出售、分块出售、承债式转让等方式，对社会公开出售，组建新的企业。

5. 依法破产：即对严重资不抵债、不能清偿到期债务，扭亏无望的企业实施依法破产。

6. 其他改制形式

（三）改制的主要内容

继续深化产权制度改革，全面触动企业产权，建立归属清楚、权责明确、保护严格、流转顺畅的现代产权制度；继续深化用工分配制度改革，切实转变职工身份，实现企业自主用工，劳动者自主择业，职工能进能出，收入能高能低的新的用工分配制度；继续深化社会保障制度改革，逐步建立适应市场经济体制的全方位、多层次的社会保障体系，为国有企业改革的人员分流安置工作提供保障，多渠道促进再就业；继续深化企业主辅分离及剥离办社会职能改革，精干主体、剥离辅业、减轻企业社会负担；继续深化投资融资体制改革，转变经营理念，拓展融资渠道，集聚发展资金，引入民营资金，壮大和发展县域经济。

（四）全县国企改革的目标

县属38户国有企业力争2003年基本完成改制任务，2004年继续做好深化完善工作。

三、进一步完善政策措施，支持国有企业改革与发展工作

国有企业改革与发展，既是大事、也是难事，既有艰巨性、更有严肃性。因此，必须把中央、省、市的有关政策精神与剑阁实际结合起来，进一步制定和完善有效支持我县国有企业改革的政策措施。

（一）改制企业的国有资产处置办法

企业改革成本的筹集主要来源于企业国有资产的处置，涉及国有资产处置的，要经国资管理部门审批。

1. 评估后的国有净资产，分经营性资产和非经营性资产。对经营性净资产，属于对外转让的一律进入产权市场实行有底价的公开出售；对非经营性资产鼓励随经营性资产一起出售，所得收入作为国企改制经费。

2. 转让部分国有企业资产，转让底价由转让企业参照评估价格确定。企业国有资产整体转让，其转让底价一般不应低于评估价值的70%，特殊情况需低于70%的，需经审定批准。由内部职工收购的，可以实行期权制和股权奖励。

3. 不便对外转让的企业净资产，在征得职工同意的前提下，可以将资产直接作为解除职工劳动关系、转变职工国企身份的经济补偿，并转为职工对新公司的股权。

4. 土地使用权及职工住房的处置。

（1）企业改制时，属于国有划拨土地使用权且地上无附着物的，在不改变用途的前提下自己使用的应转为出让，需转让或改变为经营性用地的由政府依法收回土地使用权，重新拟定供地方案报批后公开供地，所获土地收益由企业申请并经政府批准后可返还给企业用于安置职工；属于出让土地或地上有建筑物、附着物的划拨土地，不便分离房产和地产的，由县土地行政管理部门会同企业主管部门和改制企业拟定土地资产处置方案报政府审批，按批准的土地资产处置方式将土地资产纳入企业整体资产公开转让。土地收益按收支两条线的原则缴入财政，经政府批准后返还给企业用于安置职工，剩余部分由财政划转职工安置资金专门账户。对不改变用途的工业用地，政府应收取的土地纯收益按最低标准计算。

（2）企业改制时已按国家有关规定进行房改并已办理了房屋产权、土地使用权证的职工住房不列入企业资产，不纳入资产处置范围；虽已实行了房改但未办理房屋产权证、土地使用权的职工应按规定补办产权证，享受有关税费优惠政策。

（3）企业改制时尚未进行房改的职工住房，经评估后可用于抵偿职工安置费或经济补偿金，差额部分由企业和职工互相补差。

破产企业尚未进行房改的职工住房，按《最高人民法院关于审理企业破产案件若干问题的规定》执行。

（二）职工安置办法

1. 一般改制企业的安置办法。

（1）国有企业改制，应给职工经济补偿。补偿以2002年全县职工月平均工资642元为标准，即按每满一年工龄给予一个月工资642元的经济补偿。对没有净资产或净资产不足的困难企业，经济补偿费的标准可按本企业上年实际发放的平均月工资计算，但不得低于最低工资标准。对作了经济补偿的职工不再保留国有企业职工身份，按双向选择的原则，与新企业重新签订劳动合同，未被聘用的职工按失业保险有关规定处理。

（2）对关闭、失去生产能力又不具备改制和破产条件的企业，企业与职工解除劳动关系，应支付一次性安置费解除国有企业职工身份，一次性安置费的标准是企业实际人均年工资的2－3倍，企业应根据职工工龄长短有所区别。

（3）对距法定退休年龄不到5年的改制企业职工，根据川劳社养［2000］12号文件规定，企业一般不作解除劳动关系处理，可实行企业内部退养，保留劳动关系，领取基本生活费，和本企业退休职工享受同等医疗待遇；基本生活费不低于当地下岗职工生活费标准，职工内部退养期间继续由单位和个人按规定共同缴纳社会保险费；待达到法定退休年龄时依法办理退休手续。

2. 破产企业的职工安置办法

（1）对1985年9月13日以前参加工作的职工发给一次性自谋职业安置费，安置费标准按宣告破产时全县上年职工年均工资的2－3倍计算，低于2倍的，按2倍计算，应按工龄有所区别。职工领取一次性自谋职业安置费后，不再领取失业救济金。

（2）对1985年9月14日以后参加工作的职工发给经济补偿金。其标准为工龄每满一年，发给本人一个月终止劳动合同前十二个月平均工资，本人月平均工资低于企业月平均工资的，按企业月平均工资标准支付。领取经济补偿后，可按规定享受失业保险待遇。

3. 离退休人员的安置办法。

（1）企业改制职工办理离退休手续后，其管理服务与原企业分离，人员移交街道（乡镇）和社区按属地进行管理，养老金由社会保险局发放。

（2）退休人员的医药费，以改制时退休人数为准，原企业按政策已执行并根据企业的实际情况，参加基本医疗保险或住院保险，并按照参加基本医疗保险每人9760元或参加住院保险每人5000元的标准，从变现资金中一次性补偿，移交到医保局。企业离休人员按剑委办〔2002〕47号文件规定执行。

（3）退休人员的抚恤金，根据政策和企业的实际情况，确定一定数额划转给社保局（一般按退休职工本人7个月养老金标准），由改制企业、离退休职工本人与社保局签订协议，明确责任和划转金额，办理司法公证。职工死亡后由社保局用企业划转资金一次性支付。企业也可不将上述两项费用划转社保局，而由原企业确定一定额度留给改制后新企业，由新企业一次性支付本人予以补偿。

（4）为确保离退休人员养老金和医保金社会化发放工作的顺利开展，各企业在离退休人员移交时，按照离退休人员的实际人数向医保局和社保局分别交纳每人300元社会化管理启动费。

4. 特殊人员的安置办法。

（1）企业挂靠人员并未发生实际劳动关系的一律按自动离职，不发任何费用。

（2）合同制工人解除劳动合同，依据劳动部发〔1994〕481号文件第五条规定或根据企业实际情况确定的补偿标准办理。

（3）企业违法违纪职工，按有关法律法规规定处理。

（4）凡挪用公款、侵占公物，必须在限期内办清手续方可安置。

（5）所有改制企业的职工领取了经济补偿金或一次性安置费后，又被调入县内行政事业单位就业的，原工龄不得连续计算；如将补偿款项退回原企业或上交新的工作单位则可连续计算工龄。

（6）因工致残人员按有关规定，对其伤残、医疗补助费一次性补偿。

5. 企业化管理的事业单位职工安置办法。

（1）改制时已停业多年的事业单位职工安置办法，参照破产企业职工安置办法执行。

（2）改制时能正常运转，符合改制条件的事业单位，对职工可根据本单位净资产状况按本人上年工资标准的2－3倍发给转变身份经济补偿金，低于2倍的按2倍执行，应按工龄有所区别。职工不再保留事业身份，按双向选择原则，与企业签订劳动合同。未被聘用的职工，按失业保险有关规定处理。

（3）按规定条件和审批程序办理提前退休的人员，其提前退休所需相关费用，从国有净资产中扣除支付。改制前已退休人员继续执行事业单位工资福利退休政策，改制后退休的工作人员不再执行事业单位工资福利退休政策。

（4）改制后原事业单位离退休职工的养老保险按川劳社办〔2002〕114号文件执行。

（三）严格处理社会保障相关问题

1. 企业改制时原欠缴的社会保险费，应清偿缴纳，属职工个人欠缴部分，可从职工的经济补偿金或安置费中扣除缴纳。

2. 企业破产原欠缴社会保险费的统筹部分，可按规定程序申请减免。

3. 改制后的企业必须按规定继续参加基本养老、医疗、失业等社会保险，为职工按时足额缴纳社会保险费。

4. 企业改制后自谋职业的职工，按照个体工商户的缴费标准，继续参加基本养老、医疗保险，以前的缴费年限视为投保年限连续计算，达到退休年龄后，办理退休手续，享受退休职工的待遇。

（四）妥善处理债权、债务，减轻企业债务负担

1. 改制企业在资产评估时，对应收账款需认真进行清理，逐笔核对。需核销的，报经国资部门审核后核销。

2. 对金融债务采取分类处置的方式：通过出售资产偿还债务；通过向改制后的新企业转移，落实债务；通过银企协商签订协议，履行法律手续，企业以实物资产抵偿债务；通过协商批准挂账及冲销债务；通过依法破产豁免债务。

3. 对于政府原来通过财政渠道借给企业的资金实行挂账停息或免息，或延长还款期限，或将债权转为股权。

4. 对社会债务，改制企业在征得债权人同意后，可将债权转为股权，实行投资主体多元化。

5. 改制企业账面原有应付工资余额中欠发职工工资部分，在符合国家政策、职工自愿的前提下，可转为职工个人股权。

6. 改制企业未退还的职工集资款，应当以现有资产清偿。在符合国家政策、职工自愿的前提下，也可将未退还的职工集资款转为职工个人股权。

（五）改制企业资产评估、产权界定的方法

1. 改制时应按国家规定，进行清产核资、资产评估和产权界定。

2. 改制企业由改制领导小组办公室指定具有相应资质的评估机构对企业资产进行评估，破产企业的资产评估按法定破产程序执行。受委托的评估机构要按企业评估要求和国家有关政策法规进行客观公正的评估，实事求是地出具评估报告，并及时报财政、国土等部门备案。

3. 对改制企业的产权界定要本着“谁投资、谁所有”“谁创造、谁所有”的原则，本着“尊重历史、实事求是”的原则合理界定企业资产的权属。

（六）减免改制费用，降低改制成本

1. 各企业的评估费用由改制领导小组办公室与中介机构协商确定。

2. 破产企业的诉讼费、清算费，可根据实际情况，由县国企改革与发展领导小组办公室会同法院按照减收原则确定。

3. 改制企业免交房屋产权转移登记费、产权交易费，一律以变更登记的性质收取工本费。办理房屋产权证、它项权证，每证收取 100 元，司法公证费每证收取 50 元；若确有产权交易买卖行为，资金用于安置职工，转移登记、交易费按 1‰－3‰收取，但最高不得超过 1 万元。

4. 土地使用证、税务变更登记证、工商企业注册登记费一律只收工本费。

5. 改制企业采取公司制改造、股权转让、重组或合并、分立等改制形式并承担原企业土地、房屋权属的，契税征收按国家最新优惠政策执行。

四、严格改制程序及工作要求

（一）做好基础性工作

1. 企业提出改制申请，报主管部门批准。

2. 开展全面的清产核资，资产评估报告按规定报财政、国土等部门备案。

3. 界定企业资产权属，产权界定结果应经财政（国资）部门确认或备案。

（二）制定详细的改制方案：包括企业基本情况、资产处置方案、土地处置方案、债权债务的处置、职工分流安置办法、改制后新企业的股本结构及股东。

（三）改制方案应提交职代会或职工大会讨论通过。

（四）方案的审批程序。

1. 主管部门对企业改制方案进行初审。

2. 工作组审核。

3. 综合指导组审查。

4. 县国企改革领导小组研究审定后，由综合指导组代县政府起草批复。

5. 企业按县政府批复意见组织实施。

五、加强领导，认真组织实施好国有企业改革与发展工作

国企在改革过程中，必须根据企业实际，妥善处理好改革、发展、稳定的关系。要着手于改革，着眼于发展，所有改革方案、改革措施的制定，都必须把落脚点放在促进企业发展上。

国有企业改革与发展是一项系统工程，必须通过强有力的组织领导和各级各部门紧密配合以及全社会的广泛支持，才能确保国有企业改革与发展工作的顺利进行。县国企改革和发展领导小组要加强对全县国有企业改革与发展工作的组织领导，强化督办，协调解决好企业改革与发展中的具体问题。各改制企业主管部门、改革和发展领导小组工作组、联系领导要认真履行职责，认真做好国有企业改革与发展工作；县级各部门要转变职能，为企业改革与发展提供优质服务，县劳动、国土、财政、物价、建设、人行等部门和法院要根据企业改革与发展的要求制定相应配套政策，支持企业改革与发展工作；新闻、宣传等部门要加大企业改革与发展工作的宣传力度，加强企业职工思想政治工作，为全县国有企业改革与发展营造良好的舆论环境。各改制企业要根据自身的行业特点和优势，确定本企业的发展战略，培育企业新的经济增长点，并通过招商引资、联合兼并、项目建设等多渠道、多种方式吸引县内外企业和资金、技术积极参与到企业的发展与扩张上来。要盘活用活民营资金，并转变为民营资本，以全面提升企业实力与整体素质。要着眼企业发展，切实加强对改制后企业的管理，充分发挥股东大会、董事会、监事会的职权，运用现代企业制度管理企业；切实解决好职工的后顾之忧，改制企业都必须加入社会保险，确保职工老有所养、病有所医；灵活运用股权期权等多种激励机制，真正做到能者多劳，把企业的发展与员工的发展相联系；各职能部门要运用法律、法规加强对企业的监督和管理，同时要加大力度对企业搞好服务、协调，为企业创造一个宽松的发展环境。

2003 年 12 月 29 日

中共剑阁县委 剑阁县人民政府
关于加快推进生态小康新村建设的意见

剑委发〔2006〕11号

各乡镇党委、政府，各督导室，下寺开发区、剑门关景区党委、管委，县级各部门：

生态小康新村建设是我县建设社会主义新农村的具体体现，是推进农村经济建设、政治建设、文化建设、社会建设和党的建设的系统工程。为把我县生态小康新村建设工作推向深入，加快农村社会全面小康建设步伐，现就我县生态小康新村建设提出如下实施意见。

一、指导思想和基本原则

1. 指导思想：以邓小平理论和“三个代表”重要思想为指导，牢固树立和全面落实科学发展观，按照“因地制宜、科学规划、合理布局、产业支撑、综合配套、统筹协调、创新机制、整合资金、重点投入、完善提高、整村推进”的思路，加强农村基础设施建设，改善生态环境，优化农业结构，提高农业综合生产能力；加强基层组织建设和民主法制建设，增强基层党组织的战斗力、凝聚力和创造力，完善乡村治理机制，维护农民民主权利；加强农村精神文明建设，加快社会事业发展，丰富农村文化生活，提高农民综合素质，实现农村社会全面进步。

2. 基本原则。一是要坚持政府引导，群众参与的原则。农民是生态小康新村建设的主体，要充分尊重群众意愿，创新机制、创新工作方式，组织、引导农民积极参与新村建设。二是要坚持实事求是，量力而行的原则。要从实际出发，充分结合乡（镇）情、村情、民情，既要严格按照生态小康新村建设标准组织规划、实施，又要注重实效，切实可行。三是要坚持因地制宜，分类指导的原则。在规划制定上，要根据当地客观条件，科学编制；在建设模式上，要大胆创新，突出特色，不拘一格，形式多样；在方式方法上要先易后难，分步实施。四是要坚持典型示范，整体推进的原则。要整合资源，集中力量，打造亮点，通过示范带动，全面推进生态小康新村建设。五是要坚持集约利用、统筹协调的原则。要合理利用资源，积极推进工业向园区集中、人口向城镇集中、住宅向社区集中，促进经济与社会协调发展，人与自然和谐相处。

二、目标任务

按照市委、市政府要求，从“十一五”开始，在三个五年规划期内，全县除长期举家外出户、五保户、特困户外的90%以上农户建成生态小康户，90%以上的村基本建成生态小康村。按照“一年启动，两年建成”的要求，每年启动建设40－50个村，重点建设10－15村。2006年，全县启动建设生态小康新村46个，建设农户1.4万户，其中示范村4个（剑门关镇青树村、普安镇丰光村、长岭乡金像村、演圣镇大坪村），重点村36个（含示范村），一般村10个（名单附后）。

三、建设内容

1. 突出培植增收产业。优化农业结构，培植主导产业，促进农民增收是生态小康新村建设的首要任务。因此，在生态小康新村建设中，一是要立足各村实际，突出优势，选准项目，着力培植能够使农民持续稳定增收的主导产业。二是要立足产业化，围绕农产品加工龙头企业培育产业基地，特别是要围绕汇丰食品，以畜牧小区建设为突破口，抓好生猪基地建设；要以剑阁烟草公司为依托，抓好烤烟基地建设；要以西普油脂为依托，抓好高芥酸油菜基地建设；以剑南花生、兴诚食品为依托，抓好花生基地建设；以内江松林公司为依托，抓好蚕桑基地建设。三是要突出规模经营，提升农民的组织化程度，各村的主导产业要突出特色，形成规模，同时要积极引导农民组建专业合作经济组织，通过专业合作经济组织把农民的分散经营与千变万化的大市场紧密连接起来，提高农产品的市场竞争力。

2. 强化基础设施建设。要围绕生态小康新村建设实施好农业项目，整合资金，整合资源，充分发挥农业项目资金的作用，改善基础设施。同时，要按照山、水、田、林、路综合治理的原则，以土、水、路、气、电、林为重点，抓好"五改"，做到"五通"，实现"六联"，即抓好改水、改土、改厨、改厕、改圈；做到通气（沼气）、通路、通电、通电话、通有线电视；实现交通道路联成网、骨干产业联成片、公益设施（学校、医疗站、商店）联成体、农业服务体系联到户、活动阵地联村民、生态农居联成景。

3. 着力构建农村和谐社会。一是要通过生态小康新村建设，绿化、美化、净化农村人居环境，形成"村在林中，院在树中，人在绿中"的优美环境，体现人与自然的和谐。二是要大力推行村民自治，制定弘扬传统美德和社会新风的乡规民约，培养和引导农民树立先进的思想观念和良好的道德风尚。三是要通过开展和谐家庭、和谐村组、和谐村镇的创建活动以及丰富多彩的文化活动，引导农民崇尚科学，抵制迷信，移风易俗，破除陋习。四是要加强农村法制教育和安全意识教育，培育守法诚信，勤奋自强，孝悌和睦的文明风尚，维护农村社会的和谐稳定。

4. 扎实开展农民素质教育。一是要认真贯彻落实中央推进农村义务教育的各项政策，加强校舍建设与改造，改善办学条件，巩固提高学龄儿童入学率，控制辍学率。二是要大力开展农民实用技术培训，要围绕主导产业发展，为每一户农民培训一名懂1－2门实用技术的当家人。提高农民的务农技能，促进科学种田。三是要大力开展农民工劳务输出技能培训，提高劳务输出水平和质量，增强农民工就业竞争力。四是要加快农村公共卫生和基本医疗服务体系建设，健全乡卫生院和村级卫生站，积极稳妥地推进新型农村合作医疗制度。五是要加快农村社会保障体系建设，特别是要重点抓好农村低保，医疗救助、特困救助、五保供养和优抚等工作的落实。

5. 切实加强农村民主政治建设。一是要加强基层组织阵地建设，为农村党员干部的学习、活动提供场所保障。二是要加强基层组织班子建设，以农村党支部"五个好"为目标，深入开展"三级联创"活动，提高农村党支部的凝聚力、战斗力、创造力。三是要认真贯彻《村民委员会组织法》，全面推行村级组织负责人公推直选，认真实施好村务、财务、政务"三公开"制度，大力推行"一事一议、村民自治"，引导群众广泛参与民主管理、民主决策、民主监督。四是要积极探索新形势下基层组织建设的途径和方法，着力解决群众关心的热点、难点问题，增强基层党组织在群众中的号召力。

四、主要措施

1. 加强领导，逗硬考核，扎实推进生态小康新村建设。为切实加强生态小康新村建设的组织领导，加快建设步伐，扎实推进社会主义新农村建设，经县委、县政府研究，决定成立生态小康新村建设工作领导小组，由县委书记、县人大常委会主任，县委副书记、县人民政府县长田中文任组长，县委副书记孙潮泉，县委常委、县人民政府副县长何海生，县委常委、组织部长杜军昌，县委常委、宣传部长邓益平，县委常委、统战部长贾小玲，县人民政府副县长杜中富为副组长，县级相关部门主要负责人为成员。领导小组下设办公室，办公室设在县委农工委，岳全杰同志兼任办公室主任。各乡镇也要成立相应的领导机构，具体负责生态小康新村建设的组织实施。相关部门的年度目标考核，由县督查室、目标办和县生态小康新村建设领导小组办公室对生态小康新村建设进度进行定期检查督导，严格考核，逗硬奖惩。

2. 深入宣传，提高认识，营造生态小康新村建设的良好氛围。生态小康新村建设工作涉及面广、内容多、任务重，需要社会各阶层人士积极响应和参与。各乡镇、县级各相关部门要充分利用广播、电视、板报、宣传专栏、标语和各种会议广泛宣传生态小康新村建设的意义、主要内容和具体要求，把党的惠农政策宣传贯彻到千家万户，激发广大干部群众的积极性和主动性。同时要对生态小康新村建设中的先进典型、先进人物、先进事迹进行宣传报道，并组织干部群众到建设较好的地方参观学习，交流经验，取长补短，全面推进生态小康新村建设工作。

3. 求实创新，科学规划，提高生态小康新村的建设水平。生态小康新村建设规划要坚持农村经济发展、农民增收的基本原则，统筹城乡经济社会发展，用生态理念、经济规律和自然规律高标准、高质量编制生态计划，以人为本，因地制宜，统筹兼顾，突出重点，先易后难，分步推进，并以户为基本设计单元，将规划落实到户。做到户建卡、社成册、村成项目，农业、林业、水利、畜牧、建设、交通、教育、卫生、民政、科技、广电、环保、通讯等部门要分别搞好专项规划。产业规划是重点，要突出生态、规模、特色和效益，实现产业化经营。基础设施建设要立足农民最急需解决的项目，重点规划实施。民居建设与改造，要突出地方特色，体现与环境的和谐统一。

4. 精心组织，严格要求，认真做好生态小康新村建设实施工作。生态小康村建设任务重，内容丰富，投入量大，标准很高，建设期长。要严格按照新村建设任务、标准、要求以及规划的内容，动员干部、职工、工程技术人员、驻村帮村人员，共同参与、精心组织、精心施工。在产业发展中，坚持发展特色农业、绿色食品、生态农业和培育本地主导产业。要确定好品种、规模，充分利用农业技术积极发展节地、节水、节肥、节药、节种的节约型农业。在基础设施建设中，要立足于农田水利、标准农田、村社道路、绿化美化、能源建设、民居改造、环境治理等主要建设内容，组织强有力的施工队伍，统一安排、分类实施、注重节约。在社会事业发展方面，重点抓好村级教育、村级卫生、村级文体、村级居民建设、村级通讯和村“两委”阵地建设，突出建设场地布局合理，改善公益设施、设备条件。健全服务体系和信息网络，建立和谐文明、平安村镇。在实施过程中要坚持“定时间、定任务、定质量、定人员、定奖惩”的“五定”责任制。各类管理和技术人员必须现场指导，跟踪督查督办，努力提高建设水平和建设质量。

5. 创新机制，整合投入，合力推进生态小康新村建设。一是要创新农村经营管理机制。要稳定和完善统分结合的农村双层经营体制，积极稳妥有序地推进农村土地流转，建立健全农村专业合作经济组织，提高农民的组织化程度。全面推进农村综合改革，进一步完善村民自治和“一事一议”制度。二是要整合投入机制。要按照“项目随着规划走，资金随着项目走，管理渠道不乱，用途性质不变，以户为主，整村推进”的原则，整合项目资金，加大财政投入，争取信贷支持，引导农民自主投入，建立起一套群众投入为主，项目和社会投入为辅，信贷倾力支持，政府以奖代补的全方位投入机制。三是要制定和完善生态小康新村建设的激励政策。涉及用地、用材、建房等，有关部门要简化手续，减免相关费用；按照国家有关规定不能减免的费用，一律按下限标准收取。要按照“谁投资、谁受益”的原则，鼓励业主大户、社会能人和科技人员投资公益事业和承包、租赁耕地、林地、荒山荒地、水面发展种养业；同时要将已定的扶持农产品龙头企业和业主大户经营的有关优惠政策落到实处。

附件（略）

2006年5月31日

集体荣誉

剑阁县1990—2006年获省部级及以上表彰的先进集体

附录表　　（1990—2006年）

获奖单位	授予时间	颁发机关	荣誉名称
剑阁县	1990.01	四川省委、省政府	全省征兵工作先进集体
剑阁县	1990.08	国务院	1990年夏季粮油生产取得显著成绩
剑阁县	1990.09	水利部	水利建设先进县
剑阁县	1990.11	国务院	植物油（油菜籽）生产先进县
剑阁县	1991.03	四川省人民政府	农村水利建设先进县
剑阁县	1991.07	四川省委、省政府	粮油总产再创历史记录
剑阁县	1993.04	林业部	全国森林资源管理先进县
剑阁县	1993.12	林业部	1990—1992年连续三年无森林火灾先进县
剑阁县	1994.03	四川省委、省政府	发展乡镇企业先进集体
剑阁县	1994.12	国务院	粮油生产大县
剑阁县	1995.05	文化部	文化工作先进县
剑阁县	1997.06	农业部	旱作农业示范县
剑阁县	1997.12	四川省人民政府	耕地保护先进县

附录续表

获奖单位	授予时间	颁发机关	荣誉名称
剑阁县	1998.11	教育部、财政部	扫盲工作先进县
剑阁县	1998.12	四川省人民政府	1998年度全省扶贫工作先进单位
剑阁县	1999.01	教育部	“两基”工作先进县
县农发行	2000.08	中国农业发展银行	信贷管理先进单位
剑阁县	2001.10	四川省人民政府	土地执法模范县
剑阁县	2001.12	国家林业局	林业工作站合格县
剑阁县	2001.12	农业部	商品粮油基地县
剑阁县	2003.05	四川省人民政府	农村电网改造先进县
剑阁县	2004.12	农业部	粮油生产先进县
剑阁县	2005.10	国家地震局	防震减灾先进集体
剑阁县	2006.11	四川省人民政府	计划生育优质服务先进县
剑阁县气象局	1990.07	国家气象局	大暴雨天气预测预报服务先进集体
碗泉乡文化站	1990.10	文化部	先进文化站
剑阁县人武部	1990.12	四川省政府、省军区	“以劳养武”先进集体
县毛巾床单厂	1990.12	四川省人民政府	优秀企业
剑阁县人武部	1991.12	四川省人民政府、省军区	1990年冬季征兵工作先进集体
元山司法所	1992.04	司法部	优秀司法所
汉阳区林业站	1992.10	林业部	先进林业工作站
剑阁县畜牧局	1992.10	农业部	基层畜牧站建设先进集体
姚家乡	1993.04	国家体委	“亿万农民健身活动”先进乡镇
剑阁县志办	1993.05	四川省人民政府	地方志工作先进集
张王乡文化站	1995.05	文化部	先进文化站
剑阁县农村信用联社	1995.06	中国农业银行	信贷管理工作先进集体
剑阁县计生委	1995.12	国家计生委	计划生育先进集体

附录续表

获奖单位	授予时间	颁发机关	荣誉名称
鹤龄农机管理站	1996.03	农业部	乡镇农机管理服务工作先进站
剑阁县农机供应公司	1996.06	四川省人民政府	农业机械流通企业先进集体
禾丰乡政府	1996.12	四川省人民政府	计划生育工作先进集体
剑阁县公费医疗办	1996.12	四川省人民政府	公费医疗管理与改革先进集体
剑阁县国土局	1997.02	四川省人民政府	耕地保护先进集体
人行剑阁支行	1997.10	四川省人民政府	最佳文明单位
剑阁县畜牧局	1998.11	农业部	基层畜牧站建设先进集体
剑阁县财政局	1999.02	四川省人民政府	农业综合开发工作先进集体
剑阁县中小学	1999.03	教育部、文化部	中小学影视教育先进集体
普安农机管理站	1999.12	农业部	农机技术推广先进单位
剑阁县新华书店	2000.06	文化部	农村图书发行先进单位
普安镇光荣村	2000.10	国家绿化委员会	造林先进“千佳村”
剑阁县人民武装部	2000.12	四川省人民政府、省军区	先进人武部
剑门关镇	2001.04	国家计生委	“婚育新风进万家”活动先进集体
剑阁县教委	2002.01	四川省人民政府	“三名”工程实施成果一等奖
剑阁县妇联	2003.05	全国妇联	“不让毒品进我家”活动先进集体
农发行剑阁支行	2003.10	四川省人民政府	文明单位
剑阁县供销合作联社	2003.12	人事部、全国供销合作总社	供销合作系统先进集体
普安镇剑坪村	2004.11	四川省人民政府	新村扶贫先进村
剑门关镇剑雄村	2004.11	四川省人民政府	新村扶贫先进村
剑阁县妇联	2005.05	全国妇联	“三八”红旗集体
白龙镇三湾村	2005.11	四川省人民政府	新村扶贫先进村
普安钟鼓楼社区	2006.11	民政部	敬老模范社区
剑阁县水利局	2006.12	四川省人民政府	2006年度抗大旱先进集体

艺文选录

诗 词

雨夜宿剑门

贺衷寒

北上轺车使命遵，艰难蜀道不足论。
夜来旅况增奇趣，细雨张灯觅剑门。

（原载《剑阁古今诗词选集》）

剑 阁

程 潜

炎夏陟雄关，遥瞻意轩举。
崖根削地深，石阁凌天树。
阴阳荡奇妙，风云壮吞吐。
上绝翔鸟影，下凝涓泉乳。
其外通汉褒，于中藏天府。
冲繁胜于今，形胜称自古。
老柏森道旁，重门困行旅。
层嵌蔼朝晖，苍翠接眉宇。
顾盼神欲飞，俯仰汗如雨。
思登绝顶游，恶彼攀跻苦。
立国在人和，毋矜一夫阻。

（原载《剑阁古今诗词选集》）

剑门关怀古

邓 勇

山峦自有千重险，负戟英雄抵剑关。
战罢沙场尸骨乱，将军壮士几人还？

（原载《剑阁古今诗词选集》）

翠云廊

王湖益

八百春秋览伟观，剑州阆苑任流连。
嫦娥疑是舒长袖，织女分明绣翠帘。
枝叶皆能凝碧海，虬珠俱可话桑田。
浓阴幸有前贤护，万古牵魂尽美谈。

（原载《剑阁古今诗词选集》）

梁山寺

王玉森

曲径通幽上梁山，茅亭石笋任流连。
七千石级通绝顶，十里云程绕雄关。
翠岭奇峰拥古寺，苍松怪洞展新颜。
悲哉铁塔钻仙境，寺毁神没恨空山。

（原载《剑阁古今诗词选集》）

剑门即景

张　健

蜿蜒石径通梁山，斑驳水车溅玉泉。
闻道翠屏峰更好，相邀他日共登攀。

（原载《剑阁古今诗词选集》）

古剑州感赋

赵仕诚

寒烟笼翠逐春流，岭绕峰环护剑州。
北峙雄关能作障，南通阆苑可行舟。
封疆四塞悲白帝，筹措三分惜武侯。
历历豪强王霸业，都随落寞付谯楼。

（原载《剑阁古今诗词选集》）

忆秦娥·剑门寄远

蒲汉林

箫声烟，疏梅冷影关山月。关山月，更兼吹雪，恰谁伤别？
长歌一曲堪击节，剑门石首嚣尘绝，嚣尘绝，紫气东来，蜚声城阙。

（原载《剑阁古今诗词选集》）

晨登鹤鸣山

贺敬之

晨登鹤鸣山，夕步翠云廊。明日剑门路，险夷问兴方。

（原载于《诗刊》杂志）

又到重阳前

熊召政

又到重阳前，
初晴过剑门，
危峰清若洗，
飞鸟去还停，
秦塞花连阁，
巴山月驻郫，
关前寻旧迹，
一笑送铅云。

（此诗原无标题，是熊召政先生在剑门关为杨仕甫的题词）

剑阁行人

杨　牧

英雄们都远去了，
留一堆青冢，
也并不只为撩人焦怅，
英雄与我们对视，
我们与自己对视，
转过身，
在历史撞碎头颅的地方，
竖起脊骨便是剑，
敞开胸怀便是门。

（原载于《星星》诗刊）

散　文

风过剑门

刘德鑫

剑门的风，像粗手大脚的野汉，一上关楼就给了我个“下马威”，不客气地摘去我的帽子，扔下山崖。然而我坚守阵地，并不撤离，以一个老兵的勇气，去感受它的气质，倾听它的诉说。

有风真好！在都市，钢筋水泥的丛林里，我们常常过着无风的日子。

没了风，对女孩是不幸的，时尚的裙裾无法飘舞，清纯的长发无法飞扬。没了风，对旗帜是悲哀的，埋着头，像个寂寞的武林高手，找不到用武之地。就连中学生挂在窗口的风铃，也不叮当，远离诗意。

而剑门的风，日夜飞跑、呼啸，那可是生命的流动，灵魂的呐喊！哦，这个声名赫赫的战略要塞，滚石檑木、白骨横陈的古战场！

风声起处，一头驴，带着不紧不慢，不惊不诧的蹄声，从岁月深处向我走来。驴背驮起一位征尘夹酒痕的男子，在霏霏细雨中，踏上险峻而坎坷的剑门山道，艰难翻过隘口。那是撤离杀敌前线，被调任成都府安抚司参议的陆游。几多惆怅，几多自嘲，几多苦闷，渗进寥落的蹄声、寂寞的冷雨。这位血性十足的男人，从小饱读兵书，后投笔从戎，为国戍边，抗金杀敌，却被当朝从前线撤回后方。陆游心情痛楚，渴望杀敌，“夜阑卧听风吹雨，铁马冰河入梦来”，连做梦都想收复失地，统一华夏，觉着待在歌舞升平的大后方，是自己的耻辱。他曾对当政的投降派有过尖刻的抨击：“朱门沉沉按歌舞，厩马肥死弓断弦。……笛里谁知壮士心，沙头空照征人骨。”这些强劲的旋律，和着强劲的山风，正在剑门关上来回奔突、飞旋，如春雷滚动，鼓荡着我的心胸，使我的血液加快了流程。

风势减弱，夹带尘粒，沙沙作响。我仿佛听见不远处的 当驿，传来李隆基轻声的叹息。剑南道上的夜雨，柔声地敲打着辉煌远逝的銮舆，唐明皇在睡梦中又回到京都长安那丝管悠悠，珠落玉盘的舞池旁。哦，“贞观之治”的巨臂托起的大唐太阳，曾在大漠边关体面地升起，而今为何暗淡无光，颓然坠落？华清池的温泉，泡软了金銮殿的龙椅，淹没了设防的关隘，以致让自己的“干儿子”安禄山的戈矛，一路无阻，长驱直入京城，自己也落下个被追兵紧逼和死亡包围的下场。此恨绵绵，“自是人生长恨水长东”。

山风中，似有人低泣。莫非蜀汉后主刘禅，在为城破国亡而悔恨和伤悲？他曾对蜀将拥兵守关而过于自信，以致撤去平武、绵竹一线防务，等偷渡阴平的魏军兵临城下，昏君还带着嫔妃的体温和脂粉，沉醉在轻歌曼舞、灯红酒绿之中。

历史不是一眼看到底的清水，深厚的积淀，埋进了太多的教训。“一夫当关”，真能“万夫莫开”吗？我问山风，它神秘地一声长叹，转身走了，送我一方“留白艺术”。不要说当今电子对抗的高科技现代战争，就是刀枪剑戟的冷兵器时代，伍子胥夜闯昭关，也为重兵把持的守军始料不及。三十年代，红军的号角，就在此地吹乱了凭关固守的阻击者的心，而创造了长征路上的一个奇迹。马其诺的突破，滑铁卢的遭遇，诺曼底的登陆，这些高悬苍穹的警示牌，写上的都是带血的思考，柔韧的哲理，历史的底蕴。

山风大了，我仿佛走进线装书，正拜读刘邦的《大风歌》。云里雾里，天上人间，拜他为师，与他同行，随风遨游。

风，从远古走来，可是岁月的声音，历史的语言？

风，永远是勇敢的，你用无所畏惧的气魄，雕塑了多少男儿风骨，你扫荡一切，包括·那些“伟大”的小人，“英雄”的丑类，以及所有猥琐的人生，腐臭的灵魂。

风，永远是真实的，真实得不用化妆和粉饰；风又是透明的，可以穿越一切，洞察一切。我由衷地向你表示深沉的敬意，率真的赞美，无声的感叹！

一阵紧似一阵的山风，扑我，逼我，可是历史在大声拷问：

关隘在哪里？关隘在哪里？

（原载于《剑门风铃》）

七十二峰深处

何大草

巍巍剑门，可能是由两种元素构筑起来的。一种是崖石，一种是文化。当我们抬头仰望的时候，崖石把我们的目光引向高远。但与此同时，那些漫漶在崖缝、草丛间的文化又使我们仰望的目光受到挤压，让我们舒展的心情忽然就有了沉沉的感觉。很多年来，那些为剑门蜀道写下的无数诗文，那些抛向青山绿水的感慨、叹息，成为了我们走向剑门的一个中介，也成了我们走进剑门的一道屏障。

在去剑门之前，我找出一本关于剑门的诗集，但想一想，没有打开就放下了。到了剑阁，主人送了一本当地的旅游指南，薄薄的小册子，随手翻了翻，觉得稠而又稠的文化似乎就要从字纸里溢淌出来，心中发憷，就悄悄合毛，我想把这些都忘了。也就是说，我想躲开这些附着在剑门身上的文化，清晰地看见剑门的山和树，在我的眼里，山应该就是一座山，树有着它自己的绿叶和气味，而一个好看的山姑的身影，就是一个健康和性感的妇人。甚至想忘了“剑门”，这两个字所象征或暗示的东西，是显得过于的重了。避开文化，就像我们走出城市一样，我们想成为自然的一部分，并且在自然中融化。

那天的午后，一辆客车拉着我们在山中转了好久。高低不平的泥路使车不停地颠簸，晚春天气的燠热则反复地向旅客输送着慵懒、瞌睡和恍惚。当车在一声喘息中停下来时，我睁开眼，发现自己正置身于一座大山的顶点。现在回想起来，那一刻我相信自己是在预设的旅途中迷失了，被一种外在的力量掷入了剑门七十二峰的深处。

这个顶点有一块平整的空地，还有一棵丰茂的大树。阳光异常强烈，而树阴下则格外清凉。邻树是一间小屋，农民在卖水和甘蔗。几步之外，还有一座古旧的庙宇，阿弥陀佛，没有看见僧人，也没有木鱼的橐橐声。一切都很安静。只听见我们自己的谈笑声，和大嚼甘蔗的声音。我第一次发觉甘蔗和吮吸汁水的声音就像一勺水浇到旱地上，哧溜溜地那么好听。甘蔗渣扔了一地，地上就像洒了许多雪白的棉絮。我们脚下是千仞绝壁，它有一个通常具有的俗名，叫做“舍身崖”。有个卖甘蔗的农民在讲述舍身崖的故事，男女殉情，灵魂飞升，但我一点没有听进去。我心平气和地坐在这个山头看其他的山头，仿佛坐在轮船的桅杆上眺望其他移动的桅杆。我可以望见四周重重叠叠的七十二峰，也许比七十二峰更多，它们因为覆满了桃花、李花和油菜花，而如同水浪一般的柔软和妩媚。我能够看得很远，很远的地方，还是这样的峰峦叠翠。试着去想一想我熟悉的某一个地名，一个诗人，一首诗，它们忽然也都离我很远，和我没有相干。风从远处吹过来，我的皮肤能够真实地感受到，这就是风，纯粹的风，带着太阳的温暖和寂静的寒意，让我发热和发冷。旅伴们的谈笑声响亮，清脆，传得很远，成为风的一部分。他们谈的与文化无关。插科打诨，还有一些荤段子，欢乐而调侃。

长时间的旅行使我有些疲惫。我把头搁在木椅子的靠背上，这样就舒服多了，也轻松多了。我闭上眼睛，耳朵里响着由单纯的静谧而产生的嗡嗡之音。我的头发、衬衣和牛仔裤有着尘土和阳光的气息。今天我在写着这些文字的时候，我确信我是在为忘记剑门而惦念着剑门。也就是说，我在遗忘着什么的时候，也正在回忆着什么。

在剑门美丽的七十二峰中，在那个晚春天气巨树浓阴下的午后，我感觉自己还年轻。

（原载于散文集《剑门风铃》）

我心中的剑门蜀道

蔡元藻

我来到这个世界上已经半个多世纪了，走过的道路何止千条万条，然而，苍然横亘在我心中的，却只有这剑门蜀道。

剑门蜀道北起西安南至成都，途中穿越“一夫当关，万夫莫开”的剑门雄关。这条蜀道，全长约八百多千米，是中国西南通往西北和中原的咽喉要道。

1985年初夏，我从蜀中盆地的绵阳调到剑门关外的广元工作，使我有机会多次南下成都北上西安，对剑门蜀道有了全景式的了解。这条逶迤在崇山峻岭的漫漫古道，蜿蜒曲折，弯多弯急，崎岖不平，坡长坡陡。特别是从陕西黄坝驿到四川绵阳市的那三百来千米路，更是全线最崎岖艰险的路段。汽车行驶在那些事故多发地段，驾驶员总是小心翼翼，战战兢兢，临深渊，如履薄冰，稍有不慎，就大祸临头。近十多年间，我因出差开会或节假日与家人团聚，每年都要在这条蜀道上往返二十趟以上，而每一趟都看到有两三起车祸发生，有的翻车，有的撞车，那种车毁人亡的惨状，实在不忍目睹。我也曾亲罹车祸两次，幸喜上苍庇佑，性命得以保全。

尽管如此，剑门蜀道在我心中仍然是一条历史内涵非常深厚，到处都充满沧桑的苍劲古道。这条古道究竟开凿于何时，现在谁也说不清。不过，随着人类社会的发展，走的人多了，逐渐踏出了这么条路倒是可能的。传说纪元前三百多年的五丁开道，那可能只是一次大规模的整治连通工程。楚汉相争时樊哙修栈道，虽然只是兵家之诈，但毕竟提高了这条古道的通行能力。三国争雄时诸葛亮架阁，对这条古道的行路难也有很大改善。张飞驻军阆中时广植皇柏三百里。以及近代修公路，当今修高速，不管是为着什么目的，都在改造这条道，拓宽这条道。走在这条古道上，我仿佛踩着一部历史巨著，仿佛整个中国的历史都是从这条古道上走过来的，既有和平、祥和、文明的图景，也有征战、厮杀、浴血的画面。沿途到处都有古战场的遗迹，透过那风化剥蚀的岩石和苍翠古老的皇柏，我们似乎还可以看到当年那沙场厮杀，还可以听到当年的战马悲鸣。中国历史上的一些著名的政治家和军事家，一些封建王朝和农民起义政权，都在这条古道上留下了身影。试问，古往今来，像剑门蜀道这样世世代代地改造拓宽，世世代代地修补完善，古今历史一脉相承的道路有几条？驰名中外的古丝绸之路已湮没在茫茫大漠之中，风光景物应接不暇的山阴古道也被岁月尘封在先辈们的赞美里，欧洲的古罗马大道也早已名存实亡，唯独这饱经沧桑的剑门蜀道却畅达依然，苍翠依然，难怪她能被列为第一批开发的国家级风景旅游名胜区之一。

我心中的剑门蜀道，不仅仅是一条能行驶车马，能载运客货的普通道路，而且还是一条文化积淀非常厚重，永远熠熠生光的文化艺术长廊。每当我行进在这条古道上，沿途的三国文化和隋唐文化遗迹一个接一个地闯入我的视野。诸葛亮练兵的演武场，张飞夜战马超的战胜坝，庞统以身殉职的落凤坡，姜维拼死拒敌的剑门关，唐明皇得梦内乱被平的应梦台等等历史文化遗迹，就像断线跑珍珠一样，散落在蜀道两侧。还有觉苑寺的佛教文化，鹤鸣山的道教文化，皇泽寺和千佛崖的石刻艺术，在中国文化史上都是有相当地位的。关于三国和隋唐时期的历史故事和民间传说，在前几年收集整理成书的就有厚厚几大本。至于历代名官显宦和文人墨客，在这条古道上留下的诗词题咏和锦绣文章，那更是数以万计。像诸葛亮的《后出师表》、李白的《蜀道难》、已成为千古绝唱。杜甫的《剑门》、岑参的《赴犍为经龙阁道》、李商隐的《利州江潭作》、温庭筠的《利州南渡》、陆游的《剑门道中遇微雨》，都是传世名篇。这是有形文化，更重要的是在这种文化环境和文化氛围中熏陶濡染出来的沿途人民，那种纯朴善良、坚韧顽强、奋发向上、不断进取的崇高精神，历来都广为世人称颂。请问，这世界上有几条古道拥有这样厚重的文化含量？有几条古道能吸引那么多的王侯将相、达官显宦和名商巨贾往来奔走？有几条古道能像剑门蜀道这样触发历代墨客骚人的性灵，使其吟咏出那么多华美的篇章？行走在这样的文化长廊里，犹如一头扎进了思想和艺术海洋。

据传说，剑门蜀道最初的开凿完全是出于征战目的，以后几次大规模拓宽改造也是基于战争原因，就连本世纪三十年代在剑门古蜀道基础上改造成现在的川陕公路，也是为了适应国内战争和抗日战争的需要，只有当今正在施工兴建的高速公路才是为了和平、发展，为了经济建设。修造者的主观意图与后来客观的实际效果，往往是相左的。两千多年来，这条古蜀道真正用于战争的时间并不是很多的，大多数岁月还是很和平的，还是服务于经济发展和方便人民生活的。交通运输部门的人士曾经告诉我每天从蜀道北段某个收费站通行的各种车辆在六千辆左右，通行的旅客在五万人以上，进出的物资约有两万多吨。像这样的运载负荷，日复一日，年复一年，该是多么大的流通量。千百年来，我们这条剑门蜀道如牛负重，默默无闻地为沿途的人民大众背负着、贡献着，造就了沿途不少城镇和乡村的繁荣，在秦蜀两地，不，在西南、西北和中原人民的经济生活中起着不可或缺的重要作用，所以人们都把这条古蜀道称作川陕两省的黄金通道。

世纪之交，今日之中国已呈全面复兴之势。从川陕交界处的七盘关到四川省会成都，已开始修筑现代化的高速公路。这条交通大动脉的走向，时而与古老的剑门蜀道重叠，在原来的路基上拓宽改造；时而又离开古蜀道的线型，穿山越岭另辟坦途，使人感到它与剑门蜀道若即若离，同时又明显地看出它是从剑门蜀道这个母体中脱胎出来的。回想这条古道的变迁史，从古代的羊肠小道，到官家驿道，到川陕公路，到高速公路，大体都是这样演变过来的。只不过，如今的高速公路已经变得远离剑门雄关了，如果说它仍然可称为蜀道的话：那已不能冠上“剑门”了，剑门蜀道将成为一条退出现役的历史故道了。然而，剑门蜀道的历史功绩，以及她对巴蜀人民和中原人民的大恩大德将永垂青史。她沿途的文化古迹，壮丽风光和独特风情，依然可瞻可画，堪游堪行。顽在了两千多年的剑门蜀道，默默奉献了两千多年的剑门蜀道，一直坎坷不平的剑门蜀道，终年苍翠欲滴的剑门蜀道，将永远蜿蜒在我心中。

（原载于散文集《剑门风铃》）

剑门蜀道寄怀

田旭中

剑门蜀道，始自陕西汉中，终于四川绵阳，全长一千多千米，是目前世界古道中最壮观、历史最悠久的。

你是造物主赐予人间的一颗璀璨明珠，不然，那七十二峰何以如此神奇，千仞直下，莽崖峭壁，危峦起伏，百里不断，酷似一道天然长城。那绵延三百里的翠云廊何以如此壮观，蜿蜒蟠绕，展翠摩云，浓郁蔽日，千年不衰，宛若一道天然绿廊。遥望你的雄姿，令人胆豪；欣赏你的倩影，使人心醉。我登过三山五岳，揽过翠湖绿潭，走过戈壁草原，访过古刹仙山，虽有过惊喜与激动，但绝没有今天这番振奋，这番痴迷，这番多情。你展现了壮阔之美，浩大之美，同时又显露了秀丽之美，深邃之美。假若这华夏大地少了剑门蜀道，定然会少了一道令人永久怀念的绝世风景。

你又是一幅色彩斑斓的历史画卷。字里行间跃动着铁马金戈，弥漫着英雄情怀，记载着一个个动人的传奇故事。拨开历史的云雾，我依稀看到司马错灭蜀的硝烟，汉高祖拓基的旌旗，诸葛孔明运筹的神思，姜维据守的营盘，唐明皇避难的身影，宋朝将领抗击蒙军的雄风，明代“二贤”（李璧、杨如震）施政的贤德，远自先秦，近至明清。成败兴衰，史籍可见。此所谓“江山如此多娇，引无数英雄竞折腰”。江山使英雄成名，英雄因江山生辉，假使没有剑门蜀道，如许英雄豪杰就绝没有今天这样亮丽。又假若没有这些英雄的历史活动，那么剑门蜀道也绝不会像今天这样神奇。

你还是一条充满诗情画意的文化长廊。历史上有那么多骚人墨客曾为你的卓绝身姿而欣喜若狂，思绪若飞。而寄身于翰墨，或见意于诗篇。这文化走廊上站立了司马相如、扬雄、张华、张载、李白、杜甫、文同、陆游、杨慎、李渔，个个神采奕奕，飘逸绝伦，莫不为剑门蜀道的雄壮与优美所倾服。赞其蜀道之雄险则曰：“飞梁驾绝岭，栈道接危峦”。颂其蜀道之秀美则曰：“春风来回野，晓斗挂空山”。传其蜀道之神奇则曰：“鸟道微通处，烟霞锁百辰"。我不知道，究竟是蜀道的艰险给诗人的灵感，还是诗人们以自己的诗笔为雄奇的蜀道涂上一层神奇色彩，或许是兼而有之，或许是相得益彰。设若没有这些名篇佳作，蜀道还有这样美，这样富于活力么？确乎是山川滋养了文学家和文学，而文学家和文学又升华了山川，提升了山川。

你就是历史的见证，你就是文明的象征。

你已长存了两千多年，而且注定还会永世长存。一切所谓英雄不过是匆匆过客，一切所谓业绩终将随雨打风吹去。仰望你历尽万劫的伟岸身躯，便会觉得个人太渺小；拜读你饱经风霜的沧桑岁月，定会感到任何奇迹都显平淡。

然而我们不能忘记，你的一半是造物主的恩赐，而另一半则是人类给你的奉献，假如没有五丁开道，没有诸葛筑阁，没有张飞植柏，没有李璧拓林，没有觉苑壁画、鹤鸣胜迹，没有骚人墨客的诗篇佳作，你还有今天这样的神奇么？

大自然的伟力与人的伟力相结合，才能衍化成一种具有深厚底蕴的世间奇观。这便是融自然、历史、文化于一体的奇观，一种真正的动人心魄而又耐人咀嚼的奇观。

我虽没有诗人的浪漫与激情，但能接受大自然给予人们的崇高启迪；我虽没有历史学家的深邃与博大，但能领悟历史给予人们的深刻暗示；我虽没有画家的锐眼和良技，但能感受艺术给人们的淳厚熏陶。

于是我悟出，大自然的神奇力与人类的创造力同样是伟大的。于是我想说，剑门蜀道是大自然与人类共同创造的地理和文化奇观。

当我们在赞叹大自然的神奇力的时候，同样需要讴歌人类非凡的创造力。

剑门蜀道——大自然与人类共同创造的永恒的奇迹！

（原载于散文集《剑门风铃》）

认养一棵树

王曼玲

原来我不知道它在等我，事实上它一直都在等我。不是一朝一夕的等待，也不是一朝一代的等待，那是无法用时间来界定的等待。

没有人能说出它的出生年月。

在时间以外，它们生长成一片树林，一条像隧道一样的长廊，后人给这条长廊取了一个名字：翠云廊。它在四川境内，一个叫剑阁的地方。叫它翠云廊当然是没有和那些树商量，也不知道它们对这个名字满不满意。反正就这么叫了，这个名字也就这么经过了几代人的语音通道传播开了。

在时间以外，它们在宽容地接收一切。

在时间范畴里的某一天，我们就来了，开启一个秘密机关，我们就走到了它们中间。我们走在时间以内，它们在时间以外看着我们，在听着我们演绎着关于它们的故事。它们在窃笑、或许摇头，最终，它们是在宽容地接受我们。

故事里它是一条驿道，片片带着着古代痕迹的石板上，印记着各种各样的人的脚印。有策马如飞，像一支箭一样飞越而过的将军；有怀揣一纸任命书，踌躇满志的做官人；有身戴枷锁，步履维艰的囚犯；有金榜题名的状元。不论是怎样的命运，他们的脚步都印记到了这条驿道上，现在又将我们的步伐重叠上去。

道路的两边是粗壮而茂密的参天古柏，我们在看它们。它们都很高大，树干粗壮，树冠茂密，或是英俊、或是妖娆，总之，个个迷人。

我是爱上它们了。

有人告诉我，只要花一千块钱，我就能在它们中间认养一棵了。

我不知道是谁把“认养”这个属于我们时间以内的人使用的词汇和它们这些生活时间以外的生命联系起来的。我惊愕，我不知道钱和认养它们有什么关系。难道它们能用这些钱饕餮一顿，或是喝一瓶美酒吗？

我向一个组织交了一千块钱的现金，并且履行了必要的手续，我很认真地在一个叫做认养证的文书上签上了我的名字，就这样，我的名字和一个代号 1038 的柏树联系在了一起，我还在它的身上挂上了一个牌子，上面写道：王曼玲，祖籍北方，生于南方，十七岁从戎，写作为业，时为成都军区创作员。2000 年 3 月 30 日在这棵下休息。

我站在它的身下，仰头看它，它长得漂亮极了，它是一棵长着长着长成两棵树的树。在一个坚实粗壮的树干上，生长成了两个树干，它们相伴而立，似乎在告别又似乎在相拥，树冠在云中相吻，我用手抚摸着它的身体，我把身体靠在上面，我忽然好想成为其中的一个树干，只是为了守望而等待千万年。

与树告别，竟有一种伤感，看树，树以它的坚硬在分割我的柔软。

我忽然感到我是被树认养了，因为永远的守望而有了永远的幸福。

（原载于散文集《剑门风铃》）

感受翠云廊

卢子贵

每次路过剑门蜀道，我都要被那一抹长长无尽的翠云所吸引。那不是天上的云，而是人间的云；不是白云，而是翠云；不是一朵两朵，而是一片长廊。“三百里程十万树”，挺拔俊秀、摩云展翠。婀娜多姿的森森古柏，阅尽人间春秋。古今多少兴衰事，匆匆走过林木中。

古驿道两旁栽种柏树，本不足为奇。但是其数量之多，逶迤之长，历史之久，实属古今罕见。何以名之？有不少人动过脑子，下过工夫，然而经过时间的磨洗，终为众所公认的，系清康熙年间剑州知州乔钵所取的名，并写有诗为据：“剑门路，崎岖凹凸石头路。两行古柏植何人？三百里程十万树。翠云廊，苍烟护，苔花荫雨湿衣裳，回柯垂叶凉风度，无石不可眠，处处堪留句。" 诗人不仅灌注了对这片柏林的一往深情，而且呕心沥血地推出“翠云廊”三个字，恰到好处。不言柏树，不说林木，不云蓊郁，不点幽森，而是宏观着眼，倾注其神，琢磨其意，品味其雅，推敲其文，概括集中。可谓神形兼备，令人回味无穷。加上现代书法家张爱萍、沙孟海书此三字，镌刻于高高石碑之上，字景交融，相得益彰。

据说，植柏始于三国蜀汉时，张飞任巴西太守，为交通往来方便，下令加宽路面，沿道植柏，名曰“张飞柏”。唐代天宝年间，杨贵妃喜吃川南鲜荔枝，唐玄宗下令沿途植树遮阴，“一骑红尘妃子笑，无人知是荔枝来。" 是谓皇柏。明代正德年间，剑州知州李璧，再度倡导植树，沿途进行大量补植，并制定了“官民相禁剪伐”的制度，不仅不能砍树，枝丫也不准剃剪。规定每届州官接任时，都要清点古柏，纳入移交范围，并派差役巡查，以确保古柏不遭损害。

翠云廊经历漫长风风雨雨，勇闯道道难关，诸如国民党溃败时的战火兵燹，头脑发昏年代乱砍滥伐树木大炼钢铁和动乱时期大肆破坏文物古迹等等，这里的古柏得天独厚，幸免于难。改革开放以后，随着国家的日益昌盛，翠云古柏更是成为人们倍加珍惜的灿烂明珠。

前人栽树，后人乘凉。任何人路过翠云廊都会啧啧兴叹，感谢与赞美那些栽树人和护树人。不管出于什么动机，不论其个人的功过如何，就植柏保树、留荫后世来说，堪称功德无量。翠云在天，古柏作证。“城可倾，山可平. 总是区区一点诚。”这昭示着人们：应该去扎扎实实地做几件造福于人类的事，不仅是植树。

（原载于散文集《剑门风铃》）

剑阁人的画

麦　家

入蜀三年有余，却终日蜗居成都城池，不曾攀过巴山，淌过蜀水，想来着实感到些许荒唐。不是没有出走机会，而是天生慵懒之性情作怪。还有更深层的缘故，乃是慵懒之性情与成都之悠闲高度暗合，断然决计终生做个蜀民，便有充分之理由想：既然这般，巴山也好，蜀水也罢，皆不过是家什而已，何愁没个赏玩时日。过了今朝，还有明日，明日何其多，今朝何其急？不急，不急，春去夏走，转银间，上千个日子飞驰而过，我依然如故，满足于以抽象观念占有着城外的高山流水，并且还满有把握地认为，那些山水正在我未来的一个必然中的偶然时日里等待着我去跋涉，去领略。2003 年 3 月 29 日，一个温暖有余的阳春丽日，凭借着剑阁人盛情的推动，我慵懒的脚终于迈出钢筋水泥的城池，走进了崇山峻岭中，具体说是剑门关一带。

剑门关隶属剑阁县。因着剑门关的干系，剑阁的现实世界变得厚实而有嚼头，这里的一切似乎都透出几分历史的纵深感。我发现，这里一条羊肠小道，一个路边凉亭，及至一眼干枯老井，一棵幽幽古树，无不缠绕了历史英灵们的传说故事。只是我对历史知之甚少，所以现世作古的效应在我目中被我的无知大打折扣。相比之下，我对剑阁满目的蛮山横岭倒更有感触，它们就像剑阁的历史一样无处不有，绵延不绝。曾几何时，浩瀚的大海几乎成了文明与发达的前沿阵地，浩瀚的大山呢？它是鸟的自由王国，却是人的“四塞之国”我认为，剑阁的山像历史一样无处不有，同时也使剑阁变得像历史一样偏远、幽深。一路上，我总是在想，今天的剑阁最需要什么？

答案是鹤鸣山上找到的。鹤鸣山位于剑阁城东。山虽不高，各路虚弱不堪的悠久古迹却使它变得头头是道。出于对历史无趣的老毛病，我在寻访古迹的人流中越走越怠慢，最后索性不辞而别，与一个正在路边作画的孩子攀谈起来。孩子姓魏，十三岁，长着两只小虎牙，笑不露齿时煞是甜然可爱。他作画时迷醉的样子令我感动，但画笔下的功夫却令我费解。

你在画什么啊？我看到他在用红、黄、蓝三支彩笔轮换地在画布上点圆点子，点得密密麻麻的，与其说是在作画，不如是在涂鸦。

我在画我的梦想。

你的梦想是什么？

你看嘛。说着他放下画笔，拿起剪刀，将一大堆椭圆形的桉树叶的上下两个半圆一一剪掉，逐一粘贴在一张牛皮张上，连成一长条。然后，他又拿剪刀将整条树叶修剪成一头粗、一头细，呈流行型形状，十分考究地粘贴在画布上。这时候，画布上终于有了点可捉摸的意象，仿佛是一条由远及近的绿色河流，或者其他什么的。但“绿色的河流”很快又变得无法捉摸了，因为他把刚才剪下的那些半圆树片，以大小为序，依次作花边装饰在了“河流”两岸。这样一弄，河流的感觉消失了，倒是像一条密荫匝地的道路。

这是一条路吗？

对。他高兴地笑了。

什么路？登天的路，还是下海的路？

他笑而不答，只是潇洒地在画布的右下角题写了画名：剑阁至绵阳高速公路。末了，他又拿出三色彩笔，在画面上修补性地这里点两下那里点三下，一边点着，一边看看剑阁地图。这时候，我才恍然明白，他这不是随意点的，而是照着剑阁的地理图形点的。

修补完毕，他突然问我，你知道我画的意思吗？

你希望家乡有一条高速公路，这样你可以高速到达绵阳，或者成都。

嗯，他沉吟道，也对，也不对。你知道什么是三原色吗？红色，黄色，蓝色，就是你手上三支彩笔釉颜色。

你不知道，有了这三种颜色，可以调出任何颜色。

我点点头说，知道。

那你应该看懂我画的意思，我在表达这样一个意思，只要有了高速公路，我们家乡什么都会有，三原色在我的画上代表所有，所有我们的希望和美好。

这一下拔高了他画的创意，也抬高了他在我心目中的形象，我突然感到感动：我为他对家乡的爱感动，我为他纯真的梦想感动。在后来的一路上，包括今天，甚至将来，我相信只要我想起剑阁，就一定会想到这个孩子，和他精心制作的画。他，还有他的表达梦想的画，使我的剑阁之行变得完美：既发现了问题，又找到了答案。

在我看来，与其生活在荣耀的回忆中，倒不如生活在美好的梦想中，就像我在鹤鸣山上结识的那个孩子一样，他的心中只有梦想。而且，梦想成真的日子已不远了。

（原载于散文集《剑门风铃》）

剑阁城的姑娘

杨仕甫

想起了一首歌：《大阪城的姑娘》，于是写下了这个题目。

大阪城我没有去过，不知道那里的姑娘是不是有那么美，剑阁城的姑娘倒的确很漂亮！一位曾在剑阁城工作过十多年的成都籍大学生前些年调出剑阁的时候曾说过一句话：我在剑阁工作生活了那么多年，剑阁的姑娘给我留下的印象最深，那里的姑娘真是太美了！我的最大遗憾就是没能在这里找一个姑娘做老婆！若干年以后，这位先生终于圆了自己的这个梦，他硬是在另一个大城市里离了自己的原配夫人，与一个在剑阁城里土生土长的姑娘组合了新的家庭！

也许是剑阁的青山绿水格外养人，那里的土著姑娘个个身材高挑，肤色白嫩，五官几乎都是照着画片上的美人们的标准长出来的。如果仅仅是这样，那也不足为奇，最令人感慨的是这里姑娘的美全属天然生成，绝无半点雕琢，那是一种特别清纯的美。前些年小城里竟然连一家卖化妆品的商家都没有，如今虽有浙江老板在这里开了一家较大的化妆品商店，但剑阁土著姑娘买化妆品的仍然不多，因为，化妆对她们来说，反而破坏了那种天然的清纯。

八年前发生的一件事，使我对剑阁城的姑娘又有了更新的认识。

那天我从小城南门外走过，偶一抬头，忽然看见古城墙的箭楼上站着一位少女，她红衣青裤，亭亭玉立，瀑布一样的披肩发随风微微飘动，那一刻，我的心被深深地震动了！城墙是明代的城墙，箭楼是明代的箭楼，在那里站着的应该是身穿铠甲的武士呀！在那个时候，历史与现实的反差真是太大了！然而，那又是多么完美的画面啊！我不知道那天仙般的少女为何站在城墙之上，也许她是到这里来发思古之幽情，也许她是特意到这里来为城墙下的路人展示自己的美！从她身上散发出来的那股清纯，我断定她是剑阁土著姑娘。

那是一个刻骨铭心的日子：农历一九九四年正 月 二十 七 日，那天我正在小城的一所中学上课，忽然，我的表弟急匆匆地来找我，他说我的母亲突然得了重病，正在他做临时工的某单位。听到这可怕的消息，我的心差点从胸口里蹦了出来！当我跑步赶到某单位的时候，我看见我的母亲正平躺在一辆木板车上，我们赶紧将她送到县人民医院抢救，经诊断，我的母亲得的是脑溢血。事后，表弟告诉我，那天我母亲去十里以外的乡下看完我的舅舅，刚拢小城的时候，突然呕吐不止，晕倒在路边，是一位过路的年轻女子发现了她，那女子赶紧扶起她，问她是哪里人，这小城里有什么亲人。我不知道我的母亲为什么没有提到我，却记起了我的那位表弟。那女子赶紧喊了一辆木板车将我的母亲送到表弟做零工的那家单位（那时候小城里还没有出租车）。后来我才明白，我的母亲之所以没有告诉那年轻女子我的单位，是怕耽误我给学生上课。我为母亲的伟大和博爱感动得热泪盈眶。在县人民医院里，四五个年轻漂亮的护士一天二十四小时轮流守候在母亲身旁，为她打针输液，甚至为她擦洗身上的呕吐物，我的心灵又一次深深地震动了。我的母亲和那些年轻漂亮的护士小姐，她们都是土生土长的剑阁女性啊！

我日日夜夜守护在我的母亲身旁，我每天都在为我的母亲默默祈祷，然而，在医院全力抢救了十天之后，我的母亲还是离我们而去了！

料理完了母亲的后事之后，我就和表弟一起在茫茫的人海里寻找那位把我母亲送到表弟那里的年轻姑娘，几经周折，终于将她找到了，我真是不敢相信自己的眼睛了，原来她竟是那天我看到的站在古城墙上的红衣少女！在我们还没有说完感谢的话时，她却飘然离去了，至今，我们都不知道她的姓名和单位。

我仍然在寻找那位红衣少女。可是，在我的脑海里，剑阁城的姑娘都成了红衣少女。

就是无数个像红衣少女和护士小姐那样的剑阁城的姑娘，构成了剑阁城的一道亮丽的风景线。

（《四川日报》2002年6月21日“原上草”文学副刊发表，标题为《剑阁红衣女》）

写在赵天官墓前

蒲　龙

我们发掘了一座古墓——赵炳然之墓。

一座寻常而朴素的古墓，仅出土一根六棱发笄，一条用玛瑙仿制的玉带而已。谁能置信，堂堂兵部尚书的陵寝竟如此清寒，如此安静？能不发人深思？

考古学家以为最珍贵的莫过于墓中的那方墓志铭碑了，据说是研究明史不可多得的文物。然而人们却不管这个，只觉得发掘出了一种精神的东西，因为人们被炳然死亦持守“灵魂清洁”的风骨所震动，于是一时如风般传扬着“赵天官”的英名。

我猛然感悟了。坟冢，并非生命的归宿，而是生命的终极升华。人在旅途中艰苦跋涉，是为了寻找自我，是为了死亡，这样，才可以获得永生。

凝视着这普普通通的坟冢，能不使人肃然起敬？那方凝重庄严的墓碑在我心中立起来，在人们心中立了起来。

赵炳然，公元1507年生于剑阁，字子晦，号剑门，死后葬剑阁城北卧龙山南麓。炳然，三十二岁始任监察御史，后升副都御史，兵部侍郎，兵部尚书，加任太子太保，以疾致仕，卒谥恭襄。一幅折叠了六十二春秋的仕宦图卷，似乎够荣耀的了。然而透过这叠通向正二品爵位的官阶，看到的并非食人膏血、醉生梦死的腐朽人生，而是他人生韵律跌起伏的波浪，大写意曲线的外观里横凸一根“清勤练达”的生命直线。

剑门关巍峨峭拔，刚直不阿。炳然自号剑门，莫不是他人生情操的真实写照？莫不是他人生价值取向的形象象征？莫不是他爱故乡爱祖国思想的坚实基础？赵剑门昂扬“剑门脊骨”，把这品格、抱负融进他的生命和心灵；把那贪婪、欲望、名利的垃圾，慷慨地送往无私奉献的祭殿。赵剑门以弹劾督抚，监司及指挥一百七十零七人的骇人之举，谱写了一曲激浊扬清、不避权贵的激越古词；以他巡按两湖两广等地秋毫无犯的感人之为，吟咏了一曲廉洁清正、体恤黎民的清丽古律；以他甘于清贫的节操来延展其生命直线的张力，扩展自己的不朽。难怪百姓直呼他“赵天官”，并绘像供奉。站在天官墓前，我感到了一个跃动的灵魂溶入我心律，激起无边的滔澜。

他为官如水如镜，铁骨铮然，名播四海。连僻荒的地方，也能听到他的美名。杨慎有诗：

泾渭两行分白简，枭鸾六合判青冥。
九苞一响传千仞，憔悴犹能泽畔听。

赵炳然没有躯体外表的汹涌澎湃，也没有留下几多豪言壮语，只把潜藏心底的爱国焰火，注入生命最深的骨髓，用血肉铸就一通气韵深沉的爱国心碑。嘉靖年间，他抗击倭寇，赴汤蹈火，英勇无畏，同民族英雄戚继光一道奋力举起 面耀眼生辉的爱国主义旗帜，导引、振奋、激励着我们这个伟大的民族。

泰戈尔说：“凡是永恒的，纵使今日被埋没，总有一天重放异彩，那时人们会高兴地说，讲讲那个故事吧。”我要讲的故事，在这神秘的黄土地上沉淀了四百余载，凝固成一曲激扬的音乐，一首无韵深沉的诗歌，听来那般动人心魄：那是一五六五年，异族犯边，边关告急，已近花甲的炳然壮心不已，毅然请缨出征。他星夜兼程，风餐露宿；腿肉磨烂，可见胯骨而置之不顾，兵不血刃，已气吞匈奴！我为我们民族有如此仁人志士而激动。只有像炳然这样的民族勇士，在吟唱屈原的《离骚》、文天祥的《正气歌》的时候，才可以无愧地说：“我们明白了我们是‘不朽’的后裔!”

赵天官墓的朴素似乎与亡灵极不相称，然而从这墓的朴素之中，我看到了一颗颤动的古魂，捉摸到我们民族悠远的精髓。我想，能唤起人们深藏心底情怀的，哪是那奢华炫目的陵墓呢？“世界上最美的坟冢是托尔斯泰之墓，仅一抔黄土而已。”你不觉得赵天官之墓也是最美的么？

肃立墓前，万缕思绪交汇成一种不可抗拒的冲动：我要用我的心刀把这墓的朴素美，雕刻成一尊永恒的塑像。

（原载于1995年9月12日《广元时报》）

剑门石

黄邦红

“潼关有土无石，剑门关有石无土；山是块巨石，石是座大山。" 这是电视片《中华雄关》摄制组对剑门关独特的感觉。长城内外，大江南北，凡古代设“关”的地方都留下了他们的足迹，洒下了他们的汗水。拍完剑门关，就该封镜，回首都去完成后期制作了。在交谈中，他们对剑门关印象最深的就是“剑门石”。

生活在剑门山区的人，于山、于石、于溪涧、于峡谷，看腻了，找不着新感觉，好比“入芝兰之室，久闻而不知其香”一样。但初来剑门“闯关”的人，对剑门之石无不惊叹不已！是谁将这巨大无比的三块石头放在这广袤旷野之上呢？不是吗？大剑山是由方墩石、金城山、佛掌崖三块巨石组合而成的。有人说是二郎神用赶山鞭赶来的；著书人说是五丁力士用玉斧将山劈成了三段，石与石之间的缝隙，便是剑门关隘口与后关门峡谷。但传说毕竟是传说。剑门古代地处“巴蜀袤微之地”，猿猱难度，黄鹤之飞尚不得过，无路通行。著书人不可能逢山开道，遇水造桥，或者梦想乘西王母的青鸟引路，飞到剑门关来考察石头吧！玉斧劈山之说，纯属历史谎言。

剑门山，地处扬子海盆边沿，六千万年前，在一次造山运动中，翻江倒海，海水溢出盆口，地壳形成了许多起伏皱褶，这就是今天的山峰、峡谷、溪涧。地质学家将这段时期划分为“中生代白垩纪”，相信这是科学。难怪，剑门石像经过混凝土搅拌机搅拌后，浇注成形的一样，许许多多的卵石混杂在一起，凝固成整体，硬如铁、坚如钢，这种经过高温高压自然成形的巨石，称之为“砾石”。远望紫烟缭绕，横空出世；旭日初升，红晕反照。1966 年郭沫若游剑门时，被这自然景色陶醉了，即兴赞叹这山这石：“群峰齿尽黑，万砾色皆红。”佳句永久在山谷回响。

剑门无土，但却绿装披裹，林木森森，无土何来植被？千万年来，风霜雾露，无情地向她袭来，烈日火焰般地向她曝晒，却丝毫没有损伤她的肌肤，恰似大自然为她梳妆涂粉，她显得更迷人、更旖旎了。这不是诱人的香粉，是大气层的粉尘，是风刮起的尘土，日久天长，堆积就植物生长的沃土。

石是剑门的精抽与气质。不管风吹雨打，风云变幻，历代数十次战火的重创，弹洞累累，这弹洞便是记录历史的文字，剑门石始终傲然独立，不低头，不弯腰，敢笑苍穹！这是剑门石的骨气。为人者，不可以有傲气，但不可以无骨气。傲气使人停步不前，骨气塑人顶天立地。

剑门人生活在石的环境中，对剑门石存深厚的感情。当今艺术圈内的剑门人，对石由衷独爱，以“石”为笔名者众多：篆刻家母前轮，艺术造诣深厚，“一刻值千金”，以“刀情居”为室名，以“粗石”为笔名，显得谦逊可嘉；画家孙绪和，笔名“巴石”，他笔下的山水画作品，多表现“巴山之石”的风格；书法家梁光辉，.笔名“滴石”，绳锯木断，水滴石穿，表现了学书的恒心；还有“寒石”“穿石”“顽石”、“青石”“白石”等等，不一而足，这都是剑门有灵性的“石”，这是无价的财富、珍贵的资源。

剑门之石，可以攻玉！

（原载于散文集《剑门风铃》）

碑　记

赵隐君墓志铭

宋·黄　裳

乡先生赵公周才，讳致中。其先居阆之西水。世以儒学称。至先生考君讳君辅。始徙居剑之普成。取彭氏。生二子，先生其季也。伯兄讳致平，字公才。为人疏浚。年二十有六，取上第以归，乡人荣之。先生性谨厚，与伯兄不同。学尤渊诣。尝试于乡。有司初奇其文，为首选之。文卷中偶有触误，遂下第。竟嘉遁以终其身。噫！龃龉命也。先生虽不幸不得志。与兄公才俱仕于世。然以操行高，素为乡人及士大夫所敬。性嗜学，自少至老，未尝一日废书。与人交，无贵贱少长，一主于敬。行必端，坐必拱，语必诺，终身行之如一日。恭而能安，其天资然也。大率先为人，处己接物，详密周谨，无毫发不尽。然独疏于治家。有良田数百亩，他人处之可以致富，公乃贫甚。茅茨萧然，衣食之奉，往往不计。故人谓先生拙。先生娶张氏。实剑之望族。观物先生其叔父也。识先生聪俊，以兄子妻之。其妇德妇行，纯而无玷，后先生十九年以卒。生二子，曰鼎，曰昆。鼎也才，昆也质，皆有学问，且笃于孝友。先生年且老，而有二子翘然以出。能立其家，腴其田，华其屋。先生泰然无一事。野服杖履，日往还亲旧家。二子亦各有孙，曰望之，曰宜之。虽不及哦诗书，以为先生寿，亦可以继先生之业。年七十始以微疾卒。呜呼！善人高报也。裳虽生晚，尚乃拜先生床下。至今宛然能记忆其容貌语言，真可谓善人者，今不复有斯人矣。鼎昆以绍兴辛亥十一月己丑。奉先生之丧。以合葬于仁里东山之阳。裳赴诏命。适行在所。鼎昆前期来请予铭，予以铭法考之。真如先生行义，始可以铭也，故不辞而为之铭。铭曰：嗟嗟先生，治其心而芜其田。田芜而贫，心治而贤。以贫易贤，丧一得千。嗟嗟先生，嗤于人而巧于天。为人所嗤，为天所怜。有子与孙，相兼后先。所谓积善之家，必有余庆者。岂不然哉！岂不然哉！

《何马沟事状》碑

清·李　榕

曾王父讳苇，农家无字，生六子。先世居剑州东南乡之大原山下，其地硗埆，无河渠，弥望皆童山，艰于樵采，而富人刁以资敛贫人息。虽负毫末，不惜金钱啖官吏，责偿贫人，益谄事之。曾祖王父居恒不得志，既丧偶，又食指众，所业常不赡。乃都其田庐为一券，择日具酒食招妹夫聂某，觞两兄于堂，而以券属之曰："弟行出外谋生活，庐则两兄居之，田则两兄耕之，不计年，不给直。弟以何年归，庐返田还；终不归，勿问也。"券尾署聂名。如约，乃遣四子之有妇者，往依外舅家，佃田自食，而挈二少子以行。

五伯祖、祖父年十七八以来，皆长身壮伟，随曾王父走州之旁邑。父为人织绸布，子为人佣田功，或月一聚，或数月一聚，得佣钱则置酒布趁墟市，买贱卖贵，然亦不久置也。往来绵、梓、龙三州且十年，曾王父年六十余，不能织，思得善地为久居，所历无当意者，最后迁州东北下寺场之何马沟。距清水江里许，小溪旁汇，四山多橡木，居人伐木生耳，如蒸之菌，利使倍禾稼。荒地得不辟，而山下田灌溪水，旁产薯芋笋蕨，蔬果亦肥茂，河鱼四时不绝于市。曾王父则大喜，出橐金佃张氏田，结茅屋，为两子娶妇。

而是时两曾伯祖相继殁。其子若孙稔知曾王父不归，而虑所居之田庐名不正，因改书前券为卖契，投税于官。聂某适为户吏，见契讶其不与闻，以书来问故。时盛暑，曾王父出月下，卧短足几为从容。两祖发书。遂大怒，裂眦张拳有声叱："怪事！我岂卖田者？明日促归，相见无他辞，但有斗耳！"曾王父曰："止，儿胡为此言？方我之出也，我岂不能售田庐资若辈哉？所以属两兄者，先人坟墓在兹，我终不以田庐之直而轻弃故里！今天相我以托足之所，流泉茂林，阴阳有宅，足也长子孙。为今计，殆不可归，归必失兄弟和。且田庐与兄弟熟重？我终不使若辈以田庐之故而失两世兄弟和。"用曼声长言："留得金山银山在，只要儿孙斧斫快。"此二语，不知为曾王父臆造，为当时里谚也。两祖年壮，气不能平，听良久，垂手立，怡然惟命。因倩人报聂书，诚有是事，宜印契如例。

曾王父殁，年七十余，遗命归葬大原山下祖茔，是为乾隆壬子。又三十四年，道光乙酉，孙时荣举于乡，终广东吴川县令。又二十七年，咸丰壬子，曾孙榕成进士，改翰林院庶吉士；又十一年，同治癸亥，洪杨之乱，榕以浙江盐运使统兵，从湘乡曾相国东征金陵，以战青阳功，特赏貤赠王父为中议大夫。曾王母左氏为太淑人。阮解兵柄，历任湖北按察使、湖南布政使，罢归。今年冬将有事于祖茔，因书其事勒于石，使后世子孙知始迁何马沟之由，勒石以昭示后人。盖曾王父殁九十一年矣！何马沟以两姓式微，沟名渐隐，今改为友于庄云。光绪壬午，曾孙榕谨状并书。

剑州下寺场江神庙记

州东北乡，清水之北，有寺曰下寺，其水南有市，曰下寺场。寺不知建于何时，佛前有铁磬，文曰：明万历八年铸。而文昌神肖木像背，有正德三年刻字，其可据者如此。寺前楹壬供水神像亦木刻也。乾隆壬寅夏，江水涨至寺门前，楹坏。癸卯，市人于寺西立三楹，迁神像其中，寺立石碣，词鄙俚字如酒肉簿，即所谓镇江王爷庙也。水神不应有像，然余尝历江汉上下七八千里，水侧皆有神庙像，以执斧降龙，称之王爷，有谓七岁神童九江得道者，其说至无稽考，天下场市，村野庙祀之神，大抵皆医卜巫觋，泥塑雕木之匠，援于稗说优剧者之所为，然不如此，则不足以震骇耳目，昭示灵怪。文昌神尚有像，而况水神哉，今年夏，市人重新兹庙，属予记其事，因略考下寺之缘起与兹庙毁迁之由，而正其名曰江神庙，礼有之。四渎视诸侯，而成都有江渎庙，俗称非无因，然不曰侯伯，而曰王者，从其尊也。余则安能违亿万人之口，而不从众称哉，首事人姓名及功德钱数别具木榻，兹不具载。

光绪癸未六月前翰林院庶吉士湖南布政使里人李榕记并书

梁山寺碑记

（一）

仙迹奕奕，仙岭丛丛。雄关横锁，蜀道当空。立丹嶂以徘徊，举目可穷千里，出翠（屏）而观望，昂头逼近九重。原夫梁山寺之始荆也，由来久矣。古号珠林，昔传宝地自佛鸟之鸿开，并灵鹫之初起，游大剑之东练形服气，则奇迹于志公，傍蜀门之北访道寻幽者，则参禅于武帝。维时百神献媚，嵩狱降临，千峰□暖，四壁氤氲，秀起林峦，瑞影发于蜀北，云垂仙地，紫气溢泻于山庭。色相浑忘，抱仙骨者坐青松而说法，纤尘不染，学长老者伴白鹤而读经。今则探仙迹，考仙踪，但见仙源宛在，仙路可通仙女桥飞仙能渡，雷神峡雷鼓时鸣，玉女炼丹，仙台之夜光常发；神龙伏水，天地之玉液常浓。望云坪云消雨霁，咏月僧常游月下，金光洞溪水桃源，空桑子常在之中。盖两剑之大观，历朝之胜景！

（二）

剑门天险，八景之一也。由剑门山行六七里，峰回路转，鹤泪猿啼，古木中时闻梵语，暮天外不断钟声，望之蔚然而深秀，焕然可观者，梁山寺是也。盖其带嘉陵而枕剑阁，连秦栈而峙蜀川。雷神峡、仙女桥，胜地可寻；石笋峰、金光洞，仙迹宛在。又有望云坪祥云霭霭，炼光台瑞气腾腾。或以为武帝谈禅之所，或以为志公说法之坛。道云禅师创造于前，指松和尚飞身于后。履斯地者，未有不尽尘缘而空色相也。

清雍正十三年

维修觉苑寺大殿及壁画记

觉苑寺始建于唐，尔后代有增替，迄清已规制极宏丽焉。大殿，寺之主体，珩梁识记赫然，其为宋之故物也矣。明天顺初，重新殿宇，寺僧邀集民间画工绘《释迦牟尼佛传》二百一十五幅于壁。通体构图，于散漫中见缜密，疏落有致；工笔重彩与沥粉堆金互用，典雅宣丽。及于今，尚须发毕见情态可掬。至若山水云树屋宇楼阁，无不宛然在目者也。数百年来，虽风雨剥蚀，兵燹迭加；或沦为军营，或改办学校，幸大殿及壁画犹存。施及五六年，始为省文物保护单位。然则，毁坏常有而维修不时，至大殿屋顶椽檩朽坏，壁画墙体竹胎糟烂，雨水滴漏，底衬暴起下坠，时有塌毁之虞。

一九八四年，省县有关部门组成领导小组，主持维修工程。省文化厅旋拨专款刻意修缮，而以省文物考古研究所任其事。是年秋动工，历时两载，于兹乃就。大殿翻修，悉依原式；于画，取后壁而加固之。其险情严重之二铺，则整体揭下重装。揭取技术不沿陈规，而尚首创。至于补苴脱裂，着色复原，则留待后之有识。

剑门号天下雄关，锁县之北门；觉苑壁画称艺苑奇珍，居县之西鄙，国之瑰宝“翠云廊”迤逦其间，如骊珠缀其首尾，陡增蜀道光辉而倍添游人雅兴。其为精神文明建设所作贡献殆不可忽也。

施工中，各级领导多方支持，工程技术人员辛勤劳动，人民群众慷慨赞助，香港王宽诚先生捐赠人民币七万元为其著者。诸事皆不可没，今当竣工，并记如右。

剑阁觉苑寺维修领导小组　立

王文海　撰文

公元一九八六年十月

杨家坝水库竣工记

剑阁，群山绵延，千峰屏障。雄关北峙，扼蜀门之咽喉；古柏遮蔽，浮三百里之翠云。中华文明史之麟角鸿爪，于此存留诸般古迹佳话，乃成为全国风景名胜之区。形胜之地，得之在山。然而，得之所在，失亦附焉。县境地貌复杂，河流短少。蓄泄乏力，调剂无能。夏雷殷殷，暴雨时至，山洪咆哮，塞壑填涧，吞噬人畜，横洗财货；久旱无雨，源竭流枯。人之望云霓，犹胜乎衣食布帛。要之，旱年十之九八，缺水之患，深矣久矣！虽然，滚滚嘉陵蜿蜒于东北，滔滔升钟静卧于西南，皆有足可用之水；而丛山阻隔，人口聚居，物丰财茂，商旅辐辏之区多在河谷台地，遇旱而不能引以少解愁困。且生产发展，经济腾跃，人口繁衍，求之于水者，不可胜数；匮缺之患，日见其烈。水之为我县社会经济发展之桎梏，有非可尽道者。

故自一九六〇年以来，历届县委、政府屡有修建杨家坝水库之举措，而时异事迁，多有延宕。至一九八九年，经省府批准，主体工程始于一九九零年八月破土动工。

挡水坝高五十三米有奇，其最窄处仅二十八米，上阔下锐，以浆砌条石成双曲拱坝，横锁曾家河下游深涧，汇聚二千六百余万立方雨水于盐店镇莲花村山谷，出汪洋澄碧之千顷巨泊。浴银月，沐朝阳，吞吐苍山翠岚，迂回重峦叠嶂，平添蜀道一处佳境。其地当龙门山脉雷雨聚合处，崇山峻岭，奇岩环踞，沟深涧幽，林木茂密；蓄山洪，济旱荒，涵养水源，均平盈缺。无多占良田沃土之弊，而尽收化害为用之功。库区海拔一千二百余米，几与剑门高峰等，更得流注之便。引水干渠五十余千米，穿山越岭至柳垭场，而分流东南；其一系盘绕至城东郊鹤鸣山脊。总计灌溉农田六万亩，生产生活足用有余。自是，五乡镇五十余村群众再无缺水之虞矣。至于综合利用，阜物生殖，别开发展经济之蹊径，姑无论焉。

水库之建，顺乎民心，应乎潮流，泽被半县，惠及子孙。中央及省市领导关怀殊甚，主管部门大力支持，县内干部群众共襄盛事，总投资五千六百八十万元中，踊跃集资即达二千余万元。感人之事，殆不可胜数，兹不赘列。余则各级领导，策划组织，夙夜操持；设计施工人员殚思竭力，辛勤劳作；库区干群积极支持，无私奉献。诸事皆不可没。今当工程竣工，并记如右

杨家坝水库指挥部　立

王文海　撰文　　黄邦红　书丹

一九九三年八月

武穆王先祖岳飞第九世孙入川始祖岳思禄之墓碑记

岳氏飞祖之远祖乐休原籍钱塘山阴郡人，周节度使，唐末迁山东东昌聊城。子乐朝，字彦贞，铜台节度使。彦贞生海，海生铉，铉生涣，涣为令使迁河南汤阴。涣生成，成生和。和生二子，长子名飞字鹏举；次子名翔，参将，随兄征战，于绍兴二年在征讨流寇曹成时牺牲，追封经略使。仙祖飞秉承母训师传，立志精忠报国，文韬武略，出类拔萃，投身戎马，战必胜，攻必克，在平叛和抵抗侵略的战场上指挥了一百二十多次战役，从无战败，是名副其实的常胜将军，为南宋抗金名将，闻名天下的民族英雄。皇授少保太尉，河南、河北招讨使。志在还我山河，迎还二圣。惜壮志未酬，竟被昏君奸相以莫须有之罪于绍兴十一年腊月廿九日冤死于风波亭，时年三十九岁。昏君当道，奸相掌权，苟且偷安陷害忠良，飞之子岳雲与其父同时杀害，次子岳雷随李夫人被流放岭南，妄图谋害，家丁为保忠良之后，带霖、震、霆三子连夜逃往江北，隐匿于黄梅麻城民间改姓为鄂。小女孝娥闻父被害，欲即厥上书逻卒拦阻忿而抱银瓶投井亡，世称孝义仙姑。飞祖之姑父朱金星也受株连，逼其八子逃往许昌城北改姓狙。宋孝宗赵昚即位后恢复中原，为岳飞平反昭雪，追复原官谥号武穆王。访其后裔特封禄用。宁宗赵扩追封岳飞为鄂王，削去秦桧封爵改谥谬丑。明神宗朱翊钧加封岳飞为靖魔大帝，并称精忠贯日，大孝昭天其美名，万古长存，芳流百世。始祖岳雷之孙岳纪之子岳桂枝进士任陕西抚风县知县，升凤翔府知府，落业于三元县息角园。长子岳蒿任岳州石门县知县。遭乱世隐居临安，其后转云、安、川。飞祖九世孙蒿之来孙岳思禄入川落业于剑阁下寺宝龙山，生二子，长子岳用才居金池，子孙繁衍张王、剑门、汉阳。次子岳志才居修城坝，子孙繁衍于修城，大仓、沙溪、空木、志公等地。始祖岳思禄卒葬于大仓坝竹瓦垭，建修国道108线高速公路时，迁葬于宝龙山。为明本源，励子孙，不忘尊祖，不湮先祖忠孝仁爱之德，特勒石竖碑传示子孙，以昌后裔。

武穆王岳飞27代后裔岳开项　撰

公元二〇〇一年全月四日

维修白塔记

塔本佛寺建筑。后渐离禅院而移于城邑以为标志。自有唐一代诸进士雁塔题名以来，营建者多寓为一方避邪凶、祈福祉、尊前贤而彰文运之厚意。鹤鸣山巅之白塔，肇创于清乾隆三十五年，迄四十二年始毕其工。原委曲折，胡成之所述备矣。碑文犹在，兹不赘言。然则，塔名果有说乎？盖我县为文华旧

地，其见诸史乘之立功、立言、立德者，代有才人。塔侧不十步山脊下，棋布星罗之道教造像，唐宋碑刻，明清题记，荦荦大观，文质斐然，并为世人所重。此或为“文峰”所由来焉。

剑城居于崇山纠绕之谷底，局促偏狭。而鹤鸣，下接城郭，市集民舍比附牵连聚于山麓。且夫山不广而舒远，峰不险而清幽，久为县民休憩之地。劳作之余，登临览胜，趣味良多。至于元九之期，茱萸之节，老少相携，倾城来游；欢歌嬉戏，百艺杂陈，其盛况有非可尽道者。岁月漫掩，遂成风俗。是故，“塔子山”之名形于口碑，而所谓鹤鸣，知之者日希矣。解放后，山中文物次第维修，独此塔历经二百余年风雨，莹白尽去，柱榫错位，塔身鼓裂，时有倾坍之虞。殆峰无塔则失其势，山无塔而无以名，县人所以深为痛惜也。

本世纪伊始，县委、县人民政府广纳民意，首倡修缮；各界捐资，乐襄其成。以二〇〇〇年十月动工，翌年八月告竣。虽整体拆除，原址重建，而所用砖石，悉采故物；营造体制，一仍其旧。举凡拓展台基，方便游人之诸般余事皆成就之。

昔日“文峰塔”以皎白坚实之姿特立故地。卧龙、汉阳环拱左右，翠云廊迤逦东西；五华晴岚、天榜秀色延于襟怀，而北望剑关，则极天一抹丽色。群山喷绿，树海扬波；烟景幻化，霞蔚云蒸。壮美如斯，能不倍增游兴而长精神者欤？信夫！剑阁素称名区，诚不虚言耳。

白塔之修缮也，乃我县构建和谐社会之佳话。事惟实，功厥伟，足以警时人而昭来者。是以记。

剑阁县人民政府　立

王文海　撰文

公元二〇〇五年六月十日

修葺剑州文庙记

剑阁素为历史名区，系藏龙卧虎之地。不仅有剑门关雄冠古今，而且以翠云廊名满天下。千百年来，帝王将相，才子佳人，羁旅行役，迁客骚人，或执政于此，或途次于斯，留下了气吞山河的千古绝唱，建树过功盖百代的丰功伟绩，既为崔嵬剑阁增色添彩，更给芸芸众生以教育启迪。剑州文庙就是这千古文明的历史见证。

剑州文庙，始建于宋大中祥符四年（1011），其后数经毁圮，又多次修葺。而它的最后一次维修是清光绪二十九年（1903），由知州茹汉章主持，重庆府教授拔贡李开元监修，距今已一百余年。因人为原因和风雨剥蚀，剑州文庙处于风雨飘摇之中。

今逢盛世，喜国泰民安，河清海晏。在全县人民的鼎力支持下，中共剑阁县委，剑阁县人民政府决定由四川省剑阁中学斥资全面维修有千年历史的剑州文庙，恢复其学宫、隆庆府学、兼山书院旧观。

二〇〇五年秋，维修工程全面启动，越明年，工程告竣，历时十个月，耗资一百八十万元。剑州文庙主体建筑大成殿、东庑、西庑、魁星楼修葺一新，整个建筑群翘角飞檐，画栋雕梁，大成殿内刻孔子行教像，院中植桂花、杏树，至此，一座古色古香的宫观式建筑巍然矗立于卧龙山麓，闻溪河畔，成为剑门蜀道上一颗璀璨的明珠。

千年文庙，百年修葺，确属不易。剑阁中学在倾力修建学校运动场、教学楼、学生公寓、食堂餐厅、科技大楼的同时，克服了常人难以想象的困难，不仅让校园焕然一新，而且使文庙建筑群雄姿再现，成就了造福桑梓之伟业，真乃旷世善举。而主持这次修葺的领导、工师之德业，也将与剑州文庙一样百代流芳。

为垂永远，是记。

李安全　识于公元二〇〇六年六月六日

掌故传说

武连场东武侯坡

建兴五年（227 年），诸葛亮给后主刘禅上了《出师表》，要求北上伐魏，复兴汉室，统一中国。后主同意后，他带着部队从成都出发，举行了北伐战争。

阳春三月，风和日丽，鸟语花香。诸葛亮的伐魏大军满怀希望地出发了。铁骑浩荡，征尘滚滚，旌旗翻飞，车马如流，十万兵马布满从成都到雒城、绵竹的广大地域，军容整齐，秩序井然，纪律严明，秋毫无犯，沿途百姓箪食壶浆，热忱迎送出征之师。

三月下旬，部队来到梓潼郡所辖的下办县（今剑阁县武连镇）一带，诸葛亮一看，这里真是好地方。县城之东，有一条清明如镜的小潼水缓缓流过。河东一山，高大巍峨，名叫东山，山上树木葱茏，野花烂漫，特别是一过梓潼，浓荫蔽日的柏树，矗立在大路两旁，给下办县增添无限诗意。武侯看了非常高兴，自言自语地说："张翼德，你过去不愧为巴西太守，把这条行军的道路建设得多好呀！"他尽情地观赏这条五丁劈开的金牛道之后，又带着赵云、马岱等人去察看地形，认为这里翠柏夹道，山明水秀，是部队训练和宿营的好地方。将士们连日行军，也没有好好的休息过，这里距北伐前线还远，一定要让大家适当休息和整训，以保证将士体质强壮，去应付即将到来的艰苦战斗。于是，下令安营下寨。

战士们把军旗插上了小潼水之东的东山，它告诉人们，北伐的部队宿营练兵了；武侯也把中军帐设在东山脚下，潼水之滨的下办县侧，他白天巡视部队、观看演武练兵后，晚上还要读他的无字天书，分析伐魏中的问题。

无字天书是哪里来的？天书上为什么没有字呢？说来话长，还得先从他在南阳隐居时说起。

诸葛亮隐居的隆中，城外群山环抱，山峦起伏，苍松翠柏与枫林红叶掩映，常常和一些江南名士聚会，谈论国家兴亡，抒发自己的抱负。这些行动被一个很有才华的老伯伯看见了，就主动来传授本领，隔几天，就来传授一些兵法。年轻的诸葛亮当然高兴。他见这位老伯伯满腹经纶，又很热忱，也就更加感激和崇敬，问老伯伯的尊姓大名，却得不到具体答复，微微一笑就算了。再问，就答姓白，住在附近的山野里。他对于老伯伯传授的那点东西很不满足，就把问题汇集起来，多次去老伯伯家求教。一天中午，他又到老伯伯家去了，走拢一看，柴门紧锁，人却不知去向。正用目光搜寻，恰好看见房后的一株大柏树上，有只白鹤在浓荫里打瞌睡。白鹤虽闭着眼睛，可从口里吐出了一个红彤彤的小果儿，在一上一下地飞旋，他非常惊奇，不知是何缘故，就悄悄跑到房后去看，见到那小小的红果儿，一会儿从白鹤的口里吐出来，向地下落去，还没有沾地，白鹤一吸气，它又飞起来，回到白鹤的口里去了。诸葛亮看得入神，高兴之中，就一步抢上前去，接住小红果儿，一下放进自己口中。他也想学着白鹤那样，一呼气吐出来，让它在空中飞旋一下，又吸回到口中来。可是不知怎的，那小红果儿在口中一滑，就吞下肚去了。白鹤惊醒了，从树上飞下来，在地上一滚，变成白老伯伯。这可使年轻的诸葛亮又大吃一惊，感到十分面愧，正要问是怎么回事，白老伯伯却先开口了："我修炼一辈子，炼了五百来年，才炼得这么一颗金丹，今天却被你吃了，你倒好哩！"不等诸葛亮申辩，老伯伯又说："小伙子，我看你人虽年轻，却能如此忧国忧民，你又有将相才气，将来要为汉室出力，好好好，就把这颗金丹送给你吧。我的一切本事都在金丹里，把它传给你算了。不过，这金丹还没炼成气，我家里还有一套无字天书，一并送给你，今后遇着什么问题，就翻开看看。"老伯伯还反复解释："这些书，乍看起来没有字，可是遇着什么解决不了的问题，只要一翻书，上面就会出现字来，看到解决疑难的办法，就算作为金丹的补充吧！"最后他还说，你把我的金丹吃了，我也活不多久了。我死后，你可把我的两个翅膀取下来，做成一把羽扇，随时拿上，若在战场上临时遇到什么问题，来不及去看书，那就看看羽扇的把子，上面也会现出字来，补充书上找不到的东西，有时，也能看到解决疑难的办法。

诸葛亮听了这些话，既高兴，又很难过。他再三拜谢白老伯伯，然后才含泪捧着老伯伯送的无字天书，回隆中山去了。在以后的日子里，他靠无字天书，增长了不少知识，在刘先帝三顾茅庐时，他提出了《隆中对》的重大建议，又在以后与曹魏的斗争中，在建立蜀国后的南征平叛中都指导他取得了一个又一个胜利。现在，他已拜辞后主，挥师北伐，部队离开成都，他就筹划着一举北定中原，南下江东，统一中国，匡复汉室的大计。因而，在全军将士入眠后的晚上，在这夜深人静的时候，他还不顾一天的辛劳，专心致志地攻读无字天书，思考那战场上可能发生的一个又一个问题。

第二天，东方刚现出鱼肚白，部队又出发了，一批批地起程了。"哎呀，不好，天书怎么不见了一本呢？"诸葛武侯大吃一惊，这时保卫中军帐的队伍已整装待发，自己也将上路，怎么偏偏在这时，天书就不见了呢？他匆匆忙忙地找了一阵，没有。又叫来马岱帮着找，还是没有找到，只好传令让保卫中军帐的人马帮着找，也没见什么无字天书。又传令在东山坡上的插军旗处设下关卡，说是要检查部队的"军容风纪"，对从这里过的所有人马逐一检查，查遍了，还是没有着落。事已至此，只得不了了之。

由于在下办县的小潼水之东那东山坡上设卡找书，耽搁了很长时间，先头部队已过四十里之外的柳沟了，后面的大部队伍还没跟上去，急行开路的赵云搔首抓腮。他一早就带着先头部队出发，而不知后面发生了什么事情，见行军的队伍跟不上，就非常着急。跑到柳池沟场头昝姓人聚居的高山上去擂鼓催兵，急促而响亮的鼓点，擂得山鸣谷应，后面部队听了，才一批批赶来。问及为何掉队时，才说是在检查"军容风纪"，赵云听后也顾不得多问，又带着先头部队向剑门关方向前进了。

天书掉了能够不了了之，可北伐中即将遇到的各种问题是没法不了了之的。据说，就因为丢失了至关紧要的那本无字天书，才使得诸葛武侯在"六出祁山"的首次战役中就遭到失败。虽然在挥师北进的第二年，首战告捷，也收了姜维，可还是因为错用言过其实的马谡，才造成失街亭的关键失利，自己也不得不利用"空城计"来解围脱身。赵云的部队也在箕谷遭到魏军的猛烈还击，后烧掉栈道，才止住了魏军的追击，撤回自己的部队。

"六出祁山"的关键性一仗失败了，以后的战斗也就没有多大进展。诸葛武侯也因操劳过度，忧虑成疾，疗疾时又遇魏延撞灯，武侯跌一跤，吐了一口血——倒出了老伯伯送给的金丹，逝世在五丈原的伐魏前线，北伐失败了。

武侯去世了，但他“鞠躬尽瘁，死而后已”的精神永在，因而人民怀念他。以后，下办县的百姓，就把他在北伐时驻过部队的东山坡，改名为武侯坡。再以后，又把武侯坡下的山村命名为武侯村；把武侯坡上插过军旗的山头，称为插旗山又叫点将台；把赵云曾在柳沟池场头擂鼓催军的昝家山，称为擂鼓山；把下办县西二十里的演武场地附近那个小场镇，取名叫演武铺（今梓潼县演武乡）。还把剑州城（今剑阁县城）东门外，武侯过闻溪河时修的桥，称为武侯桥。明清时，人们又在武侯坡和剑州城里各建了一个“武侯祠”，历代文人墨客，吟诗作对歌颂武侯的不少。清人陈讳去武侯坡拜谒武侯祠后，就写了一首《武侯坡丞相祠堂用工部蜀相韵》的律诗：

万瓦鈹鳞野店寻，
岭头犹是碧森森。
将才堙没南充笔，
筹策艰难北伐心。
胆惜姜维疏豹略，
囚如廖立革鸮音。
邛都想像征蛮迹，
山水清高割智襟。

姜伯约与剑门关

蜀汉末的炎兴元年（263 年），魏将钟会、邓艾伐蜀。后主刘禅听信宦官黄皓的谗言，没有接受姜维早就提出过的建议：“……宜并遣张翼、廖化督诸军分护阳安关口，阴平桥头以防未然”，而使蜀汉军队节节失利。身为蜀汉大将军的姜维，不得不与廖化带着一万多军队从沓中、阴平后撤，在汉寿与张翼部会合，共三万人退保剑阁（剑门关）。并在剑门关隘口之东的绝顶扎营（后来人们为纪念姜维，称这里为营盘嘴，又叫姜维城），分兵守住大、小剑山的绝隘口后关门、大吊岩、寨岩口、小吊岩等处，拒钟会十万之师于剑门关外的七里坡一带，对峙三月之久。钟会不得已给姜维写信劝降，遭姜维拒绝，他坚持列营守险，这使钟会非常恼火，又苦于长途跋涉和粮运不济而想退兵。邓艾则渡阴平、破绵竹、陷成都。后主刘禅听信光禄大夫谯周等人的话，投降了邓艾，并下诏书命令坚守在剑门的姜维率兵投降钟会。姜维等三万将士，听说要降魏，都怒不可遏，拔刀砍石……

剑门关的老人说，在关口外石笋峰下，现在还能看到姜维将士当年拔刀砍过的石头——砍刀石。

姜维接到后主刘禅要他投降钟会的诏书后，急得两眼冒金星，连忙召集部下的将领，在营盘嘴后山的一个可容百多人的山洞里商议。大家都不愿投降，但有后主的诏书，又不得不降。经过认真商讨，一致决定搞假投降，等待时机，举事匡扶汉室。为了保密，就没有把搞假投降的计策告诉士兵，只宣读了后主命令投降的诏书。现在，人们在营盘嘴后山，钵盂寺遗址背后看到的这个山洞，老百姓都称它“姜维洞”。

姜维最心爱的东西，莫过于诸葛武侯在临终前送给他的“无字天书”。他想，丞相在生命垂危时，不但把军国大事托付于我，还把他用以观察天文地理、指导行军作战、屯田治国的天书也传给了我，是要我竭尽忠心地匡扶汉室。后主令我们降魏，怎么行呢？既然现在已决定搞假投降，那就离开剑门吧。他撤离之前，秘密地和一些将领商议了保藏天书的事。若把它带走，反而不能安全的保存；把它埋在地下，又容易受潮腐烂；剑门的石洞多，不如放在隘口绝险处的石洞里为好。于是，他们把装着“无字天书”的两口箱子用绳子捆好从后关门出口的西面山顶上，吊到千仞石壁间的一个上不沾天、下临深谷、左右都去不到的山洞口，又用绳子捆住人的腰，把人吊下去，攀住石洞口的树丛进了洞，将装天书的箱子放进去，然后把洞口可供攀援的树丛砍掉，再将人吊回山顶。装有“无字天书”的箱子就这样安全地藏起来了。他们临走时说，待将来回兵剑门时再来取它。

姜维一去不复返了。后代有多少知道这件事的人都试探过进洞取书，可都没有成功。现在也没有人进得去。装“无字天书”的箱子究竟怎样，是个谜。你只要问问当地上了年岁的老人：“‘孔明书箱洞’在哪里？”他就会高兴地指给你看：“那就是！”很多时候，还会有人向你一边比划，一边讲那一次又一次探险取书，但又扫兴而归的故事。

姜维率兵离开剑门时，有的将士不知他有复兴汉室的志向，以为真的要投降了，就不愿撤走，有个头戴铁盔，身着甲胄的士兵，面向中原，意欲继承武侯北伐的遗志；背朝成都，以示对投降旨意的反抗，站在剑门关的峡谷里，悲愤地死去。后来，他的躯体化成了石头——就是现在大家都看到的石胄。

有的士兵在撤离剑门时，悲愤地拔出宝剑，意欲自刎，而把宝剑的剑鞘，扔在剑门关的峡谷中，时间一长，剑鞘变成了石头。现在，那个立在剑溪河边的剑鞘石，还深深地埋在泥土中，剑鞘里装满姜维等将士的满腔怒火。

他们把进军的战鼓和战斗胜利后收兵时用来鸣金的锣，也放在关外一里许的石庙子那里，因没有回来取用，后来，也变成了石锣、石鼓。

他们把一些将来要用的精良武器，藏在朱家崖下面的石洞里，由于武器太多，洞外也堆放了一些，说恢复汉室后再来取。老百姓还把这里称为“姜维刀枪库”。

他们还把两面军旗，倒放在山岩上。现在，在朱家寨和顺风寺的山岩绝壁间，还能看到各有一面倒放着的军旗痕迹。因此，后来这个地方就叫“双旗”。在顺风寺的另一个绝壁上，有个长方形的痕迹，老百姓说那是姜维走时挂的“免战牌”。因为战士们气急了，把它倒起挂着，所以又叫“倒挂牌”。

行前，姜维的一些士兵，劝他把穿脏的汗褂子脱下来洗了晾起，等以后回兵剑门时再穿。姜维照着办了，把洗的白汗褂晾在大吊岩和寨岩口之间的岩壁上。老百姓又把这个岩壁，叫做“晾衣岩”。

以上虽然没有史书记载的故事，但也说明姜维在剑门人民心目中有着崇高的地位。

姜维虽然死亡，但他的爱国精神和忠勇气魄，却永远在人们心中激荡。后人为了纪念他，在剑门给他垒了衣冠冢——姜维墓，并勒石竖碑于墓前，上书“汉大将军姜维之墓”。又修了平襄侯祠（姜维庙）；还把他屯过兵的山嘴叫营盘嘴，把他的士兵放牧战马的山坡叫放马场。把他驻扎过部队的大小、剑山的各个山寨都叫姜维城；把修成通往姜维墓、姜维庙的石桥叫姜公桥。又在姜维庙里贴上对联，颂扬他“壮志未能吞司马，大业无惭继卧龙”；在庙中又刻上律诗：

潇潇风雨剑门秋，
伯约祠堂亘古留。
生尚设谋诛邓艾，

死当为厉杀谯周。
中原有土都归魏，
左袒无人复为刘。
斗胆尽储亡国恨，
九泉应诉武乡侯。

孤玉山下邓艾墓

魏伐蜀期间，钟会的十多万大军，没有把剑门关打下来，而邓艾以少量精锐之师，却能以迅雷不及掩耳之势，仅在一个多月内，就渡阴平，下江油，破绵竹，取成都，灭了蜀国，蜀后主刘禅也投降了。这一锤定乾坤之举，使钟会大伤脑筋，他气急败坏地大骂邓艾，说是抢了他的头功，使他失宠了。为了反败为胜，名列邓艾之上，他又挖空心思与监军卫瓘策划，诬说邓艾灭蜀之后，还要谋反。为了弄假成真，还制作了一些“邓艾谋反”的假象。

由于他善于摩仿别人的手迹，就仿照邓艾的笔迹，用邓艾之名，向朝廷写了言词狂妄的奏章，夸耀自己灭蜀的功绩和奖赏蜀国降将的建议。之后，还把这事秘密地报告了伐蜀的总指挥——晋公司马昭。这不仅引起魏元帝曹奂对邓艾的怀疑，也大大激怒了司马昭。因而，在咸熙元年（264 年），朝廷就下诏抓了邓艾。邓艾被卫瓘擒获后，感到十分委曲，内心很痛苦，他凄楚地长叹道：“我邓艾是忠臣呀，也落到这个下场……”

悲叹和嚎啕也无济于事，卫瓘不仅把他装进了囚车，还派出护军田续押送，在他的部下赶来救他之前，把他杀害在绵竹，连他的儿子邓忠也未能幸免。

邓艾父子死后，很不服气，满腹含冤，死不瞑目。由于邓艾性情刚烈，怒火不息，因而死了也不倒下，并且从地上提起自己的头颅要和儿子一道赴洛阳去见圣君，诉说自己的冤屈。他们翻上马离开绵竹，向北而去。由于怕官兵追赶，也怕不肯投降而流散在山野的零星蜀军报仇，就不走皇柏官道，而绕小路前行，到剑阁境内，又走捷径来到今北庙场附近的弧屿山，在水前坡上看见一位大嫂在推豆浆，就上前问话，说：“嫂嫂，嫂嫂，把你的豆浆给我一点儿嘛！”大嫂把他一看，哟，人骑在马上，而血淋淋的头，还提在手上的，就不以为然地说：“你的头都提在手上了，还要豆浆干啥呀？”邓艾见大嫂并不害怕，就把头举起来一晃，说：“我想借点儿豆浆糊一下，把头接在我的颈上。”他当然不知道推豆浆的大嫂是观音菩萨变成的，他这样做，无非是想讨一句吉利的话儿，好让自己死而复生。观音菩萨当然了解他的意图，也知道他俩是邓艾父子。听了这个要求，正要给他取豆浆，可又转念一想，不能给！他灭蜀，就是蜀国的敌人，而蜀中人民天天敬奉我，我为啥不去保佑蜀国父老兄弟，而要去拯救蜀国的敌人？因而又不以为然地说：“你看，这山上的树子，若是被人砍了巅巅，只要它有根，还是要活的；可是，人不是树木，也不是青草，人的脑壳被砍下来了，就要死。豆浆怎么沾得起呢?!”邓艾一听，气得头胀脑裂，大叫一声：“气死我也！”就一筋斗栽下去，再也爬不起来了！

邓艾倒下去，滚到路边的一块大石头上死了。绝气前，用手指在石头上写着“邓艾是忠臣……”的字样。据说，他用手指头写的字，后来又浸了石头，虽经若干个春秋的风雨剥蚀，也没有消失，直到清代以后，还隐约可见。由于他死后，尸体在大石头上摊放过，人们就把那块摊过尸的石头，叫“摊尸石”；他倒下时，由于气愤已极，就把手中提着的头甩得老远老远，甩到了广元境内，化成了人头山；他的将军印也甩到孤玉山对面抄手乡境内，化成印台山；战刀甩到了二三十里之外的山沟里，就是而今剑阁县姚家乡和盐店镇乡境内的关刀河；他的战马也跑到了几十里之外，化成马耳山；战马走过的这个山岭，又叫走马岭；马鞍子也跌落得很远很远，落到青川县境内，化成了马鞍山……

邓艾父子倒下后，人们将他俩就地掩埋了，葬在这树木葱茏、景色秀丽的孤玉山上。孤玉山原意是指剑门群山中唯一似岛屿的风景胜地。邓艾父子葬在这里后，人们又说，邓艾是魏国的征西将军，忠臣良将，灭蜀后又追封为太尉，他葬在这里，好似璧玉一样珍藏在山中，因而，又把弧屿山改名为孤玉山，以示纪念。之后，当地百姓又在他的墓前立碑，在墓侧建修庙宇，还塑了他父子的像供奉祭祀。唐穆宗长庆四年（824 年），剑州刺史邢丹还为邓艾庙题写了《魏太尉邓公神庙记》。唐中和五年八月，剑州刺史郭淮，又立了“邓卫圣侯碑”。在五代十国期间，前蜀王建天汉元年（917 年），追封邓艾为彰顺王。因而，孤玉山下邓艾墓侧的邓艾庙，又叫“彰顺王庙”。后因年深日久，墓碑泯蚀。1945 年，剑阁专员林维干，为邓艾墓题写了“魏邓墓”碑。历代对邓艾多有褒贬，清代还有文人为彰顺王庙写了一副对联，说：

越天险已入蜀战未生还漫诩将军夸智能
筹世机而擒王身能死决堪称父子是英雄

那时，也有人写诗批评他居功骄傲和狂妄自大。说：

自古奇功未可居，
螳螂蝉雀竟何如。
纵然制胜阴平道，
卫瓘谁知拥监车。

兵部尚书赵炳然儿时的故事

明朝兵部尚书赵炳然的家乡——剑阁县田家乡石磬山下大学堂遗址一带，在民众中流传着赵炳然幼年时期刻苦学习的故事。

赵炳然是赵松的第三个儿子，长子叫赵清然，次子叫赵朗然。

老大读不得书，老二又死的早，眼看幺儿炳然已有七八岁了，赵松为了把他培养成才，很费一番心思。因为家在乡下，没有学堂念书。要到别处去，路又遥远。点点大的娃儿，走起来很不方便，怎么放心呢？但是，为了让子成龙，赵松还是下决心，把小儿子送到离家乡十五里的柏垭乡青云山上的文昌殿里读书去了。他每天从早到晚，来接去送，虽然很辛苦，但也毫无怨言。

赵炳然刚刚启蒙，脑筋不开窍，经常受到老师的责骂和体罚。学生们也瞧不起他，叫他“瘟猪子”。也有同学同情他主动帮助他，但都无济于事。一个大户人家的子弟，假借关心他说：“老师对你太苛刻了，我教你两句话，包你不再挨打受骂了。”炳然问：“哪两句话？”这个学生说：“如果老师又抽问你，你就如此如此，他就不敢打你了。”

第二天上学时，余老师拿了一根竹棍，果然又抽问到赵炳然了，班里的同学有的为他捏一把汗，怕他又要挨打。也有的幸灾乐祸，认为这一下又好看热闹了。当老师抽他站起来背书时，他吞吞吐吐地什么也说不出来，因而老师又动了肝火，打了他两竹棍，打了还不算，还要叫他背诵，他把嘴巴一嘟就说："人之初，性本善，越打老子越不念。"一下引起了全班的哄堂大笑，同学暗暗责备他，不该背诵骂老师的话，有的则用调皮的眼光看着老师笑，这就使老师恼羞成怒，比原来打得更厉害了，打了还追问他是谁出的"坏点子"？炳然才知道自己上当，但他无论如何也不愿说出支使他的人来。老师问不出，就体罚他，叫他跪在教室外面的石板上晒太阳。

老师挨了骂，也在小炳然的身上受到启发。他想：教他念书他记不住，背不得，为啥别人的这句话，他很快就背诵下来了呢？恐怕是自己教书的方法有问题。于是，决心改变自己的教学方法。一天，他把赵炳然叫来个别交谈，启发说："炳然，你不是不开窍的人，我教你的话你记不住，为啥别人随便说一句，你就记得呢？"小炳然被老师问得面红耳赤，无言可对。余老师说："人之初，性本善，你可要知道这个'善'字的意思啊！你要知道做人之本，想成为有用之材，就要'善'于学习，长大了才能'善'于用兵打仗，'善'于安邦定国。现在，你要在'善'于学习本领上下工夫。从现在起你要深省'善'字的含义啊"！他经过老师语重心长的开导，心里豁然开朗，悔恨地流下泪水，跪下给老师叩头说："我错了，弟子错了呀！"老师看到他心灵开窍了，十分高兴，连忙拉他起来，说："浪子回头金不换，知错就改很好，现在就改还来得及啊！"

这天晚上赵炳然翻来覆去睡不着。老师的教诲，不停地在他耳边回响，他下决心刻苦读书，以实际行动来答谢老师的教育。第二天来到学校，就主动跪在校门口的一块青石板上读起书来，老师安排了其他学生的课业之后，拿了一把椅子坐在小炳然的身边，又一字一句地教他，他就在短短的时间里读完了《三字经》。老师见他进步很快，每天就只罚他跪一支香的时间了。炎炎烈日，晒得他汗流浃背，汗水从额上流下，他就用自己的中指蘸上汗水，在青石板上练起字来，几笔就写下了"云顶"二字，写成后，他又跪在这个青石板上读书。说来也怪，这时天空浮现了一朵小青云，刚刚把他遮住，他就晒不到太阳了。此后，人们就把这个地方叫成"云顶山"了。

赵炳然很快成长起来，后来果然成了栋梁之材。他从小小的七品县令，升职到显赫的兵部尚书，带兵打仗，平定叛乱，抵抗倭寇……做了不少好事。因而，人民十分敬仰他。他在出任河南道监察御史时，得知他的启蒙老师死了，还专程回乡去送葬……人们为了纪念赵炳然，也把原来的"清云山"也改名为"云顶山"了。

大路河的回忆

在革命根据地剑门山区，流传着许多可歌可泣的红军故事。每当人们追忆传颂这些故事的时候，一代又一代的剑阁人就感到有一种无穷无尽的精神力量，激励着他们珍惜现在美满幸福的生活，努力追求更高的物质文明和精神文明。在不朽的红军故事篇章中，16 岁少女田姑娘的事迹和英灵特别光彩夺目，熠熠闪光。秀钟乡大路河田姑娘墓，引起人们由衷的敬仰，无尽的回忆。

1935 年 4 月，中国工农红军来到剑阁，千百年在痛苦中挣扎的穷苦人民扬眉吐气。顿时感到天高了，地大了，人间充满了温暖。在大路河旁驻扎的红军队伍中，有一个年仅 16 岁的小战士——田姑娘，她那圆圆的小脸上，成天露着笑容。她走一路，就甩出一路清脆的笑声、歌声。田姑娘是哪里人？名字叫什么？当时没有人去问，只晓得她是穷苦人家的姑娘，经不住豪强的再三纠缠参加了红军。田姑娘是一个不扛枪，不背刀的小宣传队员，每天提着小桶跟上红军“錾花队”在石崖上錾刻宣传标语。短短20几天时间，大路河西岸石头上，崖壁间到处刻上了“红军是穷人的队伍!”“穷苦人民要翻身，赶快参加红军!”“打倒军阀、赤化全川”等标语。留在秀钟乡大路河石头上的标语有几十条。在那28个日日夜夜里，田姑娘白天与“錾花队”爬坡刻标语，晚上熬更守夜给乡亲们讲革命的道理。日复一日，她终于累倒了，发高烧烧得说胡话。因当时红军部队缺医少药，她的病日渐加重。就在红军接到北上的命令时，她又患上天花。怎么办？红军战士舍不得丢下她，乡亲们又不忍心让她拖着病体离开大路河。在红军就要出发的时候，乡亲们向红军首长提出留下田姑娘的请求。首长见乡亲们的一片赤诚之心，再加上田姑娘确实病重，便作出决定，把田姑娘留给大路河的乡亲们。

红军走后，剑门的天变了，大路河的溪水又重新唱起了悲歌。顿时，剑门山鸡不鸣，狗不叫，人不语，孩子不笑。只有那大路河边红军“錾花队”錾刻的标语在人们心中光芒四射，激起对红军的阵阵回忆，对翻身求解放的向往。红军走后不久，大恶霸地主、还乡团长王新乡带领团丁回秀钟大路河来了。他们杀气腾腾到处打人、抓人进行反攻倒算。有一个地主狗腿子把田姑娘未走的消息报告给还乡团长王新乡，他如获至宝，抓了大路河所有的穷人，追问田姑娘的下落，还派团丁围住藏匿田姑娘的贫农王文锡家。就在还乡团对老百姓进行严刑拷问的时候，拖着病体的田姑娘站了出来，她向还乡团说：“我在这里，把老乡们放了。”团丁们一齐盯住这个女娃娃，有几个家伙凶神恶煞地去拖她。贫农王文锡哪能容忍，上前阻拦，被众匪徒一顿拳打脚踢。在一阵乱棒声中，女红军被拖出了王文锡的家门，拖到大路河戏楼下，被捆绑在刻有红军标语的石柱上。田姑娘被拖得皮开肉绽，又因她高烧未退，几乎不省人事。匪徒们从茅坑中舀来粪水，从姑娘的头顶往下浇。一阵钻心的疼痛使田姑娘醒了过来，她用劲睁开眼睛，见眼前那些摇摇晃晃的身影，刺耳欲聋的骂声，她完全明白了发生的事情。还乡团头子王新乡见女红军战士田姑娘已醒过来，便手举皮鞭问：“你为啥要当红军?”田姑娘咬了咬牙，一字一句地说：“红军是穷人的军队，我是穷人，所以要参加红军!”听了田姑娘的回答，还乡团头子王新乡又是一阵抽打，田姑娘忍住疼痛说：“你们的日子不长了，红军会回来的!”“好！看哪个的日子不长?”还乡团长王新乡从另一个匪徒手中抓过一把刀，一边吼着，一边在田姑娘的手臂上、大腿上乱戳乱砍起来。乡亲们看着田姑娘流淌着的殷红鲜血，都哭了起来。有位头发花白的老太太跑上去抱住了田姑娘，怒斥匪徒说：“你们太没有人性了，她还是个小娃娃呀!”但那伙灭绝人性的匪徒，哪能听进这些话，他们用刀在老太太的背上重重地砍了一刀，老人当场昏死过去。乡亲们眼见这种情景，都握紧了拳头，愤怒地吼了起来。在众怒之下，匪徒们不敢妄动，只得暂时停手，将田姑娘拖到还乡团团部。

就在那天晚上，乡亲们设法去救田姑娘的时候，恶毒的还乡团已将誓死不降的田姑娘剁成了肉块，丢进了茅坑中……

田姑娘倒下了，但千万个田姑娘却站了起来。田姑娘的笑声消失了，但大路河和大路河的人们心中却永远记住田姑娘的身影、笑声，正因为如此，大路河人才在那青山翠竹林中，为田姑娘修了墓，立了碑，年年为她祭祀、奠念。

大路河啊，默默地流淌，那潺潺的水声，多像田姑娘在吟唱、在欢笑，又多像大路河人在诉说田姑娘的英雄事迹。大路河啊，愿您永远流淌、永远吟唱!

修志文存

剑阁县人民政府
关于印发编修《剑阁县志》工作方案的通知

剑府函〔2006〕9号

各乡镇人民政府，各督导室，下寺开发区，剑门关景区管委会，县级各部门：

现将剑阁县人民政府关于《编修〈剑阁县志〉工作方案》印发给你们，请认真组织实施。

特此通知。

二○○六年二月二十八日

剑阁县人民政府
关于编修《剑阁县志》工作方案

根据《四川省地方志工作条例》和省人民政府全省第七次地方志工作会议精神及市人民政府全市第二轮修志工作会议安排，省、市、县第二轮修志工作必须立即全面启动，保证2010年全面完成编纂出版任务。《剑阁县志》由县人民政府组织编修。现就编修《剑阁县志》提出如下工作方案：

一、指导思想

地方志是代表政府立言，由政府编修的历史性书籍，必须以邓小平理论和“三个代表”重要思想为指导，坚持实事求是的思想路线，坚持辩证唯物主义和历史唯物主义的基本原理，坚持科学的发展观和自主创新精神，翔实、客观、科学地反映剑阁自然和社会的历史与现状，为经济建设服务。要树立精品意识，突出地方特色，体现时代特征，确保志书的严肃性和权威性，达到“资治、教化、存史”的目的。

二、《剑阁县志》的总体框架

（一）体例：《剑阁县志》立篇、章、节、目。

（二）断限：上限断自1990年，下限断至2006年。

（三）字数：计划初稿150万字。

（四）出版：剑阁县人民政府公开出版。

（五）基本内容：包括概述、大事记、建置沿革、自然地理、人口、民族和宗教、经济综述、体制改革、科技、城乡环保、工业、农业、交通、邮政、通信、商贸、招商引资和项目建设、财政税收、金融、政权、政协、党派群团、政法、军事、教育、医疗卫生、文化、体育、旅游、社会生活、风土民情、人物、乡（镇）概况、开发区建设等。

（六）文体文风：使用规范的语体文记述，“述而不作”，寓褒贬得失于记述之中。做到文风朴实、结构严谨、语言简洁、行文流畅。

三、方法步骤

1. 编纂方法：坚持党委领导，人大监督，政府主持，政协参与，地方志工作机构具体组织实施，各承编单位众手成志的工作格局。由县志办拟定《剑阁县志编纂纲目》，提出分解意见，由县委、县人民政府印发实施。《剑阁县志》实行三级审查，市志编委终审，市人民政府批准出版的程序。

2. 工作步骤：从2006年开始，2010年前全面完成任务，分五个阶段组织实施。

第一阶段：组织发动，时间为2006年上半年。主要工作是：召开动员大会，成立编委会和编辑部，制发相关文件，制订总纂方案及各项细则，落实编纂人员及任务，签订目标责任书。

第二阶段：承编单位编写所属篇目内容，时间为2006年6月到2007年6月。承编单位在编辑部的指导下完成承编任务，加盖单位印章，签署负责人姓名，交由编辑部审定。

第三阶段：总纂初审，时间为2007年7月到2009年6月。完成150万字的总纂初稿，并修改、补充、完善，编辑部初审后征求意见。

第四阶段：县政府审查，时间为2009年7月到2009年12月。在征求意见的基础上修改后，报县人民政府审查。

第五阶段：审定出版。时间为2010年初到年底。报市志编委审查验收，报市人民政府批准出版，办理相关手续并出版发行。

四、组织领导

《剑阁县志》是县人民政府主持编修的大型综合记史书籍，是一项意义重大、任务艰巨的文化建设系统工程，实施周期长，涉及范围广，工作难度大，质量要求高，必须加强领导，把此项工作列入政府的重要工作日程，确保志书的严肃性和权威性。

（一）成立《剑阁县志》编纂委员会，由县委书记、县政府县长担任顾问，常务副县长担任主任，其他成员原则上为县地方志编纂委员会成员。

（二）成立《剑阁县志》编辑部，明确主编、副主编、编辑，并在编纂委员会的领导下开展日常编务工作，办公室设在县志办。

（三）承编《剑阁县志》相应篇目内容的责任单位，务必加强领导，成立领导小组，落实专人编写，并解决相应的工作经费。

部门志是县志的有机组成部分，《2005—2010年全县修志工作实施方案》（剑委办〔2004〕78号）文件要求完成部门志的单位必须在规定的时间2006年底完成该单位部门志的编修，确保县志资料的完整。

（四）县志办应切实履行职责，做好《剑阁县志》编修的组织、协调、培训、指导和督查工作，保证修志进度和质量，完成各阶段工作任务。

五、保障措施

（一）《剑阁县志》所需经费分编纂工作经费和出版经费，编纂工作经费按照设立专项，按工作进度逐年安排的原则，列入当年财政预算，由县财政分年度逐步安排解决，保障供给。

（二）签订目标责任书。按照《剑阁县志》编纂大纲分解任务，各承编单位与县政府签订目标责任书，确保任务完成。

（三）在《剑阁县志》编修期间，不批准剑阁县境内其他单位和个人编辑县情书籍。

中共剑阁县委办公室　剑阁县人民政府办公室
关于印发《〈剑阁县志〉（1990—2006）纲目》的通知

剑委办〔2006〕65 号

各乡（镇）党委、政府，下寺经济开发区、剑门关景区党委、管委，县级各部门：

《〈剑阁县志〉（1990—2006）纲目》经《剑阁县志》编纂委员会审定，县委、县政府同意，现印发你们，请各单位和部门按照《纲目》内容认真组织实施。

中共剑阁县委办公室

剑阁县人民政府办公室

2006 年 8 月 28 日

中共剑阁县委办公室　剑阁县人民政府办公室
关于印发《〈剑阁县志〉（1990—2006）入志人物资料收集办法》的通知

剑委办〔2009〕61 号

各乡（镇）党委、政府，下寺经济开发区、剑门关景区党委、管委，县级各部门：

《〈剑阁县志〉（1990—2006）入志人物资料收集办法》经《剑阁县志》编纂委员会审定，县委、县政府同意，现予印发，请认真组织实施。

中共剑阁县委办公室

剑阁县人民政府办公室

2009 年 5 月 27 日

《剑阁县志》（1990—2006）入志人物资料收集办法

县志人物篇是《剑阁县志》（1990—2006）的重要组成部分。为全面、准确、客观、真实地记载入志人物。特制定本办法。

一、指导思想和原则

（一）坚持以马克思列宁主义、毛泽东思想、邓小平理论、“三个代表”重要思想和科学发展观为指导，运用辩证唯物主义和历史唯物主义的立场、观点和方法，记述在剑阁社会发展中起到重要作用和影响的人物。

（二）《剑阁县志》（1990—2006）收录的人物分为人物传、人物简介和人物表三种。按照生不立传的原则，在各行各业取得重大成就、为我县经济社会发展做出重要贡献，为社会所认可或具有一定社会影响的已故优秀人物方可立传；人物简介主要包括获得一定荣誉、取得一定成果的模范人物；人物名录主要包括取得一定职务、职称、学位、烈士称谓等方面的人物。

（三）以正面人物为主，适当收集已定性、有重大影响的反面人物。

二、收集范围和标准

续修的《剑阁县志》收录的人物不受续修断限1990—2006年的限制，断限外的符合标准的人物资料也在收录范围。入志人物重点记载剑阁境内的知名人士，包括为剑阁做出重要贡献的客籍人士；长期客寓外地的剑阁籍人物。本籍、客籍（本地居住外地籍贯）兼收，以本籍为主。入志人物收集标准为：

（1）党、政、军、群副团级以上（含副团级，任实职）领导干部。

（2）全国人大代表、政协委员。

（3）受过省级以上表彰的劳动模范、先进工作者、战斗英雄、见义勇为及已经省政府批准的革命烈士。

（4）在省级以上举办的各类竞赛中，获得省级第一名、国家级前三名者。

（5）在改革开放中对地方经济、文化及公益事业做出重大贡献的企业家、实业家；年上交税金200万元以上的私营业主；对家乡公益事业捐款累计10万元以上的名望人士。

（6）副高级及以上职称的科技人员、专家、学者；获博士学位的人员；享受国务院、省政府津贴的各类人员；在省（市）、全国、海外有较大影响的科技、教育、文化、卫生、体育、出版等方面优秀人才。

（7）著名的民间艺人、能工巧匠；在生产活动中坚持自主创新，做出重大贡献的技术人员；在非物质文化遗产的传承、保护和弘扬中做出重要贡献的。

（8）在国外工作、经商或学习，且卓有成就的华侨、留学生、科技人员等。

（9）年满100岁后去世者、2006年前满100岁或100岁以上健在者。

（10）旅居国外及在台港澳定居的剑阁籍人士。

（11）其他对社会经济发展有重大影响和突出贡献者。

（12）上届县志漏记的符合入志标准的人物。

（13）以权谋私、造成极坏影响的贪官及危害一方、作恶多端、带有黑社会性质的重大犯罪团伙主犯等作为反面教材收录入志，以起到警世作用。

三、资料整理和编写

（一）坚持“存真求实”，资料必须认真核实，文稿详实准确，述而不论，语言简练。

（二）人物传记、人物简介资料记述要素包括人物的姓名（字、号、曾用名）、籍贯、居住地、工作单位、职业、职务、学历（学位）、出生年月、生平主要事迹、著作、信札、书法、艺文、绘画、墨迹、题词；主要业绩与劳动、科研创作成果；受到的表彰等。人物传记字数控制在1000—2000字左右；人物简介控制在500—1000字以内。

（三）人物表资料，只须填写人物的姓名、性别、出生年月、学历（学位）、职业、职务、职称等。

四、报送要求

（一）各乡（镇）、部门和单位要通力配合，指定专人负责，做好本单位符合入志人物的资料收集、整理和编写和报送。

（二）入志人物标准和资料收集责任单位（附件）中，有明确责任单位由负责单位收集，其他优秀人员和知名人士由乡镇、部门和单位收集，剑阁籍在外优秀人员主要由乡镇负责收集。

（三）2009 年 8 月 31 日前，各承编单位要将纸质材料（盖章签字）和电子文档按时送交县志办公室。

（四）对入志人物采取“民主推荐、广泛征集、志办核实、编委审定”的原则。由县志办对所收集到的全部人物材料进行审查，进行必要的调查核实，初步确定入志人物，报县志编纂委员会审定，最终确定入志人物。

联系地址：县政府大楼一楼县地方志室

联系电话：0839—6600386　2905706（县志编辑部）

电子邮箱：jgzbzhao@ 163. com

中共剑阁县委办公室　剑阁县人民政府办公室
关于认真做好《剑阁县志》入志图片编辑工作的通知

剑委办〔2012〕109 号

各乡镇党委、政府，县经济开发区、剑门关景区管理局，县级各部门，各企事业单位：

《剑阁县志》是全面记述剑阁历史地理、经济文化、物产资源、社会人文的大型史书，目前编修工作已完成初审，按照复审、终审和出版对志书质量要求和《地方志书质量规定》对入志图片的规定，结合我县实际，现就做好入志图片编辑工作有关事项通知如下。

一、加强领导，高度重视，确保入志图片编辑工作完成

入志图片是除记、述、志、表、录以外从另一角度反映志书内容的重要体裁，图片涉及全县各个行业，量大面广分散，收集和编辑难度大。各个单位要加强对此项工作的领导，落实人员具体负责。县地方志办公室要加强对编辑业务的指导，确保编辑工作顺利完成。

二、全面真实客观记述，反映历史进程

（一）收录编辑图片内容范围。涵盖综合性地图（地理位置和行政区划）、城乡建设、交通、工业、农业、自然资源、文化、旅游几大块。其中领导关怀（副省级以上领导到剑阁检查指导工作的照片）、文物古迹、风景名胜、特色文化、县域经济、农村新貌、园区建设、老照片等为特色重点突出。图照注重典型性、资料性，从不同角度反映变化情况。

（二）图片收集和编辑时间断限。重点为 1990 年到 2006 年期间图片，意义特别重大、有标志性图片可适当上下朔及，注重对有历史对比图片的收集和编辑。

（三）编辑图片要求。纸质图照应在背面载明图照名称，拍摄者姓名以及拍照时间与地点。电子文档图照应在文档下方载明图照名称，拍摄者姓名以及拍照时间与地点。示意图、统计图要载明图名、制作者，若为引用的要载明出处。

要求图像清晰，主题突出。图片大小 1.0MB 以上，保证印刷质量，图片原则上不能 ps 合成，以确保真实。

三、严格审核内容，规范报送程序

本次入志图片收集和编辑有全县各行业各种图片、音像、实物（文物）等照片。各部门要严格审核图片的真实性和图片内容质量（包括图片注解文字内容和电子图片像素），完成收集和编辑后经单位领导审定盖章后报县地方志办公室。县委、县政府将对该项工作进行督查督办，县地方志办公室要组织力量，根据志书要求，严格把关，确保质量。

有关编辑工作的具体组织实施事项，与县地方志办公室《剑阁县志》编辑部联系。联系人：李云华，电话：0839－6600386，邮箱：jgzbli@126.com，地址：县政府一楼。

附件：《剑阁县志》入志图片收集编辑任务分配表

中共剑阁县委办公室

剑阁县人民政府办公室

2012年7月23日

剑阁县部门志、专志存目

剑阁县人民法院志（1986－2006）

剑阁县教育志（1949－2005）

剑阁县烟草志（1984－2000）

剑阁县地税志（1994－2001）

剑阁县国土资源志（1840－2002）

剑阁县军事志（1919－2005）

剑阁县志·政协志（1950－2005）

剑阁县质量技术监督志（1986－2006）

剑阁县志·共青团志（1990－2006）

剑阁县人口和计划生育志（1949－2005）

剑阁县建设志（1989－2005）

剑阁县以工代赈办志（1992－2005）

剑阁县农业机械志（1986－2006）

剑阁县科技协会志（1990－2006）

剑阁县旅游志（1985－2006）

剑阁县物价志（1989－2005）

剑阁县工商联合志（1909－2006）

剑阁县人事志（1990－2006）

剑阁县卫生志（1990－2006）

剑阁县气象志（1956－2006）

剑阁县水利志（1950－2007）

剑阁县广播电视志（1985－2006）

剑阁县审计志（1983－2006）

剑阁县司法志（1981－2007）

剑阁县纪检监察志（1952－2006）

剑阁县交通志（1990－2006）

剑阁县民政志（1986－2005）

剑阁县林业志（1986－2006）

剑阁县财政志（2001－2008）

剑阁县国税志（1986－2006）

剑阁县志·农业志（1986－2007）

剑阁县畜牧志（1950－2008）

剑阁县人民医院志（1950－2010）

剑阁县教育志（2000－2007）

剑阁县志·农工委志（1986－2006）

剑阁县公安志（1902－2010）

剑阁县检察志（1986－2006）

剑门风物志

剑阁县志资料（图片）供稿人员名录

王绍强　徐泽海　苟仕杰　侯润崇　罗天洪　奂大琚　刘久华　梁成友　张映学　张华兰　姚仕生
王林乐　杨仕甫　李安全　刘　勇　魏秀珍　唐天忠　何咏梅　何　清　魏昌清　雍思政　熊寿志
张发琨　梁登生　冯成辉　陈荣华　李齐先　母学勇　余家兴　张永明　李瑞民　徐剑明　王玉森
蔡玉生　侯　军　张全友　张仕民　刘　域　袁术建　王祥锦　蒋维华　赵中建　何跃德　李锦中
艾守诚　彭　建　张长贤　肖方彦　唐守荣　李中荣　蔡运生　刘均成　赵新强　杨凡生　罗涌泉
罗丕文　张玉泉　罗树成　陈正强　李元宝　苟永雄　黄中强　曾正强　孙翠东　廖　罡　武丕星
唐禄君　张鸣鸿　李培生　蒙立波　宋开友　马太顺　冷　帆　左　松

索　引

使用说明

一、本索引采用内容分析索引法，按索引条目汉语拼音字母顺序排列。

二、索引标目后的数字表示内容所在的页码。

D

E

F

G

K

L

M

N

T

W

X

Y

Z

后 记

盛世修志，是中华民族的传统。编修县志，既是重要文化建设工程，又是社会主义物质文明和精神文明建设的重要工作。根据国务院、省市政府安排，县委、县政府决定续修《剑阁县志》（1990－2006）。在县委、县政府的领导和关怀下，经过十余年的孕育，数易其稿，现付梓面世。全书共36篇、144章、476节、100余万字。

本轮修志，大体分为准备、征集资料、编纂、审改四个工作阶段，征集资料贯穿始终，编纂与审改穿插进行。

准备阶段。2006年2月28日，县政府发出《关于印发编修〈剑阁县志〉工作方案的通知》，剑阁第二轮修志正式开始。《通知》确定了编修县志的指导思想、总体框架、工作步骤、组织领导和保障措施。3月6日，县委、县政府成立《剑阁县志》编纂委员会。6月5日，在普安镇原县地方志办公室设立《剑阁县志》编辑部。8月，县志编纂委员会召开县志纲目审定会，县委办、县政府办印发《剑阁县志（1990－2006）纲目》。2007年2月20日，《剑阁县志》编纂委员会印发《剑阁县志》主编、副主编等人员职责。本轮修志的准备工作，最早可追溯至1990年开始的《剑阁年鉴》编辑，至2007年，已编辑出版《剑阁年鉴》6卷，涵盖断限内所有年度，为第二轮县志编修积累了资料。

征集资料阶段。《剑阁县志》由各乡镇、县级各部门提供资料。首先组织编修部门志。至2009年底，全县共编修出版部门志38部，入志资料864卷，共计1000余万字。其次进行专题征集。2009年5月27日，县委办、县府办发出征集入志人物通知，2010年10月，召开入志人物标准审定会，在县党政网发布征集入志人物公告。2012年7月23日，县委办、县府办发文征集入志图片。经多方努力，县文联、县作家协会、县摄影家协会、县书法家协会和社会各界倾力支持，2015年底，完成入志人物、艺文和图片收录和编辑。

编纂阶段。2008年2月，开始对收集资料的整理和县志稿的分纂工作。受2008年“5·12”汶川特大地震影响，编纂工作一度延宕。至2010年2月，形成县志初稿。3月，再次修订县志篇目，以平衡章节，避免重复，消除抵牾。编纂人员按修订后的篇目，增删完善志稿，期间三易其稿。至2012年3月，完成县志第四稿修改。是年4月，进入县志总纂阶段。至8月底，完成县志第五稿。编纂所引用的征集资料，均经过严格的筛选和核实，力求准确无误，既有主证，又有佐证。口碑资料和文献资料并存者，以文献资料为准，同样是口碑资料，以当事者为准。所用数字，以统计数据为准。

审改阶段。2012年6月27日，县志编纂委员会组织相关行业和部门专家对《剑阁县志》进行初审。

2012年9月28日，县政府召开复审会，组织县法制局、县档案局、县民族宗教局、县外事办、县保密局、县人武部等部门对志稿进行复审。2013年5月上报市政府审批。2014年12月17日，召开《剑阁县志》终审会通过。2015年11月14日，广元市人民政府批准《剑阁县志》出版。2016年10月定稿。是月，通过政府采购，《剑阁县志》由方志出版社出版。

志书之成，是各级领导和部门关怀和支持的结果。广元市地方志办公室主任王少卿审读本志各阶段文稿，提出专业指导意见。县委书记向永东、县长张世忠作序，为志添辉。先后三届县长田中文、陈勇、张世忠力主其事。历任分管副县长吴勇、侯宏、王静倾力主持。历任主编杨政国、杨明学、杜中贵、孙元泰精心编纂。市教委原主任雍思政，县人大常委会原主任郑建凡，县政协原常委、文史委员会主任王林乐等审读评鉴。中国书法家协会会员、县人大常委会副主任王湖益审读评鉴并题写书名。县政府办公室主任杨光强统筹印务。县级各部门修志人员不图名利，不计报酬，任劳任怨，辛勤笔耕，为县志编修出版奠定了基础。

《剑阁县志》的编修，凝结了全体修志人员的心血。先后聘请县志办原主任何兴明、县发改局原局长杨百艺、县林业局原局长赵树鹏、县委办原主任科员田中锦为副主编，聘请县文化局退休干部蒲芝葆、县政协退休干部何中辉、县职高退休教师王汝礼、县经济和信息化局退休干部赵树奎为编辑。聘请国家统计局剑阁调查队干部黄茂斌对志稿数据把关，聘请剑阁电大原校长何代英对志稿行文把关。在县志编修期间，县地方志办公室工作人员与县志编辑部编辑一起，全力协作，对志稿体例结构、数据史实、语言文字等方面进行完善。县地方志办公室主任、县志副主编赵勇参与工作方案制定、篇目设置与完善、总纂、审核成书全过程。《剑阁县志》各篇目分纂统稿：政区、自然环境、军事、政法、经济综述、民政、农业、扶贫与协作、乡镇企业、工业、交通运输、城乡建设、国土资源管理、环境保护、商业、供销、粮油、烟草、盐业、旅游篇由蒲芝葆、王汝礼、赵树奎、何中辉、赵树鹏编纂，赵树鹏统稿。中国共产党剑阁县委员会、剑阁县人民代表大会、剑阁县人民政府、政协剑阁县委员会、人民团体、经济管理、人事、劳动和社会保障、邮政通信、财政、税务、金融保险、教育、科技、文化、广播电视、报纸、医疗卫生、人口、计划生育、体育、社会风土篇由何兴明、杨百艺、田中锦编纂，田中锦统稿。

续修县志，是一项浩繁的文化工程，虽“焚膏油以继晷，恒兀兀以穷年”，仍不敢有怠。修志期间，为志者常惴惴于资料之疏漏，文句之歉工，选材之歉精。唯以虚心求教方家指正，或待后学纠补，以为幸甚。

《剑阁县志》编辑部

2017年3月